J.B. METZLER

Herausgegeben
von Michael Maaser
und Gerrit Walther

Bildung

Ziele und Formen,
Traditionen und Systeme,
Medien und Akteure

Verlag J. B. Metzler
Stuttgart · Weimar

Bibliografische Information der Deutschen Nationalbibliothek
Die Deutsche Nationalbibliothek verzeichnet diese
Publikation in der Deutschen Nationalbibliografie;
detaillierte bibliografische Daten sind im Internet über
http://dnb.d-nb.de abrufbar.

ISBN 978-3-476-02098-7
ISBN 978-3-476-00131-3 (eBook)
DOI 10.1007/978-3-476-00131-3

© 2011 Springer-Verlag GmbH Deutschland
Ursprünglich erschienen bei J. B. Metzlersche
Verlagsbuchhandlung
und Carl Ernst Poeschel Verlag GmbH in Stuttgart 2011
www.metzlerverlag.de
info@metzlerverlag.de

Dieses Werk einschließlich aller seiner Teile ist
urheberrechtlich geschützt. Jede Verwertung außerhalb
der engen Grenzen des Urheberrechtsgesetzes ist ohne
Zustimmung des Verlages unzulässig und strafbar.
Das gilt insbesondere für Vervielfältigungen,
Übersetzungen, Mikroverfilmungen und die
Einspeicherung und Verarbeitung in elektronischen
Systemen.

Inhaltsverzeichnis

Einleitung XI

I. Zweige der Bildung............... 1

Einleitung 1

I.1. Bildung »an sich« 3

Einleitung 3

1. Religiöse Bildung
Odilo Lechner 4
Religiosität im allgemeinen als Anliegen
  von Bildung 4
Konkretisierung religiöser Bildung
  in der christlichen Unterweisung 5
Was ist für die religiöse Bildung
  im christlichen Sinne wesentlich? 6

2. Philosophische Bildung
Tobias Nikolaus Klass. 8

3. Mathematische Bildung
Ernst Horst 11

4. Künstlerische Bildung
Eva-Maria Magel 15

5. Kulinarische Bildung
Ursula Hudson 19

6. Erotische Bildung
Gerrit Walther...................... 23

I.2. Praktische Bildung 27

Einleitung 27

7. Naturwissenschaftliche Bildung
Ernst Peter Fischer 27
Freude am Forschen 27
Mehr als Mißverstehen 28
Asymmetrisches..................... 28
Der eingebildete Gelehrte 29
Einsteins Durchblick................. 30
Wissen durch Einbildung............. 30
Wissen durch Wahrnehmen........... 31
Was man über die Naturwissenschaften
  wissen sollte 31

8. Technische Bildung
Wilfried B. Krätzig 32
Bildung wofür?..................... 32
Vom Wesen moderner Technik 33
Technik und Gesellschaft prägende
  kausale Modelle 34
Bildung und Ausbildung moderner
  Ingenieure 34
Ausklang.......................... 35

9. Medizinische Bildung
Paul U. Unschuld 35

10. Handwerkliche Bildung
Christof Riess...................... 39
Historisches Handwerk heute: Zahlen zu
  Beschäftigung, Ausbildung und
  Wirtschaftsleistung................ 39
Arbeitswelt im Wandel –
  Vielfalt der Berufe................. 39
Ausbildung im dualen System 40
Nationaler Bildungspakt für
  Deutschland..................... 40
Auf was es ankommt: Ausbildungsreife
  und -fähigkeit 41
Fort- und Weiterbildung nach Maß 42

I.3. Gelehrte Bildung 43

Einleitung 43

11. Gelehrte Bildung
Wolfgang Frühwald 44

12. Geisteswissenschaftliche Bildung
Ulrich Nortmann 47
Was Geisteswissenschaften sind
  und was nicht 47
Verhältnis zur Mathematik,
  zur Empirie 47
Empirik der Hermeneutik 48
Heuristische Besonderheit 49

Krise der Geisteswissenschaften? 49
Bildung 50

13. Klassische Bildung
Stefan Rebenich..................... 51

14. Philologische Bildung
Barthold Georg Niebuhr.............. 55

15. Historische Bildung
Stephan Selzer 61

16. Sprachliche Bildung
Hartmut Günther.................... 64
Der Ausdruck *sprachliche Bildung*...... 64
Sprachliche Bildung als
    Sprachkompetenz................... 65
Der normative Aspekt sprachlicher
    Bildung 66
Sprachentwicklung 67
Aneignung sprachlicher Bildung........ 68

17. Juristische Bildung
Miloš Vec 69

II. Techniken der Bildung............ 75
Einleitung 75

II.1. Erkenntnis schaffen................ 77

1. Beobachten
Friedrich Steinle 77
Traditionen........................ 77
Reflexionen........................ 78
Neue Perspektiven 79

2. Lesen
Michael Maaser 81

3. Forschen
Marcel Lepper...................... 84
Definition 84
Historischer Überblick 85
Forschungsstand 86
Forschungsentwicklungen 87
Forschungskonzepte 88
Forschungskonkurrenz, Forschungs-
    politik, Forschungsökonomie 88
Forschertugend, Forscherhabitus,
    Forschungsethik 89

4. Vergleichen
Matthias Middell 91

5. Kontrollieren
Klaus Dieter Wolff 95
Zweck einer Evaluation............... 95
Bestandteile eines Evaluations-
    verfahrens....................... 95

6. Kritisieren
Birgit Sandkaulen.................... 99
Ein Gegenbild...................... 99
Begriffsklärungen................... 99
Bildung und kritisches Urteil 99
Exemplarische Positionen............. 101

7. Urteilen
Klaus Günther...................... 102

II.2. Vermitteln......................... 110

8. Erzählen
Michael Scheffel 110

9. Coaching
Christine Maaser 113

10. Vermitteln, Didaktik
Katrin Winkler und Heinz Mandl....... 115
Eine neue Kultur des Lehrens und
    Lernens......................... 115
Führungskräfteentwicklung im
    Rahmen des Management Campus
    Programms eines mittelständischen
    Unternehmens 117
Ausblick.......................... 119

11. Rhetorik, Dialektik, Logik
Dietrich Mathy 120
Zur rhetorischen Tradition des Bildungs-
    begriffs 120
Zur Logik des Bildungsbegriffs 121
Die Dialektik des Bildungsbegriffs 122

12. Dialog
Francis Bacon 124

13. Praxis, Theorie
Georg Hans Neuweg................. 126

14. männlich, weiblich
Thomas Junker und Sabine Paul........ 129

15. Emotionale Intelligenz
Rolf Arnold und Melanie Njo 132
Einstieg 132
Emotionale Intelligenz. 133
Bildung und Emotionale Intelligenz 134
Forschungsergebnisse und Forschungsfragen. 135
Schlußfolgerungen für die Bildung – oder: Wie fördert Bildung emotionale Intelligenz? 136

16. Kommunikation
Eckhard Henscheid 139

III. Medien 143
Einleitung 143

III.1. Wahrnehmen 145

1. Schrift
Hartmut Günther 145
Sprache und Schrift 145
Schrift und Text 146
Text und Orthographie 146
Mediale und konzeptionelle Schriftlichkeit. 147

2. Bild
Jörg Trempler 148
Der Mensch als homo depictor. 149
Von einer Metahistory zur einer Meta-Picture-History 151

III.2. Lektüren 153

3. Zeitung
Markus Eschenauer. 153

4. Schulbuch
Hartmut Günther und Désirée-Kathrin Gaebert 156
Stand der Forschung 156
Didaktische Reduktion im Schulbuch... 156
Schulbuchtypologie 158
Produzenten, Nutzer, Bewertung. 159
Zulassung. 160
Perspektiven 161

5. Internet
Wolfgang Coy. 162
Allgemeinbildende Aspekte von Informatik, Informations- und Kommunikationstechnik 162
Spezifische Bildungsinhalte der Informatik 163
Informatik zeigt allgemeine Prinzipien. 163
Informatik wird zu einer Kulturtechnik. 163

III.3. Zuhören, zusehen. 164

6. Fernsehen
Andreas Rosenfelder 164

7. Kino
Heide Schlüpmann 166
Kino in Bildungseinrichtungen 166
Filmbildung. 167
Kino als Bildungseinrichtung 168

III.4. Dabei sein 170

8. Vorlesung
Gerrit Walther 170

9. Tagung
Manuela Lenzen 173
Geschichte 173
Die moderne Konferenzindustrie 175
Perspektiven 176
Die Tagung als soziales Ereignis 176

10. Reisen
Florentine Fritzen 177

IV. Epochen. 179
Einleitung 179

1. Griechenland
Ulrich von Wilamowitz-Moellendorff.... 181

2. Humanismus
Ulrich Muhlack 195

3. Konfessionelles Zeitalter
Gerrit Walther 199
Eine Epoche der Konfrontationen 199
Konfessionelle Schulpolitik 200
Modell Humanismus 200
Fortschritt im Rückschritt 201
Subjektivität und Simulation 201
Alternativen zum Konfessionellen 202
Konfession und Fundamentalismus 203

4. Aufklärung
Gerrit Walther 203
Grundzüge 203
Kritik und Öffentlichkeit 205
Explosion des Wissens 206
Bildungspolitik 206
Schulpraxis........................ 207
Dialektik der Aufklärung............. 208

5. Philanthropismus
Jürgen Overhoff 209

6. Anthroposophie
Albert Vinzens 214

7. Achtundsechzig
Wolfgang Kraushaar 217

V. Akteure 223
Einleitung......................... 223

1. Lehrer und Schüler
Barbara Loos 225

2. Student
Friedhelm Golücke 230
Begriff............................ 230
Fremdwahrnehmung 231
Entwicklung und Einflüsse 232
Gegenwart 234
Aussichten 237

3. Professor
Gerrit Walther 238
Ein Titel und seine Pflichten 238
Ein Blick in die Geschichte 238
Der perfekte Professor 239
Professor in der Massengesellschaft 240
Eine Krise? 241

4. Verwaltung
Johannes Süßmann 242
Bildung und Verwaltung widerstreben
 einander 242
Bildung und Verwaltung benötigen
 einander 244
Daß der Antagonismus von Bildung
 und Verwaltung von beiden Seiten
 aufgekündigt wird, ist ein Grund für die
 gegenwärtige Misere der Universität.... 245

5. Verlag
Sabine Matthes 247
Markt und Bildungsanspruch –
 kurze Lehren aus der Geschichte 250
Ist die Balance von Idee und Markt
 am Ende? 252

6. Elite
Tilman Allert........................ 257

7. Netzwerk
Karina Urbach 260

8. Stiftungen
Armin von Ungern-Sternberg 262
Finanzen, Arbeit, Ansprüche........... 264
Themen, Wirkungsmodelle, Neben-
 wirkungen 267

9. Studienstiftung
Klaus Heinrich Kohrs 274
Der Gründungssatz.................. 274
Selbstbildung, Autonomie,
 Freiheit 275
Selbstbildung, Gemeinwohl 276
Bildung, Ausbildung 277
Hochschulbildung................... 277

10. Öffentlichkeit
Olaf Kaltenborn 279
Öffentlichkeit und Aufklärung 279
Massenmedien und Öffentlichkeit 280
Wissenschaft und Öffentlichkeit 281
Die »Entdeckung« der Wissenschaft
 durch das Fernsehen................ 282
Gemeinsamkeiten zwischen
 Journalismus und Wissenschaft 282
Was Journalismus und Wissenschaft
 trennt 283
Fazit 284

VI. Institutionen..................... 285

Einleitung 285

1. **Bildungsinstitution**
   Cornelia Vismann................. 287

2. **Schule**
   Tobias Picard...................... 293

3. **Gymnasium**
   Tobias Picard...................... 299

4. **Universität und Hochschule**
   Notker Hammerstein 310

5. **Funkkolleg**
   August Nitschke 315

6. **Erwachsenenbildung**
   Thomas Knubben 319

7. **Seniorenstudium**
   Günther Böhme..................... 324

8. **Bibliotheken**
   Jill Bepler 327

9. **Archive und Archivgut**
   Frank M. Bischoff 331

10. **Museum und Ausstellung**
    Heike Gfrereis 335

11. **Akademie**
    Notker Hammerstein 339

VII. Tugenden, Werte, Ziele........... 343

Einleitung 343

1. **Bildungsunbehagen, Zweifel und Freiheit**
   Andreas Urs Sommer 344
   Bildungsreligion. Ein historischer Vorspann 344
   Bildungsreligion versus Bildungsunbehagen 344
   Bildung und Zweifel 345
   Freiheit und Bildung 346

2. **Leistung, Disziplin, Verantwortung**
   Stefan Lafaire 348
   Disziplin oder: »Ein voller Bauch studiert nicht gern«............ 349
   Leistung oder: »Wir messen ganz genau, wir wissen nur nicht, was wir messen«.. 350
   Verantwortung oder: »Wovon man nicht sprechen kann, darüber muß man schweigen.« 351

3. **Toleranz**
   Wolf Dieter Otto 352

4. **Benehmen, Manieren**
   Asfa-Wossen Asserate 356

5. **Eleganz**
   Elisabeth Weymann 359

6. **Bescheidenheit, Ehrlichkeit, Fleiß, Genauigkeit, Ordnung**
   Dirk Kaesler....................... 363

7. **Patriotismus, Internationalismus**
   Caspar Hirschi..................... 372
   Patriotismus zwischen Pädagogik und Propaganda............... 372
   Viele Wege beginnen in Rom 376
   Vom Patriotismus zum Nationalismus .. 380
   Vom Nationalismus zum Internationalismus 380
   Vom intellektuellen zum institutionellen Internationalismus.... 382
   Politische Universalbildung in einer komplexen Welt.................. 383

VIII. Nationale Bildungssysteme....... 385

Einleitung 385

1. **England**
   Andreas Fahrmeir 387
   Einführung 387
   Geschichte........................ 387
   Strukturen und Debatten............ 388
   Englische Besonderheiten?........... 390

2. **Frankreich**
   Matei Chihaia 391
   Ancien régime...................... 391
   Revolution........................ 393
   19. Jahrhundert.................... 394
   20. Jahrhundert.................... 395

3. **Italien**
   Horst Albert Glaser 398

4. **Skandinavien**
   Wilfried Forstmann................. 402

5. **Osmanisches Reich/Türkei**
   Wilfried Forstmann 407
6. **Rußland**
   Christine Teichmann-Nadiraschwili...... 416
   Bildung als nationale Ressource......... 416
   Geschichte: Von den Anfängen bis zu
   einem der »besten Bildungssysteme
   in der Welt« 416
   Finanzierung von Bildung 418
   Bildungsqualität..................... 419
   Das russische Bildungssystem
   im 21. Jahrhundert: Zwischen
   »pädagogischer Weltkultur« und
   »Rückkehr zu nationalen
   Traditionen« 419
   Fazit............................... 421
7. **Japan**
   Peter Pantzer......................... 422
   Umbrüche........................... 422
   Japans Bildungswesen in der
   »Vormoderne«...................... 422
   Von der Tempelschule bis zur herr-
   schaftlichen Akademie für Verwaltungs-
   wissenschaft 423
   Gerüstet, nicht gerüstet, noch besser
   gerüstet........................... 424

Das Jahr 1945 und die Frage der
richtigen Werte 426
Vom Gold das glänzt (oder auch nicht) .. 427

8. **China**
   Brunhild Staiger 430
   Geschichte........................... 430
   Modernisierung unter westlichem
   Einfluß 432
   Das maoistische Erziehungsmodell...... 433
   Das Bildungswesen der Reform-
   periode 434
9. **USA**
   Heike Bungert........................ 436
   Kurzer Überblick..................... 437
   Schulbildung (Elementary und
   Secondary Education) 437
   Tertiäre Bildung (Higher Education) 439
10. **Australien**
    Horst Albert Glaser.................... 444

IX. **Unbildung** 449
   Ernst Horst 449

Verzeichnis der Autorinnen und Autoren 453

Einleitung

1. Ein Thema, über das alles gesagt ist

Bücher über Bildung langweilen uns. Denn was sie sagen, ist absehbar. Meist eröffnen sie mit dem emphatischen Bekenntnis, daß in der Bildung unsere Zukunft liege. Sie klagen über deren aktuelle Krise, deren bestürzende Vernachlässigung durch Politik und Öffentlichkeit, deren dramatischen Verfall. Dann präsentieren sie Kataloge von Büchern, die man lesen, Fakten, die man wissen, »Kulturtechniken«, die man kennen, Standards, die man erfüllen müsse, wenn man in diesem oder jenem Bereich für gebildet gelten oder gar die begehrte Allgemeinbildung besitzen wolle. Der Ton solcher Bekundungen pflegt laut und beflissen zu sein, oft eifernd und apodiktisch, bisweilen apokalyptisch. Nicht immer kann man den Verdacht vermeiden, daß es den Verfassern weniger um Bildung gehe als eher darum, sich selbst als Experten zu empfehlen.

Weil es in einem pluralistischen System viele Menschen, Gruppen und Interessen gibt, die mitreden, mitregieren, mitprivilegiert sein wollen, gehört Bildung zu den Lieblingsthemen der Gegenwart. Politiker und Ökonomen, Journalisten und Didaktiker, Lehrer und Laien, Feinsinnige und Technokraten werden nicht müde, sich über sie zu äußern. Unentwegt spricht man über Reformen, Standards, Kompetenzen, Didaktik, Wettbewerb und Vernetzung. Täglich entwickeln amtliche und selbsternannte Fachleute neue Ideen. Quasi permanent sind unsere Bildungsinstitutionen in einem hektischen Umbau begriffen. Oft finden ihre Bediensteten kaum mehr Zeit, jene praktische Bildungsarbeit zu leisten, für die sie ausgebildet, bestallt und bezahlt sind. Zu intensiv beschäftigen sie die Planung, Diskussion, Vorbereitung, Implementierung und Kontrolle von Reformen, die solche Arbeit entscheidend verbessern sollen. Über deren sachliches Ziel aber ist in einer vielstimmigen Gesellschaft keine Einigung zu erhoffen. Deshalb definiert man es formal. Es lautet: Effizienz. Auch und gerade bei Bildung, darüber sind alle einig, soll etwas herauskommen. Sie soll sich rentieren, schnell erkennbare Resultate zeitigen, viele erreichen, allen nützen, Abschlüsse erzielen, Quoten erfüllen, Punkte, »Output« und Prozente bringen. Sie soll fordern und herausfordern, Wettbewerb stimulieren, zeigen, wer der Beste ist – aber natürlich nicht definitiv, sondern nur für einen kurzen Moment, bevor, schon aus sportlichen Gründen, die Karten neu gemischt werden. Auch und gerade in der staatlichen Bildungspolitik soll gelten: »Nach dem Spiel ist vor dem Spiel.«

Niemand erhebt heute ernsthafte Einwände gegen dieses Konzept. Daß Bildung Steuergelder kostet, feit vor der Versuchung, sie als Vergnügen in ruhiger Muße zu betrachten. Dies zeigt, daß neue Werte gelten. Noch vor vierzig Jahren, zu Zeiten der Achtundsechziger, teilten Etablierte und Rebellen immerhin die Überzeugung, daß Bildung ein Wert an sich sei. Heute hingegen gilt es als staatsmännisch und verantwortungsbewußt, nach ihrem materiellen Nutzen zu fragen. Parallel zum Aufstieg der Supersparer und Schnäppchenjäger zu modernen Helden verschwindet der Begriff »Banause« (das griechische Wort für »borniter Laie«) aus dem allgemeinen Wortschatz, verfällt das (gleichfalls griechische) Wort »Idiot« (»Ungebildeter«) dem Stigma politischer Unkorrektheit.

2. Die Aufgabe

Es war Bernd Lutz, der langjährige Leiter des Metzler-Verlages, der uns angesichts dieser Lage fragte, ob wir nicht Lust hätten, eine andere Art von Bildungsbuch herauszugeben. Eines ohne Expertenton und ohne Bücherlisten, ein lesbares, entspanntes, anregendes, witziges Buch, eines, das über Bildung nicht nur handele, sondern versuche, ihre Schönheit auch in Form und Stil widerzuspiegeln, ein gebildetes Bildungsbuch also. Wir zögerten. Denn wir sind keine Bildungsexperten, sondern Historiker. Nüchterne Analyse der Vergangenheit liegt uns näher als engagierte Bestandsaufnahme der Gegenwart oder gar emphatische Blicke in die Zukunft. Und als Hochschuldozenten hatten wir – der oben besagten Dauerreformen wegen – für die Planung und Gestaltung eines solchen Buches eigentlich keine Zeit.

Bernd Lutz ließ das nicht gelten. Gerade den Blick von Außen suche er, erklärte er uns, gerade eine eher distanzierte verfremdende, vielleicht ironische Sicht auf den Bildungsbetrieb, eine, die wissenschaftlich anspruchsvoll sei, aber frei von den Rede- und Denkmustern, den Wunsch- und Selbstbildern professioneller Didaktiker – eine systematisch-methodische Laienperspektive.

Ein solches Paradox reizte uns. Deshalb stimmten wir zu, skeptisch indes noch immer. Dann begannen wir, zunächst unsere eigene Theorie von Bildung zu rekapitulieren. Das Ergebnis war peinlich: wir hatten keine. Vielmehr teilten wir den Verdacht, daß es »die Bildung« gar nicht gebe, daß sie jedenfalls wenig mit Doktrinen und Weltanschauungen zu tun habe, sehr viel aber mit Persönlichkeit und Freiheit, mit Urbanität und humaner Praxis – mit Eigenschaften also, die sich schwer systematisieren lassen. Wir kannten und kennen keine Bildungstheorie, die uns exklusive Gültigkeit beanspruchen dürfte. Aber wir kannten und kennen viele Gebildete, die unser Staunen, unseren Respekt, unsere Bewunderung erregen. Sie würden wir um Rat fragen müssen.

3. Ein Blick in die Geschichte

Zuvor aber befragten wir unser eigenes Fach: die Geschichte. Moderne Bildung, so lehrt sie seit Jacob Burckhardt (1860), entstand während der Renaissance, also im 14. und 15. Jahrhundert, in Italien und verbreitete sich von dort aus ins übrige Europa. Die neuen Formen politischer Herrschaft in den italienischen Stadtrepubliken und Tyrannenhöfen zwangen die Zeitgenossen, ihre persönlichen Begabungen und Fähigkeiten zu kultivieren, um den neuartigen Aufgaben (z. B. der Diplomatie und Verwaltung) gewachsen zu sein oder um politische Umbrüche, Verfolgungen und Exil zu überstehen. Dazu besannen sie sich auf die wichtigste Kernkompetenz des Menschen: auf die Sprache. Deren Kultur wurde zum Ziel einer Gruppe von Intellektuellen, die gegen die bisherige, kirchlich-theologisch dominierte Ausbildung eine säkulare, formale Bildung favorisierte: der Humanisten. Die Fähigkeit zu erfolgreicher Kommunikation sollte Standesunterschiede und andere Unterschiede vergessen machen und die Menschen einander auf hohem Niveau angleichen. Das ist der Kern des neuzeitlichen Bildungsgedankens.

Nach Ansicht der Humanisten nämlich führten eine an der antiken Literatur geschulte Sprache und ein eleganter Stil in Wort und Schrift unwillkürlich zu einer moralisch-praktischen Veredelung des Individuums. Das Schöne war ihnen zugleich das Gute. Deshalb nannte der Florentiner Kanzler Coluccio Salutati humanistische Bildung 1401 im Sinne Ciceros »eruditionis moralis studia«, was man heute am ehesten mit »Manieren« übersetzen könnte. Erasmus von Rotterdam stellte 1500 die Frage, was ein Fürst können müsse und aus welchen Gründen. Ein Herrscher, so antwortete er, dürfe sich nicht von Affekten leiten lassen, sondern müsse abwägend urteilen. Dazu brauche er Kenntnisse der Philosophie, aber auch der Geschichte. Denn Bildung sei ein Prozess und lasse sich nicht durch Regeln lernen.

War sie erreicht, so zögerten die Humanisten nicht, sie sogar für einen Weg zur Seligkeit zu halten. »Bildung kommt der Beredsamkeit gleich«, schrieb Erasmus 1518, »und beides ziert die christliche Frömmigkeit«. Nur der fromme und beredsame Mensch sei in der Lage, so zitierten die Zeitgenossen Vergils »Aeneis« (1, 148-153), in stürmischen Zeiten für Ruhe und Ordnung zu sorgen.

Wer solches Talent besaß, durfte aber auch auf hohes Prestige bei der Mitwelt hoffen. Persönlichkeiten wie Francesco Petrarca oder Erasmus gewannen Protektion und Prominenz, weil ihre schriftstellerische Begabung ihren Gönnern Legitimität und Ruhm zu schaffen versprach. Die Humanisten nutzten die rege Nachfrage nach rhetorischer Kompetenz nicht nur, um wirtschaftlich unabhängig zu werden, sondern auch dazu, sich selbst zu außergewöhnlichen, vornehmen, souveränen Individuen zu stilisieren. Gleich bei seiner Entstehung nahm der moderne Gebildete so den Habitus eines absoluten Herrschers an.

Von Anfang an stand dieses Ideal persönlicher Kultur in einer gewissen Spannung zu den Institutionen, die Bildung vermitteln sollten. Zu abgeschlossen und zu mißtrauisch waren die akademischen Korporationen – damals wie bisweilen auch noch später. Nur mühsam gelang es den Humanisten, ihr Programm über die »septem artes liberales«, die sieben freien Künste, zu etablieren, die in damaligen Universitäten allerdings nur die Funktion einer Propädeutik, eines Grundstudiums, besaßen. Vor allem über das sog. Trivium, das aus den Fächern Grammatik, Rhetorik und Dialektik (Logik) bestand, verankerten sie ihre Ideen im Bildungskanon der Hochschulen.

Dies glückt bald nach 1500. Doch der Preis war hoch: die humanistische Bildung wurde formalisiert. Aus einem freien, in schöner Muße gepflegten Selbststudium verwandelte sie sich in einen Gegenstand von Regeln, Stunden- und Lektüreplänen. Auf dem Marsch durch die Institutionen wurde sie selber eine. Als Grundausbildung künftiger Kirchen- und Staatsdiener trat sie in den Dienst der landesherrlichen Kalkulationen und der aufkommenden Konfessionsparteien. Das verhalf ihr zwar zu einer unerhörten Breitenwirkung, ließ sie aber zusehends zu einer schulmäßigen Ausbildung werden. Die didaktische Professionalisierung schwächte ihre Bindung an eine weltläufige Praxis. Statt autonomer Subjekte brachte sie jetzt zusehends bestallte Gelehrte hervor. Nur mehr Eliten, vor allem der Adel, besaßen Muße und Mittel, sie in ihrer ursprünglichen Form zu pflegen. Während die Bildung quantitativ in die Breite wirkte, wurde sie qualitativ zum Privileg der Vornehmen.

sei als ein Prozeß zu verstehen, in dessen Verlauf der Mensch selbsttätig, in Wechselwirkung mit den von außen einwirkenden Eindrücken und Impulsen, die in seiner Individualität angelegten Möglichkeiten zu entwickeln, zu verfeinern und zu perfektionieren strebe, um so auf je einzigartige, einmalige Weise die Möglichkeiten des Menschseins überhaupt in sich zu verwirklichen.

Damit war für die Karriere des Konzepts »Bildung« der letzte Schritt getan. Nicht mehr als Methode für etwas anderes war sie bestimmt, sondern als ein Zweck an sich. Keinen festen Kanon von Kenntnissen und Kompetenzen wollte sie dem Subjekt vermitteln, keine standardisierten Wissensinhalte, sondern Formen von Praxis an sich. Nur deshalb sollte der sich Bildende möglichst viele und vielfältige Bildungsimpulse erfahren, um in Auseinandersetzung mit ihnen sich selbst, seine eigenen Anlagen, bestmöglich zu entwickeln und zu entfalten.

4. Bildung als Autonomie

Erst im 18. Jahrhundert, im Zeichen der Aufklärung und ihres Glaubens an eine autonome Vernunft, erlebte das humanistische Ideal einer Bildung zur freien Persönlichkeit eine Renaissance – eine Renaissance aber, die ihr Konzept wiederum stark veränderte. Die neue Idee einer universalen, reinen »Natur« machte es wahrer Bildung zur Aufgabe, die natürlichen Anlagen eines jeden »Individuums« bestmöglich zu entfalten. Ebenso oft wie dieses Wort tauchte nach 1750 in der Literatur das Wort »Bildung« auf – ein genuin deutsches Wort, das in keine andere Sprache angemessen übersetzt werden kann. Englische beziehungsweise französischen Worte wie »(self-) formation« (ein Zusammenwirken von Lernen und äußerem Schliff), »instruction« (Unterricht), »civilization« bzw. »civilisation« (politisch-gesellschaftliche Erziehung) oder »culture« decken nicht die Bedeutungsweite von »Bildung« ab. Verstand Goethe den Begriff im Sinne von »humanitas«, definierte Pestalozzi »Bildung« 1779 als »allgemeine Emporbildung [...] der inneren Kräfte des Menschen zur Menschenweisheit«. Der entscheidende Impuls dazu, so zeigte Wilhelm von Humboldt seit den 1790er Jahren, liege im Subjekt selbst. Könne sie doch, so betonte er, »durch äußere Veranstaltungen nur veranlaßt, nie hervorgebracht werden«, sondern

5. Humboldts Stärken

Gerne gestehen wir, daß wir für dieses zweihundert Jahre alte Modell bis heute starke Sympathien hegen. Denn es ist das einzige, das dem sich Bildenden keine außerhalb seiner selbst liegenden Bestimmungen aufnötigt, das ihn weder für irgendeinen Zweck brauchbar machen noch unter die Ansprüche irgendeines Kollektivs, einer Partei oder Ideologie beugen will – und sei der postulierte Zweck ein so begrüßenswerter wie die Vernunft, soziale Verantwortung oder der Weltfriede.

Das Humboldt'sche Konzept gängelt weder den sich Bildenden noch die Bildung selbst. Es schreibt nicht vor, in welchen konkreten Ergebnissen diese bestehen sollte. Es läßt sie offen für alle Arten von Erlebnissen – sinnliche wie intellektuelle, sinnvolle wie abwegige, komische wie bestürzende –, es ist souverän genug, sie alle als Bildungserlebnisse erfahrbar zu machen. In Humboldts Vision ist Bildung nichts als sie selbst und eben deshalb Garantin absoluter Autonomie dessen, der sie erwirbt. Das aber bedeutet gerade nicht die Loslösung von Sittlichkeit und sozialer Verantwortung. Vielmehr vertraut das Humboldt'sche Konzept darauf, daß der so Gebildete seine Autonomie aus eigenstem Antrieb in den Dienst des Guten stellen werde. Nicht von ungefähr wurde dieses Modell, das dem Subjekt dazu verhilft, seinen individuellen Charakter zu kultivieren und dabei zugleich wissender, edler und weiser zu werden, zum Leitideal des Zeitalters bürgerlichen Aufbruchs und bürgerlicher Solidarität.

Für dieses Konzept scheinen uns nicht zuletzt die Anfeindungen zu sprechen, die es seither immer wieder erfuhr und erfährt. Denunzierten es die Nationalisten des 19. und die totalitären Regime des 20. Jahrhunderts als »internationalistisch« und »individualistisch«, schmähten es kollektivistische Achtundsechziger als »elitär« und »bürgerlich«, während die »Bologna«-Bürokraten unserer Tage es für rückständig, ineffizient und nicht kontrollierbar genug halten. Tatsächlich ist es vollkommen ausgeschlossen, Selbstbildung im Sinne Humboldts in Module und Zielvereinbarungen zu pressen, ist es schlechthin undenkbar, sie den »Kunden« eines »Dienstleistungsunternehmens« Universität zu verkaufen. Muß der Fehler bei Humboldt liegen?

6. Ziel und Gliederung

Allerdings: wir haben Sympathien für dieses Konzept. Aber wir haben uns davor gehütet, es unserem Buch als eine generelle Leitlinie vorzuschreiben. Eben kein Programm wollten wir postulieren, sondern diejenigen Ideen kennen lernen, die unter gebildeten Expertinnen und Experten verschiedener Disziplinen heute gängig sind. Aufklärend, anregend, vielleicht sogar brauchbar nämlich, so hofften wir, würde unser Buch nur dann werden, wenn es möglichst klar erkläre, welche vielfältigen Vorstellungen von Bildung es in Gegenwart wie Vergangenheit auf verschiedensten Feldern gibt und gab, wie sie sich äußerten, heute äußern und vielleicht künftig äußern werden.

Diese Felder haben wir nach bestimmten Themen eingeteilt. Zuerst präsentieren wir »Zweige der Bildung« – von der ethisch-religiösen bis zur künstlerischen (I.). Wir behandeln dann die Techniken, sie zu erwerben, sie zu vermitteln und darzustellen und geben so einen Überblick über die menschlichen Möglichkeiten, Wissen und Bildungseindrücke zu empfangen, aufzunehmen und weiterzugeben. In diesem Kontext kommen unsere Autoren auch auf das neuerdings so vieldiskutierte Thema der Begabung und der (womöglich geschlechtsspezifischen) Intelligenz zu sprechen (II.). Wir mustern die Medien, Bildung zu vermitteln – von Bild und Schrift bis zur Reise

(III.). Wir vertiefen die Darstellung dann um die historische Dimension, indem wir jene Epochen der europäischen Geschichte betrachten, deren Bildungskonzepte seither weitergewirkt haben – eventuell als Mythen ihrer selbst – und mitunter noch die heutigen Vorstellungen von Bildung beeinflussen (IV.). Wir lassen je eigene Kapitel über typische Akteure (V.) und, eng damit verbunden, typische Institutionen von Bildung (VI.) folgen. Im vorletzten Kapitel fragen wir nach den Werten, die Bildung leiten und prägen können und die sie – seit dem Humanismus – ihrerseits zu fördern sucht (VII.). Schließlich sichten wir in vergleichender Absicht unterschiedliche nationale Bildungssysteme, die Weisen also, in denen einige wichtige Kulturnationen versuchen, Bildung institutionell zu vermitteln (VIII.). Ganz zum Schluß huldigt ein einzelner Essay der mythischen Feindin jeglicher Bildung: der Unbildung (IX.).

7. Die Autorinnen und Autoren

Von Anfang an sahen wir die stärkste Attraktion des Projekts darin, daß es Autorinnen und Autoren versammeln würde, die den verhandelten Themen den Reiz ihrer Schreibart, ihrer Persönlichkeit, ihrer Kultur verleihen würden. Diese Autorinnen und Autoren sollten Experten für ihre Fachgebiete sein. Aber sie sollten nicht als und für Experten schreiben. Schon gar nicht wünschten wir uns Zeitgenossen, die sich als Vorbilder und Anwälte von »Bildung« fühlen. Vielmehr sollten es solche sein, die kraft ihrer praktischen Erfahrung, ihres Wissens, ihres Sinns für Stil und Form, ihrer Art, die Dinge anzusehen, vielleicht aber auch aufgrund ihres Spleens und ihres gekonnten Habitus etwas Besonderes zum Thema sagen könnten. Gerade von denen, die auf ihrem Gebiet nicht nur kenntnisreich sind, sondern gebildet, wollten wir wissen, wie diese Bildung sich jeweils äußere, worin sie das spezifisch Bildende des von ihnen beschriebenen Bereichs sähen.

Dabei machten wir ihnen keine inhaltlichen Vorgaben und fast keine formalen. Literaturlisten waren willkommen, aber nicht notwendig. Denn unser Buch sollte weder Enzyklopädie noch Handbuch sein. Es sollte nicht vorschreiben, was man tun, wissen und können muß, um auf diesem oder jenem Gebiet für gebildet zu gelten. So wenig es »Standards« setzen will, so wenig möchte es einen Kanon von Büchern zusammenstellen, die man gelesen haben muß, um mitreden zu können.

Erfreulich viele der von uns Angefragten haben spontan zugesagt, andere – nicht minder erfreulich – erst nach längerem Überlegen. Leider aber haben auch manche abgelehnt – sei es deshalb, weil sie schon zu oft über das gewünschte Thema gehandelt hatten, sei es, daß ihnen unser Unternehmen nicht lukrativ genug erschien oder daß sie (dies war die meistgehörte Entschuldigung) keine Zeit hatten. Zu den gefährlichsten Feinden der Bildung gehören heute die prall gefüllten Terminkalender ihrer Repräsentantinnen und Repräsentanten.

Artikel, für die wir keine Bearbeiter fanden, haben wir, nach bestem Wissen und Gewissen, selbst verfaßt. Solche, die zu schreiben wir uns definitiv außer Stande sahen, haben wir weggelassen. Nur in einigen wenigen Fällen haben wir sie großen Gebildeten der Vergangenheit anvertraut. Da wir aber keine Klassiker-Anthologie liefern wollten, ist dies die Ausnahme geblieben. Thematische Lücken indes schmerzen nicht zu sehr. Ohnehin kann ein Buch wie das vorliegende nie vollständig sein.

8. Dank

Wir danken allen Autorinnen und Autoren, die unser Buch durch ihre Originalbeiträge überhaupt erst möglich gemacht haben. Die durch sie entstandene Sinfonie origineller Stimmen – eine Gelehrtenrepublik in Aktion – ist das beste Plädoyer für den unwiderstehlichen, unzerstörbaren Charme von Bildung.

Wir danken ihnen für ihre unerschöpfliche Geduld, die durch die übermäßig lange Entstehungszeit des Bandes teilweise auf eine harte Probe gestellt wurde. Wir danken ihnen für das unerschütterliche Vertrauen, mit dem sie unser Projekt begleitet und dessen Abschluß – oft optimistischer als wir selbst – erwartet haben.

Noch anderen Helferinnen und Helfern haben wir zu danken, allen voran unseren beiden internen Redakteurinnen, Franziska Heckert und Franziska Vorhagen, aber auch den übrigen mit dem Projekt befassten Mitarbeiterinnen und Mitarbeitern im Frankfurter Universitätsarchiv. Nicht minder tiefen Dank schulden wir unseren beiden Lektoren im Metzler-Verlag, Sabine Matthes und Dr. Oliver Schütze. Mit bewundernswürdiger Geduld haben sie unser Unternehmen über Jahre hinweg begleitet, uns mit gleich bleibender Freundlichkeit unterstützt, mit perfektem Takt gemahnt, mit inspirierender Großzügigkeit ermuntert.

Mitten in der Schlussredaktion erreichte uns die Nachricht vom plötzlichen Tod einer unserer Autorinnen der ersten Stunde, Cornelia Vismanns. So ist ihr hier veröffentlichter Beitrag »Bildungsinstitution« unversehens zum letzten Artikel dieser gewitzten Forscherin, dieser begnadeten Stilistin, dieser großen Gebildeten geworden. Hätte Cornelia Vismann auch nur einige der Beiträge dieses Buches mit Vergnügen gelesen, so dürften wir es ein gelungenes nennen.

Frankfurt und Wuppertal,   Michael Maaser
am 3. Oktober 2010   Gerrit Walther

I. Zweige der Bildung

Einleitung

Moralisch betrachtet hat Bildung gar keine »Zweige«. Immer umfaßt sie alles, immer ist sie ein Ganzes. Denn die Persönlichkeit, in der sie sich zeigen und bewähren muß, ist unteilbar. Zwar kennt kein Gebildeter sich in allen Fächern gleich gut aus. Völlig undenkbar aber ist es, daß er auf dem einen Feld Kultur und Lebensart besitzt, auf einem anderen hingegen keine oder nur wenige. Bildung ist entweder ganz oder gar nicht vorhanden.

In sachlicher Hinsichtlich indes lassen sich sehr wohl einzelne Zweige oder Bereiche der Bildung unterscheiden. Damit meinen wir nicht schlichtes Sachwissen, nicht das Informiertsein über Inhalte und Verfahren einzelner Disziplinen. Vielmehr seien unter »Zweigen der Bildung« im folgenden jene besonderen Ausprägungen von Bildung verstanden, die durch je besondere Fachkulturen entstehen. Jede dieser Kulturen stellt je besondere Aufgaben an diejenigen, die in ihnen gebildet sein möchten. Jede hat besondere Zugangsweisen, entwickelt spezifische Arten, die Dinge zu sehen und zu beurteilen. Jede fügt, wenn man die Welt aus ihrer Perspektive betrachtet, der Idee allgemeiner Bildung je besondere Akzente hinzu, läßt sie eine spezifische Form annehmen. So ist zum Beispiel ein gebildeter Jurist zwar ein Gebildeter wie jeder andere auch. Auf Grund seiner Profession jedoch mag seine Bildung sich auch dort, wo er nicht über Recht spricht, in anderer Weise zeigen als die des gebildeten Geschäftsmannes oder Mediziners.

Wir gehen davon aus, daß jeder einzelne Zweig der Bildung das Ganze dessen bereichert, was man unter »Bildung« verstehen könnte. Wir glauben ferner, daß das Wissen um deren Vielfalt selbst ein Merkmal von Bildung darstellt: daß man die individuelle Kultur eines Menschen nicht zuletzt daran erkennen kann, welche und wie viele Bereiche menschlicher Tätigkeit er als mögliche Zweige von Bildung anerkennt. Zeitgenossen, die am Anfang ihrer Bildung stehen, werden nur wenige als solche gelten lassen – meist solche, die ihrer eigenen Profession nahestehen. Religiöse oder ideologische Fanatiker werden gar darauf beharren, daß es nur einen einzigen Gegenstand wahrer Bildung geben könne. Der Gebildete hingegen hält es für selbstverständlich, so viele Sphären wie nur irgend möglich als solche der Kultur zu betrachten. Dabei wird jeder andere Schwerpunkte setzen. Anders als noch vor fünfzig Jahren werden die meisten heute für technisch-naturwissenschaftliche Bildung plädieren. Doch immer noch gibt es Zeitgenossen, die eine literarisch-künstlerische Bildung für die eigentliche halten. Hingegen wird es vielen sonst durchaus Gebildeten schwerfallen – zumindest hierzulande –, die kulinarische oder gar die erotische Kultur als »Bildung« anzuerkennen.

Rangfolgen der Bildungsgegenstände aufzustellen und geistreich darüber zu diskutieren, gehört seit der Antike zu den bevorzugten Kunstübungen Gebildeter. Das hängt mit einer Tatsache zusammen, an der, auch wenn sie heute in manchen Kreisen als politisch unkorrekt gilt, kein Weg vorbeiführt: daß jede Bildung immer auch Wissen um Rangordnungen ist. Seit jeher gehört es zum Wesen, gar zum Ziel von Bildung, Hierarchien zu kennen, das Wichtige vom Beiläufigen unterscheiden zu können, das Wertvolle vom Beliebigen. In allen Bereichen ist Bildung in letzter Konsequenz Sinn für Qualität.

Gleichwohl geht es, wenn die folgenden Beiträge »Zweige der Bildung« zu beschreiben suchen, keineswegs darum, diese in einzelne Parzellen abzuteilen wie ein Neubaugebiet – und danach gar zu dekretieren, welche Bereiche als die wichtigsten zu gelten haben. Vielmehr wollen die Artikel schlicht die Fülle je spezifischer Ausprägungen von Bildung vor Augen führen. Sie wollen prüfen, welche je eigenen Erfordernisse und Aufgaben diese stellen, welche besonderen Talente sie schulen und verlangen, worin ihre je eigene Virtuosität bestehen könnte. Braucht derjenige, der sich philosophisch bilden möchte, andere Talente als derjenige, der ökonomische oder musikalische Bildung zu erwerben versucht? Und was verbindet wissenschaftliche Bildung mit ästhetischer, philologische mit erotischer, klassische mit religiöser?

So soll eben die Auffächerung der unterschiedlichen Zweige der Bildung an deren fundamentale Gemeinsamkeit erinnern: Sie alle führen auf das gleiche Ziel hin – auf das Ziel höherer Kultur, feinerer menschlicher Umgangsformen, einer würdigeren Lebensführung, eines schöneren, angenehmeren Miteinanders, eines erfüllteren Lebens, einer gesteigerten Fähigkeit, sich und anderen zum Glück zu verhelfen.

I.1. Bildung »an sich«

Einleitung
1. Religiöse Bildung
2. Philosophische Bildung
3. Mathematische Bildung
4. Künstlerische Bildung
5. Kulinarische Bildung
6. Erotische Bildung

Einleitung

Unter diesem Titel betrachten wir die beiden tragenden Säulen jeglicher Bildung: die religiös-philosophische und die sinnlich-ästhetische.

Am Anfang steht diejenige Bildung, die sich mit dem Glauben an ein Absolutes, an höchste Werte und objektive Wahrheit verbindet. Das mag all denen sonderbar, vielleicht sogar deplaziert vorkommen, die meinen, daß unsere Gegenwart eine von Grund auf säkulare, unsere Gesellschaft eine prinzipiell agnostische sei und auch sein müsse. Daran mag manches diskutabel sein. Im Ganzen aber halten wir die Idee, daß religiöse und moralische Bildung zweitrangig geworden seien, für einen (freilich populären) Irrtum der Ungebildeten. Denn der Glaube an ein Höchstes verschwindet nicht. Er wandelt nur seine Gestalt, inkarniert sich in zeitgemäße Überzeugungen wie die vom Vorrang des Sozialen, in ökologisches Verantwortungsbewußtsein oder die engagierte Hinwendung zu Opfern und Minderheiten aller Art. Auch und gerade die politische Korrektheit unserer Tage trägt viele und starke Züge von Religiosität in sich. Eben deshalb – um eben dieser ehrenwerten Ziele willen – ist eine ethisch-religiöse Bildung nicht minder nötig als bisher. Nur sie kann aus vagen Gefühlen eine echte, ihrer Grundlagen bewußte Haltung werden lassen.

Der eigentliche Grund aber, gerade diese Arten der Bildung an den Anfang dieses Kapitels zu stellen, ist einfacher und grundsätzlicher Natur. Weil Religion und Moral schlechthin ursprünglich sind, weil sie ihrem Wesen nach nie anders als an sich und für sich sein können, symbolisieren sie auf höchstem Niveau das Prinzip der Bildung überhaupt: die Tatsache, daß sie um ihrer selbst willen da ist. Alle drei – Religion, Moral und Bildung – gehören ihrem Wesen nach zusammen. An alle drei muß man glauben. Umso stärker drängt hier die Frage, ob es überhaupt eine spezifisch ethisch-religiöse Bildung geben kann, eine besondere Kultiviertheit im Angesicht des Glaubens, die indes nicht in diesem aufgeht.

Daß eine Bildung in Philosophie und Mathematik möglich sei, den beiden Königsdisziplinen strenger Reflexion, dürfte auf den ersten Blick eher einleuchten. Aber was heißt das? Kann man, wo es nicht um Form, sondern um reines Denken geht, überhaupt von »Bildung« sprechen? Sind Form und Inhalt hier nicht *per definitionem* Eines?

In anderer Weise berührt die Kultur der Sinnlichkeit die Grundlagen des Menschseins. Sie umfaßt alles, was mit der Wertschätzung irdischer Schönheit und dem irdischen Glück zu tun hat: die Kunst, also die Fähigkeit, Schönes zu schätzen und zu schaffen, Geschmack, Stilgefühl und Sinn für die Harmonie zwischen Ganzem und Nuancen. Ihren Höhepunkt findet sie in der erotischen Kultur: in der Fähigkeit, sublimiert zu genießen und Genuß zu schenken, zu lieben und selbst liebenswürdig zu sein.

Beide Formen der Bildung, die ethisch-religiöse wie die ästhetische, sind zutiefst paradox. Von beiden nämlich kann man mit guten Gründen bezweifeln, daß sie überhaupt lehrbar, lernbar, erwerbbar sind. Weder wird man durch Bildung fromm werden noch weise, weder macht sie den Gebildeten zum Künstler noch steigert sie seine Sinnlichkeit. Es scheint, als müsse man diese Fähigkeiten schon in hohem Maße besitzen, um sie ausbilden zu können.

Nicht minder schwer wiegt ein zweites Paradox. Wer von spirituellen wie von künstlerischen Erlebnissen Offenbarungen erwartet, die ihn spontan erfassen, unwiderstehlich überwältigen, existentiell erschüttern und absolut erfüllen, der wird fragen, ob »Bildung« überhaupt ein passendes Konzept sei, sich beiden Phänomenen – der Kunst wie der Religion – anzunähern. Verhindert ihre Neigung zu distanzierender Abwägung nicht eher die lebensverändernde

Wirkung, die man von beiden erwartet? Entspricht sie nicht vielmehr eben jenem wohltemperierten »Gut gemeint«, von dem Gottfried Benn sagt, daß es das Gegenteil von Kunst sei? Neigt Bildung nicht eher dazu, Kunst und Religion zu neutralisieren als sie zu vertiefen?

Die folgenden Artikel werden diese Einwände und Bedenken kaum widerlegen. Vielleicht aber können sie helfen, sie genauer und schärfer zu formulieren. Oft zeigt sich Bildung eben nicht in erschöpfenden Antworten, sondern in aufregenden Fragen.

1. Religiöse Bildung

Odilo Lechner

Sowohl der Begriff der Bildung wie der von Religion hat vielfache und kontroverse Bestimmungen erfahren, von Philosophie und Theologie, von Psychologie, Pädagogik und Religionswissenschaft.

Bildung hat freilich für die Antike, etwa für die platonische Tradition, ganz allgemein religiösen Charakter – als Hinkehr von der äußeren zu einer tieferen Weltsicht. Für die jüdische Weisheitsliteratur ist die Religion das Fundament der Weisheit. Die Furcht des Herrn ist der Anfang der Weisheit; »alle, die danach leben, sind klug« (Ps 111,10). So wird für das christliche Mittelalter die Ausrichtung auf den Menschen als Ebenbild Gottes (Gen 1,26) und auf Christus, das »Ebenbild des unsichtbaren Gottes« schlechthin (Kol 1,15), zum Kern aller Bildung des Menschen, am tiefsten und innerlichsten ausgeprägt etwa bei Meister Eckhart.

In der Neuzeit, vor allem mit der Aufklärung, tritt die Selbstbestimmung des Menschen in den Vordergrund. Die Entfaltung der Humanität, der menschlichen Persönlichkeit wird auch ohne Gottesbezug denkbar. Religiöse Bildung scheint dann im Bildungskanon nur einen Teilaspekt auszumachen, je nach Einstellung einen wichtigen oder nur einen sehr marginalen.

Trotz aller Säkularisierung und Verweltlichung wird freilich dem Menschen der Postmoderne ein neues Verlangen nach Religiosität zugesprochen, nach einem alle ökonomische Nützlichkeit und spezialisierte Wissenschaftlichkeit übersteigenden Sinn, nach einer letzten Geborgenheit – unabhängig von religiösen Institutionen und Glaubenssystemen. Gibt es einen allgemeinen Nenner, auf den die verschiedenen Religionen, ihre Theorie und Praxis, ihre Glaubens- und Moralvorstellungen, ihre Übungen und Kulte gebracht werden können? Angesichts der dem Menschen heute zugänglichen Pluralität von Religionen und Weltdeutungen, von spirituellen Angeboten, auch von esoterischer Seite, angesichts auch der zunehmenden Individualisierung des Lebens liegt es nahe, daß der Mensch ganz allgemein nach Religiosität sucht, auch wenn er je nach eigenem Bedürfnis ihre Gestaltung auswählt. Religion wird empfunden als das Gefühl schlechthinniger Abhängigkeit (Schleiermacher), als Erfahrung von Transzendenz, von dem, was sinnliche Erfahrungen und rationales Begreifen überschreitet, als Erfahrung des Numinosum (Rudolf Otto), als innere Erfahrung eines Lebenssinns, eines Lebensauftrags und darum auch Auftraggebers (Viktor Frankl).

Religiosität im allgemeinen als Anliegen von Bildung

Wenn Religion eine »der frühesten und allgemeinsten Aussagen der menschlichen Seele« (C. G. Jung) ist, dann muß sich wahre Menschenbildung auch um die Erweckung und Förderung des religiösen Sinnes bemühen. Nur so kann sie über bloße Wissensvermittlung und Aneignung von Fertigkeiten hinaus zum vollen Menschsein führen.

Elemente solch religiöser Grundbildung könnten sein: die Übung von Ehrfurcht und Achtsamkeit, die Empfindsamkeit für das eigene und für das fremde Fühlen, das Horchen auf die Stimmen der eigenen Tiefe, auf das Gewissen, die Erfahrung des Geschenkcharakters unseres Lebens und die Weckung von Dankbarkeit. Wenn verschiedene Verfassungen, wie z. B. die bayerische von 1946, als eines der obersten Bildungsziele die Ehrfurcht vor Gott angeben (Art. 131), dann kann damit nicht so sehr ein bestimmtes Glaubensbekenntnis gemeint sein. Vielmehr geht es um die Ehrfurcht vor der Frage des Menschen nach Gott, vor der Suche nach einer letzten Begründung seiner Würde, vor der Sehnsucht nach einem die Gesellschaft verbindenden Sinn, nach einer letzten Einheit. Bemerkenswert scheint mir, daß diese Verfassung des öfteren von einem Recht auf Ausbildung spricht, die nicht nur den erkennbaren Fähigkeiten, den Anlagen, den Neigungen und der Leistung des Menschen entspricht, sondern auch seiner inneren Berufung. So schwer diese von außen feststellbar ist, so muß doch alle Bildung davon ausgehen, daß jeder Mensch in seinem Inneren, in seinem Gewissen sich angerufen fühlt, in seinem Leben eine ihm zugesprochene Aufgabe zu erfüllen, einem Sinn zu dienen. Darum ist es Bildungsziel, Verantwortungsgefühl, Verantwortungsfreudigkeit zu entwickeln. Die Förderung solcher Grundhaltungen sollte also Ziel jeder Bildung sein. Sie ist Voraussetzung und Bestandteil auch für die Entwicklung einer religiösen Lebensgestaltung.

Religiöses Leben freilich vollzieht sich in konkreten Zeichen, Riten, Übungen, Vorstellungen, Bildern und in einer bestimmten Sprachgestalt. So wird religiöse Bildung immer in einer Überlieferung stehen, durch eine religiöse Gemeinschaft vermittelt sein. Nur in der konkreten Übung von Beten und Meditieren, von Kult und sozialem Tun wird religiöse Erfahrung ermöglicht und vertieft. Darum geschieht sie in der Gemeinschaft einer Familie, einer Gruppe, einer religiösen Gemeinde, einer Kirche, auch wenn es dabei der je eigenen Aneignung, der Auseinandersetzung, der freien Entscheidung, der selbst gewonnenen Überzeugung bedarf.

Darum wird sich religiöse Bildung immer als Einübung in einer konkreten religiösen Gemeinschaft vollziehen. So wenig das Kind nur sich selber überlassen werden kann, um sich etwa seine Muttersprache und seine kulturelle Ausrichtung zu wählen, so wächst auch das Kind in ein religiöses Umfeld hinein und lernt mit Eltern und anderen Kindern zu beten, zu feiern, Verhaltensweisen als verpflichtend anzunehmen.

Konkretisierung religiöser Bildung in der christlichen Unterweisung

In der christlichen Tradition geht es um das Vernehmen der Botschaft Jesu und um die Gemeinschaft mit ihm, dem Mittler zwischen Gott und den Menschen. Menschen, die von Jesus angerufen und seine Jünger geworden waren, gaben anderen seine Botschaft weiter und führten sie zur Taufe. So kennt die Kirche bald das Katechumenat, die Unterweisung und Bewährung im Glauben, die Einübung im Christsein. Solche Einführung, die mancherorts drei Jahre dauerte, führte dann zur Taufe, etwa in der Osternacht. So sind uns von Cyrill von Jerusalem neunzehn im Jahr 348 gehaltene Katechesen an die Taufbewerber erhalten. Sie legten vor allem das Glaubensbekenntnis, das Symbolum aus, die Zusammenfassung der Heilsgeschichte und des Heilswirkens Gottes. Nach der Taufe führte Cyrill in das Vaterunser ein, in das Beten des Christen.

Mit dem Entstehen der Volkskirche und der allgemein gewordenen Kindertaufe wurde die religiöse Unterweisung vor allem eine Aufgabe der Familie und der christlichen Gemeinde. So konnte und mußte jede neue Generation in das Leben der Kirche hineinwachsen, die ihr überlieferte Praxis aufnehmen und selber weitergeben. Die Teilnahme am Gottesdienst, der Empfang der Sakramente, die Unterweisung in Predigt und Brauchtum, die Veranschaulichung der Botschaft durch Bilder, der *biblia pauperum*, stellten ein fortlaufendes Bildungsprogramm dar, das freilich oft nur ungenügend vermittelt wurde. Insbesondere durch die Vorbereitung auf das Bußsakrament wurde die Sittenlehre den Menschen vor Augen gestellt. Darum kennt der kleine und große Katechismus Martin Luthers von 1529 vor allem die drei Teile: die Gebote (Dekalog/Hauptgebot der Liebe) »Was der Mensch tun und lassen soll«, das Glaubensbekenntnis »Wo der Mensch die Arznei, die Gnade finden soll« und das Vaterunser, die Gebetslehre »Wie er es suchen und holen soll«. Zusammen mit der Darlegung der Sakramente, den Zeichen des Heils, sind dies die Grundelemente der Katechismen bis etwa zum Evangelischen Erwachsenenkatechismus (1975), dem Katholischen Erwachsenenkatechismus der Deutschen Bischöfe (1985 und 1995) oder dem Katechismus des Vatikans (1993).

Für die Kinder und Jugendlichen wurde zunehmend neben der Christenlehre in der Kirche die Schule zum Ort der religiösen Unterweisung. Für die Reformation sind die Schulen *seminaria ecclesiae et reipuplicae*, also gemeinsame Einrichtungen von Kirche und Staat. In den deutschsprachigen Ländern wird darum im 18. Jahrhundert der Religionsunterricht ein fester Bestandteil der Schule. Bis heute hat dadurch der Staat die Verpflichtung religiöser Bildung der Kinder und Jugendlichen übernommen, indem er die Verantwortung dafür mit bevorzugten Religionsgemeinschaften teilt. Ausgangspunkt war dafür die weitgehende Identität einer regionalen Gesellschaft mit christlichen Kirchen. Auch nach dem Wegfall dieser Identität ist der Religionsunterricht an den Schulen auch heute noch sinnvoll als ein Angebot zur religiösen Orientierung und als Vermittlung eines religiösen Wissens, das unsere Kultur geprägt hat. Freilich wurde im 20. Jahrhundert deutlich, daß die Weitergabe des Glaubens an die nachfolgenden Generationen dadurch nicht mehr gewährleistet wird. Wie in anderen Regionen der Welt wurde der Ort der christlichen Unterweisung wieder viel mehr die kirchliche Gemeinschaft selber. Das zeigt sich vor allem z. B. in der Hinführung zur Erstkommunion, Konfirmation und Firmung, in der Vorbereitung auf Taufe und Ehe. Die Hinführung ist Aufgabe der ganzen Gemeinde und muß auch die Eltern der Kinder mit einbeziehen. Gegenüber der Gefahr, daß in der Unterweisung das verstandesmäßige Element zu sehr überwog, suchten die Kirchen durch vielfältige Angebote Kinder und Jugendliche zu gemeinsamem Erlebnis des Christseins zu führen. Das geschah vor allem auch durch Jugendverbände, die im 20. Jahrhundert vor allem aus der Jugendbewegung erwuchsen. Die gesellschaftlichen Veränderungen, neue Fragestellungen in Politik und Arbeitsleben, aber auch in der theologischen Wissenschaft machten die religiöse Weiterbildung auch der Erwachsenen zu einer wichtigen Aufgabe. Sie geschah in verschiedenen Verbänden und Vereinen, nach dem Zweiten Weltkrieg auch durch den Aufbau einer kirchlichen Erwachsenenbildung.

Je weniger die Christen heute in einem geschlossenen Raum religiöser und kultureller Identität leben und religiöse Tradition wie von selber der nächsten Generation weitergegeben wird, desto mehr stellt sich die Frage, wie der Erwachsene, auch der Getaufte, neu zum Glauben und zur Erfahrung christlichen Lebens kommt. Er bedarf einer neuen Einführung und einer neuen bewußten Entscheidung zu einem christlichen Leben. Darum werden verschiedene Weisen von Glaubenskursen entwickelt. Ein solches neues Katechumenat setzt eine Gemeinschaft von Menschen voraus, die solche Schritte begleiten und vor allem den neu zum Glauben Gekommenen Anteil an christlichem Gemeinschaftsleben geben. Hier sind von großer Bedeutung neuere geistliche Gemeinschaften und Bewegungen (*movimenti*), die zumeist im 20. Jahrhundert gegründet wurden, wie z. B. Fokularbewegung, Cursillo (Kleiner Glaubenskurs), Charismatische Gemeindeerneuerung, Neokatechumenat, Taizégruppen, aber auch Gebets- und Familienkreise, in denen sich Menschen gegenseitig im Glauben bestärken und anderen den Glauben bezeugen.

Was ist für die religiöse Bildung im christlichen Sinne wesentlich?

a) Orientierung an Christus, dem einmaligen Menschen, der Maßstab für alle menschliche Entwicklung, der die Zukunft des Menschen schlechthin ist. Oder die Sehnsucht des Paulus, »es zu ergreifen, weil auch ich von Jesus Christus ergriffen worden bin« (Phil 3,12). Christliche Bildung will helfen, sich von seiner Gestalt faszinieren zu lassen und in Gemeinschaft mit ihm zu treten. Sie sucht zu helfen, das Wort Gottes zu verstehen und es fruchtbar werden zu lassen in geistlicher Schriftlesung, in Schriftmeditation, im Schriftgespräch.

b) Das Wort Gottes eröffnet eine Sicht auf das Ganze des Lebens und der Welt. Christlicher Glaube ringt um eine Zusammenschau. Theologie und Mystik haben in vielen Ansätzen sich darum bemüht. Es ist »der Glaube, der Einsicht sucht« (Anselm von Canterbury: *fides quaerens intellectum*). Religion meint immer den ganzen Menschen, also auch seine Vernunft. Glaube steht darum grundsätzlich nicht im Widerspruch zur Erkenntnis des Verstandes, auch wenn der Blick auf das Ganze das Einzelwissen jeweils übersteigt und Widersprüche oft eine langwierige und geduldige Klärung brauchen.

c) Darum bedient sich der Glaube der Sprache der Bilder und der Symbole. Religiöse Bildung will dazu befähigen, Symbole zu erfassen, ihre Wahrheit zu erspüren, sich von ihnen leiten zu lassen, die Bildwelt von Natur und Kunst zu deuten.

d) Für den religiösen Menschen kommt es nicht so sehr auf das Erkennen als auf das Verkosten an (Ignatius von Loyola). Um innerlich berührt zu werden, bedarf es einer Pflege der inneren Gefühlswelt, einer Achtsamkeit auf die Stimme des Inneren.

e) Religiöse Bildung zielt auf den freien Willen des Menschen. Der Anruf Gottes ist ein Anruf an die Freiheit. Er ruft zur Entscheidung auf, will Entschiedenheit. Wie beschränkt und bedingt der Mensch durch Natur und Gesellschaft auch sein mag, sein freies Ja zur Liebe Gottes und zur Liebe des Menschen ist sein kostbarstes Gut.
f) Der Christ ist zwar als Einzelner angerufen, aber er vollzieht sein Christsein in der Gemeinschaft der Kirche, seines mystischen Leibes. Christus lebt in der Gemeinde: »Wo zwei oder drei in meinem Namen versammelt sind, da bin ich mitten unter ihnen« (Mt 18, 20).
g) Kirchliche Gemeinschaft vollzieht sich in der gottesdienstlichen Versammlung, in der Liturgie, in den heiligen Zeichen. Kirche macht das Unsichtbare sichtbar, ist Zeichen des in ihr wirkenden Geistes. Darum ist religiöse Bildung immer auch liturgische Bildung, Mystagogie, Einführung in das Geheimnis, Einübung in die Riten, in denen der Mensch sich selber und das Geheimnis Gottes ausdrückt. Aber der Gottesdienst selber ist religiöse Bildung als vergegenwärtigendes Gedächtnis der Heilstat, als tätige Teilnahme, als Erfahrung des Geistes.
h) Religiöse Bildung ist immer Schule des Betens, der Entdeckung des Wunders der Sprache, unseres Angerufenseins und Antwortenkönnens, daß wir unser Leben auf Gott hin aussagen und sein unbegreifbares und unnennbares Geheimnis anrufen können. Die Sprache des Gebetes schenkt uns die Gemeinsamkeit von Worten, entreißt uns der Einsamkeit und bedarf doch zugleich der »Innerung«, der Meditation, der innersten Aneignung der Worte und zugleich der inneren Erfahrung des Unendlichen und Unsagbaren.
i) Religiöse Bildung zielt auf die Begegnung mit Gott und dem Nächsten im Tun, in der Erfahrung, daß das Reich Gottes unter uns beginnt. Der Antrieb zur Nächstenliebe, zum Einsatz für das allgemeine Wohl bezieht seine Kraft aus der Erfahrung, daß wir zuerst geliebt sind. Begegnung mit Gott geschieht in der Begegnung mit dem Menschen: »Was ihr für einen meiner geringsten Brüder getan habt, das habt ihr mir getan« (Mt 25, 40).
k) Religiöse Bildung steht gerade heute in unserer globalisierten Welt unter der Spannung von Vielheit und Einheit, von Wahrheit und Freiheit. Religiöser Vollzug ist nur möglich als ein bestimmter Weg – auch noch im christlichen Glauben als Weg einer bestimmten Tradition, einer bestimmten Frömmigkeitshaltung. Er steht unter der verpflichtenden Kraft der erkannten Wahrheit, die verbindlich bleibt. Religiöse Wahrheit freilich kann nicht erzwungen, sondern nur aus freier Überzeugung angenommen werden. So wird religiöse Bildung sich nicht mit der Beliebigkeit der vielen religiösen Angebote begnügen können, sondern zu einem als richtig erkannten Weg anleiten. Zugleich aber muß alle religiöse Bildung auf die Vielfalt religiöser Wege hinweisen, auch auf die religiösen Schätze in den Weltreligionen, in denen sich auf je eigene Weise das Wirken von Gottes Geist erspüren läßt. So verbindet sich treue Entschiedenheit zur erkannten Wahrheit mit ehrfürchtiger Kenntnis anderer Überzeugungen.

Literatur:
Gottfried Bitter, Rudolf Englert, Gabriele Miller, Karl Ernst Nipkow (Hgg.), Neues Handbuch religionspädagogischer Grundbegriffe, München 2002.
Winfried Böhm, Britta Fuchs, Sabine Seichter (Hgg.), Hauptwerke der Pädagogik, Paderborn 2009.
Rudolf Englert, Glaubensgeschichte und Bildungsprozess: Versuch einer religionspädagogischen Kairologie, München 1985.
Romano Guardini, Grundlegung der Bildungslehre, Mainz 2000.
Franz Henrich (Hg.), Erwachsenenbildung in der pluralen Gesellschaft, Düsseldorf 1978.
Friedrich Schweitzer, Religionspädagogik, Gütersloh 2006.

2. Philosophische Bildung

Tobias Nikolaus Klass

> »Der Krisis des humanistischen Bildungsbegriffs, über die ich nicht viele Worte zu machen brauche, ist Philosophie im öffentlichen Bewusstsein erlegen. (…) Restauration ist in der Philosophie so vergeblich wie sonstwo. Diese müsste vorm Bildungsgeklapper sich hüten und vorm weltanschaulichen Abrakadabra.«
>
> Adorno, *Wozu noch Philosophie?*

Zweifel ist der Grundstoff, aus dem die Philosophie sich nährt, Fragen ihre erste Ernährungstechnik. Und so kann für den Philosophen auch die Vorstellung von »Bildung«, zumal einer spezifisch philosophischen, wohl zuerst nur Gegenstand von Zweifel und Fragen sein. Fragen und Zweifel, wie sie in der Geschichte der Verquickung der Begriffe »Philosophie« und »Bildung« eigentlich seit Humboldt immer wieder aufgetaucht sind, in den allermeisten aktuellen Diskursen zum Thema aber kaum mehr vorkommen – nicht zumindest derart, daß die Idee der »philosophischen Bildung« selbst je ernsthaft in Zweifel gezogen würde. Fragen wie die folgenden: Was könnte den Gegenstand einer philosophischen Bildung ausmachen, wo doch das, was eigentlich Gegenstand der Philosophie ist, gerade von dieser immer wieder in Frage gestellt wird (was nicht nur ein Faktum, sondern eine philosophieinterne Notwendigkeit beschreibt)? Wer sollte da der philosophisch zu Bildende sein, wo doch jedwede bildbare Instanz – sei sie »das Subjekt«, sei sie »der Mensch« – unlängst der Dezentrierung ebenso anheim gegeben wurde wie der narzistischen Kränkung ihrer Marginalität? Warum überhaupt sollte »Bildung« – was immer das sein mag jenseits einer liebenswerten, aber wenig überzeugenden, weil philosophisch nicht präzise gefaßten Hoffnung des 18. Jahrhunderts – erstrebenswert sein, nachdem nicht nur der Menschheitsgeschichte, sondern auch der Geschichte eines jeden Einzelnen die Gewißheit unumstößlicher Ziele abhanden gekommen scheint? Fragen, die, wenn nicht zu beantworten, so doch näher einzukreisen – d. h. näher zu befragen – not tut, will man auch nur im Ansatz sinnvoll zum Thema etwas sagen (und nicht nur dem eigenen Pietismus einmal mehr eine Entschuldigung liefern, sich selbst freien Lauf zu gewähren).

Begonnen sei dazu auf der Seite des älteren der beiden Begriffe. Wer wissen will, was Philosophie ist, schreibt Heidegger in seinem bedeutenden Aufsatz *Was heißt Denken?*, der muß zuerst schauen, was die machen, die *philosophoi*, »Philosophen«, genannt werden. Das scheint banal, doch steckt darin eine nicht unerhebliche Setzung. Denn es verschiebt die Aufmerksamkeit vom möglichen Gegenstand der Philosophie hin zur Aktivität des Philosophierens selbst. Philosophie wäre somit nicht mehr zuerst ein benennbarer Bestand von Texten (Platons Dialoge, Kants Kritiken, Nietzsches Aphorismen etc.) und Fragen (Was kann ich wissen? Was soll ich tun? Was darf ich hoffen? etc.), die es sich anzueignen bzw. auf die es eine Antwort zu finden gilt, sondern eine spezifische Form von Tätigkeit. Und zwar eine, die, zumindest laut Heidegger, niemand per se schon für sich reklamieren kann, sondern die es – und hier kommt der jüngere der beiden in Frage stehenden Begriffe ins Spiel – allererst zu *lernen* gilt. Philosophische Bildung wäre somit zuerst: Philosophieren-Lernen.

Wie aber lernt man das und was lernt man da (will sagen: Was ist das Eigene der »Philosophieren« genannten Tätigkeit, die es allererst zu lernen gilt)? Das Wie des Lernens vergleicht Heidegger mit dem Lernen des Schwimmens (man könnte es, etwas präziser vielleicht noch, auch mit dem Spracherwerb vergleichen, wie Adorno und auch Benjamin dies tun: Da es ja in der Philosophie stets zuerst um ein Umgehen mit Worten geht, um ein Lernen (und, natürlich, Befragen) von Sprachen und Sprechweisen. Denn auch beim Schwimmen, so lautet Heideggers Begründung, nützt es wenig, ein Manual über die wichtigsten Schwimmtechniken zu studieren; nach einem solchen Studium mag man wissen, wie Schwimmen funktioniert, schwimmen kann man aber deshalb noch lange nicht. Dazu hilft nur eines: der Sprung ins – zumeist kalte – Wasser und die Nachahmung derer, die bereits schwimmen. Philosophische Bildung wäre nach diesem Modell zuerst so etwas wie die Ausbildung einer spezifischen Fähigkeit durch bewußte – vielleicht sollte man vorsichtiger schreiben: aufmerksame – Nachahmung derer, die diese Fähigkeit bereits exerzieren.

Das mag auf jeden Agierenden, sich immer schon handelnd in der Welt Bewegenden überzeugend wirken (und irgendwie auch beruhigend: denn es scheint vom einsamen *studium* unlesbarer Bücher in der »Eiswüste der Abstraktion«, wie Benjamin es nennt, zu entlasten), wirft aber tatsächlich mehr Fragen auf, als es beantwortet. Denn wenn besagte Nachahmung den Stellenwert hat, den Heidegger ihr zuspricht, dann ist natürlich die Frage zuerst: Wen nachahmen? Heidegger? Oder gerade nicht Heidegger? Denn Heidegger philosophiert ja deutlich anders etwa als Kant oder Platon oder Adorno (um nur einige der Namen zu nennen, die gemeinhin – wieso? – der Philosophie zugerechnet werden). Was zu der allgemeineren Frage führt: Was kann das Maß sein, nach dem zu entscheiden wäre, wessen Art zu philosophieren (man könnte auch – von Personen abgerückt – schreiben: welche philosophische Methode) nachahmenswert und also der philosophischen Bildung förderlich ist und wessen Art oder welche Methode dagegen gerade das Gegenteil bewirkt, nur »Jargon« erzeugt und somit das eigentliche Philosophieren eher verhindert als fördert (denn auch das kennt jeder: daß einer redet, um gerade nichts zu sagen, einer weltgewandt »philosophiert« und damit gerade das wirkliche Philosophieren übertönt)?

Das *Wie* des Lernens drängt so von sich, schon in Ansätzen selbst befragt, zur Frage des *Was* des Lernens: Bevor man sagen kann, wie man Philosophieren lernt, muß man sagen können, was, d. h. welche Art von Tätigkeit man lernt, wenn man Philosophieren lernt (und nicht umgekehrt, wie der gutgemeinte Wahn universaler Didaktisierbarkeit, ja, Didaktisierungspflicht uns glauben machen will). Eine solche Frage aber läßt sich sinnvoll überhaupt nur beantworten, wenn man weiß, was das Ziel besagter Tätigkeit sein könnte: Denn jedes Tun will getan sein *um zu* (selbst das selbstbezügliche: Auch es tut etwas nur *um* seiner selbst willen). Schule hat hier, zumal in den Zirkeln derer, denen es heute um philosophische Bildung bestellt ist, vor allem die Formel Kants gemacht: *Sich im Denken orientieren*. Was könnte damit gemeint sein? Für die meisten Interpreten dieses Diktums scheint ausgemacht, daß Sich-im-Denken-Orientieren zuerst meint: die Fähigkeit zu besitzen, sich mit Hilfe des Denkens, d. h. dank des Denkens in der Welt und den in ihr aufgeworfenen Fragen (Was kann ich wissen? Wie soll ich handeln? etc.) zu orientieren. Philosophische Bildung zu erlangen hieße so, eine denkerische Fähigkeit (heute würde man sagen: Kompetenz) zu erwerben, die Orientierung ermöglicht – in den großen Fragen der Welt (nach der Möglichkeit von Erkenntnis, danach, was Moral ist oder sein wollte, nach dem Wesen des Menschen etc.), aber auch, so zumindest legen uns seit einigen Jahren mit anschwellender Verve die Vertreter der »Philosophie als Lebenskunst«-Schule nahe, die Philosophie aus dem Elfenbeinturm der Akademien und Universitäten hinaus und ins praktische Leben des jedermann hineinholen wollen, in den Fragen alltäglicher Nöte und Sorgen.

Sosehr dies – vielleicht – Philosophie als eine wünschenswerte »Basiskompetenz« auszuweisen scheint, so sehr wird dabei ein Detail der kantischen Formulierung auf geradezu penetrante Art und Weise überlesen: daß es da nicht zuerst um eine Orientierung *mit Hilfe des* Denkens, sondern *im* Denken geht. Orientiert wird sich da denkend im Denken selbst, den Wegen, die das Denken aus sich vorgibt (und das durchaus mit Grund: denn mehr als dieses Denken haben wir ja nicht; die Welt, wie sie wirklich ist, steht uns nicht zur Verfügung, sondern höchstens: was wir und wie wir denken, daß sie ist). Was es heißt, dies wirklich ernst zu nehmen aber, das hat nicht erst das sogenannte »postmoderne« Denken, sondern das haben bereits alle frühen platonischen Dialoge eindrucksvoll gezeigt: nämlich, daß man dabei vom Denken – zumindest der niemals ausschließbaren realen Möglichkeit nach – in die Aporien desselben geschickt werden kann, d. h. auf die seiner Wege, die keine sind, sich selbst verstellen. So daß, wer im Denken sich orientiert, von der Logik dieses Denkens – möglicherweise – bis dahin geführt wird, wo es selbst nur noch Antinomen und Paradoxe anzubieten hat und doch zugleich sichtbar werden läßt, daß Entscheidungen anstehen – ohne ihnen selbst einen Grund geben zu können. »Sich im Denken orientieren« führt daher nicht, wie uns die versichern, für die diese Versicherung zuerst eine Versicherung ihrer selbst, d. h. ihrer Posten und Positionen ist, notgedrungen in den Hafen der Leben im allgemeinen und Alltag im besonderen ordnenden Gewißheiten (Gewißheiten, die dann stundenweise oder als Blockseminar zu entlohnen sind), sondern in das offene Meer des Fragwürdigen mit all seinen Wirbeln und Untiefen. So gesehen wäre philosophische Bildung zuerst das Eröffnen eines Wegs in die Fragwürdigkeiten des Denkens selbst. In eine Welt der Reflexion, in deren nicht begrenzbaren Spiege lungen nicht erst einer sich auf immer verlaufen hat. Weil Philosophie selbst, als ein Tun, keine Grenzen setzt, im Gegenteil das Immer-Weiter des Fragens und Zweifelns geradezu manisch verlangt (denn wie sollte es jeden Grund, an genau dieser Stelle mit dem Frage innezuhalten, nicht nur selbst wieder in Frage stellen?).

Philosophie, derart von ihren Themen und Texten getrennt, weil ganz auf ein Tun, eine schwer einzugrenzende, der realen Möglichkeit nach immer auch ins Ungewisse und Gefährliche führende Denkpraxis festgelegt, scheint mit diesem Verlust der Gewißheiten zugleich immerhin *eines* gewonnen zu haben: Sie wird zu einer Sache jedermanns. Erweist sich, da nicht mehr gebunden an ein Studium eines Kanons zumeist schwieriger Texte, als zutiefst egalitär. Kein Expertenvorrecht, kein Fachgelehrtentum regiert, wie es scheint, die zu bildende Kunst des Philosophierens, sondern ausschließlich das *Humanum*, dem einzig das Denken untersteht. Weshalb philosophische Bildung scheinbar natürlicherweise zum Anliegen vor allem derer geworden ist, die als »Humanisten« sich verstehen.

Nur: Was ist dieses *Humanum*? Ist Vernunft, das Innehaben des *logos*, sein Signum? Selbst wenn man diese Art Fixierung auf die Vernunft als Philosoph gelten zu lassen geneigt ist (was nicht zwingend ist), bleibt doch die Frage: Wessen Vernunft? Welcher Kultur, welcher Epoche? Wenn Philosophieren zum Ziel hat, sich im Denken zu orientieren, ist dies notgedrungen stets ein Denken einer Zeit (und auch eines Ortes, eines Klimas, einer Kultur), d. h. eine Menge von Schon-Gedachtem, das den einzelnen Denkenden in einer von ihm unkontrollierbaren Weise immer schon übersteigt. Dieser Menge auch nur im Ansatz ansichtig zu werden (es in Gänze in den Blick zu bekommen, da ist unsere Endlichkeit vor) bedarf, wenn nicht sozialwissenschaftlich skalierbarer intellektueller Möglichkeiten, so doch zumindest einer nicht jedermann gegebenen besonderen Art von Aufmerksamkeit: Denn es braucht zum Philosophieren stets ein Aufmerken, das das Denken von sich selbst abrückt (andernfalls würde es nur weiter als solches unbemerkt verfließen). Und sie verlangt zudem, was vielleicht noch wichtiger ist, den noch seltener zu findenden unbedingten Willen zu Selbstdistanz und Selbstentfremdung. Und dies nicht so sehr, weil philosophische Bildung per se den Umweg über das Medium des anderen zu gehen hat (dies auch; doch nicht in dem nicht selten kolportierten Sinne, daß dieser andere der Durchgangspunkt eines dem Prozeß des Durchgehens vorgängigen und hernach in schrittweiser Selbstentfaltung wieder zu sich findenden Selbst ist), sondern vor allem, da sonst der ärgste Gegner der Philosophie sich ihres Platzes bemächtigen kann: das Ressentiment, dieser unbedingte Wille, bei sich selbst zu verharren. Wichtigstes Anliegen des Ressentiment ist stets, dem eigenen Urteil keinen Schaden zuzufügen, es vor allen Fremdansprüchen und -anfragen in Schutz zu nehmen, auf daß das »Eigene« (dieses leere Bollwerk der Borniertheit) ungebremst seine Wege gehen kann. (Philosophische Bildung, hätte sie politisch ein Ziel, könnte nur dies eine haben: dem Ressentiment die Existenz zu verunmöglichen. Konkret: Wäre – heute – das Land, dem der in andere Sprachen und Kulturen unübersetzbar erscheinende Begriff der »Bildung« entstammt, ein philosophisch gebildetes, wäre es ein Land ohne BILD-Leser.)

Doch nicht nur die Notwendigkeit von Aufmerksamkeit und Distanz (die aufzubringen nicht immer jedermanns Sache ist), sondern noch eine weitere Eigenart der Philosophie selbst hindert die Idee philosophischer Bildung am ungebrochenen Pathos des Menschlichen, des »Jeder Mensch ist ein Philosoph«: die unabweisbare Geschichtlichkeit des Denkens. Sich im Denken zu orientieren meint: sich in einem schon Gedachten zu orientieren, sich also mit solchem zu beschäftigen, das dem aktuellen Denken schon vorausgegangen ist. Es gibt in der Philosophie keine *creatio ex nihilo*, weil selbst die Mittel, mit denen wir ein Denken befragen, um uns in ihm denkend zu orientieren, uns von diesem uns je schon vorhergehenden Denken allererst an die Hand gegeben worden sind. Ein Denken, das sich natürlich nicht nur in philosophischen Texten, sondern auch auf ganz andere Weise noch manifestiert hat: in Alltagsdiskursen, Rechtsvorstellungen, Volksmythen, Literatur, aber eben auch – *hélàs!* – in den bisweilen schwer verständlichen, für »Jedermann« fast unlesbar scheinenden Texten der Philosophie (zumindest Texten, die zu lesen jedermann ungern die Mühen auf sich nimmt: was theoretisch niemanden per se aus der Philosophie ausschließt, praktisch sich aber viele selbst ausschließen macht). Weshalb man, wenn auch Philosophie auf Texte und vor allem Textpflege allein niemals zu beschränken ist, als einer, der sich philosophisch zu bilden anhebt, der Aufgabe der Lektüre philosophischer Texte niemals sich leichthin entheben kann. Die offensichtliche – und ja auch in der Philosophiegeschichte selbst immer wieder angeprangerte – Diskreditierung der Philosophie durch »Bildungsphilister«, die Philosophisches klug in »kulturelles Kapital« umgemünzt und damit laut »geklappert« haben (und dies noch tun), hat – vor allem im angelsächsischen Raum, aber auch in zahllosen philosophischen Cafés und Praxen – nicht eben wenige zu der Annahme verleitet, daß man sich der ganzen lästigen Geschichte der Philosophie als wirklich Philosophierender allererst zu entledigen habe. (Fußnote: Je weniger Fußnoten ein philosophischer Text habe, hat in diesem Sinne einmal der US-amerikanische Philosoph John R. Searle geschrieben, desto besser, d.i. philosophischer sei der Text.) Eine Annahme, die freilich allzu schnell zu übersehen bereit ist, daß es ein Leichtes ist, den »bloßen Philosophiehistoriker« als geistlosen Wissensverwalter abzukanzeln (zumal, wenn er »Universitätsphilosophie« betreibt: als schließe ihn dies per se von der Philosophie aus), sehr viel schwerer dagegen, die von ihm bedachten Wissensbestände abzuweisen: Denn darin findet sich auch solches Schon-Gedachte, das ein aktuelles Denken allererst ermöglicht hat (und es also je schon »orientiert«). Philosophische Bildung mit all den ihren Wegen inhärenten Sackgassen und Abwegen mag eines jeden Menschen Sache sein; doch beginnt kein Mensch derart im geschichtslosen Augenblick, daß er sich ob seines bloßen Mensch-Seins vor den Reflexionen dieses Mensch-Seins und auch der Geschichte dieser Reflexionen je schon in Sicherheit wähnen könnte.

Natürlich: kann man (und muß man), wenn man es denn ernst meint mit der philosophischen Bildung (oder vorsichtiger: der Frage nach der philosophischen Bildung), auch dies in Zweifel ziehen. Der wahre Skeptiker, hat klug einmal David Hume angemerkt, mißtraut nicht zuerst seinen Überzeugungen, sondern seinen Zweifeln. Zweifel ist der Grundstoff der Philosophie, den man zweifelnd selbst noch zersetzen kann. Zu welcher Art Gewißheit man dann gelangt freilich, und ob es eine philosophische ist: Das gilt es allererst zu bedenken. Und zwar jenseits aller Bildungsapologetik derer, die immer schon satt in ihrer Gewißheit sich wärmen, nichts zu wissen. Und mit diesem vermeintlichen Nicht-Wissen einen ganzen Zweig von Bildungsindustrie zum eigenen Vorteil klappern machen.

3. Mathematische Bildung

Ernst Horst

Es gibt keinen Königsweg zur Mathematik. So antwortete Euklid von Alexandria auf die Frage des Pharaos Ptolemaios I., ob man die Geometrie nicht auch leichter erlernen könne als mit dem Studium von Euklids Lehrsätzen. Den Wahrheitsgehalt dieser Anekdote kann man nicht mit mathematischer Präzision bestimmen. Immerhin gibt es das unter dem Namen »Die Elemente« bekannte Lehrbuch. Ob der Verfasser »Euklid« eine Einzelperson oder ein Kollektiv von Autoren war, weiß man nicht genau. Aber wer auch immer den fast schon an Majestätsbeleidigung grenzenden Satz über den Königsweg formulierte, er hatte recht.

Menschen sind keine Computer. Sie sind Schimpansenvettern, die im Laufe der Evolution ein gewisses Talent zum abstrakten Denken entwickelt haben. Diese Fähigkeiten sind an die Bedürfnisse unserer Industriegesellschaften nicht optimal angepaßt. Mathematik ist nützlich. (Zur »Mathematik« will ich hier großzügig auch Schwesterwissenschaften wie Logik, Statistik und das Programmieren eines Radioweckers rechnen, auf Feinheiten soll es mir nicht ankommen.) Da unsere Zivilisation aber erst ein paar tausend Jahre alt ist, sind unsere Gene nicht dafür optimiert, uns das mathematische Talent zur Verfügung zu stellen, das wir so gut gebrauchen könnten. Wir lernen Mathematik mühsam wie der Zirkusbär das Motorradfahren. Wenn ein Kind in die Schule kommt, dann kann es sprechen und Purzelbäume schlagen. Rechnen kann es noch nicht. Daß es keinen Königsweg zur Mathematik gibt, liegt nicht an der Mathematik. Es liegt an uns.

Natürlich ist das kein Grund zu resignieren. Die Mathematik gehört eben zu den Dingen, die uns weniger leichtfallen. Mathematik ist eine esoterische Kunst. Goethe sagte einmal: »Die Mathematiker sind eine Art Franzosen: redet man zu ihnen, so übersetzen sie es in ihre Sprache, und dann ist es alsobald ganz etwas anderes«. Es lohnt sich aber durchaus, diese Sprache zu erlernen, wenn (!!!) man das Talent dafür besitzt. Mathematiker verdienen mehr und sind seltener arbeitslos als Schauspieler, vor allem, wenn man auch ihre profaneren Vettern wie die Steuerberater berücksichtigt. Wer Mathematik studiert, erleidet im ersten Semester erst einmal einen gewissen Schock. Nicht weil das Studium schwer wäre, sondern weil man den Stoff, den man von der Schule her zu verstehen meint, unter einer völlig anderen Sichtweise vorgeführt bekommt. Es ist wie mit einem Röntgenbild von Greta Garbo. Sie ist nicht zu erkennen.

Weil die Mathematik für viele von uns ein notwendiges Übel ist, nehmen wir auch ihre Schönheiten oft nicht so zur Kenntnis, wie sie es verdient hätten. Wer einmal mit Kurvendiskussionen gequält wurde, sträubt sich vielleicht aus Trotz auch gegen die Teile der Mathematik, die sich mehr durch die Erhabenheit einer Kathedrale als die Nützlichkeit einer Schraubenfabrik auszeichnen. Ein gutes Beispiel für vollkommene Mathematik, die man selbst als Laie, wenn auch nur im Prinzip, nicht im Detail verstehen kann, ist die Frage nach der Quadratur des Kreises. Die Aufgabe, die sich zuerst die Griechen im fünften vorchristlichen Jahrhundert stellten, ist einfach: Gegeben ist ein Kreis auf dem Zeichenblatt. Man konstruiere daraus nur mit Zirkel und Lineal ein Quadrat des gleichen Flächeninhalts. Erst im Jahr 1882 konnte Ferdinand Lindemann (später zum Lohn dafür nobilitiert) beweisen, daß das nicht geht. Ein Kreis läßt sich mit Zirkel und Lineal nicht quadrieren. Das ist so sicher wie daß zweimal zwei vier ergibt. Die Aussage ist einfach, ihr Beweis nicht. Zu seinem Verständnis sind einige Semester Studium vonnöten. Und, wie könnte es auch anders sein: Lindemann hat das Problem in seine Sprache übersetzt, und es war alsobald etwas anderes. Es heißt nicht: »Die Quadratur des Kreises ist unmöglich«. Stattdessen sagt man: »Die Kreiszahl Pi ist transzendent«. Die erste Aussage folgt aber aus der zweiten.

Wäre die Welt perfekt (und damit ziemlich langweilig), dann wüßte das jeder. So ist es aber nicht. Mit »Quadratur des Kreises« bezeichnen Banausen gerne eine sehr schwere, aber gerade noch lösbare Aufgabe. Noch verwirrender ist es, daß immer wieder durchaus gebildete Leute von neuem versuchen, den Kreis zu quadrieren und oft genug sogar irgendwann nach jahrelanger Mühe der Meinung sind, sie hätten es geschafft. Es geht nicht. Punkt. Vielleicht gibt es doch ein verbreitetes Mißverständnis dessen, was Mathematik wirklich ist. Wenn ein Physiker in einer wissenschaftlichen Publikation über Schwarze Löcher schreibt, dann tut er das mit einer beeindruckenden mathematischen Nomenklatur. Mathematik ist das trotzdem nicht. Eine Aussage der Physik kann höchstwahrscheinlich wahr sein, einigermaßen wahr oder falsch. Wie es im Inneren eines Schwarzen Lochs wirklich aussieht, weiß niemand ganz genau. Mathematik hingegen, genauer gesagt Mathematik etwa ab dem 18. Jahrhundert, ist immer wahr oder ein gescheiterter Versuch. Zwischentöne gibt es nicht. Das kann man als Schwäche und als Stärke sehen. Oft wird die Mathematik – aus guten didaktischen Gründen – gelehrt, als wäre sie Physik oder Chemie. Dabei geht der prinzipielle Unterschied zwischen der Mathematik und den Naturwissenschaften verloren. Man kann den Kreis nicht quadrieren. Man kann auch kein Perpetuum mobile bauen. Das mit dem Kreis ist aber noch etwas sicherer. Als kleine Erläuterung zu der Frage »Was ist mathematisches Denken und was nicht?« sei hier mit vier Beispielen auf einige Aspekte eingegangen, die vielleicht nicht jedem vertraut sind.

Triviales Beispiel Nr. 1: Wie brät sich ein Mathematiker zwei Spiegeleier? Erster Fall: Die Eier sind im Keller. Dann holt sich der Mathematiker zwei Eier in die Küche und brät sie. Zweiter Fall: Die Eier sind in der Küche. Dann bringt der Mathematiker zwei davon in den Keller und geht in die Küche zurück. Damit ist das Problem auf den ersten Fall zurückgeführt. Die hier verwendete Methode ist die sog. Fallunterscheidung. Die betrachtete Aufgabe läßt sich auf mehrere Möglichkeiten zurückführen, die man separat untersucht. Manche mathematischen Beweise sind reine »Existenzbeweise«. Man zeigt, daß es etwas gibt, oder daß etwas möglich ist. Ob diese Lösung auch unter praktischen Gesichtspunkten sinnvoll ist, bleibt dahingestellt. Das ist kein Manko, solange man das Ziel erreicht hat, das man erreichen wollte. Im Jahr 1796 zeigte Carl Friedrich Gauß (der leicht melancholisch blickende Herr auf dem letzten Zehnmarkschein), daß man das regelmäßige 65.537-Eck mit Zirkel und Lineal konstruieren kann. Falls jemand jemals das Bedürfnis verspürt, das auch zu tun, dann wissen wir, daß er keiner Chimäre wie der Quadratur des Kreises hinterherjagt. Im Maschinenbau wird man sich aber eher schwertun, ein 65.537-Eck von einem Kreis zu unterscheiden.

Triviales Beispiel Nr. 2: In Paderborn regnet es oder die Glocken läuten. Dieser Satz illustriert den Gebrauch des Wortes »oder« in der Mathematik. Die Aussagen, die durch »oder« verbunden werden, können beide wahr sein. Auch bei Regen wird geläutet. Beim umgangssprachlichen Gebrauch von »oder« weiß man nicht immer ganz genau, was gemeint ist. In der Mathematik hat man sich irgendwann ein für allemal festgelegt. Man muß sich hüten, hinter einer solchen Festlegung besonders tiefsinnige Gründe zu vermuten. Oft ist das Motiv schiere Faulheit. Man formuliert seine Definitionen so, daß die Theorie, die darauf aufbaut, besonders einfach und durchsichtig wird. Es kann natürlich sein, daß dieser Aspekt erst nach einiger Zeit offensichtlich wird. Studenten begreifen manchmal erst im vierten Semester, warum sie im ersten etwas so und nicht anders definiert haben. In dieser Hinsicht extrem sind die eleganten Bücher des Poldeviers Nicolas Bourbaki. Sie gleichen dem Computer »Deep Thought« aus »Per Anhalter durch die Galaxis«. Hier findet man die perfekte Antwort. Nach der passenden Frage muß man aber vielleicht noch suchen. Mathematik ist keine Vertrauenssache, sie ist immer prinzipiell nachprüfbar. Die Didaktik der Mathematik ist hingegen durchaus Vertrauenssache.

Triviales Beispiel Nr. 3: Ein Ingenieur, ein Physiker und ein Mathematiker fahren mit der Eisenbahn durch eine ihnen unbekannte Landschaft und sehen auf einer Weide zwei Schafe. Der Ingenieur: »In dieser Gegend sind alle Schafe schwarz.« Der Physiker: »In dieser Gegend gibt es zwei schwarze Schafe.« Der Mathematiker: »In dieser Gegend gibt es wenigstens zwei Schafe, die auf einer Seite schwarz sind.« Bei manchen Aufgaben muß man sorgfältiger arbeiten als bei anderen. Es gibt keine Regel dafür, das kann man nur ad hoc entscheiden. Manchmal ist es besser, einen Ingenieur einzustellen als einen Mathematiker. Manchmal nicht.

Triviales Beispiel Nr. 4: Wenn meine Oma Räder hätte, wäre sie ein Omnibus. Das Rad ist im Tierreich wenig verbreitet. Das 1951 von Maurits Cornelis Escher beschriebene Krempeltierchen kann sich nur zu einem einzelnen Rad zusammenfalten. Es gibt allerdings die Rädertierchen (Rotatoria). Diese können sich geschlechtlich fortpflanzen, also macht der Begriff »Oma« bei ihnen durchaus Sinn. Ein Sprecher, der Aussagen über seine Ahnen macht, kann aber nur ein Homo sapiens sein. Das Weibchen der Spezies *Homo sapiens* hat keine Räder. Der Satz »Meine Oma hat Räder.« ist also immer falsch. Nach dem logischen Prinzip »Ex falso quodlibet« – aus Falschem folgt Beliebiges – ist dann aber die Aussage »Wenn meine Oma Räder hat, dann ist sie ein Omnibus.« eine wahre Aussage. Aus der Mengenlehre kennt man die sog. leere Menge. Das ist zum Beispiel die Menge aller menschlichen Omas mit Rädern. In mathematischen Beweisen kommt es oft vor, daß man nicht weiß oder vielleicht sogar nicht wissen kann, welche der vorkommenden Mengen leer sind. Gerade darin gründet sich der Erfolg der Abstraktion. Man ignoriert Informationen, die man im betrachteten Zusammenhang ignorieren kann, und kommt trotzdem zu wichtigen Ergebnissen. Das ist das Wittgensteinsche Prinzip: Wovon man nicht reden kann, darüber muß man schweigen. Echte Mathematik erkennt man daran, daß sie über die richtigen Dinge schweigt und nicht über die falschen Dinge redet.

Man kann wohl sagen, daß heute die meisten durchaus Gebildeten von der Mathematik eine verschwommenere Vorstellung haben als von – sagen wir mal – Pharmazie, Raumfahrt oder dem Liebesleben der Filmstars. Mathematik macht selten Schlagzeilen. Ein Symptom für dieses Desinteresse ist das allgemein verbreitete Unwissen über die Geschichte der Mathematik. Theoretisch könnte man die Mathematik auch verstehen, ohne zu wissen, wie sie entstanden ist. In der Realität ist sie aber ein Gebilde wie das von Schliemann ausgegrabene Troja. Viele historische Schichten liegen übereinander. Jede davon baut auf den Fragmenten der Vergangenheit auf. Der Müll der Jahrhunderte ist das Fundament des Status quo. Im Lauf der Zeit ist die Mathematik nicht schwieriger geworden, nur komplexer. Unsere Vorfahren waren ja auch keine Deppen. Die Probleme, mit denen sie sich befaßten, waren so wenig trivial wie die heutigen. Man kann sie aber oft leichter verstehen, weil sich noch nicht so viel Ballast angesammelt hatte. In der Schule wiederholen wir mehr oder weniger die historische Entwicklung von der Arithmetik der Babylonier bis hin zur Wahrscheinlichkeitsrechnung Pascals. Am Ende der 1960er Jahre versuchte man mit wenig Erfolg, die Cantorsche Mengenlehre an der Grundschule einzuführen. Das scheiterte nicht daran, daß der Stoff zu schwer ist, sondern daran, daß man seinen Nutzen so früh noch nicht einsehen kann. Nicht ohne Grund ist die Mengenlehre eine Theorie, die erst relativ spät, nämlich ab etwa 1877, entstand. Wenn wir unsere mathematischen Kenntnisse erwerben, wiederholen wir die lange mathematische Geschichte der Menschheit. Die Ontogenese rekapituliert die Phylogenese.

Sokrates, Caesar, Shakespeare, Tizian, Bismarck – solche Namen sind uns vertraut. Selbst wir Halbgebildeten kennen die bedeutendsten Philosophen, Feldherrn und so weiter und haben eine einigermaßen korrekte Vorstellung von dem, was sie geleistet haben. Bei Mathematikern ist das anders. Oft hält man die falschen Personen für bedeutende Mathematiker, oder man kennt gleich gar keine. Und wenn man doch welche kennt, dann verknüpft man sie mit Entdeckungen, die sie gar nicht gemacht haben. Betrachten wir einmal Pythagoras von Samos. Er war hauptsächlich ein Philosoph und Prophet. Ob er persönlich auch nur irgendwelche neuen mathematischen Erkenntnisse ersonnen hat, ist unsicher. Der »Satz des Pythagoras« war schon lange vor ihm bekannt. Ein richtiger Mathematiker – einer der ganz großen – war hingegen Archimedes von Syrakus. Doch das, was heute gerne an Anekdoten über ihn erzählt wird, ist längst nicht immer belegbar und bedient nur das Klischee des verrückten Professors. Carl Friedrich Gauß und David Hilbert waren für die Mathematik so wichtig wie Beethoven und Bach für die Musik. Der Laie kennt sie vielleicht gerade noch, weil das Gauss eine physikalische Einheit und der Hilbertraum etwas Unverständliches aus der Quantenmechanik ist. Womöglich ist in ganz Deutschland keine einzige Straße nach David Hilbert benannt worden. (Die Hilbertstraße in Berlin heißt so nach einem Schlächtermeister und die in Dresden nach einem Vorsteher des Haus- und Grundbesitzervereins.) Aber viele halten den Physiker Albert Einstein für einen genialen Mathematiker.

Ich will hier nicht an der Quantität der mathematischen Bildung herummäkeln. Diese muß und wird letztlich dem freien Spiel der Kräfte überlassen bleiben. Jede zusätzliche Mathematikstunde an der Schule wird erkauft mit einer Biologie-, Geographie- oder Sportstunde weniger. Ein Mathematiker, der immer nur mehr Mathematik fordert, ist im Grunde schon ein Rassist. Etwas anderes ist aber die Qualität der mathematischen Bildung. Wir vergewaltigen unsere Mitmenschen bestimmt nicht, wenn wir statt mehr einfach nur besseren Mathematikunterricht fordern. Aber was ist besserer Mathematikunterricht? Die einfältige, aber deshalb noch lange nicht falsche Antwort auf diese Frage verweist auf die PISA-Studien. PISA ist so etwas wie das Öchslegrad beim Traubenmost. Ein Winzer braucht gutes Ausgangsmaterial, aber damit fängt seine Arbeit erst an. PISA mißt die Grundversorgung, aber Bildung läßt sich nicht auf ein paar Zahlen reduzieren. Bildung ist die Summe von Hunderten von verschiedenen Einflüssen. Bildung läßt sich (Gott sei Dank!) nicht par ordre du Mufti beliebig vermehren.

Wie man die Qualität der mathematischen Bildung verbessern kann, weiß niemand mit Sicherheit. Die einen geben wie Sokrates in seiner Apologie auch zu, daß sie nichts wissen, die anderen versuchen es zu verbergen. Wem man da folgen will, kann man selbst entscheiden. Im letzten Jahrhundert ist jedenfalls der Versuch, in den Schulen die »Neue Mathematik« einzuführen, kläglich gescheitert. Daraus sollte man lernen. Von dem Mathematiker Dietrich Braess stammt ein bekanntes Beispiel, das sog. Braess-Paradoxon. Man betrachtet das Netz von Straßen, die zwei Städte A und B verbinden. Dann kann es vorkommen, daß man die durchschnittliche Fahrzeit von A nach B vergrößert, wenn man noch einen zusätzlichen Straßenabschnitt einfügt. Das ist nicht intuitiv, aber wahr. Nach einem Königsweg muß man lange suchen, und manchmal existiert er nicht. Trotzdem in aller Bescheidenheit ein kleiner Verbesserungsvorschlag: Man beschäftige sich – an der Schule und vielleicht auch sonst – mehr mit der Geschichte der Mathematik. Menschen sind verschieden. Manche befriedigt es, aktiv mathematisch zu arbeiten. Anderen bereitet es vielleicht Freude, zumindest passiv zu verstehen, was Mathematiker, Programmierer, Statistiker und so weiter eigentlich treiben. Vielleicht werden sie dann sogar als Chef der Mathematiker eingestellt. Man braucht ja auch immer Eunuchen, die den Harem bewachen.

Literaturhinweis: Die Wikipedia (de.wikipedia.org, en.wikipedia.org) bietet einen erstaunlich guten Überblick über viele Themen der mathematischen Allgemeinbildung und darüber hinaus. Da diese Enzyklopädie von vielen freiwilligen Mitarbeitern erstellt wird, gibt es aber keine Garantie, daß jeder Artikel das an sich gute Niveau hält. Mathematik ist ein Gebiet, in dem es wenige Kontroversen gibt. Die bekannten ideologischen Streitereien der Wikipedia sind in der Abteilung Mathematik eher selten. (Siehe aber »Nicolas Bourbaki« oder »Poincaré conjecture« und die zugehörigen Diskussionen in der englischen Wikipedia.) Die Artikel zu den oben betrachteten

4. Künstlerische Bildung

Eva-Maria Magel

> Frau Emilie Külz musterte Ann Boleyn sehr kritisch. »Ein gemaltes Frauenzimmer!« stellte sie fest. »Noch dazu tief ausgeschnitten!«
> »Du verstehst eben nichts von Kunst«, sagte er.
> »Nein«, antwortete sie. »Eine Tafel Schokolade wäre mir lieber gewesen.«
>
> Erich Kästner, *Die verschwundene Miniatur*

»Kunst ist schön, macht aber viel Arbeit.« Dieser wirklich wahre Satz, den Karl Valentin gesagt hat, gilt nicht nur für jene, die malen, komponieren, tanzen oder schreiben. Es gilt auch für diejenigen, die das, was andere an Kunst produzieren, anhören, betrachten, beriechen, befühlen oder auch verspeisen. Man muß das alles nicht. Und kann, zum Beispiel, ein nach allen Regeln und kreativen Prozessen der Kochkunst aufgebautes köstliches Gericht genauso ahnungslos verputzen wie eine Currywurst. Satt wird man bei beidem, irgendwie. Oder man kann die Computermaus auf einem Mousepad mit einem Picasso darauf herumfahren, ohne daß es einen dabei gruselt – und ohne daß man das geringste Bedürfnis hätte, sich das Ganze mal im Original anzusehen. Wozu also sollte ich mir die Arbeit machen, Kunst anders als beiläufig zu betrachten? Also muß der Kunstgenuß etwas einbringen. Obwohl er Mühe macht. Aber Genießen hat immer mit Lernen und mit Wachsen zu tun. Mit Bildung also.

Schönheiten, je nachdem, was man denn als schön empfindet, verschafft sich jeder Mensch. Oder sie fallen ihm vor die Füße. Man kann sie so hinnehmen, sich an etwas irgendwie erfreuen und weitergehen. Oder man kann die Erfahrung verlängern, verbreitern, vertiefen und daraus mehr schöpfen: mehr Vergnügen, mehr Erkenntnis, mehr Lebensqualität, könnte man sagen – vorausgesetzt, man leistet auch ein bißchen Arbeit. Die bildende Kunst macht es einem da vielleicht schwerer als andere Künste. Und das Reden und Schreiben über Kunst gehört zu den komplizierten Angelegenheiten. Jedes der gewichtigen Worte, das man dafür verwendet: Schönheit, Leben, Bildung, Individuum zum Beispiel – ist für sich genommen so oft um und umgewendet und in Beziehung zu den anderen gesetzt worden, daß jede Äußerung eine neue Debatte gebiert. Zeichen dafür, daß die Kunst sich selbst und wir sie zu wichtig nehmen? Oder gerade das Gegenteil? Idealismus? Nicht Idealismus? Erfreulicherweise geht es hier nicht um Theoriebildung, sondern um ein paar Überlegungen über ein weites Feld: Wie der Mensch zum Kunstfreund wird. Geschrieben aus laienhafter Kunstfreundschaft.

Die bildende Kunst ist meist nicht ganz so eingängig wie Musik oder ein poetischer Text. Im Gegensatz zu Büchern oder Tonkonserven kann man Kunst auch selten mit sich herumtragen – und eine Postkarte vom Lieblingsbild oder ein virtueller Galerienbesuch im Internet sind ein schwacher Ersatz, eine Art Versprechen, irgendwann einmal wieder vor dem echten, dem richtigen, dem auratischen Kunstwerk zu stehen. Oder, mit einer leisen Wehmut, sich an einen grandiosen Moment des Betrachtens zu erinnern, den man vielleicht nie wieder erleben wird. Kunst steht, liegt oder hängt an besonderen Orten, in Museen, Galerien, Kirchen, bei Leuten zu Hause, zu denen man sich hinbewegen muß. Schon diese Bewegung ist also, in gewisser Weise, Arbeit. Eine freiwillige Leistung, von der man sich etwas verspricht.

Seit einiger Zeit, dieser Text ist im Frühjahr 2007 geschrieben, pilgern helle Scharen in Kunstausstellungen überall auf der Welt. Kunst ist »in«, mehr denn je. Gehen die Leute dort hin, weil sie bei einem durch alle Medien begleiteten »Ereignis« dabei sein wollen? Weil sie nach Schönheit suchen? Weil sie eine Ablenkung oder Trost brauchen von zuviel Berufsstreß, prekären familiären Situationen, Einsamkeit oder der alltäglichen Leere des Seins? Weil sie sich dem im Alltag seltenen Vergnügen hingeben, in aller Freiheit ihre Gedanken und Assoziationen zu spinnen, während sie die Kunst betrachten? Vielleicht ist es von allem ein bißchen und müßig, gerade hier die einzelnen Beweggründe zu untersuchen – Studien gibt es dazu reichlich. Was unter anderem diejenigen bevorzugen werden, deren Ausstellungen viele Fachleute und Kunstliebhaber kritisieren, weil sie mit Sensationen locken – manche professionelle Kunstbetrachter halten das auch schlicht für Geldschneiderei. Und hoffen zumindest, daß die Massen- oder Großereignisse der Kunst auch den ständig arbeitenden Museen und Galerien neue Liebhaber gewinnen könnte.

Denn wer nicht sein Geld damit verdient, schaut als »Amateur« oder »Dilettant« auf die Kunst. Böse Worte, im heutigen Sprachgebrauch. Meist werden sie assoziiert mit »nicht Profi sein«, etwa im Sport, und Stümper. In der Kunstbegegnung sollte man ihre bestmögliche Bedeutung annehmen – das eine Wort hat mit dem Vergnügen zu tun, das andere mit der Liebe. Ziemlich sinnliche Begriffe – sie würden Immanuel Kant, der mit seiner »Kritik der Urteilskraft« ein Grundwerk der Ästhetik mit langer Nachwirkung geschrieben hat, vermutlich in einem Text zur Kunstbetrachtung nicht gefallen. Wir retten uns mit dem Trick, daß die Liebe zur Kunst und das Vergnügen daran nicht heißen soll, jedes einzelne Kunstwerk zu lieben – wiewohl man im Lauf der Zeit ein paar ganz persönliche Vorlieben entspinnen wird –, sondern die Beschäftigung mit der Kunst.

Und ansonsten bewegen wir uns auf dem Feld der Amateure und Dilettanten, und gehen davon aus, daß der erste, buchstäbliche Beweggrund, sich mit Kunst zu befassen, eben eine sinnliche Faszination ist. Im Grunde fängt wahrscheinlich jede persönliche Kunstgeschichte so an, oft in der Kindheit: Mit dem ganz naiven Zugehen auf etwas, das durch Klang, Farbe oder Bewegung fasziniert. Man nähert sich, schaut, empfindet Vergnügen oder Neugier. Dieses soghafte Daraufzulaufen kann man zum Beispiel gut beobachten, wenn man in einer Yves-Klein-Ausstellung ist: Es sind nämlich nicht nur Kinder, die auf seine blauen Monochrome zustreben oder von schimmernden Goldflächen angezogen sind. Es geht Erwachsenen geradeso. Und auch geübte Kunstbetrachter geben sich gern dem Vergnügen hin, so spontan, spielerisch vielleicht, auf ein Kunstwerk zu reagieren. Im Wissen, daß die Prozesse, die man seither durchlaufen hat, dem ersten Antrieb, sich mit der Sache auseinanderzusetzen, viele weitere Beweggründe hinzugefügt hat. Wer so auf die Kunst schaut, empfindet sie als Bereicherung – und zwar nicht, weil er sein Geld mit dem Verkaufen, Zeigen oder Kritisieren von Kunst bestreitet. Und auch nicht, weil Kunst und Kultur ihm als gesellschaftliche Pflichtübung, als ein Mittel zum Zweck dienen. Und wenn es nur das ist, das eigene Renommee durch gescheites Daherreden über Kunst heben zu wollen.

Von den Amateuren und Dilettanten gibt es zweierlei Leute: Die einen haben schon in ihrer Kindheit, oder später, manchmal sogar aus Gründen der Heilung von körperlichem oder seelischem Schmerz, das Kreative für sich entdeckt. Sie modellieren in Ton, zeichnen oder machen in den Ferien einen Kurs in Landschaftsmalerei. Das ist schön, bereichernd auch, aber von dieser Art von Amateuren und Dilettanten soll hier nicht die Rede sein.

Auf Französisch sagt man: »Je suis un amateur d'art«. Und damit meint man meist nicht, daß man zu Hause den Pinsel schwingt. Gemeint ist »Ich bin Kunstliebhaber«. Es steckt das lateinische Wort *amare* darin, lieben. Lieben ist immer eine große Kraft, und gleichzeitig etwas Hilfloses, ein Sich-Ausliefern. So geht es Leuten, wenn sie Menschen lieben – und manchmal auch, wenn sie die Kunst lieben. Manche ersetzen sogar das eine durch das andere, was nicht nur traurig ist, sondern auch arm. Denn die Zuneigung zur Kunst hat viel mit dem Dialog zu tun – doch davon später.

Der Illusion, die Menschen könnten einen enttäuschen, die Kunst nicht, sollte man nicht aufsitzen. Überhaupt liegt die Beschäftigung mit der Kunst oft extrem nah am Pathos. Naive Kunstliebe kann bitter enttäuscht werden. Und es sind oft die am heftigsten gerühmten Kunstwerke, die eine solche Enttäuschung auslösen. So wie Leute, die in Studenten-WGs unter den plakatierten Sonnenblumen van Goghs frühstückten, eins auf zwei Meter, dann schulterzuckend vor dem Original stehen. Oder der erste Anblick der Mona Lisa: »Ach so sieht die aus? – Na dann…«. Das einst Verehrte schnurrt zusammen, als offenbare der von fern angebetete Jugendschwarm plötzlich eine Zahnspange und lispele. Schließlich ist es nicht nur das oberflächlich »Schöne«, das einen in der Kunst anzieht. Sondern gerade das, an dem man sich reibt, das Trauer auslöst oder Befremden, über das man vielleicht lacht, auch über sich selbst. Man muß es zu lesen lernen.

Ein lebenslanger Prozeß des Schauens, Fragens, Lesens und Lernens entspinnt sich daraus. Seine

Techniken und seine Ergebnisse sind untrennbar mit dem Leben verbunden, das jenseits der Kunstbetrachtung liegt. Sie strahlen aus, ebenso wie das Vergnügen, das man bei dieser Art von Tätigkeit empfindet.

Der Dilettant hat es im 18. Jahrhundert in den deutschen Sprachgebrauch geschafft, vom italienischen *diletto*, dem Vergnügen, und dem lateinischen Verb *delectare*, sich erfreuen, das uns manchmal noch unterkommt, wenn jemand von *prodesse et delectare* als den Aufgaben der Kunst spricht. So eng hat Horaz, aus dessen Literaturtheorie der Spruch abgeleitet ist, das noch nicht gesehen. Bei ihm heißt es »Aut prodesse volunt aut delectare poetae« – eigentlich: die Dichter wollen entweder nützen oder erfreuen. Erst viele Jahrhunderte später, in der Aufklärung, hat man von der Kunst beides erwartet. Da haben sich die Kunst und das Subjekt schon in Richtung Autonomie davongemacht. Und es ist gerade den deutschen Dichtern und Denkern zu verdanken, Kant, Schiller, Hegel zum Beispiel und vielen anderen, daß das Verhältnis des Menschen zur Kunst um und umgewendet wurde, vor allem, was den Zusammenhang von sinnlichem und intellektuellem Vergnügen und dem Nutzen daraus betrifft.

Die Antike und das 18. und 19. Jahrhundert haben vieles formuliert, das bis heute unser Verständnis von der Bedeutung der Kunst für den Menschen prägt. Sittliche Reife. Erziehung. Moral. Beglückung. Erbauung. Wohlgefallen. Bewußtsein. Heute sprechen Sozialpädagogen davon, daß ästhetische Erfahrungen »Schlüsselkompetenzen« des Menschen ausbauen und festigen könnten. Daß aus diesem Bildungsgedanken öffentliche Museen hervorgingen, die heute (fast) jedermann den Zugang zur Kunst ermöglichen, ist eine Entwicklung. Daß Kunst zur Staatskunst instrumentalisiert wurde, um treue Bürger zu erziehen, später gar Hörige einer Diktatur, ist einer der Wege ins Unterholz der Kunstvermittlung.

Diesen frühen Bemühungen um das Verhältnis von Kunst und Mensch haben wir aber auch einen Begriff zu verdanken, den es so wie in der deutschen in keiner anderen Sprache gibt: das Bildungsbürgertum. Heute bröckelt diese einstmals breitere Schicht, die durch ihr Wissen, ihre Ausbildung und Kultur zu Ansehen und Einfluß kam. Die Nutzen und Vergnügen gleichermaßen pflegte. Oft nur, um sich selbst und der Familie ein Auskommen an den Fleischtöpfen der Macht zu sichern. Oft aber entstand daraus ein Selbstbewußtsein, das auch dazu dienen konnte, sich Vereinnahmungen zu verschließen. Was einst sozusagen der Schokoladenkuchen gewesen war, einer rechtschaffenen Existenz, ist manchem zum täglichen Brot geworden, von dem man zehrte, um geistig und seelisch zu überleben. Heute sind viele dieser Leute genauso tot wie ihre Gegner. Die Debatten um das materialistische Aus- und Benutzen von Kunst, um ihre Verklärung, die zu einer Art gehobenem Opium fürs Volk führe, leben weiter. Und das Wort »Bildungsbürger« selbst wird oft als Schimpfwort benutzt. Daß die Tradition aber stark ist, sieht man schon allein daran, daß ein Buch wie dieses entstanden ist: Vermutlich würde man in keinem anderen Land der Welt das Bestreben haben, die Freude an den Künsten und am Wissen, an der Bildung, in ein solches Handbuch zu fassen.

Eine Bildungsgeschichte ist es allemal, die einsetzt, wenn der Mensch mit der Kunst konfrontiert wird – und diese Begegnung wiederholt. Wie es in einem Rilke-Gedicht heißt: »Ich lebe mein Leben in wachsenden Ringen«. Philosophen, Psychologen und Kunstwissenschaftler haben sich damit beschäftigt, wie der Mensch ein ästhetisches Urteil bildet. Kunstpädagogen und Sozialwissenschaftler fragen wieder anders, wie der Mensch zur Kunst kommt, und was er davon hat. Sicher ist, daß die Begegnung mit der Kunst nur dann gepflegt wird, wenn sie als positiv, freiwillig und bereichernd empfunden wird. So mancher Opernhasser, Kunstmuffel und Literaturverächter hat schließlich in Kindheit und Jugend den verordneten Kunstgenuß als freudlose Zwangsveranstaltung erlebt.

Andere erinnern sich ihr Leben lang an jenen Moment, der die Faszination ausgelöst hat: Die berauschende Farbenpracht eines opulenten Freskos oder der erste Konzertbesuch. Natürlich werden solche unbedarften, emotionalen Zugänge seltener, je älter man wird, auch, weil so viele Erfahrungen im Erwachsenenleben sich dazugesellen und überlagern. Weil die Skepsis sich einstellt, was allerdings neue Reize erzeugt und neue Freiheiten.

Man läßt sich auf das Betrachten ein, auf die eigenen Gefühle und das eigene Weltwissen, zieht Vergleiche, fällt ein – persönliches – Urteil. Reichert es an, gleicht es ab mit dem, was man schon weiß, etwa über ein Genre, einen Künstler, eine Epoche. Liest, plaudert mit anderen Liebhabern oder mit Fachleuten, nimmt sich Zeit, die nicht vertrieben wird, sondern ausgekostet. Dem sinnlichen Vergnügen gesellt sich das geistige bei – ein Vergnügen, das sich auch dann einstellt, wenn das betrachtete Objekt nicht dem entspricht, was man als »schön« bezeichnen würde.

Das sagen schließlich viele von der modernen oder zeitgenössischen Kunst: Sie sei kompliziert, nicht zu verstehen, fremd, sperrig, abschreckend, provozierend. Eine Kunstkritikerin, die also ihr Brot damit verdient, über Kunst zu schreiben, pflegt gern zu scherzen, über moderne Kunst könne ohnehin niemand etwas sagen – alles sei gleich richtig oder falsch. Ein philanthropischer Witz, aus dem spricht, daß sich mit jedem Wissen neue Fragen stellen. Gerade die zeitgenössische Kunst erlebt derzeit einen ungeheuren Publikumszuspruch. Das spricht unbedingt für mehrere Thesen, mit denen sich die Kunsttheorie seit Jahrzehnten, wenn nicht gar Jahrhunderten herumschlägt: Daß die Kunst und das Leben, die Welt, keine unterschiedlichen Komponenten sind, sondern unbedingt zusammengehören, sich aufeinander beziehen, sich gegenseitig spiegeln, ergänzen und – wenn es gutgeht, erweitern. Und daß dazu unbedingt der Betrachter notwendig ist, der durch seine Tätigkeit allererst und in seiner jeweiligen Individualität das ganze Kunstwerk »herstellt«. Das ist aber auch so, wenn man sich mit Werken beschäftigt, deren Kunstwert sozusagen durch die Geschichte bestätigt wurde. Oder die vermeintlich weniger »abstrakt« oder »schöner« sind als etwa Pollocks Farbtropfen oder Beuys' »Blitzschlag mit Lichtschein auf Hirsch«. Man kann auch vor Dürers »Melancholie« oder eben der »Mona Lisa« fasziniert vielleicht, aber ratlos stehen.

Man kann Erklärungen suchen, Anleitung, Lektüre. Letztlich aber, und das spricht für unser westlich geprägtes Verständnis von der Freiheit der Kunst ebenso wie der des Menschen, schätzen die meisten Kunstbetrachter gerade diese Ambivalenz: Daß da immer ein Rest offenbleibt. Und im besten Fall, auch ein oft betrachtetes Kunstwerk immer neu zum Schauen und Fragen anregt. Und auch das Gegenteil stellt sich ein: Daß man, aus seinen eigenen guten Gründen, bestimmte Werke, Positionen oder Künstler meidet. Im besten Fall, weil man sich damit beschäftigt hat, um zu wissen, daß man das nicht sehen mag und auch nicht braucht. Schon so manche »Kunst im öffentlichen Raum«, die Passanten auf Grund der Kunstvermutung begaffen, darf sich deshalb der Nichtbeachtung anderer rühmen. Oder umgekehrt.

Eine schöne Anekdote in diesem Zusammenhang stammt von einer durchaus fortgeschrittenen Kunstliebhaberin, die berichtete, wie sie einmal, ein einziges Mal das Gefühl hatte, den »Blitzschlag mit Lichtschein auf Hirsch« »verstanden« zu haben: als der damalige Direktor des Museums für Moderne Kunst, Jean-Christophe Ammann, dieses Environment bei einer seiner legendären Führungen erklärt habe. Der erhellende Lichtschein auf Beuys' Werk allerdings dauerte nur kurz – die damalige Erklärung hat sie längst wieder vergessen. Nicht ohne sich hin und wieder gern dem spannungsvollen Anblick des monumentalen Blitzschlags auszusetzen.

Die Anekdote verweist auch auf eines der wichtigsten Kapitel in der Bildung eines Kunst-Laien: das der Vermittlung. Es sind meist Erwachsene, seltener Gleichaltrige, die durch ihren Einfluß bei einem Kind das Bedürfnis auslösen, sich mit den Künsten zu beschäftigen. Leidenschaft und Zuneigung, Begeisterung sind dabei der Schlüssel – Zwang wirkt, wie überall, auch hier nicht sonderlich produktiv. Obwohl mancher Erwachsene, längst zum Freund und oft Förderer der Künste geworden, sich daran erinnert, als Kind nicht eben begierig Sonntagnachmittage im Museum verbracht zu haben. Doch auch dann wirkte im besten Fall der Eindruck, den geliebten und vertrauten Bezugspersonen sei die Sache wichtig – umso mehr, als sie sich die Mühe machten, dem Jüngeren zu vermitteln, was da zu sehen ist. Die Vorbilder im Kindesalter haben eine ungeheure Wirkung. Und wenn es nicht die ersten Bezugspersonen eines Kindes oder Jugendlichen sind, Eltern, Onkel oder Nenntanten, die erste große Liebe vielleicht, die den Grundstein legen für ein Interesse an der Kunst, dann sind es Lehrerpersönlichkeiten, denen es gelingt, den pädagogischen Nutzen und die eigene Freude an der Sache so zu verbinden, daß ein Funke überspringt. Oder Jugendarbeiter, Museumspädagogen, väterlich-mütterliche Freunde in der Jugend.

Das Wort »Was Hänschen nicht lernt, lernt Hans nimmermehr« hat einen nur zu wahren Kern, auch die Ausnahmen später Annäherung widerlegen die Regel nicht. Es gibt kein besseres Plädoyer für Kunst-Erziehung im Elternhaus, in der Schule, an den Orten der Kunst selber, die heutzutage mit vielen pädagogischen Angeboten versuchen, die beträchtlichen Lücken wenigstens notdürftig zu schließen, die eine veränderte Gesellschaftsstruktur, ein oft auch in »bürgerlichen« Familien erodiertes Bildungsverständnis und ein minimaler Kunst- und Musikunterricht an den Schulen geschlagen haben.

Wen auch immer man fragt, Kunstsammler, Jugendliche, die freiwillig andere Jugendliche durchs Museum führen, oder mittelalte Betriebswirte, die einen abendlichen Galerienbesuch mit einem Afterwork-Bier kombinieren: Kaum jemand, der sein Interesse an der Kunst nicht darauf zurückführt, daß Elternhaus, Schule, Freundschaften ihm in frühen Jahren diesen Weg geöffnet haben. Wie man ihn dann beschreitet, bestätigend, in Opposition, zögerlich oder voller Begierde auf immer neue Kunst-Erlebnisse, ist jedermanns Freiheit. Auch die, diesen Weg links liegen zu lassen.

Wiewohl jeder, der einmal anderes gespürt hat, das wohl bedauern wird.

Literatur:
Honoré de Balzac, Das unbekannte Meisterwerk, Stuttgart 1925.
Hans Belting, Heinrich Dilly et al.: Kunstgeschichte. Eine Einführung, 6. Aufl., Berlin 2003.
Heinz Berggruen, Hauptwege und Nebenwege. Erinnerungen eines Kunstsammlers, Frankfurt am Main 2006.
Georg Bertram, Kunst. Eine philosophische Einführung, Stuttgart 2005.
Robert Gernhardt, Der letzte Zeichner, Frankfurt am Main 2005.
Erich Kästner, Die verschwundene Miniatur. Hamburg 1935.
Werner Schmalenbach, Über die Liebe zur Kunst und die Wahrheit der Bilder, Ostfildern 2004.
Werner Spies, Auge und Wort, Berlin 2008

5. Kulinarische Bildung

Ursula Hudson

Mit Essen haben wir alle zu tun, vom ersten bis zum letzten Tag unseres Lebens. Essen ist notwendige Zufuhr von Brennstoffen zum Erhalt der körperlichen Funktionen. Aber Essen ist mehr als die Aufrechterhaltung unserer physischen Existenz. Essen spielt für unser Wohlbefinden als Individuum, für unsere sozialen Beziehungen, für die Landschaft, die Umwelt, für alle gesamtgesellschaftlichen Zusammenhänge eine zentrale Rolle. Denn Essen ist nicht nur von natürlichen Faktoren, Produkt, Klima, Bodenbeschaffenheit etc. bestimmt, sondern konstitutiv kulturell determiniert: Essen steht relational zwischen Natur und Kultur.

Über Jahrhunderte haben Menschen das Wissen um das Essen, die Nahrungsmittel, deren Wirkung auf den Körper, Zubereitungsarten, Verhaltenskodizes, unter Einfluß von Klima, Bodenbeschaffenheit akkumuliert und tradiert – in bezug auf Vorstellungen sozialer Gemeinschaften, von Religionen und vielem mehr. Sich verändernd ist dieser Wissensbestand ständig gewachsen, doch hat er sich nicht zu einem kanonfähigen, systematischen Bildungswissen geformt. Auch wissen wir herzlich wenig darüber, was kulinarisches Wissen eigentlich ist, wie es erworben wird, oder gar, wie man es vermittelt. Dennoch ist unbestreitbar, daß Wissen vom Essen unser alimentäres Handeln prägt, bewußt oder unbewußt.

Gegenwärtig befinden wir uns in der paradoxen Situation, daß wir offenbar gerade dabei sind, dieses Wissen, von dem wir gar nicht so recht sagen können, wie es uns zukommt, zu verlieren. Die Klagen ob dieses Verlustes sind unüberhörbar. Negativ besetzte Begriffe aus dem Bedeutungsfeld kulinarischer Bildung wie Billigesser, Fast Food, Convenience Food, Geschmacksverlust und kulinarische Bewußtlosigkeit gehören zum Desiderata-Repertoire des alimentären Diskurses unserer Gegenwart.

Die Gesellschaft der Esser in Deutschland, so wird immer wieder pointiert festgehalten, zerfällt »in zwei Klassen«: Eine kleine Minderheit formt eine gut gebildete, kunstfertig kochende »Food-Elite«; die »erdrückende Mehrheit der Deutschen« jedoch ernährt sich »schlecht und immer schlechter – das heißt: billiger, eintöniger, unkundiger, unkultivierter« (so Ullrich Fichtner, Klassenmampf, Der Spiegel 44/2006). Die individuellen, gesellschaftlichen und wirtschaftlichen Konsequenzen eines solchen unkundigen Umgangs mit unserer täglichen Nahrung sind an den durch Fehlernährung verursachten Kosten im Gesundheitswesen absehbar, hinreichend bekannt und ablesbar. Doch um wie vieles schwerer wiegt die individuelle Verlustbilanz, wenn es um die verpaßten oder sogar nie erfahrbar gewordenen Chancen einer gelungenen, befriedigenden Gestaltung unseres Alltags an den Schlüsselpunkten des Wohlbefindens und des Genusses geht. Gerade ein wissender und an der eigenen geschmacklichen Erfahrung geschulter Umgang, ein Leben mit dem Essen, ein alimentäres Handeln auf der Basis des Natur- und Kultur-Wissens um das Essen, eine täglich praktizierbare Form von Selbstausdruck und Kreativität, hat Wohlbefinden und Genuß zum Ergebnis. Die Voraussetzungen zu einer solcherart positiv umgesetzten, gelungenen Eßpraxis liegen in kulinarischer Bildung.

Daß es so etwas wie kulinarische Bildung gibt und sie zu besitzen von erheblicher Bedeutung für das Wohlergehen des Einzelnen und der Gemeinschaft von Menschen sein kann, diese Gedanken erschlossen sich mir persönlich nicht zuerst, wie vielleicht erwartet, lebensweltlich, sondern begegneten mir erstmals in Büchern. Dieses eigenartige, beim Lesen geweckte, aber dennoch überraschend leicht mit meiner Alltagspraxis verknüpfbares Streben nach dem Glück, das bewußtes und im Wissen gegründetes alimentäres Handeln hervorbringen kann, gewann allerdings weniger Gestalt in der Begegnung mit den in der Welt der Fiktion in vielfältigen Situationen essenden Familien und Paaren, den Alleinessern in ihren jeweiligen Stimmungen, den Herrenrunden oder auch mit den Figuren, die sich wie in so zahlreichen Texten Theodor Fontanes beispielsweise an einer lokalen Delikatesse erfreuen – obschon so ein Verhalten heute durchaus als ein Signum eines bestimmten kulinarischen Bildungsstands im Zeichen der Aufwertung von Regionalität gelten könnte. Nein, die Vorstellung, daß es eine Art Universum kulinarischer Bildung geben könnte, das erschließbar ist und dessen Besitz wesentlich zu einem gelungenen Alltag, darüber hinaus gar zum Glück beitragen könnte, wurde mir vor allem dann plausibel, wenn die Protagonisten bewußt, mehr noch: differenziert vom und über das Essen und dessen Genuß zu sprechen imstande waren. Man könnte auch sagen, wenn sie imstande waren zu vermitteln, daß das Thema Essen ein universales, höchst komplexes ist.

Dies alles begegnete mir in den Romanen und Reisebüchern der weltläufigen, in Deutschland geborenen, englisch schreibenden Sibylle Bedford (1911–2006), die zu ihren Lebzeiten eine der ganz großen Weinkennerinnen in England war. Ja mehr noch, ihre Romane regten den Gedanken an, daß ein gebildeter Mensch im umfassenden Sinne auch kulinarisch gebildet sein müsse, oder sogar darüber hinaus, daß kulinarische Bildung aller anderen Bildung vorausgehe. Dies ist eine lebenspraktische Erkenntnis, die die jüngste Forschung zur Entwicklung von Lernfähigkeit bei Kindern bestätigt; denn man weiß heute, daß die Entwicklung und Differenzierung des Geschmackssinnes bei Ungeborenen, Säuglingen und Kleinkindern die Voraussetzung dafür schafft, daß späteres Lernen gelingt.

Die Heldinnen Bedfords haben – wie sie selbst – just diese Lernkurve durchlaufen, d.h. sie haben Grundlagen der Geschmacksentwicklung und der Produktkenntnis – z.B. Beschaffenheit, Herkunft, Frische und Qualität – erworben, bevor sie sich andere Formen von Bildung, im Falle Bedfords und ihrer Protagonistinnen vor allem literarische, künstlerische und soziale Bildung aneigneten.

Aufgewachsen auf einem selbst bewirtschafteten, aber maroden Gut im südwestlichen Baden, bekam Bedford kulinarische Kenntnisse, sei es Wein oder Essen betreffend, von ihrem Vater vermittelt, noch bevor sie schreiben konnte. Als 94jährige hält sie in ihren Lebenserinnerungen fest, daß der Vater in Küchendingen ihr Vorbild und Anreger gewesen ist. Er hatte seine Küchenkenntnisse bei großen französischen Chefs in der Küche gelernt, er war ein »connoisseur«, der auch selbst ausgezeichnet kochte: »he knew what food ought to be, when and how it should be bought, cooked, presented«. Er war ihr erster »cooking master« zu einer Zeit, als sie sich noch strecken mußte, um den Herd zu erlangen. (*Quicksands*, 2005) Er, der seiner Zeit voraus eine Küche des »Faites simple« pflegte, legte den Grundstein ihrer Sensibilisierung der kulinarischen Wahrnehmung sowie des Genusses am Essen und Trinken. Er ließ die Tochter an den Entscheidungen darüber teilhaben, was gegessen wurde, diskutierte mit ihr die Gerichte, übertrug ihr die Wahl des zum Gericht passenden Weines, und ließ den Wein am Tag, bevor er konsumiert wurde, von ihr aus dem Keller holen. Auch öffnete sie am folgenden Tag die Flasche; das Dekantieren übernahm er jedoch selbst, weil ihre Hände noch nicht kräftig und groß genug waren. Nie fehlte das ermutigende »enjoy your wine« aus dem Mund des Vaters.

Diese frühe, ganz selbstverständliche Einführung in Fragen des Geschmacks und Genusses, das natürliche Erlernen kulinarischer Zusammenhänge, d.h. hier die Kenntnis der wenigen auf dem Gut hergestellten, selbst verzehrten oder im Naturalhandel getauschten Produkte, sowie die Kenntnis bestimmter Zubereitungsarten prägen Bedford. Hinzu kommt eine erste kindliche Vermutung, daß das Handeln mit Nahrung sozial differenziert – erfahren in den Familien der Schulfreunde aus dem Dorf – und durch sie auch ihre Protagonistinnen. Später wird daraus die Fähigkeit, begründete Geschmacksurteile zu fällen, sich neuen kulinarischen Erfahrungen gegenüber offen und neugierig zu halten und auf der Basis des Eigenen die andere, fremde Küche kennenzulernen. Die Einsicht in die kulturelle und soziale Bedeutung des alimentären Handelns verdichtet sich im Laufe der Zeit zum Bekenntnis: »My interest in how people lived was nourished quite literally by the food I shared with them. Table customs, I had long realized, were divisive.« Nahrungshandeln wird so zum Beschreibungs- und Analyseinstrument der Lebenswirklichkeit. »The proper study of mankind ...?« schreibt sie in ihrem semiautobiographischen Roman »Jigsaw«, erfolgt für sie über das Essen, denn »Food is as reveiling as money and sex, and is reveiled more often«. Demzufolge werden Menschen und deren soziale Positionierung über ihr Essenverhalten und Länder und Landstriche über die autochtonen Nahrungsmittel ebenso selbstverständlich und präzise geschildert, verglichen und zugeordnet wie Differenzen in sozialen wie regionalen Nahrungsstilen. Das ist ganz im Sinne Friedrich Nietzsches, der Nahrungsordnungen als »Offenbarungen über Kulturen« versteht (Menschliches, Allzumenschliches). Das Spektrum des in Bedfords Texten festgehaltenen alimentären Handelns ist breit gefächert: da sind die Besuche in ausgewiesenen Restaurants der Spitzenküche ihrer Zeit und in einfachen Tavernen, da sind die zahlreichen Marktbesuche in Südfrankreich, in Neapel und Mexiko. Selbst der geliebte Toast mit der englischen Hefepaste Marmite fehlt nicht. Doch Ausgangspunkt dieses kulinarischen Bildungsganges bleibt die Erfahrung der Kindheit, »decidedly the local produce« und der Umgang mit dem Essen: »Our own food was good, simple good [...] it was wholesome food, genuine food, never played-about-with, show-off food, and its basic assumptions were honesty of materials, a feeling for texture and a nice attention to both plenty and thrift.« (Jigsaw. An Unsentimental Education, 1989).

Die Besonderheit der Texte Bedfords und ihrer Bedeutung für die Frage nach kulinarischer Bildung besteht darin, daß sie das Verhältnis des Ichs zur Welt und zu sich selbst mittels kulinarischer Wahrnehmung reflektieren. In diesem Sinne könnte man die Romane Sybille Bedfords als kulinarische Bildungsromane bezeichnen und als solche jedem kulinarisch Bildungswilligen als Lektüre anempfehlen. Sie erschließen nicht nur die Komplexität des Systems der Küche, sondern führen vor, wie gelungene kulinarische Sozialisierung und Bildung vonstatten gehen kann. Deutlich wird dabei aber auch, daß dieser Prozeß kein einfacher ist, sondern mindestens so vielschichtig und langwierig wie in anderen Lebensbereichen.

Da ist zunächst die Geschmacksentwicklung, die von den familiären Essenssituationen ausgeht, die Forderungen nach Artikulation des Wahrgenommenen und die, den Genuß nicht zu vergessen. Ein Curriculum, das heute vollmundig angemahnt wird: kulinarischer Unterricht, Sensibilisierung der kulinarischen Wahrnehmung für Kinder – schaffen diese doch die Voraussetzung für einen fortgesetzten Lernprozeß auch im Erwachsenenalter, der notwendig ist, um der so viel beklagten kulinarischen Verarmung, dem Verlust des kulinarischen Gedächtnisses Einhalt zu gebieten. Wichtig erscheint mir an dem von Bedford beschriebenen kulinarischen Bildungsprozeß, daß er gegründet ist in Erfahrung und Aneignung und ganz primär zum Ziel hat, zu wissen, zu schmecken und zu verstehen, was man ißt oder trinkt. Ein Lernprozeß, der der Förderung und ermutigenden Begleitung durch andere bedarf.

Wesentlich dazu gehört der Umgang mit dem Rohprodukt und dessen Transformation im Küchenhandeln in das Ergebnis, das Gericht. Alle Entscheidungen der Produktwahl, auch der zwischen gut und schlecht, finden an dieser Stelle, im Spannungsfeld von Natur- und Kulturwissen, statt. Die Kenntnis von Kochtechniken spielt dabei eine ebenso wichtige Rolle wie das vielschichtige soziale Wissen um das Essen: was wird wo bei welchen Gelegenheiten gegessen, wie sind Speisefolgen organisiert, welche Folgen sind in welchen Kontexten erforderlich; welche Verhaltenskodizes kommen in welchen Situationen bei Tisch, sei es öffentlich oder privat, zum Tragen. Dazu sind die regionalen, die kulturellen Differenzen im Umgang mit dem Essen zu erlernen und vieles mehr. Es ist von entscheidender Bedeutung, sich dieses alles anzueignen, um ein gebildeter Esser und/oder Zubereiter von Nahrung zu werden; dahin zu kommen ist ein langfristiger Prozeß, immer pendelnd zwischen Erfahrungs- und Wissenserwerb.

Was die Sensibilisierung, d. h. die Bildung des Geschmackssinnes angeht, so halte ich es mit der heute leider fast vergessenen Küchenautorin Julie Elias, die ihren Leserinnen schon 1921 die Analogie von Kunstwahrnehmung und sinnlicher Geschmackswahrnehmung mit dem folgenden Zitat von Guy de Maupassant ans Herz gelegt hat: »Nur Dummköpfe sind keine Feinschmecker. Man ist Gourmet, wie man Künstler, wie man Dichter ist. Der sinnliche Geschmack ist ein so delikates, der Vervollkommnung fähiges und achtbares Organ wie das Auge und das Ohr. Fehlt der Geschmack, so ist man einer erlesenen Fähigkeit beraubt, der Fähigkeit, die Speisen zu würdigen; wie man unfähig sein kann, den Qualitäten eines Buches oder eines Kunstwerkes gerecht zu werden. Man hat einen dummen Mund, wie man einen dummen Kopf hat…« Solide Grundkenntnisse das Kochen betreffend kann man sich durch Praxis – wie Julie Elias es 1925 anmahnt – aneignen: »Im übrigen verhält es sich mit dem Kochen wie mit jedem anderen künstlerischen Beruf: nur durch Übung gelangt man zur Bewährung, nur durch handwerkliche Tätigkeit zur Meisterschaft. Die Vorbedingungen für die gute Küche sind also zunächst moralische Eigenschaften: Fassung, Ruhe, Geduld, Übersicht, Sinn für sorgfältige Zubereitung. Und an den Kochherd soll keiner treten, der nicht imstande ist, ein Gericht in allen Stadien des Werdens zu beobachten und zu prüfen. Die Intelligenz allein tut es nicht – eine verfeinerte Sinnlichkeit ist nötig.«

Zum heutigen Erwerb eines soliden Grundwissens können ausgewählte Werke der klassischen und gegenwärtigen Kochliteratur beitragen (vgl. Jürgen Dollase: Kulinarische Intelligenz, S. 112 ff.), nicht zu vergessen die reichhaltige Gastrosophenliteratur, die eine Art Kompendium des Kulturwissens vom Essen darstellt. Eine Fülle von Werken steht bereit, den Wissensdrang zu befriedigen, wenn es um die kulturwissenschaftlichen Aspekte des komplexen Themas Essen geht. Einen anregenden Einstieg mag Gunther Hirschfelders Streifzug durch die europäische Eßkultur bieten, der zahlreiche Anregungen zu weiterführender Literatur enthält.

Abschließend noch einmal zum kulinarischen Lernen von Sybille Bedford: Am Anfang höchst komplexer kulinarischer Sozialisationsprozesse steht das schlichte Erlernen von Essen und Geschmack. Am Ende stehen kulinarisch gebildete Menschen, die auch im Sinne des von der EU-Kommission geförderten »Food Literacy«-Erwachsenenbildungsprojektes ihren Ernährungsalltag verantwortlich und bewußt, genußvoll und selbstbestimmt gestalten können, die zudem um die kulturelle und soziale Bedeutung des alimentären Handelns wissen und sich dementsprechend in ihrer Lebenswelt bewegen können. Das heißt: Sie verfügen über ein Basiswissen des Kochens und des Speisens und wissen um die kulturstiftende Bedeutung des Essens.

Einen auf diese Weise kulinarisch gebildeten Menschen zeichnet eine Reihe von sozialen und fachspezifischen Kompetenzen aus. Sie ermöglichen es ihm, im Bewußtsein seiner eigenen Möglichkeiten die Ordnung der kulinarischen Welt aktiv mitzugestalten und so auch Veränderungen zu bewirken, die über die Grenzen des Kulinarischen hinausgehen. Sie reichen bis ins politisch wirksame Handeln: Der kulinarisch gebildete Mensch kann über seine Konsumentscheidungen beispielsweise Einfluß nehmen auf Landwirtschaft und Umwelt, aber auch darauf, ob das Nahrungsmittelangebot ethischen und qualitativen Anforderungen entspricht.

Ein kulinarisch gebildeter Mensch in diesem umfassenden Sinne könnte man als einen freien Menschen bezeichnen, als einen Menschen, der sich zumindest einen Teil seines Alltags zur eigenen Gestaltung zurückerobert hat, der einen Teil seiner Lebensumwelt, der nahen wie der fernen, wesentlich selbst gestalten und so zu seinem eigenen Glück wie dem seiner sozialen Umwelt beitragen kann. Ein kulinarischer Bildungsgang, wie der von Bedford immer wieder nachgezeichnete, ist ein Weg der Auseinandersetzung mit sich selbst und der Welt. Darin besteht der eigentliche Reiz dieser Aufgabe.

6. Erotische Bildung

Gerrit Walther

Einen Handbuch-Artikel über dieses Thema schreiben zu wollen, ist ein bizarres Unterfangen. Eignet sich irgendeine literarische Form weniger dazu als diese? Böte es sich nicht eher an, eine Geschichte zu erzählen: wie ein ambitionierter junger Autor oder eine zielstrebige junge Autorin – aber auch Akteure in der *Midlife-crisis* wären möglich – den Auftrag erhält, einen solchen Artikel zu verfassen; wie er oder sie sich selbstgewiß an den Schreibtisch setzt, vollmundig beginnt, bald aber stockt, ins Grübeln gerät und nicht mehr weiterkommt, bis er oder sie beschließt, aufzubrechen, um im Leben selbst zu erkunden, was erotische Bildung sein könnte. Der Held oder die Heldin würde unterschiedlichen Menschen begegnen, in wechselvolle erotische Beziehungen geraten und dabei eine *éducation sentimentale* erfahren, die ihr Leben von Grund auf veränderte. Am Ende der Geschichte hätten sie den Handbuch-Auftrag, mit dem alles begann, längst vergessen. Aber die Leserinnen und Leser wüßten, welchen Weg einschlagen muß, wer erotische Bildung erfahren will.

Natürlich gibt es solche Geschichten längst. Denn wer von Liebe spricht, muß konkrete Beispiele erzählen. Das gilt für »Amor und Psyche« des Apuleius (170 n. Chr.) ebenso wie für François Truffauts Antoine-Doinel-Zyklus (1958–1978), für Boccaccios »Decameron« (um 1350) wie für Houellebecq's »Elementarteilchen« (2001), für »Zweitausendundeine Nacht« wie für all die zahllosen kleinen und großen Liebesgeschichten, die täglich in aller Welt über Bildschirme und Kinoleinwände flimmern. Selbst die klassischen Ratgeber der Liebeskunst – von Ovids »Ars amatoria« (1 v. Chr.) über Indiens »Kamasutra« (um 400) und Ibn-Hazm al-Andalusis »Halsband der Taube« (um 1030) bis zu Baldassare Castigliones »Buch vom Hofmann« (1528) und Jean-Jacques Rousseaus »Emile« (1762), der ersten »ausgearbeiteten Theorie der erotischen Erziehung« (Rang 1025) – fassen nicht trockene Regeln in nüchterne Sachprosa, sondern schildern in einer poetisch bewegten, bisweilen gereimten Kunstsprache lebendige Einzelszenen. Erotische Bildung, so sehen die Leserinnen und Leser allein schon an deren literarischen Formen, ist immer eine je konkrete, aus gelebter Erfahrung erwachsende – eine, die sich noch weniger als alle anderen Arten von Bildung aus Büchern lernen läßt. Vielmehr beginnt sie erst, wenn die Bücher zugeklappt werden – wie am Ende der gemeinsamen Lesestunde von Francesca und Paolo im fünften Kapitel von Dantes »Inferno«.

Weil die Sprache der Liebe immer eine je besondere ist, wird auch die Sprache dessen, der über erotische Bildung handelt, nie so sachlich sein wie sie wirken möchte. Unwillkürlich wird sie, mag sie noch so sehr nach kühler Distanz streben (aber sollte sie das?), persönlicher, pathetischer, vielleicht bekenntnishafter klingen als die Mitteilung über andere Materien. Eventuell wird sie mehr über den Sprecher verraten als dieser preisgeben möchte – allein schon dadurch, daß sie ihn zwingt, sich für einen bestimmten Erzählton zu entscheiden: für einen elegischen oder launigen, einen tragischen oder ironischen, einen bekennenden oder verhüllenden. Trotzdem wird sie eine gewisse Ambivalenz behalten. Denn nur wenn sie eine gewisse Diskretion wahrt, den Leser mehr ahnen als wissen läßt, kann sie wahr über Erotisches handeln, ohne trivial, medizinisch oder pornographisch zu werden. »Wenn einer alles sagt«, bemerkt Michel de Montaigne 1588, »fühlen wir sofort Übersättigung und Ekel. Wer in der Formulierung zurückhaltend ist, der bringt uns dazu, daß wir weiter denken als es dasteht: es liegt etwas verräterisch Lockendes in solcher Sittsamkeit des Ausdrucks; und zwar deshalb, weil dadurch der Phantasie ein so erfreulicher Spielraum gewährt wird« (308).

Gerade das bedeutendste Lehrwerk über erotische Bildung, das die europäische Literatur hervorgebracht hat, Platons »Symposion« (um 380 v. Chr.), hält seine Darstellung auf meisterhafte Art in einer solchen »lockenden« Schwebe. Nicht als eine Abhandlung präsentiert es sich, sondern als ein Dialog zwischen den (durchwegs männlichen) Teilnehmern eines Gastmahls, die, während sie dem Wein immer mehr zusprechen, reihum Lobreden auf Eros, den Liebesgott, halten. So sind alle berauscht, als Sokrates auf dem Höhepunkt des Festes das Wort ergreift, um ihnen die Liebesgeheimnisse zu offenbaren, die ihn einst die weise Diotima gelehrt hat, und als der ebenfalls berauschte Alkibiades mit seinen Begleiterinnen hereinplatzt, um seinerseits ein Loblied auf die

Liebeskunst des Sokrates anzustimmen. All diese emphatisch-ekstatischen Reden indes hört der Leser keineswegs so unmittelbar, wie er meint. Vielmehr verrät die Rahmenhandlung, daß alle von einem Erzähler berichtet werden, der dem Gastmahl gar nicht selbst beigewohnt hat, sondern nur wiedergibt, was er vor langer Zeit von einem Teilnehmer des noch länger zurückliegenden Festes gehört hat. Alles also scheint unmittelbar, nichts aber ist es wirklich. Nur in den vielfach gebrochenen Spiegelungen ferner Erinnerungen offenbart Eros sein Wesen. Wo es sich um Liebe handelt, ist nichts mehr fraglos.

Lassen sich aber nicht wenigstens Ziele und Formen »erotischer Bildung« festhalten? Was soll man darunter verstehen? Wem sie zuschreiben? Jenen Genußmenschen, die ihr Lebensziel wie einst Giacomo Casanova darin sehen, »die sinnlichen Genüsse zu kultivieren« (Töteberg 105)? Denjenigen, die äußere Vorzüge, Charme, Geist, eine so unwiderstehliche Ausstrahlung besitzen, daß sie allen gleichermaßen gefallen? Oder eher denen, denen dies alles vielleicht sogar fehlt, die solche Mängel aber durch psychologische Raffinesse und Willenskraft ersetzen, als routinierte Verführer(innen) kalkuliert Interesse auf sich zu ziehen, die Umworbenen suggestiv zu lenken wissen (wie Madame de Merteuil und der Vicomte de Valmont, die zynischen Helden von Choderlos de Laclos' »Gefährlichen Liebschaften« [1782])? Soll man jene abgeklärten Kenner erotisch gebildet nennen, die vieles und viele ausprobiert haben, dies aber nur geschafft haben, weil sie »immer mit dem Fuß auf der Bremse lieben« (was Marilyn Monroe den Männern insgesamt unterstellt hat)? Ist erotische Bildung eine Tugend jener beneidenswerten Erfolgsmenschen, denen in Liebesdingen alles zu glücken scheint? Oder möchte man sie eher denjenigen zuschreiben, die ihre Liebe so kompromißlos zu leben wagen, daß sie eventuell zu Opfern ihrer erotischen Erfahrungen werden, am Ende nicht als Belohnte, sondern als Geschlagene aus ihnen hervorgehen?

Natürlich sind solche Fragen müßig. Keinem der skizzierten Typen wird man erotische Bildung bestreiten können. Keinem wird man sie exklusiv zusprechen wollen. Kriterien aber, kraft derer man dergleichen entscheiden könnte, eine Instanz, die einen Konsens formulieren dürfte, sind undenkbar. Dies wäre denn auch ein weiteres wichtiges Merkmal erotischer Bildung: weniger als alle anderen Formen der Bildung kennt sie verbindliche Normen, die erfüllen muß, wer sich ihrer rühmen darf. Denn in Liebesdingen macht jeder Mensch andere Erfahrungen – in jedem Lebensalter zumal unterschiedliche –, entwickelt daher auch andere Ideale, andere Hoffnungen, andere Wünsche. Jede Frau und jeder Mann versucht auf andere Art, anderen zu gefallen, sie für sich einzunehmen, sie zu gewinnen, das eigene Ideal des eigenen Selbst von anderen bestätigt zu finden.

Weil Liebe also die höchste Form der Selbstsuche darstellt, überhaupt die »intensivste Erlebnisart des Daseins« (Max Weber), weil Menschen sich nirgends radikaler und beglückender von allen äußeren Zwängen befreien können als in gelingender Gemeinschaft mit einem liebenden Gegenüber, wäre es von vornherein absurd, Definitionen und Regeln für wahre erotische Bildung aufstellen zu wollen. Wie die Liebe selbst fragt auch sie »nach Rechten nicht, Gesetz und Macht« (wie Bizet seine Carmen trällern läßt). Eben dieser Befreiungskraft wegen ist erotische Bildung die begehrteste überhaupt. Während die meisten Menschen glauben, auf die meisten anderen Formen der Bildung verzichten zu können, gibt es niemanden, der sie ernstlich für überflüssig hielte. Niemand bezweifelt, daß erwiderte Liebe die oder den Liebend-Geliebten besser und glücklicher mache, und zumindest in gewissen Phasen des Lebens dürfte jede(r) dafürhalten, daß in erotischer Bildung letztlich alle anderen Formen der Bildung gipfelten, daß sie der eigentliche Antrieb aller menschlichen Ambitionen sei. »Ob sie es eigentlich wissen, die Frauen, daß alles im Grunde nur für sie geschieht?«, läßt Heinrich Mann den jugendlichen Helden seiner Novelle »Pippo Spano« (1903) meditieren. »Wir haben nur unsere Sinnlichkeit; und wem gilt die, wie heißt ihr höchster Preis? Oh, eine Sitzung am Schreibtisch ist verschwendetes Werben um eine Frau, eine durchdichtete Nacht ist eine fruchtlose Liebesnacht.« (17)

Nicolaus Sombart will in erotischer Bildung gar die Urform aller anderen sehen, in der erotischen Wißbegier des Heranwachsenden den Antrieb jeglichen Bildungsstrebens: »Das Nichtwissen, was diesen zentralen, geheimnisumwitterten Bereich betraf, war, so will es mir heute scheinen, die Triebfeder jenes unstillbaren Wissensdranges, jenes Wissenwollens, dank dessen sich uns die Welt erschloß. Hier hatte die große, in alle Richtungen vordringende Neugierde, die vor nichts Halt zu machen bereit war, ihre Wurzel. Hier wurzelt vor allem jene Kraft, die, solange sie uns erhalten bleibt, unsere Lebensmöglichkeiten ins Unendliche zu steigern vermag: die Phantasie. Wie traurig wäre das Leben ohne sie.« (Sombart 134)

Jede Bildung wäre somit von ihrer Wurzel her immer auch eine erotische. Jedes Wissen, jede Regel besäße eine erotische Dimension, aus allen ließen sich erotische Untertöne heraushören (von platonischer Philosophie bis hin zu simplen Anstandsgeboten wie dem, daß beim gemeinsamen Mahl der Herr nicht vor der Dame fertig sein sollte.) Erotische Bildung trüge so entscheidend zu allen anderen Formen der Bildung bei.

Diese These läßt sich aber auch umkehren. Allgemeine Bildung, so lautete sie dann, bereichert immer auch die erotische. In einer Begrüßungsrede vor Studienanfängern der Universität Chicago hat der Soziologe Andrew Abbot dies 2002 ausgeführt. Sex, so erklärt er, interessiere jeden, und ausüben könne ihn von Natur aus jedes Lebewesen. »But the experience of sex will literally be better, in the sense that it will seem to take much more time (and of course you can make it seem interesting much longer) if you break up the preliminaries into foreplay and relaxation, if you turn aside from the straight path a bit and graze elsewhere, if you make the thing a complex conversation of bodies referring to dozens of different imaginations in your brains, rather than just bashing away as any animal can do. That's my argument. By increasing the density of meanings in an experience, you can expand that experience. You make it more enduring all within the same social and temporal space. Education is a way of expanding experience«. (17)

Bildung in erotischen Dingen wäre also die Kunst, schöne Umwege zu gehen, um die Liebe länger dauern zu lassen, sie reicher, tiefer, intensiver, glücklicher zu machen. Dazu gehört, wie schon Montaigne bemerkt, vor allem Phantasie: »Im Altertum wünschte sich jemand, daß sein Schlund so lang würde wie ein Kranichhals, damit er länger schmecken könne, was er schluckte. Dieser Wunsch ist noch besser angebracht beim Liebesgenuß (...). Um seinen schnellen Ablauf aufzuhalten und ihn, wie eine Rede durch Einleitungsfloskeln, auszudehnen, genießen kluge Leute alles Mögliche schon als Anfang der Liebesgunst und des Liebeslohns: einen verstohlenen Blick, ein Neigen des Kopfes, ein Wort, ein Zeichen. (...) Liebe ist eine Leidenschaft, die aus einer Mischung besteht von recht wenig wirklicher Substanz und viel mehr Hirngespinsten und unruhiger Erwartung: dementsprechend sollten wir sie befriedigen und ihr dienen«. (308 f.)

Die oder der erotisch Gebildete wird dies wissen und lächelnd akzeptieren. Sie oder er wird die Kraft und die Kultur aufbringen, die Liebe spielerisch zu durchschauen und doch ernst zu nehmen, den Takt und das Talent, unausweichliche Ernüchterungen und Peinlichkeiten zu überspielen, Fehler milder zu beurteilen und gütiger zu verzeihen, um den je einzigartigen Moment für beide Beteiligten möglichst vollendet zu gestalten. Wer hingegen wie Julien Sorel, der junge Held von Stendhals »Rot und Schwarz« (1830), auf erotische Erlebnisse mit der scheinbar abgeklärten Frage »Mein Gott, glücklich zu sein und geliebt zu werden, ist es nur das?« (S. 91) reagiert, dem darf man zwar perfekte »coolness« bestätigen. Erotischer Bildung hingegen wird er sich keinesfalls rühmen können.

Im natürlichen Egoismus des »animal triste« wird erotische Bildung sich gerade nicht erweisen. Für Montaigne, den Gentleman und Grandseigneur, liegt sie vielmehr gerade in der vornehmen Großzügigkeit, noch in der intimsten Situation der freudig gebende Teil sein zu wollen: »Beim Liebesspiel geht mir der Genuß, den ich der Frau verschaffe, lieblicher ein als der, den ich selbst empfinde; wer genießen kann, da wo er nichts zu geben hat, in dem ist gewiß nicht viel Edles lebendig; ... ein Ehrenmann dürfte eigentlich unter dieser Bedingung die Gunst einer Frau nie wünschen, und wäre sie noch so schön, noch so reizend, noch so entgegenkommend«. (311) – Erotische Bildung also wäre die Tugend von Ehrenmännern und solchen Damen, die an Ehrenmännern – und nur an solchen – Gefallen finden. Wie jede höhere Bildung definiert sie sich nicht durch Inhalte, sondern durch das Niveau, den Geist, die spezifische Musikalität, mit der sie diese inszeniert.

Das wäre auch schon eine Antwort auf die naheliegende Frage nach den Wirkungen erotischer Bildung. »Lohnt« sie? Feit sie vor Fehlern? Erleichtert sie denen, die in ihr fortgeschritten sind, die Frau beziehungsweise den Mann ihrer Träume zu finden und zu gewinnen? Macht sie glücklicher? – Wer wollte es versprechen? Wie alle Bildung bietet auch die erotische weder eine Erfolgs-, noch gar eine Glücksgarantie. Eher beinahe läßt sich Gegenteiliges befürchten. Der Romancier Georges Simenon jedenfalls, der sich rühmte, im Laufe seines Lebens mit zehntausend Frauen verkehrt zu haben, behauptete im Alter, daß das Resultat dieses technischen Re kords nicht Glück und Harmonie gewesen sei, sondern »meistens nur Leere«. (Töteberg 107). Wir glauben ihm aufs Wort.

Mag jeder Lehrling in der Kunst des Liebens daher andere Ziele avisieren – möglichst viele Eroberungen oder die Gründung einer Familie, Selbstbestätigung oder intime Kenntnis des anderen Geschlechts –, so verfolgt erotische Bildung an sich doch kein Ziel außerhalb ihrer selbst. Wie jede Bildung kultiviert sie diejenigen, die sich ihr widmen, indem sie ihnen hilft, die Dinge auf Distanz zu rükken, um sie sich so umso inniger zu eigen zu machen. Als subjektiver Gipfel jeder Bildung teilt sie dabei deren besondere Paradoxie: indem sie lehrt, Bindungen einzugehen, ist sie zugleich diejenige, die zu größtmöglicher Freiheit führt.

Literatur:
Andrew Abbott, »Welcome to the University of Chicago.« (Forschung & Lehre. Supplement 8/07), Bonn 2007.
Alexandrian, [o.V.], Histoire de la littérature érotique (Petite Bibliothèque Payot. Documents, Bd. 230), Paris 1995.
Abu-Muhammad Ali Ibn-Hazm Al-Andalusi, Halsband der Taube. Über die Liebe und die Liebenden. Aus dem Arabischen übersetzt von Max Weisweiler, 9. Aufl., Leiden 1942.
Heinrich Mann, Pippo Spano, in: ders., Novellen, Bd. 2, Berlin u. a. 1978, 15–58.
Michel de Montaigne, Über einige Vergil-Verse, in: ders., Die Essais. Ausgewählt, übertragen und eingeleitet von Arthur Franz, Stuttgart 1969, 301–312.
Ovid, Die Liebeskunst. Lateinisch und deutsch von Friedrich Walter Lenz. Unveränderter Nachdruck der 1. Auflage [1969] (Schriften und Quellen der Alten Welt, Bd. 25), Berlin 1973.
Platon, Symposion, in: ders., Sämtliche Werke, Bd 2. In der Übersetzung von Friedrich Schleiermacher ... hg. v. Walter F. Otto, Ernesto Grassi und Gerd Plamböck (Rowohlts Klassiker der Literatur und der Wissenschaft. Griechische Philosophie, Bd. 3), Hamburg 1988, 203–250.
Jean-Jacques Rousseau, Emile oder Über die Erziehung. Hg., eingeleitet und mit Anmerkungen versehen von Martin Rang. Unter Mitarbeit des Hg. aus dem Französischen übersetzt von Eleonore Sckommodau, 2. Aufl., Stuttgart 2004.
Nicolaus Sombart, Jugend in Berlin 1933–1943. Ein Bericht, München u. a. 1984.
Stendhal, Rot und Schwarz. Eine Chronik des XIX. Jahrhunderts. Deutsch von Friedrich von Oppeln-Bronikowski (Gesammelte Werke, Bd. 1), 6. Aufl., Berlin o.J. [ca. 1930]
Michael Töteberg, Federico Fellini: Eine Biographie mit Selbstzeugnissen und Bilddokumenten, Reinbek bei Hamburg 1989.

I.2. Praktische Bildung

Einleitung
7. Naturwissenschaftliche Bildung
8. Technische Bildung
9. Medizinische Bildung
10. Handwerkliche Bildung

Einleitung

Unter praktischer Bildung verstehen wir Bildung in allen den Kenntnissen, die das tägliche Leben direkt, handgreiflich, unmittelbar verbessern helfen – von der handwerklich-technischen Bildung, die die mechanischen Dinge des Lebens zu durchschauen und zu schätzen lehrt, bis zur Medizin, die das gleiche für den menschlichen Körper erkennen und leisten möchte. Auch hier setzen wir, wenn wir von »Bildung« sprechen, voraus, daß diese Kenntnisse ihr höchstes Ziel nicht in der gelingenden Praxis finden, sondern daß sie über dieses technische Funktionieren hinaus auf allgemeine, grundsätzliche Einsichten zielen.

Glücklicherweise sind die Zeiten, in denen man diesen Zweigen der Bildung den Bildungscharakter schlechthin abstritt, sie für bloßes technisches Handwerker- oder Kaufmannswissen erklärte, lange vorbei. Wer heute für Technik, Naturwissenschaften und Ökonomie werben wollte, würde offene Türen einrennen. Eher wird man inzwischen das Gegenteil befürchten müssen: daß das Wissen, wie etwas praktisch gemacht wird, von vielen mit Bildung überhaupt verwechselt wird. Deshalb müssen die folgenden Artikel nicht mehr nachweisen, daß es eine solche Bildung gibt, sondern vielmehr: was genau sie neben anderen Formen der Bildung auszeichnet, was an und in ihnen über ihre sachlichen Errungenschaften hinaus lebensverändernd und horizonterweiternd wirken kann. Daß praktische Disziplinen verwendbare, oft mit Gold aufgewogene Ergebnisse erzielen, könnte den Versuch, ihren Bildungscharakter aufzuklären, eventuell sogar eher erschweren als erleichtern.

7. Naturwissenschaftliche Bildung

Ernst Peter Fischer

Naturwissenschaft und Bildung gehören in Deutschland nicht unbedingt zusammen. Tatsächlich läßt sich ohne weiteres weder behaupten, daß die Naturwissenschaft etwas ist, das aus Selbstzweck betrieben wird, noch daß es sich dabei um etwas handelt, das die Menschen jenseits ihrer Berufe miteinander verbindet und ihnen geistigen Genuß bereitet. Genau so hat der Altphilologe Manfred Fuhrmann in einem 1995 erschienenen Aufsatz, der »Von den Ursachen des Verfalls der Allgemeinbildung« handelte, definiert, was wir Bildung nennen. Es geht dabei also um die Fähigkeit zur Kommunikation und zum Dialog, um den Prozeß, der einem Individuum zu Selbständigkeit und Freiheit verhelfen und die Möglichkeit zur Teilhabe am Kulturganzen mit sich bringen soll.

Freude am Forschen

Es ist für Laien außerhalb der Wissenschaftlergemeinde schwierig, sich vorzustellen, daß beim Erreichen oder Nachvollziehen naturwissenschaftlicher Einsichten von einem Genießen die Rede sein kann. Dabei kann schon ein kurzer Blick in Biographien von Forschern genau diesen Tatbestand an den Tag bringen: Max Delbrück, der Wegbereiter der Molekularbiologie, der 1969 mit dem Nobelpreis ausgezeichnet worden ist, hat zum Beispiel unermüdlich und ausdrücklich die »Freude am Denken« betont, die er empfindet, wenn er versucht, die Rätsel zu lösen, die von der Natur vor unseren Augen ausgebreitet werden. Viktor Weisskopf, einer der produktiven Physiker unseres Jahrhunderts, der lange Zeit als Direktor des CERN (Conseil Européen pour la Recherche Nucléaire) die europäische Forschung organisiert hat, weist in seiner Autobiographie »Mein Leben« – im englischen Original »The Joy of Insight« betitelt – darauf hin, daß es das große geistige Vergnügen seines Lebens sei, »Mozart und die Quantenmechanik« zu kennen – mit der Betonung auf dem Wort nach Mozart. Und Einstein hat häufig zu verstehen gegeben, daß er das Privileg habe, sich dem reinen Nachdenken über wissenschaftliche Zusammenhänge hingeben und dabei ungetrübten Genuß erleben zu können, weil er sicher fühlte, der Natur einige Schönheiten entlocken zu können.

Mehr als Mißverstehen

Leider gehört es in Deutschland zu dem Ritual einiger Geisteswissenschaftler, den Naturwissenschaften die geistigen Qualitäten abzusprechen, die sie in Wirklichkeit besitzen und die man viel stärker propagieren sollte, um das Verständnis für diese leider immer noch geheimnisvolle Macht zu verbessern, die das Leben in unserer Gesellschaft stärker bestimmt, als vielen selbst gut informierten Beobachtern klar zu sein scheint. Wir weigern uns zudem, Auskünfte wie etwa die zur Kenntnis zu nehmen, die der Romancier Wolfgang Koeppen 1974 in einem Interview gegeben hat, als er um Hinweise auf Anregungen gebeten wurde. Der Dichter antwortete: »Sie fragten nach literarischen Vorbildern und Einflüssen auf mich – jetzt möchte ich Ihnen sagen, daß die neuen Erkenntnisse der Physik, besonders der modernen Physik, einen Einfluß auf meine Entwicklung gehabt haben. ... Ich empfange da ganz deutlich ein Weltbild, das meinen Ahnungen entspricht in vielem«.

Dieses Empfangen hat es schon vor Koeppen gegeben, etwa bei Rainer Maria Rilke, der das, was die neue Physik seiner Zeit über die Atome und das Universum erkannte und vortrug, in sein Dichten und Denken aufgenommen hat. Die Frage, wie dieses Wahrnehmen und Empfangen gelungen ist, bleibt bislang ohne befriedigende Antwort. Koeppen betonte im weiteren Verlauf des zitierten Gesprächs, es sei keineswegs trivial, da es Außenstehenden äußerst schwerfällt, alle Details dieser neuen Physik verstehen zu können. Ihnen fehlen zumeist die entsprechenden Denkwerkzeuge. Auf diesen Punkt ist vielfach hingewiesen worden, etwa wenn zu lesen ist, daß die »Veränderungen der klassischen Physik seit wenig mehr als einem halben Jahrhundert in ihren Ursachen und Folgerungen auch künftig weitgehend undurchschaubar bleiben«, da der Künstler »von diesem esoterischen Bereich nebelhaft schwieriger Funktionen und Differentialgleichungen genauso wie wir anderen ausgeschlossen« ist.

Asymmetrisches

Hier wird in der Tat ein schwieriges Problem angesprochen, für das es noch keine geeignete Antwort gibt. Niemand wird bestreiten, daß die Einsichten der modernen Wissenschaft sich weit von dem entfernt haben, was dem gesunden Menschenverstand problemlos zugänglich ist. Aber statt aus diesem Tatbestand die Notwendigkeit abzuleiten, sich auf die Geschichte der Wissenschaft einzulassen, um bei dem dazugehörigen Studium zu verstehen, wie es im Laufe der Jahrhunderte gelungen ist, die biologisch bedingte und damit natürlich gegebene Barriere des Erkennens zu überspringen, spielt man den Bauern, der nicht frißt, was er nicht kennt. Die Verwendung von Begriffen wie »esoterisch« bzw. »nebelhaft« scheint typisch für die Asymmetrie der Bewertung zu sein, die viele Zeitgenossen beim Blick auf die Naturwissenschaften vornehmen. Physik und Biologie soll es offenbar zum geistigen Nulltarif geben – nach dem Motto »Relativitätstheorie leicht gemacht« oder »Genetik in bunten Bildchen«. Gedanklich anstrengend darf es offenbar nur werden, wenn philosophische oder historische Themen verhandelt werden.

Diese Asymmetrie durchzieht die abendländische Debatte um die Bildung, und sie erstreckt sich auf das, was in Quizsendungen unter der Rubrik »Was man weiß, was man wissen sollte« zu finden ist. Jeder weiß, daß er etwas von Picassos »Rosa Periode« oder vom »Blauen Reiter« und seinen Malern wissen sollte. Aber niemand weiß, daß es sich lohnt, ebenso über die Doppelhelix oder Theorie der Quarks und ihre Vertreter informiert zu sein. Wer Arthur Schopenhauer nicht kennt oder nicht von ihm gehört hat, gilt als ungebildet. Wer hingegen Ludwig Boltzmann nicht unterbringen kann, macht sich über diese Lücke keine Sorgen – und niemand wird ihm dies übelnehmen.

Auf diese unterschiedliche Gewichtung von Wissen hat bereits 1959 der Brite Charles P. Snow hingewiesen, als er seine zwar vielfach gern verworfene, sich aber hartnäckig behauptende Trennung der zwei Kulturen einführte. Snow hatte konkrete Vertreter dieser Bereiche im Auge und er unterschied die Vertreter der literarischen Intelligenz von den Repräsentanten der naturwissenschaftlichen Fächer. Als er nach dem allgemeinen Verständnis der Themen fragte, die in den genannten Kreisen erörtert werden, fiel ihm das eingangs erwähnte Ungleichgewicht auf. Snow machte die fehlende Symmetrie an den Sonetten Shakespeares und dem Zweiten Hauptsatz der Thermodynamik fest, indem er bemerkte, daß jeder nickt und verständnisvoll tut, wenn von den Poesie die Rede ist, während jeder verständnislos den Kopf schüttelt, wenn die Wissenschaft angesprochen wird.

Bislang hat noch jedes Publikum so reagiert, wie es Snow beschrieben hat, ohne zu merken, daß an dieser Stelle etwas falsch ist. Es trifft nämlich nicht zu, wie oft zu lesen ist, daß – auf die Öffentlichkeit bezogen – jeder die Sonette und niemand die Hauptsätze kennt. Was bestenfalls zutrifft, läßt sich so formulieren, daß zwar jeder von den Sonetten gehört hat, die Shakespeare geschrieben hat, daß diese erstaunlichen Texte aber trotzdem niemand kennt, und zwar eher noch weniger als den Zweiten Hauptsatz der Thermodynamik, der die Richtung festlegt, in die die Zeit läuft.

Der eingebildete Gelehrte

Das Problem des physikalischen Lehrsatzes besteht darin, daß er am besten in einer Sprache zu formulieren ist, die vom Publikum weder geschätzt noch gesprochen wird. Gemeint ist die Mathematik, deren Beherrschung zu den ursprünglichen Zielen der Wissenschaft gehört, wie sie zum Beispiel von Galileo Galilei aufgestellt worden sind. Doch genau an dieser Stelle haben viele Menschen ihren Einwand erhoben, die mehr poetisch als analytisch begabt waren.

Was die Wissenschaft hervorbringt, kommt vielen künstlerischen Menschen deshalb oft als »verkehrtes Wesen« vor, wie es bei Novalis heißt und wie sich bei Alfred Döblin zeigt, der die Welt nicht mehr verstand, als Einstein dies mit dem Kosmos gelang. Der Autor von »Berlin Alexanderplatz« protestierte in den Jahren der Weimarer Republik lautstark und öffentlich, als er erfuhr, daß die Allgemeine Relativitätstheorie bzw. die damit verbundenen Gleichungen der Gravitation den Kosmos und seine raumzeitliche Wirklichkeit offenbar besser beschreiben konnte als alle physikalischen Ansätze zuvor, die mit Isaac Newtons Namen verbunden sind. Das Newtonsche Universum präsentierte den Raum als einen riesengroßen Schuhkarton mit geraden Linien und rechten Winkeln, den eine gleichmäßig träge fließende Zeit durchströmte, ohne irgendeine Wechselwirkung mit ihm eingehen zu können. So etwas konnte man sich leicht vorstellen und anschaulich vor Augen führen. Doch mit Einsteins Universum ging dies nicht mehr. Mit ihm tauchten seltsame Verzerrungen und Krümmungen in diesem Karton auf, den es zum einen gar nicht mehr ohne Schuhe geben konnte, der zum zweiten gerade durch seinen Inhalt aus der vertrauten Rechtwinkligkeit gerissen wurde und der zum dritten auch mit dem Strom der Zeit ins Gehege kam und ihn umleitete und verzögerte.

Döblins Problem steckte nicht in dieser Akrobatik der vertrackten Anschauung, der zufolge Raum und Zeit nicht bloß entleert werden, sondern selbst verschwinden, wenn man versucht, die Dinge aus ihnen zu entfernen. Seine Klage richtete sich vielmehr gegen die Tatsache, daß Einstein sein Wissen und seine Kenntnisse über den Kosmos mit Hilfe komplizierter mathematischer Verfahren gewonnen hatte, in denen es unter anderem um Differentialgleichungen ging, also um Hervorbringungen des analytischen Verstandes, der für Döblin und die meisten Menschen unverständlich blieb und unzugänglich bleibt. Für sie gab und gibt es in dieser so abstrakt wirkenden Formelwelt nichts zu verstehen, und der offenkundige Skandal steckt darin, daß sie damit verurteilt zu sein scheinen, in einem Kosmos zu leben, der nur noch den wenigen Eingeweihten zugänglich ist, die genügend mit der Sprache der höheren Mathematik vertraut sind. Döblin protestierte dagegen, daß der Erfolg des Forschers den Dichter vom Verständnis der Welt ausschloß, in der doch beide gemeinsam lebten. Wieso konnte es einem großen Teil der Menschen verwehrt sein, etwas über die Strukturen ihrer Welt – über die Geometrie ihres Universum – zu wissen?

Einsteins Durchblick

Gewöhnlich weist man an dieser Stelle auf die vielen populären Darstellungen hin, die sich mutig an die Allgemeine Relativitätstheorie wagen und dabei versuchen, mit ihren gebogenen Räumen und gedehnten Zeiten fertig zu werden. Tatsächlich findet der Interessierte in der entsprechenden Literatur viele unmittelbar anschauliche Darstellungen der vierdimensionalen Raumzeit und ihrer gekrümmten Geometrie, in der wir nach Einsteins Theorie leben. Doch können die Leserinnen und Leser damit wissen, was Einstein gewußt hat?

Wer versucht, diese Frage zu beantworten, wird feststellen, daß das Hauptproblem im Nachsatz steckt. Wissen wir überhaupt, was Einstein gewußt hat? Wir wissen, wie seine Formel in Lehrbüchern aussieht, und wir wissen aus Experimenten, daß damit bessere Vorhersagen über den Ausgang von Messungen in den kosmischen Weiten des Weltraums zu machen sind als alle konkurrierenden Theorien dies können. Aber wissen wir deshalb, was Einstein verstanden hat?

Einsteins Ziel bestand primär sicher nicht darin, eine Formel zu finden. Er wollte vielmehr etwas über die Raumzeitstruktur der Welt wissen, und er hat dies mit Hilfe seiner Formel bewerkstelligt. Aber wenn wir nun so einfach sagen, daß Einstein etwas über das Universum durch seine Gleichung weiß, dann sollten wir uns darüber im Klaren sein, daß dies nicht oberflächlich gemeint sein kann, weil das »durch« sehr tief reicht. Wie tief es tatsächlich gehen kann, hat Werner Heisenberg in seiner Autobiographie »Der Teil und das Ganze« beschrieben. Er stellt dort den Augenblick dar, in dem einige (andere) mathematische Zeichen auf einem Blatt Papier ihm plötzlich ihre Bedeutung offenbaren und er in ihnen die Grundgesetze der Atome erkennt: »Ich hatte das Gefühl, durch die Oberfläche der atomaren Erscheinungen hindurch auf einen tief darunter liegenden Grund von merkwürdiger innerer Schönheit zu schauen, und es wurde mir fast schwindlig bei dem Gedanken, daß ich nun dieser Fülle von mathematischen Strukturen nachgehen sollte, die die Natur da vor mir ausgebreitet hatte«.

Es ist wichtig, sich klarzumachen, was Heisenberg bei diesem Erlebnis eigentlich erblickt. Vor ihm auf dem Papier befinden sich doch nur einige mathematische Formeln und Strichgebilde, und aus diesen Zahlen und Figuren kann nur dann das viele Wissen werden, das Heisenberg erregt, wenn die Zeichen den Charakter von Symbolen annehmen. Mathematische Formeln sind eben nicht das Wissen selbst, um das es geht, sondern sie liefern nur den symbolischen Schlüssel dazu, und es ist nicht nur anzunehmen, sondern wird hier sogar behauptet, daß es noch andere Schlüssel zu demselben Wissen gibt. Worauf es dann bei der Weitergaben von wissenschaftlichem Wissen ankommt, läßt sich mit einfachen Worten nun so ausdrücken, daß man dafür sorgen muß, den entsprechenden Schlüssel für Menschen wie den Dichter Döblin zu finden, die in mathematischen Formeln keine Symbole entdecken können. Da ihnen diese Begabung fehlt, man muß Bilder oder andere Symbole finden, die ihnen das Wissen über die Wirklichkeit verschaffen, das Wissenschaftler wie Einstein und Heisenberg dadurch bekommen, daß sich für sie die mathematischen Zahlen und Figuren in Symbole verwandeln. In beiden Fällen können schließlich die inneren Bilder entstehen, die zum Verstehen führen und die Erinnerung werden, die wir zuletzt als Wissen kennen. Wir können alle dasselbe wissen, müssen aber nicht versuchen, dies mit denselben Symbolen zu erreichen.

Wissen durch Einbildung

Der wichtige Begriff ist »Bild«, was nicht wie ein »picture« (etwa eine Photographie), sondern wie ein »image« (etwa ein Gemälde) zu verstehen ist. Unser Denken endet mit Bildern, und es beginnt auch als malendes Schauen, wie die Psychologie längst weiß. Im Beitrag der Bilder zum Wissen ist deutlich Johannes Kepler zu erkennen, der im 17. Jahrhundert nicht nur die drei nach ihm benannten Planetengesetze entdeckt, sondern auch beschrieben hat, wie seinen Erfahrungen zufolge Wissen überhaupt entsteht. Für Kepler kommt Erkennen durch Bilder zustande, das heißt genauer durch Bilder, die ein Betrachter in sich zur Deckung bringt. Das ihm von außen durch die Sinne Zugeleitete verwandelt seine Wahrnehmung in Bilder, die dann – so sieht es Kepler – mit anderen Bildern (Imaginationen) verglichen werden, und zwar denjenigen, die in seinem Inneren entstanden sind. Kepler vermutet, daß beide Bilderströme an der Stelle zueinanderfinden, die man früher Seele nannte. Wenn eine Passung gelingt, wird man wach, und die Seele leuchtet auf (was in moderner Sprache heißt, daß Zufriedenheit empfindet, wer etwas erkennt).

Was Kepler sagt, läßt sich auch so ausdrücken, daß wir dann etwas über die Welt wissen, wenn wir sie uns durch Bilder zu eigen gemacht haben, wenn wir sie uns also – im Wortsinne – eingebildet haben. Nun heißt das alte lateinische Wort für diesen Vorgang der (mit Bindestrich zu denkenden) Ein-bildung »informatio«, und es ist unschwer zu erkennen, daß davon zum einen zwar der Begriff der Information abgeleitet ist, den sich die moderne Gesellschaft gerne als Vornamen gibt, daß zum anderen aber die heutige Verwendung dieses Wortes nichts mehr mit dem Bild zu tun hat, um das es eigentlich geht. Wer heute informiert ist, hat vielleicht viele Daten auf seiner Festplatte oder einige Nachrichten auf der Mailbox, aber keine Bilder mehr im Kopf. Informiert im sinnvollen und Wissen anstrebenden Gebrauch dieser Idee ist aber nur der »eingebildete« Mensch. Seine Bilder stellen die humane Ebene des Wissens dar. Sie sind seine primäre Form.

Wissen durch Wahrnehmen

Die Bilder sind eine Wissensform vor den Begriffen und sie entstehen durch die menschliche Fähigkeit der Wahrnehmung, die weder philosophisch noch physiologisch ausreichend erkundet ist. Anders ausgedrückt, Wissen beginnt mit Wahrnehmung, und bei diesem Satz kann man sich auf Aristoteles berufen. Seine »Metaphysik« beginnt mit der berühmten Feststellung, daß die Menschen von Natur aus nach Wissen streben, und sie tun dies – so sieht es Aristoteles –, weil sie Freude an der Wahrnehmung haben.

Wissen macht also Freude, wenn die Wahrnehmung geeignete und gefällige Formen erfaßt, und diese Formen können sowohl natürlicher als auch künstlerischer oder mathematischer Art sein. Wahrnehmung verwandelt Gestaltetes außen in Gestalten innen. Äußere Formen werden innere und finden dabei das Bild, das unser Wissen wird, weil wir uns daran erinnern können (wobei das »innere« in diesem Wort nicht zu überhören ist).

Mit anderen Worten, wenn Döblin sich beklagt, daß er den Kosmos nicht verstehen kann, weil er mit den mathematischen Begriffen nicht zurechtkommt, dann versucht er ein grundlegendes Bedürfnis durch ein unpassendes Argument zu rechtfertigen. Man muß ihm keinen Nachhilfeunterricht in Mathematik geben. Man muß ihm ein Symbol oder ein Bild (ein Kunstwerk) vorlegen, das seine Wahrnehmung anspricht, und zwar so, daß dabei das Bild des Kosmos ersteht, das Einstein versteht.

Solch ein Bild oder Symbol zu finden, ist keine Aufgabe, die sich nebenbei erledigen läßt. Man könnte sie Wissenschaftsgestaltung nennen, und für diese Formung des Wissens braucht man mindestens so viel Geschick wie für die Wissenschaft selbst. Bedarf an Wissenschaftsgestaltung besteht in unserer Gesellschaft genug, denn schließlich wollen wir alle die Welt so verstehen wie Einstein den Kosmos.

Zum Wissen brauchen die Menschen alle beide, die Zahlen und Figuren ebenso wie das wahrnehmende Erleben. Die oben zitierten Zeilen von Novalis sind also ebenso einseitig (und damit ebenso falsch) wie die Überzeugung, die Natur teile sich uns allein in der Sprache der Mathematik mit.

Was man über die Naturwissenschaften wissen sollte

Abschließend soll in faßlicher Kürze die Frage beantwortet werden, was man über die Naturwissenschaften wissen sollte, wie viel Wissenschaft ein gebildeter Mensch braucht bzw. wie er oder sie Kennerschaft auch auf dem Gebiet der exakten Wissenschaften erlangen kann. Eine sehr kurze Antwort könnte auf einen Satz des Philosophen John R. Searle aus dem Jahre 1997 verweisen, der damals geschrieben hat: »Für einen gebildeten Menschen unserer Zeit ist es unabdingbar, daß er über zwei Theorien unterrichtet ist: die Atomtheorie der Materie und die Evolutionstheorie der Biologie«. Dem könnte man zustimmen, wenn man wüßte, wie sich denn vermitteln läßt – ohne Studium der Physik bzw. der Biologie –, was die wesentliche Einsicht der Atomtheorie bzw. der grundlegende Gedanke der Anpassungen von Arten ist, wobei wir den Gleichklang der Theorie übersehen, der die beiden genannten Bereiche ähnlicher erscheinen läßt, als sie sind. Trotzdem gibt es meiner Ansicht nach eine kurze Antwort für das hier anvisierte Thema, und sie lautet: Man sollte von den Naturwissenschaften wissen, was sie ursprünglich in Gang gesetzt hat. Dazu gibt es zwei Antworten, eine aus der Antike und eine aus der Neuzeit. In der Antike findet sich ganz am Anfang der »Metaphysik« des Aristoteles der Satz: »Alle Menschen streben von Natur aus nach Wissen; dies beweist die Freude an den Sinneswahrnehmungen (aisthesis), denn diese erfreuen an sich, auch abgesehen von dem Nutzen, und vor allen anderen die Wahrnehmungen mittels der Augen«. Mit anderen Worten, wir treiben Wissenschaft, weil wir damit die Freude vermehren können, die wir an der Welt haben, der wir unser Leben verdanken.

Und am Anfang der Neuzeit – gemeint ist konkret die Zeit um 1600 – kommt an vielen Stellen in Europa der Gedanke auf, der eine ansprechende Formulierung in dem »Leben des Galilei« von Bertolt Brecht gefunden hat. Der Dichter läßt seinen Galilei sagen: »Ich halte dafür, daß das einzige Ziel der Wissenschaft darin besteht, die Bedingungen der menschlichen Existenz zu erleichtern«. Mit anderen Worten, wir treiben Wissenschaft, um die Leiden der Menschen zu mindern.

Die Antworten zu kennen und über sie sprechen zu wollen, das macht naturwissenschaftliche Bildung in knappster Form aus. Wer sie kennt, wird in der Lage zu sein, die Betrachtung und Diskussion wissenschaftlicher Inhalte zu genießen, die den Ort und das Bild des Menschen prägen, und er oder sie wird dann zweitens verstehen, daß Wissenschaft in ihm bzw. ihr steckt und zu ihm bzw. ihr – und damit zum Menschen allgemein – gehört. Nur aus dieser Verbindung kann die Anteilnahme – die Dialogbereitschaft – entstehen, die nötig ist, damit alle die Verantwortung übernehmen können, die Wissenschaft heute benötigt.

Literatur:
Aristoteles, Metaphysik, Reinbek 1994.
Elisabeth Emter, Literatur und Quantentheorie, Berlin 1995.
Ernst Peter Fischer, Das Atom der Biologen, München 1987.
Ernst Peter Fischer, Die andere Bildung, Berlin 2001.
Manfred Fuhrmann, Cäsar oder Erasmus?, Tübingen 1995.
Werner Heisenberg, Der Teil und das Ganze, München 1969.
Wolfgang Koeppen, zit. in Elisabeth Emter, Literatur und Quantentheorie, Berlin 1995.
Helmut Kreuzer (Hg.), Die zwei Kulturen, München 1987.
Karl Schwedhelm, Das Gedicht in einer veränderten Wirklichkeit, in: Zeitalter des Fragments, hg. von Horst Lehner, Herrenalb (Schwarzwald) 1964.
Victor Weisskopf, Mein Leben, Bern 1991.

8. Technische Bildung

Wilfried B. Krätzig

Bildung wofür?

Ist der Bildungskanon, den Dietrich Schwanitz in »Bildung – Alles, was man wissen muss« zusammengetragen hat, wirklich die Summe einer modernen Bildung? In unserer technischen Welt? Und wenn ja: Bildung wofür? Ist unser Bildungsdasein wirklich so klar gegliedert: Tagsüber, während der Erwerbsarbeit, das bildungsarme Fachwissen, nach Feierabend Bildung als kultiviertes Vergnügen, als klassenspezifischer Ornat, definiert allein durch ihre praktische Unverwertbarkeit?

Aber natürlich ist es so nicht! Jede Bildung greift tief in die Lebenswelt hinein, und diese formt daher alles, was Bildung ausmacht, auch und gerade in einer technischen Zivilisation. Verkürzt ausgedrückt: Menschen, die mit Goethes »Faust« oder mit Bachs »Wohltemperiertem Klavier« nichts anzufangen wissen, wirken nicht weniger ungebildet als solche, denen zur Energietechnik oder Genforschung nur Ideologien einfallen.

Hilft uns die Bildungsauffassung Mark Twains vielleicht weiter? Bildung war für ihn alles, »was übrig blieb, wenn der letzte Penny ausgegeben war«. Bildung als Speicher höherwertiger Grundfertigkeiten, als »survival kit«, als letzte Lebenshilfe? Abgesehen davon, daß diese Aussage das genaue Gegenteil Schwanitzscher Bildung ist, erscheint auch sie zur Definition moderner Bildung vor dem Hintergrund allumfassender Technik nur bedingt geeignet.

Vielleicht können wir uns am Bildungsbegriff großer Ingenieure orientieren? Leonardo da Vinci, dieser (wohl größte) Maler der italienischen Renaissance, der Schöpfer des Abendmahls in Santa Maria delle Grazie in Mailand und der Mona Lisa, war auch ein bedeutender Ingenieur! Er entwarf Festungsbauten und Brücken, als Bauleiter überwachte er Kanalbauten. Im Dienste Cesare Borgias führte

Leonardo den Titel eines »Ingegnere generale«. Seine vielfältigen technischen Innovationen, Skizzen von Maschinen aller Art als technische Grundlagenforschung, verbinden tiefes Verständnis und umfassende Kenntnisse der damaligen handwerklichen Technik mit den Bildungswerten der Renaissance.

Sein Wirken scheint für unser Thema vorbildhaft modern: Leonardos gesamtes Schaffen war von der Gleichwertigkeit der Kunst, Wissenschaft und Lebenspraxis geprägt. Eine Trennung seiner Fertigkeiten und Fähigkeiten, eben seiner Bildung, in Leben und Muße, in Fron und Vergnügen, ist nirgends zu erkennen. Ein Ansatz auch für heutige Bildung? Bevor wir dies vertiefen, wollen wir einiges vom Wesen moderner Technik ergründen.

Vom Wesen moderner Technik

Unser heutiges Leben ist in nie dagewesener Weise in technische Innovationen eingebettet, die wir höchst selbstverständlich konsumieren, ohne sie im Grunde zu verstehen. Bei modernen Verkehrsmitteln oder der allgegenwärtigen Verfügbarkeit von Energie erscheint vieles noch einsehbar, moderne Informationstechnologien zeigen uns unsere Grenzen, aber Gentechniken bei Lebensmitteln oder in der Medizin lassen Bürger erschauern.

Die aus Unwissenheit und Unbildung resultierenden Ängste münden unmittelbar in gesellschaftliche Streitfragen um die weitere Entwicklung der Technik, Auseinandersetzungen darüber, wie wir zukünftig leben wollen. Derartige Ängste sind seit 200 Jahren vielfältig dokumentiert, beispielsweise im Gemälde »The Great Northeastern« des frühen Impressionisten William Turner aus dem Jahre 1844. Es zeigt eine Eisenbahn im Nebel: Moderne Technik als bewundernswürdiges Monster, irgendwoher auftauchend auf der Fahrt ins Unbekannte.

Bessere Einsicht in das Wesen der Technik würde uns auch einen Schlüssel für Fragen heutiger Bildung liefern. Lassen Sie uns diese Einblicke auf das Entwickeln technischer Produkte und Prozesse beschränken. Oftmals werden derartige technische Innovationen als Handhabung naturwissenschaftlicher Kenntnisse mittels mathematischer Methoden durch Ingenieure charakterisiert. Diese Aussage ist von bestürzender Oberflächlichkeit, bezeichnet sie doch bestenfalls Methoden und Vorgehensweisen. Weder die angestrebten Ziele noch die geistigen Konzepte der Technik werden hiermit erklärt!

Dem aufmerksamen Beobachter erscheint die ihn umgebende Welt, die natürliche wie die technische, gleichermaßen durch Ordnung und Unordnung geprägt. Beides, Ordnung und Unordnung, sind offenbar inhärente Eigenschaften unserer Schöpfung. Während Ordnung Gesetzmäßigkeiten erkennen läßt, entziehen sich ungeordnete Zustände einer unmittelbaren Beschreibung durch Gesetze und vermitteln Unbestimmbarkeit.

Originäre Aufgabe der Naturwissenschaften ist es, diese Gesetzmäßigkeiten zu entdecken. Ob Ordnung oder Unordnung, Kausalität oder Zufall unsere materielle Welt stärker dominieren, ist dabei eine Kernfrage der abendländischen Philosophie und Naturerkenntnis, aufgeworfen von Denkern der griechischen Antike und strittig bis in die Gegenwart hinein. Eine wichtige Rolle spielt dabei die Mathematik. Sie abstrahiert aus Naturgesetzen alles Meßbare und beschreibt dieses als logische Aussagen in Größen und Operationen.

Dies alles ist Grundlage der Technik. Ziel der Technik ist nie (reiner) Erkenntnisgewinn, sondern immer das Vordringen in technisches Neuland durch Lösen, Vereinfachen und Optimieren von Problemen des menschlichen Daseins. Wenn auch derzeit dieses Vordringen in unbekannte, künstliche Welten als »Erfinden« wegen materieller Vorteile sehr in der öffentlichen Aufmerksamkeit steht, so haftet es doch jeder Ingenieurtätigkeit an. So wie ein Künstler im Idealfall etwas Einmaliges, nie vorher Existentes erschafft, macht dies auch der technisch-innovative Ingenieur, nur mit meist erheblichen Konsequenzen für die Gesellschaft. Wer hätte vor 120 Jahren die Entwicklung der Fahrzeugtechnik, vor 100 Jahren die der Flugtechnik, vor 50 Jahren diejenige der Datentechnik vorherzusagen gewagt, mit allen Auswirkungen auf jeden einzelnen von uns? Deshalb verwendet unsere Sprache auch den Begriff Ingenieurkunst, von welcher Leonardos innovatives Schaffen ein einmaliges Beispiel abgibt.

Bis hierhin zeichnet dieses Idealbild der Technik umfassend gebildete Ingenieure, Menschen mit höchster mathematisch-naturwissenschaftlicher Bildung und offenen Sinnen für ihr ingeniöses Schaffen, dieses stets abwägend an den Erfahrungen komplexer technischer Entwicklungsvergangenheiten und einer bewußt gegenwärtigen Geistesgeschichte. Leider ist dies ein Ideal und selten erreicht. Technik in ihren Spezialisierungen und technische Studien sind längst viel zu komplex geworden, um Menschen mit beschränkten Fähigkeiten, Bildungslücken und Wissensmängeln ein derartiges Ingenieurwirken zu ermöglichen.

Technik und Gesellschaft prägende kausale Modelle

Technik basiert auf Naturgesetzen (der Physik) und mathematischen Methoden. Ihr Ziel ist im weitesten Sinne menschliche Daseinsvorsorge durch Reduktion von Anstrengungen. Eines der Konzepte zum Erreichen dieser Ziele ist das Denken in technischen Modellen der materiellen Welt. Modelle sind vereinfachte Darstellungen der Wirklichkeit, so einfach wie möglich, aber doch so komplex wie für das Ziel erforderlich. Bis vor 50 Jahren waren dies (einfache) analytische Modelle, heute sind sie hochgradig vernetzt und computergerecht digitalisiert.

Modellbildungen setzen immer Ordnung und Gesetze voraus, d. h. die Kenntnis von Kausalität zwischen Ursache und Wirkung: Die Transformation von Ursache(n) in Wirkung(en) erfolgt in einem technischen Prozeß, eindeutig und reproduzierbar. (Beispielsweise erwartet jeder Käufer, daß sein Pkw stets die im Verkaufsprospekt versprochene Leistung liefert.)

Derartige technische Prozesse zwischen Ursache und Wirkung bilden Kernpunkte im Ingenieurwesen. Sie sind selten linear, weil selten Ursache und Wirkung proportional (streng kausal) sind. Meist sind Ursache und Wirkung nichtlinear miteinander verbunden und es fehlt Proportionalität. Solche nichtlinearen Prozesse sind schwierig zu behandeln, weil nichtlineares Verhalten in der Beobachtung, im Experiment, oft gesetzlosem Verhalten ähnelt. Deswegen arbeitet die Technik häufig mit linearisierten Modellen, die Proportionalität zwischen Ursache und Wirkung postulieren. Diese einfachsten Abbilder der Wirklichkeit sind äußerst beliebt, aber sie besitzen stets nur einen eng begrenzten Einsatzbereich.

Derart linearisiertes Denken, oft als eindimensional charakterisiert, zeichnet nicht nur viele Ingenieure in ihrer Berufsarbeit aus, es hat längst viele Bereiche des modernen Lebens unterwandert. Vom Einfachen zum Oberflächlichen und weiter zu falschen Schlußfolgerungen sind oft nur kleine Schritte. Heute erscheint nachdenklichen Beobachtern das physische und gesellschaftliche Sein als einheitlich komplex, in Interdependenzen miteinander verwoben, und nur durch holistische, nichtlineare Modellbildungen erklärbar. Menschlichem Leben und Wirken, offenbar ein beständiges Wagnis, steht klassisch kausales Denken der Technik gegenüber, das – sich verselbständigend – Situationen von morgen aus denen von gestern (linear) zu extrapolieren versucht. In »Betrachtungen über die Technik« von Ortega y Gasset ist diese eindimensionale Ratio als ein »unmerkliches Ausströmen ganzer Kulturen durch unentdeckte Öffnungen« prognostiziert. Sind nicht die vielfältigen Reparaturen der heutigen Politik das beste Beispiel dieses linearen Modelldenkens?

In der heutigen Welt, die zunehmend als chaotisch, ungeordnet und nichtdeterminiert empfunden wird, operiert die Technik oft mit zu klassischen, linearen Modellen. Infolge des Bewährungszwangs in der Realität sind sich Ingenieure den Modellrestriktionen zumeist bewußt. In vielen gesellschaftlichen Bereichen, welche von diesem Denken wie von einer Krankheit infiziert wurden, beweist sich die Richtigkeit höchstens im Nachhinein. Wenn Bildung sich in Lebensprozessen formt, ist dies natürlich eine verhängnisvolle Empirie!

Bildung und Ausbildung moderner Ingenieure

Finden wir aus alledem zu einem Resümee? Vor 200 Jahren begann aus den handwerklichen Künsten des Barock die Entwicklung zur modernen Technik, heute eine mächtige und dominante Lebenskomponente. Mit der Mathematik und den Naturwissenschaften als tragenden Fundamenten sind ihre Ziele eng gekoppelt an das gesellschaftliche Bild vom Leben.

Beides, Mathematik und Naturwissenschaften, sind Grundpfeiler weltweiter Ingenieurausbildung. Seit den vor 30 Jahren reformierten gymnasialen Oberstufen mit ihren exzessiven Abwahlmöglichkeiten beginnen Abiturienten in Deutschland jedoch ihre Ingenieurstudien hierin oft mit völlig unzureichenden, weil abgewählten Grundkenntnissen. Da Bildung, welche man nicht besitzt, auch nicht vermißt wird, ist Scheitern bei vielen vorprogrammiert. Mangel an gebildeten Ingenieuren ist so in Deutschland längst zu einem gravierenden Standortnachteil geworden.

Diese Studienbasis aus Mathematik und Physik mit ihren Teildisziplinen Mechanik und Elektrotechnik wird zukünftig eher noch bedeutsamer, denn in innovativer Technik müssen Fragestellungen ungleich schärfer beantwortet werden als in vielen forschenden Naturwissenschaften, oft mit Genauigkeiten im Promillebereich. Stets ist die Realität der unerbittliche Richter über technische Innovationen, und oftmals stehen hinter diesen große materielle Interessen infolge hoher finanzieller Investitionen.

Viele moderne Ingenieuraufgaben erfordern neben diesen grundlegenden Fachkenntnissen wirtschaftliche Kompetenz, Planungs- und Konstruktionswissen, Kenntnisse der Informatik. Dies überfrachtet heutige Ingenieurstudiengänge mit Fachwissen und vernachlässigt Bildung. Abhilfe verspräche mehr (Humboldtsche) Freiheit der ingenieurwissenschaftlichen Studien. Weitere Bildungskomponenten sind Problemlösungskompetenz, System- und Prozeßdenken sowie Teamfähigkeit. Fremdsprachenkenntnisse sind heute in jedem Ingenieurberuf unverzichtbar. Die Fähigkeit zu strukturiertem Denken, zu klarer Ordnung der Gedanken gehören zur individuellen Grundausstattung, die man nicht erlernen, wohl aber während des Studiums vertiefen kann. Ohne sie werden Studium und späterer Beruf zu einer unendlichen Reise durch immer neue Black-Box-Erfahrungen, ohne je souveräne technische Innovationsfähigkeit zu erlangen.

Ausklang

Bildung und Berufskenntnisse sind keine voneinander unabhängigen Persönlichkeitsmerkmale, sondern eng miteinander verknüpft. Beide formen ein Abbild unserer vernetzten Lebenswirklichkeit, was am Beispiel der modernen Technik besonders deutlich wird.

In ihrer Entwicklung hat die Technik streng kausale Denkkategorien bevorzugt, die in fast alle nichttechnischen Gesellschaftsbereiche eingedrungen sind. Allerdings besitzen viele Mitbürger eine zu geringe technisch-naturwissenschaftliche Bildung, verstehen deshalb das Wesen moderner Technik nicht und die Grenzen derart technischer Denkkategorien, von denen sie längst – gedankenarm – infiziert worden sind. Ihnen erscheint der durch Technik geschaffene Wohlstand als Himmelsgeschenk und ihre einseitig geisteswissenschaftliche Bildung läßt sie das Artifizielle der Technik höchstens erahnen. Deswegen schwanken viele Deutsche derzeit zwischen Kritik und Furcht, die Technik könne den Menschen aus den Fingern gleiten, sowie gleichwohl exzessiver Nutzung ihrer Vorteile.

Literatur:

Heinz Duddeck, Der Ingenieur – ein Homo faber? Der Ingenieur – kein Homo faber! Zwei Essays über technische Bildung, in: Jenseits und diesseits von Technik, hg. vom Institut für Statik der Technischen Universität, Braunschweig 2002, 44–72.

José Ortega y Gasset, Betrachtungen über die Technik, Buenos Aires 1939 und Stuttgart 1949.

Wilfried B. Krätzig, Universitäten: Investitionen in zukünftigen Wohlstand?, in: ACADEMIA Heft 5, Karlsruhe 2004, 335–338.

W. Mock, »Wir müssen anfangen, unser Wissen zu Geld zu machen!« Bundesfoschungsministerin Annette Schavan zur neuen Hightech-Strategie der Bundesregierung, in: VDI-Nachrichten Nr. 35, 1. September 2006.

Dirk Proske, Unbestimmte Welt, Dresden 2006.

Dietrich Schwanitz, Bildung – Alles, was man wissen muss, Frankfurt am Main 2002.

9. Medizinische Bildung

Paul U. Unschuld

Gesundheit ist ein Gut, das die allermeisten Menschen schätzen. Die Frage lautet: Ist medizinische Bildung mit medizinischem Wissen gleichzusetzen? Ist solches Wissen Anreiz genug, zumindest einen die Gesundheit fördernden Lebensstil zu führen? Oder bedarf es mehr als nur des reinen Wissens, der Bildung eben?

Zu Beginn und in den frühen Lebensjahren sorgen in der Regel Eltern und andere Anverwandte dafür, daß das Verhalten der lieben Kleinen deren Gesundheit nicht gefährdet. Später lernt der heranwachsende Mensch in Kindergarten und Schule, aus der Lektüre von Kinderbüchern, Jugendzeitschriften und den übrigen Printmedien, in ähnlicher Weise über Radio, Fernsehen und das Internet Schritt für Schritt, welcher Lebensstil der Gesundheit zuträglich ist und welche Kleidung und Eßgewohnheiten, welches Suchtverhalten und viele andere Verhaltensweisen mehr zu Körperverletzung, zu Kranksein und vielleicht zu frühem Tode führen können, also die Gesundheit gefährden. Das Wissen um diese Verhaltensweisen ist der Kern der medizinischen Bildung. Man mag auch wissen, wie man einer Erkältung vorbeugt, welche Zeichen auf der Körperoberfläche den beginnenden Hautkrebs signalisieren und mit welchen Hausmitteln man dem Kind das Fieber lindert. Solche und viele andere Facetten medizinischen Wissens sind eine notwendige Voraussetzung für ein der Gesundheit zuträgliches Verhalten; sie sind jedoch keine zwingende Voraussetzung, denn Wissen, ebenso wie Bildung, ist nicht gleich Handeln. Das sieht man am deutlichsten bei den vielen Ärzten und Krankenschwestern, die ungeachtet unwiderlegbarer Beweise für die Schädlichkeit des Rauchens und auch ungeachtet der persönlichen Begegnung mit dem Leid der Krebskranken selbst immer wieder zur Zigarette greifen. Ihr Verhalten offenbart eine tiefe Kluft zwischen dem Ausmaß an medizinischem Wissen einerseits und einer medizinisch zweckmäßigen Lebensweise andererseits. Unzählige weitere Beispiele ließen sich aus dem Alltag hier anführen. Ob es die Weigerung ist, sich im Auto auch während einer kurzen Stadtfahrt anzuschnallen, oder der einseitige Verzehr von solchen Produkten der sog. Lebensmittelindustrie, die nach heutigem Stand des Wissens eher geeignet sind, das Leben vorzeitig zu beenden als zu bewahren. Stets kann man davon ausgehen, daß diejenigen Menschen, die so handeln, durchaus wissen, welches Risiko sie eingehen.

Medizinisches Wissen – wir sprechen hier nicht vom Fachwissen der Experten – ist kein Endzweck, sondern Mittel zum Zweck. Wir bilden unsere Kinder, die Jugendlichen und auch die Erwachsenen und Senioren mit einem Wissen von den Ursachen, den Erscheinungen, der besten Vorbeugung und adäquaten Versorgung des Krankseins allein aus dem einen Grunde, damit die so Gebildeten dieses Wissen dafür einsetzen, gesund zu bleiben oder doch wieder gesund zu werden. Unzählige Studien sind durchgeführt worden mit dem Ziel, den Anreiz zu bestimmen, der erforderlich ist, die Kluft zwischen medizinischem Wissen und dem alltäglichen Einsatz dieses Wissens zu überbrücken. Manche Hypothese ist getestet worden; der Schlüssel zum Erfolg wurde noch nicht gefunden. Eine Ursache liegt, so mag man mutmaßen, in der häufig mangelnden Eindeutigkeit und vergleichsweise kurzen Verfallszeit medizinischen Wissens. Wer sich heute als medizinisch wissend betrachtet, mag wenige Jahre, mit Sicherheit aber wenige Jahrzehnte später schon als unwissend gelten. Warum soll ich mich, dieser Zweifel mag im Unterbewußtsein mitschwingen, heute einem Wissen unterordnen, das gar nicht von allen Experten geteilt und vielleicht in Jahresfrist wieder verworfen wird? Medizinisches Wissen ist temporär; medizinische Bildung ist zeitlos. Der medizinisch Gebildete weiß das temporäre Wissen einzuordnen. Wer am temporären Wissen festhält, ist ungebildet.

Nehmen wir die Frühzeit der HIV/AIDS-Krise als Beispiel. Grundlage des Umgangs mit der Gefährdung durch HIV/AIDS ist der Besitz, auch bei Laien, eines gewissen Fachwissens. Das schließt die Kenntnis einiger Grundelemente der Virologie, der möglichen und der nicht möglichen Übertragungswege, vielleicht auch der frühen Symptome mit ein. Aber dieses medizinische Wissen ist nur temporär gültig; es mag in Kürze durch neue Erkenntnisse überholt sein. Medizinische Bildung ist umfassender. Medizinische Bildung ist die Prägung des Inhabers von medizinischem Wissen durch eben dieses Wissen und über dieses Wissen hinaus. Medizinische Bildung angesichts HIV/AIDS entsteht auch durch tägliche Lektüre der Medien, durch Kenntnis der Interessen, die im Hintergrund der politischen und gesellschaftlichen Reaktion auf HIV/AIDS wirken. Der Gebildete mußte beispielsweise bald erkennen, daß verschiedene Gruppierungen je nach Interessenlage zu einer Über- oder Untertreibung der gesellschaftlichen Gefährdung durch HIV/AIDS neigten. Die einen argumentierten nicht mit den geringen und daher als wenig überzeugend angesehenen absoluten Zahlen von Neu-Infektionen und Neu-Erkrankungen hierzulande. Sie führten stattdessen nur für den Laien eindrucksvolle Prozentzahlen an, wenn es um Prävalenzstatistiken und Steigerungsraten, Risikoverhalten und gefährdete Bevölkerungsgruppen in Deutschland ging, und hantierten mit zweistelligen Millionenzahlen in fernen Erdteilen, die niemand überprüfen konnte, um die nahende Apokalypse auch für Deutschland zu beschwören. Ihnen standen die gegenüber, die die Existenz einer Epidemie, zumal einer heterosexuell übertragenen Epidemie, jedenfalls für Länder wie Deutschland vollends in

Frage stellten und von einem Mythos, zumal der heterosexuellen Übertragbarkeit, sprachen. Um sich hier ein Urteil bilden zu können, mußte man die Grenzen des Wissens überschreiten. Der Gebildete steht im Wissen und erhebt sich zugleich über dieses Wissen. Seine Bildung erlaubt es ihm, diejenigen skeptisch zu betrachten, die ihr Wissen vortragen und daraus für sie vorteilhafte politische bzw. finanziellen Konsequenzen fordern. Der Gebildete besitzt die Voraussetzungen, ein medizinisches Problem, einen medizinischen Sachverhalt umfassend zu bewerten und auf dieser Grundlage Partei zu ergreifen und entsprechend zu handeln.

Der Gebildete bezweifelt den Wert von Statistiken, weil er weiß, in welchem Ausmaß statistische Manipulation zugunsten der einen oder anderen Interessenlage möglich ist. Nehmen wir wiederum ein Beispiel aus der jüngsten Zeit: die Akupunktur. Vor dreißig Jahren noch allein einigen wenigen Außenseitern bekannt, ist die chinesische Nadeltherapie mittlerweile in jeder deutschen Stadt vertreten und mit Umsätzen von Hunderten von Millionen Euro durchaus ein ernst zu nehmender Faktor in unserem Gesundheitswesen. Viele Befürworter der Akupunktur suchen nun seit Jahren den Adelsschlag der Anerkennung durch die sog. Schulmedizin und lassen wohldefinierte Kleinstbausteine dieses Heilverfahrens, etwa in der Orthopädie, gegen bekanntermaßen wenig zufriedenstellende Verfahren der orthodoxen Behandlung, z. B. bestimmter Rückenschmerzen, in angeblich methodisch bestens begründeten Versuchen untersuchen. Die Krankenkassen finanzieren solche Studien. Das Ergebnis wird dann in den Medien bekanntgegeben, mal fällt es statistisch geringfügig zugunsten der Akupunktur aus (und wird dann fälschlich unter der Schlagzeile »Akupunktur wirkt« publiziert), in anderen Versuchen gelingt solch positives Ergebnis nicht. Der medizinisch Gebildete steht über diesen Dingen. Er weiß um die Imagesorgen mancher Akupunkteure und er weiß, daß die Krankenkassen die vom Gesetz kaum gedeckte Finanzierung von Akupunkturbehandlungen, die somit die Frage nach der Veruntreuung von mittels Pflichtbeiträgen eingezogenen Geldern nahelegt, durch die Teilnahme an und Finanzierung von solchen Tests zu legitimieren suchen und zugleich bemüht sind, im Zeitalter der Konkurrenz neue Kunden anzulocken, indem sie ihre Leistungs- und Produktangebote auch auf zwar modische, aber wissenschaftlich mitnichten legitimierte Heilverfahren ausweiten. Der Gebildete ist nicht überrascht, wenn die Befürworter der Akupunktur die für sie ungünstigen Ergebnisse solcher Studien auf (von ihnen selbst zu verantwortende!) statistisch-methodische Fehler zurückführen und die Versuche so lange zu wiederholen suchen, bis sie eine ausgefeilte statistische Grundlage geschaffen haben, die endlich das gewünschte Ergebnis bringt. Der Gebildete kennt solche Strategien und zieht seine Folgerungen entsprechend seinem Wissen um diese Tatsache.

Medizinische Bildung ist unverzichtbar, um das heutige Gesundheitswissen als das zu erkennen, was es in mancher Hinsicht ist: der zunehmend kommerzialisierte Umgang mit dem Kranksein, und zwar sowohl in der Vorbeugung als auch in der Therapie. Nicht das mehr oder weniger begrenzte Fachwissen macht den medizinisch Gebildeten aus, sondern der umfassende Überblick über ein möglichst weites Spektrum von Facetten der Medizin als integrierter Teilbereich von Gesellschaft und Kultur. Wie aber, so mag man fragen, war das in früheren Zeiten? Was bedeutete medizinische Bildung im Altertum, in Zeiten, als die Kommerzialisierung des Alltags noch nicht die heutigen Ausmaße angenommen hatte? Gehen wir so weit zurück, wie die Geschichte der Medizin es uns erlaubt: in die griechische Antike, genauer gesagt in die Polis-Demokratie des Hippokrates und des Solon. Der eine ist uns bekannt durch den Eid, den er mit Sicherheit nicht geschrieben und auch nicht gekannt hat. Hippokrates ist die – wenn auch historisch belegte – Symbolfigur einer neuen Art von Heilkunde, die just um das 5. Jahrhundert v. d. Z. ihren Anfang nahm. Es war dies eine Heilkunde, die wiederum eines Solon und eines Drakon bedurfte, obwohl diese beiden Herren nie in den Geschichtsbüchern der Medizin erscheinen. Was war geschehen? In der griechischen Polis reifte das Bemühen, eine Gesellschaft frei von der Willkür der Monarchen, der Tyrannen, der Despoten zu sehen, frei also von dem herkömmlichen Herrschaftssystem, das man im Osten Kleinasiens so drastisch vor Augen sah. Die Alternative war die Unterordnung allen gesellschaftlichen und persönlichen Tuns und Handelns unter das Gesetz. Jeder Bürger sollte vor diesem Gesetz gleich sein. Krisen sollte die Polis-Gesellschaft durch den Entscheid ihrer Bürger lösen, nicht durch den mehr oder weniger subjektiv motivierten Eingriff eines monarchischen Herrschers. Die Notwendigkeit der gesellschaftlichen Gesetze, für deren Einführung Solon und Drakon zeichneten, wurde alsbald von einer Gewißheit in die Existenz von Naturgesetzen begleitet. Noch heute folgen unsere medizinischen Fakultäten dem damaligen Credo, das sich in drei knappe Sätze fassen läßt: Es gibt Naturgesetze, die unabhängig von Zeit, Raum und Personen wirken. Der Mensch ist fähig, mit seinem Intellekt durch beharrliches Suchen diese Naturgesetze zu erkennen. Die Kenntnis dieser Naturgesetze ist ausreichend, das Universum insgesamt und die menschliche Existenz in diesem Universum einschließlich Gesundheit und Kranksein zu verstehen und zu beeinflussen. Nicht alle Bürger schlossen sich diesem Glaubensbekenntnis an; aber doch eine genügende Mehrheit, um seitdem die Dynamik des medizinischen Wissens maßgeblich zu beeinflussen.

Der medizinisch gebildete Polis-Bürger lebte durchaus noch im Bewußtsein des Einwirkens der Götter auf menschliche Existenz. Es waren sehr menschelnde Götter, die die Menschen sich nach ihrem Angesicht geschaffen hatten. Aber der Glaube, daß es nur die Götter seien, denen man Gesundheit und Kranksein verdanke, war nicht mehr für alle Polis-Bürger gleichermaßen attraktiv. Der Gebildete war noch weit weniger von den Ärzten abhängig als der »Laie« ein, zwei Jahrtausende später. Medizinische Bildung bedeutete ein Grundwissen um die üblichen Krankheiten und deren Behandlung. Der Gebildete mochte sich im Falle der Not, wenn seine eigenen Fähigkeiten für die erfolgreiche Behandlung von Familienangehörigen nicht mehr ausreichten, an Zeus oder Hygieia wenden; er konnte jedoch auch hoffen, daß ein Wanderarzt wie Hippokrates durchzog und seine Expertendienste anbot. Auch damals war medizinische Bildung bereits mehr als nur begrenztes Fachwissen. Medizinische Bildung war erforderlich, um entscheiden zu können, welche der Heilkundigen man im Falle eines Krankheits-Falles zu Rate ziehen sollte. Vielleicht den Priester im Heiligtum des Asklepios, der in geweihter Umgebung den Tempelschlaf verordnete und die Patienten nach der Begegnung mit dem Heilgott in die Gesundung zurückzuführen versprach? Oder den Wanderarzt, der sich auch einmal an einem Ort für eine Zeitlang niederließ und vor den Augen vieler Zuschauer seine chirurgischen Eingriffe bei Tageslicht vollzog oder mit Medikamenten wirkte. Der Gebildete las die Schriften, die die verschiedenen Schulen veröffentlichten, um ihre jeweils unterschiedliche Sichtweise von den Ursprüngen des Krankseins und der bestmöglichen Behandlung in die Bevölkerung zu tragen. Der Gebildete stand, wie auch heute, inmitten all dieses Wissens und erhob sich doch über dieses Wissen. Er betrachtete den Arzt als das, was der Heilkundige lange Zeit war: Als Handwerker, mit dem man einen Vertrag über eine Dienstleistung schloß. War das Ergebnis der Behandlung wunschgemäß, konnte die Bezahlung erfolgen. War sie es nicht, blieb auch die Zahlung aus. Wie es eben dem Handwerker, der schlechte Leistung liefert, stets ergeht. Der medizinische Handwerker, der Arzt, besaß das begrenzte, spezifische Fachwissen. Der Gebildete wußte es einzuordnen.

Wir könnten jede einzelne Epoche der europäischen Geschichte danach abfragen, was den medizinisch Gebildeten im Vergleich mit dem Besitzer medizinischen (Fach-)Wissens ausmacht. Der gebildete Römer des Altertums etwa, der auf die Medizin als ein griechisches Produkt hinabschaute, das aus fremder Kultur herbeigeführt nur selten von echten Römern, zumeist von eingewanderten Griechen, praktiziert wurde. Die Theorie, die mit dieser Medizin einherging, sagte ihm wenig. Die Götter bedeuteten ihm wieder mehr; die Empirie war ihm vielleicht am liebsten. Doch kehren wir zurück in die Gegenwart, bilden wir ein Fazit aus dem Gesagten. Es gibt keine formale Instanz, keine Schule, keine Universität, die dazu geschaffen wäre, medizinische Bildung zu vermitteln. Medizinische Bildung gründet auf und in dem Wissen, das ein ganzes Leben lang an jeden Menschen herangetragen wird. Doch die Bildung nur auf dieses Wissen einzuengen, das wäre zu kurz gegriffen. Medizin ist der Kern einer jeden Kultur. Medizin als Heilkunde ist das Bemühen, die Gefährdung der menschlichen Existenz durch Kranksein und frühen Tod zu mildern, wenn nicht gar eines fernen Tages (zur Freude der einen, zum Entsetzen anderer) gänzlich auszuschalten. Somit ist Medizin das Fadenkreuz, in dem sich Fachwissen und Erfahrung, existentielle Ängste und Zuversicht, Vorstellungen von Ordnung und Furcht vor Chaos, gesellschaftliche, politische und ökonomische Aspekte treffen, aber auch der Aberglaube und die Religion, die Sprache und vieles mehr. Jedes bewußte Mitglied einer Gesellschaft nimmt eine unterschiedlich große Anzahl dieser Fäden in die Hand. Je mehr Fäden es sind, desto höher ist die medizinische Bildung einzuschätzen. Man kann sich von dieser Bildung ausschließen, indem man sich auf einen Aspekt konzentriert und in diesem Aspekt ein Experte ist. Der Experte ist nicht notwendig der Gebildete.

Literatur:
Antje Krug, Heilkunst und Heilkult. Medizin in der Antike, München 1993.
Udo Schüklenk, »Professional responsibilities of biomedical scientists in public discourse«, in: Med Ethics 30 (2004), 53–60.
Udo Schüklenk, David Mertz, Juliet Richters, »The Bioethics Tabloids: how professional ethicists have fallen for the myth of tertiary transmitted heterosexual AIDS«, in: Health Care Analysis 3 (1995), 27–36.
Helle Secher Sejr, Merete Osler, Do Smoking and Health Education Influence Student Nurses' Knowledge, Attitudes, and Professional Behaviour?, in: Preventive Medicine, Vol. 34 No. 2 (2002), 260–265.
Paul U. Unschuld, Was ist Medizin? Westliche und östliche Wege der Heilkunst, München 2003.
Paul U. Unschuld, Ware Gesundheit. Das Ende der klassischen Medizin, München 2009.

10. Handwerkliche Bildung

Christof Riess

Historisches

Das 19. Jahrhundert bescherte Deutschland und der Welt mit der Industrialisierung einen epochalen Wandel, der in Wirtschaft und Gesellschaft zu einschneidenden Veränderungen führte. Diese Zeit war geprägt von Umbrüchen und stellte für das Handwerk ein Spannungsfeld zwischen Ständewelt, Tradition und dem Aufbruch in eine noch ungewisse Moderne dar. War die Erstellung von Gütern und Waren jeglicher Art zuvor eine ausschließliche Angelegenheit des Handwerks, so erwuchs mit dem Typus der Fabrik eine völlig neue Form des Produzierens und Arbeitens. Diese stellte in hohem Maße auf Technik und gleichzeitig massenhafte menschliche Arbeitskräfte ab und stand somit schon früh im Gegensatz und in Konkurrenz zu den Strukturen der Handwerker. Bereits im frühen 19. Jahrhundert rückte der Qualifikationsaspekt von Arbeitskräften in den Vordergrund und es wurde klar, daß eine Reform der handwerklichen Berufsausbildung – in Ablösung des Zunftwesens – nicht ohne die Sicherstellung des pflichtmäßigen Besuchs von »Handwerkerschulen« möglich sein würde. Mit nur rein betrieblich-handwerklicher Sozialisation, wie sie ehemals in der bereits zerbrochenen Werk- und Wohngemeinschaft des »ganzen Hauses« vorgelebt worden war, war den Modernisierungsansprüchen der Industrialisierung, getrieben durch die Expansion der Industrie, nicht mehr zu genügen. So stand die Qualitätssicherung durch Bildung im Dienste der Sicherung handwerklicher Selbständigkeit gegenüber den Fabrikanten.

Die Lehrlingsabschlußprüfung, die ab den 1820er Jahren Eingang in die Gewerbeordnungen deutscher Staaten findet, ist das äußere sichtbare Zeichen dieses Paradigmenwandels hin zu qualitätsorientierter Ausbildung mit bewertbaren, vergleichbaren Ergebnissen.

Handwerk heute: Zahlen zu Beschäftigung, Ausbildung und Wirtschaftsleistung

Das Deutsche Handwerk hat Anfang 2006 einen Betriebsstand von etwa 923.000 Handwerksunternehmen, die 2005 einen Umsatz von 456 Milliarden Euro erwirtschafteten. Diese Betriebe beschäftigen etwa 4,8 Millionen Menschen, einschließlich 500.000 Auszubildenden. Damit sind 12,4 Prozent aller Erwerbstätigen und 30,7 Prozent aller Auszubildenden in Deutschland im Handwerk tätig. Mit dieser Ausbildungsquote ist das Handwerk nach wie vor der Ausbilder Nummer Eins in der Bundesrepublik Deutschland. Mit über 500 überbetrieblichen Berufsbildungszentren ist das Handwerk darüber hinaus auch der größte Aus- und Weiterbildungsanbieter Deutschlands.

Arbeitswelt im Wandel – Vielfalt der Berufe

Die Arbeitswelt ist schnellebiger geworden als früher. Gerade die Technik ist durch ständige Neuentwicklungen stark von Wandel und Veränderungen geprägt. Diesem Wandel müssen sich Berufe, Ausbildungsinhalte und auch die Arbeitnehmer anpassen, um dauerhaft international konkurrenzfähig zu bleiben. Das Handwerk reagiert sehr flexibel und paßt seine Berufe und ihre Tätigkeitsfelder ständig den sich ändernden Gegebenheiten an. Daher bieten sich im Handwerk neben einer Vielzahl verschiedenster Ausbildungsmöglichkeiten auch stets umfangreiche Weiterbildungsangebote, damit Lehrlinge, Gesellen oder Meister und ihre Betriebe immer *up to date* sind und wettbewerbsfähig bleiben. Kundenservice und Technikentwicklung sind für das durch technische Dienstleistungen geprägte Handwerk bestimmende Größen. So hat sich beispielsweise das Kraftfahrzeugtechniker-Handwerk im selben Maße gewandelt, wie die Kraftfahrzeuge selbst. Dieser Bereich ist heute durch kürzere Modelllebenszyklen bei gleichzeitig verlängerten Wartungsintervallen gekennzeichnet. Auch ist der Elektronikeinsatz im Fahrzeugbau ein völlig anderer als noch vor 20 Jahren. Mechanik, Elektrik und Elektronik weisen einen immer höheren Vernetzungsgrad auf, der nicht folgenlos für die Ausbildungsinhalte dieses Berufes bleiben konnte. Die bisher getrennten Berufe des Kraftfahrzeugmechanikers und des Kraftfahrzeugelektrikers wurden in einem neuen, den sich ändernden Gegebenheiten angepaßten Berufsbild des Kfz-Mechatronikers zusammengefaßt. An Interessenten für diesen Ausbildungsberuf werden auch veränderte, tendenziell höhere Anforderungsprofile als bisher gestellt. An diesem Beispiel kann man erkennen, in welch hohem Maße das handwerkliche wie das schulische Bildungssystem flexibel auf Innovationen reagieren müssen. Die Bildungseinrichtungen des Handwerks tun dies seit langem. Das Ergebnis ist eine zukunftsfähige, moderne Vielfalt von über 120 Ausbildungsberufen. Den Grundstock für die Teilhabe und den Zugang zu einer vielfältigen Berufsausbildung jedoch muß das staatliche Schulsystem leisten, um überhaupt ein adäquates Potenzial an Schulabgängern zur Verfügung zu stellen. Dazu gehört eine »Bildungsgrundausstattung« an naturwissenschaftlich-technischen oder kulturellen Basisqualifikationen wie etwa Sprachkompetenz, Lese- und Schreibfähigkeit oder Textverständnis, doch dazu später.

Ausbildung im dualen System

Im Handwerk orientiert sich die Ausbildung vorrangig an dem Aufgabengebiet oder Tätigkeitsfeld des jeweiligen Handwerks und praxisnah an den Kundenaufträgen des Betriebes. Das Spektrum handwerklicher Berufe und ihrer Ausbildungen reicht von sehr spezialisierten, auf ein oder wenige Produkte und Dienstleistungen bezogenen Anforderungen bis hin zu Querschnittsberufen, die in unterschiedlichen Gebieten über mehrere Branchen hinweg Anwendung finden. Daher verfolgt das duale Ausbildungssystem im Handwerk mit seinen Säulen Betrieb und Berufsschule plus überbetriebliche Unterweisung in den Bildungszentren des Handwerks das Ziel, die gesamte Vielfalt und Bandbreite zur Differenzierung von Berufen auszuschöpfen. Bedingt durch die technischen, wirtschaftlichen und gesellschaftlichen Entwicklungen der letzten Jahre, unter anderem des Hinzukommens neuer oder komplexer Handwerke, ist die Berufsbildung gerade im Handwerk in Schwung gekommen. Ausdruck dafür sind beispielsweise Neuordnungen von mehr als 20 Ausbildungsberufen der Metall- und Elektrohandwerke.

Einen unverzichtbaren und vom Wirtschaftsbereich Handwerk selbst getragenen Bestandteil des Dualen Systems stellt die überbetriebliche Lehrlingsunterweisung (ÜLU) dar. Sie unterstützt und ergänzt die betriebliche Ausbildung und garantiert neben einer soliden und breiten Grundbildung die rasche Integration des technischen Fortschritts in die Ausbildung. Mit den bundesweit über 500 Berufsbildungs- und Technologiezentren stellt das Handwerk seinen Betrieben umfangreich und modern ausgestattete Bildungsinfrastrukturen unterstützend zur Seite, um gerade die Ausbildungsfähigkeit und -qualität der Betriebe durch ein zukunftsweisendes Lehrangebot auf neuestem Stand zu garantieren. Daher ist die Qualitätssicherung einer an der technischen Entwicklung und den Bedürfnissen der handwerklichen Ausbildung orientierten ÜLU dem Handwerk und seinen Organisationen ein zentrales Anliegen.

Nationaler Bildungspakt für Deutschland

Auf nationaler wie europäischer Ebene herrscht Einmütigkeit über die Bedeutung von Bildung als Schlüsselthematik wissensbasierter Gesellschaften. Der Zusammenhang zwischen der Leistungsfähigkeit des Wirtschaftssystems und der Fähigkeit des zugehörigen Bildungssystems, das entsprechend geforderte und geeignete Potenzial an qualifizierten Menschen hervorzubringen, ist unbestritten.

Ebenfalls herrscht weitgehende Übereinstimmung in der Bewertung der Situation des Standorts Deutschland und seiner spezifischen Schwächen. Fokussiert auf das Thema Bildung wären hier zu nennen: 1) Das Problem demografischer Überalterung der Gesellschaft mit besorgniserregender Kinderzurückhaltung gerade der leistungsfähigsten und bestausgebildeten Schichten. 2) Eine diesbezügliche Angewiesenheit auf Zuwanderung mit dem Problem der relativen Unattraktivität Deutschlands für hochqualifizierte Ausländer bei gleichzeitigem quantitativem Nachschub und Vorhandensein unterqualifizierter Migrantenmilieus. 3) Familien scheitern zunehmend an der Erziehungsaufgabe und Sozialisation wird in dafür mangelhaft vorbereitete Institutionen verlagert. 4) Verschiedene internationale Studien attestieren deutschen Schülern nur durchschnittliche Leistungen.

Da Wirtschaft und Gesellschaft auf Grund des demografischen Dilemmas künftig verstärkt auf (geeignete) Zuwanderung angewiesen sein werden, sind die Befunde zur Migrantenintegration und namentlich deren Ausbildung umso besorgniserregender. Die Themen Spracherwerb, Schulreife, Ausbildungsreife, Basiswissen werden noch lange sehr wichtig bleiben. Sie stellen den Schlüssel zu einer Trendwende dar, die nur über bildungsvermittelte Kompetenzen erfolgen kann.

Das Handwerk schlägt dazu einen Nationalen Bildungspakt vor, der Bürger und Institutionen in ein Bündnis für bessere Erziehung, Bildung und Qualifizierung verpflichten soll. Damit soll ein neues Qualitätsbewußtsein im deutschen Bildungssystem erreicht werden, das sich von der vorberuflichen Erziehung und Bildung über die berufliche Aus- und Weiterbildung bis in die Hochschulbildung erstreckt. Der Leitgedanke entlang der Institutionen der Wertschöpfungskette des Gesamtsystems Bildung lautet dabei für die Handwerksorganisationen: »Mit Erziehung, Bildung und Qualifizierung Herausforderungen angehen und Probleme lösen«.

Höhere Qualität in Erziehung und Bildung führt zu einer Entschärfung sozialer Probleme in den Familien, bietet bessere Voraussetzungen für die Erziehung und Bildung in Vorschule und Schule, was zu entspannteren Situationen am Übergang zum Berufsleben oder weiterführenden Bildungseinrichtungen führt. Eine bessere Leistungsfähigkeit der Schüler reduziert die Zahl der Schulversager langfristig und stärkt die Innovations- und Erneuerungskraft der Wirtschaft. Dies ist unbedingt notwendig, denn Deutschland wird auch in Zukunft kein Land sein, das sich im globalen Wettbewerb durch besonders preisgünstige Produkte und Dienstleistungen auszeichnet.

Auf was es ankommt: Ausbildungsreife und -fähigkeit

Unternehmen müssen sich darauf verlassen können, daß Elternhaus und Schule eine stabile Basis geschaffen haben, auf der die Ausbildung ohne größere Probleme aufbauen kann. Die Handwerksbetriebe müssen jedoch immer häufiger feststellen, daß die Qualität der schulischen Vorbildung in den letzten Jahren stark nachgelassen hat.

Das, was der handwerkliche Mittelstand an Grundlagen erwartet, läßt sich wie folgt einteilen: Fachliche, persönliche und soziale Kompetenzen.

Die fachlichen Kompetenzen entsprechen am ehesten dem, was in der Schule als Lern- und Lehrstoff behandelt wurde. Hierzu zählen a) die grundlegende Beherrschung der deutschen Sprache, b) die Beherrschung von Rechentechniken einschließlich Maßeinheiten, Bruch-, Prozentrechnen, Geometrie und Formelwissen, c) grundlegende naturwissenschaftliche Kenntnisse aus Physik, Chemie, Biologie und Technik, c) die Grundlagen wirtschaftlicher Zusammenhänge, d) Fremdsprachenkenntnisse in Englisch, e) Grundkenntnisse von PC-Anwendungen und ein reflektierter Technik-Umgang sowie f) Basiskenntnisse unserer Kultur, Geschichte und Wertvorstellungen.

Die persönlichen Kompetenzen sind das, was das Individuum an Grundhaltungen auszeichnet. Sie sind entwicklungs- und altersabhängig unterschiedlich ausgeprägt, und eine Lehrzeit bietet gute Chancen zur Weiterentwicklung. Dennoch sollten einige Grundtugenden wie Zuverlässigkeit, Lern- und Leistungsbereitschaft, Ausdauer, Gewissenhaftigkeit, Verantwortungsbereitschaft sowie ein gesundes Maß an Kritik- und Selbstkritikfähigkeit gegeben sein. Scheinbar banale Eigenschaften wie etwa Pünktlichkeit sind gerade in Handwerksbetrieben, wo Termintreue oft ein wichtiges Kriterium der Auftragsvergabe darstellt, schlichtweg eine Arbeits- und Geschäftsgrundlage. Leider müssen Betriebe immer wieder feststellen, daß dies nicht mehr bei allen Bewerbern gegeben ist.

Die Persönlichkeitseigenschaften sind das, was nicht unbedingt im Zeugnis steht. Sie sind jedoch Determinanten für weiteres Lernen und Arbeiten. Dafür, welche Anpassungsfähigkeit an sich wandelnde Berufsbilder, Technologien oder Märkte jemand aufweist. Aus diesem Grund sind persönliche Eigenschaften gerade in handwerklichen Berufen geeignet, einen Bewerber innerhalb eines Praktikums für oder gegen einen bestimmten Ausbildungsberuf zu qualifizieren. Für Betriebe offenbaren sich so am besten die Stärken und Schwächen, wobei oftmals gerade in der Praxis ein guter persönlicher Eindruck ein formal weniger überzeugendes Zeugnis kompensieren kann.

Das dritte Kompetenz-Cluster bezieht sich auf soziale Fähigkeiten. Hier sind Kooperationsfähigkeit mit anderen und Teamfähigkeit ganz wichtig. Aber auch Höflichkeit und Freundlichkeit, da Handwerk ein kundenorientierter Wirtschaftszweig ist.

Fort- und Weiterbildung nach Maß

Die im Jahre 1999 veröffentlichten bildungspolitischen Leitlinien des Zentralverbands des Deutschen Handwerks enthalten Empfehlungen, die sowohl gewerbeübergreifende als auch gewerbespezifische Fortbildungsgänge betreffen. Zunächst einmal fällt dem Lehrpersonal eine Schlüsselrolle zu, da es bereits bei der Erstausbildung dazu beiträgt, eine künftige Weiterbildungsbereitschaft auszuprägen. Daher müssen die Ausbilder stets auf dem neuesten Stand, auch in didaktisch-pädagogischer Hinsicht, sein. Das Prüfwesen in Verantwortung der Handwerkskammern und -innungen ist eine wichtige Säule der Selbstverwaltung des Handwerks. Neue Ausbildungsordnungen und Fortbildungsinhalte erfordern eine kontinuierliche Weiterentwicklung der Prüfungsvorschriften und -verfahren. Die (Neu-)Gestaltung von Prüfungsanforderungen bleibt dabei eine gewerbsspezifische Entscheidung der im Ordnungsverfahren Beteiligten. 1999 wurde im Konsens ein Strukturentwurf für neue Meisterprüfungsverordnungen verabschiedet. Im Kern sieht dieser inhaltlich vor, daß die Meisterprüfung einen Teilnehmer befähigt, einen Handwerksbetrieb selbständig zu führen, Leitungsaufgaben in den Bereichen Technik, Betriebswirtschaft, Personal und Ausbildung durchzuführen sowie sich neuen Bedarfslagen in diesen Bereichen anzupassen.

Neben der laufenden Aktualisierung der Prüfungsregelungen muß der systematische Ausbau der Fortbildung auf der mittleren Führungsebene und der Ebene »Meister plus« forciert werden. Die Aufstiegsfortbildung mit berufsqualifizierenden Abschlüssen muß erst recht im Hinblick auf die Nachwuchsgewinnung attraktive Karrierewege im Handwerk eröffnen. Die Öffnung des Hochschulzugangs durch den handwerklichen Meisterbrief ist dabei eine wichtige Grundsatzentscheidung. Erreichte Weiterbildungsabschlüsse müssen für aufbauende Fortbildungsgänge anrechenbar sein, damit unnötige Wiederholungen unterbleiben. Zukünftig werden modular aufgebaute Weiterbildungskonzepte Erfolg haben: Bausteinartige Qualifizierungsangebote sind flexibler zu handhaben und individueller und bedarfsgerechter auszugestalten. Dies steigert Durchlässigkeit und Praxisbezug des Bildungssystems und hat das Menschenbild eines mündigen, verantwortungsbewußten Bildungsnachfragers zu Grunde liegend.

Literatur:
ARGE – Arbeitsgemeinschaft der Hessischen Handwerkskammern/IHK Arbeitsgemeinschaft Hessen, Was erwartet die Wirtschaft von den Schulabgängern? Broschüre, Wiesbaden.
Friedrich-Hubert Esser, Weichenstellungen für einen europäischen Bildungsraum, in: Strategien für ein zukunftsfähiges Handwerk. Führung mit Perspektive: im Betrieb, am Markt, in der Gesellschaft, hg. von der Bertelsmann Stiftung/Zentralverband des deutschen Handwerks, Bielefeld 2005.
Karlwilhelm Strathmann, Günter Pätzold, Manfred Wahle, Die gewerbliche Lehrlingserziehung in Deutschland. Modernisierungsgeschichte der betrieblichen Berufsbildung, Bd. 2, Frankfurt am Main 2003.
Zentralverband des Deutschen Handwerks, Aus- und Weiterbildung nach Maß. Empfehlungen und Umsetzungshilfen für die Praxis, Berlin 2000.
Zentralverband des Deutschen Handwerks, Nationaler Bildungspakt. Skizze zur Konzeptionierung eines ganzheitlichen berufsbildungspolitischen Ansatzes, Berlin 2006.

I.3. Gelehrte Bildung

Einleitung
11. Gelehrte Bildung
12. Geisteswissenschaftliche Bildung
13. Klassische Bildung
14. Philologische Bildung
15. Historische Bildung
16. Sprachliche Bildung
17. Juristische Bildung

Einleitung

Geisteswissenschaftliche Gelehrsamkeit und Bildung scheinen wie selbstverständlich zusammenzugehören. Ist doch das Bücherlesen die Urform allen modernen Bildungserwerbs. Tatsächlich aber überwiegt traditionell die Meinung, daß beide sich einander geradezu ausschließen.

Das begann in der Antike. Eine der frühesten Gelehrtenanekdoten, die uns überliefert ist, spielt um 600 vor Christus und erzählt, wie Thales, einer der Sieben Weisen, während der Beobachtung der Sterne in einen Brunnen fiel. Eine vorbeikommende Magd habe ihm herausgeholfen und gespottet: Die Sterne sehe er, aber in der wirklichen Welt wisse er sich nicht zu bewegen. Vierhundert Jahre später mokierte sich der griechische Historiker Polybios über Kollegen, die zwar zahllose Bücher gelesen, aber nichts von der Welt gesehen hätten und daher so haarsträubende sachliche Fehler machten, daß ihre Werke zu schlechthin gar nichts zu gebrauchen seien. Seit dem 15. Jahrhundert, als mit dem Humanismus die moderne Bildung begann, traten deren Vertreter als Gegner der »scholastischen« Gelehrten des Mittelalters auf. Sie warfen ihnen vor, zwar viel von abstrakter Schematik und absurden Haarspaltereien zu verstehen, nichts aber von gepflegter Sprache, feiner Lebensart, kultivierter *humanitas*. Erst recht wollten die Aufklärer des 18. Jahrhunderts keine gelehrten »Pedanten« sein, sondern »Weltmänner«, die ihre Bildung mit vornehmer, plaudernder Nonchalance zur Geltung brächten statt mit wichtigtuerischem Dozieren. Friedrich Schiller setzte 1789 den »philosophischen Kopf« gegen den beschränkten »Brotgelehrten« ab, und Friedrich Nietzsche wollte 1874 in den Historikern seiner Gegenwart nichts sehen als unfruchtbare, schwächliche Relativierer großer, vitaler Ideen.

Das ist die typische Konfrontation bis heute. Gelehrte – und zwar vor allem solche der Geisteswissenschaften – sind geneigt, jeden Nichtfachmann, mag er sonst noch so gebildet sein, für einen ahnungslosen Banausen zu halten, der im Dialog der Experten zu schweigen habe. Gebildete Laien hingegen unterstellen solchen Spezialisten gerne – und leider nicht immer zu Unrecht –, daß sie unfähig seien, aus ihrem »Elfenbeinturm« herauszutreten, ihre Detailkenntnisse verständlich zu vermitteln, also zur allgemeinen Bildung beizutragen. Daß deutsche Professoren nicht verständlich schreiben könnten, ist als Vorurteil wie als Faktum gleichermaßen verbreitet.

Wir wollen uns nicht in diesen Streit einmischen. Denn *ex negativo* beweist er etwas durchaus Erfreuliches: daß das alte Ideal von Bildung als einer Vereinigung von gelehrtem Wissen und Kommunikationsfähigkeit nach wie vor das Ideal geisteswissenschaftlicher Bildung darstellt. Vielleicht erklärt sich etwas von diesem hohen Anspruch aus dem subtilen Leistungs- und Rechtfertigungsdruck, der aus den scheinbar idyllischen äußeren Umständen geisteswissenschaftlicher Bildung resultiert. Gerade sie, die nicht in Maschinenhallen, Labors oder Kliniken entsteht, sondern in der schönen Muße von Bibliotheken, Archiven oder Museen, muß um so mehr von sich verlangen. Gerade sie, die keine nützlichen, das Leben erleichternden Produkte herstellt, sondern nicht selten eher Probleme aufbringt, die die Schwere des Lebens spürbar machen, müssen die Idee, daß ihr Wert alles Materielle übersteige, in besonders forcierter Weise vertreten.

Umso spannender also ist es, was in diesen Disziplinen unter *fachlicher* »Bildung« verstanden wird und an welchen Merkmalen die heutigen Repräsentanten jener Bildungszweige, die man früher »humanistische« nannte, die in ihren Fächern Gebildeten (nicht bloß Sachkundigen) erkennen.

11. Gelehrte Bildung

Wolfgang Frühwald

Das Stichwort »gelehrte Bildung« findet sich in den gebräuchlichen Wörterbüchern der deutschen Sprache nicht unter »Bildung«, sondern unter »gelehrt«, weil dieses Adjektiv auf alles übertragen werden kann, was mit dem Phänomen und dem Begriff des »Gelehrten« (in drei Genera) in Verbindung steht. Allerdings wird »gelehrte Bildung« in den Wörterbüchern nur neben anderen Belegen genannt, Stellenangaben dazu fehlen. Dieses Faktum ergibt sich aber nicht aus der Seltenheit solcher (durch die Jahrhunderte zu sammelnder) Belege, sondern, im Gegenteil, aus deren Vielzahl. Eine Google-Recherche zum Stichwort »gelehrte Bildung« erbrachte (im August 2006) immerhin etwa 380.000 Einträge. Selbst wenn man die im Internet üblichen Wiederholungen und Vielfacheinträge abzieht, bedeutet dies noch immer eine so stattliche (in die Tausende zählende) Fülle von Belegen, daß verständlich wird, weshalb ihre Ordnung und Gruppierung in den Wörterbüchern dem Stichwort »gelehrt« untergeordnet wurde. Zur näheren Charakterisierung »gelehrter Bildung« ist deshalb die ganze Variationsbreite der Bedeutungs- und Begriffsgeschichte des »Gelehrten« mit einzubeziehen. So gibt es nicht nur eine »gelehrte«, das heißt von der Gelehrtensprache, dem Lateinischen, abhängige Bildung, sondern auch eine »gelehrte Zunge« und (bei dem heute kaum noch gelesenen Satiriker Gottlob Wilhelm Rabener, 1714–1771) die »gelehrte Eitelkeit«. Weil die »Gelehrten« in der Vorstellung der Zeitgenossen wenig kommunikative Menschen waren und sich dem höfischen Ton nicht bequemen wollten, sprach man von »gelehrten Schrullen«. Die Hypochondrie galt als Krankheit der Gelehrten, und der Tabak wurde wegen der nachdenklich ihre Pfeife rauchenden Professoren als das »gelehrte Kraut« bezeichnet. Es ist nicht verwunderlich, daß die Mehrzahl solcher Belege dem 18. Jahrhundert angehört, jener Sattelzeit der Moderne, in der die bisher dominierende »Weisheit« durch den (in sich rasch differenzierten) Begriff der »Bildung« ersetzt wurde, in dem religiöse und konfessionelle Gegensätze in (weitaus friedlichere) Bildungskontroversen überführt wurden. Damit nämlich änderte sich der Kontext und mit ihm auch der Begriff dessen, was bisher »gelehrte Bildung« geheißen hatte.

In Mittelalter und Früher Neuzeit, bis tief in das 18. Jahrhundert hinein, bedeutete »gelehrte Bildung« (lateinisch: *eruditio*) nicht viel mehr als die Beherrschung der klassischen Sprachen (Latein, Griechisch, oftmals auch Hebräisch) und damit den Zugang zur Welt der in diesen Sprachen geschriebenen Schriften, also die Anbindung der Gelehrsamkeit der Zeit an die Bildungswelten der Antike. Der »gelehrten Bildung« stand »gelehrte Unbildung« (lateinisch: *docta ignorantia*) gegenüber, eine Formulierung, die auf Nicolaus Cusanus zurückgeführt wird. *Solida eruditio* (also eine »gründliche gelehrte Bildung«) wurde vor allem in den Klöstern des Mittelalters erworben und gelebt, doch hat sich seit dem späten Mittelalter und dann vor allem im Humanismus diese mit der Kunst des Schreibens und des Lesens verbundene Bildung, also die vordringende Schriftkultur, auch in Adelskreisen verbreitet. An der Wende vom 12. zum 13. Jahrhundert bedeutete es noch eine bemerkenswerte Ausnahme, wenn ein Ritter des Lesens und des Schreibens kundig war. Immer wieder zitierter Beleg dafür sind die berühmten Eingangsverse der Verslegende »Der arme Heinrich« von Hartmann von Aue (um 1195/1200). Erzählt wird dort (in durchaus erstauntem Ton) von einem adeligen Ministerialen, der Trost und Abwechslung im schweren Alltag seines Lebens in Büchern suchte und fand: »Ein ritter sô gelêret was, / daz er an den buochen las / was er dar an geschriben vant«. »Gelehrte Bildung« war zu dieser Zeit vor allem geistliche Bildung. Die »Gottesgelahrtheit« hat ihre Autorität in Fragen von Religion, Theologie und Lebensführung immerhin bis ins 18. Jahrhundert hinein bewahrt und kann in dieser Form durchaus mit noch heute existenter Schrift- und Korangelehrsamkeit in Judentum und Islam verglichen werden. Im Mittelalter stand die »gelehrte Bildung« im Gegensatz zur Erziehung des Adels, die auf kriegerische und höfisch-künstlerische Fähigkeiten ausgerichtet war. Zu den höfischen Fähigkeiten aber (etwa zur Poesie der Minnesänger) gehörte die Kunst des Lesens und des Schreibens nicht unbedingt dazu.

Auch wenn seit der Zeit des Humanismus »gelehrte Bildung« – wie Gerrit Walther betont – zu den Ritualen adeliger Kommunikation gehört, und gerade solche Rituale vom Bürgertum des 18. Jahrhunderts bis zur Kenntlichkeit adaptiert wurden, so gehört doch die Mißachtung »gelehrter Bildung«, besonders gegenüber dem Stand der bürgerlichen Gelehrten, noch lange zu den Lebensformen des Adels. Die Abneigung gegen die von Berufs wegen betriebene »gelehrte Bildung« durch den Adel hat sich (trotz berühmter Gegenbeispiele im Bereich von Wissenschaft und Literatur in Humanismus und Barockzeit) als eine starke Unterströmung bis zum Beginn der Moderne erhalten. Noch König Friedrich II. von Preußen hat in drastischen Formulierungen die mangelnde Bildung der adeligen Offiziere seines Heeres beklagt, und selbst im 19. Jahrhundert galt Wissenschaft als eine des Adels unwürdige Beschäftigung. Josef Freiherr von Hormayr hat 1826 den Ruf auf einen Lehrstuhl an der soeben aus Landshut nach München verlegten Universität abgelehnt, unter anderem, weil er seinen Töchtern die standesgemäßen Heiratsaussichten (»die opinion ihrer Abkunft«) nicht verderben wollte. Am Ende des 19. Jahrhunderts aber ist der Wettbewerb zwischen Adel und Bürgertum um Ansehen, Prestige und Einfluß auch daran abzulesen, daß Wilhelm Conrad Röntgen von dem ihm in Bayern verliehenen persönlichen Adel niemals Gebrauch gemacht, den dazugehörigen Orden in München nicht einmal abgeholt hat, daß er den ihm 1901 verliehenen Nobelpreis für Physik aber angenommen hat. Das Bürgertum hat sich in der Reihe der Nobelpreisträger einen eigenen, (idealiter) auf »gelehrter Bildung« beruhenden Adelsstand geschaffen.

Die Nachschriften der mystischen Predigten Meister Eckharts in den Nonnenklöstern des späten 13. und des frühen 14. Jahrhunderts zeugen ebenso wie die lateinische und die volkssprachliche Literatur der berühmten Nonnen (Hildegard von Bingen, Gertrud von Helfta, Mechthild von Magdeburg, Mechthild von Hackeborn etc.) davon, daß »gelehrte Bildung« durch Männer und Frauen gelebt und weitergegeben wurde und schon zu Beginn des späten Mittelalters in den Bereich der Volkssprachen eingedrungen ist. Erst in der Zeit des Humanismus, als auch der Adel sich vermehrt um Herrschafts-Legitimation durch Bildung bemühte, beginnt jene die Emanzipationsgeschichte prägende Auseinandersetzung darüber, ob »gelehrte Bildung« mit »Weiblichkeit« zu vereinbaren sei oder ob sie die Frau von »ihrer außerordentlichen geistigen Eigenart, wodurch sie Mann und Kind wärmend und bildend umschließen kann«, abzieht. Diese »Querelle des Femmes« genannte Auseinandersetzung im frühneuzeitlichen Europa hat in der Geschlechtergeschichte und zumal in der Geschichte der Mädchenerziehung tiefe Spuren hinterlassen. Sie erreichte in Deutschland ihren Höhepunkt im letzten Drittel des 19. Jahrhunderts, als Hedwig Dohm (die Großmutter von Katia Pringsheim-Mann) mit wortmächtigen und vieldiskutierten Schriften in die Debatte um die »gelehrte Bildung« der Frauen und den ihnen lange verwehrten Zugang zu einem akademischen Studium eingegriffen hat (»Die wissenschaftliche Emancipation der Frau«, Berlin 1874; »Was die Pastoren von den Frauen denken«, Berlin 1872).

Schon zu Beginn des 19. Jahrhunderts aber war zugleich mit dem Aufschwung der Erfahrungswissenschaften ein völlig neuer Typus des »Gelehrten« entstanden, der die »gelehrte Bildung« dann auch aus den Zwängen des zur Schulsprache erstarrten Latein befreite. Franz Schnabel hat diesen dominant bürgerlichen Gelehrten ein auch sprachlich eindrucksvolles Denkmal gesetzt und sie als Männer beschrieben, denen »die Wissenschaft noch im großen Zusammenhang des Lebens [stand]; der dauernde Umgang mit dem klassischen Erbe hob diese Männer über den Alltag hinweg, und eine ungemein reiche und gehaltvolle Zeit ließ sie die mannigfaltigsten Bildungselemente in sich aufnehmen, selbständig und eigenartig verarbeiten und verknüpfen«. Da alle diese Gelehrten aus dem »weiten und vielfältigen Bildungsstoff des Zeitalters« rasch zu einem umgrenzten Gegenstand vordrangen, der dann das Thema ihres Lebens wurde, sind die ersten Jahrzehnte des 19. Jahrhunderts die Entstehungs- und Entwicklungsjahre eines weit gefächerten Systems von »Geisteswissenschaften auf historischer Grundlage«, welche den Begriff »gelehrter Bildung« auch in den Naturwissenschaften bestimmten. »In der ersten Hälfte des [19.] Jahrhunderts«, sagt Thomas Nipperdey, »ist die Bildung unter dem Eindruck von Klassik (trotz Goethe) und Idealismus, und anders als im 18. Jahrhundert, humanistisch, von historischen Geisteswissenschaften und Philosophie geprägt«. In der beginnenden Zersplitterung der Fächer, im Zeitalter der von Hegel spöttisch so bezeichneten »Mikrologie«, versuchten die preußischen Reformer (u. a. Fichte, Schleiermacher und Wilhelm von Humboldt) noch das Ganze der Wissenschaft zu bewahren, die Universitätslehrer sämtlich in der Philosophie einzuwurzeln; »es gibt«, meinte Friedrich Daniel Schlei ermacher in den »Gelegentlichen Gedanken über Universitäten im deutschen Sinn« (1808) im Vorfeld der Gründung der Berliner Reformuniversität, »kein wissenschaftlich hervorbringendes Vermögen ohne spekulativen Geist, und beides hängt so zusammen, daß, wer keine bestimmte philosophische Denkungsart sich gebildet hat, auch nichts Tüchtiges und Merkwürdiges wissenschaftlich selbständig hervorbringen wird«.

Das ist es, was nun unter »gelehrter Bildung« verstanden wird, eine so starke idealistische Überhöhung des zur Formel abgesunkenen Begriffes, daß bei Fichte auch die Ideologisierung naheliegt. Der Historiker Max Lenz, Rektor der Berliner Universität im Jahr 1912, hat darauf hingewiesen, daß Fichtes Plan der Universität als einer Trutzburg, in der Lehrer und Schüler in der Pflege des reinen Gedankens eingeschlossen sind, wie eine Seifenblase zerplatzte. Wilhelm von Humboldt hat die hochfliegenden Pläne des Eiferers abgelehnt und dieser sei schließlich grollend beiseite getreten. Vermutlich hat Humboldt selbst in seiner »Theorie der Bildung des Menschen« die reinste Formulierung dessen gefunden, was »gelehrte Bildung« bedeuten sollte und bedeuten könnte. Ihm, der durch wissenschaftliche Bildung die Persönlichkeit und den Charakter junger Menschen festigen und entwickeln wollte, ging es darum, in der Welt des Wissens und der Bildung »der zerstreuenden und verwirrenden Vielheit zu entfliehen« und »Allheit« zu suchen; »um sich nicht auf eine leere und unfruchtbare Weise ins Unendliche zu verlieren, bildet man einen, in jedem Punkt leicht übersehbaren Kreis; um an jeden Schritt, den man vorrückt, auch die Vorstellung des letzten Zwecks anzuknüpfen, sucht man das zerstreute Wissen und Handeln in ein geschlossenes, die bloße Gelehrsamkeit in eine gelehrte Bildung, das bloß unruhige Streben in eine weise Tätigkeit zu verwandeln«. Es spricht für die Idealisierung wohl auch dieses Begriffes von »gelehrter Bildung«, daß ihm eine literarische Figur am nächsten kommt: der Gymnasialprofessor Wilibald Schmidt in Theodor Fontanes bildungskritischem Roman »Frau Jenny Treibel oder ›Wo sich Herz zum Herzen find't‹« (1892). Des Professors Jugendfreundin, die besitzstolze Kommerzienrätin Treibel, nennt ihn einen »originellen Mann«. Er ist mit spürbarer Ironie (auch sich selbst gegenüber) als ein Relikt aus vergangenen Zeiten gezeichnet.

Zugleich mit dem Bild, der Vorstellung und dem Begriff des Gelehrten verblaßte seit den sechziger Jahren des 20. Jahrhunderts auch der Begriff »gelehrter Bildung«. Ihm haftet der Geruch des Altmodischen an. Die Auseinandersetzung um die Sache aber, die der Begriff bezeichnet, ist vielleicht in der Zeit von Wissenschaftsmanagement und betriebswirtschaftlich straffer Organisation der Bildung und ihrer Institutionen virulenter denn je. Heute verbirgt sich unter der Debatte um die »Kontextualisierung des Wissens«, die jene Anthropologisierung von Wissen und Bildung erreichen könnte und erreichen sollte – von der Ernst Cassirer gesprochen hat, – die alte und immer neue Diskussion um Sinn und Nutzen »gelehrter Bildung«. Sie ist Kennzeichen nicht nur des »irascibile genus hominum«, also des leicht erzürnbaren Menschentypus, als welchen der Freiherr vom Stein die »schwer zu behandelnden« Professoren bezeichnet hat, sondern eine notwendige Ausstattung für jene große Zahl gut auszubildender und zugleich breit zu bildender Menschen, auf welche die sich formierende Wissensgesellschaft in allen Wertbereichen, u.a. in Kultur, Politik, Wirtschaft, Wissenschaft und sozialem Verhalten, angewiesen ist.

Literatur:
Yehuda Elkana, A Theatre for the Enactment of the Anthropology of Knowledge, in: 25 Jahre Wissenschaftskolleg zu Berlin 1981 – 2006, hg. von Dieter Grimm und Reinhart Meyer-Kalkus, Berlin 2006, 127-139.
Gisela Engel, Friederike Hassauer, Brita Rang, Heide Wunder (Hg.), Geschlechterstreit am Beginn der europäischen Moderne. Die Querelle des Femmes, Königstein 2004.
Thomas Nipperdey, Deutsche Geschichte 1800–1866. Bürgerwelt und starker Staat, München 1983.
Franz Schnabel, Deutsche Geschichte im neunzehnten Jahrhundert. Die Erfahrungswissenschaften, Freiburg u.a. 1965.
Heinz-Elmar Tenorth (Hg.), Allgemeine Bildung: Analysen zu ihrer Wirklichkeit. Versuche über ihre Zukunft, Weinheim u.a. 1986.
Gerrit Walther, Gelehrte Bildung als Medium adliger Kommunikation. Vortrag auf dem Kieler Historikertag 2004.
Wilhelm Weischedel (Hg.), Idee und Wirklichkeit einer Universität. Dokumente zur Geschichte der Friedrich-Wilhelms-Universität zu Berlin. In Zusammenarbeit mit Wolfgang Müller-Lauter und Michael Theunissen, Berlin 1960.

12. Geisteswissenschaftliche Bildung

Ulrich Nortmann

Was Geisteswissenschaften sind und was nicht

Was sind »Geisteswissenschaften«? Über geisteswissenschaftliche Bildung sprechen heißt zunächst einmal, sich dieser wesentlichen Vorfrage zu widmen. Beide Ausdrücke, »geisteswissenschaftlich« und »Geisteswissenschaft(-en)«, begegnen heute gar nicht selten in irreführender Verwendung oder mit negativer Konnotation. Exemplarische Äußerungen in diesem Sinne, bei verschiedenen Gelegenheiten aufgelesen: Die einzige wirkliche Geisteswissenschaft sei die Mathematik. Die im Wartezimmer eines Arztes belauschten Erklärungen einer Patientin über ihre Hinwendung zur Esoterik: Sie habe begonnen, sich mit »Geisteswissenschaft« zu beschäftigen. Schließlich verschiedene mit einem Naserümpfen vorgebrachte Äußerungen über »geisteswissenschaftliche Psychologie«, »geisteswissenschaftliche Pädagogik« und dergleichen (im Kontrast zu »empirischer Psychologie« usw.).

Dies ist für Geisteswissenschaftler und -wissenschaftlerinnen wenig schmeichelhaft, läßt sich allerdings zum Teil erklären. Die zweite Äußerung, auf die anderen werde ich zurückkommen, stellt möglicherweise eine kulturelle Spätfolge sehr früher Verwendungen von »Geisteswissenschaft« dar (ins 18. Jahrhundert zu datieren), in denen der Terminus einem Ausdruck wie »Pneumatik« inhaltlich nahesteht. In G. W. Leibniz' »Neuen Versuchen über den menschlichen Verstand« von 1703/04 ist *pneumatique*, in Anknüpfung an griechisch *pneuma*: Hauch, Atem, Seele, neutestamentlich auch Heiliger Geist, die Lehre von den geistigen Vorgängen in immateriellen Seelen-»Monaden«, bis hin zur Gottes-»Monade«. Das alles hat vielleicht etwas mit esoterischer Geisterlehre, sicher aber wenig mit der für uns maßgeblichen, in der ersten Hälfte des 20. Jahrhunderts eingebürgerten Verwendung von »Geisteswissenschaft(-en)« zu tun (englisch *humanities*, französisch *sciences humaines*). Mit der Bezugnahme auf Fächer nämlich, die an deutschen Universitäten in den Philosophischen Fakultäten zusammengefaßt sind – oder in »Fachbereichen«, die an die Stelle der alten Philosophischen Fakultäten getreten sind.

Es handelt sich um Fächer, die deshalb Geisteswissenschaften genannt werden können, weil sich in ihrem Rahmen das Erkenntnisinteresse auf Gegenstände richtet (im weitesten Sinne des Wortes »Gegenstand«), die irgendwann von Menschen absichtsvoll und unter Benutzung von Verstand oder eben von »Geist« hervorgebracht worden sind oder so hervorgebracht werden könnten. Solche Gegenstände sind: Kunstwerke aller Art (bildnerische, sprachliche, musikalische etc.), Sprachen und Diskurse, Systeme religiöser Anschauungen, wissenschaftliche Theorien und sonstige Gedankengebäude (die sich beispielsweise unter wissenschaftsgeschichtlichen und wissenssoziologischen Gesichtspunkten betrachten lassen), Kult- und Gebrauchsgegenstände (Bauwerke eingeschlossen), Gesellschaftssysteme, Lebensformen und soziale Institutionen, absichtsvoll oder partiell absichtsvoll herbeigeführte geschichtliche Verläufe, einzelne bemerkenswerte Handlungen historischer oder gegenwärtiger Akteure.

Entsprechende Fächer sind (die Aufzählung ist nicht vollständig): Kunstgeschichte, Literatur- und Musikwissenschaft, Linguistik, Indogermanische Sprachwissenschaft, Neue Philologien (Germanistik, Anglistik, Romanistik mit Lateinischer Philologie des Mittelalters ...), Alte Philologien (Gräzistik, Latinistik), Religionswissenschaft, Wissenschaftsgeschichte und Philosophie, Klassische und Christliche Archäologie, Geschichte mit Vor- und Frühgeschichte sowie Alter Geschichte, Orientalistik, eventuell Politologie und Soziologie, Psychologie und Pädagogik.

Verhältnis zur Mathematik, zur Empirie

Mathematik, obwohl ihres anerkanntermaßen nichtempirischen Charakters wegen nicht den Naturwissenschaften, sondern an manchen Universitäten Deutschlands noch bis weit ins 20. Jahrhundert hinein der Philosophischen Fakultät zugeordnet, ist also schon deshalb keine Geisteswissenschaft, weil ihre Objekte: Zahlen, Funktionen, Vektorräume, topologische Räume etc. keine von Menschen ge schaffenen Gegenstände sind. So will es jedenfalls eine weitverbreitete, eher platonistisch zu nennende Auffassung vom Gegenstandsbereich der Mathematik. Die Äußerung, Mathematik sei die einzige wirkliche Geistes-*Wissenschaft*, mit dieser Betonung, zielt allerdings provokant auf einen anderen Aspekt als den der Beschaffenheit des Objektbereiches: darauf, den gewöhnlich als geisteswissenschaftlich klassifizierten Disziplinen ein respektables wissenschaftliches Anspruchsniveau zu bestreiten. Kein Wunder angesichts mancher Seichtheit. Erst recht nicht angesichts überzogener objektivitäts- und rationalitätsskeptischer Programmatiken, die sich wegen ihres gelegentlichen Skandalwertes im öffentlichen Bewußtsein leicht vor das Bild der solide geleisteten Arbeit schieben, die sich auch in den Geisteswissenschaften schon immer wenig um dergleichen gekümmert hat. Kein Wunder, sage ich, aber doch falsch. Zu dieser Niveau-Frage später mehr!

Geisteswissenschaften, wie ich sie eben im Hinblick auf ihren Gegenstandsbereich charakterisiert habe, sind offen für empirische Befunde. Sie müssen dafür auch offen sein. Dementsprechend kann W. Dilthey (1833–1911) von einer »Erfahrungswissenschaft der geistigen Erscheinungen« sprechen. Ein mutmaßlich vorgeschichtlicher Fund wie, sagen wir, die sog. Himmelsscheibe von Nebra ist jedenfalls naturwissenschaftlich-metallurgischen Untersuchungen zu unterwerfen. Bliebe es ausschließlich dabei, so handelte es sich allerdings nicht um ein geisteswissenschaftliches, hier: ein historisches, Unternehmen. Für ein solches Unternehmen ist, anders als etwa bei der chemischen Analyse eines aufgefundenen Meteoriten, das zusätzliche Erkenntnisziel charakteristisch, zu Hypothesen darüber zu gelangen, in welche gedanklichen Zusammenhänge und Handlungskontexte das jeweils in Frage stehende Objekt eingebunden, ja wie es in eine ganze Lebensform eingebettet gewesen sein könnte. Klar wird damit aber auch: Geisteswissenschaftler, die Natur- und Technikwissenschaft nur mit spitzen Fingern anfassen möchten, befinden sich unterhalb des Optimums.

Die zeitweilige Empirie-Abstinenz mancher Disziplinen (oder mancher Vertreter dieser Disziplinen), die ihrem Gegenstandsbereich nach zwar durchaus eine partiell geisteswissenschaftliche Charakteristik aufweisen, der Sache nach aber zugleich in hohem Maße eine empirische Zugangsweise erfordern, hat zu heute in der Regel abschätzig gemeinten Etikettierungen wie »geisteswissenschaftliche Psychologie« geführt. Sie hat zu einer etwa seit Mitte des 20. Jahrhunderts sich verfestigenden terminologischen Differenzierung beigetragen zwischen Sozialwissenschaften oder empirischen Humanwissenschaften auf der einen Seite, die sich als entschieden empirisch verstehen, und Geisteswissenschaften auf der anderen Seite.

Empirik der Hermeneutik

Selbst in ihren hermeneutischen Kernbereichen unterscheidet sich jedoch die geisteswissenschaftliche Vorgehensweise der Struktur nach keineswegs so stark von etwa in den empirischen Naturwissenschaften begegnenden Argumentationsweisen, wie gemeinhin angenommen wird. (Unbestritten ist dabei: Zahlen, Funktionen im mathematischen Sinne und anderes von der Art spielen hier in der Regel keine bedeutende Rolle.) Denken Sie beispielsweise an die inhaltliche Erschließung eines schwierigen Texts der historischen philosophischen Überlieferung! Sie müssen Hypothesen darüber bilden, was der Autor eigentlich gemeint hat. Sie müssen diese Hypothesen zu testen versuchen. Was Sie vielleicht, wenn Sie es tun, oft mit keinem sonderlich hohen Grad von methodischer Bewußtheit tun – so selbstverständlich, wie dieser Teil der hermeneutischen Aufgabe ist. Das heißt, Sie müssen aus Ihren Hypothesen Konsequenzen im Hinblick auf dasjenige ziehen, was in später noch vorzunehmenden Textpassagen an Äußerungen erwartbar wäre, wenn denn die Hypothesen zutreffen sollten. Je komplexer die Deduktionen, desto höher das erreichte Anspruchsniveau. Sie müssen an den dann tatsächlich vorgefundenen Äußerungen des Autors (als den für Ihre Zwecke maßgeblichen »empirischen Daten«, wie wir sie ruhig nennen können) Ihre Interpretationshypothesen scheitern oder sich bewähren lassen. Ähnliches gilt durchaus auch für die Auslegung von Texten des fiktionalen Genres. Zu methodologischen Aspekten bei der Erschließung des Gehalts von Kunstwerken, insbesondere von Sprach-Kunstwerken, ist aufschlußreich: B. Kleimann (2005).

Könnte man doch, um eine weitere Fallklasse zu nennen, Verächter der Geisteswissenschaften einmal mit der Scharfsinnigkeit und Stringenz der besten unter den Argumentationen bekannt machen, mittels derer Altphilologinnen und Altphilologen Hypothesen zur ursprünglichen Gestalt von nur bruchstückhaft aus der Antike überlieferten Texten kritisieren oder verteidigen. Ein schönes Beispiel jüngeren Datums: O. Primavesi und A. Patzer zu Empedokles (5. vorchristliches Jahrhundert) in der *Zeitschrift für Papyrologie und Epigraphik*, 2001. Das Untersuchungsobjekt ist hier sehr alt. Die darauf bezogenen Argumentationen haben nichts von Altertümelei an sich. Sie wirken in ihrer nüchternen Stringenz so modern, und sie sind generell in den besten Fällen von einer solchen Subtilität, daß man an mancher Transformation des Fächerspektrums der Universitäten unsicher werden kann.

Die Universität ist, Utilitätsgesichtspunkte einmal beiseite gesetzt (die auch ihre Berechtigung haben, gewiß), zunächst der Ort, an dem Untersuchungsfelder bestellt werden, die Anlaß zu Hypothesen- und Theoriebildungen sowie zu darauf bezogenen Argumentationen geben, mit denen ein bestimmtes, hohes Schwierigkeitsniveau realisiert wird. Für anderes, das auch wissenswert ist, aber weniger an intellektueller Kapazität erfordert, sind andere Institutionen vorzusehen. Das hat nichts mit universitärer Arroganz, sondern etwas mit vernünftiger Arbeitsteilung zu tun. Ob in neu und teils auf Kosten alter geisteswissenschaftlicher Disziplinen hier und dort eingeführten oder in Aussicht genommenen Feldern wie *event management*, Tourismus-Forschung etc. das maßgebliche Anspruchsniveau überhaupt erreicht werden kann, muß sich erst noch zeigen.

Heuristische Besonderheit

Das gibt es also sehr wohl auch in den traditionellen geisteswissenschaftlichen Disziplinen: mit mehr oder weniger Ingeniosität ausgeführte Tests von mehr oder weniger gut ausgedachten Hypothesen an »Daten«. Ein wesentlicher Unterschied zu naturwissenschaftlichen Forschungsfeldern ist allerdings in heuristischer Hinsicht zu vermerken. Inwiefern? Zur Diskussion steht dort, so nehmen wir einmal an, wie eine bestimmte optische Erscheinung, das beobachtbare Linienspektrum eines angeregten Wasserstoffatoms, als Folge von dessen innerem Aufbau zustande kommen könnte. Hätte es Sinn, zur Gewinnung einer Hypothese hierüber den Versuch zu machen, sich gedanklich in Wasserstoff einzufühlen? Offenbar nicht. Es ist gar nicht zu sehen, was »Einfühlung« in einem solchen Fall heißen könnte.

Im Gegensatz dazu gilt für viele geisteswissenschaftliche Erkenntnisbemühungen: Weil deren Objekte von Menschen hervorgebracht worden sind und immer noch hervorgebracht werden und weil bei den Angehörigen dieser Spezies von einer gewissen Verwandtschaft des Empfindens und Denkens ausgegangen werden kann – dies ist allerdings eine Verwandtschaft von im allgemeinen mit zunehmender zeitlicher oder räumlicher Distanz abnehmenden Graden –, deshalb besteht eine Chance, durch »Eindenken« in die Urheber der Objekte zu vielleicht tragfähigen Hypothesen zu gelangen. Man darf nur diese gleichsam sentimentale Besonderheit geisteswissenschaftlicher »Entdeckungszusammenhänge« (oder *contexts of discovery*, mit einem Wort des Philosophen und Wissenschaftstheoretikers H. Reichenbach, 1891–1953) nicht mit »Begründungszusammenhängen« (oder *contexts of justification*) und deren Standards verwechseln und damit eine Diskreditierung rechtfertigen wollen. Ohnehin bestehen für das Eindenken in, sagen wir, irgendeinen historischen Akteur nun nicht uneingeschränkte Spielräume subjektiver Beliebigkeit: Man kann es auf mehr oder weniger sachgerechte Weise tun, die zuständigen Disziplinen haben darüber jeweils eine Menge zu sagen. Abgesehen davon sind es auch im mathematisch-naturwissenschaftlichen Bereich mitunter recht merkwürdige Kapriolen kreativer Begabung, die zu den Hypothesen hinführen. Sobald die einmal auf irgendeine Weise gewonnenen Hypothesen aber zum rätsellösenden Gebrauch und zur damit verbundenen Bewährung oder aber zur Verwerfung anstehen, kann es und muß es dort wie hier gleicherweise streng und »unsentimental« zugehen.

Krise der Geisteswissenschaften?

Viele gehaltvolle oder sogar spektakuläre Rätsel des geisteswissenschaftlichen Forschungsfeldes sind freilich inzwischen gelöst: Ägyptische Hieroglyphen sind im wesentlichen seit 1824 entzifferbar, die Grammatik des Altgriechischen ist seit dem ausgehenden 19. Jahrhundert in vollem Umfang rekonstruiert .... Man kann sich fragen, ob noch genug übriggeblieben ist. Mag vielleicht sein, daß die Fülle der Rätsel, die mit Verstand von Menschen Hervorgebrachtes aufgibt, am Ende nicht so unübersehbar groß ist wie die Fülle der Rätsel, die z. B. menschliche Körper mit ihren Mechanismen der Genexpression, der ungehemmten Teilung von Tumorzellen, der neurochemischen Signalübertragung usw. stellen. Niemand kann es genau wissen. Vielleicht gibt es daher heute in manchen Bereichen so etwas wie eine gefühlte (Forschungs-)Krise der Geisteswissenschaften.

Zwar wird eben dies in den 2006 vom deutschen Wissenschaftsrat vorgelegten »Empfehlungen zur Entwicklung und Förderung der Geisteswissenschaften in Deutschland« mit Nachdruck bestritten. Ein Stück weit mutet diese Bestreitung aber doch wie ein Pfeifen im Walde an. Zu registrieren ist jedenfalls, daß an die Stelle von Unternehmungen zur Lösung »handfester« Rätsel der eben gemeinten Sorte zunehmend ebenso stromlinienförmige wie wenig verheißende Projekttitel der Art »Kulturelle Transformationsprozesse im kommunikativen Geschichtsraum« treten, oder »… im geschichtlichen Kommunikationsraum«, oder irgendwie in dieser Art. Die Titel sind fiktiv. Eine Übereinstimmung mit einem realen Projekttitel wäre zufällig. Für die angezeigte Richtung ist allerdings Realitätsnähe zu beanspruchen. Solche Projekttitel, die vielleicht vor allem einer empfundenen Verpflichtung zur Drittmitteleinwerbung in konventionellen Bahnen anzulasten sind, verstellen leider den Blick auf die spezialistische Arbeit, die für hochentwickelte, wenn auch nach außen hin oft weniger gut verkäufliche Wissenschaft, auch Geisteswissenschaft, charakteristisch ist.

Bildung

Forschungs-Krise oder nicht, wie dem auch sei: Für nachwachsende Interessenten an geisteswissenschaftlichen Themen, für solche Interessenten also, für die es erst einmal um ein Bekanntwerden mit schon zusammengetragenen Wissensbeständen, erklärenden Hypothesen und Theoriebildungen gehen muß, sind wissenschaftliche Substanz und Anstrengung abverlangende Schwierigkeiten in Hülle und Fülle in den einschlägigen Fächern vorhanden. Eine Komponente des Bildungswertes geisteswissenschaftlicher Betätigung, die diese mit Übungen in anderen Wissenschaftszweigen gemeinsam hat, ist dadurch jedenfalls garantiert: die Möglichkeit zu erfahren, was es heißt, auf schwierige Fragen überzeugende, mitunter überraschende, in jedem Fall mit rationalen Mitteln gerechtfertigte Antworten zu erhalten; Antworten, die nach einer oft langfristig anzulegenden Vorbereitung mit Verständnis aufgenommen werden können, vielleicht dann auch kritisiert, modifiziert oder schließlich durch bessere Antworten ersetzt werden können.

Ein anderer, dem geisteswissenschaftlichen Bereich schon exklusiver zugehöriger Bildungseffekt hat mit dem Bemühen vieler geisteswissenschaftlicher Disziplinen um den Einzelfall zu tun. Ich meine deren »idiographische« Seite, mit einem von W. Windelband (1848–1915) eingeführten Wort (in dessen Straßburger Rektoratsrede »Geschichte und Naturwissenschaft« von 1894). Windelband nimmt den Terminus von griechisch *to idion* her: das Einzelne, das Eigentümliche. Man sieht, nebenbei: Alte Sprachen zu kennen führt dazu, die wissenschaftliche Terminologie der eigenen Muttersprache, wie manch anderes Phänomen der Sprache, besser zu durchschauen; kein schlechter Nebeneffekt für Menschen, die wie viele Geisteswissenschaftler mit »Liebe zum Wort« (mit *philologia*) begabt und auf einen bewußten Umgang mit Sprache aus sind. Die Bedeutung der idiographischen – nicht ideographischen, wie es irrtümlich oft heißt – Seite läßt sich unter anderem an der Renaissance ablesen, zu der es in der Geschichtswissenschaft der letzten Zeit das prosopographische Genre gebracht hat: Biographien, Narratives gelten wieder etwas. Hierdurch wird ein menschliches Interesse am Einzelfall befriedigt. Aber davon sei jetzt abgesehen.

Es soll auch nicht darum gehen, daß Idiographie, Beschreibung des Einzelnen also, natürlich jene Fähigkeit zur Einfühlung und zum Hineindenken fördert, die für die Entwicklung verallgemeinerbarer Erklärungen und allgemeiner Hypothesen im Hinblick auf den Gegenstandsbereich der geisteswissenschaftlichen Disziplinen heuristisch sehr wichtig werden kann. Wichtig also für die »Nomothetik« – so Windelbands Wort für die Aufstellung allgemeiner Gesetzeshypothesen –, die in *allen* Wissenschaftszweigen von Bedeutung ist. (Windelband machte den Fehler, nomothetische Bestrebungen für die Naturwissenschaften reservieren zu wollen.) Denn hinter so ziemlich jeder zunächst noch so sehr auf die bemerkenswerte einzelne Handlung eines bestimmten historischen Akteurs beispielsweise bezogenen »Weil«-Aussage muß, wenn das Wort »weil« ernstzunehmen sein soll, eine Möglichkeit der Verallgemeinerung stehen, die wenigstens zu entsprechenden irrealen Konditionalsätzen Anlaß gibt: Hätte jemand Zielsetzungen, Überzeugungen etc.

von der und der Art, so würde er ... (Auch wenn sich faktisch die fragliche Handlungskonstellation in ihren für relevant erachteten Aspekten nie wiederholen sollte.)

So beachtenswert das alles ist – etwas anderes soll an dieser Stelle hervorgehoben werden. Die idiographische Komponente geisteswissenschaftlicher Disziplinen versetzt das aufnahmebereite Individuum in die Lage, mehr oder weniger fremde Empfindungsweisen, Vorstellungssysteme, Werthaltungen, individuelle Lebensentwürfe oder auch ganze soziale Lebensformen gleichsam aus einer Innenperspektive kennenzulernen, wenigstens approximativ. (Wofür unter Umständen erst aufwendig »handwerkliche« Grundlagen durch die Aneignung von Fremdsprachen, von künstlerischen Formensprachen und dergleichen zu schaffen sind.)

Für was das, abgesehen vom Kenntniszuwachs, gut ist? Es wird dadurch zwar niemand automatisch zu einem besseren Menschen. Aber das Potential zu einem sensibleren, respektvolleren Umgang mit anderen Menschen oder dem, was sie hinterlassen, kann man auf diese Weise zweifellos ausbilden. Und es kann so auch ein bißchen mehr reflexive Vernunft in die Welt kommen. Nämlich mit der Entwicklung der Fähigkeit von Individuen zur Distanznahme gegenüber dem Eigenen und gegebenenfalls zu einer bewußteren Entscheidung für dieses Eigene; einer Entscheidung, die so oder anders dann in Kenntnis von anschaulich erfahrenen Alternativen erfolgt, statt sich als Resultat eines gewohnheitsmäßigen Trotts einzustellen. Warum nicht Wumm-Wumm-Musik gern hören? Dann aber in Kenntnis der Musik Bachs! Oder auch andersherum. Analoges ist für andere Bereiche zu sagen – und gilt für den Fall, daß es vielleicht auch einmal um nicht weniger als eine ganze Lebensform geht. Die Rezeption guter Kunst kann vergleichbare Effekte mit sich bringen: Infragestellung von Gewohntem, bei Kunst bis hin zur Verstörung, Neuansatz mit bewußter Orientierung auf eine der Optionen hin. Wo ältere Kunst heute nicht mehr ganz allein für sich zu sprechen vermag, beginnt wiederum die Zuständigkeit bestimmter geisteswissenschaftlicher Disziplinen.

Literatur:
Wilhelm Dilthey, Der Aufbau der geschichtlichen Welt in den Geisteswissenschaften (1910), Göttingen 1992.
Manfred Fuhrmann, Bildung. Europas kulturelle Identität, Stuttgart 2002.
Florian Keisinger, Steffen Seischab (Hgg.), Wozu Geisteswissenschaften? Kontroverse Argumente für eine überfällige Debatte, Frankfurt am Main 2003.
Bernd Kleimann, »Wie sprechen und urteilen wir über Kunst?«; in: Kunst und Erkenntnis, hg. von Christoph Jäger und Georg Meggle, Paderborn 2005, 95–116.
Raymond Klibansky, Erinnerung an ein Jahrhundert. Gespräche mit Georges Leroux (franz.-kanadisches Original: Le philosophe et la mémoire du siècle, 1998), Frankfurt am Main 2001.
Ulrich Nortmann, »Wer ist gebildeter? Über Bildung, Wissen und Kontingenz«; in: Bildung: Ziele – Wege – Probleme, hg. von Klaus Martin Girardet, St. Ingbert 2004, 63–84.
Oliver Primavesi, Andreas Patzer, »Die übertiefe Tiefe«, in: Zeitschrift für Papyrologie und Epigraphik 135 (2001), 1–10.
Wilhelm Windelband, »Geschichte und Naturwissenschaft«, in: Präludien II (Aufsätze und Reden zur Philosophie und ihrer Geschichte), Tübingen 1915, 136–160.
Wissenschaftsrat, Empfehlungen zur Entwicklung und Förderung der Geisteswissenschaften in Deutschland, Berlin 2006.
Georg Henrik von Wright, Erklären und Verstehen (amerikanisches Original: Explanation and Understanding, 1971), Frankfurt am Main 1974.

13. Klassische Bildung

Stefan Rebenich

Die klassische Bildung wurde schon oft zu Grabe getragen. Sie ist immer wieder auferstanden. Viele sind gegen sie zu Felde gezogen: progressive Professoren, reformbeflissene Pädagogen, ambitionierte Politiker. Den einen war diese Bildung zu antiquiert, den anderen zu elitär und den dritten nicht mehr zeitgemäß. Nach dem Ende des Zweiten Weltkrieges fragten manche vorwurfsvoll, warum auch sie in den Strudel ideologischer Verführungen und apokalyptischer Verbrechen geraten war. Alfred Andersch charakterisierte den Vater Heinrich Himmlers, den »Vater eines Mörders«, als unmenschlichen Griechischlehrer an einem humanistischen Gymnasium in München. Egidius Schmalzriedt brachte es in seiner skandalträchtigen Tübinger Antrittsvorlesung von 1970 auf den Punkt: Die unkritische Verherrlichung des »Klassischen« in bürgerlichen Schulen und Wohnzimmern habe Platon und Thukydides, Horaz und Tacitus zu Kronzeugen des Faschismus gemacht. Gegen solche Angriffe beschworen die verschreckten Verteidiger der klassischen Bildung das humanistische Erbe Europas und hofften auf bessere Zeiten.

Doch fragen wir zunächst, was klassische Bildung überhaupt meint. Bildung ist dann klassisch, wenn sich ihre Inhalte an einer als vorbildlich verstandenen Epoche orientieren. In der europäischen Vergangenheit galt seit dem Humanismus die Antike als das klassische Zeitalter schlechthin. Griechische und römische Autoren bildeten einen Kanon von *auctores classici*, die in den Schulklassen gelesen wurden und die auf Grund ihrer sprachlichen, stilistischen und ästhetischen Qualitäten als mustergültig angesehen wurden. Die *studia humanitatis* legten besonderes Gewicht auf Grammatik, Rhetorik und Poetik, vermittelten sprachlich-kommunikative Kompetenzen und wurden als elementare Voraussetzung für eine umfassende Menschenbildung verstanden. Die humanistische *eruditio* war ein Elitenphänomen, ihr Ziel: die perfekte Eloquenz, Distinktionsmerkmal der Oberschichten. Durch ihre Gegenstände wurden die antike Sprache, Literatur, Mythologie, Kunst und Geschichte fest im kulturellen Bewußtsein der europäischen Gebildeten verankert. Die christliche Tradition, die ebenfalls in der Antike ihren Ausgang genommen hatte, wurde nie vergessen; sie war stets integraler Teil der klassischen Bildung.

Der Terminus ›klassisch‹ zur Bezeichnung eines Kanons ist bereits antik. Aulus Gellius, ein leidenschaftlicher Leser des 2. nachchristlichen Jahrhunderts, gab eine Definition: Ein *scriptor classicus* ist ein Autor, dessen Sprache als vorbildlich anerkannt war (Attische Nächte 19,8). Ihn galt es nachzuahmen, wenn möglich zu übertreffen. Der Klassikdiskurs begründet mithin ein dreigliedriges Epochenmodell: Dem Zeitalter der Klassik folgt ein Abschnitt des Niederganges, der durch die Wiederentdeckung der Klassik und ihrer sprachlich-ästhetischen Muster überwunden wird. Die italienischen Humanisten haben diese Vorstellung aufgegriffen: Sie wollten in ihrer eigenen Gegenwart sowohl die heidnische wie die christliche Antike wiederentdecken und das dunkle, barbarische Mittelalter hinter sich lassen.

Schon die Antike besaß einen Kanon, an dem sich die späteren humanistischen Lehrpläne orientierten: Im Griechischen galt, neben den homerischen Gedichten, die attische Literatur des 5. und 4. vorchristlichen Jahrhunderts als vorbildlich; kanonisiert wurden die Tragiker Aischylos, Sophokles und Euripides und die attischen Redner. Im Lateinischen wurden Cicero und die augusteischen Dichter Vergil, Horaz und Ovid zu Schulautoren.

Rationalismus und Aufklärung haben europaweit die Bedeutung einer an der Antike orientierten »klassischen« Bildung zwar relativiert, aber nicht negiert. Mehr als Sprache und Stil interessierten kritische Vernunft und bürgerliche Gemeinschaft. Zahlreich sind die Versuche, sich vom Paradigma der klassischen Antike abzugrenzen. Mathematik, die Naturwissenschaften und die Jurisprudenz waren bevorzugte Studienfächer. Bald wurden auch Werke und Autoren der Gegenwart als »klassisch« bezeichnet, zunächst in Frankreich und in England, dann auch in Deutschland. Der Lateinschule konnten diese Entwicklungen zunächst allerdings nichts anhaben: Sie garantierte die Vorherrschaft des Lateins als europäischer Gelehrtensprache.

Ein grundlegend neues Programm der klassischen Bildung entstand in Deutschland an der Wende vom 18. zum 19. Jahrhundert. Es ist unter dem Stichwort »Neuhumanismus« in die Geschichte eingegangen und von niemandem wirkungsvoller propagiert worden als von Wilhelm von Humboldt, der an die Ideen von Johann Joachim Winckelmann anknüpfte. Winckelmann war auf der Suche nach der »edlen Einfalt« und »stillen Größe« eines zeitlos schönen und autonomen Menschentums gewesen und glaubte, es in der griechischen Kunst gefunden zu haben. Das Wahre, Gute und Schöne hatte nun seine Heimstatt in Hellas, das Ideal des freien Menschen sah man in Athen verwirklicht. Die Griechen offenbarten Humboldt zufolge die »reine, um ihrer selbst willen verwirklichte Menschlichkeit des Menschen«. Selbstfindung durch das Andere war das Telos, und das Verstehen des Eigenen am Fremden wurde gefordert. Eine Zweckbindung schulischer und universitärer Bildung lehnte Humboldt ab. Vielmehr sollte in der Auseinandersetzung mit historischer Individualität die eigene Persönlichkeit erzogen werden.

Das Erlernen der Sprache und der Kultur der Griechen diente nicht mehr dazu, in Wort und Schrift die Formen eines vergangenen Äons zu imitieren, sondern zielte auf die allseitige und harmonische Entfaltung individueller Anlagen. Bildung war deshalb Selbstzweck und zugleich ein permanenter Prozeß der Selbstvervollkommnung. Die Erziehung zur Selbständigkeit, zur Selbsttätigkeit und zur Selbstverantwortung setzte individuelle Rechte und persönliche Freiheit voraus. Die Verherrlichung der griechischen Antike hatte folglich auch eine politische Dimension, denn Athen war nicht nur Zentrum künstlerischer und humaner Idealität, sondern zugleich Ort politischer Freiheit.

Die zeithistorischen Implikationen des neuen Bildungsideals sind offenkundig. Es ist die Antwort auf die Krise des Christentums und die Krise der Aufklärung. Humboldt konzipierte eine säkulare Bildungsreligion, die die Entchristianisierung der Gesellschaft beschleunigte und das Griechentum quasireligiös verehrte. Sein Konzept richtete sich gegen die absolutistische Welt der Stände; die neue Bildungselite war radikal meritokratisch. Nicht Geburt und Herkunft, sondern Leistung und Bildung zählten. Die Verehrung der Griechen begründete das Standesethos der bürgerlichen Gesellschaft und ersetzte die aristokratische Antikenkultur, die stark lateinisch geprägt war. Gleichzeitig diente, um Humboldt zu zitieren, die »Grille von der Ähnlichkeit der Griechen und Deutschen« der nationalen Identitätsstiftung. Dem deutschen Bürgertum bot die Aktualisierung der klassisch-griechischen Vergangenheit eine willkommene Alternative zur französisch-lateinischen Kulturhegemonie in Europa.

Bildung und Wissenschaft bedingten einander und waren für Humboldt die Grundlage für eine umfassende Erneuerung von Staat und Gesellschaft. Es galt, die Voraussetzungen dafür zu schaffen, daß ein jeder, der dazu befähigt war, in selbsttätiger Muße frei zu forschen vermochte. Das ambitionierte Reformkonzept erstreckte sich auf Schulen und Hochschulen. Es machte die deutsche Universität zum international wirkmächtigen Vorbild einer modernen Bildungspolitik. Das humanistische Gymnasium und die Forschungsuniversität waren die Orte, an denen klassische Bildung vermittelt wurde. Angestrebt wurde die Allgemeinbildung, keine berufsspezifische Ausbildung. Im Zentrum der gymnasialen Curricula standen die alten Sprachen; Latein wurde in der Regel neunstündig, Griechisch sechsstündig unterrichtet. Mathematik, Geschichte und Deutsch wurden drei Wochenstunden zugebilligt, die kleineren Fächer wie das Französische, die Naturwissenschaften, die Religion und die musischen Fächer mußten mit höchstens zwei Stunden auskommen.

Doch die klassische Bildung gewährte nicht nur Freiheit gegenüber den Zwängen von Staat und Gesellschaft, sondern unterstützte auch die Flucht in die Innerlichkeit, die den bürgerlichen Fortschrittsoptimismus konterkarierte. Ein zunehmend veräußerlichter Bildungsbegriff machte aus dem humanistischen Gymnasium im Kaiserreich eine Exerzieranstalt, die auf Drill und Routine setzte. Man begnügte sich damit, die Verba auf -μι einzupauken. Nicht mehr der Bildungsinhalt, sondern das Bildungspatent zählte, das in der Klassengesellschaft des 19. Jahrhunderts zu einem wirksamen Instrument sozialer Exklusion wurde. An den Universitäten triumphierte die klassische Altertumswissenschaft, die die griechisch-römische Antike verabsolutierte, das Interesse am Vorderen Orient verlor und die Geschichte des frühen Christentums vernachlässigte. Mit immer größerem Aufwand wurden immer kleinere Parzellen bestellt. Am Ende fand Platons Nachtuhr ebensolche Aufmerksamkeit wie seine Ideenlehre.

»Klassische« Bildung verlangte die Einsicht in die geschichtliche Entwicklung der Menschheit. Diese Forderung führte seit dem frühen 19. Jahrhundert zu einem beispiellosen Aufstieg der Geschichtswissenschaft. Die historisch-philologische Erforschung der griechisch-römischen Vergangenheit war Aufgabe der universitären Altertumsforschung und prägte den Schulunterricht. Die Historisierung des Altertums bedeutete jedoch das Ende der idealisierten Antike. Humboldt hatte nie einen Zweifel daran gelassen, daß die Kultur der Griechen die Grundlage der gesamten Bildung sei. Eine solche normative Betrachtung der Antike war der methodisch professionalisierten Altertumswissenschaft fremd. Ihr moderner Realismus zerstörte die Sonderstellung der Griechen, die dem deutschen Bildungsbürger zur lieben Gewißheit geworden war.

Gegen die Verflachung und Relativierung klassischer Bildung wandten sich seit der Mitte des 19. Jahrhunderts einzelne Gelehrte. Am einflußreichsten waren die Gegenentwürfe von Friedrich Nietzsche und Werner Jaeger. Sie kritisierten eine Wissenschaft vom Altertum, die nur hochspezialisiertes Fachwissen anhäufte, und versuchten, die europäische Antike als zeitloses Leitbild zu bewahren. Ihre Anstrengungen, die humanistische Bildung wiederzubeleben, waren allerdings von einem tiefen Kulturpessimismus geprägt und strebten tiefgreifende gesellschaftliche und politische Veränderungen an.

Die romanischen und angelsächsischen Länder öffneten sich, wenn überhaupt, nur sehr zögerlich dem deutschen Neuhumanismus. Man legte besonderen Wert auf eine sprachliche Bildung in humanistischer Tradition, die das Vorrecht der Eliten blieb. In Frankreich hielt sich trotz aller revolutionären Brüche die Dominanz des Lateinischen; bis weit in die zweite Hälfte des 19. Jahrhundert mußten die Abiturienten lateinische Aufsätze verfassen und lateinische Reden halten. In den italienischen Gymnasien vertraute man auf den Unterricht in lateinischer Grammatik und Rhetorik; erst nach der Einigung Italiens wurde nach deutschem Vorbild der Griechischunterricht eingeführt. In Großbritannien bildeten bis weit in das 20. Jahrhundert hinein Griechisch und Latein die Grundlage der schulischen Erziehung der Oberschicht; die industrielle Revolution hatte das Bild des englischen Gentleman nicht verändert, der sich durch die Lektüre der antiken Klassikerausgaben auf die Verwaltung des Empire vorbereitete, formvollendet aus dem Englischen ins Lateinische übersetzte und in der Lage war, griechische Verse zu schmieden.

Das 20. Jahrhundert sah viele Gefechte um die Bedeutung der klassischen Bildung an den Gymnasien und Universitäten. Heftig wurde um die alten Sprachen in Europa und Nordamerika gestritten. Der Aufstieg zunächst der Naturwissenschaften und später der Sozial- und Wirtschaftswissenschaften führte dazu, daß die klassische Bildung ihre Exklusivität verlor. Sie trat in Konkurrenz mit anderen Bildungsinhalten. In Deutschland verlor das Humanistische Gymnasium bereits zu Beginn des 20. Jahrhunderts seine Monopolstellung; die Deutschen standen nicht mehr länger im Banne Griechenlands. Diese Entwicklung marginalisierte das Bildungsbürgertum, nicht aber die alten Sprachen. Der Zugang zu Latein und Griechisch wurde demokratisiert. In vielen Ländern Europas lernen zu Beginn des 21. Jahrhunderts mehr Schüler zumindest Latein als je zuvor. Der allgegenwärtige Bedeutungsverlust des Wissens um die Antike geht folglich nicht einher mit einem Verlust an Wissen um die Antike. Aber die Rezeptionsformen verändern sich rasant: Zu Literatur, Kunst und Musik sind Film, Comic und Internet getreten.

Die Entmythologisierung des Dogmas von der klassischen Antike war durchaus heilsam: Man überwand die kritiklose Verehrung des klassischen Athen und der goldenen Latinität, trat in einen fruchtbaren Dialog mit der spätantiken, mittelalterlichen, humanistischen und neulateinischen Literatur und gab eurozentrische und kolonialistische Positionen auf. Die über 2500jährige Wirkungsgeschichte der Antike wurde zum Gegenstand der Forschung, die die klassische Bildung historisch differenzierend als Rezeptionsphänomen beschrieb und die Dialektik von Historizität und Ahistorizität in unserem Umgang mit der Antike untersuchte. Gelassener als Alfred Andersch und Egidius Schmalzriedt ziehen wir heute Bilanz, abgeklärter ist unser Urteil über Erfolge und Mißerfolge der klassischen Bildung seit dem Humanismus. Wir haben gelernt, den Abstand zur Vergangenheit nicht aufzuheben, sondern auszufüllen. Und wir haben erkannt, daß klassische Bildung nicht notwendigerweise ein Instrument der Ausgrenzung, sondern auch ein Mittel der Emanzipation sein konnte und immer noch sein kann.

Doch welche Bedeutung kommt der klassischen Bildung zu Beginn des 21. Jahrhunderts in einer globalisierten Welt zu? Es genügt sicher nicht, darauf hinzuweisen, daß Latein und Griechisch erzieherisch wirken, weil sie ein formales Training mit inhaltlicher Belehrung verbinden. Auch der Hinweis auf die antiken Wurzeln unserer gegenwärtigen Kultur verfängt immer weniger. Wichtig ist, daß sie Mut macht, inmitten einer ökonomisierten Welt auf Bildung als Selbstzweck zu vertrauen. Schließlich hat Claude Lévi-Strauss darauf hingewiesen, daß die Renaissance in ihrer fruchtbaren Auseinandersetzung mit der Antike zum ersten Mal erkannt hat, daß keine Kultur sich selbst denken kann, wenn sie nicht über andere Gesellschaften verfügt, die ihr als Vergleichsmaßstab dienen. Die klassische Bildung ist demnach eine wirkungsvolle Technik der Entfremdung, das Studium der Alten Welt eine intellektuelle Übung, um die eigene Position in Frage zu stellen. Auf der Suche nach unseren Vorfahren, die uns fremd geworden sind, finden wir uns selbst.

Literatur:
Georg Bollenbeck, Bildung und Kultur. Glanz und Elend eines deutschen Deutungsmusters, Frankfurt am Main 1996.
Eliza Buttler, The Tyranny of Greece over Germany, Cambridge 1935 (ND Boston 1958; verkürzte deutsche

Übersetzung »Deutsche im Banne Griechenlands«, Berlin 1948).
Manfred Fuhrmann, Der europäische Bildungskanon, Frankfurt am Main u. a. 1999.
Wilhelm von Humboldt, Werke in fünf Bänden, Bd. 2 und Bd. 4, Darmstadt 1969 (u.ö.).
Claude Lévi-Strauss, Anthropologie structurale, Bd. 2, Paris 1973.
Stefan Rebenich, Einsamkeit um der Freiheit willen. Wilhelm von Humboldt, die Griechen und das Bürgertum, in : Zeitschrift für Ideengeschichte 4/1 (2010), 24–38.
Egidius Schmalzriedt, Inhumane Klassik. Vorlesung wider ein Bildungsklischee, München 1971.
Salvatore Settis, Die Zukunft des ›Klassischen‹: eine Idee im Wandel der Zeiten, Berlin 2004.
Gerrit Walther, Art. Bildung, in: Enzyklopädie der Neuzeit 2, 2005, 223–242.

14. Philologische Bildung

Barthold Georg Niebuhr

Vorbemerkung der Herausgeber:
Philologie (von griechisch *phílos* und *lógos* = »Freund des Wortes«) ist die Kunst, auf wissenschaftliche Weise den originalen Wortlaut historischer Texte wiederherzustellen. Seit dem Altertum geübt, wurde sie zur Zeit des Humanismus, also seit Mitte des 14. Jahrhunderts, zu einer systematischen Wissenschaft ausgebaut. Von Anfang an erfüllte sie einen doppelten Zweck. Einerseits half sie, die Schönheit literarischer Werke zu erneuern, indem sie Fehler und Lücken, die durch eine lange Überlieferung entstanden waren, feststellte und verbesserte. Andererseits diente sie als Waffe gegen dogmatische Autoritäten, indem sie deren vermeintlich uralte Traditionen durch historisch-kritische Untersuchungen in Zweifel zog und eventuell als späte Fälschungen entlarvte. Damit wurde philologische Kritik zu einem wichtigen Werkzeug und einer gefährlichen Waffe der europäischen Aufklärung. Überhaupt ist Philologie eine spezifisch europäische Wissenschaft, die sich in ihrer professionellen Form in keiner anderen Weltkultur entwickelte.

Seit dem 19. Jahrhundert wurde die Philologie mehr und mehr zu einer Spezialdisziplin der Literaturwissenschaft. Dabei geriet aus dem Blick (wie kein Geringerer als Friedrich Nietzsche schon 1874 kritisierte), daß die Fähigkeit, Aussagen beim Wort zu nehmen und systematisch auf innere Kohärenz und historische Plausibilität zu prüfen, gerade in der modernen Mediengesellschaft keine bloße handwerkliche Fertigkeit darstellt, sondern eine fundamentale Voraussetzung geistiger und persönlicher Autonomie.

Der folgende Beitrag stammt aus dem Jahr 1822.

Einerseits gehörte Philologie damals zum Kernbestand der gymnasialen und akademischen Ausbildung, andererseits drohte sie eben dabei, zu einer virtuosen Kunstübung zu verkommen. Dieser Tendenz will der Verfasser entgegenwirken, wenn er in seinem »Brief an einen jungen Philologen« an die moralische Dimension philologischer Arbeit erinnert und Wege weist, auf denen sie zu einem Mittel der Charakterbildung werden kann. Barthold Georg Niebuhr (1776–1831) spricht mit doppelter Autorität, denn er war einer der bedeutendsten Historiker seiner Zeit und zugleich ein namhafter Finanzexperte und Wirtschaftspolitiker. Dies verleiht seiner Werbung für den Wert der Philologie das Gewicht gelebter Praxis:

> Möge das Studium der griechischen und römischen Literatur immerfort die Basis der höhern Bildung bleiben. Chinesische, indische, ägyptische Alterthümer sind immer nur Curiositäten; es ist sehr wohlgethan sich und die Welt damit bekannt zu machen; zu sittlicher und zu ästhetischer Bildung aber werden sie uns wenig fruchten.
>
> Goethe.

Als mir Deine liebe Mutter schrieb, daß Du eine entschiedene Neigung für philologische Studien zeigtest, äußerte ich ihr meine Freude darüber, und bat sie und deinen Vater diese Neigung ja nicht durch andere für Dich entworfene Lebenspläne zu stören. Ich glaube ihr gesagt zu haben, da Philologie die Einleitung zu allen andern Studien sei, so bereite sich der, welcher in den Schuljahren diese Disciplin mit dem Eifer treibe, als solle sie seinen vollen Lebenslauf ausmachen, zu jeder andern vor, die er auf der

Universität wählen möchte; und dann ist mir Philologie so theuer, daß ich einem mir so lieben und nahestehenden Jüngling, wie Du es bist, keinen andern Beruf lieber wünschen möchte, als eben sie. Es giebt keinen friedlicheren und keinen heiterern, keinen, der durch die Art seiner Pflichten und seiner Ausübung, die Herzens- und Gewissensruhe besser sichere: und wie manchesmal habe ich mit Wehmuth beklagt, daß ich diesen verlassen und in ein bewegtes Leben übergegangen bin, welches vielleicht selbst in meinem beginnenden Alter zu keiner dauernden Ruhe gelangen wird. Das Amt namentlich eines Schulmanns ist vollkommen ehrwürdig, und ungeachtet aller Uebel, die seine idealische Schönheit stören, für ein edles Herz wahrlich einer der glücklichsten Lebenspfade: es war dies einst mein selbstgewähltes Lebensziel, und man hätte mich nur immer ihm nachgehn lassen sollen. Ich weiß sehr wohl, daß ich jetzt, verwöhnt durch die große Sphäre, worin ich mein thätiges Leben zugebracht, nicht mehr dafür taugen würde, aber wem ich so herzlich und redlich wohl will wie Dir, dem wünsche ich, daß er sich nicht so verwöhnen, noch von der Stille und dem sichern engen Kreise wegsehnen möge, in dem ich, wie Du, meine Jugend verlebt habe.

Deine liebe Mutter schrieb mir, Du wünschtest mir eine Arbeit vorzulegen, um mir Deinen Fleiß zu beurkunden und mich in Kenntniß zu setzen, welche Fortschritte Du schon gemacht habest. Ich bat sie, Dich dazu aufzumuntern, nicht allein, um Dir und den Deinigen einen Beweis des treuen Antheils zu geben, den ich an Dir nehme; sondern auch, weil ich gerade in der Philologie das Ziel bestimmt genug kenne, und die Pfade, welche dahin führen, und die täuschenden Irrwege, um den, der einen von jenen zu betreten das Glück gehabt, bestärken zu können, daß er ihn nicht verlasse, und den, der in Gefahr ist sich zu verirren, aus voller Ueberzeugung zu warnen, und ihm zu sagen wohin er gerathen müsse, wenn er nicht ablenke. Ich selbst bin meinen Weg größtentheils ohne Führer, und leider auch wohl gegen die nur zu schonend gegebenen Winke derer, die es hätten seyn sollen, durch manches Dornendickicht gewandelt. Zum Glück und Gott sei es gedankt, habe ich das Ziel nie aus den Augen verloren und die Richtung wieder gefunden: aber ich wäre ihm viel näher gekommen, und mit weniger Trübsal, wenn man mir den Weg gewiesen hätte. Ich weiß sehr wohl, daß es hauptsächlich aus Schonung unterblieben ist; einer oder der andere hat auch wohl die Mühe gescheut sich einem Knaben im widerspenstigen Lebensalter verständlich zu machen. Ich weiß auch wohl, daß mir ein nicht mit meiner Meinung übereinstimmender Rath wohl nicht geschmeckt hätte; aber wäre er von einem Berufenen gegeben worden, ich hätte ihn gewiß zu Herzen genommen, und es wäre mir jetzt viel werth, wenn er mir gekommen wäre, selbst herbe und bis aufs Blut verwundend.

Ich sage Dir mit Vergnügen und kann es mit Wahrheit thun, daß deine Arbeit ein rühmliches Zeugniß für deinen Fleiß ist, und daß es mich sehr freut zu sehen, wie viel du in den mehr als sechs Jahren, da wir uns zum letztenmal sahen, gearbeitet und gelernt hast. Ich sehe, daß Du viel gelesen hast, und mit Wißbegierde und mit Aufmerksamkeit. Zuerst aber muß ich Dich nun unverholen bitten, Dein Latein zu prüfen und Dich zu überzeugen, daß es Dir auf diesem Punkte fehlt. Ich will Dir einige grammatische Fehler nicht aufmutzen; über diesen Punkt bin ich ganz der Meinung meines seligen Spalding, den diese in der Schule am wenigsten ungeduldig machten, wofern nur ihre Anzeichnung fruchtete, sie allmählig auszutilgen. Schlimmer ist, daß Du mehr als einmal mit den Perioden stecken bleibst: daß Du Worte im unrichtigen Sinne brauchest: daß dein Styl aufgedunsen und ohne Haltung ist; daß Du mit den Metaphern unlogisch verfährst.

Du schreibest nicht einfach genug um einen Gedanken, der Dir klar vor der Seele steht, ohne Prätension auszudrücken. Daß Du nicht reich und geründet schreiben kannst, ist kein Tadel; denn obgleich es, besonders in frühern Zeiten, einige gegeben, die durch besonders glückliche Leitung eines besondern Talents dies in Deinem Alter wohl gekonnt, so ist diese Vollkommenheit der Regel nach nicht einmal möglich. Fülle und Reife des Ausdrucks setzt eine Reife der Seele voraus, welche nur der Lauf der Entwicklung bringt. Aber was man immer kann und immer soll, ist, nicht nach einem Schein von mehr trachten, als man vermag, und schlicht und recht denken und sich ausdrücken. Hier also nimm von mir eine heilsame Regel an. Wenn Du lateinische Aufsätze machst, so denke Dir, was Du sagen willst, mit der größten Bestimmtheit, deren Du fähig bist, und fasse es in den anspruchslosesten Ausdruck. Studiere den Periodenbau der großen Schriftsteller und übe Dich manchmal einzelne nachzubilden, übersetze die Stücke so daß du die Perioden auflösest und wenn Du sie zurück übersetzest, so suche die Perioden herzustellen: eine Uebung, wozu Du ja der

Leitung deines Lehrers nicht bedarfst: aber thue es nur als Vorübung für den Gebrauch einer reifern Zeit. Wenn du schreibst, so forsche ängstlich, ob deine Sprache von Einer Farbe ist: es gilt mir gleich, ob du Dich an die von Cicero und Livius, oder an die von Tacitus und Quintilian bindest: aber Einen Zeitraum mußt Du Dir wählen; sonst entsteht ein buntschäckiges Wesen, welches den ordentlichen Philologen eben so ärgert, als wenn man Deutsch von 1650 und 1800 unter einander mengte. Suche der Kunst habhaft zu werden, die Sätze zu verbinden, ohne die alles angebliche Latein eine wahre Marter für den Leser ist. Und ganz besonders sieh bei den Metaphern genau zu: was darin nicht ganz tadellos ist, ist unausstehlich, und eben daher ist Lateinschreiben eine so herrliche Schule alles guten Styls, und nächst dem Latein das Französische, welches auch nichts Ungereimtes duldet, worüber der Deutsche in seiner eigenen Sprache so fatal gleichgültig ist.

Du hast sehr Recht gehabt, die beiden entworfenen Aufsätze, deren du erwähnst, nicht zu schicken, weil du unmöglich etwas Gesundes darüber sagen kannst.

Einzelne Abhandlungen lassen sich nicht schreiben, ehe man das Ganze, in dem ihr Gegenstand enthalten ist, anschaulich kennt, und in demselben bewandert ist, und ehe man von allen Beziehungen dieses Einzelnen zu andern Komplexen eine genügende Kenntniß hat. Ein andres ist, daß man vom Einzelnen zum Allgemeinen kommen muß, um ein zusammengesetztes Ganze wahrhaft kennen zu lernen. Und dabei braucht man keine systematische Ordnung zu befolgen, sondern kann zufälligen Neigungen nachgeben, voraus gesetzt, daß man umsichtig verfährt, und die Lücken nicht übersieht, welche zwischen den einzelnen Theilen bleiben. Ich habe das eigentliche Studium der alten Geschichte mit Polybius angefangen, und kannte die Zeit des Cleomenes früher genau, als die des Perikles; aber ich wußte, daß meine Kenntniß objektiv ein kleines Stückwerk war, und daß ich unendlich mehr gelernt haben müßte, ehe es mir auch nur einfallen dürfe, eine Materie zu bearbeiten, die durch viele Zeiträume hindurch ginge, die ich dürftig kannte, und unendlich viele Beziehungen hätte, von denen ich eigentlich gar keinen wahren Begriff hatte. Ich arbeitete immer fort, und wenn ich kann, arbeite ich noch täglich, um mir eine lebendige Anschauung des Alterthums zu erringen. Du hast über die Römischen Colonieen und ihren Einfluß auf den Staat zu schreiben unternommen. Es ist aber ganz unmöglich, daß Du von den Römischen Colonieen auch nur einen halben richtigen Begriff haben kannst und um von ihrem Einfluß auf den Staat zu reden, müßtest Du nicht nur in die Römische Verfassung Einsicht haben, und die Römische Geschichte genau kennen, sondern Politik und Geschichte der Politik verstehen, welches Alles noch unmöglich ist. Wenn ich Dir dieß sage, so setze ich Dir hinzu, daß in Deinem Alter keiner von uns allen, die wir uns Philologen nennen dürfen, über diesen Gegenstand hätte arbeiten können; ja nicht einmal Grotius oder Scaliger und Salmasius, die so viel früher, als irgend einer von uns, vortreffliche Grammatiker wurden. Noch weniger paßt der zweite von Dir erwähnte Gegenstand für Dich. Du mußt genug vom Alterthume wissen, um auch zu wissen, daß die Philosophie der Jünglinge bis zu einem weit reifern Alter als das Deinige, im schweigenden Hören, im Bestreben zu begreifen und zu lernen bestand. Du kannst die Facta nicht ordentlich wissen, noch weit weniger aber ein allgemeines Raisonnement, wenn wir auch das Wort philosophisch schenken, über ganz einzelne, größtentheils problematische anstellen. Lernen, mein Lieber, gewissenhaft lernen, immerfort seine Kenntnisse prüfen und vermehren, das ist unser theoretischer Beruf für's Leben, und er ist es am allermeisten für die Jugend, die das Glück hat, sich dem Reiz der neuen intellectuellen Welt, welche ihr die Bücher geben, ungehindert überlassen zu können. Wer eine Abhandlung schreibt, er mag sagen, was er will, macht Anspruch zu lehren, und lehren kann man nicht ohne irgend einen Grad von Weisheit, welche der Ersatz ist, den Gott für die hinschwindende Jugendseligkeit giebt, wenn wir ihr nachstreben. Ein weiser Jüngling ist ein Unding. Auch sage man nicht, daß man solche Abhandlungen für sich selbst macht, um einen einzelnen Gegenstand zu ergründen. Wer es in dieser Absicht thut, handelt verkehrt und schadet sich. Fragmentarisch schreibe er sich nieder, was er durchgedacht hat; er setze sich nicht hin, um beim Schreiben zu denken. Wer in ein gerundetes Ganze bringen will, was auch nicht den Schatten einer Vollendung haben kann, weder innerer noch äußerer, der setzt sich in die allergrößte Gefahr, sich mit Schein und Oberflächlichkeit zu begnügen, und eine sehr schlechte und verderbliche Fertigkeit im schlechten Schreiben anzunehmen. Heil dem jungen Baume, der in gutem Boden und günstiger Lage gepflanzt, von sorgsamer Hand in geradem Wuchs erhalten wird, und kernhaftes Holz bildet! Fördert übermäßige Bewässerung seinen Wuchs, und ist er schwach und weich, den Streichen des Windes ohne Schutz und Haltung ausgesetzt, so wird sein Holz schwammig, und sein Wuchs schief, für seine ganze Lebensdauer.

Das Alterthum ist einer unermeßlichen Ruinenstadt zu vergleichen, über die nicht einmal ein Grundriß vorhanden ist, in der sich jeder selbst zurecht finden und sie begreifen lernen muß, das Ganze aus den Theilen, die Theile aus sorgfältiger Vergleichung und Studium, und aus ihrem Verhältniß zum Ganzen. Wenn jemand, der nur einen Anstrich von architektonischen Kenntnissen hat, von Hydrostatik gar nichts weiß, den größten Theil der Ruinen Rom's kaum gesehen, außer Rom nun vollends gar nichts, wenn ein solcher über die Ruinen der Wasserleitungen schreiben wollte, der würde etwas machen, wie ein Schüler, der über einen Zweig der Alterthumskunde dissertirt.

Du hast also sehr wohl gethan eine exegetische Ausarbeitung vorzuziehen. Hiezu aber gebe ich die Bemerkung, daß ein Schüler sich innerhalb seiner Gränzen halte, d. h. ein Schüler glaube ja nicht, daß er zu den Erklärungen eines Werkes, welches von Meistern bearbeitet ist, noch etwas hinzufügen könne.

Die Exegese ist eben die Frucht eines vollendeten Studiums; bei ihr wird aus der Fülle der umfassenden Kenntnisse, beides der Sprache und der Sachen, gegeben: sie ist nichts anderes als Ausdruck des Verständnisses, wie wo nicht die Zeitgenossen, doch wenigstens die etwas späteren Nationen, für die schon die flüchtigen Beziehungen des Augenblicks verloren waren, verstanden, und dazu gehört ein reif durchgearbeiteter Verstand, wie eine unendliche Menge von einzelnen Notizen. Der Schüler soll nur zeigen, daß er richtig verstanden und das Wesentliche aus den Commentatoren, mit der Angabe, woher er es genommen, ausziehen.

Wozu ich vor allen Dingen, mein Lieber, ermahne, ist, deinen Sinn zu aufrichtiger Ehrfurcht gegen das Vortreffliche zu reinigen. Es ist die beste Ausstattung des jugendlichen Gemüthes, die sicherste Leitung.

Ich muß Dir nur noch einiges über die Manier deiner Schreibart sagen. In dieser herrscht zu viel Wortschwall, und du gebrauchst auch verkehrte Metaphern. Glaube nicht, daß ich unbilliger Weise einen gemachten Styl fordere, den fordere ich so wenig von Dir, als von irgend einem Deines Alters, ich warne aber vor einer falschen Manier. Alles Schreiben soll nur Ausdruck des Gedankens und der Rede seyn: man muß entweder so schreiben, wie man wirklich eine nicht unterbrochene Rede führt, die den ächten Gedanken genau und vollkommen ausdrückt, oder so wie man sprechen würde, wenn man sich in Verhältnissen zum Reden aufgefordert fände, in denen man sich allerdings im wirklichen Leben nicht findet, aber im gegebenen Fall als Schriftsteller. Vom Denken muß alles ausgehen, und der Gedanke muß das Wortgebäude bilden: daß man dieß könne, dazu muß man Sprachstudium anwenden, sein Gedächtniß mit reichem Vorrath an Worten und Redensarten ausstatten, sei es in der Muttersprache, sei es in fremden, lebenden oder todten: jene sich scharf definiren, diese in ihrem eigentlichen Sinne in ihren Gränzen feststellen. Die Schreibübungen des Knaben und Jünglings sollen und dürfen keinen andern Zweck haben, als Entwickelung seines Denkens, Bereicherung und Reinigung der Sprache. Genügen uns unsre Gedanken nicht, drehen und krümmen wir uns im Gefühl unsrer Dürftigkeit, so wird uns das Schreiben entsetzlich sauer, und wir werden den Muth kaum erhalten. Dieß war mein Fall in Deinem Alter und noch lange nachher. Niemand war, der in meine Noth eingegangen wäre und mir geholfen hätte, – was am Anfang des Jünglingsalters leicht geschehen kann. Diese Noth empfindet man nicht, wenn man eine Manier annimmt: denn man hat die äußere Gestalt, die sich nicht ergeben will, wenn man von innen heraus arbeitet: oder wenigstens glaubt man sie zu haben, und findet vielleicht auch Andere, die sich vom Schein täuschen lassen: freilich nicht die Kundigen. Aber mit einer Manier verliert man alle Wahrheit und allmählig alle Fähigkeit etwas Tüchtiges und Selbstständiges hervorzubringen. Um einen Anschein von Fülle zu geben, ist das Ganze nichts als ein hohles Wesen: alle eigne Gedanken werden verdreht und werthlos, man zählt sich zu denen, welchen ähnlich zu sehen man sich einbildet, und ist doch gar nichts, und sinkt zur schlechtesten Klasse der Nachahmer herab.

Mit einiger Fähigkeit begabt Aeußerlichkeiten aufzufassen muß es sehr leicht seyn in eine Manier hineinzukommen, aber sich von ihr zu befreien, wenn man das Unglück gehabt sich damit zu befangen, äußerst schwer. Die Schwierigkeit seine Gedanken zu entwickeln und darzustellen ist um nichts vermindert, wenn man zur Einsicht kommt, wohl aber hat man gegen die schlechte Gewohnheit zu kämpfen, und selten, selten wird jemand diesen doppelten Kampf bestehen. Nicht ohne heroische Anstrengungen wird man, wenn man lange darin beharrt, sich davon losmachen können. Ich fordere Dich also um so dringender auf diesen Weg gänzlich aufzugeben und ihn künftig auf's sorgfältigste zu vermeiden. Zur Manier gehören auch alle wortreiche und inhaltsleere Entwicklungen, mit dem falschen Anspruch an eine tiefe Einsicht in den Geist des Dichters.

Vor allen Dingen aber müssen wir in den Wissenschaften unsre Wahrhaftigkeit so rein erhalten, daß wir absolut allen falschen Schein fliehen, daß wir auch nicht das allergeringste als gewiß schreiben, wovon wir nicht völlig überzeugt sind, daß wir nicht, wo wir Vermuthung aussprechen müssen, alles anstrengen den Grad unsers Wahrhaltens anschaulich zu machen: wenn wir eingesehene Fehler, die schwerlich jemand entdeckt, nicht selbst anzeigen, wo es möglich ist: wenn wir die Feder niederlegend nicht vor Gottes Angesicht sagen können – ich habe wissentlich, und nach strenger Prüfung, nichts geschrieben, was nicht wahr ist, und weder über uns selbst noch über Andere in nichts getäuscht, unsern verhaßtesten Gegner in keinem andern Lichte gezeigt, als wir es in unsrer Todesstunde vertreten können: – wenn wir das nicht thun, so machen Studium und Litteratur uns ruchlos und sündig. Hierin bin ich mir bewußt nichts von Andern zu fordern, wovon ein höherer Geist, der in meiner Seele läse, mir vorwerfen könnte, irgend einmal das Gegentheil gethan zu haben. Diese Gewissenhaftigkeit, verbunden mit Anschauung dessen, was man in der Philologie seyn kann und soll, wenn man öffentlich auftreten will, und mit Ehrfurcht vor den Meistern, machte mich noch lange nach dem Jünglingsalter so scheu mit einer Schrift zu erscheinen – vielmals von den Theuersten nicht ohne Vorwürfe aufgefordert, fühlte ich, daß meine Stunde noch nicht gekommen war, die allerdings bei anderer Richtung meines Lebens um mehrere Jahre früher hätte kommen können.

Ich bin hierin so streng, daß ich die ganz gewöhnliche Sitte Citate zu übernehmen, wenn man sie verificirt hat, ohne den zu nennen, wo wir sie gefunden, absolut mißbillige, und mir nie erlaube, wie lästig auch die doppelte Anführung ist. Wenn ich eine Stelle schlechthin citire, so habe ich sie selbst gefunden. Wer anders handelt, der giebt sich das Ansehen einer größern Belesenheit als ihm zukommt.

Andere mögen weniger streng seyn, ohne daß ich sie tadeln darf, wenn ich annehmen kann, daß es ihnen wirklich völlig gleichgültig sey, ob man ihnen ein tieferes Studium zutraue als sie gemacht; oder wenn sie voraussetzen, wie es einige thun, daß es sich verstehe, die meisten Citationen würden aus Nachweisungen übernommen. Aber von dem Jünglinge fordere ich schlechterdings und unnachläßlich, wäre es auch nur als Tugendübung, die allerängstlichste litterarische Wahrhaftigkeit wie jede andere, damit sie vollkommen zur Natur werde oder vielmehr die Wahrhaftigkeit in der Natur bleibe, die Gott in sie gelegt hat. Mit ihr allein kämpft man sich durch die Welt; die Stunde, in der mein Marcus eine Unwahrheit sagte, oder sich den Schein eines Vorzuges gäbe, den er nicht hätte, würde mich sehr unglücklich machen: es wäre der Fall im Paradiese.

Ich komme jetzt zu einem andern Theil meines Geschäftes Dir Rath zu geben. Ich wollte, Du hättest keine so große Freude an Satiren, nicht einmal an den Horazischen. Wende Dich zu den Werken, die das Herz erheben, in denen Du große Menschen und große Schicksale siehst, und in einer höhern Welt lebst; wende Dich ab von denen, welche die verächtliche und niedrige Seite gemeiner Verhältnisse und gesunkener Zeiten darstellen. Sie gehören nicht für den Jüngling, und im Alterthume hätte man sie ihm nicht in die Hände kommen lassen. Homer, Aeschylus, Sophokles, Pindar, das sind die Dichter des Jünglings, das sind die, an denen die großen Männer des Alterthums sich nährten, und welche, so lange Litteratur die Welt erleuchtet, die jugendlich mit ihnen erfüllte Seele für's Leben veredeln werden. Horazen's Oden, als Abbild Griechischer Muster, thun dem Jünglinge auch wohl, und es ist schlimm, daß eine Geringschätzung ihrer sich verbreitet hat, die nur bei einer kleinen Anzahl von Meistern befugt und nicht schnöde ist. In den Sermonen ist Horaz eigenthümlicher und geistreicher, aber wer sie zu lesen versteht, liest sie mit Wehmuth; wohlthätig können sie durchaus nicht wirken. Man sieht einen edeln Menschen, der aber aus Neigung und Reflexion sich eine unglückliche Zeit behaglich zu machen sucht und sich einer schlechten Philosophie ergeben hat, die ihn nicht hindert edel zu bleiben, aber zu einer niedrigen Ansicht herabstimmt. Seine Moral beruht nur auf dem Princip des Schicklichen, Wohlanständigen, Vernünftigen: erklärt er doch das Heilsame (um den günstigsten Ausdruck zu wählen) für die Quelle des Begriffs vom Recht. Schlechtigkeit erweckt in ihm Mißbehagen und reizt ihn: nicht zum Zorn, sondern zur leichten Züchtigung. Der Sinn für Tugend, welcher zur Verfolgung des Lasters hinreißt, erscheint gar nicht in ihm, den wir nicht nur im Tacitus, auch im Juvenal sehen, und bei diesem bis zum Entsetzlichen. Juvenal aber darfst Du, wenige Stücke ausgenommen, schlechterdings noch nicht lesen; und Du verlierst dabei nichts: denn wenn Du ihn auch lesen dürftest, so frommte es deinem Alter nicht bei'm Anblick des Lasters zu verweilen, anstatt große Gedanken nachzudenken. Zu jenen Dichtern und unter den Prosaikern zu Herodot, Thucydides, Demosthenes, Plutarch, Cicero, Livius, Cäsar, Sallust, Tacitus, zu diesen bitte ich Dich dringend Dich zu wenden, Dich ausschließlich an sie zu halten. Lies sie nicht um ästhetische Reflexionen über sie zu machen, sondern um Dich in sie hineinzulesen, und Deine Seele mit ihren Gedanken zu erfüllen, um durch die Lectüre zu gewinnen, wie Du durch das ehrerbietige Zuhören bei der Rede großer Männer gewinnen würdest. Das ist die Philologie, die der Seele Heil bringt, und gelehrte Untersuchungen, wenn man dahin gekommen ist, sie machen zu können, bleiben immer das niedere. Wir müssen die Grammatik (im alten Sinn) genau inne haben: wir müssen alle Disciplinen der Alterthumswissenschaft so weit erwerben als es uns möglich ist. Aber wenn wir auch die glänzendsten Emendationen machen, und die schwersten Stellen vom Blatt erklären können, so ist es nichts und bloße Kunstfertigkeit, wenn wir nicht die Weisheit und Seelenkraft der großen Alten erwerben: wie sie fühlen und denken.

Zum Studium der Sprache empfehle ich Dir vor Allen Demosthenes und Cicero. Nimm von jenem die Rede *pro Corona*, von diesem die *pro Cluentio*, und lies sie mit aller Sammlung, deren Du fähig bist, dann gehe sie so durch, daß Du Dir von jedem Worte, von jeder Phrase Rechenschaft gebest: entwirf Dir nie ein *Argumentum*: suche Dir alle historische Umstände klar zu machen und in Ordnung zu legen. Das wird Dir eine unendliche Arbeit machen, und daraus lernt man, wie wenig man noch wissen kann, und folglich weiß. Wende Dich dann an Deinen Lehrer, nicht um ihn mit unerwartet schweren Aufgaben zu überraschen, – denn es giebt z. B. in der *Cluentiana* factische Schwierigkeiten, die man, bei der anhaltendsten Vertraulichkeit doch nur durch Hypothesen lösen kann, die sich keinem Gelehrten augenblicklich darbieten – sondern damit er die Freundlichkeit habe für Dich nachzuschlagen und nachzudenken, wo Deine Kräfte und Hülfsmittel erschöpft sind. Entwickele Dir in der *Cluentiana* das System der Anklage. Sammle dir Worte und Ausdrücke, besonders Epitheta mit ihren Hauptwörtern und den Kern der Translationen. Uebersetze, bringe nach einigen Wochen das Uebersetze wieder in die Originalsprache.

Neben dieser grammatischen Arbeit lies einen jener großen Schriftsteller nach dem andern mit größerer Freiheit, aber nach der Vollendung eines Buches, oder eines Abschnittes, rufe Dir das Gelesene in's Gedächtniß zurück und zeichne Dir den Inhalt in der größten Kürze an. Zeichne Dir dann auch Ausdrücke und Redensarten auf, die Dir besonders wieder gegenwärtig werden, so wie man jedes neugelernte Wort gleich aufschreiben, und den Zettel am Abend wieder durchlesen muß. Laß für jetzt Kritiker und Emendatoren ungelesen. Die Zeit wird schon kommen, wo Du sie mit Nutzen studieren wirst. Erst muß der Maler zeichnen können, ehe er anfängt Farben zu gebrauchen, und er muß die gewöhnlichen Farben behandeln können, ehe er sich für oder wider den Gebrauch der Lasuren entscheidet. – Vom Schreiben habe ich Dir schon geredet. Laß das buntschäckige Lesen, selbst der alten Schriftsteller: es giebt auch unter ihnen gar viele schlechte. Aeolus ließ nur den einzigen Wind wehen, der Odysseus an's Ziel führen sollte, die übrigen band er: gelös't und durch einander fahrend bereiteten sie ihm endlose Irre.

Die Geschichte studiere doppelt: nach den Personen, und nach den Staaten: mache Dir häufig synchronistische Uebersichten.

Die Lehren, welche ich Dir gebe, würde ich jedem, der an Deiner Stelle wäre, ertheilen. Den Tadel würde ich sehr Vielen zu geben haben. Glaube ja nicht, daß ich dies nicht weiß, und daß ich Dir Deinen Fleiß nicht gerne und nicht nach Verdienst anrechne.

Das Studium, welches ich von Dir fordere, ist sehr unscheinbar, geht langsam, und es wird Dich vielleicht niederschlagen, noch eine lange Reihe von Lehrjahren vor Dir zu sehen. Aber, Lieber, wahrhaft lernen, und wahrhaft gewinnen ist das wahre Gut des theoretischen Lebens, und unsere Lebenszeit ist so kurz nicht. Wie lang sie aber auch ist, haben wir immerfort zu lernen: Gottlob, daß dem so ist.

Und nun segne Gott Deine Arbeiten, und gebe Dir den rechten Sinn, damit Du sie zu Deinem eignen Heil und Glück führest, zur Freude Deiner Eltern und unsrer Aller, denen Deine Tugend und Achtungswürdigkeit redlich am Herzen liegt.

Literatur:
Barthold Georg Niebuhr's Brief an einen jungen Philologen mit einer Abhandlung über Niebuhr's philologische Wirksamkeit und einigen Excursen, hg. Karl Georg Jacob, Leipzig 1839, 126–146.

15. Historische Bildung

Stephan Selzer

Allgemein gilt das 19. Jahrhundert als das Säkulum der Historie, der Historiker und der historischen Bildung. In einem rasanten Aufstieg erfuhr die Geschichtswissenschaft seit 1800 eine Steigerung ihrer Bedeutung, die weit über das eigentliche Fach hinausging. Theologie und Philosophie überrundend, trat die Geschichte zeitweilig in die Position einer Leitwissenschaft der Weltdeutung ein, aus der sie erst nach 1900 Psychologie und Soziologie wieder verdrängen sollten. »Geschichte als Lebensmacht« lautet die eingängige Formel, die der Historiker Thomas Nipperdey für diese Führungsrolle geprägt hat. Geschichte als Denkweise wirkte dabei grundsätzlich und reichte über das Kernfach hinaus. Letztlich die gesamte Welt ließ sich als Ergebnis von Geschichte auffassen, und alle Phänomene suchte man aus ihrer Herkunft zu begreifen – selbst solche, die man zuvor als unveränderliche Schöpfungen angesehen hatte.

Eine solche geistige Orientierung durch historische Wahrnehmung, die man gemeinhin als Historismus bezeichnet, beinhaltet stets Chance und Zumutung zugleich. Einerseits bestehen Aussichten sowohl auf eine Vermehrung historischen Wissens als auch auf ein Bewußtsein, das die umgebende Welt als geschichtlich und damit als veränderlich und veränderbar versteht. Andererseits lag und liegt die Zumutung des Historismus in der Relativierung aller Werte und Normen, deren Geltungsmacht durch ihre historische Herleitung untergraben wird: Alles scheint dann zu fließen und wird unübersichtlich. Es ist dieser Verlust an Orientierungsmöglichkeiten, den Friedrich Nietzsche in seiner Schrift »Vom Nutzen und Nachteil der Historie für das Leben« aus dem Jahre 1874 besonders eindringlich thematisiert hat. Für ihn bedeutete ein ungebremst waltender historischer Sinn »das rasend-unbedachte Zersplittern und Zerfasern aller Fundamente, ihre Auflösung in ein immer fließendes und zerfließendes Werden, das unermüdliche Zerspinnen und Historisieren alles Gewordenen«.

Noch bevor der Historismus zum Problem wurde, wandte sich Friedrich Schiller im Jahre 1789 an eine akademische Hörerschaft in Jena: »Es ist keiner unter Ihnen allen, dem Geschichte nicht etwas Wichtiges zu sagen hätte; alle noch so verschiedene Bahnen Ihrer künftigen Bestimmung verknüpfen sich irgendwo mit derselben; aber eine Bestimmung teilen Sie alle auf gleiche Weise miteinander, diejenige, welche Sie auf die Welt mitbrachten – sich als Menschen auszubilden – und zu dem Menschen eben redet die Geschichte«. Diese Hochachtung für den Wert historischer Bildung, die Schiller in seiner Antrittsvorlesung »Was heißt und zu welchem Ende studiert man Universalgeschichte« noch weiter umspielte, gehört spätestens seit der Aufklärung zum Allgemeingut von Historikern und Pädagogen: Geschichte dient zur Bildung der Persönlichkeit. Doch wie diese Formel gefüllt werden müsse, war und ist weniger leicht zu beantworten. Geht man von den Rahmenbedingungen aus, so gilt überall in Europa, daß sich im 19. Jahrhundert das Publikum und die Inhalte historischer Bildung stetig vermehrten. Das lag sowohl an staatlichen Initiativen, die eine durchdringende Alphabetisierung und eine vertiefte Schulbildung bewirkten, als auch am Zuwachs von flankierenden Medien historischer Bildung, der sich etwa im wachsenden Buch- und Pressemarkt, in neuen Museen, Bibliotheken, Denkmälern und Gedenktagen äußerte. Drei Phänomene dürften von besonderer Tragweite gewesen zu sein. Sie lassen sich als Institutionalisierung, Kanonisierung und Nationalisierung historischer Bildung bezeichnen. Dadurch geriet das, was den Aufklärern als allgemeingültiges Exempel für die Bildung zum Menschsein schlechthin gegolten hatten, wenn es galt, die Jugend in nationalpädagogischer Absicht zu bilden, zur Sammlung von enzyklopädischem Sachwissen aus der Geschichte der eigenen Nation.

Wie dergleichen aussehen konnte, läßt eine Datenreihe erkennen, die Wilhelm II. im Jahr 1890 der Reichsschulkonferenz anempfahl. Danach sollte das Tagesdatum des 18. Juni folgendermaßen durch die Geschichte verfolgt werden: 1675 siegte die preußische Armee bei Fehrbellin, 1815 wurde Napoleon bei Waterloo geschlagen und auf den 18. Juni hatte man 1871 die Feier des siegreichen Feldzuges gegen Frankreich gelegt. Später verlängerte der Kaiser die Bildungskette noch selbst um ein Tagesglied, indem er am 18. Juni 1896 das Kyffhäuser-Denkmal einweihte. Was an diesem Beispiel überdeutlich wird, gilt dabei grundsätzlicher. Vorrangig Daten politischer Geschichte wurden ausgewählt, ihres Kontexts entkleidet und im Deutungsrahmen der Nationalgeschichte arrangiert. Weil historische Bildung in dieser Form verbindlich und abprüfbar sein mußte, konnte sie gleichsam wie eine »Visitenkarte« eingesetzt werden und einer bürgerlichen Bildungselite zur sozialen Distinktion dienen. Auch politisch sollte man einem solchen Kanon nationalen Geschichtswissens nicht arglos begegnen, denn er wirkte wie eine Klammer, durch die historische Ereignisse mit politischen Erwartungen in Gegenwart und Zukunft verbunden wurden.

Für die Frage, woran ein historisch Gebildeter zu erkennen sei, hatte damit das 19. Jahrhundert einen Wegweiser errichtet, der auf historisches Sachwissen wies. Für die Zwecke des Unterrichts in Schule und Universität ist man dieser Wegweisung seitdem immer wieder gefolgt. So hat beispielsweise Dietrich Schwanitz in sein Buch »Bildung«, das Ende der 1990er Jahre monatelang auf den deutschen Bestsellerlisten für Sachbücher zu finden war, einen chronologischen Durchgang durch die europäische Geschichte integriert. Und den Publikumserfolg dieser seitenstarken Datenreihe wird man zumindest als untrügliches Zeichen dafür werten dürfen, daß nach dem Tiefpunkt der 1970er Jahre, als eine Enthistorisierung des Weltverständnisses auffällig war und Geschichte als Schulfach zu verschwinden drohte, die gesellschaftliche Wertschätzung für historische Bildung wieder merklich angestiegen ist.

Stets haben Kanonbilder auf die eigene Modernität verwiesen, die dadurch bewiesen sei, daß von ihnen das historische Sachwissen endlich entstaubt und entrümpelt worden sei. In der deutschen Bildungslandschaft hat man nicht nur nach politischen Wenden zur Umstrukturierung des Kanons angesetzt, um »richtige« an die Stelle von »falscher« Bildung treten zu lassen: Karl der Große beispielsweise nicht mehr als erster »deutscher« Kaiser, sondern nach 1933 in der NS-Ideologie als »Sachsenschlächter« oder aber in Westdeutschland nach 1945 als Patron der Europäischen Einigung. Bis heute werden wellenartig im Zeichen tagesaktueller Relevanzforderungen historische Themen und deren vorgeblich mangelhafte Aufarbeitung in die Öffentlichkeit gebracht, sei es nun Arbeitergeschichte, Friedensforschung oder vergleichende Religionsgeschichte. Dennoch könnten die Klagen über das in monotonen Schulstunden angehäufte tote Wissen einen eigenen Artikel füllen. Für die vielen Kritiker mag stellvertretend Heinrich Heine stehen, der den historischen Stoff, der auf Pariser Mädchenpensionaten gelehrt wurde, als gedichtete Rumpelkammer verstaubter Figuren persiflierte: »Alte Mumien, ausgestopfte / Pharaonen von Aegypten, / Merovinger Schattenkön'ge, / Ungepuderte Perücken, / Auch die Zopfmonarchen Chinas, / Porzellanpagodenkaiser – Alles lernten sie auswendig«.

Für die derzeitigen und zukünftigen Protagonisten der Auseinandersetzungen um historische Bildungsinhalte dürfte es nicht unerfreulich sein, daß ihre Verteilungskämpfe kein Ende haben werden. Denn einen abgeschlossenen Bestand historischen Bildungswissens kann es schon aus erkenntnistheoretischer Sicht nicht geben, weil eine solche Auswahl niemals aus der Wissenschaft selbst begründet werden kann. Die Entscheidung für oder gegen bestimmte Inhalte setzt außerwissenschaftliche Werturteile voraus, die nicht anders als zeitgebunden sein können. Auch der aktuellste Kanon historischer Bildung ist daher geschichtlich bedingt, weil Bildungsplaner ihrer Zeitgenossenschaft nicht entkommen können. Weil somit selbst Bildungsansätze, deren normative Grundlage man schätzt, in historischen Kraftlinien stehen, werden nachfolgende Generationen deren Zeitgebundenheit ähnlich empfinden, wie es heute beim wilhelminischen Programm historischer Bildung so spürbar ist.

Die Verzeitlichung und Relativierung aller Normen und Werte sind, wie eingangs gezeigt, eine Folge des Historismus. Daher folgt aus einer historischen Denkweise nicht nur die skizzierte Kritik an einem dem Wandel enthobenen Kanon, sondern auch eine Wegweisung, die eine Engführung historischer Bildung auf Tatsachenwissen zu vermeiden hilft. Der französische Mediävist Marc Bloch etwa hat diesen Ausgangspunkt gewählt, als er eine ähnliche Frage wie vor ihm Schiller und Nietzsche an den Anfang seines im besetzten Frankreich entworfenen und nach seiner Ermordung durch die Gestapo 1944 posthum erschienenen Buches »Apologie pour l'histoire ou Métier d'historien« stellte. »Papa, erklär mir doch mal: Wozu dient eigentlich die Geschichte?«, heißt es zu Beginn. Und eine erste Antwort besteht in dem listig bescheidenen Argument: »Selbst wenn die Geschichte zu nichts anderem zu gebrauchen wäre, eines muß man ihr sicher zugute halten: sie ist unterhaltsam«. Der schon in Schillers Rede anklingende Ursprung historischer Bildung in der menschlichen Neugier wird bei Bloch anthropologisch fundiert. Denn vom Tier unterscheidet sich der Mensch unter anderem dadurch, daß er einen Sinn sowohl für das Zukünftige als auch für das Vergangene besitzt. Er weiß um die eigene Vergänglichkeit, fragt nach dem Woher und Wohin und verfügt über ein Gedächtnis, das über das persönliche Erleben in die Vergangenheit zurückreicht.

Historische Bildung als ein Wissen um das historische Gewordensein aller Aspekte unserer Kultur reagiert auf diesen anthropologischen Faktor. Doch leistet Geschichtsschreibung im Sinne Blochs mehr. Natürlich vermeidet er es, Vorstellungen von einer unmittelbaren Lehrhaftigkeit der Geschichte als Mustersammlung für richtiges Verhalten im Großen wie im Kleinen wiederzubeleben. Doch trotz aller Objektivitätsprobleme historischer Wissenschaft hält er daran fest, daß wissenschaftlich betriebene Geschichtsforschung dem praktischen Menschen helfen kann, richtig zu handeln: »Das Unverständnis der Gegenwart gegenüber entsteht zwangsläufig aus der Unkenntnis der Vergangenheit. Doch bemüht man sich vielleicht nicht minder vergeblich um das Verständnis der Vergangenheit, wenn man von der Gegenwart nichts weiß«. Ähnlich hat es Johann Gustav Droysen in seiner Historik formuliert: »Weder Muster zur Nachahmung noch Regeln zur Wiederanwendung zu geben, kann der Zweck der Geschichte sein. […] Also die Geschichte bietet eine Fülle von Ideen, und diese sind dem, der handeln soll, ein Material, das er in den Schmelztiegel seines eigenen Urteils tun muß, um es zu läutern. […] Diese durchgemachte geistige Übung ist Bildung«.

Was Geschichte in diesem Sinne bereitstellt, ist mithin ein Reservoir an Konzepten, Normen und Werten, die den Vorteil besitzen, den momentanen politischen Erfordernissen nicht stromlinienförmig angepaßt zu sein. Historische Bildung dient so gesehen nicht der Vergangenheits-, sondern der Gegenwartsbewältigung, weil sie den Blick für Alternativen schärft. Noch einmal sei Thomas Nipperdey zitiert, der diesen Gedanken so faßt: »Geschichte lehrt Gegenwart in ihren Grenzen und Möglichkeiten aus ihrer Herkunft zu verstehen«. Im besten Fall vermag historische Bildung wohl tatsächlich als eine »Schule des Augenmaßes« dabei zu helfen, Entscheidungen nicht im kurzfristigen Takt des Heute, sondern im Bewußtsein eines Gestern und eines Morgen zu treffen. Einem so gefaßten historischen Bewußtsein kommt sicherlich bildender Wert zu. Wie aber ist dergleichen in der Praxis einzuüben? Diese Frage richtet sich vorrangig an die Geschichtsdidaktik, deren Konzepte längst nicht mehr auf reine Datenvermittlung zielen, sondern auf die Befähigung zum historischen Denken bauen. Einer ihrer Schlüsselbegriffe lautet dabei »Geschichtsbewußtsein«. Dieses auszubilden, kann dem so Gebildeten dabei helfen, zu einem reflektierten Umgang mit historischen Wertungen, Urteilen und Einsichten zu gelangen.

Eine solche Fähigkeit, die Produktion von Geschichte zu verstehen, muß indes auf einem Grundbewußtsein dafür aufruhen, daß unsere Lebenswelt eine historisch gewordene ist, so daß die Folgen von Geschichte unsere Identität mitbestimmen. Dergleichen läßt sich an Texten, Begriffen, Bildern und Institutionen begreifbar machen oder aber an der baulichen und landschaftlichen Umgebung veranschaulichen. Wer der Welt mit offenen Augen begegnet, was Marc Bloch für die wichtigste Qualität eines Historikers hielt, der kann beispielsweise am Berliner Reichstag zahlreiche Zeitschichten wahrnehmen. Denn der Weg eines Gebäudes durch die Geschichte ist ablesbar an den Spuren, die unterschiedliche Nutzungen hinterlassen haben. Die Voraussetzung für ihr Sichtbarwerden ist allerdings, daß eine puristische Denkmalpflege das historische Relief nicht getilgt hat. Wo dergleichen nicht der Fall ist oder wo künstlerische Beobachtungsgabe solche Zustände imaginiert hat, kann der Kundige wie in einem Geschichtsbuch lesen. So ist es etwa mit den Mauerzügen auf den Bildern von Andrea Mantegna. Die vom Künstler als antik gedachten Mauern sind gerade nicht so gemalt, als seien sie erst vor kurzem und in einem Zug erbaut worden. Vielmehr hat an ihnen der Zahn der Zeit sichtbar genagt. Man sieht die Nähte aufeinanderfolgender Bauphasen, eine Bresche ist mit neuem Ziegelwerk geflickt und alte Tore sind vermauert worden. Historische Bildung bedeutet in diesem besonderen Fall, es diesen Mauern ansehen zu können, daß sie durch die Geschichte hindurchgegangen sind.

Literatur:
Aleida Assmann, Arbeit am nationalen Gedächtnis. Eine kurze Geschichte der deutschen Bildungsidee, New York u. a. 1993.
Christa Berg u. a. (Hg.), Handbuch der deutschen Bildungsgeschichte, 6 Bde., München 1987–2005.
Marc Bloch, Apologie der Geschichte, oder Der Beruf des Historikers, München 1985.
Arno Borst, Barbarossas Erwachen. Zur Geschichte der

deutschen Identität, in: Identität, Poetik und Hermeneutik 8, hg. von Odo Marquard und Karlheinz Stierle, München 1979, 17–60
Johann Gustav Droysen, Historik. Vorlesungen über Enzyklopädie und Methodologie der Geschichte, hg. von Rudolf Hübner, 5. Aufl., München 1967.
Arnold Esch, Mauern bei Mantegna, in: Zeitschrift für Kunstgeschichte 47 (1984), 293–319.
Manfred Fuhrmann, Der europäische Bildungskanon, Neuausgabe, Frankfurt am Main u. a. 2004, hier bes. Kap. 10 (Geschichte), 123–135.
Karl-Ernst Jeismann, Geschichte und Bildung. Beiträge zur Geschichtsdidaktik und zur Historischen Bildungsforschung, Paderborn u. a. 2000.
Wolfgang Hardtwig, Geschichtskultur und Wissenschaft, München 1990.
Wolfgang Hardtwig (Hg.), Über das Studium der Geschichte, München 1990.
Heinrich Heine, Jehuda Ben Halevy, in: Romanzero 3. Buch: Hebräische Melodien, hier nach: Säkularausgabe Band 3: Gedichte 1845–1856, bearb. von Helmut Brandt/Renate Francke, Berin/Paris 1986.
Reinhart Koselleck (Hg.), Bildungsbürgertum im 19. Jahrhundert. Teil II: Bildungsgüter und Bildungswissen, Industrielle Welt Bd. 41, Stuttgart 1990.
Reinhart Koselleck, Vergangene Zukunft. Zur Semantik geschichtlicher Zeiten, 3. Aufl., Frankfurt am Main 1995.
Wolfgang Küttler, Jörn Rüsen, Ernst Schulin (Hgg.), Geschichtsdiskurs, 5 Bde., Frankfurt am Main 1993–1999.
Friedrich Nietzsche, Unzeitgemäße Betrachtungen, mit einem Nachwort von Alfred Bäumler, Stuttgart 1955.
Thomas Nipperdey, Neugier, Skepsis und Erbe. Vom Nutzen und Nachteil der Geschichte für das Leben, in: ders., Nachdenken über die deutsche Geschichte. Essays, München 1986, 7–20.
Otto Gerhard Oexle, Geschichtswissenschaft im Zeichen des Historismus. Studien zu Problemgeschichten der Moderne, Göttingen 1996.
Ulrich Raulff, Ein Historiker im 20. Jahrhundert, Frankfurt am Main 1995.
Friedrich Schiller, Was heißt und zu welchem Ende studiert man Universalgeschichte, in: Über das Studium der Geschichte, hg. von Wolfgang Hardtwig, 18–36.

16. Sprachliche Bildung

Hartmut Günther

Der Ausdruck *sprachliche Bildung*

Der Ausdruck *sprachliche Bildung* ist eine durch ein Adjektivattribut erweiterte Nominalphrase, ihr nominaler Kern *Bildung* ein mit Hilfe des Suffixes *-ung* von dem transitiven Verb *bilden* abgeleitetes Nominalabstraktum. Transitive Verben wie *bilden* haben ein Subjekt und ein Akkusativobjekt und die agentivische Struktur »Handelnder auf ein Ziel einwirkend«: *jemand bildet jemanden*. Das resultierende Nomen *Bildung* ist systematisch zweideutig, es kann den Prozeß bezeichnen (nomen actionis: *die Bildung einer Nation dauert lange*) oder das Ergebnis (nomen acti: *die Bildung dieses Menschen muß man bewundern*). Das attributive Adjektiv *sprachliche* bestimmt das Nomen *Bildung* näher; es flektiert hier stark, weil die Nominalphrase keinen Artikel aufweist. Abgeleitete Adjektive auf *-lich* haben die Bedeutung, daß der Bezugsausdruck in Hinsicht auf Eigenschaften der nominalen Basis des Adjektivs spezifiziert ist (*Bildung hinsichtlich Sprache*). Im Kontext dieses Handbuchs sind beide Lesarten des Ausdrucks *sprachliche Bildung* von Bedeutung: Jemand verfügt über sprachliche Bildung, weil seine sprachliche Bildung über die Jahre einen guten Verlauf genommen hat.

Leser, die den vorstehenden Absatz verstanden haben, verfügen ohne Zweifel über sprachliche Bildung – sie kennen wesentliche grammatische Fachbegriffe und sind in der Lage, sie in einem sprachlichen Zusammenhang anzuwenden. Sprachliche Bildung in diesem Sinne wäre in erster Linie Wissen über Sprache und ihr Funktionieren. Es dürfte freilich überraschen, wenn in diesem Handbuch der Begriff *sprachliche Bildung* auf grammatisches Wissen reduziert würde. Ganz im Gegenteil werden manche Leserin und mancher Leser sich selbst als sprachlich gebildet ansehen und dennoch mit Jakob Grimm grammatische Kenntnisse für weitgehend entbehrlich halten: »Jeder Deutsche, der sein Deutsch schlecht und recht weiß; d. h. ungelehrt, darf sich, nach dem treffenden Ausdruck eines Franzosen, eine selbsteigene, lebendige Grammatik nennen und füglich alle Sprachmeisterregeln fahren lassen«. (Grimm 1822: 32)

Vielleicht dann aber doch wieder nicht ganz so: Die sprachlich Gebildeten wollen ihr Deutsch schon »recht« gewußt wissen, einem durch Regeln beschreibbaren Standard entsprechend, und wenn jemand es nur ungelehrt »schlecht« weiß, dann dürften sie Nachbesserungen, gegebenenfalls auch mit Hilfe grammatischer Regeln, für unabdingbar halten. Daraus wird deutlich, daß auch sprachliche Bildung nicht nur (und vielleicht nur in geringem Maße) in Wissen über etwas, hier also über Sprache, besteht, sondern vor allem in der Fähigkeit, damit angemessen und durchweg zielführend umzugehen.

Sprachliche Bildung als Sprachkompetenz

In diesem Sinne zielen die 2004 von der Ständigen Konferenz der Kultusminister der Länder der Bundesrepublik Deutschland (KMK) verabschiedeten Bildungsstandards für die Grundschule bei der Modellierung des Konzepts *sprachliche Bildung* auf den Kompetenzbegriff: »Auftrag der Grundschule ist die Entfaltung grundlegender Bildung. Sie ist Basis für weiterführendes Lernen und für die Fähigkeit zur selbständigen Kulturaneignung. Dabei ist die Förderung der sprachlichen Kompetenzen ein wesentlicher Bestandteil dieses Bildungsauftrags.

Sprache ist Träger von Sinn und Überlieferung, Schlüssel zum Welt- und Selbstverständnis und Mittel zwischenmenschlicher Verständigung. Sie hat grundlegende Bedeutung für die kognitive, emotionale und soziale Entwicklung der Kinder. Aufgabe des Deutschunterrichts in der Grundschule ist es, den Schülerinnen und Schülern eine grundlegende sprachliche Bildung zu vermitteln, damit sie in gegenwärtigen und zukünftigen Lebenssituationen handlungsfähig sind«. (KMK 2004, 8)

Sprachliche Bildung wird anschließend in Anlehnung an die auf Helmers (1967) zurückgehende Redeweise von Lernbereichen des Deutschunterrichts in vier Kompetenzbereiche ausdifferenziert: (1) *Sprechen und Zuhören*, also die für mündliche Kommunikation notwendigen Fähigkeiten und Fertigkeiten; (2) *Schreiben* (einschließlich Rechtschreiben), also die Fähigkeit, Texte zu produzieren; (3) *Lesen – Mit Texten und Medien umgehen*, also die Fähigkeit, sprachliche Texte zu verstehen; (4) *Sprache und Sprachgebrauch untersuchen*, also die Fähigkeit, Sprache selbst zum Gegenstand der Untersuchung zu machen. Die Aufteilung in Kompetenzbereiche zeigt, daß *sprachliche Bildung* ein Bündel verschiedener Fähigkeiten umfaßt. Während *Sprechen und Zuhören* im Erstspracherwerb zunächst ohne Unterricht erworben werden (s. u. Zf. 5), setzen die Bereiche (2) Schreiben und (3) Lesen schulischen Unterricht voraus. Die neuere Schriftlichkeitsforschung hat außerdem gezeigt, daß die Entwicklung im Bereich (4) primär abhängig ist von der Entwicklung von Kompetenzen in den Bereichen (2) und (3).

Daneben gehört auch die Kenntnis von Fremdsprachen zur sprachlichen Bildung. Der historisch-kulturell bedingte Vorrang des Lateinischen bis in die Mitte des 20. Jahrhunderts (»Man soll nicht vergessen, daß jeder Mensch, der kein Latein versteht, zum Volke gehört, auch wenn er ein großer Virtuose auf der Elektrisiermaschine ist und das Radikal der Flußspathsäure im Tiegel vorzeigen könnte«, bemerkte der bildungsbesessene Arthur Schopenhauer noch 1851) ist inzwischen auf Grund einer pragmatischen Perspektive (Erwerb der Globalsprache Englisch) einerseits und der Perspektive der Multikulturalität andererseits völlig zurückgedrängt worden; lateinische Zitate einzuflechten gilt heutzutage eher als Ausweis einer gewissen Skurrilität denn als Bildungsnachweis. Auch in den Fremdsprachen gehören alle oben genannten Kompetenzbereiche zum Nachweis (fremd)sprachlicher Bildung.

Nun ist freilich der Kompetenzbegriff keineswegs völlig eindeutig. In einer vielzitierten Definition hat F. E. Weinert (2002: 27 f.) die Vielschichtigkeit des Konzeptes gezeigt: »Unter Kompetenzen [Plural!, H. G.] versteht man die bei Individuen verfügbaren oder durch sie erlernbaren kognitiven Fähigkeiten und Fertigkeiten, um bestimmte Probleme zu lösen, sowie die damit verbundenen motivationalen, volitionalen und sozialen Bereitschaften und Fähigkeiten, um die Problemlösungen in variablen Situationen erfolgreich und verantwortungsvoll nutzen zu können«. Eine spezifische Kompetenz ist demnach in erster Linie Problemlösefähigkeit und mit weiteren Kompetenzen verschiedenster Art verbunden, wobei die Differenzierung und spezifische Zuweisung gerade auch im Konzept *sprachliche Kompetenz* problematisch ist. Am Beispiel *Lesekompetenz* soll das unten noch verdeutlicht werden.

Ein zentrales Problem dieses derzeit in allen Bildungsbereichen gängigen Kompetenzbegriffs als Ersatz für den Begriff *Bildung* besteht darin, daß er zwar einen unverzichtbaren Aspekt des Bildungsbegriffs erfaßt, daß ihm aber infolge seiner kognitionspsychologischen Herkunft eine Reihe von Dimensionen fehlen, die dem (freilich höchst diffusen) Begriff *Bildung* zusätzlich eigen sind. Dies betrifft insbesondere die normativen Aspekte von sprachlicher Bildung und solche der phylo- und ontogenetischen Entwicklung.

Der normative Aspekt sprachlicher Bildung

Sprache ist gleichzeitig Medium und Gegenstand des Unterrichts (vgl. Felder 2003): Lehrer und Schüler benutzen Sprache, um (über) Sprache zu lehren und zu lernen. Dabei ist bereits die Wahl der Sprachvarietät im Unterricht ein Problem für sich: Die (sprachlich gebildete) Lehrkraft verwendet oft eine Sprachform, die manchem ihrer Schüler, besonders in bestimmten Dialektgebieten, bestenfalls von den Medien her bekannt ist. Diese sprachliche Form der Hochsprache, die in der Regel durch die Schrift geprägt ist (konzeptionelle Schriftlichkeit, s. u. Zf. 5), gilt denjenigen, die sie sprechen, als selbstverständlich und nicht als Ergebnis eines sprachlichen Bildungsprozesses. Erst in jüngerer Zeit vollzieht sich vor allem durch die Vielzahl von Kindern nichtdeutscher Muttersprache in deutschen Schulen hier ein langsamer Bewußtseinswandel. Die oben zitierte romantische Vorstellung, daß sich das gute Deutsch von selbst lerne, hat schon Rudolf Hildebrandt in der zweiten Hälfte des 19. Jahrhunderts kritisiert; das Standarddeutsche ist eben alles andere als »jedes Deutschen Muttersprache«. Die Tragweite solcher Kritik blieb aber bis weit über die Hälfte des 20. Jahrhunderts unerkannt, obgleich nach wie vor (oder mehr denn je) ein Gutteil des Tagesgeschäfts der Grundschule das Einüben eben dieser Hochsprache war und ist.

Sprachliche Kompetenzen sind grundsätzlich nur im Zusammenhang mit gesellschaftlichen Normen zu bestimmen. Im Bildungswesen schreiben die zuständigen staatlichen Institutionen durch die Organisation des Bildungswesens solche Normen fest und gegebenenfalls fort. Für die genauere Ausgestaltung des Erwerbs der entsprechenden (mutter- wie fremd)sprachlichen Bildung in den Schulen wird der zu behandelnde Stoff in Lehrplänen (oder neuerdings auch Bildungsstandards) niedergelegt und mit Hilfe von Materialien wie Schulbüchern, Wörterbüchern, Grammatiken usw. vermittelt. Dabei wird dem Fach Deutsch als dem Träger sprachlicher Bildung seit langem besonderes Gewicht zugemessen, was inhaltlich durchaus berechtigt ist: Ohne ausreichende sprachliche Kompetenzen in Produktion und Rezeption, in Wort und Schrift kann auch in den meisten anderen Fächern der angestrebte Bildungserfolg nicht erreicht werden. Im Unterschied zu anderen Fächern steht dabei nicht eigentlich das Wissen über den Gegenstand (Sprache) im Vordergrund, sondern das Verwenden von Sprache: Im Aufsatzunterricht geht es schon in der Primarstufe darum, eigenhändig schriftliche Texte sprachlich angemessen zu produzieren, beim Textlesen darum, sprachlich anspruchsvolle Texte zu verstehen und darüber sprechen zu können – demgegenüber nimmt die Rolle des Blickes auf die Sprachstruktur im Schulverlauf im muttersprachlichen Unterricht kontinuierlich ab, und auch im Fremdsprachenunterricht wird Grammatik eher als notwendiges Übel denn als eigenständiges Wissensgebiet angesehen. Diese schon im 19. Jahrhundert (Günther 2010, 63–116) zu beobachtende Tendenz (im Gegensatz zum hohen Ansehen der *ars grammatica* in der Antike und im Mittelalter) wäre durchaus zu hinterfragen.

Sprachliche und andere gesellschaftliche Normen sind freilich keine anthropologischen Konstanten, auch wenn sie gerade im Bildungsbereich gerne als solche verfochten werden. Exemplarisch kann das anhand des seit der PISA-Studie vieldiskutierten Konzepts der Lesekompetenz gezeigt werden. Das bietet sich auch insofern an, als Lesekompetenz allgemein als Schlüsselkompetenz sprachlicher Bildung angesehen wird (vgl. Günther 2010, 117–141).

In der PISA-Studie (Baumert et al. 2001) werden unter *Lesekompetenz* die bei Individuen verfügbaren oder durch sie erlernbaren kognitiven Fähigkeiten und Fertigkeiten verstanden, die notwendig sind, um schriftliche Texte zu verstehen und damit etwas anfangen zu können; ähnlich definieren die IGLU-Untersuchungen zur Lesekompetenz von Grundschülern (Bos et al. 2006). In diesem an der nordamerikanischen *Literacy*-Forschung orientierten Begriff wird aus all dem, was mit Lesen zusammenhängt, beim Lesen beobachtbar ist und aus Lesehandlungen folgt, ein Kern herausgenommen – die kognitive Informationsaufnahme und ihre Weiterverarbeitung, nicht zuletzt deswegen, weil man sie bei entsprechender Operationalisierung auch gut überprüfen kann.

Diese Bestimmung ist insbesondere in der Deutschdidaktik kritisch diskutiert worden, vgl. z. B. Rosebrock/Nix (2008) oder Beiträge des Sammelbandes *Lesekompetenz – Bedingungen, Dimensionen, Funktionen* (Groeben/Hurrelmann 2002). Nicht nur die Leistungsmessung von Kompetenz ist grundsätzlich normativ orientiert – auch Lesekompetenz (oder sprachliche Bildung) selbst sind keine quasi aus sich selbst heraus definierten, von Gesellschaft und Zeit unabhängigen Größen. Die erwartete Fähigkeit ist gesellschaftlich determiniert; wenn dem aber so ist, gehe es darum, »die *normative Leitidee* explizit machen, an der [die] pädagogischen Prozesse der Bildung schriftsprachlicher Kommunikationsfähigkeit letztlich orientiert sind«, und darum, »Lese- und Literaturcurricula einen weiteren Begriff von Lesekompetenz zugrunde zu legen, als dies im Rahmen des pragmatischen Grundbildungsverständnisses und kognitiven Lesekonzepts in […] PISA möglich war«. Lesekompetenz sei zu verstehen als Teilhabe an kultureller Praxis; es gehe um das hierzulande geläufige Konzept sprachlich-literarischer Bildung, um die Einführung in eine kulturelle Praxis, »zu der nicht nur das (kognitive) Verständnis von Texten, sondern der gesamte kommunikative Handlungszusammenhang gehört, in den das Lesen normalerweise eingebettet ist« (Hurrelmann 2002: 12).

Gesellschaftlich normative Vorstellungen sind grundsätzlich immer im Wandel begriffen. So kann durchaus die Frage gestellt werden, ob die Teilhabe an literarischer kultureller Praxis zu den unabdingbaren Normen von (sprachlicher) Bildung gehört; zudem ist es ja durchaus denkbar, daß Lesekompetenz im Sinne von PISA auf ihrer höchsten Stufe (»hohe sprachliche Bildung«) die Fähigkeit zur Lektüre von Literatur ermöglicht, daß dies Gegenstand spezifischer Unterweisung gewesen ist. Die gegenwärtige Denkrichtung vieler Deutschlehrer und Deutschdidaktiker scheint eher umgekehrt zu laufen, überspitzt ausgedrückt: Lesekompetenz (sprachliche Bildung) könne in ihrer höchsten Form nur durch die Lektüre fiktiver/literarischer Texte erlangt werden – eine durchaus problematische gesellschaftliche Normsetzung, deren Angemessenheit allein deshalb zu hinterfragen ist, weil sie keine empirische Grundlage hat. Eine adäquate Modellierung von Lesekompetenz muß die zugrunde liegende Fähigkeit zum Lesen beliebiger Texte in Relation zum vorhandenen allgemeinen Wissensstand einschließlich der kulturellen Gegebenheiten zum Gegenstand haben (Günther 2010, 103–124) – und eine solche Bestimmung des Begriffs muß gesellschaftlich akzeptiert sein.

Sprachentwicklung

Sprachliche Bildung setzt einen Standard voraus, an dessen Erreichen der erreichte Bildungsgrad gemessen werden kann. Dieser Standard betrifft sowohl die Sprachform als auch den Umgang mit ihr. Wie die Form der Standardsprache aussieht, war im deutschen Sprachraum lange Zeit unklar. Anders als in den zentralistischen Monarchien Frankreichs, Englands und Spaniens, in denen die Sprache des Hofes den Standard setzte, existierte in Deutschland kein solches Zentrum, vgl. Wolff (2009) sowie umfassend von Polenz (1994). Im 17. und vor allem im 18. Jahrhundert stritten die Sprachgelehrten darüber, wo die »reine« Form des Deutschen (also der Standard) zu finden sei. Zwei Positionen standen sich gegenüber. Hauptvertreter der einen Position war der Leipziger Literaturpapst Gottsched, der postulierte, daß es einen deutschen Dialekt gebe, der allen anderen vorzuziehen sei – von ihm und anderen wurde er im meißnischen Deutsch gefunden. Diese Ansicht stieß aber vor allem in den süddeutschen Sprachregionen sowie in Österreich und der Schweiz auf Widerspruch. Die andere Richtung befand, das reine Deutsch finde sich, so ihr Hauptvertreter Adelung, in den Schriften der »vortrefflichsten Dichter« – als zeitgenössische vortreffliche Dichter nannte Adelung Gleim oder Hagedorn, nicht etwa Lessing, Klopstock oder den jungen Goethe.

Vorbei an diesem Streit der Gelehrten verlief die Geschichte. Eigentliche Normsetzer waren nicht die Dichter, sondern die im Auftrage der Verleger tätigen Drucker und Setzer. Bücher in Massenproduktionen mußten überregional lesbar sein. Die deutsche Hochsprache, jene Norm, an der sich sprachliche Bildung zu orientieren hat, wurde von denen geschaffen, die sie in Handarbeit zum Lesestoff für alle, die lesen konnten, machten. An dieser gedruckten Norm orientiert sich dann im 19. Jahrhundert die gebildete Oberschicht auch in der gesprochenen Sprache (vgl. ausführlich von Polenz 1994). Die Entwicklung hatte zur Folge, daß jegliche dialektale Sprachprägung als negativ gelten konnte. Dies war (und ist) im norddeutschen Sprachgebiet besonders ausgeprägt, während südlich des Mains dialektale Färbung immer auch einen positiven Anstrich im Sinne des Dazugehörens hatte.

Unabhängig davon gab es auch im deutschen Sprachraum (jeweils regional) immer eine Sprachnorm, die dem *bon usage* des Französischen entsprach, nur daß sie (im Gegensatz zu jenem) nicht in als allgemein verbindlich angesehenen Regelbüchern festgehalten war. Es ist bemerkenswert, daß sich diese im 18. Jahrhundert am Brief festmacht (Gellert 1751). Der Briefwechsel als Nachformung des gebildeten Gesprächs zeigt die Entwicklung an, die dann bedeutend werden sollte: Sprachliche Bildung manifestiert sich darin, daß Sprache in ihrer geschriebenen Form rezipiert und produziert werden kann und das grundsätzliche Muster sprachlichen Handelns auch in der Mündlichkeit vorgibt.

Aneignung sprachlicher Bildung

Spracherwerb in einer modernen literalen Gesellschaft besteht aus zwei Stufen: Dem Lautspracherwerb und dem Schriftspracherwerb. Es herrscht weitgehende Einigkeit darüber, daß der Lautspracherwerb ungesteuert erfolgt (als Überblick Dittmann 2007), der Schriftspracherwerb dagegen auf (schulische) Instruktion angewiesen ist (vgl. Günther 2010, 23–40). Von sprachlicher Bildung oder Kompetenz kann dabei spätestens seit der Mitte des 19. Jahrhunderts nur auf der Basis von beidem gesprochen werden, einem erfolgreichen Erst- *und* einem erfolgreichen Schriftspracherwerb. Dabei gibt es zwischen beiden eine systematische Interaktion dergestalt, daß das Lernen von Lesen und Schreiben und der hierbei verwendeten Sprache auch auf die Lautsprache Einwirkungen hat (wie dies in der geschichtlichen Perspektive von ja schon deutlich wurde). Durch den öffentlichen Gebrauch von Schrift entwickeln sich besondere Sprachformen, in Anschluß an Koch/ Oesterreicher (z. B. 1994) spricht man von konzeptioneller Schriftlichkeit, die nicht medial gebunden ist. Das bedeutet, das Kinder im Verlaufe der sprachlichen Sozialisation (mit dem Ziel des Erwerbs sprachlicher Bildung) lernen müssen, sich auch mündlich, z. B. in Referaten und Redebeiträgen, bestimmter sprachlicher Formen und Verfahren zu bedienen, die in genuiner mündlicher Sprache nicht vorkommen (vgl. Günther 2010: 7–22, 142–154 sowie den Artikel *Schrift* in diesem Handbuch). Sprachliche Bildung äußert sich dann darin, daß man reden kann wie gedruckt (vgl. schon Behaghel 1899). In diesem Zusammenhang wird auch das Wissen über Sprachstrukturen interessant: Man kann diesen Grad sprachlicher Bildung nur erlangen, wenn man Sprache selbst zum Gegenstand der Reflexion macht, und das kann man eigentlich nur anhand ihrer schriftlichen Form.

Welche Zukunft eine so verstandene, an konzeptioneller Schriftlichkeit festgemachte Vorstellung von sprachlicher Bildung (oder Kompetenz) hat, ist schwer abzuschätzen. Der vielfach von der älteren Generation beklagten Perspektive des Sprachverfalls steht die aufregende Perspektive einer neuen sprachlichen Vielfalt und Freiheit von sprachlichen Zwängen gegenüber, wie sie in den Medien ja schon spürbar ist. Im Interesse umfassender sprachlicher Bildung, wie sie von den Bildungsstandards gefordert werden, wird es darauf ankommen, den Fokus vom *nomen acti* Bildung (jemand ist gebildet) auf das *nomen actionis* (jemand bildet sich/jemanden) zu legen, wie das in den klassischen Bildungsromanen seit Rousseaus »Émile« und Goethes »Wilhelm Meister« vorgestellt wurde, also nicht von einer Definition des Ziels auszugehen, sondern von dem Weg. Anhand eines Handbuchs Bildung aus dem Jahre 2050 wird dann erkennbar sein, ob der Begriff *sprachliche Bildung* schon 2010 eigentlich nur noch ein historischer Begriff gewesen ist.

Literatur:
Jürgen Baumert (Hg.), PISA 2000. Basiskompetenzen von Schülerinnen und Schülern im internationalen Vergleich, Opladen 2001.
Otto Behaghel, Geschriebenes Deutsch und Gesprochenes Deutsch. Wissenschaftliche Beihefte zur Zeitschrift des Allgemeinen Deutschen Sprachvereins 17/18 (1899), 213–233.
Wilfried Bos, Sabine Hornberg, Karl-Heinz Arnold, Gabriele Faust, Lilian Fried, Eva-Maria Lankes, Knut Schwippert, Renate Valtin (Hgg.), IGLU 2006. Lesekompetenzen von Grundschulkindern in Deutschland im internationalen Vergleich, Münster 2007.
Jürgen Dittmann, Der Spracherwerb des Kindes. Verlauf und Störungen, München 2007.
Ekkehard Felder, Sprache als Medium und Gegenstand des Unterrichts, in: Didaktik der deutschen Sprache, hg. von Ursula Bredel, Hartmut Günther, Peter Klotz, Jakob Ossner und Gesa Siebert-Ott, Paderborn 2003 (UTB 8235/6), 42–51.
Christian Fürchtegott Gellert, Briefe, nebst einer praktischen Abhandlung von dem Geschmacke in Briefen, in: Christian Fürchtegott Gellert. Gesammelte Schriften. Kritische, kommentierte Ausgaben, hg. von Bernd Witte, Bd. 4 (1989), Berlin 1989, 97–222.
Jakob Grimm, Vorrede zur deutschen Grammatik, 1. Aufl., 1822, abgedruckt in: Jakob Grimm. Kleinere Schriften, Bd. VIII, 2. Aufl., 1879, Wiederabdruck Hildesheim 1992, 25–94.
Hartmut Günther, Beiträge zur Didaktik der Schriftlichkeit. Kölner Beiträge zur Sprachdidaktik (KöBeS) 6, Duisburg 2010.

Hartmut Günther, O. Ludwig et al. (Hgg.), Schrift und Schriftlichkeit. Ein interdisziplinäres Handbuch internationaler Forschung, 2 Bde., Berlin 1994, 1996.

Hermann Helmers, Didaktik der deutschen Sprache. Einführung in die Theorie der muttersprachlichen und literarischen Bildung, Stuttgart 1967.

Rudolf Hildebrand, Vom deutschen Sprachunterricht in der Schule und von etlichem ganz Anderen, das doch damit zusammenhängt (Pädagogische Vorträge und Abhandlungen; 1, 3), Leipzig 1869. (ab 2., verm. Aufl. 1879 u.d.T. Vom deutschen Sprachunterricht und von deutscher Erziehung und Bildung überhaupt; 27. Aufl., hg. und mit einem Nachwort versehen von Josef Prestel. Bad Heilbrunn 1962)

Bettina Hurrelmann, Norbert Groeben (Hgg.), Lesekompetenz, Lesesozialisation und Medien, München 2002.

Bettina Hurrelmann, Leseleistung – Lesekompetenz. Folgerungen aus PISA, mit einem Plädoyer für ein didaktisches Konzept des Lesens als kultureller Praxis, in: Praxis Deutsch, 29(176), Seelze 2003, 6–18.

Peter Koch, Wulf Oesterreicher, Schriftlichkeit und Sprache. In: Schrift und Schriftlichkeit, hg. von Hartmut Günther und O. Ludwig et al., Berlin 1994, 587–604.

Peter von Polenz, Deutsche Sprachgeschichte vom Spätmittelalter zur Gegenwart, 3 Bde., Berlin 1994.

Cornelia Rosebrock, Daniel Nix, Grundlagen der Lesedidaktik und der systematischen schulischen Leseförderung, Hohengehren 2008.

Sekretariat der Ständigen Konferenz der Kultusminister der Länder in der Bundesrepublik Deutschland (Hg.), Beschlüsse der Kultusministerkonferenz. Bildungsstandards im Fach Deutsch für den Primarbereich (Jahrgangsstufe 4), München 2005.

Franz E. Weinert, Vergleichende Leistungsmessung in Schulen – eine umstrittene Selbstverständlichkeit, in: Leistungsmessungen in Schulen, hg. von Franz E. Weinert, 2. Aufl., Weinheim u. a. 2002, 17–31.

Gerhard Wolff, Deutsche Sprachgeschichte von den Anfängen bis zur Gegenwart, Tübingen 2009.

17. Juristische Bildung

Miloš Vec

Juristen lieben Definitionen und Fiktionen. Daher scheint es nicht unangemessen, mit dem Entwurf einer idealen juristischen Bildung anzusetzen. Dieser Kanon sollte die folgenden Elemente berücksichtigen: Auszugehen wäre von den Grundzügen des Straf-, Zivil- und Öffentlichen Rechts. Sie müßten sowohl das materielle Recht als auch das Prozeßrecht umfassen. Beides setzt sich wiederum zusammen aus Gesetzgebung (mit EU-Verordnungen und -Richtlinien), Rechtsprechung und Wissenschaft. Die Kenntnis dieser Grundzüge sollten auf den Ebenen von Bund, Ländern und Gemeinden bestehen sowie hinsichtlich der maßgeblichen Rechtskreise des Auslands vorhanden sein. Aktuelle Entwicklungen des Rechtssystems, die man selbstverständlich kennen sollte, kommen hinzu. Auf diese Weise wäre man über die Normen, Institutionen und Funktionen des Rechts in Geschichte und Gegenwart informiert. Individuell mögliche Vertiefungen einer solchen enzyklopädischen Bildung wären dann beispielsweise das Kirchen-, Wettbewerbs- oder Technikrecht. Zum allgemeinen Pflichtstoff gehörten hingegen Kenntnisse in den Grundlagenfächern Rechtsgeschichte, Rechtstheorie und Rechtsphilosophie. Schon die Niederschrift verdeutlicht freilich, daß es sich nur um die Parodie eines Kanons handeln kann. Solche Mengen an Rechtsstoff zu kennen ist für den Normalbürger utopisch, und sogar Examenskandidaten müssen sich zum sog. Repetitor quälen, weil das juristische Ausbildungssystem und sein Personal nicht angemessen auf das Erklimmen der in der Prüfung erwarteten Wissensgebirge vorbereitet.

In einem mehr lebenspraktischen Sinne würde eine juristische Bildung die Kompetenz bezeichnen, eine vertretbare Einschätzung bei der rechtlichen Beurteilung eines sozialen Konflikts abgeben zu können und besonders seine eigenen Rechte zu kennen. Da freilich in Rechtsfragen allerlei Meinungen vertretbar sind und jeder Fall anders ist, konvergiert die zweite Vorstellung mit der ersten insofern, als sich solche Kenntnisse in der Praxis kaum je zuverlässig vorweisen lassen, also wiederum fiktional sind.

Realistischerweise sollte juristische Bildung bedeuten, in einem Diskurs einen spezifisch rechtlichen Aspekt zur Geltung bringen zu können. Spezifisch rechtlich in diesem Sinne sind normative Argumente, wenn sie sich auf die Geltung von Rechtssätzen berufen. Ihr Ziel ist die Beurteilung eines Sachverhalts im Code Recht/Unrecht. Es geht demnach um einen bestimmten Denkstil, der sich auf die Materie Recht bezieht. Die folgende Skizze thematisiert Aspekte der Vermittlung juristischer Bildung, ihrer Funktionen, möglicher Kompensationen bei ihrem Fehlen, den Habitus des juristisch Gebildeten und am Ende verzeitlicht sie sich selbst.

Vermittlung. Juristische Bildung wird institutionell an der Universität vermittelt, und dort vor allem im Fach Rechtswissenschaften. Was hier Kernkompetenzen für angehende Juristen sind und was bloße Allotria, bestimmen die Ausbildungs- und Prüfungsordnungen. Überblicksartigen Rechtsunterricht erhalten darüber hinaus auch Studierende und Auszubildende anderer Fächer und Berufe, etwa Wirtschaftswissenschaftler, Politologen, Sozialwissenschaftler oder Steuerberater, Rechtanwalts- und Notariatsgehilfen, Polizisten usw. Gemeinsam ist diesen Formen der Wissensvermittlung mit anderen Ansätzen wie der Weitergabe von Rechtskenntnissen an Gewerbetreibende die inhaltliche Beschränkung des Rechtsstoffs unter praktisch-pragmatischen Aspekten auf den jeweiligen Adressatenkreis (»Rechtskunde für Forstleute«). Ein Rechtsunterricht an Schulen findet nur vereinzelt statt. Medien verbreiten durch ihre Berichterstattung sowohl Kenntnisse über das Rechtssystem als auch Irrtümer, letztere vor allem in ihren Unterhaltungsprogrammen. Gezielte Wissensvermittlung, die das Recht und seine Wissenschaft angemessen reflektiert, ist darüber hinaus nicht besonders populär und nur ausnahmsweise ökonomisch vermarktbar (siehe die Titel von Wiethölter und Wesel). Beide gelten daher als spröde und trockene Materien. Erst seit jüngstem erblüht ein literarisches Genre, das das skurrile Potenzial rechtlicher Regulierungen ausschöpft bzw. vorgibt, die Leser juristisch aufzuklären (Leuthner; Murken; Hökker, Zenthöfer/Rauda). In Wahrheit wird letzteren nur ein Einblick in die Komplexität eines Systems gewährt, vor dessen lebenspraktischer Anwendung der juristisch Un- oder Halbgebildete nur gewarnt werden kann. Noch jede generalisierte Aussage über Rechtszustände (»grundsätzlich ...«) kann bekanntlich ohne weiteres relativiert (»in diesem Fall aber ...«) und damit als handhabbares Bildungsgut entwertet werden. Der wahrhaft juristisch Gebildete beantwortet Rechtsfragen stets mit der ernst gemeinten Floskel: »Es kommt darauf an«.

Außerhalb des speziellen Universitätsfachs ist juristische Bildung daher nur in rasch schwindenden Abstufungen vorhanden. Noch hoch dürfte der Verbreitungsgrad und Kenntnisstand dort sein, wo sich die Normativität des Rechts in Übereinstimmung mit außerrechtlichen Grundsätzen, insbesondere denen der Moral, befindet. Auch die Rechtsvorstellungen von Kindern im Alter zwischen 3 und 13 Jahren ähneln elementaren Grundzügen unseres Rechtssystems, wie empirische Untersuchungen zeigen (Lampe und Weyers). Entfernt man sich von einer solchen naturrechtlich aufgeladenen Ebene juristischer Bildung und begibt sich zu den Details des Rechtssystems, so verflüchtigen sich Gewißheiten über Recht und Unrecht auch bei Erwachsenen schnell. Daß beispielsweise ein strafrechtliches Tötungsverbot besteht, ist allgemein bekannt; doch schon die Bedeutung der strafrechtlichen Begriffe von »Mord« und »Totschlag« und ihre wechselseitige Abgrenzung sind weitgehend unbekannt. Dies liegt im konkreten Fall auch daran, daß der Gesetzgeber bei der Fassung des Tatbestandes vom alltagssprachlichen Verständnis abgewichen ist. Die Sprache des Rechts täuscht mithin auch dort, wo sie Verständlichkeit suggeriert, über den autonomen und technischen Charakter ihrer Terminologie. Erst recht stellt die sog. juristische Dogmatik eine Hürde für die Aneignung juristischer Bildung dar. Im Zivilrecht machen die Juristen in ihren Deutungen schon aus einem einfachen Brötchenkauf einen so komplizierten Rechtsvorgang, daß ihn kaum ein Normalbürger versteht. Sie sehen eine Abfolge von einer »invitatio ad offerendum«, abgegebenen und angenommenen Willenserklärungen, die teilweise in Stellvertretung erfolgen, und sie trennen zu guter Letzt das sog. Verpflichtungsgeschäft, der Abschluß des Kaufvertrags mit dem Brötchenverkäufer, vom Verfügungsgeschäft, der Übereignung der Brötchen gegen das Entgelt. Im oft anschaulicheren Strafrecht wiederum mag zwar beispielsweise die Existenz strafrechtlicher Notwehrgründe abstrakt bekannt sein, ihre konkreten Grenzen schon weniger und die Konsequenzen von objektiven und subjektiven Irrtümern seitens eines sich mit Gewalt Verteidigenden schließlich bleiben sogar völlig unklar. Er selbst würde schon Schwierigkeiten haben, Irrtümer über tatsächlich vorliegende Rechtfertigungsgründe und Irrtümer über ihre rechtliche Würdigung korrekt einzuordnen. Studenten hingegen müssen den Unterschied zwischen dem »Erlaubnistatbestandsirrtum« und dem »umgekehrten Erlaubnistatbestandsirrtum« beherrschen. Sie lernen anhand von oft bizarr konstruierten Fällen (sog. Lehrbuchkriminalität) die verschiedenen Theorien zu den verschiedenen Irrtümern. Zugleich arbeiten sie sich immer tiefer in die »juristische Methode« ein, einem spezialisierten Verfahren der intellektuellen Gewinnung von Rechtskenntnissen, das seinerseits viele Geheimnisse birgt und jenseits dieser Sphäre unverwertbar ist. Hinzu kommen das Erlernen von Gutachten- und Urteilsstil, Relationstechnik, das Abfassen von Repliken und Dupliken und dergleichen Arkana mehr. Kurz: Das Recht ist zu kompliziert, um jenseits von Spezialistenkreisen populär zu sein, und es ist nicht hinreichend interessant genug, um es zu einem Objekt autonomer Bildungsbemühungen zu machen.

Funktion. Der Besitz juristischer Bildung versetzt den Einzelnen in die Lage, Chancen und Risiken seines Handelns besser abschätzen zu können und seine ökonomischen und sozialen Beziehungen vorteilhaft zu gestalten. Er kann Ansprüche gegenüber dem Staat geltend machen (z. B. im Sozialrecht) oder seine Mitbürger mit Klagen überziehen, wo er an das Bestehen eigener Forderungen glaubt. Weniger Streitlustigen hilft die juristische Bildung, solche Ansprüche und Zumutungen von dritter Seite erfolgreich abwehren zu können. Letztere sind oft nur Bluff, denn vielfach wird gezielt versucht, juristische Grauzonen oder Unerfahrenheit auszunutzen, wo ein Wissensgefälle besteht. Im Kalkül fehlender juristischer Bildung bei seinen Mitmenschen setzt manches Schlitzohr auf die Proklamation unrichtiger Rechtsbehauptungen, die die Adressaten einschüchtern sollen: Per Post und neuerdings per Mail werden massenhaft Mahnschreiben für Verträge, die nie geschlossen wurden, gestreut und fiktive Forderungen unter Hinweis auf die nahende Zwangsvollstreckung geltend gemacht. Vor Baustellen wird mit Schildern »Eltern haften für ihre Kinder« gedroht, enttäuschte oder geneppte Verbraucher sollen durch Hinweise wie »Umtausch nur mit ungeöffneter Originalverpackung« oder gar »Reduzierte Ware ist vom Umtausch ausgeschlossen« abgeschreckt werden. Juristische Bildung vermittelt dem Einzelnen ein Gefühl der Sicherheit, nicht der Willkür von staatlichen Behörden oder übermächtigen Konzernen ausgeliefert zu sein, da man sich über »seine Rechte« im Klaren ist und sich somit zu helfen weiß. Wer seine Rechte kennt, läßt sich weniger leicht täuschen und besitzt ein höheres Maß an individueller Entscheidungsfreiheit und eine bessere Verhandlungsposition, auch wenn er nicht prozessieren will.

Juristische Bildung hat aber auch gesellschaftliche und politische Funktionen, die davon nicht zu trennen sind. Der Bürger, der Fristen und Formen von politischem Handeln kennt oder sich gegebenenfalls Kenntnis von ihnen verschaffen kann, ist in höherem Maße in der Lage, konstruktiv am Gemeinwesen zu partizipieren als ein uninformierter Mitbürger. Denn in einer Welt, in der die Sozialbeziehungen zunehmend durch Recht gestaltet und überformt werden (Verrechtlichung), sind jedwede Handlungen potenziell rechtsrelevant, und zwar besonders dann, wenn sie substanziell die politische Sphäre tangieren. Meinungsfreiheit, Demonstrationsrechte und Mitbestimmung sind juristisch definiert und lassen sich gegebenenfalls gerichtlich durchsetzen. Juristische Bildung ermöglicht dem Bürger ferner, einzuschätzen, wann und inwieweit das Parlament gute Arbeit leistet, wenn es normsetzend tätig wird, oder ob es sich bloß um sog. »symbolische Gesetzgebung« handelt, die das Wahlvolk über die Wirksamkeit täuschen soll. Auch ökonomisch leistet die Möglichkeit, individuelle Ansprüche im Streitfall effektiv wahrzunehmen, einen elementaren Beitrag zum Funktionieren größerer Systeme. Aufklärung über seine Rechte stärkt das Vertrauen des Einzelnen in Transaktionen und ermutigt ihn zur Partizipation. So fördert die gezielte Stärkung des Verbrauchers und seiner Rechte regelmäßig neue Formen von ökonomischen Transaktionen, die volkswirtschaftlich unterstützenswert scheinen wie zuletzt »Fernabsatzverträge«, also jene Geschäfte, die über Briefe, Kataloge, Telefonanrufe, Telekopien, E-Mails sowie Rundfunk, Tele- und Mediendienste abgeschlossen werden. Eine massive Erhöhung des Schutzniveaus kann aber auch einen Rückgang bis hin zur Aufgabe bestimmter Geschäftsmodelle auslösen: Wenn zu viele Gebildete ihre Rechte in Anspruch nehmen, können Systeme kollabieren, deren Funktionieren auf die Existenz von Implementationsdefiziten gründet. Auch der Sozialstaat hält sich so über Wasser.

Kompensation. In manchen Lebenssituationen ist juristische Bildung so unverzichtbar, daß das Rechtssystem allen Bürgern zwangsweise einen juristisch Gebildeten zuordnet. Vor den Landgerichten, Oberlandesgerichten und dem Bundesgerichtshof etwa herrscht in Zivilsachen »Anwaltszwang«, und zwar auch für Verfahrensbeteiligte, die selbst Juristen sind. In Strafverfahren gibt es einen ganzen Katalog von Fällen, bei denen die Mitwirkung eines Verteidigers notwendig ist. In seltenen Fällen verschafft der Mangel an juristischer Bildung allerdings Vorteile. Wem bei der Begehung einer Straftat etwa die Einsicht fehlt, Unrecht zu tun (sog. Verbotsirrtum), handelt nach dem Strafgesetzbuch ohne Schuld, »wenn er diesen Irrtum nicht vermeiden konnte« (§ 17). Freilich ist die Rechtsprechung kaum je geneigt, die Vermeidbarkeit solcher Wissens- und Gewissenslücken anzunehmen, sondern postuliert hochgespannte Selbstbefragungs- und Erkundigungspflichten: Aus Gründen der Staatsräson sind entschuldigte Verbotsübertretungen des Bürgers höchst unerwünscht. Dies zeigt bereits die grundsätzliche Tendenz des Rechts, sich als selbst-verständlich vorauszusetzen und die Lasten des Nicht-Wissens zu ignorieren. Im Zweifel ist der Rechtsunkundige darauf verwiesen, sich fragend an einen Rechtskundigen zu wenden. Zugunsten der juristischen Laien wie auch der Juristen selbst ist die Erteilung von Rechtsauskünften allerdings nach dem Rechtsberatungsgesetz wenigen Privilegierten vorbehalten. Da auch Juristen nicht vollkommen juristisch gebildet sind, beauftragen sie dort, wo ihre Rechtskenntnisse enden, einen stärker spezialisierten Kollegen. Fehlt ihnen die Einsicht in die Grenzen des Wissens und erteilen sie dennoch einen Rechtsrat, haften sie für die entstandenen Schäden. Alle Spezialisten sind freilich ebenso wie der juristisch gebildete Bürger besonders gefordert, wenn das Rechtssystem mit Bestimmungen aufwartet, die einander widersprechen, in ihrer Konstruktion bzw. Fülle schier unverstehbar sind oder zu oft geändert wurden. Sie sind dann nur eingeschränkt in der Lage, ihre Rechte geltend zu machen, und die Gesetze können die vom Staat gewünschte Steuerungswirkung kaum entfalten. Vom Steuerrecht hört man zum Beispiel, daß manche Vorschrift selbst von den darauf spezialisierten Gerichtssenaten nicht verstanden wird.

Habitus. Habituell drückt sich der Besitz juristischer Bildung darin aus, jedes Problem als eine Rechtsfrage wahrzunehmen und auch soziale Konflikte vorzugsweise unter dem Aspekt des Recht-Habens zu würdigen. Der Jurist nimmt jeden als jedermanns potenziellen Prozeßgegner wahr. Von hier aus bis zum vollendeten Querulantentum ist es nur ein kleiner Schritt. Eine Zwischenstufe bildet der sog. Prozeßhansel. Beide suchen unbelehrbar vor den Foren der Justiz die Entscheidung ihrer zahlreichen Streitigkeiten, besitzen jedoch zum eigenen Nachteil oft aber nur juristische Halbbildung, die sie auch dort Siegeschancen wähnen läßt, wo keine hinreichende Aussicht auf Erfolg besteht. Weil das Recht sehr formal ist, betrachtet der juristische Gebildete die Probleme abweichend von der eher an materiellen Aspekten orientierten Wahrnehmung seiner Mitmenschen ebenfalls formalistisch. Formen und Fristen schrecken ihn nicht ab. Eng mit diesem Formalismus verbunden ist die Neigung des juristisch Gebildeten, sich in positivistischer, d. h. wenig kritischer Weise auf die Geltung von Normen zu beziehen. Sein Hauptaugenmerk bei Rechtsproblemen gilt der »herrschenden Meinung«, die aus Leitsätzen höchstrichterlicher Rechtsprechung besteht. Die Frage, ob eine Regelung oder Entscheidung »gerecht« ist, läßt ihn in ihrer Naivität oft nur lächeln. Eigene Positionen dieser Art erscheinen ihm teils überflüssig, da andere Autoritäten das Problem bereits juristisch geklärt haben, teils gefährlich, da Subjektivismus den Blick auf das objektiv Geltende zu verschleiern droht. Daß der juristisch Gebildete gerne diskutiert, steht damit nicht im Widerspruch; er erprobt nämlich gerne die Tragfähigkeit von Argumenten oder die Wirksamkeit seiner Rhetorik, ohne sich aber inhaltlich mit der Sache gemein machen zu wollen. In Krisensituationen kann diese Schmiegsamkeit ins vollends Unethische abgleiten; die Formel von den »furchtbaren Juristen« verdeutlicht dies historisch.

Abhängigkeiten und Wandel. Was juristische Bildung ist, unterliegt historisch sowohl sozialen und politischen als auch ökonomischen Faktoren. Die staatlich reglementierten juristischen Ausbildungsgänge sind notorisch Reformen unterworfen, die neue, bisher angeblich nicht ausreichend gewürdigte Themen ins Curriculum angehender Juristen spülen. Mal betrifft es das Europa- oder das Wirtschaftsrecht, dann wieder die Verbraucherrechte, oft steht aber nur die abstrakte Proklamation größerer »Praxisnähe« dahinter. Parallel dazu findet eine Rhetorik statt, die die Grundlagenfächer (Theorie, Philosophie und Geschichte des Rechts) kontrafaktisch für sakrosankt ausgibt. Für das allgemeine Konzept von juristischer Bildung sind diese Faktoren insofern relevant, als daß das gesellschaftliche Verständnis von Recht durch jene Absolventen reproduziert und verbreitet wird, die diese Prägung erfahren haben. Selbstbild und die Fremdwahrnehmung juristischer Ausbildung klaffen freilich auseinander. Während auf Problemverständnis und systematisches Denken hingearbeitet werden soll, beklagen Kritiker vielfach faktische Affirmation und Auswendiglernerei als

»Erziehung zum Establishment«. Unnötig zu erwähnen, daß den Juristen daher oft Hochmut und Konservativismus nachgesagt wird – und zwar rechtskulturübergreifend. Konstant scheint am Ende nur die Affinität der juristischen Bildung zum reflektierten Umgang mit Sprache und einem formalen Denkstil. In seiner Selbstwahrnehmung qualifizieren diese den juristisch Gebildeten zu beliebigen Tätigkeiten. Anderen fällt er dort freilich durch seine notorischen Spitzfindigkeiten auf. Zudem vermutet man, daß er bei nächster Gelegenheit ebenso überzeugend das Gegenteil vertritt. Trotz seiner Nützlichkeit ist der juristisch Gebildete daher bei anderen nicht besonders beliebt. Untereinander verstehen sie sich gut.

Literatur:
Ralf Höcker, Lexikon der Rechtsirrtümer. Zechprellerei, Beamtenbeleidigung und andere juristische Volksmythen, 3. Aufl., Berlin 2004.
Ralf Höcker, Neues Lexikon der Rechtsirrtümer. »Wer auffährt, hat Schuld« und andere juristische Halbwahrheiten, Berlin 2005.
Ralf Höcker, Das dritte Lexikon der Rechtsirrtümer. Die Angst vorm Blaulicht und andere juristische Fehleinschätzungen, Berlin 2008.
Ralf Höcker, Einspruch. Das große Buch der Rechtsirrtümer, Berlin 2010.
Ernst-Joachim Lampe, »Die Entwicklung von Rechtsbewusstsein im Kindesalter«, in: Archiv für Rechts- und Sozialphilosophie, Heft 3 (2006), 397–427.
Roman Leuthner, Nackt duschen – streng verboten. Die verrücktesten Gesetze der Welt, München 2008.
Manfred Mai, Die Bedeutung des fachspezifischen Habitus von Ingenieuren und Juristen in der wissenschaftlichen Politikberatung, Frankfurt am Main 1989.
Claus Murken, Der kleine Rechthaber. Wem gehört die Parklücke und andere juristische Überraschungen, München 2008.
Anne Nina Schmid, Rainer Dresen, Kein Alkohol für Fische unter 16. Die skurrilsten Gesetze, Klagen und Urteile, München 2010.
Michael Stolleis, Furchtbare Juristen, in: Deutsche Erinnerungsorte, hg. von Étienne François und Hagen Schulze, 2. Aufl., München 2002, 2. Bd., 535–548.
Stefan Weyers, »Haben« und »Gehören«, »Leihen« und »Tauschen«, »Wegnehmen« und »Klauen« – eine Fallstudie zur Entwicklung von Besitz- und Eigentumsnormen im Vorschulalter, in: Ius humanum. Grundlagen des Rechts und Strafrecht. Festschrift für Ernst-Joachim Lampe zum 70. Geburtstag, hg. von Dieter Dölling, Berlin 2003, 107–137.
Uwe Wesel, Fast alles, was Recht ist. Jura für Nichtjuristen, 7. Aufl., Frankfurt am Main 2002.
Rudolf Wiethölter, Rechtswissenschaft, Frankfurt am Main 1968.
Jochen Zenthöfer, Christian Rauda, Wem gehört eigentlich … der Kölner Dom? 66 juristische Kuriositäten, München 2010.

II. Techniken der Bildung

Einleitung

Ein solches Kapitel könnte überflüssig scheinen. Denn das griechische Wort *téchne* bedeutet: Fähigkeit, Fertigkeit zu etwas. »Bildungstechnik« kann also nur heißen: die Fähigkeit, Bildung zu erwerben. Diese Fähigkeit aber ist keine spezifische, sondern eine schlechthin universale. Alles, was der Mensch tut, trägt – und sei es noch so indirekt – zu seiner Bildung bei. Alle Formen der Wahrnehmung und Kommunikation wären insofern zugleich Bildungstechniken. Wollte man diese also systematisch schildern, müßte man zunächst ein Kapitel über Physiologie und Psychologie verfassen.

In diesem Kapitel allerdings soll das Thema sehr viel enger gefaßt werden. So fragen die folgenden Artikel nach den wichtigsten Methoden, sich gezielt Sachwissen und Weltkenntnis anzueignen. Dabei unterscheiden wir grob zwei Arten von Techniken. Präsentiert werden zunächst solche, mittels derer das Individuum sich selbst Wissen und Überblick verschafft – vom Lesen und Beobachten über das Prüfen und Kritisieren bis zum Beurteilen des so erkannten Sachverhalts. Dann folgen Techniken, mit denen man Bildung mitteilt beziehungsweise von anderen lernt – Erzählen und Lehren, Sprechen und Dialog. Abschließende Beiträge reflektieren das Verhältnis zwischen Theorie und Praxis sowie – in eher kritischer Absicht – ein Schlagwort, das in der Mediengesellschaft längst zum Fetisch geworden ist: »Kommunikation«. All diesen Techniken gemeinsam ist es, daß sie helfen, sich unterschiedlichen Bildungserlebnissen zu öffnen, seinen Blick und seine Sinne zu schärfen, seine Sensibilität zu kultivieren, Interesse zu entwickeln, Sorgfalt für das Einzelne mit Fragen nach dem große Ganzen zu vereinigen, Genauigkeit und Großzügigkeit zu verbinden.

Die zweite Frage, die die folgenden Beiträge zu klären suchen, ist die nach den Möglichkeiten, diese Bildungstechniken ihrerseits besser, tiefer und reicher zu machen, sie zumindest teilweise selbst zu Gegenständen der Bildung zu erheben. Denn der gebildete Beobachter wird die Beobachtung nicht nur als ein Mittel sehen, Daten zu gewinnen, sondern, wie Niklas Luhmann es beschrieben hat, sich selbst und andere beim Beobachten beobachten – und seine Beobachtungsfähigkeit durch solche Aufmerksamkeit entscheidend verbessern. Der gebildete Kritiker wird nicht nur dogmatische Urteile über Werke, Taten und Befunde aussprechen, sondern dabei immer von neuem die Kriterien und Formen seiner Beurteilung reflektieren – und diese so differenzierter, wahrheitsnäher und produktiver werden lassen. Indem die folgenden Artikel Techniken der Bildung beschreiben, thematisieren sie den Weg als das Ziel.

Manchen Leserinnen und Lesern mag auffallen, daß wir zwei Themen, über die traditionell viel diskutiert wird, gar nicht berühren: die Erinnerung beziehungsweise das Gedächtnis und die Begabung.

Beide nämlich sind keine Techniken der Bildung, sondern deren Voraussetzungen. Dies gilt zumindest für die Erinnerung, die als eigentlicher Kern jeglicher Kultur gelten kann. Ohne Erinnerung (wie ohne Vergessen) kann es schlechthin keine Bildung geben. Indem sie das gegenwärtige Handeln in der Vergangenheit verankert, macht sie seine Verantwortung für die Zukunft bewußt und verleiht ihm jene moralische Würde, die Basis und letzter Grund jeglicher Bildung sind.

Die Begabung hingegen scheint die subjektive Voraussetzung aller Bildungstechniken zu sein. Muß nicht, wer träge und stumpf in den Tag hinein lebt, von Natur aus von allen höheren Bildungsbemühungen ausgeschlossen bleiben? Der Streit darüber pflegt erbittert zu sein. Manche nämlich halten solchen Meinungen entgegen, daß »Begabung« letztlich nichts als die Ideologie derer sei, die sich nach »unten« abzugrenzen suchen, indem sie Bildung für ihresgleichen reservieren und alle anderen für bildungsunfähig erklären – statt durch verstärkte Ausbildungsanstrengungen auch denen zur Bildung zu verhelfen, die »unbegabt« scheinen, tatsächlich aber durch soziale Nachteile von ihr ausgeschlossen seien.

Wir enthalten uns solcher Diskussionen, weil es in diesem Kapitel nicht um Qualität, sondern eben um Techniken geht. Statt nach Begabung fragen wir lieber nach Kriterien der »emotionalen Intelligenz«, nach dem Einfluß der individuellen Gefühle und Befindlichkeiten auf die Bereitschaft zum Lernen und dessen Intensität, aber auch nach dem Verhältnis zwischen weiblichen und männlichen Formen und Strategien von Bildung.

Prinzipiell glauben wir nicht, daß der besser Informierte und besser Ausgebildete notwendig auch der besser Gebildete sein muß. Gerade weil wir unter Techniken der Bildung solche verstehen, die dem bildungswilligen Individuum helfen, seinen Horizont zu öffnen, zu erweitern und zu bereichern, dürfen wir getrost jeden Menschen zu den Gebildeten rechnen, der sich kraft dieser Techniken bemüht, seine Wahrnehmung zu verfeinern – nicht nur den, dem es bereits merkbar gelungen ist, sie zu kultivieren. Die »Herzensbildung« vieler Menschen, die nach statistischen Maßen eigentlich als »bildungsfern« einzustufen wären, ist glücklicherweise keine bloße Rede – auch wenn den Begriff zu benutzen heute manchem schwerzufallen scheint. Sie ist eine beglückend häufige Alltagserfahrung.

II.1. Erkenntnis schaffen

1. Beobachten
2. Lesen
3. Forschen
4. Vergleichen
5. Kontrollieren
6. Kritisieren
7. Urteilen

1. Beobachten

Friedrich Steinle

Beobachtung stellt die Hauptquelle empirischen Wissens und zusammen mit dem Experiment das zentrale Verfahren aller empirischen Wissenschaften dar. Als gerichtete, auf spezifische Gegenstände oder Gegenstandsaspekte fokussierte Aufmerksamkeit ist Beobachtung auch in nichtwissenschaftlichen Lebensbereichen zu finden, wenn etwa ein Zeichner seinen Gegenstand, das Militär feindliche Linien, ein Roulettespieler seine Mitspieler oder ein Passant merkwürdige Gestalten auf dem Parkplatz beobachtet.

Welche Bedeutung der Beobachtung auch in lebensweltlichen Zusammenhängen zukommt, und wie wenig das durch Beobachtung Ermittelte einfach unproblematische »Daten« im Sinne von »Gegebenem« sind, wird nicht nur an populärwissenschaftlichen Diskussionen um Schwarze Löcher oder Dunkle Materie deutlich, sondern auch an handfesten politischen Entscheidungsgrundlagen. Klimawandel und PISA-Schock illustrieren gleichermaßen, wie Beobachtungsdaten eben nicht nur in Hinsicht auf mögliche politische Konsequenzen kontrovers diskutiert werden, sondern gerade auch auf ihr Zustandekommen und ihre Validität als »Daten«, als vermeintlich unproblematisch »Gegebenes«.

Beobachtungsdaten lassen sich, das deutet sich hier an, weder generieren noch präsentieren ohne Vorannahmen über die »wichtigen« Kategorien, über notwendige Korrekturen und über mögliche Darstellungsformen. Wenn das auch für die Sozialwissenschaften offenkundiger scheint als für die Naturwissenschaften, so ist die Situation hier und dort allenfalls dem Grade nach verschieden. Ein Blick in die Geschichte der Beobachtung macht deutlich, daß es gerade die Naturwissenschaften waren, in denen ein kritischer Blick auf Beobachtung zuerst entwickelt wurde.

Traditionen

Verfahren, die wir als Beobachtung bezeichnen, wurden schon in der Antike praktiziert. Die Sternverzeichnisse (als Listen, Karten oder Astrolabien) und Finsternisvorhersagen der antiken und mittelalterlichen Welt sind ohne Beobachtung genausowenig denkbar wie die zahlreichen Naturgeschichten, Floren und Faunen oder Krankheitsbeschreibungen. Ab dem 15. Jahrhundert erfuhren diese Traditionen erhebliche Veränderungen, und neue Felder wurden systematisch durch Beobachtung erschlossen.

In die astronomische Beobachtung führten der Kasseler Landgraf Wilhelm IV. und vor allem der dänische Adlige Tycho Brahe erstmals in Europa die Ideale systematischer Breite und hoher Präzision ein, Tycho trug ihnen in seinem ab 1576 errichteten Großobservatorium u. a. durch arbeitsteilige Organisation des Beobachtungsvorgangs Rechnung. Inwieweit dabei vorangehende ähnliche Unternehmungen im Orient (Maragha/Persien 13./14. Jahrhundert, Samarkand/Persien 15. Jahrhundert, Istanbul 16. Jahrhundert) als Vorbild dienten, ist noch nicht geklärt. Tycho erkannte den Einfluß der atmosphärischen Lichtbrechung und führte die Korrektur der Beobachtungsergebnisse durch nachträgliche Rechnung ein: Die »Daten«, die schließlich als Grundlage der neuen Planetentheorien von Kepler und Newton dienten, waren schon nicht mehr unmittelbare Beobachtungsdaten. Durch die Einführung und stetige Verbesserung des Teleskops wurde die Beobachtungsgenauigkeit ständig erhöht, von einer halben Bogenminute bei Tycho auf einer zehntel Bogensekunde im Jahr 1838 (erste Sternparallaxe durch F. Bessel). Zur Beobachtung von Sternpositionen trat seit Galilei auch die Beobachtung von physischen Merkmalen, etwa der Mondoberfläche, der Sonnenflecken oder der Eigenrotation der Planeten hinzu.

Hohe praktische Bedeutung hatten Verfahren der Beobachtung schon früh in der Navigation und in der Landvermessung, die im 18. Jahrhundert entscheidende Impulse für die Weiterentwicklung der Beobachtungsinstrumente lieferte. Auch in anderen durch Beobachtung seit dem 17. Jahrhundert erschlossenen Feldern wie Wolken, Wetter, Regenmengen, Luftdruck oder Gezeiten dominierte die (stets instrumentenvermittelte) Messung. In der Naturgeschichte erhielt die systematische Beobachtung im Zuge der Erschließung neuer Länder zunehmend wirtschaftliche Bedeutung. Um Pflanzen, Tiere und Mineralien als neuartig identifizieren, mit bekannten in Beziehung setzen und darüber kommunizieren zu können, war das Erfassen spezifischer Merkmale erforderlich. In erhöhtem Maße galt das für Versuche der Akklimatisation mit ihren weitreichenden wirtschaftlichen Konsequenzen. In der Naturgeschichte trat die wechselseitige Abhängigkeit zwischen Beobachtung und Klassifikationssystemen, die sich ihrerseits als problematisch und revisionsbedürftig herausstellen konnten, stark in den Vordergrund. Die Debatten des 18. Jahrhunderts um angemessene Klassifikationssysteme (John Ray, Carl v. Linnée) konnten nur vor dem Hintergrund ausgefeilter und wohlgeübter Beobachtungstechniken stattfinden und trugen zu deren Entwicklung bei.

Die in der Renaissance kultivierte Beobachtung des menschlichen Körpers war für die grandiosen Kunstwerke ebenso die Grundlage wie für das rasch wachsende Wissen der Anatomie und Medizin – Leonardo da Vinci stellt ein herausragendes Beispiel einer breiteren Entwicklung dar. In seinen »Observationes medicae« (1676) legte der englische Arzt Thomas Sydenham (1624–1689) eine auf Beobachtung basierende systematische Beschreibung von Krankheitsbildern vor und betonte für jeden Arzt die Wichtigkeit, eigene Beobachtungen anzustellen. Stärker noch als in der Anatomie, und in einer auf die Antike zurückreichenden Tradition, war die Beobachtung in der Physiologie schon immer an Instrumente und Intervention gebunden und stand damit nahe am Experiment. Zu Skalpell und Lupe trat seit dem 17. Jahrhundert das Mikroskop hinzu, Hooke und Leuvenhoek begründeten eine Tradition mikroskopischer Beobachtung, die Naturgeschichte, Anatomie und Physiologie gleichermaßen einbezog. Zunehmend wurde auch die Selbstbeobachtung wichtig: in der Sinnesphysiologie am Übergang zum 19. Jahrhundert, zuvor aber als Introspektion in der von Karl Philipp Moritz (1756–1793) propagierten »Erfahrungsseelenkunde« des 18. Jahrhunderts, aus der sich ein wichtiger Strang der Psychologie entwickeln sollte.

Reflexionen

In der frühen Neuzeit wurde Beobachtung neben dem Experiment als Königsweg empirischer Forschung und Grundlage erfolgreicher Technik propagiert und das eigene Schauen polemisch und überspitzt dem Studieren der Buchautoritäten gegenübergestellt. Die wissenschaftlichen Akademien und Gesellschaften der frühen Neuzeit verstanden sich als Sammelort für Beobachtungen aller Art, verbunden mit der Hoffnung, daß sich aus einer nur breit genug gelegten Beobachtungsbasis die Verallgemeinerungen, Gesetze und schließlich Einsichten in die Ursachen der Naturvorgänge durch geregeltes induktives Schließen ergeben mögen. Die bald eintretende Ernüchterung dieses Optimismus bezog sich nicht nur auf das induktive Verallgemeinern, sondern vor allem auch auf den Beobachtungsvorgang selbst. In der Naturgeschichte trat die Abhängigkeit vom mehr oder weniger willkürlich und zweckorientiert zu wählenden Klassifikationssystem allzu deutlich hervor, wobei wissenschaftliche und wirtschaftliche Interessen oft zu unterschiedlichen Entscheidungen führten. Auch wurde deutlich, wie sehr die Beobachtung von der persönlichen Eignung des

Beobachters abhing: Neben den praktischen Fähigkeiten und den Sinnen sollte auch seine Urteilskraft in der Weise geschult werden, daß vorschnelle Urteile vermieden und die Subjektivität zurückgedrängt werden konnte.

Dementsprechend rückte im 18. Jahrhundert das Thema der Beobachtung zunehmend ins Blickfeld auch allgemeinerer Reflexionen. Christian Wolff schied Beobachtung und Experiment ausdrücklich am Kriterium des Eingreifens (1732); Johann H. Zedler bestimmte in seinem »Universallexikon« die Beobachtung (er sprach von »observatio«) noch schärfer als »die Art gelehrter Erfahrung, die nicht Experiment« sei und nannte sie auch »Anmerckung« oder »Bemerckung« ([1], Bd. 25, 1740, S. 278). Seine Unterscheidung in astronomische, medizinische und mikroskopische Beobachtung fand sich in veränderter Form in den Artikeln der französischen »Encyclopédie« wieder, wo Beobachtung als »Aufmerksamkeit der Seele, gerichtet auf Objekte, die die Natur ihr bietet« bestimmt und in die Bereiche Astronomie, Physik (Naturlehre) und Medizin differenziert wurde ([2], Bd. 11, 1765, S. 310-323). Bemerkenswerterweise war der Person des Beobachters und ihren Qualifikationen ein besonderer Artikel gewidmet. 1770 schrieb die Holländische Gesellschaft der Wissenschaften zu Haarlem einen Preis zur Frage aus: »Was ist für die Kunst der Beobachtung erforderlich, und inwieweit trägt diese Kunst zur Verbesserung der Urteilskraft bei?« Der Preisträger, der Schweizer Gelehrte und Geistliche Benjamin Carrard, erstellte einen regelrechten Katalog der erforderlichen Eigenschaften des Beobachters. In ähnliche Richtung ging auch die Arbeit des Zweitplazierten, des Genfer Naturforschers Jean Senebier, dessen Arbeit 1776 veröffentlicht wurde [3]. In beiden Fällen wurde die (vor allem naturhistorische) Beobachtung als eine »Kunst« präsentiert, bei der korrektes Vorgehen zentral wichtig, aber eben nicht vollständig nach Regeln lernbar war, sondern erübt werden mußte.

Die Frage des Beobachtungsfehlers fand im Zuge der Expansion von Instrumenten dominierten Feldern hohe Aufmerksamkeit. In der Astronomie zuerst bekannt, setzte sich in vielen Gebieten die Einsicht durch, daß jede Beobachtung nur begrenzte Genauigkeit hat und überdies durch bestimmte Effekte systematisch verfälscht werden konnte. Zur Verfälschung durch atmosphärische Lichtbrechung kamen die Fehler im Instrument (durch sphärische und chromatische Abberation, Erschütterung, mangelnde Justierung usw.). Wenn möglich, wurden diese Fehler durch Rechnung nachträglich wieder korrigiert. Auch in der Mikroskopie war schon früh klar, daß das Bild nicht immer unmittelbar genommen werden durfte: Den optischen Fehlern und der Schwierigkeit, im mikroskopischen Bild überhaupt etwas zu erkennen, suchte man hier durch Trainieren der Urteilskraft des Beobachters zu begegnen. Die für die transparenten Präparate stets notwendigen Färbetechniken stellten eine eigene, schon früh als solche erkannte Quelle möglicher Verfälschungen dar.

Waren das 17. und 18. Jahrhundert von einem Optimismus hinsichtlich der möglichen Elimination von Fehlerquellen geprägt, vollzog sich im späten 18. und frühen 19. Jahrhundert eine kritische Wendung: Aus der Einsicht, daß Beobachtungsfehler prinzipiell nicht eliminierbar seien, entwickelte man pragmatische Verfahren der Kontrolle und des Umgangs [4]. Es setzte sich die Unterscheidung durch, die wir heute zwischen statistischen und systematischen Fehlern treffen, und zur mathematischen Behandlung der nicht herausrechenbaren Fehler entwickelten Legendre und Gauß eine eigene Fehlerrechnung. Auch die Person des Beobachters erschien nun in anderem Licht: Hatte man noch im 18. Jahrhundert auf Zurückdrängung der Subjektivität durch Schulung und Selbstdisziplinierung gesetzt, sollte sie nun zumindest möglichst klar erfaßt und ihre Auswirkung kontrolliert werden. In der fabrikmäßig organisierten Beobachtungsmaschinerie des Greenwicher Observatoriums wurde im frühen 19. Jahrhundert durch Kontrollmessungen die »persönliche Gleichung« jedes einzelnen Beobachters ermittelt und in die Datenkorrektur einbezogen. Mit dem Aufkommen automatischer Aufzeichnungsverfahren im zweiten Drittel des 19. Jahrhunderts, insbesondere der Fotografie, trat nochmals die Hoffnung einer gänzlich objektiven Beobachtung auf den Plan, erwies sich allerdings bald als nicht erfüllbar: Wo immer man den Beobachter mit all seiner Subjektivität eliminiert glaubte, tauchte er an anderer Stelle um so sicherer wieder auf.

Neue Perspektiven

Zu den Reflexionen über Instrumente, Methoden und Objekte der Beobachtung und die Person des

Beobachters trat in jüngerer Zeit die Frage der Darstellungsformen hinzu. Schon immer mußten die Resultate der Beobachtung, sollten sie denn zum Wissenserwerb dienen, in geeigneter Weise niedergelegt und kommunizierbar gemacht werden. Unterschiedlichste Präsentationsformen wurden aus anderen Lebensbereichen übernommen oder eigens entwickelt. In der Astronomie verwandte man Listen, Tafeln und Tabellen, wie sie aus der Mathematik bekannt, aber auch im Buchhaltungswesen seit dem 14. Jahrhundert verwendet wurden. In Naturgeschichte und Anatomie bestand ein enger Bezug zur Kunst des Zeichnens und zur künstlerischen Ausbildung: Beobachter mußten auch gute Zeichner sein. Bisweilen wurden gänzlich neue Darstellungsformen entwickelt, so etwa das Verfahren der Isolinien (Isobaren, Isothermen, ...) die im 19. Jahrhundert zur Repräsentation globaler (und damit nur indirekt beobachtbarer) Phänomene wie Gezeiten, Klima, Magnetismus der gesamten Erde usw. eingeführt wurden. Naturgeschichte und Medizin verwandten zur Kommunikation neben textlichen Beschreibungen und bildlichen Darstellungen auch dreidimensionale Modelle aus Wachs. Solche Repräsentationsformen in all ihrer Varietät waren aber – das ist eine zentrale historische Einsicht – der Beobachtung nicht äußerlich oder nachgeordnet, sondern konnten schon immer den eigentlichen Beobachtungsvorgang in fundamentaler Weise prägen: Man sah und sieht notwendigerweise mit der Perspektive dessen, der das Gesehene auch darzustellen hat.

Nicht weniger fundamental, für die Sozial- und Bildungswissenschaften vielleicht gar vordringlicher, ist die Frage nach dem besonderen »Daten«-Status von Beobachtungsresultaten. Schon in der frühen Neuzeit wurde Beobachtungsresultaten eine hohe, nicht leicht in Frage zu stellende Dignität beigemessen und dafür neue Begriffe entwickelt: Was durch Beobachtung konstituiert wurde, galt als durch »Erfahrung« gegeben und als nicht mehr in Frage zu stellendes »Faktum«. Daß gerade der letztere Begriff in all seiner Problematik in der frühen Neuzeit aus juristischen Zusammenhängen heraus in die Naturforschung übernommen wurde, hat vielleicht damit zu tun, daß auch hier schon die »Daten« nicht mehr unmittelbar durch Beobachtung gewonnen waren, sondern korrigiert oder verbessert werden mußten, in Astronomie und Mikroskopie gleichermaßen. Vermutlich ungewollt verweist der Begriff des Faktums als des »Getanen, Gemachten« darauf, daß die vermeintlich so festen »Daten« der Beobachtung immer schon durch Sprache oder Begriffe geprägt sind, die ihrerseits nicht unabhängig von Kultur (und Politik) gedacht werden können – ein Befund, der durch die eingangs genannten aktuellen Beispiele nur besonders markant illustriert wird.

Literatur:

Quellen:
Denis Diderot, Jean Baptiste le Rond d'Alembert (Hg.), Encyclopédie ou dictionnaire raisonné des sciences, des arts et des métiers, Paris 1751–1780.
Matthias Jacob Schleiden, Grundzüge der wissenschaftlichen Botanik nebst einer methodologischen Einleitung als Anleitung zum Studium der Pflanze, 2 Bde., Leipzig 1842–1843.
Jean Senebier, Essai sur l'art d'observer et de faire les expériences, 1775.
Johann Heinrich Zedler (Hg.), Großes vollständiges Universal-Lexikon aller Wissenschafften und Künste, Halle u. a. 1732–1750.

Sekundärliteratur:
Lorraine Daston, Objectivity versus truth, in: Wissenschaft als kulturelle Praxis, 1750–1900, hg. von Hans Erich Bödeker, Göttingen 1999, 17–32.
Lorraine Daston, Elizabeth Lunbeck (Hg.), Histories of Scientific Observation, Chicago, London 2011.
Christoph Hoffmann, The ruin of a book: Jean André de Luc's »Recherches sur les modifications de l'atmosphère« (1772), in: Modern Language Notes 118 (2003), 586–602.
Hans Poser, Observatio, Beobachtung, in: Historisches Wörterbuch der Philosophie, hg. von Joachim Ritter und Karlfried Gründer, Bd. 6: Mo-O, Darmstadt 1984, 1072–81.
Jutta Schickore, Ever-Present Impediments: Exploring Instruments and Methods of Microscopy, in: Perspectives on Science 9, No. 2 (2001), 126–46.

2. Lesen

Michael Maaser

Obwohl der Gentleman Bertram Wilberforce Wooster das Eton College und anschließend das Magdalen College in Oxford besucht hat, und er sich brüstet, früher sogar einen Preis für seine Bibelstudien gewonnen zu haben, besteht seine Bildung scheinbar vor allem im Geschick, Polizeihelme zu stehlen. Er liest manchmal Kriminalromane und gelegentlich Ratgeber – »Die vergiftete Nadel« oder »Mit Flinte und Fotoapparat durch das unberührte Borneo«, um nur zwei Titel zu nennen –, aber diese Lektüre ist einigen seiner Verehrerinnen zu trivial. Sie drücken ihm statt dessen Bücher wie »Typologie der Ethik« in die Hand, die Bertie Wooster nach Augenscheinnahme empört als nicht verständlich in sein Regal befördert.

Als Bertie Wooster eine Buchhandlung aufsucht, um für seinen Diener Jeeves die kürzlich erschienene, mustergültig kommentierte Werkausgabe Spinozas zu kaufen, wird er dabei von seiner Exfreundin Florence Craye überrascht, die es nicht fassen kann, daß sich ihr ehemaliger Verlobte plötzlich für einen Philosophen des 17. Jahrhunderts interessiert: »Bertie! Nicht zu fassen! Liest du tatsächlich Spinoza?« Bertram Wooster antwortet ihr: »Wenn ich einen Moment der Muße finde, versenke ich mich am liebsten in den neusten Spinoza«, worauf die Verflossene mit einem simplen »Ach!« reagiert und dann hinzufügt: »Wir müssen uns mal in Ruhe austauschen [...]. Ein Intellekt im Werden ist ja sooo faszinierend.« Bertie Wooster ist somit für Florence Craye wieder ein Heiratskandidat. Auch wenn das Lesen nicht das Hauptthema in Pelham G. Wodehouse' Roman »Joy in the Morning« (1947, dt. »Ohne mich, Jeeves!«, 2002) ist, so zeigt die Episode aus dem Leben des reichen Müßiggängers Wooster doch recht gut, daß neben dem Lesen immer auch das Nichtlesen lebenswichtig sein kann.

Jenseits der Unterhaltungsliteratur, in der Wissenschaft, kommt es sogar sehr oft auf das Nichtlesen an: Am Anfang seiner Arbeit sammelt der Forscher Buchtitel, er bibliographiert. Dann nimmt er jeden aufgelisteten Titel in die Hand und entscheidet, welche Bücher und Aufsätze er ganz, welche er nur in Teilen oder welche er gar nicht liest. Hinzu kommt: »Bei den großen Lesern, die ihr ganzes Leben dieser Tätigkeit verschrieben haben, verbirgt die Geste des Ergreifens und Öffnen eines Buches stets die entgegengesetzte, die darin enthalten ist und demzufolge unbemerkt bleibt: die unfreiwillige Geste des Nichtergreifens oder Zuklappen sämtlicher Bücher.« (Pierre Bayard)

Wie der Wissenschaftler, so sucht auch jeder gebildete Leser Orientierung. Er will sich in Bibliotheken eher zurechtfinden und nicht angesichts Tausender ungelesener Bücher in Ehrfurcht erstarren. Welcher Gebildete liest schon alle 88 Bände von Balzacs »La Comédie humaine« oder »Les Rougon-Macquart. Histoire naturelle et sociale d'une famille sous le Second Empire« von Émile Zola oder Marcel Prousts »À la recherche du temps perdu«? Leser von James Joyce' »Ulysses« oder der Werke Arno Schmidts bleiben oft unter sich, sind vor allem Liebhaber, tauschen sich in der »Gesellschaft der Arno-Schmidt-Leser« aus und eignen sich gelegentlich für das Amt eines Akademiepräsidenten.

Der Gebildete darf dem Lesen nicht verfallen, oft muß er seiner Leseleidenschaft entsagen. Der Pariser Literaturprofessor und Psychoanalytiker Pierre Bayard zitiert in seinem Buch »Comment parler des livres que l'on n'a pas lus?« (2007) den Bibliothekar in Robert Musils »Der Mann ohne Eigenschaften«, der sich – zum Erstaunen seines Gastes Generals Stumm – unter Millionen Büchern zurechtfindet: »Herr General [...] Sie wollen wissen, wieso ich jedes Buch kenne? Das kann ich Ihnen nun allerdings sagen: Weil ich keines lese!« (Robert Musil, »Der Mann ohne Eigenschaften«, II, 100)

Zuvor hatte der General sorgfältig ausgerechnet, wieviel Zeit er für seinen Plan benötigen werde, alle dreieinhalb Millionen Bücher der Bibliothek auch wirklich vollständig zu lesen. Letztlich erweist sich der professionelle Bibliothekar zugleich als der wahrer Buchliebhaber und nicht der Bibliotheksbenutzer. Der Bibliothekar übersieht keinen Band im Regal und bevorzugt oder vernachlässigt folglich auch keines seiner Bücher. »Wer seine Nase in die Bücher steckt, ist für die Kultur verloren, sogar für das Lesen«, resümiert Bayard, und fügt hinzu, daß wahre Bildung umfassend sei und kein Faktensammeln.

Trotzdem bleibt die Frage, muß und wenn ja: was

muß ich lesen, um gebildet zu sein? Anhänger von Bayards Essay antworteten darauf, es reiche, das Buch von Bayard gründlich zu lesen, denn »sein Buch ersetzt alle anderen, alte, neue, zukünftige« (Bernard Pivot). Am Beispiel des Nichtlesens zeigt Bayard, daß Bildung immer auch gekonntes Verzichten bedeutet.

Die Unterscheidung zwischen Leser und Nichtleser ist nicht neu. In der Buchwissenschaft werden ebenfalls Leser von Nichtlesern unterschieden. Die Buchforscher erheben »Lesefrequenzen«, zählen Viel-, Wenig- und Nichtleser und kommen zum Ergebnis: »Von ihrer Persönlichkeitsstruktur her sind denn auch eifrige Buchleser [...] besonders aktiv, aufgeschlossen und weltoffen.« (Ulrich Saxer) Vorausgesetzt, Bayards Theorie des Nichtlesens stimmt, erklärte das zumindest die Lebensscheu vieler Professoren und Gelehrter.

Historisch betrachtet, bedeutete Lesen zuerst einmal laut vorlesen. Im Mittelalter sprachen Kleriker während Messen und Andachten Gebete, Bußformeln, Bibelstellen oder Heiligengeschichten, oft ohne dabei den Sinn des Vorgelesenen auch zu verstehen. »Tolle, lege« – »nimm und lies«, das berühmte Dictum des heiligen Augustinus aus seinen »Confessiones«, forderte vom Christentum, das Lesen neben der täglichen Arbeit zu pflegen. Vor allem in Klöstern spielte das Lesen eine zentrale Rolle. Bis heute nimmt zum Beispiel im Tagesverlauf des Benediktinerordens neben dem Beten und dem (körperlichen) Arbeiten auch das Lesen der Heiligen Schrift oder der Heiligenviten eine wichtigen Platz ein: »Ora et labora et lege, Deus adest sine mora« (»Bete, arbeite und lese, Gott hilft unverzüglich«). Während der Mahlzeit schweigen die Benediktiner und bekommen aus einem Buch vorgelesen.

Aber auch Weltliche ließen sich vorlesen. In seinen »Gesta Karoli Magni« erzählt der karolinische Dichter Notker von Sankt Gallen (der Stammler), daß Kleriker am Hofe Karls des Großen dem Kaiser sehr geschickt vorlasen, das Vorgelesene dabei jedoch selbst nicht verstanden (Taten Kaiser Karls, I, 7).

Seit der Entstehung von Universitäten in Europa, also seit dem späten 12. Jahrhundert, legten Professoren aller Fakultäten ihren »Vorlesungen« Lehrbücher zugrunde, aus denen sie ihren Studenten vortrugen. Wichtige Lehrwerke behandelten die Lehrer in den »lecturae ordinariae« am Vormittag, weniger wichtige Bücher in den »lecturae extraordinariae« nachmittags. Zum Klerus kommen neue Leser hinzu, auch Kaufleute lernen seit dem Hochmittelalter lesen und schreiben. In Lübeck gab es seit Beginn des 14. Jahrhunderts eine Lese- und Schreibschule für künftige Kaufleute. In Florenz konnten zu dieser Zeit über zehn Prozent der Kinder lesen, ähnliche Zahlen sind auch für deutsche Städte belegt (Friedrich Paulsen).

Parallel zu den Klerikern, Gelehrten und Kaufleuten breitete sich im Zuge der Alphabetisierung seit dem 16. Jahrhundert die Kulturtechnik »lesen« weiter in anderen Bevölkerungskreisen aus. Für die Humanisten, also die Mitglieder jener Bildungsbewegung, die mit Petrarca im 14. Jahrhundert begann und über Italien in andere Länder diffundierte, gehörte das richtige Lesen zur geforderten formalen Bildung jedes Individuums. Dabei dachten die aus unterschiedlichen Ständen stammenden Humanisten ständeübergreifend, ohne dabei die überkommene Ständeordnung in Frage zu stellen. Während der deutsche Humanist Conrad Celtis von seinen Landsleuten forderte, nicht nur ihre mündlichen und schriftlichen Fertigkeiten zu schulen, sondern vor allem antike Autoren zu lesen, weil nur durch die Kraft deren Sprache und das Wirken griechisch-römischer Weisheit Weltreiche erhalten und gelenkt werden könnten (»Panegyris ad duces Bacariae«, IV, 10), mahnte wenige Jahre später Erasmus von Rotterdam den Reformator Martin Luther, die Heilige Schrift nicht nur zu lesen, sondern auch richtig zu verstehen (»De libero arbitrio«, I a 11).

Daß zum rechten Lesen möglichst vollständige und sorgfältig edierte Ausgaben zentraler Texte notwendig sind, erkannten die Humanisten früh und besorgten selbst historisch-kritische Editionen von Werken griechischer und römischer Autoren. Vor allem in Klöstern suchten sie nach alten Handschriften antiker Texte, die sie dann zum Druck beförderten und damit allgemein zugänglich machten.

Das stille Lesen, also das »für sich lesen«, gewann in der Neuzeit auch außerhalb der »Res publica litteraria« an Bedeutung. Neben dem Lesen nützlicher Literatur wandten sich Laien, anfangs vor allem adlige Frauen, vermehrt vergnüglichen und unterhaltenden Texten zu. 1577 berichtete ein Buchhändler, daß er auf der Frankfurter Buchmesse den französischen Ritterroman »Amadis de Gaula« besser verkauft habe als Luthers Predigtbuch »Postilla«. Die Lektüre theologischer Literatur ging im Zuge der steigenden allgemeinen Lesefähigkeit im 17. und dann vor allem im 18. Jahrhundert zurück, dafür gewannen philosophische Texte und Belletristik immer mehr Leser (Zahlen bei Erich Schön). Hinzu kamen Zeitschriften, die ein breites Publikum erreichten, aber auch andere populäre Schriften wie Kalender oder Volksbücher. Zur Erbauungsliteratur trat die schöngeistige Literatur, die in der Aufklärung sogar eine regelrechte »Lesesucht« (Rudolf Heinrich Zobel) auslöste. Christoph Martin Wieland, ein ausgezeichneter Kenner der Literatur seiner Zeit, konstatierte in seiner Zeitschrift »Teutscher Merkur«: »Nie ist mehr geschrieben und mehr gelesen worden.« (»Teutscher Merkur«, 1. Vj. 1779, S. 216)

Vor allem machte Goethes Briefroman »Die Leiden des jungen Werthers« (1774) seine Leser und vor allem seine Leserinnen süchtig. Zur Strafe verfolgte Werther seinen Autor bis ins Grab, selbst noch Napoleon sprach Goethe auf seinen Helden an. Im Xenion »Der junge Werther« (1798) reagierte Goethe gereizt auf seinen Jugendhelden: »Worauf lauerst du hier? Ich erwarte den dummen Gesellen, / Der sich so abgeschmackt über mein Leiden gefreut.«

Neben dem stillen Lesen blieb das Vorlesen populär: »›Haben Sie nichts zu lesen?‹ sagte sie. – Er hatte nichts. – ›Da drin in meiner Schublade‹, fing sie an, ›liegt Ihre Übersetzung einiger Gesänge Ossians; ich habe sie noch nicht gelesen, denn ich hoffte immer, sie von Ihnen zu hören; aber zeither hat sich's nicht finden, nicht machen wollen.‹ – Er lächelte, holte die Lieder, ein Schauer überfiel ihn, als er sie in die Hände nahm, und die Augen standen ihm voll Tränen, als er hineinsah. Er setzte sich nieder und las.« (»Die Leiden des jungen Werthers«, 2. Buch, 20. Dezember) Das ganze 19. Jahrhundert über war das Vorlesen vor allem ein geselliges Vergnügen. Legendär bleibt der Wunsch Jacob Grimms im Vorwort des ersten Bandes seines »Deutschen Wörterbuchs« (1854), der Vater möge seinen Kindern aus dem Wörterbuch vorlesen: »Warum sollte sich nicht der vater ein paar wörter ausheben und sie abends mit den knaben durchgehend zugleich ihre sprachgabe prüfen und die eigne anfrischen? die mutter würde gern zuhören.« Schon die ersten Artikel des »Deutschen Wörterbuchs« laut zu lesen stellt eine Herausforderung dar, wovon sich jeder selbst überzeugen sollte.

Dem Laut-lesen setzte Ende des 20. Jahrhunderts der französische Professor für moderne Literatur Raymond Jean mit »La lectrice« (1986, dt. »Die Vorleserin«, 1991) ein Denkmal. Auf ihrer Gabe zum Vorlesen gründet die Romanheldin Marie-Constance G. ihr Geschäft und macht vor allem bei ihren männlichen Zuhörern nicht nur die Literatur begehrenswert. Leider teilte »La lectrice« das Schicksal vieler anderer wunderbarer Bücher und verschwand, während knapp zehn Jahre später ein vom Thema ähnlicher (und vom Buchtitel fast identischer) Roman eines deutschen Juristen zum Verkaufserfolg wurde, weil seine Leser glaubten, sie hätten durch seine Lektüre endlich das größte Verbrechen des 20. Jahrhunderts verstanden.

Lesen ist wie Schreiben und Rechnen eine notwendige, jedoch keine hinreichende Bedingung für Bildung. Lesen bedeutet ursprünglich, etwas verstreut Umherliegendes aufzunehmen und sammeln. Das Verb »lesen« leitet sich vom lateinischen »legere« ab, und das heißt übersetzt »mit den Händen aufnehmen«, aber auch »zusammenwickeln«, »einen Ort durchgehen« oder »aussuchen«. Im Althochdeutschen taucht das Wort »lesen« erstmals auf und erhält über »eine Messe lesen« allmählich auch die Bedeutung »etwas Geschriebenes lesen« oder »ein Buch lesen«. Im 17. Jahrhundert wird dieser Wortsinn der vorwaltende und die Wortfamilie »lesen« wächst: »Leser«, »Lesart«, »Lesebuch«, Lesezeichen« usw. »Lesen« wird zu einer Bildungstechnik. In der frühen Neuzeit lernten immer mehr Leser den gedruckten Worten auch den Sinn zu entnehmen und nicht nur Schriftzeichen in Laute zu verwandeln, um sie dann vorlesen zu können. Lesen bedeutet also nicht nur Alphabetisieren, sondern verlangt vom Leser, daß er analysiert, prüft und vergleicht, um einen Text verstehen zu können (Mortimer J. Adler). Pädagogen sprechen gerne von »Lesequalifikation« als Grundlage für »Medienkompetenz«. Als Ziel des Lesens formulieren sie die »Erziehung zum mündigen Medienbenutzer mit guten Chancen zur Partizipation am gesellschaftlichen Kommunikationsprozeß« (Horst Heidtmann). P.G. Wodehouse' Held Bertie Wooster hat dieses Klassenziel erreicht. Er ist ein beliebter Gastgeber und versteht es, sich nach »kopflosen Taten« zumindest bis zum Eintreffen der königlichen Kavallerie – und die wird fast immer von seinem belesenen Diener Jeeves angeführt – über Wasser zu halten.

Literatur:
Mortimer J. Adler, How to Read a Book: The Art of Getting a Liberal Education (1940), 1966 u.d.T. »A Guide to Reading the Great Books«, überarbeitete Ausgabe zusammen mit Charles Van Doren: The Classic Guide to Intelligent Reading. New York 1972. Dt. u.d.T. »Wie man ein Buch liest«, Frankfurt am Main 2010.

Pierre Bayard, »Comment parler des livres que l'on n'a pas lus?« Paris 2007. Deutsche Ausgabe »Wie man über Bücher spricht, die man nicht gelesen hat«. Übers. v. Lis Künzli. München 2007.
Bodo Franzmann, Klaus Hasemann, Dietrich Löffler, Erich Schön (Hgg.), Handbuch Lesen, München 1999.
Eva-Maria Hanebutt-Benz, unter Mitarbeit von Monika Estermann (Hgg.), Die Kunst des Lesens. Lesemöbel und Leseverhalten vom Mittelalter bis zur Gegenwart, Frankfurt am Main 1985.
Horst Heidtmann, Lesequalifikation, in: Lexikon des gesamten Buchwesens (LGB²), Bd. IV, Stuttgart 1995, 487.

Alberto Manguel, A History of Reading, Toronto 1996. Deutsche Ausgabe: Eine Geschichte des Lesens, aus dem Engl. von Chris Hirte, Frankfurt am Main 2008.
Friedrich Paulsen, Geschichte des gelehrten Unterrichts, 2 Bde., 3. Aufl., Berlin u. a., 1919 u. 1921.
Ulrich Saxer, Leser/Nichtleser, in: Lexikon des gesamten Buchwesens (LGB²), Bd. IV, Stuttgart 1995, 488.
Erich Schön, Geschichte des Lesens, in: Handbuch Lesen, 1–85 (dort weitere Literatur).

3. Forschen

Marcel Lepper

Wie sieht Forschung aus? In Fachjournalen, aber auch in der Tagespresse haben sich Darstellungskonventionen ausgeprägt, die sich auf überraschend wenige Grundmuster beschränken: Experimentalwissenschaftler, die mit ihrer Laborapparatur hantieren, Archäologen und Meeresbiologen mit Expeditionsausrüstung, Geisteswissenschaftler, Theologen und Juristen über mittelalterliche Codices oder Aktenstapel gebeugt (Clark 2006; Shapin 2008). Die von Edward Steichen kuratierte Ausstellung »The Family of Man«, 1955 im Museum of Modern Art in New York gezeigt, präsentiert ein imaginäres Museum menschlicher Handlungsvollzüge, das auch Schule und Universität umfaßt. Eine afrikanische Kindergruppe, um einen Geschichtenerzähler geschart, steht neben tschechischen Studenten im Hörsaal, ein polnischer Rabbiner mit seinen Schülern neben amerikanischen Doktoranden, die in einem Seminarraum der University of California Kartenmaterial und Notizen ausgebreitet haben. Wird hier Forschung dargestellt? Ein Theologe aus Burma stützt, in tiefem Nachdenken versunken, die Stirn in die Hand, am Institute for Advanced Study in Princeton sitzen junge Männer in weißen Hemden zwischen Büchern, Ringheftern und Aschenbechern, während Albert Einstein in seinem Büro vor Stapeln ungeordnet aufgetürmten Papiers zögernd den Zeigefinger zum Mund führt, als würde er etwas suchen (Steichen 2006, 120–126).

Definition

Forschung im gegenwärtigen Wortgebrauch meint ein geplantes und »reflektiertes Erkennen (von Gegenständen und ihren Zusammenhängen) [...], das über sein Zustandekommen Rechenschaft zu geben vermag« (Lorenz 1980, 533); im Wechselspiel mit der (b) *Darstellung* wissenschaftlicher Erkenntnisse in Lehre und Veröffentlichung sowie, nicht zu vernachlässigen, mit den (c) wissenschaftlichen *Entscheidungs- und Gestaltungsprozessen* gilt (a) *Forschung* als zentraler Bestandteil wissenschaftlicher Tätigkeit. Sie grenzt sich synchron von bloßer Objektkompetenz und Sachkenntnis, vom Liebhaberwesen und Dilettantentum, von modernen Formen des Unterrichts und der populären Wissensvermittlung ab, diachron von Gelehrsamkeit und Überlieferungswissen (Grafton 1991), verfahrensförmig von der zufälligen Entdeckung, dem planlosen Fund, der Behauptung ohne Nachweis, der Einsicht ohne Rechenschaft.

Genügen diese Kriterien? Forscht die Ermittlerin, die eine Gruppe von Verdächtigen strategisch verhört? Offenbar sprechen wir von Forschung vor allem dann, wenn nicht allein ein einzelner Fall gelöst werden soll, sondern wenn es um die systematische Erkundung von Mustern, Regeln und Strukturen geht. Betreibt ein Polizeikommissar, der anhand von Spuren ein Profil erstellt, eine gesuchte Person systematisch aufzuspüren versucht und über seine Verfahren reflektiert, Forschung im engeren Sinne?

Auch das würden wir vermutlich verneinen, weil wir bei der Verwendung des Forschungsbegriffs davon ausgehen, daß es um die Gewinnung von längerfristig relevanten Erkenntnissen geht, die über das situative Interesse hinausweisen. Erst die Kriminologin, die wiederkehrende Verhaltensmuster in bestimmten Tätergruppen zusammenstellt und aus der Analyse grundlegende Erkenntnisse über das Zustandekommen von Straftaten gewinnt, betreibt offenbar Forschung. Muß solche Forschung, damit sie dem Begriff gerecht wird, für den Sozialpolitiker, die Ermittlerin, den psychiatrischen Gutachter anwendbar, muß sie prognostisch oder präventiv einsetzbar sein?

Forschung ist, wie Mittelstraß (2009, 25) darlegt, auf »gesellschaftliche Akzeptanz« angewiesen; umgekehrt können Gesellschaften erwarten, daß Forschung um solche Akzeptanz argumentativ wirbt. Mißverständnisse entstehen freilich gerade an dieser Stelle. Sind kurzfristige Übertragbarkeit, fallübergreifende Gültigkeit und gesellschaftliches Interesse ein notwendiges Kriterium für Forschung, dann drohen Bereiche, für die wir den Forschungsbegriff in Anspruch nehmen, aus der Definition herauszufallen. Umgekehrt geraten alltägliche Problemlösungsvorgänge, die wir nicht als Forschung bezeichnen würden, in deren Einzugsbereich. Ein zustimmungsfähiger, freilich auslegungsbedürftiger Vorschlag steckt in der Definition, der zufolge Forschung nicht allein die Gegenstandserkenntnis, sondern wesentlich die Erkenntnis von Gegenstandszusammenhängen umfaßt. In Ergänzung zur flächigen Vorstellung verbindungs- und verknüpfungsfähiger Erkenntnisse werden Tiefenmetaphern, ebenso Bilder der Vergrößerung und Verkleinerung eingesetzt, um Forschungsverfahren von alltäglichen Schlüssen abzugrenzen. Es liegt in der Logik arbeitsteiliger Organisationsformen, Forschung gerade nicht in kurzfristige Aufgaben einzuspannen, sondern ihr das abzuverlangen, was Erkenntniskapazitäten und Handlungsspielräume alltäglicher Problemlösungen übersteigt: ein erhöhtes Maß an Gründlichkeit, Langfristigkeit und Beharrlichkeit.

Die außergewöhnliche Investition, der energetische Einsatz, der für Forschung erbracht und von den Forschenden gefordert wird, zielt auf Einsichten, die unter die Gebrauchsoberflächen vordringen. In modernen, ausdifferenzierten Gesellschaften befindet sich Forschung darum in der eigentümlichen Situation, in der Ressourcenverteilung privilegiert und zugleich in der Öffentlichkeit weitgehend unsichtbar, für Anerkennung wie für Regulierung, für Unterstützung wie für Kontrolle schwer erreichbar zu sein. Politisch gelten Forschungsinvestitionen als prestigeträchtig und zukunftsweisend. In der Öffentlichkeit bleiben Forschungsprozesse gleich in mehrfachem Sinne marginal: demographisch, weil auch erheblich wachsende Forscherstatistiken nicht mehr als eine elitäre Randgruppe erfassen; epistemisch, weil trotz hohen medialen und didaktischen Vermittlungsaufwands der tatsächliche Forschungsstand auf stark ausdifferenzierten Forschungsfeldern nur kleinen Expertencommunities zugänglich ist; in der Selbstauskunft der Forschenden über das Arbeitsverhalten schließlich, die häufig auf die Feststellung hinausläuft, daß für den eigentlichen Forschungsprozeß gegenüber anderen wissenschaftlichen und administrativen Verpflichtungen zu wenig Spielraum bleibe.

Historischer Überblick

Das Verb »forschen« (lat. *scrutari*) wird erst im Neuhochdeutschen in seiner spezifischen, wissenschaftspraktischen Bedeutung verwendet. Bis ins 19. Jahrhundert hält sich der Gebrauch des ahd. *forscōn*, mhd. *vorschen* im Sinne von »suchen, prüfen, erkunden«, wie er im Verb »nachforschen«, »ermitteln« gegenwärtig gegeben ist. »Man muß auf alles hören, nichts versäumen / Und forschen nach der Quelle des Gerüchts«, läßt Schiller Hippolyt in der Übersetzung von Racines *Phèdre* verkünden (*Phädra*, Nationalausgabe 15/2 [1996], 324). Das Grimmsche Wörterbuch zieht die Verbindung zum lat. *poscere*; »fragen«, »fordern« und »verlangen« ergänzen die Suchbedeutung (DWb, Bd. 4/1 [1878], 1–2). Auch das Substantiv »Forschung« (engl. *research*, *scientific discovery*; frz. *recherche*) aktiviert die Semantik der intensiven, d. h. nicht der kursorischen Suche. Ein Verfahren des Suchens und Findens, des Fragens und Antwortens, d. h. eine Heuristik, lenkt den Forschungsprozeß. Der Forschende kann sich zum erwarteten Erkenntnisgewinn investitionssteuernd verhalten (Nickles 1989). Heuristiken bleiben auf Prognosen angewiesen, Zufall und Finderglück (*serendipity*) spielen eine nicht zu vernachlässigende Rolle.

Etymologische Verwandtschaft des Forschungsbegriffs besteht, über das indoeuropäische »*perk-« im

Sinne von »aufreißen, wühlen«, zu dem Substantiv »Furche« (Duden, 3. Aufl., Bd. 3 [1999], 1287). Die Verben »ausforschen«, »durchforschen« und »erforschen« richten sich auf einen metaphorischen Tiefenraum, den es zu durchforsten, zu ergründen, zu durchwühlen gilt. Setzt die Bildungsmetapher auf Anreicherung, Wachstum und Gestaltgewinn, so beschreibt die Forschungsmetapher einen Prozeß des Vordringens und Eindringens. Forschung ist ein Progressionsbegriff. Um dem Obskurantismus, der mit der Tiefenmetapher zuweilen verbunden ist, ebenso vorzubeugen wie einer naiven Fortschrittsvorstellung, bietet sich die Vorstellung der Horizonterweiterung oder -verlagerung, die Idee des mikrologischen und makrologischen Präzisionsgewinns an.

Das »Erforschen aller Dinge«, der »Nieren und Hertzen« wird, so lautet noch der Eintrag in Zedlers *Universal-Lexicon* 1734, dem »Geiste Gottes« zugeschrieben; nach Psalm 139,1 und dem 1. Korintherbrief 2,10 sei damit nicht gemeint, daß der Schöpfer »Gedanken, Rath und Willen« seiner Geschöpfe erst »mit grosser Mühe ausgrübeln« müsse, sondern daß er sie so genau kenne, »als ob er die gantze Seele und alle Kräffte dererselben mit höchstem Fleiß durchsuchet und erforschet hätte« (Zedler, Bd. 8, Sp. 1603). Bemerkenswert ist das heuristische »als ob«, das, ausgehend vom leibnitianischen und wolffianischen Erkenntnisoptimismus, signalisiert, daß die gründlichstmögliche Erforschung zu denselben Ergebnissen führen müßte. Gilt die forschungsnotwendige Neugier (*curiositas*) im Mittelalter und auch noch in der religiösen Didaktik der frühen Neuzeit als Zeichen menschlicher Hybris, so zeichnet sich seit dem Frühhumanismus eine Gegentendenz, eine Umbewertung der Forschungstätigkeit ab. Nikolaus von Kues erfaßt den Erkenntnisprozeß in der Metapher der Jagd und des Durchforschens (*De venatione sapientiae*, Kap. II [11]). Die Frühaufklärung postuliert den Vernunftgebrauch statt der Reproduktion autoritativen Wissens, die Bindung an das Wohl der Allgemeinheit anstelle der Indienstnahme für partikulare Interessen. An den Platz des »antiquarisch beschlagenen, durch die Menge der Kenntnisse glänzenden Polyhistors« tritt »das Ideal des methodologisch ausgewiesenen, nach Erkenntniserweiterung strebenden Selbstdenkers« (Grimm 1995, 147). Im Zuge der Verwissenschaftlichungs- und Ausdifferenzierungsprozesse, die sich seit der frühen Neuzeit vollziehen, erhält das Verb »forschen« seine Spezialbedeutung: »sich um wissenschaftliche Erkenntnis bemühen«. Johann Martin Chladenius formuliert 1752 für die historische und philologische Praxis ein starkes Forschungskonzept, das »Erforschen« im Sinne des »Erkundigens«, der Deutung von »Anzeichen« und der investigativen Einholung von »Aussagen« auffaßt. Forschung beruht auf einem Gerüst von »Vermuthungen« und ihrer kritischen Prüfung. Geht Chladenius von der Wahrheit aus, die es »ans Licht« zu bringen gelte, so ist ihm doch die unter Rückgriff auf Leibniz formulierte Einsicht in die Perspektivität der Erkenntnis, die Berücksichtigung des »Sehepuncts« des Forschers zu verdanken (Chladenius 1752, 201).

Die wissenschaftlichen Disziplinen und Subdisziplinen, die sich seit dem späten 18. Jahrhundert in Westeuropa herausbilden (Stichweh 1984), vollziehen einen Prozeß der »Entganzung, Einschränkung, Konzentration« zugunsten der Steigerung von »Beobachtungsfähigkeit« (Luhmann 1990, 617). Zugleich etablieren sie befristet gültige Standards und Sanktionsmaßnahmen, so in den hierarchischen Universitäts- und Akademiestrukturen des 19. Jahrhunderts (Becker 2004; Rebenich 1997). Gegen die Versäulung der Forschungsbereiche wurden in den vergangenen Jahrzehnten Vorstellungen der Inter- und Transdisziplinarität ins Feld geführt. Stärker als Disziplinen wirkt inzwischen aber die projektförmige Forschung einschränkend und konzentrierend, häufig mit der Folge von Projektvereinselung. Eine Integrationsforderung müßte sich entsprechend auf die aufsteigenden und versinkenden Projektarchipele konzentrieren, die sich anders als eine begrenzte Zahl überdauerungsfähiger Disziplinen sehr viel schwerer beobachten lassen.

Forschungsstand

Wie die traditionssichernde, kommentarförmig organisierte Gelehrsamkeit steht auch die neuzeitliche Forschung, so heißt es in der scholastischen Formel, »auf den Schultern von Riesen« (Merton 1965), d. h. sie beginnt nicht im Niemandsland, sondern auf einer Grundlage vorgeprägter Interessen, vorgefundener Fragen und Ergebnisse, die sie in Teilen oder fundamental zugunsten einer neuen Problemstellung anzweifeln, aber nicht hintergehen kann. Der Forschungsbericht (*report*) betreibt Ergebnissicherung, macht Kontroversen kenntlich und formuliert

Desiderate (Jäger 1981). Zum Unhintergehbarkeitsprinzip tritt insofern eine Überbietungsverpflichtung. Die unausgewiesene Präsentation an anderer Stelle bereits erzielter Ergebnisse gilt im harmlosen Fall als Ausweis von Informations- oder Innovationsmangel, im urheberrechtlichen Konflikt als Plagiatsversuch.

Forschung mißt Erkenntnisgewinn anders als Bildung nicht am Individuum, sondern am vorausgesetzten Forschungsstand einer disziplinären oder subdisziplinären Gemeinschaft, die für Forschungskontinuitäten, für diachrone und synchrone Arbeitsteilung eintritt. Die Vorstellung eines Forschungsstandes setzt voraus, daß innerhalb eines begrenzten Gebiets die wesentlichen Erkenntnishistorien rekonstruierbar bleiben und gescheiterte wie erfolgreiche, geltende wie konkurrierende Forschungsaussagen notwendige Voraussetzung nicht allein der wissenschaftlichen Darstellung, sondern des Untersuchungsprozesses selbst sind. Forschung vollzieht die Konstituierung ihres Gegenstands nach, indem sie sich über die Forschungsgeschichte Rechenschaft ablegt.

Vorhaben beobachten sich nicht nur retrospektiv gegenseitig, sondern ziehen daraus auch strategische Schlüsse für die heuristische Planung. Der Forschungsstand erweist sich, genau genommen, nicht als zementierter Erkenntnisstand unhintergehbar, vielmehr als konkurrentieller Stand der Suche. Forscher versuchen, Aufmerksamkeit und Ressourcen zu lenken, indem sie in kolonialer Metaphorik Forschungsfronten und Pionierarbeiten kenntlich machen. Gleichwohl gestalten sich Forschungsverläufe und Forschungsplanungen innerhalb von Disziplinen keineswegs linear oder zentralisiert, sondern wettbewerbsförmig. Eine konsensuelle Auflistung einer begrenzten Zahl leitender Anliegen geht auf externe Zuschreibungen zurück und läßt sich innerhalb einer Disziplin schon auf Grund heuristischer Konkurrenz und dezentraler Forschungsstrukturen kaum bewerkstelligen.

Forschungsentwicklungen

Forschung richtet sich nicht bloß auf die Lösung gestellter Rätsel, sondern übt sich darin, Irregularitäten, unbefriedigende Erklärungen zu erkennen. Am Anfang von Forschungsprozessen steht die Beobachtung einer frappierenden Ähnlichkeit, einer unvermuteten Rekurrenz, einer unerklärlichen Abweichung. Forschung unterscheidet sich von Spekulation dadurch, daß sie die Konfrontation mit dem Gegenstand sucht, von der Liebhaberei dadurch, daß sie sich bemüht, dem »Gegenstand nicht auf den Leim« zu gehen (Luhmann 1990, 645).

Daß Forschung prinzipiell unabschließbar ist, bedeutet nicht, daß sie in den einzelnen Bereichen kontinuierlich und in gleichem Tempo fortgesetzt wird. Diskontinuitäten innerhalb von Forschungsprozessen sowie die Ablösung ganzer Forschungsparadigmen haben Karl R. Popper (1934) und Thomas S. Kuhn (1962) beschrieben: Popper mit der Forderung der Falsifizierbarkeit (»Ein empirisch-wissenschaftliches System muß an der Erfahrung scheitern können«, Popper [11]2005, 17), Kuhn mit der Vorstellung der rätsellösenden Normalwissenschaft und des krisenbedingten Paradigmenwechsels (Kuhn 1962, 80–97). Imre Lakatos (1970; 1978) versucht, die Ansätze von Popper und Kuhn zu vermitteln, indem er Wissenschaft als Wettstreit von Forschungsprogrammen (»research programmes«) begreift, die aus einem harten Kern und einer positiven Heuristik bestehen. Larry Laudan (1977) schließt kritisch an Lakatos an, wenn er mit dem Vorschlag der Forschungstraditionen (»research traditions«) von einer stärkeren Anpassungsfähigkeit und Widerständigkeit der Traditionskerne ausgeht. Hat Bruno Latour (1988) zu Recht auf die komplexen Handlungsbedingungen und Übersetzungsprozesse verwiesen, unter denen Forschung sich vollzieht, so berücksichtigt er nicht ausreichend die Rückkopplung solcher Beobachtungen in der Forschung selbst.

Wie weit führen wissenschaftstheoretische Modellierungen zu einem Zeitpunkt, an dem die beobachteten Gegenstände, in diesem Fall zeitgenössische Forschungsprozesse, sich die Modelle längst zur Selbstbeschreibung angeeignet haben? Angesichts der Proliferation des Paradigmenwechselbegriffs und steigender Anforderungen an die Innovationsrhetorik ist zu fragen, ob die klassischen Beschreibungen von Forschungsentwicklung nicht einer beträchtlichen Ergänzung bedürfen, welche der Wettbewerbsgeschwindigkeit, der zunehmenden Projektförmigkeit und Befristung von Forschungsvorhaben Rechnung tragen müßte (Torka 2009).

Forschungskonzepte

Konventionell wird (1) nach wissenschaftsexternem Bezug zwischen (a) *Grundlagenforschung* oder *reiner Forschung* und (b) *angewandter Forschung* unterschieden, wobei erstere ihre Probleme ohne direkte forschungsexterne Anforderung und ohne kurzfristigen forschungsexternen Anwendungsbedarf wähle und bearbeite, während letztere auf die Lösung konkreter forschungsexterner, etwa politischer, ökonomischer, medizinischer oder technischer Probleme ausgerichtet sei. Erstere ist in der Regel an Universitäten, Akademien und Forschungsinstituten angesiedelt, während letztere sowohl an Hochschulen als auch in der Wirtschaft ihren Platz hat. Bereits die gängige Unterscheidung kalkuliert einen mittel- und langfristigen Austausch zwischen Grundlagenforschung und angewandter Forschung ein, wobei angenommen wird, daß die Grundlagenforschung für die angewandte Forschung die epistemische Basis vorbereitet, während die angewandte Forschung der Grundlagenforschung zu Anregungen und Irritationen verhilft. In der aufklärerischen Doppelforderung von Forschungsfreiheit einerseits, gesellschaftlicher Rückbindung andererseits liegt die Wurzel für ein solches aufgabenteiliges Konzept. Kann sich die Grundlagenforschung den Prinzipien widmen, führt die angewandte Forschung die Ergebnisse langfristig einer öffentlichen Nutzung zu. Eine plakative Gegenüberstellung von Grundlagenforschung und angewandter Forschung ist freilich längst zugunsten differenzierterer Modelle überwunden. Mittelstraß (2009, 20) stellt ein »dynamisches Forschungsdreieck« vor, das aus reiner Grundlagenforschung, anwendungsorientierter Grundlagenforschung und produktorientierter Anwendungsforschung besteht, welche in der Wissenschaft, in der Industrie und in deren institutionellen Konvergenzbereichen jeweils ihren Ort finden.

Unterscheiden läßt sich (2) auch nach Organisation und Größenordnung der Forschungspraxis zwischen (a) *Individualforschung* einerseits, (b) *Großforschung* sowie *Gruppen- und Verbundforschung* andererseits (de Solla Price 1963; Ritter 1992; Spoerhase 2010). Während erstere (a) die Initiative und die Leistungsfähigkeit des Einzelforschers betont, ist letztere (b), häufig nach militärischem oder ökonomischem Modell, industrieförmig in großen Forschungsanlagen und um aufwendige Apparate herum angeordnet, deren Verfahren und Ergebnisse nur in Forscherkollektiven bearbeitet werden können. Die polemische Gegenüberstellung impliziert eine Vorstellung entfremdeter Forschungsarbeit, in der an die Stelle des charismatischen Entdeckers der ersetzbare Forschungsangestellte treten muß (Shapin, 165–170). Deutlicher als durch klassische Großforschung ist die Forschungspraxis in den westlichen Industrieländern gegenwärtig freilich durch Gruppen- und Verbundforschung gekennzeichnet, d. h. kooperative Zusammenhänge von Einzelforschern und Forschungsabteilungen, durch Forschernetzwerke, die nicht mehr bloß institutionenzentriert, sondern problem- und projektzentriert arbeiten (Schönert 1993; Holdsworth 1997).

Die (3) Unterscheidungen zwischen zwei oder drei großen Forschungskulturen, etwa natur-, geistes- und sozialwissenschaftlicher Forschung, sollen hier ausgeklammert bleiben, weil sie sich auf den Wissenschaftsbegriff als ganzen beziehen. Experimentell aufgebrochen wird gegenwärtig (4) die strikte Trennung zwischen Wissenschaft als Forschung und Wissenschaft als Darstellung, so in der Konjunktur der Forschungsmuseen. Auch die Grenzen zwischen wissenschaftlicher Forschung und Kunst, die sich seit der frühen Neuzeit etabliert haben, werden versuchsweise aufgelöst (Klein 2010). Inwiefern es sich um bloße Zweckverbindungen von aufmerksamkeitshungrigen Forschungseinrichtungen und kundenbedürftigen Kreativagenturen, d. h. um marketingtaugliche Versuche der Teilhabe am Hochwertbegriff der Forschung handelt und an welchen Stellen eine neue Verschränkung ästhetischer und wissenschaftlicher Experimente in publikumszugewandten Laborsituationen eingefahrene Denkstrukturen aufzubrechen vermögen, muss untersucht werden.

Forschungskonkurrenz, Forschungspolitik, Forschungsökonomie

Forschung ist in ihrer Anlage infrastrukturgebunden, aber nicht ortsbeschränkt. Im globalisierten Wettbewerb arbeitet Forschung dezentral, konkurrentiell und vernetzt. Die seit der Frühaufklärung ausgehandelten Autonomie- und Wettbewerbsbedingungen sowie der hohe Spezialisierungsgrad einzelner Forschungsdisziplinen bringen es mit sich, daß die Aushandlung des Ressourcenzugangs und der ethischen Grenzen nicht vollständig in die Politik ausgelagert werden können, sondern innerhalb der wissenschaftlichen Tätigkeit, in Expertengremien und im Gutachterwesen ihren Ort haben. Angesichts des steigenden Anteils projektförmiger Forschung kommt der Forschungsförderung nicht nur ökonomische, sondern zunehmend epistemische Verantwortung zu (Richter 2000). Politisch und ökonomisch organisiert sind aber nicht nur die Forschungsbedingungen, auch die Forschungsprozesse selbst weisen ökonomische Strukturen im übertragenen Sinn auf. Dies betrifft die Effizienz von Lösungswegen, ebenso die Allokation von Ressourcen und Aufmerksamkeit, desgleichen die Erschließung von forschungsinternen Rezeptionsmärkten und die Arbeit mit symbolischem Kapital.

Forschertugend, Forscherhabitus, Forschungsethik

Wer über Forschung spricht, kann normative Aussagen nicht vermeiden. Er wird zwangsläufig nicht nur davon sprechen, was keine Forschung ist, sondern auch davon, was keine gute Forschung ist. Die Perspektive, die er einnimmt, ist unweigerlich nicht nur eine wissenschaftstheoretische, sondern eine forschungspolitische. Politische, ökonomische und mediale Anforderungen und Zuschreibungen führen zur zeitlich befristeten Markierung von Leitbereichen der Forschung, auf die sich Aufmerksamkeit unter forschungsexternen Kriterien konzentriert: zur Zeit des Kalten Krieges die Luft- und Raumfahrtforschung, gegenwärtig die bio- und informationstechnologische Forschung.

Wenn die Forschungsdefinitionen im wesentlichen auf westeuropäische und nordamerikanische Entwicklungen zurückgehen, wie gerecht ist dann der Forschungsaustausch in globalen Kontexten? Wenn die traditionelle Forscherrolle männlichen Helden auf den Leib geschrieben ist, wie hat sich dann das Gesicht der Forschung fünfzig Jahre nach Steichens »The Family of Man« verändert? Welche Stimme hat der Proband in der Forschung, welche Eingriffe in beforschte Umwelten sind zulässig? Ist eine strikte Anwendung urheberrechtlicher Kriterien und eine Verknappung des Zugangs zu Datenressourcen wettbewerbsförderlich oder erweist sich ein barrierefreier Zugang zu Forschungsergebnissen als produktiver?

Die Fragen weisen auf die kulturellen und ethischen Bedingungen hin, die sich in der Forschung ausprägen und durch die Forschung selbst geprägt ist. Epistemische Rahmenvorgaben und infrastrukturelle Einbettungen, politische Erkenntnisinteressen, habituelle Einübung und handwerkliche Routinen sind für Forschungsverläufe von kaum zu unterschätzender Bedeutung. Sie beeinflussen nicht so sehr die Ergebnisse als vielmehr schon die Heuristiken. Weist das *Deutsche Wörterbuch* »Forscherdrang« und »Forschergeist« als Eigenschaften des Forschers aus (DWb, Bd. 4/1 [1878], 1–2), scheint Skepsis vor charakterologischen Zuordnungen angebracht. Ob es sich um Forschertugenden oder bloß um normkonforme Praxis handelt, so gehen jedenfalls seit der frühen Neuzeit die Anforderungen an den Forscher über die Verfahrensregeln hinaus, wenn dem Forscher Neugier und Faszinationsfähigkeit, Aufrichtigkeit, Uneigennützigkeit und Zweifel abverlangt werden. Nicht zu vernachlässigen sind ästhetische Kriterien wie Kreativität und Eleganz im Lösungsansatz, die über forschungsökonomische Effizienz hinausreichen.

Der Forschende, das rücken mediale Inszenierungen in den Blick, ist eine heroische und eine tragikomische, eine melancholische und eine gefährliche Figur. Seit der frühen Neuzeit hat sich Forschung nicht nur als Berufstypus, sondern als Lebensform herausgebildet, das intransitive Verb »forschen« zu einer Vollzeittätigkeit, die sich, ernst genommen, nicht nach Tarifbedingungen oder mit reduzierter Stundenzahl betreiben läßt. Im heroischen Stereotyp, im kompromißlosen Anspruch an Tätigkeit und Reflexion, die sich mit Bedingungen von Priesterkasten in traditionellen Gesellschaften oder mit modernen Künstlerrollen vergleichen läßt, liegt Faszinationspotential, aber auch eine Tendenz zur Überforderung des Forscherindividuums. Steht hinter dem Vorwurf der »Barbarei des Spezialistentums« (Ortega y Gasset) ein überholter, universalistischer Bildungsbegriff? Oder ist der Forschende bei zunehmender Partikularisierung umso nachdrücklicher gefordert, seine Tätigkeit in größeren Zusammenhängen kritisch zu reflektieren? Die Forschungsfolgenabschätzung stellt angesichts humanitärer und ökologischer Gefährdungen eine Herausforderung dar, die nicht an die Kulturkritik delegiert werden kann. Rhetorische Vorbehalte gegenüber der Betriebsförmigkeit von Forschung sind zu günstigen Preisen zu haben, entscheidender ist die intellektuelle Distanzfähigkeit, die Abwehr gegen heuristische

Konditionierung, die Kunst, sich rechtzeitig zu langweilen.

Literatur:
Frank Becker, Die Universitätsreform Wilhelm von Humboldts, in: Geschichte und Systemtheorie, hg. von dems., Frankfurt am Main 2004, 278–302.
Johann Martin Chladenius, Allgemeine Geschichtswissenschaft, Neudruck der Ausgabe Leipzig 1752, mit einer Einleitung von Christoph Friedrich und einem Vorwort von Reinhart Koselleck, Köln 1985.
William Clark, Academic Charisma and the Origins of the Research University, Chicago 2006.
Carl F. Gethmann, [Art.] Forschungsprogramm, in: Enzyklopädie Philosophie und Wissenschaftstheorie, Bd. 1, Mannheim u. a. 1980, 534–535.
Anthony Grafton, Defenders of the Text. The Traditions of Scholarship in an Age of Science, 1450–1800, Cambridge/Mass. 1991.
Gunter E. Grimm, [Art.] Gelehrter, in: Lexikon der Aufklärung. Deutschland und Europa, hg. von Werner Schneiders, München 1995.
Janet M. Holdsworth, Karen Seashore Louis u. a., Becoming a Scientist: The Effects of Work-Group Size and Organizational Climate, in: The Journal of Higher Education 78 (2007), H. 3, 311–336.
Georg Jäger, Der Forschungsbericht. Begriff – Funktion – Anlage, in: Beiträge zur bibliographischen Lage in der germanistischen Literaturwissenschaft, hg. von Hans-Henrik Krummacher, Bonn 1981, 73–92.
Julian Klein, Was ist künstlerische Forschung?, in: Gegenworte 23 (2010), H. 1, 25–29.
Nikolaus von Kues, De venatione sapientiae, hg. von Karl Bormann, Hamburg 2003.
Thomas S. Kuhn, Die Struktur wissenschaftlicher Revolutionen, 2. Aufl., Frankfurt am Main 1976.
Imre Lakatos, Falsification and the Methodology of Scientific Research Programmes, in: Criticism and the Growth of Knowledge, hg. von Imre Lakatos und Alan Musgrave, Cambridge 1970, 91–195.
Imre Lakatos, The Methodology of Scientific Research Programmes: Philosophical Papers, Vol. 1, Cambridge 1978.
Bruno Latour, The Pasteurization of France, Cambridge/Mass. 1988.
Larry Laudan, Progress and its Problems. Towards a Theory of Scientific Growth, London 1977.
Kuno Lorenz, [Art.] Forschung, in: Enzyklopädie Philosophie und Wissenschaftstheorie. Bd. 1, Mannheim u. a. 1980, 533–534.
Niklas Luhmann, Die Wissenschaft der Gesellschaft, 3. Aufl., Frankfurt am Main 1998.
Robert K. Merton, Auf den Schultern von Riesen, Frankfurt am Main 1983.
Jürgen Mittelstraß, Finden und Erfinden. Über die Entstehung des Neuen im Spannungsfeld von Wissenschaft, Wirtschaft und Gesellschaft, in: Finden und Erfinden. Die Entstehung des Neuen. Berlin 2009, hg. von Jürgen Mittelstraß, 17–31.
Thomas Nickles, Heuristic Appraisal: A Proposal, in: Social Epistemology 3 (1989), 175–188.
Karl R. Popper, Logik der Forschung, hg. von Herbert Keuth, 11. Aufl., Tübingen 2005.
Sandra Richter, Leitbegriffe für die Wissenschaftsförderung. Zum Zusammenhang von Wissenschaftspolitik und disziplinärer Entwicklung in der germanistischen Literaturwissenschaft seit 1983, in: Literaturwissenschaft und Wissenschaftsforschung, hg. von Jörg Schönert, Stuttgart 2000, 551–572.
Stefan Rebenich, Theodor Mommsen und Adolf Harnack. Wissenschaft und Politik im Berlin des ausgehenden 19. Jahrhunderts, Berlin 1997.
Gerhard A. Ritter, Großforschung und Staat in Deutschland. Ein historischer Überblick, München 1992.
Jörg Schönert, Konstellationen und Perspektiven kooperativer Forschung, in: Geist, Geld und Wissenschaft. Arbeits- und Darstellungsformen von Literaturwissenschaft, hg. von Peter J. Brenner, Frankfurt am Main 1993, 384–408.
Steven Shapin, The Scientific Life. A Moral History of a Late Modern Vocation, Chicago 2008.
Derek J. de Solla Price, Little Science, Big Science, New York u. a. 1963.
Carlos Spoerhase, Big Humanities. ›Größe‹ und ›Großforschung‹ als Kategorien geisteswissenschaftlicher Selbstbeobachtung, in: Geschichte der Germanistik 37/38 (2010), 9–27.
Edward Steichen (Hg.), The Family of Man. Vorwort von Carl Sandburg. Neudruck zum 30. Jahrestag 1985, 10. Aufl., New York 2006.
Rudolf Stichweh, Zur Entstehung des modernen Systems wissenschaftlicher Disziplinen. Physik in Deutschland 1740–1890, Frankfurt am Main 1984.
Marc Torka, Die Projektförmigkeit der Forschung, Baden-Baden 2009.
Johann Heinrich Zedler, [Art.] Erforschung, in: ders., Grosses vollständiges Universal-Lexicon Aller Wissenschaften und Künste […], Bd. 8, Leipzig 1734, Sp. 1603.

4. Vergleichen

Matthias Middell

Vergleichen ist eine Alltagshandlung, die dazu dient, die allgegenwärtigen kulturellen Differenzen genauer zu bestimmen, die uns diachron von unseren Vorgängern oder synchron von unseren Zeitgenossen trennen bzw. unterscheidbar machen. Im Zuge der Herausbildung der modernen Sozialwissenschaften hat sich der Anspruch verfestigt, diese kulturellen Differenzen durch die Festlegung von plausiblen Indikatoren und das Messen von quantifizierbaren Werten exakt zu bestimmen. Inspiriert wurde dieses Anliegen durch den Druck, den der Siegeszug der Naturwissenschaften auf die Analyse gesellschaftlicher Prozesse spätestens seit dem ausgehenden 19. Jahrhundert ausübt. Der wachsenden Attraktivität der Naturwissenschaften in einem Zeitalter des Szientismus wurde entgegengehalten, der Vergleich ersetze in Bezug auf die Gesellschaft quasi das Experiment, indem wie in einer gut begründeten Versuchsanordnung mit Hilfe von Vergleichsdesigns einzelne Faktoren gesellschaftlicher Entwicklung isoliert würden, die einen methodischen Königsweg in den Gesellschaftswissenschaften böten. Hieraus entwickelten sich zwei Tendenzen: Zum einen intensivierte sich die Suche nach dem Meßbaren und damit auch ein Trend zur Standardisierung, der in der Bildungsforschung- und Bildungspolitik etwa die Lernleistungen, das soziale Umfeld der Lerner für die Erklärung von Zugang, Erfolg und Konsequenzen des Bildungserwerbs betrifft. Die anfallenden Daten forderten immer umfangreichere und komplexere Vergleichsszenarien heraus, während gleichzeitig das Verlangen nach Prognosen und erfolgreichen Implementierungen der Ergebnisse wuchs. Zum anderen verband sich die Suche nach territorialen Einheiten, für die die Daten zusammengefaßt werden könnten, mit dem Aufstieg des Nationalstaates als dominanter Rahmen für Statistiken und politische Interventionen. Einzelanalysen und Vergleiche gingen immer öfter von der Annahme des Nationalstaates als der selbstverständlichen Einheit politischer, sozialer, ökonomischer und auch kultureller Prozesse aus. Damit ging auch die Annahme einer homogener werdenden nationalen Bildungs- bzw. Hochschullandschaft einher. Ihnen wurde eine Tradition zugeschrieben, die weit in die frühneuzeitlichen Bildungsprozesse zurückreichte und sich auf Ursprünge in Antike und Mittelalter berief. Der Anachronismus nationaler Entwicklungen lange vor der Herausbildung des modernen Nationalstaates beeinflußte den Kulturvergleich massiv. Dies wurde verstärkt durch politische Regelungen auf nationalstaatlicher Ebene zur Vereinheitlichung von Personalstruktur, Curricula, Bildungskarrieren sowie zur Bildungsplanung, die einzelnen Standorten und Einrichtungen einen genauer bestimmten Platz im Gefüge der angenommenen Bildungslandschaften zuwiesen. Damit einher ging eine Mobilisierung von Ressourcen und Reformanstrengungen, die sich auf das Argument gründete, daß nationale Überlegenheit in aktuellen Auseinandersetzungen (kriegerischer, wirtschaftlicher oder kultureller Art) auf Unterschiede im Bildungssystem zurückzuführen sei. Die wachsende Unterordnung regionaler oder lokaler Besonderheiten sowie internationaler Vernetzungen unter die Vision einer durch Einheitlichkeit und Arbeitsteilung gekennzeichneten nationalen Kultur (einschließlich des Bildungssystems) erhöhte die Legitimität nationalstaatlicher Interventionen sowohl in zentralisierten als auch in stärker föderal organisierten Staaten.

Die enge Koalition von komparatistischen Strategien mit dem ›methodischen Nationalismus‹ prägte die Sozialwissenschaften für lange Zeit. So wurden verschiedene geographische Referenzen kultureller Phänomene von der Idee des Nationalen hierarchisiert – ebenso in der Idee eines nationalen Kulturföderalismus, der dem Regionalen einen nachrangigen Status zuordnet, wie im Konzept des Internationalismus, das die Nation als entscheidende Basisgröße für länder-, kontinent- und zivilisationsübergreifende Vergleiche voraussetzt. Folgenreich ist diese Koalition bis heute, weil sie nicht nur die Wahrnehmung kultureller Systeme, sondern auch die inzwischen weiter perfektionierte Datenerhebung steuert, so daß trotz grundsätzlicher Bedenken viele Studien zu kulturellen Phänomenen nur auf der Basis des methodischen Nationalismus durchgeführt werden können, wie in jüngerer Zeit die sog. PISA-Studie erneut bestätigt hat.

Widerspruch gegen diese Art des Vergleichens

entfaltete sich innerhalb der Humanwissenschaften zeitgleich zum Aufstieg der Sozialwissenschaften: In der berühmt gewordenen Formel von den historischen Epochen, die jeweils individuell »direkt zu Gott seien«, äußerte sich die Skepsis eines Historismus, der auf das Gewordensein, mithin den diachronen Kontext jeglichen kulturellen Phänomens, hinwies. Allerdings blieb das Beharren auf einer Spezifik der Geisteswissenschaften, wie es in Deutschland besonders zu beobachten war, stumpf gegenüber einer rasch wachsenden Attraktivität der Sozialwissenschaften, soweit sich der Historismus aus der Gegenwartserklärung zurückzog und sich auf die Legitimierung des Nationalstaates beschränkte. Demgegenüber versuchten die ebenfalls um 1900 stärker hervortretenden Kulturwissenschaften dem Vergleich auch durch die Berücksichtigung des synchronen Kontextes ein neues Fundament zu schaffen und traten in direkte Konkurrenz zum sozialwissenschaftlichen Paradigma. Einer der profiliertesten Repräsentanten des historisch begründeten Kulturvergleichs, Karl Lamprecht, betonte die Notwendigkeit, neben der Isolierung einzelner Seiten des Untersuchungsobjektes auch dessen (zunehmend weltweite) Verflochtenheit zu beachten. Politisch übersetzte sich dies in die Idee einer Ergänzung der Staatenkonkurrenz durch die Intensivierung der wechselseitigen Lern- oder Transferprozesse. Dieser Gedanke wurde nach dem Ersten Weltkrieg vor allem von den Vertretern der französischen Annales-Schule (Marc Bloch, Lucien Febvre) weitergetragen, die sich gegen eine Abschottung der Kultur- von den Sozialwissenschaften wandten, aber zugleich den reduktionistischen Ansatz Durkheims zugunsten einer weiter gefaßten Fächerkoalition und der Beachtung der wechselseitigen Konstituierung kultureller Phänomene durch Austauschprozesse verwarfen. In Deutschland gingen dagegen große Teile der kulturwissenschaftlichen Tradition eine politisch motivierte Koalition mit der sog. Kulturraumforschung ein, die der Vorstellung ethnisch abgrenzbarer Sphären und eines sog. Gefälles zwischen den Kulturen anhing. Nach dem Zweiten Weltkrieg startete die aus den USA zurückimportierte Soziologie Parsonscher Prägung ihren Siegeszug und bewies hohe Anziehungskraft für ehemals vom kulturwissenschaftlichen Ansatz beeinflußte Fächer, darunter auch Erziehungs- und Geschichtswissenschaft. Dies führte zu einer breiten Ausdehnung der vergleichenden Forschung, die zwar häufig im einmal etablierten konzeptuellen Rahmen blieb, aber durch das Gewicht der empirischen Fortschritte zu einer Ausdifferenzierung ihrer Praxis gelangte.

Grundsätzliche Kritik an dieser Form des Kulturvergleichs im Gefolge des sozialwissenschaftlichen Paradigmas kam vor allem aus zwei Richtungen:

In wachsendem Maße äußerten Autoren, die die postkoloniale Situation Lateinamerikas, Afrikas und Asiens im Blick hatten, Zweifel an der Übertragbarkeit des methodischen Nationalismus auf jene Gebiete, die teilweise nur artifiziell und von außen mit nationalstaatlichen Rahmungen ihrer kulturellen Institutionen konfrontiert wurden. Der Vorwurf, daß die Sozialwissenschaften und die auf ihnen aufbauenden Strategien der Entwicklungspolitik den kolonialen Blick des 19. Jahrhunderts verlängern würden, hat zu zahlreichen Bemühungen geführt, eine angemessenere Epistemologie des Kulturvergleichs zu entwickeln.

Stärker intellektuell von den Schwierigkeiten des Europäisierungsprozesses angetrieben, der Gefahr läuft, den methodischen Nationalismus auf der nächsten territorialen Ebene einfach zu wiederholen und damit auch wenig haltbare Vorstellungen von homogenen Zivilisationen, die einander im Vergleich gegenübergestellt werden können, fortzusetzen, hat sich die Kulturtransferforschung kritisch mit den Traditionen des Vergleichs auseinandergesetzt.

Sie hat sich in den letzten 20 Jahren rasant entwickelt und dabei nicht zuletzt die wechselseitige Beeinflussung von Prozessen im Bildungsbereich besonders intensiv untersucht. Dieser Forschungsansatz geht davon aus, daß Gesellschaften nicht isoliert voneinander existieren, sondern durch kulturelle Transfers miteinander verflochten sind und sich insoweit überhaupt erst gegenseitig konstituieren. Hieraus entsteht eine Vorstellung von der Moderne, die nicht allein durch Vorgänge gekennzeichnet sei, die in einem Container, genannt »Gesellschaft« oder »Nationalstaat«, ablaufen, sondern vielmehr ihren entscheidenden Antrieb von Entwicklung aus der ökonomischen, politischen und kulturellen Vernetzung und Verflechtung bezieht. Statt allein Entwicklungspfade gegeneinanderzustellen und »Pfadabhängigkeiten« zu vergleichen, geht es in diesem poststrukturalistischen Konzept um die konkrete Rekonstruktion der Verwobenheit der Entwicklungen, deren Akteure sich durch Mobilität auszeichnen und keineswegs allein durch ihre Zugehörigkeit zu der einen oder anderen Kultur charakterisiert werden können.

Die Methodologie der Transferforschung hat sich zuerst in den wiederum Aufwind erlebenden Kulturwissenschaften etabliert und von dort langsam in verschiedene andere Fächer vorgearbeitet. Dabei hat sie vor allem die ältere Einflußforschung in Frage gestellt, die davon ausging, daß sich kulturelle Phänomene nach den Intentionen ihrer Produzenten wie Waren über die Welt verteilen lassen, wenn man nur ausreichend für sie wirbt bzw. ihre Überlegenheit gegenüber einheimischen Hervorbringungen offensichtlich ist. Diese Einflußforschung kann ihre (west)europazentrische Prägung oftmals nicht verheimlichen. Sie konservierte kulturelle Überlegenheitsgefühle verschiedener Provenienz und schmiegte sich im Laufe der Zeit an moderne Ideen von der Expansion der Kulturindustrie an. In einer solchen Perspektive müssen »mißlungene« Exporte dem Verdikt verfallen und garantieren dem beobachtenden Forscher eine Schiedsrichterrolle über die Fähigkeit der historischen Akteure, kulturelle Innovationen angemessen zu verstehen.

Dagegen betont die Kulturtransferforschung, es käme gerade auf die Umkehrung der Blickrichtung an. Priorität solle die Frage haben, warum sich eine Kultur Elemente einer anderen Kultur aneignet und dabei ihren Bedürfnissen anpaßt. Geht man dieser Problemstellung nach, dann gibt es zunächst keine »falschen« Interpretationen des Fremden. Es geht vielmehr darum, zu erkennen, welche Interessen das selektive Interesse am Anderen beflügelt haben.

Eine solche Umkehrung der Blickrichtung trifft sich in manchen ihrer Bemühungen mit der in der angelsächsischen Historiographie ausgeprägten Suche nach cultural encounters; sie weist aber auch Übereinstimmungen in der Problematisierung des Zusammentreffens von Kulturen und im Interesse an den dabei entstehenden Hybridisierungen auf, die besonders im karibischen und mediterranen Kontext die Literatur- und Theaterwissenschaften beschäftigen. Die Kulturtransferforschung hat sich allerdings nicht damit begnügt, einzelne Texte oder Autoren auf Zeichen solcher kulturellen Vermischung hin zu untersuchen, sondern geht eine enge Verbindung mit der Sozialgeschichte (von Akteuren und Medien) und der Untersuchung von Institutionalisierungen des Austauschprozesses ein.

Im Forschungsprozeß hat sich inzwischen eine Abfolge von methodischen Schritten verfestigt, die sich in vielen Arbeiten zu kulturellen Transfers wiederfinden. Zunächst geht es darum, wie eine Defiziterfahrung und -wahrnehmung abläuft, die die Suche nach ausländischen Vorbildern für eine Füllung der konstatierten Lücke in Gang setzt. Dieser Prozeß ist konkreten Akteuren und Milieus zuzuordnen, die wiederum – im zweiten Schritt – häufig in einer konkret untersuchbaren Beziehung zu Mittlern und Medien der Übersetzung stehen.

Auf die Identifizierung lohnender Objekte der Aneignung und einen Vermittlungsprozeß in die importierende Kultur folgt die Zuordnung eines Platzes an die neuen Ideen, Güter oder Praktiken, die sich ebenfalls gesellschaftsgeschichtlich nachvollziehen läßt. Neben der Integration des Fremden als Exotisches begegnen auch Bemühungen, den fremden Charakter der angeeigneten Kulturelemente zum Verschwinden zu bringen.

Nehmen wir nur das Beispiel des Austausches über Organisationsformen des akademischen Unterrichts und der universitären Forschung: Angesichts der großen internationalen Aufmerksamkeit für die Praxis des Seminars, in dem Lehrende und Studierende zusammen Quellen studieren und neue Literatur diskutieren, hält sich – jedenfalls in Deutschland – hartnäckig die Idee, ein sog. Humboldt-Modell sei erfolgreich exportiert worden. Neuere Studien, die sich an der Methode der Kulturtransferforschung orientieren, haben dagegen gezeigt, daß man sowohl in den USA und Frankreich, als auch in Großbritannien und sogar in den deutschsprachigen Territorien jenseits der preußischen Grenzen die organisatorische Innovation auf ganz unterschiedliche Weise in bestehende Kontexte eingebaut hat und dabei ihr Prestige übertrieben hat, um die eigene Geltung zu erhöhen. In Frankreich dagegen wurde die vermeintliche Überlegenheit der neuen Lehrform des Seminars mit der gemeinsamen Lektüre von Quellen und einem Gespräch zwischen Lehrenden und Studierenden statt des bis dahin üblichen Frontalunterrichts gerade mit Blick auf eine Erklärung der Niederlage von 1870/71 besonders aufmerksam registriert, sogar durch zahlreiche Besuche junger Gelehrter in deutschen Hochschulen intensiv beobachtet und später teilweise übernommen. Die dabei herrschende Rhetorik war jedoch eine, die die im Ausland identifizierte Lehrform lieber auf eigene Wurzeln als auf fremde Ursprünge zurückführte. Gegen die deutschen Konkurrenten ließ sich sogar ins Feld führen, daß dort zeitgleich das lange abgelehnte Prinzip des Polytechnikums in den Technischen Hochschulen übernommen wurde, von einer Einbahnstraße des kulturellen Transfers also keine Rede sein konnte.

Bis in die Gegenwart, deren Diskurse häufig von Amerikanisierungsphantasien im Hochschulbereich oder nordeuropäischen Vorbildern für andere Bildungsstufen belebt werden, läßt sich die Intensität dieser Aneignungsvorgänge studieren. Der Bildungsbereich erweist sich dabei als besonders aktive Zone kultureller Transfers, in denen häufig zugleich miteinander verbundene Gesellschaftsvorstellungen für andere Bereiche mit transportiert werden, wie sich am Beispiel des meritokratischen Modells der USA, das in die Hochschulorganisation eingeflossen ist, zeigen läßt.

Besondere Aufmerksamkeit hat in der Transferforschung die Rekonstruktion der Vermittlung gefunden. Die Mittler im Kulturtransfer können Einzelpersonen sein, die sich in beiden kulturellen Umgebungen heimisch fühlen oder durch Emigration aus ihrem originären Kontext dazu veranlaßt wurden, sich mit den Beziehungen zwischen früherer und aktueller Zugehörigkeit auseinanderzusetzen. Emblematische Figuren der Zugehörigkeit zu zwei kulturellen Kontexten fallen in den Blick. Sie gehören oft einer Szene an, die ihre eigenen Lebensumstände künstlerisch oder wissenschaftlich bearbeitet und darin zum Transporteur interkultureller Botschaften wird. Andere leben auf vielleicht profaner zu nennende Weise von ihrer Kenntnis zweier Kulturen wie die Übersetzer, Kunsthändler, Herausgeber fremdsprachiger Periodika oder die Prediger für religiöse oder konfessionelle Diaspora, denen ihre Mehrsprachigkeit zum Vorteil gereicht, um eine Brücke zwischen den weit verstreuten Gemeinden her. Eine ähnlich doppelte Verankerung eines ganzen Milieus konnte für Branchen von Händlern festgestellt werden, deren transnationales Geflecht die Zirkulation kultureller Innovationen ermöglichte.

Überraschenderweise erweisen sich aber nicht nur kosmopolitisch ausgerichtete Intellektuelle, gewinnorientierte Fernhändler und auf ihren Lebensunterhalt bedachte Emigranten Mittler kultureller Transfers, sondern auch Autoren, die nichts weniger im Sinn haben als die Übernahme jener ausländischen Muster, die sie als Übel für ihre eigene Gesellschaft scharf bekämpfen. So entpuppt sich Ernst Moritz Arndt, der für die nationalistische Literatur des späten 19. und des 20. Jahrhunderts zum Vorreiter einer deutschen Franzosenfeindschaft wurde, als ein heimlicher Bewunderer Napoleons, der den Einfluß des Franzosenkaisers unter Nutzung von dessen eigenen Methoden zurückdrängen wollte. Das Schema ist ganz ähnlich wie in anderen Fällen kultureller Transfers. Die Schwäche der preußischen Verteidigungskraft wird Arndt zum Motiv, genauer zu schauen, worin die Überlegenheit des Gegners wurzelt, und damit zum Movens für eine Übernahme ›französischer‹ Muster einer Nationalisierung der Massen durch Volksfeste, Schulunterricht und gezielte Nutzung neuer Medien. So nimmt es nicht wunder, daß die vergleichende Nationalismusforschung eine Reihe von Strukturähnlichkeiten konstatiert, die auf solche Transfers zurückgehen. Was zuvor gerade eine Eigentümlichkeit der Anhänger einer Nation sein sollte, wird zum geschwind zirkulierenden Modell, das leicht Anschluß an die neuesten Techniken der kulturellen Integration verheißt.

In einer zuweilen hitzigen Debatte um die Methoden des Vergleichs und der Transferanalyse sind im letzten Jahrzehnt vor allem die Unterschiede herausgearbeitet worden. Dabei sind die Möglichkeiten einer Kombination beider Verfahren eher unterbelichtet geblieben. Es zeigt sich jedoch, daß zunächst der Vergleich als Alltagsoperation zur Voraussetzung aller Transfers wird, denn erst dem komparatistischen Blick erschließen sich die Nachteile der eigenen und die Vorzüge der fremden Kultur, die den Transfer inspirieren. Auf einer höheren Stufe schließlich ergibt der Vergleich von Transferkonstellationen, der dem empirisch inzwischen mehrfach belegten Gedanken folgt, daß Transfers selten allein bilateral stattfinden, sondern sich in multipolaren Netzen vollziehen, eine neue Möglichkeit, kulturelle Differenz zu messen – nämlich als Fähigkeit und Bereitschaft zum Transfer.

Literatur:
Mitchell G. Ash (Hg.), German Universitities – Past and Future: Crisis or Renewal?, Providence u. a. 1997.
Christophe Charle, La République des universitaires, 1870–1940, Paris 1994.
Deborah Cohen, Maura O'Connor (Hgg.), Comparison and History. Europe in Cross-National Perspective, New York u. a. 2004.
Sebastian Conrad, Shalini Randeria (Hgg.), Jenseits des Eurozentrismus. Postkoloniale Perspektiven in den Geschichts- und Kulturwissenschaften, Frankfurt am Main u. a. 2002.
Michel Espagne, Michael Werner, Deutsch-französische

Kulturtransfers im 18. und 19. Jahrhundert. Zu einem neuen interdisziplinären Forschungsprogramm des CNRS, in: Francia, Bd. 13 (1985), 502–510.

Michel Espagne, Michael Werner (Hgg.), Transferts. Les Relations interculturelles dans l'espace franco-allemand (XVIIIe–XIXe siècle), Paris 1988.

Michel Espagne, Sur les limites du comparatisme en histoire culturelle, in: Genèses 17 (1994), 112–121.

Michel Espagne, Werner Greiling (Hgg.), Frankreichfreunde. Mittler des französisch-deutschen Kulturtransfers (1750–1850), Leipzig 1996.

Michel Espagne, Les transferts culturels franco-allemands, Paris 1999.

Étienne François et al. (Hgg.), Marianne-Germania. Deutsch-französischer Kulturtransfer im europäischen Kontext 1789–1914, 2 Bde., Leipzig 1998.

Thomas Fuchs, Sven Trakulhun (Hgg.), Das eine Europa und die Vielfalt der Kulturen. Kulturtransfer in Europa 1500–1850, Berlin 2003.

Hartmut Kaelble, Jürgen Schriewer (Hgg.), Vergleich und Transfer. Komparatistik in den Sozial-, Geschichts- und Kulturwissenschaften, Frankfurt am Main u. a. 2003.

Gabriele Lingelbach, Klio macht Karriere. Die Institutionalisierung der Geschichtswissenschaft in Frankreich und den USA in der zweiten Hälfte des 19. Jahrhunderts, Göttingen 2003.

Hans-Jürgen Lüsebrink, Rolf Reichardt (Hgg.), Kulturtransfer im Epochenumbruch. Frankreich-Deutschland 1770 bis 1815, 2 Bde., Leipzig 1997.

Hans-Jürgen Lüsebrink, Nationalist aus französischer Inspiration. Ernst Moritz Arndt (1769–1860), in: Espagne/Greiling 1997, 221–242.

Matthias Middell, Kompatibilität oder Diversität europäischer Wissenschaftssysteme – ein Blick auf die Transferprozesse im 19. Jahrhundert, in: »… immer im Forschen bleiben«. Rüdiger vom Bruch zum 60. Geburtstag, hg. von Marc Schalenberg und Peter Walther, Stuttgart 2004, 199–212.

Matthias Middell, Kulturtransfer und Historische Komparatistik – Thesen zu ihrem Verhältnis, in: Comparativ 10 (2000), 1, 7–41.

Johannes Paulmann, Internationaler Vergleich und interkultureller Transfer. Zwei Forschungsansätze zur europäischen Geschichte des 18. bis 20 Jahrhunderts, in: Historische Zeitschrift 267 (1998), 649–685.

Helke Rausch (Hg.), Transatlantischer Kulturtransfer im »Kalten Krieg«. Perspektiven für eine historisch vergleichende Transferforschung, Leipzig 2006 (=Themenheft der Zeitschrift Comparativ).

Marc Schalenberg, Humboldt auf Reisen? Die Rezeption des ›deutschen Universitätsmodells‹ in den französischen und britischen Reformdiskursen (1810–1870), Basel 2002.

Katharina Scherke, Helga Mitterbauer (Hgg.): Ent-grenzte Räume. Kulturelle Transfers um 1900 und in der Gegenwart, Wien 2004, 43–74.

Rainer Christoph Schwinges (Hg.), Humboldt International. Der Export des deutschen Universitätsmodells im 19. und 20. Jahrhunderts, Basel 2001.

Laurier Turgeon, Denys Délage, Réal Ouellet (Hgg.), Transferts culturels et métissages : Amériques/Europe XVIe–XXe siècle, Laval 1996.

Michael Werner, Bénédicte Zimmermann (Hgg.), De la comparaison à l'histoire croisée, Paris 2004.

5. Kontrollieren

Klaus Dieter Wolff

Zweck einer Evaluation

Evaluation – für die einen ein Wundermittel, für andere Teufelswerk. Ein Evaluationsverfahren dient der Diagnose und der Verbesserung definierter organisationsinterner Prozesse, wobei es um die Feststellung des Wertes und des Nutzens ganz unterschiedlicher Gegenstände geht. Evaluationsgegenstände können Verfahrensabläufe, Projekte, Organisationsbestandteile, Programme, Produkte, Leistungen oder Erträge sein.

Für Teufelswerk halten es alle, die sich nicht in ihrem festen Glauben erschüttern lassen wollen, daß sich alles, was sie bisher getan oder vertreten haben, bewährt hat. Wer es für ein Wundermittel hält, unterschätzt allerdings sehr häufig den Aufwand für eine Evaluation und überschätzt zugleich ihren unmittelbaren Nutzen. Wer optimalen Nutzen aus einer Evaluation ziehen will, sollte sich deshalb mit den wesentlichen Elementen eines Evaluationsverfahrens vertraut machen.

Bestandteile eines Evaluationsverfahrens

Die Deutsche Gesellschaft für Evaluation hat 25 »Standards für Evaluation« entwickelt, die sich sowohl an die Auftraggeber als auch an die Gutachter richten. Die Standards sollen die Qualität von Evaluationen sichern und entwickeln helfen und als Dialoginstrument für einen Austausch über die Qualität von professionellen Evaluationen dienen. Außerdem sollen sie Orientierung bei Planung und Durchführung von Evaluationen geben.

Die Standards der Deutschen Gesellschaft für Evaluation wollen sicherstellen, daß Evaluationen vier grundlegende Eigenschaften aufweisen, nämlich
- Nützlichkeit (Identifizierung der Beteiligten und Betroffenen – Klärung der Evaluationszwecke – Glaubwürdigkeit und Kompetenz der Evaluatoren – Auswahl und Umfang der Information – Transparenz von Werten – Vollständigkeit und Klarheit der Berichterstattung – Rechtzeitigkeit der Evaluation – Nutzung und Nutzen der Evaluation),
- Durchführbarkeit (Angemessene Verfahren – Diplomatisches Vorgehen – Effizienz von Evaluation),
- Fairneß (Formale Vereinbarungen – Schutz individueller Rechte – Vollständige und faire Überprüfung – Unparteiische Buchführung und Berichterstattung – Offenlegung der Ergebnisse) und
- Genauigkeit (Beschreibung des Evaluationsgegenstandes – Kontextanalyse – Beschreibung von Zwecken und Vorgehen – Angabe von Informationsquellen – Valide und reliable Informationen – Systematische Fehlerprüfung – Analyse qualitativer und quantitativer Informationen – Begründete Schlußfolgerungen – Meta-Evaluation).

Ein vollständig durchgeführtes Evaluationsverfahren umfaßt regelmäßig drei Abschnitte, und zwar
- die Selbstevaluation hinsichtlich der zu evaluierenden Gegenstände, durch die diese Gegenstände systematisch beschrieben und aus der eigenen Sicht bewertet werden,
- die Überprüfung und Bewertung der Selbstevaluation durch eine externe Evaluation/Fremdevaluation sowie
- Konsequenzen des Verfahrens und deren Umsetzung.

a) Selbstevaluation
Eine Selbstevaluation beginnt mit der Beschreibung ihrer Zielsetzung, der Definition der Evaluationsgegenstände und der internen Evaluationsorganisation hinsichtlich der Beteiligten, der Abläufe und der Steuerung. Bei der Beschreibung der Zielsetzung ist zu unterscheiden zwischen der Zielsetzung der Evaluation selbst (entwickelnd, gestaltend oder bilanzierend) und den Zielen, die den Evaluationsgegenständen innewohnen. Außer der Frage,
- welche Ziele mit den Evaluationsgegenständen realisiert werden sollen, ist auch die Frage zu beantworten, ob die Ziele valide sind. Die Fragenkette setzt sich dann fort mit den Fragen,
- wie die Ziele verwirklicht werden, also eine Darlegung der operationalen Aspekte einschließlich der Entscheidungsprozesse,
- auf welche Weise man sich vergewissert, daß die Umsetzungsmaßnahmen zielführend und erfolgreich sind, und schließlich,
- wie man die Veränderungen, mit denen die Verbesserungen erreicht werden sollen, bewerkstelligt.

Ratsam ist es außerdem, den für die Evaluation spezifischen Maßstab zu bestimmen, an dem man sich messen will, und nicht auf tradierte Vorurteile zurückzugreifen. Hier sollte man es mit George Bernard Shaw halten, dem der Ausspruch zugeschrieben wird, daß der einzige Mensch, der sich vernünftig benimmt, sein Schneider sei. Er nehme jedes Mal neu Maß, während alle anderen immer wieder die alten Maßstäbe anlegten, in der Meinung, sie paßten auch heute noch.

b) Fremdevaluation
Die Qualität einer Evaluation beruht entscheidend auf der Qualität des Evaluationsverfahrens und dabei vor allem auf der Qualität der Gutachter. Umgekehrt ausgedrückt läßt sich feststellen, daß eine mindere Qualität der Evaluation sich in ihren Ergebnissen niederschlägt. Daher ist es besonders wichtig, die Auswahl und Bestellung der Gutachter zielorientiert vorzunehmen, die Anforderungen an die Gutachter sorgfältig zu definieren und zu überprüfen, sie ihnen durch geeignete Informationen nahezubringen und die technischen Aspekte des Evaluationsverfahrens optimal umzusetzen.

Bei einer Evaluation kommt es nicht allein auf die Fachkompetenz der Gutachter an, die im Zusammenhang mit den Evaluationsgegenständen relevant ist, sondern es bedarf darüber hinaus auch einer Bewertungskompetenz der Gutachter, die ausgehend von deren Fachkompetenz eine zusätzlich und in der Regel unbedingt notwendige Aussage über die Güte der Evaluationsgegenstände und über deren Standort im Gefüge der Interessenverwirklichung des Auftraggebers trifft. Außer von Gutachtern ist in Evaluationsverfahren gelegentlich auch von Experten oder Peers die Rede. Der Begriff des Experten vermittelt lediglich die Vorstellung von Fachkompetenz, umfaßt aber nicht das Vorhandensein einer in diesem Sinne breiter angelegten Bewertungskompetenz. Der Begriff des Peers wiederum verweist ebenfalls zunächst auf das Vorliegen von Sachkompetenz, spiegelt aber zugleich die Zugehörigkeit zu einem Personenkreis aus dem Interessengefüge des Auftraggebers wider, der mit den spezifischen Aufgabenstellungen und Aufgabenverwirklichungen des Auftraggebers insgesamt vertraut ist.

Der wichtigste Grundsatz, der der Gutachterauswahl zugrunde liegen sollte, ist der einer bewußten und wohlüberlegten Vorgehensweise. Die Gutachterauswahl darf nicht von Zufall oder Willkür gesteuert sein. Das Auswahlverfahren muß für alle Beteiligten transparent und in seinen Grundzügen für alle Vorgänge vorher nachvollziehbar und einheitlich festgelegt sein. Das Auswahlverfahren muß die vorbehaltlose Akzeptanz der Gutachter durch den Auftraggeber und seine Angehörigen gewährleisten. Der Zeitpunkt der bewußten und wohlüberlegten Gutachterbestellung sollte zweckmäßigerweise so gewählt sein, daß die Auswahl in Kenntnis der Selbstdarstellung des Auftraggebers erfolgen kann. Erst zu diesem Zeitpunkt läßt sich zuverlässig feststellen, welche besonderen fachlichen und organisatorischen Gegebenheiten mit den Evaluationsgegenständen verbunden sind. Auch lassen sich erst dann die Anforderungen bestimmen, die die Gutachter als Voraussetzung für eine optimale Ausführung ihres Auftrages zu erfüllen haben. Die Zusammensetzung der Gutachtergruppe ist dabei so vorzunehmen, daß alle Aspekte des in Rede stehenden Evaluationsverfahrens abgedeckt werden.

Als problematisch ist eine Handhabung der Gutachterauswahl anzusehen, bei der allein der Auftraggeber die Gutachter bestimmt. Der Auftraggeber der Fremdbegutachtung sollte zwar Vorschläge für die Gutachter einbringen können, jedoch kein bestimmendes Mitwirkungsrecht bei der Gutachterbestellung ausüben. Die Gutachterauswahl sollte entweder einem einzelnen Experten oder einem Expertengremium übertragen werden, dessen Mitglieder ebenso wie der einzelne Experte unabhängig in dem Sinne sind, daß sie kein eigenes »Interesse« an den Handlungen oder Ergebnissen des Evaluationsauftraggebers haben. Vorschläge des Auftraggebers für die Gutachterauswahl sind in der Weise zu behandeln, daß der Experte oder das Expertengremium an solche Vorschläge nicht gebunden ist und bei einer Nichtberücksichtigung keine Begründungspflicht besteht. Von der Möglichkeit zu Gutachtervorschlägen sollte der Evaluationsauftraggeber unbedingt Gebrauch machen, denn das Expertengremium bzw. der einzelne Auswahlexperte gewinnen mit Hilfe der Gutachtervorschläge des Auftraggebers über den Inhalt der Selbstdarstellung hinaus zusätzliche Informationen darüber, wie der Auftraggeber sich selbst einschätzt. Außerdem können sich durch die Gutachtervorschläge des Auftraggebers Hinweise darauf erschließen, wer ohne voreingenommen zu sein mit den spezifischen Gegebenheiten des Auftraggebers gut vertraut ist. Vor der endgültigen Gutachterbestellung sollte die vorgesehene Gutachterauswahl dem Auftraggeber zur Kenntnis gebracht werden mit der Anheimgabe, gegebenenfalls begründete Einwände wegen tatsächlicher oder auch nur möglicher Befangenheit, d. h. des Fehlens von Unabhängigkeit und Objektivität einzelner Gutachter, vorzubringen.

Die wichtigste Pflicht der Gutachter ist es, die Informationen, die für den Beurteilungsvorgang sowie mit der Sachverhaltsanalyse, der Bewertung der vorgefundenen Tatbestände und der Abgabe des Abschlußurteils relevant sind, lückenlos aufzunehmen. Dazu gehört insbesondere die Selbstdarstellung des Auftraggebers, gegebenenfalls unter Heranziehung zusätzlicher Informationen durch Anforderung beim Auftraggeber oder aus anderen Quellen.

Ob Bestandteil des Evaluationsverfahrens auch ein Vor-Ort-Besuch beim Auftraggeber ist, liegt im pflichtgemäßen Ermessen der Gutachtergruppe. Ein Vor-Ort-Besuch dient nicht nur der Aufnahme weiterer Informationen, der Begegnung und Diskussion mit den Vertretern des Auftraggebers und der Aussprache unter den Mitgliedern der Gutachtergruppe, sondern bietet auch die unerläßliche Gelegenheit, sich über das jeweilige Bild zu verständigen, das jeder Gutachter für sich aus der Selbstdarstellung über die Evaluationsgegenstände hinsichtlich Zielsetzung, Konzept und Umsetzung gewonnen hat.

Schließlich fällt in die Verantwortung der Gutachtergruppe die Erstellung eines den Evaluationsauftrag bewertenden Gutachtens. Inwieweit dabei der Status als Gutachter beibehalten wird oder eine zumindest teilweise Umwandlung des Gutachterstatus in einen Beraterstatus erfolgt, hängt von der Na tur des Evaluationsverfahrens ab. Aufgabe einer »formativen« Evaluation ist es, die Gestaltung der Evaluationsgegenstände zu begleiten, und zielt damit auf Verbesserungen ab. Sie soll den Auftraggeber dabei unterstützen, den Evaluationsgegenstand zu optimieren und seine Wirkungen zu verbessern. Eine »summative« Evaluation dagegen gibt zu den Evaluationsgegenständen lediglich ein zusammenfassendes Urteil ab.

c) Konsequenzen und Umsetzung
Ein Evaluationsverfahren zu beginnen, ohne die feste Absicht, aus den gewonnenen Erkenntnissen Konsequenzen zu ziehen, ist eigentlich sinnlos. Dennoch ist es eine Tatsache, daß nicht selten Evaluationsergebnisse entweder im Papierkorb oder in der Schublade landen. Bereits bei der Planung und Vorbereitung eines Evaluationsverfahrens sollten daher organisatorische Vorkehrungen dafür getroffen werden, daß die Ergebnisse umgesetzt werden.

Nahezu jede Evaluation wird Anregungen für Verbesserungsmaßnahmen produzieren. Wer eine Evaluation in Auftrag gibt, muß sich somit auf Veränderungen vorbereiten. Ein wesentliches Gestaltungsmerkmal für nützliche Evaluationen ist es, Veränderungsprozesse zu verstehen und sie erfolgreich steuern zu können, denn Veränderungen wollen Vorstellungen von künftigem Handeln und dessen Ergebnissen verwirklichen.

Dabei ist die Beschreibung der neuen Zukunft im Prozeß der Planung und Gestaltung eines neuen Konzepts nur die eine Hälfte der Aufgabe. Die andere Hälfte der Aufgabe besteht darin, die Menschen dazu zu bringen, die Vergangenheit loszulassen. Josef Schumpeter hat dafür einen wichtigen Hinweis gegeben mit seinem Begriff der kreativen Zerstörung, der besagt, daß es unmöglich ist, etwas Neues zu schaffen, ohne das Alte deutlich zu verändern oder zu zerstören.

Vielen Menschen sind Veränderungen unangenehm und sie unternehmen alles, um Veränderungen abzuwehren. Es kommt also in erster Linie darauf an, Veränderungen im Verhalten und in den Einsichten der Menschen herbeizuführen. Das kann auf unterschiedlichen Wegen erfolgen. Entweder man verändert Strukturen (Prozesse, Systeme, Regeln), mit denen Verhaltensänderungen bewirkt werden in der Erwartung, daß mentale Veränderungen folgen werden. Oder man setzt zunächst auf mentale Veränderungen und baut darauf, daß diesen Verhaltensänderungen folgen werden. Bei der Implementierung von Veränderungen wird erfolgreich sein, wer deren Ideen verkaufen und Beteiligung gewinnen kann. Dafür wird Zeit benötigt, um die von Veränderungen betroffenen Menschen Informationen verarbeiten und Entscheidungen treffen zu lassen. Als Fazit läßt sich festhalten, daß Veränderungen Zeit benötigen, was von vornherein in die Gestaltung des Evaluationsverfahrens einzubeziehen ist.

Verhaltenswandel ist Kulturwandel, den man herbeiführt, indem man
- die Aspekte der existierenden Kultur hervorhebt, die sich nicht ändern, wodurch man Glaubwürdigkeit schafft,
- die Kernwerte identifiziert und stärkt, die der Organisationsstruktur und dem Organisationsverhalten, die man ändern will, zugrunde liegen,
- den fundamentalen Kernwerten Anerkennung und Unterstützung erweist,
- deutlich erklärt, welches Verhalten, welche Haltung man verändern möchte.

Solch ein Kulturwandel durch Verhaltenswandel wird getragen durch
- Sponsoren, als Führungsmitglieder, die die visionären Individuen und Gruppen fördern, unterstützen und herausfordern, sie initiieren und schützen den Prozeß des Umlernens, und durch
- Promotoren, welche als Individuen und Gruppen neue Ideen aufgreifen oder entwickeln und aktiv in der Organisation vertreten, sie propagieren die Notwendigkeit des Wandels und organisieren die konkrete Umsetzung.

Zur erfolgreichen Durchführung von Veränderungsprozessen gehört auch das Geschick, Fragen stellen zu können und sich davon nicht abbringen zu lassen. Einen Veränderungsprozeß kann man nämlich rasch und nachhaltig abwürgen mit vorschnellen Antworten, die keinen Raum lassen, passende Fragen zu stellen.

Wandel und Widerstand sind eng miteinander verknüpft. Die klassische Ausprägung des Widerstands ist der Glaube, daß es keine Probleme gibt. Durch Verleugnung und Verdrängung will man Schmerz vermeiden. Eine weitere beliebte Abwehr ist die Projektion, d. h. eigene Fehler oder Wünsche werden anderen zugeschrieben. Widerstand gegen Veränderungen erwächst auch daraus, daß jede neue Vorstellung, die geschaffen und realisiert wird, für andere zunächst vage und aus zwei Gründen außer jeder Reichweite erscheint: Unkenntnis der Details sowie enger Blickwinkel und kürzere Zeitperspektive des eigenen Tagewerks.

Wer ein Evaluationsverfahren in Gang setzt, muß sich darüber im Klaren sein, daß für die daraus resultierenden Veränderungen organisierten Lernens durch Führung erforderlich ist. Eine Evaluation wird ohne Konsequenzen bleiben, wenn die Führung fundamentale Mängel aufweist. Das Vorhandensein wirksamer Führung ist neben einer lösungsorientierten Konfliktkultur und hohe Dialogorientierung gekennzeichnet durch die Erfüllung der Managementaufgaben des Vermittelns zwischen:

- unterschiedlichen Interessen,
- Kooperation und Konkurrenz,
- Homogenität und Heterogenität,
- Sicherheit und Unsicherheit,
- Konstanz und Wandel.

Abschließend läßt sich noch darauf hinweisen, daß die Bereitschaft zu Veränderungen in Krisensituationen besonders groß ist.

6. Kritisieren

Birgit Sandkaulen

Ein Gegenbild

In Thomas Manns Roman »Der Zauberberg« begegnet uns eine Figur, die leitmotivisch als überaus »ungebildet« bezeichnet wird. Nicht nur, daß Frau Stöhr beständig »Bildungsschnitzer« unterlaufen, indem sie so tut, als kenne sie sich mit Fremdwörtern und mondänen Redensarten aus. Ihre Pose angeblich weltläufigen Betragens paart sich vor allem mit der Gier, ihre eigene Befindlichkeit auszustellen und den Belangen anderer Leute klatschlüstig und rechthaberisch nachzujagen. In ihrer »großen Unbildung« läßt sie jegliches Gefühl für Takt und Diskretion und allen Sinn für die Einschätzung einer Situation vermissen. Und weil sie sich zwar mit der Attitüde, gebildet zu sein, ziert, tatsächlich aber ihre Mängel nicht im geringsten durchschaut, wundert es nicht, daß ihr immer wieder das Attribut »störrisch« beigelegt wird. – Wie es ist, wenn man ungebildet ist, tritt hier ganz plastisch vor Augen. Dabei ist die Verwechslung der Fremdwörter nur ein Symptom. Wesentlich ist, daß Frau Stöhr in erheblichem Ausmaß fehlt, was zu Kritik und Urteil befähigt.

Begriffsklärungen

Alltagssprachlich neigen wir dazu, den Ausdruck »Kritik« negativ, im Sinne eines Tadels oder Einwands zu verwenden, während der Ausdruck »Urteil« für alle möglichen Äußerungen einer persönlichen Meinung eingesetzt wird. Beides zusammengenommen könnte dazu verleiten, Frau Stöhrs Bemerkungen »kritische Urteile« zu nennen – mit gutem Grund schrecken wir davor aber auch schon im alltäglichen Sprachgebrauch zurück. Offenkundig ist der Ausdruck »kritisches Urteil« für ein bestimmtes Urteil reserviert: Hier kommt es auf eine *qualifizierte Stellungnahme* an, die sich einer Prüfung aller einschlägigen Hinsichten verdankt. Eben dies entspricht der eigentlichen Bedeutung von »Kritik«, die auf »krisis«, das griech. Wort für »Urteil« im Sinne des *Prüfens und Unterscheidens*, zurückverweist. Über Kritikfähigkeit verfügt demnach der, der eine Situation, einen Sachverhalt oder ein Verhalten umsichtig und triftig einzuschätzen vermag. Das kann zu einer sachlichen Feststellung und damit verbunden auch zu einer Bewertung führen, die Vorzüge und Mängel begründet gegeneinander hält. Von weitem erinnert die alltägliche Rede aber daran, daß das kritische Urteil im Ernstfall auch ur-teilend und darin zerstörerisch wirken kann.

Bildung und kritisches Urteil

In der Philosophie und der Rhetorik hat das Kritik- und Urteilsfeld ganz unterschiedliche Bearbeitungen gefunden (vgl. Wagner 1998). Drei Aspekte können jedoch zunächst zur generellen Orientierung dienen, um anschließend einige exemplarische Varianten zu beleuchten. Auszugehen ist dabei davon, daß ein Urteil eine *Beziehung zwischen Besonderem und Allgemeinem* herstellt und in der Regel sprachlich zum Ausdruck bringt.

1. Der *materiale* Aspekt: Beurteilt wird stets eine konkrete Sachlage. Der Situation entsprechend kann es sich um das ganze Spektrum theoretischer, pragmatischer, moralischer und ästhetischer Fragen handeln. Ebenso hängt von den Umständen ab, was aus einem bestimmten Urteil folgt: Eine neue Einsicht, die Einschätzung einer Leistung oder des Verhaltens anderer Menschen, die Entscheidung, was in einem Konfliktfall zu tun ist, oder die Verständigung darüber, warum ein Roman oder ein Film gefällt. Entscheidend ist, daß die begründete Einschätzung eines wie immer gearteten konkreten Falls nur dann gelingt, wenn man zugleich über sachliche Gesichtspunkte bzw. normative Kriterien seiner Beurteilung verfügt. Damit kommt die Perspektive des Allgemeinen ins Spiel – als der jeweils zur Geltung zu bringende einschlägige Maßstab, an dem sich die kritische Prüfung orientiert.

Aus dieser Struktur des Urteils als je neu zu leistender Vermittlung zwischen Besonderem und Allgemeinem folgt nun zum einen, daß die Rede von einer »Bildungstechnik« nicht unproblematisch ist. Sie erweckt nämlich den Eindruck, als könne man zwischen Form und Inhalt trennen und die »Schlüsselqualifikation« kritischer Urteilskompetenz abgelöst von aller sachlichen Auseinandersetzung demonstrieren. De facto wird man einen gebildeten Menschen aber daran erkennen, daß er sein Urteil sowohl hinsichtlich der relevanten Umstände des konkreten Falls als auch hinsichtlich der ins Spiel gebrachten allgemeinen Gesichtspunkte jeweils überzeugend ausweisen kann. Dieses Erfordernis sachlicher Vertrautheit ist jedoch zum andern mit dem Erwerb möglichst zahlreicher Kenntnisse nicht zu verwechseln. Wer nur viel weiß und Lexikon- und Lehrbucheinträge auf Abruf beherrscht, ist noch lange kein Gebildeter, dessen Urteile durch ihre Stichhaltigkeit und Besonnenheit überzeugen. Das ist erst dann der Fall, wenn er Allgemeines und Besonderes passend aufeinander beziehen, also die jeweils *angemessenen* Gesichtspunkte auswählen und für seine Einschätzung fruchtbar machen kann. Anders als das beziehungslose Abspeichern von Wissensbeständen verlangt dieser paßgenaue Abgleich *Übung* und *Erfahrung*. Intuitiv verbinden wir deshalb einen gebildeten Menschen mit jemandem, der sich in der Welt umgetan und seine Kritikfähigkeit unter ständig wechselnden Situationen bewährt hat.

2. Der *kommunikative* Aspekt: Obwohl es einer Sachfrage gilt, ist das Urteil von der Person des Urteilenden selbst und seinen Beziehungen zu anderen nicht abzulösen. Im Zusammenhang der Bildung wird damit die normative Erwartung an die Fähigkeit und Bereitschaft adressiert, den eigenen Standpunkt zu relativieren, anstatt »störrisch« die eigenen Vorlieben, Affekte, Meinungen und Weltbilder als das Maß der Dinge zu behaupten. Das kann anstrengend, ja sogar schmerzhaft sein, und doch gehört die Kultivierung der Selbstdistanz zur gebildeten *Kritikfähigkeit* unverzichtbar hinzu. Sie trägt dann auch nicht die bloße Pose der Weltläufigkeit vor sich her, sondern vermag im besten Falle wirklich durch urbane Souveränität zu überzeugen, durch das Vermögen also, die Welt mit den Augen der anderen zu betrachten. Die philosophische Tradition hat hier den Appell an den *sensus communis* eingesetzt. Ziviler Respekt gegenüber den Belangen der anderen und Rücksichtnahme darauf, was ihnen einleuchtend und verständlich sein könnte, bilden so die kommunikative Pointe des kritischen Urteilens.

3. Der *kognitive* Aspekt: Schließlich bedarf es der kognitiven Fähigkeit der *Urteilskraft*, an der der Urteilsvollzug ganz wesentlich hängt. Kant hat sie als das Vermögen bestimmt, »zu unterscheiden, ob etwas unter einer gegebenen Regel stehe, oder nicht«. Das heißt, die je aktuelle Vermittlung von Besonderem und Allgemeinem gelingt nur dann, wenn jemand überhaupt ein Verständnis für die Unterscheidung und Beziehung dieser beiden Ebenen hat. Wem dieses Verständnis fehlt, der urteilt folglich nicht unpassend, sondern gar nicht. Hier scheint es sich noch am ehesten um eine »Bildungstechnik« zu handeln – jedoch ist der Punkt wiederum heikel. Techniken sind dadurch charakterisiert, daß man sie nach bestimmten Regeln lehren und lernen kann, und genau das trifft auf die Urteilskraft nicht zu. Denn nach welchen Regeln könnte man sie erlernen wollen, wo sie ja selber die Voraussetzung für alles Regelverstehen ist? Kant zufolge ist sie deshalb »ein besonderes Talent, welches gar nicht belehrt, sondern nur geübt sein will«. Oder anders gesagt: »Der Mangel an Urteilskraft ist eigentlich das, was man Dummheit nennt, und einem solchen Gebrechen ist gar nicht abzuhelfen.« (Kant 1781/87, 184 f.)

Exemplarische Positionen

Der Abstand zwischen alltäglich geäußerter Kritik und gebildeter Kritikfähigkeit ist nicht gering. Ebenso gründliche wie situativ passende Kenntnisse und Erfahrungen, Ansprüche an zivilisierte Haltungen und Praktiken und nicht zuletzt das Talent der Urteilskraft müssen zusammenkommen, um ein triftiges Urteil zu fällen. In all dem steckt ein unübersehbar irritierendes Moment. Mangelnde Kritikfähigkeit gibt sich leicht zu erkennen. Wie im Fall der Frau Stöhr fühlen wir uns peinlich berührt, wo wir ihr begegnen. Ungleich schwieriger ist es, ihr Vermögen positiv zu bestimmen. Urteilen kann man üben, aber nicht wie unter Laborbedingungen lernen. Obwohl es im Unterschied zu beliebigen Äußerungen Anspruch auf Verbindlichkeit erhebt, stellt keiner seiner Aspekte eine fixe Größe dar, die unabhängig davon gilt, wie und wann sie im Prozeß des jeweiligen Urteilens engagiert wird. – Daß man auf diese brisante Herausforderung philosophisch ganz unterschiedlich reagieren kann, ist jetzt noch exemplarisch zu zeigen.

1. »Der kluge Weltmann (El Discreto)« heißt das Buch des berühmten spanischen Jesuiten Baltasar Graciáns, das schon im Titel über »discrimen«, das Vermögen der Unterscheidung, auf »krisis« verweist (Gracián 1646, v. a. Kap. 19). In immer neuen, meisterhaft pointierten Reflexionsgängen wird hier eine Gestalt umrissen, die die Fähigkeit der Diskretion vollendet beherrscht. Solches Können verleiht dem »Mann mit Urteil und Scharfblick« im Wortsinn aristokratische Züge – nichts hat er gemein mit dem »Pöbel« der »Gewöhnlichkeit«, der »bösartig« ist, ohne »urteilsfähig« zu sein. Die Herausforderung des Urteils, seine Widerständigkeit gegenüber standardisierbaren Bedingungen, wird damit bei Gracián als Frage des Geschmacks ganz bewußt zum Merkmal seltener Exklusivität verdichtet. Freiheit und Treffsicherheit des Urteils sind Ausweis der großen Persönlichkeit, die geistige Überlegenheit und moralische Integrität in sich vereinigt. Kraft dieser Qualitäten, der »großen Aufgeschlossenheit für Dinge und mehr noch für Menschen«, ist sie imstande, durch Oberfläche, Schein und Verstellung hindurch zur wahren Substanz einer Angelegenheit und ihrer gerechten Einschätzung vorzudringen. Neben theoretischen Fragen geht es dabei vor allem um das praktische Erfordernis der Menschenkenntnis: Schließlich ist es relevant zu wissen, wem man einen Auftrag anvertrauen und wen man sich zum Verbündeten wählen kann. Mehr als nur das Aufgabenfeld einer Führungspersönlichkeit steht hinter solchen Sätzen auch die Erfahrung einer im Umbruch befindlichen Gesellschaft. Die normative Instanz objektiver Wahrheit hat die Verbindlichkeit des *sensus communis* nicht zwingend hinter sich: Im Zweifel muß das Allgemeine individuell, dafür aber im großen Stil, verantwortet werden.

2. Nicht umsonst wird Graciáns rhetorische Analyse bis heute beachtet; verständlich ist aber auch, daß sie im Zeichen des modernen Szientismus unter wachsenden Druck geraten ist. Wo käme man hin, wenn der wissenschaftliche Wahrheitsanspruch dem treffsicheren, aber unberechenbaren Urteil der großen Persönlichkeit überlassen bliebe? Als Ausweg aus diesem Dilemma hat Immanuel Kant eine Kritik der Kritik angestrengt und die Fähigkeit des Urteilens einer durchgreifenden Prüfung unterzogen. Danach ist zwischen *bestimmender* und *reflektierender* Urteilskraft streng zu unterscheiden (Kant 1790, 87). Für das objektiv gültige *Erkenntnisurteil* der Wissenschaften ist die bestimmende Urteilskraft zuständig, die ausgehend vom gegebenen Allgemeinen das Besondere darunter subsumiert. Die Pointe besteht dabei darin, daß der Verstand dieses Verfahren vollständig kontrolliert, denn er ist es ja nach Kant, der das Allgemeine in Form seiner apriorischen Kategorien liefert und damit zugleich »a priori den Fall anzeigen kann, worauf sie angewandt werden sollen« (Kant 1781/87, 186). Mit persönlich gebildeter Kritikfähigkeit hat das definitiv nichts mehr zu tun.

Etwas anders steht es um die reflektierende Urteilskraft, die umgekehrt vom Besonderen ausgeht und nach dem passenden Allgemeinen sucht. Sie zeichnet für das *Geschmacksurteil* verantwortlich, das Anspruch auf Verbindlichkeit erhebt, ihn szientifisch aber nicht garantieren kann. Insofern rekurriert Kant auf die Tradition Graciáns. Entsprechend wird hier auch der Urteilende engagiert, der sich von beliebigen Privatmeinungen distanzieren und die gebildete Haltung »des interesselosen Wohlgefallens« einnehmen soll (Kant 1790, § 1 ff.). Anders als bei Gracián wird das Geschmacksurteil bei Kant aber nicht nur seines Wahrheitsbezugs entkleidet und auf das Schöne eingeschränkt. Unter Verzicht auf das Vorbild des »discreto« büßt es auch seine konkrete Orientierungsfunktion im gesellschaftlichen Umgang ein. Abgelöst von aller persönlichen und geschichtlich-kulturell situierten Erfahrung, hat sich der »Gemeinsinn« in eine »idealische Norm« verwandelt, derzufolge *jedermann* so urteilen soll, daß ihm notwendig *jeder andere* zustimmen kann (Kant 1790, § 18 ff.).

3. Die Aspekte des Urteils, die bei Gracián unter Führung des »discreto« eine Einheit bilden, werden bei Kant getrennt. Mit der Aufspaltung der Urteilskraft wird der materiale Aspekt an die Wissenschaft und der kommunikative Aspekt an das Geschmacksurteil verwiesen, wobei in beiden Fällen auf die universale Gültigkeit des Urteils geachtet wird. Hinter diesem bedeutenden Ansatz steht die Vision der *Aufklärung*, die szientistisch und kosmopolitisch verfährt, für die Befreiung des Urteils von seinen Unsicherheitsfaktoren jedoch den Preis seiner Dekontextualisierung bezahlt. Genau das hat schließlich Georg Wilhelm Friedrich Hegel ebenso entschieden wie hinterlistig kritisiert. Zwar folgt auch er dem modernen Szientismus, verändert aber die Idee von Wissenschaft grundlegend, indem er sie an eine umfassende persönliche und kulturelle Bildungsgeschichte des Bewußtseins bindet (Hegel 1807). Der integralen Einübung des Urteils kommt dabei eine entscheidende Bedeutung zu. Insbesondere ist Hegel überzeugt, daß der Konflikt zwischen dem verbindlichen Anspruch des Urteils und seiner irritierenden Unberechenbarkeit kein zu tilgender Nachteil, sondern dialektisch betrachtet von höchst produktivem Nutzen ist.

Unsere »störrische« Unbildung überwinden wir also wirklich erst dann, wenn wir als Einzelne und als Mitglieder historischer Kulturen immer neu die Erfahrung machen, daß alles, was wir sicher zu beurteilen glauben, in den Strudel seines Umsturzes gerät. Diesem Leitgedanken notwendiger *Entfremdung* gemäß stellt Hegels fulminante Analyse der Aufklärung das Konzept Kants auf den Kopf. Daß nur gelten soll, was nach kritischer Prüfung als allgemeinverbindlich behauptet wird, führt nämlich dazu, daß in Wahrheit nichts mehr gilt und alle angelegten Maßstäbe des Allgemeinen sich ins Gegenteil verkehren. Das ur-teilende Bewußtsein ist das alles zerreißende »zerrissene Bewußtsein« – der moderne kritische Intellektuelle, der mit »geistreicher« Rede eine Welt aufbauen und im nächsten Moment mit ebenso triftigen Argumenten niederreißen kann (Hegel 1807, Kap. VI. B.: »Der sich entfremdete Geist. Die Bildung«). Der »discreto« Graciáns hat diese Einsicht noch vor sich. Wir aber müssen, so Hegel, mit dieser unverzichtbaren historischen Erfahrung leben und uns deshalb um so nachdrücklicher fragen, worin die *Substanz* unseres gebildeten Urteilens besteht. Offenkundig hat es demgegenüber Frau Stöhr unerschütterlich bequem.

Literatur:
Claus von Bormann, »Kritik«, in: Handbuch philosophischer Grundbegriffe, Bd. 3, hg. von Hermann Krings, Hans Michael Baumgartner und Christoph Wild, München 1973, 807–823.
Rainer Enskat, Bedingungen der Auflärung. Philosophische Untersuchungen zu einer Aufgabe der Urteilskraft, Weilerswist 2008.
Baltasar Gracián, Der kluge Weltmann (El Discreto) (1646), Deutsche Übersetzung von Sebastian Neumeister, Frankfurt am Main 1996.
Georg Wilhelm Friedrich Hegel, Phänomenologie des Geistes (1807), Theorie-Werkausgabe Bd. 3, hg. von Eva Moldenhauer und Karl-Markus Michel, Frankfurt am Main 1970.
Immanuel Kant, Kritik der reinen Vernunft (1781/1787), Werkausgabe Bd. 3, hg. von Wilhelm Weischedel, Frankfurt am Main 1968.
Immanuel Kant, Kritik der Urteilskraft (1790), Werkausgabe Bd. 10, hg. von Wilhelm Weischedel, Frankfurt am Main 1968.
Birgit Sandkaulen, Wissenschaft und Bildung. Zur konzeptionellen Problematik von Hegels Phänomenologie des Geistes, in: Gestalten des Bewusstseins. Genealogisches Denken im Kontext Hegels (Hegel-Studien Beiheft 52), hg. von Birgit Sandkaulen, Volker Gerhardt und Walter Jaeschke, Hamburg 2009, 186–207.
Jochen Wagner, »Iudicium«, in: Historisches Wörterbuch der Rhetorik, Bd. 4, hg. von Gert Ueding, Tübingen 1998, 662–692.

7. Urteilen

Klaus Günther

Das Verb »urteilen« bedeutet in einem engeren Sinne das Vollziehen eines richterlichen Spruches, mit dem ein Urteil gefällt und zugleich Recht gesprochen wird. Damit ist nicht nur der Sprechakt, namentlich die Verkündung eines Urteils gemeint, sondern auch die ihm vorangehende Tätigkeit des Entscheidens, und zwar als das Unterscheiden zwischen Recht und Unrecht, das Zu- oder Erteilen des Rechts an denjenigen, dem es zusteht. Geurteilt wird stets in einer Sache, einem konkreten Einzelfall, mit Blick auf die von den Beteiligten behaupteten und bestrittenen Rechte sowie das Gesetz. In diesem engeren Sinne ist das Verb auch heute noch gebräuchlich. Demgegenüber ist es in seiner weiteren, allgemeinen Bedeutung etwas aus der Mode gekommen. Hier ist schlicht die Äußerung eines Satzes gemeint, zumeist, aber nicht nur, eines beschreibenden und behauptenden Satzes. Grammatikalisch handelt es sich um die Verknüpfung der zwei Satzbestandteile Subjekt und Prädikat in der Form eines aussagenden, in diesem Sinne also urteilenden Satzes oder Urteils – wie z. B.: »Die Rose ist rot«. Zumeist implizit entscheidet der Urteilende auch hier, indem er oder sie andere Möglichkeiten ausschließt: »Die Rose ist nicht gelb oder weiß oder teefarben, etc.«. Hölderlin sprach in einem frühen Fragment von dem Urteil als einer »Ur-Teilung«, die zwischen Subjekt und Objekt vorgenommen werde. In der Geschichte der Philosophie von Sokrates über Aristoteles bis zu Kant und dem frühen Wittgenstein hat das Urteil im Sinne eines beschreibenden Satzes stets eine herausragende Rolle gespielt. Das konstative Urteilen ist die Weise, Wissen, Erkenntnis und Erfahrung wiederzugeben, und das Urteil selbst ist entweder wahr oder falsch, hat also einen wie auch immer zu verstehenden Bezug zur Wahrheit. Heidegger hat die Nähe des konstativen zum richterlichen Urteil zum Anlaß für die Vermutung genommen, daß in der philosophischen Auszeichnung des konstativen Urteils gegenüber anderen Äußerungsformen des Menschen sich eine die abendländische Kultur seit römischer Zeit prägende Vorherrschaft des rechtlichen Urteils und der juridischen Vernunft zeige (vgl. dazu Hörl).

Von anderen sprachlichen Äußerungen unterscheidet sich das Urteil vor allem dadurch, daß es in der Kommunikation mit einem besonderen Anspruch auftritt, der ihm gegenüber anderen Kommunikationsteilnehmern eine bestimmte Signalwirkung verleiht. Wer sich urteilend äußert, mißt sich mit dem, was er oder sie sagt, an einem objektivierbaren Maßstab der Wahrheit, Richtigkeit oder der allgemeinen Zustimmungsfähigkeit, sagt also nicht etwas nur so dahin, aus dem Bauch heraus oder äußert mal eben so seine Meinung. Wer urteilt, will etwas verbindlich und nicht unverbindlich sagen, sich also der Kritik von anderen, überhaupt der oder zumindest einer bestimmten Öffentlichkeit stellen, ist bereit, seine Äußerung an dem objektiven Maßstab messen zu lassen, den erfüllt zu haben er oder sie mit dem Urteil implizit oder explizit behauptet. Wer urteilt, will also stets in einem weiten Sinne richtig urteilen. In dieser Bedeutung genommen, setzt das Urteilen komplexere kognitive Fähigkeiten voraus. Um in einem weiten Sinne richtig zu urteilen, muß man nicht nur mit den objektivierbaren Maßstäben der Wahrheit oder Richtigkeit operieren können (also z. B. wissen, unter welchen Bedingungen der Satz: »Die Rose ist rot«, wahr ist – Kenntnis der Wahrheitsbedingungen), sondern auch über Gründe verfügen, mit denen man im Falle des Zweifels und der Kritik die behauptete, aber von anderen bestrittene Richtigkeit des Urteils dartun kann. Über ein solches Reservoir an Gründen verfügt nur, wer ausreichende Kenntnis von der Welt, wer Erfahrungen gesammelt hat – und wer sich im Urteilen geübt hat. Schließlich gehört zum Hintergrundverständnis des Urteilens auch, daß eine Person ernsthaft und aufrichtig urteilt. Das offene, unverstellte »Ja« oder »Nein« läßt das Urteilen in den Augen der anderen immer auch als authentischen Ausdruck der Person erscheinen – vor allem in der bürgerlichen Gesellschaft exponiert sich die Person mit ihrem Urteil im öffentlichen Raum, indem sie sich das Gesagte zurechnen läßt, dafür einsteht und die damit verbundenen Verbindlichkeiten übernimmt. Wer urteilt, ist in diesem Sinne verantwortlich für das, was er sagt und tut (so wird Luthers »Hier stehe ich, und kann nicht anders!« vor allem zum Vorbild für die Urteilskultur des protestantischen Bildungsbürgertums). Dieser personale Bezug fehlt solchen sprachlichen Äußerungen, mit denen der Sprecher sich nicht festlegen will, die nur zum Scherz gemacht werden, oder nur, wie in der Konversationskultur des Adels, der vorteilhaften Selbstdarstellung, dem Gefallen dienen, oder mit denen gar die wahren Absichten verborgen oder im Unbestimmten gelassen werden wie in geschickten diplomatischen Formulierungen. Im Urteil nicht zu schwanken, sich ein unabhängiges Urteil zu bewahren und auch nicht willkürlich in einem Fall so und in einem gleichen Fall anders urteilen – dies wird zum Inbegriff bürgerlicher Urteilskultur, die damit durchaus Anleihen beim juristischen Urteilsspruch nimmt. Bürgerliche Männer schreiben sich den Vorzug zu, »Urteilsfestigkeit« zu besitzen; eine Tugend, die sie Frauen absprechen, da sie angeblich zu sehr am konkreten Einzelfall hängen, sich dabei von ihren spontanen Emotionen beeinflussen lassen und daher in ihrem Urteil schwanken. Bestenfalls vermögen Frauen »intuitiv«, also unreflektiert, zu urteilen. Die Bedingungen eines reflektierten Urteils stehen dagegen in einem engen Zusammenhang mit »Bildung«: Bildungsprozesse sollen dazu befähigen, sowohl richtig zu urteilen als auch sicher, selbständig und authentisch. In diesem umfassenden Sinne urteilen zu können, ist also Ziel und Zweck jeglicher Bildung.

Dies gilt zumindest für die drei Klassen von Urteilen, die spätestens seit Kant unterschieden werden als *Erfahrungsurteile* (empirisch-deskriptive Aussagen, konstative Sprechakte), *praktische Urteile* (moralische, ethische und politische Äußerungen, präskriptive Sätze, regulative Sprachakte) und *Geschmacksurteile* (ästhetische Äußerungen, evaluative Sätze insbesondere über das Schöne in Kunst und Natur, expressive Sprechakte). Entsprechend gilt Bildung in den Wissenschaften von der Welt, den früheren »Realien«, ebenso als Voraussetzung für die Fähigkeit, richtig zu urteilen, wie moralisch-praktische, sittliche Erziehung und politische Bildung sowie die Förderung und Schulung der Wahrnehmungs- und Empfindungsfähigkeit durch bildende Kunst und Literatur, aber auch des ästhetischen Urteilsvermögens, mit dem man ein Gespür für künstlerische Qualität erwirbt. Davon zu unterscheiden sind jene Klassen von Urteilen, denen lediglich eine dienende Funktion für die drei genannten Hauptklassen zukommt; zum einen die rein *definitorischen* und *klassifikatorischen Urteile* (wie dieser Satz selbst), mit denen eine Sache von anderen unterschieden wird (*genus proximum* und *differentia specifica*) – und in einem elementaren Sinne ist jedes Urteil klassifikatorisch, da es, wie eingangs dargelegt, zumindest implizit eine Unterscheidung vornimmt –, sowie *analytische Urteile* wie Tautologien (»Junggesellen sind unverheiratete Männer«) oder das Urteil als deduktiver, wahrheitserhaltender Schluß aus Prämissen (z. B. in der Form des *modus ponendo ponens*: »Wenn alle Menschen sterblich sind und Sokrates ein Mensch ist, dann ist Sokrates sterblich«). Über ihre dienende Funktion hinaus sind analytische Urteile in der Mathematik und der (formalen) Logik ein eigenständiger Untersuchungsgegenstand, der von Frege über Tarski, Russel/Whitehead bis zu Quine die logischen Beziehungen zwischen Urteilen in einem Komplexitätsgrad erforscht, den die genannten Trivialbeispiele nicht vermitteln können, von den Forschungen der modernen Mathematik ganz zu schweigen (s. Lemma »Mathematik«). Über die Triftigkeit der Unterscheidung zwischen analytischen und anderen (seit Kant sog. »synthetischen«) Urteilen) besteht zudem ein heftiger Streit (vgl. Quine). Zum richtigen Urteilen gehören zudem selbstverständlich noch ausreichende Sprachkenntnisse und entsprechende sprachliche Ausdrucksfähigkeiten, weniger dagegen rhetorische Fähigkeiten im klassischen Sinne, weil diese in der bürgerlichen Urteilskultur unter den Verdacht geraten, das bloße Gefallen an der sprachlichen Formulierung zum Selbstzweck oder zum strategisch einsetzbaren Mittel der Manipulation des Hörers degenerieren zu lassen. Rhetorische Eleganz im Urteilen gerät so in Opposition zum Ideal der Wahrhaftigkeit und Ernsthaftigkeit.

Die Unterteilung in Erfahrungsurteile, praktische Urteile und Geschmacksurteile mit den entsprechenden, Urteilsfähigkeit vermittelnden Lern- und Bildungsprozessen ist das Resultat eines langwierigen historischen Prozesses. In allen drei Bereichen überzeugend und sicher urteilen zu können war der Anspruch des Bildungsbürgertums, allerdings anfänglich mit einer gewissen Zurückhaltung gegenüber den Naturwissenschaften, die lange nach gesellschaftlicher Anerkennung suchen mußten. Dieser Bildungsanspruch läßt sich in modernen Gesellschaften allerdings immer seltener verwirklichen, weil diese durch einen sich intensivierenden Differenzierungsprozeß der gesellschaftlichen Kommunikation gekennzeichnet sind. Die drei Hauptklassen von Urteilen orientieren sich an jeweils verschiedenen Geltungs- und Wertsphären, Geltungsansprüchen oder Leitunterscheidungen. Das Wahre, Gute und Schöne folgen jeweils verschiedenen Logiken und bilden keine von der Religion gestiftete Einheit mehr, wie noch im Mittelalter oder in der Antike (*ens et bonum convertuntur*). Moralische Bildung führt nicht zu überzeugenden Urteilen in der Kunst; die Fähigkeit zu richtigen Urteilen in Fragen der Thermodynamik schließt nicht die Fähigkeit zu gerechten Urteilen in Fragen der Sterbehilfe oder der gesellschaftlichen Verteilung von Reichtümern ein. Im Verlauf dieses Differenzierungsprozesses haben moderne Gesellschaften deshalb in allen drei Urteilsbereichen die Unterscheidung zwischen *Laien- und Expertenkulturen* hervorgebracht. Der gebildete Laie ist zumeist in einem Bereich, oft nur in einem Teil desselben und nur für eine gewisse Zeit, Experte, in anderen verfügt er je nach Interesse und Bildungsstand über mehr oder weniger große Kenntnisse, ohne jemals die Urteilssicherheit des Experten zu erlangen. Expertenkulturen unterwerfen das Urteilen wissenschaftlichen, von der jeweiligen Wissenschaftsöffentlichkeit kontrollierten Standards und professionalisieren so das Urteilen. Erfahrungsurteile, soweit sie komplexere Phänomene in der vergangenen, gegenwärtigen und zukünftigen Welt betreffen, sind das Resultat methodisch kontrollierter Forschungsverfahren in den Naturwissenschaften, in der Geschichtswissenschaft sowie den Wirtschafts- und Sozialwissenschaften. Praktische Urteile über das Gute werden, je nachdem, ob sie die ebenfalls voneinander sich differenzierenden Fragen des politisch, ethisch oder moralisch Guten betreffen, von mehr oder weniger formal definierten Experten thematisiert. Soweit praktische Fragen einen von allgemeinen sittlichen Normen ausdifferenzierten Teil, nämlich das Recht in seiner autorisierten und positivierten Form betreffen, werden sie durch ein ausdifferenziertes Rechtssystem mit akademisch gebildeten juristischen Experten, teilweise in formal definierten Rollen, bearbeitet. Ästhetische Urteile sind eingebettet in ein institutionelles Netzwerk der »Kultur« mit Museen, Galerien, Theatern, Opern- und Konzerthäusern, künstlerischen Hochschulen, öffentlicher Literatur- und Kunstkritik sowie akademischer Literatur- und Kunstwissenschaft etc. Die Grenzen zwischen Experten und Laien sind in allen Breichen fließend, der Zugang zur Expertenkultur kann offen sein oder nach formalen, zumeist von berufsqualifizierenden Bildungsabschlüssen abhängigen Kriterien beschränkt (Ärzte, Richter, Rechtsanwälte etc.). Gemäß den bürgerlichen Idealen der Egalität und des Wettbewerbs soll jeder die gleiche Chance auf Zugang zu einer Expertenkultur haben, aber nur diejenigen, die entsprechende Bildungsprozesse durchlaufen haben und sich dabei durch qualifizierte Leistungen und Fähigkeiten auszeichnen, sollen auch tatsächlich als Experten anerkannt werden. Demokratisch organisierte Gesellschaften sind allerdings darauf angewiesen, daß es in politischen Angelegenheiten keine Zugangsbeschränkungen gibt, sondern jedem Staatsbürger und jeder Staatsbürgerin Urteilsfähigkeit in politischen Fragen zugeschrieben wird.

Die Dualisierung der Urteilspraxis moderner Gesellschaften in eine Laien- und eine Expertenkultur offenbart freilich auch ein immer schon bekanntes und bewußtes, allerdings auch gravierendes Defizit, an dem der behauptete enge Zusammenhang zwischen »Urteilen« und »Bildung« krankt. Auch noch so viel Bildung, auch das umfangreichste Wissen können nicht davor schützen, daß man dann, wenn es darauf ankommt, nämlich beim Urteilen angesichts eines konkreten Falles, kläglich versagt und falsch urteilt. Das durch Bildungsprozesse erworbene Wissen ist stets allgemein, gelernt werden überwiegend regelhafte Zusammenhänge, wie z. B. Naturgesetze oder moralische Regeln. Regeln können sich aber nicht von selbst auf den aktuellen Einzelfall anwenden. Dazu bedarf es einer besonderen Fähigkeit, die einen erkennen läßt, worauf es im Einzelfall ankommt, oder umgekehrt, welches Wissen für den vorliegenden Fall relevant ist und welches nicht. Diese Fähigkeit wird als *Urteilskraft* oder *-fähigkeit* bezeichnet, die Antike sprach, vor allem mit Blick auf ethische und politische Angelegenheiten, von der Tugend der Klugheit (lat. *prudentia*, grch. *phronesis*). Bereits Aristoteles insistierte in bewußter Abkehr von der sokratisch-platonischen Tradition darauf, daß Tugend kein Wissen sei, Ethik deswegen nicht wie die Geometrie gelehrt werden könne und ein gutes Leben nicht in der Weise zu führen sei, daß man wie ein Handwerker zuvor gelernte technische Regeln wie bei der Herstellung eines Werkstücks anwende. Um gerecht zu sein, bedürfe es weniger des Wissens von Regeln als vielmehr der praktischen Einsicht, die einen erkennen läßt, worauf es hier und jetzt ankommt, was unter den gegebenen Umständen zu tun oder zu unterlassen sei. Kant unterschied zwischen *bestimmender* Urteilskraft als der Fähigkeit, einen Fall unter eine gegebene Regel zu subsumieren, und *reflektierender* Urteilskraft als der Fähigkeit, die auf einen gegebenen Fall anzuwendende Regel zu finden (vgl. »Kritik der Urteilskraft«, Einleitung IV, B XXV ff.). Man muß ein Gespür, eine Nase haben für das Wesentliche, sowohl im Hinblick auf den Fall als auch im Hinblick auf das allgemeine Wissen, um zum richtigen Zeitpunkt am richtigen Ort die richtige Entscheidung zu treffen. Das Tragische des Bemühens um Bildung mit dem Ziel, richtig urteilen zu können, besteht darin, daß die in der Praxis entscheidende Fähigkeit der Urteilskraft sich durch theoretische Bildung nicht erwerben läßt. Dem an Wahrheit, Richtigkeit, Objektivität orientierten Urteilen haftet daher stets zugleich etwas uneinholbar Subjektives und nicht durch Regeln Bestimmbares an (vgl. Derrida u. a.). Berühmt geworden sind Kants Bemerkungen in der »Kritik der reinen Vernunft«, wonach »zwar der Verstand einer Belehrung und Ausrüstung durch Regeln fähig, Urteilskraft aber ein besonderes Talent sei, welches gar nicht belehrt, sondern nur geübt sein will. Daher ist diese auch das Spezifische des sog. Mutterwitzes, dessen Mangel keine Schule ersetzen kann«. (»Kritik der reinen Vernunft«, A 133). Die Erkenntnis, daß Urteilskraft wenigstens durch ständiges Üben geschult werden könne, erklärt die wichtige Rolle von Beispielen, Mustern (»Paradigma«), Schemata und Vorbildern in Bildungsprozessen. Nicht nur das beständige Wiederholen des theoretischen Stoffes (des Regelwissens), sondern das zunächst nachahmende Anwenden anhand eines didaktisch aufbereiteten Musters oder Schemas, sodann das eigenständige Praktizieren am konkreten Fall befähigen den Gebildeten auch zur Urteilskraft. In praktischen Fragen ist Aristoteles zufolge die beständige Übung, die Ausbildung eines entsprechenden Habitus oder Charakters im Sinne einer Disposition zu einem angemessenen, klugen Urteil und einem diesem entsprechenden tugendhaften Handeln in jeder Entscheidungssituation (Charakterbildung) notwendige Bedingung für ein gutes, d. h. alle menschlichen Anlagen optimal und in Gemeinschaft mit anderen verwirklichendes Leben. Eine Strömung innerhalb der feministischen Bewegung hat die den Frauen in eher abwertender Absicht zugeschriebene intuitive, stärker auf den Einzelfall bezogene Urteilsfähigkeit umgewertet und als einen Vorzug gegenüber einer eher abstrakten und an allgemeinen Regeln orientierten männlichen Urteilsfähigkeit dargestellt, weil diese eben oftmals eine ausreichende Sensibilität für die Besonderheiten des Einzelfalles vermissen lasse und dadurch zu rigiden, ungerechten Urteilen komme (Gilligan 1984).

Unter dieser Kluft zwischen Bildung und Urteilskraft leiden besonders solche Wissenschaften, die sich durch einen expliziten Anwendungsbezug auszeichnen. Eine Ärztin mag über noch so umfassendes theoretisches Wissen von Herzerkrankungen verfügen – wenn sie die Symptome des vor ihr stehenden Patienten nicht richtig beurteilt und deswegen falsch diagnostiziert, wird sie ihn trotz ihres Wissens nicht vor dem Infarkt bewahren. Ein Richter mag ein exzellenter Kenner des Schuldrechts sein, und trotzdem kann er angesichts eines konkreten Falles versagen, wenn er nicht erkennt, daß es sich bei der Äußerung des Beklagten um eine schuldrechtliche Verbindlichkeiten begründende Willenserklärung gehandelt hat, und deswegen eine Klage abweist. Urteilskraft in jenem von Kant erläuterten doppelten Sinne ist daher eigentlich das, was einen guten Richter oder eine gute Ärztin auszeichnet, und hier besteht auch die Verbindung zwischen dem Urteilen im engeren (juridischen) und im allgemeineren Sinne: »Ein Arzt daher, ein Richter oder ein Staatskundiger kann viel schöne pathologische, juristische oder politische Regeln im Kopf haben, in dem Grade, daß er selbst darin ein gründlicher Lehrer werden kann, und wird dennoch in der Anwendung derselben leicht verstoßen, entweder, weil es ihm an natürlicher Urteilskraft (obgleich nicht am Verstande) mangelt, und er zwar das Allgemeine in abstracto einsehen, aber ob ein Fall in concreto darunter gehöre, nicht unterscheiden kann, oder auch darum, weil er nicht genug durch Beispiele und wirkliche Geschäfte zu diesem Urteile abgerichtet worden«. (A 133 f.) Angesichts der gegenwärtigen Proliferation anwendungsbezogener Wissenschaften hat sich dieses Problem eher noch verschärft, wie sich z. B. an den jährlichen Prognosen der Wirtschaftswissenschaftler über den Konjunkturverlauf zeigen läßt.

In einer Fußnote zu dieser Stelle charakterisiert Kant den Mangel an Urteilskraft als das, »was man eigentlich Dummheit nennt, und einem solchen Gebrechen ist gar nicht abzuhelfen«. Dumm ist in diesem Sinne nicht derjenige, der nicht genug gelernt hat, ungebildet ist und keine ausreichenden Kenntnisse besitzt, sondern der Törichte, der Tor oder der im ursprünglichen Sinne mit »Blödigkeit« geschlagene. Die Liste der Dummheiten i.S.v. versagender Urteilskraft ist lang. Prominente Beispiele lassen sich unter Experten(-innen) aus der Wissenschaft finden, die ihr Spezialwissen in der Politik anwenden wollen – z. B. ein Steuerrechtsexperte, der sein wissenschaftlich begründetes Steuer-Modell in einem politischen Wahlkampf öffentlich anpreist, bei einem großen Teil des Publikums aber auf Unverständnis trifft und dann selbst nicht mehr versteht, warum er politisch scheitert. Die berühmteste Dümmlingsgestalt der Literatur ist der Parsifal des Chrétien de Troyes und des Wolfram von Eschenbach, dem allerdings schon von seiner Mutter bewußt die Kenntnis der Welt vorenthalten wurde und dem bei der Begegnung mit dem Gral nichts Besseres einfällt, als sich sklavisch an das ihm zuvor gelehrte Schweigegebot zu halten, statt nach dem Sinn der Gralszeremonie zu fragen und so Amfortas von seinem Leiden zu erlösen. In Richard Wagners Nachdichtung wird er im 1. Aufzug von Gurnemanz gefragt: »Was stehst du noch da?/ Weißt du, was du sahst?«, und dann, weil er daraufhin nur mit dem Kopf schüttelt, von diesem mit den Worten verstoßen: »Du bist doch eben nur ein Tor!« Shakespeares »Hamlet«, der zu lange zögert, bis er sich zu einem definitiven Urteil über den Mörder seines Vaters durchringt, ist ein literarisches Beispiel für den Zeitaspekt der Urteilskraft. Hamlet urteilt zur Unzeit, nämlich viel zu spät.

Wie katastrophal sich mangelndes moralisches und politisches Urteilsvermögen auswirken können, hat Hannah Arendt gezeigt. Die Hauptursache für das moralische Versagen der Deutschen angesichts der gegen ihre jüdischen Mitbürger ergriffenen Verfolgungsmaßnahmen und der Shoah liegt nach Hannah Arendt in einem Versagen der moralischen und politischen Urteilskraft. Die Mehrheit der Deutschen habe keineswegs unter einem Mangel an Bildung gelitten, insbesondere nicht an moralischem Elementarwissen über Gut und Böse, aber an der Fähigkeit, beim Anblick zerstörter und mit antisemitischen Parolen beschmierter Geschäfte, brennender Synagogen, der gewalttätigen Verladung ihrer Mitbürger auf Lastwagen oder bei der Begegnung mit Menschen, die sich auf der Straße mit einem gelben Stern diskriminierend markieren müssen, das angemessene, triftige und einfache moralische Urteil zu fällen. Besonders fatal wirkte sich dieser Mangel bei denen aus, die in den maßgeblichen Positionen des Machtapparates die Menschenverachtung, -verfolgung und -vernichtung bürokratisch zu organisieren halfen. Das Böse in Gestalt von Eichmann ist unter anderem deswegen banal, weil es nicht aus einer ursprünglichen, bewußten und existentiellen Entscheidung gegen Gerechtigkeit und Humanität hervorgegangen ist, sondern einfach aus einer ideologisch verbrämten bürokratischen Routine, welche die moralische Urteilskraft der Beteiligten neutralisiert hat. Urteilskraft entsteht nur in einem öffentlichen Raum, in dem Menschen sich über ihre gemeinsamen Angelegenheiten austauschen und zusammen handeln können, nur hier wird auch die Fähigkeit des Gemeinsinns gefördert und geschult, die unter anderem davon lebt, daß man sich in die Lage eines anderen versetzen, eine Sache aus dessen Sicht betrachten kann, bevor man selbst politisch oder moralisch urteilt. Tyranneien und Diktaturen zerstören deshalb rasch diesen öffentlichen Raum, isolieren die Menschen durch wechselseitiges Mißtrauen voneinander und schränken ihr Dasein auf die individuelle Sorge um den eigenen Wohlstand ein – womit der Gemeinsinn und damit auch die Urteilskraft verkümmern.

Das Dilemma zwischen hohem Bildungsstand und mangelnder Urteilskraft läßt Experten, wenn sie nicht wie Ärztinnen oder Richter unter Entscheidungszwang stehen, oftmals zögern, sich auf ein Urteil festzulegen. In einer von Massenmedien stimulierten und beeinflußten Öffentlichkeit ruft dies zuweilen bei den Laien den Eindruck hervor, die Experten seien unsicher oder wüßten es selbst nicht so genau, wenn sie vor laufenden Fernsehkameras, zu einem aktuellen Problem befragt, nicht eindeutig mit »Ja« oder »Nein« antworten. Die Erfahrung mangelnder Urteilskraft der Experten nährt unter Laien den Verdacht, daß es vielleicht weniger auf Wissen und Bildung als auf gesunden Menschenverstand, *communis opinio* oder *common sense* ankomme. Von diesem Verdacht lebten und leben z. B. die Laienrichter-Bewegung und, in den Ländern des *common law*, das Jury-Verfahren, wo den Geschworenen (Laien) und nicht den akademisch gebildeten Richtern das Urteil über die Schuld des Angeklagten anvertraut wird. Sie treibt aber auch das Mißtrauen gegen das Expertentum jeder Art an, vor allem gegen eine professionalisierte Politik (Bürgerbewegungen, Nicht-Regierungs-Organisationen), aber auch gegen das Expertentum in den Naturwissenschaften. Oftmals machen sich Laien hier wiederum selbst zu Gegen-Experten (z. B. Homöopathie *versus* Schulmedizin) oder setzen einen neuen Prozeß der Verwissenschaftlichung in Gang (z. B. von der Umweltschutzbewegung bis zur wissenschaftlichen Untersuchung des Klimawandels und seiner Folgen).

Wenn Kant in der oben zitierten Stelle den Prozeß der Einübung im Gebrauch der Urteilskraft als ein »Abrichten« kennzeichnet, verweist dies auf die notwendige Habitualisierung des Urteilsvermögens, auf die Entwicklung eines Gespürs, einer Sicherheit und einer aufgeklärten Intuition, die den Urteilenden ohne langes Überlegen auf die richtige Fährte und damit zum triftigen, angemessenen Urteilen führt. Allerdings läßt diese Kennzeichnung auch deutlich werden, daß es sich dabei um einen Prozeß der Disziplinierung handelt, der zudem fremd- und/oder selbstbestimmt sein kann. Eine einmal habitualisierte Urteilskraft kann aber nun umgekehrt wiederum zur Ignoranz gegenüber neuem theoretischen Wissen oder ungewöhnlichen, unvorherges henen Einzelfällen führen. Das einmal eingeübte und durch ständiges Praktizieren befestigte Schema wird dann schnell zum *Vor-Urteil*, das den Urteilenden wiederum das Besondere des neuen Falles übersehen und diesen statt dessen nach der eingeübten Routine behandeln läßt. Vollends kehrt sich die Urteilskraft gegen sich selbst, wenn sie in einem Prozeß der äußerlichen, fremdbestimmten Disziplinierung erworben wurde – wer nur nach einem ihm von anderen eingetrichterten Schema urteilt, mag zwar für einen bestimmten Zweck gut funktionieren, aber er reproduziert eigentlich nur die Urteile der anderen und pflegt dann auch in diesem Sinne bloß Vorurteile. Eine communis opinio, die ohne Überlegen urteilt, die sich weder durch neues und korrigiertes Wissen beständig selbst aufklärt noch ihre lang geübte Urteilspraxis angesichts neuer Konfliktfälle zu revidieren bereit ist, kann schnell in Barbarei umschlagen. Urteilskraft vollzieht sich beständig in dem Dilemma, ohne Vorurteil, Schema und Muster nicht kultiviert und praktiziert werden zu können, damit zugleich aber auch die Entstehung neuer Einsichten, ungewohnter Sichtweisen oder schlicht die Wahrnehmung drängender neuer Probleme zu behindern.

In dem eingangs erläuterten emphatischen Sinne ist vom Urteilen heute kaum noch die Rede. Man äußert seine Meinung, hat seine Ansichten und Überzeugungen, ist aber auch in vielen Dingen nicht so sicher, kann sich nicht ständig und über alles informieren und weiß, daß andere anders denken und daß man seine Ansichten vielleicht morgen schon wieder revidieren muß. Wer gar mit starken Überzeugungen auftritt, mit Wahrheits- und Richtigkeitsanspruch urteilt, erregt eher den Verdacht mangelnder Belehrbarkeit und hartnäckiger Intoleranz. Der Niedergang des Urteilens hat sicher damit zu tun, daß es kaum noch ein gebildetes, sich beständig in allen wichtigen Angelegenheiten fortbildendes und öffentlich räsonnierendes Publikum gibt, daß dieses sich vom kulturräsonnierenden zu einem kulturkonsumierenden gewandelt hat (Habermas) – was aber unter anderem auch daran liegt, daß sich das gegenwärtige Wissen nicht mehr wie weiland von Diderot und d'Alembert in einer jedem Laien verständlichen Enzyklopädie zusammenfassend präsentieren läßt. Die Differenzierung von Laien- und Expertenkultur hat sich verstärkt, die Expertenkulturen haben sich ebenfalls vermehrt und kaum noch ein Mitglied einer Expertenkultur ist – trotz oder gerade wegen der vielbeschworenen Interdisziplinarität – fähig, sich ein Urteil über die jeweils andere zu bilden, vor allem nicht im Verhältnis zwischen Geistes- und Naturwissenschaften. Experten leiden heute daher nicht nur unter dem von Kant konstatierten Mangel an Urteilskraft bei der Anwendung ihrer eigenen Wissenschaft, sondern vor allem darunter, daß sie auf allen anderen Gebieten Laien sind. In politischen Angelegenheiten besteht der von Hannah Arendt nach dem Vorbild der athenischen Demokratie und der römischen Republik modellierte öffentliche Raum, die *Agora* oder das *Forum*, schon lange nicht mehr, so daß damit eine der Voraussetzungen entfällt, unter denen sich politische Urteilskraft ausbilden könnte. Die Medienöffentlichkeit dürfte nur ein schwaches Substitut sein. In hochkomplexen modernen Gesellschaften fällt es zudem immer schwerer, sich ein politisches Urteil zu bilden, wenn es heute um die Gesundheitsreform in Deutschland, morgen um die Agrarpolitik in der Europäischen Union und übermorgen um das Problem einer militärischen humanitären Intervention in ein Bürgerkriegsgebiet Afrikas geht.

Dies darf freilich nicht darüber hinwegtäuschen, daß es statt einer homogenen, nationalstaatlich begrenzten Öffentlichkeit eine Vielzahl von teilweise globalen Teilöffentlichkeiten gibt, in denen weiterhin im anspruchsvollen Sinne geurteilt wird. Dies gilt vor allem (aber nicht nur) für die vielfältigen Szenen des kulturellen Konsums, von der *Hip-Hop*-Bewegung in der Musik bis zu globalen Kunsttrends, wie gegenwärtig z. B. in der Malerei, wo in elitären und exklusiven Zirkeln vermögende Insider die Preise für ein Kunstwerk in atemberaubende Höhen treiben und damit einen regelrechten Boom eines Malers oder einer Malerin auslösen können. Wehe dem, der hier ein unsicheres oder gar unakzeptables Geschmacksurteil fällt! Pierre Bourdieu hat am Beispiel des Kulturkonsums auf eine zusätzliche Funktion des Urteilens und der Urteilskraft in modernen Gesellschaften aufmerksam gemacht. Wer in diesem Feld richtig und sicher urteilen kann, streicht gesellschaftliche Distinktionsgewinne ein, steigert sein soziales Kapital und markiert den feinen Unterschied zwischen denjenigen, die dazugehören, und den anderen, die ausgeschlossen sind. In diesem Sinne mag sich jeder Leser und jede Leserin dieses Artikels selbst befragen, warum er oder sie dieses Buch gekauft haben.

Literatur:

Hannah Arendt, Elemente und Ursprünge totaler Herrschaft, Frankfurt am Main 1955.

Hannah Arendt, Das Urteilen, München 1985.

Pierre Bourdieu, Die feinen Unterschiede – Kritik der gesellschaftlichen Urteilskraft, Frankfurt am Main 1982.

Jacques Derrida u. a., La Faculté de Juger, Paris 1985.

Carol Gilligan, Die andere Stimme – Lebenskonflikte und Moral der Frau, München 1984.

Jürgen Habermas, Die Moderne – ein unvollendetes Projekt, erw. Ausg., Leipzig 1992.

Jürgen Habermas, Strukturwandel der Öffentlichkeit, Neuaufl., Frankfurt am Main 1990.

Johann Christian August Heyse, Handwörterbuch der deutschen Sprache, Magdeburg 1849.

Friedrich Hölderlin, Urteil und Sein, in: Werke und Briefe, hg. von Friedrich Beißner und Jochen Schmidt, Bd. 2, Frankfurt am Main 1969, 591 f.

Erich Hörl, Römische Machenschaften. Heideggers Archäologie der Juridismus, in: Urteilen/Entscheiden, hg. von Cornelia Vismann und Thomas Weitin, München 2006, 236–253.

Immanuel Kant, Kritik der reinen Vernunft, 1781/1787, in: Werke, Bd. 2, hg. von Wilhelm Weischedel, Darmstadt 1983.

Immanuel Kant, Kritik der Urteilskraft, 1790/1793, in: Werke, Bd. 5, hg. von Wilhelm Weischedel, Darmstadt 1983.

Willard van Orman Quine, Zwei Dogmen des Empirismus, in: ders., Von einem logischen Standpunkt, Frankfurt am Main u. a. 1979, 27–50.

II.2. Vermitteln

8. Erzählen
9. Coaching
10. Vermitteln, Didaktik
11. Rhetorik, Dialektik, Logik
12. Dialog
13. Praxis, Theorie
14. männlich, weiblich
15. Emotionale Intelligenz
16. Kommunikation

8. Erzählen

Michael Scheffel

»Das Erzählen«, so betont der französische Schriftsteller Michel Butor in einem programmatischen Essay, »ist ein Phänomen, dessen Bedeutung weit über den Bereich der Literatur hinausgeht; es bildet ein wesentliches Element für unser Verständnis der Wirklichkeit« (S. 53). Tatsächlich spielen Erzählungen nicht nur in der Literatur, sondern auch in Religion, Kunst, Wissenschaft und nicht zuletzt im Alltag eine grundlegende Rolle. Erzählt wurde und wird in allen menschlichen Gesellschaften, mit und ohne künstlerischen Anspruch, spontan oder institutionalisiert, in mündlichen und schriftlichen Formen, mit Hilfe von Worten, Gesten oder Bildern und in Mischformen wie etwa dem Comic. »Die Erzählung«, so stellte schon Roland Barthes fest, »schert sich nicht um gute oder schlechte Literatur: sie ist international, transhistorisch, transkulturell, und damit einfach da, so wie das Leben.« (S. 102)

Was genau aber versteht man unter einer ›Erzählung‹ und welche Funktionen schreibt man dem ›Erzählen‹ als kultureller Handlungsform zu? Auch wenn die neuere Forschung hier durchaus verschiedene Antworten formuliert, hebt man heute im allgemeinen doch etwa folgendes hervor: Aus formaler Sicht läßt sich eine ›Erzählung‹ als die ›Darstellung einer nichtzufälligen Ereignisfolge‹ verstehen, d. h. mit jeder Erzählung verbindet sich der Entwurf einer temporalen und kausalen Ordnung im Sinne einer (Re-)Konstruktion von Kausalzusammenhängen zwischen Ereignissen in der Zeit. Erzählend ordnet der Mensch ein mehr oder minder kontingentes Geschehen in Geschichten, die ›Anfang‹, ›Mitte‹ und ›Ende‹ haben und in denen Ereignisse auseinander und nicht bloß aufeinander folgen. Erzählungen dienen dem nur als *Homo narrans* vorstellbaren *Homo sapiens* insofern zur kognitiven Verarbeitung von raum-zeitlichen Daten, sie schaffen eine wesentliche Voraussetzung für seine erfolgreiche Orientierung in der Welt.

Im Blick auf das vieldiskutierte Verhältnis von Erfahrung und Erzählung hat der französische Philosoph Paul Ricœur in seiner epochalen Studie *Temps et récit* (1983–85) dargelegt, daß das Erzählen den zeitlichen Charakter von menschlicher Erfahrung erst ermöglicht. Im Sinne seiner ›narrativen Hermeneutik‹ treten Ereignisse überhaupt erst im Medium der Erzählung aus dem prinzipiell offenen Raum der Erfahrung als solche hervor und gewinnen deutliche Gestalt. »Die Zeit«, so Ricœur, »wird in dem Maße zur menschlichen, wie sie narrativ artikuliert wird; umgekehrt ist die Erzählung in dem Maße bedeutungsvoll, wie sie die Züge der Zeiterfahrung trägt.«

(Bd. I, S. 13) Kompatibel mit Ricœurs phänomenologischem Ansatz ist, daß Neurobiologen, Psychologen und Soziolinguisten dem Erzählen eine zentrale Bedeutung für die Konstruktion von menschlicher Identität zuschreiben. Neurobiologische Studien stellen so z. B. die Ausbildung der hirnphysiologischen Grundlagen für die Entstehung und Entwicklung des menschlichen Bewußtseins in einen unmittelbaren Zusammenhang mit dem Phänomen des Erzählens. Dieser Zusammenhang gilt sowohl aus phylogenetischer als auch aus ontogenetischer Perspektive, d. h. für die Entwicklung des Affen zum Menschen und die des Kleinkindes zum Kind. Und aus der Sicht von Psychologen bildet sich ein ›Selbst‹, ein ›Ich‹ überhaupt erst durch die Fähigkeit zur narrativen Organisation von Geschehen aus. Belegen läßt sich diese ähnlich etwa schon von Wilhelm Dilthey vertretene These nicht nur an den klassischen Großformen der ›teleologischen Linearisierung‹ von individuellem Leben wie der Autobiographie, sondern auch an verschiedenen Formen von mündlichen Erzählungen und Alltagsgeschichten, von mythischen, genealogischen und nationalen, von Lebens-, Geschlechter-, Beziehungs- und Familiengeschichten, die dem Entwurf von Selbst- und Fremdbildern dienen.

Der enge Zusammenhang von Erzählen und Identität gilt aber offenbar nicht nur für die verschiedenen Formen von individuellen und kollektiven Selbstentwürfen in bestimmten Geschichten. Daß dem Erzählen und Hören von Geschichten überhaupt, d. h. unabhängig von deren Inhalt, eine entscheidende Bedeutung in der Entwicklung von menschlicher Identität zukommt, legen empirische Studien zumindest nahe. Personen, denen es schwerfällt, sich längerfristig auf bestimmte Handlungsziele zu konzentrieren, oder aber Personen, die besonders umstands- und kritiklos die Ziele ihrer sozialen Umgebung übernehmen, können sich diesen Studien zufolge in der Regel nicht daran erinnern, daß ihnen als Kindern in ihrem Elternhaus Geschichten vorgelesen oder erzählt worden sind; bei Personen, die so etwas wie kontinuierliche Lebensthemen, Ziele und eine sich daraus ergebende subjektive Zufriedenheit entwickeln, ist das dagegen der Fall.

Auf die Annahme, daß sich Identität letztlich durch Narration realisiert, stützen sich auch zahlreiche Formen der psychologischen Therapie. Am Ursprung steht hier die Freudsche Psychoanalyse, die schon in ihrem theoretischen Ansatz einer narrativen Struktur folgt (»Wo Es war, soll Ich werden«). Mit der Forderung nach der Bewußtmachung von Unbewußtem ist in ihrem Fall die Idee der narrativen Artikulation, d. h. des Erzählens von Träumen und verdrängten Erlebnissen verbunden, wobei die Erzählungen der Klienten im Rahmen der Therapie wiederum nach bestimmten Erzählmustern geordnet und gedeutet werden. Jenseits des dogmatischen Ansatzes der klassischen Psychoanalyse nutzen pragmatischer angelegte Therapieformen wie z. B. die sog. ›Narrative Therapie‹ das Erzählen, um im Gespräch zwischen Therapeut und Klienten neue, alternative Erzählungen zu entwickeln, die mit dem Bewußtsein auch den Handlungsspielraum des Klienten erweitern und ihm auf diese Weise helfen sollen, seine Lebensprobleme zu lösen.

Die Erzählung dient aber nicht allein der Bildung von menschlicher Identität und von sozialen Ordnungen im oben ausgeführten Sinn. Blickt man auf die Erzählung im allgemeinen, so ist noch ein anderer Aspekt von Bedeutung. Erzählungen erlauben es, das menschliche Wissen über die Welt zu archivieren. Ja, es steht zu vermuten, daß Erzählungen das älteste Speichermedium von menschlichem Wissen überhaupt darstellen. Unabhängig davon, daß jeder Erzählung im Verhältnis zur historischen Wirklichkeit in mehr oder minder großem Maße ein schöpferisch-konstruktiver Charakter zukommt, eröffnen Erzählungen dem Menschen also nicht zuletzt die auch aus evolutionsgeschichtlicher Sicht in mancher Hinsicht überlebensnotwendige Möglichkeit, nicht allein aus eigenen Erfahrungen, sondern auch und vor allem aus den Erfahrungen anderer zu lernen. Ein altes afrikanisches Sprichwort bringt diese *differentia specifica* zwischen dem Menschen als *animal symbolicum* (Ernst Cassirer) und dem an den »Pflock des Augenblicks« (Nietzsche) gebundenen Tier anschaulich auf den Punkt: »Wenn die Löwen ihren eigenen Geschichten-Erzähler hätten, wäre nicht immer der Jäger der Sieger«.

Zur Frage nach den Formen und Funktionen des Erzählens gehört schließlich auch die Frage nach den spezifischen Qualitäten des Erzählens in der Literatur. Auch wenn die Grenzlinien hier umstritten und im einzelnen schwer zu ziehen sind, so läßt sich die literarische Erzählung doch in der Regel nicht allein über die Fiktivität des Erzählten, sondern auch durch ein – im Vergleich zur nichtliterarischen Erzählung – besonderes Maß an ›Komplexität‹ und ›Kunst‹ in der Form des Erzählens bestimmen. Worin bestehen und was leisten ›Komplexität‹ und ›Kunst‹ in diesem Fall?

Zu dem besonderen Freiraum, den das literarische Erzählen eröffnet, gehört jedenfalls weit mehr als die oft bemerkte Möglichkeit, Figuren, Geschichten und sogar Welten weitgehend frei vom unmittelbaren Bezug auf eine historische Wirklichkeit zu erfinden. Anders als im Fall der realen Erzählung einer historischen Person lassen sich im Fall des als fiktional zu verstehenden literarischen Erzählens so z. B. auch die ›Stimme‹ der Erzählung und mit ihr sowohl die Position des ›Sprechers‹ als auch die des ›Hörers‹ der Erzählrede frei und ohne Rücksicht auf die ›natürlichen‹ Grenzen eines historischen Raums und einer historischen Zeit gestalten (so daß hier neben allen Arten von scheinbar leiblichen Personen auch z. B. Gegenstände, Tiere, Kollektive oder körperlose, offenbar nicht an Zeit und Raum gebundene Stimmen erzählen und erzählt bekommen können). Im Anschluß an Käte Hamburgers »Logik der Dichtung« gilt es überdies als eine wesentliche Leistung des literarischen Erzählens, daß wir in seinem Fall mit Hilfe besonderer Darstellungsformen wie der erlebten Rede und dem inneren Monolog vermögen, was in unserer alltäglichen Lebenswelt unmöglich ist, nämlich scheinbar unmittelbar Zutritt zum Fühlen, Denken und Träumen Anderer zu erhalten (eine Möglichkeit, die moderne Autoren wie Arthur Schnitzler und Franz Kafka in besonderem Ausmaß nutzen).

Zur Komplexität des literarischen Erzählens zählt aber auch die Möglichkeit, unterschiedliche Formen des erzählten Erzählens zu verwenden und auf diese Weise gezielt Brüche und Mehrdeutigkeiten zu schaffen. Sowohl das Prinzip einer ›ganzen‹ Geschichte als auch das eines, mit Musils »Mann ohne Eigenschaften« (1. Bd., Kap. 122) gesprochen, »Fadens der Erzählung« im Sinne einer »einfachen Reihenfolge«, eines »ordentlichen Nacheinanders« von auseinander folgenden Tatsachen gilt insofern bei weitem nicht für alle Erzählungen. Ja, man kann sagen, daß literarische Erzählungen das Prinzip des »primitiv Epischen« mehr oder minder konsequent verletzen.

Veranschaulichen läßt sich diese besondere Qualität des literarischen Erzählens schon an dem Werk, das in der abendländischen Kultur den Übergang von einer mündlichen Erzählkultur zu komplexeren Formen des schriftlichen Erzählens markiert. Zur – zumal im Vergleich zur älteren »Ilias« – »komplizierten« (Aristoteles, »Poetik«, 24. Kapitel) Komposition von Homers »Odyssee« gehört wesentlich (neben zahlreichen Umstellungen der chronologischen Ereignisfolge in der erzählerischen Darstellung und dem symmetrischen Aufbau um die beiden zentralen Themen Irrfahrt und Heimkehr) eine Vervielfältigung der Erzählinstanzen, verbunden mit einer Reflexion des Erzählens im Rahmen der erzählten Geschichte. Ein großartiges Beispiel dafür ist die Darstellung des Festmahls, das Alkinoos, der König der Phäaken, zu Ehren des soeben am Ufer seines Reichs gestrandeten Odysseus veranstalten läßt. Im Rahmen dieses Festmahls trägt der blinde Sänger Demodokos auch Episoden aus dem Krieg um Troja und dem Leben des berühmten Odysseus vor (8. Ges., 62 ff.) – woraufhin der zu diesem Zeitpunkt noch unbekannte Gast, der seine eigene Geschichte hört, das Gesicht in einen Mantel birgt und weint. Im weiteren Verlauf des Festmahls bewundert Odysseus, daß Demodokos »schön nach der Ordnung« und »so wie es sich zutrug«, besingt, was er nicht aus eigener Anschauung kennt (8. Ges., 487), um dann seine Identität zu enthüllen und nunmehr selbst die – im Rahmen der »Odyssee« immerhin vom 9. bis zum 12. Gesang reichende – Geschichte seiner Erlebnisse nach der Eroberung von Troja zu erzählen.

Zur besonderen Erzählform der »Odyssee« gehört also, daß die hier erzählte Geschichte die Situation des Erzählens und Zuhörens spiegelt und in der angesprochenen Szene drei Geschichten und zwei Arten von Erzählungen über den Protagonisten Odysseus verknüpft: Geschichten über Odysseus werden von einem Rahmenerzähler, von dem Sänger Demodokos und von Odysseus selbst erzählt. Im Rahmen einer schriftlichen Erzählung werden in dieser ›Urszene‹ des erzählten Erzählens verschiedene Arten des mündlichen Erzählens vorgeführt, die Wirkung des Erzählens illustriert und seine Funktionen und Verdienste reflektiert. Zu diesen Funktionen zählt, daß das Erzählen sowohl unterhalten als auch pragmatischen Zwecken dienen kann. So geht es für Odysseus nicht allein darum, in einen Erzählwettstreit mit dem Sänger Demodokos zu treten und seinen Gastgebern seinerseits möglichst kurzweilig von seinem Leben nach der Zerstörung von Troja zu berichten. Denn während Alkinoos und seine Tochter Nausikaa ihren Gast gerne als Schwiegersohn und Gatten festhalten wollen, ist dieser vom Heimweh geplagt. Um ohne weitere Verzögerungen nach Hause zu kommen, benötigt der vom Zorn Poseidons verfolgte Odysseus jedoch das Geleit der Phäaken. Die Hilfe dieses Seefahrervolks verschafft sich der »Erfindungsreiche« (9. Ges., 1) mit einer ebenso anschaulichen wie kunstvoll gebauten Geschichte: Erzählend stilisiert er sich zum schuldlos leidenden Irrfahrer und erbarmungswürdigen Opfer ›unzivilisierter‹ Gestalten. Mittelbar fordert er seine Zuhörer damit auf, sich ihrerseits ›zivilisiert‹, d. h. anders als Polyphem und die anderen in seiner Erzählung auftretenden Barbaren zu verhalten, ihm zu helfen und die Geschichte seiner Irrfahrt nunmehr zu einem guten Abschluß zu bringen.

Die hier nur in groben Zügen vorgestellte Szene der »Odyssee« belegt die Geburt der literarischen Erzählung aus dem Geist des erzählten Erzählens. Zugleich ist sie ein noch vergleichsweise schlichtes Beispiel dafür, wie facettenreich literarische Erzählungen unterschiedlicher Kulturen und Epochen verschiedene Formen der Wirkung des Erzählens sowie des Wechselverhältnisses von Erfahrung und Erzählung reflektieren.

Betrachtet man die Erzählung im allgemeinen als einen Ort der Artikulation und Ordnung von Ereignisfolgen sowie der Archivierung von Wissen, so läßt sich der besondere Fall der literarischen Erzählung wiederum als der Ort begreifen, an dem eine Kultur die Voraussetzungen, Formen und Folgen des Ordnens und Archivierens von Ereignisfolgen erprobt und reflektiert. Versteht man Bildung im emphatischen Sinne als das, was ein sonst animalisches Zweckwesen zum Menschen macht, dann gehört die mit der literarischen Erzählung eröffnete Möglichkeit zur freien Gestaltung und Reflexion unterschiedlicher Arten von Sinnbildung durch das Erzählen gleichermaßen wesentlich zu Bildung und Menschsein dazu.

Literatur:
Michel Butor, Der Roman als Suche, in: ders., Die Alchemie und ihre Sprache, übersetzt von Helmut Scheffel, Frankfurt am Main u. a. 1984, 53–60.
Roland Barthes, Einführung in die strukturale Analyse von Erzählungen, in: ders., Das semiologische Abenteuer, übersetzt von Dieter Hornig, Frankfurt am Main 1988, 102–143.
Christian Klein, Matías Martínez (Hgg.), Wirklichkeitserzählungen. Felder, Formen und Funktionen nicht-literarischen Erzählens, Stuttgart 2009.
Volker Klotz, Erzählen. Von Homer zu Boccaccio, von Cervantes zu Faulkner, München 2006.
Matías Martínez, Michael Scheffel, Einführung in die Erzähltheorie, 8. Aufl., München 2009.
Wolfgang Müller-Funk, Die Kultur und ihre Narrative. Eine Einführung, Wien u. New York, 2002.
Michael Neumann (Hg.), Erzählte Identitäten: ein interdisziplinäres Symposion, München 2000.
Ansgar Nünning, Vera Nünning (Hgg.), Neue Ansätze in der Erzähltheorie, Trier 2002.
Paul Ricœur, Zeit und Erzählung, übersetzt von Rainer Rochlitz, 3 Bde., München 1988, 1989, 1991.
Michael Scheffel, Erzählen als anthropologische Universalie. Funktionen des Erzählens im Alltag und in der Literatur, in: Anthropologie der Literatur, hg. von Manfred Engel und Rüdiger Zymner, Paderborn 2004, 121–138.
Michael Scheffel (Hg.), Erzählen. Theorie und Praxis, Der Deutschunterricht, Heft 2 (2005).
Wolf Schmid, Elemente der Narratologie, Berlin 2008.

9. Coaching

Christine Maaser

Coaching ist eine Form der Personalberatung und persönlichen Begleitung, die stark mit dem Dialog arbeitet. Der Begriff »Coaching« geht auf romanische Ursprünge zurück. Aus ital. »cocchio«, span. »coche« und franz. »coche« entstand das englische »coach«, das bis in die Gegenwart Trainer einer Sportmannschaft bedeutet. Daneben kommt der »coach« an US-amerikanischen Hochschulen als Repetitor für Prüfungs- oder Examenskandidaten zum Einsatz.

Etymologisch verwandt mit dem »coach« ist das Wort »Kutsche«, das im späten 16. Jahrhundert in unterschiedlichen Formen in der deutschen Sprache auftaucht. »Kutsche« entstand aus einer Verkürzung von (ungar.) »kocsi szekér«, »Wagen aus Kocs«, benannt nach der ungarischen Stadt »Kocs«, wo die gefederten Kutschen seit dem Mittelalter gebaut wurden.

Seit den achtziger Jahren des 20. Jahrhunderts nennen sich vermehrt nicht nur Sportlehrer oder studentische Nachhilfelehrer »Coach«, sondern auch Unternehmens- und Personalberater. Diese verstanden sich gerne als »Kutscher«, als Lenker. Wie der Postillion hält der Coach die Zügel fest in seinen

Händen, aber er legt nur den Weg zum Ziel fest, nicht das Ziel selbst. Das bekommt er von seinem Fahrgast vorgegeben.

Heute bestreiten Coaches einen Teil der betrieblichen Weiterbildung. Denn im Gegensatz zu Schulungen oder Seminaren steht ein Coach auch kurzfristig zur Verfügung und kann zudem auf Bedürfnisse und Fragen seines Klienten direkt und schnell eingehen. Diese Arbeitsweise setzt Vertrauen zwischen Coach und Klient voraus, das der Coach vor allem durch Authentizität und fachliche Kompetenz schafft. Zunächst lernen sich Coach und Klient in einem Erstgespräch kennen. Dann werden der zeitliche Rahmen und der Umfang der Beratung festgelegt und gemeinsam die Ziele formuliert. Alle Treffen finden »face-to-face« statt. Gleich im Anschluß an die erste Sitzung erprobt der Klient das Erarbeitete in der Praxis und berichtet später darüber. Der Coach bereitet auf der Basis dieser Rückmeldung das nächste Treffen gezielt und ganz individuell vor. Damit ist professionelles Coaching deutlich effektiver als eine Fortbildungsveranstaltung, in der sich Seminarleiter und Gruppe meistens an einem Themenplan orientieren und auf Kenntnis und Umfeld des Einzelnen nur eingeschränkt Rücksicht nehmen können. In einem Coaching hingegen steuern sowohl Coach als auch Klient – je nach Rolle – den Lernprozeß und -erfolg über einen festgelegten Zeitraum. Ziel jedes Coachings ist es, daß der Klient nicht nur über sich selbst nachdenkt, sondern auch sein Handeln kritisch hinterfragt. Damit stärkt er idealerweise sein Selbstwertgefühl und seine berufliche Position. Als Beratungsform zielt »Coaching« somit auf die Leistung einer Person oder damit auch die eines Unternehmens ab.

Historisch betrachtet ähnelt »Coaching« weniger dem Sakrament der Beichte als vielmehr den Exerzitien in der Art des Ignatius von Loyola, dem Gründer des Jesuitenordens: Gutes Coaching besteht auch nicht aus moralisch-charakterlichen Lockerungsübungen, sondern vielmehr aus geistigen Exerzitien im Alltag. Das heißt, Coaching ist zeitlich begrenzt und in den Tagesablauf integriert, der Klient wird nicht aus seinem Arbeitsrhythmus gerissen. Der »Exerzitant« muß sich trotzdem Zeit nehmen, um gemeinsam mit seinem Coach ausreichend Distanz zu finden zum Tagesgeschäft und Wichtiges von Nichtigem zu unterscheiden. Ignatius spricht davon, »in die Dinge Ordnung zu bringen, die es notwendig haben, geordnet zu werden«. […] Wenn die Aufgaben viele sind, ist es notwendig, auszuwählen und sich für die wichtigsten einzusetzen. […] Und ein wenig Zeit dafür zu nehmen, sich selbst und seine Tätigkeiten zu ordnen.« (Brief an Fulvio Androzzi, 18. Juli 1556) Der Coach stellt neben seinem Wissen seine Erfahrungen bereit, leitet an und begleitet, hält sich jedoch mit Ratschlägen zurück. Ignatius bezeichnet diese Methode in seinen »Unterweisungen« (1533/1541) als Hilfe für sich selbst und für andere. Wichtig für das Coaching – und auch hier finden sich Parallelen zu Ignatius – ist schließlich die Rückmeldung über Erfolg oder Mißerfolg der Übungen.

Eine besondere Form des Coachings stellt das »Sprachcoaching« dar, das ›Expatriates‹ einen schnellen und effektiven Zugang zu einer Fremdsprache ermöglicht. »Language and Business Culture Coaching« kombiniert die Beratungsform »Coaching« mit Elementen des von Jonathan Fox in den siebziger Jahren des 20. Jahrhunderts entwickelten »Playback Theaters«. Erstmals hatte der Franzose Daniel Feldhendler Ideen dieses interaktiven Theaters auf den Fremdsprachenerwerb übertragen.

Auch bei den Jesuiten war das Drama ein Instrument des »Coachings« gewesen.

Literatur:
Daniel Feldhendler, Enacting Life! Proposal for a Relational Dramaturgy for Teaching and Learning a Foreign Language, in: Towards Drama as a Method in the Foreign Language Classroom, hg. von M. Schewe und P. Shaw, Frankfurt am Main u. a. 1993, 171–191.
Ders., Développer la compétence relationnelle dans la situation d'apprentissage d'une langue, in: Le français dans le monde. Recherches et Applications, Juillet 1995, 208–215.
Jonathan Fox, Acts of service. spontaneity, commitment, tradition in the nonscripted theatre, New Paltz, NY 1994.
Jürgen Habermas, Erkenntnis und Interesse, Frankfurt am Main 1968.
Ignatius von Loyola, Geistliche Übungen, hg. von Peter Knauer, Würzburg 2008.
Brief von Juan de Polanco (im Auftrag von Ignatius von Loyola) an Philipp Faber vom 3. Februar 1554, dt. Übers. in: Ignatius von Loyola, Briefe und Unterweisungen. (Deutsche Werkausgabe, Bd. 1.) Übers. Peter Knauer, Würzburg 1993, 546–549, hier: 548. Und Brief an Fulvio Androzzi, 18. Juli 1556, in: Ebd., 920–922.

10. Vermitteln, Didaktik

Katrin Winkler und Heinz Mandl

Eines der in Wissenschaft und Praxis am häufigsten diskutierten Themen im Zusammenhang mit dem Thema Wissensvermittlung ist die Überwindung der »Kluft zwischen Wissen und Handeln« (Gerstenmaier/Mandl, 2000). Unbestritten ist sicherlich, daß in Schule, Ausbildung, Universität und auch der Weiterbildung große Informationsmengen an die Lernenden vermittelt werden, doch diese kommen vielfach in der Praxis nicht zur Anwendung. Dieses Phänomen wird als »Transferlücke« bezeichnet (Pawlowsky und Bäumer, 1996). Ziel einer jeden Aus- und Weiterbildungsmaßnahme ist es, ein Höchstmaß an positivem Lerntransfer zu erreichen. Darunter versteht man das Ausmaß, in dem die Teilnehmer einer Bildungsmaßnahme in der Lage sind, das erlernte Wissen, die Fähigkeiten und Einstellungen in der Praxis auch anzuwenden (Wilkening, 1989). Dies entspricht jedoch in den wenigsten Fällen der Realität. Oft mangelt es gerade an der Anwendung des Gelernten in der Praxis. Ein Hauptproblem stellt vor allem der »Null-Transfer« dar. Hier bleibt das Wissen träge, d. h. es kommt in der beruflichen Praxis nicht zur Anwendung (Renkl, 1996). Vor diesem Hintergrund stellt sich aus didaktischer Sicht die Frage, wie Lernumgebungen gestaltet sein müssen, um den positiven Lerntransfer zu erhöhen. Dieser Beitrag beschäftigt sich mit der Frage nach der didaktischen Gestaltung transferorientierter Lernumgebungen.

Eine neue Kultur des Lehrens und Lernens

Auch heute noch ist die Erfahrung vieler Lernender quer durch alle möglichen Bildungseinrichtungen davon geprägt, daß Lehren und Lernen in Umgebungen stattfindet, in denen der Lehrende eine aktive und der Lernende eine eher rezeptive Rolle übernimmt (Reinmann-Rothmeier und Mandl, 2001b). Hinter einer solchen stark systematisierten und kontrollierten Form des Lernens stecken im wesentlichen die Annahmen, daß Wissen eine Folge von Faktenlernen und Routine ist und wie ein Gut von einer Person zu einer anderen weitergegeben werden kann. Im Rahmen der traditionellen Form des Unterrichts wird oft sog. träges Wissen erzeugt, d. h. Wissen, das in einer Situation theoretisch gelernt wurde, in einer Anwendungssituation jedoch nicht genutzt werden kann (Renkl, 1996). Demgegenüber steht eine neue Lernkultur, die auf einer konstruktivistischen Auffassung vom Lernen basiert. Ziel dieser neuen Lernkultur ist die Vermittlung anwendbaren Wissens, um die so oft diskutierte Kluft zwischen Wissen und Handeln zu überbrücken. Wissen ist kein Produkt, das von einer Person zu einer anderen Person weitergereicht werden kann – so eine der Grundannahmen dieses Ansatzes. Somit wird Wissen nicht einfach rezeptiv übernommen, sondern aktiv je nach Vorwissen, Motivation und Einstellung vom Einzelnen erworben. Der aktive Lernende steht also im Vordergrund dieser Position. Gemäß einer konstruktivistisch geprägten Auffassung vom Lehren und Lernen stehen folgende Kriterien für den Lernprozeß im Vordergrund:

- Lernen ist ein aktiver Prozeß, d. h. nur über eine aktive Beteiligung des Lernenden wird Lernen möglich.
- Lernen ist ein selbstgesteuerter Prozeß, d. h. beim Lernen übernimmt der Lernende Steuerungs- und Kontrollprozesse.
- Lernen ist ein konstruktiver Prozeß, d. h. ohne den individuellen Erfahrungs- und Wissenshintergrund und eigene Interpretation findet kein Lernen statt.
- Lernen ist ein situativer Prozeß, d. h. Lernen erfolgt stets in einem spezifischen Kontext.
- Lernen ist ein sozialer Prozeß, d. h. Lernen ist ein interaktives Geschehen und schließt immer auch soziale Komponenten ein.

In Untersuchungen zeigte sich jedoch, daß die Lernenden trotz einer aktiven Rolle im Lernprozeß je nach Lernvoraussetzungen immer noch ein gewisses Maß an Unterstützung benötigen, um effektiv lernen zu können. Die Gestaltung von problemorientierten Lernumgebungen bietet eine pragmatische Möglichkeit, das Gedankengut der neuen Auffassung zum Lehren und Lernen umzusetzen und mit den Untersuchungserkenntnissen zu verknüpfen. Dabei wird ein aktiver Lernender durch einen Lehrenden wäh

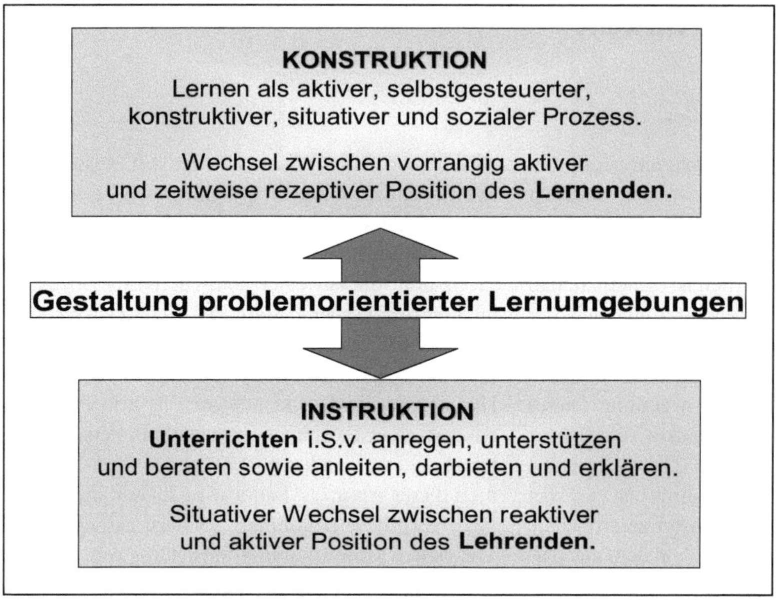

KONSTRUKTION
Lernen als aktiver, selbstgesteuerter, konstruktiver, situativer und sozialer Prozess.

Wechsel zwischen vorrangig aktiver und zeitweise rezeptiver Position des **Lernenden**.

Gestaltung problemorientierter Lernumgebungen

INSTRUKTION
Unterrichten i.S.v. anregen, unterstützen und beraten sowie anleiten, darbieten und erklären.

Situativer Wechsel zwischen reaktiver und aktiver Position des **Lehrenden**.

Abb. 1. Überblick über eine pragmatische Form des Lehrens und Lernens (Reinmann-Rothmeier und Mandl, 2001)

rend des Lernprozesses angeleitet, unterstützt und beraten (Abb. 1).

Diese neue Kultur des Lehrens und Lernens findet ihre Realisierung in der Gestaltung problemorientierter Lernumgebungen. Für die konkrete Umsetzung problemorientierter Lernumgebungen wurden Leitlinien entwickelt, die im folgenden kurz vorgestellt werden sollen. Diese globalen Gestaltungsprinzipien lassen sich insbesondere auch für die Realisierung virtueller bzw. netzbasierter Lernumgebungen anwenden (Reinmann-Rothmeier und Mandl, 2001b).

- Lernen in einem authentischen Kontext: Der Ausgangspunkt des Lernens sollten authentische Probleme sein, die für die Lernenden relevant sind. Denn die Darstellung von realistischen Problemen oder authentischen Fällen sichert einen hohen Anwendungsbezug des Gelernten und erzeugt Interesse beim Lernenden.
- In multiplen Kontexten lernen: Den Lernenden werden verschiedene Anwendungssituationen verdeutlicht und/oder die Lernenden werden dazu angeregt, das Gelernte in mehreren unterschiedlichen Problemstellungen konkret anzuwenden (z.B. durch die Integration verschiedener Anwendungsbeispiele). Auf diese Weise läßt sich Wissen aufbauen, das unter verschiedenen situativen Bedingungen flexibel abgerufen, umgesetzt und weiterentwickelt werden kann.
- Lernen in einem sozialen Kontext: Das gemeinsame Lernen und Arbeiten sollte Bestandteil möglichst vieler Lernphasen sein (z.B. arbeiten die Lernenden in Kleingruppen an der Lösung eines authentischen Falles).
- Mit instruktionaler Unterstützung lernen: Die Lernenden bekommen die notwendigen Ressourcen zum Lernen zur Verfügung gestellt und haben die Möglichkeit, bei Problemen einen Berater/Coach zu kontaktieren.
- Das Lernen im Rahmen einer problemorientierten Lernumgebung impliziert neben selbstgesteuertem Lernen auch kooperatives Lernen.

Die neuen Informations- und Kommunikationstechnologien bieten nun die Möglichkeit, Lernumgebungen vor dem Hintergrund der gerade vorgestellten neuen Kultur des Lehrens und Lernens zu entwickeln. Im klassischen Unterricht sind die Möglichkeiten des einzelnen Lerners, aktiv auf die Lernsituation und den Lernprozeß einzuwirken, eher eingeschränkt.

Lernumgebung, Lernzeit, Lernweg sind vorgegeben und die Aktionen, zu denen der Lernende gelegentlich aufgefordert wird (z.B. eine Frage beantworten) sind zeitlich wie vom Effekt her so eingeschränkt, daß der Lernende dabei eher seine Begrenztheit erfährt als sein eigenes Wirksamkeitspotential (Weidenmann, 2000). Aktiv-konstruktives Lernen ist so nur selten möglich. Hier eröffnen die neuen Medien vielerlei Möglichkeiten. So wird z. B. das selbstgesteuerte Lernen erheblich unterstützt. Selbststeuerung meint, daß die Lernziele festgelegt sind, die Lernenden auf dem Weg dorthin jedoch relativ frei sind und eigenständig planen und vorgehen können (Weidenmann, 2000). Die Möglichkeit, den eigenen Lernweg zu wählen, hat eine motivierende Wirkung auf die Lernenden (Deci und Ryan, 1993).

Neue Medien, die auf Grund ihrer Interaktivität den Lernenden eigenständig in den Lernprozeß eingreifen lassen und konstruktiv genutzt werden, sind typisch für die gerade beschriebene »konstruktivistische« Lernkultur (Mandl und Reinmann-Rothmeier, 1997). Die neuen Medien ermöglichen auch neue Chancen für kooperatives Lehren und Lernen, z. B. über Chats, Foren und Newsgroups (Weidenmann, 2000). Netzwerkbasierte Lernsysteme bieten einzelnen Personen ebenso wie kleinen und großen Gruppen die Möglichkeit, unabhängig von Zeit und Ort miteinander zu kommunizieren und zu kooperieren. Unter dem Stichwort Computer Supported Cooperative Learning (CSCL) werden derzeit Programme erarbeitet und erprobt, die ein Lehren und Lernen in Teams auch über die Distanz hinweg unterstützen und gleichzeitig versuchen, typische Probleme der netzbasierten Kommunikation und Kooperation zu reduzieren.

In der Entwicklung und Gestaltung einer neuen Lernkultur liegt die große pädagogische Herausforderung der neuen Technologien. Die neuen Medien können diesen Umbruch nicht nur anstoßen und unterstützen, in gewisser Weise erzwingen sie ihn auch. Doch bei allen Auswirkungen, die neue Technologien haben, erfordern kulturelle Veränderungen zuallererst einen Wandel in den Köpfen der Beteiligten (Hesse, Mandl, Reinmann-Rothmeier und Ballstaedt, 2000).

Im Folgenden soll die konkrete Umsetzung der neuen Lernphilosophie anhand eines Führungskräfteentwicklungsprogramms, welches sich an der Umsetzung der neuen Lehr-Lern-Philosophie orientiert, dargestellt werden.

Führungskräfteentwicklung im Rahmen des Management-Campus-Programms eines mittelständischen Unternehmens

Das Weiterbildungsprogramm Management Campus ist ein interdisziplinäres Führungskräfteentwicklungsprogramm eines mittelständischen Unternehmens.

Zielsetzung: Die Teilnehmer erwerben über einen Zeitraum von einem Jahr erste Qualifikationen im Bereich Management und Führung, wobei der Fokus auf den Aspekten Strategie-Implementation, Wertorientierte Unternehmenssteuerung und Führungswerkzeugen liegt. Ziel des Programms ist es insgesamt, junge Führungskräfte an Führungs- und Management-Themen in einem global operierenden Unternehmen heranzuführen und sie beim Transfer des Gelernten in die Praxis zu unterstützen. Das Programm verbindet Face-to-face und virtuelle Phasen. Im Rahmen der virtuellen Phasen liegt der Fokus vor allem auf dem Transfer der in den Präsenzphasen erworbenen Inhalte.

Zielgruppe: Das Angebot richtet sich an junge Führungskräfte, die noch relativ wenig Managementkenntnisse und Führungserfahrung haben.

Grundaufbau des Seminars. Der Management Campus ist ein modular aufgebautes Weiterbildungsangebot, der vor dem Hintergrund einer neuen konstruktivistisch geprägten Lehr-Lern-Kultur entwickelt wurde. Die methodische Gestaltung des Kurses orientiert sich an den Leitlinien des problemorientierten Unterrichts. Das methodische Design des Management Campus wurde so gewählt, daß das Lernen in Kleingruppen und anhand von Fällen und Projekten den Schwerpunkt des Programms bildet. Das Rückgrat des Programms ist eine virtuelle internetbasierte Plattform. Die gesamte netzgestützte Kommunikation und Zusammenarbeit läuft über diese Plattform.

Der Management Campus ist ein hybrides Lernangebot. Er besteht aus insgesamt vier Modulen (Strategie-Implementation, Wertorientiertes Management, Führung und Wirkung erzeugen). Die Präsenzmodule haben zum Ziel, Wissen zu den einzelnen Themen zu vermitteln, erste Fälle in Kleingruppen zu bearbeiten und den Face-to-face-Austausch zwischen den Teilnehmern anzuregen sowie die virtuelle Zusammenarbeit in den Kleingruppen neu zu koordinieren. Zusätzlich dienen diese Termine dazu, den Teilnehmern die Möglichkeit zu einem Erfahrungsaustausch mit Experten aus dem eigenen Unternehmen zu bieten und Management-Konzepte zu reflektieren und zu diskutieren (Management-Dialog). Zwischen den Modulen finden sog. Transferphasen statt. Ziel dieser Phasen ist es, den Teilnehmern die Möglichkeit zu

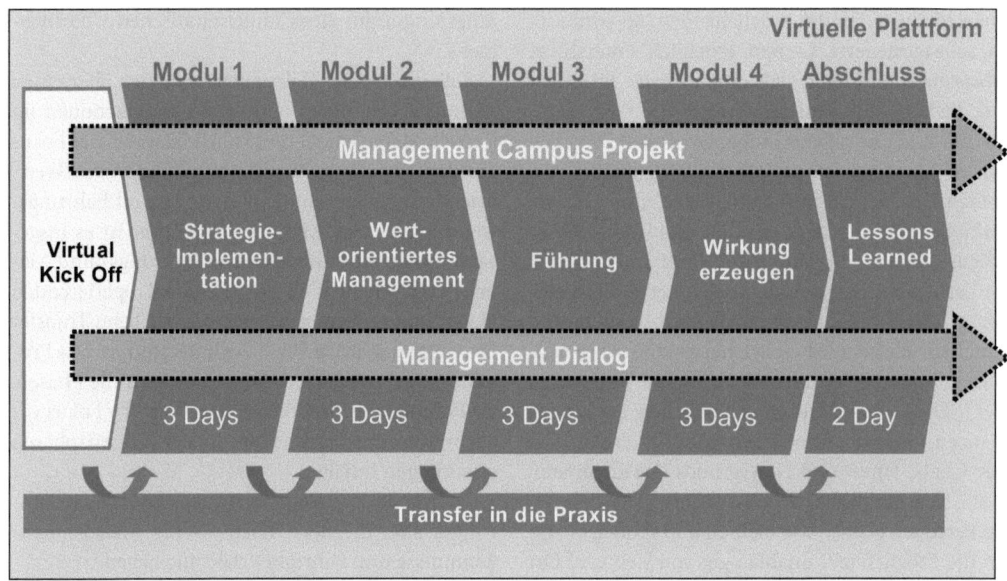

Abb. 2. Überblick über das Management-Campus-Programm

eröffnen, das Gelernte unter Anleitung zu reflektieren und die Anwendungsmöglichkeiten in der Praxis zu überprüfen und auszuprobieren. Die in diesen Phasen gewonnenen Erfahrungen werden auf der virtuellen Plattform mit den anderen Teilnehmern geteilt und diskutiert. Abb. 2 gibt einen Überblick über das Programm.

Wie werden die Leitlinien problemorientierten Lernens im Rahmen des Management Campus konkret umgesetzt?

Lernen in einem authentischen Kontext: Die Basis des Programms sind authentische Fälle, die im Rahmen der Module von den Teilnehmern bearbeitet werden müssen. Ein Fall bezieht sich z. B. auf die Strategie des Unternehmens Wal-Mart. Neben der Bearbeitung von Fällen während der Präsenzphasen werden auch in den Transferphasen Fälle bearbeitet. Um einen möglichst hohen Authentizitätsgrad in der Ausgestaltung der Fälle zu erhalten, werden direkt Unternehmensbeispiele oder konkrete Fälle aus der Unternehmenspraxis eingearbeitet. Darüber hinaus haben die Teilnehmer die Aufgabe, in Kleingruppen über die gesamte Laufzeit des Programms ein Projekt aus dem Unternehmensalltag zu bearbeiten (Management-Campus-Projekt). Jedes der Projekte benötigt einen Sponsor aus dem Unternehmen, der dieses Projekt in die Praxis umsetzen wird. Der Status Quo der Projektarbeit wird jeweils während der Präsenzphasen vorgestellt und gemeinsam diskutiert. Während der Transferphasen arbeiten die Teilnehmer in Kleingruppen an den Projekten. Im Rahmen des Abschlußworkshops stellen alle Teilnehmer ihre Ergebnisse vor der gesamten Geschäftsleitung vor und erhalten Feedback.

In multiplen Kontexten lernen: Bei der Zusammensetzung der Projektgruppen wird auf die Interdisziplinarität geachtet, so daß die im Projekt auftretenden Themen immer aus verschiedenen Blickwinkeln diskutiert werden. Darüber hinaus werden die Themen in den Präsenzmodulen zum einen aus der internen Unternehmensperspektive als auch durch externe Experten diskutiert.

Lernen in einem sozialen Kontext: Alle Aufgaben und Fälle während und zwischen den Modulen sowie die Projektarbeit werden gemeinsam in Kleingruppen gelöst. Anschließend werden die Ergebnisse über die virtuelle Arbeitsplattform mit den anderen Gruppen ausgetauscht und diskutiert. Auch die Präsenztage stehen unter dem Motto der Zusammenarbeit und des Erfahrungsaustausches.

Mit instruktionaler Unterstützung lernen: Die Teilnehmer erhalten vor jeder Präsenzphase einen Überblick über die zu bearbeitenden Fälle und Aufgaben, einen sog. Fahrplan. Dieser enthält neben der Beschreibung der Aufgaben auch ein konkretes Zeitraster, um den Teilnehmern einen Orientierungsrahmen für die Bearbeitung der Transferaufgaben zu bieten. Zusätzlich werden den Teilnehmern Tipps und Strategien zur virtuellen Teamarbeit zur Verfügung gestellt. Den zentralen Teil der instruktionalen Unterstützung bildet die Begleitung der Teilnehmer während des gesamten Kurses durch Experten und Tutoren. Bei Problemen während der virtuellen Zusammenarbeit und/oder bei Fragen zu den Aufgaben und Fällen oder anderen inhaltlichen Aspekten können die Tutoren und Experten jederzeit kontaktiert werden. Zu jedem Themenbereich steht auf der Plattform darüber hinaus ein Forum für offene Fragen zur Verfügung.

Ausblick

Das in diesem Beitrag vorgestellte Beispiel des Management-Campus-Programms zeigt die Möglichkeiten der Implementierung der neuen Lehr-Lernkultur sowie die Integration neuer Medien in die Gestaltung komplexer Lehr-Lern-Szenarien auf. Dem Strukturwandel, der mit der Nutzung neuer Medien einhergeht, wird sich in Zukunft weder die Aus- noch die Weiterbildung entziehen können. Vor dem Hintergrund der gesellschaftlichen Veränderungen, die lebenslanges Lernen erfordern, ist die Entwicklung fächerübergreifender Kompetenzen wie Selbstständigkeit, Teamfähigkeit etc. notwendig. Dadurch nimmt die Bedeutung des problemorientierten und eigenverantwortlichen Lernens kontinuierlich zu. In der Entwicklung und Umsetzung einer neuen Lernkultur liegt jedoch die große Herausforderung, um vernetztes Lernen sinnvoll einsetzen zu können. Allein das Bereitstellen der technischen Infrastruktur wird keinen Wandel im vorherrschenden Lehr-Lern-Paradigma bewirken. Sie können zwar einen ersten Anstoß für Veränderungsprozesse erreichen, langfristiger Nutzen wird jedoch erst erwachsen, wenn die Rahmenbedingungen an den Schulen, Hochschulen und in den Unternehmen für eine neue Art des Lernens geschaffen werden. Auch in Unternehmen muß ein Umdenken stattfinden, um den Nutzen der neuen Lernformen zu gewährleisten. Zusätzlich müssen die Lehrenden auf die neuen Anforderungen virtueller Lernumgebungen vorbereitet werden. Denn allein technische Kompetenz im Umgang mit dem Computer reicht nicht aus. Die Veränderung des Rollenverständnisses der Lehrenden wird nicht durch einen Mausklick aktiviert werden können. Aber auch die Lernenden müssen auf diese neue Art des Lernens vorbereitet werden. Denn bisher ist das Erlernen von Strategien und Kompetenzen zum kooperativen und selbstgesteuerten Lernen weder Teil der Ausbildung in Schule und Hochschule noch Bestandteil der Weiterbildung. Der Einzelkämpfer ist immer noch die vorherrschende Spezies an unseren Schulen und Hochschulen aber auch vielfach in Unternehmen. Sowohl der Ruf aus der Wirtschaft nach teamfähigen, selbstverantwortlichen und aktiven Mitarbeitern als auch die gesellschaftlichen Veränderungen hin zu einer Wissensgesellschaft verlangen ein Umdenken.

Literatur:
Edward L. Deci, Richard M. Ryan, Die Selbstbestimmungstheorie der Motivation und ihre Bedeutung für die Pädagogik, in: Zeitschrift für Pädagogik 39 (1993), 177–186.
Jochen Gerstenmaier, Heinz Mandl (Hgg.), Die Kluft zwischen Wissen und Handeln. Empirische und theoretische Handlungsansätze, Göttingen 2000.
Friedrich W. Hesse, Heinz Mandl, Gabi Reinmann-Rothmeier, Steffen-Peter Ballstaedt, Neue Technik verlangt neue pädagogische Konzepte. Empfehlungen zur Gestaltung und Nutzung von multimedialen Lehr- und Lernumgebungen, in: Studium online, hg. von der Bertelsmann Stiftung und der Heinz Nixdorf Stiftung, Gütersloh 2000, 31–51.
Heinz Mandl, Gabi Reinmann-Rothmeier, Lernen mit Neuen Medien, in: Weiterbildung. Jahrbuch 1997, hg. von Karlheinz Schwuchow und J. Gulmann, Düsseldorf 1997.
Peter Pawlowsky, Jens Bäumer, Betriebliche Weiterbildung. Management von Qualifikation und Wissen, München 1996.
Gabi Reinmann-Rothmeier, Heinz Mandl, Unterrichten und Lernumgebungen gestalten, in: Pädagogische Psychologie, hg. von Andreas Krapp und Bernd Weidenmann, Weinheim 2001b, 603–648.
Alexander Renkl, Träges Wissen: Wenn Erlerntes nicht genutzt wird, in: Psychologische Rundschau 47 (1996), 62–78.
Bernd Weidenmann, Medien und Lernmotivation: Machen Medien hungrig oder satt?, in: Interesse und Lernmotivation. Untersuchungen zu Entwicklung, Förderung und Wirkung, hg. von Ulrich Schiefele und Klaus-Peter Wild, Münster 2000, 117–132.
Otto Wilkening, Bildungs-Controlling. Instrumente zur Effizienzsteigerung der Personalentwicklung, in: Strategien der Personalentwicklung, hg. von Hans-Christian Riekhoff, Wiesbaden 1989, 299–325.

11. Rhetorik, Dialektik, Logik

Dietrich Mathy

Seinen einzig legitimen Sinn erfährt der Begriff der Bildung dort, wo er an jene Dimension seiner Idee heranreicht, die mit dem Prozeß der Selbstfindung und Identitätskonstitution, der Ich-Konzeption und Individuation des Subjekts im Rahmen seiner weltaufschließenden Erfahrung also, einigermaßen umschrieben werden kann. Gemeint ist damit vornehmlich die Entfaltung hin zur intellektuell-sittlichen Gestalt und der mit ihr ausgebildeten Fähigkeit, differenziert werten und menschliche Qualitäten entwickeln zu können, wobei die Vorgänge der Enkulturation, der Sozialisation und Personalisation erheblich konfligieren. Ausgangspunkt des Bildungsdenkens ist die anthropologische Einsicht in die Bildungsbedürftigkeit und -fähigkeit des menschlichen Wesens: Die intellektuell-sittliche Gestalt muß erst geformt oder aus den jeweiligen Anlagen heraus entfaltet werden. Solche Einsicht setzt Überlegungen in Gang, an welchen möglichen Zielvorstellungen Bildung sich orientieren soll. Die von diesen verschiedenen Zielsetzungen her bestimmbaren Bildungsbegriffe der europäischen Tradition verweisen in ihren Wurzeln auf antikes Denken.

Zur rhetorischen Tradition des Bildungsbegriffs

Das europäische Bildungsdenken samt seinen es tragenden Institutionen entspringt der Tradition jenes grammatisch-rhetorischen Bildungsideals, das in der griechischen Sophistik bei Protagoras und Gorgias erstmals in Erscheinung tritt, auf dem Wege über Isokrates, über Cicero und Quintilian zu kanonischer Geltung gelangt und virulent bleibt bis in die Schulreform W. v. Humboldts hinein, die ihrerseits auf dessen philosophisch gegründeter Überzeugung von der »universalen Bildkraft der Sprache« (Picht, S. 183 f.) beruht. Was bisweilen noch heute als primär sprachliche, als literarische und geschichtliche Bildung firmiert, war römischer Lebensauffassung nach eine Sache des bloßen *otium*, des edlen Zeitvertreibs in Mußestunden, und die *studia humanitatis* waren von den *negotia*, den vom Realitätsprinzip diktierten Geschäften in Politik und Wirtschaft strikt getrennt, wie Ciceros Formel vom *otium cum dignitate*, von der mit menschlicher Würde verbundenen Muße, verrät, ihrerseits der *cultura animi* gewidmet.

Der von den Sophisten vertretene Bildungsanspruch zielt auf kritisches Bewußtsein und Aufklärung, auf Autonomie und Emanzipation des Einzelnen vor allem von einem politischen Ordnungsdenken, das auf religiöse Bindung und tradierte Sittlichkeit verpflichten wollte. Demgegenüber setzt die Sophistik auf eine skepsisgeleitete Privation mittels Rhetorik. Der Ausbau einer spezifischen Rhetorik- und Kulturtheorie führt dann in der Spätantike zum Konzept der *septem artes liberales*, der sieben im Gegensatz zu den gebundenen Handwerkskünsten freien Künste, die im frühen Mittelalter als Trivium von Grammatik, Rhetorik und Dialektik und als Quadrivium von Arithmetik, Geometrie, Astronomie und Musik auseinandertreten (Ruß, S. 15 f.). Während Protagoras und auch Gorgias neben der ersten, der natürlichen Natur menschlichen Wesens eine zweite, künstliche, wesentlich gesellschaftlich vermittelte Natur propagieren, zu der durch die Bildung- und Gestaltungsvorgänge der Paideia zu gelangen sei, beharrt Platon, der nicht die Bildung des Individuums, sondern die Grundverfassung der ganzen Gesellschaft im Blick hat, auf einem dreistufigen Bildungsgang: auf die gymnastisch-musische, Leib und Seele gewidmete Paideia folgt eine das Denken innervierende mathematisch-naturwissenschaftliche sowie eine auf Wahrheit gehende philosophische Paideia, wobei der gesamte Prozeß in der Dialektik qua dialogisch provozierter, denkender Teilhabe an der Wahrheit kulminiert so, wie es die Dialoge des platonischen Sokrates demonstrieren (Groothoff, Stallmann, Sp. 137). Platons philosophischer Gegenentwurf zum sophistisch-rhetorischen Bildungsprogramm zielt auf Formung der geistig-sittlichen Einstellung des Menschen in ihrer Gesamtheit, ein Formungsprozeß qua technisch-künstlerisches Gestalten mit dem Ziel, den Menschen zum Abbild des Göttlichen zu machen. Das Grundmuster des Gestaltungsvorgangs sei an der Schönheit und harmonischen Ordnung des Weltganzen abzulesen, und im Versuch, sich zum Mikrokosmos zu gestalten, werde das wahre Wesen des Menschen, das eigentlich Menschliche an ihm freigelegt. Zwar ist die europäische Bildungstradition ihrer geistig-seelischen Seite nach diesem Konzept Platons verpflichtet, das, durch Cicero konsolidiert, der Renaissance Anknüpfungspunkte liefert, im 18. Jahrhundert durch Shaftesbury, durch Herder neue Impulse erfährt, um schließlich zur Goethezeit als humanistisches Bildungsideal einer allseitig und harmonisch entwickelten Persönlichkeit fixiert zu werden. Gleichwohl aber hat sich in Antike und Humanismus zu weiten Teilen die literarisch-politische Rhetoriktheorie sophistischer Herkunft durchgesetzt, namentlich in ihrer Ausformung durch Isokrates, der den *logos* der *lexis* hintansetzt und die Umgangssprache zum Bildungsmedium erhebt. Isokrates hat das wirkliche politische Leben im Blick, thematisiert die Politik anstelle einer Theorie der Polis und befördert eine primär sprachlich-rhetorische und zugleich pragmatisch-politische Bildungsorientierung. Zugleich indes hat er Mathematik und Naturwissenschaft, die dem philosophischen Bildungsentwurf Platons zentral standen, als überflüssig ausgeschieden und der verhängnisvollen Spaltung von Geistes- und Naturwissenschaften Vorschub geleistet. Freilich sind in der Folgezeit Aufklärungsidee und Geistesbildung zu bloß gelehrt-enzyklopädischer und formaler Bildung denaturiert, was zu einer noch verhängnisvolleren Spaltung von Bildung und Politik führt, von Politik und Geist, ein Prozeß, der sich bei den Römern, im christlichen Humanismus wie auch in der bürgerlichen Bildung des 19. Jahrhunderts wiederholt.

Zur Logik des Bildungsbegriffs

Daß der Bildungsbegriff in vielfältige Aporien verstrickt ist, weil die Idee der Bildung selber antinomisch ist, erweist sich da, wo die konstitutive Problematik pädagogischer Theoriebildung kritisch ins Auge gefaßt wird. Was die philosophische Bildungsidee auf ihrer Höhe versprach, als Gesellschaftssubjekt aufs Allgemeine bezogen zu sein bei gleichzeitig auf Emanzipation und Autonomie ausgerichteter Individuation, scheint uneinlösbar. Nicht nur stehen individuelle Selbstentfaltung und gesellschaftlicher Anspruch quer zueinander, sondern die in praktischer Absicht aufs empirische Subjekt gehende Theorie stößt angesichts konkreter Individualität auf die »systematische Grenze des Systematisierbaren« (Boenicke, S. 72). Solch immanente Aporie von Bildung durchzieht deren gesamte Ideengeschichte.

Der zweite konstitutive Überlieferungsstrang des Bildungsdenkens neben der rhetorischen Traditionslinie führt zurück auf die spekulative Mystik Eckharts und seines Gedankens einer Wiedereinbildung und Rückkehr des Göttlichen in sich, verweist auf den Vorgang der Entäußerung innerhalb der spekulativen Naturlehre des Paracelsus sowie auf das Einbilden und Sichbilden Gottes in die Sprache im Rahmen der Theosophie Böhmes – Gedankenfiguren, die von einer aporetisch erfahrenen Widerspruchsdialektik zeugen und in der *coincidentia oppositorum*, dem spekulativen Topos vom Ineinsfallen der Gegensätze, des Cusanus auf den Begriff gebracht sind. Allerdings dringt der Bildungsbegriff erst ab Mitte des 18. Jahrhunderts in die pädagogische Fachsprache ein, nun bereits amalgamiert mit der Vorstellung künstlerischer und handwerklicher Hervorbringungen, wie sie Platon, der im übrigen mehr auf Lenkung denn auf selbsttätiges Werden setzte, den Begriffen Poiesis und Techne, Mimesis und Methexis eingeschrieben hatte. Von Anfang tauchen im deutschen Sprachraum die Begriffe Bildung und Erziehung gemeinsam und wechselseitig einander bedingend auf und werden gemäß der antiken Unterscheidung von *eruditio* und *educatio* verwendet. Während Erziehung als Edukation, was wörtlich Aufzucht meint, durch Disziplinierung, Zivilisierung und Moralisierung die Prägung von Haltung und Verhalten verfolgt, geht Bildung als Erudition, was wörtlich Entrohung bedeutet, mehr auf die Einstellung und Kultivierung des inneren Menschen, auf die Formation von Seele und Geist, betrifft also Bildung und Kultur in ihrer subjektiven Form. Von hier aus werden Bildung und Kultur fast zu Synonymen, laufen auf Grund ihrer schulischen Institutionalisierung sowie der Divergenz von Bildung und Ausbildung stets auch Gefahr, zu bloßer Gelehrsamkeit herabzusinken.

Eine erste elaborierte Zurückdrängung des antiken Lenkungsgedankens zeigt sich bei Comenius und seiner Lehre vom selbsttätigen Lernen, die als generalisierte Selbsttätigkeit bei Locke und auch Rousseau wiederkehrt. Vorm Hintergrund der Zwei-Substanzen-Lehre des Descartes und deren Synthesis durch Spinoza vollzieht Wolff jedoch anschließend die so widersprüchliche wie populäre Psychologisierung der Leibnizschen Individualmetaphysik monadologischer Kraft und zugleich des präformistischen Entwicklungsgedankens prästabilierter Harmonie, um die Entfaltung der der Seele von Natur aus zukommenden Kräfte zu aktivieren. Favorisiert

Shaftesbury mit seiner philosophisch-ästhetischen Lehre von der *inward form* und ihrer Amalgamierung von Bildung und Ästhetik den Bildungsaspekt, um den vielfachen Dissoziationen der Moderne entgegenzuwirken, und nennt Herder, der auf die Selbstbildung, das spontane Sich-Bilden setzt, aus ähnlichen Gründen die Musik eine »Offenbarung des Unsichtbaren« (Picht, S. 159), da sie ihm als Medium des Geistigen überhaupt die Sphäre der Begegnung mit dem Göttlichen repräsentiert, rücken bei Kant, von dem die moderne Ästhetik ihren Ausgang nimmt und für den die ästhetischen Ideen als Symbole der Sittlichkeit figurieren, Erziehung und Bildung wieder mehr auseinander: Umfaßt jene eher die Disziplinierung, Kultivierung, Zivilisierung und Moralisierung des Zöglings, meint diese vornehmlich den selbsttätigen »Gang in die Tiefe des Subjekts« (Groothoff, S. 207). Wenn Wilhelm von Humboldt, der in seiner Bildungstheorie von der Universalität sprachlicher Vermittlung ausgeht, die Bestimmung des Menschen vermeint aus einer humanistisch geleiteten – und das meint nicht selten affirmativen – Betrachtung von Staat, von Kunst und Literatur, von Ästhetik und Altertum ableiten zu können, so behält er nunmehr ein Teilsegment von Bildung zurück. Dagegen hinterläßt F. Schlegels Bildungsgedanke, der gleichfalls den Zweck des Universums mit der Bildung der Individualität gleichsetzt, Spuren bis in die Frühschriften von Marx hinein, da er seine Einsichten zu Eckhart, zu Cusanus, Paracelsus und Böhme, zu Leibniz, zu Rousseau und Fichte mit ironisch geschärfter Zeitkritik durchsetzt. Wo Schleiermacher das Ausbilden innerer Natur und das Hineinbilden in das sittliche Leben zusammenzwingen will, was den Bildungsbegriff ebenso überfordert wie Pestalozzis Versuch, eine selbständige Anschauung durch Erfahrung während des Gesamtlebens zu begründen, sucht Schiller ästhetische Erziehung in politische Bildung zu überführen, von ihm selbst als aporetisches Unterfangen durchschaut. Mit Fichte setzt die spekulative Wende des deutschen Bildungsdenkens ein. Seine Wissenschaftslehren seit 1800 heben die Bildungstheorie, die die Bildungstheorie des ganzen Menschen avisiert, auf die Ebene transzendentaler Kritik, und im Versuch, Einbildungskraft in Bildungskraft, Bildungslehre in Lebenslehre zu überführen, treten ihm transitive Erziehung und intransitive Bildung auseinander (Speck, Wehle, S. 145). Mit Hegel dann ist bekanntlich die spekulative Klimax erreicht, wird Bildung endgültig vom Anthropologischen, vom Psychologischen weg als dialektische Selbstbewegung und Selbstverwirklichung des Geistes thematisiert. Auf schmerzhafte Arbeit und Selbstentfremdung gegründet, deren Ziel freilich die Rückkehr zu sich impliziert (Gadamer, S. 11 f.), ist sie »der absolute Durchgangspunkt«, wie Hegel im § 187 seiner Rechtsphilosophie ausführt, durch den hindurch das Sich-Einbilden der Subjektivität ins Allgemeine als die Selbstentäußerung des Individuums in den objektiven Geist, der noch nicht der absolute ist, vollzieht. Allerdings wird der einem Nadelöhr gleichenden Punktualität des Transzendentalsubjekts der empirisch konkrete Mensch kaum sich einpassen lassen. Da Herbart den Bildungsbegriff psychologisierend auf die Bildung der Einsichtsfähigkeit reduziert, sind Ansätze zu einer Neufassung des Begriffs allenfalls bei Nietzsche oder bei Dilthey zu erkennen. Fokussiert jener eine übers Antiquarische und Monumentale hinausweisende kritische Bildung, setzt dieser auf eine psychologisch-anthropologische Koinzidenz von individueller Anlage und gesellschaftlicher Arbeitsteilung. Werden dort zumindest Perspektiven eröffnet, zeugen nachfolgende Theoretiker wie Kerschensteiner oder Spranger, wie Nohl oder Litt von der Übermacht philosophischer Tradition und verbleiben im Fragmentarischen (Ritter, Sp. 921 f.). Ein Verhängnis vielleicht, daß Humboldt beim Entwurf seiner Reformgedanken auf Schellings »Vorlesungen über die Methode des akademischen Studiums« von 1802 sich stützt, die die Einheit der Wissenschaft als universalen Horizont und transzendentale Bedingung jeder möglichen Bildung erfaßt (Schelling, S. 441–580). Indem Humboldt weit hinter diesem genialen Programm zurückbleibt, das er auf die Komponente des Sprachaspekts reduziert, blockiert er dessen Rezeption und damit die Möglichkeit des Versuchs konkreter Verwirklichung (Picht, 185 f.).

Die Dialektik des Bildungsbegriffs

Bildungstheorie hat dem Einzelnen als Individuum gerecht zu werden und vermag es doch nicht, da Besonderheit und Allgemeinheit innerhalb ihrer Grenzen kollidieren. Ausdruck dessen ist die Schwierigkeit, Erziehung und Bildung durch ihre Trennung hindurch und durcheinander zu vermitteln. Das Phänomen Bildung, ihr eigentliches Wesen, erschließt sich allein der Frage, auf welchen Voraussetzungen so etwas wie Bildung überhaupt beruht und wie sie im konkreten menschlichen Leben verankert ist. Wo die Objektivität der Bildungsinhalte und die Subjektivität des diese Inhalte erfassenden Bewußtseins antithetisch sistiert werden, bleibt die Klärung dessen aus. Der Besitz von Kenntnissen jedenfalls kann als Bildung bloß insofern Geltung beanspruchen, als diese Kenntnisse »von einer selbstverständlichen Vertrautheit mit der Welt begleitet sind, der sie jeweils angehören« (Picht, S. 37). Solche Vertrautheit aber scheint heute in zunehmendem Maße verwehrt zu sein.

Das das Bewußtsein bestimmende gesellschaftliche Sein ist tendenziell vom alles durchdringenden gesellschaftlichen Schein abgelöst worden. An die Stelle von Erfahrung ist bloße Informiertheit getreten, und die kulturindustriell verordnete Verdinglichung des Bewußtseins hat die Allgegenwart des entfremdeten Geistes durchgesetzt. Auf den Begriff gebracht ist das mit der Kategorie der *Halbbildung*, die Th. W. Adorno im Rahmen seiner »Theorie der Halbbildung« zur Dialektik des Bildungsdenkens beigetragen hat (Adorno, Theorie der Halbbildung, S. 168 ff.). Was einmal als dialektischer Prozeß subjektiver Zueignung von Kultur konzipiert war und die gemeinschaftliche Angleichung der Einzelnen sowohl, als auch ihren Widerstand gegen Anpassung und Verdinglichung fördern wollte, ist unterm Druck der Tauschwertrationalität zum wahrhaft verdinglichten Bildungsgut neutralisiert: Die versteinerten Verhältnisse haben jene spekulativen Momente weggeschnitten, die im spekulativen Idealismus eine Transzendierung der Zweck/Mittel-Relation versprachen und den inwendigen Prozeß der Dialektik von Subjekt und Objekt als »Hingabe des Geistes an ein ihm Entgegenstehendes und Fremdes, in der er erst seine Freiheit gewinnt« in Aussicht stellten (Adorno, Notiz über Gesellschaft, S. 54). Überzeugt davon, daß keine isolierten Veränderungen des von objektiven Gegebenheiten Produzierten und Reproduzierten möglich sind, gibt Adorno gleichwohl – von vielen überlesen – den Bildungsbegriff nicht einfach preis, sondern verweist ihn gewissermaßen von Hegel, für den Entäußerung letztlich doch in Anpassung mündet, auf Rousseau zurück: »Zu visieren wäre ein Zustand, der weder Kultur beschwört, ihren Rest konserviert, noch sie abschafft, sondern der selber hinaus ist über den Gegensatz von Bildung und Unbildung, von Kultur und Natur«. (Mathy, S. 11 ff.) So verstanden meint Bildung jene spezifische Differenziertheit, die in Gesinnung, Haltung und Verhalten, in Urteil und Geschmack zu Buche schlüge und eins wäre mit dem Widerstand gegen Verdinglichung (Thomssen, S. 151 ff.).

Ein kritisch revidierter Bildungsbegriff kann Bildung nur als die Menschen verändernde Selbstbildung und zugleich freie Wechselwirkung zwischen werdendem Ich und der dabei sich erschließenden Welt auffassen, und seine theoretische Grundlegung hätte die dialektisch-prozessuale Einheit von Wissen und Haltung hinsichtlich der spekulativen ungegenständlichen Intention des Ich wie auch in Bezug auf seine konkrete Stellung zur Objektivität gesellschaftlicher Konsensbildung in den Blick zu nehmen. Das lange Zeit unvermittelte Nebeneinander von faktisch gebundener Ausbildung und humanistisch orientierter Allgemeinbildung war einer Entfaltung dessen ebenso hinderlich wie die durch Bindung an schulische Institutionen bedingte Veräußerlichung und Verdinglichung von Bildung, die nun als meßbar erschien und zum Maßstab für sozialen Aufstieg und selektionsbedingte gesellschaftliche Privilegien erhoben wurde. Zudem zögert die theoretische Pädagogik angesichts allgemein anwachsender Unübersichtlichkeit, einer pluralen Gesellschaft konkrete Bildungsziele inhaltlich vorgeben zu wollen. So existiert keine akzeptable Theorie, die den Prozeß der Bewußtseinsbildung des Einzelnen wie der Gesamtheit im globalen Maßstab der wissenschaftlich-technischen Zivilisation zu durchschauen und zu steuern erlaubt. Und doch ist festzuhalten an einem Bildungsbegriff, dessen Sinn allein sichtbar wird durch die Trennung und zugleich Korrelation von Erziehung und Bildung hindurch: Nur so vermag die auf Gesinnung und Haltung, auf Verhalten und Handeln gehende Erziehung das Vermögen zur Widerstandskraft gegen eine sich verhärtende Realität zu fördern, und nur so auch kann Bildung ihrer Aufgabe gerecht werden, das Selbst- und Weltverständnis in einer an der Wirklichkeit gesättigten Erfahrung zu fundieren. Einer unter anderm bei Ballauff, bei Deborlav oder auch Klafki aufkeimenden kritisch-dialektischen Bildungstheorie wäre es aufgegeben, ähnlich wie Dilthey von einer Deskription und anschließenden Reflexion des Bildungsprozesses aus zur Hermeneutik gesellschaftlicher Empirie überzugehen, um im spekulativen Entwurf auf technische Zivilisation und globale Gesellschaft hin zur Konstruktion einer Propädeutik zu gelangen. Einen möglichen Anknüpfungspunkt hierbei liefert etwa Husserls zwischen transitiver und intransitiver Bildung angesiedelter Terminus »passive Genesis« (Husserl, S. 77 ff.), die den passiv-synthetische Quellgrund von Imagination, Inspiration und Intuition, von Phantasie, Reflexion und Spekulation bildet. Augenscheinlich allerdings tendiert die Entwicklung des Bildungsbegriffs momentan in eine ganz andere Richtung zu verlaufen. Eingezwängt zwischen Evaluation und Ranking, zwischen Statistik und Leistungsmessung, droht Bildung im Zuge des sog. PISA-Schocks auf Testniveau heruntergebrochen zu werden, und intellektuelle Neugier und kritisches Fragen bleiben vor einer zunehmend an Drittmitteln orientierten Konkurrenz auf der Strecke. Jedenfalls läßt die durch den Bologna-Prozeß in Gang gesetzte Ökonomisierung von Bildung, welche den hohen Selektionsdruck an Schulen und Hochschulen noch potenziert, kaum Gutes ahnen. Die Frage indes, ob Bildung eher Hegels absolutem Durchgangspunkt entspringt, oder aber Husserls Genesen passiver Synthesis, ist offen.

Literatur:
Theodor W. Adorno, Theorie der Halbbildung, in: Max Horkheimer, Theodor W. Adorno: Sociologica II, Reden und Vorträge (Frankfurter Beiträge zur Soziologie Bd. 10), Frankfurt am Main 1962, 168 ff., 191.
Theodor W. Adorno, Notiz über Gesellschaft und Bildung, in: ders., Eingriffe. Neun kritische Modelle, Frankfurt am Main 1968, 54.
Rosemarie Boenicke, Bildung, Absoluter Durchgangspunkt. H.-J. Heydorns Begründung einer kritischen Bildungstheorie, Weinheim 2000, 72.
Hans-Georg Gadamer, Wahrheit und Methode. Grundzüge einer philosophischen Hermeneutik, 2. Aufl., Tübingen 1965, 11 f.
Hans-Hermann Groothoff (Hg.), Pädagogik, Frankfurt am Main 1966, 207.
Hans-Hermann Groothoff, Martin Stallmann (Hgg.), Neues Pädagogisches Lexikon, 5. Aufl., Stuttgart 1971, Sp. 137, 143.
Edmund Husserl, Cartesianische Meditationen (1931) §§ 37–39, Hamburg 1977, 77 ff.
Edmund Husserl, Analysen zur passiven Synthesis. Aus Vorlesungen und Forschungsmanuskripten 1918–1926 (Husserliana, Bd. XI), hg. von Margot Fleischer, Den Haag 1966.
Dietrich Mathy, Kunst & Leben. Nachgetragene Daten einer unabgeschlossenen Vorgeschichte, Würzburg 2001, 11 ff.
Georg Picht, Die Verantwortung des Geistes, Olten 1965, 37, 159, 183 f., 185 f.
Joachim Ritter (Hg.), Historisches Wörterbuch der Philosophie, Bd. 1, Basel 1971, Sp. 921 ff.
Willibald Ruß, Geschichte der Pädagogik, 9. Aufl., Bad Heilbrunn 1973, 15 f.
Friedrich Wilhelm Joseph Schelling, Ausgewählte Werke, Schriften von 1801–1804, Darmstadt 1973, 441–580.
Josef Speck, Gerhard Wehle (Hgg.), Handbuch pädagogischer Grundbegriffe, Bd. I, München 1970, 145.
Wilke Thomssen, Allgemeine Bildung zwischen Abwehr systematischer Verdinglichung und Entfaltung neuer Lebensformen, in: Zeitschrift für Pädagogik, 21. Beiheft, Weinheim 1987, 151 ff.

12. Dialog

Francis Bacon

Vorbemerkung der Herausgeber:
Seit der Antike gehört der Dialog, also das fiktive Gespräch zwischen zwei oder mehr Teilnehmern, zu den wichtigsten Gattungen literarischer Bildung und Belehrung. Zahllose Werke sind entstanden, seit Platon den Lehrgesprächen seines Lehrers Sokrates weltliterarische Form gab und sie zum Vorbild für alle folgenden machte. Ihre Renaissance im 15. Jahrhundert bedeutete zugleich den Beginn moderner Bildung. Große Namen wie Erasmus von Rotterdam (*Colloquia familiaria*, ab 1520) oder Baldassar Castiglione (*Das Buch vom Hofmann*, 1528) schufen neue, ihrerseits schulemachende Muster dialogischer Kultur.

Der Autor des folgenden Beitrags, der englische Politiker, Wissenschaftspionier und Essaist Sir Francis Bacon (1561–1626), ist Erbe und Augenzeuge dieser humanistischen Freude am kultivierten Gespräch. Nicht zuletzt deshalb vielleicht ist seinem Essay »Über die Unterhaltung« (*Of Discourse*, 1597) aber auch entschiedene Skepsis gegenüber der virtuosen Redseligkeit der Humanisten anzumerken. Nicht möglichst kunstvoll solle man Gespräche führen, verlangt der Begründer moderner Naturforschung, sondern einfach und klar, sachlich und diskret, mit Rücksicht auf die Interessen des Gegenübers, ohne die eigene Person mehr als nötig in den Vordergrund zu spielen. Somit ist sein Essay ein nach wie vor aktuelles Plädoyer gegen eine Kommunikation als Selbstzweck oder Selbstdarstellung, eine Anleitung für eine Bildung, die sich in Takt und Stilgefühl erweist.

Manche Leute legen es in der Unterhaltung mehr darauf an, für geistreich angesehen zu werden, indem sie jeden Beweisgrund verfechten können, als für gediegen in der Erkenntnis der Wahrheit; als ob es ein Verdienst wäre, immer eine passende Antwort bereitzuhaben, nicht aber die auftauchenden Gedanken zu Ende zu denken. Andere wieder haben gewisse Gemeinplätze und unterhalten sich über Dinge, die ihnen geläufig sind, ohne irgendeine Abwechslung. Diese Art von geistiger Armut ist meistens langweilig und, sobald bekannt, sogar lächerlich. Die verdienstvollste Aufgabe im Gespräch ist, ein Thema anzuschneiden, dann ein abschließendes Urteil darüber zu fällen und zu etwas anderem überzulenken; auf solche Weise führt man tatsächlich die Unterhaltung wie einen Tanz. Für Abwechslung im Gespräch zu sorgen ist gut; Ansichten über Tagesereignisse müssen wissenschaftliche Erörterungen ablösen; Geschichten philosophische Auseinandersetzungen; Fragen Meinungsäußerungen; Scherz Ernsthaftes. Denn es ist abgeschmackt, ein Thema bis zur Ermüdung auszudehnen oder, wie man heutzutage sagt, zu Tode zu hetzen. Was das Scherzen anbetrifft, so gibt es gewisse Dinge, die man davon ausschließen sollte, nämlich die Religion, Staatsangelegenheiten, bedeutende Persönlichkeiten, Angelegenheiten, die jemand im Augenblick stark angehen und alles, was einen zu nahe betrifft. Es gibt ja immer Leute, die sich für Schlummerköpfe halten würden, wenn sie nicht irgendeine Pikanterie oder verletzende Bosheit loslassen können. Das ist eine Sucht, die man zügeln muß: »Parce, puer, stimulis, et fortius utere loris«.

(»Spärlich bediene dich, Knabe, der Geißel, doch wackrer der Zügel.«, Ovid, Metamorphosen II, 127).

In der Regel sollte man einen Unterschied zwischen gesalzen und beißend machen. Hat nämlich einer eine satirische Ader und sein Geist ist der Schrecken seiner Mitmenschen, dann muß er sich auch folgerichtig vor ihrem Gedächtnis fürchten. Wer viel fragt, wird viel erfahren und sich sehr beliebt machen, besonders wenn er seine Fragen je nach den Fähigkeiten der Gefragten einstellt, denn dadurch gibt er ihnen Gelegenheit, sich in ihren Antworten vorteilhaft zu zeigen, und erweitert dabei selber fortwährend seine Kenntnisse. Es darf jedoch mit seinen Fragen nicht lästig fallen, das tun nur Examinatoren. Auch muß er andere selbstverständlich gleichfalls zu Worte kommen lassen. Sollte aber einer da sein, der die ganze Unterhaltung beherrschen will und ununterbrochen redet, so soll man ihn geschickt unterbrechen und andere auf den Plan bringen; wie die Musikanten es mit denen machen, die gar kein Ende beim Galliardetanzen finden können. Verbirgst du zuweilen deine Kenntnisse von Dingen, über die man dich für unterrichtet hält, so wird man dir ein andermal Kenntnisse zumuten, die du gar nicht besitzest. Über sich selber sollte man nur selten und mit höchster Behutsamkeit reden. Ich habe jemanden gekannt, der spöttischerweise zu sagen pflegte: »Das muß wahrlich ein grundgescheiter Mann sein, denn er spricht so viel von sich selber!« Es gibt wohl nur einen einzigen Fall, in dem man sich mit Anstand selbst rühmen darf, und zwar, wenn man die Tugenden eines andern lobt, zumal solche Tugenden, auf welche man selbst Anspruch erhebt. Hiebe auf andere muß man höchst selten austeilen; denn Gespräche sollten als Freiland betrachtet werden, das niemandes ausschließliches Eigentum ist. Ich kannte zwei Edelleute aus dem Westen Englands, von denen der eine eine scharfe Zunge hatte, aber in seinem Hause stets eine wahrhaft königliche Gastfreundschaft entfaltete. Der andere pflegte diejenigen, die bei einem solchen Gastmahl zugegen gewesen waren, auszufragen: »Der Wahrheit die Ehre, wurden nicht tüchtige Hiebe und Abfuhren dort ausgeteilt?« Worauf der Gast zu erwidern pflegte: »Dies und jenes ist vorgefallen«. Der Edelmann aber sagte: »Ich dachte mir's wohl, daß er ein gutes Essen verderben würde.« Zurückhaltung geht über Beredsamkeit, und die gefällige Art und Weise, in der man sich mit jemandem unterhält, ist mehr wert als alle zierlichen und wohlgesetzten Worte. Seine Meinung langatmig, ohne je einer Zwischenrede Raum zu geben, auseinanderzusetzen, zeugt von geistiger Schwerfälligkeit, aber nur Einwürfe machen und erwidern, ohne das Gespräch mit selbständiger Ausführung fortzusetzen, beweist Oberflächlichkeit und geistige Dürftigkeit. So finden wir bei Tieren, daß die schwächeren im Lauf doch die flinksten im Umdrehen sind, wie zum Beispiel im Verhältnis des Windspiels und des Hasen. Zu viele Umschweife machen, ehe man auf die Hauptsache kommt, wirkt langweilig; gar keine machen, ist plump.

Literatur:
Francis Bacon, Essays, hg. von Levin Ludwig Schücking, ins Deutsche übersetzt von Elisabeth Schücking, vollständige Ausgabe, Bremen o. J., 151–154.

13. Praxis, Theorie

Georg Hans Neuweg

Der in sich schon facettenreiche Theoriebegriff wird äußerst mehrdeutig, wenn man ihn dem Begriff der Praxis gegenüberstellt – und umgekehrt. Daß man dennoch auch ohne definitorischen Vorspann einigermaßen klar weiß, wovon im folgenden die Rede sein wird, hat mit der Familienähnlichkeit alternativer Konzepte zu tun, mit denen man das gemeinte Spannungsfeld beschreiben könnte: Praxis/Theorie eben, aber – je nach Akzentsetzung – auch: Fall/Regel, Sinnlichkeit/Sinn, Sache/Sprache, Bekanntschaft/Beschreibung, Können/Kennen, implizites Wissen/explizites Wissen, Handeln/Denken, Leben/Lesen, Einlassung/Distanz und so weiter. Es fragt sich: Liegt Bildung eher vor oder hinter dem Schrägstrich? Nennen wir dies das Schrägstrichproblem.

Die bildungsbürgerlichen Lösungen des Schrägstrichproblems sind für die Praxis regelmäßig wenig schmeichelhaft. Irgendwie läuft das Tun, die *prāxis*, ständig Gefahr, das bildungstheoretische Rennen gegen das Zuschauen, die *theōría*, zu verlieren. Man hält den Beobachter offenbar für klüger als den Beobachteten. Selbst in den gemäßigteren, utilitaristischen Varianten verlangt man vom Gebildeten noch eine Art Personalunion, wenn nämlich die Tätigkeiten des »Anwendens« und des »Reflektierens« zu den Hauptbeschäftigungen werden, an denen man jemandes Bildung erkennt. In jedem Fall wird der Praxis ihr Eigensinn und vor allem dessen Dignität abgesprochen: sei es, daß behauptet wird, daß man Praxis als selbst erlebte Praxis gar nicht braucht, sei es, daß Praxis sich – in der Figur der Anwendung – als Magd der Theorie ausgeben oder – in der Figur der Reflexion – ständig nachweisen muß, auf ein Spiegelbild bezogen zu sein, das sie abstrahierend überhöht.

Die Verbeugung vor der Welt hinter dem Schrägstrich hat ihre Berechtigung. Die Tätigkeit des Theoretisierens ist tatsächlich ebenso Medium wie Ausdruck von Bildung. Gebildet zu sein heißt ja unter anderem, sich *ein Bild machen* zu können, und deshalb muß, wer sich bilden will, das *Abbilden* üben. Als inneres Sprechen ist dieses Geschäft vornehmer und anspruchsvoller als ein bloßes Zeichnen, aber mit dem Zeichnen hat es gemein, daß Zurücktreten unerläßlich ist – weit genug, um Überblick zu bekommen und den Dingen und dem Ensemble Namen, Ordnung und Bewertung geben zu können. »Praxis/Theorie« – das wäre dann also auch so etwas wie »Amöbe/Einstein«, weil Einstein »versucht, seine Theorien zu widerlegen: Er verhält sich ihnen gegenüber *bewusst kritisch* und versucht sie daher möglichst scharf, nicht vage zu *formulieren*. Dagegen kann sich die Amöbe nicht kritisch gegenüber ihren Erwartungen oder Hypothesen verhalten, weil sie sich ihre Hypothesen nicht *vorstellen* kann: Sie sind ein Teil von ihr«. (Popper 1995, S. 25)

Überhaupt ist das meiste von dem, was über die Dignität des Sprechens, des Denkens und des Theoretisierens gesagt wird, wahrscheinlich richtig: Der freie Wille, das Ziele setzende Subjekt, Rationalität, Verantwortlichkeit und Moral sind ohne die Sache hinter dem Schrägstrich weder zu denken noch zu haben. Nicht einmal eine vernünftige Praxis mag man sich ohne Theorieanwendung vorstellen. Dieses Anwenden hat im Regelapplizieren oder, anspruchsvoller, im Planen seine pragmatische, im Erklären oder Verstehen seine kognitive, und es findet im Abwägen von Haupt-, Neben- und Folgewirkungen verschiedener Handlungsalternativen eine eminent wichtige normative Seite.

Dennoch: Die Konstruktionen des Planens, Anwendens und Reflektierens lösen das Schrägstrichproblem nicht auf und schon gar nicht sichern sie der Theorie bildungstheoretisch oder bildungspraktisch den Sieg. Es bleibt ein Unterschied zwischen Praxis und Theorie. In der Tat.

Die Praxis weiß das, und die Theoretiker wissen es auch, und hinter und vor dem Schrägstrich können alle dann über die gleichen Anekdoten lachen, zum Beispiel: »Ein Schulrat fährt im Auto übers Land, um eine Dorfschule zu visitieren. Auf offener Landstraße versagt der Motor, und der technisch nicht sehr bewanderte Schulrat hält nach Hilfe Ausschau. Da kommt aus entgegengesetzter Richtung ein Zehnjähriger daher, dem er sein Leid klagt. Dieser öffnet die Motorhaube, macht ein paar Griffe am Vergaser, und siehe da, der Schaden ist behoben. Der gerettete Schulrat bewundert die Leistung, stutzt dann aber und fragt: ›Warum bist du denn vormittags nicht in der Schule?‹ ›Ach, wissen Sie, zu uns kommt heute der Schulrat, da hat der Lehrer die Dummen nach Haus geschickt!« (Wilhelm 1979, S. 103)

Versuche einer nicht bloß anekdotischen Ehrenrettung von *praxis* könnten zunächst hinweisen auf Brüche und Verwerfungen zwischen den Welten vor und hinter dem Schrägstrich, auf träges Wissen zum Beispiel, das nie den Weg vor den Schrägstrich findet, oder auf kluge Praxis, die auf ihre Theorie nicht warten mußte oder auf reflexive Akte in handlungspraktischer Absicht, die überraschend verschlimmbessernd auf Praxis wirken.

Betrachten wir zunächst die Vorstellung näher, die Welt hinter dem Schrägstrich sei Bedingung für die Welt davor, Praxis die Anwendung von Theorie. Zumindest die starke Fassung – Theorie als notwendige und hinreichende Bedingung für kluge Praxis – wird durch die Beobachtung eines am Leben zerbröselnden Buchwissens ernsthaft in Zweifel gezogen. Das Phänomen hat viele Facetten. Einige sind psychologischer Art. Manche beispielsweise kompensieren, was sie nicht können, aber gerne können würden, durch ein besonderes Verbalisierungsexpertentum im betreffenden Gebiet, der Einzelkämpfer etwa, der durch mehrere Aufsätze zur Bedeutung der Teamarbeit an die Öffentlichkeit getreten ist, oder die Erziehungswissenschaftlerin, die auf einer Tagung mit so trockenem Ernst zum Thema »Humor im Unterricht« referiert, daß es beinahe wirklich zum Lachen ist.

Andere Facetten sind systematischer Art. Dazu gehört zum Beispiel die Lücke zwischen Regel und Situation, die immer durch ein besonderes praktisches Vermögen überbrückt werden muß, das seit je das Interesse der Philosophen herausfordert (*phronesis* nennt Aristoteles, Urteilskraft nennt Kant diese Black Box im Niemandsland zwischen Praxis und Theorie). Keine Theorie kann die Instanz beinhalten, die hinter ihr stehen muß, um sich ihrer situationsgerecht zu bedienen. Günter Ortmann hat das in seinem grandiosen Buch »Regel und Ausnahme« so ausgedrückt: »›Einer Regel folgen‹ heißt, [...] unter gleichen Umständen auf gleiche Weise zu handeln. [...] Ganz gleich können aber weder die Umstände noch die Handlungsweisen je sein. Also müssen wir ergänzen: ›gleich in relevanter Hinsicht‹, vielleicht auch: ›hinlänglich gleich‹, ohne indes allgemein angeben zu können, was ›relevante Hinsicht‹ und was ›hinlänglich‹ hier zu bedeuten haben. Zonen der Unschärfe tun sich auf. [...] Deshalb lassen sich die Formen gesellschaftlicher Praxis niemals endgültig als ein Komplex von Regeln artikulieren«.

Selbst Entsprechungen zwischen Theorie und Praxis dürfen nicht leichtfertig als Anwendungen aufgefaßt werden. Die Planeten berechnen die Newtonschen Gesetze nicht, während sie um die Sonne kreisen, und Vögel fliegen ganz ohne ornithologische Kenntnisse (während umgekehrt kein einziger Ornithologe fliegen kann!). Die Fähigkeit, am Fahrrad das Gleichgewicht zu halten, läßt sich zum Beispiel als Einhalten folgender Regel *rekonstruieren*: Jeder auftretende Neigungswinkel ist zu kompensieren durch eine Lenkbewegung in die Richtung des Ungleichgewichts, die eine die Wirkung der Schwerkraft aufhebende Zentrifugalkraft auslöst, wobei der Radius der mit der Lenkbewegung beschriebenen Kurve dem Quadrat der Fahrgeschwindigkeit dividiert durch den Neigungswinkel entsprechen muß (Polanyi 1962, S. 49 f.). Aber darin *besteht* diese Fähigkeit nicht. Radfahrer sind außerstande, diese Regel zu formulieren; ihr »Wissen« ist abgelagert in dem Vermögen, Ungleichgewichte und den Effekt der eigenen Gegenmaßnahmen körperlich zu spüren. Obwohl Radfahrer sich so verhalten, *als ob* sie diese Regel kennen würden, wäre die Regel weder geeignetes Mittel zur Selbstinstruktion noch etwas, an dem eine Prüfung der Radfahrkompetenz ernstlich ansetzen könnte. »Begründen können, warum etwas intelligent ist«, meint Kemmerling (1975, S. 144), »ist eine vollständig andere Fähigkeit als die, solche Handlungen intelligent ausführen können – sonst bestünde das Ensemble der Kammerspiele wohl aus den Lehrern der Schauspielschule [...]«.

Akzeptiert nun, daß Können nicht immer Anwenden von Theorien und fast nie *nur* Anwenden von Theorien ist – könnte der bildungstheoretische Punktsieg der Welt hinter dem Schrägstrich dann über die Figur der Reflexion gerettet werden? Auch wenn Praxis auf ihre Theorie nicht immer warten muß, so wird sie ja doch vielleicht eine bessere, wenn sie zumindest nachträglich theoretisch-reflexiv überhöht wird. Es gibt schließlich eine lange und bewahrenswerte Tradition darin, dem Akteur Reflexion als Mittel zur Steigerung seiner Handlungskompetenz und seines Verantwortungsbewußtseins anzutragen. Sich das, was man tut, als Ausdruck subjektiver Theorien bewußt machen, solcherart von der eigenen Person abtrennen und prüfend vor sich hin stellen zu können, zeichnet den Menschen als Gattungswesen zweifellos aus.

Aber Reflexivität ist nicht nur Mittel zur Steigerung der Moralität und Effektivität von Praxis; sie ist oft auch Ursache ihrer höchst unzulänglichen oder unzweckmäßigen Verdoppelung und destruierenden Modifikation. Pierre Bourdieu (1992, S. 102 f.) hat davor gewarnt, in der Praxis nach mehr Logik zu suchen, als sie aufweist, denn: »Die Logik der Praktik besteht darin, nicht weiter als bis zu jenem Punkt logisch zu sein, ab dem die Logik nicht mehr praktisch wäre«. Deshalb müsse die Arbeit des »Kodifizierens« – die Arbeit also des Abbildens von Praxis auf einen lesbaren, lehrbaren, befolgbaren, reflektierbaren Code – einhergehen mit einer Theorie der Effekte des Kodifizierens. An welche Effekte mag man dabei denken?

Heinrich von Kleist schildert einen interessanten Fall in seinen Betrachtungen »Über das Marionettentheater«. Ein badender Jüngling in natürlicher Anmut erkennt beim Blick in den Spiegel Ähnlichkeiten zwischen sich und einer kurz zuvor gesehenen Statue. Beim auf diesen Akt der Reflexion folgenden Versuch, die Anmut seiner Haltung zu reproduzieren, muß er feststellen, daß er darob seine Anmut verloren hat. Nicht obwohl, sondern gerade weil er reflexiv befestigt, was ohne Reflexion gelungen ist, begibt er sich seines Könnens. Man kennt das: Schon die bloße Absicht beispielsweise, spontan und natürlich zu sein, schließt ihre Umsetzung aus, und deshalb wohl können Benimmbücher taktlos, Bücher über Humor humorlos und Bücher über den »Flow« unglücklich machen.

Man sieht nun auch den Zusammenhang zwischen Kodifizierung und Kontrolle. Die Abbildung kluger Praxis auf einen Code hat den Zweck der Replizierbarkeit, hinter ihr steckt Verfügungsgesinnung. Aber im Versuch, Handlungsgüte zu kodifizieren, zerstört man bisweilen, was diese Güte in ihrem Kern ausmacht, denn: »Eine der Stärken (und zugleich Schwächen) der Formalisierung liegt darin, daß sie – wie jede Rationalisierung – einem erspart, sich Neues ausdenken, improvisieren, schöpferisch tätig sein zu müssen«. (Bourdieu 1992, S. 108)

Zwischenbilanz: Das Schrägstrichproblem ist unter anderem deshalb so kompliziert, weil Bildung sich weder hinter dem Schrägstrich noch an der Auflösung der Polarität entscheidet, sondern entlang einer ausgehaltenen Spannung von Einlassung und Distanz, von Tun und Zuschauen, von *práxis* und *theōría* eben, vollzieht. Man darf das Aushalten dieser Spannung aber nicht als Aufgehen des einen im anderen, als Integration oder als innerpsychische Legierung von Können und Wissen konzipieren. Wer dauernd denkt und tut, denkt ja nie wirklich und tut nie wirklich. Seine Versuche der Einlassung bleiben dauerreflexiv und damit verhalten, und seine Versuche, sich ein Bild zu machen und auf Distanz zu gehen, bleiben praxisbedrängt und damit bloß scheinbar.

Wir haben das Schrägstrichproblem bislang innerhalb des Bogens von Praxis und Theorie zu erörtern versucht, als Problem der Ableitbarkeit des einen aus dem anderen oder des anderen aus dem einen oder als Problem der Autonomie des einen gegenüber dem anderen. Gäbe es auch archimedische Punkte?

Das gute Leben vielleicht. Aber auch von dort her gedacht ist das Schrägstrichproblem kompliziert. Man vergesse nicht, so sagt man uns oft und auch mit Recht, die Vernunft. Es gilt, Ziele, Pläne, gewünschte Wirklichkeiten zu entwerfen, ferner dann Mittel und Wege aufzusuchen, die Wirklichkeit dem Entwurf gemäß zu gestalten. Daß das Kalkül das bessere Leben schafft und ins Kalkül das Bild eingehen muß – wer wollte das bestreiten, wenn nur das Bild einigermaßen richtig, das Kalkül einigermaßen anständig ist? Also doch zunächst *theōría*. Zuschauen, Denken, Planen, dann erst *práxis*. Andererseits: Die Tugend der Rationalität wird zur Geißel, wenn zwischen den dann bedeutsam werdenden Kategorien von Vergangenheit und Zukunft die Gegenwart mitten hindurchfällt. Zu lernen gilt es aus Vergangenem, zu antizipieren gilt es die Zukunft und *damit* wird dann womöglich die Gegenwart verbracht – eine tragische Vorstellung.

Suche nach dem archimedischen Punkt, zweiter Versuch: Noch einmal Bildung. Es geht dabei nicht nur darum, sich ein Bild zu machen. Sich bilden heißt auch: sich *selbst* eine Gestalt geben. Wie viel *práxis*, wie viel *theōría* brauchen wir dafür? Das Zuschauen, die Reflexion, sind janusköpfig. Reflexion befestigt, was sich eigentlich im Fluß befindet, und die totale Befestigung besteht darin, nicht zeitweilig auszusteigen, sondern überhaupt beobachtend und zugleich zweifelnd, zaudernd und zögernd am Flußufer sitzen zu bleiben, als Autor fremder Biographien oder vielleicht auch der eigenen, aber jedenfalls hauptberuflich als Biograph. Man wird freilich nur, indem man dabei ist und auch das Bild von sich selbst entsteht nur im Dabeisein. Wer man wirklich ist, weiß man immer erst nachher, und eigentlich ist man dann schon wieder ein anderer.

Vielleicht holt uns die Selbstbezüglichkeit immer

wieder ein, weil wir die Dinge – und uns – im Griff haben möchten. Aber wer alles, was er tut, in seinem Tagebuch verzeichnet haben möchte, muß scheitern. Denn die letzte Eintragung verlangt immer danach, ihrerseits als Tat verzeichnet zu werden. Gilbert Ryle (1949, S. 266) meinte, dies erkläre »das Gefühl, daß mein vorjähriges oder mein gestriges Ich grundsätzlich restlos beschrieben und erklärt werden könnte und dass dein gegenwärtiges oder vergangenes Ich restlos von mir beschrieben oder erklärt werden könnte, dass aber mein heutiges Ich fortwährend aus jedem Griff entschlüpft, in den ich es zu bekommen trachte«. Er schrieb das in einem Buch, in dem es eigentlich um Praxis/Theorie ging. Vordergründig.

Literatur:
Aristoteles, Nikomachische Ethik. Auf der Grundlage der Übersetzung von E. Rolfes, hg. von Guenter Bien, Hamburg 1972.
Pierre Bourdieu, Pierre, 1986/1992: Die Kodifizierung, in: ders., Rede und Antwort, Frankfurt am Main 1992, 99–110.
Immanuel Kant, Kritik der reinen Vernunft, 2. Aufl., in: Kants Werke. Akademie-Textausgabe, Bd. III, Berlin 1968.
Immanuel Kant, Über den Gemeinspruch: Das mag in der Theorie richtig sein, taugt aber nicht für die Praxis, in: Kants Werke. Akademie-Textausgabe, Bd. VIII, Berlin 1968, 273–314.
Andreas Kemmerling, Gilbert Ryle. Können und Wissen, in: Grundprobleme der großen Philosophen. Philosophie der Gegenwart III., hg. von Josef Speck, Göttingen 1975, 126–166.
Heinrich von Kleist, Über das Marionettentheater, 1810.
Georg Hans Neuweg, Das Schweigen der Könner. Strukturen und Grenzen des Erfahrungswissens, Linz 2006.
Günter Ortmann, Regel und Ausnahme. Paradoxien sozialer Ordnung, Frankfurt am Main 2003.
Michael Polanyi, Personal Knowledge. Towards a Post-Critical Philosophy, New York 1962.
Karl R. Popper, Objektive Erkenntnis. Ein evolutionärer Entwurf, 3. Aufl., Hamburg 1995.
Gilbert Ryle, Der Begriff des Geistes, Stuttgart 1969.
Theodor Wilhelm, Georg Kerschensteiner, in: Klassiker der Pädagogik, Bd. 2, hg. von Hans Scheuerl, München 1979, 103 ff.

14. männlich, weiblich

Thomas Junker und Sabine Paul

Warum sind Frauen an Elite-Universitäten in der Physik, der Mathematik und in den technischen Fächern in Führungspositionen kaum vertreten? Als der damalige Präsident der Harvard University, Lawrence H. Summers, diese Frage im Januar 2005 auf einer Tagung des renommierten *National Bureau of Economic Research* stellte, betonte er, daß seine Bemerkungen lediglich inoffiziellen Charakter hätten und als Provokation gemeint seien. Trotzdem sah er sich wenige Tage später genötigt, seine Äußerungen zu relativieren und sich für ihre mangelnde Ausgewogenheit zu entschuldigen. Er versicherte, daß er sich der Förderung von Frauen in der Wissenschaft verpflichtet fühle und selbstverständlich nicht glaube, daß Mädchen geistig weniger begabt seien als Jungen oder daß es Frauen an der Fähigkeit mangele, in der Spitzenforschung zu bestehen.

Wie plausibel ist die These, daß es bei speziellen Begabungen statistische Unterschiede zwischen Frauen und Männern gibt, die sich auf genetische Faktoren zurückführen lassen? Die eine Extremposition, der zufolge die Veranlagung alle heute beobachtbaren Unterschiede erklärt, während die unterschiedliche Erziehung von Jungen und Mädchen oder direkte und indirekte Diskriminierungen gar keine Rolle mehr spielen, wird kaum ernsthaft vertreten – interessanterweise aber die gegenteilige Extremposition, nach der die Sozialisation alles erklärt, die Veranlagung nichts. Allgemeine evolutionsbiologische Überlegungen und psychologische Untersuchungen zeigen nun gleichermaßen, daß beide Extrempositionen unzutreffend sind und daß die unterschiedlichen Begabungen der Menschen genauso wie die meisten anderen ihrer Merkmale (der sog. Phänotypus) aus dem Zusammenspiel von Genotypus (der Gesamtheit der Gene eines Individuums) und Umwelt, von Natur und Kultur entstehen.

Wie lassen sich der erlernte (kulturelle) und der genetische Anteil bei einem Merkmal unterscheiden? Die jeweiligen Beiträge kann man experimentell bestimmen, indem man einen Faktor variiert, den anderen konstant hält. Aus diesem Grund sind eineiige Zwillinge, die in verschiedenen Familien aufwachsen, so interessant, da hier der genetische Anteil weitestgehend identisch ist. Dieses »Naturexperiment« läßt sich leider für unsere Fragestellung nicht verwerten, da eineiige Zwillinge immer das gleiche Geschlecht haben. Die zweite Möglichkeit besteht darin, Individuen unter identischen äußeren Bedingungen aufwachsen zu lassen. Wenn sich dann Merkmalsunterschiede ergeben – in der Augenfarbe, der Körpergröße, der Begabung usw. –, sind diese genetisch determiniert. Entsprechend müßte man Frauen und Männer in einer geschlechtsneutralen kulturellen Umwelt aufwachsen lassen. Aber auch dieser Weg ist versperrt, da unsere gesamte Kultur – Sprache, Literatur, Geschichte, Kunst, Wissenschaft – von gegenteiligen Traditionen geprägt ist. Weitere Experimente, mit denen man bei Pflanzen und Tieren den genetischen Anteil identifizieren kann, verbieten sich bei Menschen aus ethischen Gründen. Obwohl also die moderne Biologie eine ganze Reihe von Methoden kennt, die es erlauben, bei einem Merkmal die Anteile der Gene und der Umwelt zu unterscheiden, lassen sich diese für die hier interessierende Frage nur indirekt verwerten. Bedeutet dies, daß eine wissenschaftliche Klärung unmöglich ist und die Antwort dem persönlichen Belieben anheim gestellt bleibt? Glücklicherweise nicht. Wie in vielen anderen Bereichen der Wissenschaft auch ist man auf Indizien angewiesen, die in ihrer Gesamtheit aber relativ schlüssig und überzeugend sind.

1) Die biologischen Mechanismen, durch die beim Menschen die Unterschiede zwischen den Geschlechtern entstehen, sind bekannt. Die primäre Ursache ist eine ungleiche Verteilung von Genen, die dadurch zustande kommt, daß die befruchtete Eizelle entweder zwei X-Chromosome oder ein X- und ein Y-Chromosom enthält. Im ersten Fall entsteht eine Frau, im zweiten ein Mann, wobei wenige Gene auf dem Y-Chromosom für die typisch männlichen Eigenschaften sorgen. Sie rufen diese aber nicht direkt hervor, es gibt also keine Gene für Bartwuchs, Aggressivität oder ein männliches Gehirn, sondern sie steuern zunächst nur die Entstehung der Hoden. Das dort vom männlichen Fötus bereits während der ersten Monate der Schwangerschaft produzierte Sexualhormon (Testosteron) modifiziert dann die Aktivität verschiedener Gene auf anderen Chromosomen, wodurch die geschlechtsspezifischen Merkmale entstehen. In der Pubertät steigen die Hormonspiegel erneut stark an und führen zu einem weiteren Differenzierungsschub. Die geschlechtspezifischen Unterschiede bei emotionalen oder kognitiven Merkmalen entstehen also nicht direkt durch Gene auf den Geschlechtschromosomen, sondern dadurch, daß in den Zellen des Gehirns und in anderen Organen bestimmte Gene abhängig vom Blutspiegel der Sexualhormone an- oder abgeschaltet werden.

2) Frauen und Männer haben unterschiedliche Körper. Sie unterscheiden sich in Größe, Form, Muskel- und Fettanteil, Behaarung, Gesichtsform und in vielen anderen Details. Während der weibliche Körper darauf spezialisiert ist, Kinder auszutragen und zu ernähren, ist der männliche Körper eher auf aggressive Auseinandersetzungen innerhalb der Gruppe um sozialen Rang sowie zwischen den Gruppen ausgelegt. Überlegene Körperkraft oder Milchdrüsen machen aber nur Sinn, wenn ein Individuum sie auch sinnvoll einsetzt, sei es im Kampf oder zur Ernährung des Nachwuchses. Das heißt aber, daß Fühlen, Denken und Verhalten bis ins Detail mit dem Körper abgestimmt sein müssen und umgekehrt. Aus evolutionsbiologischer Sicht wäre es deshalb äußerst verwunderlich, wenn die körperlichen Unterschiede von Frauen und Männern nicht mit entsprechenden charakterlichen Eigenarten und geistigen Fähigkeiten korreliert wären, wie das bei anderen Tieren auch der Fall ist.

3) Viele Verhaltensunterschiede zwischen den Geschlechtern finden sich sowohl in allen bekannten Kulturen als auch bei unseren nächsten Verwandten unter den Tieren, den Schimpansen. So sind der Kampf gegen konkurrierende Gruppen und die Jagd schon bei Schimpansen ganz überwiegend männliche Domänen, während Frauen bzw. Weibchen meist größeres Interesse am Wohlergehen des Nachwuchses zeigen.

4) Einige psychologische Unterschiede scheinen schon im frühkindlichen Alter ausgeprägt. Wenn man weniger als 24 Stunden alten Säuglingen ein echtes menschliches Gesicht und ein Mobile derselben Größe und ähnlicher Farben zeigt, so blicken Jungen im Durchschnitt länger auf das Mobile, Mädchen länger auf das Gesicht. Ähnliches wurde auch an anderen Primaten beobachtet. So spielen männliche Jungtiere bei Ververtmeerkatzen bevorzugt mit Autos, weibliche mit anderem Spielzeug. Interessant ist auch, daß Autismus bei Männern um ein Vielfaches häufiger auftritt als bei Frauen. Individuen mit dieser genetischen Erkrankung können schlecht mit anderen Menschen kommunizieren, sind aber bei-

spielsweise oft in der Lage, eine erstaunliche Menge obskurer Daten zu behalten. Entsprechende Fähigkeiten können in einigen Bereichen der Wissenschaft von Vorteil sein, wenn es beispielsweise darum geht, ein Leben lang über die Feinheiten einer toten Sprache oder die unendliche Vielfalt in der Anatomie einer Tiergruppe nachzudenken.

Wenn wir bisher die Unterschiede zwischen Frauen und Männern betont haben, so sollte man darüber nicht vergessen, daß es sich nur um relative Unterschiede und um einen Teilaspekt der kognitiven Begabungen handelt. Bei anderen Fähigkeiten gibt es keine oder zu vernachlässigende Unterschiede und sie wirken sich in vielen Lebensbereichen auch gar nicht aus. Für diese These spricht die Beobachtung, daß Frauen in den meisten Wissenschaftsbereichen mit Männern durchaus konkurrieren können und sie zunehmend häufiger übertreffen; Beispiele wären nicht nur in den Geisteswissenschaften, sondern auch in Fächern wie Medizin und Jura. Zudem gibt es selbstverständlich enorme Überschneidungen. Aber obwohl nicht alle Männer größer sind als alle Frauen und einige Frauen sogar deutlich größer sind als die meisten Männer, ist es doch richtig zu sagen, daß Männer im Durchschnitt größer sind als Frauen.

Einen entscheidenden Aspekt haben wir bei der bisherigen Argumentation völlig übergangen und uns darauf beschränkt zu zeigen, daß es kognitive Unterschiede zwischen den Geschlechtern gibt. Aber warum gibt es sie? Warum sind sie entstanden, welchen biologischen Sinn haben sie? Nur wenn es gelingt, auch auf die evolutionsbiologische Fragestellung eine Antwort zu geben, sind die bisherigen Schlußfolgerungen wirklich plausibel. Es war schon in der Antike bekannt, daß die Eigenschaften eines Organismus – anatomische Strukturen, Verhaltensweisen, Wahrnehmung und kognitive Fähigkeiten u. a. – in der Regel zweckmäßig für sein Überleben und/oder seinen Reproduktionserfolg sind. Charles Darwin war der erste, der erkannte, wie zweckmäßige Eigenschaften entstehen: Durch das zu Recht berühmte Prinzip der natürlichen Auslese: Individuen, die mehr nützliche Eigenschaften aufweisen als andere, werden im Durchschnitt eine größere Zahl an Nachkommen haben. Im Laufe der Generationen werden sich so nützliche (erbliche) Eigenschaften (die sog. Anpassungen) verbreiten, schädliche dagegen werden seltener. Die speziellen Anpassungen sind immer nur in einer bestimmten Umwelt sinnvoll, ändert sich diese, so müssen sich auch die Organismen wandeln, andernfalls werden sie aussterben. Man kann also davon ausgehen, daß jede beliebige erbliche Eigenschaft, die man bei einem Menschen oder einem anderen Lebewesen beobachtet, mit großer Wahrscheinlichkeit eine Anpassung ist oder war. Die unterschiedlichen charakterlichen und kognitiven Veranlagungen sind oder waren also höchstwahrscheinlich nützliche Anpassungen, aber woran?

In fast allen Eigenschaften stimmen Frauen und Männer überein, müssen sie sogar übereinstimmen, da sie in derselben Umwelt leben, dieselbe Nahrung zu sich nehmen, von denselben Parasiten und Krankheiten geplagt werden und übereinstimmende körperliche Bedürfnisse haben. Einen grundlegenden Unterschied aber gibt es, der alles weitere bedingt: Die Arbeitsteilung der Geschlechter bei der Fortpflanzung. Wie bei anderen Säugetieren stellen die Frauen nicht nur die nährstoffreichere Eizelle zur Verfügung, sondern sie ernähren und schützen den Embryo zudem während der Schwangerschaft. Sie müssen also einen deutlich größeren Aufwand an Zeit und Kalorien in das Junge tätigen, während ein Mann mit einer minimalen Investition erfolgreich sein kann. Als Folge dieser Asymmetrien entstanden unterschiedliche Strategien, die Frauen und Männer zur Optimierung ihrer reproduktiven Fitneß verfolgen.

Unter bestimmten ökologischen Bedingungen können Männchen ihren Fortpflanzungserfolg dadurch optimieren, daß sie körperlich gegeneinander kämpfen. Dadurch kommt es zur Selektion von Merkmalen, die in diesen Kämpfen Vorteile bringen, als Folge kann es zu einer Erhöhung des Körpergewichts oder stärkerer Aggressivität kommen. Dies ist eine Form von Darwins Prinzip der sexuellen Selektion (bei der anderen kämpfen die Individuen nicht direkt gegeneinander, sondern werben um das andere Geschlecht, das sich dann den annehmbarsten Partner auswählt).

Darwin ging nun davon aus, daß die sexuelle Selektion bei der Entstehung der sekundären körperlichen Geschlechtsmerkmale und der Unterschiede in den erblichen geistigen Kräften (»mental powers«) der Geschlechter eine ganz entscheidende Rolle spielte. Männer unterscheiden sich also vor allem deshalb von Frauen in einigen körperlichen und geistigen Merkmalen, weil sie auf andere Weisen um Frauen konkurrieren als diese um Männer. Er ging weiter davon aus, daß Männer, ähnlich wie die Männchen anderer Säugetierarten, körperlich gegeneinander kämpften, was ihre größere Körperkraft und offenere Aggressivität erklären würde. Dieser Aspekt tritt bei Frauen meist in den Hintergrund und sie konkurrieren, indem sie, ähnlich wie die farbenprächtigen Männchen einiger Vogelarten, ihre körperliche Vitalität, Fürsorglichkeit und sozialen Fähigkeiten demonstrieren. Beispiele für solche von Männern als schön und angenehm empfundenen Merkmale sind die relative Haarlosigkeit des weiblichen Körpers und die Dauerschwellung der Brüste. Aber auch hier sind die Unterschiede nicht absolut, sondern beide Geschlechter verfolgen beide Strategien, wenn auch unterschiedlich intensiv.

Aus diesen Unterschieden ist beim Menschen wahrscheinlich eine sekundäre Form der Arbeitsteilung zwischen den Geschlechtern bei der Nahrungssuche entstanden. Nicht nur bei heutigen Naturvölkern, sondern auch bei Schimpansen jagen überwiegend die männlichen Hordenmitglieder. Da Jagen und Sammeln aber unterschiedliche Fähigkeiten erfordern, läßt sich so die bessere räumliche Orientierungsfähigkeit der Männer erklären. Diese vergleichenden evolutionsbiologischen Überlegungen stimmen gut mit den Ergebnissen der Psychologen überein, denen zufolge es zwischen Frauen und Männern bei den Lebenszielen, dem Interesse an Menschen bzw. an Dingen, der Risikobereitschaft sowie bei räumlichem und mathematischem Denken statistische Unterschiede gibt.

Welche Konsequenzen hat die Tatsache, daß Frauen und Männer in einigen Bereichen unterschiedliche genetische Veranlagungen haben? Wie bei jedem anderen Naturphänomen steht man vor der Wahl, es zu verstärken, abzuschwächen oder sich neutral zu verhalten. Der ersten Möglichkeit entspricht eine aktive Entmutigung von Frauen, die klassische Männerrollen übernehmen, und umgekehrt. In vielen Ländern ist sie bekanntermaßen an der Tagesordnung. Neutralität ist sicher eine Option, dabei werden aber die vielfältigen Formen weniger auffälliger, weil traditioneller Diskriminierung übergangen wird. Insofern ist eine aktive Förderung eher geeignet, überkomme Diskriminierungen abzubauen. Sollte eine gleiche Quote in allen Bereichen das Ziel sein? Gegenwärtig klingt das wenig realistisch und es wird kaum auf Gegenliebe stoßen, wenn Kindergärtnerinnenstellen zu 50 Prozent mit Männern, Arbeiten am Bau zu 50 Prozent mit Frauen besetzt werden müßten. Insofern ist es wohl sinnvoller, die vielen kleinen, aber nicht weniger höchst realen Hindernisse abzubauen, die Frauen und Männer daran hindern, in der jeweils anderen Domäne ihre Chance zu ergreifen.

Literatur:
Simon Baron-Cohen, The essential difference. Men, women and the extreme male brain, London 2003.
Helena Cronin, The Ant and the Peacock: Altruism and Sexual Selection from Darwin to Today, Cambridge 1991.
Charles Darwin, The descent of man, and selection in relation to sex, 2 vols., London 1871.
Thomas Junker, Die Evolution des Menschen (Beck'sche Reihe 2409), München 2006.
Thomas Junker und Sabine Paul, Der Darwin-Code: Die Evolution erklärt unser Leben, 2. Aufl., München 2009.
Matt Ridley, The Red Queen, London 1993.
Eckart Voland, Grundriss der Soziobiologie, 2. Aufl., Heidelberg u. a. 2000.
Frans B.M. De Waals (Hg.), Tree of origin: What primate behavior can tell us about human social evolution, Cambridge/Mass. 2001.
Franz M. Wuketits, Soziobiologie: die Macht der Gene und die Evolution sozialen Verhaltens, Heidelberg u. a. 1997.

15. Emotionale Intelligenz

Rolf Arnold und Melanie Njo

Einstieg

Die Bedeutung des lebenslangen Lernens ist unumstritten. Nicht nur seit den Schulleistungsstudien wie PISA, TIMMS und anderen Studien wird darauf gedrängt, daß Bildung in unserer Gesellschaft einen anderen Stellenwert einnimmt (vgl. Baumert 2001, u. a.). Der Mensch soll dazu befähigt werden, die immer schnelleren und gesellschaftlichen Veränderungen zu erkennen und zu bewältigen. Dabei soll er fachliche, methodische, soziale und auch emotionale Kompetenzen nutzen, welche er im Verlauf seines

Lebens erlernt hat. Die Art des Lernens spielt hierbei eine ganz besondere Rolle, denn dieses ist von den unterschiedlichsten subjektiv-biographischen sowie lebensweltlichen Gegebenheiten geprägt und wird auch von verschiedenen Menschen ganz unterschiedlich gestaltet.

Einigen von uns fällt es zum Beispiel leicht, sich neue Sprachen anzueignen oder sich mit der Zahlenwelt zu befassen. Sie nehmen einfach ein Fachbuch in die Hand, eignen sich schnell und ohne Umwege Neues an. Andere wiederum kennen das Gefühl, daß Lernen im Grunde eine Last ist und es zwar interessant ist, Neues kennenzulernen, aber es schwerfällt, sich das Neue anzueignen. Diese Differenzen in Bezug auf die Gefühle, die wir gegenüber unserem eigenen Lernen haben, und die unterschiedliche Motivation, mit der wir an das Lernen herantreten, sind von vielen Faktoren abhängig. So beeinflussen bestimmte Rahmenbedingungen wie ein lernförderndes Klima, die Eignung von Themen, Inhalten, Methoden und Medien, den Lernprozeß des einzelnen auf jeweils spezifische Weise. Nach neueren Erkenntnissen beeinflussen aber auch unsere Emotionen (die körperlichen Veränderungen, die Gefühle und das Verhalten), welche wir in den Lernsituationen empfinden bzw. erleben, unseren Lernprozeß (vgl. Arnold 2005, Straka/Macke 2004).

Dieser Artikel gibt einen Überblick darüber, welche Bedeutung Emotionale Intelligenz im Bereich der Bildung einnimmt. Zunächst wird der Begriff der Emotionalen Intelligenz definiert. Dabei werden die Entstehung des Begriffes und einige ausgesuchte Forschungsansätze skizziert. Im Anschluß daran wird der Zusammenhang zwischen Bildung und Emotionaler Intelligenz anhand von Beispielen und wissenschaftlichen Erkenntnissen dargestellt. In einem dritten Abschnitt wird auf die Merkmale Emotionaler Intelligenz und neuere Forschungsfragen eingegangen, bevor am Ende ein Fazit folgt, in dem – auch kritische – Punkte zum Thema Emotionale Intelligenz und Bildung markiert werden.

Was ist »Emotionale Intelligenz«? Um den Umgang mit den einzelnen Begriffen Intelligenz, Emotionen und Emotionale Intelligenz zu erleichtern, findet zunächst eine kurze begriffliche Einordnung statt.

Intelligenz: In der Psychologie ist Intelligenz ein Sammelbegriff für die kognitiven Fähigkeiten des Menschen. Hierunter werden das Verstehen, Denken, Problemlösen, Abrufen von Wissen und die damit verbundenen sprachlichen Kompetenzen verstanden. Bis heute existieren keine allgemein anerkannten Definitionen für den Begriff der Intelligenz. In zahlreichen Definitionsversuchen werden meist folgende Aspekte genannt:
- Intelligenz ist eine Begabung, die in unterschiedlichem Maße bei den Menschen ausgeprägt ist.
- Intelligenz ist die Fähigkeit zur Lösung von Problemen bzw. zur Bewältigung neuer Situationen.
- Intelligenz ist die Fähigkeit zur Erfassung, Deutung und Gestaltung von (Sinn-)Zusammenhängen (vgl. Goleman 2007, Salovey/Mayer 1990, u. a.).

Neben kognitiven Faktoren wie der Intelligenz lassen sich im zielgerichteten Handeln auch persönliche und emotionale Faktoren erkennen. Als Beispiel sei hier das Handeln in gefährlichen Situationen genannt, bei denen zunächst die Wahrnehmung bzw. Kontrolle von Emotionen unsere Entscheidungen und Verhaltensweisen mit bestimmen.

Emotionen: Der Ursprung des Wortes Emotion liegt in dem lateinischen Wort movere – bewegen bzw. hinwegbewegen. Emotionen werden durch Situationen, Personen oder Erinnerungen ausgelöst. Meist sind sie auf konkrete Kontexte hin ausgerichtet (zum Beispiel die Freude oder auch Angst bei Familientreffen). Auch Kognitionen (Gedanken) können Emotionen oder Gefühle auslösen oder verändern. Emotionen sind für die Evolution von großer Bedeutung. Sie lösen spezifische Reaktionen in uns aus und helfen uns bei Entscheidungen. Der Ursprung des Wortes deutet darauf hin, daß unsere Handlung bzw. unsere Handlungsbereitschaft durch Emotionen geprägt sind. Diese Emotionen entstammen aus den Lebenserfahrungen, welche wir im Laufe unseres Lebens angesammelt haben. So wissen wir in bestimmten Situationen, ob uns Gefahr droht, oder können auch intuitiv beurteilen, ob und was uns gut tut oder nicht.

Emotionale Intelligenz

Der Begriff Emotionale Intelligenz wurde bereits in den 1990er Jahren mit dem gleichnamigen Artikel »Emotional Intelligence« von Salovey und Mayer geprägt. Sie definieren den Begriff als »a subset of social intelligence that involves the ability to monitor one's own and other's emotions, to discriminate

among them, and to use this Information to guide one's own thinking and actions« (Salovey/Mayer, 1990, S. 189). Später folgten eine Reihe weiterer Arbeiten vom Mayer, DiPaolo und Salovey (1990) sowie Mayer und Salovey (1993, 1995), die sich näher mit dem Begriff der emotionalen Intelligenz und einer Erforschung verschiedenster Intelligenzen befaßten. Erst im Jahr 1995 wurde der Begriff durch das eher populärwissenschaftliche Buch von Daniel Goleman »Emotionale Intelligenz« abermals ins Gespräch gebracht. Goleman faßte unterschiedliche Forschungsansätze zur Intelligenz zusammen und beschrieb, was Salovey und Mayer bereits in ihrer Einführung des Konzeptes aufnahmen, unter anderem die sog. »Theorie der multiplen Intelligenzen« von Howard Gardner (1983). Gardner geht von mindestens sieben Intelligenzen aus:
- musikalische Intelligenz
- logisch-mathematische Intelligenz
- linguistische Intelligenz
- körperlich-kinesthetische Intelligenz
- räumliche Intelligenz
- interpersonale Intelligenz
- intrapersonale Intelligenz

Auch andere Ansätze zur Intelligenzforschung erlebten durch diese Veröffentlichung von Daniel Goleman eine Renaissance. Hierzu gehören zum Beispiel die Konzepte der praktischen Intelligenz von Sternberg (1985, 1997) und der sozialen Intelligenz von Cantor und Kihlstrom (1987), wie auch von Sternberg und Smith (1985).

Untersuchungen aus dem Bereich der Neuropsychologie zeigen immer deutlicher, daß Emotionen eine wesentliche Rolle bei unseren Handlungen und Entscheidungen spielen (vgl. z. B. Roth 2003, Ratey 2003). Sie werden mit Erfahrungen und Situationen verbunden und fließen in neue Erlebnisse und Situationen mit ein. Diese Aneignung von Emotionen in Verbindung mit Erfahrungen geschieht durch das Lernen. Hierunter fallen vor allem das Verstehen und Merken von Sachverhalten und Zusammenhängen (Arnold/Gómez 2006). Die Aneignung setzt eine Aktivierung eigener geistiger sowie gefühlsmäßiger Prozesse voraus. Gerhard Roth stellt hierzu fest: »Wissen kann nicht übertragen werden, es muss im Gehirn eines jeden Lernenden neu geschaffen werden«. (Roth 2003, S. 20) Dies geschieht über die Verknüpfung des Erfahrenen mit den damit erlebten Emotionen. Ähnlich argumentiert auch Siebert, indem er sagt, daß Wissen individuell erzeugt wird und von subjektiven Bedingungen und Voraussetzungen des Lernens abhängt (vgl. Siebert 2003). Laut dieser Argumente sind wir, wie Gerhard Roth (2003) sagt, »emotional konditioniert«. Auf Grund wiederholter emotionaler Erfahrungen entsteht bei uns ein »emotionales Erlebnisgedächtnis«, in welchem wir unsere Erfahrungen speichern, um anschließend nach ihnen zu handeln. So weiß ein Kind, nachdem es sich einmal die Zunge an einer heißen Suppe verbrannt hat, daß es beim nächsten Mal zuerst pustet, bevor es ißt. Emotionen sind auch für die Nachhaltigkeit von Lernen bedeutsam.

Bildung und Emotionale Intelligenz

Das lebenslange oder spezieller das lebenslange selbstgesteuerte Lernen spielt in unserer Gesellschaft eine unumstrittene Rolle. Vor allem durch die immer schnelleren gesellschaftlichen Veränderungen wird von uns gefordert, daß wir fähig sind, uns diesen Herausforderungen anzupassen und sie zu bewältigen. Hierbei helfen uns vor allem unsere Kompetenzen, wie die fachlichen, methodischen, sozialen und emotionalen Fähigkeiten und Fertigkeiten, die wir uns durch Erfahrungen während unserer Biographie angeeignet haben. Dieser Prozeß kann auch Bildung genannt werden.

Bildung ist ein Prozeß, bei dem unsere Fähigkeiten und Kompetenzen erweitert werden. Je nach Ausrichtung und Interessenslage kann der Begriff der Bildung unterschiedlich verstanden werden. Grundlage für die Bildung ist die Fähigkeit des Menschen zu lernen. Klafki (1996) sieht in der Bildung das Ziel, den Menschen zur Selbstbestimmung, Mitbestimmung und Solidarität zu erziehen. Was wiederum bei der Bewältigung und dem Umgang mit der sich immer schneller verändernden Welt wichtige Eigenschaften für uns Menschen sind. Bei dem Vorgang, sich in der Welt zu orientieren, geht Bandura (1997) davon aus, daß Individuen ihre Vorstellungen über Selbstwirksamkeit konstruieren. Das bedeutet, daß sie eine Konstruktion der Wirklichkeit vornehmen, die sich nach der Theorie der Selbstbestimmung von Deci/Ryan (1993) aus drei Komponenten zusammensetzt; dem Bedürfnis nach Kompetenz, nach Autonomie im Sinne von Selbstbestimmung sowie dem Bedürfnis nach sozialer Eingebundenheit (vgl. Arnold/Gómez 2006).

Das Erlernen solcher Eigenschaften und Kompetenzen ist – wie bereits erwähnt – stark mit unserer Biographie, insbesondere auch deren frühen Stadien, verbunden. Wir lernen auf dem Hintergrund der Erfahrungen, welche wir in unserem Leben sammeln und aus denen wir unsere jeweilige Wirklichkeit konstruieren. Diese Erfahrungen sind immer mit Emotionen verknüpft, da diese uns erst die Möglichkeit geben, Erfahrungen als solche zu markieren, d. h. mit einer subjektiv empfundenen Relevanz auszustatten. Beispielhaft erwähnt seien, in Bezug auf Lernleistung und die Lernmotivation, das Lob und der Tadel. Jeder von uns geht mit Lob und Tadel anders um und hat eine unterschiedliche Bewertung bzw. ein anderes Gefühl bei diesen Begriffen oder in entsprechenden Situationen. Der eine fühlt sich unangenehm berührt und wird so, in seiner Motivation, etwas weiterzuverfolgen, gehemmt, ein anderer fordert das Lob geradezu, um in seinem Lernfortschritt motiviert zu werden und voranzukommen, und wieder ein anderer benötigt geradezu den Tadel, um das gleiche Ziel zu erreichen. Die Hintergründe, weshalb der eine Lob und ein anderer eher Tadel motivational benötigt, sind vielfältig und variieren auf Grund unserer Erfahrungen, die wir in Bezug auf Lob und Tadel bzw. im Kontext von Anerkennung, Autoritätserleben sowie Leistungserwartungen biographisch gesammelt haben. Diese Erfahrungen haben uns in unserem Handeln geprägt und begleiten uns meist sehr lange.

Werden bei einer Analyse von Lernvorgängen nicht mehr nur die kognitiven, sondern auch die emotionalen Dimensionen detaillierter analysiert, wird deutlich, daß kognitive Zustände grundsätzlich in emotionale Muster eingebettet sind. Hierauf verweisen neben neueren Forschungsergebnissen aus den Kognitionswissenschaften (z. B. Ulrich/Mayring 2003) auch vereinzelte Befunde der Lehr-/Lernforschung (z. B. Gerstenmeier/Mandl 1995).

Wir entwickeln durch verschiedene Erfahrungen sog. emotional-kognitive Muster. Diese sind »im biographischen Prozeß eingespurt und stellen dabei eine unhintergehbare Rahmung der Wissensaneignung« (Arnold/Gómez 2006) dar. Sie »sind Ausdruck der »Strukturdeterminiertheit« des Lernens« (ebd., S. 39). Arnold und Gómez (2006 S. 38) kritisieren, daß der »prägenden, orientierenden und steuernden Kraft der Emotionen nicht genügend Rechnung« getragen wird.

Forschungsergebnisse und Forschungsfragen

So empfehlen Arnold und Gómez (2006, S. 42), daß für »eine Klärung der Zusammenhänge zwischen emotionalen und kognitiven Aspekten beim Lernen die Entstehung von Gefühlsreaktionen und der Einfluss auf Lernsituationen bzw. die Entwicklung von Selbstwirksamkeitserleben, wie es Deci und Ryan (1993) formulieren, betrachtet werden muss« (ebd.). Wird das Zweikomponenten-Modell von Ulrich/Mayring (2003) zugrunde gelegt, entstehen Gefühlsreaktionen, indem ein Individuum ein bestimmtes Ereignis oder eine Situation auf Grund seiner Momentanverfassung und der situativen Gegebenheiten wahrnimmt. Vorhandene emotionale Schemata werden so aktiviert. Diese Schemata haben sich im Laufe der Entwicklung und unter dem Einfluß der Sozialisation, den früheren emotionalen Erlebnissen, bestimmten internen Prozessen, emotionsrelevanten Dispositionen sowie emotionsspezifischen Reaktionsmustern gebildet (vgl. Arnold/Gómez 2006). Ulrich und Mayring (2003, S. 93) bezeichnen sie als »Mustervorlagen für die Vervielfältigung von Gefühlsregungen.« Diese Mustervorlagen ermöglichen dem Individuum eine emotionale Reaktion und dienen als Hilfe zur Strukturierung der Erfahrungswelt. Dabei helfen sie, unterschiedliche Ereignistypen einzuordnen. Durch die Aktivierung von emotionalen Schemata werden bestimmte Erwartungen geschaffen. Diese filtern und lenken die Aufmerksamkeit des Individuums, so daß die Informationsverarbeitung und die Bewertung der Informationen in einer ganz spezifischen Art und Weise geschieht. Dabei setzen emotionale Schemata sog. Zuschreibungsdispositionen in Gang. Diese sind davon abhängig, unter welchen Umständen und auf welche Weise die emotionalen Schemata gebildet wurden.

Zuschreibungsdispositionen »fördern oder erschweren, je nach der Zuschreibung bzw. Einschätzung der eingeordneten Ereignisse, ganz bestimmte emotionale Reaktionen. Dabei setzen sie Vorgänge von Hypervigilanz (Hervorhebung emotionsrelevanter Hinweisreize) oder Hypovigilanz (Unterdrückung oder Filterung von emotionsrelevanten Hinweisreizen) in Gang.« (Arnold/Gómez 2006, S. 42)

Das bedeutet, daß ein positiver Zuschreibungsprozeß die Generierung einer positiven emotionalen Reaktion fördern kann. Hiervon können zukünftige Lernprozesse profitieren. Zum Beispiel lernt ein Kind, welches normalerweise eher als Außenseiter gesehen wird, daß es bei zaghaften Versuchen einer ersten Kontaktaufnahme bei einer Gruppe von Kindern nicht gleich abgewiesen, sondern positiv in der Gruppe aufgenommen wird, daß es sich lohnt, zunächst zurückhaltend zu sein und dann einen Versuch zur Kontaktaufnahme zu starten. In späteren, ähnlichen Situationen wird es dem Kind mit hoher Wahrscheinlichkeit immer leichter fallen, Kontakt mit Gruppen zu knüpfen. Die Zuschreibung positiver Emotionen bei einem Lernprozeß ist eine für selbstgesteuerte lebenslange Lernprozesse grundlegende Voraussetzung. Nicht zuletzt trägt die positive Erlebensqualität in Verbindung mit intrinsischer Motivation dazu bei, bei Lernenden das Interesse zu fördern und zu erhalten (vgl. Lewalter et al. 2000).

Ein weiteres Forschungsergebnis bezieht sich auf die Kommunikation als zentralem Instrument sozialer Kompetenz. Wird das bereits erwähnte Zwei-Komponenten-Modell zugrunde gelegt, lassen sich in einer Lehr-/Lernsituation kommunikative Anteile unter dem Aspekt des situativen Kontextes einordnen (Ulrich/Mayring 2003). Dabei haben kommunikative Handlungen von Lehrenden Einfluß auf die emotionale Kategorisierung einer Situation, die Lernende für sich vornehmen (vgl. Arnold/Gómez 2006). »Die Art und Weise, wie Lehrende kommunikativ handeln, trägt damit zur Entstehung und späteren Verwendung von emotionalen Schemata bei und ist dann gleichzeitig auch ein wichtiger Ansatzpunkt bei der Veränderung bzw. Optimierung von Lernsituationen.« (Ebd., S. 43) Die Erklärung für diese Aussage liegt in der Annahme von Bruner (2003), bei der Sprache einerseits eine Perspektive und eine Einstellung über das, was vermittelt werden soll, transportiert. Andererseits kann Sprache dazu eingesetzt werden, um reflexive Interventionen bei der lernenden Person in Gang zu setzen. Die lernende Person wird so in die Lage versetzt, metakognitive Operationen durchzuführen, mit Hilfe derer sie ihr Wissen individuell kontrolliert und wählt. Nach Bruner (2003, S. 496–497) entwickelt der Lerner »ein Selbstgefühl, das auf seiner Fähigkeit beruht, sich Wissen gemäß eigener Zwecke anzueignen, und [...] er [ist] in der Lage, die Ergebnisse seiner Aneignung zu teilen und auszuhandeln«. Bezogen auf die Gefühle bedeutet das, daß der Lerner seine bevorzugten Reaktionsweisen kennt. Durch dieses Erkennen schafft er es, diese Gefühle in seiner Reflexion zugänglich zu machen – auch emotionale Selbstreflexivität genannt (vgl. Arnold 2005b, S. 83 ff.). Eine Konsequenz für Lehr-/Lernarrangements und speziell die Aufgabe von Bildung bzw. auch Lehr-/Lernprozesse kann daher sein, Lernende in der Reflexion ihrer Reflexionen bzw. im Fühlen ihrer Gefühle zu unterstützen (vgl. ebd.).

Die kognitiven Vorgänge beim Lernen werden mit Blick auf die Emotionen relativiert. Hierdurch entsteht der Bedarf, eine Didaktik des nachhaltigen Lehrens und Lernens neu zu begründen. Ein möglicher Ansatzpunkt und möglicherweise interessanter Forschungsansatz wäre dann eine »Reformulierung der Didaktik, bei der die Beobachtung, dass Deutungsmuster in Emotionsmuster eingebettet sind und deshalb nachhaltiges Lernen nur gelingen kann, wenn die Bewusstmachung innerer Erfahrungen die Aneignung äußerer Erfahrungen ergänzt, und auf diese Weise die Ebenen des emotionalen und des kognitiven Lernens verknüpft werden« (vgl. Arnold/Gómez 2006, S. 41), untersucht und betrachtet würde.

Schlußfolgerungen für die Bildung – oder: Wie fördert Bildung emotionale Intelligenz?

Emotionale Intelligenz ist nach Goleman (1998, S. 387) die »Fähigkeit, unsere eigenen Gefühle und die anderer zu erkennen, uns selbst zu motivieren und gut mit Emotionen in uns selbst und in unseren Beziehungen umzugehen«. Emotionen sind Grundlage unserer Gefühle, die wir in unseren Gedanken auf Grund psychologischer und biologischer Zustände sowie ihnen entsprechenden Handlungsbereitschaften mit Begriffen wir Zorn, Trauer, Furcht, Zaghaftigkeit, Freude, Liebe, Überraschung usw. benennen. Diese Liste läßt sich beliebig fortsetzen. Jeder dieser Begriffe hat laut Goleman (2007, S. 365) seinen »eigenen inneren Kern, von dem die verwandten Formen in zahllosen Mutationen ausstrahlen«.

Die Fähigkeit, diese Gefühle bei sich und anderen zu erkennen und zu benennen, wird als Emotionale Intelligenz bezeichnet. Die Merkmale emotionaler Intelligenz zeigen sich nach dem W.T. Grant Consortium (1992) dadurch, daß
- Gefühle erkannt und benannt werden können,
- Gefühle zum Ausdruck gebracht werden können,
- Gefühle nach ihrer Heftigkeit eingeschätzt werden können,
- mit eigenen und den Gefühlen anderer umgegangen werden kann (Empathie),

- Impulse gezügelt werden können,
- Streß verringert werden kann,
- eine Verschiebung der Gratifikation möglich ist,
- zwischen Gefühlen und Taten unterschieden werden kann,
- Selbst- und Fremdwahrnehmung unterschieden wird,
- Eigene Reflexion möglich ist,
- Kommunikation stattfindet,
- und vieles mehr.

Schon Gardner stellt fest, daß das »Wichtigste, was Erziehung zur Entwicklung eines Kindes beitragen kann, ist, ihm zu den Bereichen zu verhelfen, in dem seine Talente ihm am besten zustatten kommen, wo es zufrieden und kompetent sein wird. […] Wir sollten weniger Zeit darauf verwenden, die Kinder nach ihren Leistungen einzustufen, und ihnen stattdessen helfen, ihre natürliche Kompetenzen und Gaben zu erkennen und diese zu pflegen. […].« (Zitiert nach Goleman 2007, S. 58) Emotionale Intelligenz hat hier einen persönlichen und gesellschaftlichen Nutzen, welche durch Empathie und Emotionsregulation (vgl. Salovey/Mayer 1990, S. 190) gestützt werden.

Für die Bildung kann dies bedeuten, daß sich ein Wandel in der Interaktion zwischen Lehrenden und Lernenden vollzieht. Ein möglicher Ansatz ist die systemtheoretisch-konstruktivistisch ausgerichtete Didaktik (vgl. Arnold 2007). Diese geht von der Theorie selbstreferentieller Systeme aus. Nach dieser Theorie reproduzieren autopoietische (sich selbst hervorbringende, organisierende) Systeme die Elemente, aus denen sie bestehen, mit Hilfe der in ihnen bereits vorhandenen Elemente, d. h. sie erzeugen diese selbst (vgl. Maturana 1996). Das bedeutet für den Lehrenden, daß diese nur Informationen weitergeben können, die in ihrem kognitiven System verankert sind. Dies geschieht auf ihre jeweils individuelle Art. Was Lehrende also lehren, sind ebenfalls keine objektiven, sondern durch die individuelle kognitive und emotionale Struktur veränderte Wissensanteile, die wiederum von den Lernenden auf ihre Weise verarbeitet werden (vgl. Arnold 2007).

Bei der Interaktion von Lehrenden und Lernenden kann mit dem Begriff der »strukturellen Koppelung« (Maturana/Varela 1987) operiert werden, mit dem die Interaktion unterschiedlicher Systeme erfaßt wird. Bei der strukturellen Koppelung handelt es sich um die Interdependenz verschiedener Einheiten, die durch »reziproke Perturbationen […] wechselseitige Strukturveränderungen« (Maturana/Varela 1987, S. 85) ermöglichen. Eine Veränderungsrelevanz ergibt sich hieraus nicht aus der Logik der Intervention des verantwortlichen Systems, sondern aus der Logik der Rezeption des sich verändernden bzw. »lernenden Systems.

Auf Lehre bezogen, kann in diesem Sinne von »didaktischer Koppelung« (Arnold 2003, S. 28) gesprochen werden. Mögliche Lehr-/Lernarrangements oder Interventionsformen müssen hierbei vom Lernen her entwickelt werden, außerdem muß systemtheoretisch näher bestimmt werden, was Aneignung oder Wandel der Persönlichkeit bedeuten. Lernen und Bildung lassen sich dementsprechend nur als Selbstbildung konzipieren bzw. als Suche des Systems nach Informationen in der Umwelt, wobei die kognitiven und die emotionalen Prozesse beachtet werden müssen. Lehren und Lernen wirken so immer nur strukturell gekoppelt aufeinander, auch wenn die Didaktik oder auch die Entschiedenheiten erzieherischer Interventionen noch immer implizit von einem Maschinenmodell dieses Wechselzusammenhangs ausgehen und sich die Ungesichertheit ihrer Modelle und Zugriffe theoretisch nicht wirklich eingestehen. (vgl. Arnold/Gómez 2006)

Zusammenfassend kann gesagt werden, daß nicht das Vorhandensein von Gefühlen, sondern der bewußte Umgang mit Emotionen eine hohe emotionale Intelligenz ausmacht. Darüber hinaus zählen hierzu Eigenschaften wie Vertrauenswürdigkeit und Innovationsfreude oder die Motivationsfähigkeit und das Vermögen, Gefühle und Bedürfnisse anderer wahrzunehmen. Dabei werden Befähigungen wie Teamführung, Selbstvertrauen, die Fähigkeit, sich selbst und andere aufzubauen, sowie politisches Bewußtsein betrachtet. Goleman verwendet den Begriff emotionale Intelligenz also für eine Vielzahl von Konstrukten, die nur bedingt als eine Einheit angesehen werden können. Die hier zutage tretende konzeptuelle Unscharfe des Begriffs der emotionalen Intelligenz soll nicht darüber hinwegtäuschen, daß der Begriff auch in der psychologischen Grundlagenforschung gebräuchlich ist und dort meist mit größerer konzeptueller Vorsicht benutzt wird (vgl. Arnold 2000, Goleman 2007).

Nur wer erkannt hat, welche alten, dem eigenen Schutz (z. B. Angstvermeidung) oder der Akzeptanzsicherung »dienenden« Gefühle in der konkreten Konflikt- oder Interventionssituation rekonstelliert werden, verfügt auch über einen Zugang, diese jeweils wahrzunehmen und »an der richtigen Stelle« zu bearbeiten. Dadurch entsteht die Fähigkeit, sich mit dem »Echolot der emotionalen Kompetenz« in eine Beobachterposition zu begeben, eine Fähigkeit, die ein wesentliches Element der systemischen »Gelassenheit« ist (vgl. Arnold 2000, S. 107 ff.).

Literatur:
Rolf Arnold, »Ich lerne, also bin ich!« Eine systemisch-konstruktivistische Didaktik, Heidelberg 2007.
Rolf Arnold, Claudia Gómez-Tutor, Emotionales Lernen in der Erwachsenenbildung, in: REPORT. Literatur- und Forschungsreport Weiterbildung 1 (2006), 27–36.
Rolf Arnold, Die emotionale Konstruktion der Wirklichkeit (Reihe Grundlagen der Berufs- und Erwachsenenbildung), Bd. 34, Baltmannsweiler 2005
Rolf Arnold, Systemtheoretische Grundlagen einer Ermöglichungsdidaktik, in: Ermöglichungsdidaktik. Erwachsenenpädagogische Grundlagen und Erfahrungen, hg. von Rolf Arnold und Ingeborg Schüßler, Baltmannsweiler 2003, 14–36
Rolf Arnold, Das Santiagoprinzip. Führung und Personalentwicklung im lernenden Unternehmen, Köln 2000.
Rolf Arnold, Ingeborg Schüßler, Wandel der Lernkulturen. Ideen und Bausteine für ein lebendiges Lernen, Darmstadt 1998.
Albert Bandura, Self-efficacy: The exercise of control, New York 1997.
Jürgen Baumert (Hg.), Deutsches PISA-Konsortium PISA 2000. Basiskompetenzen von Schülerinnen und Schülern im internationalen Vergleich, Opladen 2001.
Jerome Bruner, Die Sprache der Erziehung, in: Zeitschrift für Pädagogik 49 (2003), 485–498.
N. Cantor, J. F. Kihlstrom, Social intelligence: The cognitive basis of personality, in: Review of personality and social psychology Vol. 6 (1987), 15–34.
Antonio R. Damasio, Ich fühle, also bin ich. Die Entschlüsselung des Bewusstseins, München 2002.
Edward L. Deci, Richard M. Ryan, Die Selbstbestimmungstheorie der Motivation und ihre Bedeutung für die Pädagogik, in: Zeitschrift für Pädagogik 39 (1993), 223–238.
Howard Gardner, Frames of mind: The theory of multiple intelligences, New York 1983.
Howard Gardner, Multiple intelligences: The theory in practice, New York 1993.
Jochen Gerstenmeier, Heinz Mandl, Wissenserwerb unter konstruktivistischer Perspektive, in: Zeitschrift für Pädagogik 41 (1995), 867–888.
Daniel Goleman, Emotionale Intelligenz, 1. Aufl., München 1995.
Daniel Goleman, Der Erfolgsquotient, Wien 1998.
Daniel Goleman u. a., Emotionale Führung, München 2002.
William T. Grant, Consortium on the School-Based Promotion of Social Competence, »Drug and Alcohol Prevention Curricula«, in: Communities That Care, hg. von J. D. Hawkins et al., San Francisco 1992.
Matthias Jerusalem, Reinhard Pekrun (Hgg.), Emotion, Motivation und Leistung, Göttingen 1999.
Wolfgang Klafki, Neue Studien zur Bildungstheorie und Didaktik. Zeitgemäße und kritisch-konstruktive Didaktik, Weinheim u. a. 1996.
Joseph E. Le Doux, Das Netz der Gefühle, München 1998.
Doris Lewalter, Andreas Krapp, Klaus-Peter Wild, Motivationsförderung in Lehr-Lern-Arrangements – eine interessentheoretische Perspektive, in: Kompendium Weiterbildung – Aspekte und Perspektiven betrieblicher Personal- und Organisationsentwicklung, hg. von Christian Harteis, Helmut Heid und Susanne Kraft, Leverkusen 2000, 149–156.
Humberto R. Maturana, Was ist Erkennen?, Zürich 1996.
Humberto R. Maturana, Francisco J. Varela, Der Baum der Erkenntnis, Bern 1987.
John J. Ratey, Das menschliche Gehirn. Eine Gebrauchsanweisung, München 2003.
Gerhard Roth, Wie der Geist im Gehirn entsteht, in: Universitas 2 (2000), 103–107.
Gerhard Roth, Aus Sicht des Gehirns, Frankfurt am Main 2003.
P. Salovey, J. D. Mayer, Emotional intelligence. Imagination, Cognition, and Personality, 9 (1990), 185–211.
P. Salovey, J. D. Mayer, S. L. Goldman, C. Turvey, T. P. Palfai, Emotional attention, clarity, and repair: Exploring emotional intelligence using the Trait Meta-Mood Scale, in: Emotion, disclosure, and health, hg. von J. W. Pennebaker, Washington, DC 1995, 125–154.
Horst Siebert, Konstruktivistische Leitlinien einer Ermöglichungsdidaktik, in: Ermöglichungsdidaktik. Erwachsenenpädagogische Grundlagen und Erfahrungen, hg. von Rolf Arnold und Ingeborg Schüßler, Baltmannsweiler 2003, 37–47.
Robert J. Sternberg, Beyond IQ: A triarchic theory of human intelligence, New York 1985.
Robert J. Sternberg, The concept of intelligence and its role in lifelong learning and success, in: American Psychologist 52 (1997), 1030–1037.
Robert J. Sternberg, C. Smith, Social intelligence and decoding skills in nonverbal communication, in: Social Cognition 2 (1985), 168–192.
G. Straka, G. Macke, The Impact of Experienced Work Conditions on Dimensions of Self-Directed Learning, in: Lernprozess, Lernumgebung und Lerndiagnostik. Wissenschaftliche Beiträge zum Lernen im 21. Jahrhundert (Erziehungswissenschaften, Bd. 16), hg. von Marold Wosnitza, Landau 2004, 117–125.
Dieter Ulrich, Philipp Mayring, Psychologie der Emotionen, 2. Aufl., Stuttgart 2003.

16. Kommunikation

Eckhard Henscheid

Daß sich das sozusagen gesamtheitliche Wissen, die altmodisch genannte Bildung auch, in den letzten Jahren, vielleicht Jahrzehnten, trotz oder wer weiß wegen der ständig progredierenden Informationen und Informationspotentiale eher vermindert, ja minimiert, als vermehrt hat, das hat sich, so der Eindruck, zuletzt nicht bloß an gut unterrichteten Stammtischen, sondern auch in den Feuilletons, in Fachbüchern und in den unverbrüchlich weitertagenden Akademien herumgesprochen. Daß auch noch jenseits der schon geläufigen Pisa-Horrorbilder und -szenarien gerade in der vielfach sog. Wissensgesellschaft samt ihrem kraftvoll und viel beunkten neueren »Wissensmanagement« (analog auch »Kulturmanagement«) sich in Wahrheit eher die allgemeine Desinformation vulgo Verwirrtheit vermehrt hat – ein jüngeres Buch des österreichischen Kultursoziologen Konrad Paul Liessmann zur »Theorie der Unbildung« (Wien 2006) und natürlich auch deren verheerender Praxis unterstreicht und belegt es so fachkundig wie einleuchtend und nämlich so ziemlich alles und jedes verdüsternd.

Daß speziell in den naturwissenschaftlichen Disziplinen das Weltwissen wenn nicht täglich, so mindestens jede Woche sich verdoppeln soll, hört man schon seit vielen Jahren – die allgemeine Freude darüber relativierte sich auch dann, wenn damit nicht, hätte die Sache überhaupt Hand und Fuß, die bekannte Schere von Realität und Potentialität usw. als unendliche Divergenz noch weiter auseinanderklaffte. So oder so hat man es, laut Liessmann, heute leider nicht mehr mit dem Resultat der von Adorno 1961 beklagten und bis hin zur »Theorie« analysierten »Halbbildung« zu tun; sondern gerade auch angesichts der eskalierten und explodierten Informationsmöglichkeiten und der uns entsprechend bedrängenden Apparaturen – nicht einmal mehr mit der Hälfte dessen. Die »Wissensgesellschaft«, so Liessmann auf einen kleinsten Nenner gebracht, ist nicht mehr als ein sich offenbar schon selbst tragender und fortzeugender Mythos; die ihr zu- oder vorgeordnete Informationsgesellschaft inkliniert zu ihrem schieren Gegenteil: einer lange Zeit unverhofften Spezies von schwer informiertem Bildungs-»Prekariat«.

Daran ändert auch partout nichts aller »Hochschul-Ranking«-Wissensfortschrittswahn bis gar zu millionenschweren »Exzellenz-Initiativ-Projekten« usw. – und das aber nicht nur von Liessmann erahnte und bezeichnete Übel übertüncht auch nicht einmal notdürftig der Quatsch mit unablässig auf uns einwuchtenden sonstigen kulturellen Wichtigkeits-Rankings (Platz 1 im Frühjahr noch G. Grass, das könnte sich jetzt ändern) und Bildungs-»Kanons«, wie sie, seit ca. 2001 rumorend, ja unbekümmert randalierend, zu unserem Kummer das Vaterland belästigen, ja belasten. Man darf sie allesamt, noch nicht einmal ausgedruckt, getrost sofort wieder vergessen. Daß ein Buch wie Schwanitz' »Bildungs«-Führer zum Massenerfolg werden konnte, hängt mit sozusagen atavistisch verkehrten Proportionen in der immerzu neu aus den Fugen gehenden Welt zusammen: Es wurde es dies ja nur innerhalb der vagen Restbestände des die eigenen chimärischen Privilegien, den eigenen Dünkel halb bewußtlos verteidigenden Bildungsbürgertums. Das aber über Jauch und sein deppertes TV-Quiz im Prinzip auch nicht herauskommt und insofern auch nicht über die ungebildeten Proleten. Die nämlich alle zusammen laut Liessmann Jauch als »einen der klügsten Deutschen« (S. 26) erachten.

Nah verwandt ist die Informations- und Wissensoffenbar der auch häufig sog. Kommunikationsgesellschaft. Der Begriff ist wohl schon älter – in seiner »Theorie des kommunikativen Handelns« von 1982 vertraut Jürgen Habermas in einem Maße der gottsinnigen Teleologie, ja Theologie kommunikativer Vernunft als dem Feind aller Irrationalität, als Instanz des Herrschaftsfreien, als institutionalisiertem Weltsinn im Dauerdiskurs usw., daß der damalige Kritiker Karl Markus Michel in seiner Rezensionsüberschrift den Buchgehalt auf die Kürzestversion »Nun sprecht mal schön!« zu bringen vermag.

Schön gesprochen wurde aber nach 1982 noch weniger und noch seltener als vorher schon. Falls Umgangssprache, Alltagssprache, Jugendsprache, die gegenwärtigen Kommunikationsversuche des vorhin gestreiften Prekariats auch noch zum Einzugsbereich von Habermasens prästabilierter Vernunft rechnen, dann hat ihr unlängst in seinem Erst lingsroman »Anarchoschnitzel schrieen sie« Oliver Maria Schmitt mit dem Dreiwortsatz eines zeitsignifikanten Kindes »Fick dich, Alda!« – meint: halt die Klappe, unnützer Erwachsener – einen keineswegs gänzlich konträren Konter ins Negative entgegengewuchtet. Denn das Kind, elterlicherseits eine Kreuzung aus Ex-BRD/DDR, erweist sich als keinesfalls ganz dumm und flach und unsympathisch, sondern sogar als quasi witzig und – vernünftig. Denn was könnte Habermas inmitten all seiner eklatanten Gegenwartsferne mit seiner »herrschaftsfreien Kommunikation« groß anderes gemeint haben als solche fast erhabene Einrede gegen die Erwachsenenafterkultur? So daß ihm und seinem Buch seinerzeit sofort von links vorgehaltene »Bourgeoisiephilosophie« bzw. »philosophische Stabilisierung von Herrschaft« sicherlich einiger neuer Überlegungen, gar einer Korrektur bedürftig wäre.

Auch wenn der hocherwachsene Habermas ein »Fick dich, Alda« gewiß noch weniger gern hören würde als die Ergebnisse der Jürgen Buscheschen »Spurensuche« aus seinen ganz jungen Jahren unter der Herrschaftsknute Hitlers.

»Die Ganze ist das Unwahre«, lehrte, Hegel umkehrend, in einem sehr bekannt gewordenen Merksatz Adorno; allein, die von ihm im gleichfalls vielzitierten Aufsatz von 1961 erörterte »Halbbildung« ist gewissermaßen noch viel falscher, verlogener, essentiell sündiger. Adornos hübschestes Beispiel von Halb-, ja Viertelbildung, herrührend aus seiner Zeit in der amerikanischen Emigration, ist ein von ihm mit satirischer Wut und humoristischer Verve vorgeführter Konzertführer »Great Symphonies. How to Recognize and Remember Thema.« (New York 1936) eines gewissen Sigmund Spaeth; in welchem z. B. das Hauptthema von Beethovens Fünfter wie üblich mit dem an die Pforte klopfenden Schicksal erklärt wird; aber im Englischen noch entschieden barbarischer und narrischer: »I am your Fate, come, let me in!« Doch auch noch dieser Mindersinn wird an Verwegenheit in den Schatten verwiesen durch die Recognoszierung und Explizierung des bekanntelegischen Seitenthemas des 1. Satzes von Tschaikowskys Pathétique-Symphonie. Spaeth:

> »This music has a less pathetic strain,
> It sounds more sane and not so full of pain.
> Sorrow is ended, grief may be mended,
> It seems Tschaikowsky will be calm again!«

Wurde aber auch Zeit, daß der alte Russenlackel wieder stillgestellt wurde – für die Cowboys von der anderen kulturellen Hemisphäre. »Die epochale Re-Barbarisierung«, von der Adorno anderswo sprach, sie gründet sich hier wohl nicht so sehr in der durch einen besonders blöden Konzertführer besonders evident und sogar hörbar gewordenen Artung eines (noch? wieder?) barbarischen, präkulturellen Landes und seiner ebensolchen Nation; sondern das »Extreme« des Beispiels belegt vor allem das »Hemmungslose« der uns behelligenden »Halbbildung« – ein düster fensterloses Gefängnis als Inferno.

Adorno wird nicht müde, die derart offenbare »Explosion von Barbarei« bei den »idiotischen« Spaeth-Sätzen, das Blutegelhafte von Afterbildung als Exkrement von kapitalistischer Kulturindustrie zu attackieren, zu beklagen, ja fast aber auch schon in heiligem Zorn zu feiern – denn hat das Ganze Unwahre hier nicht schon fast wieder etwas Rettendes? Wir wollen und sollen darüber aber nicht vergessen, daß der Wille zur »Kommunikation« selber, die Ideologie von ihr, die trübe Brühe angerührt hat. In knappster Version: Bildung selber führt zur Hölle oder zumindest Vorhölle. Und das aber ist nun wirklich nicht so neu, das wußten natürlich auch schon Goethes Faust und sein dem Schüler »ein Mühlrad im Kopf« bescherender Mephistopheles.

Ab ca. 1970 taufte sich die da und dort in Deutschland relativ ernsthaft betriebene sog. Hilfswissenschaft der Publizistik/Zeitungswissenschaft meistenteils in »Kommunikationswissenschaft« um. Ob die alte Selbstdefinition der zu erforschenden »Zeitung« als »Zeitgespräch der Gesellschaft in der Zeit« (Bernd Maria Aswerus) damit auch revidiert wurde, ist mir nicht bekannt – feststeht aber und haftet in der Erinnerung, daß »Kommunikation« schon in den 60er Jahren ein Mode-, nämlich Reiz- und Lockwort war, wie später etwa die »Integration«, die »Identität« oder viel später der »Lifestyle«. Es gab nicht mehr Theater, Musik, Literatur – sondern: Kommunikation. In ihr ging alle Individualität, alle Unterschiedlichkeit auf und zugleich unter. Man rät nicht falsch, wenn man diese ungute alte und heute noch recht vitale Kommunikation zu den Totengräbern der noch älteren Bildung zählt.

Die jetzt aber mit dem »Kulturmanagement« einen jüngeren, schickeren momentan überlegenen Schwippbruder gekriegt hat – als »Ergänzungsfach« im Wintersemester 2006/07 und zumindest z. B. an der Philosophischen Fakultät der Universität Kiel.

Bei dem Wort »Kultur« soll Göring bzw. Hanns Johst (bzw. einer Figur von ihm) das Messer aufgegangen bzw. der Revolver betriebsfertig geworden sein. In der heutigen Kultur, im Kulturmanagement und alles in allem im »fetischistischen bürgerlichen Wissenschaftsbetrieb« (Adorno schon am 10.11.1937 an Horkheimer) gemahnt die Sache schon wieder friedsamer, ja fast ziviler: »Ranking« – » Impact« – »Zukunftsfähigkeit« – »Curriculum« – »Modul-Studium« – »Portfolio« – »Evaluation« – »Mind-Map« – »metakognitive Kernkompetenz« – und dergleichen neologistische Renommierkrüppel mehr auf dem Schlachtfeld der spätbabylonischen Begriffsverwirrung im heutigen Bildungs-, Kultur- und vor allem Pädagogengenre: Liessmann in seinem genannten Buch suggeriert auch von daher einleuchtend den Kausalkonnex von Informations- zu Desinformationsgesellschaft, der Weltgeist gehe hier »verkehrt proportional«, nämlich zu den »unendlichen Datenströmen« (S. 30) des gigantischen und vermeintlich paradiesischen Wissens- und Bildungsangebots; von dieser sich selbst liquidierenden Vermehrung, kombiniert mit den alten und neuen vor allem medial begründeten Manipulationsmöglichkeiten, zur Bildung der »Bildungsreformer« innerhalb der ohnehinnigen Wissensgesellschaft, deren Agens aber auch schon »Haß auf Bildung« (S. 52) sei; von der lang schon irregeleiteten Ranking-Ideologie, dem »Schielen auf Ranglisten«, dieser »neurotischen Fixierung« (S. 74/78) bis hin zum endlichen und unendlichen »Ranglistenwahn« als der akut altkapitalistischen »Verehrung des Markts« (S. 79); von diesem Ranking als Selbstzweck zum tendenziellen Nonsens, der die vielbeunkte Bildungskatastrophe unter Tickets wie »Zukunftsfähigkeit« erst niet- und nagelfest macht. Liessmann trägt vor, wie meist die einfache, lineare Information mit heutzutage offenbar fortschreitender Wucht schon »Etikettenschwindel« (S. 116) oftmals schamloser Unfug ist.

Das läßt sich konkretisieren, etwa am 8.9.2006 und über den Bayerischen Rundfunk, wo in den Nachrichten dreimal als Spitzenmeldung diese durchgegeben wird, daß am Vortrag neun Millionen deutsche RTL-Zuschauer das Interview mit der acht Jahre lang gekidnappten Österreicherin gesehen und gehört hätten! Im Sinne des nachhumboldtschen Informationsgesellschaftsideals wäre aber vielleicht noch etwas sinniger die Nachricht gewesen, daß 11,2 Millionen drauf verzichtet haben.

In Amerika hat schon in den 90er Jahren ein Meinungsforschungsinstitut als tiefsinnigen Test und Joke einen Politiker demoskopisch als besonders vorbildlich ausloben lassen, den es (was die Befragten weder wußten noch nachprüften) – gar nicht gibt. Dies ist fraglos das Endziel der modernen Informationskommunikationsgesellschaft.

Beim Match Weltmeister Kramnik gegen »Deep Fritz« wurde es Ende 2006 nochmals gemeinpublik: Während es Schach-Computer in der Sekunde auf acht Millionen Berechnungen bringen schafft der Mensch auch als Weltmeister nur eine bis zwei. Traurig, daß der Mensch trotzdem immer noch gut mithält, weil nämlich 99,968 Prozent der Computeroperationen Müll, Trash, Spam sind, Unfug innerhalb des Sinnuniversums.

Mit den sonstigen Informationsangeboten, erfährt man jetzt häufiger, soll es bei ähnlichen Quantitäten ähnlich schlecht stehen. Beinahe alles, was via Buch, Zeitung, Television und vor allem Internet und etwa die Google-Suchdienste an uns und unser Hirn dringt, wenn schon nicht hinein, ist Informationsmist, redundanter, nutzloser, nonsensiger Spam-Food-Dreck. Im Prinzip die gute alte Volksverdummung neu gestaltet.

Das immerhin hört man inmitten der gleichwohl heiliggesprochenen Informations- und Kommunikationsgesellschaft gerne.

»Es wird ja heute viel mehr verlangt wie früher. Wissen Sie, wir leben in einer Zeit, wo viel mehr geredet werden muß, zwangsläufig, nicht wahr. Das sagen ja auch die Kommunikationswissenschaftler. Ich hab gesehen, wie die Kommunikationswissenschaftler schier verzweifeln. Es muß mehr geredet werden, sagen sie, aber – wohin damit?« (Gerhard Polt/Otto Grünmandl, Rhetorik)

Allein, es hilft Dialektik ja auch noch über diese moderne Kalamität hinweg. »Die Wunden des Geistes heilen, ohne daß Narben bleiben«, tröstet G. W. F. Hegel und hat hoffentlich rechter damit als mit seiner Aufhebung der Selbstentfremdung und mit seiner Wirklichkeit des Vernünftigen von 1807 – wer weiß, vielleicht schweigt der Homo sapiens sapiens eines schon nahen Tages wieder mehr, denn siehe: »Der Mensch verfügt nur über 1,6 Prozent mehr genetische Information als die Maus« (Wolf Singer, Neurobiologische Anmerkungen zum Wesen und zur Notwendigkeit von Kunst, 1984), exakt wissenschaftlich ergänzend Bertolt Brechts Befund von 1928: »Versuch es nur, von deinem Kopf lebt höchstens eine Laus«; und insofern sehr erfreulich, wie der Anspruch von Wissen, Wissensmanagement und Bildungsgesellschaft gewissermaßen sich von selbst reguliert und auf ein moderateres Maß einstellt. Ablesbar daran, daß das neue und neuartige »Harenberg Kursbuch Bildung« seit Winter 2006 statt für 62 im Frankfurter Ramschladen für 14,95 Euro gehandelt wird.

Allerdings und im übrigen gelte für die dann nochmals reformierte Geschichts- und überhaupt gesamtheitliche Bildung der aktuellen Deutschen, was abermals Gerhard Polt schon vor gut zehn Jahren als Richtlinie erließ: Auf vieles an Ballast könne/müsse man heute unerschrocken verzichten; nur »der Karl der Große, der muaß sei'!«

III. Medien

Einleitung

Medien sind Hilfsmittel. In unserem Falle: Sie verhelfen zur Bildung. Sie machen Bildungseindrücke bewußt, anschaulich, einsichtig, verstehbar. Sie realisieren, illustrieren, verstärken, verdichten sie. Keine Bildung kann auf Medien verzichten. Doch es kommt darauf an, die jeweils besten zu entdecken. Wem das gelingt, der kann die Wirkung eines Bildungserlebnisses unbegrenzt steigern. Deshalb ist die Frage nach den Medien der Bildung immer auch eine Frage nach der Didaktik. Ein guter Didaktiker ist, wer für ein bestimmtes Bildungsziel das jeweils perfekt passende Medium entdeckt und einsetzt.

Manche aber wollen in Büchern, Bildern, Filmen und virtuellen Welten mehr sehen als bloße Vermittler. Mit Marshall McLuhan halten sie das Medium selbst für die *message*, also für ein zentrales Moment von Bildung. So wie manche Zeitgenossen meinen, alle Bildungsfragen als Fragen der Didaktik formulieren zu können, so gibt es auch solche, die »Medienkompetenz« – das Zauberwort stammt von einem Bielefelder Schulmann – für den Kern moderner Bildung halten. Fortschrittsbegeisterte Politiker verlangen daher, daß möglichst schon Vorschulkinder lernen, sich überallhin durchzuklicken.

Man könnte diese Diskussion für eine ziemlich neue halten. Tatsächlich aber dürfte kaum eine Vision der europäischen Bildung älter sein als der Traum, Sachkompetenz durch Medienkompetenz zu substituieren. Schon im vierten vorchristlichen Jahrhundert behaupteten die griechischen Sophisten, das zu können. Ihre Redekunst beanspruchte, Sachwissen und Sittlichkeit durch eine virtuose Handhabung der Kommunikationsmittel zu ersetzen. Die römischen Redner Cicero und Quintilian vermittelten, indem sie erklärten, daß der beste Meister der rhetorischen Medien notwendig immer auch der beste Sachkenner und – der tugendhafteste Charakter sei. Seither war die Frage nach den Medien der Bildung in Europa eine nach Moral und Charakter. Das gibt ihr – zumal in Deutschland – eine solche Hitzigkeit.

Einher mit dieser Hochschätzung der Medien ging im Abendland traditionell deren heftige Kritik. So verteidigte Platon im »Phaidros« die Sprache gegen die aufkommende Schrift, die er als Verfälschung spontaner, wahrer Mündlichkeit kritisierte. Im 15. Jahrhundert sahen viele Gelehrte im Buchdruck die Gefahr, daß sich Irrtümer schneller verbreiten könnten als der Fortschritt. Seit 1750 beschuldigte Jean-Jacques Rousseau die Medien und die moderne Öffentlichkeit, den Zugang zu wahrer Bildung überhaupt zu versperren. Je mehr und je raffinierter die Gesellschaft über Bildung diskutiere, desto ferner rücke sie dieser, desto verdorbener werde sie. Seither glauben nicht nur konservative Intellektuelle, daß das moderne Vielzuviel an Bildungsmitteln den persönlichen, sittlichen Kern der Bildung zerstöre, sie in eine Ver-Bildung pervertiere.

Walter Benjamin beispielsweise beklagte, daß das Kunstwerk im Zeitalter seiner technischen Reproduzierbarkeit seine Aura, sein Charisma verliere. Indem es universell verfügbar werde, verflüchtige sich seine Fähigkeit, als überraschend »aufblitzende« Manifestation des absolut Einzigartigen, vollkommen Gelungenen Bildungserlebnisse zu evozieren. Wo gutwillige, von allem Neuen begeisterte Pädagogen also versuchen, den von ihnen Unterwiesenen durch ein Immer-Mehr an medialem Aufwand und didaktischer Finesse zu immer mehr Bildung zu verhelfen, bewirken sie – so würden alte wie neue Rousseau-Anhänger argumentieren – eher deren Abstumpfung und Oberflächlichkeit. Wäre das wahr, so müßte man Medien der Bildung vor allem deshalb kennen, um sich vor ihnen in acht zu nehmen. Also hätten wir dieses Kapitel entweder weglassen oder als eine einzige große Warnung gestalten müssen. Das haben wir, wie man sieht, nicht getan. Denn das Ideal der unvermittelten, quasi »reinen«, ganz und gar persönlichen, natürlich sittlichen Bildung ist die notwendige Begleiterscheinung des Wissens um die absolute Unverzichtbarkeit medialer Vermittlung. Gerade die schärfsten Medienkritiker – von Platon bis zu den Romantikern – haben dies am besten gewußt und sind ihrerseits perfekte Virtuosen eben dieser sprachlich-ästhetischen Mittel gewesen.

Die Frage kann also nicht lauten, ob Medien in der Bildung gut oder schlecht seien. Nicht minder falsch gestellt wäre sie, wenn sie darauf zielte, ob man eher möglichst viele verschiedene Medien einsetzen oder lieber auf die konzentrierte Kraft eines einzigen Mediums vertrauen solle. Zu fragen ist vielmehr, wie man welche Medien anwenden müsse, um das Kernziel aller Bildung zu fördern: die Emanzipation und Selbständigkeit des Subjekts. Ein schlechtes Medium wäre, so gesehen, eines, das den Bildung Suchenden dauerhaft in seinem Bann hielte, ihn zu seinem Konsumenten machte. Gut hingegen wäre ein Medium, das sich gleichsam selbst auslöschen würde, sobald sein Ziel erreicht ist: das den sich Bildenden zu Einsichten und Haltungen führte, die sich auf beliebige andere Felder und Fälle übertragen ließen. So ist, um nur das populärste Beispiel zu nennen, das Internet ein perfektes Medium der Bildung, sofern es dem Lernenden zu Erkenntnissen verhilft, die auch dann Gewinn bringen, wenn der Computer ausgeschaltet bleibt. Es wäre ein miserables Medium, wenn es dazu führte, daß der von ihm Belehrte in keiner Lebenslage anderen Rat wüßte als in den Bildschirm zu starren.

Insofern ist die moderne Obsession mit Medien ebenso gut wie schlecht. Wo Pessimisten jene kollektive Verblödung zu beobachten meinen, deren Ursache sie in übermäßigem Netz-Surfen dingfest machen – so wie man sie in den 1970er Jahren dem Fernsehen zuschrieb, in den 1870er Jahren den Konversationslexika und in den 1770er Jahren den »Journalen« –, da sehen Medienenthusiasten eine große, vielversprechende Chance. Jeder Gebildete sollte ihnen – nach kurzem Überlegen – zustimmen.

III.1. Wahrnehmen

1. Schrift
2. Bild

1. Schrift

Hartmut Günther

Was hat ein Artikel über *Schrift* in diesem Handbuch zu suchen? Bei einer Durchsicht von mehr als 20 deutschen Wörterbüchern und Nachschlagewerken zeigte sich, daß der Begriff *Schrift* in einem Artikel *Bildung* nie vorkommt, die Begriffe *Lesen* und *Schreiben* nur sporadisch und in eher unprominenten Passagen. Das gilt auch umgekehrt: Die Artikel zu *Schrift*, *Lesen* und *Schreiben* in den befragten Lexika und Wörterbüchern enthalten den Begriff *Bildung* nur gelegentlich und in sehr engen Zusammenhängen.

Der vorliegende Artikel argumentiert, daß der Begriff *Bildung*, wie auch immer er im einzelnen bestimmt wird, grundsätzlich schriftgebunden ist – ohne Schrift keine Bildung.

Sprache und Schrift

Im alltäglichen Sprachgebrauch, aber auch in vielen Wissenschaftsdiskursen, wird in der Gegenüberstellung von *Sprache* und *Schrift* der Gegensatz zwischen der Lautsprache einerseits und ihrer schriftlichen Fixierung andererseits betont. Seit Aristoteles und ihm folgend Augustinus gilt der Grundsatz *omne verbum sonat*, jedes Wort tönt. In dieser Konzeption ist Schrift lediglich ein mehr oder weniger gelungenes Abbild der Lautsprache. »Writing is not language«, schreibt der amerikanische Linguist Leonard Bloomfield 1933 in seinem Buch *Language*, »but merely a way of representing language by means of visible marks«. Es ist der Sinn der Schrift, die Lautsprache zu repräsentieren, nichts anderes. In dieser Sicht stimmen die meisten Wissenschaftler mit Laien überein: Das »Eigentliche« ist die Sprache, die Schrift bildet sie »nur« ab, und je genauer sie das tut, desto besser ist sie dieser überkommenen Auffassung zufolge.

In vielen Publikationen der neueren Schriftlichkeitsforschung (z. B. Olson 1993, Raible 1994, Günther 1995) ist vorgeschlagen worden, die Modellierung des Zusammenhangs zwischen Schrift und Lautsprache in gewisser Weise umzukehren. Danach besteht die historische Entwicklung nicht darin, daß Lehrer, Philosophen, Sprachwissenschaftler und andere immer tiefer in die Geheimnisse der gesprochenen Sprache eingedrungen sind und dann ihre Erkenntnisse für die Modellierung der Schrift nutzbar gemacht haben. Vielmehr sind es Eigenheiten der Schrift, die zu neuen Einsichten in die Natur der Lautsprache führen: Die Schrift fungiert als Modell für die (Analyse der) Lautsprache.

Dies beruht auf den gegenüber der Lautsprache anderen physisch-psychischen Gegebenheiten der Schrift. Denn beim Sprechen erzeugen Menschen mit ihren Sprechorganen Schall, damit andere Menschen diesen mit ihren Hörorganen wahrnehmen. Die mündlichen Äußerungen haben eine kontinuierliche zeitliche Ausdehnung und sind flüchtig. Der lautsprachliche Kommunikationsprozeß ist gekennzeichnet durch den Umstand, daß das die Botschaft transportierende Signal mit seiner Erzeugung auch schon wieder verschwindet. Zentraler Wahrnehmungsgegenstand beim Hören (und Verstehen) von Sprache sind deshalb die Veränderungen des Signals in der Zeit, nicht seine Konstanten; es muß in Sekundenbruchteilen das Gesagte verstanden und gespeichert werden. Beim Schreiben dagegen erzeugt ein

Mensch mit Hilfe von Werkzeugen visuelle Muster, die ein anderer (in der Regel zu einem anderen Zeitpunkt) beim Lesen mit seinen Sehorganen wahrnimmt. Schriftliche Äußerungen haben eine räumliche Ausdehnung, sie sind diskret und konstant. Bei ihrer Wahrnehmung gibt es keine zeitlichen Beschränkungen, die in der Natur der Sache lägen. Zentraler Wahrnehmungsgegenstand beim Lesen ist das zeitlich Konstante, nicht eine Veränderung; das Gelesene ist nicht mit dem Lesevorgang verschwunden.

Schrift und Text

In verschiedenen Arbeiten (umfassend 1994) hat Konrad Ehlich das Zentralmoment von schriftlicher Sprache mit dem Konzept der »zerdehnten Sprechsituation« gekennzeichnet. Die Dauerhaftigkeit der schriftlichen Äußerung ermöglicht ihre Entbindung aus der Sprechsituation – sie kann zu einem Zeitpunkt rezipiert werden, der mit dem ihrer Produktion nicht identisch ist; dies ermöglicht auch die Rezeption durch nicht als Adressaten bestimmte Leser. Die Lösung aus der aktuellen Sprechsituation führt zur Vervielfachung von Texten und ihrer Rezeptionen in einer literalen Gesellschaft gegenüber einer oralen.

Das in der Natur des akustischen Sprachsignals begründete Problem der Textidentität und Integrität in oraler Überlieferung (durch Gedächtnis- und Rezeptionsschwächen) wird im Zeitalter der Handschriften deutlich verringert, nach Erfindung des Drucks weiter minimiert. Luthers *sola scriptura* gießt diesen Sachverhalt in eine Formel: Der Text hat eine und nur eine sprachliche Form, die durch die Schrift gewährleistet wird. Geschriebene Texte bilden das Archiv des menschlichen Wissens. Bildung beruht auf der Möglichkeit, über dieses niedergelegte Wissen zu verfügen; ein gebildeter Analphabet läßt sich nicht vorstellen. Denn das schriftlich im Text niedergelegte Wissen ist nur dem verfügbar, der einen Schlüssel dazu besitzt – die Fähigkeit, sich dieses Wissen zugänglich zu machen, d.h. es zu lesen; und weil es gerade dieser eine Text, die Bibel ist, den alle lesen können sollen, ergibt sich schon in der Reformationszeit die Forderung nach allgemeiner Lesefähigkeit als der Basis und Voraussetzung von Bildung (Luther 1524).

Walter S. Ong (1982) spricht in diesem Zusammenhang von der Technologisierung des Wortes: Dem praktischen Zusammenhang mündlicher Face-to-face-Interaktion entkommen, beeinflußt das geschriebene Wort systematisch die *conditio humana* auf eine unerhörte (!) Weise. Denn nur die schriftliche Äußerung läßt sich unabhängig vom Produzenten bearbeiten, verändern und manipulieren; neue Schrifttechnologien ermöglichen neue gesellschaftliche Verfahren jenseits der Mündlichkeit. Die Überlieferung wird, der platonischen Schriftskepsis zum Trotz, sicherer. Die Tradierung von Geschichten und Geschichte obliegt nicht mehr (nur) der Obhut von Gedächtnisspezialisten. Der Umfang des extern speicherbaren und (im Prinzip) jederzeit wieder abrufbaren Wissens kann wachsen. Durch seine Externalisierung wird Wissen auch für denjenigen (im Prinzip) verfügbar, der an seiner Aquisition nicht beteiligt war, und für ihn selbst brauchbar. Die materiell-technische Entwicklung des Buchdrucks und der Schreibtechnologien potenzieren diese Möglichkeiten. Es entstehen mit Steuerlisten, Enzyklopädien, Wörterbüchern, Karteien, Gesetzbüchern etc. Schriftwerke, die in keiner sinnvollen Weise mehr als Repräsentationen lautsprachlicher Äußerungen angesehen werden können und die auch, man nehme ein Telefonbuch, kaum sinnvoll verlautet werden können. Die Fähigkeit, mit dem technologisierten Wort umgehen zu können, ist notwendige Bedingung für Bildung. Texte, nicht nur Handlungen bestimmen auch das alltägliche Leben.

Text und Orthographie

Die Identität des Textes läßt sich zunächst auf rein visueller Ebene festlegen (die ersten gedruckten Bibeln wurden einzeln von Anfang bis Ende auf die Identität mit dem Original geprüft). Zweck geschriebener/gedruckter Texte ist die Rezeption durch mehr als einen Adressaten. In dem Maße aber, in dem ein Text durch viele Leser gelesen und verstanden werden soll, wird es unumgänglich, die Form von Texten den Bedürfnissen potentieller Leser anzupassen. Dies geschieht zum einen durch die visuelle Gestaltung der Schriftzeichen, etwa der optisch prägnanteren karolingischen Minuskel gegenüber der älteren Kapitalis oder Unziale, zum anderen aber, insbesondere nach der Erfindung des Buchdrucks, durch sprachliche Normierung, d.h. Festlegung der Schreibweise der Wörter. Bemerkenswerterweise geschieht dies gerade nicht so, daß die Schreibung der aktuellen Lautung angepaßt wird, sondern so, daß sie sich systematisch davon entfernt. Dies war und ist namentlich vielen im Bildungsbereich Tätigen ein Dorn im Auge – die jeweilige Orthographie, so glauben sie, sei ihrer Bestimmung als Repräsentation der Lautsprache alles andere als angemessen und müsse dahingehend reformiert werden.

Hauptzweck von Schrift aber ist es, daß das Geschriebene gelesen werden kann; im Sinne dieser Zweckmäßigkeit entwickeln sich Orthographien für kompetente Leser, und diese sind gerade nicht auf engen Lautbezug angewiesen (Maas 1992). Weil mit der Entwicklung moderner westlicher Gesellschaften neben der Lese- auch die Schreibfähigkeit als wesentliches Bildungsziel propagiert wird – wovon bei Luther noch keine Rede sein kann –, entsteht ein Interessenkonflikt: Was das Lesen erleichtert, erschwert vielfach das korrekte Schreiben, vor allem aber das Lernen des Schreibens.

Auf Grund der konstanten Natur von Schrift erwächst dieser sich entwickelnden Orthographie ein besonderer Status; man hat sie bisweilen als »Intelligenztest des psychologischen Laien« bezeichnet. Weil die orthographische Norm so strikt ist, lassen sich Abweichungen leicht feststellen; der Grad der Beherrschung dieser Norm wird namentlich in der ersten Hälfte des 20. Jahrhunderts zum allgemeinen Bildungsmaß schlechthin. Die auf den Leser zugeschnittene Funktionalität der Norm wird bei ihrer unsachgemäßen Anwendung als Bildungsmaß vergessen. Genau dies ist der Grund für den immer wieder neu zu hörenden Ruf nach Reformen und Vereinfachungen. Ziel solcher Bewegungen ist nicht die Verbesserung der Funktionalität der orthographischen Norm, sondern ihre »Vereinfachung« mit dem Ziel, durch »einfachere« Orthographieregeln die Rechtschreibleistungen zu verbessern, die ja als kognitiver Leistungsindikator gelten. Daß dieses Ziel auf Grund einer fehlenden schrifttheoretischen Basis gründlich verfehlt wurde, vermutlich auch gar nicht erreichbar war, ist inzwischen hinlänglich bekannt (Eisenberg 2006).

In Deutschland haben im 19. Jahrhundert schriftliche Texte, insbesondere die Literatur der Klassiker, eine weitere Funktion: Ihre schon weithin genormte Schreibung dient als Modell für die Ausformung einer fehlenden einheitlichen gesprochenen Hochsprache. Gutes Deutsch zu sprechen war im 17. und 18. Jahrhundert keineswegs ein gemeinsames Merkmal der Gebildeten, man denke an des großen Friedrich Meinung über das Deutsche – der Gebildete sprach Französisch. Nicht nur die Gelehrten lernen die deutsche Lautsprache über die Schrift kennen – jedermann im Deutschland des 19. Jahrhunderts lernt »Hochdeutsch« aus den Büchern. Dies ist einer der Gründe dafür, warum von Polenz (1994) das 19. Jahrhundert als »Jahrhundert beispielloser Schriftlichkeit« bezeichnet – jenes Jahrhundert, in dem also nicht zufällig auch der moderne Bildungsbegriff entsteht.

Mediale und konzeptionelle Schriftlichkeit

In diesem Zusammenhang wird eine neue Perspektive wichtig, nämlich die Unterscheidung von medialer und konzeptioneller Mündlichkeit und Schriftlichkeit. Diese in der Romanistik entwickelte Differenzierung greift die alte Frage nach dem Gegensatz von (Laut-)Sprache und Schrift auf (Koch/Österreicher 1994, vgl. auch Raible 1994). Festgestellt wird in diesen Untersuchungen, daß eine direkte, d. h. eindimensionale Abbildung der Dichotomie Schriftlichkeit vs. Mündlichkeit auf andere Gegensatzpaare wie hypotaktisch vs. parataktisch, monologisch vs. dialogisch, reflektiert vs. spontan etc. dem Gegenstand nicht gerecht wird. Koch/Oesterreicher (1994) weisen den Unterschied von Mündlichkeit und Schriftlichkeit zwei Dimensionen zu, einer medialen und einer konzeptionellen. Die mediale Dimension ist dichotomisch: Eine Äußerung, ein Text kann im medialen Sinne immer nur entweder lautlich (phonisch) oder schriftlich sein: Es wird Schall erzeugt und wahrgenommen, oder es wird eine visuelle Konfiguration produziert oder wahrgenommen. Die konzeptionelle Dimension dagegen ist graduell, eine Äußerung oder ein Text sind mehr oder weniger »schriftlich« unabhängig davon, in welchem Medium sie realisiert werden.

So gibt es lautsprachliche Vorgänge von hoher konzeptioneller Schriftlichkeit. Ein wissenschaftlicher Vortrag etwa ist medial phonisch: Es wird Schall produziert. Die Form der Sprache, die gewählten Wörter und Satzmuster, der Aufbau des Textes, all das folgt schriftlichen Mustern, die auch realisiert werden müssen, soll der Vortrag gelingen. In einer Fernsehdiskussion ist das nicht immer der Fall, da wird schon eher »unformal« gesprochen. Deshalb gehört ein wissenschaftlicher Vortrag, wenngleich medial phonisch, in die Domäne der konzeptionel len Schriftlichkeit: Es wird gesprochen, aber es handelt sich um schriftlich geprägte Sprache. Fernsehdiskussionen sind jedenfalls teilweise konzeptionell stärker mündlich. So stehen auf der Ebene von Kommunikationsbedingungen eher dialogische Strukturen konzeptioneller Mündlichkeit typischer Monologizität im schriftlichen Bereich gegenüber, ebenso Spontanität vs. Reflektiertheit usw. Auf der Ebene der Versprachlichungsstrategien finden wir in konzeptioneller Mündlichkeit eher parataktische, in konzeptioneller Schriftlichkeit eher hypotaktische Organisation; wir treffen auf größere Kompaktheit und Elaboriertheit in der Schriftlichkeit gegenüber der Mündlichkeit etc. Solche Dichotomien sind nicht notwendig alle gleichzeitig verwirklicht; mancher schriftliche Text weist viele Merkmale konzeptioneller Mündlichkeit, manche mündliche Äußerung vieler konzeptioneller Schriftlichkeit auf.

Gegenstand der Bildungseinrichtungen ist also neben dem Erwerb der basalen Lese- und Schreibfertigkeiten die Fähigkeit, die Gegebenheiten der einen Dimension (Texte lesen und schreiben) auch auf die andere (Sprechen und Zuhören) zu übertragen, konzeptionell schriftlich zu sprechen (Günther 1993). Denn konzeptionelle Schriftlichkeit und Mündlichkeit existieren nicht nebeneinander, sondern sozusagen durcheinander. Dem hochliteralen gebildeten Menschen steht in der Regel der Eckpunkt »reiner« konzeptioneller Mündlichkeit nur noch in Ausnahmesituationen (Fluchen beim Endspiel etc.) zur Verfügung; dem Illiteralen fehlt durch den mangelnden Zugang zu schriftlichen Texten die Fähigkeit zu konzeptionell schriftlicher Mündlichkeit. Bildung setzt Schrift auch im Mündlichen voraus. Und genau weil das so ist, finden sich in Lexika zum Begriff *Bildung* in der Regel keine Ausführungen zum Thema *Schrift* – dieser Zusammenhang ist einfach selbstverständlich.

Literatur:
Konrad Ehlich, Funktion und Struktur schriftlicher Kommunikation, in: Schrift und Schriftlichkeit. Ein interdisziplinäres Handbuch internationaler Forschung, hg. von Hartmut Günther und O. Ludwig et al., Bd. 1, Berlin u. a. 1994, 18–41.
Peter Eisenberg, Orthographie ohne Literalität. Blinde Flecken der Rechtschreibreform. Zeitschrift für Germanistische Linguistik 34 (2006), 44–55.
Hartmut Günther, O. Ludwig et al. (Hgg.), Schrift und Schriftlichkeit. Ein interdisziplinäres Handbuch internationaler Forschung, 2 Bde., Berlin 1994, 1996.
Hartmut Günther, Die Schrift als Modell der Lautsprache, Osnabrücker Beiträge zur Sprachtheorie 51 (1995), 15–32.
Hartmut Günther, Erziehung zur Schriftlichkeit, in: Sprache gebrauchen. Sprachwissen erwerben, hg. von Peter Eisenberg und Peter Klotz, Stuttgart 1993, 85–96.
Peter Koch, Wulf Oesterreicher, Schriftlichkeit und Sprache, in: Schrift und Schriftlichkeit. Ein interdisziplinäres Handbuch internationaler Forschung, hg. von Hartmut Günther und O. Ludwig et al., Bd. 1, Berlin u. a. 1994, 587–604.
Martin Luther, An die Burgermeister und Ratherrn allerlei Städte in deutschen Landen, daß sie christliche Schulen aufrichten und halten sollen, 1524.
David R. Olson, How writing represents speech, in: Language & Communication 13 (1993), 1–17.
Utz Maas, Grundzüge der deutschen Orthographie, Tübingen 1992.
Walter J. Ong, Oralität und Literalität, Opladen 1987 (engl. Original 1982).
Leonard Bloomfield, Language, New York 1933.
Peter von Polenz, Deutsche Sprachgeschichte vom Spätmittelalter zur Gegenwart, Bd. 3 (19. und 20. Jahrhundert), Berlin 1994.
Wolfgang Raible, Orality and literacy, in: Schrift und Schriftlichkeit. Ein interdisziplinäres Handbuch internationaler Forschung, hg. von Hartmut Günther und O. Ludwig et al., Bd. 1, Berlin u. a. 1994, 1–17.

2. Bild

Jörg Trempler

Bildung ist ein Prozeß. Sie ist nicht angeboren, sondern sie wird vermittelt, gelehrt und gelernt. Ein gutes Beispiel dafür ist die Schrift, die nicht unmittelbar dem Menschen eigen ist, sondern durch Erziehung dem Menschen vom Menschen gegeben wird. Von Einzelfällen abgesehen, erlernt der Heranwachsende die Muttersprache in großer Selbstverständlichkeit. Erscheint die Sprache dem Menschen also in die Wiege gelegt, steckt die Schrift gewissermaßen in der Schultüte.

Könnte man nun das Sprechen analog zum Sehen begreifen, wäre dann gewissermaßen die Schrift analog zum Bild oder besser das Schreiben auf der Ebene vom Zeichnen oder Malen. Dieser etwas grobe Vergleich steht hier zu Beginn, um einen grundlegenden Unterschied zwischen Bild und Schrift aufzudecken: Das Schriftlesen wird heute institutionell gelehrt, das Bildverstehen erscheint dagegen als intuitiv. Wir können uns einen Schriftgelehrten vorstellen, der sich nicht mit Bildern befaßt. Wir können uns aber keinen Bildgelehrten als Analphabeten vorstellen. Zwar lernt jedes Kind zunächst Zeichnen und Malen, doch geschieht dies zumeist vor dem ersten Kontakt mit der Schule als klassischer Bildungseinrichtung. Erst mit dem Erlernen der Schrift erreicht der Mensch das Bildungsniveau, auf dem er sich alle anderen Bereiche aus Wissenschaft und Kultur erschließen kann. Auch über Bilder wird in der Regel diskutiert, sei es mündlich oder schriftlich, und schließlich ist dieser Text über Bild und Bildung das beste Beispiel, der selbstverständlich geschrieben ist.

Zwar freut sich der Nichtsprachkundige in fremden Ländern über bildliche Leitsysteme, doch hat diese Bildsprache relativ schnell ihr Ende. Niemand würde ernsthaft einen komplexen philosophischen Text, wie beispielsweise die »Kritik der reinen Vernunft«, in einen Comic-Strip übersetzen. In diesem Zusammenhang haben die Forschungen der letzten Jahre ein merkwürdiges Verhältnis aufgezeigt. Zwar ist gerade in den Wissenschaften der Einsatz und Gebrauch von Bildern seit jeher weit verbreitet, ihr Wert wird dagegen oftmals als gering eingeschätzt.

Diese Hierarchisierung der menschlichen Ausdrucksmittel zugunsten von Sprache und Schrift ist in der europäischen Kultur zutiefst verwurzelt, denn die klassische Bildung und namentlich die Kenntnis der Schriften Platons hat es dem Bildungsmittel Bild nachhaltig sehr schwer gemacht. Dies betrifft besonders die Stellen, in denen Platon ein Urbild-Abbild-Verhältnis zuungunsten der Bilder formuliert. In seiner Ideenlehre stellt er die realen Dinge als Schatten der Ideen dar. Um das Verhältnis der Dinge zu den Ideen zu charakterisieren, verwendet er neben ›Teilhabe‹ den Begriff des ›Abbilds‹. Jedes Einzelding in Raum und Zeit ist ein Abbild eines zugrunde liegenden Urbildes (*Timaios* 29a ff.). Da in diesen Fällen Bilder von Menschenhand nur auf Grund von Abbildern ohne Verbindung zu den Urbildern entstehen können, geht auf Platon auch eine Geringschätzung der Künstler zurück, da diese nur Bilder von Bildern schaffen, also ein Abbild zweiten Grades (*Politeia* 596e ff.).

Was der Philosoph vor mehr als 2000 Jahren formulierte, erscheint heute gewissermaßen als Naturgesetz. Den Zugriff auf die Welt bilden die Naturwissenschaften, und sie tun dies zumeist in einer Empirie von messen, wiegen, tasten oder fühlen. Im Mittelpunkt steht die Natur und ihre Veränderung und Wechselwirkung. Vor diesem Hintergrund können Bilder der Natur nur wenig helfen, da sie zwar modellhaften Charakter haben können, nie aber die Natur ersetzen könnten. Dieses Denkmodell verdrängt prinzipiell den Einsatz von Bildern, da der Zugriff auf die Welt prinzipiell auch ohne Visus buchstäblich zu begreifen, zu erklären und zu beschreiben wäre. Bilder – so das weitverbreitete Vorurteil – gehören nicht zu den harten Fakten. Doch ist das Gegenteil der Fall: Heute sind es besonders die Medizin und die Naturwissenschaften, die mit sog. bildgebenden Verfahren hervortreten. Ein klassisches Verfahren dieser Art ist das Röntgenbild. Solche Bilder liegen außerhalb des optischen sowie taktilen Bereiches, damit ist aber das Bild nicht mehr Abbild von etwas, das man auch ohne das Abbild betrachten könnte, sondern einzig und allein auf dem Bildweg zu betrachten. Genauso wie Schriftquellen in den historischen Wissenschaften oder Meßwerte, die als Grundlage der Naturwissenschaften dienen, einer beständigen Kritik unterzogen werden, gibt es heute im Bereich der Grundlagenforschung eine breite Bildkritik.

Der Mensch als homo depictor

Was in den Forschungslabors und Universitäten zum Allgemeinplatz geworden ist, setzt sich in der breiten Öffentlichkeit erst nach und nach durch. Ein äußeres Zeichen dafür ist, daß es zwar eine große Anzahl von Publikationen zur Geschichte der Schrift gibt, die Geschichte des Bildes ist dagegen erst in Ansätzen geschrieben. Die Bildforschung steht gemessen an der geleisteten Arbeit auf dem Gebiet von Sprache und Schrift noch am Anfang. Dies liegt auch daran, daß zunächst die Wertschätzung von Bildern grundsätzlich steigen muß. Es wäre jetzt sicher überzogen, Wittgensteins berühmtes Diktum pauschal auf Bilder zu übertragen und in diesem Sinne zu behaupten, daß die Grenze unserer Bilder auch die Grenze unserer Gedanken wäre, doch soll diese Übertragung andeuten, daß das »Bilden« und das »Darstellen« den Menschen grundsätzlich eigen ist. An dieser Stelle erscheint es mir sehr hilfreich, einem Gedanken von Ian Hacking zu folgen. Unter dem Titel »Representing and Intervening« erschien 1983 das Buch, in dem er vorschlägt, den Mensch nicht vor allem als ein »sprechendes«, sondern vielmehr als ein »darstellendes« Wesen zu betrachten. Dabei geht es Hacking nicht allein um Bilder, sondern allgemein um Darstellungen, die auch sprachlicher Art sein können. Er unterscheidet zwischen einfachen Sätzen wie »Der Computer steht vor mir auf dem Tisch« und komplexeren Sachverhalten, die über die Nennung einer einfachen Tatsache hinausgehen. »Man kann eine Reihe komplizierter Sätze zusammenfassen, um etwas darzustellen. Das entspricht auch unserer normalen Redeweise. […] Ein einzelner Satz wird im allgemeinen keine Darstellung sein. Eine Darstellung kann zwar etwas Sprachliches sein, doch eine sprachliche Darstellung wird eine große Anzahl sprachlicher Ausdrücke brauchen.« (Hakking, S. 225–226)

Diese Einsicht bringt Ian Hacking zu seiner Hauptthese, indem er den Menschen als einen »homo depictor« beschreibt. Schon diese Bezeichnung läßt vermuten, daß Hacking die Fähigkeit zur Darstellung als erste menschliche Eigenschaft einschätzt. In dem Abschnitt »Anfänge der Sprache« macht er sich geradezu lustig über diejenigen Theorien, die der Sprache eine lebensverbessernde Funktion zuweisen. Er will vielmehr, daß die Menschen die Sprache aus Langeweile erfunden haben, um sich abends beim Ausruhen Witze zu erzählen. »Dieses Märchen über den Ursprung der Sprache hat den großen Vorteil, daß die Sprache dabei als etwas Menschliches angesehen wird. Keine eingeborenen Tropenbewohner stehen im Mittelpunkt der Betrachtung, sondern schlicht der Mensch.« (Hacking, S. 228)

Die Pointe der Argumentation von Hacking ist, daß diese Art der Darstellung nicht allein etwas abbildet, sondern überhaupt erst die Relation hervorbringt, die zu einer Abbildtheorie führen kann. Er schreibt, daß diese Dinge »wahr« oder »real« erst werden können in einer Relation zu etwas Drittem, also daß der Mensch Darstellungen braucht, um über Wirklichkeit sprechen zu können. »Hier wird man einwenden«, so Hacking weiter, »die Realität oder die Welt sei schon dagewesen, ehe es irgendwelche Darstellungen oder eine menschliche Sprache gegeben habe. Natürlich. Aber daß man sie als Realität auf den Begriff bringt, ist ein zweiter Schritt. Zuerst ist da dieses menschliche Etwas, das Verfertigen von Darstellungen. Dann kommt das Urteilen, bestimmte Darstellungen seien etwas Reales oder Nichtreales, wahr oder falsch, getreu oder nicht getreu. Schließlich kommt auch die Welt, aber nicht als etwas Erstes, sondern als etwas Zweites, Drittes oder Viertes.« (Hacking, S. 229)

Oder mit anderen Worten: »Zuerst kommt die Ebenbildlichkeit und dann die Gleichheit mit Bezug auf dieses oder jenes. Zunächst kommt die Darstellung, und dann kommt das »Wirkliche«. »Als erstes gibt es das Darstellen, und sehr viel später werden Begriffe erzeugt, mit deren Hilfe wir diese oder jene Hinsicht beschreiben können, in der eine Ähnlichkeit vorliegt.« (Hacking, S. 233) Und demzufolge kann Hacking weiter schreiben: »Neue Theorien sind neue Darstellungen. Sie stellen in unterschiedlicher Weise dar, und daher gibt es neue Arten von Wirklichkeit. Soviel ergibt sich ohne weiteres aus meiner Erklärung der Realität als einer Eigenschaft einer Darstellung.« (Hacking, S. 234–235)

Hackings Thesen sind 1983 erschienen. Gewissermaßen eine Fortführung und Bestätigung finden sich in dem vielbeachteten Buch über Objektivität von Lorraine Daston und Peter Galison von 2007. Die Autoren konnten nachdrücklich zeigen, daß Objektivität nicht selbstverständlich ist, sondern sich auch verändern kann. Objektivität, so die These der Autoren, ist nicht a priori gegeben, sondern muß ebenfalls erlernt werden. Sie ist also nicht konstant, sondern dem Bildungsprozeß unterworfen. Indem das Bildungsmittel dieser Objektivität oftmals auch Bilder sind, kann der heutige Betrachter dieser Abläufe die Veränderung der Objektivität besonders gut auch in dem Wandel der Bildgeschichte ablesen. Der zeitliche Abstand ist für diese Methode aber unerläßlich, da die Zeitgenossen diesen Vorgang notwendigerweise nicht hinterfragen konnten. Sie hielten diese Bilder für einen Ausdruck der Realität und damit waren sie dies auch. Erst nachdem sich diese Realität gewandelt hat, sind wir als Analytiker überhaupt erst in der Lage, dies kritisch zu hinterfragen. Um diesen Sachverhalt zu veranschaulichen, können zwei Beispiele dienen. Die von Zeitgenossen vielbeschworene Realitätsnähe von Guckkastenbildern aus dem 18. Jahrhundert ist mit den Augen des frühen 21. Jahrhunderts kaum mehr nachzuvollziehen. Andererseits werden Fernsehbilder heute weitgehend als Abbildungen im Verhältnis 1:1 verstanden, also vermutlich so, wie seinerzeit die Guckkastenbilder.

So hatten sehr viele Fernsehzuschauer das Gefühl, sie hätten die Terrorangriffe vom 11. September 2001 selbst miterlebt, obwohl sie nur die Live-Übertragung von Fernsehbildern gesehen haben. Auch hier bleibt zu vermuten, daß Bildhistoriker in 200 Jahren darüber erstaunt sein dürften, daß zu Beginn des 21. Jahrhunderts Fernsehbilder mit dem dargestellten Ereignis selbst substituiert wurden.

Ein Ausdruck dieser Substitution von Bild und Ereignis zeigt sich darin, daß viele Betrachter der Fernsehbilder des Terrorangriffs vom 11. September 2001 geäußert haben, daß sie das Ereignis an Sequenzen aus Katastrophenfilmen erinnert. Es wurde oftmals die Verwunderung darüber geäußert, daß nun ein »reales« Ereignis wie im Kino aussah. Hier wird also eine Fiktion (Katastrophenfilm) mit einer Dokumentation (Fernsehbilder) verglichen. Der Bildhistoriker könnte diese Aussage jedoch umdrehen und behaupten, daß gerade weil es in einer Kultur eine Reihe von Katastrophenfilmen gab, die einen Stil geprägt haben, der zeigt, wie derartige Ereignisse aussehen könnten, werden diese Ereignisse dann auch in dieser Art und Weise dokumentiert. Es gibt unendlich viele verschiedene Möglichkeiten, ein Ereignis darzustellen und gemessen an der Anzahl von Fotos, die am 11. September 2001 in New York gemacht wurden, ist nur ein sehr kleiner Teil davon immer und immer wieder gezeigt worden.

An dieser Stelle wäre einzuwenden, daß sowohl Bilder in der Medizin und Physik als auch die zuletzt genannten Bilddokumentationen der Nachrichtensender im strengen Sinne nicht Gegenstände der Kunstgeschichte sind, da sie *nicht* vor dem Hintergrund der künstlerischen Gestaltung her betrachtet werden wollen. »Der Künstler«, so das berühmte Zitat von Paul Klee, »stellt nicht das Sichtbare dar, er macht sichtbar.« Das nicht einfach gemachte, sondern einzigartig und künstlerisch gemachte Bild steht im Zentrum des Interesses der Kunstgeschichte. Noch der größte Realismus wird auf Grund seiner künstlerischen Nachahmung der Natur geschätzt und verliert sich nicht in der Täuschung selbst. Es gibt zwar in der Malerei häufig einen Illusionismus oder die sog. Trompe-l'œil Effekte, diese leben aber von der Auflösung. Täuscht der Künstler die Wirklichkeit vor, so muß er diese Täuschung auflösen, um sich selbst als Künstler zu erkennen zu geben. Wenn derartige Bilder Gegenstand einer Wissenschaft sind, so heißt das Fach Kunstgeschichte.

Im Gegensatz dazu thematisierten sowohl Ian Hacking als auch Lorraine Daston und Peter Galison Bilder aus dem Bereich der Naturwissenschaft. Die genannten Fernsehbilder entstammen dem Bereich Bildnachricht. Hinter diesen Bildern seht kein Künstlername, sondern vielmehr der Glaube an Objektivität und Dokumentation. Hinterfragt man diese Bilder, dekonstruiert man gleichermaßen eine Idee von Wirklichkeitsrepräsentation. Wenn diese Bilder Gegenstand einer Wissenschaft sind, so heißt das Fach Wissenschaftsgeschichte. Doch ist in den letzten Jahren in der Bildforschung ein Prozeß in Gang gekommen, der das Bild als Bildungsmittel für den Zugriff auf die Welt grundsätzlich neu bewertet.

Von einer Metahistory zur einer Meta-Picture-History

Diese genannten Fächer sind über die gemeinsame Rezeption von Bildern näher zusammen, enger verbunden und reicher vernetzt als dies gemeinhin angenommen wird. Die Brücke, die zwischen den Disziplinen geschlagen werden kann, heißt Form und Gestalt. Haben wir auf der einen Seite die künstlerischen Bilder, so zeigt sich, daß auf der anderen Seite zwar keine künstlerischen, aber doch künstliche Bilder in Verwendung sind. Vor dem Hintergrund ihrer Künstlichkeit unterliegen sie aber ebenfalls den Gesetzen des Stils und des Stilwandels, wie sie die Kunstgeschichte für die Kunstwerke erarbeitet hat. Es ist Heinrich Wölfflins einfache Feststellung, daß nicht alles zu allen Zeiten möglich ist, die hier den Weg leitet. Hätte Vincent van Gogh beispielsweise seine berühmten Sonnenblumen nicht am Ende des 19. Jahrhunderts, sondern schon zu Beginn des 16. Jahrhunderts gemalt, wäre der Impressionismus nicht etwa der Renaissance gefolgt, sondern vermutlich hätte von diesem Werk wohl kaum jemand Notiz genommen. Ähnliches ist in den letzten Jahren in dem Bereich der technischen Bilder nachgewiesen worden. Auch Ideengeschichtler können ohne große Mühe wissenschaftliche Bilder auf Grund ihrer Machart datieren.

Die Verbindung dieser beiden Bereiche ist mutatis mutandis durch den amerikanischen Literaturwissenschaftler und Historiker Hayden White für seine Disziplinen vorgestellt worden. White vertritt in seinem vieldiskutierten Buch *Metahistory*, daß nicht allein die Literaturgeschichte sich mit der Dichtung beschäftigt, sondern auch die vermeintlich objektive

Geschichtsschreibung ihre Zeitstellung in der Geschichte nicht leugnen kann, sondern ebenfalls in Abhängigkeit zur Literaturgeschichte ihrer Zeit gesehen werden muß. In Anlehnung an Whites Thesen konnte Daniel Fulda 1996 mit seinem Buch »Wissenschaft aus Kunst« zeigen, wie die moderne deutsche Geschichtsschreibung zwischen 1760 und 1860 aus literarischen Vorstellungen entstand.

Beide Autoren befassen sich kein einziges Mal mit Bildern, sie haben aber der zukünftigen Bildforschung ein methodisches Handwerkzeug an die Hand gegen, wie wir in Zukunft eine Meta-Picture-History schreiben sollten. Auch Bilder sind ähnlich wie Geschichtsdarstellungen nie objektive Dokumentationen, sondern immer gebunden an den Stil ihrer Zeit. Bilder sind aus dieser Perspektive betrachtet nicht etwas Sekundäres oder »nur« Abbildendes, sondern das erste und vornehmste Bildungsmittel des *homo depictor*. Bis diese Erkenntnis zum allgemeinen Bildungsgut geworden ist, wird es allerdings noch etwas Zeit brauchen, da zum Teil sehr alte Vorurteile aufgegeben werden müssen. Doch hat dieser Bildungsprozeß längst begonnen.

Literatur:
Ian Hacking, Einführung in die Philosophie der Naturwissenschaften, Stuttgart 1996.

III.2. Lektüren

3. Zeitung
4. Schulbuch
5. Internet

3. Zeitung

Markus Eschenauer

»Frankfurts längster Lesesaal« lautete eine Beschriftung auf den U-Bahn-Wagen der Frankfurter Verkehrsgesellschaft. Abgebildet sind Personen verschiedener gesellschaftlicher Schichten, Berufe und Interessen. Lesen in Zügen, auf dem Weg zur Arbeit, zu Hause bedeutet für viele Menschen einen idealen Einstieg in den Tag – sei es als Pendler in den Arbeitsalltag oder auch in ein geruhsames Wochenende. Der Zeitung kommt eine besondere Rolle zu, sie strukturiert den Tagesablauf und ist, wie Hans Bohrmann es beschreibt, zu einer sozialen Institution geworden. Gewohnheit ist zwar nicht gleichbedeutend mit dem Prozess Bildung, doch sie erleichtert es, diesen zu durchlaufen. Dabei spielt es keine Rolle, welche Zeitung gelesen wird: Die Bedeutung für den Leser ist immer gleich. Allerdings hat es gelegentlich den Anschein, entgegen jenes berühmten und zugleich kühnen Werbeslogans der »Frankfurter Allgemeinen Zeitung« (FAZ) »Dahinter steckt immer ein kluger Kopf«, daß der ein oder andere lieber zu einer seriösen Tageszeitung greift, um sich einer positiveren Wirkung auf seine Mitmenschen sicher zu sein.

Die Zeitung ist ein Medium mit großer Vergangenheit. In der frühen Neuzeit entstanden, erlebten die regelmäßig gedruckten Nachrichtenblätter in der ersten Hälfte des 20. Jahrhunderts einen Boom. Doch egal welche Epoche, das Medium ist ein wichtiges Stück Zeitgeschichte, das gesellschaftliche, politische und kulturelle Entwicklungen widerspiegelt. Sowohl direkt, indem bestimmte Themen in Artikeln behandelt und diskutiert werden, als auch indirekt, da Zeitungen Systemen ausgesetzt sind. Die Arisierung im Zuge des Nationalsozialismus etwa trug ebenso zu einer Ausdünnung der Medienlandschaft bei (Hugenberg-Konzern, Amann-Verlag) wie die propagandistischen Blätter der SED (»Neues Deutschland«). Dieses historische Wissen muss die Zeitung sich heute zunutze machen, um die Zukunft zu beeinflussen, indem sie Menschen informiert, aufklärt, Skandale aufdeckt und als vierte Säule der Demokratie für Gerechtigkeit kämpft. Doch ist dieser Anspruch gleichzusetzen mit Bildung? Abgesehen davon, daß Zeitung zu machen ein schöpferischer Akt ist, in gewisser Weise eine bildende Kunst, vermittelt die Berichterstattung empirisches Wissen und vervollständigt die eigene Persönlichkeit. Daran ändert auch nur wenig, daß die Zeitungswelt stärker denn je geprägt ist von ökonomischen Vorgaben, Konzentrationsprozessen sowie einer scheinbaren Spektakularisierung.

Ist Zeitung auf Grund ihrer Popularität mit Bildung gleichzusetzen? Muß der gebildete Mensch Zeitung lesen oder anders ausgedrückt, ist derjenige, der keine Zeitung studiert, ungebildet? Selbst wenn er Zeitung liest, welche ist die richtige, um gerade noch als gebildet zu gelten oder schon der Unbildung verfallen zu sein? Zu einer ersten Bestätigung des Bildungsanspruchs läßt sich sagen: Lesen bildet. Oder wie es in Anlehnung an Zigarettenwarnhinweise heißt: »Lesen gefährdet die Dummheit!« Lesen ist ein kognitiver Prozess. Mit Sprache festgehaltene Gedanken zu verstehen, einzuordnen und anzuwenden ist anstrengend. Denn Denken strengt an, wird aber mit stetiger Übung leichter. Zeitung ist dafür ein guter Trainingsplatz. Eine passive Berieselung kann das nicht leisten – ebensowenig ein »Hetzen«

von Information zu Information. Denn die Motivation ist eine andere, das bewusste Einlassen auf die Sache fehlt.

Die Entwicklung des Internets ist rasant vorangeschritten. Google mal schnell! Was steht in Wikipedia dazu? Derjenige hat sicherlich eine Seite bei Facebook. Das World Wide Web mit seiner schier unerschöpflichen Fülle an Wissen ist heute erste und schnellste Möglichkeit, Informationen zu erhalten – und das auf allen Gebieten. Geordnet sind diese jedoch nicht, auf Wahrheit geprüft oder mit Quellen belegt häufig schon gar nicht. Und obwohl das Internet die Zeitung als Informationsquelle überholt hat, glaubwürdiger ist es deshalb nicht. Bei widersprüchlicher Berichterstattung vertrauen die meisten Menschen der Tageszeitung. Der Wissenschaftsautor Nicholas Carr macht in seinem Buch »Wer bin ich, wenn ich online bin ... und was macht mein Gehirn solange?« einen weiteren Nachteil des neuen Mediums deutlich. Informationen passieren das Kurzzeitgedächtnis zu schnell und gelangen nicht ins Langzeitgedächtnis. Als Folge davon bleibe das Denken, Wissen und Verstehen seicht und erreiche keine Tiefe. Beim Lesen einer Zeitung passiert das nicht.

Schnell und kostengünstig erworben, ist das gedruckte Medium deshalb auch im technologischen Zeitalter immer noch eine komfortable und nachhaltige Informationsquelle: einfach zu transportieren, mehrfach zu verwenden und ganz leicht zu bedienen. Wie sich die Entwicklung elektronischer Lesegeräte auf das Verhalten der Nutzer auswirken wird, muß sich erst zeigen. Klar ist: Die Bedeutung von Smartphone, Tablet-Computer oder E-Reader steigt. Zeitungshäuser stellen Nachrichten deshalb ins Netz, twittern, bloggen und diskutieren in sozialen Netzwerken – als Erweiterung des gedruckten Angebots, nicht als Ersatz. Auf die Frage, ob mit der stärkeren Nutzung des Internets das Ende der Tageszeitungen naht, antwortete Carlo Imboden, Erfinder der Readerscan-Analyse, gegenüber dem Medium Magazin: »Nein! Das Überraschende: Es ist kein Substitutionswettbewerb, der da stattfindet. Genau das Gegenteil ist der Fall! Je mehr jemand Nachrichten online konsumiert, desto mehr nutzt diese Person auch Nachrichten in der Zeitung.«

Während der Leser die Neuigkeiten aus dem Internet erhält, erwartet er in der Zeitung umfassende Hintergrundberichte, Analysen und Kommentare – und das ansprechend aufgemacht. Mit bunten Bildern die Augen der Betrachter auf den Bildschirm zu ziehen, ist Ziel der Fernsehanstalten (»Mittendrin statt nur dabei«), und im Internet blinkt, leuchtet und glitzert es auf vielen Seiten wie auf einem Rummelplatz. Doch auch die Optik der Zeitungen hat sich in den vergangenen Jahren verändert: Große, farbige Bilder oder Freisteller lassen das Erscheinungsbild ansprechender und realitätsnäher wirken. »Bildung kommt von Bilder« lautet die Überschrift eines Werbeplakates für die Bedeutung des Kinos für die Bildung. Ist das auch der Gedanke der Zeitungen? Keinesfalls, denn die Art der Gestaltung, der Magazin-Look, hat zwei wichtige Ziele: Sie soll Leser in die Texte hineinziehen, und mit optischen Hinguckern, zusätzlichen Informationskästen, ausgelagerten Zitaten und Zeitleisten erfolgt zudem die Aufarbeitung eines Themas auf möglichst vielen Ebenen – und schafft einen umfassenden Wissensblock.

Boulevardzeitungen setzen seit jeher auf ungewöhnliche Bebilderung und reißerisch-plakative Überschriften, gepaart mit einem Sprachstil, der bis auf ein Minimum reduziert wurde. Doch spielt diese schlichte Darstellung eine Rolle bei der Frage nach dem Bildungscharakter einer Zeitung? Die Zeitung – egal welche – läßt den Leser teilhaben an Geschehnissen in unterschiedlichen Ressorts: Sport, Politik, Wirtschaft, Lokales oder Feuilleton. Dabei haben viele Meldungen keinen praktischen Nutzen für den Leser. Börsennachrichten sind lediglich für Aktieninhaber unterhaltsam, Ergebnisse in Randsportarten interessieren die, die sie ausüben, und Berichte über die Unterbekleidung von Britney Spears oder die todesmutige Flucht eines bekannten deutschen Poptitanen merken sich diejenigen, die beim Bier in der Kneipe Freunden eine total verrückte »Hast du das schon gehört«-Geschichte erzählen wollen.

»Wissen um des Wissens willen« propagierte Wilhelm von Humboldt (1767–1835). Ein Slogan, der heute höchstens noch bei Studentenprotesten aufgriffen wird. Zeitungen setzen diesen Anspruch jedoch um und geben ihn weiter. Die aufbereiteten Nachrichten aktualisieren das Wissen des Lesers, der sich dann als Konsequenz eine Meinung bilden kann (»Bild Dir Deine Meinung!«). Dabei gewährleistet eine durch Pressefreiheit konstituierte Verbreitung von Informationen eine Diskussionsgrundlage, die in sozialistischen, kommunistischen oder diktatorisch regierten Ländern nicht gegeben ist.

Unterschiedliche Zeitungen – unterschiedliche Meinungen. Der Leser muß sich entscheiden. Zudem ist das in den einzelnen Texten vermittelte Wissen ebenfalls eine Auswahl. Auch der Journalist oder Redakteur trifft eine Entscheidung. Mehr noch als der Adressat bildet sich deshalb der Verfasser der Artikel durch seine Recherche weiter. Dem Leser wird nur noch ein Resümee präsentiert – der Schlußpunkt eines Entstehungsprozesses. Er muß darauf vertrauen können, daß der Schreiber sein Handwerk versteht. Durch die Vielzahl an gebündelten Informationen bietet die Zeitung einen Einstieg in unterschiedliche Themengebiete. Damit ist sie nicht nur mehr nur als Quelle von Bildung anzusehen, sondern auch als Anreiz für zusätzliche Bildung.

Kaum ein Leser liest die gesamte Zeitung. Nach Interessen wird automatisch selektiert. »Nicht, was wir nicht wissen, interessiert uns am meisten, sondern was uns betrifft« (Peter Hohl, deutscher Journalist, geb. 1941), bestimmt besonders das Leseverhalten der lokalen Leserschaft. So auch »[galt] der erste Blick eines Wiener Durchschnittsbürgers in die Zeitung allmorgendlich nicht den Diskussionen im Parlament oder Weltgeschehnissen, sondern dem Repertoire des Theaters, das eine für andere Städte kaum begreifliche Wichtigkeit im öffentlichen Leben einnahm« (Stefan Zweig, »Die Welt von Gestern«).

Dem Lokalteil einer Tageszeitung kommt eine weitere bedeutende Aufgabe zu. Vorankündigungen, Veranstaltungstips, Vereinsaktivitäten und Lokalpolitik begünstigen eine Sozialisierung der Leserschaft und somit eine Eingliederung in das gesellschaftliche Leben. Der Kaninchenzuchtverein wird immer als Beispiel »besonderer« journalistischer Arbeit angesehen, doch die Bedeutung für die Betroffenen ist nicht zu unterschätzen. Zeitung rückt nämlich aus einem Bereich der Internationalität heraus, hin zu einer Informationsquelle für die eigenen Lebenssphären. Zwar erfüllen auch hier die Nachrichten oftmals keinen direkten praktischen Zweck, können aber als eine Form von Heimatkunde eingeordnet werden. Mit der Tageszeitung nimmt der Leser an dem kulturellen und gesellschaftlichen Leben seiner Region teil. Es findet eine Integration statt. Das erreichen zwar auch die zahlreichen kostenlosen Mitteilungsblätter, mit denen die Zeitung konkurrieren muß. Aber eine unstrukturierte Abbildung eines Geschehens ist nicht zu vergleichen mit der hintergründigen und einordnenden Berichterstattung eines Redakteurs – nur das schafft auch Diskussion und Dialog. Und gerade im Lokalen besteht die Möglichkeit, über Inhalte exklusiv zu berichten und Themen zu vermitteln, über die man spricht.

Eines ist immer unumgänglich: Nur eine qualitativ hochwertige Berichterstattung gewährleistet, daß sich die Zeitung in der Gesellschaft weiterhin unerlässlich macht. Das Medium fordert gut recherchierte Themen und Informationen. Auf Unbildung trifft man überall, weshalb die Zeitung zu einer Bastion der Bildung werden kann. Mit Stilsicherheit müssen ausgebildete Redakteure ihre Festung der guten Sprache verteidigen. Ökonomische Gründe führen im Zeitungswesen zu Rationalisierungen. Abnehmende Abonnentenzahlen und ein schwankender Anzeigenmarkt erfordern ein Umdenken. Trotzdem: Die Vermittlung von interessanten Inhalten in sprachlich hochwertiger und verständlicher Form muß oberste Prämisse bleiben. Unterschiedliche Stilformen (Kommentar, Glosse, Interview, Feature etc.) bringen zusätzlich Spannung ins Alltägliche. Größte Leistung, wenngleich größte Herausforderung eines journalistisch Schreibenden ist die Reportage. Ohne Rechtfertigung, Wertung oder Befangenheit füllt sie karge Informationen mit Leben, malt die Konturen alltäglicher Tatsachen mit der Farbe des Besonderen aus. Denn, um es mit den Worten des »rasenden Reporters« Egon Erwin Kisch zu sagen, »[ist] [n]ichts […] verblüffender als die Wahrheit, nichts […] exotischer als unsere Umwelt, nichts […] phantasievoller als die Sachlichkeit«.

Zeitung hat die Jahrhunderte überdauert, sich sowohl gegen Radio als auch Fernsehen erfolgreich geschlagen. Auch neue Medien und Verbreitungswege werden die gedruckten Nachrichten vorerst nicht verdrängen können. Vorausgesetzt, die Zeitung besinnt sich auf das, was sie am besten kann: Inhalte aktuell und gut aufbereitet zu präsentieren. Zehn Thesen trug Bernd Ziesemer, damaliger Chefredakteur des »Handelsblatts«, beim Kölner Tag des Wirtschaftsjournalismus 2009 vor. Unter neuntens bezieht er sich auf die Kommunikationsprofessorin Miriam Meckel, die zur Zeitungskrise in der FAZ sinngemäß schrieb: Je schlechter wir uns selbst machen in den Zeitungen, je mehr wir vor dem Internet und angeblichem Bürgerjournalismus ohne Journalisten auf dem Bauch kriechen, umso schneller machen wir uns selbst überflüssig. Gelungene Zeitungsartikel seien »Meisterstücke, Ergebnisse von Individualität, Kreativität und den richtigen verlegerischen Investitionen in Köpfe, die das können […]«.

Übrigens – und das wird das Internet nie können: Wenn die Zeitung fertig gelesen ist, kann sie immer noch die Einlage für die grüne Tonne bilden oder aber als Unterlage genutzt werden, um den Boden beim Streichen vor Farbresten zu schützen. Dann sind jedoch die Boulevardzeitungen am besten geeignet, denn bei ihnen kann man auch auf einer Leiter stehend die Überschriften noch deutlich erkennen.

Literatur:

Nicholas Carr, Wer bin ich, wenn ich online bin ... und was macht mein Gehirn solange? Wie das Internet unser Denken verändert, München 2010

Otfried Jarren, Gerd. G. Kopper, Gabriele Toepser-Ziegert (Hgg.), Zeitung. Medium mit Vergangenheit und Zukunft. Eine Bestandsaufnahme. Festschrift aus Anlaß des 60. Geburtstags von Hans Bohrmann, München 2000.

Egon Erwin Kisch, Der rasende Reporter, Berlin 1990.

Carlo Imboden, Der Leser ist brutal!, in: Medium Magazin, Nr. 1+2 (2009), 44 ff.

Stefan Zweig, Die Welt von Gestern. Erinnerungen eines Europäers, Frankfurt am Main 2006.

4. Schulbuch

Hartmut Günther und Désirée-Kathrin Gaebert

Stand der Forschung

Jeder, der diesen Artikel liest, weiß, was ein Schulbuch ist. Man kennt es noch aus eigener Schulerfahrung, erinnert sich an einzelne Bilder oder den Umschlag, hat vielleicht noch ein Erinnerungsstück im Regal. Deshalb ist es überraschend, daß der klassische Einstieg für einen Handbuchartikel Schulbuch uns nicht zur Verfügung steht, denn es gibt keine auch nur geraffte wissenschaftliche Darstellung zur Geschichte des Schulbuchs. Das war insofern nicht zu erwarten, als man durchaus auf eine lange Tradition von Schulbüchern zurückblicken kann. So verweist Wiater (2005) schon auf sumerische Tontafeln und altägyptische Papyri, mit deren Hilfe das Lesen und Schreiben gelernt wurde, Abecedarien in lateinischer Zeit; aus späterer Zeit kommen Fibeln in den Sinn, der Katechismus und natürlich die Grammatik, und bei entsprechenden Kenntnissen erinnert man sich an Comenius und seinen *Orbis pictus* – genug Material gäbe es also. Aber trotz dieser Tradition ist das Schulbuch erst in jüngster Zeit überhaupt zum Gegenstand wissenschaftlicher Forschung geworden, vgl. z. B. Bamberger (1995) oder Wiater (2003); zu erwähnen ist auch das 1975 (!) gegründete Georg-Eckert-Institut für Schulbuchforschung in Göttingen.

Didaktische Reduktion im Schulbuch

Als *Schulbuch* bezeichnet man ein Lehr- und Arbeitsbuch für den Schulunterricht. Heutzutage gehören zum eigentlichen Schulbuch Arbeitshefte für die Hausarbeit des Schülers sowie ein Lehrerband, in dem die fachlichen, fachdidaktischen und methodischen Grundlagen des Buches erläutert und die einzelnen Kapitel und ihre Aufgabenstellungen im Detail erläutert werden. Weil Schulunterricht an gesellschaftliche Vorgaben gebunden ist, gilt dies auch für Schulbücher: Die Lehrpläne bestimmen, welche Unterrichtsinhalte behandelt werden müssen; sie orientieren sich am Fachwissen, an der Fachdidaktik und an den fachspezifischen Methoden und geben die Rahmenbedingungen für Schulbücher vor (s. u. Zf. 5). Für Schulbuchautoren stellt sich also die Aufgabe, vorgegebene Unterrichtsinhalte so zu organisieren und zu präsentieren, daß Lehrkräfte mit Hilfe des Schulbuchs Kindern und Jugendlichen im schulischen Kontext diese Inhalte vermitteln können. Zentral ist dabei der Prozeß der Elementarisierung (Matthes/Heinze 2007): Welche Bereiche des Lerngegenstands sind in dem Sinne elementar, daß sie die wesentlichen Aspekte des behandelten Gegenstands umfassen, und gleichzeitig in dem Sinne, daß sie von Kindern im Zusammenhang sowohl mit schon vorhandenem als auch im Hinblick auf später zu erwerbendes Wissen optimal angeeignet werden können? Ein spezielles Merkmal des Schulbuchs ist deshalb

die zielgruppenspezifische Organisation des dargebotenen Unterrichtsstoffs, diese hat drei Dimensionen:
- *Quantitative Dimension:* Aus der Stoffmenge muß eine begründete Auswahl getroffen werden.
- *Qualitative Dimension:* Der komplexe Gegenstand muß so präsentiert werden, daß er von den Schülern angeeignet werden kann.
- *Zielgruppenspezifik:* Der Stoff muß dem Niveau der Lerngruppe angemessen sein (Alter, Vorkenntnisse, Lernstil, Lernkultur …).

Die *communis opinio* hält die Vereinfachung für das Mittel der Wahl: Da die komplexe Wirklichkeit den Erfahrungs- und Wissenshorizont des Kindes übersteige, müsse das zu vermittelnde Wissen vereinfacht oder gar simplifiziert werden. In Absetzung von dieser Vorstellung spricht man in der Pädagogik in einer auf Grüner (1967) zurückgehenden Redeweise von didaktischer Reduktion. Der Begriff umfaßt die Prinzipien der fachlichen Richtigkeit, Angemessenheit und Ausbaufähigkeit. Das bedeutet, daß der im Schulbuch dargebotene Stoff weder dem Stand der Forschung noch dem aktuellen Wissen der Schüler widersprechen darf, dem Kenntnisstand und Lernvermögen der Schüler entsprechen muß und keine Konzeptionalisierungen anbieten darf, die später verworfen werden müssen. In allen genannten Dimensionen kann didaktische Reduktion im Schulbuch zu schwerwiegenden Problemen führen:
- durch unzureichende oder falsche Reduktion (also stoffliche Überfrachtung oder Auswahl nichtzentraler Inhalte, etwa auf Grund bestimmter Bildungstraditionen),
- durch scheinbar kindgerechte, aber sinnentstellende Simplifizierungen, die in späteren Lernphasen korrigiert werden müssen,
- durch falschen Adressatenbezug (etwa kindliche Texte für erwachsene Analphabeten)

Einige Beispiele:
- Die typische Schulgrammatik des 19. und 20. Jahrhunderts stellt sich dar als eine Reduktion zwei- und mehrbändiger wissenschaftlicher Grammatiken auf ein Kurzformat, in dem alle behandelten Punkte aufgegriffen und auf eine Menge von Regeln mit Beispielsätzen reduziert werden, deren Zusammenhang nicht weiter erläutert wird und aus denen der Sinn des Lernstoffes nicht hervorgeht. So heißt es in einer Schulgrammatik des 19. Jahrhunderts »Bei *durch, für, ohne, um,* auch *sonder, gegen, wider,* schreib stets den Akkusativ und nie den Dativ nieder« (vgl. Günther 2010, 121) – im Unterricht wurden solche Sätze auswendig gelernt und abgefragt, das Konzept »Kasus« nicht weiter erklärt.
- In den meisten Sprachbüchern wird die Substantivgroßschreibung im Deutschen anhand des semantischen Konzepts »Menschen, Tiere, Sachen« mit der Begründung eingeführt, daß die solche Wörter prototypische, den Kindern vertraute Substantive seien, die Einführung einer grammatischen Kategorie »Substantiv« dagegen den Verständnishorizont vieler Kinder in der zweiten Klasse deutlich übersteige. Aber diese Erklärung führt in eine Sackgasse: Die Großschreibung der Substantive im Deutschen ist grammatisch, nicht semantisch bestimmt (für eine systematische Darstellung dieses seit dem 17. Jahrhundert bekannten Sachverhalts vgl. Günther/Gaebert im Druck), und so muß spätestens bei Nominalisierungen, die auch in kindlicher Sprache gang und gäbe sind (wie etwa im Satz *Beim Schwimmen habe ich mich verletzt*), der semantische Ansatz grundsätzlich revidiert werden. Aus lerntheoretischen Gründen ist aber die Korrektur eines einmal gelernten Prinzips grundsätzlich negativ zu bewerten, weil sie gerade schwache Lerner besonders behindert.
- Im Fachunterricht Biologie stellt sich die Aufgabe, komplexes Wissen in einer angemessenen Fachsprache darzustellen. Die naturwissenschaftliche Fachsprache zeichnet sich vor allem durch ihre sprachliche Dichte aus, die jedoch nicht als Lernhindernis, sondern für die Rezeption und Produktion der Fachsprache als Zielkompetenz gewertet werden muß, da sie der zu vermittelnden Sache angemessen ist (vgl. Gaebert/Bannwarth 2010). In diesem Zusammenhang ist das Konzept des sprachsensiblen Fachunterrichts entwickelt worden (vgl. Leisen 2010). Didaktische Reduktion im Schulbuch betrifft ganz wesentlich auch die Einführung der relevanten Fachsprache. In Schulbüchern für naturwissenschaftliche Fächer sind deshalb bestimmte sprachliche Verfahrensweisen zu problematisieren, z. B. die (sprachliche) Unterstellung von Finalität: *Die Pflanze blüht, um sich fortzupflanzen.* Richtig wäre: *Die Pflanze blüht und pflanzt sich hierdurch fort.* Würde sie das nicht,

wäre sie gar nicht erst entstanden oder ausgestorben.
- Bei der Behandlung des Eichhörnchens im Biologiebuch »Prisma« (Biologie Prisma 5/6, S. 174) wird der fettgedruckte Fachbegriff *Winterruhe* nicht von dem notwendigerweise zu erläuternden Fachbegriff *Winterschlaf* abgegrenzt. Die Zeichnungen auf der Schulbuchseite sind so vereinfacht, daß die im Fließtext aufgeführten Merkmale (Schneidezähne, Nagezähne, Zahnlücke) fehlen und »von Eichhörnchen bearbeitete Nüsse« nicht genauer bestimmt werden. Insgesamt ist die Schulbuchseite so stark reduziert, daß die Abbildungen unklar sind, Systematik nicht erkennbar ist und Anknüpfungspunkte für weiterführende Gespräche fehlen. Erstaunlicherweise weist die entsprechende Doppelseite für das Gymnasium genau diese Eigenschaften auf (Bioskop 5. Klasse, S. 186–187). Das Buch für die nicht gymnasialen Schulformen enthält nebeneinander inhaltliche Unterforderung und anspruchsvolle fachsprachliche Konstruktionen und hinterläßt unbefriedigte (kindliche) Neugier. Naturwissenschaftliches Denken sowie die fachtypischen Arbeitsweisen (Versuche planen, Protokolle führen, Hypothesen aufstellen) werden mit solchem Material nicht angeleitet. Ausdrücklich sei betont, daß Beispiele wie dieses sich in allen anderen konsultierten Biologiebüchern (und Schulbüchern anderer Fächer) in großer Zahl finden lassen.

Schulbuchtypologie

Schulbücher lassen sich unter verschiedenen Gesichtspunkten klassifizieren. Am naheliegendsten ist es, vom Gegenstand oder dem Fach auszugehen, für den das jeweilige Schulbuch gedacht ist – Biologie-, Mathematik-, Erdkundebuch usw. Neben das Schulbuch, das das Wissen in schülerangemessener Form erklärend darbieten soll, treten Zusammenstellungen von Inhalten wie in Erdkunde der Atlas, in Mathematik Tafelwerke, in Religion Texte wie die Bibel, in Musik Liederbücher, in den Sprachen Wörterbuch und Grammatik usw. Die meisten davon sind ebenfalls für den Schulgebrauch konzipiert (Schulgrammatik, -atlas etc.). Das Schulbuch stellt in den meisten Fällen das curricular orientierte Zentralwerk dar, dem die anderen Materialien für sporadischen Gebrauch zugeordnet sind; für den Englischunterricht etwa gibt es ein Buch für die 5., 6., 7. Klasse, aber nur eine englische (Schul-)Grammatik und nur ein englisches (Schul-)Wörterbuch.

Von der Intention her lassen sich Schulbücher danach klassifizieren, inwieweit sie eher unterrichtsleitend oder unterrichtsbegleitend sind; die Grenze zwischen diesen Typen ist nicht sehr trennscharf. Die Herausgeber neuerer Schulbücher streben dabei an, das Werk so zu gestalten, daß es sowohl strikt curricular, d. h. Kapitel für Kapitel, als auch in freier bzw. offener Form verwendet werden kann.

Ein weiterer Gesichtspunkt ist die unterschiedliche Organisation des Schulbuches. Die meisten Schulbücher der Vergangenheit sind systematisch aufgebaut, d.h. nach fachlichen Kategorien organisiert. Das typische systematische Sprachbuch (z. B. »Unsere Muttersprache«, Rutt 1947) etwa ist nach der Vorgabe der traditionellen Grammatik systematisch nach Wortarten gegliedert – 1. Kapitel: *Das Verb*, 2. Kapitel: *Das Substantiv* usw.; die Übungen stehen in keinem thematischen Zusammenhang. Dagegen sind alle neueren Werke nach außersprachlichen Inhalten organisiert, vgl. z. B. das Duden Sprachbuch für die 2. Klasse – 1. Kapitel *Das ABC*, 2. Kapitel *Ich und die anderen*, 3. Kapitel *Herbst*, 4. Kapitel *Gespenster* usw. In diesem schon in der Reformpädagogik entwickelten Konzept wird versucht, fachliche Themen wie z. B. Textformen, Wortschatz, mündliche Sprachtätigkeit mit dem Sachinhalt des Kapitels (Herbst, Gespenster etc.) in einen Zusammenhang zu bringen, was freilich insbesondere für die Bereiche Rechtschreibung und Grammatik in der Regel eher zwanghaft wirkt und meist auf das Beispielmaterial beschränkt bleibt.

Das heutige Biologiebuch befindet sich wie das integrierte Deutschbuch in einem Spannungsfeld zwischen »einerseits vorgestaltend, aber dennoch andererseits flexibel organisierend« (Thielking 2004, 195) und läßt dabei eine individuelle Nutzung zu, weil die Einheiten unabhängig voneinander sind und nicht aufeinander aufbauen, d. h. es gibt kein lineares Leitfadenprinzip und keine zwingende Reihenfolge; zudem sind die angebotenen Übungen nicht als vollständig abzuarbeitender Stoff, sondern als ein (Über-)Angebot mit Auswahlmöglichkeit gedacht. Die in einem »additiv reihenden Sammlungsverfahren« (Thielking 2004, 194) organisierten Kapitel verschleiern dabei häufig eine systematische Betrachtung. Zusammenhänge zwischen den Kapiteln/Unterrichtsreihen sollen zwar durch die vorgegebenen

Aufgaben hergestellt werden, eine interne Verweisstruktur fehlt aber in der Regel.

Eine weitere typologische Unterscheidung zwischen Schulbüchern betrifft den Lerner: Schulbücher wie Fibeln oder mathematische Anfangswerke führen in einen Gegenstandsbereich ein und vermitteln in erster Linie eine Fähigkeit (Lesen, Schreiben, Rechnen); andere Schulbücher wie z. B. Biologie-, Chemie- oder Erdkundebücher vermitteln in erster Linie Fachwissen und fachliche Arbeitsweisen (vgl. Aufdermauer/Hesse 2006a). Dieser Unterschied ist besonders bei den jeweils ersten Schulbüchern von Bedeutung: Biologiebücher etwa können überhaupt erst dann eingesetzt werden, wenn die Basisfähigkeit Lesen beherrscht wird. Die Unterscheidung deckt sich nicht mit der Unterscheidung von Büchern für den Anfang in einem Fach (engl. *primer*) und den fortführenden Werken; nach der Fibel soll etwa mit Hilfe des Sprachbuchs die Fähigkeit der Textproduktion erworben werden.

Die vorstehenden Überlegungen erlauben es, skizzenhaft die Entwicklung des Schulbuchs anzudeuten. Am Anfang stehen Materialien zum Erlernen des Lesens (Abschreiblisten, Abecedarien, Fibeln), sie bleiben lange Zeit die einzigen Schulbücher, ergänzt durch die zu lesenden kanonischen Texte (Bibel, Katechismus). In der mittelalterlichen Zeit sind sie zudem Lernmittel, mit denen das Lesen des Lateinischen, nicht der Muttersprache, erworben werden soll. Deshalb gehört zu den Abecedarien die Grammatik des Lateinischen – denn Fachliteratur, selbst einführender Art, ist auf Lateinisch geschrieben. Der *Orbis Pictus* von Comenius in der Mitte des 17. Jahrhunderts ist in der Tat der erste Versuch eines Schulbuchs als Sachbuch, und es ist kein Zufall, daß Comenius auf dem Gebrauch der Muttersprache besteht. Auch im 19. Jahrhundert stellen zunächst diese für den elementaren Deutschunterricht gedachten Schulbücher (Fibeln und Lesebücher) das Gros der Materialien dar, im Gymnasium ergänzt um für den Lateinunterricht benötigte Werke (Schulbuch, Grammatik, Texte). Erst die Entwicklung eher gewerblich-praktischer Schulen (Realschulen, Mädchenschulen etc.) führte zur Ausdifferenzierung und zum Entstehen anderer Schulbuchtypen.

Produzenten, Nutzer, Bewertung

Die Bedingungen der Produktion von Schulbüchern sind bisher ebensowenig Gegenstand umfangreicher wissenschaftlicher Forschung gewesen wie die effektive Nutzung von Schulbüchern im Unterricht. Die folgenden Passagen sind deshalb eher tentativ und spiegeln eigene Erfahrungen der Autoren dieses Artikels wider.

Schulbücher werden in den meisten Ländern kommerziell durch in der Regel auf den Didaktikbereich konzentrierte Verlage produziert. Dabei ist der Markt außerordentlich umkämpft; wenige Verlage mit Tradition in diesem Bereich halten den größten Marktanteil. In der Branche unterscheidet man dabei zwischen Vor- und Nachmittagsmarkt. Materialien für den Vormittagsmarkt sind gedacht für den Gebrauch im Unterricht und unterliegen den Zulassungsbedingungen der Bundesländer (s. u. Zf. 5). Der Nachmittagsmarkt mit Ratgebern, Übungsheften, Rechtschreibtrainern, Kompendien, Grammatiken, Lernsoftware usw. ist kaum überschaubar und reicht von Billigangeboten in Supermarktketten bis zu (bisweilen) anspruchsvollen Diagnose- und Fördermaterialien spezialisierter Verlage und Institutionen. Dabei ist die Grenze mittlerweile durchaus fließend geworden, da zum einen Ergänzungsmaterialien zu Schulbüchern wie Arbeitshefte, Übungsblätter etc. nicht der Zulassung bedürfen, zum anderen bestimmte Materialien wie z. B. Rechtschreibtrainer vor allem als Kopiervorlagen auch ohne Zulassung in Schulen und als Schulbücher verwendet werden.

Typischerweise sondiert der produzierende Verlag zunächst den Markt und die Zulassungsbedingungen – neue Schulbücher (oder Neuauflagen) kommen insbesondere nach Lehrplanänderungen in den Handel. Bei der Produktion arbeiten in der Regel Mitarbeiter des Verlags (Redakteure) mit Teams zusammen, die aus Praktikern aus der Schule bestehen, dazu kommt gegebenenfalls ein Wissenschaftler als Herausgeber. Die Produktionszeit eines neuen Lehrwerks beansprucht von der Erarbeitung der Konzeption bis zum Erscheinen (einschließlich der Zulassungsprozedur) in der Regel mindestens 4 Jahre; handelt es sich um eine Reihe für mehre Schuljahre, verkürzt sich die Zeit für die späteren Bände. Eine Beteiligung von Praktikern außerhalb des Teams, also den späteren Nutzern (Lehrern, Schülern), findet in der Regel nur in punktuellen Erprobungen einzelner Kapitel oder Aufgabentypen statt. Das erarbeitende Team ist mehr oder weniger ausschließlich mit der Ausarbeitung der fachlich-didaktischen Inhalte befaßt; andere Aspekte wie z. B. Layout, Preis, Vertrieb werden ausschließlich vom Verlag geregelt.

Über die Art und Weise, wie Schulbücher im Unterricht verwendet werden, ist noch weniger bekannt. Das Fehlen empirischer Unterrichtsforschung in Deutschland macht sich auch hier bemerkbar. Wenige, impressionistische Daten scheinen aber zu belegen, daß die meisten Lehrkräfte auf Schulbücher in ihrem Unterricht nicht verzichten und sie vielfach auch unterrichtsleitend einsetzen. Über den Umgang der weitaus größten Nutzergruppe mit Schulbüchern, der Schülerinnen und Schüler, weiß man so gut wie gar nichts; Ansätze wie Aufdermauer/Hesse (2006b) sind Mangelware.

Schon auf die Auswahl von Schulbüchern haben die unmittelbar Betroffenen, also die Schülerinnen und Schüler sowie ihre Eltern, keinen Einfluß; selbst Lehrkräfte können in der Regel nur auf Grund eigener Inspektion eine Wahl treffen. Eine inhaltliche Mitwirkung oder auch nur Bewertung von Schulbüchern durch die Nutzer findet kaum statt; der einzige relevante Faktor sind die Verkaufszahlen. Auch »wissenschaftlich begründete Analysen zu den verschiedenen Produkten sind für neuere Sprachunterrichtswerke selten« (Pfaff 2003, 663); dies gilt auch für Schulbücher anderer Fächer. Angesichts des Fehlens von empirischer Wirkungsforschung sollte aber zumindest eine Schreibtischevaluation nach systematischen Kriterien möglich sein. Eine durchaus lebhafte wissenschaftliche Diskussion über die Erarbeitung von Kriterien für die Beurteilung von Schulbüchern in den 70er Jahren – für den Bereich Sprache vgl. z. B. Helmers (1975), für Biologie/Sachunterricht in der Grundschule z. B. Rauch/Wurster (1997) – verebbte leider sehr rasch (vgl. aber neuerdings für Biologie AufderMauer/Hesse 2006b). Schon auf Grund fehlender Transparenz dürften auch die im folgenden beschriebenen Zulassungsregularien das ungute Gefühl nicht mindern, daß Schulbücher vielfach an der Unterrichtswirklichkeit vorbeigehen, weil die Nutzer am Zustandekommen der Werke praktisch nicht beteiligt sind.

Zulassung

Form und Struktur von Schulbüchern richtet sich nach den Bedingungen, die die jeweilige Gesellschaft für Schule formuliert hat (für die Entwicklung in Deutschland vgl. Herrlitz et al. 2005). Zentral ist insbesondere in Deutschland seit der Mitte des 19. Jahrhunderts die Vorstellung von der lenkenden Funktion des Staates im Bildungsbereich. Der Lehrplan und das Schulbuch sind dabei »zwei Instrumente des Staates zur Steuerung des Bildungssystems« (Wiater 2005, 41); »mit den Lehrplänen legen die jeweiligen Kultusministerien in Zusammenarbeit mit Praktikern, Wissenschaftlern und Vertretern gesellschaftlicher Gruppen die zentralen Inhalte und Ziele des entsprechenden Unterrichtsfaches fest« (Heinze 2005, 9). Die Lehrpläne sind die Vorlage für die praktische Umsetzung im Schulbuch, das dann den Unterricht bestimmt bzw. bestimmen soll. Die Berechtigung für den Einfluß des Staates wird vielfach auch in der (zurückgehenden) alimentierenden Rolle des Staates beim Verkauf der Schulbücher begründet (Lernmittelfreiheit). Neben anderen hält aber z. B. Heinze (2005, 9) ein solches lineares Steuerungsmodell für unrealistisch und geht stattdessen von »wechselseitigen Beeinflussungsprozessen zwischen dem Schulbuch, dem Lehrplan und der Unterrichtspraxis« aus.

Die geltenden Zulassungsbedingungen sind sehr weitreichend. Nach einem entsprechenden Erlaß des Landes Nordrhein-Westfalen z. B. wird überprüft, ob die Schulbücher

- den Richtlinien, Lehrplänen und weiteren Unterrichtsvorgaben entsprechen,
- Kinder ganzheitlich ansprechen und individuelle Lernwege eröffnen, entdeckendes Lernen und selbständiges Arbeiten durch methodische und mediale Vielfalt fördern,
- auf dem Stand der Fachwissenschaft sind,
- mit der verfassungsmäßigen Ordnung und den rechtlichen Vorgaben für die Schulen vereinbar sind. (Runderlaß NRW v. 3.12.2003)

Diese Vorgaben betreffen nicht nur Inhalte, Methoden und Darstellungsweisen. Auf Grund der Lernmittelfreiheit dürfen z. B. für den täglichen Unterricht bestimmte Schulbücher keine Aufgaben enthalten, bei denen in das Buch gemalt oder geschrieben werden kann, weil das Buch von mehreren Schülergenerationen benutzt werden soll. In einem Bundesland ist vorgeschrieben, daß der einheimische Wortschatz u. a. auch bei den Namen der Kinder berücksichtigt wird, usw. Allerdings ist die Rigidität der Handhabung der Richtlinien von Bundesland zu Bundesland verschieden.

Perspektiven

Inwieweit die neuere Orientierung an Bildungsstandards und Kompetenzmodellen mit einem erweiterten Freiraum für die Schulen die Bedingungen für die Zulassung von Schulbüchern verändern wird, ist derzeit noch unklar. Ebenfalls schwer einzuschätzen ist, ob das Schulbuch seine Rolle als Leitmedium des Unterrichts verteidigen kann. Zwar ist, nicht zuletzt aus finanziellen Gründen, die mediale Revolution und die Welt des Internets noch lange nicht an den Schulen angekommen, dennoch ist systematisches Umdenken auch bei den Schulbuchproduzenten zu spüren. Dazu gehört die u. a. die Struktur der Schulbücher – weg von unterrichtsleitenden Werken hin zu systematisch angeordneten Lernkarteien, deren curricularer Einsatz der Lehrkraft überlassen bleibt, die Ausdifferenzierung des Materials im Hinblick auch auf Kleingruppen, die Integration der Medienwelt in das Schulbuch usw. Vereinzelt propagiert wird auch der Weg, daß die einzelne Schule ihre Lehrmaterialien mit Hilfe der modernen Schreib- und Vervielfältigungstechniken selbst erstellt, wie denn vielfach bereits Kopiervorlagen das »eigentliche« Schulbuch ersetzen usw.

Wie vermerkt, ist die Erforschung des Schulbuchs erst in den Anfängen. Da die Erfahrung lehrt, daß bestimmte Gegenstände erst dann das Interesse der Forschung erregen, wenn sie dabei sind, historisch zu werden, mag auch das ein Indiz zur Zukunft des Schulbuchs sein …

Literatur:

Quellen:
Biologie Prisma 5/6, Stuttgart: Klett 2003.
Bioskop 5. Klasse, Braunschweig: Westermann 2008.
Duden-Sprachbuch 2 (Schülerbuch, Arbeitsheft, Lehrermaterial), Frankfurt am Main: Duden-Paetec 2005.
Unsere Muttersprache, Frankfurt am Main: Diesterweg 1947.

Sekundärliteratur:
Anke Aufdermauer, Manfred Hesse, Eine Analyse von Biologie-Schulbüchern – unter besonderer Berücksichtigung des Experimentierens mit Pflanzen, Berichte des Instituts für Biologie 15 (2006a), 1–32. (http://miami.uni-muenster.de/servlets/DocumentServlet?id=3638, abgerufen am 30.12.2009)
Anke Aufdermauer, Manfred Hesse, Die Meinung von Schülern zu ihrem Biologie-Buch und zu Schulversuchen, Berichte des Instituts für Biologie 16 (2006b), 105–122. (http://miami.uni-muenster.de/servlets/DocumentServlet?id=3642, abgerufen am 30.12.2009)
Richard Bamberger, Methoden und Ergebnisse der internationalen Schulbuchforschung im Überblick, in: Schulbuchforschung, hg. von Richard Olechowsky, Frankfurt am Main 1995.
Désirée-Kathrin Gaebert und Horst Bannwarth, Der sprachsensible Fachunterricht am Beispiel des Biologieunterrichts, in: Sprachliche Lernumgebungen gestalten, hg. von Werner Knapp und Heidi Rösch, Freiburg im Breisgau 2010, 155–164.
Gustav Grüner, Die didaktische Reduktion als Kernstück der Didaktik, in: Die deutsche Schule 59 (1967), 414–430.
Hartmut Günther, Désirée Kathrin Gaebert, Das System der Groß- und Kleinschreibung, in: Weiterführender Orthographieunterricht (Handbuch Deutschunterricht in Theorie und Praxis, Bd. 5), hg. von Ursula Bredel, Baltmannsweiler 2011.
Hartmut Günther, Schulgrammatik im 19. Jahrhundert, in: Beiträge zur Didaktik der Schriftlichkeit. Kölner Beiträge zur Sprachdidaktik (KöBeS) 6, Duisburg 2010, 93–115.
Carsten Heinze, Das Schulbuch zwischen Lehrplan und Unterrichtspraxis. Zur Einführung in den Themenband, in: Das Schulbuch zwischen Lehrplan und Unterrichtspraxis, hg. von Eva Matthes und Carsten Heinze, Bad Heilbrunn 2005, 9–17.
Josef Leisen, Handbuch Sprachförderung im Fach. Sprachsensibler Fachunterricht in der Praxis, Bonn 2010.
Eva Matthes, Carsten Heinze, Elementarisierung im Schulbuch, Bad Heilbrunn 2007.
Harald Pfaff, Sprachunterricht und Sprachunterrichtswerke, in: Didaktik der deutschen Sprach, hg. von Ursula Bredel, Hartmut Günther, Peter Klotz, Jakob Ossner und Gesa Siebert-Ott, Paderborn 2003, 658–678.
Martin Rauch, Ekkehard Wurster, Schulbuchforschung als Unterrichtsforschung. Vergleichende Schreibtisch- und Praxisevaluation von Unterrichtswerken für den Sachunterricht, Frankfurt am Main 2007.
Werner Wiater, Lehrplan und Schulbuch. Reflexionen über zwei Instrumente des Staates zur Steuerung des Bildungswesens, in: Das Schulbuch zwischen Lehrplan und Unterrichtspraxis, hg. von Eva Matthes und Carsten Heinze, Bad Heilbrunn 2005, 41–64.
Werner Wiater (Hg.), Schulbuchforschung in Europa – Bestandsaufnahme und Zukunftsperspektive. Beiträge zur historischen und systematischen Schulbuchforschung, Bad Heilbrunn 2003.

5. Internet

Wolfgang Coy

Technik gilt wie das ihr verwandte Handwerk nicht als Fundament des emphatischen Bildungsbegriffs der bürgerlichen Aufklärung. Zu dominant scheint die äußere Funktion, die Wirksamkeit in der »Naturbeherrschung«, um als exemplarisches Wissen für die Bildung von Persönlichkeiten dienen zu können. Die zwei Jahrhunderte der Bildungsdebatten konzentrieren sich lieber auf das Studium alter Sprachen, der politischen Geschichte oder der Literatur. Die praktischen Notwendigkeiten in der Industrialisierung dienen mehr als Klassendistinktion denn als Aufruf, die allseitige Bildung der Persönlichkeit auf die produktive Basis der Gesellschaft auszudehnen. So wirkt die »Muse« der griechischen Sklavenhaltergesellschaft als Matrix der aufgeklärten Bildung, in der die Gebildeten nicht industriell arbeiten und die Arbeiter nicht gebildet werden müssen. Diese Separation trifft die Wissenschaften in ähnlicher Weise. Für Kant, Herbart oder Wilhelm von Humboldt zielt Bildung auf die Beamten und Offiziere, die allein »Subjekt« der Gesellschaft werden sollen. Dieser vorindustrielle Bildungsbegriff geht noch zum Ende des 19. Jahrhunderts bruchlos in Diltheys Konstrukt der Geisteswissenschaften über, deren »Verständnis« Bildung ausmacht, während die Naturwissenschaften und, diesen nachgeordnet, die Technik bestenfalls zu »Erklärungen« führen. Selbst heute noch sind die Eierschalen dieser einseitig geisteswissenschaftlichen Bildungsvorstellung in Handreichungen wie Schwanitz' Kompilation zu sehen, die »alles« vorträgt, was man wissen muß, um gebildet zu erscheinen.

Dabei gerinnt die aufklärerische Funktion der Bildung, die Bildung einer erzogenen Person, zur Karrikatur des Ideals aufgeklärter, urteils- und handlungsfähiger Menschen. In einer technischen Umwelt, die den Übergang von der Industriegesellschaft zu einer postindustriellen Gesellschaft vollzieht, wird eine, wenn auch unvermeidlich exemplarische, Bildung, die den Bereich der Naturwissenschaften und der Technik ausklammert, kümmerlich versagen. Zwar ist das Ideal der allseitig gebildeten Persönlichkeit immer eine Fiktion gewesen (die man an den Brüdern v. Humboldt sozusagen *in nuce* beobachten konnte), der Weg dahin freilich nicht. Exemplarisches Lernen muß so umfassend sein, daß die Fähigkeiten zum Weiterlernen erworben wird. »Lernen lernen« ist deshalb kein bloßes Schlagwort, sondern eine komplexe Vorgabe für jede Erziehungsvorstellung von den ersten Schulklassen bis zur akademischen Ausbildung.

Allgemeinbildende Aspekte von Informatik, Informations- und Kommunikationstechnik

Die letzten Jahrzehnte sind vom tiefen Eindringen informatischer Technik in die Berufs- und Alltagswelt geprägt. Mainframes und PCs, Internet und digitale Medien haben viele Aspekte des Alltags verändert. Viele dieser Änderungen wirken bereits tiefgreifend; andere zeigen die Perspektive radikaler Umwälzung. Offensichtliche Beispiele sind die Kommunikationsformen der E-Mail, die Kataloge, Auskunftsseiten und Nachschlagewerke des World Wide Web, Internet Versandhandel und Internet Banking, Musik- und Videodistribution, E-Books oder Internet-Telefonie.

Erziehung muß auf diese veränderte Alltags- und Berufswelt reagieren. Fraglos ist der Umgang mit diesen neuen Techniken zu erlernen und zu üben. Um den umfassenden Einfluß auf die Gestaltung des täglichen Lebens diskutierbar und erlernbar zu machen, müssen die Grundelemente dieser Technik verstanden werden. Um zu erkunden, wie tief und wie umfangreich das geschehen soll, bedarf es freilich sorgfältiger Erwägungen. Diese werden auch immer wieder zu überprüfen sein. Müssen alle verstehen, wie Programme geschrieben werden oder wie Computer und Netze aufgebaut sind? Soll die Fähigkeit zu komplexer formaler Modellierung, die dann zu programmierten digitalen System führt, erlernt werden? Müssen alle lernen mit diesen Geräten umzugehen? Wie lassen sich solche Forderungen auf Entwicklungsstufen und Ausprägungen der Schule abbilden? Es ist nicht mehr bestreitbar, daß der Umgang mit PCs, den Internetdiensten E-Mail, WWW, den Datenbanken und Bibliotheken im Netz oder am Netz zu den Grundtechniken heutigen Lernens in allen Fächern gehören. Diese Arbeitstechniken gehören zur Allgemeinbildung Lehrender und Lernender – für den Beruf ebenso wie für Freizeit. Gestritten werden kann nur über Ort und Zeit der Vermittlung solcher Fähigkeiten. Doch über diese Fertigkeiten hinaus muß ein grundlegendes Verständnis der treibenden technischen Prozesse in den Köpfen entstehen, um die Veränderungen der Gesellschaft zu verstehen. Fachgebiet dieses gebildeten Verständnisses ist die Informatik.

Spezifische Bildungsinhalte der Informatik

Ausgangspunkt der Informatik ist das maschinelle, programmgesteuerte Rechnen. Unser Verständnis von »Rechnen« hat sich in den siebzig Jahren seit Konrad Zuses erster frei programmierbarer Rechenanlage und Alan Turings epochalem Aufsatz »On computable Numbers with an application to the Entscheidungsproblem« enorm erweitert. Komplexe Steuerungsprozesse, automatisierte Entscheidungsfindungen oder sensorgekoppelte Handlungen von Robotern werden heute selbstverständlich als Ergebnis von Rechnungen angesehen, obwohl Rechnungen oft nur einen kleinen Anteil des Maschinenablaufs bilden. Häufige Vorlage für die Programmierung digitaler Rechner und Prozessoren sind Algorithmen, mathematisierte Verfahren, die genau beschrieben werden können und in endlicher Zeit eine als Programm beschriebene Aufgabe lösen können, soll heißen, zu gegebenen Eingabedaten eine korrekte Ausgabe generieren. Um solche Programme erfolgreich schreiben zu können, muß der Aufgabenbereich modelliert und für den Computer maschinell ausführbar aufbereitet werden. Dies ist die Kernaufgabe der Softwareerstellung, die wiederum der Kernbereich der Informatik ist. Nicht immer stehen solche algorithmischen Verfahren zur Verfügung. Dann muß auf geeignete Näherungsverfahren, Heuristiken und ähnliches zurückgegriffen werden. Trotzdem ist nicht jede Vorstellung modellierbar und programmierbar: Die Fähigkeit, zwischen dem aktuell Machbaren und dem Illusorischen zu unterscheiden, gehört zu den täglichen Herausforderungen in der Informatik.

Algorithmen, Programme und Modelle beschreiben die engeren Bildungsinhalte der Informatik. Für den Spezialisten unverzichtbar, sollten sie einem allgemein interessierten Publikum nicht völlig verschlossen sein. Es sind exemplarische Bildungsinhalte – ähnlich den Grundkenntnissen in Geometrie oder Analysis.

Informatik zeigt allgemeine Prinzipien

Informatik im engeren Sinne hat spezifische Fragestellungen und Methoden entwickelt, die über den eigenen Objektbereich hinaus nützlich und wirksam sind. Zu solchen abstrakten Konzepten der Informatik gehören Berechenbarkeit und davon abgeleitet maschinelle Programmierbarkeit. Das Konzept der Rekursion hat sich dabei als eine Beschreibungstechnik erwiesen, die ähnlich wie Differentialgleichungen eine grundsätzliche Bedeutung in anderen Wissenschaften, etwa der Mathematik, der Physik, der Ökonomie oder der Biologie erlangt hat. Numerische Näherungsrechnungen und Heuristiken oder die Komplexitätsabschätzungen sind weitere Beispiele informatischer Methoden, die in anderen Wissenschaften mit Erfolg eingesetzt werden können. Die Konstruktion sehr komplexer Modelle und ihre Umsetzung in entsprechende Soft- und Hardwaresysteme hat zu grundlegend neuen Anwendungen in vielen Bereichen der Technik geführt. Das vertiefte Verständnis der Interaktion von Menschen mittels digitaler Medien, aber auch das interaktive Umgehen mit programmierten digitalen Medien selber hat sich als fruchtbar und unverzichtbar für den Einsatz solcher Medien erwiesen. Letztlich prägt Informatik durch ihre technischen Konstruktionen soziale Verhaltensweisen. Um diese zu verstehen, wird eine zumindest rudimentäre Kenntnis der technischen Voraussetzungen solcher Gestaltungsprozesse unverzichtbar.

Informatik wird zu einer Kulturtechnik

Der Umgang mit digitalen Medien vom PC und Internet bis zu Geräten wie iPods oder Kameras, Media Centern im Wohnzimmer oder Navigationshilfen im Auto wird zu einer allgemeinen Kulturtechnik, die ebenso wie Lesen, Schreiben oder Rechnen erlernt werden muß, um in der Gesellschaft erwachsen zu werden. In nahezu allen Berufsfeldern werden solche Kenntnisse erwartet. Nicht anders als Grundkenntnisse des Rechts, des Wirtschaftens oder der Politik dienen informatische Grundkenntnisse der berufsorientierten Ausbildung. Sie bilden eine unverzichtbare Voraussetzung für den Erwerb eigenständiger und unabhängiger Urteilsfähigkeit in einer Gesellschaft, die so stark von diesen Elementen geprägt wird.

III.3. Zuhören, zusehen

6. Fernsehen
7. Kino

6. Fernsehen

Andreas Rosenfelder

Die schönste Begrüßung des Nachkriegsfernsehens übernahm die Kulturkritik. Schon sehr kurz nachdem der öffentlich-rechtliche Rundfunk an Weihnachten 1952 in einem Hamburger Hochbunker mit der Ausstrahlung seines regelmäßigen Programm begann, behandelte Theodor W. Adorno 1953 in seinem »Prolog zum Fernsehen« die Frage, »what television does to people« – bewußt im pragmatischen Jargon der amerikanischen Soziologie gestellt. Adornos These darüber, wie das Fernsehen die Menschen zurichtet, fällt dagegen vertrackt deutsch aus: »Vermutlich macht das Fernsehen sie nochmals zu dem, was sie ohnehin sind, nur noch mehr so, als sie es ohnehin sind.«

Diese dialektische Vermutung, bei Adorno mit Pessimismus aufgeladen, erinnert auf eine sonderbare Weise an die humanistische Konzeption von Bildung, wie sie voller Optimismus um 1800 vorgetragen wurde. Damals ging es darum, daß möglichst viele Individuen in möglichst vielen Romanen die Geschichten exemplarischer Individuen nachlasen, um dadurch noch mehr zu Individuen zu werden, als sie es ohnehin schon waren. Bildung zielte mit den Worten Wilhelm von Humboldts darauf, »dem Begriff der Menschheit in unserer Person [...] einen so großen Inhalt, als möglich, zu verschaffen«.

Folgt man Adornos Spur, dann erfüllte das Fernsehen exakt diese Aufgabe. Es schloß den vereinzelten Zuschauer im privaten Raum seiner Wohnung zusammen mit einer auf die gesamte Menschheit ausgeweiteten Öffentlichkeit – am deutlichsten vielleicht in jener mythischen Sternstunde der Fernsehgeschichte, als Neil Armstrong am 20. Juli 1969 im »Meer der Stille« seinen »giant leap for mankind« vollführte und dies zugleich über ein Satellitennetzwerk in Echtzeit einer halben Milliarde von Fernsehzuschauern mitteilte. Die neuen Übertragungsmöglichkeiten lösten die von Humboldt angepeilte Rückkopplung zwischen Einzelperson und Menschheit erstmals technisch ein – unter den Bedingungen der Literatur hatte der Mond allenfalls eine Gemeinschaft zwischen ein paar mondsüchtigen Poeten gestiftet.

Vielleicht enthalten also die frühen Kritiken, die wir den besten Feinden des Fernsehens verdanken, schon die Argumente für eine späte Rehabilitierung. Die fällige Historisierung des Fernsehens, das mehr und mehr im Internet aufgeht und somit als genuines Medium verschwindet, böte dazu einen guten Anlaß. Denn wenn die Weltgeschichte das Weltgericht ist, dann erteilt ihre Unterabteilung, die Mediengeschichte, die Freisprüche: Immerhin wurden fast alle großen Bildungsmedien der letzten zweitausend Jahre – vom Theater bis zum Kino – in ihrer Blütezeit als Triebkräfte der Verdummung verurteilt, um in der Phase des Niedergangs unter intellektuellen Denkmalschutz gestellt zu werden. Je musealer ein Gefäß der Kommunikation ausschaut, desto sichtbarer wird sein Bildungswert.

Vielleicht hat diese Abfolge mit dem paradoxen Wesen der Bildung selbst zu tun, die eben nicht erst seit Goethes »Wilhelm Meister« meistens genau dort stattfindet, wo sie scheinbar fern ist. Erst in der Rückschau wird das, was als Störung und Unterbrechung in individuelle und kollektive Bildungsgeschichten hineinfunkt, als Antrieb ebendieser Geschichten erkennbar: Das atmosphärische Rauschen, der zufällige Hintergrund einer Entwicklung springt in der

Retrospektive plötzlich in den Vordergrund. Das gilt auch für das Fernsehen, das ein halbes Jahrhundert lang im Hintergrund fast jeder Biographie flimmerte.

Adorno vermißte beim brandneuen Publikumsfernsehen jede Erinnerung an die »kultischen Ursprünge des Kunstwerks«, weil das neue Medium sich paßgenau ins ganz normale Alltagsleben einfügte. Diese Einschätzung ist heute zu korrigieren: Der klassische Fernsehabend erscheint durchaus als strenges Ritual mit eigener ästhetischer Aura. »Das Gebilde wird als ein Stück Wohnungszubehör genommen«, schrieb Adorno 1953 über das Fernsehprogramm, »das man mit dem Apparat sich gekauft hat.« Daß das Fernsehen umgekehrt mit seinem Programm den Alltag überformte, und zwar nicht nur, indem es ihn in Form von Fernsehserien und später von Doku-Soaps in Szene setzte – diese Überformung erschließt sich vielleicht nur einer nostalgisch gefärbten Perspektive.

Der bläuliche Schein, der vom Fernsehbildschirm ausgeht und die Fenster am Abend illuminiert, dieser in der Außenansicht ästhetische Schein löst das alte Versprechen der Aufklärung, das Licht der Erkenntnis bis in die kleinsten Parzellen des Gemeinwesens hineinzutragen, in einem sehr buchstäblichen Sinn ein. Zwar findet der Fernsehkonsum vereinzelt statt, doch bildet das Publikum nicht nur zur besten Sendezeit ein Kollektiv. Das Fernsehen schafft Öffentlichkeit, doch die Aneignung bleibt ein zutiefst häusliches Ritual. Und während das Kino im abgedunkelten Raum den Sehsinn überflutet, speist das Fernsehen nicht mehr Lichtsignale in den Haushalt ein als eine schwache Lampe.

Vielleicht besteht in der Diskretion des Fernsehens, in seiner Nähe zum bloßen Möbelstück, seine Stärke als Bildungsmedium – und zwar unabhängig vom engen Bildungsbegriff der Volkspädagogik. Adorno wies 1963 im Gespräch mit Hellmut Becker, dem Präsidenten der Deutschen Volkshochschulen, doppeldeutig auf eine »Bildungs- oder Nichtbildungsfunktion« hin, »die vom Fernsehen an sich ausgeübt wird und zwar für das Bewusstsein des Menschen«. Der Fachbegriff des Bildungsfernsehens, der einen Lehrauftrag in einem ansonsten vermeintlich bildungsfreien Medium implantieren wollte, verdeckt diese Bildungsfunktion, die automatisch im Hintergrund läuft – auch wenn das Fernsehen immer wieder Bildung als explizites Programm in Szene setzte, von der instruktiven Verkehrsfunksendung »Der 7. Sinn« über Alexander Kluges inquisitorisches Kulturfenster »dctp« bis hin zu Günther Jauchs examensartiger Quiz-Show »Wer wird Millionär?«. In all diesen Formaten wird, wenn auch auf ganz unterschiedlichen Feldern, Bildungswissen vermittelt. Trotzdem haben pädagogisch wertvolle Programme wie Peter Lustigs »Löwenzahn« bei den Fernsehkindern der 1970er und 1980er Jahre keinen stärkeren Bildungseindruck hinterlassen als amerikanische Zeichentrickserien wie »Tom und Jerry«. Gerade das 1984 in Deutschland eingeführte Privatfernsehen – das einem kulturkritischen Mythos zufolge immer noch für Niveauverfall steht – sorgte durch die Multiplikation des Programms und den Import ausländischer Sendungen für die Ausprägung einer ausdifferenzierten Fernseherinnerung.

Inwiefern das Fernsehen gerade mit seinen mutmaßlich trivialen Inhalten ganze Bildungsromane mitschrieb, wird eben erst im nachhinein deutlich. Georg Seeßlen hat darauf hingewiesen, daß das Phänomen der »Fernsehsozialisation« im bildungsbürgerlichen Milieu der Bundesrepublik lange ausgeblendet wurde. Man kann eine gewisse Überkompensation dieser Verdrängung in der Inflation von Fernsehsozialisationsgeschichten ausmachen, die seit den späten 1990er Jahren im Kontext der Pop- und Erinnerungsliteratur ins kulturelle Gedächtnis eingespeist werden. Fast jede Fernsehserie der 1970er und 1980er Jahre brachte plötzlich eigene Fanclubs, sentimentale Internetforen und enzyklopädische Archive hervor.

Die ans Medium Fernsehen gekoppelte Erinnerungskultur zeigt überdeutlich, wie tief die Flimmerkiste als Bildungsinstanz ins Unterbewußtsein einer ganzen Generation hineingestrahlt hat. Im Erinnerungskult der TV-Kinder erfüllt das Fernsehen jene Funktion, die Karl Mannheim mit Blick auf den Zusammenhang von Generationen als Prägung bezeichnete. Ohnehin lag die Faszinationskraft des Fernsehens immer darin, daß es zugleich für Kollektivierung und Vereinzelung stand, daß es – wie Werner Pleister, der erste deutsche Fernsehintendant, am 25. Dezember 1952 in seiner Ansprache ans Publikum formulierte – als »geheimnisvolles Fenster« zwischen Wohnung und Welt, Innen- und Außenraum fungierte. Vieles spricht dafür, daß das klassische Zeitalter des Fernsehens, das in den Nachkriegsjahren begann, abgeschlossen ist – allein schon, weil Großbildschirme und Projektoren dem schon von Adorno verwendeten Begriff des »Heimkinos« eine neue, viel buchstäblichere Bedeutung geben. Und die Funktion des Fernsehens als elektronisches Herdfeuer, das in den Wohnzimmern und damit im Innersten der Gesellschaft flackert, geht verloren, seit auch Mobiltelefone und Laptops zum Empfang geeignet sind und der glimmende Bildschirme eher an ein tragbares, ein olympisches Feuer erinnert.

Vor allem aber besteht der kollektive Zusammenhang, den das Fernsehen durch Synchronisierung stiftete, im Internetzeitalter allenfalls noch aus Gewohnheit fort. Programmzeitschriften wirken veraltet wie künstlerische Manifeste aus den Zeiten der Avantgarde: Man benötigt keinen verbindlichen Fahrplan für die Benutzung von Medien mehr. Denn wenn Fernsehen nicht mehr notwendigerweise in zentralen Sendeanstalten entworfen und zu festgelegten Uhrzeiten ausgestrahlt werden muß, sondern von den Benutzern individuell zusammengestellt und zum jeweils passenden Zeitpunkt über digitale Kanäle abgerufen werden kann, besteht für gleichzeitigen Fernsehkonsum keine technische Notwendigkeit mehr.

Aber wo das Fernsehen nur noch Privatkino ist, da fällt der Reiz weg, sich das Vorgegebene – wie fremd, absurd oder schlecht produziert es auch erscheinen mag – auf individuelle Weise anzueignen. Das Fernsehen bot die Möglichkeit, sich einem Programm auszusetzen und doch mit der Fernbedienung zu wählen. Es erlaubte, ganz alleine das zu empfangen, was alle sahen. Es bot die Chance, sich gerade an dem zu bilden, was den Geschmack verdarb. All diese Optionen wird es immer geben, aber sie verlieren mit dem ebenso statischen wie kompakten Fernsehgerät ihren Sitz im Leben. Es wäre durchaus zu wünschen, daß die Kulturkritiker auch den Epilog zum Fernsehen halten.

Literatur:
Theodor W. Adorno, Prolog zum Fernsehen, in: Rundfunk und Fernsehen 1948–1989. Ausgewählte Beiträge der Medien- und Kommunikationswissenschaft aus 40 Jahrgängen der Zeitschrift »Rundfunk und Fernsehen«, hg. von Jörg Engler, Baden-Baden u. a. 1990.
Hellmut Becker, Fernsehen und Bildung, in: Merkur 17 (1963), 251–264.
Georg Seeßlen, Macht Fernsehen dumm?, in: Flimmerkiste. Ein Nostalgischer Rückblick, hg. von Nina Schindler, Hildesheim 1999.

7. Kino

Heide Schlüpmann

Das Kino gilt im allgemeinen nicht als Bildungseinrichtung. Es stellt sich aber gleichwohl die Frage, ob ihm als massenkulturellen Phänomen nicht doch ein Bildungsmoment zukommt, das durch das Raster unserer Vorstellung von Bildung fällt. Immerhin haben sich die Gebildeten und Bildungsbeauftragten von Anfang an in die Geschichte des Kinos eingemischt, es bekämpft, es benutzt und schließlich sich auch als Bildungsgut zu eigen gemacht. Vom Kino in Bildungseinrichtungen und von einer Film-Bildung läßt sich ohne weiteres sprechen. (Die Ausführungen hier folgen vor allem den deutschen Diskursen.)

Kino in Bildungseinrichtungen

Einen großen Anteil an der Filmproduktion hatte von Anfang an der wissenschaftliche Film. Insbesondere Medizin, Biologie und Zoologie nutzten das neue Medium als Aufzeichnungsinstrument – beispielsweise von Operationen – und als Analysewerkzeug. Als solches war der Film von Étienne Jules Marey entwickelt worden, der an Bewegungs- und Zeitforschung arbeitete. Das Labor, der Lehrsaal verwandelt sich in einen dunklen Raum für die Filmprojektion – nicht nur in den Universitäten und Forschungsinstituten, auch bald in den Schulen. Schon in den ersten Jahren des beginnenden 20. Jahrunderts arbeitete ein Rektor Lemke mit Film und gründete die erste deutsche Lehrfilmfachzeitschrift »Die Lichtbildkunst« in Schule, Wissenschaft und Volksleben. Enthielt der Kinoabend zu Beginn des Jahrhunderts in seinem Kurzfilmprogramm selbstverständlich und ohne pädagogischen Hintersinn dokumentarische Aufnahmen neben Trick- und Spielfilmen, so formierte sich später das Genre des »Kulturfilms«. Mit ihm gelangte der pädagogisch wertvolle Film neben den Wochenschauen ins Vorprogramm der abendfüllenden »Langfilme«, die in den 20er Jahren die Regel wurden. Zu dieser Zeit nimmt sich auch die staatliche Erziehungspolitik des Films als eines Unterrichtsinstruments an. Diese Entwicklung wird nach 1933 Teil der Gleichschaltungspolitik der nationalsozialistischen Regierung, die sich gerade des Films zur Massenbeeinflussung bedient. In der Bundesrepublik erlebten einige Schülergenerationen die FWU-Filme vor allem im Biologieunterricht – Film in Wissenschaft und Unterricht war die Nachfolgeorganisation der nationalsozialistischen Reichsstelle für den Unterrichtsfilm (gegründet 1934). Eine an Bedeutung zunehmende Rolle spielte der Film auch in der »Volksbildungsbewegung« und in den Volkshochschulen, eine frühe Einrichtung ist die Lichtbilderei des Volksvereins für das katholische Deutschland, die 1912 bis 1915 eine eigene Zeitschrift für den Film, »Bild und Film« herausgab.

Stehen der wissenschaftliche Film und der Lehrfilm im Kontext der exakten Wissenschaften und deren Vermittlung, so werden filmische Aufnahmen von Natur, kulturellen Phänomenen und von Kunst auch in den Kontext einer ästhetischen Erziehung aufgenommen, die mit Protagonisten wie Adolf Lichtwark, Leiter der Kunsthalle Hamburg, gegen Ende des 19. Jahrhunderts populär wurde. Im Zusammenhang mit der Lebensreformbewegung taucht um diese Zeit auch ein Bildungsbegriff auf, der dem Kino näherzustehen scheint, weil er den »Genuß« einbezieht. Doch die Distanzierung vom »Materiellen«, »Niedrigen« zugunsten des »Edlen« und »Geistig-Sinnlichen« hielt die Ablehung des Kinos als Vergnügungsort der Masse aufrecht. Statt sich diesem Massenphänomen zu öffnen, versuchten die Pädagogen selber, »Musterkinos« zu errichten, die ihren Bildungsvorstellungen entsprechen. Damals tauchte der Begriff des »Gemeindekinos« auf, das »Kommunale Kino« der 1970er Jahre nimmt etwas von diesem alten Projekt wieder auf.

Filmbildung

Die Frühzeit des Kinos enthält schon alle Bemühungen, den Film und das Kino in die Bildung einzubeziehen, zugleich weist sie aber gerade besonders deutlich eine bis heute nicht aufgehobene Trennung zwischen Film im Bildungskontext und dem Kino als massenkultureller Vergnügungseinrichtung auf. Doch mit den zwanziger Jahren entsteht innerhalb des Kinos eine Gegenbewegung gegen dessen Vereinnahmung durch die kapitalistische Filmindustrie. Film als Kunst, Autorenfilm, Avantgarde, experimentelles oder unabhängiges Kino sind nur einige Begriffe, unter denen dieses »andere Kino« verstanden wird. In diesem Zusammenhang taucht die Figur des »Cinephilen« oder auch »Cineasten« auf – das ist jemand, der sich Film-Bildung aneignet. Er unterscheidet sich vom Kinogänger dadurch, daß er sich zwar auch im Kino »bildet«, aber daß er den Filmgenuß mit der Diskussion, der Reflexion, der Lektüre verbindet und – als Cineast – auch selber Filme macht. Der Cinephile hat die Neigung, die Bildung durch das Kino, die er ja mit der Masse teilt, in ein Spezialistentum in Sachen Film zu verwandeln – und das durch Informationen und Diskurse, die außerhalb des Kinos liegen. Kritiken, Essays und filmtheoretische Schriften entstehen in großer Zahl. Darüber hinaus aber sind Cineasten und Cinephile verantwortlich für die Entstehung einer spezifischen Art von Kino, nämlich eines von der Macht der Produzenten und Verleiher unabhängigen. Aus ihrem Interesse an filmgeschichtlicher Bildung gehen in den dreißiger Jahren schließlich die Kinematheken hervor, beispielhaft ist die Cinémathèque Française, die für Generationen von Kritikern, Filmmachern, Filmtheoretikern oder auch einfach Filmliebhabern und -liebhaberinnen Lehr- und Bildungstätte war.

Cinephile Filmbildung hat in die Schulen zunächst keinen Eingang gefunden, wohl aber in die Universitäten. Filmwissenschaft, die sich in Frankreich und den angelsächsischen Ländern in den siebziger Jahren etablierte – in Deutschland gab es erste Filmprofessuren erst Ende der achtziger Jahre –, kommt aus der Kino-Bildung. Aus ihr beziehen die Filmwissenschaftler ihre ästhetische Kompetenz und ihr historisches Wissen. Sie treten in eine Universität ein, die gerade in ihren Bildungsformen und Zielen erschüttert wurde. Die Verschränkung von Krise der Universität und Entstehung der Filmwissenschaft ist mehr als eine zeitliche. Cinephile tragen in die verunsicherte Hochschule eine andere Bildungserfahrung hinein, auf die Reformen rekurrieren können, während sie andererseits selber dort den Halt von Wissenschaft suchen, um ästhetische und historische Bildung gegen die Vereinnahmung des Films durch kommerzielle und politische Interessen zu behaupten. Filmwissenschaft fand im Kontext einer Welle kritischer Wissenschaft und Pädagogik Eingang in die Universität. Ihr selbstverständlicher Bildungsauftrag war, den autonomen Umgang mit dem Film zu vermitteln und damit auch: ästhetische Erfahrungen, die nach wie vor im Kino stattfinden sollten, zu ermöglichen.

Von der Filmwissenschaft führte der Weg nur zögernd oder gar nicht in die Schulen. Frankreich, das klassische Land der cinéphilie, bildet eine gewisse Ausnahme. Allerdings sind in jüngster Zeit, nachdem schon längst die Medienwissenschaft ihr den akademischen Rang abgelaufen hat, europaweit Initiativen zu beobachten, Film und Kino in die Lehrpläne aufzunehmen (Winfried Pauleit 2004). Interessant ist das – inzwischen wieder eingestellte – Projekt von Alain Bergala, »Le cinéma à l'école« (Bergala 2002, 2006). Bislang scheinen diese Initiativen aber nicht sehr erfolgreich. Zudem beschränken sie sich im allgemeinen auf Film und Kino als Lehrgegenstände, wodurch das ganz andere Lernen nicht so recht zum Zuge kommen kann. Ein Beispiel für solche Anpassung des Films an traditionelle Unterrichtsformen ist die Zusammenstellung eines Kanons von 35 Filmen auf Initiative der Bundeszentrale für Politische Bildung und mit Unterstützung des Kulturstaatsministeriums im Rahmen des Projekts »Kino macht Schule« (in den nach all den Jahren feministischer Filmwissenschaft und Erforschung des frühen Kinos kein Film einer Regisseurin und auch kein Film aus der Zeit vor 1920 aufgenommen wurde). Doch können solche Initiativen Anlaß sein, sich Gedanken darüber zu machen, ob und in welcher Weise Kino »bildet«. Ansätze zu solchen Überlegungen lassen sich seit seinen Anfängen finden.

Kino als Bildungseinrichtung

Der Zugriff der Pädagogen auf das Kino hat schon zu seiner Anfangszeit allermeist damit geendet, ihm herrschende Bildungsvorstellungen und Begriffe überzustülpen, auch wenn manche unter den Lehrern sich nicht nur aus Annektionsinteressen, sondern auch aus wirklicher Neugier auf das Kino einließen. Das Verständnis für ein spezifisch Bildendes im Massenkino kam daher von Kritikern, Theoretikern, Schriftstellern, Künstlern und Filmemachern. Es geht aus von dem Vergnügen, der Lust, deren Versprechen die Leute ins Kino zieht – Kinder wie Erwachsene. Denn dieses Versprechen unterscheidet das Kino von den bestehenden Bildungsinstitutionen, in denen es die Lust immer schwer gegenüber der Pflicht hat. In ihren vielfältigen Facetten wird sie von Texten der frühen zwanziger Jahre reflektiert und zu fassen versucht: das wunderbare Vergnügen am Spielerischen, Leichtwerden aller Dinge und Ereignisse im Film etwa, aber auch die schwerblütige, die triebhafte Wollust, oder wiederum die Wunscherfüllung des Traums und der Regression in die Kindheit. Den Bogen zur Bildung schlagen jedoch erst Schriften aus den zwanziger und dreißiger Jahren. Béla Balázs veröffentlicht 1924 eine erste Theorie des Films, in der er die Bedeutung des Kinos für die Sprachbildung emphatisch herausstellt: Der modernen Gesellschaft ist die Körper- und Gebärdensprache verlorengegangen, im Kino der stummen Filme können wir sie wiedergewinnen – zumal eine Sprache der Erotik (Balázs 1925). Einher mit den neuen Ausdrucksmöglichkeiten geht auch ein verändertes Denken, denn unsere Gedanken sind sprachabhängig. Walter Benjamin reflektiert in seiner im Exil Mitte der dreißiger Jahre geschriebenen Abhandlung »Das Kunstwerk im Zeitalter seiner technischen Reproduzierbarkeit« (Benjamin 1974) das ästhetische Potential des Kinos, allerdings nicht im Sinne der Wiederbelebung und Kultivierung unserer Sinne. Das kinospezifische Bildungserlebnis besteht vielmehr darin, daß unsere Wahrnehmung »modernisiert« wird, so daß wir der gesellschaftlichen Wirklichkeit des 20. Jahrhunderts wahrnehmend begegnen können. Die Nähe zu revolutionären Volksbildungskonzepten der sowjetischen Filmavantgarde ist ebenso deutlich wie die Anschlussfähigkeit an heutige Medienwissenschaft. Siegfried Kracauer wiederum geht vom Kino als Phänomen der Zerstreuung und der Zerstreuungssucht aus, um darin die Möglichkeit einer Erkenntnisbildung, einer Selbstreflexion des Menschen in der Masse zu entdecken: Das Kino macht ihm seine eigene Wirklichkeit – die Zerstückelung des Lebens, die er alltäglich erfährt, prototypisch ist die Fließbandarbeit – in der Zerstreuung »offenbar« (»Kult der Zerstreuung«, Kracauer 1926). Es handelt sich um eine moralische Bildung. In den gleichzeitigen Texten der französischen Filmavantgarde wiederum, etwa in denen Germaine Dulacs, kommt der lebensphilosophische Einfluß Henri Bergsons zur Geltung: Mit den Möglichkeiten des Films, die innere Zeit, eine zugleich physische wie psychische Dynamik, sichtbar zu machen, geht es um Lebensbildung (Dulac 2002).

Gemeinsam ist allen Vorstellungen vom Bildenden des Kinos, daß es sich hier um eine »Selbstbildung« handelt, die gerade nicht auf Kinder beschränkt ist. Vor ihrem Hintergrund steht die Wahrnehmung einer Diskrepanz zwischen der zunehmend durch Institutionen und ökonomische Prozesse bedingten ›globalen‹ Vergesellschaftung und einem Verlust an selbstreflexivem gesellschaftlichen »Mündig-Werden« der einzelnen Menschen aus ihrer jeweiligen leiblich-seelischen und geschichtlich-geographischen Existenz heraus. Die moderne Gesellschaft produziert eine Bildungsnot eigener Art, die sie mit ihren pädagogischen Einrichtungen eher vergrößert als lindert, gegen die das Kino aber etwas auszurichten vermag.

Der Faschismus in Europa ebenso wie der Stalinismus in der Sowjetunion und die Hollywoodindustrie in den USA bewirkten einen Einbruch in die Verbindung von Massenkino mit emphatischen Bildungsvorstellungen. Doch scheinen sich diese in die vielen Film- und Kinoinitiativen zerstreut zu haben, welche sich in der Nachkriegszeit entfalteten, um dort nachzuwirken: Filmclubs an Volkshochschulen und Universitäten, alternative Kinos, autonome Verleiher, schließlich die »Neuen Wellen« eines Autorenkinos. Es gab in dieser Vereinzelung bis in die späten siebziger Jahre hinein ein ungeheures Zutrauen in das Kino und seine Möglichkeiten, auch und gerade, wenn es einherging mit dem Mißtrauen in das »herrschende Kino«. Während einerseits öffentlich die kritischen Diskussionen von Bildungsklischees – ästhetische versus politische Bildung – bestimmt wurden, entstanden andererseits Undergroundszenen, in denen die alte Kinolust wieder in ihre Rechte eingesetzt wurde. Sie wirkten in der Film- und Kinolandschaft als Ferment, das Erinnerungen an das ganz andere Bildungsmoment Kino freisetzte. Die Frage ist, wo wir dies Moment heute finden.

Literatur:
Béla Balázs, Der sichtbare Mensch oder die Kultur des Films, Wien u. a. 1924.
Walter Benjamin, Das Kunstwerk im Zeitalter seiner technischen Reproduzierbarkeit, 1. und 2. Fassung in: ders., Gesammelte Schriften Band I.2, Abhandlungen, Frankfurt am Main 1974.
Alain Bergala, L'hyopthèse cinéma. Petit traité de transmission du cinéma à l'école et ailleurs, Cahier du cinéma 2002; dt. Ausgabe: Kino als Kunst. Filmvermittlung an der Schule und Anderswo, hg. von Bettina Henzler und Winfried Pauleit, Marburg 2006.
Germaine Dulac, Kinemathek Heft 93, 39. Jg. (2002), hg. von Freunde der Deutschen Kinemathek e.V. und Kinothek Asta Nielsen e.V., Redaktion Sabine Nessel, Heide Schlüpmann, Stefanie Schulte Strathaus.
Siegfried Kracauer, Kult der Zerstreuung, Frankfurter Zeitung 4. März 1926, wiederabgedruckt in: ders. Das Ornament der Masse. Essays, Frankfurt am Main 1963.
Winfried Pauleit, Der Kinematograph als Zeigestock. Zum ästhetischen Erziehungsanspruch von Kino und Schule, in: Ästhetik & Kommunikation. Ästhetische Erziehung im Medienzeitalter, Heft 125, 35. Jg. (2004).

III.4. Dabei sein

8. Vorlesung
9. Tagung

8. Vorlesung

Gerrit Walther

Eine Vorlesung ist eine akademische Veranstaltung, bei der nur einer spricht: der Professor. *Ex cathedra* trägt er, Woche für Woche um die gleiche Zeit, ein großes, umfassendes Thema vor. Die Studierenden hören zu, schreiben mit oder suchen sich das Gehörte sonst einzuprägen. Eventuell dürfen sie Fragen stellen. Prinzipiell aber hat nur der Redner das Wort. An Vorlesungen erkennt man, daß man sich in einer Universität befindet.

Bevor es gedruckte Bücher gab, waren Vorlesungen das einzige Mittel, kanonische Texte kennenzulernen und sie schwarz auf weiß nach Hause zu tragen. Der Dozent diktierte sie langsam Satz für Satz und fügte Kommentare hinzu, die als Glossen ebenfalls notiert wurden. Wer viele Vorlesungen gehört und fleißig mitgeschrieben hatte, beendete sein Studium als stolzer Besitzer einer manuell erstellten Bibliothek aller Werke, die er für sein Berufsleben brauchte. Weniger ein Medium der Bildung also war die mittelalterliche Vorlesung, sondern mehr eines des materialen Wissensgewinns.

Als Bücher im Druck verfügbar wurden, änderte sich daran zunächst nicht viel. Denn bis ins 18. Jahrhundert hinein blieben sie teuer, und solange konfessionelle Orthodoxie das Denken bestimmte, wachten kirchliche wie weltliche Autoritätens streng darüber, daß kanonische Texte nur unter Anleitung und mit verbindlichen Kommentaren gelesen wurden. Nach wie vor lasen Professoren die autoritativen Schriften vor und diktierten ihre Anmerkungen dazu. Wie im Mittelalter taten sie dies auf Lateinisch, der internationalen Wissenschaftssprache. Noch Immanuel Kants »Kritik der reinen Vernunft« (1781), dieses schlechthin unübersetzbare Werk, wurde von entsagungsvollen Schulmännern ins Lateinische übertragen, um zu Vorlesungszwecken dienen zu können.

Dabei gab es um diese Zeit längst volkssprachliche Vorlesungen. Der erste, der in Deutschland eine solche angeboten hatte (über die »Grundregeln, vernünftig, klug und artig zu leben«), war 1687 der Leipziger Jurist Christian Thomasius gewesen. Er hielt das Deutsche für eleganter und weltläufiger als das Latein, das ihm zu sehr nach Pedanterie und Orthodoxie schmeckte. Durch diesen Entschluß wurde das Deutsche, zu was Thomasius es erklärte: zur internationalen Wissenschaftssprache. Denn Thomasius war ein bald in ganz Europa geschätzter Protagonist jener Aufklärung, die verlangte, nichts als die klare Vernunft wirken zu lassen. Deshalb wollte Thomasius, daß auch und gerade gelehrte Äußerungen für jedermann leicht verständlich seien. Indem er die Volkssprache als Vorlesungssprache einführte, zwang er die Gelehrten, komplexe Dinge konkret auszudrücken – nicht in jenen lateinischen Floskeln, die zu einem hermetischen Kennerjargon geworden waren. Damit durchkreuzte er zugleich die professorale Neigung, sich von den »ungebildeten« Laien abzuschotten, eine elitäre Kaste zu bilden.

Eben diese soziale Öffnung und geistige Demokratisierung der Bildung trug Thomasius Tadel ein. Latein sei unabdingbar für internationalen Erfolg, behaupteten die Experten seiner Zeit – zu Unrecht, wie die folgende Geistesgeschichte beweisen sollte. Trotzdem verlangen heutige Bildungsfunktionäre, das Deutsche als Vorlesungssprache durch das Amerikanische zu ersetzen. So droht die gelehrte Welt wieder zur Kaste zu werden – wenn auch zu einer vielleicht internationalen. Kastenbildung aber ist das Gegenteil von Allgemeinbildung. Deshalb mag eine in Deutschland von deutschen Dozenten auf Amerikanisch gehaltene Vorlesung vielleicht über Fakten belehren. Bilden aber wird sie nicht.

Die beiden auf Thomasius folgenden Jahrhunderte waren Blütezeiten der Vorlesung. Der für das bürgerliche Zeitalter typische Kult der genialen Individualität fand seinen wissenschaftlichen Ausdruck in dem Glauben, daß der freie Vortrag einer bedeutenden Gelehrtenpersönlichkeit, die aus universaler Kenntnis die Resultate ihres Forschens darstelle, letzte, objektiv gültige Wahrheit offenbare. Noch 1920 erlebte der junge Hans-Georg Gadamer mit solcher Faszination die Vorlesungen des Religionsphilosophen Max Scheler: »Aber dann rissen seine Vorträge mich hin. Ich verstand plötzlich, was er [mit der zuvor geäußerten Frage, ob Philosophie nicht »so etwas wie das Ziehen von Puppen an Drähten« sei, G. W.] gemeint hatte. Ziehen an Drähten, ziehen von Puppen – ach nein: Es war weit mehr als ein Gezogenwerden, eine fast satanische Besessenheit, die den Redner zu einem wahren Furioso des Gedankens fortriß. Als ich später einmal Husserl von dem dämonischen Eindruck, den Scheler auf mich gemacht hatte, erzählte, sagte er ganz bestürzt: ›Oh, es ist gut, daß wir nicht nur ihn, sondern auch Pfänder haben.‹ (Das war der nüchternste, trockenste, undämonischste Phänomenologe, den man sich denken konnte.)«

Begeistern konnten aber auch solche eher nüchternen Vorlesungen. Mehr als hundert Jahre vor Gadamers Erlebnis hatte Wilhelm Grimm in Marburg den bedeutenden Rechtshistoriker Friedrich Karl von Savigny gehört. Er wisse, so erinnerte er sich noch im Alter, »nicht leicht etwas, das so großen Eindruck auf mich gemacht hat, als sein Vortrag. Ich glaube, es war die Freiheit und Lebendigkeit, zugleich das Gemessene und Ruhige dabei, was so sehr anzog und festhielt. Rhetorische Gaben können für eine Zeitlang blenden, aber sie fesseln nicht. Er sprach frei und blickte nur von Zeit zu Zeit auf ein einzelnes beschriebenes Blatt, und es war bei vollkommener Klarheit und dem Ausdruck innerer Überzeugung eine gewisse Zurückhaltung und Mäßigung in seiner Darstellung, deren Wirkung kein rednerischer Überfluß würde erreicht haben. Seine ganze äußere Erscheinung war diesem Eindrucke völlig angemessen.... Savigny richtete zuweilen, während der Vorlesung, Fragen an die Zuhörer; schwierigere wurden schriftlich beantwortet. Ich schrieb nach, aber was ich mit nach Haus brachte, ward durch das, was in Gedanken geblieben war, ergänzt und das Ganze überarbeitet«.

Solche Begeisterung für die klare Sprache der souveränen Gelehrtenpersönlichkeit beunruhigt Bürokraten und Tyrannen. Deshalb haben beide seit jeher versucht, Vorlesungen zu kontrollieren, sie auf das nutzbare Wissen festzulegen, alles Persönliche, Spontane, Improvisierte, Unvorhergesehene daraus fernzuhalten. Schon Joseph II. (1780–1790), der angeblich so aufgeklärte Doktrinär auf dem Kaiserthron, verpflichtete die Professoren seiner habsburgischen Stammlande, ihre Vorlesungen genau nach den amtlichen Lehrbüchern zu halten, nichts hinzuzufügen und nichts wegzulassen. Spitzel kontrollierten, ob das tatsächlich auch geschah.

Die totalitären Regime des 20. Jahrhunderts perfektionierten solche Bevormundung und solche Kontrolle. Um so tiefer bewegte es die Studierenden, so wissen wir aus deren Erinnerungen, wenn mutige Professoren es manchmal doch wagten, in ihren Vorlesungen extemporierend die Mauern des politisch Korrekten zu durchbrechen. Es waren Hoffnungsschimmer der Freiheit. Um so hungriger genoß man nach dem Untergang der Diktaturen das Glück des frei gesprochenen Wortes. »Ich erinnere mich jener Tage, als ich im September 1945, knapp 18jährig, der Kriegsgefangenschaft entronnen, in Göttingen eintraf«, berichtet der Naturwissenschaftler Manfred Eigen. »Tagsüber ging man von einer Vorlesung in die andere, bis spät in die Nacht hinein wurde diskutiert. ... Wir besuchten nicht bloß Vorlesungen in den naturwissenschaftlichen Pflichtfächern, ... wir gingen als Physiker auch zum Philosophen Nicolai Hartmann und hörten ... Vorlesungen über Brahms und Schumann.« (zit. n. Wissenschaftsgeschichte S. 86)

Erst die Achtundsechziger begannen wieder, die Vorlesung zu bekämpfen. Sie denunzierten sie als autoritär und elitär und forderten, sie durch interaktive Seminare zu ersetzen – durch »Teach-ins«, in denen sie ihrerseits die Meinungsführerschaft zu gewinnen sicher waren. Heute, da der Geist von Achtundsechzig zur vorherrschenden Haltung unserer Bürokratie geworden ist, zeigt sich der Staat wiederum entschlossen, enge, doktrinäre »Lernziele« zu setzen und deren Erfüllung streng zu kontrollieren. Deshalb lehnen »Reformer« von heute Vorlesungen ab. Sie seien überflüssig, behaupten sie. Denn man könne den Stoff ja auch aus Büchern lernen oder, besser noch, aus dem Internet.

Sie irren. Denn der Wert einer Vorlesung beruht allenfalls zum Teil auf den Sachinformationen, die sie vermittelt. Wohl bedarf es reifer materialer wie methodischer Kenntnisse, wenn ein Gesamtüberblick über ein großes Thema gelingen soll. Was an einer Vorlesung aber bildet, ist etwas anderes. Es ist die Wirkung der sprechend denkenden Persönlichkeit auf andere denkende Persönlichkeiten, der aus der Situation erwachsende Stil und Duktus des Vortrags: das, was nicht im Skript steht, was weder plan-, noch lenk-, noch kontrollierbar ist – aber erfahrbar.

Aus meiner Studienzeit erinnere ich mich an die Vorlesungen eines Philosophen, eines hoch geachteten, gewichtigen Mannes. Sie waren langweilig: wie aus einem Handbuch abgeschrieben, hölzern, konventionell. Manchmal aber, mitten im Vortrag (und darauf wartete man, deshalb besuchte man diese Vorlesungen), ließ er sein Manuskript sinken und fing an, eine Erläuterung zu improvisieren, eine Erläuterung, die sich, indem er sich bemühte, sie zu untermauern, mit Beispielen zu illustrieren, zu relativieren und zu reformulieren, zu einem eigenen, freien Vortrag auswuchs, der schlechthin überwältigte durch die unerhörte, packende Präsenz des Gedankens.

Weil alles an einer Vorlesung vom Moment abhängt, von dem je einzigartigen, immer neu sich einstellenden Zusammenklang von Sprecher, Darstellung, Situation und Publikum, ist jede neue Vorlesungsstunde ein neues intellektuelles Abenteuer, in günstigen Fällen ein neues Bildungserlebnis. Aus dem gleichen Grund kann man niemals die gleiche Vorlesung zweimal halten, mag man auch das gleiche Skript benutzen. Erst recht unmöglich ist es für den, der nicht nur auf die Information, sondern auf die Bildung seiner Hörer zielt, die eigene Vorlesung von jemand anderem vortragen zu lassen. Und man versteht, warum es vergebliche Mühe bleiben muß, langweiligen Professoren mit Rhetorikkursen, Pädagogikseminaren und »Powerpoint«-Schulungen aufhelfen zu wollen.

Weil die Faszination einer guten Vorlesung im Erleben der von einer Persönlichkeit entwickelten, lebendig gesprochenen Gedanken liegt, im Anblick und im simultanen Miterleben spontaner Produktivität, ist es auch für Geübte schwierig, eine Vorlesung mitzuschreiben. Jeder kennt das: Bei der späteren Lektüre der eigenen Notizen kann man bisweilen nicht mehr verstehen, was einen so faszinierte – und man überlegt, ob man beim nächsten Mal nicht auch lieber eine Tonaufnahme machen sollte, wie man dies heutzutage immer häufiger in den Hörsälen sehen kann und von Fotos kennt, die einen Michel Foucault oder Umberto Eco während ihrer Vorlesungen hinter Palisaden von Mikrophonen zeigen. Vielleicht aber hat, tief im Unbewußten, das Mitschreiben von Vorlesungen gar nicht nur den Sinn, deren Inhalt zu fixieren. Vielleicht ist es auch der unbeholfene Versuch, spontan etwas von jener ansteckenden Schöpferkraft auszuleben, zu der das Hören von Vorlesungen den Gebildeten in glücklichen Momenten begeistert.

Literatur:
Helmut Coing u. a., Wissenschaftsgeschichte seit 1900. 75 Jahre Universität Frankfurt, Frankfurt am Main 1992, 86.
Die Brüder Grimm über sich selbst, in: Die Welt der Romantik (Dichtung der Romantik, Bd. 12), hg. von Karl Blaser, Hamburg 1961, 116–133.
Hans-Georg Gadamer, Philosophische Lehrjahre. Eine Rückschau, 2. Aufl., Frankfurt am Main 1995, 71 f.
Walter Rüegg (Hg.), Geschichte der Universität in Europa, 4 Bde., München 1993–2010.
Ernst Schulin, »Hungrvaka«. Die Erweckung des Hungers durch Vorlesungen, in: Vorlesung, Seminar, Repetitorium. Universitäre geschichtswissenschaftliche Lehre im historischen Vergleich, hg. von Gabriele Lingelbach, München 2006, 325–340.
Hermann-Josef Stipp, Art. Vorlesung, in: Der Campus-Knigge. Von Abschreiben bis Zweitgutachten, hg. von Miloš Vec u. a., 2. Aufl., München 2008, 216–218.
Christian Thomasius, Discours Welcher Gestalt man denen Frantzosen in gemeinem Leben und Wandel nachahmen solle? ein Collegium über des Gratians Grund-Reguln/Vernünfftig/klug und artig zu leben [1687], in: ders., Deutsche Schriften. Ausgewählt und hg. von Peter von Düffel, Stuttgart 1970, 3–49.

9. Tagung

Manuela Lenzen

Die Wissensgesellschaft lebt vom Informationstransfer. Die Wege des Informationstransfers im digitalen Zeitalter sind vielfältig, doch noch ist es keiner Technologie gelungen, seine älteste Form überflüssig zu machen: die persönliche Begegnung. Der Begriff der Tagung, der, aus der mittelhochdeutschen Juristensprache stammend, ursprünglich soviel wie »einen Tag festsetzen«, »zu Gericht sitzen« bedeutete, bekam im 14. Jahrhundert die Bedeutung »eine Tagung abhalten«. Die Tagung im heutigen Sinne als mehrtägige Zusammenkunft der Mitglieder von Institutionen, Fachverbänden etc. zum Zwecke des Gedanken- und Informationsaustauschs, der Weiterbildung oder der Motivation der Mitarbeiter entstand jedoch erst mit der Infrastruktur des späten 19. und frühen 20. Jahrhunderts.

Tagungen sind heute so vielfältig wie ihre Bezeichnungen: Konferenz, Kongreß, Convention, Meeting, Symposium, Kolloquium, Versammlung, Konklave, Gipfel, Round Table, Jahrestreffen, Seminar, Fortbildung, Schulung, Workshop usw. Da sich das Tagungswesen längst zu einem weltumspannenden Industriezweig entwickelt hat, besteht durchaus Interesse an einer Vereinheitlichung der Terminologie, an der seit 1993 das International Meetings Industry Glossary mit seiner Online-Initiative APEX (Accepted Practices Exchange) arbeitet, die unter www.conventionindustry.org/apex/apex.htm ein Wörterbuch tagungsbezogener Terminologie bereithält. Die Tagungsindustrie selbst firmiert international unter dem Namen MICE, für »meetings, incentives, conferences, and exhibitions, or events«.

Geschichte

Der Grundgedanke aller Tagungen, daß Informationen beredet und dem kritischen Urteil einer »ingroup« ausgesetzt werden müssen, war als Lehrer-Schüler-Verhältnis in den antiken Philosophenschulen institutionalisiert, idealtypisch im (mehr oder weniger fingierten) platonischen Dialog. Er findet sich auch in der Disputatio, dem hochmittelalterlichen Standardverfahren, Streitfragen zu verhandeln, und ist bis heute der übliche Weg des wissenschaftlichen Austauschs und der Klärung wissenschaftlicher Streitfragen. Niemand, so die Grundidee, kann, unvollkommen und vorurteilsbeladen wie er als sterbliches Wesen ist, die Wahrheit allein finden.

Vor allem bei den wechselnden Fragen gewidmeten *disputationes de quotlibeta* war häufig hohes Publikum weltlicher und kirchlicher Provenienz anwesend, und neben theologischen und philosophischen Themen wurden praktische und ideologische Grundlagen von Macht und Herrschaft debattiert. So entschieden Kommunen noch im 16. Jahrhundert in Disputationen über ihre Religionszugehörigkeit.

In Spätantike und Mittelalter fanden die größten Tagungen im kirchlichen Bereich statt: die Konzilien. Je nach Bedeutung trafen sich dort Vertreter der Kirche, aber auch Repräsentanten der Universitäten und der Königshöfe, um Fragen der Lehre oder der Kirchenstruktur zu diskutieren. Das erste überlieferte Konzil, das Apostelkonzil von Jerusalem, tagte im Jahr 49. Das erste Konzil von Nikaia im Jahre 325 hatte an die zweitausend Teilnehmer, darunter allein 300 Bischöfe. Konzilien enden in der Regel mit der Publikation der Ergebnisse, die, wenn sie durch den Papst bestätigt werden, für die Christenheit als verbindlich gelten. Das Zweite Vatikanische Konzil (1962–1965) dürfte eine der prächtigsten Konferenzen der Gegenwart gewesen sein: In einer großen Prozession zogen die 2498 Konzilsväter, darunter Bischöfe aus 133 Ländern, in den Petersdom ein, der zu diesem Zweck in ein Tagungszentrum verwandelt worden war. Die Teilnehmer debattierten von zwei, neunzig Meter langen, ansteigenden Tribünen, die zu beiden Seiten des Mittelschiffs errichtet waren. Mit seinen insgesamt 3044 Teilnehmern war das Konzil auch nach heutigen Maßstäben ein Riese unter den Tagungen.

Gegen Ende des 17. Jahrhunderts verlor die Disputatio – ebenso wie die gesamte Institution Universität – an Ansehen. Sie wurde zum Sinnbild leerer – jeglicher Erfahrung und Experimentalwissenschaft entbehrender – »scholastischer« Wortklauberei. Die Keimzellen der modernen Konferenzen entstanden daraufhin im weltlichen Bereich: Unter den politischen Konferenzen war der Wiener Kongreß (1814/1815) zur Neuordnung Europas nach den Napoleonischen Kriegen die am ranghöchsten besetzte Tagung. Im wissenschaftlichen Bereich traten seit den 1780er Jahren private, clubartige Zusammenschlüsse von Privatgelehrten, interessierten Adligen, aber auch Handwerkern, Händlern und anderen »gewöhnlichen« Bürgern neben die staatlichen Bildungseinrichtungen, um die wissenschaftliche Neugier von Gelehrten und das Interesse eines gebildeten Publikums zu befriedigen. Oft aufklärerisch und freimaurerisch orientiert, entstand eine Art wissenschaftlicher Salonkultur, die ihren Höhepunkt um 1800 erreichte. In der zweiten Hälfte des 19. Jahrhunderts entwickelte sich die Popularisierung von Wissenschaft zu einem Massenphänomen, unter anderem wegen des immensen Interesses an der Evolutionstheorie Charles Darwins.

So wurde 1773 in Berlin die Gesellschaft naturforschender Freunde gegründet, die eine einschlägige Zeitschrift herausgab, wissenschaftliche Expeditionen finanzierte und regelmäßige Treffen abhielt. Diese bildeten bis ins 20. Jahrhundert ein Forum, um naturkundliche, fachübergreifende Problemstellungen aus den Lebenswissenschaften zu diskutieren. Die »Berliner freie Gesellschaft zur wissenschaftlichen Unterhaltung« traf sich von 1863 bis 1944 jeden zweiten Mittwoch zur Diskussion wissenschaftlicher Themen in einem eher privaten Kreis bürgerlicher Bildungselite. Ähnliche Gesellschaften und von ihnen veranstaltete halbprivate Tagungen gab es in großer Zahl.

In Frankreich stach unter den privaten Gründungen besonders die Societé d'Arcueil hervor. Sie wurde 1806 von Pierre Simon de Laplace und Comte Claude Berthollet in Arcueil am Rand von Paris gegründet. Es versammelten sich dort regelmäßig Vertreter verschiedener Fachrichtungen: Chemiker, Physiker, Mathematiker, Mineralogen, Botaniker und auch Entdecker wie etwa Alexander von Humboldt. In den Sitzungen trug jeweils ein Mitglied ein vorbereitetes Mémoire vor, das sich strenger fachlicher Kritik zu stellen hatte.

In England bildete sich Ende des 18. Jahrhunderts der Typus des *gentleman of sciences* heraus, der die zahlreichen Neugründungen wie die »Linnean Society« (1788), die »Geological Society« (1807) und die »Astronomical Scociety« (1820) bevölkerte. Die Mitglieder der Royal Society (1662) trafen sich wöchentlich, um Experimente anzustellen und wissenschaftliche Themen zu diskutieren. Die »Philosophical Transactions of the Royal Society of London« sind das älteste bis heute kontinuierlich erscheinende wissenschaftliche Journal überhaupt. Öffentliche, jedoch nicht kostenlose Vorträge boten Organisationen wie die *Royal Institution* (1799). Dort hielt Thomas Henry Huxley im Februar 1860 vor hochkarätigem Publikum seinen ersten Vortrag über Evolution. Im selben Jahr kam es auf der Jahrestagung der *British Association for the Advancement of Science* (BAAS) im Oxford Museum of Natural History zu dem berühmten Streit zwischen Huxley und Bischof Samuel Wilberforce, in dem die Evolutionstheorie einen ersten Sieg davontrug.

Ein Vorläufer der Tagungen, die sich die Bildung der interessierten Öffentlichkeit zum Ziel gesetzt haben, findet sich im 17. Jahrhundert in einer von Théophraste Renaudot gegründeten Institution, die zugleich Informationsstelle, Verkaufsagentur, Poliklinik, Pfandleihhaus, Kunstgalerie, Arbeitsvermittlung und Ort gelehrter Vorträge war: das *Bureau d'Adresse et de rencontre*. Arbeitgeber konnten in dem im Zentrum von Paris gelegenen Haus freie Stellen anzeigen, Zugezogene und andere Arbeitssuchende Angaben zu ihren Fähigkeiten hinterlassen. Seit 1633 organisierte Renaudot wöchentliche Vorträge zu verschiedenen Themen von der Physik über die Medizin bis zur Moral und Metaphysik – darunter auch die Frage, was zuerst da war, das Huhn oder das Ei – und gab sie als »Comptes-rendus« heraus. Diese Vorträge wurden nicht eben von den berühmtesten Gelehrten gehalten, waren dafür aber ohne Eintrittsgelder oder Mitgliedschaft in den Salons der Oberschicht für das »breite Publikum« zugänglich.

Im späten 19. und um die Wende zum 20. Jahrhundert entstanden zahlreiche Berufsverbände, die mit ihren Mitgliederversammlungen den heute größten Zweig des Tagungswesens begründeten. Zugleich entwickelte sich die Infrastruktur, die für das Zusammenkommen großer Versammlungen unerläßlich war: die Eisenbahn. Mit dem Ausbau des Eisenbahnnetzes ging die Errichtung von Eisenbahnhotels entlang der Strecke einher, die ihrerseits den Informationstransfer als Markt entdeckten und Versammlungsräume vermieteten. Die Mitgliederversammlungen von religiösen, Handels- oder Berufsvereinigungen im Amerika des späten 19. Jahrhunderts gelten als Keimzelle der modernen *convention industry*. 1868 wird das erste *convention bureau* eröffnet. Das Abhalten von Tagungen und Versammlungen war zu einem lukrativen Geschäft geworden: Detroit in Michigan war die erste Stadt, die eine Person anstellte, um Konferenzen zu organisieren und in die Stadt zu ziehen.

Im 20. Jahrhundert folgt die Gründungen der ersten *global players* des modernen Tagungsmarkts, darunter die *International Association for Exhibition Management* 1928, dann in den 50er Jahren die *Professional Convention Management Association* (1957) und die *Association Internationale des Palais de Congrès* (1958).

Die moderne Konferenzindustrie

Die Bandbreite der Tagungsveranstaltungen reicht heute von selbstorganisierten Treffen in den Seminarräumen des heimischen Instituts mit Verpflegung in der Mensa bis hin zu verbands-, industrie- oder politikgesponserten und entsprechend opulent ausgestatteten Konferenzen mit über tausend Teilnehmern. Für diese entstand seit Mitte des 20. Jahrhunderts eine regelrechte Konferenzindustrie mit eigenen Berufen wie Veranstaltungskaufmann/-frau, Fachmann/-frau für Veranstaltungsmanagement, Fachwirt für Messe- und Kongreßwesen und Eventmanager/Eventmanagement, eigenen Fachverbänden, Berufs- und Interessenvertretungen, wie etwa dem German Convention Office – und natürlich mit eigenen Tagungen.

Die Tagungsindustrie ist zu einem wichtigen Wirtschaftsfaktor geworden. Die Gesamtzahl der weltweit veranstalteten Tagungen und Kongresse ist schwer zu schätzen, da es zum einen kein zentrales Register gibt und in Statistiken Tagungen häufig nicht von anderen »Events« unterschieden werden, und zum anderen die meisten Tagungen kleine Veranstaltungen mit weniger als 50 Teilnehmern sind. Der Statistik der International Congress and Convention Association (ICCA) zufolge fanden international im Jahre 2008 vier Millionen Kongresse und Tagungen statt. Jeder dritte Hotelgast ist heute ein Tagungs- oder Kongressteilnehmer. Im Kongreß- und Tagungswesen waren der ICCA zufolge 2008 über 970.000 Menschen beschäftigt. In Deutschland gibt es über 11.000 Tagungsstätten, die meisten davon Hotels, mit über 60.500 Tagungsräumen in unterschiedlicher Größe, die es auf eine Gesamtfläche von 3,1 Millionen Quadratmetern bringen. Dazu kommen 75 firmeneigene Veranstaltungszentren und 1.500 außergewöhnliche Tagungsorte wie etwa alte Schlösser. Knapp 80 Millionen Übernachtungen von Kongressgästen wurden 2008 gezählt. Insgesamt nahmen in Deutschland laut der Statistik der ghh Consult GmbH in Wiesbaden 2008 insgesamt 97 Millionen Teilnehmer an Tagungen und Kongressen teil und generierten einen Gesamtumsatz von 63,2 Milliarden Euro.

Auch über die reine Reise- und Unterbringungsinfrastruktur hinaus ist das Tagungswesen eng mit dem Tourismus verknüpft: Der Tagungstourismus gilt als *high end*, als »Königsdisziplin« des Tourismus. Tagungsgäste sind gebildet, meist kulturell interessiert und verfügen über ein eher höheres Einkommen. Ihre Unterbringung ist, abhängig von der Finanzkraft der ausrichtenden Institution, höherwertig: 85 Prozent der Tagungsanbieter liegen im Drei- und Vier-Sterne-Segment. Tagungsgäste geben pro Tag fast doppelt soviel Geld aus wie gewöhnliche Touristen. Insofern verwundert es nicht, daß Städte und Gemeinden ein hohes Interesse daran haben, daß Tagungen in ihrem Einzugsbereich ausgerichtet werden.

Ein besonderer Veranstaltungsort, sei es eine Weltstadt oder eine abgelegene Insel, erhöht die Attraktivität einer Tagung ebenso wie außergewöhnliche Tagungsstätten: Schlösser, Burgen, Museen, Industriedenkmäler, Klöster, Weingüter, Kinos oder Freizeitparks. Dennoch finden Tagungen zum größten Teil in Hotels statt, an zweiter Stelle stehen Universitäten und an dritter die großen Kongresszentren. Die meisten Tagungen sind Medizin-Themen gewidmet, an zweiter Stelle stehen Technologie, Wissenschaft und Industrie. 60 Prozent der Veranstaltungen werden von der privaten Wirtschaft, 40 Prozent von Verbänden, Vereinen und Institutionen durchgeführt. Nur etwa ein Prozent aller Veranstaltungen bringen es auf mehr als 1000 Teilnehmer. Der beliebteste Veranstaltungsmonat ist der September. Bei über der Hälfte der Tagungen handelt es sich um Jahrestreffen von Berufs- oder Fachgesellschaften.

Das Ranking der zehn wichtigsten Länder des internationalen Tagungsmarkts fällt je nach Organisation ein wenig anders aus. Deutschland, das durch seine geographische Lage, seine gute Infrastruktur, seine Wissenschaftslandschaft, sein hohes Sicherheitsniveau und ein vielfältiges Kultur- und Tourismusangebot über wichtige Standortfaktoren verfügt, steht nach einer Erhebung der ICCA im weltweiten Tagungsmarkt nach den USA an zweiter Stelle. (Als Nachteile des Standorts werden neben hohen Kosten vor allem die Sprache und das Wetter genannt.) Es folgen Frankreich, Japan, Belgien, die Niederlande,

Österreich, Italien und Spanien. Die wichtigsten Tagungs-Städte sind Singapur, Brüssel, Paris, Wien, Genf, Berlin, Prag, Stockholm, Seoul und Barcelona. Der europäische Marktanteil am Tagungsgeschehen liegt bei 55 Prozent, der asiatische bei 18,6; der amerikanische bei 11,4 Prozent.

Perspektiven

Trotz spürbarer Einbrüche infolge der Weltwirtschaftskrise ist die Tagungsindustrie ein boomender Wirtschaftszweig. Nach wie vor erfüllen Tagungen einen großen Bedarf an Kommunikation und sind ein wichtiger Teil des »lebenslangen Lernens«.

Tagungen werden spezieller und kürzer, an die Stelle prestigeträchtiger Vorträge berühmter Referenten treten parallel stattfindende Arbeitsgruppen. Ein Trend geht dahin, Veranstaltungen verstärkt am Wochenende abzuhalten, ein weiterer, Messen und Kongresse zusammenzulegen. Inzwischen werden bereits 30 Prozent der Veranstaltungen von Ausstellungen begleitet, und die großen Messe- und Kongreßzentren wie etwa das ICC in Berlin oder die Messe Frankfurt mit dem angeschlossenen Congress Center haben die baulichen Voraussetzungen für solche Kombinationsveranstaltungen geschaffen.

Die Informationstechnologie stellt bislang keine echte Herausforderung für das Tagungswesen dar. Tagungsteilnehmer erwarten natürlich eine moderne technische Ausstattung der Tagungsräume, doch in der Regel ist der Beamer völlig ausreichend, Videokonferenzen, virtuell zugeschaltete Teilnehmer, Übertragung in andere Räume, selbst Dolmetscher werden nach einer Trendanalyse des Fachverbandes DeGefest selten nachgefragt. Die persönliche Begegnung mit all ihren Zufälligkeiten ist durch die Videokonferenz nur unvollkommen zu ersetzen. Und vor allem kann sie eines nicht leisten: den Tagungsteilnehmer aus seinen Alltagsgeschäften herauszulösen und ihm durch die Anwesenheit am Tagungsort Zeit für Begegnungen und Gespräche zu verschaffen.

Die Tagung als soziales Ereignis

Faktisch ist durch die Praxis der Online-Publikationen der Neuigkeitswert des auf Tagungen vorgetragenen Materials beschränkt. Es steht zu vermuten, daß schon vor Laptop und WLAN in den Tagungsräumen die Vorträge nicht im Mittelpunkt einer Tagung standen. Die entscheidende Variable, die eine Tagung für einen Teilnehmer zu Erfolg oder Mißerfolg werden läßt, ist weniger der Neuigkeitswert des Dargebotenen als die Art und Weise, wie die eigene Person in der Peergroup wahrgenommen wird. Schließlich geht es bei Tagungen nicht nur, und, wie manche behaupten, nicht einmal hauptsächlich, um den Austausch von Informationen, der sicherlich auch anders zu bewerkstelligen wäre. Worum es vielmehr geht, ist der Aufbau und die Pflege von Kontakten und Netzwerken. Der eigentliche Sinn der Tagungen liegt deshalb in der persönlichen Begegnung und den Gesprächen in den Kaffeepausen.

Literatur:

Geman Convention Bureau, Meeting- und Eventbarometer 2009: http://www.gcb.de/pdf/090609_Praesentation_MEBA.pdf.

Martin Gierl, Korrespondenzen, Disputationen, Zeitschriften. Wissensorganisation und die Entwicklung der gelehrten Medienrepublik zwischen 1670 und 1730, in: Macht des Wissens. Die Entstehung der modernen Wissensgesellschaft, hg. von Richard van Dülmen und Sina Rauschenbach, Köln u. a. 2004, 417–438.

Phoebe Gschafter, Das Podium, das die Welt bedeutet. Neue Entwicklungen im Kongressbetrieb, in: Entfesselte Wissenschaft, hg. von Otto Wunderlich, Opladen 1993, 79–92.

ICCA, The International Association Meetings Market 1999–2008: http://www.iccaworld.com/dcps/doc.cfm?docid=876.

Brian Lawn, The rise and decline of the scholastic ›quaestio disputata‹. With special emphasis on its use in the teaching of medicine and science, Leiden u. a. 1993.

Tony Rogers, Conferences and Conventions. A global industry, Elsevier 2002.

Paolo Rossi, Die Geburt der modernen Wissenschaft in Europa, München 1997.

Marc Schalenberg, Rüdiger vom Bruch, London, Paris, Berlin. Drei wissenschaftliche Zentren des frühen 19. Jahrhunderts im Vergleich, in: Macht des Wissens. Die Entstehung der modernen Wissensgesellschaft, hg. von Richard van Dülmen und Sina Rauschenbach, Köln u. a. 2004, 681–699.

Angela Schwarz, Der Schlüssel zur modernen Welt. Wissenschaftspopularisierung in Großbritannien und Deutschland im Übergang zur Moderne (ca. 1870–1914), Stuttgart 1999.

Hermann Will, Info-, Lern- und Change-Events. Das Ideenbuch für Veranstaltungen: Tagungen, Kongresse und große Meetings, Weinheim 2009.

10. Reisen

Florentine Fritzen

Reisen bildet – das klingt nach 19. Jahrhundert. Kaum jemand wagt sich heute noch, diese These so uneingeschränkt auszusprechen. Der Zusammenhang von Reisen und Bildung wird spätestens seit dem frühen 20. Jahrhundert hinterfragt. Daß Reisen nicht die Reisenden, sondern die Bereisten bilde, ist nur eine besonders plakative Behauptung aus einer Vielzahl von Vermutungen neueren Datums. Einheimische, so sehen es manche Kulturwissenschaftler, lernten viel über fremde Kulturen, indem sie die Touristen beobachteten, die doch eigentlich gekommen seien, um »Land und Leute« kennenzulernen. Die Einheimischen wiederum wüßten genau, wie sie sich zu verhalten hätten, um jene vorgeprägten Bilder zu bestätigen, die Touristen üblicherweise in ihrem geistigen Reisegepäck dabeihätten. Der Reisende folglich lerne kaum bis nichts Neues. Denn er sehe sich bloß im bereits Vorausgedachten bestätigt: Das ist also das griechische Dorf, in dem die Frauen auch in der Sommerhitze noch immer die schwarze Tracht tragen. So also flechten die Tibeter ihre Körbe. Daß die Einheimischen beides nur noch zu Schauzwecken täten, komme dem durchschnittlichen Reisenden oft gar nicht in den Sinn.

Auch diese These aber leugnet nicht, daß der Mensch durch Reisen lernt – auch wenn es hier nicht der Tourist ist, der seinen Horizont erweitert. Gleichzeitig stehen alle, die sich mit Reisen und Bildung beschäftigen, vor einem Phänomen, das Patrick Süskind nicht fürs Reisen, aber fürs Lesen eindringlich beschrieben hat: Daß aufgenommene Bildungsgüter ein paar Jahre später so vollständig aus dem Gedächtnis verschwunden sind, daß das Gehirn bei einem zufälligen zweiten Lesen zunächst glaubt, den betreffenden Text gerade zum ersten Mal begeistert zu verschlingen. Er nennt das »Amnesie in litteris«. Erst allmählich, sagt Süskind, beginne es zu dämmern: Das kenne ich ja schon. Pädagogen würden hier wahrscheinlich von der Notwendigkeit vertieften Lernens sprechen. Aufs Reisen übertragen hieße Süskinds Beobachtung: Wer eine Studiosus-Fahrt über die Peloponnes macht, wird zwar begeistert aufsaugen, was der Reiseleiter über korinthische, ionische und dorische Säulen erzählt. Ein paar Wochen nach der Rückkehr wird das kurzzeitig Gelernte aber meist ausgelöscht sein.

Wozu also noch Bildungsreisen unternehmen? Eine Antwort könnte sein: Weniger um Wissen anzuhäufen als um zu fühlen. Den Geschmack des Schafskäses merkt sich die Zunge unter Umständen besser als das Gehirn die Säulen-Information. Der Bildungskanon, der auch Erfahrungswelten wie Schafskäse-Aroma einschließt, ist natürlich nicht mehr der des 19. Jahrhunderts. Aber er rettet die Reise als Bildungserlebnis, und darauf will irgendwie niemand verzichten. Hermann Hesse stellt seine Studierstube, in der er entbehrliche Bücher lese, entbehrliche Artikel schreibe und entbehrliche Gedanken denke, dem Reisen gegenüber. Wie Goethe, wie Herder war auch Hesse oft viele Monate im Jahr in Italien. Für Hesse ist das Reisen ein Erlebnis, das den ganzen Menschen bildet, nicht nur seinen Geist, und nicht umsonst heißt sein kleiner Text vom Jahre 1910 »Reiselust«. Hesse spricht vom »Erfassen und Erleben der Mutter Erde«, von Leidenschaft und Durst und Befriedigung.

Auch Reisen, die mit weniger Pathos angetreten werden, dienen meist der Abwechslung, der Zerstreuung, der Horizonterweiterung, der Besinnung auf sich selbst. Sie sollen bilden, aber vor allem die Sinne und das Gemüt; sollen die Seele entlasten vom Alltag in der Studierstube, der Schule, der Universität, dem Büro. Zugleich, heißt es, könne der Abstand helfen, die eigene Heimat besser zu begreifen – und auch das ist eine revidierte Form der These »Reisen bildet«: Das Reisen erweitere, meint etwa »Herders kleines Bildungsbuch« von 1956, weniger das Wissen über die Ferne als über die Nähe: »Seine eigene Heimat und den Wert ihrer Einzigartigkeit vermag man aber nur dann voll zu begreifen, wenn man auch andere Länder und die Sitten und Gewohnheiten ihrer Menschen kennt«. Reisen, auch das ist im »Bildungsbuch« zu lesen, erweitere die Heimat, denn jeder Ort, an den der Mensch fahre, mache ihn im Wortsinn und im übertragenen Sinn erfahrener.

Der niederländische Schriftsteller Cees Nooteboom sieht das anders. Er beschreibt die Leere, die er nach der Heimkehr von einer seiner europäischen Reisen fühlt, wie trist und grau ihm die Straßen von

Amsterdam plötzlich erscheinen. Reisen, meinen wieder andere, sei nur Ersatzbefriedigung, wenn sich der Mensch in der Heimat nicht wohl fühle. Wem es gut geht wie Simon, einem der »Geschwister Tanner« im Roman von Robert Walser, der bleibt lieber daheim, als nach Italien zu fahren. Das steckt auch in Goethes »Willst du immer weiter schweifen? Sieh, das Gute liegt so nah. Lerne nur das Glück ergreifen, denn das Glück ist immer da«. Nicht umsonst wird der Satz meist umgemodelt mit »Warum in die Ferne schweifen« zitiert – und unmittelbar aufs Reisen bezogen.

Ob es daran liegt, daß die Menschen stets unglücklich waren, wo sie waren, oder ob sich der Drang ins Anderswo aus anderen Quellen speist: Die Menschen sind immer gereist, schon weit vor dem 19. Jahrhundert. Damals nicht unbedingt, um etwas zu lernen, gar sich zu bilden. Sondern um neue Jagdgründe oder Beerensträucher aufzutun, um einem Stern zu folgen, um zu heiligen Stätten zu pilgern, um ihre handwerklichen Dienste anzubieten, um auf Messen Waren zu verkaufen und geschäftliche Kontakte zu knüpfen, um einen neuen Seeweg auszuprobieren, um einen Kontinent zu erobern. Im 19. Jahrhundert wurde dann nicht nur der Zweck der Bildung zum häufigeren Motiv für Reisen, sondern auch der gesundheitliche. Immer mehr Menschen reisten in die Berge oder an die See, um von Krankheiten zu genesen oder ihren Körper für den Alltag daheim zu kräftigen und zu stählen.

Bis heute ist das Reisen immer einfacher und billiger geworden, damit auch demokratischer – und ökologischer bedenklicher. Schon im späten 19. Jahrhundert stellte »Meyers Konversationslexikon« fest, das Reisen habe sich »im Lauf der Zeit und mit dem Fortschreiten der Zivilisation in einer staunenswerten Weise entwickelt, namentlich im Anschluß an die Vervollkommnung der Verkehrsmittel und die durch verbesserte internationale Beziehungen gewährleistete Sicherheit der Reisenden«. Mahnungen, beim Reisen die Natur nicht zu verschmutzen, besser zu wandern als die Eisenbahn zu nehmen und den Müll wieder einzupacken, formulierten damals allerdings bloß ein paar Lebensreformer und Jugendbewegte.

Ein Zweck des Reisens besteht schon seit Jahrtausenden: Bücher über fremde Landschaften und ihre Leute zu schreiben. Schon Herodot hat das gemacht oder Pausanias. Reisen schaffen Bildungsgüter. Das Reisen bildet insofern nicht unmittelbar, nicht so sehr den Reisenden selbst wie den, der jene geistigen Produkte nutzt, die auf Reisen oder nach Reisen entstehen. Über Kant gibt es die Anekdote, er habe Königsberg selten und Ostpreußen nie verlassen. Aber meist reisen und reisen Gelehrte doch, und sei es nur ins nächste Archiv. Goethe nach Italien, Gauguin in die Südsee und die Soziologin Margaret Mead auch, Schliemann nach Griechenland, Darwin zu den Galapagos-Inseln. Daraus wurden Bücher, Bilder, Wissenschaft. Der Reisende ist ein Transporteur, ein Bündelnder, ein Aufbereiter, ein Durchlauferhitzer. Das Reisen häuft Wissen an, das rohe, ungeschlachte Wissen: die Welt als Archiv. Zu Bildung wird dieses Wissen erst in seiner Verarbeitung. Insofern sind Bildungsgüter oft: das gefeilte, gestaltete, polierte, gedrechselte, in Worte gekleidete Ergebnis von Reisen.

Literatur:
Thomas Herdin, Kurt Luger, Der eroberte Horizont. Tourismus und interkulturelle Kommunikation, in: Aus Politik und Zeitgeschichte 47 (2001), 6–19.
Herders kleines Bildungsbuch, 2. Aufl., Freiburg 1956.
Hermann Hesse, Italien, 9. Aufl., Frankfurt am Main 2001.
Darya Maoz, The Mutual Gaze, in: Annals of Tourism Research 2006 (Bd. 33, Nr. 1), 221–239.
Ralf-Peter Märtin (Hg.), Lust am Reisen. Ein Lesebuch, München 1987.
Cees Nooteboom, Die Dame mit dem Einhorn. Europäische Reisen, Frankfurt am Main 2000.
Reisen, in: Meyers Konversationslexikon, Bd. 13: Von Phlegon bis Rubinstein, 4. Aufl., Leipzig u.a. 1885–1892, 703 f.
Patrick Süskind, Amnesie in litteris, in: ders., Drei Geschichten und eine Betrachtung, Zürich 1995, 111–129.
John Urry, The Tourist Gaze, 2. Aufl., London u.a. 2001.

IV. Epochen

Einleitung
1. Griechenland
2. Humanismus
3. Konfessionelles Zeitalter
4. Aufklärung
5. Philanthropismus
6. Anthroposophie
7. Achtundsechzig

Einleitung

Zu wissen, was man in unterschiedlichen Zeitaltern über Bildung dachte, welchen Wert man welchen ihrer Momente zuschrieb und wie man die daraus erwachsenden Konzepte in die Praxis umsetzte, ist keine Detailkenntnis für Spezialisten. Vielmehr gehört die Geschichte der Bildung selbst essentiell zur allgemeinen Bildung hinzu.

Das hat zunächst den pragmatischen Grund, daß die Bildungsmacher einer jeden Zeit nach Vorgängern suchen, und zwar nach Mustern ebenso wie nach Gegnern, vor deren vermeintlichen Mängeln ihr eigenes Konzept um so leuchtender abstechen kann. Im alten Rom nahmen sich Rhetoren wie Cicero und Quintilian die griechisch-hellenistische *paideia* zum Vorbild, als sie ihr Ideal umfassender *humanitas* entwarfen. Auf dieses beriefen sich die Humanisten des 14. und 15. Jahrhunderts, während sie sich zugleich entschieden von der angeblich engen theologisch-scholastischen Bildung des »Mittelalters« abwandten. An diese allerdings suchte man im konfessionellen Zeitalter anzuknüpfen, um sie mit den Formen des Humanismus zu einer neuen, Irdisches und Himmlisches harmonisierenden Bildung zu verschmelzen. Der deutsche »Neuhumanismus« des frühen 19. Jahrhunderts grenzte sich vom Rationalismus der französischen Aufklärung ab, während die Achtundsechziger eben diese aufgeklärten Werte gegen die humanistische Bildung ausspielten, der sie unterstellten, ein Instrument kapitalistischer Klassenherrschaft zu sein. Heute hingegen wird das kapitalistische Prinzip der Effizienz ganz offen zum Leitideal der Bildungspolitik erhoben.

Es kann aus rein pragmatischen Gründen nichts schaden, über solche oft verblüffenden Wechselbeziehungen Bescheid zu wissen. Denn das Repertoire bildungstheoretischer Argumente ist begrenzt, und manches, was der Laie für neu und modern hält, erweist sich bei geschichtlicher Betrachtung als eher rückwärtsgewandt. Bildungsgeschichte lehrt, wie die Grundgedanken entstanden sind, die unsere heutige Bildungsdiskussion bestimmen, aus welchen politisch-sozialen Kontexten sie erwachsen sind, in welchen Institutionen sie entwickelt und erprobt wurden. Sie informiert über die Karriere typischer bildungstheoretischer Argumentationsformen und Redestile – vom Weltuntergangsszenario bis zu optimistischen Aufbruchsappellen. Dabei allerdings zeigt sich meist, daß die Geschichte der Bildung nur in seltenen Fällen eine direkte Vorgeschichte der unsrigen ist. Zu unterschiedlich waren die Rahmenbedingungen, zu zeitgebunden die Ideen und Intentionen der Beteiligten.

Bildend also wirkt Bildungsgeschichte aus dem prinzipiell gleichen Grund wie jede andere Geschichte auch. Sie lehrt, kritische Distanz zu gewinnen, nicht alles für bare Münze zu nehmen, was die politisch korrekte öffentliche Sprache für wahr und verbindlich erklärt, nicht alles für neu zu halten, was sie als solches propagiert. Sie lehrt, sich dem Zwang einander ausschließender Extreme zu verweigern. Sie überwindet simple Schwarz-Weiß-Schemata von »richtig« und »falsch«, »gut« und »schlecht« und schult darin, systematisch nach den Interessen und Absichten, den Zielen und Werten der Beteiligten zu fragen. Sie gewöhnt daran, Bildung als ein zutiefst politisches Phänomen zu begreifen. Dadurch hilft sie, die Diskussion über Bildung sachlicher, ehrlicher, fruchtbarer zu machen.

Bildungsgeschichte macht mit den leitenden Mythen früherer oder gegenwärtiger Bildungsdiskussionen vertraut. Das muß deren Wert keineswegs mindern. Wie oft hat man in den letzten Jahren beispielsweise versucht, den »Mythos Humboldt« zu stürzen. Eifrig wiesen Experten nach, daß Wilhelm von Humboldts Postulat freier Forschung nie die wirkliche Basis der modernen Universität gewesen sei, daß es eine »humboldtsche« Hochschule weder in Deutschland noch gar international je gegeben habe. Die (unbeabsichtigte) Wirkung solcher Angriffe indes – im Rückblick betrachtet: ihr Verdienst – war es, Humboldts Idee umso wirkungsvoller in die aktuelle Diskussion zurückzuholen. Daß bei heutigen Studierendenprotesten bisweilen Humboldt-Texte über Megaphon verlesen werden, ist ein eindrucksvolles Zeugnis für die Macht eines fruchtbaren »Mythos«.

An Beispielen für solche Paradoxien ist die Bildungsgeschichte reich. Die griechische *paideia* etwa, dieses wirkungsmächtige Ideal republikanischer Bürgererziehung, war in der historischen Praxis die Elitenideologie einer sklavenhaltenden Aristokratie. Widerlegt das ihre Maximen? Die Achtundsechziger-Pädagogik entpuppt sich bei geschichtlicher Betrachtung als die exzentrische Vision wohlstandsverwöhnter Nazikinder. Diskreditiert sie das? Die heutigen »Juniorprofessuren« sind, historisch betrachtet, Erfindungen der NS-Hochschulpolitik. Soll man auf sie verzichten?

Die Geschichte der Bildung zeigt, daß diese in der sozialen Praxis immer ein Distinktionsmerkmal ist, immer eine Sache von und für »Eliten«. Immer hilft sie auch dazu, sich von anderen abzusetzen. Wer gebildet ist, kann etwas, was ihn von der Mehrheit seiner Mitmenschen unterscheidet. Aufgabe der Bildung ist es, den daraus erwachsenden Hochmut zu dämpfen und in Demut zu verwandeln. Daß dies nicht immer gelingt, daß wir vom schönen Traum einer »Bildung für alle« immer noch weit entfernt sind, ist ein Faktum, das die Bildungsgeschichte erklären, aber nicht rechtfertigen kann.

Immerhin hält sie den Trost bereit, daß es eine wesentliche Begleiterscheinung westlicher Bildung ist, die herrschenden Eliten zu transformieren, zu modernisieren, zu erweitern, sozialen Aufstieg möglich zu machen. Das gilt für den mittelalterlichen Bauernsohn, der dank seiner Bildung, die er als Mönch im Kloster empfangen hatte, zum Bischof, vielleicht zum Papst aufsteigen konnte, ebenso wie für den Migranten, der seit dem 17. Jahrhundert in seiner neuen Heimat zum Regierungsmitglied werden kann.

Bildungsgeschichte bestätigt, daß das Ziel der Bildung, Autonomie zu realisieren, kein bloßer Traum ist, sondern eine historische Realität. Bildung führt zur Freiheit.

Hat man verstanden, daß Bildung nie »an sich« da ist, sondern schon immer dazu diente, weltanschauliche Konflikte auszufechten, die Welt zu verändern, so weiß man auch, warum die Diskussionen um Bildung und Bildungsreformen niemals zur Ruhe kommen können. Die Bildung muß permanent »reformiert« werden – und in modernen, demokratischen Gesellschaften noch viel schneller und kurzfristiger, ambitionierter und durchgreifender als in früheren –, weil jede gesellschaftliche Gruppe, jede Partei, jeder Interessenverband, jede Generation ihre je besonderen Ziele und Programme in einer neu akzentuierten Bildung durchzusetzen versucht – und sei es nur durch symbolische Manifestationen sozialer Macht, wie es die (sachlich sinnlose) »Rechtschreibreform« vor einigen Jahre gewesen ist. Jede Bildung will Traditionen durchbrechen, um (eventuell auf der Basis anderer) neu anzufangen.

Bildungsgeschichte lehrt somit, daß es »die« Bildung nicht geben kann: daß sie nichts Statisches, nichts allgemein Verpflichtendes ist und sein kann, sondern immer Vision, Verheißung, Postulat, Annäherung, etwas immer neu zu Gestaltendes. Insofern widerlegt sie die populäre, seit dem Gilgamesch-Epos (um 1200 v.Chr.) geläufige Rede, daß es mit der Bildung bergab gehe, daß die Menschen früher viel gebildeter gewesen seien als die heutigen es sind. Dafür erklärt sie, welchen politisch-moralischen Sinn solche Diskurse haben können.

Die Artikel dieses Kapitels konzentrieren sich auf europäische Bildung. Manches über außereuropäische Bildung ist im Kapitel VIII. (Nationale Bildungskonzepte) nachzulesen. Leider fehlen viele historische Bildungsepochen, die mittelalterliche Bildung beispielsweise, die historische Bildung des 19. Jahrhunderts, die Bildungsreformen der zwanziger Jahre. Daß wir für manche Artikel vergebens Autoren gesucht haben, zeigt auch, daß es hier noch viel zu forschen gibt. Da dieses Kapitel indes kein Geschichtsbuch ersetzen, sondern nur skizzieren will, welche Bedeutung Bildungsgeschichte für die Bildung haben kann, mögen exemplarische Einblicke genügen.

1. Griechenland

Ulrich von Wilamowitz-Moellendorff

Vorbemerkung der Herausgeber:
Mit Griechenland beginnt die europäische Kultur. Seit dem 5. Jahrhundert v. Chr. erfanden Griechen in Attika und im kleinasiatischen Ionien das Konzept einer autonomen Bildung (griech. »Paideia«) für Männer, die im demokratischen Gemeinwesen mitbestimmen sollten. Dazu nötig erschienen ihnen Musik, Philosophie, Mathematik, Naturwissenschaften, seit dem Zeitalter des Hellenismus (seit dem 3. Jahrhundert v. Chr.) auch die Philologie. So entstand jener Kanon, den die Römer später »studia humanitatis« nannten (»den Menschen betreffende Studien« im Gegensatz zu priesterlich-religiösem Wissen) und der seit dem Humanismus (ab dem 14. Jahrhundert) zur gemeinsamen Bildungsbasis des Abendlandes werden sollte.

Doch aus heutiger Sicht erscheint die griechische Bildung tief ambivalent. Eine Sklavenhaltergesellschaft macht Freiheit zur Grundidee ihrer Kultur. Das Patriarchat der Hausväter schließt Frauen von dieser Bildung aus und erhebt zugleich die Päderastie zum pädagogischen Leitbild.

Obwohl der folgende Beitrag fast hundert Jahre alt ist, benennt er solche Paradoxien in klaren Worten. Kaum jemand außer Ulrich von Wilamowitz-Moellendorff (1848–1931) hätte sich dies damals erlauben dürfen. Denn der preußische Adlige, der Schwiegersohn und Meisterschüler Theodor Mommsens, war der international angesehenste Gräzist seiner Zeit, ein perfekter Kenner der Quellen und zudem ein brillanter Stilist. Sein Streit mit Friedrich Nietzsche, dessen »Geburt der Tragödie aus dem Geiste der Musik« (1872) er vernichtend rezensierte – mit dem (treffenden) Tenor, daß ihr Autor eher Künstler als Gelehrter sei –, hat ihm bei der Nachwelt bisweilen den Ruf eines borniertes Fachidioten eingetragen. Daß das Gegenteil wahr ist: daß Wilamowitz weite kulturgeschichtliche Panoramen zu zeichnen weiß, zeigt der folgende (hier leider nur gekürzt abdruckbare) Auszug aus seiner Platon-Biographie von 1918.

[…] Der Knabe trat, sobald er der Kinderstube entwachsen war, vom siebenten Jahre an etwa, unter die Obhut eines eignen Dieners. Das war meist ein alter Mensch, zu schwerer Arbeit nicht mehr fähig, möglichst zuverlässig, aber nicht einmal immer hellenischer Abkunft, also keineswegs des Respekts und Gehorsams bei dem jungen Herrn sicher, verwirkte ihn wohl auch gelegentlich. Wie lange diese Aufsicht währte, läßt sich nicht sicher abgrenzen, schwerlich bis zu dem achtzehnten Jahre, wo der Jüngling Ephebe hieß und militärisch dienstpflichtig ward; in der Kriegszeit wird der Staat auf die Heranziehung der Rekruten nicht verzichtet haben […]. Doch finden wir ältere Knaben wenigstens im Gymnasion ohne Begleitung des Pädagogen. Dort standen sie unter der sehr kräftigen Zucht des Turnwarts, aber der Verkehr mit den älteren Besuchern des Ortes war doch frei, und die Knaben mußten nun schon selbst sich zu benehmen wissen und auf sich achten.

Denn schon die Kinder müssen in ihrer ganzen Haltung sich an einen Anstand und eine Sittsamkeit des Benehmens gewöhnen, die uns befremdet, und je älter sie werden, um so höher werden die Anforderungen. Immer wieder wird ihnen eingeschärft, daß sie darin die Haupttugend ihres Alters zu beweisen haben, die Sophrosyne, die Herrschaft über sich selbst, Bescheidenheit, Zurückhaltung. Dazu gehörte schon eine Haltung im Gange und im Sitzen, die sich anzugewöhnen den lebhaften südländischen Jungen eine Pein gewesen sein muß, die ihnen nur lange Dressur aufzwingen konnte. Man glaubt es ihnen anzusehen, wenn sie auf den Vasenbildern steif dastehen, eingewickelt in ihren engen Mantel, oder mit den kleinen Schritten einhergehen, die eine solche Tracht allein gestattet; die Augen werden, wenn auch verstohlen, um so lebhafter geblitzt haben. Auf den Turnplätzen löst sich der Zwang, fallen die Hüllen von den jugendlichen Gliedern, und wenn die Rute des Turnvaters während der Leibesübungen auch strenge Ordnung hielt, Anstandsregeln auch hier vorschrieben, wie man zu sitzen und sich beim Waschen und Salben zu benehmen hatte, so war doch freierer Bewegung Raum geboten. Um so notwendiger war, daß der Pädagoge seinen jungen Herrn keinen Augenblick aus den Augen verlor; auch paßten wohl ältere Verwandte auf. Denn der Verkehr mit den Erwachsenen und noch mehr mit den eben dieser Zucht entwachsenen Jünglingen, den Epheben, schloß ernste Gefahren in sich, und doch kam auf die Erziehung, die dieser Verkehr brachte, für das Leben alles an: der junge Herr sollte sich schon in diesen Knabenjahren seine Stellung in der Gesellschaft wo nicht schaffen, so doch vorbereiten. Er mußte »antworten« lernen, sich jene attische Regsamkeit des Geistes erwerben, die rasch auffaßt und schlagfertig erwidert, bei aller Bescheidenheit des Auftretens sich nicht verblüffen, durch die Komplimente sich nicht berücken lassen.

Vergleichen können wir es nur damit, wie bis vor kurzem die junge Dame für ihren Eintritt in die Gesellschaft abgerichtet ward, besser gehen wir noch in die Zeit zurück, wo die strengsten Regeln eines uns jetzt unnatürlich erscheinenden Anstandes die Bewegung des jungen Mädchens einschnürten. Einen Unterschied macht es freilich, daß die Eltern dabei im Stillen den Fang eines Mannes für die Tochter im Auge hatten, dieser selbst aber ihre Hoffnungen ebenso verbargen wie die Gefahren, der sie ausgesetzt war, selbst dann noch, wenn sie wußten, daß die Tochter längst dahinter gekommen war, was die Schicklichkeit als ein offenes Geheimnis zu behandeln zwang. Das Ziel, der Mannfang, fehlte, aber es fehlte auch die Heuchelei. Die attischen Knaben wußten ganz genau, um was es sich handelte.

Um die Knabenliebe handelt es sich [...]. Hier liegt ein psychologisches und sittliches Problem, das schon Sokrates für uns stellt, das Platon selbst praktisch und dann theoretisch lösen mußte. [...] Von der Seite her, wo Liebe ist, werden wir die Erscheinung denn auch betrachten [...].

Als Ausgangspunkt wollen wir ein Gedicht Pindars nehmen, also eines Dichters, der ganz in den Anschauungen jener nicht sowohl dorischen oder böotischen als panhellenischen vornehmen Gesellschaft steht, wie sie das 6. Jahrhundert dem 5. vererbte, das sie auch in den höchsten Schichten Athens beibehielt; die Sophistik und vollends die Sokratik bringen eine Änderung, die hier nicht zu verfolgen ist; die Demokratie, in der jene Oberschicht untergeht, ebenfalls. Pindar ist aber auch ein Mann von hohem sittlichen Ernste, der nicht müde wird, die Pflichten einzuschärfen, deren Befolgung dem Mann, wie er sein soll, zur Natur werden muß. Was er sagt, wie er lebt, das steht in Einklang mit dem Willen des delphischen Gottes, als dessen berufener Diener er sich fühlen darf: der Gott selbst teilt diese Gefühle; ein altes Gedicht enthielt die Mahnungen, die er an einen Geliebten richtete. Hören wir denn, wie Pindar empfindet, als er ein hochbetagter Greis ist. Das Gedicht gilt einem Knaben, in dessen Schoß er friedlich und selig gestorben sein soll, was natürlich aus dem Gedichte herausgesponnen ist, dessen Zeit sich bestimmen ließ.

> Herz, du weißt doch, der Liebe
> Früchte gehören der Jugend.
> Doch in Theoxenos Augen
> brennt ein Feuer, sie schießen funkelnde Strahlen:
> wer sie erblickt
> und nicht fühlt, wie die Flut des Verlangens
>   aufschäumt,
> dessen Herz ist aus Eisen und Stahl
> schwarz geschmiedet an kalter Flamme.
> Aphrodites schmachtender Blick
> hat ihn niemals gesegnet.
> Mag er sich plagen im Kampf um des Tages
>   Notdurft,
> mag er jeden Begegnenden grüßen,
> schamlos, wahllos wie das Weib:
> mir hat die Herrin gegeben,
> wo ich knospende Knabenschönheit schaue,
> hinzuschmelzen, wie in der Sonne das Wachs,
> Wunderwerk der Bienen, schmilzt.
> So denn auch heute. Auf Tenedos
> hatten sich Anmut und Liebreiz
> Agesilaos Sohn zum Sitze
> auserwählt...

Weiter ist nichts erhalten; aber das Geständnis der sinnlichen Reize, die noch auf den Greis so stark wirken, ist auch die Hauptsache. Ähnliches gesteht Sokrates mehr als einmal, in dem der Wille die Leidenschaft niederhält, aber durchaus nicht erstickt. Pindar spricht eine Verachtung der Frau aus, die uns tief verletzt; dabei hat er ein Weib genommen und Kinder gezeugt. Das verlangte die Bürgerpflicht, die Standespflicht, auch der Wunsch in der Nachkommenschaft fortzuleben. Aber das Herz war unbeteiligt. Ehe und Liebe haben nichts miteinander zu tun; Weiberliebe ist bei dem Manne nur sinnlicher Trieb; dem fügt sich das Weib, schon weil es muß. Solche Szenen weiß Pindar zu malen. Aber wo die Liebe aus dem Herzen kommt, gilt sie dem eigenen Geschlechte. Kein Zweifel, daß manche Ehe zwischen den Gatten zu einer Freundschaft führte; die Stellung der Ehefrau im Hause und auch im Gottesdienste war ja so gesichert, daß es zu orientalischer Knechtung nie kommen konnte. Freundschaft nannte man aber auch, was der Knabe für seinen Liebhaber empfinden sollte, was beide zusammenhielt, wenn das Welken der Jugendblüte des einen Teiles auch die Leidenschaft, die Liebe, in dem andern Teile des Paares schwinden ließ. Erwachsen war die als Sitte geheiligte Unnatur in dem Lagerleben einwandernder Stämme, was hier nicht zu verfolgen ist; doch sei wenigstens auf die kretischen Zustände hingewiesen, weil sie die Knabenliebe sozusagen als staatliche Institution zeigen. Dort erhielt der Knabe bei dem feierlichen Eintritt in die mannbare Jugend, also auch in das Heer, einen Genossen, der zuerst auf eine Weile mit ihm in die Berge zog, mit ihm eine Art Honigmond beging, ihn aber dabei auch in die Pflichten seines neuen Standes einführte. Heimgekehrt brachten sie ein Opfer; die Verbindung, also auch die erzieherische Obhut des älteren Kameraden wird fortgedauert haben. Keinen Liebhaber zu finden, war eine Schande. Unverkennbar ist, daß diese Erziehung in dem Verkehre des Sokrates mit Alkibiades fortlebt. Pindars Heimat Theben nannte seine Garde, sozusagen, die heilige Schar: sie bestand aus Liebespaaren, und bei Chaironeia hat sie unter den makedonischen Speeren einen ruhmvollen Tod gefunden. Die ethischen, gesellschaftlichen, politischen Mahnungen des Theognis, die wir in den Händen der athenischen Jugend antreffen, sind von dem Liebhaber an seinen Knaben gerichtet.

Niemand wird von der körperlichen Hingabe des Knaben unverhüllt reden; aber jeder setzt sie voraus, und auch wo kein gesellschaftlicher Zwang wie in Kreta besteht, sondern freie Neigung ein solches Verhältnis begründet, trifft den willfährigen Geliebten nicht der leiseste Makel. So kannte es Pindar von Hause, so urteilt er durchaus. In Athen, wenigstens dem Athen, in dem Platon aufwuchs, lagen die Dinge etwas anders. Der ionische Stamm hatte die Knabenliebe nicht gekannt, wie Homer zeigt, und wenn orientalische Lüste auch eindrangen, ist sie doch in Asien als etwas zwischen Freien und Ebenbürtigen Zulässiges niemals anerkannt worden. In Athen hatten die Sitten und Anschauungen des dorischen Adels wie in allem so auch hierin Eingang gefunden, zuerst natürlich in den höheren Ständen, ganz wie die Gymnastik, und es gab ein Gesetz, das dem Unfreien beides in einem Atem untersagte. Ganz unbefangen redet Solon; Aischylos faßt die Freundschaft zwischen Achilleus und Patroklos ganz unbefangen und ganz unverhohlen erotisch; Sophokles denkt nicht anders. Aber das Volksempfinden war anders oder ward es doch, und sich hingegeben zu haben, auch nur einem Freunde, der dieses fürs Leben blieb, war ein entschuldbarer, aber doch ein Fehltritt und haftete als ein Makel, der wohl übersehen ward, aber von einem gehässigen Feinde immer aufgegriffen werden konnte; [...] In der Sophistenzeit erhoben sich auch gewichtige Stimmen, die auch in diesem Punkte die Rechte der Natur wider die Sitte und ihre Vorurteile vertraten. Euripides hat immer so gedacht, die Knabenliebe immer ausgeschaltet, zuletzt offen und nachdrücklich angegriffen; die Heldensage zeigt, daß auch schon früher solche damals kühnen Gedanken sich vorwagten. Daher die Warnungen zur Sophrosyne, daher die ängstlichen Anstandsregeln, die beständige Aufsicht der Knaben. Aber die Sinnlichkeit war nun einmal geweckt, auf diese Wege gelockt, die fremden Standesideen wirkten fort. Da erfand sich die Sophistik der Leidenschaft ihre Theorie, wie sie Platon im Symposium als Folie für die Sittlichkeit des Sokrates vor Pausanias angesichts seines erklärten Lieblings Agathon vortragen läßt. Es steckte ja in der Tat ein seelisches, herzliches Element in der Neigung des Liebhabers, und der erzieliche Einfluß desselben darf gewiß nicht gering geschätzt werden. Darauf wird die Lehre von einer edlen Liebe gegründet, die rein ist, Erwiderung fordern darf, finden soll. Nur ist damit verhüllt oder unverhüllt immer noch verbunden gedacht, daß der Geliebte sich »gefällig erweist«, wie man sich ausdrückt, und am Ende läuft doch alles auf die Sanktionierung der Unsitte hinaus, so daß gerade diese höchst moralisch klingende Theorie die schwerste Gefahr, Selbsttäuschung und Heuchelei, in sich schließt. [...]

Diese Betrachtung hat uns weit abgeführt; mit den Gegenständen des Unterrichts lenken wir wieder in die Kinderzeit zurück. Das, was der Grieche die musische Bildung nennt, führte zu dem »Buchstabenlehrer«. Es galt Lesen und Schreiben zu lernen, eine Kunst, die vielen Schweiß kostete. Ein Buch fließend zu lesen, in dem die Wörter nicht abgeteilt sind und kaum je ein Lesezeichen steht, ist keine Kleinigkeit. Die Hand war für das Geschäft des Schreibens ungelenk, daher zog der Lehrer die Buchstaben auf einer Wachstafel vor, und der Schüler gewöhnte sich, diesen Furchen zu folgen, ehe er das Malen mit der Rohrfeder versuchte. Mechanisch war der ganze Betrieb; große Klassen von Buben sagten laut Buchstaben, Silben, Wörter auf; auch was sonst auswendig gelernt ward, pflegte der Lehrer vorzusprechen und durch Abhören einzuprägen. Reizvolle Vasenbilder zeigen uns die ehrbar-gezwungene Haltung der Schüler; wir trauen ihnen zu, daß sie sich recht anders benehmen, wenn sie nicht gerade »dran« sind.

Rechenunterricht, den wir erwarten, gab es nicht; aber natürlich kann jeder durch das Zählen mit den Fingern (»fünfern« kann man für zählen sagen) zur

Addition und Subtraktion; der Zähltisch war zur Erleichterung allgemein verbreitet, auch für das Rechnen mit den Münzen eingerichtet. Sicherheit im Multiplizieren war schon etwas Selteneres; Dividieren ist mit den griechischen Zahlzeichen immer äußerst unbequem gewesen. Zeichenunterricht war mindestens nicht gewöhnlich; [...]

Es war ein großer Fortschritt, von dem Einpauker, der die Buchstaben lehrte, zu dem Kitharisten zu kommen, in dessen Händen, scheint es, der weitere musische Unterricht lag. Den Mittelpunkt bildete die Musik; zur Laute zu singen und sich selbst dabei zu begleiten, gehörte schon zu einer bescheidenen gesellschaftlichen Bildung; jedes Symposion stellte diese Anforderung, und erwünscht war, auch einmal einen eigenen Vers auf eine bekannte Weise zu improvisieren. Ein Blasinstrument spielen lernten die Athener nicht, im Gegensatze zu den Nachbarn in Theben und Argos. Der Erfolg war, daß zu den athenischen Reigentänzen, die ohne die Flöte nicht Takt halten konnten, die Pfeifer aus dem Auslande kamen; ziemlich zu jedem Opfer mußte man sich einen oder eine dingen, um die heiligen Melodien zu blasen. So kam die Flötenspielerin auch auf die Trinkstube der jungen Leute, eine gemietete Sklavin, die dann nicht nur heiligen Zwecken diente. Diese seltsam inkonsequente Haltung der Athener gegenüber den Blasinstrumenten, die sich wohl historisch erklärt (Homer kennt sie nur bei den Troern, und die Ionier haben sie eingestandenermaßen von den Phrygern), hat Platon übernommen und zu konsequenter Verwerfung gesteigert. Aber der Chorgesang zur Laute ist ihm zugleich die natürlichste und vollkommenste Musik; ihre Pflege steht auch für ihn im Mittelpunkte des Unterrichtes beider Geschlechter. Wir müssen die musikalische Bildung der Hellenen, nicht bloß der Athener, sehr hoch anschlagen, nicht nur die Schulung des Gehöres, sondern auch die Kenntnis der verschiedenen Tonleitern (Harmonien) und eines reichen Schatzes alter klassischer Melodien. Für viele war damit die Empfänglichkeit für die großen Neuerungen gegeben, die sich während Platons Lebzeit durchsetzten und der Musik das Übergewicht über das Wort verliehen [...]

Zur Musik gehört der Tanz, besser der Reigen, damit man nicht an wilde Bewegung denke. In diesem Chortanze verbindet sich der Gesang mit der körperlichen Schulung des Turnplatzes, und ein geschickter Knabe konnte als Chortänzer sehr leicht zu der Ehre seiner ersten »Liturgie«, ersten Leistung für den Staat, kommen. Denn die Phylen, die zehn Abteilungen der Bürgerschaft, konkurrieren mit Chören bürgerlicher Knaben an einer Anzahl von Götterfesten. Kaum anders möglich, als daß ein fähiger Knabe zu solchen Arbeiten und Fronden herankam; aber davon erfährt man kaum je etwas.

Mit den Melodien lernten die Knaben schon viele edelste alte Lieder. Reiche Lektüre und ausgedehntes Auswendiglernen trat hinzu, ob bei demselben Lehrer oder wie sonst, stehe dahin. Homer, der schon damals durchaus nicht ohne weiteres verständlich war, ward erklärt, und es ist nicht nur vorausgesetzt daß jede Anspielung auf einen Homervers allgemein verstanden wird, sondern ziemlich jedermann vermag homerisches Versreihen aus dem Gedächtnis vorzutragen. Aber Sokrates kann auch ein Gedicht des Simonides auswendig, wie es ihm Protagoras zutraut, und Platon hätte unmöglich so viele oft leise Hindeutungen auf Worte von Epikern, Lyrikern, Tragikern einflechten können, wenn sie nicht in den Kreisen seiner Leser bekannt gewesen wären. Daß er sich dabei ganz auf sein Gedächtnis verläßt, zeigen gelegentliche Irrtümer. Das Gedächtnis war frisch und ward nicht wie das unsere durch tausenderlei Verschiedenes überlastet, aber es ward auch durch starke Belastung im Auswendiglernen gekräftigt; unsere Pädagogik zerstört es durch furchtsame Schonung.

Für die etwas älteren Knaben trat der Besuch der musikalischen und der dramatischen Spiele hinzu. Die massiven Unanständigkeiten der Komödie haben die Zulassung der Jungen nicht gehindert; es gibt auch recht obszöne Puppen. Platon [...] sagt, daß die Komödie dieser Jugend besonders gefiel, dazu werden auch die Zoten das ihre beigetragen haben. [...] Aber er spricht es auch aus, daß die Tragödie für die reiferen Knaben, die Frauen, überhaupt die meisten Menschen das Höchste war. [...]

Haus und Schule verfolgten mit der Einführung in die anerkannten Dichter der Nation auch den Zweck der sittlichen Erziehung: sie sollten die Richtung für den Weg des Lebens geben, das Ziel weisen. Was Eltern und Lehrer sagen konnten, hatten sie selbst von jenen Lehrern der Erwachsenen überkommen. Ein Teil der Lektüre war geradezu für diesen Zweck ausgewählt. Homer diente ihm nur mittelbar, und die äsopischen Fabeln waren wohl mehr Unterhaltungsstoff für die Kleinen, obwohl jede ihr fabula docet hat. Aber schon Hesiodos lieferte in seinem Gedichte von der Arbeit (bei dem Titel »Werke« kann sich niemand etwas denken) goldene Sprüche in Menge; unter seinem Namen las man auch ein Gedicht, in dem Chiron, der weise Kentaur, als Pädagoge den Knaben Achilleus unterwies; dasselbe tat Theognis in dem Spruchgedichte an seinen geliebten Kyrnos. Anderes lieferte die Elegie Solons und der Ionier; auch die Gegenwart mehrte diesen Stoff, die Tragödie trat hinzu, durfte aber nicht vorwalten, weil sie zuviel neue Gedanken hinzubrachte. Wohl erklangen auch früher sehr verschiedene Stimmen, aber es war doch eine allgemeine hellenische Moral, die sich aus dem Ganzen abnehmen ließ, natürlich kein System; es wird nicht gefragt, warum ist das so. Es war auch kein Gebot oder eine Offenbarung eines Gottes, was die Forderungen begründete oder heiligte, die an den heranwachsenden Mann gestellt wurden. Es ward ihm nur gezeigt, am eindringlichsten durch die Vorbilder der Geschichte, d. h. Sage, Herakles, Achilleus, Odysseus: so ist das Leben, so sind die Menschen, so aber sollst du in diesem Leben, unter diesen Menschen sein und handeln.

Es ist eine hellenische Moral; die Barbaren sind anders, darum sind sie minderwertig. Es ist die Moral des freien Mannes; der Sklave kennt sie nicht, könnte sie auch nicht üben. Es ist eine Herrenmoral; wer für seines Lebens Notdurft auf die Arbeit der eigenen Hände angewiesen ist, wird ihren Anforderungen nicht genügen können, trotz dem schönen Spruche des Hesiodos, daß keine Arbeit schändet, sondern nur der Müßiggang. Darum verträgt sich diese Moral schlecht mit der Demokratie; gehörte doch die Herkunft von »guten Männern«, ursprünglich göttliches Blut dazu. Wohl wird jeder freie Athener der Überzeugung sein, daß er einen »freien Sinn« hätte, wie man gern sagt, und er wird dem Sklaven die »Tugend« absprechen, auf die er selbst Anspruch erhebt; allein Platon hat geglaubt und gemäß diesem Glauben die Stände seines Staates abgegliedert, daß selbst der Sohn eines Handwerkers kaum zu der wahren Bildung und freien Gesinnung kommen könnte, auch dann noch, als er in der Theorie jeden Dünkel auf adlige, ja sogar auf hellenische Abstammung abgelegt hatte.[…]

Die Volksmoral hat sich in einigen Geboten niedergeschlagen; ich will sie nicht mit den zehn jüdischen vergleichen, die Luther gewaltsam umdeuten mußte (eins dabei sogar ausmerzen), damit sie dem auf Offenbarung gegründeten Moralunterrichte gnügten, den er für nötig hielt. Das erste ist: du sollst den Göttern ihre Verehrung erweisen. Das verpflichtet zu gewissen Handlungen, die Gesinnung geht es nichts an; wer die Götter sind, wird nicht gesagt: zunächst sind es natürlich die Götter, die in Haus und Stadt vorhanden sind, die väterlichen, hellenischen Götter; aber Götter sind überall, und weil sie Götter sind, haben sie Anspruch auf Verehrung, sobald wir in den Bereich ihres Wirkens und des darauf gegründeten Kultus treten. Das zweite ist, die Eltern zu ehren; das wird in Athen gern so gefaßt, daß es die Verpflichtung in sich schließt, für die alten Eltern zu sorgen, zum Dank für die Mühen der Erziehung, und ihnen auch nach dem Tode den schuldigen Grabkult zu leisten. Als drittes wird öfter die Liebe des Vaterlandes eingeschärft; doch scheint dies erst herausgenommen aus dem letzten Gebote, die gemeinsamen Gebräuche der Hellenen innezuhalten, und ist wohl sicher erst athenisch, denn es setzt einen lebenskräftigen Staat voraus, der dem »hellenischen« Standesgefühle überlegen war. In der Betonung der panhellenischen Sitten kommt der Gegensatz zu den Barbaren heraus. Diese »ungeschriebenen« oder auch »väterlichen« Gesetze, die über allen menschlichen, staatlichen Verordnungen stehen, schließen mancherlei ein: die Heiligkeit des Heroldes, den ersten Satz eines künftigen Völkerrechtes; die Pflicht einen Toten zu begraben, nicht nur den Verwandten, wofür Antigone gestorben ist, die sich auf das ungeschriebene Gesetz beruft; einen Schutzflehenden nicht zu verstoßen, selbst wenn er Blut an den Händen hat, ihn zu entsühnen; den Feind, der sich ergibt, nicht zu töten; niemandem die Bitte um Wasser oder Feuer zu versagen, u. dgl. m. Es sind Regeln für das Verhalten des Mannes und Kriegers; die eigentliche innerliche Moral geben sie nichts an.

Versuchen wir uns dieser, der sittlichen Begriffe und der darauf gegründeten Forderungen, zu bemächtigen, so zeigt sich in peinlicher Deutlichkeit, daß es in einer anderen Sprache im Grunde nicht möglich ist als in der, welche den Athenern mit den Wörtern die Begriffe, alle ihre Nuancen und Nebentöne ohne weiteres lieferte. Das sind keine termini technici, mit denen unser abstraktes Denken notwendig wirtschaftet wie auch schon die stoische, zum Teil die peripatetische Moralphilosophie; sie lassen sich zu solchen nicht machen, und übersetzen lassen sie sich auch nicht, denn die Wörter einer anderen lebendigen Sprache haben andere Nuancen und Nebentöne. Am wenigsten übersetzbar ist das entscheidende Wort Areté, um das sich die sokratischen Fragen alle mehr oder minder drehen. Tugend pflegt man dafür zu sagen, und ich kann es auch nicht anders machen, wenn ich nicht das griechische Wort, und dann auch manches andere, einfach herübernehmen soll. Und doch taugte die Übersetzung schon darum nie etwas, weil Tugend von taugen kommt, und jetzt hat sie vollends einen philisterhaften Beigeschmack. Ich muß immer voraussetzen, daß der Leser unter Tugend die Areté versteht, also muß hier gleich deutlich gemacht werden, was diese den Hellenen war, was die Unterredner des Sokrates dabei denken, wenn er oder vielmehr Platon sie zu neuen Erkenntnissen und Wertungen führen will. Das geht ohne grammatische Erörterung nicht ab. Das Sprachgefühl, das nur der besitzt, der in der Sprache selber denken kann (denn die Etymologie reicht zum Verständnis so wenig wie das Lexikon), muß versuchen, den Inhalt nicht nur der Vorstellungen, sondern auch der Empfindungen herauszubringen, der für den Hellenen, den Athener, den jungen Platon ohne weiteres gegeben war, wenn er Areté hörte und sagte.

Diese »Tugend« ist einmal das, was den »guten«, tüchtigen, rechten, vollkommenen Mann macht, ist aber ebenso gut das, was er im Leben erreichen will. Du willst und sollst ein »guter«, tüchtiger, rechter Mann werden. Das ist die Voraussetzung. Wir wollen also zuerst fragen, was dem Knaben als Lebensziel und Lebenslohn gezeigt wird, und was von ihm verlangt wird, damit er Ziel und Lohn erreiche. Anerkennen sollen ihn als rechten Mann Freunde und Feinde, die ersten durch Respekt, die andern durch Furcht: darum bittet Solon die Götter. Sie werden es, wenn er den einen hilft, den andern schadet, beides mit allen Mitteln. Die richtigen Freunde zu haben, gehört auch dazu. Freundschaft ist in erster Linie Verwandtschaft; so wird die Mahnung, nur die Guten zu Freunden zu haben, zu der Warnung vor einer Ehe aus »schlechtem« Hause, wird aber auch zu einer politischen Warnung vor der Verbindung mit der Gesellschaft, der man das Prädikat »gut« versagt. Das erste, was den Mann macht, ist der Mut, nicht nur Tapferkeit, sondern auch Ausdauer in Mühen und Gefahren, wie es Herakles gekonnt hat. Aber Odysseus hat mit Klugheit neben dem Mute und der Ausdauer mehr erreicht als nur der tapfere Aias. Dabei ist wider den Feind jede List, jeder Trug nur löblich, und überhaupt rechtfertigt der Erfolg die Mittel; andererseits entschuldigt die Notlage vieles; in ihr ist alles »schön«, sagt Pindar. So gehen die Mahnungen zur Klugheit weit. »Mache es wie der Polyp, der die Farbe des Felsens annimmt, von dem aus er seine Fangarme ausstreckt«, so ließ ein altes Gedicht einen weisen Seher seinen Sohn beraten. »Schön« ist die Gerechtigkeit, d. h. sich gegen Freunde und harmlose Fremde, namentlich auch gegen das niedere, abhängige Volk keine Übergriffe zu erlauben, sich vor Gewalttaten zu hüten, die aus einer Überhebung stammen, aus dem Frevelmute, der immer vor dem Fall kommt. Das führt zur Forderung der Maßhaltung, Selbstbescheidung, die natürlich dem jungen Menschen vor allem eingeprägt wird. Es kann ja nicht ausbleiben, daß die Volksmoral vor allen Extremen warnt, also manche ihrer Forderungen widersprechend klingen, wie man Sprichwörter mit entgegengesetztem Sinne leicht einander gegenüberstellen kann. Namentlich der delphische Gott mahnt immer wieder, sich als Menschen in seiner irdischen Ohnmacht zu erkennen und danach zu handeln und zu hoffen. Das drückt nieder; aber daneben wird die »Hochsinnigkeit«, das Hochgefühl des rechten Mannes, gepriesen, auch wohl sein »freier« Sinn. Der soll sich besonders in der Verwertung des Reichtums beweisen, der im Besitze des rechten Mannes vorausgesetzt wird, oder den er doch gewinnen muß, nur nicht durch Dienst, nicht durch seiner Hände Arbeit. Grundbesitz, den Pächter oder Hörige bebauen mögen, ist das Vornehmste; aber der adlige Korinther oder Äginete, dessen Schiffe ihn durch Handel bereichern, gilt als gleichberechtigt. »Freier«, »hoher« Sinn weiß den Reichtum recht zu verwenden, zu Spenden für die Götter, auch für die Gemeinde, den Staat, für alles, was zur Repräsentation gehört, z. B. Rennpferde zu halten, aber auch einen kriegsgefangenen Standesgenossen loszukaufen, den Klienten, auch den fahrenden Leuten, den Dichtern und Musikanten gegenüber nicht zu kargen. So lebt der rechte »gute« Mann im Genusse des »Segens«, des Olbos, der Eudämonie; er hat einen guten Dämon, weil es ihm gut geht: er genießt die »Tugend«, die für den als »tüchtig« anerkannten Mann mit diesem Segen zusammenfällt oder zusammengeht. Hoffnungen auf ein anderes Leben spielen nicht mit. Fortleben wird er in seinen Kindern: Söhne gehören zum vollen Glück; es gehört aber auch dazu, was das Liedchen sagt: »Gesundheit ist das höchste Gut für den sterblichen Mann, das zweite ist Schönheit (die nicht nur leiblich gedacht ist; einer, der ›schön von Natur ist‹, ist auch geistig begabt), das dritte ist reinlicher Reichtum, das vierte das Leben mit den Genossen zu genießen.« Dies ist so gefaßt, weil es ein Trinkspruch der Jugend ist: aber das setzt sich leicht auf jedes Alter um.

Alles schließt sich zu einer sehr aristokratischen Lebensanschauung zusammen, tatkräftig, dem gesunden Lebensgenusse zugewandt, die Ideale nicht in der Höhe, nicht in der Ferne gesucht, verstandesklar, nichts von mystischen Regungen und quälenden Zweifeln, das Gefühlsleben nicht eben stark entwickelt. Liest man Theognis, so fühlt man den Untergang dieser Gesellschaft durch die aufstrebende Demokratie und bedauert ihn nicht. Liest man Pindar, so imponiert die Geschlossenheit und in ihren engen Grenzen die Größe dieses Denkens; da steht freilich eine große Dichterpersönlichkeit dahinter, deren Eigenart hier außer Betracht bleiben muß; aber mag sich's Pindar selbst nicht eingestehen, allmählich legt sich eine Herbststimmung über seine glänzenden Bilder. Wir fühlen, dieses bunte Laub muß fallen, und die Stürme sind im Anzuge, die es abreißen, auf das neues Leben keime. Sie wehen aus der demokratischen Großmacht Athens und dem freien ionischen Denken her. In Athen selbst muß die Gesellschaft vergehen, welche in ihren Lebensformen und auch in ihren politischen Anschauungen das Alte festzuhalten sucht. Ihr entstammt Platon. Aber eben darum war er berufen, eine neue hellenische Welt des Denkens und Empfindens zu erbauen, die das Echte und Große der alten panhellenischen Ethik vertieft und durchgeistigt festzuhalten wußte.

Nun werden wir versuchen dürfen, aus den Wörtern die Begriffe und ihre Umwandelung abzuleiten. Zuerst etwas, das ganz ausscheidet, der Ruhm und der Nachruhm, auf den Solon soviel Wert legte, den Pindar immer wieder durch seine Dichtung den Herren zu bereiten verspricht. Von einer solchen Rücksicht auf die Meinung der Mitwelt oder Nachwelt ist in der Sokratik keine Rede. Tugend und Glück gehen den Menschen ganz allein an, hängen von seinem Sein und Handeln absolut, von seinem inneren Gefühle ab, von seinem Verhältnis zu Gott und zu dem Dämon in seinem Busen. Notwendig; der Grieche braucht dasselbe Wort für Ruhm und für Schein. Der Schein kann keinen Wert haben. Jetzt ist der tugendhafte Mann der, welcher »nicht der beste scheinen, sondern sein will«, wie es Aischylos schon formuliert hat. Das ist keine neue, platonische Lehre, es braucht darüber nicht lange gestritten zu werden.

Der Begriff der Areté, der Tugend, ist der wichtigste. Jene drei Gebote, von denen oben die Rede war, nennt Euripides drei Tugenden: da sind es tugendhafte Leistungen. An den Götterfesten sitzen auf den Märkten Erzähler und verkünden die »Tugenden« des Gottes: das sind die Wunder, die er wirkt. Pindar braucht ebenso gern den Singular wie den Plural, um die Kräfte und Betätigungen seiner Helden zu bezeichnen. Sie erringen den Sieg durch die Tugend ihrer Füße, ihrer Fäuste. So wird die Tugend ein relativer Begriff; der Schuster hat die seine, die Stiefel, die er macht, auch. Der Rhapsode bittet die Götter »um Tugend und Segen«, d.i. klingenden Lohn. Weil er sein Handwerk versteht, besitzt er wohl seine Tugend, aber erst in dem Beifall, den er findet, und der sich lohnt, tritt sie hervor: daher bittet er um sie. Verse des Hesiodos, die jedes Kind lernte, sagen: »zur Areté (die persönlich gefaßt ist), ist der Weg rauh und steil; ist man aber oben, so geht es glatt«. Das wird wohl erst voll verstanden, wenn man es umsetzt »ein rechter Mann zu werden, kostet Schweiß und Mühe; man muß sich erst durchsetzen, um zur Höhe einer gesicherten, angesehenen Stellung zu gelangen; aber ist das erreicht, so kann man sich des Erreichten auch erfreuen«. Es liegt also der Lohn darin: die Areté wird zu dem erstrebten Ziele. So kann Sophokles sagen, daß Herakles durch den Eintritt in die Göttlichkeit »unsterbliche Areté« gewonnen hat, und ein Gedicht auf dem athenischen Staatsfriedhof rühmt gar den Gefallenen nach, daß sie gegen das Leben Areté eingetauscht und ihrem Vaterlande (nicht nur sich) ewigen Ruhm gewonnen haben. So klingt die hellenische Tugend an unseren Ehrenbegriff an: Ehre muß der Mensch im Leibe haben, und sie ist doch nur um das Leben oder doch den Einsatz des Lebens feil. Alles das muß man gegenwärtig haben, wenn man die Debatten über die Einheit und den Inhalt der Tugend, die Deutungsversuche und Irrgänge verstehen will, die uns in den ersten Dialogen Platons begegnen.

Ähnlich steht es um das »Gute« und das »Schöne«. Wenn der Mann »gut« ist, so ist er tapfer, ist was wir einen »rechten Mann« nennen; das haben wir gesehen. Aber wenn eine Sache gut ist, so ist es das Bekömmliche, Nützliche, was durchaus vorwiegt; das muß dann so fortgebildet werden, daß uns gut bekommt, zum Heile gereicht, was unserer Seele ihr Heil bringt, so daß ganz allmählich das sittlich Gute durchdringt; aber es gibt sich für den Griechen unwillkürlich, daß das Gute uns auch gut bekommt, Gutes für uns erwirkt. Das »Schöne«, dem das »Häßliche« (das oft zugleich als schimpflich empfunden wird) gegenübersteht, ist zunächst, worauf das Auge der Welt mit Wohlgefallen, Billigung, staunender Bewunderung schaut, oft auch das Ehrenvolle, in den Augen der Menschen und an sich. Daher gibt es zwischen dem Schönen und dem Nützlichen oft genug Konflikte, und wenn das Nützliche das Gute ist, fällt schön und gut durchaus nicht immer zusammen. Auch schön und gerecht nicht. »Was ist schöner, als die Hand siegreich über dem Haupte des Feindes zu halten« heißt es bei Euripides; die Frage nach der Gerechtigkeit wird sich das Rachegefühl gar nicht erst aufwerfen, und Euripides beabsichtigt auch, daß wir bei dem Worte, wo es steht, schaudern. So war es ein weiter Weg, bis das Schöne zugleich das sittlich Gute ward. […]

Das Gerechte, das Dikaion, richtig zu verstehen, ist kaum minder wichtig als die Areté, denn wir laufen Gefahr, auch wenn wir uns von der ganz anderen Gerechtigekeit des Alten Testamentes oder gar des Römerbriefes nicht berücken lassen, so etwas wie Rechtschaffenheit, unbestechliches Rechtsgefühl, also ein Abwägen entgegenstehender Rechtsansprüche, ein Urteilen hineinzubringen, die Justitia mit der Wage und der Augenbinde. Für den Griechen liegt die Gerechtigkeit ganz praktisch in seinem Verhalten zu seinen Nebenmenschen. Nicht als Jurist oder als konstitutioneller Staatsmann hat Aristeides den Namen des Gerechten erhalten, sondern weil er sich nicht bestechen ließ oder sonst die Billigkeit verletzte, als er die Staaten des delisch-attischen Bundes zur Kriegssteuer einschätzte. […] Wie der Mann sich zu seinen Nächsten stellt, das entscheidet über seinen moralischen Wert. Von da aus ist leicht begreiflich, daß die Frage nach der nun nicht mehr subjektiv, sondern objektiv gefaßten Gerechtigkeit zur Frage nach der richtigen Gesellschaftsordnung werden mußte.

Mit der Gerechtigkeit wird gern die Sophrosyne zusammengestellt, die von den Modernen oft als eine besonders hellenische Tugend angesehen wird. Zu übersetzen und zu definieren ist sie allerdings schwer; Maßhaltung, Selbstzucht, Bescheidenheit mag man in vielen Fällen sagen können, aber erschöpfend ist nichts, und um das griechische Wort komme ich wenigstens nicht immer herum. Wie ihre Schwester Dikaiosyne ist auch die Sophrosyne in Ionien benannt; das zeigt die Ableitungsform. Sophron ist, wer »gesunden Sinn« hat. Das geht den Menschen also wirklich selbst an, seine Gesinnung und ihre Gesundheit. Was die Gerechtigkeit in Hinblick auf den Nächsten bezeichnet, wird hier auf den Handelnden selbst bezogen. Da kommt also das richtige Verhalten gegenüber allen Leidenschaften heraus, deren Beherrschung der Grieche gern so ausdrückt, daß der Mensch »stärker als er selbst« sein soll, d. h. sich selbst beherrschen. Als Pindar einmal eine Geschichte erzählt hat, in der menschliche Überhebung ihre Strafe fand, fährt er fort:»man soll von den Göttern nur Angemessenes haben wollen; die Vernunft des Sterblichen soll sich klar gemacht haben, was vor Augen liegt, das Los, das uns zukommt (die Ansprüche, die wir machen können)«. Und sogleich wird im Gegensatze zu jenem Heros, der seine Überhebung büßte, ein anderer eingeführt, mit einem bezeichnenden Beiwort, das die »gesunde Gesinnung«, die Sophrosyne, an ihm lobt. Da wird der Zusammenhang klar, in dem diese Tugend wirklich mit dem delphischen Gruße steht: »Mensch, erkenne dich selbst«, d. h. deine Sterblichkeit und demgegenüber die Erhabenheit der Gottheit. Durch die Forderung dieser Selbsterkenntnis ist schon vor der Sokratik ethisch und religiös vertieft, was zuerst und zumeist nur die Innehaltung der Schranken bedeutete, welche die Sitte errichtete, die Leidenschaft zu durchbrechen reizte. Wer gegenüber der Gerechtigkeit sich danach sehnte, als Tyrann jede Rücksicht auf den Nächsten fahren zu lassen, wollte auch die Maßhaltung und Selbstbeherrschung los werden, damit er allen Gelüsten nachgehen könnte, »ungezügelt«, außer Rand und Band, wie man das Gegenteil dieser Tugend zu bezeichnen pflegt. Dementsprechend wird sie mit Vorliebe auf das Gebiet der sinnlichen Lust erstreckt, und dabei hört man sie mehr von Frauen und Knaben verlangt als von den Herren, die sie diesen schwächeren Objekten ihrer Lüste gegenüber sehr viel dringender nötig hätten. An Herakles hat sie niemand gepriesen.

Nun werden wir mit den Begriffen der Sitte und der Ehre leidlich vertraut sein, die in der alten Zeit herrschten und herrschend blieben, so weit man mit der Knabenbildung auskam, die wir betrachtet haben; in Sparta und machen peloponnesischen Orten, wo der Blick über das hellenische Mutterland nicht hinausreichte, mochte man es noch können. Aber der Athener beherrschte jetzt ein weites Reich, die Hellenen Asiens waren von ihm abhängig und wußten sehr viel mehr von der Welt, hatten es auch längst überwunden, sie mit den Augen der Väter anzusehen. Und an die Stelle der alten Ordnungen war die Demokratie getreten: in ihr dieselbe Stellung zu behaupten, die Vater und Großvater eingenommen hatten, weil niemand sie bestritt, verlangte von dem Sohne eine gesteigerte persönliche Leistungsfähigkeit und einen viel weiteren Blick. Er mußte mehr lernen, also auch länger, in die Jahre hinein, da es einst außer militärischen und turnerischen Übungen nur den Genuß der Jugendkraft und Lust für ihn gegeben hatte. Lehrer konnte nur der Osten, im wesentlichen Ionien liefern, und sie zogen von selbst nach Athen, das sehr rasch zur geistigen Hauptstadt von Hellas ward. Sie kamen als Nachfolger der Rhapsoden und der anderen fahrenden Dichter; diese waren einmal die Träger der alten Überlieferungen und der neuesten Erkundungen gewesen; sie waren am weitesten herumgekommen und wußten auch über das Menschenleben, wie es ist und wie es sein soll, zu reden. So nannte man die Dichter mit Vorliebe die Wissenden, die Weisen, ein Name, den sie nur mit den Sehern und jenen Sieben teilten, die ihre Weisheit als Staatsmänner bewährt hatten. Daher ging jetzt auch der Name der Weisen auf die Fahrenden von heute über, die ihr Wissen in den Städten feilboten; nur bevorzugte man eine Ableitung, in der die Anwendung des Wissens, also das Lehren, mit zum Ausdruck kam. Sie nannten sich Sophisten.

Die Modernen haben sie lange Zeit so angesehen, als wären sie das gewesen, was Platon als Definition des Sophisten in dem gleichnamigen Dialoge aufstellt, gewissenlose Scheinwisser, die mit frivoler Aufklärerei und seichtem Rationalismus den Glauben an die väterlichen Götter, die Hingabe an das Vaterland und die gute alte Sitte untergruben, bis Sokrates kam und der Hydra ihre hundert Häupter abschlug. Das hat einer billigen Beurteilung der sophistischen Theorien Platz gemacht; aber wir sind immer noch gewöhnt, zwischen Philosophie und Sophistik zu scheiden, […] So redet man von einem Zeitalter der Sophistik, dem sein Platz zwischen Anaxagoras und Demokritos (der daher immer zu alt gemacht wird) einerseits, Sokrates und seiner Schule andererseits zugewiesen wird. Ganz unberechtigt ist das nicht, wenn wir uns nur der gewaltsamen Konstruktion bewußt bleiben. Wir kommen auch nicht darum herum, eine vielgestaltige geistige Bewegung zusammenzufassen, und dann stellt sich ein Name ein, der leicht zu einem Schlagwort wird. […]

Versuchen wir zunächst durch einen raschen Überblick von der Fülle des neuen Wissens eine Vorstellung zu gewinnen, das in Athen zusammenströmt und nicht bloß bei der Jugend frische Empfänglichkeit und regen Lerneifer vorfindet. Die Fremden kamen in Menge, priesen, was sie anboten, und das Publikum lernte erst allmählich eine Auswahl treffen. Das erste war, daß sich eine Form für diese Lehrvorträge fand. Der Rhapsode und der Chordichter waren an den Festen aufgetreten; ihre Vorträge hatten sich einen Platz in der offiziellen Feier erobert. Das ließ sich nicht erweitern; aber oft genug haben Sophisten bei solchen Gelegenheiten von den Stufen eines Tempels zu der Menge geredet oder auch Wißbegierige in ihr Zelt gelockt. Die alten Dichter, Homeriden-Rhapsoden und Chormeister wie Simonides und Pindaros, hatten aber auch in den Häusern vornehmer Herren Aufnahme gefunden, eine Weile in ihrem Gefolge gelebt und gedichtet. […] Der Protagoras des Platon führt es uns vor, wie der reiche Kallias in einem Zimmer Bänke stellen läßt, damit ein geladenes oder doch zugelassenes Publikum den Vortrag eines der weisen Männer hören kann, die bei ihm logieren. Er wird der Gastgeber auch in dem Sinne sein, daß er den Vortragenden in dieser oder jener Form für seine Mühe belohnt. Es mußte sich aber auch eine Form finden, in der ein regelmäßiger bezahlter Unterricht erteilt werden konnte. Wenn sich der Sophist nicht eine Schulstube mietete, wie es der Kitharode tat, so ging er auf einen der öffentlichen oder privaten Turnplätze, wo sich ja die Gesellschaft zusammenfand, in der er seine Zuhörer suchte. Wir kennen zwar die Anlage eines Gymnasion nicht, wie sie damals die Akademie und das Lykeion darboten, aber später sind in die Säulengänge, die den eigentlichen Turnplatz umgeben, Zimmer eingebaut, auch wohl angebaut, die eben dem Zwecke solcher Vorträge dienten. Da wurden diese dann gehalten, ganz ähnlich wie heute; es gab teure und billige Kurse, auch über denselben Gegenstand, und natürlich auch öffentliche. Wie wirksam mußte die Reklame sein, wenn sich der weise Mann erbot, auf jede Frage Rede zu stehen; damit erhob er Anspruch auf das Prädikat der »Allweisheit«, das Platon gern, aber immer mit einigem Hohn, den Sophisten gibt. So hoch konnten sich nur die Ansprüche weniger vornehmster versteigen; die meisten begnügten sich damit, von ihrem besonderen Können und Wissen »eine Vorstellung zu geben«.

Herodotos habe unter ihnen den Vortritt, den niemand von uns unter die Sophisten rechnet, und den ein Athener doch unmöglich anders benennen konnte. Er will ja selbst nichts anderes als Rechenschaft ablegen, Bericht erstatten über das, was er erkundet hat, seine »Historie«, das ist seine Wissenschaft ganz im etymologischen Wortsinne. Daran, daß dasselbe Wort den Ioniern wirklich »Wissenschaft« geworden ist, später aber den Griechen und daher uns »Geschichte«, hat er nicht von fern gedacht. Was er vorliest, bringt Geschichte, besser sagt man Geschichten, aber ebensogut Schilderungen fremder Völker, ihrer Länder, ihrer Sitten, alles dessen, was ein Reisender mitteilenswertes heimbringt. Das eigene Urteil, auch über Religion und Politik, hält der Vortragende durchaus nicht zurück. Herodot ist keineswegs der einzige gewesen, der diese Art der Histoire brachte, und dem athenischen Redner war die Belehrung über die Erzeugnisse und Bedürfnisse fremder Küsten ebenso wertvoll wie die Schilderung der Persermacht oder der ägyptischen Gesellschaftsordnung der Politiker. Daß Herodots Unbekanntschaft mit der ionischen Naturwissenschaft einen Rückschritt auf dem Gebiete der Geographie bedeutete, hat kein Athener bemerkt. Von jener ionischen Physik fanden die kosmischen Prinzipien, um derentwillen wir Thales und Anaximandros unter die Gründer der Wissenschaft, der Philosophie zählen, schwerlich Teilnahme und Verständnis; aber wohl die Naturmerkwürdigkeiten, die von den Physikern beobachtet und nach Möglichkeit erklärt wurden. Schon vor den Perserkriegen bringt Aischylos eine Erklärung der Nilschwelle und beschreibt nach seiner sizilischen Reise einen Ätnaausbruch. Euripides erwähnt die Kraft des Magneten. Die Bewegungen der Himmelskörper, nach denen der Mensch die Zeiten mißt, und der Schiffer sich auf dem Meere orientiert, interessieren allgemein. Da zeigt der Sophist ein Modell, daß man mit eignen Augen sehen kann, wie die Planeten oder auch die Ringe, in denen sie liegen, sich bewegen; man lernt, daß es mit der Sonnenfinsternis ganz natürlich zugeht, wohl auch, daß der Mond sein Licht von der Sonne empfängt. Schon so etwas werden die meisten mit ungläubigem Kopfschütteln aufnehmen, aber daß Anaxagoras gar die Sonne für eine glühende Metallkugel erklärte, war ihnen zu stark; darin fanden sie eine Lästerung, die er am Ende schwer büßen mußte, und die das Volk gegen die ganze neue Weisheit kopfscheu machte.

Messen, Wägen und Zählen brauchte ziemlich jeder im Leben, oder er sah doch seinen Nutzen ein. Das empfahl die »Rechenkunst« und die »Landmeßkunst«, die Geometrie, und so zogen die Stöcke auch der älteren Besucher bald Linien und Kreise in den Sand der Ringplätze. Wie der Astronom Oinopides kam der Geometer Hippokrates aus Chios, wie es heißt, um vor dem athenischen Gerichte einen Prozeß zu führen. Er soll, wie so mancher Mathematiker, ziemlich weltfremd gewesen sein, aber die Wirkung seiner Anwesenheit ist zu verspüren.

Am besten kommen für uns die Ärzte zu Wort, denn nur in der hippokratischen Sammlung haben sich vollständige Vorträge erhalten, in denen der Redner seine Kunst vorstellt, sei es, daß er überhaupt ihre Würde preist, sei es, daß er Gegensätze innerhalb der Zunft vor das Publikum bringt. Dabei kommen bald Prinzipien der wissenschaftlichen Methode zur Erörterung, bald werden allgemeine physiologische Fragen behandelt; [...]

Wie die Ärzte gehörten von alters her die Rhapsoden zu den Trägern besonderen Wissens, die von Land zu Land zogen, und es hatte sich so gefügt, daß sie mit der Schule in nahe Verbindung traten. War doch Homer nach der Legende selbst ein Schulmeister gewesen. Das Epos stand eben im Mittelpunkte der Schule. Es enthielt eine Menge Wörter, die jetzt längst verschollen waren, und ihre Erklärung verlangte man von dem Rhapsoden und dem Lehrer. Das sind die Anfänge der Grammatik; dabei wurden die Ionier, die überall mit fremdsprachiger Bevölkerung in Berührung lebten, auf die Sprache überhaupt hingewiesen. Hinzu trat die beginnende Unterscheidung der Wortformen und ihrer Geltung im Satze. Es war keine Kleinigkeit, den Unterschied von Imperativ, Optativ, Indikativ begrifflich zu fassen. Ein billiger Beurteiler wird das Geleistete nicht gering schätzen, und nicht nur wie Platon Spott für die Irrgänge der Etymologie und den Pedantismus der ältesten Synonymik haben. Platon selbst hat sich von etymologischen Spielen, die ihm zuerst Ernst gewesen waren, nie ganz frei gemacht. Auch die höhere Kritik, die Prüfung der Gedichte auf ihren Wert und ihr Alter wagt sich hervor und hat den Erfolg, daß dem Homer alle heroischen Epen außer Ilias und Odyssee abgesprochen werden. Weil nun eben Homer auch die Meister der chronischen Lyrik gelesen und gesungen werden, bildet sich auch eine Theorie der Musik und Metrik; daran arbeitet auch ein Athener, sogar ein Staatsmann und Freund des Perikles, Damon, und es ist noch zu erkennen, daß die Metrik alle Zeit auf dem Grunde gebaut hat, den er legte.

Noch ein ganz anderes Gebiet erschließt sich durch die eindringendere Beschäftigung mit Homer. Der Inhalt der alten Epen, den wir Heldensage nennen, war den Griechen ihre alte Geschichte; die

Stammbäume der alten Geschlechter reichten zu den Heroen hinauf, und nun entstanden prosaische Bearbeitungen dieses Stoffes, welche so etwas wie eine Zeitrechnung hineinbringen wollten. Da kamen überall Lücken und Widersprüche an den Tag. Das mußte ausgeglichen werden, sei es auch mit Gewalt; so sind die Königslisten der Städte, ist die Genealogie der spartanischen Könige zurecht gemacht. In den Göttergeschichten ist viel, das nun anstößig erscheint; das hatte schon Xenophanes gegeißelt. [...] in den meisten Fällen mußte die Kritik auf den Glauben zerstörend wirken. Auf der anderen Seite gewannen fremde Götter Eingang, die man im Ausland kennen lernte oder von der stark zuwandernden Bevölkerung namentlich in der Hafenstadt übernahm. Dort ist der Gott, der im Traume den Menschen ihre Krankheiten heilt, Asklepios, zuerst aufgenommen; erst 420 erhält er unter tätiger Beihilfe des Sophokles sein Heiligtum am Südfuße der Burg neben dem Theater, das bald erweitert werden muß. Die asiatische Göttermutter mit ihrem wilden Kulte, die thrakische Bendis, der phönikisch-kyprische Adonis, selbst der ursprünglich wohl hethitische Sabazios drangen ein; [...] es bestand neben dem Rationalismus, der den väterlichen Glauben zerstörte, eine starke Gegenströmung; Geheimkult und Geheimlehren gingen im Schwange, auch sie zuweilen tatsächlich oder vorgeblich mit fremden Göttern und Propheten verbunden. So ist der alte Heros der Kitharoden Orpheus zu einem thrakischen Propheten geworden, und nach ihm pflegen wir diese mystische Bewegung zu nennen, die im 6. Jahrhundert zur Kraft gekommen ist und ihren Hauptsitz in Italien fand, aber weit um sich griff, in der pythagoreischen Schule mit der Philosophie verbunden. Äußere und innere Reinigung ward verlangt, das Leben durch manche seltsame Anstandsregeln gegen die profane Welt abgeschlossen, unter denen die Enthaltung vom Fleischgenusse hervorsticht. In der Öffentlichkeit stießen diese Asketen auf starken Widerspruch; Euripides trat auf das schärfste gegen sie auf. Das Kraftgefühl der großen Zeit des Reiches vertrug sich nicht mit diesen Stimmungen; mit dem Niedergange sollten sie wieder Raum gewinnen, zumal wenn sie sich mit der Philosophie verbanden. Das taten sie jetzt in Empedokles, der, von der Medizin ausgehend, in seiner Heimat Akragas zeitweilig auch politisch tätig, später ganz als mystischer Prophet und Religionsstifter im Peloponnes auftrat; aber nach Athen zu kommen, hat er sich gehütet [...]

Wäre er nach Athen gekommen, so hätte er wohl als Dichter eine Sonderstellung eingenommen, sonst hätte man ihn gar nicht anders ansehen können als die Weisheitslehrer überhaupt. [...] Es ist sehr bemerkenswert, daß diese ganze ionische Physik den Athenern kein Interesse abgewinnt [...]

Dagegen wirkten die Bekenner der heraklitischen Lehre, natürlich als Sophisten, und den Eleaten Zenon haben wir selbst in Athen angetroffen. Von den beiden großen Antipoden Herakleitos und Parmenides war doch Herakleitos der größere, ein einsamer Denker, der als Prophet den Menschen, die er verachtet, seine Lehre verkündet. Gewonnen hat er sie, indem er, wie er es ausspricht, »sich selbst gesucht hat«. Wohl war es etwas Großes, daß er sein Auge von der Umwelt auf das Innere wandte. Aber hier wie dort fand er den ewigen Wechsel, erkannte in ihm das ewige, alles beherrschende Weltengesetz. Wie sich das im einzelnen vollzog, erschien dann wenig wissenswert, und so ist der Heraklitismus, auch bei Platon, der Naturforschung abträglich geworden. Um so tiefer wirkte er nach der Seite der Erkenntnislehre, hob er doch konsequent verfolgt, auch hier die Möglichkeit eines objektiv wahren Wissens auf.

Ziemlich zu denselben Folgerungen führte die entgegengesetzte Lehre des Parmenides. Von seinem seltsam ungelenken Gedichte, das als Gedicht niemals gewirkt hat, gab der größte Teil eine Naturerklärung, wesentlich desselben Schlages wie die alten Ionier; das Große, was er bringt, [...] ist die Verkündung, daß jenseits des trüglichen Scheines der wechselnden Erscheinungen ein ewig gleiches, unbewegtes, unbegrenztes Sein stünde, unzugänglich auch unserem sinnlichen Erkennen. Daraus sollte einmal die Anerkennung des Intelligiblen, Immateriellen werden, das sich dem reinen Denken erschließt, und dessen Einwirkung auf die Sinnenwelt das eigentliche Problem der Philosophie bildet, es sollte zu der Naturerklärung die Metaphysik und die Erkenntnislehre treten. Aber zunächst hatte Parmenides zwischen Sein und Werden, Wahrheit und Denken eine Kluft befestigt, und seine scharfsinnigen Schüler Zenon und Melissos (der dem Perikles als Führer des samischen Aufstandes 440 gegenüberstand) stellten von diesem Standpunkte aus der Logik Probleme, die sie noch auf lange hinaus zu lösen außerstande war. Da war dann der praktische Erfolg wieder die Zerstörung der Grundlagen, auf denen alle Wissenschaft ruht; eben durch die ersten Schritte, die auf eine Logik hin getan wurden, kamen jene Streitred ner, Widerspruchsredner auf, die wir mit Platon die Antilogiker nennen, Aristoteles die Sophisten. [...]

So sehen wir deutlich, daß die Philosophie, wenn sie Wissenschaft werden sollte, eine Logik schaffen mußte; ohne diese war auch die Ethik in der schwersten Gefahr; hier also setzen Sokrates, Platon, Aristoteles ein, und im eigentlichen Sinne wird erst durch diese Sokratik die Philosophie begründet, wird also der Kampf gegen die Sophistik als Afterwissenschaft Wahrheit, tritt aber auch die ionische Naturforschung zunächst ganz zurück. [...]

Wir sind vom Wege ab in Höhen geführt worden, zu denen die wenigsten Weisheitslehrer selbst zu dringen Kraft und Neigung besaßen, ihr Hörerkreis vollends nicht; aber mittelbar wirkte auch dies alles ein. So mag es denn bei dieser flüchtigen Übersicht sein Bewenden haben.

Unübersehbar war die Fülle des Neuen, das sich herandrängte; reizen mochte den einen dies, den anderen jenes, oder auch denselben dies und wieder das; aber was davon für das Leben und praktische Wirken des Mannes, der nicht vorhatte Sophist zu werden, notwendig oder ersprießlich war, blieb ungewiß; vielleicht auch gar nichts; aber daß man mehr lernen müßte, drängte sich auf. Da hat ein Mann durchgegriffen: er behielt das alte Ziel bei, versprach also seine Schüler zu rechten Männern zu machen, ihnen die Tugend, auf die es ihnen ankam, die politische Tugend, beizubringen; sie hätten dazu nur seinem Unterricht zu folgen, einem wirklichen Lehrgange, für den er ein hohes Honorar nahm, jedoch mit der ausdrücklichen Erklärung, auf alles zugunsten einer Tempelklasse zu verzichten, falls der Schüler am Ende sich nicht für befriedigt erklärte. Dieser Mann war der Abderit Protagoras; [...]

Schon 444 war er ein berühmter Mann; damals hat ihn Perikles bei der Gründung der Kolonie Thurioi herangezogen, wie man schließen muß, für die Abfassung ihrer Gesetze, ihrer Verfassung. Wir wissen, daß die beiden Männer über juristische Fragen verhandelt haben, wie denn die Rechtsverhältnisse des Reiches praktisch ebensogut wie die theoretische Spekulation über das Naturrecht damals zu hoffnungsvollen, leider verkümmerten Ansätzen zu einer Rechtswissenschaft führten. Mann kann die Bedeutung des Protagoras für die griechische allgemeine Bildung nicht hoch genug anschlagen. Es war kühn, Bezahlung zu nehmen, das Wissen zu einer Ware zu machen; man spürt, daß Protagoras alles tat, zu verhindern, daß an ihm der Makel haftete, den die geradezu bezahlte Dienstleistung trug. Und doch konnte sich sonst kein Stand von höheren Lehrern bilden; sie mußten doch zu leben haben; der Arzt nahm ja auch Honorar. Trotzdem hat Protagoras, so reich er ward, in den Augen der vornehmen Athener, die ihn hörten, die gesellschaftliche Gleichstellung nicht vollkommen erreicht. Platon hat das Vorurteil, denn es ist wirklich nichts anderes, nie abgelegt und als einen Abfall von Sokrates betrachtet, daß sich Aischines und Antisthenes ihren Unterricht bezahlen ließen.

Was aber lehrte Protagoras? Darauf ist nicht leicht zu antworten; vermutlich vielerlei, das den praktischen Aufgaben näher stand als die formale Schulung des Geistes, über die wir allein Genaueres wissen, weil sie in die Philosophie hinüberspielt und den Gegensatz von Sokrates und Platon hervorrief. Alle die besonderen Künste und Wissenschaften, mit denen die einzelnen Sophisten hausieren gingen, die sämtlich zu beherrschen der Ruhm eines Hippias war, wies er ausdrücklich ab, wenn er auch gelegentlich z. B. die Dichtererklärung seinem Zwecke dienstbar machte. Denn all das war zum Besitze der politischen Tugend nicht notwendig. Dazu war das erste und wichtigste, denken zu lernen, zu wissen, wie es um das menschliche Wissen steht. Uns fällt dabei die Grundlage am meisten auf, die Leugnung jeder objektiv wahren Erkenntnis durch den allbekannten Satz: der Mensch ist das Maß der Dinge, sie sind nichts anderes für ihn als wie sie ihm, dem einzelnen, erscheinen, positiv und negativ. Wir bringen dabei gleich die Kritik des platonischen Theaetet mit und schließen, daß es dann auch keine Lehrer geben kann. Aber eben dort lesen wir, daß Protagoras durch die Unterscheidung gemäß den urteilenden Subjekten doch für die Praxis Rat zu schaffen wußte; diese Wahrscheinlichkeit war nicht zugleich mit der objektiven Wahrheit unerreichbar gemacht und so auch die Möglichkeit der Belehrung gerettet. In die Augen fiel aber das Negative am meisten, und so haben Spätere das Buch »Niederboxer« genannt; was man nicht für eine selbstgewählte Bezeichnung halten sollte, ganz abgesehen davon, daß die Prosabücher noch keine Titel führten. Wohl aber muß Protagoras im Eingange erklärt haben, daß er die Wahrheit verkünden wollte, die eben darin bestand, daß uns nur eine subjektive Wahrheit erreichbar ist. So bezeichnet daher schon Platon die Schrift, und der Titel kehrt bei den Nachahmern Antiphon und Antisthenes wieder. Dem ist also soweit zu trauen.

Mit dieser Wahrheit versprach er, die Jünglinge, erlöst von den Vorurteilen des Herkommens und der Gewohnheit, richtig sehen und denken zu lehren. Dies war also wirklich Aufklärung; im Sinne des Protagoras war es auch Philosophie, oder vielmehr Weisheit. Es war etwas Absolutes, Fertiges, eben daher schreibt sich der tiefe Gegensatz, in dem der Nichtwisser Sokrates und der Philosoph Platon zu Protagoras stehen. Protagoras ist in Wahrheit die Sophistik, gegen welche sie kämpfen, ein Mann von echter Größe, die von der Schar der Nachfolger nicht verdunkelt werden darf. Größeren bereitet er den Weg; sie mußten ihn überwinden; aber sein ist das Verdienst, einmal dem höheren Unterricht seine Form gegeben und dann die höhere Bildung in der Schulung des Denkens gefunden zu haben. Was man besonderes von ihm weiß, der theoretische Sensualismus, die Bestreitung der mathematischen Wahrheit, die sehr wahre Bemerkung, daß sich für und gegen jede Behauptung Gründe finden lassen (Euripides hat es nicht nur wiederholt, sondern nur zu eifrig befolgt), sind Einzelheiten, an sich merkwürdig, aber doch nur Ausstrahlungen des Lichtes der Vernunft oder besser *raison*, das er seinen Schülern aufsteckte. Daß er nicht nur nicht zur Unsittlichkeit oder zu sittlichem Indifferentismus erziehen wollte, sondern auf bürgerliche Tugend und Moral, politisch auf demokratischer Grundlage, fast ängstlich hielt, hat Platon gerade dadurch ganz deutlich gemacht, daß er darin eine Inkonsequenz zu zeigen sich bemüht.

Es folgte aus der Leugnung einer jeden absoluten Wahrheit, daß Protagoras erklärte, von den Göttern könnten wir nicht wissen, weder ob es sie gäbe, noch wenn das, wie sie in ihrer Erscheinung (Idee, was ihr ganzes Wesen einschließt) wären. Diese offene Erklärung ist ihm teuer zu stehen gekommen, denn die Athener haben Gottlosigkeit darin gesehen und ihm den Prozeß gemacht. Es ist bezeichnend, daß Platon da, wo er ihn zugleich in seiner Bedeutung anerkennt und seine Erkenntnislehre widerlegt, dem Satze die richtige Bedeutung beilegt »ich sage damit, daß sich über die Götter weder reden noch schreiben läßt«. Damals schämte man sich längst des Urteils, aber auch sofort wird es nicht an Widerspruch gefehlt haben, und es ist durchaus nicht unmöglich, daß Euripides darauf anspielt, wo er in Palamedes den Chor klagen läßt »ihr habt die allweise Nachtigall der Musen getötet, die niemandem etwas zuleide tat«. Platon hat ihm dafür eine Rede in den Mund gelegt, die wir berechtigt sind, als einen Ausdruck der ethisch politischen Gedanken aufzufassen, die er vortrug, Gedanken, die den Athenern willkommen sein mußten, denn er bringt den Grundsatz zum Ausdruck, auf dem alle Demokratie beruht, nämlich daß die Menschen zwar sonst verschieden sind, aber die Befähigung politisch zu urteilen und zu handeln von der Natur mitbekommen; nur schloß man damals noch die Unfreien und das ganze weibliche Geschlecht aus. Befähigt sind also alle zur politischen Tugend, aber Erziehung und Bildung kann und muß diese Naturgabe zur Entfaltung bringen; damit ist der Unterricht des Protagoras gerechtfertigt. Auch der Gedanke eines ständigen Fortschrittes ist gefaßt: wenn Klagen über die Schlechtigkeit oder Minderwertigkeit von Menschen der eigenen Zeit ertönen, so soll man seinen Blick auf die Zustände zurückgebliebener Völker richten, um sich zu überzeugen, wie herrlich weit wir es gebracht haben: die Mitbürger, über die wir uns beklagen, stehen moralisch immer noch hoch über jener Kulturlosigkeit. Denn eine gewisse politische Tugend lernen wir eben durch unsere Umgebung ohne weiteres wie die Muttersprache. Um so schwerer, um so verdienstlicher ist der Beruf des Weisheitslehrers, der also der wahre Förderer der ganzen Kultur, der wahre Lehrer des Volkes ist. In der Tat, die Ansprüche der Sophistik und auch ihre innige Verwandtschaft mit der Demokratie können nicht treffender gekennzeichnet werden. Wie vielen redet nicht heute dieser Protagoras aus der Seele, und der Staat ist ja auch auf dem besten Wege, die Schule zur Trägerin der sophistischen Vielwisserei zu machen, zur Schule der entsprechenden Gesinnungstüchtigkeit auch.

Reden lehrte Protagoras nicht geflissentlich, also auch nicht schreiben, obwohl er über die Sprache und die logische Richtigkeit des Ausdrucks nachgedacht hatte und nach dieser Richtung strenge Anforderungen erhob. Aber die Gewöhnung zur Kritik und der Grundsatz, daß sich alles von zwei Seiten ansehen läßt, führte von selbst dazu, daß die Schüler um Gedanken nie verlegen wurden und sich zutrauen durften, die schwächere Sache durch geschickte Verteidigung zur stärkeren zu machen, ein Satz, dem einen unsittlichen Sinn unterzuschieben ebenso billig wie ungerecht war. Dazu kam das Vorbild des Meisters, der ebensowohl schlagfertig zu disputieren verstand wie eine Rede abzurunden und zu schmücken.

In der Schulung für den Gebrauch des Wortes in Rede und Schrift sahen andere das Wesentliche; damit sollte der Mann in dem praktischen und politischen Leben auskommen, und so ersteht schon jetzt in der Rhetorik eine Art der Bildung, die sich der Wissenschaft, der Philosophie, die doch Protagoras in seiner Weise trieb, ebenbürtig oder überlegen dünkt; und die Macht, zu der es diese rein formale Bildung bringt, ist für das geistige Leben der Hellenen und dann der Römer und derer, die ihnen folgen, verhängnisvoll geworden. Rhetorik ist mehr als stilistische Kunst, mochte diese auch im Unterrichte einen breiten Raum einnehmen; um zu reden, galt es zuerst die Gedanken zu finden, also was wir Topik nennen können, und so stellte sich in der Tat eine logische Schulung ein. Für die Gerichtsrede ist das ältere System in einem Lehrbuche aus Syrakus gekommen; aber in Athen hat schon in der perikleischen Zeit der Chalkedonier Thrasymachos als Redelehrer auch bei den künftigen Politikern großen Erfolg gehabt, als ein geborener Dorer, der doch unter den ersten die athenische Mundart kunstmäßig angewandt hat. Seine Tätigkeit hat das große politische Getriebe des athenischen Parlamentarismus und der athenischen Gerichte zum Hintergrunde. Kein Zweifel, daß Thukydides, auch wohl Euripides, seinen Einfluß erfahren haben, vielleicht auch der Athener Antiphon von Rhamnus, den wir, auch wenn er Gerichtsreden verfaßte, doch als Politiker einschätzen müssen, ein großes Talent; man spürt den Unterschied des Bürgers von den Fremden in jedem Zuge. Höchst merkwürdig, wie der Reaktionär sich der neuen Kunstmittel zu bedienen weiß. Geistesverwandtschaft mit Thukydides, der ihn bewundert, ist unverkennbar; aber mit den neuen logischen und moralischen Gedanken zeigt Antiphon keinerlei Berührung; er wird Anaxagoras und Protagoras gehaßt und ihre Verurteilung begrüßt haben. […]

Ein Großer ist noch zurück, der von manchen Modernen in die Reihe der Sophisten und Aufklärer gestellt wird, eine starke Verkennung seines Wesens, aber begreiflich, da er uns ein Hauptzeuge für alle geistigen Strömungen der Zeit ist, Euripides. Den späteren Griechen ist er »der Tragiker«; Dichter ist er gewesen, und als Dichter müssen wir ihn betrachten. Als er sich, wahrscheinlich im Anschluß an einen älteren Verwandten, der Tragödie zuwendet, hat sich durch den alten Aischylos, der Athen verlassen hat, und den jungen Liebling der Athener, Sophokles, ihre feste Form erhalten; durchgreifende Neuerungen hat Euripides so wenig wie die anderen begabten Konkurrenten aufgebracht, die etwa gleichzeitig ihre Laufbahn begannen. Aber seinen eigenen Stil hatte der junge Mann bereits ausgebildet, und die Art, die Menschen zu zeichnen, durch die er dauernd bei den meisten Anstoß erregte, wird er auch schon an sich gehabt haben, sonst hätte er schwerlich dreizehn Jahre bis zu seinem ersten Siege warten müssen. Was anstieß, war, daß seine Menschen modern fühlten und handelten; das ward dadurch verschärft, daß sie die Gänge ihrer Gedanken und die Gründe ihres Handelns in geschlossener Rede und geschliffenen Sentenzen vortrugen. Dazu war der Dichter imstande, weil er die moderne Bildung in sich aufgenommen hatte und nicht aufhörte, allem Neuen eifrig nachzugehen, und er begnügte sich nicht mit den Vorträgen der Wanderlehrer, sondern studierte Xenophanes, Herakleitos, Anaxagoras. Er bildete sich an den Lehrern der Redekunst, ohne seine Selbständigkeit zu verlieren. Ganz ebenso empfänglich folgte er den Neuerungen auf dem Gebiete der Musik und half hier noch im Alter dem neuen Stile zum Siege. Es ist ein Mißverständnis, wenn man ihn schon im Altertum auf eine Philosophie hat festnageln wollen, übrigens nur in der Naturphilosophie. Denn die verschiedensten Sätze bringt er gelegentlich vor: wesentlich ist daran nur, daß die Welt natürlich zu erklären ist, und das bringt die Dissonanz in seine Tragödie, die mit der Heldensage auch die Göttermaschinerie fortwährend in Bewegung setzt. Das hat ihn davor geschützt, als Gottesleugner dem Schicksale des Protagoras und Sokrates zu verfallen; Dramen seiner letzten Zeit, Elektra, Iphigeneia, Ion, Orestes, fällen nicht nur aus sterblichem Munde so scharfe Urteile über die Götter, bestimmte Götter, daß die Absicht der Polemik unverkennbar ist. Den Athenern ward das durch den Gegensatz zu dem altgläubigen Sophokles noch eindringlicher, anstößiger. Wenn es nach der Zahl der Siege gegangen wäre, hätte Euripides nicht viel bedeutet, und die Angriffe der Komödie, wohl auch andere haben ihn am Ende aus der Heimat vertrieben. Aber schon an ihrer Steigerung spüren wir seinen zunehmenden Einfluß, dem sich gerade sein Gegner Aristophanes selbst nicht entziehen kann. Die Jugend hört nicht nur alle möglichen neuen Weisheitslehren von der Bühne, sie schaut ein Bild des Lebens und der Menschen, das ganz anders aussieht, als es die väterliche Erziehung zur Mannestugend ihnen zeigte und durch die vorbildlichen Heroengeschichten belebte. Und die Jugend sah hell genug, um die Wahrheit der Gestalten zu erkennen, die auf der Bühne die Motive ihres

Handelns ebenso offen gestanden, wie sie die schönen Reden zu führen wußten, mit denen der Schein der alten »Tugenden« gewahrt ward. Was der Dichter immer wieder zeigte, war die Macht der Leidenschaft, gegen die weder die Mahnungen der Sittlichkeit noch die des Verstandes aufkamen. Diese Menschen waren »schwächer« als sie selbst; sie besaßen die Herrschaft über sich selbst alle nicht. Medea und Phaidra sündigen und wissen, daß sie es tun; aber tun müssen sie es. Und sie sind noch die edelsten Naturen. An den gemeinen fehlt es nicht, die schamlos eingestehen, nur dem Vorteil zu folgen, da aber keine Rücksicht zu kennen; eine solche Gesellschaft sind die Achäer von Ilion alle, in der Hekabe, in der troischen Trilogie. Die unbändige Herrschsucht, die in den Staatsmännern Alkibiades und Kritias das Vaterlandsgefühl erstickt, kommt in der großen Streitszene der Phönissen bei dem guten und dem bösen Bruder in gleicher Stärke heraus. [...] Dabei ist die Ausdrucksfähigkeit des menschenverachtenden, grübelnden Dichters ins Unheimliche gesteigert. Wenn er Orestes auf dem Krankenbette, Elektra zur Seite, von den Bissen seines Gewissens so tief getroffen zeigt, daß er im Fieberparoxysmus in der Schwester eine der Erinyen zu sehen glaubt, so hat der Zuschauer, hat später der Leser wohl eine stärkere pathologische Erschütterung erfahren als durch den Opfertanz der aischyleischen Eumeniden. Derselbe Orestes wird am selben Tage die Helene kalten Blutes abstechen, will es auch an ihrer unschuldigen Tochter tun. Und am Ende kommt ein Gott und löscht alle Posten aller Schuld; und der Chor sagt im Abgehen, so geht's in der Welt. Abgesehen von dem Gotte, an den er nicht glaubt, durfte Euripides die Schreckenszeit der Agonie Athens wirklich so vorführen. Wer das aber empfänglichen Gemütes auf der Bühne sah, bezaubert auch von der Sprache und der Musik, der lief Gefahr, die ganze Welt so zu nehmen, wie er sie sah, und den Widerstand gegen Begier und Leidenschaft aufzugeben, nicht nur als nutzlos, sondern auch als unklug. Den bittern Pessimismus des Dichters, der diese seine Geschöpfe darum nicht liebte, weil sie den verachteten Menschen glichen, überhörte die Jugend leicht, die noch Forderungen an das Leben hatte. Nun denke man sich einen Jüngling, der für alles die stärkste Empfänglichkeit hat, auch für Begier und Leidenschaft, [...] seine Kenntnis des Menschenherzens und des Menschenlebens, die Beobachtungen, auf denen er seine praktische Psychologie und Pädagogik aufbaut, wird er dem Drama, wird er dem Euripides zu gutem Teile verdanken. Der Tragiker war als Lehrer des Volkes neben und vor Homer getreten. Wer den Bildungsgang eines athenischen Jünglings jener Jahre schildern will, darf über den gewerbsmäßigen Lehrern den Philosophen der Bühne nicht vergessen. [...]

Literatur:
Ulrich von Wilamowitz-Moellendorff, Platon. Erster Band: Leben und Werke, 2. Aufl., Berlin 1920, 41–92.

2. Humanismus

Ulrich Muhlack

Unlängst ist ein Buch mit dem Titel »Humanismus als Leitkultur« erschienen, das ein böser Rezensent als »gestelzte Platitüdenkunst« abgefertigt hat. Man kann verallgemeinernd sagen, daß die heutige öffentliche Rede vom Humanismus überhaupt voller Platitüden steckt, ja einer einzigen Platitüde gleichkommt. Jeder kennt das Wort; jeder gebraucht es wie selbstverständlich; jeder nimmt es für sich in Anspruch. Was es bedeuten soll, hängt vom jeweiligen Standort ab; das Spektrum ist unendlich. Gemeinsam ist nur die Vorstellung, daß in allem der »Mensch« im Mittelpunkt zu stehen habe: ein ebenso nichtssagender wie gerade damit beliebig anschlußfähiger Gemeinplatz, über den man sich in banalen Phrasen verständigt. Sie ist freilich deswegen besonders eingängig, weil sie einem normativen Grundkonsens entspricht. Wer den »Menschen« zum obersten Wert erklärt, weiß sich einer Wertegemeinschaft zugehörig, zu der es keine Alternative gibt; er bekennt sich als progressiv in dem weitläufigen Sinne, der über Widerspruch oder Kritik erhaben ist. Die allgemeine Attraktivität des Humanismus-Begriffs ist ohne diese Implikation nicht zu denken. Es läßt sich kaum ein anderes Wort nennen, das gegenwär tig derart positiv besetzt ist. Mag es sich dabei um eine Platitüde handeln, so ist es jedenfalls eine emphatisch ausgesprochene Platitüde: »gestelzte Platitüdenkunst«, die sich in der Tat vortrefflich zur »Leitkultur« eignet.

Ein genau entgegengesetzter Eindruck stellt sich ein, wenn eine Institution wie das humanistische Gymnasium zur Sprache kommt. Hier herrscht weithin schroffe Ablehnung: man meidet oder bekämpft diese Schule; man findet sie reaktionär, jedenfalls nicht zeitgemäß; das Wort ist negativ besetzt. Der Humanismus ist attraktiv, das humanistische Gymnasium stößt ab. Wer den ersteren im Munde führt, gehört daher gewöhnlich zu den schärfsten Gegnern des letzteren. Sogar manche Verteidiger des humanistischen Gymnasiums glauben oft keine andere Wahl zu haben, als auf den allgemeinen Humanismus-Zug aufzuspringen: »gestelzte Platitüdenkunst«, die, statt den Fortbestand der eigenen Institution zu sichern, das über sie verhängte Verdikt nur bestätigt, wenn nicht verschärft.

Diese eigentümliche Diskrepanz kann allerdings nicht verdecken, daß nicht nur ein ursprünglicher Zusammenhang zwischen Humanismus und humanistischem Gymnasium besteht, sondern daß der Humanismus geradezu jener Situation entstammt, in der das humanistische Gymnasium aufkommt, und daher zunächst aus dieser genetischen Beziehung heraus begriffen werden muß.

Die Entstehung des Wortes »Humanismus« selbst gibt dazu einen Fingerzeig. Es findet sich erstmals in einer Schrift des bayerischen Schulmannes Friedrich Immanuel Niethammer vom Jahre 1808 und steht dort für ein Unterrichtssystem, das, vor aller beruflichen Ausbildung und damit gesellschaftlichen Funktionalisierung, die allgemeine Bildung des Menschen als Menschen bezweckt, verstanden als formale Bildung der ihm eigenen Kräfte und Fähigkeiten, die sich vorab an den klassischen Werken der antiken Literatur üben sollen. Gemeint ist jenes Unterrichtskonzept, das sich damals, im Gegensatz zur utilitaristischen Pädagogik der Spätaufklärung, mehr und mehr in den deutschen Ländern durchsetzt und das sich vor allem mit der Bildungsreform Wilhelm von Humboldts verbindet. Niethammer macht freilich deutlich, daß die Anfänge dieses Unterrichtskonzepts bis zu den »studia humaniora« oder »studia humanitatis« in den Zeiten der Renaissance zurückreichen. Das ist ein Kanon von Fächern, der Grammatik, Rhetorik, Poetik, Historie und Ethik umfaßt und allenthalben auf der klassischen Literatur beruht, hervorgegangen aus einer Erneuerung der propädeutischen Fakultät der »artes liberales«, einer Art »studium generale« zur Vorbereitung auf das Studium in den höheren Fakultäten der Theologie, Jurisprudenz und Medizin. Sie heißen »studia humaniora« oder »studia humanitatis«, weil sie, in diesem Sinne, auf die Bildung des Menschen schlechthin zielen, die jeglicher Spezialisierung vorausliegt. Sie liefern Niethammer zugleich das Wortmaterial für seine Begriffsbildung. Humanismus ist für ihn der Inbegriff eines Unterrichtssystems, das von den »studia humaniora« oder »studia humanitatis« der Renaissance herkommt.

Es ist zweckmäßig, an diese Definition anzuknüpfen und in der Renaissance einzusetzen, wo in der Tat der Ausgangspunkt für alles Weitere liegt. Freilich darf dabei nicht bei dem »humanistischen« Unterrichtssystem oder überhaupt im Bereich des institutionalisierten Unterrichtswesens stehengeblieben werden. Dieses System und dieser Bereich haben größte Bedeutung; aber sie stehen nicht für sich, sondern stellen lediglich die allerdings sinnfällige Ausprägung eines viel weitergehenden Bildungsverständnisses dar, und man hat schon bald nach Niethammer den Begriff des Humanismus auf diesen größeren Komplex übertragen. Es ist also Zeit, von der Geschichte des Wortes zur Geschichte des Phänomens fortzuschreiten.

Der Humanismus ist von der Renaissance nicht zu trennen, ohne aber mit ihr zusammenzufallen. Die Renaissance ist das umfassendere Phänomen: eine ganze Epoche der europäischen Geschichte, die vom 13. bis zum 17. Jahrhundert dauert. Ihr Kennzeichen ist die Abkehr vom Mittelalter und die Hinwendung zu einer Welt, mit der die Geschichte der Moderne beginnt: ein durchgängiges Streben, traditionale Strukturen aufzubrechen und neue Verhältnisse heraufzuführen. Den Auftakt bildet der Durchbruch zum frühmodernen Staat, der sich in langen inneren und äußeren Kämpfen von der universalen Ordnung der mittelalterlichen »res publica christiana« losreißt und sich kraft seines Anspruchs auf Souveränität ganz auf sich selbst stellt. Er veranlaßt oder bedingt das Bedürfnis nach weiteren Veränderungen, die sich schließlich auf alle Formen menschlichen Lebens erstrecken. Die Verwandlung der staatlich-politischen Welt bringt also eine neue Gesellschaft, eine neue Kultur hervor: ein außerordentlich komplexes Gebilde, in dem die verschiedensten Faktoren und Tendenzen in spannungsreicher Wechselwirkung begriffen sind. Diese »Kultur der Renaissance« tritt zuerst, von Jacob Burckhardt klassisch beschrieben, in Italien in Erscheinung, greift aber bald auf Frankreich, England, Deutschland, auf das ganze okzidentale Europa über und erfährt dabei von Land zu Land, je nach den historischen Umständen, beträchtliche Modifikationen, die aber die Einheit des Phänomens und damit die Einheit der Epoche nicht in Frage stellen.

Der Humanismus ist, beginnend mit Italien, aber bald auch darüber hinaus, ein Teilphänomen dieser Renaissance-Kultur: eine Erneuerungsbewegung neben anderen, von eigener Herkunft und eigenem Anspruch, aber zugleich in mannigfachen Kommunikations- und Funktionszusammenhängen stehend. Er proklamiert, im Gegensatz zur Scholastik des Mittelalters, eine Erneuerung der Bildung, und zwar in einer doppelten Richtung. Einerseits wird, aus einem genuin ästhetischen Motiv heraus, die Forderung laut nach einer Erneuerung der Sprache als des spezifisch menschlichen Vermögens, in dem alles andere – Moral, Wissen, Glaube – beschlossen liegt. Als Inbegriff einer schönen Sprache, als »lingua nobilissima« gilt dabei das klassische Latein; um es, nach seinem vielfach beklagten Verfall in den letzten Jahrhunderten, neuerdings zu erlernen, bedarf es eines planmäßigen Studiums der Klassiker. Das ist ein Programm nichttheologischer, innerweltlicher Bildung, der in dem theologisch-transzendentalen System des Mittelalters allenfalls eine abgeleitete oder untergeordnete Rolle zukommt; es schließt freilich auch die Möglichkeit einer religiösen Erneuerung ein. Andererseits handelt es sich darum, daß das Studium der Klassiker, das den neuen Sinn für schöne Sprache nähren soll, alles andere als selbstverständlich ist. Der Humanismus wird sich bewußt, daß die Epoche der klassischen Literatur längst untergegangen ist, daß von ihr nur noch Weniges und dieses Wenige vielfach nur noch in verstümmelter oder verfälschter Form existiert, daß es also zunächst auf eine philologische Restituierung der authentischen Texte und ihres originären Verständnisses ankommt. Die Antike insgesamt erscheint damit als eine abgeschlossene historische Epoche, von der Gegenwart durch eine lange Zwischenzeit getrennt, tot und daher der Wiederbelebung bedürftig. Diese Wiederbelebung soll ihr in der Gegenwart und Zukunft neue Geltung verschaffen und insoweit den Abstand der Zeiten aufheben; aber es bleibt dabei, daß man sich auf eine historische Epoche bezieht, die in ihrer Eigentümlichkeit zu erfassen ist, bevor sie zum Vorbild werden kann. Das ist ein Programm historischer Bildung, der Bildung aus und durch Geschichte, man kann auch sagen: die Entdeckung der Historizität des Menschen. Auch dem Mittelalter ist die Antike durchaus präsent: aber sie spielt da keine selbständige Rolle, sondern bietet lediglich einzelne Bausteine für ein hierarchisches Gedankengebäude, und sie gilt demgemäß auch nicht als in sich abgeschlossene historische Epoche, sondern gehört einem von der Theologie gestifteten überzeitlichen Zusammenhang an; eine prinzipielle Vorstellung von Geschichtlichkeit kann sich in diesem Kontext nicht entwickeln.

Getragen wird die humanistische Bewegung von Schriftstellern und von deren Lesepublikum: von Intellektuellen, die untereinander eine stände- wie länderübergreifende »res publica litteraria« bilden. Sie treten mit ungeheurem Selbstbewußtsein auf. Bildung in dem ästhetisch-historischen Sinne, den sie meinen, ist für sie eine Weltanschauung: ein anderes Wort für menschliche Lebensgestaltung, eine dauernde Aufgabe, ein unablässiger Prozeß, der Sinn des Lebens. Sie pflegen alle Probleme ihrer Zeit als Bildungsprobleme anzusehen und erwarten von einer Erneuerung der Bildung eine Erneuerung der Welt. Sie verfügen zeitweilig über so viel Prestige, daß die Mächtigen in Staat und Kirche darauf Wert legen, sich mit ihnen zu umgeben und so ihr eigenes Prestige zu steigern. Die großen Autoren, von Francesco Petrarca (1304–1374) über Erasmus von Rotterdam (1469–1536) bis zu Justus Lipsius (1547–1606), beherrschen auf der Höhe ihres Lebens die öffentliche Meinung und üben damit, ohne in die Reihe der eigentlichen Akteure aufzurücken, eine Macht eigener Art aus.

Wie gesagt: das »humanistische« Gymnasium ist lediglich eine Teilausführung dieses universalen Bildungsstrebens. Der Fächerkanon der »studia humaniora« oder »studia humanitatis« stellt einen schulmäßigen Extrakt aus dem ästhetisch-historischen Bildungsprogramm der Humanisten dar, und es entspricht deren Selbstbewußtsein, daß er gegenüber den »höheren« Studien, auf die er vorbereiten soll, in Wahrheit eine übergeordnete Stellung einnimmt, auf eine »Humanisierung« der oberen Fakultäten aus ist. Diese Institutionalisierung ist aber wiederum für die Humanisten nicht nur deswegen besonders bedeutungsvoll, weil sie sie zu einer gleichermaßen systematischen wie verbindlichen Fixierung und Präzisierung ihres Bildungsprogramms nötigt; sie ermöglicht ihnen auch eine auf Dauer größtmögliche Wirksamkeit, die zugleich mit einer gewissen Professionalisierung des Humanistenstandes einhergeht. Jedenfalls hat das »humanistische« Gymnasium auch dann noch Bestand, als es mit dem Humanismus als einer selbständigen Bildungsbewegung, die die Erneuerung der Welt auf ihre Fahnen schreibt, vorbei ist. Seit Reformation und Gegenreformation werden andere Bestrebungen dominierend, die den Humanismus zwar keineswegs vollkommen zu unterdrücken, aber doch von sich abhängig zu machen suchen, und es gibt keine bessere Strategie für diese Instrumentalisierung, als sich das »humanistische« Unterrichtswesen einzuverleiben und ihm endlich jene propädeutische Rolle zu verordnen, die die Humanisten bisher gleichsam in ihr Gegenteil verkehrt haben. In Deutschland werden die Gymnasien, die aus der Melanchthonschen und aus der jesuitischen Bildungsreform hervorgegangen sind, für lange Zeit prägend: »humanistische« Konfessionsschulen oder »humanistische« Gymnasien mit konfessioneller Zielsetzung. Dieser Zustand liegt gewiß weitab von den Zielvorstellungen, die die Humanisten ursprünglich verfolgt haben, aber er gewährleistet doch die kontinuierliche Weitergabe humanistischer Bildungsgüter. Der Humanismus bleibt insoweit fest etabliert. Freilich bewirkt die fortgesetzte Verschulung auch Formen der Erstarrung und Verknöcherung, die eine zunehmende Kritik veranlassen oder erleichtern. Im ganzen erweist sich das »humanistische« Gymnasium aber als bemerkenswert resistent.

Einen neuen Aufschwung erlebt dieser Schulhumanismus, wie oben gesehen, in Deutschland um 1800. Angefochten von der utilitaristischen Pädagogik der Spätaufklärung, die vor allem von den obrigkeitsstaatlichen Ansprüchen und Erwartungen des aufgeklärten Absolutismus erzeugt oder begünstigt wird, zieht er neuerdings Interesse auf sich, als sich Deutschland im Zuge der Französischen Revolution und der Napoleonischen Herausforderung, voran das Preußen der Reformer, daranmacht, das politische System jedenfalls bis zu einem gewissen Grade auf staatsbürgerliche Freiheit und Mitbestimmung zu gründen. Dazu ist nämlich eine Erziehung zur Freiheit vonnöten: statt der Abrichtung auf äußere Zwecke eine Erziehung zur Selbsttätigkeit und Selbstverantwortung, statt der mechanischen Aneignung eines vorgegebenen Funktionswissens die Mobilisierung der in jedem Menschen steckenden schöpferischen Energien. Das »humanistische« Konzept allgemeiner Menschenbildung scheint dazu am ehesten geeignete Anhaltspunkte zu bieten. Allerdings kann es nicht um eine bloße Fortführung der bisherigen »studia humaniora« oder »studia humanitatis« gehen; auch Niethammer ist sich darüber im klaren, daß ein Neuanfang unerläßlich ist; späterhin hat man, um den Unterschied zu kennzeichnen, für das »humanistische« Gymnasium dieser Reformzeit von »Neuhumanismus« gesprochen, wobei auch dieser Begriff viel mehr meint als eine bloße Schulform. Das Neue besteht in einer ungeheuren Radikalisierung der älteren Ansätze. Entscheidend wird die Kategorie der Individualität. Sie steigert das bisherige Konzept ästhetischer Bildung, indem sie die harmonische Ausbildung aller Kräfte eines jeden Individuums in seiner besonderen Lage fordert, und sie steigert das bisherige Konzept historischer Bildung, indem sie das klassische Altertum zum Demonstrationsobjekt für einen solchen Bildungsprozeß macht. Neue Individualität konstituiert sich da durch Konfrontation mit der Individualität der Griechen und Römer, die die noch unfertige Gegenwart darüber belehren, daß sie, statt an der Vergangenheit zu haften, das ihr eigentümliche Potential zur Entfaltung zu bringen hat; der Individualisierung des einzelnen in seiner Zeit entspricht also die Individualisierung und damit Historisierung der Antike, durch die die Erfahrung der Historizität überhaupt eine ganz neue Qualität erhält. Das »humanistische« oder »neuhumanistische« Gymnasium hat, im Einklang mit einer großen allgemeinen intellektuellen Bewegung, die diese Ziele zu einer neuen Weltanschauung erhob, die ihm zugedachte Funktion erfüllt und ist für lange Zeit zur Modellschule des politisch-gesellschaftlichen Fortschritts aufgestiegen.

Diese Verhältnisse sind heute längst vergangen, aus verschiedenen Gründen: äußeren wie inneren. Das »humanistische« Gymnasium ist mittlerweile ein Schultyp neben anderen und steht dabei eher am Rande. Die Konjunkturmeldungen schwanken; mal gibt es mehr, mal weniger Latein- und Griechischunterricht; Prognosen sind naturgemäß nicht möglich. Soviel steht aber fest, daß, solange uns an Erziehung zur Freiheit, zur Selbsttätigkeit, zur schöpferischen Leistung liegt und solange wir in engstem Zusammenhang damit der Geschichtlichkeit jeglichen menschlichen Daseins bewußt sind, ein humanistisches Erbe lebendig bleibt, ganz gleich, in welchen

Formen wir es erwerben, um es zu besitzen. Und man kann hinzufügen: Solange wir das Wort »Humanismus« gebrauchen, bleibt die Geschichte des Begriffs und des Phänomens gegenwärtig. Selbst die »gestelzte Platitüdenkunst« der Allerwelts-Humanisten unserer Tage stellt so etwas wie eine äußerste Abstraktion der ursprünglichen Bedeutung dar; sie hat ihre Wurzeln gekappt, ohne sie verschwinden lassen zu können; weder Negation noch Ignoranz heben sie auf. Es wäre schon ein genuin humanistisches Ereignis, wenn über diese Provenienz, über diesen historischen Zusammenhang, über dieses Exempel für die Historizität menschlichen Denkens und Handelns allenthalben Klarheit einkehrte.

Literatur:

August Buck, Humanismus. Seine europäische Entwicklung in Dokumenten und Darstellungen, Freiburg im Breisgau u. a. 1987.

Jacob Burckhardt, Die Kultur der Renaissance in Italien, hg. von Horst Günther, Frankfurt am Main 1989.

»Humanismus heute« (Stiftung des Landes Baden-Württemberg), Humanismus in Europa, Heidelberg 1998.

Friedrich Immanuel Niethammer, Philanthropismus-Humanismus. Texte zur Schulreform, hg. von Werner Hillebrecht, Weinheim u. a. 1968.

Clemens Menze, Die Bildungsreform Wilhelm von Humboldts, Hannover 1975.

Ulrich Muhlack, Der Humanismus als kulturhistorische Epoche, Münster 2004.

Julian Nida-Rümelin, Humanismus als Leitkultur. Ein Perspektivenwechsel, München 2006, Rezension von Eberhard Straub, in: Frankfurter Allgemeine Zeitung, 10. März 2006, Nr. 59, 41.

3. Konfessionelles Zeitalter

Gerrit Walther

Eine Epoche der Konfrontationen

Mit dem Begriff »Konfessionelles Zeitalter« bezeichnet man jene Epoche europäischer Geschichte, in der Konfessionen – also dogmatisch verfestigte religiöse Haltungen – so entscheidende Bedeutung gewannen, daß sie das ganze Denken und Handeln, den gesamten Lebensstil der Zeitgenossen bestimmend prägten. Je nach Nation differieren die Datierungen dieser Periode. Setzt man ihren Beginn allgemein mit Martin Luthers Reformation um 1520 an, so kann man sie für Deutschland mit dem Westfälischen Frieden, also dem Ende des dreißigjährigen Religionskrieges, 1648 enden lassen, für Frankreich vielleicht schon mit dem Toleranzedikt von Nantes 1598, eventuell aber auch erst mit Kardinal Richelieu (1624–1642), der sich bedenkenlos mit protestantischen Mächten gegen das katholische Spanien verbündete. Für beide Nationen, wie auch für England und die übrigen europäischen Staaten, ließe sich aber auch der Siegeszug der Aufklärung im 18. Jahrhundert als definitives Ende des konfessionellen Prinzips bezeichnen – wären nicht noch im 19., ja sogar im 20. Jahrhundert starke konfessionelle Einflüsse auf Bildung und Kultur festzustellen. Wir werden am Schluß des Artikels kurz auf dieses Phänomen zurückkommen.

Zum Konfessionellen Zeitalter gehörte, daß Konfessionen damals dazu neigten, zu militanten Glaubensparteien zu werden, die allen anderen Konfessionen mit offener Abneigung, bisweilen mit tödlichem Haß begegneten. Ein Geist der Unduldsamkeit, die Verachtung jeglicher Toleranz, ein Pathos der Kompromißlosigkeit verschärften die schweren politisch-sozialen Konflikte der Epoche. Mochten auch nicht alle Kämpfe, Kriege und Bürgerkriege unmittelbar von Glaubensfragen veranlaßt sein, so gingen doch alle mit religiösen Fragen einher, vermischten sich und verschmolzen mit ihnen – so sehr, daß der Konfessionsgegensatz als ihr tiefster Grund erscheinen konnte. So sah man beispielsweise in den Kämpfen der deutschen Kaiser seit Karl V. (ab 1546) mit den oppositionellen deutschen Fürsten in erster Linie Konflikte zwischen Katholiken und Protestanten. Feierten diese die Vernichtung der spanischen Armada (1588) als Erfolg gegen den »Papismus«, so sahen katholische Zeitgenossen im Sieg des Kaisers über den »Winterkönig« (1620) einen Triumph der wahren Religion. So eng verbanden sich Religion und Politik im Konfessionellen Zeitalter, daß unklar blieb, welches Moment das eigentlich treibende sei. (Zeeden, Brendle)

Konfessionelle Schulpolitik

Für das europäische Schul- und Bildungswesen bedeutet dies, daß es mehr als zwei Jahrhunderte lang maßgeblich von religiösen Dogmen und Parteien dominiert war. Alle Konfessionen sorgten mit Eifer dafür, ihre Glaubensüberzeugungen durch Schulen, Kollegien, Hochschulen, Akademien und andere Bildungseinrichtungen in die Herzen und Köpfe der Zeitgenossen einzupflanzen, diese zu leidenschaftlichen Gefolgsleuten und kämpferischen Verfechtern ihres Glaubens zu machen. Aus Martin Luthers reformatorischer Botschaft gestalteten Schul- und Universitätsreformer wie Philipp Melanchthon in Wittenberg, David Chytraeus in Rostock oder Johannes Sturm in Straßburg Schulordnungen, Curricula und Studiengänge. Huldreich Zwingli reorganisierte seit 1525 das Schweizer Schulsystem, bevor Jean Calvin und Theodor Beza seit 1537 vom reformierten Genf aus ein Netz straff organisierter, hoch effizienter Unterrichtsinstitutionen über die protestantische Eidgenossenschaft, Frankreich, die Niederlande und viele andere europäische Kulturregionen spannten. Seit 1546, erst recht seit dem erfolgreichen Abschluß des Konzils von Trient 1563, das im »Seminardekret« die katholische Priester- wie Laienbildung zukunftsweisend regelte, reorganisierten die Jesuiten, ein 1534 von dem baskischen Ritter Iñigo (Ignatius) von Loyola als »Gesellschaft Jesu« gegründeter neuer Missionsorden, die katholische Bildung. Dazu wirkten auch andere neue geistliche Gemeinschaften, in der Mädchenbildung etwa die Ursulinen (gegr. 1535) oder die Englischen Fräulein (gegr. 1611). Überall entstanden – oft in erbitterter Konkurrenz der Konfessionen untereinander – Ausbildungsstätten für den geistlichen wie den weltlichen Nachwuchs. [Garin] [Iserloh] [Rüegg 105–137]

Institutionell gesehen war das Konfessionelle Zeitalter also trotz (oder vielmehr gerade wegen) seiner eifernden Unduldsamkeit eine wahre Blütezeit der Bildung. Niemals zuvor hatte es in Europa ein so weites und zugleich so dichtes System von Bildungsinstitutionen gegeben. Nie zuvor waren – weil alle Konfessionen um Anhänger warben – das Angebot an Schulen so reich, die Bildungs- und Aufstiegsmöglichkeiten gerade auch für Söhne (bisweilen sogar Töchter) nichtprivilegierter Stände so günstig gewesen wie seit dem späten 16. Jahrhundert.

Modell Humanismus

Die Leitideen und Modelle für diese neuen, konfessionellen Bildungsinstitutionen lieferte der Humanismus. Jetzt erst wurden die durch ihn erneuerten *studia humanitatis* systematisch in die Schulordnungen aufgenommen und in den Lehrplänen etabliert. Jetzt erst setzte man die humanistischen Forderungen nach einer zeitgemäßen, zugleich praktischen und ästhetischen Bildung am Ideal der römisch-griechischen Klassiker systematisch in schulische Wirklichkeit um, normierte man sie zum pädagogischen Konzept einer, wie Johannes Sturm es formulierte, *sapiens et eloquens pietas*. (Ha 108) Insofern haben die Vordenker des Konfessionellen Zeitalters das Verdienst, dem Humanismus überhaupt erst zu allgemeiner Breitenwirkung verholfen, seine Errungenschaften und Ideale für die folgenden Jahrhunderte bewahrt zu haben. Allerdings veränderte er sich unter ihrem Zugriff. Was nämlich die früheren Humanisten als eine zweckfreie, nur der moralisch-ästhetischen Verfeinerung des Einzelnen dienende Methode erfunden hatten, wurde in der Systematik der konfessionellen Pädagogen zu einem Medium religiöser Selbstvergewisserung und Selbstbehauptung, oft genug der Propaganda.

Was dem neuen, konfessionellen Humanismus hingegen weitgehend fehlte, war eben jene Tugend, die bislang sein Kern gewesen war: der Wille zur Freiheit. Zwar war die neue Bildung solide und professionell, aber sie führte eher in ein frommes Kollektiv als zu persönlicher Autonomie. Zwar war sie raffiniert und vielseitig, aber doch auch eng und parteilich. Zwar boten die neuen Schulen und Hochschulen vielerorts mehr als alle früheren ein gehobenes, mitunter europäisches Niveau. Aber zumeist durfte man nur noch sie besuchen (oder allenfalls die Schulen glaubensverwandter Territorien). Zwar wurde das Lehrpersonal zusehends internationaler, weil jesuitische wie calvinistische Lehrer über Landesgrenzen hinweg versetzt wurden. Aber die traditionelle *libertas peregrinandi*, die es einem Studiosus erlaubt hatte, seine *Peregrinatio academica* quer durch das ganze Abendland zu unternehmen, wurde verboten oder wenigstens erheblich eingeschränkt. Alle konfessionellen Bildungskonzepte teilten eine entschiedene Parteilichkeit, ein Denken innerhalb strenger dogmatischer Grenzen.

Fortschritt im Rückschritt

Gleichwohl standen solchen Einschränkungen und Verengungen bisheriger Bildungsformen auch erhebliche Vorteile gegenüber. Bereits erwähnt wurde der Drang zur Breitenbildung. Weil eben nicht mehr nur Geistliche, sondern schlechthin alle Zeitgenossen ihr Denken und Handeln in den Dienst religiöser Botschaften stellen sollten, nahm die Laienbildung rasch zu. Schulen aller Art – von Armen- und Volksschulen über Gelehrtenschulen bis hin zu Ritterakademien und Universitäten – sollten gewährleisten, daß möglichst die gesamte Bevölkerung eines jeden Territoriums zumindest in den wichtigsten Glaubensdingen ausgebildet werde. Dies wurde in der Praxis zwar meist kaum annähernd erreicht – die allgemeine Schulpflicht war ein Konzept der späten Aufklärung und eine Errungenschaft erst des bürgerlichen 19. Jahrhunderts –, doch kann man sagen, daß nun erstmals alle sozialen Gruppen zu Objekten obrigkeitlicher Erziehungsambitionen wurden.

Auch der Unterricht selbst wurde einheitlicher. Das gilt zunächst innerhalb der Konfessionen. Daß in den Aufbruchsjahren der Reformation nahezu alle protestantischen deutschen Schulordnungen in Wittenberg geschrieben wurden, gab ihnen eine überall ähnliche Gestalt. Nicht minder sorgte im Calvinismus das gemeinsame Genfer Modell für internationale Vergleichbarkeit. Den bis heute unerreichten Höhepunkt didaktisch-curricularer Standardisierung indes schufen die Jesuiten. Mit ihrer *Ratio studiorum* von 1599 gelang ihnen ein Unterrichtsplan, dem alle europäischen und außereuropäischen Jesuitenschulen gleichermaßen folgten – von Portugal bis Japan, von Polen bis Paraguay. Mithin ermöglichte die »Gesellschaft Jesu« wie selbstverständlich, woran bis heute alle »Bologna«-Bürokraten kläglich gescheitert sind: einen problemlosen Studienortwechsel über alle europäischen Grenze hinweg.

Aber auch zwischen den Konfessionen vereinheitlichten sich unmerklich – und eigentlich gegen die Intentionen der Lehrplangestalter – Methoden und Standards. Auch dies erklärt sich aus der Konkurrenz der Systeme: Um die junge Generation (und zuvor deren Eltern) für die eigene konfessionelle Bildung zu gewinnen, mußte man diese attraktiv gestalten, nämlich zugleich vielseitig, praktisch, faßlich, international, erfolgversprechend, elegant und elitär, also wiederum: humanistisch. Daher mußte jede Seite versuchen, auf ihre Art das Beste aller konkurrierenden Konzepte zusammenzufassen. Kurz und paradox gesagt: Die besten Chancen im Konkurrenzkampf mit dem Glaubensgegner schien zu haben, wer sich von diesem inspirieren ließ. So ahmte man einander nach. Die Jesuiten beispielsweise übernahmen so viel vom Konzept des Straßburger Schulreformers Johannes Sturm, daß dieser schließlich staunend zugab, daß sie seine pädagogischen Intentionen in vielem besser umgesetzt hätten als er selbst – nur eben zugunsten der katholischen Sache. Insofern bewirkte das Konfessionelle Zeitalter, daß Bildung europaweit vergleichbar wurde.

Subjektivität und Simulation

All diesen Bildungsmethoden gemeinsam war ein weiterer in die Moderne weisender Zug: Auf je eigene Art förderten alle die Selbsterforschung und Selbstvergewisserung des frommen Subjekts. Das gilt für die calvinistische Gewissensprüfung und die Selbstbefragung der Pietisten ebenso wie für die »Exerzitien« der Jesuiten, die den Übenden planmäßig darin schulten, seine inneren Vermögen, seine Leidenschaften, seine ganze Persönlichkeit kennen, annehmen und beherrschen zu lernen, um sich vollkommen für den Dienst am Glauben zu disziplinieren. Das galt mitunter sogar noch mehr für religiöse Rand- und Splittergruppen wie Täufer und Mystiker, Nonkonformisten und Jansenisten. Sie alle lernten, als Individuen vor ihren Gott zu treten, das moderne Gefühl des Auf-sich-selbst-gestellt-Seins zu einer neuen Form subjektiver Spiritualität zu sublimieren. In dieser religiösen Unterweisung auf den je Einzelnen hin liegt eine wichtige Wurzel moderner Subjektivität.

Dem scheinbar entgegengesetzt, tatsächlich aber in perfekter Ergänzung stand ein weiterer gemeinsamer Zug aller konfessionellen Bildungskonzepte: ihre Tendenz zur Praxis, ihr Wille, sich in der täglichen Wirklichkeit zu bewähren, sich an die Spitze modernen Lebens zu stellen. Dazu aber gehörte – nur scheinbar paradox –, daß man seine eigene konfessionelle Position eventuell nicht gleich zu erkennen gab. Gerade dort, wo Damen und Herren höheren Standes ihre Bildung unter Beweis zu stellen hatten – bei Hof, in der Diplomatie, auf Reisen oder in der Armee –, wäre es auch in den Hochphasen konfessioneller Konfrontation nicht immer opportun gewesen, sich als religiöser Eiferer zu zeigen. Gerade Ignatius von Loyola mahnte seine Anhänger, beim Missionieren »sanft wie die Tauben und klug wie die Schlangen« zu verfahren, um nicht durch konfessionelles Polemisieren eine Abneigung zu erregen, die den Bekehrungserfolg gefährde. Passender schien es, Glaubensgegner und Indifferente durch weltmännische (beziehungsweise damenhafte) Eleganz zu überzeugen, durch jenen Habitus zwangloser Lässigkeit, den Baldassare Castiglione 1528 in seinem »Das Buch vom Hofmann« als *sprezzatura* beschrieben hatte. Um diesen Eindruck urbaner Nonchalance zu erzeugen, bedurfte der Gebildete der Fähigkeit zu *simulatio* (dem Vorspiegeln von Überparteilichkeit) und *dissimulatio* (dem Verstecken der eigenen konfessionellen Optionen) im Dienste des Glaubens. Durch dieses Bemühen aber, die eigene Haltung zweckdienlich vor einem andersgläubigen Gegenüber zu verhüllen, enthielt die konfessionelle Bildung *in nuce* bereits Ansätze zu ihrer Überwindung. (Walther)

Alternativen zum Konfessionellen

Der Druck, seinen Glauben öffentlich zu bekennen, ließ gerade fromme Zeitgenossen nach Diskursformen suchen, die es erlaubten, möglichst konfessionsneutral zu kommunizieren, ohne die eigene Haltung zu verbergen oder zu verraten. In den religiös polarisierten Niederlanden erneuerte Justus Lipsius, der bedeutendste Tacitus- und Seneca-Kenner seiner Zeit, seit den 1580er Jahren die stoischen Ideale von Unerschütterlichkeit (griech. *Ataraxia*) und Diskretion, indem er eine Art Metasprache aus Klassikerzitaten erfand, die es erlaubte, moderne Probleme in antiken Formeln auszusprechen, aber weltanschaulich zu neutralisieren. Ähnlich verfuhr um die gleiche Zeit Michel de Montaigne, der Freund Heinrichs IV., wenn er in seinen »Essais« eine neue Form intimer Selbstaussprache kultivierte, die größtenteils aus neu montierten Klassikerzitaten bestand und jede konfessionelle Ebene erfolgreich vermied. Kurz darauf entwarf in England Francis Bacon eine experimentelle Naturwissenschaft, wie sie später, nach dem religiösen Bürgerkrieg und der Herrschaft der Puritaner, in der *Royal Society* (gegr. 1660) geübt und perfektioniert wurde. Eine Generation nach Montaigne und Bacon entwickelte der böhmische Weltbürger Amos Comenius die Vision einer enzyklopädischen Bildung, die ganz aus Realien bestehen solle. Etwa gleichzeitig, mitten im Dreißigjährigen Krieg, schuf René Descartes, ein frommer Katholik, mit seiner neuen Geometrie eine Disziplin, in der man über Wahrheit sprechen konnte, ohne den Namen Gottes im Munde führen zu müssen. (Wiedemann) (Friedrich) (Musolff/Hell 28–42)

Keiner dieser Denker verfolgte das Ziel, den religiösen Glauben einzuschränken oder gar abzuschaffen (wie das später, im 18. Jahrhundert, einige Aufklärer tun wollten). Jeder aber suchte nach einem Medium, das es erlaubte, das Reale ohne das Metaphysische zu denken und zu beschreiben, Wahrheit eindeutig festzustellen, ohne daß dies zu Streit, Krieg und Verfolgung führen mußte. Faktisch aber trugen ihre Bemühungen zu einer prinzipiell säkularen Bildung bei. Gerade die weitgehende Konfessionalisierung aller Lebensbereiche stimulierte eine Kultur, die sich vom konfessionellen Prinzip abwandte.

Dieser Prozeß allerdings vollzog sich nur sehr langsam. Selbst die Aufklärung, die sich entschieden von jeder Form kirchlicher Bevormundung abwandte (was in Frankreich, dem Land einer mächtigen katholischen Staatskirche, viel heftiger und polemischer geschah als in protestantischen Ländern wie England oder Deutschland), war trotz ihrem universalen Anspruch in vielen Zügen eine konfessionell parteiliche, nämlich protestantisch-antikatholische Bewegung. Das 19. Jahrhundert, dessen Eliten den Begriff »ultramontan« (im Sinne von »papsthörig«) wie ein Schimpfwort benutzten, setzte diese Tendenz fort: Bis weit ins 20. Jahrhundert hinein war es für Katholiken in Deutschland, England oder Amerika fast ebenso schwer, beinahe unmöglich, akademische Lehrstühle zu erlangen, wie für Anhänger des mosaischen Glaubens. Beiden Gruppen nämlich unterstellten deren protestantische Gegner, daß blinder Gehorsam gegenüber einem vernunftwidrigen Dogma sie daran hindere, sich kompromißlos den Prinzipien wissenschaftlicher Wahrheitssuche zu verschreiben. [Hammerstein] Insofern blieb die Bildung strukturell konfessionell, war sie nicht nur Tatsachenfeststellung, sondern »Bildungsreligion« – mochten ihre Vertreter verbal noch so sehr Distanz zu konfessionellen Prinzipien bekunden. (Hardtwig)

Konfession und Fundamentalismus

Gelöst ist der Konflikt zwischen dem Modell konfessioneller und dem Modell säkularer Bildung bekanntlich bis heute nicht. Mehr denn je wird militanter religiöser Fundamentalismus von allen westlichen Nationen als gemeinsamer Feind empfunden. Teilweise mag dessen aktuelle Attraktivität für innere wie äußere Gegner des westlichen Systems darin begründet liegen, daß die konfessionelle Option zur einzigen Möglichkeit geworden ist, Fundamentalopposition gegen den Allmachtsanspruch moderner Staatsgewalt zu artikulieren. Seit diese rein säkular geworden ist, bildet das Konfessionelle die stärkste Alternative (und damit die mächtigste Waffe) gegen jeglichen »Eurozentrismus«.

Diese Konfrontation erwächst aus einer weltgeschichtlichen Grundtatsache: allein der Westen hat – anders als jede andere Weltkultur – aus seinen frühneuzeitlichen Kriegen und Bürgerkriegen den Schluß gezogen, daß Religion keine exklusive Basis für eine moderne Gesellschaft sein könne. Allein der Westen hat alle weltlichen Ansprüche der Religion daher konsequent zurückgewiesen. Die geistige wie politische Tragfähigkeit dieser Entscheidung – und damit die innere Qualität säkularer Kultur überhaupt – wird sich in Zukunft in einer globalen Dimension zu bewähren haben.

Literatur:

Franz Brendle, Das Konfessionelle Zeitalter (Akademische Studienbücher Geschichte), Berlin 2010.
Jean Delumeau, Le catholicisme entre Luther et Voltaire, 6. Aufl., bearb. von Monique Cottret (Nouvelle Clio, Bd. 30), Paris 1996.
Hugo Friedrich, Montaigne, Bern 1949.
Eugenio Garin, Von der Reformation bis John Locke (Geschichte und Dokumente der abendländischen Pädagogik, Bd. 3), Reinbek bei Hamburg 1967.
Notker Hammerstein (Hg.), 15. bis 17. Jahrhundert. Von der Renaissance und der Reformation bis zum Ende der Glaubenskämpfe (Handbuch der deutschen Bildungsgeschichte, Bd. 1), München 1996.
Notker Hammerstein, Antisemitismus und deutsche Universitäten 1871–1933, Frankfurt am Main u. a. 1995.
Notker Hammerstein, Ulrich Herrmann (Hgg.), 18. Jahrhundert. Vom späten 17. Jahrhundert bis zur Neuordnung Deutschlands um 1800 (Handbuch der deutschen Bildungsgeschichte, Bd. 2), München 2005.
Wolfgang Hardtwig, Geschichtsreligion – Wissenschaft als Arbeit – Objektivität: Der Historismus in neuer Sicht, in: ders., Hochkultur des bürgerlichen Zeitalters (Kritische Studien zur Geschichtswissenschaft, Bd. 169), Göttingen 2005, 51–76.
Erwin Iserloh, Josef Glazik, Hubert Jedin, Reformation, katholische Reform und Gegenreformation (Handbuch der Kirchengeschichte, Bd. 4), 3. Aufl., Freiburg u. a. 1985.
Hans-Ulrich Musolff, Stephanie Hellekamps, Geschichte des pädagogischen Denkens (Hand- und Lehrbücher der Pädagogik), München u. a. 2006.
Walter Rüegg (Hg.), Von der Reformation zur Französischen Revolution (1500–1800) (Geschichte der Universität in Europa, Bd. 2), München 1996.
Gerrit Walther, Humanismus und Konfession, in: Späthumanismus. Studien über das Ende einer kulturhistorischen Epoche, hg. von Notker Hammerstein und Gerrit Walther, Göttingen 2000, 113–127.
Conrad Wiedemann, Fortifikation des Geistes. Lipsius, der *Cento* und die *prudentia civilis*, in: Späthumanismus. Studien über das Ende einer kulturhistorischen Epoche, hg. von Notker Hammerstein und Gerrit Walther, Göttingen 2000, 183–207.
Ernst Walter Zeeden, Hegemonialkriege und Glaubenskämpfe 1556–1648 (Propyläen Geschichte Europas, Bd. 2), Frankfurt am Main u. a. 1975.

4. Aufklärung

Gerrit Walther

Grundzüge

Die Aufklärung (engl. *enlightenment*, franz. *lumières*, ital. *illuminismo*, span. *ilustración*) ist die nach dem Humanismus wichtigste Bildungsbewegung der europäischen Geschichte. Seit dem späten 17. Jahrhundert in den Niederlanden und in England entstanden, im Laufe des 18. Jahrhunderts in ganz Europa verbreitet und vor allem von französischen Denkern maßgeblich formuliert, prägte sie das Denken und die Bildungsideale der westlichen Welt so entscheidend, daß man sie als deren bis heute gültigen intellektuellen Grundlagen bezeichnen kann.

Die Aufklärung entstand am Ende eines Jahrhunderts blutiger Religionskriege. Um solche fürderhin ein für allemal auszuschließen, den Menschen aller Religionen und Nationen ein friedliches Zusammenleben möglich zu machen, entwickelte sie – erstmals weltweit – eine konsequent säkulare, auf ein ziviles, lebenswertes Diesseits gerichtete Bildung. Zwar schloß diese in der täglichen Praxis immer wieder an christlich-theologische Muster und Methoden an, sofern diese dem Ziel eines respektvollen Miteinanders förderlich schienen. Besonders die englischen und die deutschen Aufklärer haben diese Bindung an kirchlich-religiöse Traditionen nie aufgegeben. In ihrer gedanklichen Konsequenz aber lag es, sich klar von diesen abzugrenzen, jeden frommen »Fanatismus« entschieden abzulehnen (was vor allem die französischen Aufklärer taten). Ausgang und Ziel aufgeklärten Denkens war kein allmächtiger Gott, der die Welt regiert und sich den Menschen durch mythische Offenbarungen zu erkennen gibt, sondern die Idee einer schöpferischen Natur, die der Mensch mittels seiner Sinne spüren, erfassen, erkennen, beschreiben und lenken kann. Als höchster und wichtigster Sinn galt den Aufklärern die Vernunft.

Sie erlaube dem Menschen – sofern dieser sie richtig gebrauche – sichere Orientierung in einer Welt, die als ein System klarer Zusammenhänge erschien, die nach den Prinzipien von Ursache und Wirkung funktionieren. Mochten viele dieser Verbindungen vorerst noch im Dunkel liegen, so zweifelten die Aufklärer doch keineswegs daran, daß deren Erkenntnis bei eifriger empirischer Forschung und strenger Reflexion eines Tages gelingen werde. Insofern vertraten sie ein prinzipiell optimistisches, fortschrittsgewisses Weltbild.

Das Symbol der Aufklärung war das Licht, das die Welt und deren Erscheinungen erhellt und erklärt. Emblematisch sehen wir es auf dem Titelbild der berühmten *Encyclopédie* von Denis Diderot und Jean le Rond d'Alembert, einem zwischen 1751 und 1780 in 35 Foliobänden erschienenen Nachschlagewerk, das das gesamte Wissen seiner Zeit populär darzustellen beanspruchte. Am Horizont bricht mächtig die Sonne hervor und vertreibt die düsteren Wolken, die bislang den Himmel verdunkelt haben. Im Vordergrund erleuchten ihre Strahlen eine anmutige Szene: Schöne Frauen (als Verkörperungen der Wissenschaften und Künste) ziehen einer anderen, noch attraktiveren Frau (der Inkarnation der Wahrheit) die Schleier vom Leibe, so daß sie in ihrer ganzen blendenden Schönheit sichtbar wird. Die Aufklärer also, das zeigt diese Entkleidungsszene, stellten sich Wissenserwerb und Forschungsfortschritt keineswegs nur als nützliche Pflichtübung vor, sondern als ein sinnliches Vergnügen, als einen beinahe erotischen Genuß. Alles andere als einseitig rational gestimmt (wie man es in älteren Darstellungen der Aufklärung lesen kann), sahen sie vielmehr alle menschlichen Vermögen als Medien und Antriebskräfte »natürlicher« Vernunfterkenntnis an.

Eine solche von allen Sinnen getragene Vernunft war für die Aufklärer kein Privileg einer gebildeten Elite, sondern eine natürliche Anlage, die potentiell jeder Mensch besitze und die bei grundsätzlich jedem kultivierbar sei (ob allerdings auch bei jeder Frau, darüber war die [Männer-]Gesellschaft der Aufklärung uneins). Alle Menschen also galten ihnen – wenn auch nicht in der Realität, so doch hinsichtlich ihrer Möglichkeiten – als prinzipiell gleich. Die empirisch unbestreitbaren mentalen und intellektuellen Unterschiede zwischen Völkern, Nationen und Individuen führten sie gerne auf äußere Umstände zurück. 1748 versuchte eine ihrer Koryphäen, Montesquieu (in »Vom Geist der Gesetze«), sie naturwissenschaftlich zu erklären – aus Unterschieden der Geographie, des Klimas, der wirtschaftlichen, politischen und sozialen Situation. Deren je spezifische Kombinationen bedingten, so meinte er, von Ort zu Ort je spezifische Besonderheiten. Jean-Jacques Rousseau hingegen machte für diese vor allem die moralische Dekadenz der modernen Gesellschaft verantwortlich. Deren perverse Verblendung gegen alle Gebote natürlicher Vernunft und Moral bewirke, daß die meisten Menschen »überall in Ketten« lägen (»Discours über die Ungleichheit«, 1755). Einig waren sich die Aufklärer jedenfalls darin, daß Unterschiede ungerecht seien und sich gerade durch Bildung ausgleichen ließen.

Daß eine solche allgemeine Bildung nicht längst alle Menschen zu gleicher Höhe erhoben habe, erklärten die Aufklärer vorzugsweise damit, daß mächtige Interessengruppen einer solchen Befreiung entgegenarbeiteten. Zu diesen typischen Feindbildern zählten sie vor allem »Despoten« und »Priester«. Gemeint waren autoritäre Politiker und alle diejenigen, die ihnen als Funktionäre und Meinungsmacher dienten, indem sie absichtsvoll ein falsches Weltbild (»Aberglauben«) verbreiteten und Kritiker mit bösem »Fanatismus« verfolgten. Diesen Dunkelmännern (die man nie konkret beim Namen nannte, sondern stets in finsterer Anonymität beließ) unterstellte man mithin, die Menschen aus Machtgier dumm halten zu wollen, um sie daran zu hindern, ihrer Vernunft, ihrer Kräfte und ihrer Rechte inne zu werden. Um solche egoistischen Machenschaften der Herrschenden wirkungsvoll zu bekämpfen, erfanden die Aufklärer zwei Instanzen: eine scharfe, systematische Kritik und eine uneingeschränkte Öffentlichkeit.

Kritik und Öffentlichkeit

Eine universale Kritik bildet das wichtigste Werkzeug und die schärfste Waffe der Aufklärer. Mit ihrer Hilfe gingen sie daran, die Welt neu zu ordnen, indem sie die Ansprüche jeglicher Autoritäten mit deren praktischem Nutzen verglichen und diesen zum Maßstab ihrer Daseinsberechtigung machten. Diese Kritik forderte alles und jeden vor ihren Richterstuhl. Alles und jeder hatte sich vor ihr zu rechtfertigen, niemand und nichts durfte sich ihr entziehen. Jede Idee einer Autorität aus Tradition wurde von ihr entschieden zurückgewiesen (was in einer [Feudal-] Gesellschaft, die ganz auf Tradition gegründet war, revolutionäre Folgen zeitigen mußte). Nur was vor den Forderungen praktischer, (natur)wissenschaftlicher Vernunft Bestand hatte, sollte weiter gelten dürfen.

Häufig kann man lesen, daß die Aufklärung aus dem Humanismus hervorgegangen sei, ja diesen geradezu fortgesetzt habe. Hier nun aber zeigt sich, daß die aufgeklärte Kritik mit humanistischer Textkritik allenfalls im methodischen Verfahren etwas gemeinsam hatte. Wie ein humanistischer Philologe des 15. oder 16. Jahrhunderts versuchte auch ein aufgeklärter Kritiker, einen überkommenen Text nach historisch-stilistischen Indizien hinsichtlich seiner Entstehungszeit und seines Kontexts zu bestimmen, um seinen ursprünglichen Sinn zu ermitteln. Während ein Humanist sich von einer solchen Operation aber wertvolle Aufschlüsse über antike Größe und Schönheit erhoffte, Offenbarungen von Wahrheit, Weisheit und poetischer Meisterschaft – während er die Tradition, die er rekonstruierte, tief verehrte, hatte ein Aufklärer meist ein entgegengesetztes, ein destruktives Ziel. Seine Recherche sollte Traditionen als falsch und ungereimt entlarven, Autoritäten wie den überlieferten Text der Bibel oder die Dogmen gelehrter Theologen als unhaltbar erweisen. Der typische Aufklärer interessierte sich weder für schön geformte Sprache noch für Belehrung durch die Klassiker. Vielmehr war er überzeugt, daß Rechnen wichtiger sei als Reden und daß die Gegenwart jegliche Vergangenheit bei weitem übertreffe. Insofern widerrief die Aufklärung den Humanismus eher als daß sie ihn stützte.

Das Publikum aufgeklärter Kritik war eine neue Form von Öffentlichkeit. Sie entwickelte sich zunächst in Großstädten wie Paris, London, Mailand oder Wien – dort, wo Regierung, Verwaltung und Geschäftswelt auf engem Raum zusammenlebten, so daß ein urbanes Publikum und neue Formen politisch-kultureller Kommunikation entstanden. Cafés, Salons, Clubs, Lesegesellschaften oder Freimaurerlogen bildeten Zirkel, in denen – auch wenn die bessere Gesellschaft meist unter sich blieb – die Hierarchien der feudalen Ständegesellschaft wenigstens teil- und zeitweise außer Kraft gesetzt werden konnten. Hier trafen sich Männer (bisweilen, vor allem in den von Damen geführten Salons, auch Frauen) unterschiedlicher Herkunft, um über all jene Themen zu diskutieren, die eine unüberschaubare Fülle von Zeitungen, Zeitschriften, Almanachen und Sachbüchern vor der Öffentlichkeit ausbreitete. (Poulot)

Die Aufklärer glaubten an die Macht der öffentlichen Meinung. Sie setzten auf sie, sie appellierten an sie. Sie benutzten sie, sie stimulierten, inszenierten und schufen sie oft erst, indem sie lernten, populär, packend und provokant zu schreiben und so ein Laienpublikum für Fragen zu interessieren, die bislang die exklusive Domäne kleiner Expertengruppen gewesen waren. Der moderne großstädtische Journalist, der Alltags- wie Skandalthemen aufgreift, der neue literarische Werke oder Erfindungen ebenso engagiert und unterhaltsam erörtert wie europäische Politik und soziale Probleme, war ein typischer Repräsentant der Aufklärung und ihres Willens, alles und jedes zu einer öffentlichen Frage zu machen. Die »Encyclopédie«, das wichtigste Werk der Aufklärung, tat eben dies in Form eines gigantischen Lexikons mit insgesamt 68.000 Stichworten. Ihre Verfasser suchten das aktuelle Wissen ihrer Zeit aus allen Bereichen zusammenzuholen – ohne Rücksicht auf Staats-, Zunft- und andere Geheimnisse –, um Vergleiche zu stimulieren und durch neue, überraschende Querblicke zwischen den einzelnen Disziplinen einen Fortschritt der Künste und Wissenschaften im Ganzen zu erzeugen. Möge die Nachwelt, so träumte Diderot in der Einleitung, »ihre eigenen Entdeckungen denen hinzufügen, die wir aufgezeichnet haben, und möge die Geschichte des menschlichen Geistes und seiner Erzeugnisse von Zeitalter zu Zeitalter immer weiter voranschreiten bis zu den fernsten Jahrhunderten« (Diderot 47).

Explosion des Wissens

Von einem wachsenden öffentlichen Interesse stimuliert, entstanden im 17. und 18. Jahrhundert zusehends neue Organisationen, die sich solcher Vorhaben annahmen. Fürsten versammelten einheimische und auswärtige Gelehrte in Akademien zu gelehrten »think-tanks« (was auch darin begründet war, daß die Universitäten nach den religiösen Bürgerkriegen in vielen Ländern Europas darniederlagen). Private Gesellschaften formierten sich, um nützliche, sonst kaum finanzierbare Forschungen voranzubringen (auch die berühmte, 1660 in London gegründete »Royal Society« ging aus einer solchen Gesellschaft betuchter Dilettanten hervor). Sie förderten naturwissenschaftliche Experimente, Ausgrabungen oder Forschungsreisen, die systematische Sammlung neuer Daten. So wurden immer mehr neue Forschungsfelder erschlossen – neben den modernen Naturwissenschaften auch Geologie, Meereskunde, Ethnologie, Anthropologie, Religionsgeschichte, Agrarwissenschaften oder Ökonomie. (Sloan) Entdecker wie Kapitän Cook oder Bougainville wurden zu Helden der Aufklärung, weil sie ihre Fahrten nicht mehr unternahmen, um fremde Völker zum Christentum zu bekehren oder deren Länder zu erobern, sondern um das menschliche Wissen über die Welt zu bereichern. (Popp) Wie nebenbei erkannte man dabei, daß die Bewohner der neuen Erdteile weder dümmer noch schlechter waren als die Europäer, sondern daß sie sich auf Grund natürlicher Gegebenheiten schlicht in anderer (aber mit dem Abendland vergleichbarer) Weise entwickelt und andere Kulturen ausgebildet hatten. Während der europäische Sklavenhandel im 18. Jahrhundert seinen traurigen Höhepunkt erreichte, stellte die aufgeklärte Wissenschaft (hier in engem Einklang mit christlichen Bewegungen) Begriffe und Argumente zu dessen Kritik bereit. Auch die 1787 in England gegründete »Slave Emancipation Society« war eine Schöpfung der Aufklärung. (Sloan 25)

Bald erwies die Masse der neuen Daten sich als so gewaltig und so vielfältig, daß sie alle bisher benutzten gelehrten Ordnungssysteme sprengte. Das gesamte Wissen mußte somit neu klassifiziert, nach neuen, dynamischen Kategorien geordnet werden (was so unterschiedliche Systematiker wie Buffon, Linné oder Lavoisier auf je eigene, zukunftsweisende Art versuchten) (Lepenies) Indem die Wissenschaften sich explosionsartig ausweiteten, rückten sie zugleich aber näher zusammen: Da man überzeugt war, daß die Natur in allen ihren Zweigen ein harmonisches Ganzes bilde, meinten all diese Forscher, von unterschiedlichen Seiten auf die gleichen Ziele zuzuarbeiten.

Bildungspolitik

Das höchste dieser gemeinsamen Ziele war eine hehre politische Vision: eine Gesellschaft umfassend gebildeter, daher freier, selbstverantwortlicher Bürger und Individuen. Sie sollte möglich werden, sobald alle Mitglieder des Gemeinwesens sich kraft aufgeklärter Bildung die Bedingungen zu eigen gemacht hätten, die nötig seien, ein solches Gemeinwesen in Blüte zu halten. In seinem »Gesellschaftsvertrag« (1762) prägte Rousseau in diesem Sinne den Begriff des »allgemeinen Willens« (*volonté générale*). Noch verfolgten, so erklärte er, alle Mitglieder der Gesellschaft je egoistische, partikulare Ziele, von denen viele dem Gemeinwohl eher abträglich als förderlich seien. Deshalb komme es darauf an, die Träger all dieser disparaten Einzelwillen (*volonté de tous*) dazu zu bringen, statt dessen jene Ziele einzusehen und mit aller Energie anzustreben, die den Staat als ganzen voran brächten. Ein solches vernünftiges, verantwortliches Wollen aber hielten die Aufklärer für noch längst nicht erreicht. In seiner berühmten »Beantwortung der Frage: Was ist Aufklärung?« (1784) unterschied Kant: »Wenn denn nun gefragt wird: leben wir jetzt in einem *aufgeklärten* Zeitalter? So ist die Antwort: Nein, aber wohl in einem Zeitalter der Aufklärung«. (174)

Aufgeklärte Politiker – und das waren im 18. Jahrhundert zumeist Fürsten – zogen aus diesem Befund den Schluß, daß man die (noch) unmündigen Menschen (vorläufig) zu ihrem Glück zwingen müsse. Deshalb unternahmen die Protagonisten des »Aufgeklärten Absolutismus« – zu den prominentesten zählten Friedrich II. von Preußen, Kaiser Joseph II. und Zarin Katharina II. von Rußland – angestrengte Versuche, aufgeklärte Ansichten und Zustände ihren

Untertanen mit dem ganzen Nachdruck ihrer fürstlichen Autorität von oben zu oktroyieren. Trotz redlicher Bemühungen indes blieben die bildungspolitischen Resultate eher bescheiden. Zwar führten alle die allgemeine Schulpflicht und ein säkulares, staatliches Schulwesen ein. Doch die Infrastruktur und die sozialen Voraussetzungen dafür, etwa ein lückenloses Volksschul- oder (was Katharina versuchte) Mädchenbildungssystem durchzusetzen, waren zu dürftig, als daß solche hohen Ziele sich hätten realisieren lassen. Im aufgeklärten Preußen beispielsweise blieb die Schuldichte weit hinter der des katholischen Bayern zurück.

Hinzu kam, daß Friedrich und sein Bewunderer Joseph, beide von Mit- und Nachwelt als Leuchten der Aufklärung gefeiert, Bildungsfragen vorrangig als ökonomische Probleme betrachteten. So besetzte der Große König – zumindest vor Beginn einer planmäßigen Schulpolitik im Jahre 1779 – Lehrerstellen vorzugsweise mit Kriegsinvaliden, und der Habsburger achtete peinlich darauf, daß immer nur so viele junge Männer Zugang zu den Universitäten seiner Erblande erhielten wie freie Beamtenstellen zu erwarten waren. Überzählige sollten durch hohe Studiengebühren und kleinliche Reglementierungen vom Universitätsbesuch abgeschreckt werden. Solche Präferenzen waren der Grund dafür, daß die Aufklärung in schulpolitischer Perspektive deutlich schwächer abschneidet als das oft gescholtene Konfessionelle Zeitalter oder das bürgerliche 19. Jahrhundert.

Schulpraxis

Überhaupt muß umdenken, wer nach der schulischen Praxis des aufgeklärten Zeitalters fragt. So ist zunächst die bedeutende Rolle zu betonen, die Kirche und Religion im aufgeklärten Schulwesen spielten. In vielem ging die aufgeklärte Bildung aus der konfessionellen hervor, beerbte sie in Methode und Pädagogik. In Deutschland war es vor allem der Pietismus, dessen Anregungen sie prägten. (Hammerstein/Hermann) Dies manifestierte sich etwa in dem imposanten Schul- und Werkstättenkomplex, den A.H. Francke seit 1698 in Halle errichtet hatte. Musterhaft wirkte die hier geübte Erziehung darin, daß sie zugleich auf innere Selbstentfaltung und auf praktische Ausbildung zielte – und dabei zudem einen eminenten ökonomischen Erfolg zeitigte. Die Erträge des florierenden Wirtschaftsunternehmens, die Francke in den Ausbau der Schule reinvestierte, veranlaßten sogar den sparsamen preußischen König Friedrich Wilhelm I., das pädagogische Projekt von Regierungsseite zu unterstützen. Sei dessen Leiter doch ein Mann, der aus einem Taler drei zu machen verstehe.

Nicht zuletzt nach diesem Vorbild entstanden seit den 1770er Jahren »Philanthropine« wie die, die F. E. von Rochow ab 1773 nahe der Stadt Brandenburg, J. B. Basedow ab 1774 in Dessau, C. F. Bahrdt seit 1775 in Marschlins (Graubünden/Schweiz) und J. G. Salzmann seit 1784 in Schnepfenthal bei Gotha gründeten. Offen für Kinder aus allen Ständen, auch und gerade für Mädchen (die z. B. in Rochows Schule ein Drittel der Schüler stellten), praktizierten diese aufgeklärten Experimentalschulen einen ganzheitlichen Unterricht, der Spielen und Werken ebenso vorsah wie Gartenarbeit, Turnen und Spaziergänge. Die Kinder sollten den Stoff nicht eingepaukt bekommen, sondern ihn mit Freude spielend erlernen. (Hammerstein/Herrmann, Overhoff)

Das war das Ergebnis einer neuen Aufmerksamkeit auf die kindliche Entwicklungspsychologie, die maßgeblich wiederum von Jean-Jacques Rousseau inspiriert worden war. In seinem Erziehungsroman »Émile, ou de l'éducation« (1762) hatte er Kindheit und Jugend erstmals als eigenwertige Lebensepochen mit je eigener Würde beschrieben. Das Ziel jeglicher Pädagogik konnte nach Rousseau nur darin bestehen, die »natürliche« Entwicklung des Kindes zu begleiten, sie so weit und so lange wie möglich vor den Einflüssen der Gesellschaft abzuschirmen, die er für sittlich verkommen hielt, ihr eine zwanglose, freie Entfaltung zu ermöglichen, sie aber keinesfalls zu beschleunigen oder sonst durch erzieherische Eingriffe zu stören. Um die angeborene Neugier des Kindes zu wecken, seine Freude am Lernen, seine Einsicht wie seine Fähigkeit zur Kritik, solle der Erzieher durch Beispiele und durch Anschauung wirken, nicht etwa durch abstraktes Dozieren.

Nicht zuletzt dank Rousseau wurde die moderne Pädagogik zu einem der wichtigsten Themen der Aufklärung. Die bis dahin avanciertesten Erziehungstheoretiker und Schulgründer Europas hingegen, die Jesuiten, erlebten seit Anfang des 18. Jahrhunderts einen allmählichen Niedergang, der nicht zuletzt aus ihrem Zögern herrührte, die seit 1599 verbindliche »Ratio studiorum« modernen Erfordernissen anzupassen. Das Verbot des Ordens, bei dem fast alle französischen Aufklärer in die Schule gegangen waren, im Jahre 1773 bedeutete die auch organisatorisch-institutionelle Notwendigkeit, zu neuen schulischen Konzepten zu gelangen.

In Großbritannien gingen sie nicht selten auf private, oft religiös beziehungsweise karitativ motivierte Initiativen zurück. Oft traten sie in Konkurrenz zu den vielerorts darniederliegenden öffentlichen Anstalten, aber auch zu den sich ausbreitenden, wenngleich zumeist kurzlebigen kommerziellen Privatschulen. (Langford 84 ff.) Ihr Ziel war es, jene praktischen Kenntnisse zu vermitteln, die neuen Schichten Aufstieg und damit lukrative Teilhabe an jenem Boom zu ermöglichen, den die Wirtschaft der Weltmacht England seit Mitte des 18. Jahrhunderts erlebte. Daher unterrichteten sie vor allem moderne Sprachen, Rechnen, Buchführung und Geographie. Immer mehr Bürgerliche imitierten jetzt aber auch Elemente der Adelsbildung – nicht nur in England –, so z. B. die »Grand Tour«, eine Europareise, die ein junger Gentleman zum Abschluß seiner Schul- und Studienjahre unternahm, um in den führenden europäischen Metropolen weltmännisches Auftreten zu lernen. Zwar führte auch die aufgeklärte »Kavalierstour« nach wie vor nach Italien und Frankreich, die Länder guten Benehmens und höfischer Kultur, aber auch moderne Ziele und technische Sehenswürdigkeiten wie die Werften und Dammbauten in Holland oder die frühen Fabriken in England wurden nun immer häufiger ins Bildungsprogramm aufgenommen.

Dialektik der Aufklärung

Keineswegs alle Reformen, die zur Zeit der Aufklärung in Europa durchgeführt wurden, entsprangen aufgeklärtem Geist. Viele (auch und gerade Schulreformen) waren schlicht vom Willen der Regierenden diktiert, fähige, loyale Staatsdiener heranzubilden, neue soziale Gruppen an sich zu binden, die Produktivität der heimischen Wirtschaft zu steigern. Die Aufklärer selbst sahen darin kein Problem. Der Gedanke einer Bildung um ihrer selbst willen war ihnen fremd. Was nicht wenigstens mittelfristig nützlich war, hielten die meisten von ihnen für überflüssig.

Nicht alles an der Aufklärung war selbst aufgeklärt. Manche ihrer Realitäten liefen ihrem Programm sogar diametral entgegen. Seit Horkheimer/Adornos berühmter Studie über die »Dialektik der Aufklärung« (1944) ist dies bekannt und viel diskutiert: Indem die Aufklärung alles am Einheitsmaß abstrakter Vernunft messe, deren Richtigkeit sie so blind glaube wie der Fromme sein Dogma, neige sie zur Unduldsamkeit, gar zur Inhumanität, sobald etwas oder jemand ihrem buchhalterischen Beharren auf materialer Effizienz widerspreche. Aufgeklärte Toleranz ende dort, wo ihre eigenen Prämissen und Ideale kritisch in Frage gestellt würden.

Entsprechend oft und heftig wurde die Aufklärung schon von den Zeitgenossen kritisiert. Seit Rousseau, der ihr Vollender und Überwinder zugleich geworden ist, fing man an, ihr Vernunftideal als zwanghaft zu empfinden. Mit ihrem Streben nach Einheitlichkeit, universaler Geltung verschließe sie sich, so wandten in Deutschland etwa J. G. Herder und die Romantiker ein, gegen alles Spontane, Individuelle, Einzigartige, Poetische. (Berlin) In der aufgeklärten Fundamentalkritik an der katholischen Kirche wollte eine kluge Fürstin wie Kaiserin Maria Theresia nichts als ein infames Machtinstrument erkennen: Indem die Aufklärung den einfachen Leuten ihren naiven Gottesglauben zerstöre, raube sie ihnen Sicherheit und Selbstgefühl, mache sie abhängig und lenkbar. Was die Aufklärer traditionell gegen »Priester« vorbrachten, das wurde hier gegen sie selbst gewandt.

Nicht minder heftig kritisieren heutige Postmoderne die Aufklärung als Symbol westlicher Arroganz, als parteiische Bevorzugung westlicher Werte, als Intoleranz gegen nichteuropäische Kulturen und Denkweisen, als quasireligiöse Fiktion, als Legitimation für (vornehmlich US-amerikanische) Imperialismen und Interventionen in aller Welt.

Daran mag in Einzelfällen manches Wahre sein. Gleichwohl gibt es bis heute keine Alternative zur Aufklärung. Noch immer gilt, was Kant 1784 erklärte: Auf sie zu verzichten »heißt die heiligen Rechte der Menschheit verletzen und mit Füßen treten« (174). Für jeden, so hat es der Princetoner Historiker Jonathan I. Israel 2006 provokant zugespitzt, »der dafürhält, daß menschliche Gesellschaften am besten von jener Vernunft regiert werden wie die Aufklärung sie definiert hat, ist es unbestreitbar vernünftig, wenn moderne Gesellschaften auf individuelle Freiheit, auf die Prinzipien der Demokratie, Gleichheit, Unparteilichkeit, der sexuellen Selbstbestimmung, Rede- und Publikationsfreiheit fundiert werden – auf Werte also, die in moralischer, politischer und intellektueller Hinsicht nicht nur [früher einmal] überlegen waren, sondern bis heute überlegen bleiben – überlegen nicht nur den Forderungen der Postmodernen, sondern auch allen anderen möglichen Alternativen, ganz egal, wie ›different‹, national oder postkolonial, und ganz egal, wie illiberal, nicht-westlich und traditionell [diese sein mögen]. Die sozialen Werte der radikalen Aufklärung besitzen nach den Maßstäben der Vernunft einen absoluten Wert, der sie über jede nur denkbare Alternative erhebt.« (869) Deshalb wäre ein Plädoyer gegen die Aufklärung ein Plädoyer für Intoleranz, Chauvinismus, Nationalismus, Rassismus, religiösen oder politischen Fundamentalismus, ein Plädoyer gegen die Menschenrechte, gegen die Grundwerte der westlichen Welt.

Die Aufklärung, so zeigt sich darin einmal mehr, ist kein bloß historisches Phänomen, sondern eine Bewegung, die uns bis heute treibt, beschäftigt, bestimmt und entflammt.

Literatur:
Isaiah Berlin, Die Wurzeln der Romantik, hg. von Henry Hardy, Berlin 2004.
Denis Diderot, Enzyklopädie. Philosophische und politische Texte aus der ›Encyclopédie‹ sowie Prospekt und Ankündigung der letzten Bände. Mit einem Vorwort von Ralph-Rainer Wuthenow (dtv Wissenschaftliche Reihe, Bd. 4026), München 1969.
Notker Hammerstein, Ulrich Herrmann (Hgg.), 18. Jahrhundert. Vom späten 17. Jahrhundert bis zur Neuordnung Deutschlands um 1800 (Handbuch der deutschen Bildungsgeschichte, Bd. 2), München 2005.
Max Horkheimer, Theodor W. Adorno, Dialektik der Aufklärung. Philosophische Fragmente (Theodor W. Adorno, Gesammelte Schriften, Bd. 3), Frankfurt am Main 1981.
Jonathan Israel, Enlightenment Contested. Philosophy, Modernity, and the Emancipation of Man 1670–1752, Oxford 2006.
Immanuel Kant, Beantwortung der Frage: Was ist Aufklärung?, in: ders., Schriften von 1783–1788, hg. von Artur Buchenau und Ernst Cassirer (Werke, Bd. 4), Berlin 1913, 169–176.
Panajotis Kondylis, Die Aufklärung im Rahmen des neuzeitlichen Rationalismus (dtv, Bd. 4450), München 1986.
Alan Charles Kors (Hg.), Encyclopedia of the Enlightenment, 4 Bde., Oxford 2003.
Paul Langford, A Polite and Commercial People. England 1727–1783 (New Oxford History of England), Oxford u. a. 1989.
Wolf Lepenies, Das Ende der Naturgeschichte. Wandel kultureller Selbstverständlichkeiten in den Wissenschaften des 18. und 19. Jahrhunderts (suhrkamp TB wissenschaft, Bd. 227), Frankfurt am Main 1978.
Jürgen Overhoff, Vom Glück, lernen zu dürfen. Für eine zweckfreie Bildung, Stuttgart 2009.
Klaus-Georg Popp (Hg.), Cook der Entdecker. Schriften über James Cook (Reclams Universal-Bibliothek, Bd. 196), 2. Auflage, Leipzig 1981.
Dominique Poulot, Les Lumières, Paris 2000.
Walter Rüegg (Hg.), Von der Reformation zur Französischen Revolution (1500–1800) (Geschichte der Universität in Europa, Bd. 2), München 1996.
Kim Sloan, Andrew Burnett (Hgg.), Enlightenment. Discovering the World in the Eighteenth Century. The British Museum, Washington, D. C. u. a. 2003.
Jean Starobinski, Die Erfindung der Freiheit. 1700–1789, Genève 1964.
Gerrit Walther u. a., Art. Aufklärung, in: Enzyklopädie der Neuzeit, Bd. 1, hg. von Friedrich Jaeger, Stuttgart u. a. 2005, Sp. 791–830.

5. Philanthropismus

Jürgen Overhoff

In kaum einer Epoche der Menschheitsgeschichte haben die Themenkreise Bildung, Erziehung, Schule und Lernen eine so außergewöhnliche und langanhaltende Konjunktur erlebt wie im Zeitalter der Aufklärung, dem 18. Jahrhundert. Weil in dieser reformfreudigen Ära das Bewußtsein für die gesellschaftliche Bedeutung von Bildung und Erziehung eine völlig neue Dimension erlangte, bezeichneten schon die Zeitgenossen ihr Säkulum sehr pointiert als »pädagogisches Jahrhundert«. Eine der innovativsten, erfolgreichsten und international auch am stärksten beachteten Erziehungslehren der Aufklärung war der Philanthropismus, dessen pädagogisches Programm ab 1715 von den Hamburger Gymnasialprofessoren Michael Richey (1678–1761) und Hermann Samuel Reimarus (1694–1768) entfaltet und in den 1760er Jahren von den überwiegend in Dänemark und Mitteldeutschland tätigen Pädagogen Johann Bernhard Basedow (1724–1790), Johann Andreas Cramer (1723–1788) und Martin Ehlers (1732–

1800) schrittweise zur Reife gebracht wurde. Europaweite Beachtung fand der Philanthropismus seit den 1770er Jahren.

Aus heutiger Sicht stellen sich die Lehren des Philanthropismus gleichsam als Quintessenz der europäischen Aufklärungspädagogik dar: So wurde in den einschlägigen Forschungsarbeiten neueren Datums beinahe unisono darauf hingewiesen, daß die in der Nachfolge von John Locke und Jean-Jacques Rousseau stehenden philanthropischen Pädagogen vor allem bestrebt waren, eine auf die Natur der Kinder abgestimmte Erziehung und Bildung durchzuführen. Statt der hergebrachten mechanischen Erziehungsmethoden des abstrakten Auswendiglernens optierten sie für einen kindgemäßen, fröhlichen, sinnlich-spielerischen und möglichst angenehmen Anschauungsunterricht, der mittels eines lebendigen und offenen Gesprächs zwischen Lehrern und Schülern die natürlichen Verstandeskräfte der Kinder und Jugendlichen schon frühzeitig anregen und ausbilden sollte. Schläge und andere Mittel der körperlichen Züchtigung waren bei den Philanthropen verpönt; vielmehr kultivierten sie ein ausgesprochen freundschaftliches Verhältnis zu ihren Zöglingen, das ihnen als unverzichtbare Grundlage einer Erziehung zur Gemeinnützigkeit galt. Schließlich sollte in ihren Augen jede verantwortungsvolle Bildung ein auf praktische Lebensbewältigung ausgerichtetes, gemeinnütziges und gleichwohl individuell erfülltes Leben ermöglichen.

Weit nachdrücklicher als alle anderen Vertreter der europäischen Aufklärungspädagogik unterstrichen die Philanthropen dabei die Bedeutung einer konsequenten Erziehung zur Menschenfreundschaft und Toleranz. Die Beherzigung dieser Tugenden schien ihnen auf sehr verläßliche Weise den Weg zu einer wahrhaft aufgeklärten, harmonischen und leistungsstarken Gesellschaft zu ebnen. Eben weil Menschenliebe und Toleranz nach dieser Lesart im Mittelpunkt jedes pädagogischen Bemühens standen, bezeichnete Basedow die von seinen Lehrern Richey und Reimarus schon seit Anfang des 18. Jahrhunderts verfochtenen aufklärerischen Erziehungsprinzipien ab 1774 dezidiert als »philanthropische« (aus griech. philos, Freund; anthropos, Mensch), also »menschenfreundliche« Pädagogik.

Die von ihm im Dezember 1774 im anhaltischen Dessau gegründete »Schule der Menschenfreundschaft«, eine weithin gerühmte Modellschule der aufklärerischen Erziehungsbewegung, nannte Basedow in gleicher Weise gräzisierend »Philanthropin«. Als nach dem Vorbild des Dessauer Philanthropins – das Immanuel Kant bereits 1778 enthusiastisch als »Stammutter aller guten Schulen« feierte – seit den 1780er Jahren im gesamten deutschen Reich, in der Schweiz, in Dänemark, Ungarn, Schweden und Rußland erfolgreich philanthropische Schulreformen realisiert wurden, erreichte die neue Pädagogik um 1800 den Gipfelpunkt ihrer internationalen Ausstrahlung. In diesem Zeitraum wurde die philanthropische Pädagogik auch erstmals als »Philanthropismus« (oder alternativ als »Philanthropinismus«) bezeichnet, ein Beleg für ihre nun unübersehbar gewordene Stellung im europäischen Bildungswesen und -diskurs.

Erst als mit Friedrich Immanuel Niethammer, Wilhelm von Humboldt und Ernst August Evers die Wortführer des entstehenden Neuhumanismus den Philanthropismus zu verunglimpfen begannen, weil sie meinten, daß diese Richtung der aufklärerischen Pädagogik Kinder und Jugendliche nur auf vorgegebene Situationen ausrichte, sie also lediglich zu nützlichen Bürgern für das von staatlichen Instanzen definierte Gemeinwesen ausbilde – statt sie zu freien und selbstbestimmten Menschen zu erziehen –, begann der Stern des Philanthropismus seit dem frühen 19. Jahrhundert wieder zu sinken. Daran vermochte auch der glänzende preußische Lehrerbildner Adolph Diesterweg nichts zu ändern, der den von ihm angeleiteten Seminaristen bis in den Vormärz hinein die Lektüre der Schriften Basedows und anderer Philanthropen empfahl, weil diese, wie er fand, die Bildung zum Menschen und Bürger eben doch in hervorragender Weise zu vereinen wußten. Nur noch einmal, gegen Ende des 19. Jahrhunderts, übten die Ideale der philanthropischen Pädagogik einen gewissen Einfluß auf die aufblühende Reformpädagogik aus, ohne jedoch dem nunmehr veraltet erscheinenden Begriff einer »philanthropischen« Erziehung neues Leben einhauchen zu können. Seit dem 20. Jahrhundert wird der Philanthropismus ausschließlich als historisches Phänomen wahrgenommen.

Während der Humanismus, der ja den Philanthropismus im Verlauf des 19. Jahrhunderts mit Macht ins Abseits drängte, bis heute als vielfach beschworenes Bildungsideal öffentlich diskutiert wird, spielt die philanthropische Pädagogik in den aktuellen Debatten über Bildung und Erziehung also keine nennenswerte Rolle mehr. Nur ganz vereinzelt wird in

Zeitungsartikeln und Magazinbeiträgen noch die Frage gestellt, ob der Philanthropismus nicht vielleicht doch einen Schatz an nach wie vor aktuellen pädagogischen Erfahrungen und Einsichten birgt, der wieder gehoben werden sollte, um die gegenwärtige Bildungsdiskussion zu bereichern oder zumindest ausgewogener zu gestalten.

Diese zaghafte Rückbesinnung auf den Philanthropismus verdiente jedoch eine weit stärkere Beachtung als bislang von der Öffentlichkeit gewährt. Denn in Zeiten einer zunehmenden Globalisierung, in der unsere Gesellschaft auf ökonomischem wie kulturellem Gebiet einem immer rascheren Wandel ausgesetzt ist, wird heftig darüber gestritten, ob als Reaktion auf die veränderten Lebensbedingungen hierzulande eine eher »patriotisch« ausgerichtete Erziehung wiedereinzuführen sei – mit deutlichem Verweis auf die trotz allem noch gegebene Bedeutung und Leistungsfähigkeit unserer nationalen »Leitkultur« – oder ob man nicht statt dessen engagiert und zielstrebig für eine zeitgemäße »interkulturelle Bildung« plädieren müsse. Was aber würden die modernen »Patrioten« und deren hartnäckigste Antagonisten, die kosmopolitischen »Multikultis«, wohl sagen, wenn sie erführen, daß ihre jeweiligen Positionen gemäß der Lehre der philanthropischen Aufklärungspädagogik gar keine unüberwindlichen Gegensätze darstellen, sondern sich durchaus – und sogar idealerweise – miteinander verbinden lassen?

Tatsächlich wurde auf jeder Entwicklungsstufe des Philanthropismus propagiert und gefordert, daß ein guter Patriot immer auch ein menschenfreundlicher und toleranter Kosmopolit zu sein habe. In der von ihm selbst herausgegebenen Zeitschrift »Der Patriot«, in der die Prinzipien einer menschenfreundlichen Bildung erstmals einem größeren deutschen Publikum vorgestellt wurden, konstatierte der Hamburger Gymnasiallehrer Richey bereits 1724 ganz lakonisch, daß die von ihm erzogenen Kinder sich beständig als Patrioten ihrer Vaterstadt (oder ihres Vaterlandes), zugleich aber auch als Weltbürger betrachten sollten: Ein guter Patriot sei nämlich nur derjenige, der »die gantze Welt als sein Vaterland, ja als eine eintzige Stadt, und sich selbst als einen Verwandten oder Mit=Bürger jedes andern Menschen ansiehet«. Und noch nach Eröffnung des Dessauer Philanthropins stellte Basedow 1775 fest, daß ein vom wahren »Patriotisme« beseelter philanthropischer Bürger immer auch die Chancengleichheit und Rechtssicherheit aller anderen Menschen zu befördern suche, weshalb die Schüler seiner Erziehungsanstalt ihren Talenten gemäß zu »wahren Bürgern der Welt« herangebildet werden sollten.

Mit dieser konzeptionellen Gleichstellung von Patriotismus und Weltbürgertum war gemeint, daß die pädagogischen Kernthesen des Philanthropismus – also die Erziehung zu einem aufgeklärten Weltverständnis, zu universaler Menschenfreundschaft und zur gegenseitigen Toleranz – Heranwachsenden zu allen Zeiten und an allen Orten der Welt als universal gültiges Bildungsgut vermittelt werden konnten und sollten: Unabhängig von ihrer religiösen oder philosophischen Weltanschauung, ihrem Glauben, ihrer Hautfarbe, ihrem Geschlecht, ihrem Stand, Vermögen und Besitz, ihrem Alter oder ihren etwaigen körperlichen Gebrechen oder Behinderungen sollten alle Menschen eine philanthropische Bildung genießen dürfen. Die Früchte dieser philanthropischen Erziehung konnten dann – je nach Wirkungsort der erwachsen gewordenen Schüler – ganz verschiedenen, ja wechselnden »Vaterländern« zugute kommen, die durch die gleichen zivilisatorischen Ziele, durch friedlichen »Kommerz« und Handel immer miteinander verbunden sein würden. In diesem Sinne war es dem sächsischen Philanthropen Cramer nach jahrelangem Aufenthalt in Kopenhagen zum Beispiel möglich, von Dänemark als seinem »zweiten Vaterland« zu sprechen.

Auf besonders eindrucksvolle Weise dokumentiert die von den Philanthropen propagierte Erziehung zur religiösen Toleranz, inwiefern ein kosmopolitischer Patriot an jedem beliebigen Vaterland der Welt für die Gleichberechtigung aller Menschen einzutreten hatte. So mahnte Basedow schon 1766: »Gleichwie wir mit Recht wünschen, daß die Heiden, Juden, Türken ... wenn sie in irgend einem Lande die Oberhand haben, nicht durch Gewalt und Verfolgung unsre Mißionarien hindern, die wir zu ihrer Bekehrung absenden, ... also müssten wir uns nicht weigern, magische, braminische, chinesische, mahomedanische und andre Mißionarien an uns in unserem Lande zu dulden.« Kein Land der Welt dürfe Menschen wegen ihrer Religionszugehörigkeit »von bürgerlichen Vorrechten ausschliessen«. Voraussetzung für einen weltweiten interreligiösen Dialog und die politische Gleichberechtigung der verschiedenen Glaubensgruppen sei allerdings die Bereitschaft aller Konfessionen, »keine friedstörerischen Mittel« zur Verbreitung ihrer Glaubenswahrheiten anzuwenden. Dementsprechend legte Basedow dann auch in Des sau großen Wert darauf, daß in dem dort abgehaltenen überkonfessionellen Religionsunterricht – an dem seit 1776 Kinder aus den verschiedensten christlichen und jüdischen Religionsgemeinschaften ganz Europas teilnahmen – »kein Menschenhaß wider die Dissidenten, kein Urtheil über die Bosheit und Muthwilligkeit ihres Irrthumes, kein Verlangen, die Freyheit der Andersdenkenden zu unterdrücken, eingeflößet werde«. Zugleich sollte den Schülern ein vorurteilsfreier Begriff von der Verschiedenheit der einzelnen Religionen vermittelt werden, den jede Glaubensgemeinschaft »als eine wahre Beschreibung ihrer Beschaffenheit erkennen« würde.

Eine der wichtigsten Lehren der philanthropischen Toleranzerziehung war zudem der nachdrückliche Verweis darauf, daß die Menschen überall auf der Welt mit einem gleichen Maß an intellektueller Begabung ausgestattet waren. Demzufolge sollten die Kinder auch – gleich welcher Hautfarbe – weltweit dieselben guten Schulen besuchen dürfen. Christian Gotthilf Salzmann, der zunächst als Religionserzieher am Dessauer Philanthropin wirkte und dann ab 1784 sein eigenes philanthropisches Erziehungsinstitut im thüringischen Schnepfenthal leitete, wies in den von ihm abgehaltenen philanthropischen Gottesverehrungen ein ums andere Mal auf die gleichwertigen schöpferischen Kräfte von »Europäer«, »Mohr« oder »Cherokese« hin. Wiewohl nun in den europäischen Philanthropinen keine afrikanischen oder indianischen Kinder immatrikuliert waren, solidarisierten sich die Dessauer Pädagogen in mehreren Briefen an den pennsylvanischen Staatsmann Benjamin Franklin – der sich in Philadelphia für eine vorzügliche schulische Ausbildung auch der Schwarzen und der Indianer einsetzte – ganz ausdrücklich mit dessen amerikanischer Variante einer »philanthropic education«.

Daß auch Mädchen und Frauen allerorten in den vollen Genuß einer menschenfreundlichen Erziehung kommen sollten, war ebenfalls eine der frühesten Forderungen des Philanthropismus. Bereits 1724 forderte Richey die Gründung einer »Academie für Frauenzimmer«, wo endlich auch Mädchen »in allen Wissenschaften« unterrichtet werden sollten. Doch ließ sich sein Projekt einer Frauenuniversität nicht so bald verwirklichen. Auch im Dessauer Philanthropin waren noch in den 1770er Jahren auf Grund entsprechender Vorgaben der anhaltischen Regierung nur Schüler männlichen Geschlechts immatrikuliert. Allerdings ließ Basedow beim Großen Schulexamen des Jahres 1776 ganz bewußt ein siebenjähriges Mädchen – namentlich seine Tochter Emilie – den öffentlichen Beweis erbringen, daß die philanthropische Pädagogik prinzipiell auch für die weibliche Jugend konzipiert war und junge Frauen von philanthropischen Lehrmethoden nur profitieren konnten: So parlierte die kleine Emilie Basedow zum Erstaunen zahlreicher Augenzeugen in der Gelehrtensprache Latein, die ihr der Dessauer Lehrer Christian Heinrich Wolke auf spielerisch-fröhliche Art in den Grundzügen beigebracht hatte. Doch auch schweißtreibende körperliche Ertüchtigung, wetteiferndes Bewegungsspiel und ein mit Fairneß ausgetragener Schulsport – der in Dessau und Schnepfenthal erstmals als ordentliches Unterrichtsfach angeboten wurde – waren prinzipiell auch für Mädchen gedachte Erziehungsmittel. Ganz anschaulich zeugen davon etliche programmatische Kupferstiche des Berliner Künstlers Daniel Nikolaus Chodowiecki, die in Basedows grundlegendes Lehrbuch »Elementarwerk« (1774) Eingang fanden.

Zu den Leitvorstellungen des Philanthropismus gehörte weiterhin die Auffassung, daß das philanthropische Lernen noch im Erwachsenenalter in jedem Land der Erde betrieben werden könne. Richey ließ seine Leser jedenfalls gleich im ersten Stück des »Patriot« wissen, daß ihr »Alter« kein Hindernis für eine möglichst umfassende menschenfreundliche Bildung sein dürfe. Noch der älteste Bürger solle beständig hinzulernen, wie es in der weiten Welt zugehe. Um ein solches lebenslanges Lernen zu ermöglichen, sei in der Hauptsache die Verbreitung und gewissenhafte Lektüre von Zeitungen und Wochenschriften vonnöten. Denn zumindest in den guten Blättern würden begabte Redakteure die neuesten wissenschaftlichen Erkenntnisse und Nachrichten aus aller Welt in allgemeinverständlicher und lehrreicher Form präsentieren. Gerade gewissenhaften Patrioten sei es immer dienlich, auch von den »fast unbekannten Lappländern, Grönländern, Tartarn, Molucken, Indianern, Sinesen, Japanen, Moren, ja selbst den Hottentotten« zu hören, da diese oftmals über besondere Kenntnisse verfügten, die auch »wir hochmütigen Europäer nicht vollkommener werden aufweisen können«. Auch Basedow unterstütze deshalb noch bis in die 1770er Jahre die Gründung von patriotischen Wochenschriften mit kosmopolitischer Ausrichtung, wie zum Beispiel den von seinem dänischen Kollegen Jens Schelderup Sneedorf 1761 herausgegebenen »Patriotiske Tilskuer«, der zwischen 1769 und 1772 unter dem Titel »Der Patriotische Zuschauer« auch in deutscher Übersetzung erschien.

Daß eine philanthropische Erziehung auch den ärmsten Bevölkerungsschichten bei der Gestaltung ihres Lebens helfen konnte, stellte der märkische Gutsbesitzer Friedrich Eberhard von Rochow unter Beweis, als er, der ein enger Freund Basedows war, auf seinen Besitzungen im märkischen Reckahn im Jahr 1773 eine Schule für die Kinder der dort ansässigen Landbevölkerung einrichtete. Binnen weniger Jahre zog diese Landschule, die das »Arm werden seltener machen« wollte, interessierte Besucher aus ganz Europa an. Der Unterricht war unentgeltlich, auch das jedem einzelnen Kind geschenkte Schulbuch wurde auf Rochows Kosten angeschafft. Selbst aus Dessau wurden Hospitanten nach Reckahn geschickt. Sie sollten dort erfahren, wie arme Bauernkinder aus bildungsfernen Elternhäusern durch den Schulbesuch zu aufgeweckten, verständigen und menschenfreundlichen Jugendlichen erzogen wurden. Auch atmete Rochows als »Vaterländisch-Gemeinnütziges« Projekt angelegte Schulreform einen kosmopolitischen Geist. Denn das von ihm selbst verfaßte Lesebuch »Der Kinderfreund«, das an seiner Schule seit 1776 in beständigem Gebrauch war, enthielt eine Fülle von lehrreichen Geschichten, die den Schülern in leicht verständlicher Sprache ein erstaunlich umfangreiches naturwissenschaftliches und moralisches Weltwissen vermittelten, welches an vielen Orten der Erde von elementarem Nutzen sein konnte. Es verwundert daher nicht, daß Rochows »Kinderfreund« schon bald nach seinem Erstdruck auch ins Französische, Niederländische, Dänische und Polnische übertragen wurde und in allen diesen Übersetzungen noch im 19. Jahrhundert zahlreiche Neuauflagen erlebte.

Schließlich sind im Umfeld der philanthropischen Pädagogik auch die Anfänge der institutionellen Gehörlosenbildung zu verorten, mit denen die schulische und gesellschaftliche Integration jener Kinder begann, die auf Grund ihrer körperlichen Behinderungen nicht am geregelten Schulalltag teilnehmen konnten. Von reichen Gönnern aus Basedows Hamburger Freundeskreis gefördert, begann der Eppendorfer Küster und pädagogische Autodidakt Samuel Heinicke seit etwa 1770 mit einem Taubstummenunterricht, der vorrangig auf das Vermitteln der Lautsprache setzte. Mit einer Methode, die auf Schrift und durch Fingeralphabet unterstützte Artikulationsübungen setzte, wollte er seinen gehörlosen Zöglingen die Kommunikation mit der hörenden Umwelt ermöglichen. Ab 1778 war er dann in Leipzig als Direktor einer staatlichen Taubstummenanstalt tätig, zu dessen Aufbau und Organisation er vom sächsischen Kurfürsten berufen wurde. Auch Heinicke hielt seine pädagogische Methode für weltweit verwendbar und nutzbringend. Die 1780 unter dem Titel »Denkart der Taubstummen« veröffentlichte psychologische Generaltheorie seiner Klientel war demnach als universal gültige anthropologische Fundierung menschenfreundlicher Pädagogik konzipiert.

Inwiefern können nun die Grundsätze der Philanthropen, die sich im Zeitalter der Aufklärung so ambitioniert für eine menschenfreundliche Erziehung wirklich *aller* Menschen einsetzten, noch immer, wie eingangs suggeriert, pädagogische Orientierung bieten? Sind sie auch mehr als 230 Jahre nach Gründung der Reckahner, Dessauer und Schnepfenthaler Modellschulen noch modern genug, um den gegenwärtigen Bildungsdiskurs zumindest in Teilen prägen zu können, so wie es ja die immer wieder hochgehaltenen Ideale des Humanismus unbestreitbar tun? Vorstellbar wäre dies jedenfalls, wie sich auch an drei Beispielen gut zeigen läßt: Denn worauf wollte man sich bei der bekannten Forderung, daß muslimische Mädchen außer einem aufgeklärten islamischen Religionsunterricht auch das gemeinsame Schulschwimmen genießen sollten, mit mehr Recht berufen als auf den Philanthropismus, der stets für religiöse Toleranz und eine umfassende sportliche Betätigung auch junger Frauen eintrat? Worauf sollte man sich beim Einfordern gleicher Bildungschancen auch für Kinder ärmerer oder bildungsferner Eltern beziehen, wenn nicht auf die Prinzipien der philanthropischen Pädagogik, die den Menschen schon im 18. Jahrhundert mittels einer für alle zugänglichen Bildung den Weg aus der Armut weisen wollten? Und womit ließe sich ein Studium im Alter, für das sich gegenwärtig Menschen in beträchtlicher Zahl an Universitäten oder Volkshochschulen einschreiben, besser begründen als mit den Bildungsidealen der Philanthropen, die für ein lebenslanges Lernen warben? Man sieht: Es lohnt sich durchaus, den Philanthropismus in seinen aktuellen Bezügen wiederzuentdecken.

Literatur:
Michael Niedermeier, Das Gartenreich Dessau-Wörlitz als kulturelles und historisches Zentrum um 1780, Dessau 1995.
Jürgen Overhoff, Die Frühgeschichte des Philanthropismus (1715–1771). Konstitutionsbedingungen, Praxisfelder und Wirkung eines pädagogischen Reformprogramms im Zeitalter der Aufklärung, Tübingen 2004.
Jürgen Overhoff, Franklin's Philadelphia Academy and Basedow's Dessau Philanthropine: Two Models of Nondenominational Schooling in Eighteenth-century America and Germany, in: Paedagogica Historica 43, Heft 6 (2007), 801–818.
Jürgen Overhoff, Vom Glück, lernen zu dürfen. Plädoyer für eine zweckfreie Bildung im Geist der Aufklärung, Stuttgart 2009.
Hanno Schmitt, Vernunft und Menschlichkeit. Studien zur philanthropischen Erziehungsbewegung, Bad Heilbrunn 2007.
Hanno Schmitt, Pädagogen im Zeitalter der Aufklärung – die Philanthropen: Johann Bernhard Basedow, Friedrich Eberhard von Rochow, Joachim Heinrich Campe, Christian Gotthilf Salzmann, in: Klassiker der Pädagogik, Bd. 1 (Von Erasmus bis Helene Lange), hg. von Heinz-Elmar Tenorth, München 2003, 119–143.

Zeitungsartikel:
Jürgen Overhoff, »… aber mit Lust«. Das Lernen als Kinderspiel: Wäre man Johann Bernhard Basedows Reformpädagogik treu geblieben, hätte Deutschland in der Pisa- und Iglu-Studie wahrscheinlich besser abgeschnitten, in: DIE ZEIT, 10. April 2003, 94.

6. Anthroposophie

Albert Vinzens

In diesen Ausführungen wird die Anthroposophie im Rückbezug auf die Person Rudolf Steiners dargestellt. Es gibt eine real existierende Anthroposophie, die von den geistigen Suchbewegungen Steiners manchmal weit entfernt ist und hinter seinen Ergebnissen zurückbleibt. Das Leben und das geschriebene Werk Steiners gegenüber der heutigen Anthroposophie zu favorisieren, wird damit begründet, daß der Sucher Rudolf Steiner mit seiner erfrischend unsystematischen, immer auf Problemlösungen ausgerichteten Forscherhaltung oft näher an die Anthroposophie herankam als mancher Nachfolger und manche Nachfolgerin, die den Verführungen seiner riesigen geistigen Hinterlassenschaft erlagen und zu Hütern eines fiktiven Lehrgebäudes mutierten, welches mit Steiners Werk recht wenig zu tun hat.

1882 berief Carl Julius Schröer, Literaturprofessor in Wien, Rudolf Steiner (1861–1925) in einen ausgewählten Kreis von Goetheexperten und empfahl ihn dem Verleger Joseph Kürschner für dessen Herausgabe der naturwissenschaftlichen Schriften Goethes in der Reihe *Deutsche Nationalliteratur*. Steiner, zur Zeit dieser Berufung Student in den ersten Semestern, sah sich auf einen Schlag von zwei Dutzend Professoren und Doktoren umgeben und ging selbstbewußt an die Arbeit. Er versah die ihm anvertrauten Goethetexte mit ausführlichen Einleitungen und Kommentaren und unternahm als erster Goetheforscher eine Gesamtinterpretation des Naturwissenschaftlers Goethe. Durch diese anspruchsvolle und aufwendige Arbeit eignete sich Steiner früh einen umfassenden Bildungsbegriff an, der naturwissenschaftliche, künstlerische und humanistisch-ethische Fragestellungen synergetisch aufeinander bezog. Steiner blieb während seines ganzen Schaffens dem Werk Goethes verpflichtet. »Man fühlt immer besser, daß man von Goethe um so mehr zu lernen hat, je weiter man es selbst in der Bildung gebracht hat«, schreibt er in den »Gedanken zu dem handschriftlichen Nachlasse Goethes«.

Mit der Ausbildung eines phänomenologischen Blicks für den unablässigen Gestaltwandel aller Lebenserscheinungen subsumiert Steiner die verschiedenen Gebiete menschlichen Forschens und Erlebens unter eine einheitliche Vorstellung dessen, was lebendige und lebenstüchtige Bildung sei. Ausgehend von naturphilosophischen Reflexionen, charakterisiert Steiner Goethes Beiträge zur Metamorphose der Pflanzen und Tiere, zur Farbenlehre, Meteorologie, Osteologie usw. als durchgehend künstlerische Produktionen. Wissenschaft und Kunst betrachtet er als korrelierende Gebiete und stellt sie in den Gesamtzusammenhang des Menschseins. Die ewige Bildekraft der schaffenden Natur, die einerseits ihren auf das Faktische ausgerichteten natürlichen Trieb befriedigt, andererseits und darüber hinaus aber den – wenigstens der Möglichkeit nach existierenden – Menschen in einen über den Naturzusammenhang hinausgreifenden seelischen Gestaltungsprozeß entläßt, wie dies jenseits von Kausalgesetzen verwirklicht werden kann – dieses Verständnis von Natur und Mensch ist für Steiners Goetheverständnis ebenso konstituierend wie für die Anthroposophie.

In vielen seiner Schriften und Vorträge beschreibt Steiner, wie jeglicher höheren Organbildung als Zusammenfluß organischer Kräfte die Entwicklung der Erde selbst voranging. Diesem naturwissenschaftlich-geologischen Standpunkt stellt er den eschatologischen Aspekt an die Seite, daß der Mensch bei der Genese des Lebens von allem Anfang an Pate gestanden und die Evolution, nachdem er selber relativ spät auf dem physischen Plan des Lebens erschienen sei, durch ästhetische und moralische Fragestellungen mitgestaltet und dem heute erreichten, vorläufigen Höhepunkt der Menschheitsentwicklung entgegengeführt habe.

Mit dem Entwurf einer geistigen, zentral das Denken einbeziehenden Dimension des Menschseins ist das anthroposophische Menschenbild umrissen. Dabei sei auf folgende historische Situation hingewiesen: Was sich nach zwei Weltkriegen im Bewußtsein der Menschen etabliert hat, daß nämlich Werte, wie sie die abendländische Antike, die Renaissance oder die Deutsche Klassik hervorgebracht haben, nur noch über schmerzliche und teilweise dunkle Umwege erreichbar sind, war Rudolf Steiner bei der Begründung der Anthroposophie, die mit dem Jahr 1900 beginnt und also der Geschichte des 20. Jahrhunderts zeitlich klar vorausgeht, bewußt. Zwar entlehnt die Anthroposophie ihr kulturelles Selbstverständnis dem klassischen Ideal der Antike und seiner Weiterentwicklung im Deutschen Idealismus. Dennoch hat sich Rudolf Steiner um ein zeitgemäßes Verständnis dessen bemüht, was den Intellektualismus und die bürgerlich verengten, pseudohumanistischen Bildungstendenzen seiner Zeit angeht. Solche Tendenzen lehnte er ab und bemühte sich stattdessen um eine »allgemeine soziale Bildung«, wodurch allein »der Mensch am Leben teilnehmen« und sich den ökonomischen und sozialen Problemen seiner Zeit aussetzen könne. Soziale Bildung setzt vielseitige Praxiserfahrung voraus. An dieser Stelle geht Steiner über Goethes Ansatz der gegenseitigen Durchdringung von Wissenschaft und Kunst hinaus und etabliert den »trialen Bildungsansatz«, welcher Theorie, Praxis und Kunst zu zeitgemäßer Sozialkompetenz herunterbricht.

»Die Philosophen haben die Welt nur verschieden interpretiert, es kömmt darauf an, sie zu verändern«, diese Notiz von Karl Marx in den »Feuerbach-Thesen« hätte Steiner unterschrieben, er wollte die Welt verändern wie Marx, Freud oder Nietzsche, laut Foucault jene Denker, die das 20. Jahrhundert am nachhaltigsten beeinflußt haben. Die materialistisch-atheistische Weltsicht der drei Foucaultschen Gallionsfiguren der Moderne allerdings wies Steiner rigoros zurück.

In seinem Buch »Friedrich Nietzsche – Ein Kämpfer gegen seine Zeit« zeichnet Steiner mit bekenntnishafter Begeisterung nach, wie Nietzsche die Bildungsideale der Tradition zertrümmert hat. Nietzsche als radikaler Zerstörer und Umwerter aller Werte – seine 1872 gehaltenen Vorträge über *Die Zukunft unserer Bildungsanstalten* sind übrigens brisant, sie nehmen Probleme, wie sie nach PISA ins Bewußtsein gedrungen sind, in zentralen Punkten vorweg – wird für Steiner auf seiner Suche nach ethischen Werten zum Prüfstein für sein eigenes Forschen.

In vielen seiner Schriften und Vorträge kritisiert Steiner die »Entgeistigung der modernen Zivilisation«, welche »völlig ohnmächtig geworden ist in bezug auf die Erfassung des Geistigen« im Menschen. Der moderne Intellektualismus sei »nur dazu gekommen, die Entwicklung der Tiere bis herauf zum Affen zu begreifen, und er hat dann den Menschen angeschlossen, ohne innerlich zum Menschen vorrücken zu können«. Steiner warnt vor der Reduktion des Menschen auf eine materialistische Absolutsetzung durch den darwinistischen Evolutionismus, eine Mode, die selbst Goethe über fast zwei Jahrhunderte unter die Fittiche der Evolutionsbiologie zu nehmen verstand. Erst hundert Jahre nach Rudolf Steiner, der als erster darauf aufmerksam gemacht hat, daß der Naturforscher Goethe nicht durch die Brille von Ernst Haeckel gelesen werden dürfe, wiesen Autoritäten wie Werner Heisenberg, Adolf Portmann und Carl Friedrich v. Weizsäcker auf die Gefahr solcher Fehlurteile über Goethe hin – eine zwar ehrenhafte, aber späte Rehabilitation des Goetheherausgebers, Naturforschers und Philosophen Rudolf Steiner.

Steiner wirft der (Un-)Kultur seiner Zeit vor, daß sie das unermeßliche Reich des Gedankens und der Ideenkraft auf allzu knapp umzirkelte Begrifflichkeiten reduziert habe. Die geistig-kosmische Dimension des Menschseins fehle, die Fähigkeit des Menschen zu originärer Ideenbildung sei auf dem Altar pseudoaufklärerischen Denkens geopfert worden. »Heute wird durch all unsere Bildung, die wir haben, der Mensch gar nicht dazu veranlasst, sein Denken auszubilden. Daher kann er in Wirklichkeit auch gar nicht denken.« Als Verfechter subsidiär organisierter, vom Geistesleben verantworteter Bildung, wie er sie in jener berühmten, von ihm oft referierten Brieffolge von Friedrich Schiller »Über die ästhetische Erziehung des Menschen« dargelegt fand, weist Steiner auf Gefahren hin, die er in zunehmenden Übergriffen vom Staat kommen sieht: »Durch die immer weiter getriebene Verstaatlichung des gesamten Bildungswesens haben wir es zu jener Volks-Unbildung gebracht, die wir heute haben«, schreibt er mitten in den Diskussionen um die Bildungsreformen zu Beginn des 20. Jahrhunderts und konstatiert eine große Kluft zwischen theoretischer Ausbildung und praktischer Umsetzung, sei es in den Schulen, sei es in Berufsausbildungen oder in gleich welchen universitären Fachbereichen. Er spricht von einem »Abgrund zur Praxis«, den es »zu überwinden« gelte, und geht daran, auf verschiedenen Gebieten »eine vollkommen neue Bildung ins Leben zu rufen«. Praktische und künstlerische, in sozial überschaubare und menschlich befriedigende Zusammenhänge eingebundene Kompetenz ist das durchgängige Ziel von Steiners Bemühung um Ausbildungsfragen, wie er dies bei der Begründung der ersten Waldorfschule oder bei der Schulung junger Akademiker, Ärzte, Heilpädagogen und Landwirte anfänglich realisierte.

1917 erscheint Steiners Buch »Von Seelenrätseln«, in welchem er ausführt, wie der Mensch als leiblichseelisches Geistwesen über den naturwissenschaftlichen Zusammenhang hinaus zu wachsen veranlagt ist und nicht einzig durch die physische, sondern erst durch seine seelisch-geistige Organisation die tiefere Bestimmung als Mensch erfährt. Die Idee des zur Entfaltung der Freiheit begabten Menschen ist für Steiner der Einsatz, um welchen es geht. Der freie Mensch selbst ist allerdings nicht unter ein System subsumierbar, gleich welche Bildungsideale einem solchen zugrunde gelegt werden.

In Vorträgen und einem öffentlich lancierten Aufruf kämpfte Steiner um die »Emanzipation des Geisteslebens« im allgemeinen und um die »Bildung eines Kulturrates« im Besonderen. Er wollte die Frage um eine Ästhetik des Geistigen im Menschen in das Bildungsgespräch seiner Zeit einbringen. Ob in der Arbeiterbildungsschule in Berlin, wo er viele Jahre Dozent war, oder zusammen mit den Betriebsräten aus der Industrie in und um Stuttgart, ob in Diplomatenkreisen oder auf politischen Podien, Steiner versuchte Verantwortung zu übernehmen und als Anthroposoph öffentliche Gestaltungs- und demokratische Mitbestimmungsmöglichkeiten zu erlangen. Mit dem Hinweis auf die Dimension des freien Menschen erreichte er mit seinen Vorträgen ein großes Publikum und mit seinen Büchern beachtlich starke Auflagen.

Anthroposophie ist eine Landschaft, deren Anhöhen und Ausblicke zum nomadischen Unterwegssein einladen, die Reise in die eigene Biographie mit Wegmarken ausstatten und dem Menschen den Mut und die Fähigkeit zum sozialen Handeln an die Hand geben. Der künstlerisch-soziale Vollzug ist stets unabgeschlossen und die Beurteilung einer ins Soziale gerichteten Tat kann immer weiter verfeinert werden. Der Guide im Rucksack, wie er dem Bergsteiger den sicheren und erfolgreichen Weg zum Gipfel weist, müßte für die Gesetze, die in dieser Landschaft gelten, erst erfunden werden, es gibt ihn nicht – es kann ihn nicht geben und sollte es auch nicht.

Sicherheit im Denken, Fühlen und Handeln stellt sich für den Anthroposophen dann ein, wenn er aus der gesicherten Nische spezifischer Privilegien heraustritt und dasjenige in der Öffentlichkeit zu erreichen anstrebt, was Joseph Beuys mit seinem Satz *Jeder Mensch ein Künstler* gemeint haben muß. Kunst, so Steiner, vermag »allem Irdisch-Materiellen Lichtglanz zu geben. Daher ist Kunst imstande, die Geheimnisse der geistigen Welt in die Schule hereinzuholen.« Kunst in diesem Verständnis verläßt den Elfenbeinturm und geht – wie St. Martin, der ja nicht einen Agenten zum Bettler schickte, sondern selber an dessen Seite die Knie zur Demutshaltung beugte – den Weg unter die Menschen, ob es Künstler seien oder solche, die mit dem Schönen und dem Können in der Kunst vorerst nichts zu schaffen haben. Solche Kunst macht die Menschen menschlich, kreativ und sozial fähig, macht sie in Sozialprozessen geschmeidig und praktisch. Sie hat wenig bis nichts mit Karriere zu tun, sie unterläuft die Trennung in Bühne hier und Zuschauerraum dort, sie stellt nicht ausgewählte Menschen ins Atelier, sondern umgekehrt das Atelier unter die Menschen. Der im Steinerschen und Beuysschen Sinn gebildete, weil denkende, fragende, gediegen urteilende, kurz: der künstlerisch, handwerklich und sozialfähige Mensch greift in die ökonomischen und sozialen Zustände der Zeit ein, und zwar so, daß er dem Vorankommen der anderen dient.

»Bildung des ganzen Menschen« ist für Rudolf Steiner wie für die Anthroposophie vorerst die Begleitung (nicht Erziehung!) des Einzelnen durch Könner und Spezialisten, Eltern, Erzieherinnen und Erzieher, Lehrerinnen und Lehrer, Professorinnen und Professoren. Diese Wegbegleiterinnen oder Wegbegleiter verzichten auf Programme und Theorien. Sie pflegen und vertiefen den Umgang mit dem je eigenen Temperament oder den Charaktereigenschaften, versuchen ein Urteil zu bilden über die jeweils zart aufleuchtenden karmischen Bedingungen des ihnen anvertrauten Menschen. Anstelle der Berücksichtigung allgemeiner Reglemente durch fernstehende Einrichtungen, anstelle des Schulamts und des Bildungsministeriums und all ihrer staatlich verordneten Curricula und Module, vollzieht sich der besondere Blick des ins Atelier des Lebens gestellten, lebenslang lernenden Individuums, das einem Individuum begegnet. Profis und Spezialisten, die »Begegnung können«, agieren als Geburtshelfer. Sokrates verstand sich beim Prozeß der Verfertigung des Gedankens im Gespräch mit dem anderen Menschen – sei dieser jünger, gleich alt oder älter – als *Geburtshelfer* und keinesfalls als der durch ein akademisches Diplom oder einen Meisterbrief der Innung autorisierte Könner.

Neben dem Moment des sozialen, durch die Begleitung eines dem lernenden Menschen an die Seite gestellten, ebenfalls lernenden Menschen ist die Selbsterziehung ein weiteres Motiv als Hauptthema innerhalb der Anthroposophie. Der Weg des Individuums zu seiner freien Entfaltung, zu welcher es sich letztendlich nur selbst hinbewegen kann, setzt Geist und Geistesgegenwart voraus. Die Anthroposophie verhilft durch die sokratische Geburtshilfe von außen und die Selbsterziehung von innen zu Methoden und Kunstgriffen, was die Freiheitsentfaltung betrifft, das ist viel, aber auch alles. Anthroposophie ist weder durch Erziehungsprogramme (fehlgeleitete geistige Geburtshilfe) noch durch spirituellen Egoismus (fehlgeleitete Selbsterziehung) erreichbar, sie verwirft das Meister-Schüler-Verhältnis und basiert auf der Geistesgegenwart des gesunden Menschenverstands. Waches, lebenslanges Streben, wie dies Goethes »Faust« vorführt, ist die durch Wandlungen herbeigeführte Annäherung des Menschen an sich selbst, die Abirrungen mit eingerechnet – siehe ebenfalls Faust.

Literatur:
Rudolf Steiner, Anthroposophische Menschenkunde und Pädagogik (GA 304 a), Dornach 1979.
Rudolf Steiner, Die Erkenntnisaufgabe der Jugend (GA 217 a), Dornach 1981.
Rudolf Steiner, Lebendiges Naturerkennen – Intellektueller Sündenfall und spirituelle Sündenerhebung (GA 220), Dornach 1982.
Rudolf Steiner, Methodische Grundlagen der Anthroposophie 1884–1901, Gesamtausgabe Bd. 30 (GA 30), Dornach 1989.
Rudolf Steiner, Geisteswissenschaftliche Behandlung sozialer und pädagogischer Fragen (GA 192), Dornach 1991.
Rudolf Steiner, Rhythmen im Kosmos und im Menschenwesen – Wie kommt man zum Schauen der geistigen Welt? (GA 350), Dornach 1991.
Rudolf Steiner, Idee und Praxis der Waldorfschule (GA 297), Dornach 1998.
Rudolf Steiner, Soziale Ideen – Soziale Wirklichkeit – Soziale Praxis (GA 337a), Bd. 1, Dornach 1999.
Bernd Witte (Hg.), Goethe-Handbuch, Band 4/1, Stuttgart u. a. 1998.

7. Achtundsechzig

Wolfgang Kraushaar

Als im Sommer 2001 das Bonner Haus der Geschichte vom damaligen Bundeskanzler Gerhard Schröder in einer überarbeiteten Fassung neu eröffnet wurde, waren die meisten der geladenen Gäste voller Bewunderung – für die Vielzahl neu angeschaffter Exponate ebenso wie für den veränderten Gesamteindruck. Das Museum, das unter dem Label »Erlebnis Geschichte« bereits seit Jahren wirksam präsentiert wird, war um mehr als 1200 Objekte erweitert worden. Insbesondere zwei Zeiträume der bundesdeutschen Demokratie waren es, die nun in nicht gekannter Fülle und Intensität gezeigt wurden: die deutsche Einigung und die immer noch so umstrittene 68er-Bewegung. Kosten und Mühen wurden nicht gescheut, selbst einen Wasserwerfer, wenn auch nur einen halbierten, ins Gebäude zu hieven und damit den staunenden Besuchern ein polizeiliches Unikum aus jenem Jahr zu präsentieren. Dafür mußte an anderer Stelle jedoch offenbar gespart werden. Das Schwerpunktthema »Heimat« aus der ursprünglichen Fassung wurde einfach weggelassen.

Dabei galt das Bonner Museum lange Zeit als das Lieblingsprojekt von Exbundeskanzler Helmut Kohl. Es habe, wie Journalisten nach der Neueröffnung nun nicht ohne Spott bemerkten, »Federn lassen« müssen. Den Pressevertretern war insbesondere aufgefallen, daß eine Art Austausch von Textilexponaten stattgefunden hatte, der sich symbolisch weitreichend interpretieren ließ. Kohls Strickjacke, die er bei seinem berühmten Treffen mit Gorbatschow 1990 im Kaukasus trug, war ausgemustert und in die Asservatenkammer verbannt worden. Lediglich eine Photographie erinnerte nunmehr an das biedere Kleidungsstück. Im erweiterten 68er-Raum war hingegen die Lederjacke eines anonymen Frankfurter Demonstranten, eines sog. »Streetfighters«, ausgestellt worden.

Es bedurfte keiner allzu großen Phantasie, hier einen Zusammenhang zu unterstellen und die überarbeitete Form des Museums als eine historische Darstellung mit veränderter Akzentuierung zu begreifen. Ob diese Sichtweise zutreffend ist, darf angesichts der Kontinuität, die das Haus der Geschichte ausstrahlt, allerdings bezweifelt werden.

I. Am Topos »1968« scheiden sich bekanntlich die Geister. Spätestens seit der deutschen Einigung 1990 ist eine Art »Kulturkampf« (»Die Zeit«) um den Stellenwert des Jahres 1968 entbrannt. Den Konservativen sind die »68er« für viele, wenn nicht gar die meisten grundlegenden Probleme der Gegenwart verantwortlich – für die Bildungsmisere, die Arbeitslosigkeit, die mangelnde Wettbewerbsfähigkeit der deutschen Wirtschaft, den Rechtsradikalismus, den Terrorismus, den Verfall der Moral und der bürgerlichen Werte insgesamt. Besonders hypertroph ist dabei der Vorwurf, die rapide gewachsenen fremdenfeindlichen Ausschreitungen und Übergriffe seien ein Produkt der antiautoritären Erziehung gewesen. Für Linke und Linksliberale ist »1968« dagegen der Aufbruch zur einzigen Reformära in der Bundesrepublik, die diesen Namen auch verdiene – der Ära des sozialdemokratischen Kanzlers Willy Brandt. Der Sozialphilosoph Jürgen Habermas ist 1988 sogar noch einen Schritt weiter gegangen und hat die 68er-Bewegung pauschal als »Fundamentalliberalisierung« bezeichnet. Unerklärt bleibt dabei freilich, mit welch wundersamer Dialektik eine Bewegung, die für den Liberalismus kaum mehr als Verachtung übrig hatte, die Gesellschaft grundlegend liberalisiert haben sollte. Beide Urteile, das negative wie das positive, halten einer näheren Überprüfung jedoch kaum stand.

Weil sich »1968« auf keinen einfachen Nenner bringen läßt, gilt es dieses Kalendarium in mehrerer Hinsicht zu unterscheiden: Es ist zunächst ein Mythos, der sich immer weiter aus dem zeithistorischen Kontext herausgelöst hat und von den unterschiedlichen Kräften als Emblem zu benutzen versucht wird; es ist aber auch eine Chiffre, die es immer wieder neu zu enträtseln gilt und es ist schließlich eine historische Zäsur in der Geschichte der alten Bundesrepublik – jedoch keine politische im Sinne einer zu fixierenden Eindeutigkeit, sondern in erster Linie eine soziokulturelle in all ihrer schillernden Vieldeutigkeit. Nur im Bewußtsein dieser Differenzierungen lassen sich die Vordergründigkeiten im fortwährend aufs neue entstehenden Streit um die vermeintlichen oder tatsächlichen Spätfolgen unterlaufen. Die nackten Daten sind jedenfalls längst zu kalendarischen Etiketten geworden, zu multifunktionalen Emblemen, zu Wiedererkennungsmarken im Gemischtwarenmarkt der massenmedial konditionierten Wahrnehmungen.

II. Wer Fotos von Demonstrationen aus den 1950er und den späten 1960er Jahren miteinander vergleicht, dem werden, was den Habitus der Teilnehmer anbetrifft, markante Unterschiede auffallen.

Während man früher auch bei durchaus passablen Witterungsverhältnissen mit Hut und Mantel auf die Straße ging, waren später alle Akzidenzien, die auf eine bürgerliche Herkunft hätten verweisen können, verpönt. Der unaufgeregte Habitus war 1967/68 durch einen expressiv-selbstdarstellerischen Gestus abgelöst worden. Innerhalb nur weniger Jahre mußte sich Entscheidendes im Selbstverständnis von Demonstrierenden verändert haben. Nicht mehr die Verfolgung eines bestimmten Interesses schien nunmehr im Vordergrund zu stehen, sondern die Exponierung der Protestierenden, der Akteure selber. Der öffentliche Raum und insbesondere die modernen Massenmedien schienen ihnen einen Rahmen, eine Bühne, ein Forum für ihre Selbstdarstellung zu bieten. Das Subjekt war nun ins Zentrum gerückt: direkt, hier und jetzt – einklagend und fordernd.

Und in der Tat: Subjektiv und objektiv begann eine jugendliche Bewegung den Rahmen des Politischen oder das, was man üblicherweise darunter zu verstehen gewohnt war, aufzusprengen: »Befreiung« galt von nun an als umfassendes Ziel – gesellschaftspolitische Systemveränderung und individuelle Emanzipation in einem als ein gemeinsamer Spannungszusammenhang.

Weder zuvor noch danach ist die Gesellschaft so grundlegend in Frage gestellt worden wie in jenem Jahr: Autorität, Vergangenheit, Leistung, Gewalt, Sexualität – der gesamte Kanon an sozialen Werten. Und das neue Schlüsselwort lautete Emanzipation – die Loslösung aus ebenso überflüssigen wie überfälligen Herrschaftsverhältnissen. Für die einen war diese Herausforderung schockierend, für die anderen war sie stimulierend. Was auch immer man über »1968« sagen mag, auf jeden Fall war es eine umfassende gesellschaftliche Irritationserfahrung. Es wurden Fragen aufgeworfen, die die meisten zuvor nie zu stellen gewagt hätten. Und was immer auch dagegen einzuwenden ist: Seitdem gibt es jedenfalls keine falschen Selbstverständlichkeiten mehr.

In der Bundesrepublik hatte die 68er-Bewegung zu einem regelrechten Sturmlauf auf die Institutionen angesetzt – auf Schulen, Universitäten, Gerichte und Parlamente. Kaum eine der nach ihrer Legitimität befragten Einrichtungen ist von dieser Offensive unangetastet geblieben. Aus ihrem Überschuß an utopischen Energien wurden, nachdem die Einübung von Revolutionsrhetoriken verpufft war, Kräfte für lange überfällige Reformen freigesetzt. Auch wenn die Rebellion in ihren unmittelbaren politischen Zielsetzungen fast überall gescheitert ist, so hat sie die Einstellungen, Haltungen und Mentalitäten doch nachhaltig beeinflußt. Das, was die Bundesdeutschen in ihrer Subjektivität ausmacht, ist erst durch sie in den Mittelpunkt des öffentlichen Interesses gerückt worden.

Die Ausdehnung der Politik reichte bis in die Intersubjektivität, bis in die Intimsphäre hinein: Das Schlagwort von der sexuellen Revolution machte überall die Runde. Politische Veränderungen schienen plötzlich nur noch unter libidinösen Vorzeichen denkbar zu sein. Das Private war politisch, wie ein neues Schlagwort lautete, und das Politische privat. Indem sich beide Sphären wechselseitig durchdrangen, wurde der Politikbegriff jedoch auch auf eine problematische Weise totalisiert. Mit einem Schlag geriet selbst so etwas Elementares wie die Körperlichkeit ins Zentrum des Geschehens. Die Körper, zuvor nur als eine Art Hülle der Person wahrgenommen, wurden zum Medium der Politisierung. Das drückte sich nicht nur in Kleidung, Habitus, Gesichtsausdruck und Gestik aus, sondern auch in der Art und Weise zu demonstrieren. Weder schlendern noch marschieren war angesagt, sondern eine besondere Dynamisierung der zum Ritual tendierenden Bewegungsform. Halb spielerisch, halb ernst wurden vielerorts »Kampfdemonstrationen« inszeniert. Die Teilnehmer hakten sich untereinander fest ein, gingen in die Knie, wogten mehrmals auf und ab, spurteten dann mit einem ohrenbetäubenden Geheul los und legten so eine gewisse Distanz, zumeist bis zur nächsten Straßenkreuzung, als Gemeinsamkeit stiftender Block zurück. Die Choreographie dieser Pulks, die für beobachtende Passanten skurril bis furchteinflößend gewirkt haben müssen, schuf ein neues, geradezu euphorisierendes Gruppengefühl. Demonstrieren wurde so für eine Zeitlang als Beteiligung an einer kollektiven Rauscherfahrung erlebt.

Diese neuartige Körperdimension, die der Bewegung alles andere als äußerlich war, läßt sich am angemessensten in filmischen oder photographischen Bildern dokumentieren. Indem sie den historischen Augenblick festzuhalten versuchen, vermitteln sie zumindest punktuell eine Präsenz von Ereignissen, wie sie in Textdarstellungen kaum zu erreichen ist. Der französische Publizist Marc Weitzmann schreibt in einem Essay daher ganz zutreffend, daß 1968 mehr noch als Transparente »die Körper selbst« gesprochen hätten.

Sein Text ist einem Band vorangestellt, in dem 33 Photographen der berühmten Magnum-Agentur auf höchst anschauliche Weise eine Ahnung davon vermitteln, wie die verschiedenen Erdteile, weit voneinander entfernte Länder und Städte miteinander verknüpft worden sind. Der Ereignisstrang führt von Washington nach Saigon, von Havanna nach Berlin, von Mailand nach London, von Huê nach New York, von Prag nach Paris, von Miami nach Chicago und von Mexiko nach Tokio. In jenem Jahr, dessen historischer Abstand von heute aus betrachtet weitaus größer als jener ist, der für die damaligen Akteure gegenüber dem Zweiten Weltkrieg existierte, liefen verschiedene Konfliktstoffe als Ereignisströme zusammen. Sie verdichteten sich und nahmen in der

Intensität ihrer massenmedial aufbereiteten Bilder Züge einer weltweiten Explosion an.

Diese internationale Synchronisierung wäre kaum möglich gewesen ohne die Vereinigten Staaten als Hegemonialmacht. Insbesondere durch die katalysatorische Wirkung des von den USA entfachten Vietnamkrieges wurden Elemente miteinander verzahnt, die unter anderen Umständen wohl beziehungslos nebeneinanderher gelaufen wären. Bei allem, was in jenen Monaten an Demonstrationen, Happenings, Aktionen und Interventionen durchgeführt wurde, lag so etwas wie ein imaginärer Geschützdonner in der Luft. Der Vietnamkrieg war mehr als nur eine Tausende von Kilometern entfernte Hintergrundkulisse, er war – dank der allabendlichen TV-Bilder – in den Köpfen der meisten Akteure allgegenwärtig.

Der britische Sozialhistoriker Eric Hobsbawm hat sich der Herausforderung gestellt, die internationale Signatur dieses ominösen Jahres zu fassen. Um keinen Zweifel an der Globalität der Proteste aufkommen zu lassen, stellt er gleich zu Beginn seines Essays über »Das unwahrscheinliche Jahr« fest, daß »1968« eine herausragende Bedeutung für die »Erste«, die »Zweite« und die »Dritte Welt« gehabt habe. Das Jahr sei so ungewöhnlich gewesen, schildert er mit einem gewissen Augenzwinkern, daß es selbst seinen französischen Kollegen Albert Soboul nicht mehr länger am Schreibtisch habe halten können. Der Historiker der Französischen Revolution, der von einer starken Abneigung gegenüber der undogmatisch-anarchistischen ebenso wie der heterodoxen Linken geprägt gewesen sei, habe sich »moralisch verpflichtet« gefühlt, mit einem tadellos sitzenden Anzug und Krawatte gekleidet, an den studentischen Demonstrationen teilzunehmen.

Niemand habe die dramatischen Ereignisse, die z. B. in Frankreich binnen weniger Tage das gaullistische Regime an den Rand eines Machtsturzes drängte, voraussehen können. Alles sei völlig überraschend gekommen. Diese Unerwartetheit und Plötzlichkeit, mit der sich Ereignisse wie die Tet-Offensive des Vietcong, der sich als Wendepunkt in dem von den Vereinigten Staaten entfesselten Vietnamkrieg herausstellte, die Reformbestrebungen im »Prager Frühling«, die Massenmobilisierung von Arbeitern, Angestellten und Studierenden während des »Pariser Mai«, die Wirren und Schrecken der chinesischen Kulturrevolution, der Aufstand der Schwarzen in den USA, deren nach Waffen rufenden Protagonisten sich vor allem nach der Ermordung Martin Luther Kings bestätigt fühlten, die Proteste der mexikanischen Studenten gegen eine korrupte Staatspartei, die kurz vor Eröffnung der Olympischen Spiele auf so brutale Weise von Militärs und Sondereinheiten der Polizei erstickt wurden, die Streikbewegungen in Italien und der Bürgerkrieg in Nigeria, der zu der furchtbaren Hungerkatastrophe in Biafra führte, überschnitten und zum Teil ineinander verzahnten, hatten zu einer außerordentlichen Dramatik des internationalen Geschehens geführt. Die zahlreichen Demonstrationen in Amsterdam, Ankara, Athen, Belgrad, Berkeley, Brüssel, Chicago, Dakar, Istanbul, Kopenhagen, Lissabon, London, Madrid, Mailand, Manila, New York, Rio, Rom, Sydney, Tokio, Venedig, Warschau, Washington, Wien und Zürich hatten aus der Welt jenes »global village« gemacht, von dem der kanadische Medientheoretiker Marshall McLuhan bereits damals gesprochen hat. Das bedeutendste Faktum jenes Jahres glaubt Hobsbawm jedoch in der Parallelität von Studentenbewegungen diesseits und jenseits des »Eisernen Vorhangs« zu erkennen. Die im Kalten Krieg seit zwei Jahrzehnten gültige Spaltung in unterschiedliche Konfliktsphären sei damit durchbrochen worden.

Obwohl »1968« auch politische Auswirkungen gezeitigt habe, so sei es nicht durch politische Phänomene im traditionellen Sinne geprägt gewesen. Die »natürlichen Waffen« seien in jener Zeit weder Schußwaffen noch politische Resolutionen gewesen, sondern »die graffitiverschmierte Wand, das improvisierte Plakat, das Mikrophon«. Die Jugendrevolte sei ein »Phänomen jenseits aller Wirtschaft und Politik« gewesen. Die Bildungsrevolution, die alle drei Welten erfaßt habe, und die Globalisierung der Kommunikationsprozesse, die in kürzester Zeit über Kontinente und Weltmeere hinweggegangen sei, gehörten zu den wichtigsten Indizien für die außerordentliche Beschleunigung des gesellschaftlichen Wandels.

Hobsbawm, der mit seinem Werk über das 20. Jahrhundert großen Einfluß auf die historische Interpunktion genommen hat, indem er das »lange« 19. Jahrhundert vom »kurzen« 20. unterschied, vergleicht das Jahr 1968 mit einem anderen, das historisch sicher folgenreicher war: »Wie 1848 hatte auch 1968 große, oft romantische Hoffnungen erweckt. Wie 1848 endete es auch in Enttäuschung. Die dramatischen Ereignisse, die sich in der Öffentlichkeit abspielten, hatten allem Anschein nach nur sehr wenig bewirkt.«

Im Hinblick auf die gesellschaftliche und geopolitische Unterschiedlichkeit der einzelnen Länder ist es richtig, von einer Konvergenz ganz unterschiedlicher soziokultureller Prozesse zu sprechen, die zu diesen eruptionsartig ausgebrochenen Bewegungen geführt haben. Es waren allesamt Jugendbewegungen mit Studentengruppen als ihrem Nukleus, die 1968 zu jenem schillernden Phänomen gemacht haben, das von vielen Teilnehmern im nachhinein zum »magic moment« verklärt worden ist.

Der Einsatz, die Intensität und die Dauer der Wellenbewegungen sind dabei höchst unterschiedlich gewesen. Während die Bewegungswelle in den USA von 1964 bis 1970 und insofern für längere Zeit anhielt, begann sie in der Bundesrepublik erst 1967 und dauerte nur bis 1969. In Frankreich, wo die Dynamik im Mai 1968 unbestreitbar ihren Spitzenwert erreichte, fiel die Wellenbewegung am extremsten aus. Sie dauerte im Grunde nur diesen einen Monat lang, türmte sich dafür aber als zu dem im Vergleich höchsten Wellenberg auf.

Diese zeitliche Verdichtung verstärkte unter den Akteuren einen Effekt, der sich mit einem gewissen Abstand als Wahrnehmungsfalle herausgestellt hat – der Glaube, daß es sich bei diesen Revolten um Anzeichen für einen bevorstehenden Systemwechsel handeln würde. In den medial vermittelten Bildern von Aufruhr und Revolte wurde der Stoff für eine revolutionäre Autosuggestion gefunden. Die scheinbare Gewißheit, man habe es mit den Vorboten eines weltweit um sich greifenden Aufstands zu tun, war eine Selbsttäuschung. Die »Internationale der Rebellion«, von der die Zeitungen und Magazine ebenso vollmundig wie sensationsgierig schrieben, war eine große Illusion, sie blieb – wie man heute sagen würde – virtuell. Der darauf folgende Katzenjammer sollte jedoch Jahre, bei manchen gar Jahrzehnte andauern.

III. Was die Bedeutung der 68er-Bewegung für die Geschichte der alten und die Gegenwart der neuen Bundesrepublik anbetrifft, empfiehlt es sich, wie eingangs bereits erwähnt, zwischen drei verschiedenen Dimensionen in ihrer Thematisierung zu unterscheiden – einer Chiffre, einem Mythos und einer Zäsur.

Nach mehreren Jahrzehnten wird »1968« vor allem als ein Etikett benutzt, das in gewisser Weise zu einer Chiffre geworden ist. Wenn im ersten Jahrzehnt nach 1968 noch von »der Bewegung« gesprochen wurde, dann war von der »Studentenrebellion«, der »APO« oder schlicht von »der Revolte« die Rede. Erst seit Anfang der 1980er Jahre hat sich das Kürzel »1968« bzw. die Rede von »den 68ern« durchgesetzt. Dieses Etikett, das an die gescheiterten bürgerlichen Revolutionäre des 19. Jahrhunderts, die »48er«, erinnert, wurde mehr als ein Jahrzehnt später von einer neuen Jugendbewegung im Sinne einer negativ konnotierten Abgrenzung benutzt. Die Medien haben dieses Signum seinerzeit bereitwillig aufgenommen und weiterverbreitet.

Seitdem haben wir es mit einer Art Geheimziffer, einer Chiffre, zu tun, die es zu deuten und zu interpretieren gilt. Gerade wegen seiner Unbestimmtheit und seiner Vielschichtigkeit ist die Chiffre »68« für die unterschiedlichsten politischen Kräfte zu einer Art Projektionsleinwand geworden. In einzelnen Schüben, die zumeist um die jeweiligen Jahrestage in Gang gekommen sind, haben sich deshalb auch immer wieder Kontroversen um den historischen Stellenwert entzündet. Insbesondere seit der deutschen Einigung hat der Streit um »1968« und seine tatsächlichen oder vermeintlichen Folgen die Züge eines nicht enden wollenden Kulturkampfes angenommen. Im Grunde haben diese Auseinandersetzungen den Stellenwert einer indirekten Debatte um Geschichte und Selbstverständnis der Bundesrepublik gewonnen – im polarisierten Verständnis von »1968« spiegelt sich das gebrochene Selbstverständnis einer Demokratie, die einem Teil der Deutschen von den westlichen Besatzungsmächten zunächst einmal übertragen bzw. geschenkt worden war.

Dann gibt es einen positiven und einen negativen Ursprungsmythos »1968«. Auf der einen Seite einen Mythos aus der Sicht der Beteiligten und späteren Befürworter: 1968 sei die erste Studentenbewegung und Protestgeneration gewesen, die die Bundesrepublik in einer Art Nachholbewegung demokratisiert, liberalisiert und zivilisiert habe. Auf der anderen Seite einen Mythos aus der Sicht der Kritiker und Kontrahenten: Mit 1968 habe ein gewaltsamer Aufstand gegen den Staat, seine Institutionen und Repräsentanten begonnen, die Vorhut einer Entwicklung, die folgerichtig in den Terrorismus der RAF und den Linkstotalitarismus der K-Gruppen gemündet habe. Beim positiven ebenso wie beim negativen Mythos handelt es sich um selektive Deutungsmuster, die einer historischen Überprüfung nicht, jedenfalls nicht in jeder Hinsicht, standhalten. Es sind wechselseitige Überhöhungen bzw. Degradierungen, Selbst- und Fremdstilisierungen.

»1968« ist mehr als eine schlichte Episode, mehr als ein bloßes Epiphänomen der Modernisierung – es ist zugleich ein historischer Einschnitt. Obwohl die 68er-Bewegung in ihren unmittelbaren politischen Zielsetzungen in fast jeder Hinsicht gescheitert ist, nimmt sie in der historischen Interpunktion der bundesdeutschen Geschichte zu Recht auch den Stellenwert einer Zäsur ein.

Der Unterschied zwischen der konservativ-autoritär geprägten Adenauer-Ära, die mit dem Aufbau der parlamentarischen Demokratie und ihrer Durchsetzung der politischen Westbindung allerdings ihre lange Zeit nur unzureichend gewürdigte Verdienste hat, und einer Zeit des Umbruchs, Wandels und der Modernisierung, die mit Willy Brandt als Kanzler der sozialliberalen Koalition 1969 begann und mit seinem Rücktritt im Mai 1974 nach nicht einmal fünf Jahren bereits wieder endete, ist nur zu signifikant. Gewiß wäre es leichtfertig, die langfristigen Modernisierungs- und Transformationsprozesse der bundesdeutschen Gesellschaft nur auf dieses Kapitel zurückführen zu wollen, jedoch wäre es umgekehrt kaum weniger problematisch, den sozialen Wandel im Rückblick einfach einem historischen Selbstlauf zuordnen zu wollen.

IV. Zurück zum Bonner Haus der Geschichte. Inzwischen hat sich das Ambiente erneut verändert. Kurz nachdem die Christdemokratin Angela Merkel im Herbst 2005 Bundeskanzlerin geworden war, hat man sich der Kohlschen Strickjacke wieder erinnert und das gute Stück aus der Asservatenkammer hervorgeholt. Nun sind beide Textilien – Strick- und Lederjacke – wenn auch nicht vereint, so doch in gewisser Weise gleichberechtigt vertreten. Das eher privat anmutende Kleidungsstück des Staatsmannes neben dem einst als provokativ empfundenen Outfit des anonymen 68ers.

Was nun eigentlich noch fehlt, das sind die Turnschuhe, die der Grünen-Politiker Joschka Fischer 1985 bei seiner Vereidigung als hessischer Umweltminister getragen hat. Wie kein anderes Kleidungsstück stehen sie im symbolischen Haushalt der Bundesrepublik Deutschland für eine Art Symbiose von Staat und 68er-Bewegung. Doch die Turnschuhe des ehemaligen 68ers und späteren Bundesaußenministers, die den Eintritt der Grünen in die Sphären staatlicher Macht symbolisieren, sind nicht in der alten Bundeshauptstadt, sondern im Offenbacher Lederwarenmuseum zu finden. Und dort geht es eindeutig um Kleidungsutensilien und nicht um irgendwelche Attribute von Staat und Politik. Vielleicht sind aber die Turnschuhe des Mannes, der sich später so erfolgreich als Marathonläufer »auf dem langen Weg« zu sich selbst zu inszenieren verstanden hat, doch immer noch zu viel an Symbolik für das ehrwürdige Haus der Geschichte in der alten Bundeshauptstadt.

Literatur:
Joschka Fischer, Mein langer Lauf zu mir selbst, Köln 1999.
Eric Hobsbawm, Das Zeitalter der Extreme. Weltgeschichte des 20. Jahrhunderts, München u. a. 1995.
Eric Hobsbawm, Das unwahrscheinliche Jahr, in: Magnum-Photos 1968. Ein Jahr, das die Welt bewegte, hg. von Marc Weitzmann und Eric Hobsbawm, Heidelberg 1998.
Wolfgang Kraushaar, 1968 als Mythos, Chiffre und Zäsur, Hamburg 2000.
Marshall McLuhan, Quentin Fiore, War and Peace in the Global Village, New York 1968.

V. Akteure

Einleitung
1. Lehrer und Schüler
2. Student
3. Professor
4. Verwaltung
5. Verlag
6. Elite
7. Netzwerk
8. Stiftungen
9. Studienstiftung
10. Öffentlichkeit

Einleitung

Ein Kapitel mit diesem Titel muß lückenhaft bleiben. Denn eigentlich gibt es niemanden, der nicht irgendwie zu den Akteuren in Sachen Bildung gehörte: niemanden, der nicht dazu beitrüge, sie möglich zu machen (wie jeder Bürger durch seine Steuergelder), der sie förderte (und sei es durch sein persönliches Vorbild), der sie verkörperte (zum Beispiel als Lehrer oder Professor) oder der sie verbreitete (etwa als Journalist, Musiker, Galerist oder Referent einer Stiftung). Jeder dient, ob er will oder nicht, ob er es bemerkt oder nicht, der Bildung derer, mit denen er Umgang hat. Dabei können schlechte Beispiele bisweilen sogar ähnlich hilfreich sein wie die guten. Ein mäßiger Lehrer kann, weil seine Auskünfte unbefriedigend bleiben, den Wunsch nach Selbstbildung eventuell nachhaltiger wecken als einer, der alles (langweilig) erklärt.

Niemand schließlich kommt umhin, Akteur der Bildung in eigener Sache zu sein. Niemanden gibt es, der nicht danach strebte, seine Fähigkeiten und Kenntnisse in dieser oder jener Richtung zu verbessern und zu erweitern. Nicht nur der Lehrende, sondern gerade der Lernende ist ein erstrangiger Akteur der Bildung. Er ist es um so mehr, je wacher er dem Lehrenden folgt, je aktiver er sich interessiert, je nachdrücklicher er Fragen stellt – und damit den Lehrenden anregt, selbst neue Perspektiven zu gewinnen.

Versuchen wir also, den Begriff »Akteur« sinnvoll einzugrenzen. Zunächst scheint es nahezuliegen, ihn auf diejenigen zu beschränken, die Bildung außerhalb von Institutionen betreiben (die wir unten in Kapitel VI. präsentieren). Institutionen nämlich, so könnte man argumentieren, wirken durch ihre finanzielle oder ideelle Hilfe, ihre Atmosphäre, ihren Geist zwar in hohem Maße bildend. Im erlebten Bildungsgang eines jeden einzelnen aber sind es fast immer einzelne Persönlichkeiten, die große, bleibende Erkenntnisse bewirken. Mögen uns Schulen, Universitäten, Vereine, Stiftungen noch so nachhaltig geprägt haben – stets waren es einzelne ihrer Mitglieder, die unsere Erinnerung für das Gelingen des Bildungserlebnisses namhaft macht. Ihre Beispiele sind die wichtigsten, bleibendsten Bildungseindrücke, die wir besitzen, die, an die wir später am dankbarsten zurückdenken.

Trotzdem befriedigt diese Gegenüberstellung nicht. Denn so gut wie alle, die heute in Bildungsaufgaben wirken, tun dies als Mitglieder von Institutionen. Außerdem sollte das Kriterium direkt aus der Sache selbst erwachsen. Deshalb bezeichnen wir alle diejenigen als Akteure der Bildung, die diese als Selbstzweck betreiben, nicht als Mittel für etwas anderes. Das schließt nicht aus, daß in der Praxis jeder für sich oder andere durchaus auch äußere Ergebnisse erreichen möchte – ein gutes Examen, beruflichen Erfolg, soziale Anerkennung, die Fähigkeit, unter Gebildeten mitreden zu können. Idealtypisch betrachtet aber haben Akteure der Bildung keine Ziele außer dieser selbst. Ihre Aufgabe und ihr Ehrgeiz erfüllen sich darin, Bildung möglich zu machen, ihr Raum, Geltung, Verbreitung und jenes Ansehen zu schaffen, das sie attraktiv und begehrt macht. Wer sich oder andere bildet, tut dies in erster Linie deshalb, weil ihn die Sache brennend interessiert – so sehr, daß es ihm ganz gleichgültig ist, welche äußeren Zwecke sich mit der Bildung erreichen lassen.

Akteure von Bildung also betreiben diese um dieser selbst willen. Aber sie betreiben sie nie isoliert. Im Gegenteil werden sie darauf achten, die zu Bildenden so oft und intensiv mit einem je konkreten Gegenüber zu konfrontieren. Dieses kann, zeitweise zumindest, in einem Buch, einem Kunstwerk, einem Film, einer Musik oder einer Stadt bestehen. In der Regel aber werden es lebendige Menschen sein, andere gebildete beziehungsweise bildungswillige Köpfe. Eine einsame Bildung jedenfalls, eine Bildung, bei der der sich Bildende ganz mit sich allein bleibt, ist so undenkbar wie einsame Liebe. Ohne Austausch mit anderen mag man belesen werden. Gebildet aber wird man im Alleinsein nie.

Ein Akteur der Bildung also wäre jemand, der geistig-kulturellen Austausch, Interaktion, Vergleiche initiiert. Je häufiger und intensiver diese stattfinden, desto reicher und vielseitiger pflegt Bildung zu werden – vorausgesetzt, daß diese Vergleichsmöglichkeiten nach allen Seiten offen bleiben, den sich Bildenden also nicht in eine bestimmte Richtung zu lenken suchen.

Deshalb gehören Parteien, Interessenverbände und politische Funktionäre zwar zu den Akteuren der Pädagogik, keinesfalls aber zu denen der Bildung. Sie nämlich betreiben ihre Bildungsarbeit notwendig im Dienste ideologischer Ziele. Sie sind nicht darauf gespannt, welche Richtung die von ihnen initiierte Bildung nehmen werde. Sie meinen vielmehr, diese Richtung längst zu kennen, und tun alles, auch alle anderen in eben diese Richtung zu zwingen. Sie wollen der Bildung keine Freiheit geben, sondern ihre Tendenzen und Inhalte möglichst genau bestimmen.

Die Gründe dafür, daß Bildung Selbstzweck sein muß und nur im freien Miteinander glücken kann, hat Wilhelm von Humboldt 1810 meisterhaft beschrieben. Er hielt dafür, daß »das geistige Wirken in der Menschheit nur als ein Zusammenwirken gedeihet, und zwar nicht bloss, damit Einer ersetze, was dem Anderen mangelt, sondern damit die gelingende Thätigkeit des Einen den Anderen begeistere und Allen die allgemeine, ursprüngliche, in den Einzelnen nur einzeln oder abgeleitet hervorstrahlende Kraft sichtbar werde«.

Beim ersten Lesen könnte das paradox scheinen: Gerade das gemeinsame Bemühen um Bildung bringe, meint Humboldt, Konkurrenz und Zweckkalkül nicht etwa zum Ausbruch, sondern – im Gegenteil – zum Erlöschen. Gerade in dieser Konstellation vergesse man vordergründige Zwecke (daß es individuelle »Mängel« zu beheben gebe), um gemeinsam das Wesentliche zu entdecken: »Begeisterung« über die »hervorstrahlende Kraft« der Kultur.

Nehmen wir diesen großen, fruchtbaren Gedanken in unsere Definition auf, so können wir sagen: Ein Akteur der Bildung ist jemand, der »Begeisterung« für sie zu wecken weiß. Wer aber kann das?

Im Medienzeitalter wird niemand mit der Antwort zögern: alle diejenigen, denen besondere Vermittlungskompetenz eigen, also Journalisten, Moderatoren, Erwachsenenbildner, Quizleiter, Dokumentarfilmer, kurz: alle diejenigen, die neue Ideen eingängig und leicht faßbar »unters Volk« zu bringen verstehen, eventuell gerade unter solche Teile der Gesellschaft, die ihnen bislang fernstanden. Viel spricht für diese Meinung – vor allem dann, wenn solche Vermittler die Gabe besitzen, die man im aufgeklärten 18. Jahrhundert »Witz« nannte: die Fähigkeit, scheinbar Entlegenes auf überraschende, anregende Weise miteinander zu verknüpfen, gängige Ideen mit neuen Fragen zu verbinden, sie unter neuen Aspekten zu aktualisieren.

Gleichwohl halten wir den Fachmann in letzter Konsequenz für den wirkungsstärkeren Akteur der Bildung. Anders als der Popularisierer, dem es in erster Linie um zufriedenes Publikum geht, interessiert er sich ausschließlich für die Sache selbst. Nur er achtet weder auf Unterhaltungswert noch auf materielle Brauchbarkeit. Nur er wagt es, sich rückhaltlos zum Medium seines Faches zu machen. Während die publikumswirksame, kinderleicht verständliche Präsentation eines beliebten Showprofessors rasch vergessen wird, bleibt die geistige Anstrengung, die es gekostet hat, dem strengen Stil des Spezialisten zu folgen, im Gedächtnis eingebrannt. Deshalb wird der gute Vermittler zwar auf hohem Niveau informieren, nützliche »Aha«-Effekte bieten, Interesse wecken. Begeistern hingegen, Revolutionen des Denkens auslösen, vielleicht ganz neu bestimmen, was »Bildung« heißen kann, wird – paradoxerweise – nur der Spezialist.

Ein politisches Moment kommt hinzu. Nur wer aus der Sache selbst kommt, sie um ihrer selbst, um der Begeisterung willen betreibt, die sie dem Sich-Bildenden schenkt, wird davor gefeit sein, zum Befehlsempfänger in Sachen Bildung zu werden, zum funktionierenden Funktionär. Nur wer Bildung um ihrer selbst willen betreibt, wird aus ihr die Kraft und den Mut schöpfen, sich, wo es nötig ist, den Forderungen der öffentlichen Meinung, politischen Diktaten, obrigkeitlichen Weisungen, Lehrplänen, Evaluierungs- und Akkreditierungsinstanzen zu widersetzen. Wer solchen Bevormundungen hingegen blindlings gehorcht, hört auf, Akteur der Bildung zu sein.

Man sieht: es gibt viele, die sich mit Bildung beschäftigen. Echte Akteure in ihren Diensten hingegen gibt es in allen Bereichen nur wenige. Denn es braucht dazu gleichermaßen wissenschaftliche wie ethische Qualitäten, und zwar in einem Mischungsverhältnis, das sich niemals abstrakt bestimmen läßt. Der schönste Moment in dieser Hinsicht ist es, wenn Akteure der Bildung unvermutet dort hervortreten, wo man sie bislang kaum erwartete: wenn ein Lehrer über seine Dienstpflicht hinaus Bildungsinitiativen setzt und damit auch solche Schüler begeistert, die im Unterricht bislang eher passiv blieben; wenn eine Stiftung es wagt, gegen den einhelligen Konsens der Experten und Funktionäre Projekte zu fördern, die den Insidern abseitig schienen, oder wenn jene Verwaltungen, die man so oft des Bürokratismus zeiht, durch kluge Anordnungen plötzlich erstaunliche Sachgerechtigkeit beweisen. Das kann passieren. Denn Akteure der Bildung sind immer konkrete Menschen mit dem Mut zur Autonomie.

1. Lehrer und Schüler

Barbara Loos

Zehn Gebote für Schüler

1. Was du zu Hause, vor Vater und Mutter, nicht tun und sagen würdest, halte auch in der Schule nicht für anständig.
2. Du darfst nicht dasitzen und denken: »Soll mich doch wundern, was er mir beibringen wird«.
3. Du sollst nicht meinen, du habest guten Willen bewiesen, wenn du sagst: »Ich möchte gern«.
4. Du sollst nicht raten; das ist nicht viel besser als lügen.
5. Du brauchst dich nicht zu schämen, wenn du etwas nicht verstanden hast; nur wenn du es nicht merkst und nicht sagst, bist du zu tadeln.
6. Du sollst dich nicht fürchten, etwas Falsches zu sagen. Wer irregeht und sich dann zurechtfindet, lernt am besten die Gegend kennen.
7. Du sollst dich wundern. Davon geht aller Fortschritt in der Erkenntnis aus.
8. Du sollst Verbindungslinien ziehen. Eben das haben Archimedes und Kolumbus getan.
9. Während des Lesens sollst du dir einbilden, du wärest selber dabeigewesen.
10. Du sollst aus den Teilen das Ganze, aus dem Ganzen die Teile verstehen.

Fast alle der Gebote scheinen ja durchaus aktuell, auf der Höhe der Zeit – die Formulierungen allerdings weisen auf vergangene Zeiten hin. Tatsächlich wurden sie um die letzte Jahrhundertwende herum (1904) von einem Schulmann zusammen mit weiteren zehn Geboten für Lehrer, für Direktoren und für Oberschulbehörden als Forderungen und Wünsche verfaßt, die seiner Ansicht nach »für das innere und äußere Leben der höheren Schulen erfüllt« werden mußten. Haben diese zehn Gebote wirklich noch etwas mit uns zu tun, haben sie noch etwas mit der Arbeit von Schülern und Lehren im Jahr 2011 zu tun?

Dieser Frage will ich zunächst nachgehen und dabei überlegen, was uns das über den Bildungsbegriff in der Schule, für Schüler wie Lehrer, sagen kann. Dabei habe ich insbesondere das Gymnasium im Blick.

1. Was du zu Hause, vor Vater und Mutter, nicht tun und sagen würdest, halte auch in der Schule nicht für anständig.

Heute würde man das vermutlich nicht mehr an Vater und Mutter festmachen, eher spräche man von Sekundärtugenden, einem eher abgehobenen, inzwischen auch abgewerteten Begriff für die ganz einfachen und grundlegenden Regeln und Konventionen im Zusammenleben, Höflichkeit, Ordnung, Pünktlichkeit, Fleiß, Verläßlichkeit usw. Sie gelten als Sekundärtugenden, weil sie – angeblich oder tatsächlich – keinen eigenen Wert in sich tragen wie die Primärtugenden – Liebe, Güte, Gerechtigkeit, Besonnenheit beispielsweise. Und in Verruf sind sie geraten, weil sie – wenn sinn- und wertentleert – von rechter wie linker Diktatur mißbraucht werden konnten und können. Natürlich sind diese Tugenden nicht um ihrer selbst willen anzustreben, aber sie helfen, entsprechende innere Einstellungen und Haltungen zu gewinnen. Auch und gerade wenn sie zur selbstverständlichen Gewohnheit geworden sind, machen sie das Zusammenleben einfacher und angenehmer, entlasten auch das eigene Verhältnis zur Umwelt.

Schule ist auch, heute sogar stärker als früher, dazu da, jungen Menschen dafür die nötigen Reibungsflächen zu bieten, dabei auch die nötige Konsequenz zu zeigen. Und Reibungsflächen gab und gibt es genug in der Schule – und so bleibt nur zu hoffen, daß auch die entsprechende Einsicht sich direkt proportional zu der Größe und der Entflammbarkeit der Reibungsflächen entwickelt, Begriffe wie Ordnung und Höflichkeit also keine leeren Worte bleiben. Heute ist die Schule oft genug die erste Instanz für ein Kind, die nicht nur Regeln aufstellt, sondern konsequent deren Einhaltung einfordert. Das ist oft unbequem, wenngleich notwendig für das möglichst entspannte Zusammenleben in einer Gemeinschaft, die für viele – Schüler wie Lehrer – immerhin über Jahre hinweg auch eine Art Familie bietet.

Die Schule bietet jedem Heranwachsenden eine Vielzahl von Reibungsflächen, und die sind zwingend notwendig für die Entwicklung einer möglichst autonomen Persönlichkeit. Wenn alle an Schule Beteiligten diese Notwendigkeit akzeptieren, wird das Zusammenleben trotz mancher Friktionen sicher leichter. Diese Reibungsflächen sind nicht nur notwendig dafür, um die eigene Person zu erfahren, sie bieten auch eine hervorragende Übungsmöglichkeit für die Erhöhung der Frustrationstoleranz auf allen Seiten! Ich beobachte schon mit gewisser Sorge, wie diese Frustrationstoleranz geringer wird, wie sehr die Forderung nach prompter Wunscherfüllung ohne Rücksicht auf die Bedürfnisse anderer oder der Gemeinschaft in den letzten Jahren stärker wurde – eine gesellschaftliche Entwicklung, die auch in die Schulen hineinreicht.

2. Du darfst nicht dasitzen und denken: »Soll mich doch wundern, was er mir beibringen wird«.

3. Du sollst nicht meinen, du habest guten Willen bewiesen, wenn du sagst: »Ich möchte gern«.

Beide Gebote haben etwas damit zu tun, den inneren Schweinehund zu überwinden, sich nicht passiv berieseln zu lassen – auch heute nach 100 Jahren eine durchaus verbreitete Haltung, die bequem ist, die einen aber auch sehr viel verpassen läßt. Für Schüler wie Lehrer steckt darin eine große Versuchung. Lehrer bringen Schülern gerne etwas bei, manchmal sollten Schüler sie stoppen und selber etwas tun. Wenn das »ich möchte gern« überwiegt, dem keine Taten folgten, ist das eine für alle Beteiligten eine unbefriedigende Sache.

Lehrer haben es heute nicht leicht. Die Anforderungen, die an die Schule und damit an die Lehrerinnen und Lehrer gestellt werden, wachsen und wachsen. Das erfordert auch bei Lehrkräften neue Einstellungen gegenüber dem Beruf und dem Gegenstand ihres Unterrichts; nicht umsonst sind »Reform« und »Innovation« inzwischen die am häufigsten verwendeten Begriffe der Schulpolitik geworden. Gleichzeitig sollen und müssen die Lehrkräfte aber auch das bewahren, was zu den Traditionen unserer Kultur und des Umgangs der Menschen miteinander gehört – ein Spagat, der wahrlich nicht einfach ist und den die Schule nur dann aushalten kann, wenn die Gesellschaft dabei Hilfestellung leistet und wenn es gelingt, den Schülern deutlich zu machen, daß Schule nicht die Fortsetzung der »Fun-Gesellschaft« mit anderen Mitteln ist. Schule muß Spaß machen? Natürlich, das auch. Aber ohne Anstrengung geht es eben nicht, und den »Muskelkater im Hirn« sollten wir bei geistigen Leistungen für genauso selbstverständlich halten wie bei Sport.

Anstrengungsbereitschaft und die Verantwortung für sich selbst sind weitere Entwicklungsfelder, die auf dem Weg zum Erwachsenwerden beackert werden müssen. Das hat auch etwas mit der Übernahme von Verantwortung für sich selbst zu tun, was ja eine notwendige Voraussetzung dafür ist, daß man auch Verantwortung für andere übernehmen kann.

4. Du sollst nicht raten; das ist nicht viel besser als lügen.

5. Du brauchst dich nicht zu schämen, wenn du etwas nicht verstanden hast; nur wenn du es merkst und nicht sagst, bist du zu tadeln.

6. Du sollst dich nicht fürchten, etwas Falsches zu sagen.

Wer irregeht und sich dann zurechtfindet, lernt am besten die Gegend kennen. Auch wenn man Satz 4 heute sicher nicht mehr so moralisch formulieren würde, so geht es hier doch um ganz grundsätzliche Fragen des Wissenserwerbs. Nicht gelernt zu haben und herumzuraten kann eigentlich nur dann gutgehen – vielleicht –, wenn man einen Nachbarn hat, der nicht nur seine Hausaufgaben gemacht hat, sondern auch über die Fähigkeit verfügt, vernehmlich zu flüstern. Es geht in der Schule nun einmal um das Vermitteln und den Erwerb von Kenntnissen, ohne die all das andere, was damals wie heute als Ziel des Wissenserwerbs gefordert wurde und wird, nicht möglich wäre. Da Wissen in Datenbanken gespeichert ist, wo man es jederzeit abrufen kann, wann man es braucht, könnte man leicht auf die Idee kommen, man brauche den Kopf nicht mit dem sog. »Wissensballast« zu beschweren. Worauf es einzig ankomme, sei Kreativität und Methodenbeherrschung. Eine für Schüler wie für Studierende verlockende Vorstellung. Man kann sehr wohl darüber diskutieren, ob jedes Detail, das in unseren Lehrplänen steht, wirklich zwingend notwendig ist, ob wir nicht deutlich mehr Wert legen müßten auf die Vermittlung von Kompetenzen, von Präsentationstechniken, Kommunikationsstrategien, wissenschaftlichen Methoden usw. Aber Kreativität und schöpferischer Ideenreichtum entspringen nicht einfach so aus Spontaneität und fröhlicher Unwissenheit, sondern aus einem Schatz umfangreichen, gut organisierten Wissens. Erst dieses Wissen in unseren Köpfen liefert nämlich das Koordinatensystem, in das neue Informationen eingeordnet werden können, was ihre Speicherung erleichtert.

Lernen, Wissenserwerb hat auch etwas mit Stehvermögen und Beharrlichkeit zu tun, damit, sich nicht von Fehlschlägen entmutigen zu lassen und aus Irrtümern zu lernen. Zu tadeln, sagt der Autor der zehn Gebote, ist die Bequemlichkeit, nicht nachzufragen, wenn man etwas nicht verstanden hat – und für dieses Nachfragen wird natürlich der Computer eine immer größere Rolle spielen. Aber den Wunsch, mehr wissen zu wollen, und das Nachfragen selbst kann uns allen kein Computer abnehmen. Da sind Eigeninitiative und Hartnäckigkeit gefragt.

Das eben Gesagte steht in enger Verbindung mit den Geboten 8, 9 und 10.

8. Du sollst Verbindungslinien ziehen.

Eben das haben Archimedes und Kolumbus getan.

9. Während des Lesens sollst du dir einbilden, du wärest selber dabeigewesen.

10. Du sollst aus den Teilen das Ganze, aus dem Ganzen die Teile verstehen.

Die Fähigkeit zur Vernetzung, die Vorstellungskraft und das Grundverfahren allen philosophischen Denkens, nämlich aus Einzelheiten eine Gesamtvorstellung aufzubauen, dann aber von ihr aus zu entscheiden, was die einzelnen Glieder in diesem Zusammenhang bedeuten, all dies möchte ich als Kernziele gymnasialen und universitären Arbeitens bezeichnen. Und davor steht – siehe oben – harte Arbeit. Aber wenn das Ziel dann erreicht ist, spätestens dann kann sich die Arbeit durchaus in Vergnügen verwandeln. Nicht umsonst läßt Brecht Galilei sagen, daß das Denken zu den größten Vergnügungen der menschlichen Rasse gehört. Aber bei allen Fähigkeiten und Kenntnissen, die Schüler erworben und ausgebildet haben und in denen ihre Lehrer sie ausbilden sollen, gilt es daran zu denken, daß auch sie nicht ein Wert an sich sind, sondern erst das von Bedeutung ist, was sie daraus machen.

Ein Gebot, Nr. 7 nämlich, habe ich bisher noch nicht weiter betrachtet. Ich halte es für den Schlüsselsatz in dieser Aufstellung:

7. Du sollst dich wundern. Davon geht aller Fortschritt in der Erkenntnis aus.

Und damit komme ich zu einer Erkenntnis, die nicht erst 100 Jahre, sondern inzwischen über 2000 Jahre lang Bestand hat, weil Menschen eben Menschen sind und weil sich Wissenserwerb und Erkenntnisvorgänge auch in 2000 Jahren nicht grundlegend ändern. Dieser Satz weist auf Platon zurück, der das Sich-Wundern als den Anfang der Philosophie, man könnte auch sagen, der Reflexion, bezeichnet hat. Ob man das nun Staunen vor den Phänomenen der Natur oder die Neugier auf alles, was uns bewegt, nennen will – darin liegt die Triebfeder für Erkenntnis.

»Wie sollen wir glücklich sein ohne Neugierde, ohne Fragen, Zweifel und Argumente? Ohne Freude am Denken?« So läßt Pascal Mercier in seinem Roman »Nachtzug nach Lissabon« (2) einen seiner Protagonisten in einem Lebensrückblick in seiner flammenden Abiturrede sagen. Genau das sollte das Ergebnis der Bemühungen und Anstrengungen von Schülern und Lehrern sein. »Ich habe keine besonderen Begabungen, ich bin nur leidenschaftlich neugierig«, sagte einmal Albert Einstein, ein Satz, der diesen Funken leidenschaftlicher Neugier beschreibt, eine Neugier, die Schüler mit wachem Sinn und Zuversicht in die Zukunft hineinwandern läßt.

Die Schule ist ein ganz eigenartiges Konstrukt: In ihr soll auftragsgemäß für das Leben gelernt werden, gleichzeitig ist sie aber auch eine Art Schonraum, insbesondere in der Pubertät manchmal auch elternfreie Zone, in die man sich zurückziehen kann; sie bietet auch Spielwiesen, auf denen es durchaus auch einmal hart zur Sache geht, aber es ist noch nicht so recht das »echte« Leben.

Wie können Schüler in so einem Raum mit seinen

besonderen Bedingungen erwachsen werden? Wie können ihre Lehrer ihnen dabei helfen?

Erwachsen sein heißt, fähig und willens zu sein, für sich und andere Verantwortung zu übernehmen; erwachsen sein heißt, die richtige Balance zu finden zwischen Spaß und Ernsthaftigkeit des Tuns, also sich ernsthaft und hartnäckig einer Sache zu widmen und dabei die Fähigkeit, das Leben zu genießen, nicht zu verlieren; erwachsen sein heißt, aus Rückschlägen zu lernen ohne zu resignieren, andere Meinungen auszuhalten bzw. ihnen auf der Sachebene zu begegnen, auch wenn man sie sich nicht zu eigen machen kann oder will; erwachsen sein heißt gelernt zu haben, seine Fähigkeiten kreativ zu nutzen und seine Schwächen, und wir haben alle Schwächen, auszuhalten ohne zu verzweifeln. Das hindert einem ja nicht daran an sich zu arbeiten! Erwachsen sein heißt, immer wieder kritische und gelassene Distanz zum eigenen Tun zu finden und bedeutet damit überraschenderweise auch, das Spielen nicht zu verlernen. Und damit ist auch die Art Bildung beschrieben, die wir von Lehrkräften erwarten können und die wir Schülern vermitteln wollen.

Was erwartet die Gesellschaft von der Schule? Wissen soll sie vermitteln und die Persönlichkeit bilden. Das wollen wir uns einmal näher anschauen.

Was bedeutet das eigentlich: Wissen. Ein Begriff, der ja bestimmten Moden unterworfen ist, und der zwischen den Polen Ausbildung und Bildung hin- und herpendelt. Zur Zeit bewegt sich das Pendel auch für das Gymnasium mehr und mehr in Richtung Ausbildung. Es geht um Anwendungswissen, um das Nützliche, sofort Verwertbare.

In einem Bildungsbarometer der »Zeit« aus dem Jahr 2002 wurde als Ergebnis einer repräsentativen Umfrage zu aktuellen Bildungsthemen folgendes veröffentlicht. Auf die Frage: Welches Fach würden Sie streichen?, nannten insgesamt 60 Prozent der Befragten den Bereich Religion, Ethik, Philosophie, 25 Prozent wollten Kunst und Musik aus dem Fächerkanon streichen.

Vor einiger Zeit fand in einem bundesdeutschen Landtag eine Experten-Anhörung über das »Lebensziel Popmusik« statt, das in der Forderung gipfelte, ein reguläres Unterrichtsfach »Popmusik« einzuführen. Das ist nur ein scheinbarer Widerspruch zu den Ergebnissen des Bildungsbarometers, denn hier geht es um Pop- und Rockmusik als Wirtschaftsfaktor (»Pop bedeutet Wirtschaft«), nicht als kulturstiftende Kunstform. »Warum soll ein Kind erst jahrelang Klarinette spielen, wenn es lieber am Schlagzeug sitzt?« argumentierte einer der geladenen Experten. Als ob das ein Gegensatz wäre!

Leichthin wird die Forderung erhoben, im Grundkurs Englisch möge man bitte schön auf Literatur verzichten und statt dessen sich auf Business-English beschränken, Shakespeare und Hemingway durch die Lektüre des »Wall Street Journals« und durch das Handbuch für Microsoft Office ersetzen. Nichts gegen Business-English. Natürlich muß man im Englischunterricht kommunikative Kompetenz erwerben. Aber das ist einfach nicht genug. Es ist nicht genug, zumindest nicht für ein Gymnasium, weil es nicht nur darum geht, die zivilisatorischen Leistungen unserer Gesellschaft aufrechtzuerhalten und zu steigern, sondern auch darum, unsere kulturellen Grundlagen zu sichern.

Beides gehört zusammen, am besten im Gleichgewicht. Natürlich muß die Schule zunächst einmal so viele Kenntnisse vermitteln, daß sie als Werkzeuge dienen können für das Eindringen in die Komplexität der Welt; aber beim Kenntniserwerb alleine darf das nicht stehenbleiben. Vieles von dem nützlichen Wissen, das man im Beruf braucht, erwirbt man schneller, gezielter und anwendungsorientierter genau dort, im Beruf. Das Gymnasium im allgemeinen und die Oberstufe im besonderen bieten eine Chance, die vermutlich so nicht wiederkommt, nämlich sich ohne den Druck des Nützlichen in Gegenstände zu vertiefen wie Literatur, Musik, den Sternenhimmel, ein mathematisches Problem, Philosophie, Kunst, und dabei etwas über sich zu erfahren. Ein echtes Privileg.

In einer Rede zur Verabschiedung eines Abiturientenjahrgangs habe ich einmal versucht, den jungen Menschen noch einmal einen Begriff davon zu geben:

»Vielleicht können Sie in dieser Stunde des Abschieds von der Schule etwas milder zurückblicken auf so manche Unterrichtsstunde, auf so manchen ›Stoff‹, den Sie für absolut überflüssig und für die reinste Zeitverschwendung gehalten haben. Sicher kann man über so manches Detail streiten, aber im großen und ganzen bilden die Schulfächer tatsächlich die Welt ab, und ein besseres und praktikableres Verfahren dafür wurde zumindest bis jetzt nicht gefunden. Wie gesagt, es geht dabei nicht um die Details, außer man will unbedingt bei Günter Jauch die Million verdienen. Es zeichnet das menschliche Hirn als Wissensverarbeiter im Gegensatz zu den heutigen Wissensmaschinen ja eben gerade aus, daß es beständig Wahrgenommenes, Gelesenes, Gelerntes usw. im Detail vergessen kann, weil es in verdichteter Form in die Entwicklung seiner Wahrnehmungsweisen, seines Denkens und seiner Erfahrungsweisen eingegangen ist. Wenn es nicht gerade mit Ihrem künftigen Beruf zu tun hat, dann ist es gar nicht so wichtig, daß Sie jede lateinische Vokabel noch wissen oder was es mit dem ablativus absolutus auf sich hat; wichtig ist, daß Sie – und wenn Sie – einen Begriff davon bekommen haben, wie Sprache funktioniert; es macht nichts, wenn Sie in ein paar Jahren oder vielleicht sogar jetzt schon die Mendelschen Gesetze oder die Ordnung des Periodensystems nicht mehr im Schlaf herunterbeten können, wichtig ist, daß Ihnen bewußt bleibt, daß die uns umgebende Natur, die Welt, in der wir leben, nach bestimmten Ordnungskriterien aufgebaut sind, die man durch hartnäckiges Forschen und Nachdenken herausfinden kann; es ist nicht tragisch, wenn Sie vergessen, wann und warum Schiller ›Die Räuber‹ geschrieben hat, wichtig ist, daß Sie sich daran erinnern, daß jede Zeit ihre eigenen Ideen und Ausdrucksformen hat und mit welchen Methoden man auch schwierige Texte und fremde Ideen erschließen kann; es ist durchaus verzeihlich, wenn Sie irgendwann vergessen, wie eine Sonate aufgebaut ist oder was eine Zentralperspektive ist, wichtig ist, daß Ihnen bewußt geworden ist, daß auch Kunst etwas mit Strukturen zu tun hat und daß Sie verinnerlicht haben, welch wichtige Rolle die Ästhetik in unserem vielfach nur kognitiv orientierten Leben spielt; ich könnte es gut verstehen, wenn Sie sich nicht merken können, was es mit der Krümmung des Raums auf sich hat und wie das mit der Allgemeinen Relativitätstheorie zusammenhängt, wichtig allerdings schiene mir die daraus gewachsene Erkenntnis, daß wir immer wieder an die Grenzen unserer Vorstellungskraft geraten, was uns vor dem fatalen Irrtum bewahren kann, wir wüßten alles und könnten daher alles beherrschen. Und das Geflecht an Kenntnissen, Erkenntnissen und Erfahrungen, das im günstigen Fall im Laufe der Schuljahre und danach in den Köpfen entsteht, bildet eben dieses kulturelle Fundament, aus dem heraus Persönlichkeit, Charakter, Bildung erwachsen kann.«

Ganz zweifellos ist Schule auch ein Ort, in dem der Umgang mit Emotionen gelernt und erprobt werden kann. Das ist manchmal ein schmerzhafter Prozeß, der nicht ohne Hilfestellung auskommt; immer aber bringt er Heranwachsende sich selber näher. Das alles können Lehrkräfte unterstützend begleiten, nicht weniger, aber auch nicht mehr.

Im günstigsten Fall unterstützt Schule das Erwachsenwerden, den Bildungsprozeß dadurch, daß ein Lehrer einem Schüler gerade die Aufgabe stellt, an der er oder sie sich erproben und Erkenntnisse über sich und die Welt gewinnen kann. Und das sind auch die besonders glücklichen Momente für Lehrer, in denen sie besonders intensiv merken, wie privilegiert sie sind, weil sie das Erwachsenwerden, den Bildungsprozeß von jungen Menschen begleiten dürfen.

Und das bringt uns zum zweiten Auftrag, den Schule hat: die Persönlichkeit bilden. Und da wird es schon schwieriger. Optimistische Studien sprechen davon, daß der Einfluß der Schule auf die Persönlichkeitsbildung gerade mal bei 30 Prozent liegt. Den Löwenanteil daran, also mindestens 70 Prozent, übernehmen das Elternhaus, das Fernsehen, die Computerspiele, die Unterhaltungsangebote, die Peergroup ... Das ist eine bittere Erkenntnis für Lehrkräfte.

Wie sollen wir die Schönheit einer Sonate, eines Sonetts, des Andromeda-Nebels im ästhetischen Bewußtsein unserer Schüler verankern, wenn ein tägliches Gewitter von Trivialitäten, Secondhand-Gefühlen, Lärm und Kitsch auf die jungen Menschen herunterprasselt? Pascal Mercier nennt in seinem Roman »Nachtzug nach Lissabon« Kitsch »das tückischste aller Gefängnisse. Die Gitterstäbe sind mit dem Gold vereinfachter, unwirklicher Gefühle verkleidet, so dass man sie für die Säulen eines Palastes hält«. Und damit hat er schon fast eine Beschreibung unserer medialisierten und trivialisierten Welt geliefert.

Wie sollen wir ein Bewußtsein für die Tiefe und Wahrheit von Gefühlen in einem Stück Literatur, für die Ethik der Verantwortung angesichts weitreichender wissenschaftlicher Erkenntnisse wecken, wenn gleichzeitig Nachmittag für Nachmittag unsägliche Gerichts- und andere Shows in unsäglicher Sprache signalisieren, daß alles erlaubt ist, wenn es einem nur zu einem kurzen Kick verhilft und wenn es zum eigenen Nutzen ist?

Für die Entwicklung von sozialer Kompetenz sind Schulen mit ihrer Altersmischung und unterschiedlichen Handlungsfeldern eigentlich ideale Probierstuben. Aber wie sollen wir mit unserer Vorstellung von Erziehung und Bildung durchkommen gegen die täglich vorgeführte Rüpelhaftigkeit in Talkshows, den beißenden Spott in sog. Kultsendungen, in denen Menschenwürde ein hohles Wort ist?

Schule wird von außen und in der veröffentlichten Meinung oft als unbewegliches, entwicklungsresistentes System beschrieben, das es gilt, durch permanente Anstöße von außen zur Weiterentwicklung zu zwingen. Selten fällt der Blick auf das tägliche Wunder, das sich in jedem Klassenzimmer ereignet. Jeder Lehrer, jede Lehrerin sieht sich jeden Morgen einer unbekannten Situation gegenüber. Was haben die Kinder am Vorabend im Fernsehen angeschaut? Gibt es heute eine Klassenarbeit zu bewältigen? Ist jemand auf dem Weg zur Schule mit dem Fahrrad gestürzt? Wer ist zur Geburtstagsparty des Klassenstars eingeladen und wer nicht? Haben sich zwei Freundinnen zerstritten? Wer hat zu Hause Ärger mit den Eltern? Haben alle ihre Hausaufgaben gemacht? Warum sitzt Toby heute allein? – Blitzschnell gilt es, die daraus entstandene Stimmung wahrzunehmen, sie zu analysieren und so darauf zu reagieren, daß Schule entsteht. Dies zu bewerkstelligen – und das ist angesichts der gegenwärtigen Rahmenbedingungen schwierig genug – ist die eigentliche und anstrengende Leistung eines jeden Lehrers an jedem Tag. Erst dann kann der Unterricht beginnen.

»What is the main task of school?«, fragte kürzlich auf einem pädagogischen Kongreß eine Referentin aus England. »To make the world better«, war ihre Antwort und sie meinte damit, daß es die Hauptaufgabe von Schule sei, ihre Absolventen genau dafür fit zu machen.

Was Lehrerinnen und Lehrer dafür brauchen? Optimismus, einen hohen Grad an Selbstreflexion, Professionalität und die Fähigkeit, den Bildungsprozeß vom Kind, von den Schülerinnen und Schülern her zu denken. Ihre fachlichen Kompetenzen müssen profund sein, damit sie den Inhalt ihrer Fächer auch einfach, altersgerecht, anschaulich darstellen können, eine schwierige Übung! Gebildet sind sie, wenn sie ihr Berufsleben lang die Begeisterung für ihre Fächer auf ihre Schüler übertragen können. Und wenn sich ihre Neugier und ihre Begeisterung auch noch auf Gebiete erstreckt, die nicht unmittelbar mit ihrem beruflichen Tun zusammenhängen. Das sichert ihnen die nötige Distanz zum pädagogischen Handeln und macht sie über den Lehrer hinaus als Menschen sichtbar.

Und sie brauchen die wohlwollende Unterstützung der Öffentlichkeit.

Literatur:
Die Zeit, 27. Juni 2002.
Heinrich Krefeld, Was dem Gymnasium nach wie vor guttut. Paul Cauers vierfacher Dekalog von 1904, in: Anregung 30 (1984), 42–48.
Pascal Mercier, Nachtzug nach Lissabon. Roman, München u. a. 2004, 200, 382.

2. Student

Friedhelm Golücke

Begriff

Das Lexikon bezeichnet den Studenten als »das eingeschriebene (immatrikulierte) Mitglied einer Hochschule mit bestimmten Rechten und Pflichten, die im Rahmen des besonderen Gewaltenverhältnisses festgelegt sind« (1965). Hinter dieser glatten rechtlichen Oberfläche verbirgt sich indes ein vielgestaltiger, widersprüchlicher und sich wandelnder Sachverhalt.

Der Student wurde anfänglich als »schuler« (lat. scholar) bezeichnet und erhielt erst im 14. Jahrhundert seine mittelhochdeutsche Bezeichnung »studente« (lat. studere, bzw. studens, studentes [sich strebend bemühen]). Sie wurde um 1600 meist durch »academicus« ersetzt, da im katholisch gebliebenen Süden Deutschlands auch die Oberklassen der aufstrebenden höheren Schulen den Begriff »Student« beanspruchten. Der Begriff »Akademiker« wurde um 1800 wiederum verdrängt durch die Bezeichnung »Studierender«, auch studiosus, studio oder Hochschüler. Ein bayerischer Erlaß von 1827 bezeichnet die lernenden Angehörigen einer Universität durchweg als Studenten.

Nach lange herrschendem Verständnis hat der neu eingeschriebene Student die Höhere Schule abgeschlossen, die ihm in ihrer Oberstufe bereits einen Kanon von grundlegendem Tatsachenwissen und die wesentlichen Methoden zu dessen Aneignung und Bearbeitung vermittelt hat. In der Hochschule lernt und arbeitet er zunehmend eigenständig und wissenschaftlich, d. h. er vermehrt sein bereits vorhandenes Sach- und Methodenwissen und entwickelt es zunehmend selbständig weiter. Zur Quantität tritt vermehrt die Qualität des Wissens hinzu. Daraus kann Bildung entstehen.

Ziel des Studenten ist die Erringung einer überdurchschnittlichen Qualifikation mit Hilfe seines Studiums. Der Student bricht dabei aus der »linearen« Entwicklung aus, um mittels einer auf theoretischer Ebene bereitgestellten Sammlung von Wissen und Erfahrung in vergleichsweise kurzer Zeit auf ein höheres fachliches und gesellschaftliches Niveau zu gelangen. Als absolvierter Akademiker wird er nun unter Umgehung der »Ochsentour« unversehens dem erfahrenen Praktiker vorgesetzt. Erst jetzt beginnt für ihn diejenige Lebensphase, in der er über eine eigene materielle Lebensgrundlage verfügt. Der Zweck dieses Sonderweges liegt durchaus im gesellschaftlichen Interesse, da er der Elitenergänzung dient. Der examinierte Student soll mit seiner höheren Qualifikation nun verantwortlich sein für Land, Gesellschaft, Verwaltung, Wirtschaft und das Bildungswesen selbst.

Bis zum Erreichen dieses Ziels befindet sich der Student jedoch in einer eigenartig zwitterhaften Stellung. Ungeachtet erheblicher intellektueller Leistungen hat er seinen Platz als Mitglied der Gesellschaft noch nicht gefunden. Der Student befindet sich, wie ein Oberverwaltungsgericht 1992 feststellte, nach wie vor »in einer Berufsausbildung im Sinne des Kindergeldgesetzes«.

Fremdwahrnehmung

Der Student wird von seinem nichtakademischen Umfeld daher unterschiedlich und widersprüchlich wahrgenommen. Im schlimmsten Falle sah man in ihm einen asozialen Rebellen, einen »Heckenräuber« (1636), der verschreckte Bürger veranlaßte, statt der vom Landesherrn angebotenen Errichtung einer Universität für ihre Stadt lieber die eines Zuchthauses zu wählen. Auf der anderen Seite war er aber auch »Deutschlands bester Sohn« (1887), »ein liebenswürdiger, ritterlich gesinnter, meist eigentümlich gekleideter, durstiger und gewöhnlich geldloser junger Mann« (1846). Man entwickelte sogar Typologien. Es gab den »rührseligen Studenten«, der zur Wissenschaft kaum eine Bindung entwickelte und im Studentenleben aufging, den »galanten Studenten«, der dem weiblichen Element eine recht große Bedeutung beimaß, den »ewigen Studenten«, der sich von seiner eigentlich zeitlich begrenzten sozialen Rolle nicht mehr lösen konnte, oder den »verbummelten Studenten«, der sein Studium nicht bewältigte, von der Universität abging und – zumindest vor dem Ersten Weltkrieg – sein Versagen nicht selten als gesellschaftlich geächteter Exot in der Fremde wiedergutmachte oder dort zugrunde ging. Ratlosigkeit wird unverkennbar, wenn es heißt: »Der Pöbel ruinirt sich durch das Fleisch, das wider den Geist; der Gelehrte durch den Geist, der zu sehr wider den Leib gelüstet; der Student – halb Pöbel, halb Gelehrter – durch Beide.« (1825)

Sollte die Widersprüchlichkeit in der Wahrnehmung des Studenten ihre Rechtfertigung in der Geschichte finden? War nicht der Student im hochmittelalterlichen Bologna eine Art Wissenschaftsunternehmer? War er im späteren Mittelalter dagegen nicht als Halbpfaffe (Halbgeistlicher) ein streng beaufsichtigter Bursenbewohner? War er nicht ein unsteter Gesell, den der Wissensdurst von einer Schule zur anderen trieb, der aber auch manche Schule ungewollt verlassen und sich mit zweifelhaften Mitteln über Wasser halten mußte? Gefiel er sich seit dem Dreißigjährigen Krieg nicht in der Rolle eines Rauhbeins im Dauerstreit mit Philistern (Bürgern) und Knoten (Handwerksgesellen), um sich einige Zeit später, zur Zeit der Aufklärung, in einen suchenden Idealisten und Menschenfreund zu verwandeln, dessen Spuren sich bis heute in den Studentenverbindungen wiederfinden? War er nicht der Verbündete des christlich-liberal-national aufbegehrenden Bürgertums im Vormärz und half unter Einsatz von Leib und Leben, heute als selbstverständlich erachtete Freiheiten durchzusetzen? Verkehrte er seit Humboldt nicht auf wissenschaftlicher Ebene beinahe von gleich zu gleich mit dem Professor? Erkannte er nicht nach dem Ersten Weltkrieg, daß seine in der wilhelminischen Gesellschaft innegehabte soziale Stellung sich überlebt hatte und war aus Einsicht bereit, für die wenig geliebte Republik zu kämpfen? Verkannte er nicht ähnlich wie große Teile der politischen Klasse in seinem Idealismus die Bedrohung durch den Nationalsozialismus? Fügte er sich nach 1945 nicht nahtlos in universitäre Notwendigkeiten ein? Wurde er 1968 nicht erneut zum Bürgerschreck, als er, wiederum auf extrem idealistischer Grundlage, eine im marxistischen Sinn umgestaltete Gesellschaft erkämpfen wollte und dabei nicht gerade zimperlich bei der Anwendung seiner Mittel war? Hat der 68er-Student das Denken und Handeln der gesamten Gesellschaft nicht zutiefst verändert? Oder hat er nur die Voraussetzungen für ein massives Eingreifen des Staates und seine eigene Entmündigung durch eine wuchernde Bürokratie geschaffen?

Entwicklung und Einflüsse

Was hat es mit dem deutschen Studenten, der bereits seit dem 12. Jahrhundert in Erscheinung tritt und der damit älter ist als die um die Mitte des 14. Jahrhunderts entstandene »deutsche« Universität, nun tatsächlich auf sich?

Die Entstehung der Universität geht auf selbständige Korporationen von Professoren und Studenten zurück, doch die Obrigkeit mischte sich früh ein. Dem Modell Bologna, in dem die Studenten eine konstitutive Rolle spielten, und dem Pariser Modell, in dem der Student eher Objekt der in Korporationen (Fakultäten) zusammengeschlossenen Dozenten war, wurde in der von Kaiser Friedrich II. 1224 geschaffenen Universität Neapel schon früh ein drittes, obrigkeitliches Modell beigesellt oder entgegengestellt, das mit der Ausbildung von Beamten dem unmittelbaren Staatsinteresse dienen sollte. Von Anfang an findet sich der Student also in drei unterschiedlichen Rollen wieder: als Mitgestaltender, als Unmündiger und als Auszubildender. Innerhalb der weitgehend autonomen Professorenuniversität, die sich als Standard schließlich durchsetzte, blieb der Student lange Zeit der unmündige Bursenbewohner.

Der Zugang zur Universität war die längste Zeit recht offen. Eine Vorschule, die Artistenfakultät, sollte für ein ausreichendes Grundlagenwissen sorgen. Hinsichtlich ihres Stoffes und ihrer Methoden baute diese propädeutische Artistenfakultät auf dem antiken Kanon der artes liberales, der (sieben) freien Künste (Grammatik, Rhetorik, Dialektik sowie Arithmetik, Geometrie, Musik, Astronomie) auf. Das Alter der in die Fakultät Eintretenden konnte mit 15 Jahren sehr niedrig liegen, gleichwohl galten sie bereits als Studenten. Immer mehr jedoch gab die Artistenfakultät die Aufgaben einer Vorschule an die sich entwickelnden höheren Schulen ab und wandelte sich seit dem Humanismus von einer »unteren« Fakultät zur vierten, philosophischen Fakultät, die nun gleichberechtigt neben Theologie, Rechtswissenschaft und Medizin stand. Diese klassische Vier-Fakuläten-Universität bestand bis ins 20. Jahrhundert. Die Abschlußprüfung der höheren Schulen, die Reifeprüfung oder das Abitur, galt von Beginn des 19. Jahrhunderts bis in die 1970er Jahre als unbeschränkte Zugangsberechtigung zur Universität. Es wurde mit knapp 20 Jahren abgelegt. Diese Entwicklung macht verständlich, daß der Begriff »Student« im Süddeutschen auch für die Angehörigen der Oberstufe der höheren Schulen beibehalten wurde.

Die Struktur der Hochschule, ihre politisch-gesellschaftliche Rolle, ihr Auftrag, entweder als Stütze des Dogmas Wissen zu reproduzieren oder die Gesellschaft frei forschend zu begleiten, setzen den konkreten Rahmen des Studierens und schaffen für den Studenten jeweils andersgeartete Rahmenbedingungen.

Seit der Aufhebung der Bursen infolge der Reformation ist der Student außerhalb der Universität sich selbst überlassen. Dies galt für den deutschsprachigen Raum mehr als für die romanischen Länder oder England, wo Elemente des mittelalterlichen bevormundenden und lenkenden Systems stärker erhalten blieben, und innerhalb des deutschsprachigen Raums mehr für die protestantischen, als für die katholischen Länder, wo das Kollegiensystem der Jesuiten die Studenten stärker anleitete. Die im Liede viel besungene Burschenfreiheit (»Bursenfreiheit«) ließen sich die Studenten nicht mehr nehmen, zumindest nie ganz. Erst der Maßlosigkeit ihrer Ansprüche am Ende des 20. Jahrhunderts scheint sie erlegen zu sein.

Der Student hatte mit der Sprengung der Bursen die beengende Bevormundung abgeschüttelt, die andererseits Sicherheit schafft und das Studium erleichtert. Mit der Erringung der Freiheit des Studierens hatten sie sich jedoch die Last der Eigenverantwortung aufgeladen. Den Risiken der Freiheit waren und sind nicht alle Studenten gewachsen. Der Herausforderung folgte nicht selten das Scheitern. Das nun wesentlich leichter mögliche Erproben von Grenzerfahrungen aller Art, nicht nur mittels Drogen, wurde und wird manchem Studenten zum Verhängnis.

Jeder Student hatte nun seine persönlichen Probleme weitgehend selbst zu bewältigen. Er war charakterlich früher und stärker gefordert. Der Wille zu intellektueller Anstrengung und Leistung mußte Labilität, Ausweichen, Faulheit und Mißerfolge nun ohne die »motivierende« Fuchtel des Magisters überwinden. Der Student mußte Selbstdisziplin, Einsicht in formale und inhaltliche Ordnungen entwickeln, mußte Mißerfolge verarbeiten und Unverständnis ertragen. Daß geistige »Arbeit« belastender sein kann als körperliche, wird von Teilen der Gesellschaft nicht verstanden und anerkannt.

Die damit verbundenen psychischen Belastungen, die durch die Anonymität der heutigen Massenuniversität noch verstärkt werden, sind für Außenstehende kaum erkennbar. Das unsichere und schwankende Selbstwertgefühl des Studenten verursacht nicht selten Zukunftsängste, schlägt sich in nicht erklärbaren Angst- und Unruhegefühlen nieder und führt zu einer erhöhten Empfindsamkeit, zu Lern- und Arbeitsstörungen bis hin zu Kontaktschwierigkeiten und Depressionen. Flucht in den Gefühlsüberschwang oder in scheinbar rationale, aber tatsächlich wirklichkeitsfremde Idealvorstellungen können sich daraus ergeben; auch die Kompensation der Erfahrungslosigkeit und der Informationsdefizite durch extreme und bedenkenlose Verhaltenweisen ist nicht selten.

1987 fühlten sich 90 % der Studenten nach eigener Aussage durch psychische Schwierigkeiten belastet, 1984 waren 20 % in psychiatrischer Behandlung. Ein Viertel der Studenten wechselt heutzutage das Studienfach, ein Viertel bricht das Studium überhaupt ab. Die inzwischen überall eingerichtete allgemeine Studienberatung, die fachliche Studienberatung und die psychologische und seelsorgerische Betreuung schaffen sicher Abhilfe, aber während der vorhergehenden 400 Jahre hatte die Studentenschaft bereits Mittel und Wege gesucht und teilweise auch gefunden, um diese Probleme zu lösen.

Die Eigenverantwortlichkeit und damit der Zwang des Einzelstudenten und der Gesamtstudentenschaft zur Erringung der Mündigkeit wurden durch die Reformen Wilhelm von Humboldts auf den fachlich-wissenschaftlichen Teil des Studiums (Lernfreiheit) ausgedehnt, indem Professor und Student gemeinsam schöpferisch-wissenschaftlicher Tätigkeit nachgehen sollten. Die »Burschenfreiheit« außerhalb der Universität hat Humboldt nicht nur unangetastet gelassen, sondern er hat das aus der Freiheit erwachsende Verantwortungsbewußtsein innerhalb der Universität wirksam werden lassen. Das den Studenten entgegengebrachte Vertrauen trug entscheidend zu dem unvergleichlichen Erfolg seines Modells bei. In der zweiten Hälfte des 19. Jahrhunderts war eine Hochschule entstanden, die herausragende Leistungen vollbrachte und für viele Länder der Erde Vorbild war.

Obwohl der Student nun außerhalb der Universität seinen Freiraum hatte und innerhalb ihrer Mauern anerkannt war, konnte er sich der Tatsache nicht verschließen, daß er zwar biologisch erwachsen, aber sozial unfertig war. Er konnte sich als immer noch Lernender nicht wie andere Erwachsene selbst versorgen und blieb bis zu einem gewissen Grade ein gesellschaftlicher Außenseiter.

Diese existentielle Unsicherheit läßt ihn sich von den im Berufsleben stehenden (gleichaltrigen) Bürgern absetzen, obwohl oder gerade weil er schon bei der Sicherstellung der Grundbedürfnisse Essen, Trinken und Wohnen häufig von ihnen abhängig ist. Freitische, billige Studentenbuden, Wohnheime, Stipendien, Darlehen nimmt er wegen der dadurch entstehenden Abhängigkeit mit einem gewissen Unbehagen an. Die sich daraus entwickelnde Abwehrhaltung ist nicht selten die Erklärung für ein ansonsten unverständliches Verhalten.

Auch der Student setzt sich Lebensziele wie Erfolg und Unabhängigkeit, Eigenverantwortlichkeit oder Familie. Die überdurchschnittliche intellektuelle Beweglichkeit wird ihn mangels Erfahrungen jedoch häufig auf die Theorie verweisen, so daß sein Handeln immer wieder von Idealismus überhöht wird, den die Außenwelt, häufig mit Recht, nicht als solchen erkennt und anerkennt.

Das Bewußtsein, einer künftigen Elite anzugehören, hilft zudem häufig über die tatsächliche Einflußlosigkeit hinweg. Es verwundert daher nicht, wenn der Student bei der Verteidigung seiner Freiheit ein besonderes Eigenwertgefühl nachhaltig pflegt, ja, mit seinem Sonderstatus etwa vor dem Ersten Weltkrieg regelrecht kokettierte. Die beschränkte Lebenserfahrung, die dadurch gegebene Unfähigkeit, die Lebenswirklichkeit unverzerrt wahrzunehmen, der dauernde, teilweise schmerzhafte Such- und Anpassungsprozeß, das unklare und unsichere Verhältnis zu den Werten und den Ordnungen der Außenwelt, die dadurch verursachten Orientierungs- und Identitätsschwierigkeiten und die zwangsläufig stark theoriebezogene Orientierung, die immer eine Ten denz zu Extremlösungen in sich trägt, lassen den Studenten manchmal glauben, den Stein des Weisen gefunden zu haben. Nicht selten jedoch folgt er statt dessen den Irrlichtern ideologisch vervollkommneter Scheinwelten; die Gießener Schwarzen zu Beginn des 19. Jahrhunderts oder der Schwarze Block am Ende des 20. Jahrhunderts mögen dafür ein Beleg sein. Hin und wieder, besonders dann, wenn Studenten sich »an der Spitze des Fortschritts« wähnten, wuchs sich das tatsächliche oder eingebildete Überlegenheitsgefühl jedoch zu einem Sendungsbewußtsein gegenüber der bürgerlichen Welt aus, das eine tatsächliche Einflußnahme erlaubte.

Da die Fremdorganisation durch die Hochschule oder den Staat (Bursen, Kollegien, Stifte) nicht oder nicht mehr wirksam war, organisierte der Student sich selbst. Die Selbstorganisation richtete sich zunächst nach innen auf das Gefüge der studentischen Gemeinschaft und den einzelnen Studenten. Schon die an den oberitalienischen Universitäten bestehenden *nationes* waren Hilfsbünde auf landsmannschaftlicher Grundlage, waren Heimat- und Familienersatz in einem gefahrenreichen Umfeld während des Studiums und hatten viele Elemente des mittelalterlichen Genossenschaftswesens, aber auch des geistlichen Ordenswesens übernommen.

Auch die nach Reformation und Auflösung der Bursen entstandenen Nationalkollegien und Landsmannschaften waren Hilfsgemeinschaften, beanspruchten aber auch schon Erziehungsaufgaben, denen die Universität nicht mehr nachkam. Diese studentischen Gemeinschaften kannten, wie die Universität auch, nicht nur Zeiten der Blüte, sondern auch des Niedergangs. Dies galt besonders für die Zeit nach dem Dreißigjährigen Krieg, als mit dem Pennalwesen ein überzogenes Abhängigkeitsverhältnis der jüngeren von den älteren Studenten entstand.

Erst die Ideen der Aufklärung bewirkten innerhalb der Studentenschaft eine sittliche Erneuerung, die in den geheim tagenden Studentenorden ihren Kristallisationspunkt fand. Diese neuen Zusammenschlüsse entstanden unter dem Einfluß der Ideen der Französischen Revolution, radikalisierten sich jedoch schnell und wurden daher staatlicherseits unterdrückt. Sie waren es jedoch, die die moderne Studentenverbindung mit ihren vom Idealismus geprägten Prinzipien des »basisdemokratischen« Conventes und des Lebensbunds entstehen ließen. Sie füllten die sog. »Humboldtsche Lücke«, den Verzicht der deutschen Universität auf die Erzieherrolle, indem sie die (Selbst-)Erziehung ihrer Mitglieder auf eine neue Grundlage stellten.

Das Kujonieren der Jüngeren hörte auf, Konstitutionen (Verfassungen) und Comments (Regelungen des Brauchtums) wurden niedergelegt, angereichert mit aufklärerisch-freimaurerischen Einflüssen der Orden. Etwa gleichzeitig verzichtete die Universität auf den ursprünglich rabiaten, immer noch offiziellen Universitätsakt der Deposition bei den Neuankömmlingen.

Die Selbstorganisation der Studenten war bei äußeren Bedrohungen auch ein Schutzschild. Die Convente der Senioren (Vorsteher) der Landsmannschaften einer Universitätsstadt, eine Vorform des Allgemeinen Studentenausschusses, vergaßen bei jeder von außen kommenden Bedrohung ihre Rivalitäten untereinander und schlossen sich sofort zur Verteidigung ihrer »Burschenfreiheit« zusammen, sei es gegen die Universität mit ihren Pedellen, gegen die als spießiges Philistertum wahrgenommene Bürgerschaft oder ihre Lieblingsfeinde, die Handwerksgesellen und die Soldaten. Der Auszug aus der Universitätsstadt, der sich gegen die Universität, aber auch zusammen mit den Professoren gegen Bürger oder Obrigkeit richtete, war das schärfste Kampfmittel, das zuletzt bei der Gründung der Freien Universität in Berlin eingesetzt wurde.

Die Entstehung von eigener Tracht und Erkennungszeichen in Form von Farben seit den älteren Landsmannschaften entsprach der Zeit, kann aber durchaus als Distanzierung zur Außenwelt verstanden werden. 1968 wurde die »Tracht« der Studenten eine Art Anti-Uniform, eine betont nachlässige bürgerliche Kleidung, die die Bürger ähnlich provozierte wie das ruppige Äußere der Renommisten des 18. Jahrhunderts.

Gegenwart

Nach der Not des Zweiten Weltkrieges und den Erschütterungen durch den Nationalsozialismus machten Professoren und Studenten die Hochschule schnell wieder funktionsfähig. Der Wirtschaftsaufschwung erzeugte sodann die materielle Grundlage für Reformdiskussionen.

Die außer Frage stehende Beseitigung der NS-Hinterlassenschaft ging in eine Demokratisierungsdebatte über, die mit der Abschaffung der Ordinarienuniversität die alte Struktur der Hochschule veränderte. Weitere Veränderungen etwa mit dem Ziel der Interdisziplinarität an neu konzipierten Universitäten wie Bochum sollten ein erfolgreicheres Arbeiten ermöglichen. Bildungspolitik sah ihre nicht unwichtigste Aufgabe schließlich in der Förderung von sozialer Integration, die durch Zuteilung von Chancen an bisher benachteiligte, d. h. bildungsferne Bevölkerungskreise zu gewährleisten sei. Die Bedeutung der postindustriellen Wissensgesellschaft gerade für das rohstoffarme Deutschland war ein weiterer Antrieb für Reformen. Maßgebliche Bildungsreformer meinten gleichzeitig, einen großen Rückstand gegenüber anderen Ländern feststellen zu können und drängten auf eine schnelle Ausweitung des Akademikeranteils, um alle Begabungsreserven auszuschöpfen. Europäisierung und Globalisierung wirkten später in die gleiche Richtung. Kaum gestellt wurde die ungleich schwerer zu beantwortende Frage nach der Vergleichbarkeit der Qualität der Arbeit, die von Akademikern und Nichtakademikern in den jeweils verschiedenen Ländern geleistet wurde.

Demokratisierungs- und Sozialisierungsüberlegungen fanden seit den 1960er Jahren in der Studentenschaft ein immer größeres Echo, wurden aber im marxistischen Sinne von einer Minderheit ideologisiert, die vor dem Hintergrund des Vietnamkrieges erhebliche Teile der Studentenschaft mobilisieren konnte und schließlich eine sozialistisch umgeformte Gesellschaft forderte.

Hatten sich die Studenten zwischen 1817 und 1848 unter großen persönlichen Opfern für eine freiheitliche, nationale Gesellschaft gegen die zersplitterte Feudalstaatsgesellschaft, für das Leistungsprinzip und gegen Standesprivilegien eingesetzt, so scheuten sie auch 1968 nicht das persönliche Risiko, als sie, der Kritischen Theorie der Frankfurter Schule folgend, für die marxistische ideale Gesellschaft auf die Straße gingen. Sie erzeugten erheblichen Druck auf die (Bildungs-)Politik und erreichten unter Loslösung von der älteren Generation einen Paradigmenwechsel mit Erschütterung und teilweiser Auslöschung der Ordnungsvorstellungen und Wertehierarchie der bürgerlichen Kultur, die sich seit dem Dreißigjährigen Krieg entwickelt hatte; es gelang ihnen, einen Wechsel von den »Pflicht- und Akzeptanzwerten zu Selbstentfaltungswerten« herbeizuführen.

Der utopische Charakter der 68er-Studentenbewegung führte schnell zu ihrem organisatorischen Verfall. Sie löste sich in unterschiedliche Richtungen auf: taktische Anpassung mit Marsch durch die Institutionen, Verweigerung und Aussteigertum mit Spaßopposition der Spontis, blutiger Terror der RAF. Gleichwohl traten mit der enormen Ausweitung der Freiheit des Einzelnen, der Individualisierung bis hin zur Vereinzelung, der Überbürdung von Staat und Gesellschaft mit neuen Aufgaben weitreichende gesellschaftspolitische Folgen ein.

Die sich selbst organisierende Studentenschaft hatte sich 1919 reformiert, indem sie sich für die Außenvertretung und für Maßnahmen, die die Gesamtstudentenschaft betrafen, in den Allgemeinen Studentenausschüssen und einem nationalen Dachverband einen organisatorischen Rahmen gegeben hatte, der über dem partikularistischen Verbindungswesen stand. Diese Gesamtvertretung (nach dem Zweiten Weltkrieg: Verband Deutscher Studentenschaften [VDS]), deren sich die sozialistische Richtung in der Studentenschaft bemächtigt hatte, zerfiel nun mit dieser, und damit verfiel vorerst die Selbstorganisation der Studentenschaft auf nationaler Ebene.

Immer wieder im Verlauf der Jahrhunderte hatte es Eingriffe oder Impulse der Obrigkeit gegeben, nicht immer zum Nachteil von Professoren und Studenten; das zeigen die Gründungen Halles, Göttingens und Berlins. Die im Gefolge von »68« durchgeführten Maßnahmen des Staates gingen weit darüber hinaus. Zum Zwecke einer Ausweitung des Akademikeranteils wurden große Finanzmittel für den Hochschulbau, die Aufstockung des Personals und die Alimentierung der Studenten eingesetzt.

Während in der nach dem Ersten Weltkrieg herrschenden Not wirksame Selbsthilfeeinrichtungen wie das Deutsche Studentenwerk auf studentische Initiative hin entstanden waren, ging die Federführung nun auf den Staat über, der mit sozialpolitischen Maßnahmen unmittelbar eingriff. Diese führten besonders seit den 1970er Jahren zu einem erheblichen Wandel des ganzen Bildungssektors, wobei der Einzelstudent aus der Symbiose mit der Bevölkerung zunehmend herausgelöst wurde und ein weitgehend autonomer Sektor mit eigener sozialer Infrastruktur (Wohnheimen, Mensen, Beratungsstellen, Vermittlungsstellen, Kindertagesstätten, Finanzierungshilfen usw.) entstand. Die formal noch bestehende und theoretisch sogar aufgewertete studentische Selbstorganisation verlor auch hierdurch erheblich an Bedeutung.

Da die Politik den Akademikeranteil ausweiten wollte, mußte sie bei der höheren Schule ansetzen. Die Hälfte eines Jahrgangs sollte nun die Zugangsberechtigung zu den Hochschulen erhalten. Um diese Ziele zu erreichen, wurde die Durchlässigkeit in den Schulen erhöht und statt eines Kanons von Grundlagenwissen bereits in manchen Bereichen unverbundenes Hochschulwissen vermittelt, aber gleichzeitig die Anforderungen gesenkt. Ein Teil der menschlichen, sozialen und fachlichen Probleme, die bisher der Student zu bewältigen hatte, kam nun schon auf den höheren Schüler zu, vor allem Vereinzelung, Spezialisierung bereits mit 16 Jahren bei Eintritt in die »Studienstufe«, taktisches Lernen für Punkte und nicht nach sachlicher Einsicht und Notwendigkeit. Die bisher recht klare Trennung zwischen Hochschulpropädeutik, die das Gymnasium besorgte, und Hochschullehre wurde verwischt, da letztere nun wieder Grundlagenwissen vermitteln mußte.

Die schnelle Ausweitung der Studentenzahlen erzeugte eine Überlastung, die durch eine organische Weiterentwicklung der bisherigen Strukturen der Hochschule nicht mehr bewältigt werden konnte. Die demokratischere, aber schwerfälligere Gremienuniversität, die an die Stelle der Ordinarienuniversität getreten war, wurde durch eine umfangreiche, ministeriell kontrollierte Bürokratie ergänzt, die die Hochschulen lenkbar halten sollte. Knapper werdende Mittel haben gegen Ende des 20. Jahrhunderts (betriebs)wirtschaftliche Sichtweisen stark an Boden gewinnen lassen. Die Qualität einer Hochschule wird oft schlicht an der Summe der eingeworbenen Drittmittel gemessen. Wirtschaftlichkeit und Rentabilität schnell verwertbarer (naturwissenschaftlicher) Erkenntnisse drängen sich an die Stelle einer umfassenden Bildung. Die Hochschule verlor schleichend an Autonomie und wird zunehmend als gesellschaftlicher Dienstleister mit quantifizierbarer und laufend evaluierter Leistung betrachtet.

Mehr als drei Jahrzehnte Hochschulreform haben zu keiner überzeugenden und allseits anerkannten Lösung geführt. Die eher quantitativen Sichtweisen haben keine Lösung gebracht. Erst am Ende des 20. Jahrhunderts hat sich der Gesichtspunkt der Qualität wieder stärker in den Vordergrund geschoben.

Seit etwa 1900 war der Begriff »Student« gegen den Widerstand der Universitäten auf neu entstehende Hochschulen ausgedehnt worden, zunächst auf die Technischen Hochschulen. Seit den 1920er Jahren kamen die Angehörigen Pädagogischer Akademien, später Pädagogischer Hochschulen, und seit den 1970er Jahren der Fachhochschulen und weiterer hinzu. Seitdem ist eine schnelle Veränderung der Hochschullandschaft durch Verwissenschaftlichung und Akademisierung vieler weiterer Berufe zu beobachten. Die Aufwertung von Fachschulen zu Spezialhochschulen veränderte den Studentenbegriff, weil deren Studenten andere Voraussetzungen mitbrachten. Der Humboldtsche Studententyp war verwässert. Die Steigerung der Studentenzahlen seit den 1970er Jahren beschleunigte diese Entwicklung, bis dies durch den Bologna-Prozeß offensichtlich wurde. Mit dem 1999 einsetzenden Bologna-Prozeß wurde die Problematik bei Orientierung am scheinbar überlegenen angelsächsischen Modell auf die europäische Ebene geschoben und erneut unter starkem Zeitdruck und auf bürokratischem Wege durchgeführt; eine organische Entwicklung mit ihren dauernden Selbstkorrekturen konnte so nicht stattfinden.

Die nicht zuletzt aus der sozialen Administrierung des Studenten abgeleiteten Lenkungsrechte rechtfertigten nun massive Eingriffe in die Abläufe des Studiums selbst. Das neue »gestufte Studium« wird voraussichtlich die Abbrecherquote vermindern und den Akademikeranteil quantitativ erhöhen, aber wesentlich ist die Tatsache, daß in dem sechssemestrigen Studium, das an Stelle der bisherigen Zwischenprüfung mit dem akademischen Grad eines »Bachelors« abzuschließen ist, nur noch intensiv beaufsichtigte reproduktive Arbeit erwartet wird. Dieser Teil der Hochschulen dient nun im Interesse einer schnellen wirtschaftlichen Verwertbarkeit der eingesetzten Mittel nicht mehr der Bildung, sondern der Ausbildung. Faktisch werden die Hochschulen in den unteren sechs Semestern zu Fachhochschulen. Damit wurde der autonome Student im Sinne Humboldts im buchstäblichen Sinne des Wortes zum Hochschüler.

Erst in der folgenden Phase des »Master«-Studiums, das nur 25 % der erfolgreichen »Bachelor«-Studenten offenstehen soll, ist der forschende »Humboldtstudent« gefragt. Erst im Alter von etwa 23 Jahren wird er wieder vom Objekt des Wissenschaftsbetriebs zum Subjekt und damit zum Studenten, wie er bisher definiert war.

Die Studentenschaft orientierte sich zwangsläufig um. Die allgemeine Studentenvertretung von 1919 war nach 1968 zerfallen. Die studentische Szene wird heute beherrscht von hochschulpolitischen Gruppen, die überwiegend an die großen politischen Parteien angelehnt und diesen verpflichtet sind. Die fachlich und karrieremäßig ausgerichteten Studenteninitiativen, die seit den 1990er Jahren einen bemerkenswerten Aufschwung erleben, haben die fachliche Bildung und spätere Karriere im Auge, nicht die charakterliche Erziehung. Die alten Verbindungen mit ihrer allgemeinen Erziehungsidee sind vielfach im Formalen erstarrt, neigen zur Abkapselung und haben wenig unmittelbaren Bezug zur Hochschule. Immerhin bestehen sie seit etwa 200 Jahren trotz mancher Stürme, die über sie hinweggegangen sind; sie zeigen eine erstaunliche Stabilität, obwohl oder gerade weil sie basisdemokratisch verfaßte Kleingruppen sind. Sie sind aber nur noch eine Randgruppe. Das studentische Eigenbewußtsein ist wahrscheinlich verloren wie die studentische Sonderkultur. Studenten sind weit überwiegend außerhalb der Studentenschaft sozialisiert.

Andererseits erhielt der Student mittels seines passiven und aktiven Wahlrechts erhebliche Mitbestimmungsmöglichkeiten in der studentischen Selbstverwaltung und, nach der Schaffung der Gremienuniversität, selbst in den Organen der Hochschule eingeräumt. Ob er diese unter den Studienbedingungen des Bologna-Prozesses noch wahrnehmen kann, ist fraglich.

Aussichten

Insgesamt ist in der Hochschulpolitik wie in der gesamten Bildungspolitik ein Vordringen des quantitativen, kurzfristigen, auf schnelle Verwertbarkeit ausgerichteten Denkens zu beobachten. Die solide und langwierige Kleinarbeit des unabhängigen Geistes wird als absonderlich wahrgenommen. Die Voraussetzung für Qualität, die allein langfristig tragfähige Fortschritte erbringen kann, ist aber Freiheit mit ihren Risiken und ihrem Zeitbedarf für die geduldige Pflege der Rahmenbedingungen. Qualitativer Fortschritt ist nur unvollkommen ausrechenbar. Der Verzicht auf Forschung im neuen »Grundstudium« mag betriebswirtschaftlich Vorteile bringen, aber er vergeudet zugunsten einer durch Gängelung erreichten schnellen Quantität millionenfach die Chance zu früher schöpferischer Tätigkeit der Studenten, die man den Angehörigen der Oberstufe der höheren Schule erstaunlicherweise zugetraut hatte. Die formal wieder ausgeweitete Autonomie der Hochschulen vollzieht sich daher in einem engen Korsett und wird nicht unbedingt kreative Geister schaffen. Autonome Persönlichkeiten können sich nur in wirklicher Freiheit entwickeln. Statt schöpferischer Ungleichheit sind die Orientierungspunkte der neuen Bildungspolitik eher eine administrierte soziale Integriertheit, wenn nicht gar eine »Planierung des Geistigen«.

Um den »Humboldt-Studenten« wiederzubeleben, wäre eine klare Rückbesinnung der höheren Schule auf die Vermittlung von Grundlagenwissen und Einübung der Methoden für intellektuelles Arbeiten nötig. Dann könnte die Mündigkeitsschwelle an den Universitäten wieder gesenkt werden und Freiraum für eine ganzheitliche Bildung wäre erneut gegeben.

Literatur:
Michael Döberl u. a. (Hg.), Das akademische Deutschland, 3 Bde., Berlin 1930/31.
Konrad H. Jarausch, Deutsche Studenten 1800–1970, 2. Aufl., Frankfurt am Main 1989.
Werner Klose, Freiheit schreibt auf eure Fahnen. 800 Jahre deutsches Studententum, Oldenburg u. a. 1967.
Peter Krause, O alte Burschenherrlichkeit. Die Studenten und ihr Brauchtum, 5., verb. Aufl., Graz u. a. 1997.
Rainer A. Müller, Geschichte der Universität. Von der mittelalterlichen Universitas zur deutschen Hochschule, München 1990.
Hans-Werner Prahl, Sozialgeschichte des Hochschulwesens, München 1978.
Friedrich Schulze, Paul Ssymank, Das deutsche Studententum von den ältesten Zeiten bis zur Gegenwart, Nachdruck der 4. Aufl., Schernfeld 1991.
Günter Steiger, Werner Fläschendräger (Red.), Magister und Scholaren, Professoren und Studenten. Geschichte deutscher Universitäten und Hochschulen im Überblick, Leipzig u. a. 1981.

3. Professor

Gerrit Walther

Ein Titel und seine Pflichten

»Professor« ist der Titel der wichtigsten öffentlichen Repräsentanten von Bildung. Andere, z. B. Kultusminister, Staatssekretäre für Unterrichtsfragen, Parteifunktionäre, Journalisten oder Fernsehmoderatoren, mögen mehr faktischen Einfluß besitzen oder wenigstens mehr Gehalt beziehen. Sportler, Popstars oder Konzernchefs werden, falls sie sich zufällig einmal über Bildung äußern, eine hundertmal höhere öffentliche Wirkung erzielen. Das alles aber ändert nichts daran, daß das Prestige des Professorentitels in der Öffentlichkeit nach wie vor erheblich ist.

Der Begriff »Professor« kommt von dem lateinischen Wort »profiteri«, was soviel heißt wie »öffentlich erklären« oder »öffentlich bekennen«. Ein Professor ist also ein öffentlicher Lehrer und zugleich jemand, der für das, was er erklärt, moralisch einsteht. Das heißt, daß er nach bestem Wissen und Gewissen die Wahrheit zu sagen hat – und zwar sowohl die faktische Wahrheit, die er kraft seiner Sachkompetenz nach gründlicher Recherche und strenger Prüfung festgestellt hat, als auch das, was er in moralischer Hinsicht für richtig hält. Viele Jahrhunderte lang schien diese Verbindung selbstverständlich zu sein. Erst das 20. Jahrhundert, das Professoren in den Dienst menschenverachtender Regime treten sah, hat uns in diesem Punkt Skepsis gelehrt. Die Pflicht des Professors indes, fachliche wie moralische Autorität in sich zu verbinden, ist damit eher noch dringlicher geworden.

Gleiches gilt für das Moment der Öffentlichkeit. Ein Professor ist nur so lange ein Professor, als er in der Öffentlichkeit wirkt (vorrangig in der akademischen, also vor und mit den Studierenden). Ein Professor hingegen, der sich aus der akademischen Lehre zurückzieht – etwa weil er für Forschungszwecke von ihr entbunden ist –, schrumpft zu einem bloßen Gelehrten. Durch den Bruch der Einheit von Forschung und Lehre hat er faktisch seinen Titel verwirkt.

Daß sowohl die Forschung als auch die Lehre frei seien, ist ein wichtiges, noch immer geltendes Grundrecht. Es beweist den hohen Respekt, den die Väter des Grundgesetzes vor akademischer Tätigkeit hegten. Niemand sollte einem Professor die Themen vorschreiben, über die er forscht, niemand ihn hindern, die Resultate seiner Recherchen öffentlich kundzutun. In vollkommener Freiheit sollte er der Wahrheit nachgehen und sie der künftigen Elite mitteilen, ungehindert und unbeeinflußt auch und gerade von dem Staat, der ihn finanziert.

Dieses Recht erscheint vielen Zeitgenossen heute als unverantwortlicher Luxus, als teurer Rückzug fauler Mandarine in den »Elfenbeinturm« sinnfreien Selbstzwecks. Immer lauter werden daher die Forderungen, immer offener die Versuche, die akademische Freiheit einzuschränken, Professoren auf bestimmte Themen zu verpflichten, sie in gewinnträchtige Kollektivprojekte zu zwingen. Dieser Kurs droht erfolgreich zu sein. Insofern ist der Professor – obwohl es noch nie so viele Träger dieses Titels gab wie heute – eine vom Aussterben bedrohte Spezies.

Ein Blick in die Geschichte

Die Geschichte des Professors ist die Geschichte akademischer Freiheit. Professoren gab es schon vor der Erfindung der europäischen Universitäten am Anfang des 12. Jahrhunderts. Diese nämlich konstituierten sich aus bereits bestehenden freien Gemeinschaften lehrender Gelehrter und ihrer Schüler, die sich (offiziell erstmals 1221 in Paris) zu einer »universitas magistrorum et scholarium« formierten. Als Körperschaften eigenen Rechts, begünstigt durch Privilegien der höchsten geistlichen und weltlichen Autoritäten, besaßen sie weitreichende Selbstverwaltungsrechte: Die Studenten stellten nicht selten Kanzler und Rektor, sie wählten (und bezahlten) ihre Professoren. (Verger)

Seit dem 14. Jahrhundert begannen in verschiedenen Ländern Europas Städte und Fürsten, eigene Hochschulen zu gründen, um dort loyale Geistliche und fähige Staatsdiener auszubilden. Damit wurden Professoren zu Beamten – und zwar zu solchen mit erheblichen Vergünstigungen. Nicht nur genossen sie vielerorts Freiheiten wie die, keine Steuern zahlen zu müssen oder Bier ausschenken zu dürfen. Der neue Schutz des Staates ließ auch ihre Gehälter steigen, wenigstens in den für wichtig angesehenen Fächern. So konnte im spätmittelalterlichen Pavia das Salär eines Rechtsprofessors bis zu fünfzigmal höher liegen als das eines Grammatik- oder Logikprofessors. Neben dem akademischen Amt lockten zudem attraktive Nebentätigkeiten als Rat, Anwalt oder Gutachter. (Verger, 142, 157) Im Gegenzug wollten die Regierungen bei Berufungen mitreden. Blieb es auch prinzipiell beim Selbstergänzungsrecht der Professorenschaft – bis heute werden neue Kollegen vom Kollegium kooptiert –, so sicherten sich die Obrigkeiten doch spätestens seit dem 18. Jahrhundert eine gewichtige Stimme bei der Vergabe von Lehrkanzeln. Dabei zählten nicht nur die fachlichen Qualitäten eines Kandidaten, sondern auch dessen Gesinnung, dessen Beziehungen (z. B. zum Vorbesitzer der Lehrkanzel) oder auch nur der Besitz der einschlägigen Fachbücher. Letzterer spielt bei heutigen Berufungen keine Rolle mehr. (Vandermeersch)

Der Professor, wie wir ihn uns heute vorstellen, entstand im frühen 19. Jahrhundert, und zwar vor allem in Deutschland, das keine Metropole und kein urbanes Publikum besaß, aber eine große Zahl von Universitäten, darunter so berühmte wie Göttingen (gegr. 1734) oder Berlin (gegr. 1810). Ein Indiz für die nun einsetzende Professionalisierung des Professorenberufs war es, daß seit den 1820er Jahren ein verbindlicher Karriereweg festgelegt wurde: auf die Promotion folgte eine Habilitation (also »das zweite Buch«), dann eine (harte, weil unbezahlte) Zeit als Privatdozent, eine (spärlich besoldete) außerplanmäßige Professur und schließlich ein Ordinariat (das – bis vor wenigen Jahren wenigstens – glänzend dotiert war). Wer das Glück hatte, auf ein solches berufen zu werden, hatte genügend Prüfungen durch die akademische Zunft bestanden, daß seine überragende Qualität für den Rest seines Lebens nicht mehr bezweifelt wurde. (Klinge)

Der perfekte Professor

Getrost also durfte man den Professor als Vorbild an Wissen und Bildung betrachten, damit zugleich aber auch als eine moralische und politische Autorität. Johann Gottlieb Fichte, um 1800 einer der wirkungsmächtigsten deutschen Hochschullehrer, konzipierte ihn als einen Kenner, der sich absolut mit seinem Fach identifiziere, »als ganz und völlig durchdrungen und aufgegangen in seinem Berufe, und als ein nur ihm geweihtes Werkzeug«. Dazu sei es unerläßlich, so Fichte weiter, daß er sowohl das, was Wissenschaft prinzipiell sei, »in vollkommener Klarheit und als Idee erfaßt habe« als auch »den besonderen Lehrzweig, den er vorträgt, in der Idee erfaßt habe; und aus ihr verstehe, was dieser Lehrzweig eigentlich sei, bedeute und wolle«. Doch erst dann werde er für sein Fach Interesse, Respekt, ja Begeisterung wecken können, wenn er dessen Prinzipien »nicht bloß überhaupt«, sondern auch »in einer großen Lebendigkeit, Beweglichkeit und innerer Wendbarkeit und Gewandtheit besitze: Er muß vorzüglich [...] die vollendete Fähigkeit und Fertigkeit [besitzen], in jeder Umgebung den Funken der sich zu gestalten beginnenden Idee anzuerkennen, immer das geschickteste Mittel zu finden, um gerade diesem Funken zu vollkommenem Leben zu verhelfen, allenthalben und in jedem Zusammenhange anzuknüpfen wissen dasjenige, worauf es eigentlich ankommt«. Der perfekte Professor also werde darauf achten, »daß seine Mitteilung stets neu sei, und die Spur des frischen und unmittelbar gegenwärtigen Lebens trage. Nur das unmittelbar lebendige Denken belebt fremdes Denken, und greift ein in dasselbe [...]«. (Fichte 185–188)

Diese Fähigkeit, Wissen optimal zu aktualisieren und mitreißend zu präsentieren, wollte Fichtes Berliner Kollege, der Theologe Friedrich Schleiermacher, vor allem jungen Professoren zuschreiben. »Die Gabe der Mitteilung, wie sie der Universitätslehrer haben muß, ist ein zartes Talent, das nur in dem schönsten Zeitpunkte des Lebens sich findet; [...] [nämlich] in der Regel zwischen dem fünfundzwanzigsten und dreißigsten Jahre anfängt sich zu entwickeln, und rasch seiner schönste Blüte zueilt, [so] daß, wer das fünfzigste Jahr zurückgelegt hat, einer schnellen Abnahme desselben entgegensehen kann. [...] je mehr die Jugend schon einem ganz anderen Zeitalter angehört als der Lehrer, je weniger er sich ihr in Gedanken assimilieren und eine bestimmte Liebe und Freude mit ihr gemein haben kann, um desto mehr muß sich die Neigung und das Geschick verlieren, sich mit ihr in nähere Verhältnisse einzulassen, und um desto unerfreulicher und unfruchtbarer wird das Geschäft.« (Schl 213 f.)

Zu dieser inspirierenden Vergegenwärtigung wissenschaftlicher Erkenntnis, die das Bürgerliche Zeitalter von einem Professor erwartete, gehörte nicht zuletzt das öffentliche Engagement in politisch moralischen Fragen. Die Professoren der Reformzeit fühlten sich verpflichtet, »Stellung [zu] nehmen zu den öffentlichen Dingen. [...] Diese bürgerlichen Gelehrten glaubten eine reine, voraussetzungslose Wissenschaft zu vertreten; aber für viele deckte sich ihre Wissenschaft ganz einfach mit den Bedürfnissen des werdenden nationalen und konstitutionellen Staates. So erfüllte die Wissenschaft eine politische und gesellschaftliche Funktion. [...] Diese politischen Professoren waren alles in einer Person – Gelehrte, Philosophen, Politiker, Dichter; ihre Lebensarbeit beanspruchte und erfaßte den ganzen Menschen«. [Schnabel 204–206]

»Die deutschen hohen schulen« nämlich, so erklärte Jacob Grimm, einer der bedeutendsten politischen Professoren seiner Zeit, 1838, »solange ihre bewährte und treffliche einrichtung stehn bleiben wird, sind [...] höchst reizbar und empfindlich für alles, was im lande gutes oder böses geschieht. wäre dem anders, sie würden aufhören, ihren zweck, so wie bisher, zu erfüllen. der offne, unverdorbene sinn der jugend fordert, daß auch die lehrenden, bei aller gelegenheit, jede frage über wichtige lebens- und staatsverhältnisse auf ihren reinsten und sittlichsten gehalt zurückführen und mit redlicher wahrheit beantworten. [...] da kann auch nicht hinterm berge gehalten werden mit freier, nur durch die innere überzeugung gefesselter lehre über das wesen, die bedingungen und die folgen einer beglückenden regierung.« (Grimm 82)

Insofern besaß der Professor auch und gerade für die politische Freiheit entscheidende Verantwortung. Wie stark er sich ihr verpflichtet fühlten, zeigt nicht allein das Beispiel Jacob Grimms selbst (der, als er die zitierten Zeilen schrieb, gerade seinen Göttinger Lehrstuhl verloren hatte, weil er gemeinsam mit sechs Kollegen öffentlich gegen einen vermeintlichen Verfassungsbruch seines Landesherrn protestiert hatte), sondern eine lange Reihe politisch aktiver Hochschullehrer, die, wenn man nur Deutschland betrachtet, mit dem kämpferischen Lutherschüler Matthias Flacius Illyricus beginnen könnte und über Christian Wolff, den »frühen Verfechter des modernen freiheitlichen Rechtsstaats« (Thomann, 259), der 1723 aus Preußen ausgewiesen wurde, bis zu jenen Professoren reichen würde, die aktiv an der Revolution von 1848/49 teilnahmen (wie Theodor Mommsen oder Ludwig Uhland).

Seit 1933 wurde solche Opposition lebensgefährlich. Denn das NS-Regime verstärkte den Zugriff auf die Professoren zu einer bis dahin unbekannten Härte. Strenge Überwachung, die Entmachtung der akademischen (also professoralen) Selbstverwaltung zugunsten des Rektorats im Sinne des »Führerprinzips«, permanente Indoktrination auf »Dozentenbundlagern« und die Einführung von Juniorprofessoren, die gegen die Ordinarien den Willen der Regierung durchsetzen sollten – all dies trug dazu bei, Mut und Selbstgefühl der Professoren zu brechen (Langewiesche/Tenorth). Nur noch wenige wagten Opposition, indem sie – wie der Frankfurter Altphilologe Karl Reinhardt – gegen solche Änderungen protestierten und in ihren Seminaren Texte wie den oben zitierten von Jacob Grimm lasen, um die Studierenden gegen die herrschende Ideologie zu immunisieren. »So sinnvoll wie damals«, schrieb Reinhardt 1947, »habe ich meine Lehrtätigkeit niemals mehr empfunden« (Reinhardt 164). Um diese Zeit diskutierte man bereits über das (vermeintliche oder wirkliche) Versagen der deutschen Professorenschaft gegenüber dem Nationalsozialismus. Für die Achtundsechziger, dann wieder für die Ordinarien der neunziger Jahre wurde dies ein großes Thema. Sie selbst allerdings wagten nicht den mindesten Widerstand, als wenig später eine demokratische Regierung im Zeichen von »Bologna« Anschläge gegen die akademische Autonomie unternahm, die denen der »Führeruniversität« formal erschreckend ähnlich sahen und sehen.

Professor in der Massengesellschaft

Schon immer indes war die Wirklichkeit hinter dem im 19. Jahrhundert entworfenen Ideal des Professors zurückgeblieben. Der Forscher und Lehrer, der asketisch in seinem Beruf aufging – Theodor Mommsen forderte, daß ein Professor mit vier, höchstens fünf Stunden Schlaf auskommen müsse –, um der akademischen Jugend wie der Öffentlichkeit ein Vorbild an Pflichtethos, Sittenreinheit und Charakterstärke zu sein, war eher glanzvolles Selbstbild der bürgerlichen Intelligenz denn erreichbarer Standard. In der Realität herrschte nicht selten eher der Typus des »Professor Unrat« vor, und entsprechend heftig erfolgte die Kritik. (Klinge 131–135) Der junge Friedrich Nietzsche definierte den Professor 1873 als »ein Wesen, auf dessen Unbildung und Geschmacksrohheit man so lange schließen darf, bis er nicht das Gegentheil beweist«. (Nietzsche, Bd. 7, 614) Der Umgang mit Fachgenossen, fand 1893 der greise Jacob Burckhardt, »verderbe und beschränke den Horizont. An der Universität [seien] nur Naturforscher angenehm zum Umgang und daneben große Kaufleute. Von denen lerne man etwas«. (Gantner 108)

Noch heute werden solche Bemerkungen ihre Lacher finden. Denn im Grunde richtet die Öffentlichkeit nach wie vor durchaus ähnliche Forderungen an Professoren – wie an die Professorinnen, die es seit dem 20. Jahrhundert zu geben begann. Noch immer setzt sie voraus, daß er oder sie ihr Fach »in seiner ganzen Breite« beherrscht (wie es in Ausschreibungen heißt). Nach wie vor soll er oder sie die Bildung der Gegenwart verkörpern, als deren öffentlicher Repräsentant agieren. Aber die Erwartungen der demokratischen Massengesellschaft sind naturgemäß andere als die der bürgerlichen Klassengesellschaft des 19. Jahrhunderts.

Der wohl wichtigste Unterschied liegt darin, daß die moderne, nivellierte Öffentlichkeit Autoritäten verabscheut. Deshalb will sie in Professoren weder unerreichbare Vorbilder sehen noch gar autonome (also von ihrem Urteil unabhängige) Individuen. (Als solche verehrt sie allenfalls Sportler und Fernsehprominenz.) Vielmehr muß der Professor, den sie zu tolerieren bereit ist, ihr selbst möglichst ähnlich sehen. Deshalb billigt und lobt sie eine Politik, die seine Position so weit wie möglich dem Durchschnitt annähert. Dies beginnt im Materiellen: ein heutiger deutscher Professor bezieht in etwa das gleiche Gehalt wie ein Lehrer, und auch sein Verhältnis zum (nahezu allmächtig gemachten) Rektor ähnelt dem eines Lehrers zum Schulleiter: es ist ein abhängiges.

Weil die nivellierte Massengesellschaft jedem ihrer Mitglieder prinzipiell mißtraut, verlangt sie auch von Professoren, daß deren Tätigkeit jederzeit kontrollierbar, also auch und gerade für Laien nachvollziehbar sei. Deshalb beharrt sie, unterstützt von Politikern und Geschäftsleuten, die Expertisen als lukratives Marktsegment entdeckt haben, auf permanenten Messungen und Evaluierungen der professoralen Tätigkeit – und zwar nach eben den Maßstäben materialer Effizienz, die auch für industrielle oder kaufmännische Arbeit gelten. Eifrig ermittelt man beispielsweise die Menge der abgehaltenen Prüfungen, der ergatterten Drittmittel, der Publikationen und deren Zitierungen, honoriert man die ökonomische Verwertbarkeit der jeweiligen Forschungen. Daß diese Kriterien für geistige Tätigkeit inadäquat sind – weder Kant noch Einstein hätten, an ihnen gemessen, gut abgeschnitten –, ist seit langem bekannt, aber keineswegs unerwünscht. Nur wenn man Professoren konsequent nach falschen Maßstäben mißt, kann man ihnen jederzeit Defizite nachweisen und sie so daran hindern, auf die Grundvoraussetzung ihrer Tätigkeit zu beharren: auf Autonomie.

Tatsächlich gehorcht der heutige Professor den Anmutungen der Bürokraten, Journalisten und Geschäftemacher mit einer Beflissenheit, die Professoren früherer Generationen empört hätte. Willig gibt er sich als der, zu dem man ihn stempelt: als Dienstleister. Demütig läßt er sich »evaluieren«, füllt er Fragebögen aus, schreibt er Tätigkeitsberichte, gehorcht er den Weisungen seiner zur »Führung« ermächtigten Hochschulleitung, engagiert er sich für Projekte, die ihn zwar nicht interessieren, seinem Fach aber statistikrelevante Drittmittel einbringen. Geduldig verbraucht er seine Arbeitszeit in Gremien, die jene endlose Folge von Gesetzesnovellen, die alles Bisherige für falsch und reformbedürftig erklären, in neue Studienpläne umsetzen, bevor auch diese durch neue Direktiven überholt werden. Hat er genug Drittmittel »eingeworben«, ist es sein höchstes Ziel, sich aus der akademischen Lehre zurückzuziehen, die er als belastend und als Zeitverschwendung empfindet. Das ist, denkt man an die politisch erzwungene Überfüllung der Hochschulen, keineswegs immer ein abwegiger Eindruck – aber doch zugleich auch eine zeittypische Perversion der traditionellen Präferenz des öffentlichen Lehrers.

Eine Krise?

Ist der Professorenberuf also in der Krise? Gar in Gefahr? – Ebenso könnte man in der aktuellen Unterwerfung des einst autonomen Professors unter die laienhaften Maßstäbe der modernen Massengesellschaft ein Zeichen der hohen Wertschätzung sehen, die diese ihm nach wie vor entgegenbringt. Nur was man für wichtig hält, sucht man sich um jeden Preis verfügbar zu machen. Insofern wäre »Bologna« nur die zeitgenössische Variante jener Konstellation, die sich an den konfessionellen Fürstenhochschulen des 16. Jahrhunderts ebenso ablesen läßt wie an der »Neuausrichtung« der Universitäten in der Zeit des »Dritten Reichs«. Eben deshalb aber verrät die aktuelle Stellung des Professors viel über die prinzipielle Wertschätzung von persönlicher Autonomie in un serer Gesellschaft. Zwar schafft man sie nicht direkt ab. Aber eine täglich neu geforderte, als Gebot moderner Dynamik propagierte, selbstzweckhafte Geschäftigkeit erschwert es erheblich, sie zu leben.

Pessimismus indes ist gleichwohl nicht angezeigt. Will man nicht das makabere historische Argument bemühen, daß lebensweltliche Krisen die allgemeine Akzeptanz für eine Autonomie der Experten eher wachsen als sinken lassen – so stand der preußische Staat am Rand des Ruins, als er mit der Humboldtschen Universitätsreform die Freiheit von Forschung und Lehre erfand –, so beweist die schlichte Alltagserfahrung des Hochschullehrers, daß die Arbeit mit den besten Köpfen der jungen Generation ganz unwillkürlich freies Denken inspiriert. Auch wo er um akademische Freiheit kämpfen muß, erringt er sie, wenn er betreibt, was seine fundamentalen Aufgaben sind: Forschung und Lehre.

Literatur:
Johann Gottlieb Fichte, Über das Wesen des Gelehrten und seine Erscheinungen im Gebiete der Freiheit (1805), in: ders., Über den Gelehrten, hg. Peter Goldamer (Philosophische Bücherei, Bd. 9), Berlin (Ost) 1956, 95–199.
Joseph Gantner (Hg.), Jacob Burckhardt und Heinrich Wölfflin. Briefwechsel und andere Dokumente ihrer Begegnung 1882–1897, Leipzig 1988.
Jacob Grimm, Jacob Grimm über seine Entlassung (1838), in: ders. und Wilhelm Grimm, Über das Deutsche. Schriften zur Zeit-, Rechts-, Sprach- und Literaturgeschichte, hg. von Ruth Reiher unter Mitarbeit von Bärbel Gollmer (Röderberg-Taschenbuch, Bd. 155), Frankfurt am Main 1986, 70–97.
Matti Klinge, Die Universitätslehrer, in: Vom 19. Jahrhundert zum Zweiten Weltkrieg (1800–1945) (Geschichte der Universität in Europa, Bd. 3), hg. von Walter Rüegg, München 2004, 113–143.
Dieter Langewiesche, Heinz-Elmar Tenorth (Hgg.), Die Weimarer Republik und die nationalsozialistische Diktatur, 1918–1945 (Handbuch der deutschen Bildungsgeschichte, Bd. 5), München 1989.
Friedrich Nietzsche, Sämtliche Werke. Kritische Studienausgabe in 15 Bänden, hg. von Giorgio Colli und Mazzino Montinari, München u. a. 1980.
Karl Reinhardt, Akademisches aus zwei Epochen, in: ders., Die Krise des Helden und andere Beiträge zur Literatur und Geistesgeschichte (dtv, Bd. 93), München 1962, 144–166.
Friedrich Daniel Ernst Schleiermacher, Gelegentliche Gedanken über Universitäten in deutschem Sinn. Nebst einem Anhang über eine neu zu errichtende [1808], in: J.J. Engel, J.B. Erhard, F.A. Wolf, J.G. Fichte, F.D.E. Schleiermacher, K.F. Savigny, W.v. Humboldt, G.W.F. Hegel, Gelegentliche Gedanken über Universitäten (Reclam-Bibliothek, Bd. 1353), hg. von Ernst Müller, Leipzig 1990, 159–253.
Franz Schnabel, Monarchie und Volkssouveränität (Deutsche Geschichte im neunzehnten Jahrhundert, Bd. 2), Freiburg 1933 (Reprint München 1987).
Marcel Thomann, Christian Wolff, in: Staatsdenker im 17. und 18. Jahrhundert. Reichspublizistik – Politik – Naturrecht, hg. von Michael Stolleis, 3. Aufl., Frankfurt am Main 1995, 257–283.
Peter A. Vandermeersch, Die Universitätslehrer, in: Von der Reformation zur Französischen Revolution (1500–1800) (Geschichte der Universität in Europa, Bd. 2), hg. von Walter Rüegg, München 1996, 181–212.
Jacques Verger, Die Universitätslehrer, in: Mittelalter (Geschichte der Universität in Europa, Bd. 1), hg. von Walter Rüegg, München 1993, 139–157.

4. Verwaltung

Johannes Süßmann

Bildung und Verwaltung widerstreben einander und benötigen einander; in Deutschland haben sie sich gegenseitig hervorgebracht. Daß ihr Antagonismus von beiden Seiten aufgekündigt wird, ist ein Grund für die gegenwärtige Misere der Universität.

Bildung und Verwaltung widerstreben einander

Eine Konstante läßt sich aus den verschiedenen Bildungsbegriffen herausschälen, wie sie z. B. Aleida Assmann rekapituliert: Bildung ist ein Individuierungsprozeß. Sie gilt als derjenige Vorgang, durch den einzelne, aus dem Allgemeinen von Gattung, Milieu, Familie herauswachsend, zu Besonderen werden. Sie erzeugt Individualität in dem dreifachen Sinn von Spontaneität, Autonomie und Integrität. Denn Individuierung heißt erstens, daß die einzelnen ihre persönlichen Anlagen entdecken, um sie systematisch entfalten zu lernen. Schon dadurch läuft Bildung auf Selbstbildung hinaus, auf eigene Arbeit am Selbst. Das geschieht zunächst am besten auf Probe, vorzugsweise indem man sich in praxisent-lasteten Aktivitäten versucht, die so anspruchsvoll sind, daß dabei viele verschiedene Begabungen gefordert werden. Den deutschen Bildungsdenkern der Zeit um 1800 erschienen vor allem die ästhetische Erziehung (Schiller) und die wissenschaftliche Forschung (Fichte) dafür geeignet.

Zweitens heißt Individuierung, daß die einzelnen sich ihrer Prägung bewußt werden, um selbstbestimmt damit umgehen zu können. Anlagen und Herkunft sollen nicht nur als Schicksal erlitten, sie sollen erkannt und in die eigene Aus- oder Umgestaltung eingeholt werden. Erst diese Selbstbewußtwerdung läßt den einzelnen zum Gestalter des eigenen Lebens, der eigenen Sozialbeziehungen und des eigenen Gemeinwesens werden. Für die deutschen Bildungsdenker um 1800 hatte die Autonomisierung durch Bildung noch eine gesellschaftskritische Pointe. Ihrer Analyse nach tendieren die Sozialbeziehungen der bürgerlichen Gesellschaft dazu, den einzelnen auf wechselnde, partikulare Funktionen zu reduzieren. Gegenüber dieser Zerlegung in Rollen könne nur bestehen, wer sich selbst als ganze Person erfahre. Individuierung heißt daher drittens, die Integrität einer stabilen Persönlichkeit auszubilden, die kritische Distanz gegenüber ihren wechselnden Funktionalisierungen besitzt und Verantwortung für ihr gesamtes Handeln übernimmt.

Diesem Begriff zufolge ist Bildung weder standardisierbar, noch spezifizierbar, noch abschließbar. Sie ist nicht standardisierbar, weil Individuierung sich in lauter Einzelfällen auf je eigene Weise vollzieht. Sie ist nicht spezifizierbar, weil sie den einzelnen als ganze Person erfaßt. Und sie ist nicht abschließbar, weil die Arbeit am Selbst eine Lebensaufgabe darstellt.

Standardisierung, Spezifizierung und Erledigung aber sind die Prinzipien von Verwaltung. Nach der klassischen Analyse von Max Weber ist Verwaltung ein Instrument, um Herrschaftsbeziehungen auf Dauer zu stellen, indem man sie von den beteiligten Personen löst und sachlichen Zwecken unterwirft. Dafür wird eine Organisation geschaffen, die Herrschaft in verschiedene Aufgaben zerlegt – spezifiziert – und sie mit begrenzten Machtmitteln an festangestellte Funktionäre überträgt. Die Erledigung der spezifizierten Aufgaben gilt als Amtspflicht, sie soll von den Funktionären erzwungen werden können. Daher verlangt man ihnen Hingabe an die sachliche Verwaltungsaufgabe ab, ohne persönliche Rücksichten, sei es auf den eigenen Ehrgeiz, die Vorgesetzten oder die Konkurrenz im Innern der Verwaltung, sei es gegenüber den verwalteten Menschen nach außen. Um diese Entpersonalisierung zu erreichen, werden Verwaltungsbeamte auf Lebenszeit ernannt, nach der Funktion alimentiert, nicht nach persönlicher Leistung bezahlt und auf eine formalisierte Laufbahn nach dem Anciennitätsprinzip verwiesen.

Neben der Spezifizierung beruht Verwaltung auf der Standardisierung von Amtstätigkeit. Auch nach außen bezieht Verwaltung ihre Rechtfertigung daraus, sachlich zu verfahren, d. h. nach immer gleichen Regeln und Routinen. In ihr regiert die Subsumtionslogik, die Unterschiedliches gleichmacht, während Bildung unvorhersehbar verschieden macht.

Als Herrschaftsinstrument zielt Verwaltung auf die routinisierte Entscheidung von sozialen Fragen, die sich in großer Zahl immer wieder stellen. Nicht ein für allemal, wohl aber jedesmal verbindlich soll Verwaltung solche Fragen erledigen. Ihre Aufgabe besteht darin, Krisen zu vermeiden, also die konfliktträchtige Offenheit ungeklärter Situationen gar nicht erst aufkommen zu lassen. Für Bildung dagegen sind Krisen konstitutiv. Denn nur in der radikalen Offenheit von Situationen, die zu persönlichen Entscheidungen zwingen, entsteht Persönlichkeit. Bildungsprozesse müssen Krisen daher methodisch erzeugen, um deren Bewältigung zu trainieren. Auch aus diesem Grund erscheinen Kunst und Wissenschaft als Bildungsmittel besonders geeignet.

Den sozialen Typus, der für Verwaltung gebraucht und von ihr hervorgebracht wird, bezeichnet Weber als »Fachmenschen«. Ihm stellt er den »Kulturmenschen« gegenüber, wertfrei, wie er behauptet, in dem Sinn, daß der Kulturmensch sich zu einer Qualität der Lebensführung erzogen hat, die als solche für wertvoll gilt, während der Fachmensch eine spezialisierte Fachschulung absolviert und eine Fachprüfung abgelegt hat. Auch diese Opposition beruht auf dem Gegensatz von Spezifizierung und Universalisierbarkeit – letztlich also auf dem von Vergesellschaftung und Vergemeinschaftung. Wie die Verwaltung nach Weber insgesamt ein Mittel ist, um Vergemeinschaftung in Vergesellschaftung zu überführen, untersteht auch der Verwaltungsbeamte als Fachmensch der Logik der Vergesellschaftung. Dagegen ist Bildung, die auf den ganzen Menschen zielt, nur nach der Logik der Vergemeinschaftung zu begreifen. Einhellig wird bereits sie selbst als Kultivierung verstanden, ihr Resultat als eine Lebensführung, die – soviel Rousseau hatten die deutschen Bildungsdenker um 1800 alle verinnerlicht – durch Individuierung wieder zur Vergemeinschaftung zurückführt. Bürger zu bilden, in der Freiheit selbstbestimmter Individuierung, statt nach vorfindlichen Normen oder unter dem Diktat von Nützlichkeitserwägungen, war das Anliegen, der Kulturmensch daher das Ziel von Bildung. Im »Kampf des Fachmenschentypus gegen das Kulturmenschentum« sieht Weber ein Strukturmerkmal jeder bürokratischen Herrschaft.

Bildung und Verwaltung benötigen einander

Das institutionelle Gehäuse von Bildung war in Deutschland die Universität. Primär über sie wurden die sozialen Aufstiegschancen für die Intelligenz verteilt, nicht wie andernorts über Städte, die Kirche oder den Hof. Auf Grund ihrer Lage und des fehlenden politischen Rückhalts blieben die deutschen Städte von dem riskanten, kapitalbildenden, habitusformenden Überseegeschäft ausgeschlossen und verloren im Lauf des 16. Jahrhunderts ihre Ausstrahlung. Eine Hauptstadt, die wie Paris oder London in Konkurrenz mit einem Hof ständeübergreifende, urbane Verkehrsformen definiert hätte, gab es nicht. Die verschiedenen Konfessionen, die im Zeitalter der Glaubensspaltung entstanden, formten zwar eigene Bildungswelten aus, doch wurde der Zugang zu den Kirchenkarrieren immer stärker ständisch beschränkt und führte nach Reformation und Tridentinum seinerseits über die Universitäten bzw. Jesuitenhochschulen. Die schlichten Fürstenhöfe der Einzelherrschaften im Reich schließlich kamen so lange Zeit mit dem vorhandenen Feudaladel aus, daß sie erst im 18. Jahrhundert darüber hinaus zu wirken begannen. Das überständische Hofmannsideal der italienischen Renaissance beispielsweise wurde an ihnen, anders als bei seiner Adaption zum französischen Gentilhomme oder zum englischen Gentleman, auf Adelserziehung reduziert.

Daher entwickelte in Deutschland die Universität sich zur entscheidenden Bildungsanstalt. An der Universität wurde festgelegt, was Bildung hieß: Keineswegs zufällig waren von Melanchthon über Thomasius, Schiller und Fichte bis Adorno die bedeutendsten Bildungsdenker Professoren, ihre Bildungsprogramme Vorlesungen oder Propädeutiken für das akademische Studium. Schlüsseldokumente für das Bildungsverständnis um 1800 sind als Denkschriften für die Gründung der Berliner Universität entstanden.

Die deutschen Universitäten aber waren bis auf wenige Ausnahmen Landesuniversitäten. D. h. sie standen nicht unter kirchlicher Kontrolle wie die Sorbonne oder waren selbständig wie Oxford oder Cambridge, sondern wurden von Landesherren gegründet, finanziert, kontrolliert. Der wichtigste Zweck war, die Pfarrer und vor allem die Amtsträger für die Landesverwaltung auszubilden. Diese sollten im eigenen Land, also aus den eigenen Klientelverbünden rekrutiert und nach den eigenen konfessionellen bzw. politischen Vorstellungen geformt werden. Für die kleinen, politisch oft mindermächtigen Einzelherrschaften im Reich war die Unterhaltung einer Landesuniversität eine der vornehmsten Möglichkeiten, sich zu verselbständigen.

Das aber heißt: Der Bildungsbegriff, der ausdrücklich gegen das Fachmenschentum des Verwaltungsfunktionärs gerichtet ist, wurde an eben den Universitäten und von eben den Professoren entwickelt, deren vornehmste Aufgabe darin bestand, Beamtenanwärter für den öffentlichen Dienst auszubilden. So antinomisch Bildung und Verwaltung ihrer Strukturlogik nach sind, institutionell haben sie sich an den deutschen Landesuniversitäten gegenseitig hervorgebracht. Ihr Widerstreben erwächst aus einem Antagonismus. Das deutet darauf hin, daß Bildung und Verwaltung einem gemeinsamen Impuls entspringen. Und daß sie einander brauchen.

Wilhelm von Humboldt jedenfalls hat die Antinomie von Bildung und Verwaltung als Teil eines produktiven Antagonismus verstanden. Einerseits faßt er den Gegensatz so scharf wie möglich. Bildung entsteht für ihn vornehmlich durch die Beschäftigung mit Wissenschaft, also an der Universität. Doch könne Wissenschaft diese Bildungswirkung nur erreichen, wenn sie um ihrer selbst willen betrieben werde. Der Staat müsse sich immer bewußt bleiben, daß er geistiges Leben nicht selbst bewirken kann: weder Bildung, noch Wissenschaft, »daß er vielmehr immer hinderlich ist, sobald er sich hineinmischt«. Daher müsse der Staat den Wissenschaftlern »Einsamkeit und Freiheit« lassen. Er müsse die Wissenschaft freigeben in dem Sinn, daß er sie nicht als etwas Fertiges und Abgemachtes begreift, sondern »als etwas noch nicht ganz Gefundenes und nie ganz Aufzufindendes«, nicht als Resultat und Doktrin, sondern als ergebnisoffene Forschung. Und er müsse sie freigeben in dem Sinn, daß er die Organisation der daraus resultierenden Einheit von Forschung und Lehre den Universitäten überläßt.

Humboldt konnte dies umso entschiedener vertreten, als er andererseits der Meinung war, daß die Selbstbeschränkung gegenüber der Universität im wohlverstandenen Eigeninteresse des Staates liegt. Nicht um Wissen und Reden sei es diesem zu tun, »sondern um Charakter und Handeln«. Kulturmenschen, heißt das, benötigt der Staat dringlicher als Fachmenschen, jedenfalls ein Staat in der Krise wie das Preußen nach 1806 und jeder Staat, der sich als Ausdruck einer vorgeordneten Willensnation begreift. Wenigstens in die höhere Verwaltung eines solchen Staats sollen, wie Humboldt in einem Gutachten über die Zulassung zum Staatsdienst schreibt, »nur Geist und Bildung den Weg bahnen können«. Ausdrücklich lehnt er für die oberen Verwaltungsränge Fachprüfungen ab, stattdessen möchte er die intellektuelle Selbständigkeit und den Charakter der Anwärter beurteilt sehen. Die Staatsorganisation ist vor allem an ihrer Verwaltungsspitze an die Willensnation zurückzubinden – und das geht nur über Bildung.

Aber auch die Bildungsanstalt Universität bedarf nach Humboldt staatlicher Verwaltung. Zum einen benötige Wissenschaft Schutz gegen Instrumentalisierung von außen. Wissenschaftliche Freiheit ist auf aktive Sicherung angewiesen. Die muß ihr der Staat verschaffen, indem er die nötigen äußeren »Formen und Mittel« bereitstellt. Zum andern benötige Wissenschaft Schutz gegen die Erstarrung im Innern durch Selbstzufriedenheit und Klüngelei. Forschung ist auf Belebung angewiesen. Die muß ihr der Staat verschaffen, indem er durch seine Berufungspolitik für Konkurrenz der Schulmeinungen sorgt.

Es ist klar, daß für solche Eingriffe Experten gefragt sind. Man muß etwas von Gelehrten, Fächern und Forschung verstehen, um eine Universität differenziert zu finanzieren und durch Berufungen zu Höchstleistungen zu stimulieren. Spezialistische Fachkenntnisse und absolute Standards aber reichen nicht aus. Notwendig ist vielmehr das Vermögen, in zahllosen, unterschiedlichen Einzelfällen und gegenüber anspruchsvollen, schwierigen Persönlichkeiten zu einem unabhängigen Urteil zu gelangen sowie über das im einzelnen Günstigste die allgemeinen Ziele nicht aus dem Auge zu verlieren. Notwendig ist also wiederum Bildung. Den Maßstab hat Humboldt bei seiner Einrichtung der Universität Berlin gesetzt. Universitätskuratoren vom Schlag eines Friedrich Althoff oder Curt Riezler sind ihm darin gefolgt. Gebildeten Verwaltungsspitzen wie ihnen verdankte die deutsche Universität ihren Rang.

Daß der Antagonismus von Bildung und Verwaltung von beiden Seiten aufgekündigt wird, ist ein Grund für die gegenwärtige Misere der Universität

Humboldt hat die Antinomie von Bildung und Verwaltung in einen fruchtbaren Antagonismus verwandelt, doch wurde seine Lösung durch mehrere Entwicklungen ausgehöhlt. Das Interesse des Staates an verwertbaren Forschungsergebnissen, etwa für die Seuchenbekämpfung, die Nachrichten-, Verkehrs- und Militärtechnik oder für die Wirtschaftsförderung, ließ die Verwaltung Apparate aufbauen, um Forschung gezielt von außen zu steuern. Die beiden Weltkriege und der Zugriff der Diktaturen auf die Wissenschaft haben diese Entwicklung im 20. Jahrhundert beschleunigt. Zwar verlagerte man die anwendungsorientierte Forschung zunächst an die Akademien, an die neugeschaffenen Technischen Hochschulen oder an Institutionen wie die heutige Max-Planck-Gesellschaft. Doch wirkte sie auf die universitäre Grundlagenforschung zurück, indem diese in den Sog einer Verbundforschung geriet, die immer größere Investitionen erhielt und nach den Prinzipien von Planung, Arbeitsteilung und Standardisierung funktionierte. Übermächtig wurden diese, seit auch die Grundlagenforschung nicht mehr über die normale Ausstattung der Universitätswissenschaftler zu finanzieren ist, sondern der Drittmittel bedarf. Denn das etabliert ein Antrags-, Begutachtungs- und Berichtswesen, das die Prinzipien der Verwaltung dort implementiert, wo einmal ihr Gegenpol lag.

Aufgezwungen hat man diese Entwicklung den Universitäten nicht. Vielmehr entsprach sie dem, was viele Wissenschaftler verlangten; auch wird sie von einer großen Mehrheit getragen. Das deutet darauf hin, daß die Einstellung der Wissenschaftler zur Verwaltung sich geändert hat. Für die machtgeschützte Innerlichkeit der humboldtschen Universität war Verwaltung der institutionelle Rahmen der Ministerialbürokratie. Die sog. akademische Selbstverwaltung kann nicht als professionalisierte Verwaltung im Weberschen Sinn gelten. Denn sie wurde ehrenamtlich betrieben, neben der eigenen Forschungs- und Lehrtätigkeit statt als Hauptberuf, subsidiär und konsensual statt hierarchisch, als Ritual und Herkommen institutionalisiert statt als paraphierte Ordnung. D.h. sie blieb Bestandteil der akademischen Vergemeinschaftung, wurde nicht in Vergesellschaftung überführt. Der Umbruch erfolgte in den 1970er Jahren, als man die Verfassung der Universitäten änderte. Die angestrebte Demokratisierung der Gruppenuniversität mündete in Gremienarbeit und eine Professionalisierung der Selbstverwaltung, die den Typus des wissenschaftlichen Funktionärs hervorbrachte – eines Fachmenschen im Innern der Universität. Durch ihn hat der »Kampf des Fachmenschentypus gegen das Kulturmenschentum« in die Universität selbst Einzug gehalten. Sie hört auf, der Schutzraum für Bildung zu sein. Als Gegenpol zur Verwaltung fällt sie aus.

Diese Selbstgleichschaltung der Universität hat ihre Wertschätzung in der Kultusverwaltung ruiniert und den Dienst von Gebildeten an den Spitzen der Verwaltung beendet. Wahrscheinlich findet sich in den Kultusbehörden heute kaum jemand mehr, der das eigene Studium als Bildung erfahren hat. Warum also sollte man die Universität weiter als Bildungsstätte betrachten, für die der Staat besondere Verantwortung trägt? Wo sind die Kuratoren, die sich der Universitätsfinanzierung und einer gestaltenden Berufungspolitik mit Engagement und Takt annähmen? Ausgerechnet dieser Pflichten – nach Humboldt der elementaren – sucht der Staat sich vielmehr zu entledigen. Wie Andreas Franzmann und Peter Münte zeigen, hat angesichts der Finanznot nach der Wiedervereinigung in den deutschen Kultusministerien die Überzeugung Platz gegriffen, es sei vorteilhafter, Teile der eigenen Aufgaben an die Selbstverwaltung der Hochschulen abzugeben. Schließlich behaupten die Wissenschaftsfunktionäre schon lange, die Ministerialbürokratie mit ihrer kameralistischen Haushaltsführung sei für die Hochschulfinanzierung zu unflexibel, für Berufungen nicht kompetent. Also wird die Universitätsverfassung weiter verändert. Unter dem Schlagwort der Hochschulautonomie erhalten die Universitätspräsidien Entscheidungsrechte und Verwaltungsaufgaben übertragen, die bislang die Kultusbürokratie ausgeübt hat – die Universitäten werden vollständig Teil der verwalteten Welt. Die Kontrolle der Präsidien fällt an Gremien, die nach dem Vorbild von Aufsichtsräten eingerichtet sind – nach dem Modell von Dienstleistungsunternehmen soll die Universität künftig funktionieren.

Man braucht nicht einmal den Bildungsbegriff zu bemühen, um nachzuweisen, warum das nicht gehen kann. Schon Forschung und Lehre als die beiden genuinen Praktiken der Wissenschaft verlieren, sobald man sie spezifiziert, standardisiert und ergebnisorientiert betreibt, ihre entscheidende Qualität. Die Preisgabe der Wissenschaft an Funktionäre, Organisatoren, Manager bedeutet ihre Auslieferung an eine Verwaltung, die Wissenschaft funktionalisiert, statt ihre Freiheit zu sichern. Einen Erkenntnisanspruch kann Wissenschaft dann nicht mehr erheben. Daß dies zur intellektuellen Verödung führen und überall Fehlfunktionen produzieren wird, die zur Rechtfertigung für immer weitere Steuerungsversuche herhalten müssen, ist absehbar.

Aber nicht nur der Wissenschaft geht es bei dieser Entwicklung an den Kragen. Auch die Verwaltung büßt ein, was sie von dem ehernen Gehäuse der Hörigkeit unterschied, zu dem Max Weber bürokratische Herrschaft tendenziell erstarren sieht. Mit der Möglichkeit, Persönlichkeiten zu rekrutieren, die gegenüber allem Funktionalisierungsdruck einen eigenen Kopf und eigene Handlungspräferenzen bewahren, verliert Verwaltung ihre Rückbindung an die Bürger. Mehr noch als für die Kultusbürokratie gilt das für die neue Universitätsverwaltung. Im Gegensatz zum öffentlichen Dienst ist sie als Verwaltung eines Pseudo-Unternehmens nicht dem Gemeinwohl verpflichtet: weder dem Gleichheitsgrundsatz, noch der Einklagbarkeit von Leistungen, noch der Rechenschaftspflicht oder der Transparenz von Entscheidungen. Vielmehr dient ihre Tätigkeit allein der Nutzenmaximierung des eigenen Unternehmens in Konkurrenz mit anderen.

Überdies unterscheidet der Manager sich vom Beamten durch ein viel geringeres Maß an Selbstlosigkeit. Da Manager bei Erfolglosigkeit gefeuert werden, stehen sie unter Profilierungsdruck und müssen zuerst für sich selbst sorgen. Ihre Identifikation mit dem Unternehmen bleibt Kalkül, ihr Blick auf den kurzfristigen, äußerlich meßbaren Erfolg beschränkt. Eine Unternehmensverwaltung kann nicht die Unabhängigkeit gegenüber Druck von innen und außen besitzen, die den öffentlichen Dienst auszeichnet – Korruption und Mißmanagement sind an den Universitäten daher künftig programmiert. Schließlich zerfällt mit dem Erkenntnis- und

Bildungsanspruch von Wissenschaft auch jener ideelle Kern, der Hingabe überhaupt erst motivieren könnte.

Ist der Antagonismus von Bildung und Verwaltung also an sein Ende gekommen? Wenn zutrifft, daß beide aufeinander angewiesen sind, weil sie dem gleichen Rationalisierungsprozeß entspringen: Verwaltung als die machtpolitische Inanspruchnahme einer spezialisierten, technisch-reduzierten Vernunft, Bildung als Gegenreaktion, die das Umfassende der Vernunft und ihren Zusammenhang mit dem Charakter bewahrt, auch um die technische Vernunft immer wieder einzufangen, dann braucht man das nicht zu fürchten. Was wir heute erleben, erscheint aus dieser Perspektive eher als Strukturwandel: Wie Humboldt den Antagonismus von Bildung und Verwaltung eingerichtet hat, bleibt er nicht; welche Form er künftig annehmen wird, ist noch nicht deutlich. Die Entwicklung mag Bildung des Schutzraums berauben, den die Verwaltung ihr bis vor kurzem an der Universität gesichert hat, vertrieben ist sie daraus noch nicht. Rauher werden die Zeiten für sie gewiß. Aber auch diesen Trost hält die Geschichte bereit: Das Prinzip der Bildung hat sich schon in ganz anderen Kämpfen behauptet.

Literatur:
Theodor W. Adorno, Kultur und Verwaltung, in: ders., Soziologische Schriften I., hg. von Rolf Tiedemann, Frankfurt am Main 1975, 122–146.
Aleida Assmann, Arbeit am nationalen Gedächtnis. Eine kurze Geschichte der deutschen Bildungsidee, Frankfurt am Main u. a. 1993.
Andreas Franzmann, Peter Münte, Von der Gelehrtenrepublik zum Dienstleistungsunternehmen. Ausschnitt aus einer Deutungsmusteranalyse zur Erschließung kollektiver Bewußtseinslagen bei Protagonisten der gegenwärtigen Universitätsreform, in: Zwischen Idee und Zweckorientierung. Vorbilder und Motive von Hochschulreformen seit 1945, hg. von Barbara Wolbring und Andreas Franzmann, Berlin 2007.
Wilhelm von Humboldt, Über die innere und äußere Organisation der höheren wissenschaftlichen Anstalten in Berlin, in: ders., Schriften zur Politik und zum Bildungswesen, hg. von Andreas Flitner und Klaus Giel, 2. Aufl., Darmstadt 1982, 254–266.
Wilhelm von Humboldt: Gutachten über die Organisation der Ober-Examinations-Kommission, in: ders., Schriften zur Politik und zum Bildungswesen, hg. von Andreas Flitner und Klaus Giel, 2. Aufl., Darmstadt 1982, 77–89.
Max Weber, Wesen, Voraussetzungen und Entfaltung der bürokratischen Herrschaft, in: ders., Wirtschaft und Gesellschaft. Grundriß der verstehenden Soziologie, 5., rev. Aufl., besorgt von Johannes Winckelmann. Tübingen 1972 u. ö., 551–579.

5. Verlag

Sabine Matthes

In Festreden, vorzugsweise den zu Ehren verdienter Verlegerpersönlichkeiten gehaltenen, ist das Buch nichts als ›Kultur‹. In Bilanzen, ob von GmbHs oder AGs, Konzernen oder Kleinverlagen, ist es eine betriebswirtschaftlich relevante Zahl, mehr zufällig mit einem Vermerk der Art »Montaigne: Essais« als Anhängsel versehen. Diesem zweifachen Charakter des Buches – als Ideengut wie auch als Ware – muß ein eigenes Kapitel widmen, wer über Verlage spricht: Nur wer weiß, wie Geld und Geist sich bislang in Verlagsunternehmen zusammenfanden, kann abschätzen, was sich ändern muß, damit sich beides, Kulturprodukt und Markt, unter geänderten Rahmenbedingungen gesellschaftlicher, technischer oder wissenschaftsinterner Art wieder vereinbaren läßt.

Ist es, wie der große Nationalökonom Werner Sombart um die Wende zum 20. Jahrhundert prophezeite, gar kein Fluch, sondern eher ein Segen, daß das Geschäft mit Büchern sich in der Organisation mehr und mehr anderen Wirtschaftsunternehmen angleicht, wachsende Kapitalien fließen, also auch die Einflußmöglichkeiten des Verlegers wachsen? Gewinnstreben und Bildungsauftrag wären danach alles andere als feindliche Kräfte, sondern sie ergänzten sich aufs freundlichste. Ist die neuere Kulturkritik, die insgesamt dazu tendiert, Kapitalinteressen als Gefährdung freien Verlegens zu sehen, noch immer ein Ausläufer der traditionellen Kapitalismusverachtung der linken Intelligenz, oder haben wir es mit einem nicht revidierbaren historischen Wandel zu tun, einem durch die Erfahrungen des ›freien Marktes‹ und der Macht der Medienkonzerne nur schwer wiederzugewinnenden Vertrauen in den

Markt als bildungsfreundliche Institution? Sicher ist: Das Buch muß sich wirtschaftlichen Argumenten fügen. Das ist keine Privatmeinung, sondern annähernd *communis opinio*, die nahtlos von den verantwortlichen politischen Institutionen übernommen wurde. So konnte man in einer offiziellen Stellungnahme des Deutschen Bundestags unlängst lesen: »da die geistige Substanz sich jedoch im Buch zu einer Ware konkretisiert und diese Gegenstand des wirtschaftlichen Tauschverkehrs, d. h. des Geschäftsumsatzes der Verlage und Buchhandlungen wird, läßt sich die Subsummierung des Buchbegriffs unter den Warenbegriff nicht vermeiden«.

Die mittelständischen Verleger allerdings wollen sich dieser trüben Diagnose noch nicht beugen. Sie bewahren in der Mehrheit etwas vom alten Ethos des Bücher-, also Ideenproduzierens: Zuerst komme der Geist, der Wunsch nach Aufklärung, der Wille zur Volksbildung, das Dienersein an pluralistischer, öffentlicher Meinungsbildung, dann die Suche nach der Vermarktungsmöglichkeit – so hört man immer wieder. Die Stimmen sind Legion und gleichen sich: »Gewiss muss ein Verlag Gewinne machen. Wir haben da natürlich eine Zielvorstellung, aber entscheidend ist, wie und womit man das Zielband erreicht. Wir sind ja, verglichen mit den Giganten in diesem Land, ein eher kleiner Verlag, und das Herrliche an einem Verlag dieser Größe ist es, dass wir uns unsere eigenen Gesetze machen. Und das sind nicht ausschließlich die eines kommerziellen Unternehmens. Dies ist ein Haus, das sich den Büchern – jedem einzelnen Buch – hingibt; und jeder Titel regt uns aufs Neue auf, immer wieder aufs Neue. Niemand hier hat den Ehrgeiz, reich daran zu werden«. (Jonathan Galassi, Farrar, Straus & Giroux) Dennoch: Ein Verleger ist, wenn er kein idealistischer Rentier ist, kein Mäzen, der latifundiengestützt einer Passion nachgeht, ein Kaufmann. Er bietet Ware gegen Bezahlung an, und im Regelfall zahlt er ungern drauf. Jedenfalls nicht unaufhörlich und schon gar nicht bei der Bilanz am Jahresende. Er hat Angestellte zu bezahlen, ist Kapitalgebern gegenüber verpflichtet. So kann er nicht ohne weiteres das produzieren, was ihm geistig vordringlich erscheint. Er muß es mit den Eigengesetzlichkeiten von Markt und Kapitalfluß versöhnen. Ist er also ein gewöhnlicher Bilanzenritter, der beim Gewinnspiel um die Rendite mehr zufällig, oder weil das Geschäft mit der Bildung in gutem Ruf steht, auf gedruckte Seiten setzt – oder ist er ein Büchernarr, der, um das Buch, das gute Buch, das beste Buch unter möglichst viele Leute zu bringen, mehr notgedrungen sich auf weniger noble Sachen wie Kalkulation, Handelsbilanz, Marktanteil, Investitionsrisiko, Vertriebsstruktur einlassen muß? Wo zwischen kühlem Betriebswirt und Büchernarr steht der Verleger? Wo stand er einst, wo geht es mit ihm hin? Oder gibt es ›den Verleger‹ überhaupt noch? Läßt der Buchmarkt nicht vielmehr alles zu, den Betriebsstrategen und den Bibliomanen, in Glücksfällen womöglich noch vereint in einer Person? Was ist dann der ›Buchmarkt‹ – ein Markt wie jeder andere, in dem der Stärkere, Rationellere siegt, oder der Boden, ohne den kein geistiges Leben gedeihen kann? Wie beschreiben wir, was ganz augenscheinlich ein ›System‹ für sich ist – jeder weiß, was man meint, wenn man ›Der Buchmarkt‹ sagt, oder glaubt es zu wissen – und doch ein Wesen zwischen zwei Welten zu sein scheint, zwei unvereinbaren dazu, der des Geistes und der des Geldes.

Verleger-Schelte hat Tradition. Die Öffentlichkeit, aber auch die schreibende Zunft ist schnell enttäuscht, daß er nicht nur in einer Welt leben kann, in der reinen, hohen Welt des Geistes. Den Verleger einen rabiaten »Profiteur« zu schimpfen, ist kein Einzel- und Ausfall von Autoren, Lesern, Kritikern, Lektoren. Es ist ein Topos, wie Siegfried Unseld, der es so gut weiß, wie kein anderer, erzählt. Sammlungen von Autorenbriefen sind Kompendien der Variationen dieses Topos, und längst wird er serienweise von medienhistorischen Untersuchungen kolportiert: Siegfried J. Schmidts Entwurf »Die Selbstorganisation des Sozialsystems Literatur« etwa geht kurzerhand davon aus, ein Verleger »vermarkte literarische Produkte nach denselben Prinzipien wie andere Waren auch«. Häufig, und mit der zunehmenden Konzentration der Kapitalien immer mehr, zählt man den Verleger gerne zu jenen Eindimensionalen, die nichts anderes tun, als, um es mit Pierre Bourdieu zu sagen, Ökonomismus zu betreiben und sonst nichts – die ›ökonomisches Kapital‹ vermehren und sich für das ›kulturelle Kapital‹ allenfalls in ihrer Freizeit interessieren.

Doch die Geschichte spricht eine andere Sprache: Der Verleger, so man ihn als Gattung betrachtet, läßt sich nicht restlos der Welt des Kapitals zuordnen. Zu lang ist die Liste der Heldentaten, in denen Verleger auf Großes setzten, weil es groß ist und daher, koste es, was es wolle, der lesenden Menschheit nicht vorenthalten werden dürfe. Franz Kafka hat es im S. Fischer Verlag zu Lebzeiten nur auf geringe Auflagenhöhen gebracht: 800 (»Betrachtung«), 3000 (»Der Heizer«), 2000 (»Die Verwandlung«), 2000 (»Das Urteil«), 1000 (»In der Strafkolonie«), 1000 (»Ein Landarzt«) Exemplare. Diese Zahlen gelten nicht nur für die zwölf Lebensjahre Kafkas, in denen die Bücher erschienen, alles war 10 Jahre nach seinem Tod noch in Erstauflage lieferbar. Nietzsche konnte 1894 auf weniger als tausend Exemplare all seiner Bücher zurückblicken, um sofort mit seinem Tod das zu werden, was er prophezeit hatte, ein europäisches Ereignis.

Groß ist die Zahl der Geschichten, die davon erzählen, wie Verleger Brisantem zur gedruckten Vervielfältigung verhalfen und dafür draufzahlten, angefeindet, zahlungsunfähig oder gar ihrer Freiheit beraubt wurden – wahre Heldengeschichten sind es mitunter wie die von V. O. Stomps in Hitlers Berlin, die verwegene Idee Eugen Claassens, unter der Herrschaft der Nazis einen eigenen Verlag für nichtfaschistische Literatur zu gründen, oder auch Märtyrergeschichten wie die von Walter Janka, Leiter des Aufbau-Verlags, der auf eine Zähmung des Stalinismus, wenn nicht gar auf einen humanen Sozialismus hoffte und im Juli 1957 mit der Beendigung der Tauwetter-Periode in einem Schauprozeß wegen »konterrevolutionären Putschversuches« (er hatte mit den Liberalisierungsbemühungen nach dem Ungarnaufstand sympathisiert) zu fünf Jahren Zuchthaus in Bautzen verurteilt wurde.

Oder die epochalen Übersetzungs-Leistungen von Weltliteratur – Mandelstam und Pessoa bei Ammann –, mit denen sicherlich nicht viel Geld zu machen ist. Und keine Geschichte des neueren Buchhandels wäre heute zu schreiben, die nicht die vielen, nicht selten durch Brotberufe finanzierten Kleinunternehmen erwähnt, die immer wieder für Überraschungen gut sind, die das, was gut ist und keinen Bestseller-Leser je erreichen kann, am Leben erhalten – Unternehmen also wie die Edition Nautilus, die den Dadaismus am Leben erhielt, den Merve-Verlag, der den französischen Poststrukturalismus ins Land geholt hat, lange bevor die großen Häuser damit Umsätze machen konnten; Matthes & Seitz, die alles mögliche Abseitige der Kulturgeschichte wiederentdecken und das Erbe Sigmund Freuds wachhalten. Mit in die Reihe gehören aber auch die Bücher, die nicht gemacht wurden (bzw. von einem bestimmten Verlag aus einem bestimmten verlegerischen Ethos heraus nicht gemacht wurden); so zum Beispiel ein erfolgsicheres Pillen-Buch (Wolf Jobst Siedler): »Pills that dont work«; eine ziemlich oberflächlich recherchierte Untersuchung über die schädlichen Nebenwirkungen der wichtigsten Arzneimittel, für das der Verleger Wolf Jobst Siedler bei einer Buchmesse eine Lizenz angeboten bekam, aber davon Abstand genommen hat, weil man »einer ohnehin schon durch Hunderte von Broschüren und Serien über Operationsfehler und Diagnoseirrtümer verunsicherten Öffentlichkeit das Vertauen in die Medizin« (Siedler) nicht nehmen dürfe. Ein Beispiel von vorbildlichem verlegerischen Ethos, doch letzten Endes auch ein Lehrstück, wie Moral und ökonomisches Kalkül zusammengehen können: Die Fülle von einstweiligen Verfügungen und Klageschriften, die der Veröffentlichung folgten, hätten das Image des Verlags geschädigt – und die (bis dahin) 250.000 verkauften Exemplare (bei einem monatlichen Absatz von weiteren 40.000 Exemplaren) hätte er nicht als Erfolg verbuchen können.

Selbstverständlichkeiten aus der Geschichte des Büchermachens – obwohl kein Verleger ohne kaufmännischen, marktstrategischen Verstand auskommt, kann er schon der historischen Tatsachen wegen nicht ohne weiteres dem Kaufmannsstand zugerechnet werden. Eine Theorie des Buchhandels kann kein Seitenzweig der historischen Betriebswirtschaft sein – es ist keine Geschichte des Geldkreislaufes, sondern des Regelkreises von Wißbegier, symbolischer Konkretisierung, Rezeption, materieller Distribution zurück zur erneuerten Idee mit wechselnden Akzenten. Welche Akzente gesetzt werden, das war seit langer Zeit und ist noch immer ein Ausdruck der verlegerischen Persönlichkeit, die das Profil eines Hauses prägt. Dieser Einfluß würde entfallen, wenn die Zukunftsvisionen des Verlegers André Schiffrin wahr würden; die Konzentrationsbewegungen des Kapitals im Zuge der Globalisierung machten dem verlegerischen Ethos dieser – eigentlich jeder – Art in absehbarer Zeit den Garaus. An die Stelle von unverdrossenen Aufklärern, Büchernarren, Diener des geistig Vertreibenswerten träten dann Großhändler von Textware, die alles nach maximierbarer Rendite ausrichteten. Ob diese Tendenz, deren Existenz unbezweifelbar ist, so umfassend ist, wird weiter unten zu untersuchen sein. Bislang jedoch orientiert sich auch die historiographische Aufarbeitung des Buch- und Verlagswesens ganz überwiegend an der Abfolge und Eigenart von Persönlichkeiten, nicht an den betriebswirtschaftlichen Geheimnissen des Unternehmens. Das gilt für umfassende Darstellungen ebenso wie für solche, die – meist anläßlich eines Jahrestages – einzelnen Unternehmen gewidmet sind. Verlegerische Persönlichkeiten sind hier stets ganz selbstverständlich die Bezugsgröße, die Träger von Entwicklung und Profil, und dasselbe gilt für die Darstellung der Beziehungen zwischen Autor und Verleger. Natürlich erweitern anspruchsvolle Verlagsgeschichten die personalen Bezugspunkte um buchhandelsgeschichtliche, kultur- und sozialgeschichtliche Faktoren. So richtet sich z. B. Reinhard Wittmanns Interesse darauf, »nicht nur alle am geistigen Kommunikationsprozeß beteiligten Faktoren zu berücksichtigen, sondern auch sämtliche Einflüsse politischer, sozialer, ökonomischer, technischer und gesamtkultureller Art zu berücksichtigen«. Doch die Persönlichkeit des Verlegers bleibt immer dort, wo es um das Verlagsunternehmen selbst geht, die maßgebliche Instanz der letzten Entscheidung.

Wie verschieden, mit anderen Worten, die »kulturelle Vergesellschaftung« sich ausprägen kann, um eines der Worte zu benutzen, das von seiten der Theoretiker eingebracht worden ist, um die Korrelation zwischen der Medialisierungsstrategie und der ›Doppelcodierung‹ literarischer Werke zu präzisieren. In welchem Maße »wirtschaftliche auf kulturelle oder kulturelle auf wirtschaftliche Entscheidungen« bezogen sind, soll im folgenden skizziert werden. Drei Fallbeispiele, die zugleich Schulbeispiele dafür sind, welche überragende Rolle die Persönlichkeit des Verlegers lange Zeit gespielt hat.

Markt und Bildungsanspruch – kurze Lehren aus der Geschichte

Bildung ist für uns untrennbar mit dem Streben nach persönlicher Autonomie und politischer, weltanschaulicher und ethischer Mündigkeit verknüpft. Aufklärung durch Bildung, durch Aneignung von Wissen, das der Selbständigkeit des Urteils dient, aber auch umgekehrt: Bildung durch Aufklärung, Menschenbildung und dies für alle gleichermaßen. Eine solche Utopie ist aus der Epoche, der wir den Namen ›Aufklärung‹ gegeben haben, auf uns gekommen. Sie denkt zuerst an den Einzelnen – ein jeder muß seine Bildung selbst erwerben, Humanität will erstrebt werden –, doch da die Gesellschaft seit dem 20. Jahrhundert nichts anderes ist als ein Vertrag zwischen prinzipiell (formell) Gleichgestellten, dachte man zugleich an die Formierung der politischen Gemeinschaft. Der mündige Staat ohne Standesprivileg und traditionsgebundenes Gefälle an Macht und Wissen ist ein Werk mündiger Bürger. Die Idee aufgeklärter Bildung ist somit keine Ansammlung vermittelter Fakten um ihrer selbst oder etwaiger fachgebundener Anwendung willen, sondern der Glaube, »den Bildungsprozeß der bürgerlichen Gesellschaft […] durch eine umfassende Unterrichtung zu fördern«. Eine Idee, die bis heute in Variationen und Einschränkungen, im Kern jedoch unmodifiziert, fortdauert – und etwa auch in jenes oben skizzierte Ethos des Verlegers alter Schule hineinspielt.

Dieser Idee wegen erfährt in der Epoche der Aufklärung die Idee der Enzyklopädie eine immense Aufwertung. Jenes Werk, das uns noch heute als Urbild aller nachfolgenden gilt, die von D'Alembert und Diderot redigierte »Encyclopédie« – geplant war sie ursprünglich (1745) vom Verleger Le Breton lediglich als Übersetzung der höchst erfolgreichen »Cyclopédia; or, an universal dictionary of arts and sciences« – entwickelte sich in den folgenden Jahrzehnten zum bedeutendsten publizistischen Unternehmen der Aufklärung. Die rund 160 Beiträger, darunter führende Philosophen und Wissenschaftler der Aufklärung wie Voltaire, Rousseau, Holbach, Condorcet, Montesquieu, gaben der Enzyklopädie jenen antiabsolutistischen Charakter, der schon bald Gegenwehr der herrschenden Männer Frankreichs, allen voran der Jesuiten, provozierte. (Nach dem Erscheinen des siebten Bandes wurde die Enzyklopädie vorläufig von Papst Clemens XIII. offiziell verdammt.) Ohne Beistand in den höchsten Kreisen wäre das Unternehmen, dieses »Einleitungskapitel der Revolution« (Robespierre), zum Scheitern verurteilt gewesen. Doch es waren nicht zuletzt die Skandale, die Verfolgung und die staunenswerte Überlebensfähigkeit, die der »Encyclopédie« Anerkennung von Freund und Feind als die Summe einer großen geistigen Bewegung eintrug; und die Männer, die sie trugen, nannte man »Enzyklopädisten«.

Es war jedoch kein rein mäzenatisches Unternehmen, und insofern ist es auch ein Urbild aller nachfolgenden Unternehmungen volksbildnerischer Art, die sich zugleich auf einem Markt – einem allerdings sich damals erst vorsichtig andeutenden Markt – behaupten müssen. Die ›Encyclopédie‹, die mehr als 60.000 Stichworte in 35 Bänden rubriziert, 17 davon lexikalisch geordnete, umfängliche Foliobände aus den Jahren 1751 bis 1765, denen 1762 bis 1772 elf zukunftsweisende Tafelbände mit detaillierten Illustrationen aus allen Bereichen der Wissenschaft, der Technik und des praktischen Lebens folgten, verkaufte sich. Sie verkaufte sich nicht allein wegen der imponierenden Menge angehäufter Information, sondern mehr noch aus eben jenem Grund, der die Regierung antrieb, sie zu konfiszieren: Die »Encyclopédie« forderte die überlieferten Werte und Autoritäten des Ancien régime heraus, und sei es durch Bereitstellung von Wissen, das sich vom religiösen Kontext gelöst hatte. Die zirka 4000 Subskribenten der ersten Auflage waren meist »reiche und wohlgeborene, durch ganz Europa verstreute Leser«. Dank der im voraus eingegangenen Subskribenten-Gelder finanzierte sich die Encyclopédie schon 1751 selbst, obwohl Papier und Druck beträchtliche Auslagen erforderten. Das heute so gängig gewordene Verfahren, teuren Großformaten einer ersten Auflage größere Stückzahlen in schlichterer Ausstattung folgen zu lassen, war damals schon Teil der Vermarktungsstrategie – und sogar die Werbetechniken, mit deren Hilfe man die Zahl der Subskribenten bei der zweiten Auflage auf 8000 steigern konnte und sogar die heute zur Selbstverständlichkeit gewordene Praxis, Rechte an Nachauflagen gesondert abzusetzen, hat hier ein großes, erfolgreiches Vorbild. Selbst die Tendenz zum länderübergreifenden Unternehmensverbund, der heute so beängstigend weit getrieben scheint, ist hier vorgezeichnet: 1768 erwarben der Verleger Jean Panckoucke zusammen mit zwei Partnern, dem Buchhändler Jean Dessaint und dem Papierfabrikanten Chauchat, die Rechte an den künftigen Auflagen der Enzyklopädie. Was als Geschäftsbündnis dreier Pariser Unternehmer begonnen hatte, wuchs sich aus zu einem internationalen Konsortium, das auf einem System überlappender Bündnisse der mächtigsten Verleger der Aufklärung errichtet war. Und dennoch – es kann kein Zweifel daran bestehen, daß das Geschick der Kommerzialisierung hier eine Wohltat für die menschliche Emanzipation gewesen ist. Man muß das endgültige, nur durch den Verbund von pädagogischem Ethos und kaufmännischer Findigkeit möglich gewordene, Gelingen des Jahrhundertprojektes – nach den Worten Robert Darntons – »unter die großen Siege für den menschlichen Geist und für das gedruckte Wort« rechnen.

Heute gibt es kaum noch Enzyklopädien im engeren Wortsinne jenes Projektes, mit denen man heute irgendwelche aufklärerischen oder gar reformatorischen Hoffnungen verbinden könnte – die Versachlichung der »Encyclopédie« zum »Brockhaus« und vergleichbaren Unternehmungen spricht eine deutliche Sprache. Die Verfügbarkeit des Allgemeinwissens ist in unseren Kultur-Breitengraden so selbstverständlicher Teil des Alltags geworden, daß hier allenfalls die pädagogische Anleitung, das Wissen sich auch anzueignen und umzusetzen, noch eine aktuelle Forderung sein kann. Und doch ist die Idee der Enzyklopädie nicht tot, sie feiert sogar gerade jüngst in der Utopie der durch das Internet total werdenden Verfügbarkeit allen Wissens ein ›Comeback‹. Auch leben durchaus noch Reste jener vom wissensvermittelnden Buch ausgehenden Hoffnung auf Bewußtseinserweiterung fort – den Erfolg von Sachbüchern oder ganzen Reihen wie der von Walter H. Pehle herausgegebenen »Zeit des Nationalsozialismus« im Fischer Taschenbuchverlag oder der vom Deutschen Institut für Zeitgeschichte veranstalteten »Deutschen Geschichte der neuesten Zeit vom 19. Jahrhundert bis zur Gegenwart« kann man wohl, ihrer Ambition und ebenso ihrer Verbreitung wegen als Unternehmungen im Geiste jener großen Idee von der Bildung durch wissenschaftliches Wissen sehen, die eine ganze ›Bürgergesellschaft‹ geformt hat. Und doch es gibt auch ein bis heute florierendes Unternehmen, das die Nachfolge der alten »Encyclopédie«-Idee (»universal dictionary«) schon im Titel anklingen ließ: Die »Universal-Bibliothek« Philipp Reclams, gegründet 1867 in Leipzig. Hervorgegangen ist die »Universal-Bibliothek« nicht aus der Absicht, eine Art besseren Schulbuchverlag ins Leben zu rufen, sondern aus volksaufklärerischem Geist, und genauso wurde sie von Zeitgenossen noch Jahrzehnte nach der Gründung verstanden. Thomas Mann sah die Aufnahme eines Textes in die »Universal-Bibliothek« als Beleg für die ›Unsterblichkeit‹ an und bezeichnete es als »Traum«, ein eigenes Werk in dieser Reihe zu publizieren – die »Universal-Bibliothek« hatte also längst tatsächlich kanonstiftenden Charakter erlangt. Schon Wilhelm Raabe war davon überzeugt, daß die Veröffentlichung bei Reclam die Aufnahme seines Werkes in den Kanon von Schule und Bildungsgesellschaft begünstigte, und überließ daher seine intellektuell anspruchsvolle, ursprünglich gar nicht auf ein Massenpublikum zugeschnittene Erzählung »Zum wilden Mann« zu freundlichen Konditionen dem Verlag. Was gelingt im Geist jener alten Vorstellung vom Büchermachen im Dienste der Aufklärung, erzeugt ganz eigene Bedingungen – Bedingungen, die das Gegenteil von Renditestreben sind, sie rechnen sich einfach für beide Seiten: Nichts könnte verschiedener sein vom heutigen Phänomen, daß die zu zahlenden Vorschüsse exponentiell wachsen, wenn eine große Leserzahl winkt.

Wie kaum einem anderen Verleger gelang es Reclam, ein »Bildungsprogramm in ein Verlagsprogramm« zu transformieren durch eine konzeptionell tragfähige Publikationsstrategie. Erfolg und Überzeugungskraft dieser Strategie und des Verlagsnamens Reclam sicherte ihm den Zuwachs an Autoren, die mitunter nicht zu den allerbesten Bedingungen, d. h. nicht gegen das höchstmögliche Honorar bei ihm publizierten, jedoch mit einem beträchtlichen Zuwachs an Popularität und Renommee, anders gesagt: an symbolischem Kapital – das sich natürlich irgendwann, so gewünscht, auch wieder freundlich auszuwirken versprach. Doch identisch war das ›symbolische Kapital‹ mit dem Einträglichen keineswegs: Zum aufklärerischen Impetus des Hauses gehörte sehr bald, etwa ab dem Jahre 1880, daß die erlangte Popularität nicht bedeuten dürfe, daß notwendigerweise herzustellen sei, was vom Publikum gekauft werde. Man ließ keineswegs die Nachfrage das Angebot bestimmen – das wäre das Verschwinden des Verlegers im Kaufmannstum gewesen. Umgekehrt habe das Angebot die Bedürfnisse und Fähigkeiten der Leser zu schulen: Reclam war nicht unmaßgeblich daran beteiligt, für die Moderne der achtziger und neunziger Jahre eine Leserschaft zu gewinnen. Ausrichtung des Programms auf möglichst große Leserschaft und Mut zum Anbieten des nicht Profitablen waren keine unversöhnlichen Gegensätze. Eher muß man mit Sombart sagen, die Ausrichtung auf große Lesermassen habe segensreich gewirkt. Auch hier hat das ursprüngliche Anliegen in Resten überlebt – noch heute legt mancher Autor Wert darauf, daß sein Werk in Auswahl in der ›Universalbibliothek‹, also für jeden Geldbeutel erschwinglich, greifbar ist.

Die Messestadt Leipzig lehrt auch, daß, was sich lohnt im Buchgeschäft, so unterschiedlich ist – oder die längste Zeit war –, wie es die Verlegerpersönlichkeiten sind. In denkbar großem Kontrast zur »Universal-Bibliothek«, die in der Tradition liberaler Bildungsrhetorik vor allem auf Wissensvermittlung zielte, sollten die Bücher des 1905 nach Leipzig umgesiedelten Insel-Verlags »den Sinn für Buchkunst und für den Buchluxus« stärken. Größere Gegensätze als zum Programm der »Universal-Bibliothek«, für die der materielle Leib des Buches auf seine elementarste Funktion, nämlich Träger von Information zu sein, reduziert wurde, um die Kosten zu minimieren, lassen sich kaum ausdenken. Doch beide Strategien gingen auf. Für beides waren Interessenten da, beide konnten in einer Stadt friedlich nebeneinander wirken, jedem Buch war der Stil des Hauses aufgeprägt, so war Koexistenz möglich. Die Beispiele zeigen zudem, daß die These, für die Zeit der frühen Moderne sei eine Diskrepanz zwischen dem »kulturellen Code der ästhetischen Produkte und dem sozialen Code des Publikums« zu entdecken, so nicht triftig ist und in keinem Falle pauschalisiert werden darf. Es ließen sich sowohl Klassiker in schlichtem Gewand absetzen wie zugleich Zeitgemäßes in bibliophiler Ausstattung – wenn auch selbstredend das Publikum sich jeweils stark unterschied.

Verleger, die ihr Ethos über den Markt stellen, reden nichts schön, auch wenn sie das Merkantile, das notwendigerweise dazugehört, mitunter gerne kleiner machen würden, als es de facto ist. Wolf Jobst Siedler beschreibt sich und seinesgleichen, wenn er sagt: »Jeder Umgang mit dem Wort – also auch mit der Herstellung von Büchern, Zeitschriften und Zeitungen – setzt ein Ethos voraus, das kann, aber muß nicht inhaltlich-politisch bestimmt sein«. In diesem Sinne riskierte Philipp Reclam mit seinen »volksbildnerischen« und liberalen Zielsetzungen größere materielle Verluste, und Kippenberg war von Anfang an überzeugt, mit dem Insel-Verlag eine »Kulturmission« erfüllen zu müssen. Ähnliches propagierte der Verleger der expressionistischen Generation, Kurt Wolff, der sich dafür entschied, keine »Ware für Tränen- oder Geschlechts- oder andere Drüsen«, sondern »Versprechungen für die Zukunft« zu publizieren: »Man verlegt entweder Bücher, von denen man meint, die Leute sollen sie lesen, oder Bücher, von denen man meint, die Leute wollen sie lesen. Verleger der zweiten Kategorie, das heißt Verleger, die dem Publikumsgeschmack dienerisch nachlaufen, zählen für uns nicht«.

Ist die Balance von Idee und Markt am Ende?

Unternehmen wechseln reihenweise in die Hand von Medienmischkonzernen, in denen ein völlig anderes betriebswirtschaftliches Klima herrscht: Manager und Marktexperten, Renditehaie, im Bankgewerbe und auf Betriebswirtschaftsschulen ausgebildet, haben dort mehr und mehr das Sagen. Das betrifft mit anderem Akzent auch die Wissenschaftsverlage: Springer geht an Bertelsmann, Metzler an Holtzbrinck usf. Jeder, der über die Zukunft des Verlegens nachdenkt, muß eine Position beziehen in der Frage, wie stark Kapitalkonzentration das Ethos bestimmt und wie sich die Balance von Idee und Rendite zugunsten der Rendite um jeden Preis verschieben wird. Läßt sich das alte Ethos mit den neuen Gesetzen des Marktes vereinbaren, läßt es sich gegen sie behaupten, ist es gar im Sinne Sombarts eine neue Chance für das Buch, für die Verbreitung wissenschaftlichen Know-hows – oder wird es das Ende sein, wenn nicht eine Handvoll Idealisten sich dem Trend entgegenstemmen und sich mit kleineren Umsätzen und einem Minderheitenpublikum zufriedengeben. Letzteres behauptet André Schiffrin in einem lesenswerten, aus vierzigjähriger Verlegerpraxis hervorgegangenen Essay. Seine Thesen haben einem breiteren Publikum gezeigt, was lange Zeit nur Interna waren in der Gesellschaft der Büchermacher: Mit der Übernahme von immer mehr Verlagsunternehmen durch die Medienmischkonzerne ist das Ende des Gleichgewichtes von Idee und Konjunktur gekommen. Allenfalls in Nischen kleinerer Unternehmen kann»« es überleben.

Verlage prägen die Physiognomie einer nationalen Kultur. Jede ›westliche‹ Nation ruht, was die Buchkultur angeht, auf drei, vier Traditionshäusern, gerade weil diese Häuser für einen individuellen Akzent in der Debatte, in der Bewahrung und Sichtung von Geschichte und Tradition stehen. Gallimard und Le Seuil; Adelphi, Einaudi, Feltrinelli; Bonnier und Gildendal; Anagramma und Tusquets, jeder kennt diese Verlagsnamen. Verlage waren mithin nicht nur die Marotte geschäftstüchtiger Sonderlinge, sondern sie hatten auch eine eminente kulturpolitische Bedeutung, sie haben Geschichte gemacht, unabhängig von Umsätzen und Auflagen. Die intellektuelle Debatte der Bundesrepublik der siebziger und achtziger Jahre um ihre eigene Geschichte, um die Funktion der Universitäten, um neue Modelle der Geschichtsschreibung usf. wurde so weitgehend vom Haus Suhrkamp bestimmt, daß sie als ›Suhrkamp-Kultur‹ in die Annalen eingegangen ist.

Doch die Idee des Verlegens von Büchern, wie sie im 18. Jahrhundert aufkam und erstaunlicherweise rund 250 Jahre gehalten hat, ist in Gefahr im Zeitalter der Medienmischkonzerne. Diese kaufen Medienunternehmen auf, um in bestimmten Marktsegmenten monopolartige Stellungen zu erlangen; Büchermachen wird zum Geschäft, in das man investiert, um zu sehen, ob hier Renditen zu erlangen sind, wie sie in florierenden Industriezweigen üblich sind. Das war, lehrt Schiffrin, im Verlagswesen auf Dauer gesehen noch nie möglich: drei bis fünf Prozent ist das, was auch bei florierenden Verlagsunternehmungen möglich ist. Das aber eben liegt unter dem Kurs von Aktiengeschäften, und da die Konzerne nur an einem interessiert sind, an der Vermehrung des Geldes, verkünden sie nach Übernahme als neue Marge zehn, wenn nicht, wie etwa bei Bertelsmann üblich, fünfzehn Prozent Gewinn. Erste Folge: Wo die Verlagsübernahmen durch Medienmischkonzerne um sich greifen, deutet alles darauf hin, daß mit der Übernahme die Mischkalkulation – Marktgängiges bringt Gewinn ein und gleicht die Verluste, die bei geringeren Auflagenhöhen entstehen, aus – durch eine Monokultur abgelöst wird. In den USA ist das, lehrt uns Schiffrin, längst der Regelfall. Dort hat das Renditefieber längst auch etwa die Universitätsverlage erfaßt: Oxford University Press, ein Haus, dessen Name bislang Unabhängigkeit garantierte und das dennoch auf eine halbe Milliarde Dollar Jahresumsatz kam, findet neuerdings alle Ansprüche der Mutteruniversität auf Beteiligung an zu steigerndem Gewinn ganz und gar rechtens. Kostbarkeiten für wenige entfallen, die »Modern Masters«-Serie, die jahrzehntelang einem interessierten Laienpublikum akademisch aufbereitetes Wissen in leicht manövrierbarer Form verabreichte, entfällt. Man habe, verkündet der Verlagsleiter, selbstverständlich den »Eigentümern Einkünfte zu sichern, diesem Dilemma müssen inzwischen auch viele amerikanische Universitätsverlage ins Auge sehen«. Der Bildungsauftrag, der seit Entstehen der Universitätsverlage – die offiziell ja immer noch Teil der Institution sind – oberste Priorität hat, ist in den Hintergrund getreten.

In den USA ist der Prozeß der Kapitalkonzentration nicht nur in den Verlagen selbst weit fortgeschritten. Auch der Buchhandel liegt zunehmend in den Händen einiger weniger. Der Verkauf wird flächendeckend von drei, vier Handelsketten mit Milliardenumsätzen kontrolliert. Ihre Programme werden von den Verkaufsstrategen weitgehend bestimmt. ›Cooperative advertising‹ nennt sich das – von Schiffrin nur angedeutete – Vertriebssystem: für jedes Buch, das Barnes & Noble in seine Buchhandlung nimmt, zahlen die Verlage 50 Cent. Stephen

King, John Grisham und Michael Crichton sind unstürzbar – weil Konzerne in sie so viel investieren, daß sie nie ganz durchfallen können. Übersetzungen europäischer Literatur hingegen sind »praktisch unverkäuflich«. Doch reicht die Beherrschung des Marktes durch die Medienkonzerne in den USA noch weiter: Sie verfügen über ausreichende Ressourcen zur Manipulation der öffentlichen Meinung. Abgesehen von den Chancen für die autonomen Verleger, die sich womöglich durch das Internet ergeben: Das Netz macht unabhängig von den marktbeherrschenden Verteilungs- und Werbesystemen der Konzerne. Ohne großen Aufwand können hier die Konzernunabhängigen bis hin zum Einmannbetrieb für ihre Druckerzeugnisse werben. Hier kann es vorerst kein Monopol des Vertriebs geben, allerdings um den Preis, daß der einzelne Anbieter nur zu leicht zwischen zahlreichen Websites – nicht weniger als 13 Millionen im Jahr 2000 – unsichtbar bleibt. Auch wird man abhängig sein von kanalisierenden Vertreibern und Verteilungsstellen – von denen man nicht weiß, in wessen Hand sie in Zukunft liegen werden. Zu Anfang des Jahres 2000 offenbarte die Fusion von AOL – dem größten Internetprovider der Welt – mit Time Warner – dem größten Medienimperium der Welt – ganz neue globale Dimensionen der Marktkonzentration. Die Börsianer und Risikokapitalisten reklamieren die Begriffe der Kulturkritik für sich und schwadronieren von Eigenverantwortung und Gemeinschaft, sanfter Revolution und einem besseren Übermorgen.

In den USA stehen die Verlage alten Zuschnitts – also die Verleger, deren Ethos in etwa dem entsprach, was bereits skizziert wurde, also tatsächlich mit dem Rücken an der Wand. In der BRD kommen die Konzerne (noch) nicht so reibungslos zum Zug. Hier gibt es – in Ansätzen – noch eine ›Antimonopolkommission‹. Sie verhinderte etwa die Fusion der britisch-niederländischen Reed-Elsevier-Gruppe (der, neben Publikumsverlagen, »Publishers Weekly« und viele andere Medienunternehmen angehören) mit einem anderen multinational agierenden Mischkonzern im Medienbereich (Wolters Kluwer); oder – in jüngster Zeit die von »Tagesspiegel« und »Berliner Zeitung«. Während etwa in Frankreich der Marktanteil der selbständigen Buchhandlungen seit Ende der achtziger Jahre, als er noch etwa die Hälfte des Gesamtumsatzes ausmachte, auf ein Drittel gesunken ist, liegt er in der BRD noch immer bei über 90 Prozent. Allenfalls eine leicht abfallende Tendenz ist hier bemerkbar, und ähnlich unspektakulär ist die Entwicklung im Internethandel, der zwar expandiert, doch noch immer gerade einmal ein Prozent der Buchverkäufe abwickelt. Das relativ engmaschige Netz der Sortiments- und Fachbuchhandlungen in Deutschland, Österreich und der Schweiz steht und fällt mit der Buchpreisbindung, die es in den USA in dieser Form niemals gab.

Hierzulande existiert noch ein unabhängiger Buchhandel, aber der Explosion der Titelzahlen wegen kann der Kleinbuchhändler nur noch einen winzigen Prozentsatz an lieferbaren Titeln im Präsenzbestand halten. Jeder Regalmeter zählt, und da das Gros des Publikums nicht durch Verlagskataloge, sondern durch Werbung und Bestsellerlisten von Neuerscheinungen erfährt, ist alles, was nicht in den Massenmedien präsent ist, selten im ›unabhängigen‹ Buchladen zu finden. Da Lagerkosten für das Einzelbuchgeschäft rasch existenzbedrohend werden, ist ihm daran gelegen, das Ausgestellte rasch abzusetzen – und so entstehen einige der maßgeblichen Bestsellerlisten nicht durch Taxieren der tatsächlich verkauften Exemplare, sondern der durch den Buchhandel bestellten. So kommt auf die Bestsellerlisten, was der Buchhandel schnell absetzen *möchte* – und was auf den Listen steht, wird auch verkauft. Auch die ›unabhängigen‹ Buchhandlungen sichern nicht, wie man in vielen Grundsatzvoten eines Klaus Wagenbach versichert bekommt, per se den Bestand von Qualität, das Fortbestehen von ›Schwierigem‹ im Buchhandel. Damit auch Abseitigeres Leser finden kann, braucht man Stellplatz und Zeit – und beides haben auch die kleineren und kleinen Buchhandlungen nicht mehr (Kapitalbildung, Warenwirtschaftssystem, Kundennetz). Und regelrechte Fachbuchhandlungen, Häuser, in denen fachlich vorgebildetes Personal eine fachlich vorgebildete Kundenschaft informiert, gibt es in nur noch in wenigen Zweigen, im Bereich des Rechts, der Naturwissenschaften oder des Datenverarbeitungswesens. Was herausfällt, betrifft ganz besonders die Rubrik Humanwissenschaften: Hier gibt es – bis auf wenige Ausnahmen – praktisch keine Spezialbuchhandlungen mehr. Die Geisteswissenschaften müssen sich mit einigen Metern Sachbuch von allgemeinerem Interesse bescheiden. Das geisteswissenschaftliche Buch im engeren Sinne hat dagegen praktisch kein Forum mehr in den Buchhandlungen. Was in den USA unverhohlen durch Gebühren geschieht, die Verdrängung der durch die Massenmedien nicht unterstützten Bücher aus den niedergelassenen Buchhandlungen, hat auch bei uns Einzug gehalten, obwohl die Mehrzahl der Buchvertreiber ›unabhängig‹ sind. Nur eben: Es geschieht in weitaus undramatischeren Proportionen. Womöglich sind durch das Eingreifen der Medienkonzerne sogar einige Verlage durch Zurechtstutzen vor einem Garaus bewahrt worden, den die Überfüllung des Marktes ohnehin in absehbarer Zeit produzieren wird. Die Flurbereinigungen der Konzernrationalisierer haben noch keine vollständige Monokultur mit sich gebracht.

Auch gibt es in der Bundesrepublik noch zahlreiche kleine und mittelgroße unabhängige Verlage, z. B. Wagenbach, Antje Kunstmann. Und die Mischkalkulation herrscht in unabhängigen Unternehmungen unangezweifelt vor: Hanser setzt auf einen Eco, einen Hoeg, einen Gaarder und finanziert damit etwa die Übersetzungen der Weltliteratur. Suhrkamp ist nicht klein, aber unabhängig und noch immer ein gewaltiger Umschlagsplatz für geistiges Leben – und er hat andere Möglichkeiten als ein kleiner Verlag, Abseitiges, Gewagtes, Theorielastiges nicht nur zu drucken, sondern auch zu bewerben und unter die Leute zu bringen. Die Zahl der Titel ist inflationär, aber sie ermöglicht es, daß im Programm 2000 gleich vier junge Autoren auftreten durften – zum editionsuhrkamp-Tarif. Auch hier darf man also noch einen Rest vom Sombartschen Optimismus bewahren. Dennoch gilt auch für die BRD: Der Buchmarkt ist überfüllt, der Lesewillen schwindet. Bevölkerungszahl wie Lesepensum entwickeln sich rückläufig. Die Anzahl derjenigen, die nie ein Buch lesen, ist in den vergangenen Jahren gestiegen. Die Novitätenmenge ist stärker gewachsen als der Gesamtbuchabsatz. Der Markt ist übersättigt und dazu kommt: Die Produktion von Hardcovertiteln lohnt in vielen Fällen nur, wenn sie im Hinblick auf die spätere Taschenbuchverwertung kalkuliert werden kann. Kleinere literarische Verlage ohne Konzernanbindung haben es noch schwerer, bei der Vergabe von Lizenzen mitzubieten – und was keine Taschenbuchlizenz verspricht, wird oft nicht gedruckt. Auch haben sich Literaturagenturen nach amerikanischem Vorbild in wenigen Jahren eine starke Vermittlungsmacht erobert. Sie treiben auch bei uns die Vorschüsse in die Höhe. Die Vorschußhöhen erreichen Größenordnungen, die einem kleineren Hause schlichtweg nicht erreichbar sind; dabei sind solche Spitzentitel unersetzlich, wenn ein anspruchsvolles Restprogramm mitgetragen werden soll. Symptom dieses nun auch hier bestimmenden Trends, eines, das eine Sensation auslöste, war das zweite Buch von Michael Houellebecq. Wagenbach hatte den Autor in Frankreich früh entdeckt und den ersten Roman (»Ausweitung der Kampfzone«) für DM 5000 Vorschuß aufgekauft. Der Roman schlug ein, die Rechte am Nachfolgebuch »Elementarteilchen« kletterten bei der Versteigerung auf ein Vielfaches. Bei DM 40.000 ist Wagenbach, das Risiko einer Schmälerung der Kapitalgrundlage im Blick, ausgestiegen. Den Zuschlag erhielt DuMont bei geschätzten DM 180.000 bis DM 200.000. Ullstein hat für die Taschenbuchvermarktung noch einmal DM 70.000 dazugezahlt.

Erforderliche Investitionen können nicht mehr getätigt werden, und so stehen auch hierzulande viele Verlage vor der Entscheidung, sich einem Konzern anzuschließen. Bereits in den sechziger Jahren verkaufte Gottfried Berman Fischer den S. Fischer Verlag an Holtzbrinck, 1980 übernahm der Stuttgarter Konzern Willy Droemers letzte Anteile an Droemer Knaur. In den neunziger Jahren versuchten die Verlagsgruppen mit großem Marketingaufwand, Marktanteile durch die Gründung neuer Verlage, oft sog. Imprints (Rowohlt Berlin, Alexander Fest (Holtzbrinck), Blessing (Bertelsmann)) und neuer Taschenbuchreihen zu gewinnen (BTB bei Goldmann, Siedler Taschenbücher). Aus dem gleichen Grund stieg die Zahl der Übernahmen, und eine zur Jahreswende 1998/99 geänderte Besteuerung der Verkaufserlöse löste in den Monaten zuvor ein regelrechtes Fusionsfieber aus. Axel Springer (Ullstein, Propyläen) erwarb das Verlagshaus Goethestraße (Econ, List, Claassen). Unter dem gemeinsamen Dach von Holtzbrinck gingen der Verlag Droemer und die Versandhausgruppe Weltbild zusammen, die Bertelsmann Fachinformationen übernahmen den wissenschaftlichen Verlag Springer. Klaus Piper verkaufte den Piper-Verlag 1994 an den schwedischen Bonnier-Konzern. 1998 hat Wolf Jobst Siedler sich aus dem von ihm 1980 gegründeten Verlag zurückgezogen und ihn endgültig dem Bertelsmann-Konzern überlassen, unter dessen Dach jetzt Arnulf Conradi das Siedler-Programm bestimmt. Es gibt also genügend Anlaß, André Schiffrins Diagnose in dieser Hinsicht als Prognose für die bundesdeutschen Verhältnisse zu nehmen, doch: das Programm des Berlin-Verlages zeigt auch heute noch Qualität. Zuletzt ging der Kölner Verlag Kiepenheuer & Witsch zu Holtzbrinck – Dieter von Holtzbrinck persönlich habe dem Verlagsleiter versichert, »daß die Unabhängigkeit der Programmgestaltung für mich und meine Lektoren erhalten bleiben würde«.

Doch etwas muß unbedingt berücksichtigt werden, wenn man über die Konzentrationsbewegungen in der Verlagsbranche spricht: Es ist eine Tatsache, daß es Traditionshäusern wie Volk und Welt, Luchterhand, aber selbst Fischer und Rowohlt wirtschaftlich nicht übermäßig gut ging, bevor ein Konzern sie übernommen hat. Das muß man bedenken, wenn man an die Einsätze der McKinsey-Gruppe in den Holtzbrinck-Betrieben Rowohlt und S. Fischer denkt. Die wendebedingte Pionierarbeit des Hauses »Rowohlt Berlin« in Sachen osteuropäischer Literatur etwa kann niemand bestreiten; doch erwirtschaftete das Haus über Jahre hinweg im Namen von Qualität zunehmende Verluste und nur ein Kapitalgeber, der keiner wäre, sondern vielmehr ein Mäzen, hätte tatenlos weiter zusehen können. Das Prinzip Mischkalkulation ist seit der Übernahme und Durchforstung nach betriebswirtschaftlichen Gesichtspunkten zurückgedrängt worden – ein restloses Durchrationalisieren um jeden Preis ist jedoch nicht erfolgt. Möglicherweise sind die gewachsenen Strukturen hierzulande zäher als in den USA, weil der Anpassungswille der Mitarbeiter geringer ist, weil man hier, des in 5, 6 oder 8 Jahrzehnten gewachsenen Firmennimbus wegen, den Kahlschlag schon aus Gründen der Akzeptanz beim Publikum fürchtet. Möglicherweise hat man von den schlechten Erfahrungen in den USA gelernt: Schon Ende der siebziger Jahre zeigte sich nämlich, daß alle »Großkonzerne, die in den letzten Jahren in der Buchbranche im Kaufrausch unterwegs waren, ausnahmslos negative Erfahrungen gemacht« hatten. Und immer mehr zeigt sich, daß die seit den zwanziger Jahren auch von florierenden Buchunternehmen langfristig nicht überschreitbaren drei bis vier Prozent Jahresgewinn sich tatsächlich nicht dauerhaft vervielfachen lassen – auch wenn dies insbesondere für das Haus Bertelsmann weiterhin Richtmaß bleibt.

Und: Mischkonzerne gleichen sich nicht wie ein Ei dem anderen. Holtzbrinck hat andere Unternehmensziele, ein in mehreren Jahrzehnten gewachsenes Ethos, als etwa Bertelsmann. Mehrere der in Holtzbrinck-Hände übergegangenen Unternehmen sind eigenständig. Sie waren ohne wirtschaftliche Not und ohne die Absicht, von ihrem Unternehmen Industrierenditen zu fordern, an die Holtzbrinck-Führung herangetreten. Neven DuMont ist das jüngste Beispiel, aber auch etwa Roger Straus, Verleger aus New York, 55 Jahre im Verlagsgeschäft, der in seinem Haus »Farrar, Straus & Giroux« Elias Canetti, Bernhard Malamud, Czesław Miłosz, Philip Roth, Derek Walcott, aber auch Christa Wolf und Peter Handke verlegte. Strauss trat, weil er wie Reinhard Neven DuMont aus Altersgründen an ein Ausscheiden aus dem Unternehmen denken muß, aus eigenem Antrieb an Holtzbrinck heran, weil man dort, wie Straus eine gute Weile nach dem Verkauf meinte, »keine Konzernstrategie entwickelt hat, sondern einzelne Verlage autonom arbeiten ließ«. Die Autonomie der übernommenen Häuser kann, wie sich versteht, keine vollständige sein: »Farrar, Straus & Giroux« mußte man nicht umstrukturieren, da dort ohnehin seit vielen Jahren solide gewirtschaftet wird. Und daß Holtzbrinck Industrierenditen anvisierte, ist, im Gegensatz zu Schiffrins Diagnosen für die amerikanischen Verhältnisse, vorderhand nicht zu erkennen. (Dahinter muß sich keine Bescheidenheit oder Noblesse verbergen, es kann auch einfach Realismus sein.) Schiffrin konstatiert, die Mutterbetriebe verkündeten den Wechsel des Eigentümers im immer gleichen Ritual, nämlich mit der Zusicherung, daß, was das Programm angeht, alles beim alten, nämlich bei der Autonomie der Lektoren bliebe – doch das nur, laut Schiffrin, um dann in einem so günstig gestimmten Klima Stück für Stück Personalwechsel von oben herab durchzusetzen und so gefügige Konzerngeister an die Stelle der betriebswirtschaftlich wenig erfahrenen Lektoren alter Schule zu setzen. Was den Holtzbrinck-Konzern angeht, ist auch das nicht in Sicht. Natürlich muß man auf die nach außen propagierten Unternehmensgrundsätze nicht viel geben, die Praxis hinter verschlossenen Türen mag ganz anders aussehen. Daß etwa Holtzbrinck sich die Bewahrung und Pflege traditioneller und kultureller Werte auf die Fahnen schreibt, Konzentration auf Medien mit hoher Qualität und hohem intellektuellen Standard verspricht – »Die Gewinnorientierung darf nicht auf Kosten von Qualität oder der langfristigen Stabilität gehen« –, sind für sich genommen wenig mehr als Floskeln. Nur: So schönfärberisch solche Selbstdarstellung nach außen auch sein mag, die Härte und Ausschließlichkeit bei der Orientierung an der Renditesteigerung in den von Medienmischkonzernen übernommenen Verlagsunternehmen ist hierzulande noch längst nicht dem vergleichbar, was Schiffrin in den USA erfahren mußte. Es macht also Sinn, daß der hiesige theoretische und historiographische Diskurs über das Buchwesen im großen und ganzen noch von einem um die Persönlichkeit eines Verlegers zentrierten Betriebsgeschehen ausgeht und das Bildungsethos nirgends zur Gänze hinter dem betriebswirtschaftlichen Kalkül verschwinden läßt. Die Balance von Idee und Kommerz ist in Gefahr, doch sie ist nicht zerstört.

Literatur:
Börsenverein des deutschen Buchhandels (Hg.), Buch und Buchhandel in Zahlen, 1999.
Pierre Bourdieu, Ökonomisches Kapital – Kulturelles Kapital – Soziales Kapital, in: ders., Die verborgenen Mechanismen der Macht. Schriften zu Poltik & Kultur I, hg. von Margareta Steinrücke, Hamburg 1992, 71.
Robert Darnton, Glänzende Geschäfte. Die Verbreitung von Diderots »Encyclopédie« oder: Wie verkauft man Wissen mit Gewinn?, Berlin 1993.
Deutsche Bibliothek, Insel-Verlag (Hgg.), 100 Jahre Insel Verlag 1899–1999. Begleitbuch zur Ausstellung, Leipzig 1999, 22.
»Enzyklopädie«, in: Enzyklopädie Philosophie und Wissenschaftstheorie, hg. von Jürgen Mittelstrass, Bd. 1, A-G, Stuttgart u. a. 1995, 557–562.
Georg Jäger, Keine Kulturtheorie ohne Geldtheorie. Grundlegung einer Theorie des Buchverlags, in: Empirische Literatur- und Medienforschung (LUMIS Sonderreihe, 7), hg. von Siegfried J. Schmidt, Siegen 1995, 31.
Walter Janka, Schwierigkeiten mit der Wahrheit, Berlin Weimar 1990.
Joseph Jurt, Das literarische Feld. Das Konzept Piere Bourdieus in Theorie und Praxis, Darmstadt 1995, 90.
Michael Krüger, Karaoke-Kultur. Der große Verleger André Schiffrin zürnt dem amerikanischen Verlagswesen, in: Die Zeit, 2.11.2000.
Thomas Mann an den Reclam-Verlag, Mai 1908., in: 150 Jahre Reclam. Daten, Bilder und Dokumente zur Verlagsgeschichte, Stuttgart 1978, 103.
Beate Pinkerneil, Dietrich Pinkerneil, Victor Zmegac, Literatur und Gesellschaft. Dokumentation zur Sozialgeschichte der Literatur seit der Jahrhundertwende, Frankfurt am Main 1973, XVIII.
Fritz J. Raddatz, Ein Leben für die Literatur. Begegnung mit Roger Straus, einem der letzten großen Verleger New Yorks, in: Die Zeit, 11.4.2001.
Fritz J. Raddatz, Der amerikanische Polyp. Buchhandelsketten und Verlagsgiganten drohen die US-Literatur zu ersticken, in: Die Zeit, 29.4.1998.
Heinrich Reclam, Die Geschichte der Universal-Bibliothek, in: Reclam. 100 Jahre Universal-Bibliothek. Ein Almanach, Stuttgart 1967, 15.
Rüdiger Safranski, Nietzsche, München 2000.
Siegfried J. Schmidt, Die Selbstorganisation des Sozialsystems Literatur im 18. Jahrhundert, Frankfurt am Main 1989.
Hilmar Schmundt, Eine 150-Milliarden-Metapher, in: Neue Rundschau 11, Frankfurt am Main 2000, 33 ff.
Wolf Jobst Siedler, Missionare ohne Religion, Prediger ohne Kanzel, in: Die Welt, 7.10.2000.
Julia Schröder, Was ist beim Büchermachen besser? Nach Brot gehen oder an die Börse? Wie Verlage versuchen, wieder an Geld zu kommen: Die Beispiele Eichborn, Rowohlt und S. Fischer – Hilfreich sind auch lesende Verleger und Glück bei der Autorensuche, in: Stuttgarter Zeitung, 29.4.2000.
Stiftung Lesen, Spiegel-Verlag (Hgg.), Leseverhalten in der Bundesrepublik Deutschland im neuen Jahrtausend, Hamburg 2001.
Friedrich H. Tenbruck, Die kulturellen Grundlagen der Gesellschaft. Der Fall der Moderne, Opladen 1989.
Siegfried Unseld, Der Autor und sein Verleger. Vorlesungen in Mainz und Austin, Frankfurt am Main 1989, 12.
Klaus Wagenbach, Wo der Bär tobt. Bücher und Verlage hüben und drüben, in: Neue Zürcher Zeitung online, 10.10.2000.
Klaus Wagenbach, Wir lieben unverkäufliche Bücher – im Sinne von McKinsey, in: Basler Zeitung, 30.6.2000.
Reinhard Wittmann, Geschichte des deutschen Buchhandels im Überblick, 2., durchges. Aufl., München 1999.
Kurt Wolff, Autoren, Bücher, Abenteuer. Betrachtungen und Erinnerungen eines Verlegers, 2. Aufl., Berlin 1965, 14 f.

6. Elite

Tilman Allert

1. Im Wort »Elite« schwingt die Vorstellung mit, jemand habe – allein auf Grund seiner Position – eine höhere Einsicht in Zusammenhänge und verantwortungsethische Kontrolle von Entscheidungen. Das steht in einem Spannungsverhältnis zur Tradition des politischen Egalitarismus und erklärt die ambivalenten Einstellungen, die allein die Verwendung des Wortes auslöst. Während die einen, die sich als Mitglieder einer privilegierten Statusgruppe verstehen, ihre Kompetenz und gesellschaftliche Stellung zu der Idee einer über Leistunggerechtfertigten Auserwähltheit und Bewährung verklären, bestreiten die anderen, die an der Peripherie oder am unteren Ende der gesellschaftlichen Hierarchie stehen, die einge-

räumten Vorrechte und klagen über Anmaßung und Dünkel, die sie im Erscheinungsbild der Eliten als eine Zumutung erleben. Elitenpositionen sind strukturell strittige Positionen, kristallisiert sich doch in ihnen das Ausmaß zugelassener Ungleichheit in der Bevölkerung (Hartmann 2002).

Ganz unabhängig von der Frage, wie Elitenmitglieder und die sog. Noneliten sich wechselseitig oder auch untereinander beurteilen, macht es soziologisch einen guten Sinn, von Eliten zu sprechen. Eine umfangreiche Literatur behandelt die drei systematisch bedeutsamen Ebenen der a) Kompetenzprofile und Rekrutierungsmechanismen (Hoffmann-Lange 1992), b) der historischen Entstehung und je unterschiedlichen Vernetzung und Kohäsion sowie schließlich c) der Selbstbilder und Eigendeutungen, in denen Angehörige von Eliten ihre Bewährung artikulieren und ihre gesellschaftliche Stellung rechtfertigen (Glotz, Süssmuth, Seitz 1993). Es handelt sich um einen Personenkreis, dem in gesellschaftlich bedeutsamen Funktionsbereichen der Wirtschaft, Politik, Wissenschaft, Kultur, Massenmedien und Sport eine Entscheidungskompetenz zugeschrieben wird – und dem gleichermaßen die Folgen getroffener Entscheidungen zugerechnet werden. Diesem einfachen Umstand verdanken Eliten eine Reihe von Privilegien und Statusvorteilen, Geld, Ansehen und Ehre. Daß es in Deutschland schwerfällt, unbefangen mit den Eliten zu kommunizieren und daß auch die Eliten in ihrer Eigenwahrnehmung und Außendarstellung ein gebrochenes Selbstbewußtsein an den Tag legen, hat historische Gründe und systematische Gründe (Glotz et al. 1993). Zunächst zu den historischen: Eliten waren am umfassenden Zivilisationsbruch, mit dem die Deutschen unter der NS-Herrschaft wie im Zweiten Weltkrieg die Welt überzogen hatten, beteiligt, entweder als ideologische Vorreiter oder »schweigend«, wie der Historiker Fritz Stern (1999) resümiert, selten in einer moralisch vorbildlichen Haltung. Deutschland ist oft als eine verspätete Nation beschrieben worden, seine aristokratischen, wirtschaftsbürgerlichen und bildungsbürgerlichen Führungsschichten waren schon im Kaiserreich skeptisch gegenüber den westlichen Werten der Partizipation und Demokratie – sie setzten auf »Kultur« und distanzierten sich von der »Zivilisation«. In der Nachkriegszeit entsteht im Osten unter der kommunistischen Diktatur eine gleichermaßen partizipationsdistante, politisch domestizierte Funktionselite (Pirker, Lepsius, Weinert, Hertle 1995), wohingegen sich im Westen im Zeichen des Wiederaufbaus, der politischen Westorientierung Deutschlands und nicht zuletzt durch den Generationenwechsel ein Elitenbewußtsein entwickelt, das die klassischen Werte der Arbeitsaskese, des Fleißes und der verantwortungsethischen Rücksicht auf die Folgen des eigenen Handelns um den Wertkosmos moderner Gesellschaften ergänzt. Damit geht eine stärkere Konsumorientierung und die Neigung zur ausdrücklichen Stilisierung des eigenen Lebensstils, zur Distinktion einher. Für die deutsche Situation bleibt bis in die Gegenwart charakteristisch, daß sich die Elite – im Unterschied zum Erscheinungsbild anderer Nationen – im öffentlichen Raum weitgehend zurückhaltend artikuliert. Bescheidenheit und Konsumzurückhaltung ist selbst bei denen, die von ihrem Geldbeutel her anders könnten, ausgeprägter als anderswo in Europa.

2. Zu den systematischen Gründen für die Tendenzen zur Selbstabgrenzung der Eliten, aber auch zur Distanz anderer Bevölkerungskreise zu den Eliten ist zunächst deren soziale Differenzierung herauszustellen. Eliten sind intern erheblich differenziert, ihr Anspruch auf Privilegien begründet sich nicht etwa auf behauptete oder nur angestrebte Zugehörigkeit, sondern auf nachgewiesene und zwar in einer Leistung bewährte Zugehörigkeit zum Netzwerk der Entscheidungs- und Verantwortungsträger in Politik, Wirtschaft, Kultur und Medien. Wollte man bei aller Unterschiedlichkeit, in der Elitenmitglieder in Kompetenzprofil, Einkommensniveau und Konsumpräferenzen in Erscheinung treten, einen gemeinsamen Kern ausfindig machen, eine Art minimale Voraussetzung für Elitenfähigkeit, dann ist es gerade die ausgewiesene und in kontinuierlichen Leistungsnachweisen bewährte Kompetenz, die sich auf die Bewältigung von Steuerungsaufgaben bezieht, die für den Erhalt und die Kontinuierung eines gegebenen Niveaus der kollektiven Lebensführung von zentraler Bedeutung sind. Damit ist ein Elitenprofil markiert, das historische Elitenkonstellationen, etwa vorbürgerliche mit der dafür charakteristischen Dominanz der Aristokratie bzw. deren Nähe zum Hof als politischem Entscheidungszentrum, hinter sich läßt. Die Elitenformation in der modernen Gesellschaft ist vergleichsweise rekrutierungsoffen und eröffnet insbesondere über wissenschaftliche Leistungsnachweise Möglichkeiten, Klassen- und Milieuzugehörigkeit, die qua Geburt von Generation

zu Generation vererbt werden, zu neutralisieren. Das gilt insbesondere für Funktionsbereiche, deren Arbeitsanforderungen nicht zwingend über den Zugang zur akademischen Ausbildung vorbestimmt sind, in denen vielmehr ein Dilettantismus herrscht, wie am Beispiel der politischen Eliten deutlich wird. Sie greifen zwar in ihren Entscheidungen auf die Vorleistungen professionalisierter Funktionseliten zurück (Gutachten, Dokumentationen etc.), sind hingegen in der Handhabung von »Politik als Beruf« (Max Weber) nicht zwingend in politiknahen Laufbahnen vorbereitet (Allert 2000).

Die Zugehörigkeit zur Elite stößt in Deutschland aus historischen Gründen auf Skepsis, aber auch aus systematischen Gründen zieht die Existenz von Führungsschichten notorisch ambivalente Urteile auf sich. In der Gesamtheit einer Bevölkerung handelt es sich um einen eng begrenzten Personenkreis mit ausgesprochen hohen symbolischen und materiellen Vorteilen, die gegenüber den Normalbiografien aller anderen Gesellschaftsmitglieder für rechtfertigungsbedürftig gehalten werden. Deshalb ist die Anerkennung nicht weit von der Kritik entfernt, der Neid versteckt sich in der Bewunderung, die Dauerbeobachtung, der die Tätigkeit in Elitepositionen unterliegt, trägt aus diesem Grund das Bewähren in einer Leistung zu einem fragilen Selbstbewußtsein bei. Jenseits der Unterschiedlichkeit ihrer professionellen Vorbildung sowie der Eigenlogik der Funktionsbereiche, in denen sie Führungspositionen übernehmen, dürften drei Merkmale im Habitus der Eliten als unbestritten gelten. Sie bestimmen das Handeln und prägen die Wertvorstellungen, insbesondere die Sicherheitswünsche wie die Konsumpräferenzen: Eliten sind sektoral außerordentlich differenziert, Eliten sind zeitdiktatabhängig, sie sind distinktionsgeneigt und lebensstilorientiert. Sie repräsentieren unterschiedliche Funktionsbereiche der Gesellschaft und darin jeweils die in verantwortlichen Stellen tätigen Leistungsträger. Sektoral unterschiedlich bedeutet nichts anderes als daß sie in hoch arbeitsteilige Kooperationszusammenhänge eingebunden sind und von daher in der Abgrenzung von Nichteliten einen Teil ihres Statusbewußtseins ableiten.

Während es einen guten Sinn macht, die Führungsschichten untereinander a) nach ihrem typischen Arbeitsumfeld, b) nach ihrer erworbenen Kompetenz und Bildung und c) nach dem Grad ihrer berufsgebundenen Vernetzung zu unterscheiden, so bliebe das buntscheckige Bild unvollständig, wollte man die Existenz einer Untergruppe leugnen, die man als Prominenz bezeichnen kann und für die die mehr oder weniger kontinuierliche Erwähnung in den Medien der öffentlichen Meinungsbildung charakteristisch ist. Gründe für die Zugehörigkeit zur Elite sind diffuser als bei den übrigen Führungsschichten, es kann mit Leistung wie etwa im Bereich Sport, Kunst, und öffentlichen Medien verknüpft sein, das muß hingegen nicht zwangsläufig der Fall sein. In der Prominenz gehen auch Zugehörigkeiten auf, die sich früheren gesellschaftlichen Epochen verdanken bzw. dort vorherrschend waren. Die Aristokratie spielt, ihrer alten Führungsfunktion in einem republikanischen Gemeinwesen weitgehend beraubt, gegenwärtig eine Art Vermittler zu den »neueren«, auf erbrachte Leistung begründeten Eliten. Wenn ein wichtiges Kriterium für den Anspruch auf Geltung als Elite die permanente Erwähnung ist, dann geht damit einher, daß diese Personenkreise stärker konsumorientiert sind und gegenüber der altbürgerlichen Konsumskepsis und Selbstbescheidung in ihrer öffentlichen Selbstdarstellung, aber auch im inneren Verständnis ihrer Bedeutsamkeit deutlicher einem ästhetischen Avantgardismus huldigen, bei dem es darauf ankommt, sich von anderen abzugrenzen und insbesondere als authentisch und stilkritisch zu zeigen.

Das Bemerkenswerte an Eliten ist, daß sie ihrerseits wahrnehmungsblind sind – ein Umstand, der einerseits trivial ist, weil niemand in einer modernen Gesellschaft eine Allkompetenz für sich reklamieren kann und dies ebensowenig wollen wird, andererseits von erheblicher Bedeutung, weil die Blindheit mit dem Statusbewußtsein erheblich kollidiert, und demnach das Bemühen um Abgrenzung intensiviert, andererseits auch Eliten abhängig macht von Vorlagen für moralische und ästhetische Urteile, für Angemessenheitsvorstellungen im Hinblick auf ihre Lebensführung. Wer jeweils in einem Elitengefüge die Referenzgruppe für Konsumorientierung und Lebensstilpräferenzen bildet, ob diese wechselseitige Bezugnahme aufeinander im nationalen Rahmen bleibt oder möglicherweise zunehmend internationalisiert wird, ist eine der spannenden Fragen an die gegenwärtige Elitenforschung.

Eliten sind beileibe kein Anachronismus der Gesellschaft, man mag zu ihnen stehen, wie man will, sie sind für die Anpassungsfähigkeit und Entwicklungsfähigkeit von herausragender Bedeutung. Nur ein zynischer Blick sieht im Handeln und öffentlichen Auftreten nichts anderes als eine verbrämte Form der Gaukelei – vielmehr zählen Eliten zu den Milieuausprägungen einer modernen Leistungsgesellschaft, sie bilden den Kern eines meritokratischen Selbstbildes, dem im Kern alle Menschen folgen und demzufolge die unter Beweis gestellte Leistung den gegebenen Status und den Statusanspruch hinreichend rechtfertigt. In ihrer herausgehobenen Stellung haben besonders Eliten die Chance, sich dem Umstand zu stellen, daß die Unsicherheit zu den Eigentümlichkeiten eines modernen – vermutlich auch vormodernen – sozialen Zusammenlebens zählen.

Literatur:
Tilman Allert, König, Präsident und Landesvater. Zur Symbolik politischer Eliten, in: Mutter Kind Vater – Bilder aus Kunst und Wissenschaft, hg. von Johannes Bilstein, Eckart Liebau und Matthias Winzen, München 2000.
Peter Glotz, Rita Süssmuth, Konrad Seitz, Die planlosen Eliten. Versäumen wir Deutschen die Zukunft?, Düsseldorf 1993.
Michael Hartmann, Der Mythos von den Leistungseliten, Frankfurt am Main u. a. 2002.
Ursula Hoffmann-Lange, Eliten, Macht und Konflikt in der Bundesrepublik, Opladen 1992.
Theo Pirker, M. Rainer Lepsius, Rainer Weinert, Hans-Hermann Hertle, Der Plan als Befehl und Fiktion. Wirtschaftsführung in der DDR, Opladen 1995.
Fritz Stern, Das feine Schweigen. Historische Essays, München 1999.

7. Netzwerk

Karina Urbach

Jeder glaubt zu wissen, was ein Netzwerk ist, solange er es nicht definieren muß. Kaum ein gesellschaftlicher Diskurs, in dem das Wort nicht als Metapher benutzt wird, um Kommunikations- und Beziehungsgeflechte zu beschreiben. Neben dem inflationären Gebrauch in der Alltagssprache ist die Visualisierung von Netzwerken bereits Teil der Kunstwelt geworden. Der New Yorker Maler Mark Lombardi hat aus Netzwerkdiagrammen die neuen Herrschaftsgemälde des 20. Jahrhunderts kreiert. Seine Bilder zeigen in unzähligen Verästelungen die komplexen Verbindungen von Politikern und Wirtschaftsführern mit kriminellen Organisationen. Lombardi selbst bezeichnet seine Werke als »narrative structures«, die Fälle von Korruption aufdecken sollen und tatsächlich benutzten Beamte des FBI Lombardis Bilder für ihre Recherchen. »Only connect« könnte das Motto dieser Netzwerkkunst sein, die an die Ideenwelt von Verschwörungstheoretikern erinnert. Lombardis Arbeiten spiegeln jedoch drei einflußreiche Zeitströmungen wider: die Faszination durch das künstliche ›Netz der Netze‹ – das Internet – und dessen ideologisch-utopische Aufladung; die Erforschung des menschlichen Gehirns als komplexe biologische Netzstruktur und den Aufstieg von ökologischen Denkmodellen, die die Welt als ein ökologisch vernetztes System erklären.

Morphologisch gesehen ist ein Netzwerk ein Geflecht aus Linien und Knotenpunkten, d. h. es hat eine positionelle – die Knoten – und eine dynamische Dimension – die Beziehungsmaschen. Netze können hierarchisch oder anarchisch aufgebaut sein (letzteres trifft zum Beispiel auf das Gehirn zu). Das Netz ist ständig in Bewegung: Es entwickelt ununterbrochen Knoten und Relais, so daß unaufhörlich neue Netz-Architekturen oder – wenn man kartographisch denkt – ganze »Netz-Geographien« (Hartmut Böhme) entstehen können.

Bis heute gibt es vielseitige Methoden, Netzwerke zu untersuchen, es gibt jedoch keine kohärente Netzwerktheorie. Netzwerke werden sowohl von Physikern, Biologen, Linguisten, Anthropologen und Psychotherapeuten völlig unterschiedlich definiert und benutzt. Für Informatiker zum Beispiel ist ein Netzwerk ein Datenkommunikationsytem, in der Elektrotechnik ist es eine aus Widerständen bestehende Schaltung, in der Astronomie bedeutet Netzwerk ein kleines Sternbild des südlichen Himmels. Jede Fachrichtung könnte demnach ihre eigene Netzwerkgeschichte schreiben.

Natürlich existierten Netzwerke lange bevor der Begriff entwickelt wurde: »Der Netz-Begriff gehört zu den Konzepten, die [erzeugen], was sie erkennen, und dies dann auch dort erkennen, wo nichts erzeugt, sondern evolutionär emergiert ist«. (Böhme) Das Denken in Netzen hat es schon immer gegeben:

In Mesopotamien entwickelte man Abwassernetze, die Römer bauten ihre Straßennetze und Venedig hatte sein Handelsnetz. Der Begriff selbst wird jedoch erst im 19. Jahrhundert geläufig, ein Grund hierfür ist sicherlich, daß nun in schnellerer Folge immer mehr Netzwerke in der Gesellschaft sichtbar werden. In der Literatur werden Netze folglich immer wieder als eine »basale Konstitutionsbedingung der Moderne« bezeichnet, die erst durch technologische und kommunikative Entwicklungen wie Elektrizität, Telegraphie, Eisenbahn- und Verkehrsnetze entstehen konnten. Diesen großtechnischen Infrastrukturen wird »der Effekt zugeschrieben die Gesellschaft zusammenzuschließen« (Stefan Kaufmann). Im Jahr 1811 entsteht der Raster-Netzplan für Manhattan, zwanzig Jahre später entwirft Friedrich List ein deutsches Schienensystem, das er »Netz« nennt, und Hermann von Helmholtz übernimmt den Netzbegriff für die Physiologie. Gleichzeitig werden aber auch erstmals die Gefahren von Vernetzung diskutiert, u. a. die Ausbreitung von Epidemien.

Inspiriert von der technischen Entwicklung, beginnt Anfang des 20. Jahrhunderts die soziale Analyse von Netzwerken. Naturwissenschaftliche und technische Methoden werden mit sozialwissenschaftlichen Ansätzen verbunden. Georg Simmel geht in seiner »Stadtsoziologie« der Entstehung von sozialen Netzwerken nach. Kurt Lewin, Fritz Heider und Jacob Moreno wenden erstmals Ideen aus der Psychiatrie an, um soziale Interaktionen von gesellschaftlichen Netzwerken zu erklären. Ihre methodischen Aufsätze werden in den 1920er und 30er Jahren in den USA aufgenommen, wo sich u. a. eine Harvard-Gruppe um Harrison White auf die mathematische Komponente von Netzwerkanalysen spezialisiert. Für Soziologen bieten Netzwerke eine Möglichkeit, im Sinne von Pierre Bourdieu die »verborgenen Strukturen der verschiedenen sozialen Welten, aus denen das gesellschaftliche Universum besteht [...] zum Vorschein zu bringen«. Sie versuchten in einer ersten Entwicklungsphase, kommunikationstechnische Vernetzungen von Gruppen auf kommunaler oder nachbarschaftlicher Ebene zu untersuchen. Die Idee war, eine Art »Landkarte der Beziehungen« zu entwickeln. Dieses Konzept wurde auch von Anthropologen aufgegriffen, die in den 1920er Jahren Diagramme entwarfen, um soziale Interaktionen in Organisationen zu entschlüsseln. An der Universität Manchester versuchte Bruce Kapferer anhand von Datenmaterial die Wahrscheinlichkeit von Streikbewegungen in Fabriken zu ermitteln. Er untersuchte zu diesem Zweck das gesamte gesellschaftliche Netzwerk der Arbeiter, von ihrer Herkunft, ihren Heiratsverbindungen sowie ihren Freizeitaktivitäten bis hin zum Einfluß der Lokalpolitik auf ihre Existenz. Dieser mikrosoziologische Ansatz wurde im Laufe der Jahre makrosoziolgisch ausgebaut – ganze Gesellschaften sollten mit Netzwerkanalysen erklärt werden.

Gesellschaftlichen Netzwerken wird von Soziologen eine große Bedeutung zugeschrieben, da durch sie für den Einzelnen »soziales Kapital« (Pierre Bourdieu) entstehen kann. Neben dem physischen Kapital und dem Humankapital, d. h. also neben den eigenen Fähigkeiten und der Ausbildung, bezieht sich der Begriff Sozialkapital »auf bestimmte Grundzüge der sozialen Organisation, beispielsweise auf Netzwerke, Normen und soziales Vertrauen, die Koordination und Kooperation zum gegenseitigen Nutzen fördern«. Soziologen erkannten auf diesem Weg auch, was schon der gesunde Menschenverstand nahelegt: Im Alltag kann eine gute soziale Vernetzung darüber entscheiden, ob man gesund und länger lebt; im Beruf können Vernetzungen ausschlaggebend für den positiven Ausgang von Projekten sein. Dieses soziale Kapital hilft wiederum langfristig, ökonomisches oder kulturelles Kapital (Wissen, Geschmack, Kultiviertheit) zu erlangen. Soziale Netzwerke, so die Schlußfolgerung, können also Prestige, Wohlstand und Macht produzieren. Auf dieser Idee bauen Webseiten wie Facebook auf. Sie bieten jedoch rein ›virtuelles‹ soziales Kapital.

Netzwerkanalysen aus der Soziologie werden auch von Historikern bemüht, die hierin eine Hilfestellung sehen, um das Chaos an Datenmaterial in die Fläche zu sperren. Ihr neuerwachtes Interesse an Netzwerken hängt auch mit dem »topographical turn«, dem Denken in räumlichen Ordnungsmustern zusammen, die eine Alternative zu den üblichen Verzeitlichungsmodellen bieten. Einer der ersten Historiker, der sich für die Netzwerkkonzepte der Sozialwissenschaften interessierte, war Wolfgang Reinhard. Er untersuchte in seinen Arbeiten die Verflechtungen von frühneuzeitlichen Eliten und stellte in den Mittelpunkt seiner Untersuchungen vier soziale Kreise und ihre Verknüpfungen: Verwandtschaft, Landsmannschaft, Freundschaft und Patronage. Reinhards Denken in Netzwerken hat Historikern die Möglichkeit gegeben, Sozialbeziehungen zu entdecken, die ihnen bis dahin verschlossen waren.

Doch Methoden aus der Soziologie zu übernehmen ist für Historiker nicht ungefährlich. Soziologische Modelle sind in sich geschlossene Gebilde. Man kann daraus nicht einfach einzelne Elemente verwenden, ohne das ganze Modell zu übernehmen. Außerdem sind die Kriterien wissenschaftlicher Beweisführung und die Erkenntnisinteressen in den Sozialwissenschaften nicht immer mit denen der Geschichtswissenschaften identisch. Sind dann sozialwissenschaftliche Konzepte überhaupt brauchbar für eine historische Untersuchung? Kann ein Historiker versuchen, mit seinem Datenmaterial ein sozialwissenschaftliches Modell zu verifizieren? Anders als sozialwissenschaftliche Netzwerktheoretiker können und wollen Historiker beispielsweise keine Voraussagen darüber machen, wie Akteure sich in einem Netzwerk verhalten werden. Sie müssen sich in ihren Arbeiten streng auf die zwei Grundfragen der Netzwerkanalyse beschränken: Erstens, wie ist ein Netzwerk zusammengesetzt, wie entwickelt es sich, wie zerfällt es? (Formation, Evolution, Dissolution) und – zweitens – welche Position nimmt ein Akteur in diesem Netzwerk ein (in der Netzwerksprache wird dies ›centrality‹ genannt)? Dabei ist es hilfreich, mit Graphiken zu zeigen, wie einzelne Akteure miteinander verbunden sind (d. h. ihr »degree of connectedness« darzustellen). Diese »graph hierachy« kann deutlich machen, wer in einem Netzwerk einen höheren Status hat oder wie statusbewußt das Netzwerk überhaupt ist. Gleichzeitig sind für Historiker auch die »structural holes« der Netzwerkforschung interessant. Hierbei geht es um die Abwesenheit von Netzwerkverbindungen, d. h. um die Lücken in einer Gesellschaftswelt, die von geschickten Vermittlern überbrückt werden können. Für die Vermittler ist dies eine Chance, ihr eigenes soziales Kapital zu erhöhen. Sie sind »go-betweens« (oder in der Sprache der Netzwerkanalyse: sie haben eine »betweenness centrality«).

Bei allen Versuchen, Ordnung in Netzwerke zu bringen, bleiben sie das große Paradoxon unsere Gesellschaft. Sie haben positive und negative Konnotationen. Man kann sich in Netzen verstricken und durch ihre Maschen fallen, gleichzeitig fangen Netzwerke ihre Akteure auf und schützen sie. Netzwerke verhindern eine dynamische Entwicklung und beschleunigen sie gleichzeitig. Sie spiegeln die Angst und die Hoffnung vor einer globalen Zukunft wieder.

Literatur:
Jürgen Barkhoff, Hartmut Böhme, Jeanne Riou (Hgg.), Netzwerke. Eine Kulturtechnik der Moderne, Köln 2004.
Peter J. Carrington u. a. (Hg.), Models and methods in social network analysis, Cambridge 2005.
Dorothea Jansen, Einführung in die Netzwerkanalyse, Stuttgart 2006.
Heiner Keupp, Soziale Netzwerke. Eine Metapher des gesellschaftlichen Umbruchs?, in: Soziale Netzwerke, hg. von Heiner Keupp und Bernd Röhrle, Frankfurt am Main 1987 (Starker Bezug auf aktuelle gesellschaftliche Prozesse, aber kurze allgemeine Einführung).
Martin Kilduff, Wenpin Tsai, Social networks and organizations, London 2003.
Ben Mezrich, Milliardär per Zufall: Die Gründung von Facebook – eine Geschichte über Sex, Geld, Freundschaft und Betrug, München 2010. (Buchvorlage für den Film ›The Social Network‹).
Christian Stegbauer, Netzwerkanalyse und Netzwerktheorie: Ein neues Paradigma in den Sozialwissenschaften, Düsseldorf 2010.
Stanley Wasserman, Katherine Faust, Social network analysis: methods and application, New York 1994.
Johannes Weyer, Weder Ordnung noch Chaos. Die Theorie sozialer Netzwerke zwischen Institutionalismus und Selbstorganisationstheorie, in: Technik, die Gesellschaft schafft. Soziale Netzwerke als Ort der Technikgenese, hg. von dems. u. a., Berlin 1997, 53–99.

Internet:
Netzwerk-Workshops für Historiker: http://hsozkult.geschichte.hu-berlin.de/termine/id=13416

8. Stiftungen

Armin von Ungern-Sternberg

Philanthropie heißt Menschenliebe, und man hat gesagt, das Beste, was man einem anderen schenken könne, sei eine Erkenntnis. Als Fluchtpunkt aller wohltätigen Arbeit wäre insofern der Anspruch im Titel von Comenius' Großer Didaktik anzunehmen, ›die vollständige Kunst, alle Menschen alles zu lehren‹. Doch die Erziehung des Menschengeschlechts kennt nicht nur Ideale, sie ist auch ein pragmatisches Geschäft. Schon für Gottsched waren 1733 lediglich die »ersten Gründe der Gesamten Weltweisheit« das Ziel. Ein Bucherfolg der 1950er Jahre versprach als ›Bildungsbuch‹ seinen Lesern noch, »als Mensch das Ganze der modernen Welt einigermaßen zu überblicken«. Der Verkaufsschlager ›Bildung‹ im neuen Millennium verhieß im Untertitel nur mehr alles, was man wissen müsse – wozu, blieb in gewisser Weise offen.

Wenn es heute heißt, Bildung, Bildung und noch einmal Bildung sei das ›Megathema‹ unserer Gesellschaft, mag manche das Gefühl beschleichen, es handele sich dabei um eine fortgeschrittene Schwundstufe dessen, was die Weisheitsliteratur einst empfahl. Auch von Wohltätigkeit ist in Bildungsdiskussionen heute kaum mehr die Rede, selbst dann nicht, wenn es um Geld geht. Statt dessen sprechen auch Stiftungen eher von Investitionen. Gerne zitiert man John F. Kennedy, es gebe auf Dauer nur eins, was teurer sei als Bildung: keine Bildung. Indes, das Geld ist knapp, und die Forderungen sind hoch. Stichworte der gegenwärtigen Diskussion – als Vorwurf oder Forderung – lauten Unterrichtsgarantie, Ausbildungspakt, Lehrerqualifikation, Elternversagen, mangelnde Studierfähigkeit, und auch das Wort von der ›Generation Praktikum‹ oder angemahnte Hilfestellungen für Unternehmensgründer gehören hierher. Von nicht vermittelbaren Absolventen und Arbeitslosen ist die Rede; noch mehr aber von Exzellenz, als könne sie durch die richtigen Maßnahmen gleichsam produziert werden. Die Wahrnehmung eines ›Bildungsnotstands‹ hat durch den ›PISA-Schock‹ und vergleichbare Studien einen äußeren Anlaß, doch die Angst zurückzufallen und zu verarmen, bleibt diffus. Wo solcherart die Aufgeregtheit groß ist, herrscht meist auch das Gefühl, zu wenig Zeit zu haben. Hätte Bildung da nicht noch einmal (mit Robert Frost) als die Fähigkeit zu gelten, fast alles anhören zu können, ohne die Fassung zu verlieren oder das Selbstvertrauen? Daß bei kaum einem anderen Thema Meinungsunterschiede so schnell grundsätzliche Differenzen offenbaren, die am Ende unversöhnlich wirken, mag schon einiges über unsere ›Bildungskatastrophe‹ aussagen.

Die Menschenkenntnis, noch im 18. Jahrhundert fraglos Teil des Bildungsbegriffs, läßt vermuten, daß dort, wo unsichere Erwartung und angespannte Unruhe zusammentreffen, auch Geld im Spiele ist oder den Einsatz lohnte: als Hilfe, als Hoffnung auf Gewinn oder zur Mehrung des eigenen Ansehens. Vorschläge zur Reform des Bildungswesens und -systems verlangen eine verbesserte frühkindliche Erziehung (mit vermehrter Anerkennung der Leistung von Erzieherinnen), eine größere Autonomie von Schulen (nebst der zugehörigen Ausbildung der Lehrkräfte), erfolgreichere Umschulung und Arbeitsvermittlung (mit qualifizierterem Personal und besseren Mitteln), Eliteuniversitäten (mit passenden Budgets). Ein Mehr an Bildung ist teuer, sofern mehr erstrebt wird als eine Neuverteilung vorhandener Mittel nach den Kriterien von mehr Leistungsbereitschaft und weniger Bequemlichkeit. Die Hoffnung auf privates Geld, zumal von Stiftungen, liegt nahe und sie ist nicht vergebens: Stiftungen sind in vielen Bereichen unverzichtbar geworden. Doch ruft man sie, kann es auch anders kommen, als man denkt, etwa dann, wenn ein wichtig gewordener Partner sich zurückzieht oder sein Engagement an Vorbedingungen und Auflagen knüpft. Stiftungen, zumal die großen, verfolgen auch ihre eigene Agenda. Stiftungen geben nicht einfach Geld, sie geben es in bestimmter Absicht. Es ist eine vielleicht veraltete, vielleicht auch schlicht naive Vorstellung (die es gleichwohl bis in Lehrbücher geschafft hat), daß non-profit auch no-interest heiße. Die Interessen sind höchst vielgestaltig. Bei allein 14.400 rechtsfähigen Stiftungen bürgerlichen Rechts in Deutschland, die alle einem Stiftungszweck verpflichtet sind, ist Platz für alles, für viele Besonderheiten und auch Absonderliches.

Auf Grund des Vorzugs eines aller Voraussicht nach dauerhaften Vermögens können Stiftungen es sich leisten, über den nächsten Tag hinauszublicken. Vordenker aber sind nicht immer Gönner und selten geduldig, und es gehört zum Selbstverständnis eines Kompetenzzentrums, daß man dort selbst am besten wisse, was not tue – so wie Experten gerne befürchten, daß es jenseits der von ihnen selbst erreichten Höhe an Spezialwissen steil bergab zu gehen drohe. Sich um Glaube, Bildung, Gesundheit und Moral des Nächsten zu sorgen (aber auch um das eigene Seelenheil oder die persönliche Fama), ist ein alter Beweggrund für die Gründung und Führung einer Stiftung. Daß die Jugend von heute einer Zeit des Wandels nicht gewachsen sei, ist die Sorge von Eltern jeder Generation. Doch von Menschen- oder gar Kindesliebe ist heute in der täglichen Pressearbeit deutscher Stiftungen weniger die Rede als von Verantwortung, Innovation und von Impulsen. (Bei dem Begriff ›Fortschritt‹ ist man inzwischen vorsichtiger geworden.)

Gemeinnützigkeit definiert sich heute häufig abstrakt und als gesamtgesellschaftlicher Nutzen – und Bildung erscheint in diesem Kontext. Das war nicht immer so. Angesichts von Begriffen wie Basiskompetenzen, Schlüsselqualifikation, Kulturwerkzeugen fällt mir ein, was unser alter Griechischlehrer auf den Einwurf, man habe doch auch zu leben in der jetzigen Zeit, einen hinreichenden Grunde nannte, die antike Sprache zu lernen: als Übung, etwas scheinbar Sinnloses als Selbstzweck zu verfolgen. Erst im Berufsleben ist uns aufgegangen, wie viel wir da nicht nur fürs Leben lernten, sondern auch darüber, was Bildung ist und wie Erkenntnisse entstehen. Absichtliche Absichtslosigkeit ist nicht umsonst eine Forschungsmethode, und nach Max Weber ›Hazard‹ der Kern von Wissenschaft als Beruf. ›Hazard‹ können sich Stiftungen leisten. Nicht immer aber diejenigen, die in Stiftungen arbeiten. ›Non profit‹ bedeutet keineswegs weniger Erwartungsdruck oder mehr Geduld: Stiftungen haben möglicherweise viel Geld, aber nicht notwendigerweise etwas zu verschenken.

Finanzen, Arbeit, Ansprüche

Ein Bundeskanzler hat gesagt, entscheidend sei, was hinten rauskomme, und auch das ist eine Lebensregel. Fakt ist, das Stiftungswesen ist im Aufwind: 2006 gab es mit 899 Neugründungen einen neuen Rekord, und wir dürfen annehmen, daß die Geldquellen hierzulande noch nicht ausgeschöpft sind. Stiftungen machen dabei allenfalls fünf Prozent der gemeinnützigen Organisationen in Deutschland aus. Die Zahlen sind ungenau, und selbst Schätzungen schwierig. Es gibt die erwähnten 14.400 selbständigen (und wohl doppelt so viele sog. unselbständigen) Stiftungen bürgerlichen Rechts; es gibt ein Mehrfaches an Stiftungen kirchlichen Rechts und schließlich auch solche öffentlichen Rechts. ›Stiftung‹ ist aber kein präziser Begriff für eine bestimmte institutionelle Form oder Arbeitsweise. Nicht wenige ›Stiftungen‹ existieren in anderen Gesellschaftsformen, z. B. als Verein, als GmbH oder auch als KG. Rechtsformen und die Geschichte des Stiftungswesens in Deutschland sind andernorts beschrieben. Rechtsverhältnisse ändern sich, und auch von Land zu Land und Kontinent zu Kontinent sind Unterschiede zu erkennen. Die Bildungsarbeit von Stiftungen aber ist nicht allein Ausdruck ihrer Ambitionen oder Organisationsform, sondern auch abhängig von ihrem institutionellen Umfeld.

In der Freude über die neue ›Stifterkultur‹ schwingt Zufriedenheit über wachsendes Bürgerengagement mit. Der stets folgende Hinweis auf die Bedeutung der ›civil society‹ (der bisweilen dem Ruf nach dem Geld anderer Leute ähnelt) ist gleichwohl ungenau. Stiftungen sind oft aus privater Initiative entstanden, sie leisten aber keineswegs immer ehrenamtliche Arbeit. Zumal größere Stiftungen, welche Mittel und Macht haben, etwas zu bewegen, beschäftigen bezahlte Profis und entschädigen auch ihre Beiräte und Kuratorien für den Aufwand. Karrieren bieten indes auch kleinere Stiftungen und selbst die kollektive Verwaltung von Kleinststiftungen kann sich lohnen, so wie die Arbeit für andere Nichtregierungsorganisationen auch. Die oft beschworene Stiftungskultur ist auch die einer Branche, welche wie jede andere ihre eigenen Bezüglichkeiten hat. Daß inzwischen eigene Studiengänge zu ›non profit management‹ entstehen, war daher zu erwarten.

Bei vielen Bildungsfragen geht es um Geld, und das ist immer noch das erste, was man gängigerweise mit Stiftungen assoziiert. Viele Stiftungen aber, Neugründungen zumal, besitzen kaum mehr Kapital als das von Anerkennungsbehörden für selbständige Stiftungen üblicherweise geforderte Mindestvermögen von 50.000 Euro. Statistiken, die kursieren, bieten wenig belastbare Zahlen. Weder besteht in Deutschland ein Stiftungsregister, noch folgen die vorliegenden Selbstauskünfte einer vergleichbaren Berechnungsgrundlage. Man darf davon ausgehen, daß drei Viertel der Stiftungen über ein Anlagevermögen von unter oder knapp 1 Million Euro verfügen und daß die jährlichen Gesamtausgaben der Hälfte aller Stiftungen je 100.000 Euro nicht überschreiten; ein gutes Viertel dürfte es auf nicht einmal je 10.000 Euro bringen, während auf der anderen Seite des Spektrums kaum mehr als 5 Prozent über jährliche Mittel von jeweils mehr als 5 Millionen Euro verfügen. Nicht immer eröffnet viel Geld aber auch viele Möglichkeiten. Nicht wenige Stiftungen sind als sog. Anstaltsstiftungen dem Unterhalt einer einzigen Institution verpflichtet, oft einem Krankenhaus oder Altersheim. Schulen oder Bildungswerke werden häufiger von einem Verein oder einer GmbH getragen. Nachlaßstiftungen widmen sich der Pflege des ihnen anvertrauten Gutes, ggf. auch einer gewissen Bildungsarbeit. Zunehmend werden auch Museen oder Universitäten von der öffentlichen Hand in Stiftungen umgewandelt mit der Absicht, neue Freiheiten zu eröffnen, Kosten zu sparen und stets mit der Hoffnung, neue Gelder zu erschließen, sei es durch Spenden oder Zustiftungen von Dritten. Zu diesem Trend gehört eine steigende Zahl von Bildungseinrichtungen, die nach Kürzungen für den Erhalt ihrer Grundausstattung und wesentlichen Tätigkeit auf Kofinanzierung angewiesen sind. Umgekehrt scheinen Stiftungen immer seltener bereit, Gelder für eine solche ›institutionelle‹ Förderung bereitzustellen, sofern sie sich den Empfängern nicht in besonderer Weise verbunden fühlen, sei es durch räumliche oder persönliche Nähe, durch eine maßgebliche Beteiligung an der Gründung oder dadurch, daß die Einrichtung auch öffentlich mit dem Stiftungsnamen eng verbunden ist. Stiftungen beschränken sich überhaupt zunehmend weniger darauf, ihnen vorgelegten Anträgen zu entsprechen. Etwas mehr als die Hälfte der deutschen Stiftungen (manche sprechen noch von zwei Dritteln) ist in diesem traditionellen Sinne fördernd tätig. Bereits ein Fünftel konzentriert sich ganz auf die eigene sog. operative Arbeit – und es sind in der Regel die Stiftungen, welche mehr Geld haben. Die Neigung zu eigener Programmarbeit wächst mit der Zahl qualifizierter Mitarbeiter, die in der Lage sind, eigene Vorstellungen zu entwickeln und diese auch umzusetzen.

Zur Erreichung ihrer Ziele geben Stiftungen nicht nur eigenes Geld aus, sie ziehen zunehmend auch Geld an sich. Kleinere Stiftungen kümmern sich auch um den eigenen Vermögensaufbau oder arbeiten mit Spenden. Für ihren guten Zweck können Stiftungen auch öffentliche Zuwendungen erhalten. Im Gegensatz zu sog. Charities organisieren Stiftungen noch kaum Benefizveranstaltungen oder ein eigenes Fundraising, doch die Grenzen werden fließender. Größere Stiftungen können privaten Geldgebern oder kleineren Stiftungen, die sie ansprechen und die ähnliche Ziele verfolgen, eine organisatorische Kompetenz und Medienreichweite bieten, die ihnen ansonsten fehlte. Die Konkurrenz wächst, manchenorts auch die Kooperation, und wie überall im Berufsleben gibt es auch in der Stiftungsbranche solche, die in Bilanzsummen oder der Zahl ihrer Mitarbeiter und Partner denken. Gut geführte Stiftungen handeln heute unternehmerisch, die kleinen aus Notwendigkeit, die größeren aus Übung, und denken wie andere Organisationen auch in Begriffen von *lean management*, *outsourcing* und *maximum output*.

Dergleichen mag manchem hartherzig erscheinen und ist doch konsequent, denn es gibt wohl keinen Bereich menschlichen Lebens, in dem es nicht wünschenswert erschiene, mehr Geld zu haben. (Bei ›Bildung‹ zumal scheint heute nach oben hin kaum eine Grenze zu gelten.) Stiftungen, und vielleicht sogar besonders jene mit genügend freien Mitteln, legen indessen Wert darauf, in ihrer Arbeit flexibel zu bleiben. Im Sinne strategischer Projektarbeit ist daher eine langfristige oder beträchtliche Förderung anderer nicht immer angeraten, denn die Zeiten ändern sich und mit ihnen die Aufgaben, denen sich Stiftungen gegenübersehen oder die sie sich selbst stellen. Auch im Bildungsbereich ist bei vielen Fördermaßnahmen oder Projekten ein begrenzter Turnus von drei oder höchstens fünf Jahren üblich geworden.

Zunehmend betrachten Stiftungen es als ihre Aufgabe, nicht nur anderen finanziell auszuhelfen, sondern die Gesellschaft durch ihre Arbeit auf verdrängte oder ungelöste Probleme hinzuweisen, wenn nicht sogar alternative Instrumente und Lösungskonzepte für sie auszuarbeiten. Was für die einen ambitioniert klingt, läßt andere an einen zwar potenten, aber auch etwas schwierigen, besserwisserischen Partner denken. Stiftungen können sich in der Tat ein wenig wie Erziehungsberechtigte verhalten: Sie denken an die von ihnen Geförderten in dem Sinne, was sie selbst für deren Bestes halten. Sie vertreten bestimmte Sachanliegen und mit den von ihnen Geförderten mittelbar die Interessen bestimmter Gruppen. Daß in Deutschland noch keine Debatte über die Transparenz von Stiftungen oder eine ihnen unterstellte Weltanschauung oder politische Agenda geführt wird, spricht dafür, daß Stiftungen hierzulande in dieser Hinsicht sensibel und ausgewogen handeln, oder dafür, daß die Diskussion noch nicht so weit gediehen ist wie in anderen Ländern oder wie es im Europa des 18. Jahrhunderts im Streit um die Bildungsarbeit und das Netzwerk der Jesuiten der Fall war.

Klar ist: Stiftungen wirken nicht nur durch ihr Geld, sondern auch durch eigene Ideen und dies mit Absicht. Sie beanspruchen eine Sonderstellung, und zwar nicht nur, weil sie die Mittel und damit die Unabhängigkeit besitzen, unbequeme oder weitsichtige Fragen zu stellen: Wer einen Mangel feststellt, Verbesserungspotential entdeckt oder Impulse geben möchte, sollte vorsichtig oder kampfbereit sein und auch zeitweilige Isolation nicht scheuen. Kleinere Initiativen treten dabei oft meinungsstärker auf als größere. Auch Stifter, die ihr Vermögen selbst aufgebaut haben, oder Erben (die gegen andere Widerstände kämpfen) neigen eher dazu, auf sich gestellt zu arbeiten als jene Stiftungen ›ohne lebenden Stifter‹, die sich als Institution in anderen Zusammenhängen orientieren, wo es angeraten sein kann, in Gremien oder im näheren Umfeld auf Annäherung und Ausgleich bedacht zu sein. Stiftungen nehmen sich Minderheiten an, selten aber nehmen sie eine wirkliche Mindermeinung ein. Es mag auch schlicht effizienter sein, mit der Unterstützung vieler und der entsprechenden Resonanz zu arbeiten. An Stiftungsarbeit läßt sich jedenfalls nicht nur ablesen, was eine Gesellschaft vernachlässigt – das wird oft behauptet –, sondern auch, was ihr derzeit wichtig ist und daher Reputation einbringt. Und natürlich gibt es immer auch diejenigen, die mediale Aufmerksamkeit suchen.

Daß Stiftungen für sich und ihr Tun nicht nur des Geldes wegen Anerkennung suchen, sollte nicht überraschen; nur wenige finden ihren Stolz darin, als Pfeffersack zu gelten. Auf Anhieb weniger selbstverständlich erscheint, daß gemeinhin in der inhaltlichen Arbeit von Stiftungen ein Ideenreichtum, eine Lösungskompetenz und ein Organisationsgeschick vermutet werden, wie sie im alltäglichen Gang der Dinge und auf seiten der eigentlich Zuständigen kaum möglich seien. Als viel von Reformstau die Rede war und davon, daß ein Ruck durch die Gesellschaft gehen müsse – und zwar ebenfalls von dem archimedischen Punkt derer aus, die es besser wüßten –, wurden Stiftungen gern umworben und als ›Ideen-Agentur‹ bezeichnet. Stiftungen, die es sich leisten können, haben in der Tat einen weitergehenden und verbindlicheren Anspruch als der Expertise verpflichtete *think tanks*. Konzepte anderer umzusetzen, genügt Stiftungen dabei selten. Sie stehen insofern in einer besonderen Bewährungsprobe. Daß Stiftungen, die genügend Potential für überregionale Arbeit besitzen, dann auch darauf achten, daß sich ihre Wege nicht kreuzen, mag ein Gewinn für die Gesellschaft sein. Andererseits kann man jeder Art von Monopol skeptisch gegenüberstehen. Ein Ringen um die beste Lösung, ein Wettbewerb der Kräfte und Ideen wird jedenfalls nur selten offen angestrebt, und angesichts des Gerangels zahlreicher Hilfsorganisationen mag man damit ganz zufrieden sein.

Gleichwohl kann man auch Stiftungen ein Geschäftsmodell unterstellen, sofern sie sich nicht nur sachbezogen, sondern auch in ihrer Positionierung gegenüber anderen Institutionen bestimmen. Jede Stiftung möchte auf ihrem Gebiet die beste Lösung finden, die brillantesten Stipendiaten um sich scharen, den schönsten Erfolg erzielen und das am besten auf ganzer Breite, wenn nicht gar vor aller Augen. Stiftungen kooperieren bisweilen miteinander, zumal in größeren, ausgreifenden Projekten, aber auch dann achten sie im größeren ganzen gerne auf für sie identifizierbare Bestandteile. Investitionen in Projekte sind nicht nur Beiträge zu öffentlichen Gütern, sondern auch Einlagen ins eigene Ansehen und den Wert eigener Netzwerke. Und es ist nicht verwerflich, Gutes zu tun und darüber zu reden. Gute oder fromme Werke kennt man aus der Stiftungsgeschichte, ebenso einander übertrumpfende Altarstiftungen. Neuer ist die Vorstellung eines inhaltlichen Komparativs: es besser zu machen oder zu wissen als andere.

In der Tat verläuft die sog. Bildungsdebatte – und mit ihr das Wirken von Stiftungen in diesem Bereich – entlang von Steigerungsformen: Dieses müßte besser organisiert werden, jenes früher geschehen, das stärker betont werden; mehr Bildung, mehr Einsatz und auch mehr Stiftungsengagement werden gefordert. In der praktischen Umsetzung handelt es sich nicht selten um Zusatzleistungen, z. B. auf dem Weg zur Ganztagsschule, zu mehr Schulautonomie, für mehr Elternarbeit, für mehr Sprachunterricht, mehr Wirtschaft in der Schule, mehr Lesen, für interkulturelle Pädagogik oder kritische Medienerziehung, überhaupt größere Aufmerksamkeit für dieses oder jenes, für intensivere Umschulung und Vermittlung. Der Wirkungsmechanismus ist insofern eher korporativ, eher evolutionär als revolutionär. Stiftungen suchen heute selten einen Neubeginn von Null an, außerhalb der Stadt, am Rande der Gesellschaft oder ganz abseits des Üblichen, wie die Gründer alternativpädagogischer Zentren oder karitativer Orden; sie bemühen sich um Modellprojekte, die von anderen in ihre bestehende Arbeit integriert werden können. Stiftungen sind vielleicht nicht auf finanzielle Ressourcen anderer angewiesen, aber doch auf die Kooperationsbereitschaft derjenigen, die eigentlich zuständig sind, solange sie nicht eine Parallelwelt aufbauen wollen. Dies ist vielleicht nicht mutig genug, aber doch pragmatisch und daher sinnvoll mit Blick auf das, was manche als ein Grundübel betrachten: daß in Deutschland Bildungsarbeit in weiten Teilen zuerst als hoheitliche Aufgabe begriffen wird. Auch Stiftungen haben wenig Einfluß auf Laufbahnen, Schulstrukturen, Schulgrößen, Bildungsetats oder auf die Ausbildung, Einstellung und Verbeamtung von Lehrern, außer bei lokalen Einzelprojekten. Bereits die Förderung neuen, moderneren Unterrichtsmaterials hat sich mit der schulbehördlichen Zulassung von Lehrmitteln zu arrangieren, außer, wenn es sich um Unterlagen für Erwachsenenbildung oder einen Projektkoffer für Jugendbildungsstätten handelt. Alternatives Material für universitäre Studiengänge ist denkbar, aber selten.

Es ist also verständlich, aber nicht zwingend notwendig, was de facto zu beobachten ist: daß Stiftungen – anders als andere ›Nichtregierungsorganisationen‹ – eher kooperativ denn in Konkurrenz zu öffentlichen Stellen oder gar anklägerisch auftreten. Ziel mancher Bildungsprojekte von Stiftungen ist sogar explizit deren Übernahme durch staatliche Stellen, die dann als Erfolg verbucht und geradezu als Beleg für die Wirksamkeit der eigenen Initiative genommen wird. Es ist interessant, daß inmitten der auch von Stiftungen engagiert geführten Debatte um den ›schlanken‹ Staat und ›die Bürgergesellschaft‹ dies nicht weiter thematisiert wurde. Während in anderen Ländern schon die Schirmherrschaft eines Politikers über eine private Initiative durchaus für Überraschung sorgt, mag in Deutschland die Kooperation von Stiftungen mit öffentlichen Stellen und ihr Wunsch, Berater einer klugen Politik zu sein, tatsächlich auf ein anderes Staatsverständnis hindeuten. Die Nähe zur Politik oder zu Medien mag auch gutes Management sein: Stiftungen, und zumal bekannteren, wird einiges an Goodwill und Ehrungen entgegengebracht, was ein effizienteres Wirken ermöglicht, als auf eigene Faust handeln zu müssen. Stiftungen können mittels ihrer Finanzen, ihrer Mitarbeiter und Kontakte durchsetzen, was anderen schwerer fiele. Sie müssen daher auch weniger Zivilcourage an den Tag legen als andere Einrichtungen, und mit ihrem Personal haben sie eine Ressource, die der übrigen Zivilgesellschaft oftmals fehlt: Zeit, im Sinne von Arbeitszeit.

Themen, Wirkungsmodelle, Nebenwirkungen

Auf die Frage, wie viele Stiftungen sich in Bildungsthemen engagieren, gibt es keine eindeutige Antwort. Angaben zu Förderzielen sind ungenau, da immerhin mehr als ein Fünftel der deutschen Stiftungen explizit mehr als drei definierte Stiftungszwecke verfolgt, diese aber, von der Abgabenordnung abgeleitet, oft sehr vage formuliert sind. Man kann davon ausgehen, daß etwa ein Drittel aller Stiftungen sich auf soziale Zwecke konzentriert. Jeweils 14 Prozent sehen sich der Förderung von ›Bildung und Erziehung‹, ›Wissenschaft und Forschung‹ bzw. ›Kunst und Kultur‹ verpflichtet. Die Grenzen sind dabei fließend, denn natürlich wollen auch soziale Maßnahmen zu einer besseren Bildung beitragen, besonders seitdem die öffentliche Aufmerksamkeit sich auf Zusammenhänge von Lernerfolg und sozialer Herkunft richtet. Insofern nehmen sich wohl die meisten deutschen Stiftungen dieses Themas an, wenngleich mit unterschiedlichen Ansätzen und Schwerpunkten.

Dabei scheint sich in Presse, Funk und Fernsehen wie auch im Alltag eine Veränderung des Bildungsbegriffs abzuzeichnen, welche auch die Arbeit von Stiftungen beeinflußt. Im heutigen Wortsinn beinhaltet Bildung nicht mehr Ethik, umfaßt nicht mehr das, was einmal moralische Bildung hieß, geschweige denn Manieren und Schicklichkeit, wie es früher durchaus ein Anliegen von Stiftungen war. Falls Bildung die geistige und soziale Fähigkeit meint, gedankliche Zusammenhänge herzustellen und diese sprachlich und ggf. öffentlich so vermitteln zu können, daß andere sie verstehen, ist es vielsagend, daß Ansehen und Förderung der sog. Geisteswissenschaften (die darin ihren Ursprung nehmen) ähnlich zurückgegangen sind wie vielerorts das ›Studium Generale‹. Nur wenige werden bei ›Bildung‹ noch an Hausmusik und Salonkultur denken, und auch die ›gemeinschaftsbildende Kraft der Kultur‹ (Gadamer) scheint im Begriff, zurückzutreten, seitdem das Gerede von einer ›Leitkultur‹ mehr Reflexe als Reflexion auslöst. ›Kulturförderung‹ erscheint von ›Bildung‹ im Tagesgeschäft sowie argumentativ getrennt und nimmt bei Stiftungen, die sich nicht explizit auf sie konzentrieren, einen nachrangigen Anteil ein. In Zielsetzungen von Landeslehrplänen ist viel von der Entfaltung der Persönlichkeit in Selbstbestimmung und Selbstverantwortung die Rede, von gesellschaftlicher Anteilnahme und vom Verständnis für das Wertesystem unserer Gesellschaft; doch wird all dies offenbar nicht unmittelbar unter dem Begriff der Bildung subsumiert, sonst müßte in den Medien eine noch ganz andere ›Bildungskatastrophe‹ beschworen werden.

Neben der oft beschriebenen Erweiterung des

Kulturbegriffs ist mithin eine Engführung des Bildungsbegriffs zu beobachten. Mit dem Schlagwort der Informationsgesellschaft und der Vorstellung einer ständigen Zunahme von Wissen mit immer kürzeren Verfallsdaten gewinnt der Vorschlag an Überzeugungskraft, man müsse vor allem lernen, wie man lernt. Für sich genommen ist ein solcher Gedanke indessen inhaltsleer, und führte sogar zu einem Regress at infinitum sofern nicht eine Verständigung über Grundlagen dazwischentritt. Schon vorzeiten gingen Studienordnungen davon aus, man lerne am besten ›exemplarisch‹, und altgediente Gymnasialprofessoren würden hier gleich eine Lanze für die humanistische Bildung brechen, die eine solche Basis lange Zeit geboten hat. Demgegenüber wird unter ›Bildungsarbeit‹ heute weniger die Weitergabe bestimmter Inhalte verstanden oder eine traditionsbewahrende (oder barmherzige) Tätigkeit. Auch der einst ehrenwerte Begriff der Volksbildung, der dergleichen noch umfaßte, wird in Stiftungssatzungen heute als leicht verstaubt beiseitegekehrt. ›Bildungsarbeit‹ gilt vielmehr als eine Aktivität, die Problemen vorausschauend begegnet, indem besonders jene Fähigkeiten vermittelt oder angestrebt werden, die man als zukünftig gefragt bzw. für nötig erachtet. Der Satz, man lerne nicht für die Schule sondern für das Leben, schien früher weniger zielgerichtet zu sein, eher im Sinne eines allgemeinen Rüstzeugs zu gelten – und wohl dem, dem auf diesem Wege ein edler Geist in früher Jugend begegnete. Interessanterweise werden die Chancen der ›Geisteswissenschaftler‹ auf dem Arbeitsmarkt immer noch in diesem Sinne beurteilt, als gewandte Generalisten mit einem breiteren Horizont, die unterschiedliche Themen strukturieren und Kooperation managen können; sie werden in Deutschland jedoch in Branchen eingestellt, denen man keine besondere Wertschöpfung beimißt, – und auch das ist eine Aussage.

Vielleicht auch deswegen, weil sich ›Erwerbsbiographien‹ ›entstandardisiert‹ haben, hat sich inzwischen das allgemeine Verständnis von Zukunft als einem offenen Horizont zu dem einer ›Herausforderung‹ gewandelt, die quasi operationalisiert und dadurch bewältigt werden kann und soll, z. B. mit Rat und Hilfe von Bildungsexperten, die als Begriff und als neue Realität auch für Stiftungen hinzugetreten sind. War der hergebrachte Bildungsbegriff schlecht skalierbar – außer durch den abschätzigen Blick auf die sog. Halbbildung –, ist in Studien und Projekten die Meßbarkeit von Zielen und eine Überprüfung des Erreichten längst selbstverständlich, und zwar über die übliche Benotung von Lernerfolgen hinaus. Die ›Zukunft der Bildung‹ soll – auch in Stiftungsprojekten – durch letztlich technische Maßnahmen gesichert werden, die unter anderem einem vermuteten Schlendrian entgegenwirken: durch die Organisation von Inspektionen, durch Evaluation, Transparenz und Wettbewerb, aber auch durch Versuche, vormals Getrenntes neu zusammenzuführen, sei es in neuen Unterrichtsformen und Studiengängen, seien es verschiedene Zielgruppen oder Inhalte. Manche Aktion läßt an den Scherz eines englischen *comedien* denken, man habe schon seit drei Tagen keine Bildungsreform mehr gehabt. Und manches Mal denke ich an Coco Chanels schönes Wort: Moden ändern sich, Stil bleibt.

Mit dem Anspruch von Stiftungen, gesellschaftliche Zusammenhänge zu verstehen, steigen auch die Ansprüche an ihre Arbeit. Galt früher bereits die Ausbildung einer Randgruppe oder Minderheit als hinreichendes Ziel von Stiftungshandeln – Handwerker, Witwen, ›gefallene Mädchen‹ –, werden heute mit der Konzentration auf bestimmte Fördergruppen, seien sie benachteiligt oder Leistungsträger, Ziele verbunden, die über die Geförderten selbst hinausgehen. Projekte sollen einen gesamtgesellschaftlichen Nutzen bewirken, das einzelne Beispiel hat Lösungen von allgemeiner Relevanz zu bieten. Wenn es um ›Randgruppen‹ oder ›Problemviertel‹ geht, äußert sich darin ein besonderes Integrationsbemühen und insgesamt eine Ernsthaftigkeit der eigenen Arbeit. Die Gefahr, jede punktuelle Beschäftigung mit grundsätzlicher Bedeutung aufzuladen, liegt indes nahe. Es ist immer gut, ein Zeichen zu setzen, doch ist dies auch die genaueste Umschreibung von Symbolpolitik.

Die Prämissen der Bildungsarbeit internationalisieren sich, nicht zuletzt durch Studien, die auf vergleichbare Parameter in unterschiedlichen Ländern achten. Die angedeutete Entwicklung ließe sich vielleicht auch dahingehend verstehen, daß der weite und vage Bildungsbegriff des deutschen Idealismus, der in seinem ganzen Anspruch schwer in andere Sprachen zu übersetzen bleibt, allmählich dem konkreten und international üblichen der *education* weicht. Der Sinnzusammenhang verschiebt sich damit von einem deutschen Wortfeld, zu dem auch Begriffe wie Persönlichkeit und Verhalten gehörten, zu einem englischen, das *qualification* in den Mittelpunkt rückt und von dem Wörter wie *citizenship* oder *culture* etwas weiter abgesetzt sind. Bei näherem Hinhören mag man auch einen Betonungswechsel von einer vage kollektiven Bedeutung hin zum Einzelfall vernehmen. Doch wo in Programmen deutscher Stiftungen von Bildung die Rede ist, wird das Wort immer noch oft als Überbegriff verwandt, der kaum je für sich gebraucht, sondern in der Regel mit einem anderen Begriff gepaart wird. Häufig finden wir in Projektbeschreibungen Bildung neben Erziehung, Begabung, Schule oder Lernen, was wenig konkretisiert, aber offenbar nicht als Tautologie gilt. Andere Paarungen bleiben gleichfalls allgemein, verweisen aber auf eine bestimmte Zielgruppe, wobei wir Jugend häufiger als Erwachsene, Familie etwas öfter als Senioren und noch seltener einzelne Berufsgruppen finden. Andere Begriffspaare – mit Umwelt, Medien, Technik oder Wirtschaft – formulieren eine inhaltliche Absicht und verraten, daß ihr Anliegen offenbar immer noch nicht der sog. Allgemeinbildung zugerechnet wird oder daß man diese als von Problemlösungen und Arbeitswelt getrennt versteht. Programmnamen deutscher Stiftungsprojekte deuten außerdem darauf hin, daß Bildung heute als ein geeignetes Mittel für viele Zwecke gesehen wird, bei der internationalen Entwicklungshilfe ebenso wie hierzulande: ›Bildung und Gesellschaft‹, ›Integration und Bildung‹ sind gängige Wendungen, hinter denen das Bemühen steht, der Entstehung von Parallelgesellschaften entgegenzuwirken. In ihren Ansätzen oder Absichten knüpfen sie daran an, was früher unter der Überschrift ›Bildung und Beruf‹ nicht selten mitgemeint war. Gemeinschaft scheint – trotz aller modischer Beschäftigung mit Kulturen und damit, wie sie wurden, was sie sind – in solchen Vorhaben nicht so sehr als geteiltes Wissen (auch nicht im Sinne eines Kanons aus geteilten Erinnerungen), sondern als Ideal gerecht verteilter Chancengleichheit verstanden zu werden. Einstmals ubiquitäre Begriffspaare wie ›Bildung und Wissenschaft‹ oder ›Bildung und Kultur‹ scheinen demgegenüber zu veralten, und das eine mag mit dem anderen zusammenhängen. Die Förderung von Orchestern, Gastspielen oder Neuinszenierungen, Ausstellungen und Sammlungen – auf ihre Weise gleichfalls Bildungsprojekte – obliegt mehr und mehr den zahlreicher werdenden privaten Freundes- und Förderkreisen oder jenen Unternehmen, die sich davon etwas versprechen.

Es gehört zur Bildung, monokausalen Erklärungen zu widerstehen; daher ist nicht einfach ein Meinungswandel zu vermuten. Wenn Integrationsprojekte, die gegenwärtig besondere Beachtung finden und verdienen, Aussagen über den Wirkungsgrad der eigenen Arbeit treffen möchten, läßt sich eine gestiegene Abiturientenquote oder der spätere Berufserfolg allemal einfacher messen, als gefühlte Zugehörigkeit, die erst mit größeren Zahlen signifikant wird, als sie Stiftungen in ihren Projekten üblicherweise erreichen (soweit sie nicht repräsentative Meinungsumfragen oder Studien in Auftrag geben). Begriffe, mit denen Stiftungen ihre Fördertätigkeit und Projektarbeit kennzeichnen, formulieren im allgemeinen auch die Ambition, als Vorreiter zu wirken oder wenigstens funktionsfähige Alternativmodelle zu bieten. Ihre Initiativen sollen im besten Fall innovativ, modellhaft, skalierbar und übertragbar sein – und das letztlich in dieser Reihenfolge. Sie impliziert nicht nur einen Arbeitsrhythmus, sondern deutet zugleich ein Fortschrittsmodell an. Der neue Anspruch verdrängt, wo er erhoben wird, traditionellere Beweggründe, etwa den stiller Hilfe. Solche Suche nach ›guter Praxis‹ besitzt derzeit einen Stellenwert wie vor zwei, drei Jahrzehnten das Ringen um die richtige Theorie. Ein Blick in die Kulturgeschichte legt nahe, daß solche Pendelausschläge ihrem eigenen Takt folgen.

Wo stehen wir heute? Moderne Stiftungen sind im Kern wenig romantische Einrichtungen. Sie springen nur selten ein, um Bewährtes zu bewahren, sondern zeigen sich eher dem Grundoptimismus der Aufklärung verpflichtet. Die Annahme einer Erziehbarkeit des Menschengeschlechts durch Information und Überzeugungsarbeit ist indes zu wenig. Zum Erfolg gehört als zweite Voraussetzung auch die Fähigkeit und Bereitschaft anderer, das für besser Erkannte aus eigener Kraft zu übernehmen. Und wie um der Frage nach einer weiteren Erfolgsbedingung vorzugreifen, die spätestens die nächste Generation stellen wird – ob nämlich Fortschritt hier auch wirklich den richtigen Impuls erfahre –, wird regelmäßig nicht nur darauf verwiesen, daß Stiftungen es sich leisten könnten, unabhängig Fragen zu stellen (was wohl heißen will: die richtigen). Es fallen außerdem bezeichnend oft Begriffe wie praxisnah, relevant und weiterführend. Sie stehen für die Vorstellung einer historischen Entwicklung, die zielgerichteter verlaufen soll als die allgemein angenommene Struktur wissenschaftlicher Revolutionen oder anderer Entwicklungsschübe.

Manche mögen darin bereits eine Einschränkung

sehen – moderne Stiftungsarbeit möchte jedenfalls zeigen, was ›machbar‹ ist, und wirkt schon insofern über eine Vorbildfunktion, weshalb Wettbewerbe, Preise oder andere Auszeichnungen besonderen Verhaltens (worunter auch Stipendien gehören) gern gewählte Mittel sind, und weswegen auch Kampagnen nicht fernab davon liegen, was man von Stiftungsarbeit erwarten darf.

Einfacher als Projekte selbst durchzuführen, bleibt es freilich, Ideen zu verbreiten. Sie lassen sich anders als die erforderlichen Finanzmittel sogar nachdrukken – und was man schwarz auf weiß besitzt, kann man getrost nach Hause tragen. In Goethes »Faust« sagt dies indes ein Einfaltspinsel, und zu einer ehrlichen Bestandsaufnahme des Umfelds von Stiftungshandeln gehört etwas, das schon oft beschrieben wurde: daß wir in vielen Bereichen weniger ein Erkenntnis- als ein Umsetzungsproblem haben. Stiftungen, die mehr sein wollen als ein Expertenteam oder eine Forschergruppe, hätten insofern die schwierige Aufgabe, mehr als nur den Nachweis zu erbringen, daß mit mehr Arbeitskraft und mehr Geld (und vielleicht mit etwas mehr Enthusiasmus) mehr zu erreichen wäre. Daß ein Stiftungsprojekt darauf angelegt sein könnte, einen Mehrwert durch Einsparungen und Effizienzsteigerungen zu erzielen, liegt im Rahmen des Möglichen, aber bislang kaum in jemandes Interesse. Solche Vorhaben würden sich vermutlich selbst finanzieren und wären ein Bereich, in dem sich die Aktivitäten der Beraterbranche mit dem Handeln von Stiftungen berühren könnten. So bleibt es nach Projektabschluß oder Pressekonferenz oft bei der Aufforderung, dem guten schönen Beispiel aus eigener Kraft zu folgen. Stiftungen wollen in die Breite wirken, aber nur selten in die Breitenwirkung einsteigen. Ein gern gewählter Zwischenweg sind Programme im Sinne eines ›train the trainer‹ oder überhaupt Angebote für ›Multiplikatoren‹, wie z. B. Journalisten oder auch Lehrer.

Dabei haben Geldgeber und zumal Stiftungen und besonders jene, die etwas zu verteilen haben, in Zeiten knapper Kassen durch ihr steuerlich privilegiertes Vermögen sowie ihre Reputation (die auch die Aura ihrer Unparteilichkeit ist) nicht nur besonderes Gewicht, sondern auch Gestaltungsmacht. Es gehört zum guten Sinn einer Bürgergesellschaft, daß Stiftungen wie andere Privatleute auch in der Verwendung ihres Einkommens im Rahmen der geltenden Gesetze (und dessen, was als gemeinnütziger, mildtätiger oder kirchlicher Zweck anerkannt ist) frei sind. Privatstiftungen zumal haben sich keinen Mehrheitsentscheiden zu beugen, sondern fällen Einzelentscheidungen, die ihrer eigenen Logik folgen: Wenn nicht einfach Großherzigkeit oder Idealismus, ist diese ggf. auch das Kalkül einer Organisation, welche auf effiziente Mittelallokation, sinnvolle Diversifizierung und professionelle Erfolgsmessung achtet und nicht zuletzt in ihrer Arbeit ungebunden bleiben möchte.

Stiftungen lassen sich ungern als Sponsoren ansprechen, um sich von jenen Unternehmen abzusetzen, deren Marketingabteilungen bei einer Förderung eine Art Geschäft auf Gegenseitigkeit vorschwebt, mindestens im Sinne positiver Imagebildung und Kundenansprache. Doch auch Stiftungen haben ein Interesse daran, aus ihrer Arbeit ein öffentliches Interesse an ihrem Wirken abzuleiten, in erster Linie natürlich im Sinne des guten Zwecks und damit als Dienst an der Gesellschaft. Der Gebildete ahnt jedoch, daß der Erwartungshorizont schon manchen Mäzens weit genug war, sich nicht in der Förderung künstlerischer Talente zu erschöpfen, und daß selbst ein Engagement in fernen Landstrichen auch in der Nachbarschaft etwas zählen mag. Die Weltgeschichte, die sich noch stets an Klatsch vergnügte, hat immer wieder festgestellt, daß altes Geld sich oft diskreter, aber auch häufig freigiebiger, ja freigeistiger gebe als die *homines novi*. Stiftungen tun viel Gutes, sogar nur Gutes (und das macht sie als Arbeitgeber interessant), aber das wäre als Aussage banal. Sofern es nämlich ein Ausdruck von Bildung sein könnte, die Komplexität der Welt und ihrer Sachverhalte vorauszusetzen, ohne vor ihr zu verzagen, gehört dazu auch die Einsicht, daß Stiftungsprojekte als Eingriffe in ein komplexes System auch Nebenwirkungen verursachen.

Bereits durch ihr Auftreten können Stiftungen gegen Widerstände Spielräume öffnen: schon durch die Tribüne, die sie anderen bieten und die gute Nachricht, die sie in aller Regel mitbringen. Der Bedenkenträger wird auch befürchten, daß sie dadurch Aufmerksamkeit von Initiativen abziehen, die nicht ähnlich selbstbewußt vorgehen und mitmischen können, oder gar, daß sich inmitten der jungen Bürgergesellschaft die Auffassung verbreiten könnte, daß wenig ohne einen zusätzlichen Anschub gelingen könne; oder darauf verweisen, daß Finanzzuflüsse zwar Freiheit, aber auch Herrschaft ermöglichen, wie mancher Student erzählen kann, den seine Eltern fragen, wann er denn abzuschließen gedenke und ob dies oder jenes wirklich sein müsse. Ob das Private nun das Öffentliche ist oder nicht, die heutige Kunst- und Wissenschaftsförderung verfährt im Grundsatz nicht viel anders – und manchenorts soll es immer noch zugehen wie einst bei Hofe. Logos heute stehen da, wo früher Wappen prangten, und sind sichtbare Gründe sowohl für den Stolz auf die ergriffene Initiative oder das übernommene Protektorat wie auch für die darin ausgesprochene Bildung und die erhoffte Einflußnahme, die es eben auch bedeutet, wenn etwas ermöglicht wird: Förderentscheidungen sind selten alternativlos. Sie sind Ausdruck einer Urteilsbildung, die eine Möglichkeit bevorzugt. Da auch Stiftungsmittel endlich sind und keine Stiftung mit inhaltlichem Anspruch unterschiedslos oder nach dem Gießkannenprinzip arbeiten möchte, liegt es auf der Hand, daß manche im Vergleich zu anderen weniger erhalten oder gar leer ausgehen.

Wer nach den sog. Drittmitteln ruft, sollte dazusagen, daß die Drittmittelgeber in ihrer Willensbildung frei sind. Stifter und die von ihnen geschaffenen Institutionen erkennen in der Regel keine Ansprüche an, wenn man von moralischen Verpflichtungen absieht, wie sie möglicherweise aus dem Leben der gründenden Stifterfamilie oder der Geschichte eines Unternehmens abzuleiten sind, das mit einer Stiftung verbunden ist. Eine andere Ausnahme bilden Stiftungsformen, die eine Art von Anteilseignern kennen, wie dies z. B. bei sog. Bürgerstiftungen und bei Vereinen der Fall ist, bei denen Meinungsfindung ein diskursiver Prozeß sein kann, der, zumal wenn er sich auf lokale, regionale Arbeit beschränkt, transparenter und insofern von außen einfacher zu beeinflussen ist. Es ist jedenfalls schon eine Frage der Bildung, anzunehmen, daß die monetäre Unabhängigkeit einer Institution nicht bedeuten muß, daß sie selbst neutral wäre. Gleichgültigkeit kann man Stiftungen jedenfalls nicht vorwerfen. Daß Stiftungen einen Mehrwert leisten, steht außer Frage; sie leisten etwas, das es ohne sie nicht gäbe. Darin aber erschöpft sich weder ihre Rolle noch die Wirkung ihres Tuns. Es ist daher auch kurzsichtig, angesichts wahrgenommener Defizite der staatlichen Bildungsorganisation und -finanzierung als erstes an eine Aufgabenteilung mit Stiftungen zu denken – besonders wenn es darum geht, einen Status quo zu halten. Stiftungsressourcen sollten nicht in die Rolle von Lückenbüßern abgedrängt werden, die sich moralischen Appellen jener ausgesetzt sehen, welche gerade Kürzungen von dritter Seite zu verkraften haben.

Förderung setzt Kräfte frei, bindet aber auch Kapazitäten und das nicht nur in Antragstellung, Berichtswesen oder durch freundliche Kontakte zum Geldgeber. Universitäten so gut wie kleine Vereine, aber auch Schulen, Museen, welche die Zeichen der Zeit erkannt haben, müssen sich damit befassen, beschäftigen dafür vielleicht sogar eigenes Personal, das auch bezahlt sein will. Gutachten und Evaluierungen entlohnen Experten, die vielleicht bessere Aufgaben hätten, und ziehen nicht zuletzt Geld von der eigentlichen Fördertätigkeit ab. Sollten sie Ausdruck eines organisierten Mißtrauens sein, daß Qualität sich nicht von alleine durchsetzt? Von älteren Generationen ist mir noch im Ohr: Wer gut ist, komme immer weiter – aber möglicherweise trügt diese Hoffnung.

Der Zuschuß für museumspädagogische Arbeit oder ein Begleitprogramm kann auf Geldgeber attraktiver wirken als die Förderung der Ausstellung, denn es ist allemal interessanter, eigene Akzente zu setzen oder die berühmten Synergieeffekte im eigenen Förderprofil zu erzielen oder einfach Partner aus dem Umfeld zu einer ›eigenen‹ Veranstaltung einzuladen. In der Begabtenförderung ist die sog. ideelle Förderung, das Zusatzprogramm aus Treffen und Seminaren, zu Recht der Stolz der Initiatoren. Es bindet Mittel, die für weitere Stipendien verwendet werden könnten, besitzt aber sichtbareren Wert als ein bloßer Anstieg von Zahlen und schafft neue Anlässe, auch für Berichterstattung: Auch die Bildungsarbeit von Stiftungen ist, wie man so sagt, in der Medienwelt angekommen. Wer etwas erreichen will, andere erreichen will, gebraucht dabei am besten Botschaften, die in Variationen wiederholbar sind, und Exempel, die leicht zu erfassen sind. Zur Professionalisierung von Stiftungen gehört auch eine Öffentlichkeitsarbeit, die Projekte, Themen (und manches Mal Personen) nach den Regeln des Marketings eingängig und gezielt platziert.

Das kann man auch positiv sehen: Stiftungen wirken nicht zuletzt durch Kettenreaktionen; erfolgreiche Beispiele spornen an, und das eine zieht anderes nach sich. Aus Universitätskulturen, welche eine öffentliche Leistungsverwaltung weniger kennen und mehr von der Großzügigkeit einzelner leben, kommt andererseits die Erfahrung, daß immer neue Stiftungslehrstühle oder gar Institutsgründungen, die oft einen Einzelaspekt in den Mittelpunkt rücken, nicht nur eine Bereicherung, sondern auch eine Belastung sein können. Die alten Fakultäten wirken im Vergleich zum neuen »Warenhaus der Wissenschaft« (Dahrendorf) wie antiquiert; doch es mag am Ende kurzsichtig sein, der Forschung einen Grund zu entziehen, der sich wohl nicht allein aus Trägheit derart lang gehalten hat. Man reicht inzwischen die Pointe herum, daß unter den heute gemeinhin angesetzten Kriterien nur wenige der Vorhaben gefördert worden wären, die während der letzten hundert Jahre am Ende zu bahnbrechenden Leistungen führten. Wissenschaft und Kreativität lösen sich von den Auffassungen ihrer Zeit und sind ihnen daher möglicherweise sogar voraus. Jeder kennt aus seinem Umfeld die ungeschriebene Geschichte verpaßter Chancen. Prüfverfahren helfen und helfen nicht. Sofern Stiftungen bei höheren Summen sinnvollerweise externen Rat einholen, erreichen sie eine Ausgewogenheit des Urteils, die in gewisser Weise auch etwas Durchschnittliches bezeichnet. Gremien – auch die sog. *peer review* – folgen ihren eigenen Gesetzen, die nicht einfach im freien Ausgleich der Einzelmeinungen bestehen. Kontrollmechanismen fördern oft eine Regelhaftigkeit nach eingefahrenen Kriterien, und in der öffentlichen Wirksamkeit hat das gemeinhin Anerkannte oft die größten Chancen. Stiftungen jedenfalls agieren nur selten wie ein Mäzen, der die Windungen eines Künstlerlebens oder einer Institution unter wechselnden Direktionen mitmacht, oder wie ein Patron, welcher den Werdegang eines Bedürftigen in guten wie in schlechten Tagen fördert.

Stattdessen verstehen sich Stiftungen, die nicht ausdrücklich einer Institution oder Zielgruppe verpflichtet sind, eher als temporäre Förderer und intermediäre Institution. Über ein bestimmtes Maß hinaus machen sie sich das gewählte Exempel und die unterstützte Idee nicht selbst zu eigen, was bereits im Wort vom Impulsgeber mitschwingt, das von Stiftungen selbst gerne vorgebracht wird. Derzeit häufig gebrauchte Begriffe wie ›Werkstatt‹ und ›Modellvorhaben‹ oder auch der Begriff ›Projekt‹, der auf alles Anwendung zu finden scheint, was ein kurz- oder mittelfristiges Ziel kennt, deuten gleichfalls darauf, daß es vielen gegenwärtig mehr darum zu tun ist, Dinge auszutesten als Verbindlichkeit herzustellen oder etwas dauerhaft zu gründen. Es liegt dies vielleicht im Zug der Zeit oder der gesellschaftlichen Entwicklung, wie es zu unterschiedlichen Zeiten hieß.

Von Adorno stammt der Hinweis, Bildung heiße, warten zu können. Wer, wenn nicht Stiftungen, hätte einen langen Atem oder könnte es sich leisten, Fehler zu machen, vielleicht gar Schwierigkeiten einzugestehen? Lebenslanges Lernen ist heute ein gängiges Schlagwort, in dem die alte Maxime, aus Fehlern könne man lernen, zugunsten der Vorstellung ständiger Innovation zurücktritt. Weder Stiftungen als Institution noch ihre Mitarbeiter sind heute gewillt, sich selbst ein Leben lang mit nur einem Anliegen zu beschäftigen. Zeitlich begrenzte Projekte sind die derzeit übliche Arbeitsform, während Stiftungen früher nicht selten der Tradierung, ja sogar einer gewissen Ritualisierung von Abläufen verpflichtet waren, sozusagen von Seelenmessen bis hin zur jährlichen Weinversteigerung zum Besten des Spitals. Auch der langsame Aufbau von Bibliotheken, von Kunstsammlungen, einst ein geradezu klassisches Feld von Stiftungshandeln, findet sich heute häufiger auf den sog. Negativlisten – was man alles nicht unterstütze – denn auf den definierten Förderfeldern. ›Nachhaltigkeit‹ heißt in der Projektarbeit manches Mal eher Nachhall als Fortbestand. Mit der wachsenden Bedeutung von Drittmitteln, häufig in Form einer Kofinanzierung, kommt ein unbeständiges Element dazu – da machen Stiftungen keinen Unterschied zu anderen Geldgebern. Man kann davon den wohltuenden Effekt von Marktmechanismen erwarten, die, insofern sie selbstregulierend sind, zudem Arbeitserleichterungen versprechen. Stiftungen wirken aber auch anders: wie eine nachträgliche Marktkorrektur (indem sie z. B. Benachteiligten eine neue Chance bieten) oder als Intervention, die gewünschtes Handeln durch Fördermittel subventioniert. Möglicherweise gibt es auch Anlässe für Marktversagen: In einem Wettbewerb um Förderung besteht nicht nur eher derjenige, der die Regeln kennt; es hat auch derjenige einen Vorteil, dessen Argumente schneller überzeugen. Wessen Situation weniger bekannt ist oder wer etwas ausholen muß, um seinen Ansatz zu erläutern, ist ähnlich im Nachteil wie diejenigen, welche noch etwas ungelenk verfahren. Kenntnisreiche Fundraiser haben gelernt, wie Stiftungen ihr Geld einzusetzen suchen, und können daraus Nutzen ziehen. Stiftungen könnten auch sogar korrigierend wirken; es gehört allerdings Willensstärke dazu, sich gewandten Darstellungen zu verschließen, denn Medien und die sog. Öffentlichkeit werden später eher weniger als mehr Geduld aufbringen, um Zusammenhänge zu durchdringen oder den Nutzen eines Vorhabens nachzuvollziehen. Nichts überzeugt so schnell wie das, was auf Anhieb besser erscheint als anderes. In Zeiten, wo viel von Exzellenz die Rede ist, fördern Stiftungen daher gerne Eliteuniversitäten oder vielversprechende Forschergruppen. Daß nicht alle Hochschulen sinnvollerweise in den gleichen globalen Wettbewerb eintreten können, die meisten auch einen regionalen Auftrag haben, verliert als Einwand. Wer nicht alles fördern kann, konzentriert sich gerne auf die Spitze, schon um dem Vorwurf der Beliebigkeit zu begegnen. Oder man blickt auf die Bedürftigsten. Inwiefern zwischen beiden Kriterien ein Mißverhältnis besteht, darüber läßt sich streiten, ebenso wie über die Befürchtung, es werde in beiden Fällen die Lebenssituation des Mittelfelds benachteiligt und aus der Perspektive einer dünnen Spitze letztlich einer breiten Gleichmacherei das Wort geredet.

Erfahrungsgemäß sind es eher kleine Initiativen, die sich z. B. darum bemühen, Langzeitarbeitslosen beim Wiedereintritt in das Berufsleben zu helfen, Existenzgründern den Weg in die Selbständigkeit zu weisen oder die sich der nächsten Berufs- oder Volkshochschule annehmen. Wer das Umfeld kennt, wirkt oft besonders segensreich. Mit dem Abstand vom Stadtteil abstrahiert sich der Wirklichkeitsbezug. Die Förderung einer Forschergruppe ist nicht notwendig von größerem Appeal als ein Hilfsprojekt für Schulabbrecher, aber beides erfährt wohl leichter Unterstützung als die eine Woche im Schullandheim (die nur für die Kinder etwas Neues ist) oder als Berufsbildung im Justizvollzug, die es wiederum schwerer hat als ein neuer Ansatz zur Gewaltprävention. Buchspenden oder der dauerhafte Zuschuß zu Bildungs- und Forschungsstellen oder Jugendtreffs waren noch vor zehn Jahren gängigere Praxis als heute. Das vorherrschende Wirkungsmodell favorisiert weniger die Übernahme von Verbrauchs- oder Anschaffungskosten und übernimmt auch Personalmittel nur auf Zeit und vor allem dann, wenn diese Mitarbeiter etwas Neues machen, am besten so, daß am Ende etwas Faßbares steht, das sich vorzeigen läßt. Auch von Vorhaben, die in einem alten Sinne ›Begegnung und Austausch‹ fördern, wird heute über das bloße Treffen hinaus oft ein Transfer von Wissen, von Beispielen guter Praxis oder eine Art von besonderer Zusatzleistung erwartet. Auch da, wo es ausreichen könnte, dem Sozialarbeiter, Lehrer, Hochschulassistenten oder Mitarbeiter einer Bildungseinrichtung etwas mehr Geld an die Hand zu geben, bekommt der Engagierte nicht notwendig mehr Erleichterungen im Alltag, der ihn überlastet, ggf. aber einen Zuschuß für ein weiteres Projekt. Schlimm wäre es, wenn wir befürchten müßten, daß die erste Hürde auch hier die größte ist, oder wenn die bereits von den Vorsokratikern überlieferte Beobachtung, gleich und gleich geselle sich gern, auch für Fördermittel und Preise gelten sollte.

Die Wirklichkeit ist womöglich komplexer als das Argument von McKinsey, das nur bis zwei zählt: »Wer eins und eins zusammenzählt, dem wird schnell klar, daß Investitionen in Bildung eine herausragende Geldanlage sind. Alles andere ist ein gewaltiges Verlustgeschäft«. In einer idealen Welt wären Stiftungen unter Umständen überflüssig; manchmal aber ist eine helfende Hand besser als eine unsichtbare. Die Zeiten, in denen bei der Vokabel ›Stiftung‹ Worte wie altehrwürdig oder gediegen in den Sinn kamen, sind wohl vorbei. In Stiftungen arbeiten heute viele engagierte Mitarbeiter, und der gute Zweck ist Ansporn und Anlaß für manche Überstunden. Als Staatsbürger und auch als Angestellte machen sie sich ihre Gedanken. Nach ihrer Ausbildung und ihren Aufgaben sind sie eher Generalisten: Sie müssen in der Lage sein, sich auf wechselnde Themen und Menschen einzustellen, abzuwägen, ausgleichend zu wirken, aber auch rasch etwas auf die Beine zu stellen und ggf. sich durchzusetzen.

Gute Stiftungsarbeit ist ein anspruchsvolles Geschäft. Stiftungen müssen professionell und rational handeln, wie Wirtschaftsunternehmen auch, sie haben für ihre Organisation und Arbeitsweise jedoch eigene, zusätzliche Kriterien zu entwickeln. Schon W. K. Kellogg – erst Unternehmer, dann Stifter – bemerkte, es sei erheblich einfacher, viel Geld zu verdienen, als viel Geld sinnvoll auszugeben. Es ist womöglich ein Ausdruck von Bildung, viel, aber nicht alles gleichermaßen zu erwarten, auch von Stiftungen: Stiftungen sind eine besondere Branche mit einer ungewöhnlich breiten Streuung von Tätigkeitsgebieten und Interessen, vielleicht mit etwas mehr Idealismus als anderswo. Aber sie stehen – natürlich – auch mitten im Leben mit seinen normalen Charakteren, Ambitionen und Problemen. Das ist kein lapidarer Schluß. Auch sinnvolle Neuerungen nehmen bisweilen von hier aus ihren Anfang.

Literatur:
Bertelsmann Stiftung (Hg.), Handbuch Stiftungen. Ziele, Projekte, Management, Rechtliche Gestaltung, Wiesbaden 2003.
Bundesverband deutscher Stiftungen (Hg.), Verzeichnis der Deutschen Stiftungen 2005, Berlin 2005.
Andreas Schlüter, Volker Then, Peter Walkenhorst (Hgg.), Foundations in Europe. Society Management and Law, London 2001.
Stiftungen in Deutschland. Hg. von Hans-Georg Golz. Aus Politik und Zeitgeschichte 14/2004. Beilage zu: Das Parlament, 29. März 2004.

Internet:
www.stiftungsindex.de
www.stiftungen.org

9. Studienstiftung

Klaus Heinrich Kohrs

Der Gründungssatz

»Die Studienstiftung will die Hochschulbildung junger Menschen fördern, deren wissenschaftliche oder künstlerische Begabung und deren charakterliche Haltung besondere Leistungen im Dienste der Allgemeinheit erwarten lassen; sie ist bestrebt, zu einem über die Berufsausbildung hinausgehenden freizügigen und umfassenden Studium hinzuführen« – so formulierten es 1948 die Wiedergründer der Studienstiftung des deutschen Volkes in Paragraph 2 (»Zweck des Vereins«) der Satzung. Es hatte sie (mit großem D bei »deutschen«) schon einmal gegeben – für die kurze Zeitspanne von neun Jahren zwischen 1925 und 1934, und zwar als Unterabteilung des Deutschen Studentenwerks. Nun aber sollte sie als selbständige Einrichtung des privaten Rechts wiedererstehen, unabhängig von allen politischen Einflüssen.

Als im Jahr 1979, um einem erweiterten Aufgabenfeld Rechnung zu tragen, die Satzung revidiert wurde, wurde nebenher auch ein wenig Kosmetik an jenem zentralen Gründungssatz getrieben: Aus »charakterliche Haltung« wurde »Persönlichkeit«, das »freizügig« wurde ersatzlos gestrichen, durch Hinzufügung des Wörtchens »hohe« wurde der Anspruch an die wissenschaftliche oder künstlerische Begabung der Kandidaten präzisiert. Unangetastet aber blieb der Begriff »Hochschulbildung«. Solche – zugegebenermaßen sehr feinen – textphilologischen Beobachtungen geben genug Anlaß, über das nachzudenken, was im Horizont der Studienstiftung Bildung heißen mag.

Institutionen, die innerhalb des selbstgesteckten Aufgabenfeldes täglich erfolgreich handeln müssen, sind per se keine Theorielieferanten. Aber wenn es in ihnen sensibel zugeht, dann spüren sie rechtzeitig, wann durch Generationswechsel, veränderte gesellschaftliche Rahmenbedingungen und die Fortentwicklung der sie unmittelbar umgebenden Einrichtungen (hier also vor allem der Gymnasien und der Universitäten) grundsätzliche Reflexion unabdingbar wird. Und dann sprechen sie für den Moment, neben anderem, vielleicht Interessanterem, auch einmal explizit von Bildung. Ich möchte einige solche (historischen) Momente hier in Erinnerung rufen, und die Satzungsänderung von 1979 gibt dafür keinen schlechten Einstieg.

Von »charakterliche Haltung« zu »Persönlichkeit« – was war mit dieser Korrektur gewonnen? Ganz klar hatten die Verfasser der Satzung von 1948 die Integrität vor Augen, an der es in den verflossenen Dekaden so viele hatten fehlen lassen. Das drückt sich in der Vergegenständlichung einer bloßen Disposition zur »Haltung« klar aus. Und ebenso klar wollten die Veränderer von 1979 die Vermessenheit beseitigen, die in der Vorstellung liegt, man könne den Charakter eines oder einer 20jährigen zuverlässig beurteilen. Aber sie kamen vom Regen in die Traufe, denn der sicher viel neutralere Begriff der Persönlichkeit signalisiert allenfalls ein weit in der Zukunft liegendes Ziel. Es kann also weder um »Haltung« noch um »Persönlichkeit« gehen, sondern bloß um eine Disposition, die aus ihrer eigenen Dynamik heraus wirkt und die dabei unterstützt und gefördert werden soll – ein Prozeß, der ins Zukunftsoffene gerichtet ist, ohne jede Vergegenständlichung und vorschnelle Zielprojektion.

Selbstbildung, Autonomie, Freiheit

Das ist früh ganz deutlich mit einer an den deutschen Idealismus, insbesondere an Fichte anknüpfenden Emphase formuliert worden. Der Jurist Ludwig Raiser, Mitglied des Kuratoriums der Studienstiftung seit ihrer Wiedergründung, schreibt 1958 aus Anlaß des zehnjährigen Bestehens der Studienstiftung, ihr Handeln sei geprägt vom »Bewußtsein einer Verantwortung dafür, daß ihre besten, geistig schöpferischen Kräfte sich in der Begegnung und Auseinandersetzung mit der wissenschaftlich erkannten Wahrheit frei zu ihrer eigenen Bestimmung sollten entfalten dürfen«. Und in dieser Dynamik der freien Entfaltung steht auch ein überkommener Bildungskanon zur Disposition: »Es genügt auch nicht, auf die Bildungsvorstellung früherer Generationen zurückzugreifen; nicht die humanistische Bildung um ihrer selbst willen ist das Ziel, sondern die Entwicklung der Kräfte im jungen Menschen, deren er bedarf, um sich in unserer Welt nicht nur im Wege der Anpassung, sondern als Person in Freiheit und Verantwortung zu behaupten«.

Das Pathos des Individuellen, der Autonomie und der Freiheit, von dem diese Thesen geprägt sind, irritiert uns heute durch die Dominanz der Selbstbezüglichkeit, die erst am Ende den Verweis auf Verantwortung (als Verantwortung wohl auch für andere) freiläßt. Aber soweit sie auf idealistische Theoreme der Selbstkonstitution des Subjekts rekurrieren, meinen sie nichts anderes als die erste und unabdingbare Voraussetzung für allen Altruismus; und soweit sie implizit auf traumatische Erfahrungen der Nazizeit Bezug nehmen, ist die Schärfe, in der sie auftreten, nur allzu verständlich – und dies in doppelter Hinsicht: sowohl im Blick auf die Selbstbehauptung in totalitärer Zeit wie auch im Blick aufs skandalöse historische Versagen humanistisch gebildeter gesellschaftlicher Gruppen.

Das Modell der Selbstbildung in Freiheit löst sich sehr bald von der impliziten Polemik der 50er Jahre; es wird zur Leitformel für die Auswahl der künftigen Stipendiaten, die an eben dieser Dynamik der Selbstbildung erkannt werden sollen: »Wer will hingegen leugnen, daß ein wacher, phantasiebegabter und geistig hungriger Mensch vielseitigere Kenntnisse und ein besseres Urteilsvermögen gewinnt als der Stumpfere und Trägere. Nicht Inhalt und Umfang des Wissens sind entscheidend, sondern die geistige Prägung, die sein Erwerb mit sich brachte. Niemand verlangt, daß ein Kandidat sämtliche Hauptwerke der deutschen Klassik gelesen hat, sehr wohl hingegen muß verlangt werden, daß er ein moralisches von einem ästhetischen Urteil unterscheiden kann«, das schreibt der Gymnasialdirektor Gerhard Fels 1965, als die verstärkte Öffnung der Studienstiftung für Vorschläge aus den Gymnasien kritisch diskutiert wurde. Bezeichnend auch hier wieder die Schlußwendung von der Selbstbildung zur Moral.

Die Betonung des Prozessualen der Bildung jenseits aller positiven, als Norm oder zumindest als starke Erwartung auftretenden Inhalte, erweist sich über die Jahrzehnte als das unverwüstliche Kriterium der Studienstiftung. So kann noch 1997 Wilhelm Vossenkuhl im Jahresbericht der Studienstiftung unter dem Titel »Was ist ein gebildeter Mensch?« schreiben: »Nur noch der Prozeß der Wissensgewinnung in den Wissenschaften ist ein Ideal für den Bildungsprozeß. Das liegt einfach daran, daß die perfekteste und reinste Form der Selbstbildung die eigenständige, autonome und freie Bildung von Wissen durch wissenschaftliche Forschung ist. Mit wissenschaftlichen und geistigen Leistungen nähert sich der Mensch seinen Idealen der Vollkommenheit und Freiheit. Die Frage ist aber, wie weit diese Ideale für den Bildungsprozeß heute tragen«. Dieses prozessuale Modell der Selbstbildung in und zur Freiheit, gewonnen nicht zuletzt aus der Abstoßung aller Ideologie, hat der Studienstiftung ihre Ideologieresistenz über Jahrzehnte hin gesichert. Aber warum hat sie dann 1979 das Wort »freizügig« aus ihrer Satzung gestrichen? Geschah dies sozusagen in einem Anfall von resignativer Schwäche gegenüber den jederzeit gerne als »unumkehrbar« deklarierten Reformen erfinderischer Technokraten, deren einzige erkennbare Strukturlogik die der kontinuierlichen Verringerung von individuellen Spielräumen ist und die vermutlich die Sieger der Geschichte sein werden? Oder geschah das, weil ein Signal gegen einen allzustarken Individualismus gesetzt werden sollte, der gesellschaftlich nur noch schwer zu rechtfertigen gewesen wäre? Die Wiedergründer von 1948 hatten ja »freizügig« zunächst in ganz materiellem Sinne gemeint: als Befreiung zum Studium überhaupt (durch ein Stipendium, das von Werkarbeit entlastete und die volle Konzentration auf die Hauptsache zuließ); als die Möglichkeit, in finanzieller Absicherung den individuell besten Hochschulort zu wählen usw. Aber diese völlig pragmatische Ebene ruhte doch auf dem emphatischen Freiheitsbegriff als struktureller Voraussetzung für alle Selbstbildung auf.

Devianzen, die daraus folgen mochten (indem man das Strukturelle jederzeit für das Private reklamieren konnte), wurden früh benannt. Der Kunsthistoriker Dietrich Seckel, Vertrauensdozent in Heidelberg, wertete 1965 circa 100 Texte von Studienanfängern aus, in denen es u. a. um die Beantwortung der Frage ging, »wie die Hochschule als Stätte der Ausbildung (und Bildung?) auf Sie gewirkt hat?«. Und er zitierte inmitten höchst kluger, verantwortungsbewußter Antworten auch diese: »Ich kann das Studium und die Welt der Hochschule nur in Beziehung setzen zu dem, was sich in meinem bisherigen Leben als die Mitte meines Wesens herausgebildet hat. Ich kann mich nicht der Universität anpassen, indem ich alles, was nicht in ihren Bereich fällt, aufgebe, sondern ich studiere und lebe an der Hochschule, indem ich mir all das, und nur das, aneigne, was sich nach meiner Sicht in mein Wesen einfügt«.

Auf die Gefahr einer solch hermetischen Selbstbezüglichkeit, in der das gesellschaftliche Umfeld gar nicht mehr vorkommt, hatte schon Ludwig Raiser 1958 zweifelnd hingewiesen, wieder vor dem Hintergrund der Erfahrungen der Nazizeit: »Können wir angesichts dieser geschichtlichen Erfahrung überhaupt hoffen, auf diesem Wege unserem Ziel gerade bei den begabtesten Studenten näherzukommen? Führt hohe Begabung nicht fast regelmäßig in die Vereinzelung, schafft nicht bloß Individualitäten, sondern Individualisten, läßt keinen Gruppengeist aufkommen?« Und Dietrich Seckel konstatierte – schon abmildernd – 1965: »Allgemein herrscht der Wunsch vor nach einer unbehelligten Selbstgestaltung des Lebens und des Studiums, ein Anti-Kollektivismus, doch ohne Gemeinschaftsfeindlichkeit«.

Selbstbildung, Gemeinwohl

Schon 1964 hatte der Jurist Kurt Ballerstedt das so charakteristisch zwischen Selbstbildung und bloßer Selbstbezüglichkeit oszillierende dynamische Modell von Bildung aus Freiheit um eine entscheidende Dimension erweitert: »Ganz anders dann, wenn der Bewerber seine Wissenschaft von ihren eigenen Voraussetzungen her zu überprüfen oder sich von der menschlich-gesellschaftlichen Verantwortung seiner künftigen beruflichen Funktionen prinzipielle Rechenschaft zu geben sucht; darin darf man, sofern es sich um eine ernsthafte Bemühung handelt, durchaus ein Zeichen echt wissenschaftlicher Haltung sehen«. Da ist sie wieder, die »Haltung«, aber sie ist Resultat eines Prozesses, in dem wissenschaftsinterne Reflexion und externe Reflexion auf das gesellschaftliche Umfeld des Handelns eine überzeugende Konfiguration bilden. Und der Blick auf den künftigen Beruf und seine gesellschaftliche Einbettung ist nicht mehr verpönt, nicht mehr das »Unsaubere«, das irgendwann auf den Idealzustand reiner Wissenschaft unausweichlich folgt – es ist vielmehr der Blick des verantwortlich gestaltenden und planenden Menschen.

Diese Formel bleibt über die Jahrzehnte stabil (und das Wörtchen »freizügig«, historisch auf die Gründerjahre bezogen, mag vor der Kraft dieser Formel als entbehrlich gegolten haben). Sie reichert sich an aus den sich wandelnden gesellschaftlichen Rahmenbedingungen, sensibilisiert sich gegenüber neuen Formen der Kommunikation und der interkulturellen Erfahrung, bis sie schließlich – vier Jahrzehnte nach Ballerstedts Text – unter dem Rubrum der »Verständigungsfähigkeit« in einer Rede der Politologin Gesine Schwan zur Eröffnung des Jahrgangs 2005/06 des Studienkollegs zu Berlin der Studienstiftung und der Hertie-Stiftung wieder erscheint: »[…] Verständigungsfähigkeit […] im vielfältigen Sinne einerseits der kognitiven Einsicht in die Voraussetzungen unseres Wissens, Denkens und Handelns, der reflektierten Kenntnis unterschiedlicher Wirklichkeits-, also auch Wissenschaftsbereiche, des Interesses an anderen geschichtlichen Erfahrungen und kulturellen Prägungen, sowie andererseits des Vermögens, der Phantasie und des Willens, sich in andere Denkweisen und Menschen hineinzuversetzen und gemeinsam mit ihnen im Geiste der Freiheit und der Gerechtigkeit zu handeln. Nicht von ungefähr schwingen in dem Wort ›Verständigung‹ eine (scheinbar) rein intellektuell-kognitive Saite und eine moralische mit. Sie haben beide ihre unverzichtbare Bedeutung. Denn es geht bei ihr zum einen darum, Neues zu begreifen – in seiner Logik, seinem inneren Aufbau, seinen Konsequenzen etc. – das ist das ureigene Gebiet der Forschung. Zum anderen wird es aber auch immer lebens-, ja überlebensnotwendiger, mit anderen Personen zu einem Einvernehmen zu gelangen, auf sie zuzugehen mit durchaus klaren Vorstellungen, aber mit der Bereitschaft, im Falle von Konflikten zu gerechten Lösungen zu gelangen«.

Bildung, Ausbildung

Früh vernehmen wir einen scharfen Ton gegen die Studenten, die dem integrativen Modell von Selbstbildung und moralischer Kompetenz nicht genügen könnten: »In die Studienstiftung gehört nicht, wer das Studium nur als Aneignung einer berufserforderlichen Technik betreibt, oder gar derjenige, dessen entscheidender Antrieb die Vorstellung sozialen Aufstiegs ist«. Das schreibt Kurt Ballerstedt gleich im Anschluß an seine Beschreibung der »echt wissenschaftlichen Haltung« – ein erstaunlicher antiutilitaristischer Rigorismus gegenüber einer Generation, die uns heute (im Rückblick und im Vergleich) als für ein wissenschaftliches Studium hochgradig motiviert erscheint. Man erschrickt und schmunzelt zugleich, denkt man an gegenwärtige Karrieremuster und die sie befördernde Ratgeberliteratur. Aber nimmt man die polemische Pointe heraus und spricht statt von »Aneignung einer berufserforderlichen Technik« einfach von »Ausbildung«, dann kann man entspannter das Verhältnis von Berufsausbildung und Wissenschaft diskutieren. Genau das taten 1965 die Stipendiatinnen und Stipendiaten, als sie u. a. die Frage nach der »Hochschule als Stätte der Ausbildung (und Bildung?)« beantworteten. Die Formulierung der Frage hatte freilich schon durch ihr »und« statt eines »oder« die Richtung gewiesen.

Zwar schreiben einige (schon damals!) höchst kritisch, das Bildungspathos der Universität werde durch ihren eigenen Schulbetrieb Lügen gestraft. Die Mehrheit aber bevorzugt offenbar ein realistisches und zugleich harmonisches Stufenmodell, in dem es dem Motivierten durchaus möglich ist, Bildung aus Ausbildung zu generieren: »Die heutige Universität muß meiner Meinung nach zu ihrer Aufgabe als Ausbildungsstätte stehen. Damit ist nicht notwendig ein Verzicht auf ihr Bildungsideal verbunden. Auch als sie noch nicht in der heutigen Notlage war, konnte sie die Studierenden lediglich dazu anregen, sich selbst zu bilden, da Bildung ja in einer Selbstformung besteht. So liegt die Veränderung nur darin, daß die Anregung zur Selbstbildung nur noch von wenigen aufgegriffen wird und daß die Mehrzahl sich mit einer Fachausbildung begnügt.« Und ein anderer ergänzt: »Diese Erfahrungen [der streng fachlichen Sacherkenntnis] in persönliche Erkenntnis umzusetzen, ist Aufgabe jedes einzelnen. So kann die Universität Bildung wohl kaum vermitteln, sondern nur die Erfahrungen liefern, die der Student zur Erkenntnis und letzthin zur Bildung verarbeiten sollte. Eben diese Erfahrungen scheinen mir aber auch zur Berufsausbildung notwendig. So ist eine Diskussion offenbar wenig fruchtbar, die das Problem von Berufsausbildung und Bildung an unserer Universität als Alternative aufstellt«.

»Ausbildung« wird hier freilich zur »streng fachlichen Sacherkenntnis« nobilitiert, aber damit wird nur deutlich, daß der Weg vom bloßen Faktenlernen zur wenn auch noch so spezialistischen »Erkenntnis«, und damit also zur Reflexion, prinzipiell immer offensteht. Über diesen dynamischen Weg von der Ausbildung zur Bildung, die jeden kulturkritischen (und ohnehin nie zutreffenden) Antagonismus vermeidet, wird Gesine Schwan 40 Jahre später schreiben, »daß gute, gleichsam ›nachhaltige‹ Ausbildung keineswegs im Gegensatz zur Bildung steht. Denn da die Zukunft offen ist, kommt es mehr und mehr nicht auf technische Fertigkeiten ... an, sondern auf die Fähigkeit der Individuen, sich eigenständige Kategorien für die überbordenden Informationen, insgesamt für die ›Welterfahrung‹ zu erarbeiten, um über die Informationen hinaus zu reflektiertem Wissen zu gelangen, neue Ideen zu entwickeln, Initiativen zu ergreifen und mit anderen kooperativ umzusetzen«. Reflektiertes (Ausbildungs-)Wissen aber ist jederzeit »anschlußfähig« an das klassische Modell der Selbstbildung aus freier Eigentätigkeit, wie es in idealistischer Tradition 1958 Ludwig Raiser postuliert hatte – ja es ist eine ihrer Voraussetzungen: »Die (...) Reflexionsfähigkeit als Voraussetzung zukunftsoffener und -fähiger Ausbildung ist nun zugleich ein wesentliches Element von Bildung, wie sie als Weg und Ziel der Persönlichkeitsentwicklung in der Folge der Aufklärung vorgestellt wird. Von zentraler Bedeutung ist dabei die Eigentätigkeit des Individuums, die u. a. in der Selbstreflexion liegt, mit der es sich zu einem moralischen Subjekt entwickelt«.

Hochschulbildung

Dem prozessualen Bildungsmodell fehlte lange Zeit zweierlei: Wenn die Rede von der »geistigen Prägung« war, die richtig praktizierter Wissenserwerb mit sich bringt, dann wurde nicht expliziert, was die internen strukturellen Bedingungen und was die Komponenten eines solchen Prägeprozesses sind. Man beschränkte sich auf den bloßen Evidenzappell, der freilich so mächtig war, daß ihm die Akteure jederzeit zustimmen konnten. Und bis vor Gesine Schwans Postulat der »Verständigungsfähigkeit« schien es auch ein stark solipsistisches Modell zu sein, dem der moralische Appell bloß hinzugefügt wurde.

In seinem Beitrag zum Jahresbericht 1997 der Studienstiftung mit dem mutigen Titel »Ein unverwüstliches Bildungsideal für das Universitätsstudium?!« versuchte der Soziologe Ulrich Oevermann, beide Defizite zugleich zu beheben, indem er den Strukturprozeß von (Hochschul-)Bildung erstmals beschrieb, und zwar als einen von Grund auf dialogischen: »Einen professionalisierten Habitus (...) der Hingabe an eine Sache sich anzueignen, die es kritisch zu überprüfen gilt: die Sache der Erkenntnis, ist die wichtigste Zielsetzung eines Universitätsstudiums. Dazu gehört die Schärfe und Offenheit des unvoreingenommenen Blicks der ästhetischen Erfahrung. Diese Haltung erfordert – in sich notwendig widersprüchlich – einerseits den ganzen Menschen als Subjekt einer unvoreingenommenen Erfahrung und Erkenntnis, andererseits die vollständige, rollenförmige Unpersönlichkeit der Unterwerfung unter die Logik des besseren Argumentes. (...) Die Aneignung dieses Habitus ist ein lebenslanger, nie zuende gehender Prozeß. Aber wenn sie nicht wesentlich im Universitätsstudium selbst wie in einem Noviziat modellhaft initiiert wird, dann ist sie endgültig verstellt«. Und er resümierte: »Das Bildungsideal für ein Studium ergibt sich daraus zwanglos: Das Studium des je konkreten Faches hat primär die Funktion des Exemplarischen in der Aneignung eines wissenschaftlichen Habitus. Zwar muß die fachspezifisch konkrete Sache sehr ernst genommen werden, aber primär dient das Studium nicht der Heranbildung eines Fachmenschentums, sondern der Professionalisierung eines Wissenschaftlers, der grundsätzlich im Angesicht konkreter Krisen sich die spezifischen Kompetenzen von Nachbardisziplinen schnell aneignen kann und zur flüssigen transdisziplinären Kooperation anstelle interdisziplinärer Addition problemlos befähigt ist«.

Mit den Leitbegriffen der »Hingabe an die Sache«, des »unvoreingenommenen Blicks« und der »Logik des besseren Arguments« wurden hier erstmals explizit die subjektiven und die kommunikativen Konstituenten eines lebenslangen Bildungsprozesses benannt. Implizit hatte die Studienstiftung freilich immer schon nach diesem strukturell nun aufgeklärten Modell gehandelt.

Schon früh wetterleuchtet es in den zitierten Texten, wenn vom Zustand der Universität gesprochen wird. Da ist 1965 wie beiläufig von der »heutigen Notlage« die Rede, so als herrsche darüber ein allgemeiner Konsens. »Dann wird selbstverständlich die Überfüllung beklagt – nun, darüber brauchen wir nicht zu reden. Der Student sei ein Konsument unter vielen, heißt es ...«, schreibt Dietrich Seckel. Aber auch schon Ludwig Raiser schrieb: »Es ist für jeden Einsichtigen klar, daß unsere Hochschulen in ihrem gegenwärtigen Zustand des Massenbetriebs und der Überfüllung, der organisatorischen Unordnung und der inneren Unsicherheit wenig fähig sind, den so verstandenen Bildungsauftrag wahrzunehmen«. – nein, der Text stammt nicht von 2010, sondern von 1958!

Angesichts dieser uns heute als bizarr erscheinenden Zeitdiagnostik lag der Gedanke nahe, den Satzungsauftrag der »Förderung der Hochschulbildung« offensiv auszulegen: Er sollte nicht mehr nur (negativ) in der Beseitigung von äußeren Hindernissen bestehen, die einem erfolgreichen Hochschulstudium im Wege stehen könnten (und zusätzlich in der Betreuung durch Vertrauensdozenten), sondern positiv in einem eigenen Wissenschaftlichen Programm, das sich seit der Mitte der sechziger Jahre entwickelte und das heute aus den zehn Sommerakademien, den vier Wissenschaftlichen Kollegs und den Doktorandenforen der Studienstiftung besteht. Die Gefahr, daß hier eine »Gegenwelt« zur Universität entstehen könnte, ist immer wieder diskutiert worden, und es gab vielleicht zuzeiten auch Tendenzen zu einem solchen Selbstverständnis. Heute aber ist klar, daß Ludwig Raisers Vortragstitel »Der Dienst der Studienstiftung für die Hochschule« dauerhafter Leitsatz geblieben ist.

Die Studienstiftung hat keinen anderen Auftrag als den der Förderung der Hochschulbildung im umfassenden Sinn. Daß damit untrennbar Persönlichkeits-Bildung einhergeht, folgt zwanglos aus der Logik ihres prozessualen Modells. In einem Papier des Sekretariats von 2006 für das Bundesministerium für Bildung und Forschung, das im Zusammenhang mit dem Versuch einer Bewertung des Programms der Studienstiftung im Kontext der Förderungsangebote der anderen deutschen Begabtenförderungswerke mit ihren inhaltlich verschiedenen Aufträgen entstand, wird dies so formuliert: »Lebensmittelpunkt der Stipendiaten ist während ihrer Förderungszeit die Hochschule. Die Satzung gibt klar den Auftrag, die Stipendiaten dort und in dem Rahmen zu fördern, in dem sie sich befinden. Aus diesem Auftrag allein resultiert schon, daß von außen hinzutretende, bloß ergänzende Angebote weltanschaulicher, gesellschaftspolitischer sowie persönlichkeits- und allgemeinbildender Art nicht unmittelbar in den Aufgabenbereich der Studienstiftung gehören. Die Studienstiftung hat deshalb in enger Zusammenarbeit mit herausragenden Wissenschaftlern an Universitäten und Forschungsinstituten seit Mitte der 60er Jahre ihr eigenes, integratives Wissenschaftliches Programm begründet. Ziel ist dabei nicht, möglichst viele Stipendiaten frühzeitig für die Wissenschaft zu sozialisieren, sondern ihnen zu einer optimalen Gestaltung des Lebensabschnitts zu verhelfen, in dem sie sich befinden. Wer gelernt hat, in dieser Phase mit hoher Intensität und Kreativität die Probleme zu lösen, die ein wissenschaftliches Studium aufgibt, der wird später in allen Berufsfeldern besonders erfolgreich sein. (...)

Unser Wissenschaftliches Programm ist ein integratives Programm, weil es Hochschulbildung und Persönlichkeitsbildung aus einer Hand vermittelt. Offenheit, der unvoreingenommene Blick und die Bereitschaft, stets der Logik des besseren Arguments zu folgen, sind zentrale Merkmale eines genuinen Forscherhabitus. Ebenso sind sie die unverzichtbare Voraussetzung für jeden produktiven zwischenmenschlichen Kontakt, für die auf Achtung beruhende Erfahrung anderer Lebensformen und Kulturen und für besonnenes gesellschaftliches und politisches Handeln.

›Bildung der Persönlichkeit‹ muß deshalb nicht als besonderes (pädagogisches) Ziel formuliert werden, das zu anderen Zielen bloß hinzuträte: Sie generiert sich wie selbstverständlich aus den Ergebnissen der Auswahl und aus den Strukturen des ideellen Förderprogramms der Studienstiftung selbst. Zentrale Voraussetzung dafür ist die ›generationeninterne‹ Kommunikation der Stipendiaten untereinander. Hier werden gemeinsam Erfahrungen gemacht und Maßstäbe gebildet«.

Man könnte sagen, daß Ludwig Raiser und Dietrich Seckels Zweifel an der Bereitschaft ihrer Studenten, über den – historisch sehr verständlichen – Wunsch nach »unbehelligter Selbstgestaltung« hinauszugehen, durch die gegenwärtige Generation obsolet geworden ist: Die funktionierende »generationeninterne Kommunikation« als zwanglos in die Praxis umgesetztes dialogisches Modell ist vielleicht die größte Stärke der gegenwärtigen Stipendiaten der Studienstiftung – kein bloßes Postulat, sondern Realität. Nur müßte auch die künftige Universität mit ihren konsekutiven Studiengängen ihren Studenten die Freiheit dafür lassen.

Literatur:
Kurt Ballerstedt, Die Auswahl der Stipendiaten in der Studienstiftung des deutschen Volkes, in: Probleme der Auswahlarbeit, hg. von der Studienstiftung, Bonn 1964, 25.
Gerhard Fels, Die höhere Schule und die Studienstiftung, in: Aus der Arbeit der Studienstiftung, hg. von der Studienstiftung, Bonn 1965, 12.
Ludwig Raiser, Der Dienst der Studienstiftung für die Hochschule, hg. von der Studienstiftung, Bonn 1958.
Gesine Schwan, Hochschulen für die demokratische Gesellschaft, in: Studienstiftung des deutschen Volkes. Jahresbericht 2005, Bonn 2006, 97, 98, 102.
Dietrich Seckel, Der Studienstifter als Studienanfänger, in: Aus der Arbeit der Studienstiftung, hg. von der Studienstiftung, Bonn 1965, 27.
Studienstiftung des deutschen Volkes. Jahresbericht 1997, Bonn 1998.

10. Öffentlichkeit

Olaf Kaltenborn

Öffentlichkeit und Aufklärung

Niemand außerhalb der Kommunikationswissenschaften scheint sich mehr Gedanken darüber zu machen, was es heißt, »öffentlich« zu agieren, sich »öffentlich« zu bekennen – eine »öffentliche Person« zu sein. Das Wort »Öffentlichkeit« steht in einer Art Dauergebrauch, womit auch die enorme Abnutzung des Begriffs zusammenhängen könnte. Es ergeht ihm wie einem Rennpferd, das in der Manege der

Medien Runde um Runde geschunden wird – bis zur totalen Erschöpfung.

Dabei war »Öffentlichkeit« einmal ein ganz besonderer und gar nicht alltäglicher sowohl Begriff als auch Zustand. Als Immanuel Kant 1784 zum »öffentlichen Gebrauch der Vernunft« aufrief, gab es eine globale Nachrichtenindustrie ebensowenig wie das Internet oder Talkshows, die heute die perfekte Illusion einer Omnipräsenz schaffen und damit bereits den Anspruch von Öffentlichkeit im Kern zerstören. Nur noch einmal zur Erinnerung: Die von Kant als notwendige Voraussetzung der Aufklärung geforderte Freiheit ist das Recht, von seiner Vernunft in allen Bereichen »öffentlichen Gebrauch zu machen«. Der öffentliche Gebrauch der Vernunft beinhaltet die Redefreiheit ebenso wie das Recht auf freie Meinungsäußerung in Rede und Schrift. Dieser »öffentliche Gebrauch« müsse, so Kant, »jederzeit frei sein«.

Die sog. bürgerliche Gesellschaft war – zumindest in Deutschland – zu dieser Zeit gerade im Entstehen, der Feudalismus gab sich bereits »aufgeklärt«. Das Bürgertum erkannte in den aufkommenden Printmedien eine Chance zur Emanzipation und zur eigenen Präsenz und Repräsentation. Je mehr das absolutistische »Öffentlichkeitsprivileg« des Monarchen schwand, je mehr Freiheitsrechte sich das Bürgertum erkämpfte, desto wichtiger wurde die Öffentlichkeit der bürgerlichen Presse als Meinungs- und Diskussionsforum. Meinungen, Ansichten wurden nicht mehr nur im privaten Kreis geäußert, sondern fanden über die Presse erstmals ihren Weg zu einem (gelehrten) Publikum. Damit entstand eine neue Form von Diskursivität. Die bürgerliche Presse schuf erstmals eine Plattform, auf der sich Meinungen ohne Ansehen der konkreten Situation ihrer Entstehung präsentieren konnten. Für diese neue Aufgabe war auch eine neue sprachliche Darstellungsform nötig, die versuchen mußte, von den meisten kontextuellen Begleiterscheinungen eines Sachverhalts abzusehen und dessen Kern in den Vordergrund zu rücken. Frühe Presseartikel gleichen zwar häufig noch einem gelehrten Besinnungsaufsatz, dem die Absicht der moralischen Erbauung deutlich anzusehen ist. Doch allmählich entwickelt sich ein völlig eigener »Zeitungsstil«, der kürzer und faktischer wird.

Halten wir fest: Der Strukturwandel der Öffentlichkeit weg von einem monopersonalen Öffentlichkeitsprivileg hin zu einem Markt der Meinungen, an dem immer mehr Menschen beteiligt sind, ist auch Ausdruck eines mächtigen Bedürfnisses nach allgemeiner Präsenz und Repräsentation. Das neue bürgerliche Selbstbewußtsein, der Übergang der monarchischen Aura auf viele, markiert den Epochenbruch hin zur Geburt einer neuen Form von Öffentlichkeit und enthält gleichzeitig schon den Keim ihres Niederganges.

Massenmedien und Öffentlichkeit

Die Regeln der medialen Sinnreproduktion haben sich mit dem Aufstieg einer eigenen Medien- und Meinungsindustrie grundlegend verändert. Dies blieb nicht ohne Folgen für den Begriff und die Vorstellung von Öffentlichkeit. War die Frühzeit der bürgerlichen Öffentlichkeit geprägt von dem Wunsch und dem Bedürfnis nach einer immer breiter werdenden Diskursivität und Partizipation der Massen am Gedanken der Aufklärung, so hat die Medienindustrie, insbesondere der Aufstieg der visuellen Medien, einen Schub in Richtung Ästhetisierung, Personalisierung, Sensationalisierung und Skandalisierung bewirkt. Zu Zeiten Kants wäre kein Mensch auf den Gedanken gekommen, vom »Warencharakter« einer Nachricht zu sprechen, heute zweifelt keiner mehr daran, daß eine Nachricht auch ein ökonomisches Gut ist, dessen Verfallszeit höchst bemessen ist.

Der Philosoph Günther Anders konstatierte mit Blick auf das aufkommende Fernsehen in den 1950er Jahren bei seinen Zeitgenossen eine Art »Ikonomanie«. Mit diesem Begriff trifft Anders den Kern einer Entwicklung, die heute unser Bild von Öffentlichkeit prägt. Eine säkularisierte und völlig undistanzierte Vernarrtheit ins Bild – vor allem das bewegte –, die in ihrer Mächtigkeit durchaus mit der Wirkung von Ikonen auf die Gläubigen des Mittelalters vergleichbar erscheint. Bilder schaffen neue Formen von Diskursivität, die die alten Regeln der bürgerlichen Diskursivität unterlaufen. Wer die Regeln und die Grammatik ihrer medialen Produktion und Wirkung nicht kennt, kann sich gegen ihren manipulativen Charakter kaum schützen. Das Bild stützt seinen Sinn und seine Wirkung auf die Unmittelbarkeit des ästhetischen Scheins. Es entzieht sich damit den diskursiven Regeln der Überprüfbarkeit, denen Argumente zugrunde liegen. Der sich über viele Jahrzehnte entwickelnde Umschwung von einer eher argumentativ geprägten Diskursivität hin zu einer Ästhetisierung medialer Sinnreproduktion stellt damit Öffentlichkeit – also die Möglichkeit der Transparenz von Macht und gesellschaftlichen Entwicklungen – in Frage.

Bilder in Verbindung mit Life-Berichterstattung vermitteln den perfekten Schein totaler Öffentlichkeit. Dem Zuschauer wird die Illusion vermittelt, im Geschehen mit dabei zu sein. Damit geht aber genau jene Distanz verloren, die eine Einordnung des Gesehenen ermöglicht. »Life« heißt gleichzeitig ohne Distanz zum Ereignis. Damit ist eine neuerliche Umwertung des Begriffs »Öffentlichkeit« verbunden: Die »Echtzeit-Berichterstattung« direkt vor Ort – z. B. im Irakkrieg – schafft die Illusion totaler Nähe und Authentizität. Öffentlichkeit bedeutet jetzt, möglichst große (zeitliche) Nähe zum Geschehen ohne dazwischengeschaltete Reflexionsebenen, die das Rauschen der Bilder stören könnten. Es erscheint an dieser Stelle die Frage berechtigt, ob man angesichts dieser Entwicklung überhaupt noch von Öffentlichkeit sprechen kann. Schließlich übertragen die via Internet bereitgestellten Bilder Hunderttausende von (meist zu Überwachungszwecken angebrachten) Webcams auf vielen öffentlichen Plätzen auch Life-Bilder. Aber liefern diese Bilder wirklich Öffentlichkeit? Ist schon die pure Sichtbarkeit, die mediale Zur-Schau-Stellung, Öffentlichkeit? Wir sehen: An dieser Stelle gleitet der Begriff der Öffentlichkeit ins Beliebige. Er wird, weil nach visueller Omnipräsenz heischend, vom Anspruch her allumfassend und damit nichtssagend. Er verliert sein wesentliches qualifizierendes Element: die in ihm zum Ausdruck gebrachte Chance, einer möglichst großen Zahl von Menschen Orientierungs- und Interpretationsangebote zu machen in einer zunehmend unübersichtlicher werdenden Welt. Wenn dies das entscheidende Kriterium für das Vorhandensein von Öffentlichkeit ist, dann stellen visuelle Medien heute vielfach schon keine Öffentlichkeit her, sondern nur noch Sichtbarkeit oder unterhaltsame Zur-Schau-Stellung.

Wissenschaft und Öffentlichkeit

Der Schwenk von Öffentlichkeit zur Wissenschaft scheint an dieser Stelle ein wenig gewagt und willkürlich. Und doch bietet er sich bei genauerer Betrachtung an. Denn auch Wissenschaft liegt – zunächst in einem allgemeinen Sinne betrachtet – eine bestimmte Diskursivität zugrunde. Wissenschaft funktioniert grundsätzlich oft noch immer nach den Ehren-Regeln der alten bürgerlichen Diskursivität, die die Medienindustrie unter dem Druck ökonomischer Rentabilität längst hinter sich gelassen hat. Diese Regeln lauten: Überprüfbarkeit (Verifizierung, Falsifizierung), Einordnung der Ergebnisse in einen bestimmten Forschungshorizont, Universalität (Ergebnisse gelten kontextunabhängig), Anschlussfähigkeit und weltanschauliche Neutralität. Das »System« Wissenschaft erscheint als eines, das auf Grund von klaren Regeln Orientierung stiftet und nach größtmöglicher Wahrhaftigkeit strebt – Prinzipien, die übrigens auch für den Qualitätsjournalismus gelten, dessen (zeit)aufwendige und damit teure Recherchemethoden nicht sehr weit von sozial- und naturwissenschaftlichen Verfahren entfernt sind. Was wäre z. B. aus Watergate geworden, wenn nicht ein weitsichtiger Chefredakteur und ein nicht weniger weitsichtiger Verleger ihren beiden jungen Reportern die nötigen Ressourcen für eine mehrjährige Recherche an die Hand gegeben hätten – mit durchaus offenem Ausgang.

In ihrer eigenwilligen und etwas sperrigen Diskursivität entwickeln Wissenschaften und ihre disziplinären Subsysteme mitunter ein ausgeprägtes Maß an Eigenständigkeit, das die Anschlußfähigkeit nach außen erschwert, manchmal sogar unmöglich macht. Der aus den Medien häufig zu hörende Vorwurf an »die« Wissenschaft, sie würde – alimentiert von öffentlichen Geldern – im Elfenbeinturm schmoren, anstatt – wie der Journalismus – etwas Nützliches zur Weltgestaltung beizutragen, ist, so betrachtet, auch die Geschichte einer diskursiven Verkennung auf Grund mangelnder Anschlußmöglichkeiten. In einer Medienwelt, die zunehmend unter dem Primat der Sichtbarkeit steht, gerät jedes System unter Generalverdacht, das sich dieser vordergründigen Sichtbarkeit entzieht. Zweifellos handelt es sich bei den meisten Wissenschaften um Systeme, deren primärer Zweck zunächst *nicht* darin besteht, Sichtbarkeit herzustellen. Der daraus abgeleitete Vorwurf einer szientistischen Selbstgenügsamkeit trifft damit sogar zum Teil ins Schwarze. Denn das wissenschaftliche System steht, solange es öffentliche Gelder beansprucht, zumindest in einem Zielkonflikt zwischen den Kriterien und Regeln der eigenen Zunft und dem Bedürfnis einer Öffentlichkeit, die sehen will, was mit ihren Steuergeldern hinter den Mauern der Laboratorien und Denkstuben geschieht.

Die »Entdeckung« der Wissenschaft durch das Fernsehen

Aus diesem Zielkonflikt wurden die Wissenschafts-PR und der Wissenschaftsjournalismus geboren – in Deutschland gerade mal etwa 30 bis 40 Jahre alt. Da Wissenschaftler – zumindest in Deutschland – meistens von sich aus eine recht geringe Neigung entfalten, mit dem Mediensystem auf Tuchfühlung zu gehen, bedarf es der Dienste von kundigen Mediatoren, die diesen Kontakt stimulieren und moderieren. Pressestellen und Marketingabteilungen von Universitäten und Wissenschaftseinrichtungen übernehmen heute diese Aufgabe. Auf der anderen, der journalistischen Seite entstehen immer mehr Ausbildungsgänge für professionellen Wissenschaftsjournalismus. Früchte dieser Bemühungen, auf beiden Seiten so etwas wie eine stillschweigende Übereinkunft trotz prinzipieller Unverträglichkeit zu finden, sind inzwischen diverse Wissenschaftsseiten in Zeitungen und Zeitschriften sowie eine immer größer werdende Zahl von Wissenschaftsformaten im Fernsehen und Internet. Auch gibt es eine Reihe von Wissenschaftsshows von sehr unterschiedlicher Qualität und Zielgruppenorientierung. Es kann kein Zweifel bestehen: Wissenschaft erfreut sich seit einigen Jahren in den Medien einer gewissen Hochkonjunktur. Oft wird das erklärt mit einer zunehmenden öffentlichen Darstellungskompetenz von Wissenschaftlern. Der mediale Hang zur Personalisierung, der auch in der Politik und im Showgeschäft zu beobachten ist, hat nun auch die Wissenschaften erreicht. Aber dies ist nur ein Teil der Wahrheit.

Der andere Teil und die sich daraus ergebenden medialen Bedürfnisse hängen zusammen mit der zunehmenden Dürftigkeit der produzierten medialen Inhalte bei gleichzeitiger Vervielfältigung der Kanäle, auf denen rund um die Uhr etwas gesendet werden muß. Die Entdeckung der Wissenschaft durch das Fernsehen ist also ebenso Resultat der inneren Auszehrung des Mediums selbst; seiner Unfähigkeit, über weite Strecken noch Orientierung bieten zu können und damit seinem »öffentlichen« Auftrag nachzukommen. Da kommt die »Ressource« Wissenschaft – bis vor wenigen Jahren medial noch weitgehend unverbraucht – gerade recht, um das klaffende Orientierungsvakuum aufzufüllen.

Die Inszenierung von Wissenschaft für das Fernsehen – also für die Sichtbarkeit – führt zunächst zu einer dramatischen Ungleichverteilung von Sendechancen. Jene Disziplinen sind im Vorteil, bei denen es leuchtet, blitzt, knallt oder zumindest raucht. All die Heerscharen von Philosophen, Soziologen, Psychologen bleiben außen vor – was übrigens gar nicht schlecht sein muß. Denn schließlich ist der Imperativ einer medialen Verbiegung und Verbeugung unter der Knute der Sichtbarkeit auch eine große Last und führt nicht selten zu der unangenehmen Nebenwirkung, daß der Forscher seine Kernaufgabe, gute Wissenschaft zu machen, vernachlässigt. Andererseits ist in einer Gesellschaft, deren Diskurse immer mehr aus der Sichtbarmachung durch visuelle Medien speisen, die Nicht-Sichtbarkeit gleichbedeutend mit einer totalen Marginalisierung. Am Ende droht die Gefahr, daß jene Wissenschaften, die sich habituell gegen ihre Zur-Schaustellung sperren (und damit den Beweis ihres öffentlichen Nutzens nicht antreten können), auch bei der Vergabe öffentlicher Fördergelder leer ausgehen. Schon heute zeigen sich, wie bereits angedeutet, die Grundzüge einer wissenschaftlichen Zwei-Klassen-Gesellschaft: Ein Heer medialer Habenichtse steht einer wachsenden Zahl von Aufmerksamkeitsmillionären gegenüber. In belegbaren Fällen sind diese Aufmerksamkeitsmillionäre auch von der öffentlichen Hand großzügig mit Fördergeldern bedacht worden. Wie schön, wenn sich die Sichtbarkeit auch noch in klingender Münze auszahlt – natürlich aus Steuergeldern. Nur eine Frage wird nicht gestellt: War dieses Geld auch wirklich gut angelegt? Hier gerät man in einen interessanten Zirkelschluß: Mediale Sichtbarkeit immunisiert offenbar ungemein. Wer im Rampenlicht steht, bei dem wird manchmal nicht mehr so genau nachgefragt, ob bei der Vergabe der Mittel alles mit rechten Mitteln zugegangen ist. Auch dies also eine Form medialer »Sinnkonstruktion«?

Gemeinsamkeiten zwischen Journalismus und Wissenschaft

Vielleicht werden wir in zwanzig Jahren ernüchtert feststellen, daß dann auch die – derzeit noch relativ jungfräuliche – Medien-Ressource »Wissenschaft« restlos verbraucht sein wird, wie heute bereits die medial inszenierte Politik in ihrer fernsehgerechten rituellen Erstarrung (die auch einmal etwas Außergewöhnliches war). Aber es wird kein Zurück mehr geben, weil das System selbst sich gewandelt haben wird, indem es seine eigenen Regeln und Standards an die neuen Verhältnisse anpaßt. Mit Blick auf die sog. Mediendemokratie hätte man lernen können, was es bedeutet, wenn die Regeln des öffentlichen Politikbetriebs sich nach dem Takt der Hauptnachrichtensendungen richten und ein Politikerstatement über 30 Sekunden als nicht mehr vermittelbar gilt. Vielleicht werden wir feststellen, daß die Inszenierung von Wissenschaft als Aufdeckung (also Sichtbarmachung) von der Natur innewohnenden Phänomenen genauso langweilig geworden ist wie die rituellen Politikerstatements in den Hauptnachrichtensendungen, die in ihrer aufdringlichen Gewöhnlichkeit allenfalls die schnellere Verdauung beim Abendessen befördern, aber sonst keinerlei diskursiven Mehrwert mehr besitzen. Dann wird man sich vielleicht fragen, welches System jetzt noch bereit steht, den legitimen Wahrhaftigkeits- und Orientierungsanspruch aufs neue medienwirksam einzulösen. Man weiß es nicht.

Dabei gäbe es zwischen gut gemachtem Journalismus und fundiert arbeitender Wissenschaft viel Gemeinsames zu entdecken: Angefangen bei der Triebfeder des wissenschaftlichen und journalistischen Tuns – der Neugier – über die verwandten Methoden der Recherche und der methodengeleiteten Forschung bis hin zum gemeinsamen Anspruch auf Wahrhaftigkeit und Orientierung. Journalismus ist – so gesehen – sogar eine wissenschaftliche Tätigkeit. Selbst in seinen übelsten Formen bleibt die Recherche bestimmendes Element.

Was Journalismus und Wissenschaft trennt

Was beide fundamental unterscheidet, ist die zeitliche Bemessung des Rahmens, in dem ein Werk fertiggestellt sein muß. Dem Journalisten bleiben oft nur wenige Stunden, ja sogar oft nur Teile einer Stunde, der mit öffentlichen Mitteln unterstützte Wissenschaftler hingegen hat zur Beantwortung einer Forschungsfrage oft mehrere Jahre Zeit. Diese völlig unterschiedlichen (und unvereinbaren) Zeithorizonte sind die eigentliche Quelle der Verkennung auf beiden Seiten. Der ergebnisorientierte Produktionsdruck des Journalisten führt zu einem Maß an Ungeduld, das dem Wissenschaftler meist völlig fremd ist. Die Ungeduld wird auch nicht dadurch geringer, daß der Journalist auf Grund des hohen Drucks die (ebenfalls vorhandenen!) Regeln und Standards seiner Profession häufig missachten muß,

um überhaupt noch ein mediales Werk herstellen zu können. Da regiert das Ein-Quellen-Prinzip, da dominieren Spekulationen statt belegbare Fakten, da wird sprachlich geschludert. Die Agenda der täglichen Verfehlungen ist lang. Doch ohne ihre stillschweigende Hinnahme wäre abends keine Zeitung fertig, würde kein aktueller Beitrag sendefertig. Irgendwann fügt sich der Journalist in die Unabwendbarkeit dieses professionellen Widerspruchs, auch wenn eine große Nachrichtenagentur immer noch mit dem Slogan wirbt: »Zuverlässigkeit geht vor Schnelligkeit«.

Je mehr heute der unmittelbare Verwertungsdruck auf wissenschaftliche Ergebnisse steigt, umso größer scheint die Gefahr, daß sich auch in der Wissenschaft ähnliche professionelle Deformationen einstellen wie im Journalismus. Die wissenschaftlichen Fälschungsskandale der letzten Jahre sind zwar sicher (noch) kein direktes Resultat dieses enorm gestiegenen Verwertungsdrucks. Der Druck wird jedoch durch eine mögliche Dauerpräsenz in den Medien sicher nicht geringer werden. Man darf davon ausgehen, daß die »sichtbare Wissenschaft« anfälliger werden wird für diese Art von Verfehlungen. Denn je mehr sich Wissenschaftler unter dem Druck sehen, sich der auf Aktualität und Präsenz ausgerichteten Produktionslogik medialer Sinnherstellung anzupassen, desto höher ist das Risiko, die Standards der eigenen Profession nicht mehr einhalten zu können oder zu wollen. Vielleicht werden diese Standards im steten Kampf um Sendeplätze und Zeitungsspalten – und damit ums Dasein – sogar als »antiquiert« gelten; vielleicht werden wir es mit einer anderen Art von Wissenschaft zu tun bekommen, wie sie sich heute vielfach schon abzeichnet: Einer weitgehend »symbolischen« Wissenschaft, die auf Grund des steigenden medialen Erwartungsdrucks ihre Ergebnisse direkt fürs Fernsehen produziert. Ihre Exponenten sind charismatische Einzelgänger, die gelernt haben, auf der medialen Klaviatur genau die richtigen Töne anzuschlagen und ihre Botschaften wie Waschpulver unters Volk zu bringen. Als »Medienprofessoren« entziehen sie sich zunehmend den Standards ihrer Zunft. Schließlich verkünden sie ihre zum Teil abenteuerlichen (aber publikumswirksamen) Thesen im Fernsehen und nicht auf wissenschaftlichen Kongressen, wo man der lästigen Überprüfung durch Kollegen ausgesetzt wäre.

Fazit

Folgende Ergebnisse lassen sich festhalten: Zum einen existieren Wissenschaft und Journalismus in unterschiedlichen Zeitsystemen – und zwar in mehrfacher Hinsicht. Auf einer Skala von Systemen mit unterschiedlicher Aktualitätsfixierung befinden sich Journalismus und Wissenschaften an den beiden entgegengesetzten Enden. Die »Öffentlichkeit« von Wissenschaft und ihrer Ergebnisse ist eine andere als die des Journalismus. Die Eigenzeit vieler wissenschaftlicher Betätigungen kollidiert mit den an Aktualität ausgerichteten Zeitlichkeitsvorstellungen des Journalismus. Öffentlichkeit und Aktualität werden heute vielfach gleichgesetzt. Das bringt all jene Systeme unter Druck, deren Öffentlichkeitsansprüche nicht auf den Imperativ von Aktualität fixiert sind.

Weiter existieren Wissenschaft und Journalismus in Systemen mit unterschiedlicher Referenz von Vertrauen. Die Fragen der Nachprüfbarkeit und Dekontextualität der Ergebnisse stehen im Mittelpunkt wissenschaftlicher Vertrauensbildung. Das Vertrauen in journalistische Produkte beruht im wesentlichen auf der Genauigkeit von Beobachtungen von Alltagsphänomenen oder Zusammenhängen und der Verwendung eines Mehr-Quellen-Prinzips. Die Beobachtungsverfahren des Journalismus sind weniger standardisiert. Journalisten machen in aller Regel keine »Experimente«, sondern orientieren sich an einer »vorgefundenen« Wirklichkeit, die sie beschreibend und/oder analysierend in einen größeren Sinnzusammenhang einordnen.

Zwischen beiden »Welten« besteht die Notwendigkeit eines »Brückenbaus«. Dafür gibt es die wissenschaftliche Öffentlichkeitsarbeit. Sie stellt gleichsam ein »Mediationsangebot« an beide Seiten dar. Wissenschaftliche Ergebnisse gewinnen in Pressemitteilungen einen aktualitätsorientierten Nachrichtencharakter, ohne die Gebote an wissenschaftliche Präzision zu vernachlässigen. Sprachlich versuchen sie einen Mittelweg zwischen populärem Sprachgestus und wissenschaftlicher Akkuratesse. Der nicht selten zwischen Wissenschaftler und PR-Verantwortlichem ausgetragene Zweikampf um Form und Inhalt der Darstellung markiert den Kampf zweier Kulturen um Darstellungshoheit. Nicht selten endet das in einem Darstellungsdesaster, wenn der PR-Verantwortliche die Regeln seiner Profession dem Wissenschaftler gegenüber nicht deutlich genug zur Geltung bringt. Das Ergebnis: Seitenlange, unverständliche Pressemitteilungen ohne jede Wirkung.

Jenen Bereichen, die sich auf den ersten Blick einer fernsehgerechten Vermarktung entziehen, sollte Wissenschafts-PR künftig besondere Aufmerksamkeit zuwenden. Alle sog. Wissenschaften des Geistes und der Kultur können Deutungsangebote für mannigfache Probleme und Fragen unserer Gesellschaft schaffen. Sie sollten der Öffentlichkeit mehr bekannt gemacht werden – auch über neue Darstellungsformen, z. B. die eines sozialen Experiments. Hier ist die Phantasie der PR-Verantwortlichen gefordert.

VI. Institutionen

Einleitung
1. Bildungsinstitution
2. Schule
3. Gymnasium
4. Universität und Hochschule
5. Funkkolleg
6. Erwachsenenbildung
7. Seniorenstudium
8. Bibliotheken
9. Archive und Archivgut
10. Museum und Ausstellung
11. Akademie

Einleitung

Auch Institutionen sind Akteure der Bildung. Aber sie sind weit mehr als das. Denn sie agieren komplexer und kompetenter als jeder individuelle Akteur. Sie haben mehr Prägekraft, mehr Potential, mehr Reichweite.

Institutionen sind für die Bildung schlechthin unverzichtbar. Denn daß diese fern vom »Staat« und seiner Organisationsmacht gelingen könnte, spontan und privat, von Mensch zu Mensch, in der Familie oder in kleinen, verschworenen Zirkeln, ist die blinde Utopie von Idealisten und Fundamentalisten – so wie die Idee einer lückenlosen Institutionalisierung der Bildung der Traum von Tyrannen und Bürokraten ist. Gewiß: Wichtige einzelne Bildungseindrücke verdanken wir Individuen, und wir alle kennen ganz persönliche »Institutionen« der Bildung: das Sofa, auf das wir uns als Jugendliche mit dem Buch zurückzogen, den Garten der Großeltern, in dem unsere botanische Fundamentalbildung stattfand, die Regionalbahn, in der wir einst allmorgendlich unsere Sprachkurse gehört, das Kino, in dem wir unseren Schatz unauslöschlicher Bilder und Visionen gesammelt haben.

Die halbwegs sichere Basis aber, auf der unsere Bildung ruht, die Methoden, derer sie sich bedient, die Routinen, die ihr die (oft rettende) Illusion von Stabilität und Sicherheit verleihen – sie alle verdanken wir dem Wirken von Institutionen. Ohne sie fehlte dem individuellen Lehren und Lernen das organisatorische Netz. Nur sie führen Bildungssuchende und Bildungsvermittler zusammen, versammeln Objekte, Empfänger und Akteure von Bildung und versetzen sie – hoffentlich! – in fruchtbaren Austausch. Damit aus einzelnen geistigen Eindrücken, zufälligen Erfahrungen, eigenem Nachdenken Bildung wird, braucht es Einrichtungen, die diese Lern- und Reflexionsprozesse anregen, anleiten, begleiten, das erworbene Wissen sichern, vertiefen, verankern, erweitern, vermehren, professionalisieren. Erst durch Institutionen wird Wissen zur Bildung.

Natürlich kann man das Verhältnis aber auch genau anders herum betrachten und behaupten, daß Bildung sich ihre Institution überhaupt erst schaffe. Daß eine Institution entsteht, die einer bestimmten Gruppe (eventuell auch: allen) eine bestimmte (eventuell auch: eine allgemeine) Bildung vermittelt, ist das äußere Zeichen dafür, daß diese Bildung von der Gesellschaft oder zumindest von einer starken Gruppe für wichtig und nötig gehalten wird, daß sie eine politische Mehrheit besitzt, die sie protegiert und propagiert, die sich für ihr Ideal diese Organisationsform geschaffen hat. In jeder Bildungsinstitution zeigt sich somit der Triumph der von ihr getragenen Bildungsidee. In jeder manifestiert sich ein kollektiver Wille, daß die von ihr gebotene Bildung dauerhaft zum allgemeinen Bildungskanon gehören solle. Jede Institution soll es nicht nur ermöglichen, diese Bildung zu erwerben, sondern jede ist zugleich dafür verantwortlich, daß dies geschieht.

Bildungsinstitutionen also sind konkret gewordene Bildungsinteressen, und deshalb hat jede von ihnen ihre je spezifische Organisationsform, ihre je spezifische Vermittlungsweise und ihre je spezifische Klientel. Ihr Äußeres und ihre Methode müssen der Art von Bildung, die sie vermitteln, exakt entsprechen. Schon Wilhelm von Humboldt wußte, daß es beispielsweise zwischen einer Schule und einer Universität keine Ähnlichkeit geben darf. Jede der beiden Institutionen erfüllt eine diametral unterschiedliche Aufgabe. Nur wenn jede Institution sich spezialisiert, ein Eigenleben, eine eigene Dynamik gewinnt, kann sie ihren spezifischen Zweck erfüllen, und nur wenn dies geschieht, können alle in Summe eine möglichst breite allgemeine Bildung gewährleisten.

Bildungsinstitutionen erfüllen Bildungsinteressen, indem sie deren Kontinuität garantieren – und zwar, wie das Beispiel von Universitäten, Gymnasien oder Bibliotheken zeigt, oft über Jahrhunderte hinweg. Das aber wird ihnen nur gelingen, wenn sie die von ihnen gepflegten Bildungstraditionen immer neu formulieren, sie möglichst überzeugend in die Sprache der jeweiligen Gegenwart übertragen, ohne dabei die Essenz ihrer Bildungsidee aufzugeben. Sie müssen sich der Gegenwart also zugleich anpassen und verweigern. Nur dann kann sich in ihnen der je gültige Kanon dessen manifestieren, was in einer bestimmten Zeit für eine bestimmte Gesellschaft Bildung ist. Das heißt aber, daß die Institutionen sich ändern müssen, sobald der Kanon, sobald die allgemeinen Ideen von Bildung sich ändern – so wie die Änderung der Institution ihrerseits die des Kanons mit sich ziehen wird. Deshalb sind Institutionen der Bildung bevorzugte Objekte all derer, die den Kanon ändern wollen.

Man kann lange darüber streiten, ob es gut oder schlecht sei, daß die Politik mit scheinbar stetig wachsender Willkür in die Institutionen der Bildung eingreift, um sie allen möglichen äußeren Zwecken dienstbar zu machen. Niemand wird die segensreichen Folgen bestreiten, die entstehen, wenn eine kluge Kultusbürokratie ihre Hochschulen beaufsichtigt und maßvoll lenkt. Niemand wird die Schäden verkennen, die es in einer Universität anrichtet, wenn sie von den Fachegoismen interner Grüppchen oder von einem Rektor regiert wird, der sich als Manager eines Dienstleistungsbetriebs geriert. Doch der Streit ist müßig. Denn die Politik fragt nicht lange, ob sie eingreifen darf. Sie tut es einfach. Je mehr und je energischer sie es aber tut, desto mehr beweist sie damit die hohe Bedeutung und – paradoxerweise – die sie beunruhigende Autonomie der Institution.

Gerne verhüllt sich das Unbehagen der Politiker über das Eigenleben funktionierender Bildungsinstitutionen in den Vorwurf, daß diese nicht mehr »zeitgemäß« seien, daß sie sich den aktuell herrschenden Tendenzen mehr und williger »öffnen« sollten. In Deutschland hat man dies beispielsweise dem humanistischen Gymnasium und der klassischen Universität quasi permanent vorgeworfen. Heute, nachdem es endlich gelungen ist, deren einstige Eigenarten Zug um Zug zu beseitigen, lassen sich besser als früher die konkreten Absichten und Interessen erahnen, die solche Vorwürfe leiteten.

Wenn wir in der Folge einige wichtige Institutionen der Bildung vorstellen, konzentrieren wir uns auf solche, die zumeist in öffentlicher Hand oder jedenfalls im Blick des öffentlichen Interesses stehen. Wir betrachten solche, die durch ihre Aktivitäten in Forschung und Lehre, im Sammeln, Aufbewahren, Aufbereiten, Darstellen und Inszenieren von Wissen praktisch und nachhaltig zur allgemeinen Bildung beitragen. Fortgelassen hingegen haben wir jene heute leider sehr verbreiteten Institutionen, die dies nicht tun, selbst also keine Bildung schaffen, dafür aber beanspruchen, diejenigen, die praktisch für die Bildung arbeiten, zu bewerten und zu lenken. Zu diesen uneigentlichen »Bildungsinstitutionen« gehören beispielsweise Rektorenkonferenzen, Hochschul- und Wissenschaftsräte, Expertenkommissionen, Evaluierungsinstitute oder »Akkreditierungsagenturen«, kurz: alle diejenigen, die die Bildungsarbeit anderer benutzen, um sich selbst Einfluß, Prestige, politische oder materielle Vorteile zu verschaffen. Daß dieser Unterschied oft vergessen wird, dürfte manches von den Problemen erklären, in denen manche echten Bildungsinstitutionen heute stecken.

Wir halten uns also an die simple Regel, daß man Bildungsinstitutionen an der Bildung erkennt, die sie anderen vermitteln – nicht am Reden über diese, und sei es noch so vollmundig und kennerhaft. Echte Bildungsinstitutionen rechtfertigen sich durch die Arbeit, die sie für die Bildung der anderen oder der eigenen Mitglieder leisten. Sie scheinen dabei um so besser zu sein, je weniger in ihnen über Bildung geredet wird, je weniger sie andere zu lenken und zu bestimmen beanspruchen, je strenger sie sich darauf beschränken, vielfältige Möglichkeiten zur Selbstbildung zu eröffnen, autonome Entscheidungen zu fördern, Initiativen zu koordinieren. Sie sind um so effizienter, je weniger man von ihnen hört. Darin gleichen sie der Bildung selbst.

1. Bildungsinstitution

Cornelia Vismann

Die Rede von Bildungsinstitutionen hat etwas Redundantes. Was schließlich sollen Institutionen anderes machen als bilden? Instituieren heißt bilden. Erst der weitläufige Gebrauch des Institutionenbegriffs hat diese semantische Urschicht überdeckt. Seither behauptet sich die Bildungsinstitution in einer festgefügten Wortverbindung gegenüber dem Allerweltswort und Lieblingsbegriff der Soziologen »Institution«. Anders im 2. nachchristlichen Jahrhundert, als ein Autor seinem Jura-Lehrbuch den Titel »Institutiones« gab: da war noch geläufig, daß instituieren »bilden« bedeutet. Doch während andere Lehrbücher, etwa Quintilians berühmte »Institutio Oratoria«, den Stoff der Instituierung in den Titel aufnahmen, verzichtet das juristische Institutionenlehrbuch auf diesen spezifizierenden Zusatz. Sein ebenso schlichter wie selbstbewußter Titel hat ein für allemal dafür gesorgt, daß Institutionen mit Recht verbunden werden. Vergessen ist allein, daß die Bildung die Dritte im Bund ist.

Obwohl die ersten Institutionen nur ein Text waren, sollte dieser doch die Macht des »instituere« im denkbar umfassenden Sinn ausüben. Nicht allein bildeten die »Institutiones« Anfänger des Rechts zu Juristen, sie zogen auch die Bildung der Institution nach sich, die zur Matrix aller Bildungsinstitutionen werden sollte: die Rechtsschule von Beryt/Beirut. Und weil die instituierende Kraft des Textes nicht in der Spätantike endet – der Institutionentext gehört bis heute zu den Grundlagentexten des kontinentalen Rechts –, lohnt ein Blick darauf. Im Abgleich mit der Institution am Grund aller Institutionen mag sichtbar werden, was die Universität von heute ist und auch wieder nicht ist. Zumindest bewahrt dieser historische Umweg davor, Unergiebiges von sich geben, wie es bei einem Reden über die Einrichtung, die einen selbst hervorgebracht hat, ansonsten leicht der Fall ist.

Beginnen wir mit dem Institutionen-Text, jenem Lehrbuch für römische Jura-Studenten, das ein Autor namens Gaius 161 n. Chr. verfaßt hat. Es macht nichts Geringeres als die Welt, so wie sie für das Recht wichtig ist, in der Sprache einzurichten. So geht auf dieses Grundlagenbuch die in der abendländischen Rechtskultur äußerst wirkmächtige Dreiteilung in »personae«, »res« und »actiones«, Personen, Dinge und Handlungen (formelhafte Sprechhandlungen vor Gericht) zurück. Die Institutionen geben den Dingen Namen, definieren ihre Zugehörigkeit oder Nicht-Zugehörigkeit zum Recht und bestimmen den Status von Personen in Bezug auf die Dinge. Dabei gehen sie genau so vor, wie sie es auf inhaltlicher Ebene vorschreiben. So wie die Institutionen denjenigen zum Eigentümer bestimmen, der eine Sache ergreift, etwa eine Fundsache, einen Bienenschwarm oder ein Grundstück, und so, wie die Institutionen denjenigen zum Vater machen, der die Vaterschaft ergreift und ein uneheliches Kind adoptiert, so erheben sich auch die Institutionen selbst zum Einrichter der Welt, indem sie das in der Sprache ergreifen und namhaft machen, was sie vorfinden. Mit anderen Worten: die Institutionen sind ein Inventar der Daten des Rechts und als solche gänzlich unautoritativ. Hier spricht keine Autorität, hier spricht ein Lehrer, ein Erklärer oder Ordner des Lebens. Es geht in diesem Lehrbuch schließlich auch nicht um Geltung, sondern um die diskursive Einrichtung des Lebens für den juristischen Gebrauch. Der dienenden Funktion des Buchs entsprechend verschwindet der Autor hinter seinem Text. Über einen Gaius, ein Name, wie ihn in Rom jeder Fünfte trug, ist im Rom zur Zeit der Abfassung der Institutionen 161 v. Chr. so gut wie nichts bekannt. (Dieses biographische Dunkel verleitet zu studienrätlich anmutenden Versuchen, dem unbekannten Gaius Leben einzuhauchen, beispielsweise Johannes E. Spruit, »Gespräch mit Gaius, Jurist in Kleinasien«, in: Rechtsgeschichte Bd. 9, 2006, 60–87). Der Text bleibt ohne Autorität. Das imposante Projekt, die Welt in die symbolische Ordnung des Rechts zu übertragen, bleibt daher auch solange eine vergleichsweise folgenlose innerjuristische Angelegenheit, bis ein Instituierer von eigenen Gnaden auftritt.

Rund 300 Jahre nach Abfassung der Institutionen, im Jahr 533, bemächtigt der byzantinische Kaiser Justinian sich des vaterlosen Texts. Er adoptiert die Institutionen des Gaius – was eine Adoption ist, regeln die Institutionen in aller Ausführlichkeit selbst – und übernimmt sie mit geringfügigen sprachlichen Änderungen. Daraus wird der Institutionen-

Text, der bis heute in der Regel zitiert wird. Redlicherweise nennt ein kaiserliches Vorwort (Const. Imp. 6) zu Beginn der justinianischen Institutionen die Quellen, aus denen diese schöpfen: »neben allen Institutionenwerken der alten Juristen, vor allem aber [die] Werke unseres Gaius, Gaii nostri«. Unser Gaius: in diesem Namen macht Byzanz von da an Überlieferungspolitik. Andere, wie Savigny, werden ihm darin folgen. Ein Jedermannsname erlangt mit der Nennung in den Justinianischen Institutionen den Status einer mythischen Mutter. Die Gaia des Textes macht den Vater umso plausibler. Kaiser Justinian agiert schließlich so, wie ein Vater des Gesetzes agieren muß, und wirft den Institutionen den Mantel des Gesetzes über. Er läßt verlauten: Wir haben sie, die alten Werke insbesondere des Gaius, »gelesen, geprüft und mit der vollen Kraft unserer Konstitutionen ausgestattet«, »plenissimum robur« (Const. Imp. 6). Und was »unsere Konstitutionen« sind, wird an anderer Stelle als das definiert, was Gesetzeskraft hat (Inst. 1.3.6.). Damit rollt vor unseren Augen die Bildung einer Institution ab: ein Text, ein Gründer, ein Machtwort – und aus einem Lehrbuch wird das Gesetzbuch.

Das Lehrbuch verliert durch diesen Konstitutierungsakt freilich nicht seine ursprüngliche Zweckbestimmung. Im Gegenteil, Institutionen sind auf Vermittlung angewiesen. Sie brauchen Instituierer. Bildung muß zirkulieren. Es gibt sie nicht im Stillstand. Und an dieser Stelle kommt ein Moment ins Spiel der römisch-rechtlichen Institutionen, das die hellsichtigsten Kritiker heutiger Bildungsinstitutionen am meisten vermissen: das Begehren. (Hörisch) In Byzanz wurde es offenbar vorausgesetzt. So sind die »Institutiones« unter Justinians Herausgeberschaft an die Rechtskenntnis begehrende Jugend gerichtet: »cupidae legum iuventuti«. Kein Pflichtenkatalog nach modularisiertem Studienplan mit Creditpoints für M.A.- und B.A.-Abschlüsse eröffnet das Studium, sondern begehrenweckende Kaiserworte. »Und was den Studenten früher kaum nach vier Jahren zuteil wurde, nämlich kaiserliche Konstitutionen zu studieren, damit sollt ihr sogleich beginnen. So großer Ehre und so großen Glücks seid ihr für wert befunden, daß euch der Rechtsunterricht am Anfang und am Ende aus kaiserlichem Mund (›voce principale‹) erteilt wird.« (Const. Imp. 3) Instituiert-Werden ist eine Auszeichnung und damit alles andere als ein »Recht auf Bildung«. Während dieses einen Anspruch vermittelt, der Inklusions- und Exklusionsregelungen nach sich zieht, bleiben die Studenten, die von Kaiser Justinian in aller Form adressiert werden, von einer solchen Verrechnung und Verrechtlichung der Bildung verschont – was zu guter Letzt auch als ein zarter Beleg für die Selbstregulationskräfte des Begehrens genommen werden kann.

Die Institutionen sind Vermächtnis und Verheißung. »Nehmt also mit großem Eifer und freudiger Lernlust diese unsere Gesetze auf« (Const. Imp. 7). So spricht der Erblasser eines Menschheitserbes. Und das, was dem Vater des Gesetzes Erbe ist, reichen die Instituierer in seinem Namen als Geschenk weiter. An ihre Adresse gerichtet, versenkt Kaiser Justinian im Vorwort zu den ebenfalls zum Lehrstoff der Rechtsschulen in Byzanz gehörenden Digesten eine kleine Pädagogik des Schenkens. Es unterweist Lehrer darin, die versammelten Rechtstexte als Kostbarkeit zu behandeln: »Wir […] eröffnen allen, die danach begehren, die Schätze des Rechts (›legitimos thesaurus‹); wenn diese Schätze vermöge eurer Klugheit […] ausgeteilt werden, können die Studenten durch sie zu reich beschenkten Sachwaltern des Rechts werden«. (Const. Omnen 2)

In diesem Begehrens- und Beschenkensmilieu funktionieren die oströmischen Rechtsschulen, die bereits in vorjustinianischer Zeit dort errichtet worden waren. Die Schulen lehren, was die römisch-rechtlichen Institutionen sind, und sie instituieren, was sie lehren. Darum heißen die Rechtsschulen schlichtweg nach dem, was ihr Inhalt und ihr Zweck ist: Institution. (Bretone 176) Anerkannte Rechtsschulen gibt es von da an in den königlichen Städten Rom und Konstantinopel sowie in der traditionellen Rechtsschule von Beryt »und an sonst keinem Ort« (»et non in aliis locis«, Const. Omnem 7). Daß die Bildungsstätten limitiert sind, gehört zur Logik der Institution. Institution bedeutet kontrollierte Ausbreitung und Zirkulation von Wissen auf gebahnten Wegen. Das, was gewußt werden soll, steht schon fest: Es ist das römische Recht, das Kaiser Justinian in drei abgeschlossenen Texten, unter anderem den »Institutiones«, zusammengefaßt hat. Auch der Bildungsverlauf ist vom ersten bis zum vierten Lehrjahr vorab festgelegt. Eine konsekutive Ordnung wird durchlaufen, um die Juristen, Minister und Verwaltungsbeamten von morgen heranzubilden. Dies erinnert von fern an die École Nationale d'Administration (ENA), die der Institutionentheoretiker Pierre Legendre in einem Film über diese Einrichtung des Rechts darstellt. (Schneider) Wie dort, so empfängt auch die ENA von Byzanz ihre Anwärter auf staatstragende Posten mit äußerst verheißungsvollen Worten: »Nehmt [...] unsere Gesetze auf und erweist euch darin als so gut ausgebildet (»eruditos ostendite«), daß euch die schönsten Hoffnungen beflügeln dürfen, nach Abschluß des gesamten Rechtsstudiums auch unseren Staat in den Ämtern leiten zu können, die wir euch dann anvertrauen« (»rem publicam in partibus eius vobis credendis gubernare«, Const. Imp. 7).

Das Staatstragende der Institutionen, das Universitätsangehörigen aller Zeiten der ärgste Stachel ist, ist von diesem Anfang in Byzanz an darin eingeschrieben. Die Institution/en (Rechtstext und Rechtsschule) instituieren die Justiniane von morgen. Neue Justiniane, »Justiniani novi«, sollen die Studenten des ersten Lehrjahres, in dem die Institutionen gelehrt werden, heißen (Const. Omnem 2). Und damit ist auch erklärt, warum Institutionen nie aufhören. Sie sterben nicht, weil sie beständig neue Instituierer hervorbringen. Der schulische Apparat, den Kaiser Justinian auf dem Grund der römischen Institutionen errichtet, funktioniert in der Verkettung aus Instituierenden (Lehrenden) und nach der Institution, dem Instituiert-Werden, Begehrenden. So und nicht anders zirkuliert Wissen. Ohne dieses Zirkulieren, und das heißt eben ohne diese Instituierung einer Begehrenskette, liegen die Institutionen brach, sosehr man sie auch bewirtschaftet.

Die byzantinische Institutionenklugheit ist heutigen Universitätsmachern abhanden gekommen. Klagen über den Zustand der Universitäten belegen, daß kaum jemand mit dem einstigen Wissensschatz von der Instituierung und den Institutionen etwas anzufangen weiß. Das Gros der Universitätsklagenden sieht in der Universität als Institution oft nur brachliegende Strukturen. Institutionen werden darum vornehmlich mit Starrheit und Konstruktion assoziiert. Die Gehlensche Definition von Institutionen »als dauernde und stationäre, den einzelnen Menschen übergreifende Gefüge« (Gehlen 280) hat dieser Charakterisierung sogar Allgemeingültigkeit verliehen. Institutionen sind in der Folge von Bildung derart entkoppelt, daß daraus Gegensätze geworden sind. Was instituiert ist, kann nicht aus sich heraus entstehen, sich entwickeln, heranreifen (und was dergleichen mehr an organischen Metaphern für Bildung kursieren). Bildungsanstalten sind der Feind der freien Entfaltung des Geistes. Die oströmische Rechtsschule, die einstmals im heutigen Beirut errichtet wurde, hat darum kaum eine Chance, als Modell der Universität überhaupt in Erwägung gezogen zu werden.

Wenn die heutige Universität ein Vorbild in der Antike sucht, dann in der platonischen Akademie. Sie ist das Ideal, an dem die Klagen über die Universität sich aufrichten. Das Institutionelle hingegen ist das Hemmende, das ein Denken in Muße unterbindet. In der Tat: Was immer wir mit der Philosophenschule in Athen verbinden, die Liebe zum Wissen ist es nicht, die Bildungseinrichtungen römisch-rechtlicher Herkunft trägt. Und ein Studium in Muße wird ausdrücklich verneint. Nicht-Muße oder Neg-otium ist das Geschäft der Institutionen. Es soll dort schließlich nichts Unerkanntes und Ungewußtes zutage gefördert werden. Institutionen sind eben einfach dazu da, Wissen auf gebahnten Wegen zirkulieren zu lassen. Dieses vorausgesetzte und gesetzte Wissen dient dem Heranbilden von Instituierern (neuen Justinianen), das Text, Ort und Einrichtung der Institutionen auf Dauer stellt. Darum ist es auch keine maieutische Kunst mit Hebammen-Lehrern als Fragenden, welche die Studenten des Rechts unterweist. In den Rechtsschulen, die Kaiser Justinian errichtet, sind die Studenten selbst die Fragenden (»erotôntes«). Die Instituierer-Lehrer stehen ihnen Rede und Antwort: Sie stellen eine »casus« (thema) vor und erörtern die Lösung (lysis), um daraus allgemeine Prinzipien abzuleiten (kanon). (Collinet 148, 153) Gewiß wird in diesem Raster keine Erkenntnis je über die Stränge dessen schlagen, was gewußt werden soll. Byzantinische Rechtsschulen sind eben keine athenischen Philosophenschulen. (Bretone 183)

So gern sich die heutige Universität mit den Philosophenschulen affiliieren möchte, ihre Genealogie spricht dagegen. Die Herkunft der Institution Universität liegt – vermittelt über Bologna – in Beryt. (Pringsheim 209 und Fögen) Die mittelalterliche Universität in Italien war mit der spätantiken Rechtsschule darüber verbunden, daß sie denselben Text las und lehrte wie diese. Die Institutionen und die weiteren unter dem Titel »Corpus iuris civilis« zusammengefaßten Rechtswerke, die unter der Herausgeberschaft Kaiser Justinians entstanden, gehörten zum festen Bestandteil des Unterrichtsstoffs in Italien. Die Universität Humboldtschen Typs kennt keine solche Einheit im Text. (Nur die Sehnsucht danach, die sich in Kanondebatten Bahn bricht.) An Stelle eines Texts haben die Universitätsgründungen des 19. Jahrhunderts den Geist zum großen Integrator auserkoren. Unter seinem Vorsitz steigt die Philosophie zur Meisterwissenschaft auf. Und diese wird ihre Wurzeln schwerlich in Rom suchen und finden. Die Philosophen-Universität gibt sich in Athen einen Anfang.

Beinahe zwangsläufig geht mit der Aufwertung der Philosophie eine Geringschätzung der institutionellen Seite der Universität einher. Die Klagen über die Universität lassen sich darum leicht als antiinstitutioneller Affekt entziffern. Dieser motiviert sogar nach Entthronung der Philosophie – und der ersatzweisen Einführung der Kulturwissenschaften – aus alter Gewohnheit noch die Klagen. Um so bemerkenswerter ist es, wenn ein Philosoph über die Universität gerade unter dem Aspekt ihrer Institutiertheit nachdenkt. Jacques Derrida adressiert ohne historischen Rekurs, allein in sprachphilosophischer Perspektive das Institutionelle der Universität. Was ist und woher nimmt das Recht seine instituierende Kraft, der auch die Universität ihre Existenz verdankt? – Wer so fragt, hat das Begrenzende und Staatstragende der Bildungsinstitutionen beinahe schon überwunden. Allerdings bloß beinahe, denn auch das staatlich gesetzte Recht selbst hat gegen institutionelle Vereinnahmungen der Wissenschaft und des Wissens bereits Vorsorge getroffen. Staatsferne und Zweckfreiheit, diese beiden Hauptforderungen der Universität, seit es sie gibt (Kluge), sind inzwischen eigens in einem Recht garantiert. Artikel 5 des Grundgesetzes sichert der Wissenschaft in Deutschland institutionelle und inhaltliche Freiheit von staatlichen Vorgaben zu. Doch begnügt sich Derrida nicht mit solchen rechtlichen Zusicherungen, eben weil diese im Bannkreis des Institutionellen bleiben.

Ein »Recht auf« ist in den Augen des Philosophen nichts anderes als eine weitere Instituierung, und nicht etwa deren Überwindung. Darum zieht der Platon-Schüler Theophrast den Spott seines späteren Philosophen-Kollegen auf sich, als er für die Errichtung einer Philosophenschule auf eine ausdrückliche Erlaubnis per Volksentscheid wartet. »Muß die Philosophie darauf warten, daß man ihr öffentlich Stimmen gibt?« – in seiner Antwort unterscheidet Derrida das Recht auf die Schule, die Lehre, die Disziplin, die Doktrin von der Philosophie, der Sache selbst und hat damit etwas über das Rechtliche, Institutionelle gestellt, was die Philosophie sein soll. In der Reflexion auf die Institution erobert sich diese ihr Recht vor dem Recht, ihr Vorrecht vor dem Institutionellen. Vor der Universität kommt die Philosophie, vor Rom kommt Athen ... Und so landet Derrida schließlich konsequent beim geheimen Gegenbild zur Institution, bei der athenischen Akademie, selbstredend vor Theophrasts Kniefall vor dem Recht. Das also ist des Philosophen Coup im Streit der Fakultäten: das Institutionelle der Universität zu denken, um bei der Philosophie anzukommen. Der Liebe zum Wissen wird hier aufgebürdet, das Recht auf Bildung zu überwinden. (Derrida, Privileg 56–59) (Henrich 90)

Diese Bewegung, die das Institutionelle im Denken der Universität – bei aller Anerkennung ihrer Notwendigkeit – überwindet, hat Derrida in der Selbstgründung des »Collège International de Philosophie« (CIPH) als Gründungsdirektor praktisch werden lassen. Das CIPH ist die in die Praxis umgesetzte Meta-Institution (wohlweislich eine, die der Philosophie und nicht etwa der Mathematik oder einer noch zu gründenden Disziplin verschrieben ist). Der Instituierer wider Willen reflektiert sieben Jahre nach dem Gründungsakt diese heikle Selbstgründung, die angetreten war, die Begrenzungen der Universität als Institution zu überschreiten. Die Gründungsfeier selbst hatte das Paradox, staatlich fundiert, aber doch autonom zu sein, das europäische Universitäten von Anfang an in den sie prägenden Zwiespalt stürzt, ausgestellt. Das Staatstragende des CIPH wurde – der Schilderung des Gründungsdirektors zufolge – auf Betreiben des Kultusministers sichtbar dadurch negiert, daß die bei der Einweihung anwesenden Vertreter der Regierung keine offizielle Ansprache hielten. Inhaltlich stieß sich das Philosopheninstitut von seinem institutionellen Grund dadurch ab, daß es ihn zum Thema machte. Es betrieb Grundlagenforschung als Forschung vom Akt des Gründens und dem Wissen, das es gründet. Unverkennbar hat das Collège dann Modell für die unbedingte Universität gestanden, die Derrida später entwarf. (Derrida, Privileg)

Traut der Philosoph seiner Profession zu, das Institutionelle der Universität zu überwinden, so wird man von einem Soziologen eine weniger wissensverliebte und vergleichsweise institutionenfreundliche Auskunft über die Universität erwarten. Niklas Luhmann, der wie Derrida zu den wenigen Universitätsangehörigen gehört, die über ihre Institution sprechen, ohne daß eine Gründungsfeier oder ein Reformvorhaben sie dazu verleiteten, widmet 1992 der Universität in Bielefeld zur Verabschiedung von dessen langjährigem Rektor einen eigenen Aufsatz. So wie das Pariser CIPH seinem Gründungsdirektor lediglich Anlaß ist, die Institution Universität als die Bedingung des Denkens zu reflektieren, bietet auch die Bielefelder Reformgründung samt ZIF, dem »Zentrum für interdisziplinäre Forschung«, dem damaligen Soziologieprofessor den äußeren Rahmen für eine allgemeine Einlassung zur Universität in modernen Funktionssystemen. Beide Universitätstexte sind im übrigen zeitlich versetzt zum Datum der Universitätsgründung abgefaßt, auf das sie jeweils Bezug nehmen. Im Gegensatz zu Derridas Thematisierung des Institutionellen setzt Luhmanns Abhandlung zur Universität indes einfach voraus, daß diese eine Institution ist. Die Ausweitung des Institutionenbegriffs, sein Modischwerden, möglicherweise auch die Dominanz der Gehlenschen Institutionenlehre scheint dem Autor von Grundrechte als Institution die Lust verleidet zu haben, sein Augenmerk genau auf den institutionellen Aspekt der Universität zu richten. Es geht statt dessen auf die organisatorischen Verformungen der Universität, welche diese zu einem Betrieb machen. »Aus der Institution ist nichts geworden. [...] Vielmehr hat die Logik der Organisation sich durchgesetzt.« (Luhmann 94) Die Reinheit der Institution steigt im Angesicht der betriebsförmigen Organisation zu einem erstrebenswerten Ziel der Universität auf. Die Institution ist offenbar alles, was eine Organisation nicht ist.

Dieser Antagonismus zwischen Institution und Organisation, der den Luhmannschen Text regiert, wird im Zeichen einer unverhohlenen Ökonomisierung der Universitäten noch einleuchtender als bei Lektüre der Beispiele, die Luhmann selbst für die universitäre Organisation in Form von Beschlüssen, Erlassen und Anträgen anführt. Ließ sich schon damals der erreichte Organisationsgrad nicht zurückdrehen, so ist das bei der modularisierten Universität von heute, die ihre Verwaltung bis zur Deckungsgleichheit den Formen des Managements annähert, noch viel weniger wahrscheinlich. »Das alles mag kritisch stimmen. Es ist aber kaum zu sehen, wie es anders gemacht werden könnte.« (Luhmann 98) Der resignative Ton im Fazit von 1992 ist unüberhörbar. Kapituliert Luhmann vor einer übermächtigen Realität? Warum aber sollte man vor den vermeintlichen Anforderungen an die effiziente Führung der Universität die Waffen strecken? Institutionen sind schließlich keine unerreichbaren Ideale. Sie sind selbst Waffen. Das Wortspiel im Vorwort des Justinianischen Institutionengesetzeswerks, wonach ein Herrscher nicht allein mit Waffen geschmückt (»armis decoratam«), sondern auch mit Gesetzen (»legibus oportet esse armatam«) gerüstet sein muß, weiß es. Darum war es den Institutiones zu Justinians Zeiten aufgetragen, Völker durch Gesetze zu regieren, statt durch Kriege zu unterwerfen. Nach dem Ende staatlich gesetzten Rechts ist ein ganz anderer Kampf auszufechten: der um die Selbsterhaltung der Bildungsinstitution.

Die Institution ist eben nicht der immerwährende, unerschütterliche Grund der Universität, wie man mit Luhmann gegen Derrida sagen kann. Dieser Grund ist selbst in Gefahr, weil, wie Luhmann nahelegt, die Organisation ihn überwuchert. Die Bildungsmisere erweist sich unter diesem Aspekt als Institutionenmisere. Doch was heißt das genau, daß das Elend der Bildung im elenden Zustand der Institutionen begründet ist? Lakonische Bemerkungen zur Rüpelhaftigkeit der achtundsechziger Studenten klären es nicht. Und die Identifizierung von Institution mit Zweckprogramm, Nutzung, Relevanz und Betriebswirtschaftlichkeit, die man bei Derrida findet, ist hier erst recht nicht aufschlußreich. Man ahnt sogar, daß dessen unbedingte Universität Luhmanns Vorstellung von einer nichtorganisierten Universität nahekommt. Wenngleich dieser philosophische Superioritätsgelüste nicht teilt, treffen beide Autoren sich in der Überzeugung, daß die Postulierung eines Rechts auf Bildung samt der daran anschließenden Emanzipations- und Partizipationssemantik für die Bürokratisierung der Universität verantwortlich sei. Während der Philosoph diese pauschal auf Seiten des Rechts verbucht, schlägt der Verwaltungsjurist diese Folgewirkung einer Verrechtlichung der Bildung der Seite der Administration zu. Das ist einsichtig, erklärt aber noch nicht, warum die organisierte Universität eine so bejammernswerte Einrichtung ist und was ihr Gegenteil – in Form der reinen Institution oder der unbedingten Universität – so erstrebenswert macht.

Ein weiterer Institutionentheoretiker, der Rechtshistoriker Pierre Legendre, gibt dazu einen Hinweis. Er hat seinen Blick auf Einrichtungen wie die erwähnte »École Nationale Administrative« am Studium der römisch-rechtlichen Institutionen geschult und ihr wundersames Funktionieren mit der Liebe zur Institution erklärt. Sie ist das Leitmotiv seines gesamten Werks. Diese Liebe zur Institution, die Byzanz so meisterhaft zu schüren verstand (und zu der sich Luhmann im übrigen, schüchtern zwar, bekennt), fehlt. Sie wird in aller traurigen studienplanmäßigen Wirklichkeit wegorganisiert. Das akademische Begehrens- und Beschenkensmilieu ist in die

Betriebsform übergangen; Wissen in der Darreichungsform des Readers ist schließlich kaum noch eine Kostbarkeit zu nennen. Weil die Vermittlung von Wissen weder Auszeichnung noch Vermächtnis ist, weil Lehrende und Lernende nicht gerade mit Verehrung von der Institution empfangen werden, die sie instituiert, sondern in anonymer Vielzahl allenfalls geduldet sind, ist die organisierte Universität eine so beklagenswerte Einrichtung. Nicht daß wir die Liebe zur Institution als solche vermissen, so wie manche die Liebe zum Wissen zu einem Wert an sich erheben. Es geht schließlich nicht um Wiederherstellung von Institutionenwürde mit Talaren, Ornat und Ordinarienherrlichkeit. Die organisierte Universität ist vielmehr deswegen eine so beklagenswerte Einrichtung, weil sie keine Liebe walten läßt. Was fehlt, ist die Liebe der Institution selbst. Sie erstellt das Milieu, in dem Wissen zirkuliert. Ohne sie ist der Universität die Grundlage ihres Instituiertseins entzogen, deswegen ihr permanentes Rechtfertigungsbedürfnis für die eigene Existenz, noch bevor der Nachweis dafür von offizieller Seite gefordert wird. (Vismann)

Die organisierte Universität bedeutet Wissen im Stillstand. Studierende treten, so sehr und gerade weil sie wie gehetzte Rehe durch das Studium jagen, auf der Stelle. Der Spannungsbogen, um von Begehren zu schweigen, erstreckt sich auf immer kleiner werdende Einheiten oder Qualifikationsetappen. Das übergeordnete institutionelle Band, das einst Gymnasium und Universität miteinander verwob (Henrich 111f.) und das Hartmut von Hentig zufolge die Einführung der Pädagogik als eigenes Studienfach zertrennt hat, ist nicht einmal mehr innneruniversitär geknüpft. Modulare Studienordnungen suggerieren eine Einheit, die bei der konkreten Umsetzung in Seminare und Vorlesungen in nicht zueinander passende Einzelteile zerfällt. Die einstigen, inzwischen vom Anträgeschreiben zur Geldbeschaffung dominierten akademischen Hauptaktivitäten Forschung und Lehre, die wie Hobby und Arbeit zueinander standen, sollen nun auch noch offiziell getrennt werden. Eine institutionelle Logik herrscht erkennbar nicht in den Universitäten von heute.

Kurzum: Das Begehren ist kurzatmig geworden in der organisierten Universität. Es richtet sich gerade mal auf den nächsten Scheinerwerb. Worauf denn auch sonst, wenn niemand am Eintritt in die Universität den Jungen verheißt, daß sie die Justiniane von morgen sein werden, die Instituierer der Welt, Bildner der symbolischen Ordnung und Zirkulierer von Wissen? Erst einmal müssen sie geliebt werden, damit sie die Liebe aufbringen, die nötig ist, um aus der Universität wieder eine Bildungsinstitution zu machen. Erst einmal müssen sie begehrt werden, damit sie der Institution das Begehren zurückerstatten, das ihr im Lauf der Zeit, verstärkt aber in der vergangenen Dekade abhanden gekommen ist. Alles weitere, auch die Liebe zum Wissen, wird sich dann, ganz ohne Qualitätsmanagement und Kultusminister, aber auch ganz ohne Philosophie als Masterdisziplin, finden. Die Institutionenliebe bildet ihre eigenen Formen der Bildung aus. Und wer sich, mit oder ohne Derrida, bei so viel Vertrauen in die Institution darum sorgt, daß eine Bildungseinrichtung diesen Typs allzu staatstragend ausfallen könnte, der sei an zweierlei erinnert: daran, daß auch der Staat in die Betriebsform übergegangen ist. Für die Universitäten bedeutet das einen Rückzug stattlichen Institutionenschutzes, welcher diese in ganz andere Abhängigkeiten als die staatlichen treibt. Die Grundlagen des Wissens gehen zusehends an private Mächte der Informationstechnologie über. Patente und Copyrights hemmen die Zirkulation von Wissen im 21. Jahrhundert. Erinnert sei auch daran, daß die Universität als einzige unter den Institutionen die Kapazität und sogar den Auftrag dazu hat, das Staatliche, Institutionelle, das sie trägt, zu ihrem Thema zu machen. Der Auftrag lautet Grundlagenforschung. Die Selbstreflexion der Institution Universität ist demnach ihr ureigenstes »Geschäft«. Es erhebt sie in den Stand eines Souveräns ihrer eigenen Institution. Man mag das Unbedingtheit nennen. Wichtig ist, zu gegenwärtigen, daß dieses Geschäft vor allem anderen im Instituieren gleich Bilden besteht.

Literatur:
Okko Behrends (Hg.), Corpus iuris civilis. Die Institutionen. Text und Übersetzung, Heidelberg 1993.
Mario Bretone, Geschichte des römischen Rechts. Von den Anfängen bis zu Justinian, München 1992.
Paul Collinet, L'École de droit de Beyrouth, Paris 1952.
Jacques Derrida, Privileg. Vom Recht auf Philosophie I, Wien 2003.
Jacques Derrida, Mochlos oder Das Auge der Universität. Vom Recht auf Philosophie II, Wien 2004.
Marie Theres Fögen, Brüssel, Beirut und Byzanz, in: Rechtshistorisches Journal, Jg. 12. (1993), 350–365.
Arnold Gehlen, Urmensch und Spätkultur, Bonn 1956.
Dieter Henrich, Die Philosophie im Prozeß der Kultur, Frankfurt am Main 2006.
Jochen Hörisch, Die ungeliebte Universität. Rettet die Alma Mater!, München 2006.
Alexander Kluge, Die Universitäts-Selbstverwaltung. Ihre

Geschichte und gegenwärtige Rechtsreform, Frankfurt am Main 1958.
Niklas Luhmann, Die Universität als organisierte Institution, in: ders., Universität als Milieu, Bielefeld 1992, 90-99 (Wiederabdruck aus: Die humane Universität. Bielefeld 1969-1991. Festschrift für Karl Peter Grotemeyer, Bielefeld 1992).
Fritz Pringsheim, Beryt und Bologna, in: Festschrift für Otto Lenel, Leipzig 1921 (Nachdruck 1987), 204-285.
Manfred Schneider, Was verwaltet die Verwaltung? Anmerkungen zu Pierre Legendre und zu seinem Film »Die ENA – Spiegelbild der Nation?«, in: Rechtshistorisches Journal, Jg. 18 (1999), 288-294.
Cornelia Vismann (Hg.), Pierre Legendre. Historiker, Psychoanalytiker, Jurist (Tumult. Schriften zur Verkehrswissenschaft, Bd. 26), Berlin 2001.

2. Schule

Tobias Picard

Schule als institutionalisierte Unterweisung von Heranwachsenden außerhalb der Familie gibt es seit den frühen Hochkulturen. Bildungsziel der griechischen und römischen Antike war der wahrhafte, gute und schöne Mensch, Bildungsmittel die sieben freien Künste (bes. Rhetorik), Sport sowie Philosophie als sittliche Lebenshilfe. Dabei sollte es idealerweise um den Menschen als Ganzes gehen (»humanistisch«), nicht um Spezialbildung oder Berufsvorbereitung.

Nach Völkerwanderung und Verdrängung der römischen Zivilisation kam es im westlichen Europa zur Grundlegung eines neuen Bildungswesens durch christliche Missionare und Ordensleute. Das Christentum war schon in der Antike zu einer gelehrten, schriftorientierten Religion geworden. Daher wurden an den neuen Klöstern und Stiftskirchen grundsätzlich Schulen eingerichtet. Dort ging es um die Unterweisung des geistlichen Nachwuchses in Kirchensprachen, Gesängen und Zeremonien im Rahmen der Institution Kirche und mittels geistlicher Lehrer, denen der offene Geist des antiken Erziehungswesens eher fremd war. Eine Alphabetisierung von Laien war zwar an den Parochialschulen größerer Pfarrkirchen oder in besonderen Abteilungen einiger Stiftsschulen möglich, blieb aber die Ausnahme.

Der klerikale Bildungsgang, in dessen Mittelpunkt das Lesen, Kopieren und Auslegen christlicher Literatur stand, stammte in seinen Grundzügen von den Kirchenvätern und Ordensgründern: Der zum Dienst in der Kirche bestimmte Junge wurde mit etwa sieben Jahren einer geistlichen Gemeinschaft übergeben und lernte im Elementarunterricht Lesen, Schönschreiben, Gebete und Choräle sowie die Berechnung des christlichen Festkalenders. Als Lehrmittel gab es Vokabelhefte und Sammlungen lateinischer Redewendungen; der Gebrauch der Muttersprache war nicht erlaubt. Es folgte der Unterricht in den freien Künsten, deren antike Inhalte für die christliche Verkündigung umgeformt worden waren: Im Trivium wurde in mechanischer Weise lateinische Sprachlehre betrieben (»Grammatik«) und das Disputieren geübt (»Dialektik«), während die geschmückte Rede (»Rhetorik«) keine Rolle mehr spielte. Die meisten Schulen beendeten damit ihr Programm (»Trivialschulen«). Das Quadrivium (Arithmetik, Geometrie, Astronomie, Musik) blieb den Begabteren vorbehalten.

Mit dem Aufstieg des Bürgertums kam es im späten Mittelalter zur Gründung städtischer Lateinschulen. Hier unterrichteten Magister, die Ansehen und ein passables Einkommen genossen, aber nebenbei ihre Studien fortsetzten, um eine Pfarrstelle übernehmen zu können. Das Unterrichtsprogramm ähnelte dem der kirchlichen Schulen und die örtliche Geistlichkeit war an der Schulaufsicht beteiligt. Die städtischen Lateinschulen wurden von Jungen verschiedener Stände besucht, die aber meist vorzeitig abgingen, um Kaufmann oder Handwerker zu werden. Dieses Mißverhältnis zwischen Bildungsziel und praktischem Leben begünstigte das Aufkommen der »Schul-, Schreib- und Rechenmeister«, die mit Erlaubnis der Obrigkeit in deutscher Sprache unterrichteten, in zunftähnlichen Gemeinschaften zusammentraten, Lehrlinge annahmen, »deutsche« Schulen für Jungen und Mädchen einrichteten und sich gegen Konkurrenten wehrten, die in Winkelschulen ihre Dienste anboten.

Unter dem Einfluß von Humanismus und Reformation wandelte sich die Schule grundlegend. In Anknüpfung an das antike Bildungsideal des guten Redners forderten die Humanisten, zur geistigen Bildung und sprachlichen Schulung antike Autoren zu lesen. Von den Humanisten stammt auch der für das moderne Erziehungswesen grundlegende Gedanke, wonach der Mensch von Natur aus bildsam sei. Sie verstanden darunter nicht mehr nur Lesen und Schreiben, die freien Künste oder theologische Lehrmeinungen, sondern die Dinge in der Welt selbst. Nach dem Jahr 1500 folgten hierzulande auch die Universitäten und Lateinschulen diesen ihren Ideen, und wie die Humanisten nutzten nun auch die Lehrer das neue Medium des gedruckten Buches.

Nach Luther dagegen sollte das Studium der alten Sprachen lediglich dazu befähigen, die Bibel richtig zu verstehen. Mit seinem Aufruf, christliche Schulen zu errichten (1524), gab Luther den Obrigkeiten neben dem Regiment über die Kirche auch das über die Schule in die Hand. In Städten sollte es nur weltliche Schulen geben, und zwar mindestens eine Lateinschule für Jungen und eine größere Zahl deutscher Schulen für beide Geschlechter. Die protestantischen Territorien erließen entsprechende Schulordnungen, die zum Teil von dem Wittenberger Humanisten Philipp Melanchton redigiert wurden, der darüber hinaus Unterrichtswerke verfaßte und Lehrer für Lateinschulen ausbildete. Evangelische Lehre und humanistische Schulbildung wurden so unter dem Schutz der Obrigkeit verbunden; einige der neuen Lateinschulen waren in aufgelösten Klöstern untergebracht, wurden aus deren Mitteln finanziert und dienten auch der Begabtenauslese (Schulpforta 1543 u.a.).

Da mit den Lateinschulen nicht alle Gläubigen erreicht werden konnten, übertrug Luther das Neue Testament ins Deutsche und verfaßte einen deutschen Katechismus, der in allen Schulen behandelt werden sollte. Damit brachte die protestantische Theologie die Idee einer Volksbildung zur Festigung des neuen Bekenntnisses ins Spiel. In vielen Territorien übernahmen nun neben den Lateinschulen auch die deutschen Schulen die Katechisierung in der jeweiligen Konfession. Damit erhielt der Schulunterricht verpflichtenden Charakter. Die Obrigkeiten delegierten die Schulaufsicht zumeist an die Geistlichkeit und zahlreiche niedere Schulen wurden ganz von den Kirchen unterhalten. In der Praxis kamen die meisten niederen Schulen über eine rudimentäre Alphabetisierung anhand der Lektüre von Kirchentexten kaum hinaus. Der Rechenunterricht war meist fakultativ und viele gute Ansätze scheiterten an dörflichen Verhältnissen oder langen Kriegen. Die Kinder kamen vorzugsweise im Winter zum Unterricht, wenn sie zu Hause weniger gebraucht wurden, und nicht selten stellte die Dorfgemeinde den Schulhalter nur saisonal ein. Als Lehrer kamen Handwerker, Invalide, ehemalige Studenten usw. in Frage; oftmals versah der Küster die Schule im Nebenberuf. Die Schulordnungen enthielten daher detaillierte Vorschriften zu Lehrstoff, Methode, Disziplin und Unterrichtsbüchern: Die Schüler waren einzuteilen in ABC-, Buchstabier- und Lesekinder. Meist gab der Lehrer den Kindern einzeln oder in Gruppen Arbeitsaufträge oder hörte sie ab. Über alle erging eine drillmäßige Einübung von Katechismus und Kirchenliedern als Grundlage einer christlichen Lebensführung im Kirchenjahr. Das jahrgangsweise Voranschreiten in Klassen nach einem verbindlichen Lehrplan (Johann Amos Comenius um 1630) fand hier erst ab 1800 Eingang.

Die Lateinschulen genossen größere Aufmerksamkeit, da sie letztlich auf staatliche und kirchliche Ämter vorbereiteten. Hier lernte die erste Abteilung das Lesen mit Hilfe einer lateinischen Fibel, die zweite die lateinische Grammatik, die dritte ahmte den Stil antiker Autoren nach. An größeren Lateinschulen wurden aufsteigende Klassen mit je einem Lehrer gebildet, der alle Fächer unterrichtete (Latein, Griechisch, Hebräisch, in den oberen Klassen auch Rhetorik, Dialektik, Arithmetik, Geometrie, Naturlehre und Kosmologie). Dabei galt bis ins 18. Jahrhundert die Auffassung, daß alles, was man über die Realien wissen müsse, in den Werken antiker Autoren stehe; moderne Fremdsprachen wurden nicht in den regulären Lehrplan aufgenommen. Vornehme Eltern wählten für ihre Kinder daher den Privatunterricht, der in stärkerem Umfang anwendbares Wissen bis hin zu Umgangsformen umfaßte.

Der mit immensem Aufwand und geringem Ertrag betriebene Lateinunterricht geriet immer stärker in die Kritik durch Aufklärung und Landesherren, die nach Fachkräften für Staat und Wirtschaft verlangten. Die Vertreter der »Berufs- und Standeserziehung« (August Hermann Francke u.a.), die aus religiös-pietistischen (Tatchristentum/Arbeit), staatlich-merkantilistischen (Wohlfahrt) oder aufklärerisch-menschenfreundlichen (Fortschritt) Motiven handelten, forderten daher eine Ausrichtung der Schule auf die künftigen Berufsfelder der Schüler – die wesentlich durch den Stand der Eltern bestimmt bleiben sollten – und eine Aufwertung des Unterrichts in der Muttersprache, Mathematik, modernen Fremdsprachen und den Realien nach dem Vorbild französischer Schulen.

Auf das durch Naturwissenschaften, Entdeckungen und ökonomisches Interesse veränderte Bildungsbedürfnis reagierten die Landesherren mit der Gründung von Ritterakademien (Brandenburg 1704), an denen junge Adlige durch Unterricht in alten und neuen Sprachen, Mathematik, Naturwissenschaften, Geschichte sowie in militärischen und genealogischen Disziplinen auf den Dienst an den Fürstenhöfen vorbereitet wurden. Um dieselbe Zeit gründete Francke in Halle eine private höhere Schule für Bürgerkinder (1695); hier fand der Elementarunterricht in der Muttersprache statt und neben Latein und Französisch gehörten die Realien zum Programm, unter Berücksichtigung ihrer Anwendungsmöglichkeiten und in Kombination mit handwerklichen Fähigkeiten. Fünfzig Jahre später wurde die erste »ökonomisch-mathematische Realschule« zur Vorbereitung auf gewerbliche Berufe eingerichtet (Berlin 1747). Die Realschulbewegung hatte ihre entschiedensten Anhänger unter den Philanthropen um Johann Bernhard Basedow, die körperliche Übungen und spielerische Elemente im Sinne Rousseaus sowie Ethik hinzufügten (erstes Philantropin 1774 Dessau).

Dieser spezifisch bürgerliche Weg einer an Mathematik, Naturwissenschaften und modernen Sprachen orientierten Realienbildung konnte in der Praxis kaum eigenständig weitergeführt werden, da die expandierenden Fürstenstaaten das Schulwesen immer stärker an sich zogen, um nützliche Menschen für Militär, Bürokratie und Volkswirtschaft zu erhalten. Das Königreich Preußen ging hier den kleineren Territorien voran: Friedrich II. führte die Unterrichtspflicht für Fünf- bis Vierzehnjährige ein und gab für die niederen Schulen denjenigen Lehramtskandidaten den Vorzug, die das neue Berliner Lehrer- und Küsterseminar besucht hatten (Landschulreglement 1763). 1787 erfolgte die Trennung von Schul- und Kirchenverwaltung durch Gründung einer immediaten Schulbehörde, die sich in einem ersten staatlichen Bildungsgesamtplan zugunsten der Berufs- und Standeserziehung entschied und den Untertanen Schulbildung nach Maßgabe ihrer familiären Herkunft und beruflichen Bestimmung zuteilte: Ein künftiger Bauer müsse in den deutschen Schulen erzogen werden, der Bürger in den Realschulen, spätere Gelehrte, Geistliche oder Beamte in den Lateinschulen. Mit der Veröffentlichung dieses Plans trat der preußische Staat in eine Diskussion mit den zeitgenössischen pädagogischen Reformbewegungen, die gleichfalls von der Steuerbarkeit des Menschen durch die Vernunft sowie von der Notwendigkeit einer institutionalisierten Erziehung überzeugt waren.

Wenig später wurde in Preußen die Schule zur Staatsanstalt erklärt, die mit ihrem Zweck des »Unterrichts in nützlichen Kenntnissen und Wissenschaften« aus den Aerarien finanziert werden sollte (1794). Damit erhielt die Schule öffentliche Funktionen und wurde Teil des modernen Staates. In der Praxis blieb es auf dem Lande noch längere Zeit bei ungeeigneten Schulräumen und schlecht bezahlten Lehrern. Überdies hielten König, Gutsherren und Eltern es für ausreichend, wenn die Kinder etwas Lesen und Schreiben lernten, Katechismus, Gebete und Kirchenlieder kannten und für die Feldarbeit abkömmlich blieben. In den Städten fanden insbesondere die höheren Schulen schneller Anschluß an moderne Vorgaben: mit der Verlagerung der Studienvorbereitung von den Artistenfakultäten auf die Lateinschulen mittels Einführung von Zulassungsprüfungen für Staatsdienst (1755) und Hochschule (Abitur zur Stipendiatenauslese 1788) blieben von den 400 preußischen Gymnasien und Lateinschulen nur 70 übrig, die die Abiturprüfung abhalten durften. Nur sie durften sich Gymnasien nennen (1812). Die Reifeprüfung umfaßte Aufsätze in Deutsch, Latein und Französisch, eine Mathematikklausur, eine Übersetzung ins Griechische sowie mündliche Prüfungen in Sprachen, Mathematik, Geschichte, Erdkunde und Naturlehre. Zur unabdingbaren Studienvoraussetzung wurde das Abitur erst 1834. Mit Einführung einer wissenschaftlichen Prüfung für das höhere Lehramt (1810), die sich auf alle Lehrfächer erstreckte, bildete sich ein eigener Stand der Gymnasiallehrer, die sich von kirchlicher Aufsicht freimachen konnten; auch höhere Karrieren waren ihnen nicht verschlossen.

Auch die übrigen Schulen profitierten von den preußischen Bildungsreformen, denn auch hier wurde der Elementarunterricht nach Johann Heinrich Pestalozzi eingeführt (1812), wie er von zahlreichen Hauslehrern schon länger praktiziert wurde. Pestalozzi ging es darum, die formale Bildung aller Kinder durch Verstandesübungen mittels Sprache, Zahl und Form zu entwickeln, gestützt auf ein eher freundschaftliches Verhältnis des Erziehers zu den Heranwachsenden. Im Geiste dieser emanzipatorischen Seite der Aufklärungspädagogik entstand auch der Entwurf eines preußischen Schulgesetzes, das eine gemeinsame Unterrichtung aller Kinder in stufenartig aufeinanderfolgenden Bürgerschulen vorsah (Süvern 1819). Die Schule sollte der Entwicklung der Kräfte dienen, Berufsausbildung und Wissenschaft vom Unterricht ferngehalten werden. Dieses Konzept war auch von der Französischen Revolutionsverfassung (1791) beeinflußt, die eine einheitliche Grundbildung aller Kinder in kostenfreien öffentlichen Schulen vorsah.

Den schulpolitischen Sieg trugen in Preußen indes nicht die Reformer, sondern die Konservativen davon, die aus den unterschiedlichen Lebensverhältnissen der Menschen das Gebot einer Erziehung in verschiedenartigen Schulen ableiteten; dort seien die Kinder auf ihre beruflichen Bestimmungen vorzubereiten, die weitgehend abhängig vom Stand des Vaters bleiben sollten. Die alten Lateinschulen dagegen waren oft von Kindern unterschiedlicher Stände besucht worden: Vorschule, Schule (Sexta bis Quarta) und Gymnasium (ab Tertia) folgten stufenförmig aufeinander; die meisten Schüler gingen vorzeitig ab und Kinder aus vornehmeren Familien erhielten meist Privatunterricht, bevor sie in die oberen Klassen einer Lateinschule eintraten, um gleichfalls das Rüstzeug für höhere Studien zu erwerben. Dieser lose Zusammenhang zwischen Vorschule, Schule und Oberstufe wurde im 19. Jahrhundert durch ein System scharf voneinander abgegrenzter Schulformen ersetzt. Eine gemeinsame Elementarschule gab es nicht. Die Schulform eines Kindes wurde bereits mit dessen Einschulung festgelegt. Die Berechtigung für die Laufbahn des Reserveoffiziers nach verkürztem Militärdienst sowie zum Eintritt in Staatsdienst oder Hochschule wurde an den Besuch bestimmter Schulformen geknüpft. Dieses Berechtigungswesen trug zu einer Normierung von Schultypen bei und hatte damit Rückwirkungen auf die Gliederung der Gesellschaft. Zunächst durften nur die Gymnasien Berechtigungen vergeben, später wurde es auch den höheren Bürger- und Realschulen gestattet, die für die Gleichberechtigung der neusprachlich-naturwissenschaftlichen mit der altsprachlichen Bildung stritten.

Gymnasien, Realschulen und höhere Bürgerschulen waren in der Regel gut ausgestattet, ihre Lehrer ausgebildet, auskömmlich bezahlt und erfüllt von einem neuen erzieherischen Berufsethos. Die Schüler kamen aus bürgerlichem Milieu; ihre Väter waren Beamte, Rechtsanwälte, Apotheker, Ärzte, Geschäftsleute, Bankiers oder Offiziere, und in den Lesebüchern stand auch, daß Fleiß und Eifer Früchte tragen und zur höheren Bildung Stil und Würde gehören. Während das gewerbetreibende Bürgertum die höheren Bürger- und die Realschulen favorisierte, förderte der Staat eher die vom Neuhumanismus geprägten Gymnasien: Nur der umfassend gebildete und von antikem Geist geprägte junge Mann sollte in das Heiligtum der Wissenschaft oder in den höheren Staatsdienst eintreten. Der Lehrplan (1837) umfaßte Latein, Griechisch, Deutsch, Mathematik, Naturwissenschaften, Geschichte, Geographie, Religion, Hebräisch, Französisch, Philosophie und Physik. Später wurden der lateinische Aufsatz abgeschafft sowie Deutsch und Sport aufgewertet (1892).

Die Realschulen, die infolge der Technisierung vieler Lebensbereiche einen starken Schülerzuwachs erlebten, wurden von der preußischen Unterrichtsverwaltung entsprechend ihrer Nähe zum Gymnasium klassifiziert (1832): Realschulen erster Ordnung hatten ebenso viele Schuljahre wie das Gymnasium; Unterrichtsfächer waren Mathematik, Naturwissenschaften, moderne Fremdsprachen sowie durchgängig Latein. Damit konnten sie dieselben Berechtigungen für den Staatsdienst vergeben wie das Gymnasium, aber nur ein fachgebundenes Abitur erteilen. Die Realschulen zweiter Ordnung konnten wegen der zunächst kürzeren Schulzeit (sechs Jahre) und des hier nicht obligatorischen Lateinunterrichts keine Berechtigungen für die gehobene Beamtenlaufbahn erteilen und werteten daher gleichfalls den Lateinunterricht auf. Mit dieser Ausrichtung der Realschulen auf Staatsdienst und Hochschulzugang konnte von einem eigenständigen, an bürgerlichen Belangen ausgerichteten Schulwesen keine Rede mehr sein. Die preußische Schulpolitik war an dieser Stelle weniger Produkt eines bürgerlichen Liberalismus als Ausdruck der sittlichen Staatspersönlichkeit. Die ursprüngliche Aufgabe der Realschulen als Vorbereitungsanstalten für Handel und Industrie wurde von den neuen Fach- und Gewerbeschulen übernommen. Aus den Gewerbeschulen und den verbliebenen Realschulen zweiter Ordnung gingen die lateinlosen Oberrealschulen hervor (1882).

Nach längeren Auseinandersetzungen mit den Gymnasien und Universitäten durften auch die Realschulen die allgemeine Hochschulreife erteilen (1900). Aus der Realschule erster Ordnung entwickelte sich das Realgymnasium (d. i. neusprachliches Gymnasium), aus der Oberrealschule das mathematisch-naturwissenschaftliche Gymnasium. Um die Jahrhundertwende setzte auch der Aufbau eines öffentlichen höheren Mädchenschulwesens unter Angleichung an die Jungenschulen ein und immer mehr Staaten gaben Abitur und Hochschulzugang frei (süddeutsche Staaten 1900–1904, Preußen 1908). Vorausgegangen waren die beständige Agitation von Frauenverbänden sowie eine Versuchsschule des »Vereins für Frauenbildung« in Karlsruhe (1893).

Bei den niederen Schulen entschied sich Preußen zunächst für eine Strategie der Bildungsbegrenzung: Das Volk sollte den christlichen Glauben einfach auffassen, innerhalb des ihm von Gott angewiesenen Kreises ruhig leben, etwas Lesen, Schreiben, Rechnen und Singen lernen sowie König und Vaterland lieben (Ministerium Altenstein 1829). Darüber hinaus blieb es bei den zahlreichen schulfremden Diensten, die Schüler und Lehrer für Kirche und Dorfgemeinschaft zu erbringen hatten, sowie bei den unterdurchschnittlichen Einkommensverhältnissen der Lehrer. Politische Protestbewegungen fanden hier überdurchschnittliche Resonanz, zunächst die Ideen von 1848, später Liberalismus und Sozialdemokratie. Viele Lehrerseminare – nach 1810 in großer Zahl gegründet – waren nach wie vor von den Idealen Pestalozzis geprägt. Der preußische König Friedrich Wilhelm IV., der in den Seminaren eine Quelle irreligiöser Massenweisheiten und revolutionärer Umtriebe sah, ließ die Lehrerausbildung auf einen einfachen Unterricht in Religion, Lesen, Deutsch, Schreiben, Rechnen, Singen sowie Vaterlands- und Naturkunde beschränken. Pädagogik, Psychologie, höhere Rechenarten und deutsche Klassiker wurden aus den Seminaren verbannt, eine allgemeine Menschenbildung ausdrücklich abgelehnt (»Stiehlsche Regulative«, 1854). Unter dem liberalen Kultusminister Adalbert Falk (»Allgemeine Bestimmungen« 1872) wurden diese Restriktionen weitgehend rückgängig gemacht. In größeren Volksschulen experimentierte man mit Turn- und Zeichenunterricht, in größeren Dorfschulen mit Jahrgangsklassen. Ein gleichzeitiges Gesetz, wonach die Schulaufsicht ausschließlich dem Staat zustehen und von Geistlichen nur in kündbarem Auftrag ausgeübt werden sollte, trug zum Kulturkampf mit der katholischen Kirche bei.

Insgesamt war das 19. Jahrhundert von einer enormen Ausgestaltung und Differenzierung des Schulwesens gekennzeichnet; es geriet mehr und mehr in die Hand der Kommunen und des Staates und wurde für diese immer kostspieliger. Die moderne Bildung erfuhr eine deutliche Aufwertung durch die verschiedenen Real-, Gewerbe- und Fachschulen. Auf diesem Weg konnten Kinder aus sog. einfacheren Familien in gehobene Berufe aufsteigen. Die Durchsetzung der Schulpflicht (1816: 60%, 1846: 82%, 1871: 92%), der Rückgang der Kinderarbeit, die Abschaffung des Volksschulgeldes (1888) sowie die steigenden Geburtenraten führten zu einem gewaltigen Anstieg der Schülerzahlen. In Frankfurt am Main etwa mußten zwischen 1871 und 1918 über 60 neue Schulen gegründet werden.

Der Lehrermangel an den niederen Schulen, wo es lange bei Klassenstärken um die 80 blieb, ermöglichte begabten jungen Leuten nach Volksschule und Präparandenanstalt den Besuch eines Lehrerseminars. Bei zunächst geringen weiteren Aufstiegsmöglichkeiten suchten die Volksschullehrer nach einer festen Verankerung im Bildungsbürgertum (»Weg von der Kirche, hin zur Universität«). Um 1900 erfolgten staatlicherseits Vereinheitlichungen in Gehalt und Altersversorgung und der soziale Rang stieg durch die Verleihung des »Einjährigen« und des Wahlrechts an die Absolventen der Lehrerseminare. Die Volksschullehrer vermittelten ihren Schülerinnen und Schülern Anteil am geistigen Leben und waren in einflußreichen Berufsverbänden organisiert, die zukunftsweisende schulpolitische Forderungen vortrugen (Einheitsgrundschule, Reformpädagogik u. a. m.).

Die Verfassung der Weimarer Republik sah in Schulfragen eine Rahmengesetzgebung des Reiches vor und formulierte allgemeine Erziehungsziele (sittliche Bildung, staatsbürgerliche Gesinnung, persönliche und berufliche Tüchtigkeit). Für die Schullaufbahn sollte die Neigung eines Kindes maßgebend sein, nicht Status oder Bekenntnis der Eltern. Die Schulaufsicht sollte nur durch staatliche Bedienstete ausgeübt werden. Der Streit um die Konfessionsschule verhinderte zwar ein umfassendes Schulgesetz, nicht aber das Reichsgrundschulgesetz, mit dem die vierjährige Einheitsgrundschule eingeführt wurde (1920). Die Ausbildung der Volksschullehrer wurde an pädagogische Akademien oder Universitäten verlagert; von hier aus fanden reformpädagogische Vorstellungen (Arbeitsschule, Kunsterziehungsbewegung, Landschulheimidee, Waldorfschule 1919)

Eingang in den Unterricht. In den höheren Schulen trafen die weltanschaulichen Gegensätze besonders hart aufeinander. In Preußen legte man vier Quellen des höheren Schulwesens fest (Antike, modernes Europa, moderne Wissenschaften, deutsches Volkstum) und ordnete ihnen vier Schultypen zu (humanistisches, neusprachliches, mathematisch-naturwissenschaftliches Gymnasium, deutsche Oberschule). Darüber hinaus wurden die höheren Mädchen- weiter den entsprechenden Jungenschulen angepaßt. Zwischen 1926 und 1931 verfünffachte sich die Zahl der Abiturientinnen und 1932 war bereits knapp ein Drittel aller Abiturienten weiblich. Außerdem wurde die Errichtung von Frauenschulen zur Vorbereitung auf mittlere Berufe weiter vorangetrieben.

Die Aufwertung der Frauenbildung fand nicht überall Zustimmung, vor allem nicht in völkischen Kreisen einschließlich der Nationalsozialisten. Nach der Machtergreifung unterstellten sie das gesamte Schulwesen einem neugeschaffenen Reichserziehungsministerium. Schüler und Lehrer waren für den Dienst in NS-Organisationen freizustellen und die Beförderung von Lehrern hatte im Benehmen mit der NSDAP zu erfolgen. Jüdische und sozialdemokratische Lehrer wurden aus dem Dienst entfernt und die Mehrheit der verbliebenen Kollegen trat dem NS-Lehrerbund bei. Nationalsozialistische Symbole fanden Eingang in die Schule, die akademische Ausbildung der Volksschullehrer wurde abgeschafft und auch mit der pädagogischen Experimentierfreudigkeit der zwanziger Jahre einschließlich der Koedukation machten die Nationalsozialisten ein Ende. Die Formung des nationalsozialistischen Menschen hatte Vorrang vor der gebildeten Persönlichkeit. In der Schulpraxis allerdings hing manches von der persönlichen Nähe des Lehrers zum Nationalsozialismus ab. Zur Rekrutierung des Führernachwuchses der Partei entstanden die »nationalpolitischen Lehranstalten« der NSDAP (1933) und die »Adolf-Hitler-Schulen« der Hitlerjugend (1937), beides Internate mit den Fächern der Oberschule sowie einer sportlich-vormilitärischen Ausbildung. Während des Krieges war der gesamte Schulunterricht beeinträchtigt durch Luftschutzübungen, Rohstoffsammlungen, Fliegeralarme, Evakuierungen sowie schließlich durch die Einberufung älterer Schüler zum Militär.

Im geteilten Deutschland wurde der Wiederaufbau des Schulwesens durch die differenten politischen Systeme geprägt. In der DDR etablierte man zunächst eine achtjährige Grundschule, an die sich Ober- und Fachschule anschlossen. Ende der fünfziger Jahre wurde daraus die zehnjährige allgemeinbildende polytechnische Oberschule. Der Zugang zu weiterführenden Bildungseinrichtungen richtete sich auch nach politischer Zuverlässigkeit und volkswirtschaftlichem Bedarf. Studierverbote für Akademikerkinder sollten einen ständigen Eliteaustausch bewirken, doch in der Praxis gelang es der sozialistischen Intelligenz, die Bildungschancen ihrer Kinder zu bewahren und damit zur Verfestigung dieser Führungsschicht beizutragen.

In der Bundesrepublik blieb es zunächst bei vierjähriger Einheitsgrundschule und dreigliedrigem Schulwesen. Die vollständige Rückübertragung der Schulhoheit auf die Länder führte danach zu sehr unterschiedlichen Entwicklungen, besonders seit der Bildungsexpansion zur Beseitigung des »Bildungsnotstandes« (1964). In der Folgezeit wurde die Kirche nahezu völlig aus der Schule verdrängt, die Dorfschule abgewertet und das dreigliedrige Schulwesen in Frage gestellt. Mit Einführung der Förderstufe für das fünfte und sechste Schuljahr traten die Kategorien Primarstufe, Sekundarstufe I und Sekundarstufe II vor die Begriffe Volksschule, Realschule und Gymnasium. Die integrierte Gesamtschule hob diese Unterscheidungen nahezu ganz auf. Mit der Eliminierung traditioneller Lehrinhalte aus Literatur, Geschichte und Religion wurde die kulturelle Überlieferung einschneidend unterbrochen. Neue Unterrichtsinhalte wurden trotz jahrelanger Curriculumforschung nicht gefunden; man versuchte es mit einer Orientierung an den Methoden der Hochschulwissenschaften, griff Unterrichtsformen aus der Reformpädagogik auf und holte die Technik in die Klassenzimmer (Sprachlabore, Medienräume usw.). An die Stelle von »Bildung« traten »Emanzipation« und »Qualifikation«, aus der Pädagogik wurde die sozialwissenschaftlich arbeitende Erziehungs- und Bildungsforschung, die die Reformen begleitete, während Bildungsplaner Konzepte zur Schulentwicklung vorlegten.

Die Pflichtschulzeit wurde auf zehn Jahre verlängert und die höheren Schulen verdoppelten binnen weniger Jahre ihre Schülerzahlen, was auch an den geburtenstarken Jahrgängen lag. Darüber hinaus wurde die Erwachsenenbildung ausgeweitet durch Abend- und Volkshochschulen (»zweiter Bildungsweg«). All dies führte zu einer Neugründungswelle von Bildungseinrichtungen. Gesamtschule, Stufenlehrerausbildung, Rahmenrichtlinien sowie das Verhältnis von allgemeiner zu beruflicher Bildung blieben ständiger Streitpunkt; abweichende Reformergebnisse waren lange ein Hindernis für die Mobilität von Absolventen aus verschiedenen Bundesländern. Die Übergangsquote auf höhere Schulen allerdings erreichte im Jahr 30 % (1990; 1975: 24 %, 1930: 10 %, 1913: 6 %, 1810: ca. 1 %). Seit den neunziger Jahren ist die Diskussion verbunden mit der Interpretation internationaler Vergleichsstudien, die dem deutschen Schulsystem eine unterdurchschnittliche Leistungsfähigkeit bescheinigen, da es familiäre Defizite, besonders bei Migrantenkindern, nur unzureichend kompensieren könne. Während die einen zur Besserung auf eine straffere Elitenbildung mittels Verkürzung der Gymnasialschulzeit setzen, ist für die anderen eine Erschließung von Begabungsreserven durch eine obligatorische Vorschulpädagogik wegweisend.

Literatur:
Christa Berg u. a. (Hg.), Handbuch der deutschen Bildungsgeschichte, 6 Bde., München 1987–2005.
Herwig Blankertz, Die Geschichte der Pädagogik von der Aufklärung bis zur Gegenwart, Wetzlar 1982.
Gerhard Giese, Quellen zur deutschen Schulgeschichte seit 1800, Göttingen 1981.
Hans-Georg Herrlitz, Wulf Hopf, Hartmut Titze, Erst Cloer, Deutsche Schulgeschichte von 1800 bis zur Gegenwart. Eine Einführung, 5., aktualisierte Auflage, Weinheim 2009.
Franz-Michael Konrad, Geschichte der Schule, München 2007
Achim Leschinsky, Peter Martin Roeder, Schule im historischen Prozeß. Vom Wechselverhältnis von institutioneller Erziehung und gesellschaftlicher Entwicklung, Stuttgart 1976.
Friedrich Paulsen, Geschichte des gelehrten Unterrichts auf den deutschen Schulen und Universitäten vom Ausgang des Mittelalters bis zur Gegenwart, 2 Bde., Leipzig u. a. 1919–1921 (Neudruck 1960).

3. Gymnasium

Tobias Picard

Im Englischen bedeutet das Wort Gymnasium »Turnhalle«, im Französischen ist es unbekannt, im Deutschen dagegen ein Kultbegriff für eine bestimmte Schulform. Dabei wird oft vergessen, daß das für so traditionsreich gehaltene deutsche Gymnasium in seiner gegenwärtigen Regelform vor gut einhundert Jahren als Realschule angesprochen worden wäre. Die Bezeichnung »Gymnasium« war denjenigen Schulen vorbehalten war, die die allgemeine Hochschulreife erteilen durften, was bis 1900 an den altsprachlichen Unterricht gebunden blieb. Die seitherige Ausdehnung der Bezeichnung »Gymnasium« auf höhere Schulen mit neusprachlicher oder naturwissenschaftlicher Ausrichtung hat die soziale Basis des Gymnasiums erweitert. Trotz mancher Kritik an einem angeblich ausgrenzenden Bildungsverständnis – und obgleich die allgemeine Hochschulreife auch auf anderen Wegen erworben werden kann – sind die allgemeinbildenden Gymnasien heute eher mehr als weniger Ziel vieler Bildungswünsche.

Das Gymnasium versteht sich als Bildungsgang im gegliederten Schulsystem, der eine vertiefte allgemeine Bildung vermittelt und den Erwerb der allgemeinen Studierfähigkeit ermöglicht: »Es stärkt selbständiges Lernen und wissenschaftspropädeutisches Arbeiten. Entsprechend ihrer Leistungsfähigkeit und ihren Neigungen ermöglicht das Gymnasium seinen Schülerinnen und Schülern eine individuelle Schwerpunktbildung und befähigt sie […] ihren Bildungsweg an einer Hochschule, aber auch berufsbezogen fortzusetzen«. (www.mk.niedersachsen.de/master/C3012283N30418415079L20DO.html, zuletzt abgerufen am 20.10.2009)

Das Gymnasium beginnt in den meisten Bundesländern mit Klasse fünf, in Berlin und Brandenburg nach einer sechsjährigen Grundschule. In Mecklenburg-Vorpommern besuchen die Schüler in der fünften und sechsten Klasse die »Regionale Schule«. In Niedersachsen und Hessen gab es für die Klassen fünf und sechs zweitweise eine verbindliche Orientierungs-/Förderstufe (1973 bis 2004 bzw. 1969 bis 1988); die Gymnasien begannen in dieser Zeit erst mit Klasse sieben. Danach betrug die reguläre Schuldauer am Gymnasium wieder neun Jahre. In Sachsen und Thüringen waren es nach dem Beitritt, der in den neuen Ländern das Gymnasium wieder einführte, acht Jahre; seit 2004 stellen alle Länder auf eine achtjährige Gymnasialzeit um.

Je nach Schulträger wird zwischen staatlichen, kommunalen und privaten/kirchlichen Gymnasien unterschieden, wobei auch letztere überwiegend aus öffentlichen Mitteln finanziert werden. 2005/2006 gab es in Deutschland 3096 Gymnasien mit 2,43 Millionen Schülern, die in 62.430 Klassen von 163.500 Lehrkräften unterrichtet wurden.

Damit ist in sachliche Worte gefaßt, worüber nach wie vor heftig gestritten wird, denn vielen gilt das Gymnasium als Inbegriff von Bildung, während andere es für den verheerendsten Faktor im deutschen Bildungswesen halten und seine Abschaffung oder Umformung zur Schule für alle fordern. Wie kam es dazu? Nach der Wortbedeutung ist »Gymnasium« lediglich die latinisierte Form des altgriechischen γυμνάσιον, Gymnásion, ein Ort der körperlichen und geistigen Ertüchtigung im alten Griechenland. In Deutschland wird das Wort seit Renaissance-Humanismus und Reformation als Bezeichnung für eine zur Universität entlassende Schule gebraucht. Bis dahin gab es die »scholae« der Klöster und Stifte für den geistlichen Nachwuchs, die mangels anderer Möglichkeiten auch das Interesse von Laien fanden, obgleich auch der Anfangsunterricht in Latein abgehalten wurde. Seit dem 14. Jahrhundert unterhielten auch Städte solche Einrichtungen, die als »Lateinschulen« bezeichnet wurden und sich im Lehrprogramm nicht von den geistlichen Schulen unterschieden (Religion sowie freie Künste mit Schwerpunkt auf lateinischer Grammatik).

Humanismus und Reformation veränderten das mittelalterliche Schulwesen grundlegend. Bei anhaltendem religiös-konfessionellem Rahmen trat neben Latein das Griechische in den Vordergrund, und für diejenigen Lateinschulen, die sich als direkte Vorbereitungsanstalten zur Universität verstanden, wurde die Bezeichnung »Gymnasium« üblich. In den protestantischen Territorien gingen die Schulen mit der Kirche in das landesherrliche Kirchenregiment ein – ein erster Schritt auf dem Weg zur Verstaatlichung. Lutherische Gebiete strebten dabei einen von Melanchton entworfenen Typ der Gelehrtenschule an, während es in den calvinistischen Ländern zur Gründung von akademischen Gymnasien mit quasi universitärem Charakter kam (»gymnasium illustre«, hohe Schule), da die Zentralgewalt reformierten Bildungseinrichtungen keine Universitätsprivilegien verlieh. Als Reaktion auf diese Herausforderungen richtete in den katholischen Staaten der Jesuitenorden (gegr. 1540) spezielle Kollegien ein und bestimmte damit über zwei Jahrhunderte das katholische höhere Schulwesen. In allen Territorien brachte die Konfessionalisierung darüber hinaus Katechismusschulen für den Bekenntnis- und Elementarunterricht in deutscher Sprache als »niedere Schulen« und damit die Anfänge einer Volksbildung hervor; hier ist die Entwicklung der Volksschule angelegt, die seit dem 19. Jahrhundert in einem längeren Prozeß weitgehend säkularen Charakter erhielt.

An den höheren Schulen blieben die Lerninhalte auf die Häufung grammatischer Schwierigkeiten und auf das Auswendiglernen gerichtet; nur drei Wochenstunden entfielen auf Geschichte, Geographie und Deutsch. Trotz humanistischen Reformdenkens und einiger akademischer Gymnasien hielt sich in vielen kleineren Städten die alte Lateinschule, die christliches Denken in lateinischer Sprache lehrte, Elementarunterricht mit Studienvorbereitung verband und auch unfertige Schüler zur Universität entließ. Probleme bereitete auch die Teilung der Schulaufsicht: die Unterhaltspflicht oblag den Schulträgern Kirche und Stadt oder Staat, die innere Aufsicht den Konsistorien, die dieses Recht von Geistlichen ausüben ließen. Schon hier war zu beobachten, daß Schulträger, die auf die inhaltliche Gestaltung wenig Einfluß ausüben können, selten zu finanziellen Verbesserungen bereit sind.

Darüber hinaus litten die Lateinschulen unter ihrer Doppelfunktion: Sie waren Stadtschulen für männliche Schulpflichtige, in denen spätere Gelehrte neben künftigen Handwerkern das Lesen und Schreiben in lateinischer Sprache lernten, und sie hielten gleichzeitig ihren Anspruch aufrecht, auf die Universität vorzubereiten. Dieser Umstand war zwar geeignet, ein gewisses Maß an sozialer Mobilität offen zu halten, stand aber bald in der Kritik: Universitäten und Gymnasien/Gelehrtenschulen sahen die Studienvorbereitung der Lateinschulen als nicht ausreichend an und es wuchs die Zahl derer, die es für eine Torheit hielten, »den künftigen Schneider, Tischler, Krämer, wie einen künftigen Konsistorialrath oder Schulrektor zu erziehen, sie alle lateinisch, griechisch, hebräisch zu lehren und den Unterricht in Kenntnissen ganz zu übergehen«. (Karl Freiherr von Zedlitz, Vorschläge zur Verbesserung des Schulwesens in den königlichen Landen, in: Berlinische Monatsschrift, Bd. 10, Berlin 1787, 102 f.)

Wortführer der Kritik waren die Philanthropen um Johann Bernhard Basedow, die auf dem Weg der Erziehung die Glückseligkeit aller erreichen und hierfür den Staat in die Mitverantwortung nehmen wollten. Nach Basedow sollte an den höheren Schulen in unmittelbarer Verbindung mit dem Staat und nicht über Bedarf ausgebildet werden. Die den höheren Schulen damit zugedachte Elitefunktion konnte von diesen aber nur wahrgenommen werden, wenn sie in den Städten nicht mehr von Schülern verschiedener Schichten mit divergierenden Bildungszielen besucht würden. Für die wissenschaftliche Laufbahn sollte überdies die finanzielle Absicherung durch die Familie oder ein Stipendium die Voraussetzung sein. Basedow realisierte seine Vorstellungen im Dessauer »Philanthropin« (1774), das Vorbild für viele Reformschulen wurde. Hier traten die Unterrichtsinhalte der alten Lateinschule hinter den modernen Fremdsprachen und den neuen Naturwissenschaften zurück. Die Durchführung der Reformideen wurde dem Staat angetragen, der als Treuhänder einer Bildung galt, die zugleich dazu verhelfen sollte, ihn selbst zu vervollkommen (M. Kraul).

Gegen die »Latinitätsdressur« der Lateinschulen wandten sich auch die Neuhumanisten, beginnend mit Johann Gottfried Herder, dem es um die Entfaltung des Geistes durch eine Berührung mit dem Griechentum ging. Das führte über die Philanthropen hinaus, die den einzelnen lediglich nutzbringend in die Gesellschaft einbinden wollten. Die Griechenfreunde dagegen suchten nach einem Zentrum, von dem aus der Mensch seine volle Menschlichkeit entwickeln könne und fanden es in der griechischen Sprache und Kultur, durch die der Einzelne unabhängig von kirchlichen und ständischen Bindungen zur Humanität geführt werden sollte (H. Blankertz). Während philanthropische Elemente in die aufkommende Realschulbewegung mündeten (»Ökonomisch-mathematische Realschule«, Berlin 1747), bestimmte der neuhumanistische Gedanke die Erneuerung der Gymnasien, wobei auch die Freunde der wahren Gelehrsamkeit ein Nützlichkeitsargument einzuführen wußten: die formale Qualifizierung durch die alten Sprachen und ihre prätendierte Rolle als Schlüssel zu allen Wissenschaften.

Als gelehrte Öffentlichkeit forderten Philanthropen und Neuhumanisten die aufgeklärte und reformbereite Staatsbürokratie auf, den Rahmen für eine Erneuerung der höheren Schulen zu schaffen. Einigkeit bestand auch über die Notwendigkeit einer zentralen Behörde für die höheren Schulen, die in Preußen 1787 als »Ober-Schul-Kollegium« entstand und verantwortlich wurde für die Prüfung von Lehramtskandidaten sowie für die Einführung von Lehrbüchern und -methoden.

Das Oberschulkollegium hatte auch festzustellen, in welche der vorgesehenen Schularten eine Anstalt einzuordnen war (Bauern-, Bürger- und Gelehrtenschulen). Diese Konzeption des Behördenleiters von Zedlitz, die als Keimzelle des dreigliedrigen Schulwesens gelten kann, griff das berufsständische Sozialmodell der Philanthropen auf, obwohl die Gesellschaft sich bereits im Übergang zur Staatsbürgergesellschaft befand (M. Kraul). Darüber hinaus nahm das Oberschulkollegium unbestritten eine Berechtigung des Staates in Anspruch, den Andrang zur Universität durch ein Abiturreglement zu begrenzen (1788). Das Examen war zwar für alle durchzuführen, bekam aber nur für Bewerber um Stipendien praktische Auswirkung, da man es vermögenden Vätern nicht verbieten wollte, auch unreife Söhne zur Universität zu schicken.

Wer indes einen bestimmten Bildungsstand und im Anschluß ein entsprechendes Amt erreichte, dem garantierte dies Privilegien unabhängig von seiner sozialen Herkunft: so gehörten etwa die Lehrer der oberen Schulklassen einer staatstragenden Schicht an und ihre Befreiung vom Militärdienst erstreckte sich auch auf ihre Söhne. Für andere konnte schon die reine Immatrikulation zu einem solchen Dispens führen. Als das überhandnahm, mußten Kantonspflichtige mit 14 Jahren eine Schulprüfung ablegen, um befreit zu werden: »Der bisher an der Militärverfassung orientierte Staat konkurriert jetzt mit den Regeln der Bürokratie, deren Beamte sich durch vom Staat überprüfte Bildung auszeichnen. Durch Bildung wird damit die Gesellschaftsstruktur in staatlich zugelassenem Rahmen verändert, zugleich aber sicherte sich der Staat durch Reglementierung und Kontrolle von Bildungsinstitutionen Einflußmöglichkeiten im Prozeß gesellschaftlicher Veränderungen«. (M. Kraul)

Der Konsens zwischen Reformern und Verwaltung zerbrach mit der Französischen Revolution und der Einführung einer Gesinnungsprüfung für künftige Lehrer und Geistliche (1791). Zwar bestimmte inzwischen die Verkoppelung von Bildung und Gesellschaft durch Abitur und Kantonspflichtigenexamen die Schulentwicklung, doch der aufklärerische Diskurs über eine Reform der höheren Schulen war vorerst ausgesetzt. Bei seiner Wiederaufnahme nach dem Zusammenbruch Preußens 1806 überlagerte er sich mit nationaler Selbstbehauptung, Staatsreform und Gesellschaftserneuerung, geleitet von Begeisterung für die Ideale der Französischen Revolution und zugleich von Auflehnung gegen Napoleon.

Im Vordergrund der jetzt zur Wirkung kommenden Konzeptionen von Fichte, Schleiermacher und Humboldt stand die Erziehung zum Menschen, d. h. zu Freiheit und Mündigkeit des Einzelnen mit dem Ziel einer Nation von Gebildeten als Grundlage eines neuen Staates. In den Schulen sollte allen zunächst der gleiche Unterricht offen stehen (»Nationalerziehung«) und erst auf diesem Fundament eine Berufserziehung oder tiefere wissenschaftliche Ausbildung einsetzen.

Die Reformer konzipierten damit eine Einheitsschule als Vorwegnahme sozialer Gleichheit, waren sich aber im klaren, daß einstweilen die materiellen Verhältnisse bestimmen würden, bis zu welcher Stufe ein Zögling die Schule der Bürger- und Menschlichkeit durchlaufen konnte. Gleichwohl hielten sie an der Idee fest, die Schüler in wissenschaftlicher, ästhetischer und gymnastischer Hinsicht anzusprechen und damit eine allgemeine Menschenbildung zu vermitteln: »Auch Griechisch gelernt zu haben könnte auf diese Wiese dem Tischler ebensowenig unnütz sein, als Tische zu machen dem Gelehrten«. (Humboldt)

Auf Humboldt als Leiter der »Sektion für den Kultus und den öffentlichen Unterricht«, die das Oberschulkollegium ablöste (1809), gingen Erlasse zurück, mit denen eine spätere Einstellung in den Staatsdienst an das Abitur gebunden und »Gymnasium« eine amtliche Bezeichnung für unmittelbar zur Universität entlassende Schulen wurde (1812). Bis dahin waren nur siebzig der rund vierhundert preußischen Lateinschulen und Gymnasien für geeignet befunden worden, mit Abnahme der Abiturprüfung direkt zur Universität vorzubereiten. Die anderen hatten das Privileg verloren und wandelten sich meist zu Realschulen mit Lateinunterricht. Die Einführung einer wissenschaftlichen Prüfung für das höhere Lehramt (1810) verdrängte die Theologen und Magister, die bis dahin einen großen Teil der Lehrkräfte ausgemacht hatten, endgültig und begründete einen eigenen Stand der Gymnasiallehrer, die sich von kirchlicher Aufsicht freimachen konnten; auch höhere Karrieren waren ihnen nicht verschlossen.

Auch die übrigen Schulen profitierten mit der Einführung des Elementarunterrichts nach Johann Heinrich Pestalozzi (1812) von den Reformen. Im Geiste dieser emanzipatorischen Seite der Aufklärungspädagogik und beeinflußt von der Französischen Revolutionsverfassung (1791), die eine einheitliche Grundbildung aller Kinder in kostenfreien öffentlichen Schulen festlegte, entstand der Entwurf eines preußischen Schulgesetzes, das einen gemeinsamen Unterricht in stufenartig aufeinanderfolgenden Bürgerschulen vorsah (Süvern 1819).

Den bildungspolitischen Sieg trugen in Preußen indes nicht die Reformer davon, sondern die Konservativen, die aus den unterschiedlichen Lebensverhältnissen das Gebot einer Erziehung in verschiedenartigen Schulen ableiteten; dort seien die Kinder auf ihre berufliche Bestimmung vorzubereiten, die weitgehend an den Stand des Vaters gebunden bleiben sollte. Der lose Zusammenhang zwischen Vorschule, Schule und Oberstufe, wie er die alte Lateinschule gekennzeichnet hatte, wurde nun durch ein System scharf voneinander abgegrenzter Schulformen ersetzt. Von der Einschulung an wurden die Kinder den Vorklassen der für sie bestimmten Schule anvertraut; es gab keine gemeinsame Elementarschule.

Die Entwicklung des höheren Schulwesen läßt sich danach für das 19. Jahrhundert in drei Phasen einteilen: der Ausbau des Gymnasiums als führender Schulform bis etwa 1840, die Herausbildung eines konkurrierenden »realistischen« höheren Schulwesens bis etwa 1870, und endlich die sukzessive Durchsetzung der Gleichberechtigung der verschiedenen Typen der höheren Bildung bis 1900 (K.-E. Jeismann). Reformvoraussetzung war eine weitere Verstärkung der staatlichen Schulaufsicht durch die neuen Provinzialschulkollegien und die Verselbständigung der Sektion für Unterricht und Kultus zum »Ministerium der geistlichen, Unterrichts- und Medicinalangelegenheiten« (1817).

Während das gewerbetreibende Bürgertum die Real- und höheren Bürgerschulen favorisierte, förderte der Staat eher die vom Neuhumanismus geprägten Gymnasien, denn nur der umfassend gebildete und von antikem Geist geprägte junge Mann sollte in die Wissenschaften oder in den höheren Staatsdienst eintreten. Im zehn-, seit 1837 neunklassigen Curriculum des Gymnasiums dominierten zwar die alten Sprachen, aber auch Mathematik, Französisch, Deutsch, Geschichte, Religion, Geographie, Physik und Naturbeschreibung, Musik und Turnen wurden nicht vernachlässigt, so daß eine Debatte um die Überbürdung und den »enzyklopädischen Universalismus« (F. Paulsen) einsetzte. Gleichwohl entwickelte sich das preußische Gymnasium zum Erfolgsmodell: Der prozentuale Anteil der höheren Schüler verdoppelte sich bis 1864 – wobei aber nur ein Drittel von ihnen die Anstalt bis zum Abitur durchlief – und spätestens mit der Reichseinigung schlossen sich die deutschen Mittel- und Kleinstaaten dem preußischen System an, nachdem sie die Reifeprüfung schon früher übernommen und die größeren Lateinschulen gleichfalls in Gymnasien umgewandelt hatten; die kleineren bestanden als Latein-, Real- oder höhere Bürgerschulen weiter. Die Tradition der anspruchsvollen humanistischen Gelehrtenschulen und akademischen Gymnasien wurde dort (z. B. Fürstenschulen Grimma und Meißen, Johanneum Hamburg) wie in Preußen (z. B. Joachimsthalsches Gymnasium Berlin) zum Teil gewahrt.

Das Gymnasium war soziale Leiter und soziale Barriere (K. E. Jeismann). Es ermöglichte einen mühsamen Aufstieg, der durch das Berechtigungswesen wiederum begrenzt werden konnte. Die gefragteste Berechtigung wurde bereits mit der Versetzung nach Untersekunda erworben: die Erlaubnis zum einjährig-freiwilligen Militärdienst mit dem fakultativen Erwerb des Reserveoffizierspatents. Die Sekundareife ermöglichte das Studium der Tiermedizin, die Apothekerausbildung und die Aufnahme einer technischen Lehrerausbildung, während die Primareife den Weg in bestimmte Bereiche des Verwaltungsdienstes eröffnete. Das Abitur schließlich berechtigte nicht nur zum Studium, sondern auch zum Eintritt in den Offiziers- und den höheren Staatsdienst. Dieses Berechtigungswesen konnte flexibel gehandhabt und als Steuerungsinstrument verwendet werden (F. Kraus). Es diente auch dazu, den Unterschied zu den immer stärker frequentierten Realschulen aufrechtzuerhalten, die zunächst weniger Berechtigungen erteilen durften. Um das zu ändern, näherten sich viele Realschulen mit Unterstützung der Kommunen als Schulträger den Gymnasien an und verstärkten entgegen ihrer ursprünglichen Zielsetzung den Lateinunterricht, was zu einer Unterscheidung von Realschulen erster (mit Latein) und zweiter Ordnung (ohne Latein) führte (1859).

Der Emanzipationsdruck der realistischen Bildung führte vice versa zu einer Erweiterung des Begriffs »Gymnasium«: 1882 wurden im Zuge einer Neuordnung des preußischen höheren Schulwesens die Realschulen erster Ordnung zu »Realgymnasien« und die Realschulen zweiter Ordnung oder höheren Gewerbeschulen zu »Oberrealschulen« erklärt. Das Reifezeugnis der letzteren berechtigte zum Besuch der technischen Hochschulen mit nachfolgender Zulassung zu den entsprechenden Staatsprüfungen, ferner zum höheren Post- und Telegraphendienst. Das Abitur am Realgymnasium berechtigte außerdem zum Studium der Mathematik, der Naturwissenschaften, des Berg- und des Forstfaches sowie der neueren Fremdsprachen mit nachfolgender Zulassung zur Prüfung für das Lehramt an Realanstalten. Die Qualifikation zu allen anderen Universitätsstudien (Jurisprudenz, Medizin, Theologie etc.) konnte nur durch ein Reifezeugnis der (humanistischen) Gymnasien erworben werden, die dieses Privileg zäh verteidigten.

In zwei großen Schulkonferenzen wurde die Rivalität im Sinne einer Emanzipation der neusprachlich-realistischen Bildung entschieden. In der ersten Konferenz (1890) ging es unter persönlicher Einflußnahme Wilhelms II. noch darum, das Gymnasium zu stärken (auf Kosten der alten Sprachen, Deutsch und Geschichte), während die Realgymnasien als »Halbheit« verschwinden und mit den Oberrealschulen zusammengelegt werden sollten. Nur das erste gelang, denn die Realgymnasien konnten ihre Stellung behaupten. In der zweiten Konferenz (1900) erfolgte der Durchbruch: Gymnasien und Realgymnasien wurden einander weiter angenähert (erstere stärkten die neuen Sprachen, letztere das Latein) und gegen den Widerstand prominenter Gelehrter erhielten Realgymnasien und Oberrealschulen das Recht, die uneingeschränkte allgemeine Hochschulreife erteilen zu dürfen.

Nach dem Ersten Weltkrieg wurde die Schule noch stärker zum Gegenstand politischer Auseinandersetzungen, wobei Forderungen aus der Kaiserzeit (Entkonfessionalisierung, Einheitsschule, Arbeitsschule, Staatsbürgerkunde) trotz einer neuen Reichskompetenz in Schulfragen nur kompromissartig umgesetzt werden konnten. Ein Reichsschulgesetz kam zwar nicht zustande, doch wurde jetzt die obligatorische vierjährige Grundschule als Unterstufe der Volksschule eingeführt (1920) und die speziellen dreiklassigen Vorschulen zur Vorbereitung auf die höheren Schulen fielen weg.

Ansonsten blieb das Schulwesen den Ländern überlassen, wobei Preußen weiter die Richtung vorgab. Kultusminister Konrad Haenisch favorisierte zwar eine von Kriegsverherrlichung freie Erziehung zur Kulturnation, doch in der Suche nach einer einheitlichen Erziehungsidee gewannen Vorschläge zugunsten einer Vielfalt die Oberhand: Jeder höhere Schultyp sollte einen bestimmten Kulturbezirk vertreten – das Gymnasium die Antike, das Realgymnasium die westeuropäische, die Oberrealschule die naturwissenschaftliche und die neue »deutsche Oberschule« die deutsche Kultur. Die Einheit sollte gewahrt werden durch die kulturkundlichen Fächer (Deutsch, Geschichte, Erdkunde, Religion und Philosophie) als Überlieferer des deutschen Bildungsguts und des allen Stämmen, Ständen und Konfessionen gemeinsamen kulturellen Erbes.

Die konkrete Schulebene blieb dagegen von Pluralismus geprägt. Zwar trugen neue, an die Reformpädagogik anknüpfende Formen des Schullebens (Arbeitsgemeinschaften, Elternvertretung, Schülermitverwaltung) formal einer Demokratie Rechnung, doch die neue staatsbürgerliche Erziehung, die für Vaterlandsliebe und Gemeinsinn sorgen sollte, war mit ihrer Distanzierung von Parteipolitik und Konsensringen weniger auf die neue Republik gerichtet als auf eine abstrakte Idee des Staates. In die immer größer werdende Lücke zwischen dem zu vermittelnden Kultur- und Rechtsstaatsideal und der politischen Realität schob sich die Deutschkundebewegung, den Boden bereitend für eine auf die Erwähltheit des deutschen Volkes gerichtete Erziehungsidee, die bald von den Nationalsozialisten aufgegriffen wurde (M. Kraul).

Auf der anderen Seite war es gerade die neue »deutsche Oberschule«, die maßgeblich zu einer Bildungsexpansion beitrug, denn die Vorstellungen der Schulreformer, vor allem der Sozialdemokraten, die mit einem stufenförmigen Schulaufbau sowie Kurs- und Kernfächern eine »elastische Einheitsschule« schaffen wollten, hatten keine Mehrheit gefunden. Der Wunsch nach Chancengleichheit war nur in Art. 11 der Verfassung zum Ausdruck gekommen: »Auf einer für alle gemeinsamen Grundschule baut sich das mittlere und höhere Schulwesen auf. [...] Für die Aufnahme eines Kindes in eine bestimmte Schule sind seine Anlage und Neigung, nicht die wirtschaftliche und gesellschaftliche Stellung oder das Religionsbekenntnis der Eltern maßgebend«.

Die damit intendierte Öffnung der höheren Schulen hatte nicht zu steigenden Schülerzahlen am Gymnasium geführt, sondern zu einer Erweiterung des Spektrums der höheren Schulen um »Deutsche Oberschule« und »Aufbauschule«. Erstere wurde als natürliche Fortsetzung der Volksschule angesehen und sollte ebenso wie die Aufbauschule zur allgemeinen Hochschulreife führen. Deutsche Oberschule, Aufbauschule und Oberrealschule begannen mit Englisch oder Französisch, während in den Gymnasien und Realgymnasien Latein als erste Fremdsprache obligatorisch blieb.

Ihr bildungsfördernder Auftrag prädestinierte deutsche Oberschule und Aufbauschule zu Schulen für die Landbevölkerung, doch auf beide Schultypen entfielen am Ende nicht mehr als zehn Prozent der höheren Schüler. Darüber hinaus setzte sich die Entwicklung kombinierter Modelle durch, wie sie mit dem Altonaer (1878) und dem Frankfurter Modell (1892) begonnen hatte. Die dominierende höhere Anstalt blieb das (altsprachliche) Gymnasium, wenn auch mit abnehmender Tendenz, während die Oberrealschule ebenso an Bedeutung gewann wie das Reformrealgymnasium, das kompromisshaft Latein (ab Untertertia) und neue Sprachen vereinte und später als neusprachliches Gymnasium mit Latein und Naturwissenschaften zu dem Typus wurde, der heute die Regelform des allgemeinbildenden Gymnasiums ist.

Der Anteil der Sextaner auf höheren Schulen stieg in der Weimarer Republik von acht Prozent (1914) auf 14 (1931), der Anteil der Oberstufenschüler von drei auf 22 Prozent. Die höheren Schulen wurden 1921 zu 22 Prozent von Schülern aus der Ober-, zu 67 Prozent aus der Mittel- und zu neun Prozent von Schülern aus der Unterschicht besucht. 1931 hatte sich der Anteil der Schüler aus Unterschichtfamilien auf 13 Prozent erhöht (M. Kraul). Sie besuchten vor allem die Oberrealschulen und die deutschen Oberschulen oder Aufbauschulen und behielten damit eine Reserviertheit gegenüber Gymnasien und Realgymnasien.

Bildungsexpansion brachte die Weimarer Republik auch für die Mädchen und knüpfte damit an den langsamen Aufschwung des höheren Mädchenschulwesens in der Kaiserzeit an, nachdem eine Versammlung von Lehrern höherer Mädchenschulen deren Angleichung an die höheren Jungenschulen sowie ihre Unterstellung unter dieselben Aufsichtsbehörden gefordert hatte (1872). Die Schuldauer sollte zehn Jahre betragen, mit Unterricht in zwei Fremdsprachen sowie einer einheitlichen Bildung in den Wissenschaften. Die Lehrer in den oberen Klassen sollten akademisch gebildet sein und dieselben Rechte haben wie die der höheren Jungenschulen.

Der preußische Staat war diesem Verlangen nur zögernd nachgekommen, und die ersten ministeriellen Bestimmungen (1894) blieben mit einem neunjährigen Kurs noch hinter der inzwischen erreichten Realität zurück. Statt dessen ging nun Baden voran, das in Karlsruhe ein erstes Mädchengymnasium des »Frauenvereins Reform« zuließ (1893). In Preußen blieb es vorläufig bei Real- und Gymnasialkursen, die auf den höheren Mädchenschulen aufbauten und in vier Jahren zur Hochschulreife führten. 1896 legten die ersten Absolventinnen dieser Kurse die Reifeprüfung ab, wurden im eigenen Land aber zunächst nur im Einzelfall und erst ab 1908 generell zum Studium zugelassen.

Mit der gleichen Reform (1908) wurden die höheren Mädchenschulen normiert, den Jungenschulen gleichgestellt und als »Lyceen« bezeichnet, in Anlehnung an einen dem Appolon Lykeios geweihten Hain bei Athen, in dem das Gymnasion des Aristoteles stattfand. (Der romanische Sprachraum kennt keine Unterscheidung zwischen Gymnasium und Lyzeum; dort und in anderen Ländern steht »Lycée« für eine dem heutigen deutschen Gymnasium vergleichbare Schule.) Der Lehrplan der Lyzeen ähnelte dem der Realschulen, enthielt aber mehr Deutsch- und Religions- sowie weniger Mathematikstunden. Mindestens die Hälfte des Unterrichts in den wissenschaftlichen Fächern mußte von akademisch gebildeten Lehrkräften erteilt werden. Im Anschluß an den zehnjährigen Kurs des Lyzeums wurde das höhere Lehrerinnenseminar als klassischer Weg der wissenschaftlichen Mädchenbildung beibehalten. Der hier nach vier Jahren erworbene Abschluß berechtigte zum Lehramt an Lyzeen und Mittelschulen. Als Normierung des Wegs zur Hochschule wurden jetzt die »Studienanstalten« eingerichtet, indem nach der Untertertia des Lyzeums der lateinführende gymnasiale und realgymnasiale sowie der lateinlose Oberrealkurs abzweigten. Damit waren für Mädchen erstmals Bildungswege institutionalisiert worden, die den höheren Jungenschulen entsprachen, und die Reifeprüfung der Studienanstalten verlieh die entsprechenden Berechtigungen.

Nach Einführung der obligatorischen vierjährigen Grundschule (1920) umfaßte der lyzeale Kurs nur noch sechs Jahre. Das Lyzeum blieb aber Grundlage von Studienanstalt sowie Frauenoberschule und Frauenschule, während die Lehrerinnenausbildung an die pädagogischen Akademien verlagert wurde. Daneben wurden in einer Mädchenschulreform auch grundständige höhere Mädchenschultypen institutionalisiert (1923): das neusprachliche Oberlyzeum ohne Latein, das keine Entsprechung bei den Jungenschulen hatte, sowie ein oberreales und ein reformreales Oberlyzeum als analoge Formen zu den höheren Jungenschulen.

Der relative Schulbesuch der weiblichen Sextaner stieg von sieben (1921) auf elf Prozent (1926) und fiel dann wieder auf acht (1931). Neuntes und zehntes Schuljahr wurden von vier bis fünf Prozent eines Jahrgangs besucht, die Oberstufe noch von zwei Prozent. Damit war der Anteil der Mädchen auf höheren Schulen zwar deutlich geringer als der der Jungen, aber trotzdem nicht hoch genug einzuschätzen, da die Institutionalisierung des Mädchenschulwesens erst wenige Jahre zurücklag. Der Trend richtete sich dabei auf das neusprachliche Oberlyzeum, während der Anteil der Schülerinnen auf Frauenschulen erst mit der NS-Ideologie und deren Begrenzung der intellektuellen Frauenbildung einen Aufschwung erlebte (M. Kraul).

Im Nationalsozialismus stand die wissenschaftliche Schulung generell hinter der Erziehung zur Härte, der Förderung der Willenskraft und der Körperertüchtigung zurück. An die Stelle eines »Trugbildes der gebildeten Persönlichkeit« sollte »die Gestalt des wirklichen [...] durch Blut und geschichtliches Schicksal bestimmten deutschen Menschen« treten, an Stelle »der humanistischen Bildungsideologie [...] eine Erziehungsordnung, die sich aus der Gemeinschaft des wirklichen Kampfes entwickelt«. (Richtlinie für deutsche Schulen: Erziehung und Unterricht in der höheren Schule, Berlin 1938) Wie alle Schulen sollte auch das Gymnasium, das sich mit tradiertem Kanon und konservativer Grundhaltung noch am deutlichsten vom völkischen Zeitgeist der späten Weimarer Republik hatte abgrenzen können, in den Dienst von Volk und Führer gestellt werden. Auch hier wurden die Fächer Biologie, Deutsch, Geschichte und Erdkunde aufgewertet und die Vorstellung vom Volk als Schicksals-, Kampf-, Arbeits- und Gesinnungsgemeinschaft bestimmte die Auswahl des Lehrstoffs und führte zu neuen Fächern wie Rasse-, Familien-, Ahnen- und Volkskunde (M. Kraul).

An einer Bildungsexpansion war den Nationalsozialisten nicht gelegen, zumal schon in der Weimarer Republik die Überfüllung der Hoch- und höheren Schulen zum Thema geworden war, denn der relative Schulbesuch in den Oberstufenklassen hatte sich zwischen 1921 und 1932 verdoppelt. Die Schulverwaltung bedauerte die Konzentration des Aufstiegswillens auf die wissenschaftlich orientierten Schulen und suchte nach Wegen zur Vermeidung eines akademischen Proletariats durch Entwicklung der Berufs- und Fachschulen, Einschränkung des Frauenstudiums sowie Umlenkung in praktische Berufe. Mit dieser Vorgeschichte erging nach der Machtergreifung das »Gesetz gegen die Überfüllung der deutschen Schulen und Hochschulen«, jetzt allerdings aus rassistischer und antisemitischer Zielsetzung. Darüber hinaus sollte in einer Studieneingangsprüfung die Mitgliedschaft in NS-Organisationen gewürdigt werden (1933).

Den eigenen Anspruch, ohne Rücksicht auf die soziale Herkunft die fähigsten der jungen »Volksgenossen« zu fördern, konnten die Nationalsozialisten nicht einlösen. Zunächst einmal wurden die höheren Schulen vereinheitlicht, ermöglicht durch die Zentralisierung der Schulverwaltung in einem Reichsministerium für Erziehung, Wissenschaft und Volksbildung. Hauptform wurde die aus den Realgymnasien, Oberrealschulen und deutschen Oberschulen neu gebildete »Oberschule für Jungen«, die die Sprachenfolge des Reformrealgymnasiums aufnahm (Englisch, Latein). Die letzten drei Klassen des auf acht Jahre verkürzten Kurses (1937) gabelten sich in einen sprachlichen und einen mathematisch-naturwissenschaftlichen Zweig. Daneben blieb das Gymnasium mit der Sprachenfolge Latein, Griechisch, Englisch bestehen. Beide Typen wurden weiterhin von der Aufbauschule ergänzt, für die jetzt eine internatsmäßige Unterbringung vorgesehen war, was sie für die nationalsozialistische Gemeinschaftserziehung prädestinierte. Da die »Oberschule für Jungen« zielstrebig realisiert wurde, ging der Anteil der Gymnasien von 25 Prozent (1932) auf zehn (1940) zurück; achtzig Prozent der Schüler besuchten eine Oberschule sowie jeweils zehn ein Gymnasium oder eine Aufbauschule.

Die Vereinheitlichung der Schultypen zog eine solche der Lehrpläne nach sich. Für das Gymnasium war damit eine Erhöhung der Wochenstunden in Deutsch, Geschichte, Erdkunde, Biologie und Sport verbunden, zu Lasten von Latein, Griechisch und Religion. Da an den Oberschulen der Anteil des Mathematik- und Fremdsprachenunterrichts zugunsten der Gesinnungsfächer vermindert wurde, unterschieden sich die ehemals so gegensätzlichen Schultypen Gymnasium, Realgymnasium und Oberrealschule (die beiden letzteren jetzt als »Oberschule«) nur noch durch den Griechisch- und den unterschiedlichen Anteil des Lateinunterrichts.

Die Verschiebung der Stundentafeln trug nicht zur Erschließung von Begabungsreserven bei. Die Einschulungsquoten an den höheren Schulen sanken von 14 auf elf Prozent und die Väterberufe der neuimmatrikulierten Studierenden zeigten, daß die soziale Öffnung der Weimarer Zeit zurückging. Frauen wurden mittels einer veränderten Form der Oberschule für Mädchen weitgehend vom Studium ferngehalten. Darüber hinaus trat mit der Abwertung der wissenschaftlichen Ausbildung der Anspruch der Nationalsozialisten hervor, auf besonderen Schulen eine eigene Elite heranzuziehen. Das fiel mit kaum zwei Prozent der höheren Schüler indes weniger ins Gewicht als der Umstand, daß die Nationalsozialisten immer weiter von den öffentlichen Schulen Besitz ergriffen. Auch an den Gymnasien mußten wesentliche Teile des Schullebens der Propaganda eingeräumt werden (Rundfunkübertragungen, staatspolitische Filme und Ausstellungen) und der Unterricht hatte ständige Einschränkungen hinzunehmen durch weltanschauliche Schulungen, Freistellungen für die HJ sowie Weihestunden und Gemeinschaftserlebnisse, die im Unterricht nachgearbeitet wurden.

Folglich sahen die Alliierten nach Kriegsende in der Schule einen Hauptansatzpunkt für die Demokratisierung Deutschlands. Vor dem Hintergrund des amerikanischen High-School-Systems wurde auch der elitäre Charakter der höheren Schulen sowie ihr dem Berufsleben nur unzureichend angepaßter Lehrplan beklagt (Zook-Kommission). Die daraus resultierenden Kontrollratsdirektiven 53 und 54 forderten den Aufbau eines gesamtschulartigen, zweistufigen Schulsystems, in dem für die Gymnasien kein Platz mehr gewesen wäre (1947).

Zu einer Umsetzung kam es infolge unterschiedlicher Detailvorstellungen der Besatzungsmächte sowie auf Grund der bildungspolitischen Traditionen in den deutschen Ländern mit ihren überdies ganz unterschiedlichen politischen Mehrheitsverhältnissen nicht. Abgesehen von kurzlebigen Versuchen mit einer sechsjährigen Grundschule in der britischen Zone wurde der propagierte Schulaufbau nur in der SBZ/DDR verwirklicht. Die zunächst achtjährige Grundschule, an die sich Berufsausbildung bzw. vierjährige Oberschule anschlossen, wurde 1959 zur zehnjährigen »polytechnischen Oberschule« (POS) als Gemeinschaftsschule ausgebaut und die Oberstufe als »Erweiterte allgemeinbildende polytechnische Oberschule« (EOS) bezeichnet. Der nach Gesinnung und Leistung hochselektive Übergang von POS auf EOS erfolgte zunächst nach der achten, ab 1983 nach den zehnten Klasse auf eine dann um zwei verkürzte EOS. Ein Drittel der Studienbewerber erwarb seine Zugangsberechtigung in einer dreijährigen »Berufsausbildung mit Abitur«.

In den westlichen Zonen blieben die Gymnasien dagegen unangetastet, obwohl das Stufenschulsystem der Kontrollratsdirektive alten Forderungen von Lehrerverbänden entsprach und sogar innerhalb der neuen CDU Fürsprecher gefunden hatte. Erfolgreiche Verteidiger der Gymnasien waren Gymnasiallehrer, Kirchenmänner, Universitätsvertreter, Akademikervereinigungen und Wirtschaftsverbände. Auch versuchte man, sich durch Rückgriffe auf den gymnasialen Lehrplan der Weimarer Zeit von der nationalsozialistischen Vergangenheit zu lösen und sah die Einheitsschule nach ihrer Realisierung in der DDR als Element des Sozialismus an.

Für die Gymnasien traf die Konferenz der Kultusminister der Länder zwei wichtige Beschlüsse, das Düsseldorfer und das Hamburger Abkommen (1955/1964). Ersteres sah eine Lang- und eine Aufbauform vor (neun Jahre ab Klasse fünf bzw. sieben Jahre ab Klasse sieben). Als Schultypen wurden das altsprachliche, das neusprachliche (früher »Realgymnasium«) und das mathematisch-naturwissenschaftliche Gymnasium (früher »Oberrealschule«) festgelegt. Ersteres begann mit Latein, in Klasse acht kam Griechisch hinzu. Die anderen begannen mit Englisch und führten in Klasse sieben Französisch oder Latein als zweite Fremdsprache ein; die Gabelung in einen sprachlichen und einen mathematisch-naturwissenschaftlichen Zweig erfolgte in Klasse neun. Die Klassenbezeichnungen wurden jetzt aufsteigend von eins bis dreizehn gezählt und die freigewordene Bezeichnung »Realschule« auf die Mittelschulen übertragen (1964).

Tendenz des »Düsseldorfer Abkommens« war Vereinheitlichung; Reform im Sinne einer größeren Durchlässigkeit brachte erst das »Hamburger Abkommen«. Es eröffnete die Möglichkeit, die fünfte und sechste Klasse schulformübergreifend in einer Förderstufe zu organisieren und gymnasiale Aufbauzüge im Anschluß an die zehnte Klasse der Realschule einzurichten. Das Abkommen verzichtete darüber hinaus auf die Festlegung von Gymnasialtypen, was der Entwicklung neuer Formen Rechnung trug (technisches, musisches, Wirtschaftsgymnasium).

Hierin kam die Tendenz zu einer schwerpunktbezogenen Bildung zum Ausdruck, wie sie später auch die gymnasiale Oberstufe bestimmen sollte. Die Reform wurde vorbereitet durch den überparteilich zusammengesetzten »Deutschen Ausschuss für das Erziehungs- und Bildungswesen«, der auch eine neue Begabungs- und Hochschulreifediskussion in Gang setzte, nachdem Begabungsreserven in den unteren Schichten bis dahin angesichts tradierter Vorstellungen von erblich festgelegter Begabung noch geleugnet werden konnten.

Die amtlichen Vorgaben der folgenden Jahre waren bestimmt durch den Versuch, an einem durch europäische Traditionen vermittelten Mindestkanon festzuhalten und gleichzeitig ein Instrumentarium des Umgangs mit Wissen zu vermitteln. Statt festgelegter Fächer traten methodischer Zugänge in den Vordergrund, die zunächst an traditionelle Inhalte gebunden blieben. Diesen folgte bald eine Neuorientierung, etwa durch die Öffnung des Deutschunterrichts für die Gegenwartsliteratur sowie durch das Bestreben, im Zeichen des Ostwestkonflikts Orientierung im westeuropäischen Gedanken zu finden (M. Kraul).

Als die Bundesrepublik im internationalen Vergleich der Bildungssysteme dennoch schlechter abschnitt als ähnliche Länder, setzte ein erneutes Nachdenken bis hin zur Ankündigung eines »Bildungsnotstands« ein (Georg Picht, 1964), da angesichts der geburtenstarken Jahrgänge ein Lehrermangel befürchtet wurde. Diesem Szenario versuchte man durch eine Erhöhung der Studentenzahlen zu begegnen, zumal die Abiturientenquote der Bundesrepublik an letzter Stelle vergleichbarer OECD-Länder lag. Begleitend dazu wurde das Bürgerrecht auf Bildung als grundlegend für eine Demokratie herausgestellt. Auch die katholische Arbeitertochter aus ländlichem Gebiet, benachteiligt durch soziale Herkunft, Konfession, Infrastruktur und Geschlecht, sollte Bildungschancen wahrnehmen können (R. Dahrendorf). Besonders die Sozialdemokratie nahm sich des Themas an; etliche Institute der Bildungsforschung wurden gegründet und der Bund erhielt ein Mitbestimmungsrecht in der Bildungsplanung (1969). Leider wurde »Bildungsreform« vielfach vordergründig als Expansion von Abschlüssen verstanden, und ein bildungspolitischer Konsens war aufgrund parteipolitischer Polarisierungen zwischen SPD/FDP- und CDU-regierten Ländern nicht zu erreichen, wodurch die einzelnen Schulformen dort jeweils eine unterschiedliche Entwicklung nahmen. Das bildungspolitische Ziel einer Verdopplung der Abiturientenzahlen wirkte sich besonders bei den Mädchen aus: besuchten 1956 gut sieben Prozent der 16- bis 19jährigen Jungen und 1,6 Prozent der Mädchen die Oberstufe, so waren es 1975 bereits 17 bzw. 16 Prozent, wobei der Anteil der Arbeiterkinder stieg (M. Kraul).

Mit dem Ausbau der Lernforschung, die Begabung nicht mehr als nur erbanlagebedingt oder als Resultat von Lernleistungen definierte, erschien vielen die Gesamtschule als die den gesellschaftlichen Forderungen entsprechende Schulform. Die Bildungskommission des Deutschen Bildungsrats schlug daher mit einem Stufenschulsystem auch Gesamtschulversuche vor, und im fünften und sechsten Schuljahr sollten die Schüler in einer Orientierungsstufe grundsätzlich noch gemeinsam unterrichtet werden (1970). Die Bund-Länder-Kommission modifizierte diese Empfehlungen entscheidend, in dem sie es den Ländern überließ, ob sie die Orientierungsstufe schulformunabhängig gestalten (wie von der Bildungskommission empfohlen), oder bestehenden Schulformen angliedern wollten. Unterrichtsinhalte und Lernformen sollen in jedem Fall übereinstimmen, doch blieb fraglich, wie weit sich das realisieren ließ, wenn die Orientierungsstufen an Volksschule, Realschule oder Gymnasium gebunden sein konnten und dort vorwiegend von deren späterer Klientel besucht wurden. Damit blieb die Differenzierung schon am Anfang an die Schulform gebunden und die beabsichtigten Prinzipien der Durchlässigkeit und Integration, die die Zeit nach der Orientierungsstufe bestimmen sollten (z. B. als kooperative oder integrierte Gesamtschule) erfuhren eine erste Einschränkung. Darüber hinaus hätte die Zielsetzung prinzipiell gleicher Lernformen eine Aufhebung der Unterscheidung zwischen praktischer, berufsorientierter und wissenschaftspropädeutischer Bildung verlangt (M. Kraul).

Die Umsetzung der Empfehlungen des Bildungsrats wurde in den Bundesländern sehr unterschiedlich gehandhabt, im Hinblick auf die Gymnasien aber weit stärker in der Sekundarstufe II als in der Sekundarstufe I umgesetzt: »Allgemeinbildende und berufliche Bildungsgänge sollen miteinander verzahnt werden; wissenschaftsorientiertes Lernen [...] und Kenntnisse, die im späteren Leben die Voraussetzung für soziale Orientierungsfähigkeit, [...] Kritikvermögen und selbständiges Handeln, kurz für die Mündigkeit des erwachsenen Gesellschaftsmitgliedes« sind, sollten Lernziele und Curriculum prägen (Deutscher Bildungsrat, Empfehlungen der Bildungskommission, Strukturplan für das Bildungswesen, Stuttgart 1970, 26). Damit wurde der Kanon grundlegender Inhalte zur Vermittlung abendländischer Kultur von einem Pflicht- und Wahlbereich abgelöst, der den Anforderungen der Gesellschaft besser zu entsprechen schien und dem bildungspolitischen Bestreben entgegenkam, den einzelnen entsprechend seinen Fähigkeiten zu fördern.

Die 1972 von der Kultusministerkonferenz beschlossene Neugestaltung gliederte die gymnasiale Oberstufe im Verhältnis 2:1 in Pflicht- und Wahlbereich, womit eine Differenzierung nach Schultypen weitgehend aufgehoben war. Damit einher ging die Aufhebung des Klassenverbandes und des Jahrgangssystems zugunsten von Leistungs- und Grundkursen, und auch der Kanon verbindlicher Schulfächer und Unterrichtsinhalte wurde obsolet.

Obwohl das einige Band nun die Wissenschaftspropädeutik sein sollte, sahen die Hochschulen die allgemeine Studierfähigkeit nicht mehr gewährleistet, und die Kultusministerkonferenz reagierte mit Maßnahmen zur Sicherung einer gemeinsamen Grundbildung (1977): Die Aufgabenfelder Sport und Religion verloren ihre Eigenständigkeit, und von den anderen Aufgabenfeldern (sprachlich-literarisch-künstlerisch, gesellschaftswissenschaftlich, mathematisch-naturwissenschaftlich-technisch) mußte jedes im Abitur geprüft werden.

So konnte der Eindruck entstehen, daß, als die Abiturientenzahlen erhöht werden sollten, mit der Individualisierung des Curriculums unterschiedliche Begabungen als gleichwertig anerkannt und damit möglichst viele Schüler zur Reifeprüfung gebracht werden sollten, während angesichts der damit ausgelösten Überfüllung der Hochschulen wiederum Maßnahmen angestrebt wurden, das Abitur durch einen stärker festgelegten Pflichtstundenanteil zu erschweren: »Begabungstheorie und Gestaltung der gymnasialen Oberstufe lassen sich offensichtlich als Instrumente bildungspolitischer Steuerung benutzen«. (M. Kraul, 213)

Nach diesen Reformprozessen, die zeitweise Schulkämpfen glichen, zeigen die Gymnasien heute eine vielfältige Struktur, wobei die Kombination aus neusprachlichem und naturwissenschaftlichem Gymnasium die Regel darstellt. In manchen Bundesländern gibt es keine Unterscheidungen von Gymnasialtypen, in anderen kommt sie durch unterschiedliche Stundentafeln zum Ausdruck; in Bayern sind alt- und neusprachliches Gymnasium zum »Sprachlichen Gymnasium« zusammengefaßt. Sehr spezielle Profile haben europäisches Gymnasium (vier Fremdsprachen), musisches Gymnasium, Sportgymnasium, sozialwissenschaftliches Gymnasium und die beruflichen Gymnasien (technisches, ernährungswissenschaftliches, agrarwissenschaftliches, biotechnologisches und Wirtschaftsgymnasium). Mit Einführung des achtjährigen gymnasialen Ausbildungsgangs (»G8«) seit 2004 änderte sich in mehreren Bundesländern die Gliederung in Sekundarstufe I (jetzt Klasse fünf bis neun) und II (jetzt Klasse zehn bis zwölf), da bei G8 die zweite Fremdsprache bereits in der sechsten Klasse beginnt. Absolventen der letzten Klasse der Sekundarstufe I eines Gymnasiums erwerben in einigen Ländern die Mittlere Reife, in anderen muß dafür eine Externenprüfung an einer Realschule abgelegt werden.

Über den Besuch einer weiterführenden Schule entscheiden in den meisten Bundesländern die Eltern. Im Hinblick auf die Empfehlung der Grundschule, die nur selten verpflichtend gemacht wird, spricht die marxistische Kritik am Gymnasium (R. Jüngermann) gleichwohl von einer als Leistungsselektion getarnten sozialen Selektion, die Kindern aus bildungsfernen Familien den Zugang zu einer Bildung verwehre, die von derselben Kritik gleichzeitig als logozentrisch, lebensfern und vor allem in einem »gymnasialem Habitus« bestehend bezeichnet wird (und die, wenn dem so wäre, doch wohl kaum erstrebenswert sein dürfte). Wird das allgemeinbildende Gymnasium hier in seiner Bedeutung für die Verteilung von Lebenschancen nicht doch überschätzt? Sind nicht Karrieren über andere Wege oft weit erfolgreicher? Überdies ist zu beobachten, daß viele der durch die Bildungsexpansion der sechziger Jahre für das Gymnasium gewonnenen Kreise sich in Phasen, die Akademikern keinen privilegierten Zugang zum Arbeitsmarkt verheißen, ganz pragmatisch anderen Schulen zuwenden. Darüber hinaus besteht die Möglichkeit, die allgemeine Hochschulreife auch an den beruflichen Gymnasien zu erwerben, wo die allgemeinbildenden den berufsbildenden Fächern nur beigeordnet sind. Da der »Numerus clausus« aber unterschiedslos für alle Abiturienten gilt, ist hier inzwischen sogar von einer Chancenungleichheit zu Lasten der Absolventen allgemeinbildender Gymnasien die Rede, was auch von den Schülern so empfunden wird.

Ein Mehr an allgemeiner Chancengerechtigkeit ist weniger durch eine längere gemeinsame Schullaufbahn zu erreichen als auf dem Weg der Vorschulerziehung, da bei einer späten Einschulung familiär bedingte Entwicklungsunterschiede auch durch ein »Volksgymnasium« als Einheitsschule für alle (R. Jüngermann) kaum ausgeglichen werden könnten. Ohne eine verpflichtende, kompensatorische Vorschulerziehung bleiben Entwicklungsmöglichkeiten unausgeschöpft und der Schulerfolg zu sehr an die soziale Herkunft gebunden.

Literatur:
Fritz Blättner, Das Gymnasium. Aufgaben der höheren Schule in Geschichte und Gegenwart, Heidelberg 1960.
Torsten Gass-Bolm, Das Gymnasium 1945–1980. Bildungsreform und gesellschaftlicher Wandel in Westdeutschland, Göttingen 2005.
Karl-Ernst Jeismann, Das preußische Gymnasium in Staat und Gesellschaft. Die Entstehung des Gymnasiums als Schule des Staates und der Gebildeten 1787–1817, Stuttgart 1974.
Rolf Jüngermann, Zu der verheerenden Rolle des Gymnasiums im deutschen Schulwesen, in: Marxistische Blätter 44 (2006), H.6.
Margret Kraul, Das deutsche Gymnasium 1780–1980, Frankfurt am Main 1984.
Hans-Christof Kraus, Kultur, Bildung und Wissenschaft im 19. Jahrhundert, München 2008.
Eckart Liebau (Hg.), Das Gymnasium. Alltag, Reform, Geschichte, Theorie, Weinheim 1997.
Detlef K. Müller, Sozialstruktur und Schulsystem. Aspekte zum Strukturwandel des Schulwesens im 19. Jahrhundert, Göttingen 1977.
Karl Müller (Hg.), Gymnasiale Bildung. Texte zur Geschichte und Theorie seit Wilhelm von Humboldt, Heidelberg 1968.
Friedrich Paulsen, Geschichte des gelehrten Unterrichts auf den deutschen Schulen und Universitäten vom Ausgang des Mittelalters bis zur Gegenwart. Mit besonderer Rücksicht auf den klassischen Unterricht, 2 Bde., 3. erw. Aufl., hg. und mit einem Anhang fortgesetzt von Rudolf Lehmann, Berlin u. a. 1919/1921 (Neudruck 1960).
Hermann Röhrs (Hg.), Das Gymnasium in Geschichte und Gegenwart, Frankfurt am Main 1969.
Helga Romberg, Staat und höhere Schule. Ein Beitrag zur deutschen Bildungsverfassung vom Anfang des 19. Jahrhunderts bis zum Ersten Weltkrieg, Weinheim u. a. 1979.
Benno Schmoldt, Zur Geschichte des Gymnasiums. Ein Überblick. Grundwissen und Probleme zur Geschichte und Systematik des deutschen Gymnasiums in Vergangenheit und Gegenwart, Baltmannsweiler 1989.

4. Universität und Hochschule

Notker Hammerstein

Universitäten sind neben bzw. nach der katholischen Kirche die ältesten Institutionen Europas, die seit ihrem Beginn bis heute fortbestehen. Natürlich haben beide Reformen, Entwicklungen und Anpassungen an die jeweilige Zeit erlebt. Aber in ihrem Grundcharakter und in ihrer ursprünglichen Konzeption haben sie sich über die Jahrhunderte erhalten.

Die Universität entstand während des 12. Jahrhunderts in Westeuropa. Nicht ein offizieller Gründungsakt, sondern eine längere Entwicklung führte zu ihrer Entstehung. »Ex consuetudine«, wie gern gesagt wurde, also innerhalb einer längeren Entwicklung entstanden sie. Die beiden frühesten Universitäten – Bologna und Paris – wurden für alle späteren Gründungen Vor- und Leitbild. Auch Oxford ist in früher Zeit gegründet, hat aber nicht diesen europaweiten Einfluß als Gründungsmodell gehabt. Die frühen Universitäten bildeten sich aus bedeutenden Schulen in Bologna und Paris heraus. Die erweiterte Kenntnis über Aristoteles war einer der Gründe für das Bedürfnis nach vermehrter Unterweisung und geistiger Aneignung. Seine zum Teil nur bruchstückhaft überlieferten Werke wurden damals wie die Euklids oder Ptolemaios' in Spanien, wo die beiden Kulturen sich berührten, aus dem Arabischen ins Lateinische übersetzt. In anderer Weise förderte die Wiederbelebung des Römischen Rechts wie insgesamt die engere Berührung mit der Kultur der arabischen Welt in verschiedenen größeren Schulzentren des Abendlandes ein Verlangen nach geistiger Bildung und Ausbildung sowie nach gelehrter Diskussion. Kloster- und Stiftsschulen, die den Universitäten vorausgehen konnten, förderten auf ihre Weise diese Entwicklung. Und zugleich führten politische, soziale und religiöse Momente im 13. Jahrhundert zur Ausformung der ersten Universitäten.

Sie müssen als genuines Produkt des papstchristlichen Europas charakterisiert werden. Weder die Antike noch andere Kulturkreise organisierten ihre Wissenschaftsvermittlung und -pflege, ihre gelehrten Anstrengungen und Unterweisungen auf diese Weise. Es handelt sich also um ein entschieden christliches und europäisches Phänomen. Später, im 19. und 20. Jahrhundert wurde das auch in anderen Kontinenten nachgeahmt und ist heute überall auf der Welt anzutreffen.

Die Bezeichnung »universitas« meinte um 1300 eine Personengruppe, die sich freiwillig als Schwurgemeinschaft (»coniuratio«) zusammenschloß und ein eigenes Selbstverständnis pflegte bzw. einen bestimmten Zweck verfolgte und rechtlich dazu legitimiert war. Es gab eine ganze Anzahl solcher »universitates«. Die »universitas magistrorum et scholarium« – wie sie zuerst 1221 in Paris genannt wurde – und die in einer Stadt dem Studium oblag, hatte dementsprechend eigene Rechte, besser: Privilegien. Sie verfügte solcherart über die »libertas scholastica«, eine Art genossenschaftliche Autonomie. Aus ihr entstand später die Lehrfreiheit und Studienfreiheit. Als Zeichen ihrer Autonomie führten die Universitäten ein eigenes Siegel, und Zepter standen für ihr Privileg eigener Gerichtsbarkeit. Als Korporation war die Universität zudem berechtigt, sich eigene Statuten und Satzungen zu geben.

Für »universitas« wurde in der Frühzeit auch, insbesondere in den Orden, »studium generale«, im Unterschied zum »studium particulare« der Schulen, gesagt. Immer verstand man darunter den Zusammenschluß der an einem Ort wirkenden Lehrer und Schüler, die als privilegierte Korporation besondere Vorrechte genoß. Rechtlich gesichert wurden die Universitätsangehörigen erstmals 1155 bzw. 1158 durch die »Authentica Habita« Kaiser Friedrichs I. Barbarossa. Der erließ damals zugunsten der Bologneser Rechtsstudenten eine Verordnung, daß allen, die um der Lehre willen wandern, Studenten und vor allem Professoren der göttlichen und kirchlichen Gesetze, die nicht in der Heimat bleiben können, sondern wegen des Studiums in die Fremde ziehen müssen, Freizügigkeit garantiert wird. Sie erhielten einen eigenen Gerichtsstand und genossen alle Privilegien der Korporation. Sie wurden also kaiserlichem und päpstlichem Schutz unterstellt. Professoren und Studenten wurden damit in gewisser Weise dem Klerus rechtlich gleichgestellt. Alle Angehörigen einer Universität, und das waren alle, die in Immatrikulationsbüchern geführt wurden, genossen den Schutz ihrer Korporation. Nur in Fällen von Kapitalverbrechen konnten sie von den ordentlichen kirchlichen oder weltlichen Gerichten belangt werden. Ansonsten unterstanden sie ihrer Universität.

Die beiden ältesten Universitäten hatten anfänglich einen leicht unterschiedlichen institutionellen Aufbau. Bologna war zusammengewachsen aus privaten Juristenschulen, Paris hingegen aus geistlichen Schulen, insbesondere der Kathedralschule von Notre Dame. In Bologna gehörten die Professoren nicht eigentlich zur Universität. Sie war eine von den Studierenden unterhaltene Institution, eine »universitas scholarium«. Die stellten ihre Lehrer bis weit ins späte Mittelalter ein und bezahlten sie. Das funktionierte deshalb, weil diese Studenten der Jurisprudenz meist ältere Jugendliche, also selbständig waren. Paris war hingegen eine Magisterkorporation, die Führung der Universität oblag den Professoren/Magistern, insbesondere denen der sog. Artistenfakultät. In der studierten häufig recht jugendliche Knaben von 14/15 Jahren. Das waren in unseren Augen schlicht Schüler. Aber bis weit in die Neuzeit gab es eben keine Zulassungsvoraussetzungen außer der, lesen und ein wenig Latein zu können. Altersüberlegungen spielten kaum eine Rolle. Zugleich wurden die Studenten daher auch in Lebensgemeinschaften zusammengefaßt, in sog. Bursen oder Kollegienhäusern, wo sie von Magistern überwacht und angeleitet werden konnten. Diese waren unverheiratet, um Kosten zu sparen. In Oxbridge hielt sich diese zölibatäre Lebensweise der Lehrenden in einem College übrigens bis tief ins 19. Jahrhundert!

Aber zurück nach Paris. Dort bereitete die Artistenfakultät – ich erkläre alsbald diese Benennung – ihre meist recht jungen Besucher auf ein Studium der Theologie vor. Eine Zeitlang bestand die Absicht, Paris zu dem Ausbildungsort der Theologie für ganz Europa zu machen. Der Zulauf zur Sorbonne und dann zu den neuen Universitäten zwang dazu, diesen Plan aufzugeben. So konnten auch andernorts, an den neu entstehenden Universitäten, dank einer zunächst päpstlichen Privilegierung, theologische Fakultäten eingerichtet werden. Anfangs verfügte Bologna z. B. nicht über eine theologische Fakultät. In Paris wiederum fehlte eine juristische Fakultät. Da gab es nur Angebote in Kirchenrecht, dessen Kenntnis den akademischen Theologen unabdingbar war. Es handelte sich also um unterschiedliche Universitätsmodelle. Diese Unterschiede bezeichnet man als den eines »modus bolognensis« und »modus parisiensis«, wobei nicht zuletzt die Unterbringung der Studenten – in Kollegien oder wie in Bologna frei in der Stadt – eine wichtige Rolle spielte.

Von Beginn an bedurften Universitäten einer päpstlichen Privilegierung. Später kam auch eine kaiserliche Privilegierung hinzu oder trat an die Stelle der päpstlichen. Das ergab sich zwangsläufig bei allen evangelischen Universitäten nach der Reformation. Die Privilegien begründeten das Recht, akademische Grade zu verleihen. Nur Universitäten durften und konnten das – übrigens bis zum heutigen Tag. Der höchste Grad im Mittelalter und in der Frühen Neuzeit, der Doktorgrad – für Theologen auch Lizenziat –, wurde vor dem 19. Jahrhundert nicht von allzu vielen der Studierenden erstrebt. Aber einen Baccalaureat, einen Magistertitel erwarben Studierende schon häufiger, wenn es insgesamt auch für das Mittelalter und die Frühe Neuzeit nicht besonders wichtig war, die Universität mit einem Grad zu verlassen. Nachweisbares Studium, also der Besuch einer Universität, genügte häufig, um am Heimatwort oder auch in anderen Feldern Anstellungen als universitär Ausgebildeter zu erhalten.

Komplexe innere Strukturen kennzeichneten die Frühzeit Bolognas, Paris' und Oxfords. Auf Dauer setzte sich das Pariser Modell durch. Vollmitglieder dieser sich in vier Fakultäten gliedernden Universität waren alle Magister und Professoren, also alle Lehrenden. Durch päpstliches und kaiserliches Privileg war ihnen, wie erwähnt, das Recht zu graduieren gesichert, und jeder Graduierte, ob Magister oder Doktor, hatte seinerseits theoretisch das Recht, überall zu lehren, das ist das »ius ubique docendi«, also an allen Universitäten.

Die oberste Fakultät war die theologische. Danach rangierte die juristische Fakultät als feinste und sozial höchste vor der der Mediziner. Die unterste Fakultät war die sog. artistische. Hier wurden – und daher der Name – die »artes liberales« vermittelt, das Grundlagenwissen für alle höheren Studien. Also jeder, der Theologie, Jurisprudenz oder Medizin studieren wollte, hatte zuvor die »septem artes liberales« zu lernen, also die Fächer des sog. Triviums und des Quadriviums. »Artes liberales« hießen sie – die Bezeichnung stammt aus der Antike –, weil es sich um Künste, Kunstfertigkeiten eines freien Mannes handelte. Das Trivium umfaßte Grammatik (Latein), Rhetorik (die Kunst des richtigen Ausdrucks und des Redens) und Logik oder Dialektik (die Kunst klarer überzeugender Beweisführung). Im Quadrivium wurden die mathematisch naturwissenschaftlichen

Disziplinen vermittelt. Arithmetik, Geometrie, Astronomie und Musik – nicht als angewandte, praktische Tätigkeit des Musizierens, sondern als mathematische Erkenntnis himmlischer Spährenmusik, Harmonie und Ordnungen. (Vom Trivium stammt übrigens unser Begriff der Trivialschule als Veranstaltung für die einfachsten Voraussetzungen für weiteres Wissen.) Diese Einteilung spiegelte die Wertigkeit der Wissenschaften, die den gesamten Kosmos möglichen Wissens, wie er von den klassischen Autoritäten beschrieben worden war, in bisher unerreichter Vollständigkeit und Systematik wider. Gelehrte Tätigkeit, Wissenschaft wurde nicht, wie im 19. Jahrhundert, als Forschen, als Ergründen von noch nicht Bekanntem verstanden. Man war der Meinung, ein Studium habe das schon bestehende, in vielem aber nicht mehr gewußt Wissen zurückzuholen, es wieder bewußt zu machen und es weiterzureichen. Dieses Wissen war vor allen Dingen in den Grundbüchern präsent, die immer wieder zu Rate gezogen werden mußten. Das war zunächst die Bibel, dann das »Corpus iuris civilis« und der »corpus iuris cannonici« (das Kirchenrecht Gratians), die Schriften von Galen, Avicenna, Hippokrates für die Mediziner und für die »artes« Aristoteles, Cicero, Boethius, Johannes von Sacrobosco. Alle blieben bis ins späte 17. und 18. Jahrhundert die Autoritäten. In den Vorlesungen und Disputationen – Diskussionsübungen, könnte man sagen – wurden diese autoritativen Texte und ihre Inhalte vermittelt. Das Auswendiglernen wie auch das Diktieren spielte die entscheidende Rolle. Der europaweite Gebrauch des Lateinischen und die überall anerkannte Autorität der tradierten Texte garantierte die Ubiquität – die Allgegenwart – der Wissenschaften wie anfänglich auch die der Graduierungen.

Der enorme Erfolg der frühen Universitäten ließ die Vertreter des entstehenden modernen Staates, um das so modern zu formulieren, auf die bedeutende Rolle, die Erfolge von Ausbildung an Universitäten aufmerksam machen. Weltliche und kirchliche Fürsten, Städte und Territorien suchten sich dieser Institutionen bedienen zu können, sie für ihre eigenen Zwecke fruchtbar werden zu lassen. So entstand ab dem 14. Jahrhundert europaweit eine Fülle von Universitäten.

Die älteste deutsche Universität wurde von Karl IV. in Prag zur Mehrung seines kaiserlich-dynastischen Anspruchs 1348 gegründet. Die Habsburger folgten alsbald, nämlich 1365, mit der Inauguration Wiens. Danach kam Heidelberg 1386, Köln, in diesem Fall eine städtische Gründung auf Grund von Ordensstudium in der Stadt, 1388, Erfurt 1379, Leipzig 1409, Rostock 1419 und Leuven 1425. Um 1500 gab es etwa 60 Universitäten in Europa. Nach der Reformation bis ca. 1650 kamen weitere 67 katholische und 31 evangelische hinzu. Nicht zuletzt in Deutschland, also im Heiligen Römischen Reich Deutscher Nation, bestand eine hohe Dichte von Universitäten. Sie waren und blieben hier die führenden Orte geistiger, wissenschaftlicher Tätigkeit und intellektueller Selbstvergewisserung.

Im allgemeinen verfügte eine Universität bis ins 18. Jahrhundert über zwei bis vier Professoren der Theologie, drei bis fünf Juristen, zwei Mediziner – ein Theoretiker und ein Praktiker. Nur die Artisten, die spätere philosophische Fakultät, besaß anfangs viel mehr Dozenten, da alle Magister verpflichtet und berechtigt waren, wenigstens zwei Jahre zu lehren. Das konnten 20 sein, was nach der Reformation auf circa zehn festbesoldete Professoren zurückging.

Nicht alle Universitäten waren von Anfang an sog. Volluniversitäten, die über alle vier Fakultäten und damit das gesamte Spektrum der Wissenschaften verfügten. Begreiflicherweise strebten aber alle Neugründungen danach, möglichst vollständig zu sein. An der Spitze jeder Fakultät stand ein Dekan, an der der Universität der Rektor, der die Universität nach außen vertrat und nach innen die richterliche Gewalt wahrnahm. In der Frühzeit unterstand die Universität darüber hinaus kirchlicher Aufsicht, im allgemeinen dem zuständigen Bischof als Kanzler. Als Personenverband verfügte die Universität zunächst über kein Grundeigentum. Lehrveranstaltungen fanden in den Privathäusern von Professoren und in kirchlichen Gebäuden statt. Ökonomisch galten Universitäten als autark. Anfänglich hatten die Dozierenden meist Pfründen inne, und sie waren von der Residenzpflicht befreit, so daß sie fern des eigentlichen Orts ihrer Pfründe einem Studium nachgehen konnten.

Die scholastische Lehrmethode, bestimmend im Mittelalter, wurde durch den Humanismus in ihren Bildungsinhalten und als Methode verändert. Wenn Humanisten auch erst allmählich in den Universitäten Eingang fanden und auch kein eigenes Wissenschaftssystem vertraten, so hatten ihre zunächst in Italien formulierten Vorstellungen doch eine außerordentliche Wirkung auf die Universitäten. Ihre Vorstellung, daß richtiger Gebrauch der Sprache bessere

Erkenntnisse und vermehrte Gesittung erreiche und die Wissenschaften näher an die Praxis heranführe, machte da Schule. Die bislang viel benutzten Kommentare lehnten Sie ab und führten wieder zu den ursprünglichen Quellen, den Originalen zurück. Das konnte – um nur ein Beispiel zu nennen – dazu führen, daß auch die Bibel wieder in ihrer ursprünglichen Sprache und Gestalt herzustellen gesucht wurde, was den Ruhm eines Erasmus ausmachte. Das wiederum erlaubte dann Martin Luther, eine neue, zuverlässige Bibelübersetzung ins Deutsche zu erstellen, was vorab zwar seiner großen Sprachkraft zu danken war, aber ohne diese Vorarbeit nicht so sich hätte entwickeln können. »Ad fontes«, dieser scheinbare Schlachtruf der Humanisten, führte zu einem neuen Umgang mit der wissenschaftlichen Überlieferung und ihren Texten. Das betraf vor allem die theologische und die artistische Fakultät. Sie handelten ja von geistigen Traditionen, dem allgemeinen Welt- und Menschenbild, den göttlichen und menschlichen Dingen. Sie suchten und gaben Antworten auf die sog. »letzten Dinge«. Daß diese neuen humanistischen Ideen sich so rasch über Europa ausbreiteten, lag daran, daß Italien seit dem späten 15. Jahrhundert zunehmend Anziehungsort für karrierebewußte Studenten geworden war. Wie früher schon Bologna, so galten insgesamt auch die weiteren inzwischen entstandenen italienischen Universitäten als besonders gelehrt und gut. Eine »peregrinatio academica«, eine gelehrte Reise also, empfahl sich daher für aufstiegswillige Studenten, insbesondere solchen der Jurisprudenz und der Medizin. Dort in Italien erlebten sie nicht nur die neue großartige Welt der Renaissance, sondern lernten auch die humanistischen Vorstellungen und Ideen kennen. Deren innerweltlich ästhetischer Reiz sollte ihnen auch in der Heimat nicht verlorengehen. So bemühten sie sich, nicht zuletzt als Professoren an einer Universität, diese Errungenschaften auch dort heimisch werden zu lassen. Da sie alle über die notwendigen Vorkenntnisse der »artes« verfügten, war das auch für Juristen, Mediziner oder Theologen kein Problem. Die von den Humanisten propagierten Methoden und Inhalte veränderten insoweit das bisherige Curriculum. Der Fächerkanon der Artistenfakultät wurde um Poesie, Moralphilosophie und Geschichte erweitert. Insgesamt wurde das Studium der antiken und frühchristlichen Autoren gefördert und trat an die Stelle der alten Lehrbücher. Die als untergegangen verstandene Antike galt als unübertreffliches und wiederzubelebendes Ideal. Die Antike habe, so war die Meinung, nicht zu überbietendes Wissen und Erkenntnisse gehabt, die es in ihrer ursprünglichen Form wiederzugewinnen gelte. Entschiedener noch als im Mittelalter, das diese Text ja ebenfalls gekannt hatte, sie aber als Teil sozusagen der eigenen Tradition ansah, wurde nunmehr die Antike als zunächst Fremdes als die eigentliche und reinste Inkarnation menschlichen und göttlichen Wissens verstanden. Diese Vorstellung bestimmte für die nächsten Jahrhunderte das Verständnis aller Gebildeten nachhaltig mit.

Die Reformation überlagerte diese Auffassung von den Wissenschaften und ihren Aufgaben. Sie bedeutete für viele Universitäten, gerade im Reich, einen tiefen Einschnitt. Es kam zu einer Krise der traditionellen Bildung, die sich auch als Frequenzeinbruch an den Universitäten manifestierte. Zunächst meinte Luther, auf Universitäten, Studium und gelehrtes Wissen, das sich insbesondere an Aristoteles orientiere, verzichten zu können. Das sei glaubensverhindernd. Luther lehnte überhaupt dieses optimistische, weltzugewandte, ethisch-ästhetische Verständnis ab.

Die aufbrechenden Unruhen und die allgemeine zeitgenössische Unsicherheit insgesamt belehrten Luther jedoch eines Besseren, nicht zuletzt auch, weil sein Mitstreiter Philipp Melanchthon, der »Praeceptor Germaniae«, ein überzeugter Anhänger von Universität und Ausbildung war. So bekehrte sich auch Luther wieder zur Notwendigkeit von Schulen und Universitäten. Sie seien für ein Gemeinwesen das Beste, was man haben könne, um feine, gelehrte, vernünftige, ehrbare und wohlerzogene Bürger zu haben, wie er schrieb. Gleichsam topisch wurde auf die Unumgänglichkeit der hohen Schulen aufmerksam gemacht, die gerne auch als »seminaria republicae et ecclesiae« apostrophiert wurden.

Vor allem Melanchthon schuf eine moderne evangelische, einheitliche Schul- und Universitätslandschaft im Reich. Unter Bewahrung der früheren Organisationsformen wurde eine stark an humanistische Vorstellungen angelehnte Methode allgemeinverbindlich. »Sapiens et eloquens pietas« stand nach einer Definition Johannes Sturms, des Straßburger Reformators, als Leitidee, Ziel und Aufgabe über allen Studien. Die neuen reformatorischen Ansätze entwickelten die neuen humanistischen Errungenschaften zu einem brauchbaren und dauerhaften Lehr- und Wissenschaftsmodell fort. Indem die Reformation sich im Reich mit den Territorien ver band, also die Fürsten darüber entschieden, wie die Konfession sei – das berühmte eius regio, cuius religio –, verstärkte sich die Tendenz, Bildung neben rechtlicher und gesetzmäßiger Verwaltung als zentrale obrigkeitliche Aufgabe zu begreifen. Dem schloß sich alsbald auch das katholische Reich an, das ja zunächst stark dezimiert worden war. Hier wurde es insbesondere das Ausbildungssystem der Jesuiten, der schärfsten Gegner aller Neugläubigen, das vergleichbare Ausbildungsvorstellungen entwickelte. Nachdem die Reformation die bislang in der Theorie bestehende Einheit der Christenheit aufgebrochen hatte, gab es nunmehr verschiedene Konfessionen. Neben den Katholiken, die ja erst ab da so genannt werden konnten, gab es die Lutheraner der verschiedensten Richtungen und alsbald auch die Reformierten oder Calvinisten. Gerade auf neugläubiger Seite gab es eine Fülle unterschiedlicher, zum Teil sich ausschließender Glaubensvorstellungen, was häufig dazu führte, daß die Gegnerschaft unter den Neugläubigen den Beteiligten wichtiger war als die gegen Papsttum und katholische Kirche, gegen die sie sich ja grundsätzlich richteten. Diese Vielgestaltigkeit zwang Landesherren und ihre Theologen, Bildungsanstalten einzurichten, um den jeweils als richtig postulierten Glaubensinhalt auch gelehrt abzusichern. Das galt für alle Konfessionen.

So hat auch die katholische Kirche es darauf anlegen müssen, eine neue, bessere Priesterausbildung, neben der anderer Akademiker, zu fördern. Während des Konzils in Trient wurde das beschlossen. Da wurde 1563 das berühmte sog. Seminardekret erlassen, das den Grundstein für eine Sanierung des Bildungswesens legte. Es kam den Universitäten nur indirekt zugute, denn es machte den Bischöfen zur Pflicht, in ihrer Residenzstadt ein Kolleg zur Priesterausbildung, also ein Priesterseminar zu errichten. Dennoch konnten auch die katholisch gebliebenen oder neu entstehenden katholischen Universitäten ihre theologischen Fakultäten beibehalten. Sie waren dann für die Zukunft die oft wichtigeren, was wissenschaftliche Fortbildung und geistige Auseinandersetzung mit Glaubensfragen anlangte.

Wie schon erwähnt, wurde der Jesuitenorden der eigentliche Ausbildungs- und Erziehungsorden des katholisch gebliebenen Teils Europas. Nicht nur im Reich, auch in Spanien, in Italien, in Portugal und in Polen übernahmen die »Patres« der Societas Jesu diese Aufgaben. Sie lehrten in der artistischen und der theologischen Fakultät. Jurisprudenz und Medizin zu lehren, war ihnen vom Ordensgründer, dem heiligen Ignatius, untersagt worden. Wichtig war es, daß durch die vorgegebene Einheitlichkeit des Ordens, seinem Zentralismus, der von einem General in Rom gelenkt wurde, auch ein über ganz Europa einheitlich gültiges Ausbildungsprogramm entstand und durchgesetzt wurde. Es kam dann sogar zu eigenen jesuitischen Universitätsgründungen, zu sog. Jesuitenuniversitäten. Sie bestanden dann nur aus der artistischen und der theologischen Fakultät und waren dazu gedacht, wie insgesamt die jesuitische Ausbildung, für den Ordensnachwuchs geeignete Kandidaten heranzuziehen. All dies war verbindlich in einer sog. »ratio studiorum« verankert worden, die 1599 ihre endgültige Form erhielt. Bis zur Auflösung des Ordens 1772 war diese »ratio« bestimmend, was, um dies vorweg schon einmal zu erwähnen, im Zeitalter der Aufklärung dazu führte, daß dieser brillante Erziehungsorden dann als rückständig und wenig beweglich angesehen wurde.

Die im Laufe des späten 16. Jahrhunderts wachsenden Spannungen zwischen den Konfessionen führten insbesondere auf Reichsboden zu einer lebhaften offenen Diskussion theologischer und gelehrter Fragen. Hier nahmen die theologischen Fakultäten weiterhin intensiv an den geistigen Auseinandersetzungen, Theoriebildungen und Methodendiskussionen teil. Auch bestand trotz aller konfessioneller und territorialstaatlicher Abgrenzung die »peregrinatio academica« weiterhin fort. Insbesondere für Anwärter auf hohe Staats- und Kirchenämter blieb eine solche Bildungsreise an führende Universitäten im Reich und im Ausland nahezu obligatorisch. Eine Graduierung in Italien oder Frankreich, später der Besuch niederländischer Universitäten, galt bis ins frühe 18. Jahrhundert als Auszeichnung. Die Konfessionszugehörigkeit der besuchten Anstalten hatte dabei wenig Bedeutung. Natürlich galt dies nicht für Theologen, aber für Juristen, Mediziner und auch Magister der Artes galt dies weiterhin. Dieser recht offene Geist ermöglichte es, daß trotz konfessioneller Grenzen nach wie vor der Besuch von Höfen, der von Universitäten und die Begegnung der Gelehrten im europäischen Rahmen in relativ freier Weise stattfinden konnte. Insofern gab es damals eine europaweite »respublica litteraria«, die über die Konfessionsgrenzen hinweg sozusagen humanistische Verhaltensweisen, eine gemeinsame gelehrte – z. T. gar höfische – Kultur aufrechtzuerhalten wußte.

Die Religionskriege ab dem späten 16. Jahrhundert, im Heiligen Römischen Reich dann der Dreißigjährige Krieg, zeigten, daß die bislang konfessionell stark geprägte Wissenschaft die anstehenden Probleme nicht lösen konnte. Die Theologen wußten keinen Weg aus der scheinbar ausweglosen Kampfsituation. Da waren andere Vorstellungen und Wissenschaften gefragt. Bedeutsam wurden da insbesondere der in den Niederlanden sich ausbildende Neustoizismus, der auf Justus Lipsius zurückging, das neue Natur- und Völkerrecht, wie es Hugo Grotius oder Samuel Pufendorf entwickelten, sowie eine moderne »philosophia practica«. Nach den dort entwickelten, rationalistischen Prinzipien folgenden Vorstellungen reorganisierten sich Universitäten. Juristen, vorab also die juristischen Fakultäten, boten die geeigneten Lösungsmöglichkeiten für die anstehenden zwischenstaatlichen, aber auch innerstaatlichen Probleme. Das war nicht an allen Universitäten in Europa der Fall. Aber, diese neue Lehren führten zu einer stärker innerweltlich orientierten Wissenschaftsauffassung, die in der Aufklärung noch weiter entwickelt wurde.

Literatur:
Peter Baumgart, Notker Hammerstein (Hgg.), Beiträge zu Problemen deutscher Universitätsgründungen der frühen Neuzeit (Wolfenbütteler Forschungen, 4), Wiesbaden 1978.
Heinrich Denifle, Die Entstehung der Universitäten des Mittelalters bis 1400, Berlin 1885.
Georg Kaufmann, Geschichte der deutschen Universitäten, 2 Bde., Graz 1958.
Friedrich Paulsen, Die deutschen Universitäten und das Universitätsstudium, Berlin 1902.
Friedrich Paulsen, Geschichte des gelehrten Unterrichts auf den deutschen Schulen und Universitäten vom Ausgang des Mittelalters bis zur Gegenwart, 2 Bde., Leipzig u. a. 1919–1921.
Hastings Rashdall, F.M. Powicke, A.B. Emden (Hgg.), The Universities of Europe in the Middle Ages. A new edition, 3 Bde., Oxford 1936.
Walter Rüegg (Hg.), Geschichte der Universität in Europa, 4 Bde., München 1993–2010.

5. Funkkolleg

August Nitschke

Das Funkkolleg bot Kollegstunden. In diesen sprachen Professoren und Dozenten zu Themen einer Wissenschaft. Sie konnten auch über eine Wissenschaft sprechen, über Linguistik etwa oder über Musikgeschichte. Sie taten es im Hörfunk – und nicht im Hörsaal einer Universität. Dieses Funkkolleg diente nur der wissenschaftlichen Weiterbildung und setzte somit ein Studium des angebotenen Faches voraus oder zumindest einige selbsterworbene Kenntnisse in diesem Fach. Es hatte allerdings einen sehr kurzen Bestand. Es wurde in Deutschland 1966 ins Leben gerufen und endete 1998. Selbst wenn 722.442 Studierende bereit waren, für die Studienbegleitbriefe, die zum Funkkolleg gehörten, zu zahlen, und wenn immerhin 156.665 Teilnehmer sich an Prüfungen beteiligten, um ein Zertifikat zu erhalten, fragt sich doch: Vermittelte das Funkkolleg den Studierenden nicht genauso viel – und genauso wenig – Bildung wie die Universität, die in einem eigenen Abschnitt bereits behandelt wurde? Lohnt es, eigens über die Kurse des Funkkollegs zu sprechen?

Ich denke: Es lohnt. Das Funkkolleg vermittelte etwas anderes. – Auch unterschied sich das Funkkolleg bereits durch die Organisationsform von der Universität: Es dehnte den Kreis der Studierenden aus, es nutzte für die Lehre zuvor nicht bestehende Möglichkeiten, es veränderte die Reaktionen der Lehrenden, es veränderte die Arbeitsweise der Studierenden. Brachte es, können wir dann fragen, ein neues Verständnis von Bildung?

Der Kreis der Studierenden: Der Kreis der Teilnehmer war je nach dem Thema eines angekündigten Kollegs unterschiedlich. Bei »Recht« und bei »Technik« waren mehr als zwei Drittel der Teilnehmer Männer. Umgekehrt war es bei dem Thema »Altern«. Auch bei dem Thema »Moderne Kunst« hatten sich mehr Frauen als Männer eingeschrieben. Bei den pädagogischen Themen war – bei leichtem Übergewicht der Männer – die Beteiligung fast gleich. Diese Schwankungen hängen auch mit den Berufen zusammen. Bei Themen, die in der Schule unterrichtet wurden, stellten Lehrerinnen und Lehrer nicht ganz ein Drittel und die sonstigen Berufstätigen sogar mehr als ein Drittel der eingeschriebenen Teilnehmer. Für das letzte Drittel gilt: Schüler und Schülerinnen sind schwach vertreten – etwas über ein Prozent –, Studenten der Universitäten auch nur mit etwa zehn Prozent, Ruheständler mit sieben Prozent. Den größten Teil in diesem letzten Drittel stellten die Hausfrauen – bei der »Literarischen Moderne« mit über elf Prozent. Da die Lehrer auch zu den Berufstätigen gehören, läßt sich somit sagen: Wenn die Funkkollegkurse eine eigene Bildung geboten haben sollten, dann interessierten sich für diese in erster Linie die Berufstätigen, die zwei Drittel der Teilnehmer ausmachten. Ihnen folgten die Hausfrauen, deren Arbeit, wenn sie Kinder aufzogen, damals auch eine tagesausfüllende »Berufstätigkeit« war. Schon dies unterscheidet die Funkkollegs sehr von den Institutionen, die wie die Universitäten gleichzeitig der Berufsausbildung dienten oder die, ohne jede Prüfung, zur Belebung der Freizeit beitrugen.

Zuvor nicht bestehende Möglichkeiten in der Lehre: Als das Funkkolleg begann, dominierte in vielen Fächern der Universität noch der alte Vorlesungsstil. (Dieser ist heute übrigens bei dem von vielen Älteren geschätzten Seniorenstudium immer noch selbstverständlich.) Die Hörer konnten zuhören, wenn sie ihrem Gedächtnis trauten, oder mitschreiben, wenn sie fürchteten, das Gebotene zu vergessen. Schwierigere Zusammenhänge wurden, da nur einmal vorgetragen, nicht verstanden oder bald vergessen. Das Funkkolleg hingegen basierte auf dem Hörfunk. Dieser konnte eine Stunde mehrfach anbieten, und das Angebotene konnte der Studierende als Kassette nutzen und somit sich erneut – auch die bisher nicht verstandenen Teile – vergegenwärtigen. Da die Vorlesungen eines Funkkollegs zuvor geschrieben und aufgezeichnet wurden, konnte eine eigene Institution mit dem Funkkolleg verbunden werden: das DIFF, das Deutsche Institut für Fernstudien an der Universität Tübingen. Dieses stellte zu dem ihm bereits bekannten Texten der Kollegstunden Studienbegleitbriefe her, die den Teilnehmern vor den Stunden zugeschickt wurden. So erhielten diese vorweg Informationen und Ergänzungen zu einer Vorlesung und erfuhren, welche wissenschaftliche Literatur zu lesen war, konnten beim Zuhören sich Antworten zu den ihnen im Studienbrief gestellten Aufgaben überlegen, die ihnen eine Selbstkontrolle ermöglichen, und wußten, daß im nächsten Brief Platz für Fragen und Kritik da sein würde. Einige dieser Studienbegleitbriefe sind später gesondert als Bücher veröffentlicht worden. Das Funkkolleg bot somit eine auf Mitarbeit ausgerichtete Methode. Diese Mitarbeit wurde durch die Diskussionen in den Begleitkursen der Volkshochschulen gefördert.

Diese miteinander kombinierten Möglichkeiten des Lernens gingen weit über das hinaus, was Universitäten zur Verfügung stellten. Erst die Fernuniversitäten – seit 1975/76 in Hagen – übernahmen diese. Wenn der Stoff eine Bildung vermittelte, dann zwang diese Bildung dazu, sich mit allen Sinnen auf das Dargebotene einzulassen.

Veränderung der Reaktionen der Lehrenden: Für die Vorbereitung der Vorlesungsstunden war eine sich aus etwa fünf Personen zusammensetzende, wissenschaftliche Leitung vorgesehen. Diese tagte zusammen mit dem verantwortlichen Redakteur des jeweils zuständigen Senders und mit dessen Mitarbeiter vor Beginn und während eines Funkkollegs in regelmäßigen Abständen. Bei diesen Tagungen waren der Leiter des DIFF so wie die Damen und Herren, die die zu sendenden Kollegstunden bearbeitet hatten, mit anwesend. Gemeinsam wurden dabei alle Vorlesungsstunden, die von den Professoren und Dozenten als Manuskript einzureichen waren, unter drei Gesichtspunkten besprochen: Wissenschaftliche Qualität (zuständig war die wissenschaftliche Leitung), rhetorisches und didaktisches Geschick bei der Sendestunde (zuständig waren die Vertreter des Senders) und die Didaktik des Studienbegleitbrief (zuständig waren die Mitarbeiter des DIFF). Da die Mitglieder der wissenschaftlichen Leitung mindestens eine Stunde selber halten mußten und entsprechend mindestens einen Studienbegleitbrief geschrieben hatten, wurden sie wie die übrigen Autoren kritisiert – von den anderen Mitgliedern der wissenschaftlichen Leitung und von den meist viel jüngeren Mitarbeitern des DIFF. (Es gab Manuskripte, die abgelehnt wurden.) Dies konnte nur gutgehen, wenn der verantwortliche Redakteur des Senders, unterstützt vom Leiter des wissenschaftlichen Ausschusses, eine Atmosphäre des Vertrauens schuf. Dies war um so nötiger, als der Rundfunksender oft Wert darauf legte, Vertreter unterschiedlicher Fragestellungen in dem wissenschaftlichen Ausschuß zusammenzubringen. So hatte zum Beispiel das Funkkolleg »Geschichte« einen Vorsitzenden, der sich dafür einsetzte, den Ablauf der deutschen Geschichte vollständig vorzutragen und dabei auf die sich wandelnden Strukturen zu achten. Ein anderes Mitglied war daran interessiert, die verschiedenen nichtmarxistischen und marxistischen Methoden der Geschichtsschreibung dazustellen. Ein dritter wollte elementare Situationen, in die alle Menschen bei Geburt oder Tod oder als Mann oder als Frau versetzt wurden, zum Aufbau einer Historischen Anthropologie nutzen, die auch nichteuropäische Kulturen einbezog. Diese drei Vertreter so verschiedenartiger Fragestellungen mußten sich gegenseitig Raum lassen und die eigenen Wünsche mit denen der anderen koordinieren. Das führte nicht nur dazu, daß jeder die eigenen Fragestellungen sorgfältiger begründete, sondern weckte darüber hinaus eine neue und auf den Universitäten unübliche Aufmerksamkeit für die Fragestellungen der anderen Wissenschaftler des eigenen Faches. (Dabei war es noch verhältnismäßig leicht möglich, die Kritik eines Vertreters des eigenen Faches im Gespräch bei einem Treffen der wissenschaftlichen Leitung zu akzeptieren. Die Wissenschaftler eines Funkkollegs, die nicht dieser Gruppe angehörten und schriftlich kritisiert wurden, reagierten gelegentlich empfindlich.)

Die meisten Befürworter der »Bildung« weisen darauf hin, daß die »Bildung« den Horizont erweitere, so Wilhelm von Humboldt in seiner »Theorie der Bildung des Menschen«. Die Wissenschaftler, die ein Funkkolleg vorbereiteten, machten die gegenteilige Erfahrung: Sie lernten, wie eingeschränkt ihr eigener Horizont war. Sie erfuhren zudem, etwa wenn sie als Kunsthistoriker mit Mathematikern oder Volkswirten zusammenzuarbeiten hatten, daß ihre Kenntnisse zu gering und ihre intellektuellen Fähigkeiten zu begrenzt waren. Durch das Mitvollziehen der Gedankengänge des anderen vergrößerten sie den Horizont ihres bisherigen Fragens. Ihnen wurde klar, daß sie die anderen benötigten.

Die Folgen der veränderten Arbeitsweise: Wer in den nicht naturwissenschaftlichen Fächern regelmäßig Studenten zu prüfen hatte, beobachtete in Deutschland oft, daß die Antworten der Studenten keineswegs das in den Vorlesungen Vorgetragene wiedergaben, sondern dasjenige, was die Studenten bei der Examensvorbereitung in einem Handbuch gelesen hatten. Dabei hatten die Examenskandidaten dann oft nicht gemerkt, daß ihr Prüfer die Erklärungen des Handbuchs in seiner Vorlesung ausführlich als überholt und unzutreffend dargestellt hatte. – Im Beruf stehende Erwachsene befinden sich in einer ähnlichen Situation. Sie haben im allgemeinen bei den Gebieten, für die sie sich so interessieren, daß sie an einem Funkkolleg teilnehmen, einen Maßstab, mit dessen Hilfe sie die Fakten einordnen und beurteilen – etwa wenn von verschiedenen medizinischen Therapieformen, von nicht parlamentarischen Verfassungen, von Strafformen in einem religiös begründeten Recht, von der Bedeutung der sog. »europäischen Werte« die Rede ist. Sie lassen sich ihren Maßstab meist gern durch neue Fakten bestätigen, sind jedoch selten bereit, ihn aufzugeben. Warum sollten sie es auch? Der Maßstab hat sich ja mit ihrer Lebenserfahrung im Verlauf mehrerer Jahrzehnte verbunden.

Auch wer nicht alles in Frage stellen will, kann doch beobachten: Diese Handbuchorientierung der Universitätsstudenten und diese Festgelegtheiten der »Erwachsenen« erschwerten oft – und dies im Zeitalter einer sog. globalen Gesellschaft – den Umgang mit Menschen anderer Kulturen oder machten ihn fast unmöglich. Wer Interesse daran besaß, die eigene Position und die mit dieser verbundenen Maßstäbe in Frage zu stellen, dem konnte die beharrliche, zu selbständiger forschender Arbeit anhaltende und immer eine Kommunikationsbereitschaft fordernde Vorgehensweise eines Funkkollegs von Nutzen sein und hilfreich werden. Hier wird eine Bildung sichtbar, die nicht will, daß das bereits Erworbene nur erweitert und für alle Menschen verbindlich gemacht werden soll.

Veränderte das Funkkolleg das Verständnis von Bildung? Eine überraschend große Zahl von Berufstätigen, von Männern und Frauen, haben sich als Teilnehmer eines Funkkollegs auf ein Unternehmen eingelassen, das Zeit, Geld und während eines ganzen Jahres Arbeit von ihnen forderte. Was wurde angeboten? Eine Bildung? Sehen wir uns zunächst die Inhalte an: Die Themen wurden von den einzelnen am Funkkolleg beteiligten Sendern vorgeschlagen. Die verantwortlichen Redakteure hatten zuvor mit denjenigen Professoren der Universitäten gesprochen, die sie als Vorsitzende einer wissenschaftlichen Leitung gewinnen wollten. Dabei gingen die Anregungen fast ausnahmslos von diesen Redakteuren aus. Sie, die es gewohnt waren, mit Menschen umzugehen und auch auf seismographische Sensibilitäten bei Wissenschaftlern zu achten, machten die Professoren auf neue Fragestellungen und Zusammenhänge aufmerksam. Unter ihnen waren so erstaunliche Gestalten wie der stets zu neuen Wagnissen bereite Reinfried Hörl vom Süddeutschen Rundfunk.

Was schlugen diese Damen und Herren als Themen vor? Die Themen der Funkkollegs lassen sich gliedern. Die ersten einsemestrigen Kollegs wollten dem Verständnis der modernen Gesellschaft dienen. Diese Funkkollegs hatten folgende Überschriften: Wissenschaft und Gesellschaft, Volkswirtschaftslehre, Politikwissenschaft, Rechtswissenschaft, Neuere Geschichte, Soziologie. – Bei den späteren zweisemestrigen Kollegs lassen sich drei Gruppen unterscheiden. Die erste Gruppe beschäftigte sich ebenfalls mit der modernen Gesellschaft: Volkswirtschaftslehre, Sozialer Wandel, Geschichte, Mensch und Umwelt, Recht, Politik, Jahrhundertwende (Entstehung der modernen Gesellschaft 1880–1930), Medien und Kommunikation (Konstruktionen von Wirklichkeit), Steuern, Deutschland im Umbruch. – Die zweite Gruppe befaßte sich mit Religion, Erziehung und Kunst. Dazu gehörten: Literatur, Musik, Praktische Philosophie/Ethik, Religion, Kunst, Musikgeschichte (Europäische Musik vom 12. bis 20. Jahrhundert), Moderne Kunst, Literarische Moderne (Europäische Literatur im 19. und 20. Jahrhundert). Eine dritte Gruppe galt der Pädagogik und Psychologie: Erziehungswissenschaft, Pädagogische Psychologie, Beratung in der Erziehung. Eine vierte Gruppe wandte sich naturwissenschaftsnahen Fächer zu. Die Themen waren: Mathematik, Sprache (eine Einführung in die moderne Linguistik), Biologie (Systeme des Lebendigen), Umwelt und Gesundheit (Aspekte einer sozialen Medizin), Mensch und Umwelt, Psychobiologie (Verhalten bei Mensch und Tier), Humanökologie (Weltbevölkerung, Ernährung, Umwelt), Der Mensch (Anthropologie heute), Technik (Einschätzen, Beurteilen, Bewerten), Steuern, das Geld der Gesellschaft und das Thema »Altern«. – Auch diese hinzugenommenen Themen kreisen um die heutige Gesellschaft: um das Verhalten in ihr, um neue Zugänge zu deren Verständnis und um das, was das Moderne dieser Gesellschaft ausmacht. Selbst Philosophie, Musik, Kunst und Literatur vermittelten keine Bildung im Sinne des 19. und frühen 20. Jahrhunderts. Diese Fächer konzentrierten sich, mit dem Interesse an praktischer Philosophie und an Funktionen in der Kunst, an der Gesellschaft. Es fehlten die klassischen Naturwissenschaften »Physik« und »Chemie«, aber auch die früher zur allgemeinen Bildung gehörenden Wissenschaften der griechischen und römischen Antike und weite Teile der sogenannten klassischen Literatur der Neuzeit. Nicht behandelt wurden zudem die großen Kulturen außerhalb Europas: in Indien, in China, im Vorderen Orient, in Afrika, in Mexiko und Peru.

So wird erkennbar, was die Berufstätigen als Studierende im Funkkolleg suchten: die Realitäten ihrer Gegenwart, die sie dazu zwangen, sich mit allen Sinnen auf ihre Gesellschaft auszurichten, Unbekanntes, auf das sie sich heute und morgen einstellen mußten, und die Auseinandersetzung mit noch fremden Fragestellungen und Vorgehensweisen. So kamen zum Funkkolleg die Frauen und Männer, für die Bildung nicht hieß, sich in Auseinandersetzung mit der Welt zu »vervollkommnen«, sondern die eine Bildung wollten, die ihnen unbekanntes Wissen und fremde Situationen nahebrachte, auf die sie dann reagierten.

Da half ihnen das Funkkolleg. Es orientierte sich an der Gesellschaft jener Jahre. Das war sein Stolz, zeigte allerdings auch seine Grenze. Denn inzwischen hat sich die Welt geändert. Das Erstaunliche ist nur: In einzelnen Funkkollegs gab es immer wieder Versuche, sich von der selbstgewählten Beschränkung auf die eigene (damalige) moderne Gesellschaft zu befreien. So weitete sich – nicht im Funkkolleg »Religion«, das allzu europazentriert vorging, wohl aber im Funkkolleg »Musik«, im Funkkolleg »Geschichte« und im Funkkolleg »Jahrhundertwende« – der Blick. Die Welten jenseits Europas erschienen mit ihren so unterschiedlichen Zukunftsvorstellungen, selbst die Bewegungsweisen der in ihnen lebenden Menschen in Tanz und Gymnastik wurden vergegenwärtigt, und auch die Verbindungen zwischen naturwissenschaftlichem Erkennen und gesellschaftlichem Handeln in der Vergangenheit wurden da und dort lebendig. So eröffnete das Funkkolleg auch einen Blick auf Wege, die vielleicht zu einer neuen, die Naturwissenschaften und die Gesellschaften außerhalb Europas voll mit einbeziehenden Bildung führen.

Literatur:
Tilman Borsche, August Nitschke, Josef Nolte, David Seeber, Die Frage nach der Moral. Leben, Politik, Werte, Wirtschaft, Technik, Alltag, Weinheim 1995.
Werner Busch, Peter Schmoock (Hgg.), Kunst. Die Geschichte ihrer Funktionen, Weinheim 1987.
Jochen Greven, Das Funkkolleg 1966–1998. Ein Modell wissenschaftlicher Weiterbildung im Medienverbund. Erfahrungen – Auswertungen – Dokumentation, Weinheim 1998, 190.
Bernulf Kanitschneider, August Nitschke, Das Weltbild der modernen Physik, in: Jahrhundertwende. Der Aufbruch

in die Moderne 1880–1930, Bd. 2, hg. von August Nitschke, Gerhard A. Ritter, Detlev J. K. Peukert und Rüdiger vom Bruch, Reinbek 1990, 119 ff.
August Nitschke, Außereuropäische Erwartungen, in: Grundkurs Geschichte. Der Mensch in elementaren Situationen, hg. von August Nitschke und Peter Schmoock, 53 ff.
August Nitschke, Der Kult der Bewegung, in: Jahrhundertwende. Der Aufbruch in die Moderne 1880–1930, Bd. 1, hg. von August Nitschke, Gerhard A. Ritter, Detlev J. K. Peukert und Rüdiger vom Bruch, Reinbek 1990, 258 ff.
August Nitschke, Zeitmuster in der Geschichte. Was interessiert junge Chinesen an Europas Mittelalter?, Köln 2004, 25 ff., 47 ff.
August Nitschke, Die Geschichte des Universums und die Geschichte der Menschen – ein Gedankenexperiment, in: Saeculum 57 (2006), 289 ff.
Hans Oesch, Methoden der Musikethnologie, in: Funkkolleg Musik 2, hg. von Carl Dahlhaus, Frankfurt am Main 1981, 391 ff.

6. Erwachsenenbildung

Thomas Knubben

Der Begriff hat keinen guten Klang. Semantisch eingekeilt zwischen Volks- und Weiterbildung, eignet ihm der doppelte Charakter des zweckdienlich Fordernden wie des mühevoll Vergeblichen. »Was Hänschen nicht lernt, lernt Hans nimmermehr.« Als Sprich- und Merkwort hat sich dieses Ressentiment in die Vorstellung der Bildung von Erwachsenen eingeschrieben. Und auch die Institutionen und Orte ihrer Vermittlung atmen vielfach den Geruch des Muffigen und Überholten: »Am schlimmsten ist es in den Stadtbüchereien. In den Volkshochschulsälen. In diesen ganzen Mehrzweck-Sozialbau-Sechziger/Siebziger-Jahre-Architekturen. Karg ziehen sich die Stuhlreihen hin, von asbesthaltigen Fluren unterbrochen; die Decken haben dieses löchrige Kunststoffambiente und werden durch das in seiner Sterilität den Krankenhäusern nachempfundene Neonlicht noch akzentuiert. Diese Orte sind in unserer Bundesrepublik die Orte der Literatur« (Helmut Böttiger) – und nicht selten der Erwachsenenbildung schlechthin.

Dabei steckt hinter dem Konzept der Erwachsenenbildung ein offenes, ja modernes Menschenbild, das Ende des 18. Jahrhunderts, in den heroischen Jahren des deutschen Idealismus, entwickelt und fruchtbar gemacht wurde. Bildung hatte in diesem Kontext stets den ganzen Menschen im Blick und war von den Begriffen Aufklärung und Kultur lange Zeit nur schwer zu trennen. Noch 1784 stellte Moses Mendelssohn fest: »Bildung, Kultur und Aufklärung sind Modifikationen des geselligen [= sozialen, d. V.] Lebens, Wirkungen des Fleißes und der Bemühungen der Menschen, ihren geselligen Zustand zu verbessern [...] Bildung zerfällt in Kultur und Aufklärung. Jene scheint mehr auf das Praktische zu gehen [...] Aufklärung hingegen scheinet sich mehr auf das Theoretische zu beziehen.« Werden hier noch die Eigenbedeutung von und die Eigenbemühung zur Selbstbildung betont, so verband das sich formierende bürokratische Staatswesen mit der Betonung der Bildung alsbald auch die Notwendigkeit der »*Erziehung* des Bürgers zum Gebrauch des gesunden Verstandes und zur gemeinnützigen Geschäfftigkeit« (Friedrich Gabriel Resewitz 1773), will sagen: zum nützlichen Untertanen. Staat, Wirtschaft und Militär benötigten (aus)gebildetes Personal. Deren Formierung konnte indes nicht dem Zufall überlassen bleiben, weshalb der Staat in systematischer Weise für die Schaffung geeigneter Einrichtungen zu sorgen hatte. Das Kriterium von Bildung und Erziehung – zwei Begriffe, die fortan kaum mehr zu trennen waren – wurde gar zum Gradmesser staatspolitischer Exzellenz. Derjenige Staat werde der vollkommenste sein, so der Aufklärer und Staatstheoretiker Christian Wilhelm Dohm 1777, in dem die Menschen durch »öffentliche Vorkehrungen« am fähigsten würden, ihrer Bestimmung nachzukommen, »ihre Fähigkeiten und Kräfte« auszubilden und sich dergestalt zu vervollkommnen. In solcherlei seligmachendem Vertrauen trafen sich in geradezu schicksalhafter Form der Bildungsoptimismus der »noch nicht selbstkritisch gewordenen Aufklärung« (Rudolf Vierhaus) mit den zweckrationalen Bedürfnissen des modernen Staates. Der Haken dabei war freilich die Festlegung dessen, wozu der Mensch bestimmt sein sollte und wer darüber befand. Die Bildungstheoretiker des 18. Jahrhunderts ließen daran keinen Zweifel: »So notwendig die Verschiedenheit der Stände und Geschäfte, des Ansehens und des Vermögens ist, so notwendig ist auch die Verschiedenheit der Ausbildung der Körper- und Geisteskräfte. Der Landmann, der Handwerker, der Soldat, der Künstler, der Gelehrte, der Regent, müssen jeder für ihre Verhältnisse und Geschäfte gebildet werden«. (Johann Stuve 1785) Die Ausbildung der individuellen Fähigkeiten und Kräfte sollte da ihre Grenzen finden, wo sie an die herrschenden Interessen und überkommenen Machtstrukturen stieß.

Der primäre Ort von Bildung und außerfamiliärer Erziehung war ohne Frage das Schulwesen, das angesichts seiner neu erkannten Bedeutung fortan unter öffentliche Aufsicht gestellt wurde. Ihm schloß sich über den nun vorgeschriebenen Bildungsweg des Gymnasiums die Universität an. Auch sie wurde angesichts neuer bildungstheoretischer Überlegungen sowie staats- und wirtschaftspolitischer Herausforderungen reformiert und neu fundiert. Offen blieb hingegen die Frage der Bildung nach Abschluß der Schule und jenseits der Universität. Zum Leitbegriff hierfür wurde die *Volksbildung*. In ihm verbanden sich Momente des aufklärerischen Menschenbildes mit der umfassenden erzieherischen Gestaltungsabsicht eines modernen wirtschaftsorientierten Staatsverständnisses. Als Volk konnte dabei die Gesamtheit aller Angehörigen einer Landesherrschaft oder aber nur das sog. ›niedere‹ Volk angesehen werden.

Das ganze Volk durfte sich in den publizistischen Debatten um 1800 immer dann angesprochen fühlen, wenn es um (Überlebens-)Fragen der *Nation* ging, denn die Erfahrungen der französischen Revolution mit ihrer politischen und insbesondere militärischen Formierung des Volkes stellten eine Herausforderung dar, die nur mit einem länder- und ständeübergreifenden Konzept zu beantworten schien. Gerade der von dem führenden Revolutionär Jean Marie Antoine Condorcet 1792 in der französischen Nationalversammlung vorgetragene Nationale Erziehungsplan (»Décret sur l'organisation générale de l'instruction publique«) schuf eine konzeptionelle Vorlage, an der sich auch deutsche Aufklärer und Bildungstheoretiker abzuarbeiten hatten. Der Plan forderte, »allen Angehörigen des Menschengeschlechts«, also unabhängig von Alter oder sozialem Stand, »die Mittel zugänglich zu machen, daß sie für ihre Bedürfnisse sorgen, ihr Wohlergehen sichern, ihre Rechte erkennen und ausüben, ihre Pflichten begreifen und erfüllen können« und jedem die Möglichkeit zu sichern, »den ganzen Umfang seiner Talente, die er von der Natur empfangen hat, zu entfalten und dadurch unter den Bürgern eine tatsächliche Gleichheit herzustellen und die politische Gleichheit, die das Gesetz als berechtigt anerkannt hat, zu einer wirklichen zu machen«.

Nation und Bildung, Freiheit und Gleichheit wurden so zu Eckwerten einer Bildungsdiskussion, die in ihrer jeweiligen Mischung nicht zuletzt von den aktuellen politischen Kräfteverhältnissen abhängig war – extern zwischen Deutschland und Frankreich und intern zwischen bildungsbürgerlich-exklusiv und demokratisch-inklusiv orientierten Kreisen. Insbesondere die Verwerfungen und Bedrohungen der napoleonischen Zeit schufen eine für fortschrittliche Konzepte günstige Situation und kein Publizist hat sie entschiedener artikuliert als Johann Gottlieb Fichte. In seinen »Reden an die deutsche Nation« forderte er 1808 »eine gänzliche Veränderung des bisherigen Erziehungswesen[s] ... als das einzige Mittel, die deutsche Nation im Dasein zu erhalten«. Nicht ein neuer gebildeter Stand sollte geschaffen werden, sondern die Bildung aller ohne Unterschied des Standes und ohne utilitaristischen Hintersinn bewerkstelligt werden: »Diejenige Bildung allein, die da strebt, und die es wagt, sich allgemein zu machen, und alle Menschen ohne Unterschied zu erfassen, ist ein wirklicher Bestandteil des Lebens und ist ihrer selbst sicher«. Mochten Fichtes Reden entscheidende Impulse für die frühe Nationalbewegung in Deutschland gegeben haben, so blieben tatsächliche Wirkungen für die Praxis der Volksbildung leider aus. Das ist umso bedauerlicher, als sein Einsatz zugunsten einer *Bildung für alle* fundiert und glaubhaft war. Davon zeugt nicht nur seine ganze individualistische Wissenschaftslehre, sondern auch sein frühes Projekt einer »Zeitschrift für weibliche Bildung« sowie seine Haltung als junger Hauslehrer in Zürich, wo er die Meinung vertrat, daß man, bevor man die Kinder erziehe, zuallererst die Eltern erziehen müsse.

In Politik und Alltag wirkungsmächtig wurde die Idee der Volksbildung da, wo der Begriff des Volkes auf die unteren sozialen Schichten eingegrenzt und Fragen der beruflich-praktischen oder der sozial-moralischen Gestaltung des Gemeinwesens verhandelt wurden. Als Volksbildung waren dann »zeitlich begrenzte, gelegentliche und vorübergehende Maßnahmen zur besseren Bewältigung kollektiver Reproduktionsprozesse« (Seitter 2007) zu verstehen. Ihr Bestreben bestand nur selten in allgemeinen und umfassenden Bildungsinitiativen, ihr Ziel war vielmehr die Lösung konkreter lokaler und milieuspezifischer Probleme, die sich in einer stetig dynamisierten Land- und Gewerbewirtschaft auftaten. Von daher erstaunt es auch nicht, daß es trotz gelegentlicher Vorschläge über das ganze 19. Jahrhundert hinweg nie zu einer überregionalen Institutionalisierung der Volks- oder Erwachsenenbildung kam. Instanzen der Instruktion waren entweder lokale Akteure (Lokalherrschaften, Pfarrer, patriotisch-gemeinnützige Gesellschaften) oder volkspädagogische Schriften wie »Der vernünftige Dorfpfarrer« (Zürich 1791) oder das mit einer Gesamtauflage von 400.000 Exemplaren berühmt gewordene »Noth- und Hülfsbüchlein für Bauersleute oder lehrreiche Freuden- und Trauergeschichte des Dorfes Mildheim« von Rudolf Zacharias Becker (Jena und Leipzig 1788), die einem zunehmend alphabetisierten Publikum in narrativer Form hilfreiche Anleitung zur besseren Bewältigung des dörflichen Alltags boten.

Wenn bis zum Ende des 19. Jahrhunderts fast durchgehend von Volksaufklärung oder Volksbildung statt *Erwachsenenbildung* die Rede ist, dann deshalb, weil die Volksbildung grundsätzlich altersunabhängig gedacht wurde und die Vorstellung eines allgemeinen und eigenständigen Erwachsenenstatus erst im Zuge der Formierung der bürgerlichen Gesellschaft und der Gewährung bürgerlicher Freiheiten entwickelt wurde. Nicht das Alter, sondern der Grad der persönlichen Abhängigkeit und damit der soziale Status entschied darüber, ob man als mündig, also erwachsen, angesehen wurde. Knechte und Mägde, Lehrlinge und Gesellen, Ledige und Gutsabhängige wurden es nicht, ganz gleich wie alt sie waren. Es bedurfte daher einer radikalen Umkehr der Lebensverhältnisse, wie sie mit der Industrialisierung einherging, um sich den oder die Erwachsene(n) als eine eigene und eigenberechtigte Daseinsform zu denken.

Die Rückkoppelung der Bildung an die gesellschaftlichen Verhältnisse stellte für die Arbeiterführer als Vertreter der größten gesellschaftlichen Gruppe, die aus dem Industrialisierungsprozeß hervorging, indes ein Problem von grundsätzlicher Bedeutung dar. Aus bürgerlicher Perspektive bedeutete Bildung Macht und offerierte eine individuell vielversprechende Strategie des Aufstiegs. Bildung konnte erworben werden, wurde dadurch zu Besitz, vermittelte in der Folge besondere Rechte und Privilegien (beispielsweise öffentliche Ämter) und verfestigte sich allmählich zu einem Besitzstand, den es zu verteidigen galt. Aus klassenkämpferischer Sicht bedeutete Bildung im herkömmlichen Sinne folglich Zementierung von herkömmlichen Machtverhältnissen. Diesem Dilemma konnten auch die *Arbeiterbildungsvereine*, die Mitte des 19. Jahrhunderts in verschiedenen Städten entstanden, kaum entrinnen. Indem sie – so die Statuten der württembergischen Arbeiter-Vereine von 1850 – das Ziel verfolgten, »eine allgemeine und moralische Bildung des Arbeiters zu erstreben und den Arbeiter mit allen gesetzlichen Mitteln in den Vollgenuß aller staatsbürgerlichen Rechte zu bringen«, verbanden sie damit zugleich auch die Erwartung, »ihn in gewerblicher und politischer Hinsicht zum echten Staatsbürger heranzubilden«. Der aber, so wäre anzufügen, hatte sich keineswegs gegen Staat und Obrigkeit aufzulehnen. Für Karl Marx, der Geld und Bildung als die Hauptkriterien für die Spaltung der bürgerlichen Gesellschaft bezeichnete, war bürgerliche Bildung gleichbedeutend mit Klassenbildung. Sie sei für die enorme Mehrzahl der Menschen, wie er im »Kommunistischen Manifest« (1847) formulierte, nichts anderes als die »Heranbildung zur Maschine«. Die Opposition zu bürgerlichen Bildungsvorstellungen bildete fortan die Generallinie der Arbeiterbewegung. Wilhelm Liebknecht brachte als einer der Gründerväter der SPD die Haltung in seiner berühmt gewordenen Rede »Wissen ist Macht – Macht ist Wissen« (1872) auf den Punkt: »Durch Bildung zur Freiheit, das ist die falsche Losung, die Losung der falschen Freunde. Wir antworten: Durch Freiheit zur Bildung! Nur im freien Volksstaat kann das Volk Bildung erlangen. Nur wenn das Volk sich politische Macht erkämpft, öffnen sich ihm die Pforten des Wissens«. Dieser Maxime folgend verbanden die Arbeiterbildungs-, Arbeitermusik- und Arbeitersportvereine insbesondere während der Sozialistengesetze von 1878 bis 1890, aber auch noch bis zum Ende der Weimarer Republik, erwachsenenbildnerische und gesellige Funktionen mit einer dezidiert parteipolitischen Grundorientierung: »Die Bildungsbewegung darf heute nicht als Selbstzweck betrachtet werden, der sie als gleichberechtigte Institution neben Partei und Gewerkschaft stellt, sondern die Weiterbildung soll sich dem großen Zweck der modernen Arbeiterbewegung unterordnen, sie soll dienen«. (Protokoll des SPD-Parteitages 1908)

Der Durchbruch zur *institutionalisierten Erwachsenenbildung* erfolgte gegen Ende des 19. Jahrhunderts. Bis dahin hatte sich die elementare Schulbildung als allgemeinverbindliche, in ihrer qualitativen und organisatorischen Ausgestaltung weitgehend normierte Bildungseinrichtung für Kinder von sechs bis vierzehn Jahren vollständig etabliert. Der Staat hatte sich sogar bereits darangemacht, über ›Fortbildungsschulen‹, die heutigen Berufsschulen, und jugendpflegerische Maßnahmen auch die späten Jugendjahre unter seine ordnungsliebende Kontrolle zu bringen. Für die einstige altersunabhängige Volksbildung hatte dies zur Folge, daß sie sich nun auf die Erwachsenen konzentrieren konnte. Deren Fort- und Weiterbildung geschah gleichsam im Klammergriff von zwei Seiten. Zum einen durch die konfessionell und politisch gebundenen liberalen, evangelischen, katholischen und sozialistischen Volksbildungsinitiativen, die sich in einem zunehmenden Konzentrationsprozeß bald gesamtstaatlich organisierten; zum anderen durch den Staat und die Kommunen, die ihr politisches Nachtwächterverständnis unter dem Eindruck des rapiden Modernisierungsdrucks mit all seinen Kollateralschäden mehr und mehr gegen eine aktive, wohlfahrtsorientierte Leistungsverwaltung (Sozialversicherung, Arbeitsvermittlung, Wohnungsbau) eintauschten.

Zum Zentralmodell, wiewohl keineswegs solitären, wurde die *Idee der Volkshochschule*. In ihr vereinigten sich verschiedene Initiativen wie die »Gesellschaft für Verbreitung von Volksbildung« (1871), die sich jenseits von Konfession und Parteiinteresse für die Erwachsenenbildung in Stadt und Land einsetzte, oder die um populär gehaltene Wissenschaftsvorträge bemühte »Universitätsausdehnungsbewegung«, die auf gesamtstaatlicher Ebene ab 1899 vom »Verband für volkstümliche Hochschulkurse von Hochschullehrern im Deutschen Reich« gestärkt wurde. Die Volkshochschulen verstanden sich als Orte der systematischen Vermittlung wissenschaftlichen Wissens, was gemeinhin über Vorträge, Lehrgänge und Arbeitsgemeinschaften geschah. Materiell wurden sie verstärkt von der öffentlichen Hand getragen und ideell von Fortschrittsoptimismus und Kulturgläubigkeit. Das spiegelt sich beispielhaft im Vortragsprogramm des Münchener Volkshochschule, wo im Winter 1904/05 Vorträge über Babylon und Ninive, über Shakespeare, über Spektralanalyse und Radiumstrahlen, die Geschichte der Französischen Revolution, über Befruchtung und Vererbung sowie über die Kunstgeschichte Oberitaliens die Renner waren. Ein Problem bei einem solchen Angebot war freilich, wie es zu den alltagspraktischen Problemen der Hörer in Bezug gebracht werden konnte, wie die scheinobjektive Orientierung an überzeitlichen Kulturgütern und politischen Weltanschauungen gerechtfertigt werden sollte, und ob die rein rezeptive Zentrierung auf die Vortragenden eine akzeptable methodisch-didaktische Herangehensweise darstellte. Die Kritik dieser Praxis wurde schon vor dem Ersten Weltkrieg engagiert aufgenommen und mündete in der Weimarer Republik in einen neuen Aufbruch.

Der Ausbau und die Strukturierung der *Erwachsenenbildung in der Weimarer Republik* gewannen paradigmatischen Charakter für ihre weitere Entwicklung bis in die Gegenwart. Rechtliche Basis hierfür wurde der Artikel 148 der Reichsverfassung von 1919. In ihm wurde erstmals die Förderung des »Volksbildungswesens« unter ausdrücklicher Nennung der Volkshochschulen gesetzlich verankert und damit die öffentliche Verpflichtung anerkannt. Zugleich wurden die Unabhängigkeit der Volkshochschulen vom Staat und deren grundsätzliches Selbstgestaltungsrecht in Ländergesetzen festgeschrieben. Pluralität und Subsidiarität wurden so zu Leitprinzipien der gesamten Volksbildung. Sie artikulierten sich in einer breiten Trägervielfalt, die neben ungebundenen, weltanschaulich neutralen Einrichtungen, die zumeist kommunal getragen wurden, auch gewerkschaftliche, kirchliche, berufsständische und politische Organisationen einschloß. So sehr dem Ausbau der Erwachsenenbildung insgesamt das Ziel einer geistigen Erneuerung und demokratischen Fundierung von Staat und Nation zugrunde lag, so sehr spiegelten sich in der pluralen Struktur der Erwachsenbildung auch die divergierenden weltanschaulichen und politischen Interessenlagen und Spannungen der Zeit.

Zur strukturellen Etablierung der Erwachsenenbildung trugen neben einer massiven Gründungswelle von Volkshochschulen in den Jahren 1918 bis 1920 vielfältige Ansätze zur Professionalisierung ihrer Arbeit über die ganze Weimarer Republik hinweg bei. Die Anstrengungen galten insbesondere der organisatorischen Verfestigung durch hauptamtliche Leitungen und verbandspolitische Zusammenschlüsse, der didaktischen Verbesserung durch Aus-

und Weiterbildung des Lehrpersonals sowie der wissenschaftlichen Fundierung. Ende der 1920er Jahre zeigte sich die Erwachsenenbildung weitgehend gefestigt und von einer breiten gesellschaftlichen Akzeptanz getragen. Mehr und mehr konnten auch Frauen als Hörerinnen gewonnen werden. Ihr Anteil stieg in Städten wie Duisburg, Essen und Düsseldorf auf bis zu 45 % an. Selbst die Arbeiterschaft, früher auf Oppositionskurs, war in ihrer Mehrheit auf die nun staatstragende Linie der SPD eingeschwenkt und beteiligte sich am systematischen Aufbau der Bildungsarbeit. Lediglich dem rechten politischen Spektrum galt die demokratische Konzeption der Erwachsenenbildung als ein weiteres Beispiel für das »mißratene« und verhaßte »Weimarer System«. Nach der Machtübernahme durch die Nationalsozialisten wurden die Volkshochschulen folglich aufgelöst oder dort, wo sich wie in den ländlichen Heimvolkshochschulen ideologische Anknüpfungsmöglichkeiten boten, gleichgeschaltet.

Nach dem Zweiten Weltkrieg, im Zuge des Wiederaufbaus, konnte sich die Erwachsenenbildung im Rückgriff auf die in der Weimarer Republik etablierten pluralen Strukturen von Volkshochschulen, Kirchen und Gewerkschaften, die noch um betriebliche Formen erweitert wurden, als vierte Säule des Bildungswesens etablieren. Insbesondere der in den 1960er Jahren geführte Diskurs um Bildungsreformen in allen Sektoren (Georg Picht: Die deutsche Bildungskatastrophe, 1964; Ralf Dahrendorf: Bildung ist Bürgerrecht, 1965) führte auch zur institutionellen Stärkung der Erwachsenenbildung allgemein und der Volkshochschulen im besonderen. Bei grundsätzlicher Wahrung des Anliegens, sowohl allgemeine Bildung zu vermitteln, wie berufliche Qualifikationen zu befördern, rückte die *berufsorientierte Weiterbildung* zunehmend in den Fokus der Aufmerksamkeit. Im »Strukturplan für das Bildungswesen« des Deutschen Bildungsrats von 1970 wurde Weiterbildung »als Fortsetzung oder Wiederaufnahme organisierten Lernens nach Abschluß einer unterschiedlich ausgedehnten ersten Bildungsphase bestimmt«. Ihre dringliche Notwendigkeit wurde in der zwingenden Anpassung an veränderte soziale, technische und wirtschaftliche Entwicklungen gesehen, wie sie die Hochmoderne dem »flexiblen Menschen« (Richard Sennett) abverlangt. Angesichts der Permanenz und Dynamik des Wandels wurden feste Wissensbestände immer unerheblicher. An ihre Stelle trat das Konzept der Schlüsselqualifikationen als ein Set grundlegender, vornehmlich kommunikationsorientierter Fähigkeiten und Fertigkeiten zur Bewältigung unterschiedlicher Herausforderungen. Es wurde flankiert und perpetuiert durch die Strategie des *Lebenslangen Lernens*.

Ausgehend von der Einschätzung, daß die ökonomische und politische Zukunft Europas in einer wissensbasierten Ökonomie liege, erklärte die Europäische Kommission in ihrem »Memorandum über lebenslanges Lernen« im Jahr 2000: »Sowohl Beschäftigungsfähigkeit als auch aktive Staatsbürgerschaft setzen voraus, dass man über ausreichende Kenntnisse und Fähigkeiten verfügt, die auf dem neuesten Stand sind und die es ermöglichen, am wirtschaftlichen und sozialen Leben teilzuhaben und einen Beitrag zu leisten«. Mittlerweile hat sich, forciert von multinationalen politischen Organisationen wie der UNESCO und der OECD, das Konzept des Lebenslangen Lernens durchgesetzt und auch in Deutschland zu vielfältigen Initiativen von der frühkindlichen Bildung über Bildungsmanagement bis hin zur ›Seniorenbildung‹ geführt.

Stand am Anfang der aufklärerischen Bildungsüberlegungen des 18. Jahrhunderts das idealistisch grundierte Bild des Menschen, der in all seinen Anlagen, Talenten und Wünschen als grundsätzlich entwicklungsfähig und bildungsbedürftig angesehen wurde, auch um des gesellschaftlichen Fortschritts willen, vor allem aber der eigenen Vervollkommnung und individuellen Glückseligkeit wegen, so hat die permanente Institutionalisierung der (Erwachsenen-)Bildung über zwei Jahrhunderte und über viele Stufen hinweg am Ende ein umfassendes System des obligaten lebenslangen Lernens entstehen lassen, dessen Zugriff sich keiner mehr entziehen kann. Dem streng normierten, allgemeinverbindlichen ersten Bildungsweg folgt ein möglicher zweiter oder dritter, anschließend ein erstes Studium zum Bachelor und ein zweites zum Master, als Dreingabe gar eine Promotion, und wenn diese erfolgreich absolviert sind, warten allenthalben Fort- und Weiterbildungskurse, deren Besuch von Arbeitgebern, Ärztekammern, Arbeitsämtern, Krankenkassen oder Amtsrichtern verordnet und mit Punkten und Zertifikaten honoriert werden. Richtete Immanuel Kant am Beginn dieses Weges die Forderung an den Menschen, sich aus der selbstverschuldeten Unmündigkeit zu befreien, indem er sich seines eigenen Verstandes bemächtige, so ist es mittlerweile gelungen, ihn – durchaus freiwillig, doch im Sinne des übergeordneten sozial-ökonomischen Funktionierens – wieder in den Käfig der Unmündigkeit zu sperren und im Hamsterrad eines organisierten lebenslangen Lernens gefangenzuhalten. Lernen wird zum beherrschenden Lebensinhalt.

Hinter dieser Entwicklung steckt die *Universalisierung des Pädagogischen* in der Moderne. Sie ist gekennzeichnet durch die stetige Ausweitung des organisierten Unterrichts und die Durchdringung sämtlicher Lebensalter und Lebensbereiche durch pädagogische Angebote und Zugriffe. Der Bildung und mit ihr der Erwachsenenbildung ist damit ein Heilscharakter zugewachsen, der sie zu überfordern droht. Denn »die umfassende Durchsetzung des Lernens [kann] nicht die politische und moralische ›Besserung‹ der Welt ersetzen oder gar gesellschaftliche Gestaltungsaufgaben übernehmen, die in politik-, rechts- oder wirtschaftsbezogenen Arenen ausgetragen werden (müssen)« (Seitter 2007). Bei allem berechtigten Bemühen um Vermittlung als Kernkompetenz der Pädagogik bedarf es weiterhin der Erörterung dessen, was wo wem wie und wozu vermittelt werden soll – und wer darüber bestimmt.

Literatur:
Peter Faulstich, Christine Zeuner, Erwachsenenbildung. Eine handlungsorientierte Einführung in Theorie, Didaktik und Adressaten, 3. Aufl., Weinheim 2008.
Christiane Hof, Joachim Ludwig, Christine Zeuner (Hgg.), Strukturen Lebenslangen Lernens. Dokumentation der Jahrestagung der Sektion Erwachsenenbildung der Deutschen Gesellschaft für Erziehungswissenschaft 2007 an der Universität Bremen, Baltmannsweiler 2009.
Sigrid Nolda, Einführung in die Theorie der Erwachsenenbildung, Darmstadt 2008.
Josef Olbrich, Geschichte der Erwachsenenbildung in Deutschland, Opladen 2001.
Wolfgang Seitter, Geschichte der Erwachsenenbildung. Eine Einführung, 3. Aufl., Bielefeld 2007.
Heinz-Elmar Tenorth, Laute Klage, Stiller Sieg. Über die Unaufhaltsamkeit der Pädagogik in der Moderne, in: Erziehungswissenschaft zwischen Modernisierung und Modernitätskrise, hg. von Dietrich Benner u. a. (Beiheft der Zeitschrift für Pädagogik), Weinheim u. a. 1992, 129–139.
Rudolf Tippelt, Aiga von Hippel (Hgg.), Handbuch Erwachsenenbildung/Weiterbildung, 3. Aufl., Wiesbaden 2010.
Rudolf Vierhaus, Bildung, in: Geschichtliche Grundbegriffe, Bd. 4, hg. von Otto Brunner, Werner Conze und Reinhart Koselleck, Stuttgart 1978, 508–551.

7. Seniorenstudium

Günther Böhme

Der Begriff »Seniorenstudium« ist so jung wie das, was er bezeichnet: Die Öffnung der Universität für ältere Menschen, die sich jenseits des Berufs oder der familiären Verpflichtungen mit wissenschaftlichen Themen oder auch mit Themen ihrer Neigung wissenschaftlich befassen wollen und spezifische Bildungsbedürfnisse an einer Universität oder Hochschule befriedigen möchten. Ein dementsprechendes Studienangebot, mit dem ältere Menschen – gar zu pauschal und in unscharfer Abbreviatur »Senioren« genannt – angesprochen werden sollten, begann sich in Deutschland vor rund dreißig Jahren zu entwickeln; die großen westlichen Länder Europas waren vorausgegangen, allerdings mit anderer Akzentsetzung, da dort nicht in gleicher Weise wie in Deutschland ein flächendeckendes System institutionalisierter Erwachsenenbildung besteht. Das bedeutet ein anderes Aufgabenverständnis der Universitäten und Hochschulen, in welches, anders als in Deutschland, Erwachsenenbildung grundsätzlich einbezogen ist. In Deutschland dagegen, wo sich schon in der Aufklärung erste Ansätze einer freien Erwachsenenbildung zeigen, aus denen sich ein umfassendes System staatlich geförderter Erwachsenenbildung entwickelt hat, öffneten sich die Universitäten älteren Menschen lange Zeit nur, wenn sie den Status eines »Gasthörers« annahmen und einen akademischen Abschluß im Rahmen eines Regelstudiums anstrebten.

Das hat sich in den vergangenen Jahrzehnten unter dem Eindruck rapide steigender Lebenserwartung und einer dadurch sich zunehmend erweiternden Phase der Muße grundsätzlich geändert. Die Öffnung der Universitäten für Menschen mit anspruchsvollem Bildungsbedürfnis wurde zum Gebot der Stunde. Hinzu kam die theoretisch gut begründete Forderung aus der Erwachsenenbildung, mit der Idee des lebenslangen Lernens ernst zu machen, eine Forderung übrigens, die man schon bei dem ehrwürdigen Jan Amos Comenius nachlesen kann. Höchst aktuell heißt es dort, daß der Mensch von der »Schule des vorgeburtlichen Lebens« bis zur »Schule des Todes« in jeder Lebensphase ein dieser Phase inhaltlich angemessenes Lernen praktizieren muß. Nicht anders wird dem modernen Menschen von der Theorie der Erwachsenenbildung ein lebenslanges Lernen abverlangt; nicht anders kann der Mensch auf der Höhe seiner Zeit bleiben, kann intelligenter Gesprächspartner seiner Zeitgenossen sein, kann den permanenten gesellschaftlichen Wandlungen folgen, kann als autonomes Subjekt über sich selbst bestimmen. Dem konnten sich die Universitäten nicht entziehen.

Insofern ist angesichts des demographischen Wandels und des damit verbundenen neuen Bildes vom Alter (das nur partiell von »Senioren« geprägt ist) neben den abschlußbezogenen, akademischen Studienordnungen unterliegenden und mit dem Erwerb eines akademischen Grades verbundenen Studiengängen auch ein »Seniorenstudium« möglich, und zwar grundsätzlich an allen Universitäten und Hochschulen, insoweit sie sich einem solchen Studium öffnen. Das ist denn auch in den beiden letzten Jahrzehnten an allen deutschen Universitäten und an vielen Fachhochschulen geschehen. Der formale Unterschied zwischen den beiden Arten des Studiums besteht einmal darin, daß, wie schon angedeutet, das »Seniorenstudium« im Gegensatz zu den Regel-Studiengängen keinen berufsbezogenen akademischen Abschluß kennt und daher auch keine verbindlichen Studien- und Prüfungsordnungen vorgibt; man wird es deshalb auch als ein Studium generale allgemeinbildenden Charakters bezeichnen können. Wer sich über die Bedeutung von Allgemeinbildung im klaren ist, wird in dieser Charakterisierung eine Auszeichnung erkennen. An einigen Universitäten kann das Seniorenstudium zwar mit einer Abschlußarbeit verbunden werden; diese dient aber nur dem Nachweis individueller wissenschaftlicher Leistung, nicht aber als anerkannter Nachweis für eine berufliche Qualifikation. Der formale Unterschied besteht zum anderen darin, daß für das »Seniorenstudium« auf Grund seiner grundsätzlichen Offenheit die Studiendauer unbegrenzt ist. Schließlich besteht der formale Unterschied darin, daß keine Zulassungsbedingungen wie z.B. das Abitur erhoben werden – mit gegenwärtig der einen Ausnahme der Universität München, welche die Zulassung auch zum »Seniorenstudium« vom Nachweis des Abiturs abhängig macht.

Doch wird wohl auch in München noch nicht das letzte Wort gesprochen sein. Für diese Vermutung spricht, daß die strukturelle Entwicklung des »Seniorenstudiums« noch in vollem Gange ist, daß in einer von (Natur-)Wissenschaft dominierten Gesellschaft ein »Seniorenstudium«, das den Zugang zu den Wissenschaften auch Nichtakademikern ermöglicht, dem Bedürfnis immer weiterer Kreise und vor allem dem Anspruch einer immer komplizierter organisierten Gesellschaft entspricht, die ihren Bürgern immer mehr Alltagswissen abverlangt und sich daher immer häufiger als »Bildungsgesellschaft« versteht. Letzteres klingt zwar reichlich euphemistisch, da sich eine Verständigung über einen tragfähigen Bildungsbegriff nicht einstellen will.

Gerade dazu aber kann ein quantitativ und qualitativ in Steigerung begriffenes Seniorenstudium einen wertvollen Beitrag leisten, insofern sich darin die Bildungsbedürfnisse der fälschlicherweise Senioren genannten Erwachsenen ohne den Zwang administrativer Regulative äußern – und befriedigen lassen. Es hat sich nämlich herausgestellt, daß die stärkste Nachfrage im »Seniorenstudium« nach Themen der Philosophie, der Geschichte, der Kunstgeschichte und sodann auch der Theologie besteht. Das verdankt sich nicht dem zuweilen verlästerten Impuls zur bequemen Erbauung. Dahinter stehen vielmehr die bei den Erwachsenen, die ins dritte Lebensalter eintreten, nachweislich zutage tretenden geistigen Tendenzen: zum einen sich über die Lebenssituation jenseits beruflicher, aber auch familiärer Verpflichtungen und angesichts eines neuen und eigenartigen Lebensabschnitts Klarheit zu verschaffen; zum anderen immer deutlicher sich der individuellen Geschichtlichkeit bewußt zu werden; schließlich sich den letzten Fragen, denen nach dem Sinn gelebten Lebens und nach der Sterblichkeit, endgültig stellen zu müssen. Es ist aber auch zu fragen, ob die erstaunlich hohe Frequentierung kunsthistorischer Veranstaltungen einem tiefen ästhetischen Bedürfnis entspricht, dem in der breiten Öffentlichkeit und in der allgemeinbildenden Schule viel mehr Rechnung getragen werden müßte.

Diese Beobachtungen verbinden sich mit der anderen, für die Gestaltung des wissenschaftlichen Angebots für »Senioren« außerordentlich wichtigen Erkenntnis: daß nämlich das dritte Lebensalter nicht nur eines der »Senioren« ist, sondern sich – spätestens seit der offenkundigen eminenten Verlängerung der Lebenserwartung – unverkennbar in drei

Phasen gliedert, und zwar die Phase des älteren, zu voller Aktivität fähigen Menschen zu Beginn des Ausschlusses vom Berufsleben, sodann die Phase des alternden, in seinem Aktionsradius zunehmend eingeschränkten, aber mindestens geistig noch durchaus vitalen Menschen, schließlich die Phase des alten, im Bewußtsein des nahenden Endes lebenden, auf Hilfe und Unterstützung verschiedenster Art angewiesenen Menschen. Es sind diese Phasen des Älteren, des Alternden, des Alten, auf die sich das Angebot des hier noch mangels eines besseren Begriffs sog. Seniorenstudiums richtet, indem es den älteren und den alternden, indirekt auch den alten Menschen die Möglichkeit bietet, sich mittels der Wissenschaft neu zu orientieren, mittels der neuesten Resultate der Wissenschaft sich Klärung über ihre Zeit und über die Bedingungen des Menschseins zu verschaffen, mittels der Methoden der Wissenschaft dem eigenen kritischen Denken zu erwünschter Schärfe zu verhelfen. Idealtypisch gesprochen, dient das Studium des Älteren der rationalen Verständigung über die neue Situation, der Öffnung für neue geistige Gehalte und der Aufarbeitung unerledigter Fragen; das Studium des Alternden dient der Reflexion über die eigene Vergangenheit, über Gewinn und Verlust des Lebens und über die Bedeutung von Mensch und Person; das Studium des Alten dient einer letzten geistigen Erfüllung und der Frage nach dem Jenseits des Lebens.

Das gesellschaftliche Verlangen nach Öffnung der Universitäten für ältere Studierende, die eine akademische Bildung suchen, hat übrigens ein Pendant darin, daß auch die Universitäten selbst – freilich in durchaus anfechtbarer Weise – die Zulassungsbedingungen verändern, daß schließlich die Universitäten gar im Begriff sind, sich zu Berufsfachschulen zu wandeln und der Idee einer akademischen Bildung den Abschied zu geben. Vielleicht wird es in der Zukunft das sich konsolidierende »Seniorenstudium« sein, welches angesichts der – sicher sehr anspruchsvollen – Verschulung der Universität allein noch dem gesellschaftlichen Anspruch allgemeiner akademischer Bildung gerecht zu werden vermag.

Freilich ist das Selbstverständnis dessen, was sich »Seniorenstudium« nennt, durchaus heterogen. Es muß vorläufig offen bleiben, ob sich das »Seniorenstudium« allerorten zu dieser Herausforderung bekennt, wie es an der »Universität des 3. Lebensalters« in Frankfurt am Main dezidiert geschieht, nämlich nicht nur ein Ort des Lernens oder ein Ort der Begegnung oder einer des bloßen Ansehensgewinns, sondern auch ein Ort der allgemeinen Bildung, einer humanistisch orientierten Allgemeinbildung zu sein, und ob tatsächlich diejenigen, die eine Institution des »Seniorenstudiums« frequentieren, zumindest in der Mehrheit mit hohen Bildungserwartungen an eine solche Institution herantreten, mit der Erwartung also, der eigenen Bildung aufzuhelfen durch Steigerung der geistigen Kapazität, durch Vertiefung der Einsichten in die conditio humana, durch Erweiterung des Erkenntnishorizonts, durch die Schärfung eines kritischen Bewußtseins, durch die Klärung sittlicher Forderungen, durch den Einblick in die metaphysische Dimension.

Nun steht ein derart umfassender Bildungsbegriff zweifellos nicht hinter jedem Angebot, das unter dem Namen des »Seniorenstudiums« daherkommt. Vielmehr – und deshalb scheint es opportun, das Wort in Anführungszeichen zu setzen – verbirgt sich hinter dem Wort »Seniorenstudium« durchaus Unterschiedliches. Das zeigt sich schon an den Namen der Institutionen, die »Seniorenstudium« anbieten oder ermöglichen. In Chemnitz beispielsweise spricht man von »Seniorenkolleg«, in Dortmund von »Weiterbildendem Studium für Seniorinnen und Senioren«, in Hamburg ist von »Kontaktstudium für ältere Erwachsene« die Rede, Magdeburg gar spricht von »Studieren ab 50«, Frankfurt am Main hat sich eine »Universität des 3. Lebensalters« geschaffen. In Ulm hat sich ein »Zentrum für Allgemeine Wissenschaftliche Weiterbildung« etabliert. Das sind nur einige Beispiele für unterschiedliche Konzepte. Daraus sind – vor einem erst noch zu gewinnenden gemeinsamen Bildungsbegriff – die Gemeinsamkeiten herauszufiltern, die sich am Namen »Seniorenstudium« festmachen lassen und diesem Studium eine ganz eigene Note und eine besondere Bedeutung verleihen.

Sie alle dürfen von Studium sprechen, insofern sie alle so oder so in den akademischen Betrieb integriert und im Raum der Wissenschaft zu Hause sind. Sie unterscheiden sich von anderen Einrichtungen der Erwachsenenbildung, insbesondere den Volkshochschulen und deren »Akademien für Ältere«, ohne diese überflüssig zu machen, durch den wissenschaftlichen Anspruch. Ihre Spezifika sind: die Ermöglichung für die älteren Menschen, am Wissenschaftsprozeß teilnehmen und in Gerontologie und Zeitgeschichte selbst zu diesem Prozeß durch Erfahrung und Sachkenntnis beitragen zu können; die Resultate der Wissenschaft am Ort ihrer Entstehung aufnehmen zu können; sich einer Wissenschaft aus Neigung – und ohne Zeitdruck und Prüfungsangst – nach Maßgabe selbst gewählter Studien widmen zu können; in wissenschaftliche Methodik und in die didaktische Durchdringung des Stoffes nach Art akademischen Vorgehens eingeführt zu werden. Sie bieten, wenn man es ein wenig pathetisch, aber mit tiefer Überzeugung sagen darf, die einzigartige Chance, sich auch ohne nachprüfbare Vorkenntnisse unter der Führung von Berufenen in der Welt des Geistes frei zu bewegen.

Allein das macht das »Seniorenstudium« – neben seiner Relevanz für die Entwicklung der Persönlichkeit und für die Beziehung der Generationen – zu einem unschätzbaren Beitrag der kulturellen Entwicklung und der Steigerung gesellschaftlicher Potenz.

Literatur:
Günther Böhme, Frank-Olaf Braucherhoch, Silvia Dabo-Cruz, Lust an der Bildung. Resultate eines gerontologischen Projekts zu Studienverläufen im dritten Lebensalter, Idstein 2010.
Wolfgang W. Müller (Hg.), Alter und Bildung. 30 Jahre Seniorenbildung in Luzern, Fribourg 2010.
Felizitas Sagebiel (Hg.), Flügel wachsen. Wissenschaftliche Weiterbildung im Alter zwischen Hochschulreform und demographischem Wandel, Berlin 2009.
Felizitas Sagebiel, Jennifer Dahmen, Erforschung der Ist-Situation von Studienangeboten für Ältere an deutschen Hochschulen, DGWF Beiträge 48, Hamburg 2009.
Rudolf Tippelt, Bernhard Schmidt, Simone Schnurr, Simone Sinner, Catharina Theisen, Bildung Älterer. Chancen im demographischen Wandel, Bielefeld 2009.

8. Bibliotheken

Jill Bepler

Bedeutende Zeugnisse der Buchkultur wie das Book of Kells (Dublin), die Lindisfarne Gospels (London), das Evangeliar Heinrichs des Löwen (Wolfenbüttel) oder Ausstellungen wie die legendäre »Bibliotheca Palatina-Schau« in Heidelberg üben eine große Anziehungskraft aus. Im Jahr 2004 wurde der Brand der Herzogin Anna-Amalia-Bibliothek in Weimar allgemein als nationale kulturelle Katastrophe wahrgenommen. Versuche seitens der Politik, wie 2006 in Baden-Württemberg bei der Badischen Landesbibliothek geschehen, historische Buchbestände aus Landesbesitz zu veräußern, stoßen auf eine breite Ablehnung. Es besteht also durchaus ein öffentliches Bewußtsein für die Bedeutung von Büchern und Bibliotheken als nationales kulturelles Erbe.

An einem bestimmten Ort zusammengefaßt und in eine Ordnung gebracht, erwächst aus einer Büchersammlung eine Bibliothek, wobei heutige Sammlungen alle Arten publizierter Informationsquellen umfassen. Definitionsmerkmal einer Bibliothek ist auch ihre tatsächliche oder antizipierte Nutzung durch mehr als eine Person in geschichtlicher Perspektive. Das Wort selbst bezeichnet sowohl den physischen Raum als auch die Sammlung. In vielen Fällen macht die Bibliotheksarchitektur, deren vorrangiger Zweck in der sicheren Aufbewahrung und der effektiven Nutzung liegt, auch die Bedeutung des dort akkumulierten Wissens und der Geschichte sinnfällig. Seit jeher gelten in allen Schriftkulturen das Sammeln und die Aufbewahrung von Textzeugnissen als Gradmesser von Bildung, sei es eines Einzelnen, einer Institution oder einer Gemeinschaft. Bibliotheken wurden im Laufe der letzten 500 Jahre, spätestens also seit der Erfindung des Buchdrucks, zu einem gesamtgesellschaftlichen Phänomen, das – Kulturkritikern zufolge – möglicherweise im vergangenen Jahrhundert seinen Höhepunkt gefunden und zugleich überschritten hat.

Die in der Antike gegebene Verknüpfung von Bibliothek und Bildung ging mit der Völkerwanderung zugrunde und mußte in Europa neu gewonnen werden. Mit der Ausbreitung des Christentums als Buchreligion wuchs die Notwendigkeit, Bibliotheken zu etablieren. Durch Gesetze, die u. a. vorschrieben, daß in allen Klöstern und an allen Bischofsstätten Schulen einzurichten seien, hat Karl der Große (768–814) eine Bildungsreform in die Wege geleitet. Jedes Kloster und jede Domschule benötigte für das Studium und den Unterricht eine Büchersammlung. Die für Liturgie, Exegese und Mission sowie für den Sprachunterricht wesentlichen Texte wurden in den Skriptorien in immer neuen Abschriften vervielfältigt.

Schon der Klosterplan von St. Gallen (ca. 825–830) zeigt die zentrale sakrale Bedeutung von Skriptorium und Büchersammlung im Klosteralltag. Die Zahl der Bücher war jedoch meist überschaubar, und gelegentlich reichte ein Schrank oder eine Truhe, um sie aufzubewahren. Die Schriften, die neben Bibeln und Psaltern für den Unterricht benötigt wurden, befaßten sich mit den sieben freien Künsten. Auch die Frauenklöster der frühen Zeit verfügten gelegentlich über anspruchsvolle Literatur zur Theologie und Rhetorik. Die im Verlauf des Mittelalters durchgeführten Klosterreformen brachten den Nonnen eher einen Bildungsrückschritt, und ihre Buchbestände bestanden zunehmend aus Erbauungswerken in der Volkssprache.

Bis in das Spätmittelalter hinein blieben größere Bibliotheken der Kirche und den Fürsten vorbehalten. Sammlungen entstanden jedoch auch an den einzelnen Kollegien der frühen Universitäten, aus denen sich die Universitätsbibliotheken entwickeln sollten. Auch hier war der Zugang zu den Büchern auf die Mitglieder der jeweiligen Institution – des Ordens, des Hofes, oder der Kollegien – beschränkt. Es gab jedoch auch Beispiele für bedeutende Privatbibliotheken von Gelehrten, wie die Sammlung des Mediziners Amplonius Rating de Bercka (†1435), der seine Bücher der Universität Erfurt vermachte, oder des Hartmann Schedel (†1516) in Nürnberg, dessen Bücher den Grundstock für die Ratsbibliothek der Stadt bildeten. Bedeutende Hofbibliotheken wie die des pfälzischen Kurfürsten Ottheinrich (†1559) in Heidelberg enthielten neben Prachthandschriften sowohl die Werke der antiken Autoren als auch die der Zeitgenossen. Auch Frauen des Hochadels legten Sammlungen an. Mit der auf Verschriftlichung angewiesenen Organisation ausgedehnter Handelsbeziehungen traten im Spätmittelalter auch Kaufleute in den Kreis der Büchersammler.

Mit der Reformation wurde die Forderung nach der Gründung von Bibliotheken verknüpft, am deutlichsten in Luthers »An die Ratsherren deutscher Nation« (1524), in der eine christliche Obrigkeit zur Einrichtung von Schulen und Büchereien, »des gantzen Deutschen lands glück und heyl zum besten«, aufgerufen wird. Auch Melanchthon, Verfasser der wichtigsten neuen Schulbücher, setzte sich für den Aufbau von Bibliotheken ein. Hierfür wurden vielfach auch Bestände aus säkularisierten Klöstern verwendet. Der Bibliothek der 1540 von Kurfürsten Moritz von Sachsen begründeten Schulpforte beispielsweise wurden 1573 durch die Bestände des ehemaligen Klosters Bosau (Posa) bei Zeitz überwiesen. Die Bibliotheken waren das geistliche Rüstzeug, mit dem man sich des wahren Glaubens zu vergewissern und ihn zu verteidigen suchte. Im Zuge der Gegenreformation dann schuf vor allem der Jesuitenorden zahlreiche Gymnasien in Deutschland, deren Bibliotheken planvoll angelegt und ausgestattet wurden, etwa 1595 in Hildesheim, 1604 in Konstanz oder 1612 in Passau. Die Bedeutung der Bibliothek im jesuitischen Erziehungsmodell wird in dem Ausspruch des Petrus Canisius gefaßt: »Lieber ein Kollegium ohne eigene Kirche als ein Kollegium ohne Buch« (Schmitz, 73). Bis in das 18. Jahrhundert hinein waren Gymnasialbibliotheken wie die in Breslau, Zwickau, Zittau oder Eisenach bedeutende historische Sammlungen, die unter der Obhut von ausgewiesenen Gelehrten standen. Ein Sonderfall ist die am Ende des 17. Jahrhunderts entstandene Bibliothek der Franckeschen Stiftungen in Halle, die neben der Waisenhausdruckerei und dem Archiv einen Teil des pädagogischen Gesamtkonzepts August Hermann Franckes und seines »Schulstaates« bildete. Gymnasialbibliotheken bewahrten bis in das 20. Jahrhundert ihr Ansehen, gehören jedoch heute trotz des im Jahre 2000 erschienenen Schulbibliotheksmanifests der UNESCO in den meisten Bundesländern zu den weniger beachteten Einrichtungen der deutschen Bibliothekslandschaft.

Das 16. und 17. Jahrhundert war die große Zeit der Fürsten- und Gelehrtenbibliotheken. Wenige waren so groß wie die von Herzog August d. J. von Braunschweig-Lüneburg (1579–1666) angelegte Wolfenbütteler Sammlung, die von Anfang an als Universalbibliothek konzipiert wurde. Ab 1666 war sie öffentlich zugänglich, wie ihre Benutzerbücher bezeugen. Vor allem wurde sie, ähnlich anderen berühmten Bibliotheken wie der kaiserlichen in Wien, als Sehenswürdigkeit besichtigt. Im späten 17. und 18. Jahrhundert wurden Bildungsreisen gebräuchlich, zu deren Pflichtprogramm auch der Besuch von Bibliotheken gehörte. Die adelige Kavalierstour brachte die Anlage eigener als Prestigeobjekte verstandenen Sammlungen in Mode: Die Anschauung und Kenntnis von Bibliotheken wurde als Bildungserlebnis gewertet.

Ein notwendiges Arbeitsinstrument war die eigene Büchersammlung für den Gelehrten schon immer, ob als Theologe, Mediziner, oder Jurist. Auch die humanistischen Adelsbibliotheken erwuchsen aus der Konkurrenz mit bürgerlichen Gelehrten um

Machtpositionen in einer zunehmend professionalisierten Verwaltung. Die privaten Büchersammlungen der Professoren blieben ebenfalls bis in das 18. Jahrhundert hinein viel wichtiger für die Lehre an den Universitäten als die schlecht bestückten und dotierten Universitätsbibliotheken. In den 1680er Jahren etwa lehrte Daniel Georg Morhof in Kiel Bibliographie, Literaturrecherche und Kritik – »historia litteraria« – anhand seiner eigenen Bücher. Erst mit der Einrichtung der Universität in Göttingen (1737), wo man es verstand, die aktuelle Forschungsliteratur gut auszuwählen und in der erforderlichen Breite zu erwerben, entstand die Leistungsfähigkeit, die wir heute von einer Hochschulbibliothek erwarten. Im Jahre 1812 war sie auf 200.000 Bänden angewachsen und war damit um ein Vielfaches größer als jede andere universitäre Sammlung.

Der entscheidende Schritt von der elitären Bildung zur Allgemeinbildung vollzog sich ab der zweiten Hälfte des 18. Jahrhunderts mit der Einrichtung von Lesegesellschaften und Leihbibliotheken, die sich an ein breites, bürgerliches, auch weibliches Publikum wandten. Als Bewegung gegen populäre Beliebigkeit verstand sich die erste Stadtbibliothek, die 1828 von Karl Preusker in Großenhain eingerichtet wurde. Ziel war es, anstelle der von der kommerziellen Leihbibliothek vertriebenen Romane die Werke vorzuhalten, die »durch Anleitung zum klaren Denken und Einsammeln nützlicher Kenntnisse den Verstand bereichern« (Jochum 150). Allerdings waren es erst die Volksbüchereien des 19. Jahrhunderts und die an der Jahrhundertwende entstandenen öffentlichen Bücherhallen, die zur Demokratisierung der Bildung nach dem amerikanischen Modell der »Public Libraries« wesentlich beitrugen. Diese Bemühungen wurden jedoch von politischen Richtungsstreiten begleitet, die je nach Standpunkt im ungehinderten Zugang zu Information und Bildung für alle Schichten einen Fortschritt oder eine Bedrohung sahen. Schon im preußischen Staat wurde die Bibliothek als Instrument der patriotischen Volksbildung angesehen. Für die Nationalsozialisten war damit die Rolle der Bibliotheken in der völkischen Erziehung nach 1933 vorgezeichnet. Bei den öffentlichen Bibliotheken begannen nun die Bestandssäuberungen. In den besetzten Ländern, besonders im Osten, haben deutsche Truppen im Zweiten Weltkrieg Bibliotheken systematisch zerstört. Im Gegenzug gingen unschätzbare Bestände in Deutschland und den ehemals deutschsprachigen Gebieten verloren bzw. wurden später als Kriegsbeute abtransportiert. Bei Kriegsende bezogen die politischen Erziehungsmaßnahmen der Alliierten in Deutschland auch die Bibliotheken ein. Dabei ging es sowohl um die Aussonderung nationalsozialistischer Bestände als auch um den Aufbau einer demokratischen Informationsvermittlung. Die Amerikaner hatten schon Anfang 1945 begonnen, Pläne für die Besatzungszeit zu entwickeln. Im November 1945 eröffnete das erste Amerikahaus in Frankfurt mit einer Freihandbibliothek nach dem Modell der amerikanischen Public Library, die staatlicherseits als »Essenz einer freien Gesellschaft« angesehen wurde (Bultmann Lemke, 332). In der britischen Besatzungszone wurden als »Brücke« bezeichnete Bibliotheken als öffentliche Informations- und Lesezentren eingerichtet (Hoare, 347). In der DDR wurde das öffentliche Büchereiwesen von der SED als Teil eines sozialistischen Erziehungssystems begriffen und entsprechend eingesetzt.

Daß der Staat für den Erhalt und den Ausbau öffentlicher Sammlungen Verantwortung trägt, ist bislang eine Selbstverständlichkeit. Die Bibliothekslandschaft in Deutschland ist wie bei den anderen kulturellen Einrichtungen – Theater, Museen, Kunstgalerien – von einer reichen Vielfalt geprägt, die sich aus dem föderalen System erklärt. Dazu gehören die deutsche Nationalbibliothek, die Staatsbibliotheken, die Universitätsbibliotheken, die wissenschaftlichen Spezialbibliotheken, die Landesbibliotheken, die Stadtbibliotheken, die Kommunal- und Kreisbibliotheken sowie die kirchlichen Bibliotheken, die alle einen jeweils eigenen Versorgungsauftrag erfüllen. Wie in anderen Bereichen des kulturellen und sozialen Lebens in Deutschland spielen die Kirchen eine beachtliche Rolle als Trägerinnen von Bibliotheken (Plassmann: Bibliothekswesen, 165 ff.).

Gerade in Bezug auf Entwicklungen im gegenwärtigen Bibliothekswesen und den Umgang mit ihren Ressourcen scheiden sich die Geister, sowohl innerhalb als auch außerhalb der Bibliothekswissenschaft. Das digitale Zeitalter hat mit der virtuellen Bibliothek eine Verfügbarkeit von Texten geschaffen, die scheinbar weder an Zeit noch Ort gebunden ist. Die Kernbedeutung von Bibliothek als Ort und die Materialität des Buches selbst werden damit in Frage gestellt. Die Massenspeicherung von Beständen suggeriert einen nicht einzulösenden Anspruch auf Vollständigkeit, wobei die Langzeitarchivierung digitaler Bestände weiterhin ein ungelöstes Problem bleibt. Polemisch-beredt mahnt Uwe Jochum: »An die Stelle der am kulturellen Gedächtnis arbeitenden gelehrten Gemeinschaft oder interessierten Öffentlichkeit rückt ein potentieller technischer Zugang zu einem globalen Datennetz, das nicht Wissen, sondern Informationen bietet, deren Aneignung nicht als Problem der Erziehung sondern nur als Problem der richtigen Software gesehen wird«. (Jochum: Die virtuelle Bibliothek, 40) Dem setzt Jochum das topologisch arbeitende kulturelle Gedächtnis entgegen, »das auf Orte wie Bibliotheken angewiesen ist, in deren staubigen Hallen es längst Vergessenes und für irrelevant Gehaltenes bisweilen zu neuem Leben erweckt« (Jochum: Bibliothek als locus communis, 29). Die Zukunft wird jedoch im Nebeneinander von digitalen und konventionellen Medien bestehen. Für die Arbeit im Schul- oder Universitätsunterricht entstehen mit der digitalen Bibliothek unter dem Stichwort »E-learning« neue Möglichkeiten der Wissensaneignung, der Literaturrecherche und Quellenarbeit. Der Bildungsauftrag der Bibliotheken liegt weiterhin in deren aktiver Beteiligung an jenen Prozessen, die durch Nutzung, Verarbeitung und Beherrschung Information in Wissen verwandeln. Die kommerzielle Bereitstellung digitaler Bibliotheken, etwa durch das Unternehmen Google, birgt Risiken für die freie Zugänglichkeit von Informationen bzw. die Gefahr einer Hierarchisierung von Quellen, die sich nach ihrer relativen Nutzung (Trefferquoten) und ihrem Wert als Werbefläche richtet. Robert Darnton, Buchhistoriker und Direktor der Universitätsbibliotheken in Harvard, hat auf die Notwendigkeit hingewiesen, daß Bibliotheken am sog. Google Book Settlement beteiligt werden. Diese Entwicklungen erfordern, daß die Bibliotheken gemeinsam ihre Ziele definieren und die eigene digitale Zukunft gestalten.

Gerade in der Nachwuchsförderung können die wissenschaftlichen Bibliotheken im digitalen Zeitalter eine wichtige Rolle spielen. Junge Nutzer sind an den qualifizierten und differenzierten Umgang mit den herkömmlichen und neuen Medien zu schulen, außerdem gilt es, ihr Interesse für die historischen Zeugnisse der Schriftkultur zu wecken. Im politischen Bewußtsein fehlt jedoch bislang die breite Anerkennung der Rolle der Bibliotheken im Prozeß der Bildungsreform in Deutschland. Voraussetzungen dafür wären eine klare Bestimmung der Funktion der Bibliotheken in der Gesellschaft und eine bessere Vernetzung der Bibliotheken untereinander.

Literatur:
Bodo-Michael Baumunk (Hg.), Frühmoderne Bücherwelten. Die Bibliothek des 18. Jahrhunderts und das hallesche Waisenhaus (Ausstellungskatalog), Halle an der Saale 2007.
Bertelsmann-Stiftung (Hg.), Bibliothek 2007, Gütersloh 2004.
Hans-Erich Bödeker, Die bürgerliche Literatur- und Mediengesellschaft, in: Handbuch der deutschen Bildungsgeschichte. Band II. 18. Jahrhundert. Vom späten 17. Jahrhundert bis zur Neuordnung Deutschlands um 1800, hg. von Notker Hammerstein und Ulrich Herrmann, München 2005, 499–532.
Antje Bultmann Lemke, Kulturpolitik und Bibliothekspolitik der Besatzungsmächte. USA, in: Die Entwicklung des Bibliothekswesens in Deutschland 1945–1965, hg. von Peter Vodosek und Joachim-Felix Leonhard, Wiesbaden 1993 (Wolfenbütteler Schriften zur Geschichte des Buchwesens, 19), 327–337.
Ladislaus Buzas, Deutsche Bibliotheksgeschichte der neuesten Zeit (1800–1945), Wiesbaden 1978.
Robert Darnton, The case for books : past, present, and future, New York 2009.
Helmar Härtel, Geschrieben und gemalt. Gelehrte Bücher aus Frauenhand. Eine Klosterbibliothek sächsischer Benediktinerinnen des 12. Jahrhunderts (Ausstellungskataloge der Herzog August Bibliothek, 86), Wiesbaden 2006.
Hoare, Peter, Bibliothekspolitik und Bibliothekspraxis in der Britischen Besatzungszone, in: Die Entwicklung des Bibliothekswesens in Deutschland 1945–1965, hg. von Peter Vodosek und Joachim-Felix Leonhard, Wiesbaden 1993 (Wolfenbütteler Schriften zur Geschichte des Buchwesens, 19), 339–352.
Jean-Noël Jeanneney, Googles Herausforderung. Für eine europäische Bibliothek, Berlin 2006.
Uwe Jochum, Die Bibliothek als locus communis, in: Medien des Gedächtnisses, hg. von Aleida Assmann, Stuttgart 1998.
Uwe Jochum, Kleine Bibliotheksgeschichte, 2. Aufl., Stuttgart 1999.
Uwe Jochum, Die virtuelle Bibliothek, in: Wissen. Verarbeiten, speichern, weitergeben. Von der Gelehrtenrepublik zur Wissensgesellschaft, hg. von Gereon Severnich und Hendrik Busse, Berlin 2000, 35–40.
Michael Knoche, Die Bibliothek brennt. Ein Bericht aus Weimar, Göttingen 2006.
Alberto Martino, Die deutsche Leihbibliothek. Geschichte einer literarischen Institution (1756–1914), Wiesbaden 1999.
Jürgen Mittelstraß, Der wissenschaftliche Verstand und seine Arbeits- und Informationsformen, in: Die unendliche Bibliothek, hg. vom Börsenverein des Deutschen Buchhandels, Wiesbaden 1996.
Engelbert Plassmann et al., Das Bibliothekswesen in Deutschland. Ein Handbuch, 3. völlig neu bearb. Aufl. des durch Gisela von Busse und Horst Ernestus begründeten Werkes, Wiesbaden 1999.
Engelbert Plassmann et al., Bibliotheken und Informationsgesellschaft in Deutschland. Eine Einführung, Wiesbaden 2006.

Wolfgang Schmitz, Deutsche Bibliotheksgeschichte, Bern 1984.
Wilfried Seyfarth, Michael Habenbacher, Schülerseminare in der Herzog August Bibliothek Wolfenbüttel, in: Bibliothek. Forschung und Praxis, Jg. 28 (2004), Nr. 1, 109–113.
Dieter E. Zimmer, Die Bibliothek der Zukunft. Text und Schrift in den Zeiten des Internet, Hamburg 2000.

9. Archive und Archivgut

Frank M. Bischoff

Historische Bildungsarbeit schafft Identität und klärt auf über die Geschichte und gegebenenfalls über die eigene Zugehörigkeit zu einer Gruppe von Menschen, sei es ein Familienverband, ein Verein, eine religiöse Gemeinschaft, eine Stadt, eine Region, eine Nation oder ein anderweitig definierter Personenverband. Archive sind die Hüter dieser identitätsstiftenden Unterlagen und zugleich ihre Vermittler.

Die Förderung von Bildung, insbesondere historisch-politischer Bildung, ist folglich ein Grundanliegen von Archiven, die vor allem darauf ausgerichtet sind, ihre Unterlagen Benutzern zur Erforschung zur Verfügung zu stellen. Die seit den ausgehenden 1980er Jahren verabschiedeten Archivgesetze von Bund, Ländern und Kirchen heben diesen Aspekt vielfach hervor. Sie definieren Archive als Häuser der Geschichte oder als Stätten landesgeschichtlicher Forschung, übertragen ihnen die Aufgabe, die Auseinandersetzung mit Geschichte allgemein, aber auch speziell mit der Heimat- und Ortsgeschichte bei einem breiten Publikum zu fördern, und erwarten vereinzelt sogar expressis verbis von ihnen selbst die wissenschaftliche Erforschung und Auswertung von Archivgut, die Veröffentlichung von Quellen und Forschungsergebnissen oder die Erarbeitung von Ausstellungen.

Archive werden ihrem Bildungsauftrag heute auf unterschiedliche Weise und in unterschiedlichen Organisationsformen gerecht. Im kommunalen Bereich werden Archive gelegentlich mit stadthistorischen Forschungsstellen, Museen oder Bibliotheken organisatorisch unter einem Dach geführt, was unschädlich ist, solange die archivischen Aufgaben nicht den oft unmittelbar öffentlichkeitswirksameren Events (Vortragsreihen, Ausstellungen etc.) zum Opfer fallen. Doch auch dort, wo Archive als organisatorisch eigenständige Einheiten bestehen – was mehrheitlich der Fall ist – werden die verschiedenen Ausprägungen der historischen Bildungsarbeit betrieben, vom Ausstellungswesen über archivpädagogische Programme für unterschiedlichste Adressatenkreise bis hin zur Partizipation an der Forschung, Herausgabe eigener Veröffentlichungen oder der Bereitstellung historischer Literatur in den Präsenzbibliotheken der Archive.

Nicht zuletzt, angesichts knapper Ressourcen, wird in Archivarskreisen in jüngster Zeit vehement darüber diskutiert, ob Archive sich nicht auf einen Kern von grundlegenden Aufgaben beschränken sollten, anstatt das gesamte Spektrum einer historischen Bildungsarbeit bedienen zu wollen. Während die fachliche Beratung von Schriftgutproduzenten, die Überlieferungsbildung, die Konservierung, die Erschließung und die Zugänglichmachung von Archivgut sicherlich Alleinstellungsmerkmale von Archiven sind, gilt das für manche der zuvor erwähnten Tätigkeitsfelder nicht im gleichen Maße.

Der dem heutigen Archivar selbstverständliche Bildungsauftrag – sei er umfassend verstanden oder auf Kernaufgaben beschränkt – hat sich erst entwickeln müssen und ist den frühen Archiven zumindest als verallgemeinerbarer Anspruch noch fremd. Ursprünglich dienten Archive rechtlich-administrativen Zwecken, hatten den Besitz, die Einkünfte und Privilegien einer Einrichtung, einer Familie oder Person nachzuweisen oder das Verwaltungshandeln und getroffene Entscheidungen zu belegen. Man würde in diesen Fällen wohl besser den Begriff »Registratur« verwenden, doch war für die mittelalterlichen und vor allem die frühneuzeitlichen Schriftgutverwaltungen die Bezeichnung »Archiv« durchaus üblich. Zwar wurden die Archive der Klöster und Kirchen in der frühen Neuzeit auch genutzt, um etwa die Geschichte der Heiligen zu erforschen. Ein allgemeines Zugangsrecht war damit aber keineswegs verknüpft. Und manche, mit alten Dokumenten geführte Auseinandersetzung um die Stellung einer Stadt oder eines Klosters, war kein Historikerstreit um geschichtswissenschaftliche Positionen, sondern gründete auf handfesten rechtlichen, administrativen oder wirtschaftlichen Interessen der streitenden Parteien. Die Dokumente und Urkunden besaßen – wenn man ihnen glauben durfte oder den Glauben an sie durchsetzen konnte – eben immer noch normative Kraft und praktische Bedeutung, mochten sie auch Hunderte von Jahren alt sein.

Erst die verfassungsrechtliche Neuordnung Europas im Gefolge der Französischen Revolution, des Reichsdeputationshauptschlusses und schließlich des Wiener Kongresses ließ Archive im heutigen Sinne entstehen. Geschaffen wurden Einrichtungen, die Unterlagen aufbewahren, denen in der Regel keine fortdauernde rechtliche oder administrative Bedeutung mehr zukommt. Indem Archive die dauerhafte Konservierung eines wertvollen historischen Schrifterbes in Angriff nahmen, mußten diese Unterlagen neben reinen Verwaltungszwecken auch der aufblühenden historischen Forschung zur Verfügung stehen. Mit dem 19. Jahrhundert begann also die vornehmlich geschichtswissenschaftliche Orientierung und Nutzbarmachung der Archive, und diese Ausrichtung sollte noch bis ins späte 20. Jahrhundert für das Selbstverständnis von Archivaren prägend bleiben.

Das Publikum in den Archiven hat sich seither gewandelt. Spätestens mit den 60er und 70er Jahren des 20. Jahrhunderts wurden in vielen Archiven größere Lesesäle benötigt, in denen auch die neuen Nutzergruppen Platz finden konnten. Neben Verwaltung, universitärer Geschichtsforschung und dem sog. Bildungsbürgertum ist in den vergangenen Jahrzehnten eine zahlenmäßig bedeutende, nichtakademische Klientel für die meisten Archive wichtig geworden. Es handelt sich dabei um Benutzer unterschiedlicher Herkunft und Bildung, die ihren persönlichen Erinnerungs- und Bildungsinteressen, ihren familienkundlichen und ortsgeschichtlichen Fragestellungen im Archiv nachgehen wollen.

Die Breitenwirkung des archivischen Bildungsanspruchs wird vor allem in dieser jüngsten, noch anhaltenden Etappe offensichtlich. Lässt man die geeigneten ökonomischen Rahmenbedingungen als Voraussetzung sowohl für ein Bildungsinteresse von Bürgern als auch für ein Bildungsangebot von Archiven einmal außer Acht, so bleibt festzuhalten, daß die Archive sich in den letzten Jahrzehnten einem umfangreichen, nicht näher definierten Publikum geöffnet haben und eine Nutzung von Archivgut ermöglichen, die weder ausschließlich rechtlich-administrativ noch im wesentlichen geschichtswissenschaftlich-akademisch motiviert wäre. Sie gewährleisten damit dem Archivbenutzer, seine persönlichen Bildungsinteressen ohne Frage nach einem darüber hinausreichenden Nutzen oder Zweck befriedigen zu können. Zugleich bleiben die früheren Funktionen, nämlich die Unterstützungsleistungen für Verwaltung und Forschung, unvermindert bestehen.

Der geschilderten Offenheit der Archive für ein breites Publikum mit beliebigen Bildungs- und Informationswünschen müssen zwangsläufig Einschränkungen der Zugänglichkeit von Archivgut zur Seite treten. Zwar erfährt das Zugangsrecht für jedermann in manchen Landesarchivgesetzen noch eine Begrenzung derart, daß Benutzer ein begründetes oder ein berechtigtes Interesse an der Nutzung von Archivgut glaubhaft machen müssen. In der Praxis ist mit dieser Anforderung jedoch kaum eine Einschränkung der Benutzung verbunden.

Anders verhält es sich freilich bei Fragen des Persönlichkeitsschutzes. Da das archivierte Schriftgut auch sensible Informationen zu natürlichen Personen enthält, müssen die datenschutzrechtlichen Belange von Personen und deren Anspruch auf Wahrung ihrer Privatsphäre mit transparenten und überprüfbaren Regelungen geschützt werden. Im Zuge der Volkszählungsurteile der 1980er Jahre gewährte man, daß personenbezogene Informationen aus persönlichkeitsschutzrechtlichen Gründen selbst von den Verwaltungen, die die Angaben erhoben und gesammelt hatten, unter bestimmten Umständen, nämlich nach Erledigung ihres primären Erhebungszweckes, nicht mehr eingesehen werden dürfen.

Um den Archiven trotzdem die Möglichkeit zu bieten, diese Unterlagen auf Dauer aufzubewahren und nach Ablauf der Schutzfristen zugänglich zu machen, mussten Archivgesetze verabschiedet werden, die den Archiven die Wahrung und Achtung der Rechte von Personen auf Informationen über sie selbst auftrugen. Indem die Gesetzgeber die Archive zu Wächtern über Persönlichkeitsrechte und schutzwürdige Belange Betroffener machten, wurde es möglich, öffentliches Schriftgut uneingeschränkt zu Archivgut umzuwidmen und den Zugang zu Archivgut für jedermann zu realisieren. Hier treten die rechtlichen Voraussetzungen für freie Bildung und deren notwendige Einschränkung zutage: Ein Informations- und Bildungsrecht von Archivbenutzern muß dort seine Grenzen finden, wo die Privatsphäre von Menschen und ihr Recht auf informationelle Selbstbestimmung empfindlich beeinträchtigt oder gar verletzt würden. Die deutschen Archivgesetze sehen diese Gefahr mit Ablauf einer zwischen 10 und 30 Jahren variierenden Schutzfrist nach dem Tod der betroffenen Personen als gebannt an. Daß daneben auch Patienten-, Steuer-, Betriebs- und Geschäftsgeheimnisse besonderen Schutzregelungen unterliegen und eine Benutzung von Archivgut auch das Wohl der Bundesrepublik und ihrer Länder nicht gefährden darf, sei hier nur angemerkt. Manche dieser Schutzbelange können von den öffentlichen Archiven im Rahmen ihrer hoheitlichen Eingriffsverwaltung per Verwaltungsakt (Sondergenehmigung) für eine anonymisierte Auswertung durch die Forschung bereits vor Ablauf der Schutzfristen zugänglich gemacht werden; bei anderen, wie etwa den Geheimhaltungsvorschriften unterliegenden Unterlagen, ist das nicht möglich, zumindest nicht ohne Zustimmung der Provenienzstelle oder der Betroffenen.

Archive stellen also Unterlagen, die keinen schutzwürdigen Belangen mehr unterliegen, Benutzern zur Erforschung zur Verfügung. Es handelt sich mehrheitlich um Schriftstücke und Akten. Diese Unterlagen werden nicht isoliert vermittelt, sondern bleiben in ihre Entstehungszusammenhänge eingebettet und verdeutlichen so, gegebenenfalls ergänzt und erläutert durch die archivarische Ordnung und Erschließung, die Entscheidungsprozesse. Das Provenienzprinzip, also die Wahrung des Herkunftszusammenhangs der Unterlagen, stellt dabei ein seit über hundert Jahren geltendes Grundprinzip archivischer Ordnung dar. Archive wollen dem Benutzer nicht museale Einzelobjekte, sondern prozess-generierte, zusammenhängende Informationen zur Auswertung und Weiterverarbeitung darbieten.

Dieser Anspruch bleibt auch bei den modernen Formen der Informationsverarbeitung und -überlieferung gültig. Neben Bild- und Tonträgern sind hier in jüngster Zeit vor allem digitale Aufzeichnungen zu nennen, die in authentischer und integrer Weise erhalten und zukünftigen Benutzern als aussagekräftige und interpretierbare Quellen überliefert werden müssen.

Insofern kann der Anspruch der Archive nicht allein darauf gerichtet sein, der heutigen Gesellschaft Bildungsmöglichkeiten zu bieten. Archive müssen vielmehr sicherstellen, daß auch zukünftige Generationen ihr Recht auf Erinnerung und Forschung adäquat pflegen und ausüben können, ungeachtet der jeweils gebräuchlichen Informations- und Speichermedien oder -techniken.

Im Hinblick auf die Bereitstellung von Archivgut für die Benutzer befinden sich Archive seit einigen Jahren in einer Umbruchphase. Insbesondere die Rechercheinstrumente verändern sich nachhaltig. Die klassischen archivischen Findmittel, Beständeübersichten und Findbücher werden zunehmend durch Online-Findmittel ersetzt, die eine Ermittlung der einschlägigen Archivalien über inhaltliche Zusammenhänge in Suchbäumen und eine Recherche über Stichworte und Zeiträume ermöglichen. Um den Benutzern in kurzer Zeit große Mengen von Online-Findmitteln zugänglich machen zu können, werden seit einigen Jahren Retrokonversionsprojekte durchgeführt, die die verlustfreie, strukturierte Digitalisierung der bislang papiergestützten Findbücher zum Gegenstand haben.

Mit ihren Online-Angeboten haben Archive eine schnelle und unmittelbare Informationsmöglichkeit für Benutzer geschaffen, die keinen geographischen Beschränkungen unterliegt. Ob sich eine Archivalie zu einem gesuchten Sachverhalt im Archiv befindet, lässt sich in Sekundenschnelle überall auf der Welt ermitteln. Häufig sind diese Informationen nicht separat auf je eigenen Websites angeboten, sondern in sog. Archivportalen abgelegt. Diese bündeln die Erschließungsinformationen (Online-Findbücher) von vielen Archiven einer Region, so daß der Benutzer seine Suche in einem Arbeitsschritt über die Bestände mehrerer Archive hinweg durchführen kann. Es steht zu hoffen, daß in absehbarer Zeit ein deutschlandweites Archivportal errichtet wird, das einen zentralen und strukturierten Zugriff auf die Online-Findmittel der bereits bestehenden regionalen Archivportale und der Einzelangebote von Archiven ermöglichen und dorthin verlinken wird.

Während archivische Findmittel derzeit also mit hoher Priorität digitalisiert und zur Nutzung im Internet bereitgestellt werden, dürfte das für die Summe des Archivguts auf lange Zeit hin noch eine Zukunftsvision bleiben. Wenngleich digitale Unterlagen mit zunehmender Frequenz in den Verwaltungen und Behörden im Kontext von Dokumentenmanagement- und Vorgangsbearbeitungssystemen produziert werden, steht ihre mengenmäßig bedeutende Anbietung und Aussonderung an die Archive noch aus und dürfte erst im Laufe der nächsten 10–20 Jahre zu erwarten sein.

Archivgut auf herkömmlichen Schriftträgern wird zwar derzeit bereits von einigen Archivverwaltungen in großem Umfang und mit zunehmender Geschwindigkeit nicht zuletzt aus Gründen der Bestandserhaltung digitalisiert. Bedenkt man aber, daß Flächenländer wie z.B. Nordrhein-Westfalen, Hessen oder Sachsen in ihren staatlichen Archiven je zwischen 110 und 150 laufende Kilometer Archivgut aufbewahren, wird deutlich, daß diese Digitalisierungsbemühungen gegenwärtig nur einen Bruchteil der verfügbaren Unterlagen erfasst haben können.

Allerdings dürfte im Zeitalter der elektronischen Informationstechnik die Versorgung der Benutzer mit Digitalkopien aus Archivalien rascher und einfacher möglich sein, als das vielfach im »Zeitalter der Fotokopie«, also im letzten Drittel des 20. Jahrhunderts der Fall war. Und sicher werden auch digitale Nutzungsformen für Archivgut verstärkt Einzug in die Lesesäle halten und die zum Schutz der Originale bisher zugänglichen Mikrofilme und Mikrofiches sukzessive verdrängen. In manchen Archivlesesälen, wie etwa im Personenstandsarchiv Rheinland des Landesarchivs Nordrhein-Westfalen in Brühl, werden bereits jeden Monat über 100.000 Seiten digitalisierten Archivguts von den Benutzern eingesehen. Zugleich wird Archivgut als digitale Edition auf CD und DVD vertrieben, wie im Fall der Personenstandsarchive in Brühl und Detmold, und erreicht auf diese Weise eine breite Interessentenschicht auch außerhalb der Lesesäle.

Selbst Katastrophen, wie der Einsturz des Stadtarchivs Köln 2009 oder der Brand der Anna-Amalia-Bibliothek in Weimar 2004, führen dazu, daß Digitalisate in weitaus stärkerem Maße als bisher generiert und für die Benutzung angeboten werden. Die Maßnahmen zur Schadenssichtung und -behebung sind im Kölner Fall von intensiven Digitalisierungsmaßnahmen begleitet. Es darf bereits jetzt prognostiziert werden, daß das Historische Archiv der Stadt Köln sich im Zuge der Schadensbewältigungsmaßnahmen zum größten digitalen Kommunalarchiv Deutschlands entwickeln wird.

Indem Archive mit neuen technischen Möglichkeiten den Zugang zum Archivgut erleichtern, schaffen sie ein erweitertes Bildungsangebot für eine breite Interessentenschicht. Indem sie mit ihren Findmitteln Herkunfts- und Kontextinformationen zu den Archivalien anbieten und die Authentizität und Integrität der Unterlagen gewährleisten, geben sie Interpretationshilfen für eine verlässliche historische Auswertung der Quellen. Allerdings können und dürfen Archive keine Interpretationshoheit über Quellen und Geschichtsbilder beanspruchen. Um ihren Bildungsanspruch zu erfüllen und eine Qualitätskontrolle bei der Beurteilung von wissenschaftlichen Erkenntnissen zu unterstützen, muß Archiven gerade daran gelegen sein, daß ihre Unterlagen für die Interpretation durch Benutzer und historische Forschung offen bleiben und immer wieder verlässlich überprüft werden können.

Ungeachtet der verschiedenen Hilfestellungen, die Archive bieten, muß es deshalb auch der Verantwortung der Benutzer überlassen bleiben, über die geeigneten Kompetenzen zum Lesen und Auswerten des Archivguts zu verfügen, handele es sich nun um lateinische Urkunden des Mittelalters, um in deutscher Schrift (*Sütterlin*) abgefaßte Akten der frühen Neuzeit oder um elektronische Unterlagen des 21. Jahrhunderts. Wenn die Archive historische Bildung unterstützen, so setzt ihre Benutzung zugleich auch ein gewisses Maß an Bildung, das Vorhandensein eines Rüstzeugs zur Auswertung der Quellen voraus.

Spätestens hier wird deutlich, daß der Bildungsauftrag beim Beauftragten, nämlich bei den Archivarinnen und Archivaren ebenfalls Kompetenzen voraussetzt, die von der mittelalterlichen Überlieferung bis zu den zeitgenössischen elektronischen Unterlagen reichen. Da sich das von den Archiven aufzubewahrende Schriftgut über verschiedene Epochen hinweg immer wieder substantiell wandelt, sieht sich der Archivar mit dem Anspruch konfrontiert, parallel zum Anwachsen des Archivguts in den Magazinen auch seine Kompetenzen stetig zu aktualisieren, ohne ältere Teile seines Wissens als obsolet ausscheiden zu können. Daß die Förderung von Bildung zugleich qualifizierte Ausbildung und lebenslange Fortbildung verlangt, sei an dieser Stelle unterstrichen.

Literatur:
Friedrich Beck, Eckart Henning, Joachim-Felix Leonhard, Susanne Paulukat, Olaf B. Rader (Hgg.), Archive und Gedächtnis. Festschrift für Botho Brachmann, Potsdam 2005.
Rainer Hering, Jürgen Sarnowsky, Christoph Schäfer, Udo Schäfer (Hgg.), Forschung in der digitalen Welt. Sicherung, Erschließung und Aufbereitung von Wissensbeständen. Tagung des Staatsarchivs Hamburg und des Zentrums »Geisteswissenschaften in der digitalen Welt« an der Universität Hamburg am 10. und 11. April 2006

(Veröffentlichungen aus dem Staatsarchiv der Freien und Hansestadt Hamburg, 20), Hamburg 2006.

Barbara Hoen (Hg.), Planungen, Projekte, Perspektiven. Zum Stand der Archivierung elektronischer Unterlagen. 10. Tagung des Arbeitskreises »Archivierung von Unterlagen aus digitalen Systemen«, 14. und 15. März 2006 in Düsseldorf (Veröffentlichungen des Landesarchivs Nordrhein-Westfalen, 10), Düsseldorf 2006.

Angelika Menne-Haritz, Rainer Hofmann (Hgg.), Archive im Kontext. Öffnen, Erhalten und Sichern von Archivgut in Zeiten des Umbruchs. Festschrift für Prof. Dr. Hartmut Weber zum 65sten Geburtstag (Schriften des Bundesarchivs, 72), Düsseldorf 2010.

Rainer Polley (Hg.), Archivgesetzgebung in Deutschland. Ungeklärte Rechtsfragen und neue Herausforderungen. Beiträge des 7. Archivwissenschaftlichen Kolloquiums der Archivschule Marburg (Veröffentlichungen der Archivschule Marburg, 38), Marburg 2003.

Wilfried Reininghaus, Andreas Pilger (Hgg.), Lehren aus Köln. Dokumentation zur Expertenanhörung »Der Kölner Archiveinsturz und die Konsequenzen« (Veröffentlichungen des Landesarchivs Nordrhein-Westfalen, 25), Düsseldorf 2009.

Sächsisches Staatsarchiv (Hg.), Archivische Facharbeit in historischer Perspektive, redig. von Peter Wiegand und Jürgen Rainer Wolf in Verbindung mit Maria Rita Sagstetter, Dresden 2010.

Marcus Stumpf (Hg.), Beruf und Berufsbild des Archivars im Wandel (Westfälische Quellen und Archivpublikationen, 25), Münster 2008.

Karsten Uhde (Hg.), Berufsbild im Wandel – Aktuelle Herausforderungen für die archivarische Ausbildung und Fortbildung. Beiträge zum 9. Archivwissenschaftlichen Kolloquium der Archivschule Marburg (Veröffentlichungen der Archivschule Marburg, 43), Marburg 2005.

Stefanie Unger (Hg.), Archive und ihre Nutzer – Archive als moderne Dienstleister. Beiträge zum 8. Archivwissenschaftlichen Kolloquium der Archivschule Marburg (Veröffentlichungen der Archivschule Marburg, 39), Marburg 2004.

Verband deutscher Archivarinnen und Archivare e.V. (Hg.), Archive im digitalen Zeitalter. 79. Deutscher Archivtag 2009 in Regensburg (Tagungsdokumentation zum Deutschen Archivtag, 14)., redig. von Heiner Schmitt, Fulda 2010.

Verband deutscher Archivarinnen und Archivare e.V. (Hg.), Archive und Öffentlichkeit. 76. Deutscher Archivtag 2006 in Essen (Tagungsdokumentation zum Deutschen Archivtag, 11), redig. von Heiner Schmitt, Fulda 2007.

Katrin Wenzel, Jan Jäckel (Hgg.), Beiträge zum Kolloquium aus Anlass des 60-jährigen Bestehens der Archivschule Marburg, zugleich 14. Archivwissenschaftliches Kolloquium der Archivschule Marburg am 1. und 2. Dezember 2009 (Veröffentlichungen der Archivschule Marburg, 51), Marburg 2010.

10. Museum und Ausstellung

Heike Gfrereis

Zweieinhalb kleinbedruckte Spalten räumt 1905 der zwölfte Band (»Mauria bis Nordsee«) von »Meyers Konversations-Lexikon« dem Lemma »Museum« ein: »(v. griech. musa, Muse), ursprünglich ein Musentempel; dann überhaupt ein den Musen, d. h. der Gelehrsamkeit, den Wissenschaften und Künsten, geweihter Ort. Das bedeutendste und wichtigste M. des Altertums im letztern Sinne war das zu Alexandria, als dessen Stifter gewöhnlich Ptolemäos Philadelphos (248–246 v. Chr.) genannt wird. Es befand sich in dem Teil des königlichen Palastes, welcher zugleich für die Bibliothek bestimmt war. Dort versammelte sich eine ausgewählte Gesellschaft von Gelehrten, die auf Staatskosten unterhalten wurden, um ungestört ihren wissenschaftlichen Bestrebungen leben zu können. Ihre Thätigkeit war eine vorherrschend philologische; aber auch Poesie wurde geübt und für die Medizin und die sogen. exakten Wissenschaften ein fruchtbarer Boden gewonnen. [...] Seit dem Ende des Mittelalters bezeichnete man mit dem Ausdruck M. im weitern Sinne eine in einem besonders dazu hergestellten Gebäude zur Ansicht aufgestellte Sammlung seltener und interessanter Gegenstände aus dem Gebiet der Naturgeschichte oder der Künste; später verstand man darunter ein Gebäude zur Aufbewahrung von Kunstdenkmälern, bis in der Neuzeit das Wort M. für Kunst- und wissenschaftliche Sammlungen jeglicher Art angewendet wird. Es gibt anatomische, landwirtschaftliche, mineralogische, botanische, zoologische, geologische, naturhistorische, ethnologische, physikalische, historische, prähistorische, hygienische, Waffen-, Volkstrachten- u. a. Museen, in welchen die Geschichte und das System jeder Wissenschaft durch Naturerzeugnisse, Präparate oder Kunstprodukte veranschaulicht wird. [...] M. ist auch der Name von Lesegesellschaften u. dgl. sowie Titel von Sammelwerken und Zeitschriften. [...]« 1830 dagegen ist das Wort »Museum«

noch nicht einmal ein eigenes Lemma wert. In Theodor Heinsius' »Deutschem Wörterbuch« steht es unter »Musenhalle«: »eine den Künsten und Wissenschaften geweihte Halle, besonders wenn Kunstwerke darin ausgestellt sind (Museum)«.

So verschieden können im Abstand von gerade 60 Jahren Definitionen sein, so uneindeutig ist der Gegenstand und die Aufgabe eines Museums. Das Museum kann leer sein, aber auch Dinge zeigen. Es kann Kunstwerke ausstellen oder die »Geschichte und das System jeder Wissenschaft durch Naturerzeugnisse, Präparate oder Kunstprodukte veranschaulichen«, ein geweihter Ort der Anbetung, der geistigen und sinnlichen Anschauung sein, aber auch der »ungestörten wissenschaftlichen Bestrebung« und genauen Lektüre. Die Vorstellung vom Musentempel, der Geistesbildung und ein erhabenes Gefühl durch das Museum vermittelt, hatte in der deutschen, vom Idealismus und der Romantik, der deutschen Innerlichkeit geprägten Tradition der Kunstmuseen den größeren Einfluß. Goethe bestaunt in der Galerie des Dresdner Zwingers die Räume: »Ich trat in dieses Heiligtum, und meine Verwunderung überstieg jeden Begriff, den ich mir gemacht hatte. Dieser in sich selbst wiederkehrende Saal, in welchem Pracht und Reinlichkeit bei der größten Stille herrschten, die blendenden Rahmen, alle der Zeit noch näher, in der sie verguldet wurden, der gebohnte Fußboden, die mehr von Schauenden betreten als von Arbeitenden benutzten Räume gaben ein Gefühl von Feierlichkeit, einzig in seiner Art, das um so mehr der Empfindung ähnelte, womit man ein Gotteshaus betritt, als der Schmuck so manches Tempels, der Gegenstand so mancher Anbetung hier abermals, nur zu heiligen Kunstzwecken aufgestellt erschien. Ich ließ mir die kursorische Demonstration meines Führers gar wohl gefallen, nur erbat ich mir, in der äußeren Galerie bleiben zu dürfen. Hier fand ich mich, zu meinem Behagen, wirklich zu Hause. Schon hatte ich Werke mehrerer Künstler gesehen, andere kannte ich durch Kupferstiche, andere dem Namen nach; ich verhehlte es nicht und flößte meinem Führer dadurch einiges Vertrauen ein, ja, ihn ergötzte das Entzücken, das ich bei Stücken äußerte, wo der Pinsel über die Natur den Sieg davon trug; denn solche Dinge waren es vorzüglich, die mich an sich zogen, wo die Vergleichung mit der bekannten Natur den Wert der Kunst notwendig erhöhen mußte«. (Dichtung und Wahrheit) Friedrich Schlegel läßt die Augen schließen: »Mancher betrachtet Gemälde am liebsten mit verschlossenen Augen, damit die hantasie nicht gestört wird«. Kleist greift nach der Betrachtung von Caspar David Friedrichs Gemälde »Mönch am Meer« zu einer berühmten Formulierung gewaltsamer Erleuchtung: »Nichts kann trauriger und unbehaglicher sein, als diese Stellung in der Welt: der einzige Lebensfunke im weiten Reiche des Todes, der einsame Mittelpunkt im einsamen Kreis. Das Bild liegt, mit seinen zwei oder drei geheimnisvollen Gegenständen, wie die Apokalypse da, als ob einem die Augenlider weggeschnitten wären«.

Unabhängig davon, ob man im Museum mit offenen Augen oder geschlossenen steht – immer ist das Museum durch seine Namensgeberinnen, die neun Musen, mit der Vergangenheit verbunden: Die Musen sind in der antiken Mythologie die Töchter der Mnemosyne, der Göttin des Gedächtnisses. Sie erzählen den Menschen von ihrer Geschichte, erinnern sich an das, was diese nicht mehr wissen, und inspirieren die Künstler und Wissenschaftler. Erato, Kalliope, Thalia, Melpomene, Euterpe, Terpsichore, Polyhymnia, Klio, Urania. Der Reihe nach zuständig für Liebesdichtung, erzählende Dichtung, Komödie, Tragödie, Tonkunst, Tanz, Gesang, Geschichtsschreibung und Sternenkunde. In Platons Dialog »Phaidros«, dem Gespräch über das Schöne, erscheinen sie in Gestalt von Zikaden, von Grillen an einem herausgehobenen Ort zur herausgehobenen Zeit. Sokrates läßt sich von Phaidros vor die Tore der Stadt führen. Die beiden setzen sich unter eine hochaufsteigende Platane, es ist heiß, Mittagszeit: »Bei der Here! dies ist ein schöner Aufenthalt. Denn die Platane selbst ist prächtig belaubt und hoch, und des Gesträuches Höhe und Umschattung gar schön, und so steht es in voller Blüte, dass es den Ort mit Wohlgeruch ganz erfüllt. Und unter der Platane fließt die lieblichste Quelle des kühlsten Wassers, wenn man seinen Füßen trauen darf. Auch scheint hier nach den Statuen und Figuren ein Heiligtum einiger Nymphen und des Acheloos zu sein. Und wenn du das suchst, auch die Luft weht hier willkommen und süß und säuselt sommerlich und lieblich in den Chor der Zikaden. Unter allen am herrlichsten aber ist das Gras am sanften Abhang in solcher Fülle, dass man hingestreckt das Haupt gemächlich kann ruhen lassen. [...] Muße haben wir ja, wie es scheint. Auch dünken mir die Zikaden, wie sie in der Hitze pflegen, über unseren Häuptern singend und sich untereinander besprechend, herabzuschauen. [...] Man sagt nämlich, diese wären Menschen gewesen von denen vor der Zeit der Musen. Als aber diese erzeugt worden und der Gesang erschienen, wären einige von den damaligen so entzückt worden von dieser Lust, dass sie singend Speise und Trank vergessen und so unvermerkt gestorben wären. Aus welchen nun seitdem das Geschlecht der Zikaden entsteht, mit dieser Gabe von den Musen ausgestattet, dass sie von der Geburt an keiner Nahrung bedürfen, sondern ohne Speise und Trank sogleich singen, bis sie sterben, dann aber zu den Musen kommen und ihnen verkünigen, wer hier jede von ihnen verehrt. […] Aus vielen Ursachen also müssen wir etwas reden und nicht schlafen am Mittage«. (Übers. Kurt Hildebrandt)

Ein Museum zeigt alte Dinge, ist so immer auch Mausoleum und hat mit dem Glauben an das Leben zu tun, mit dem Wort, mit den Stimmen dieser alten (sichtbaren oder unsichtbaren) Dinge, mit dem Versuch, sie zum Sprechen bringen, zum Klingen, selbst zu reden und nicht zu schlafen. Der Unterschied zwischen den verschiedenen möglichen Definitionen eines Museums liegt im Grad der konkreten Benennbarkeit dessen, was es vermittelt: Kann, was gezeigt wird, deutlich, genau und exakt sprechen oder kann es nur vage erzählen? Werden tatsächliche Bilder gezeigt oder nur innere, imaginäre? Sprechen die Dinge selbst von der Vergangenheit oder spricht nur der Mensch von sich selbst? Ist das Wissen, das ein Museum vermitteln kann, lernbar und überprüfbar? Ist ein Museum ein heiliger, numinoser Ort oder eine profane, zu jedem Thema einrichtbare Lehranstalt? Sollte man hier still sein und sich gut benehmen oder darf man lachen und rennen? Darf man sich verträumen, weil man hier alle Freiheiten vom Leben hat, oder muß man aufpassen und merken, was einem gezeigt und gesagt wird? Bildet es durch Vermitteln einer Gestalt und Gestaltung (*forma, species*), eines Bildes oder Bildnisses (*imago*), einer Kultur (*cultus, humanitas*) oder einer Formation (*institutio*)? (*Grimmsches Wörterbuch*). Oder kann es gar, wie 1779/80 Daniel Chodowieckis berühmte Kupferstiche »Kunst-Kenntnis« aus der Serie »Natürliche und affectierte Handlungen des Lebens« nahelegen, vieles davon auf einmal vermitteln? Anders als die beiden Kunstkenner, die sich gestenreich vor der Skulptur einer Flora unterhalten, besitzen die stillen Kunstbetrachter eine gerade Haltung, schönere, antikere Gesichtszüge und auch die Gunst des Kunstwerks: Die Göttin der Blumen lächelt ihnen zu und bietet ihnen, welche die ästhetische Distanz zu ihr wahren wissen, sie interesselos als Kunstwerk für sich betrachten und nicht mit einer lebenden Zeitgenossin verwechseln, ihre Gaben offen dar. »Durch die Schönheit wird der sinnliche Mensch zur Form und zum Denken geleitet; durch die Schönheit wird der geistige Mensch zur Materie zurückgeführt und der Sinnenwelt wiedergegeben«, schreibt Friedrich Schiller 1795 in seinen Briefen »Über die ästhetische Erziehung des Menschen«. »Sie wollen selbst zur Bildsäule werden«, läßt August Wilhelm Schlegel vier Jahre später in einem erfundenen Gespräch Louise über Waller spotten, der in den Dresdner Antikensälen »wie in der tiefsten Einsamkeit« ist.

»Meyers Konversations-Lexikon« und Heinsius' »Deutsches Wörterbuch« markieren mit ihren Erscheinungsdaten die Zeit, in der in Deutschland die Museen zunehmend zu gesellschaftlich repräsentativen Bildungsorten wurden und »Objekte, Menschen und Räume so [organisierten], dass sie die grundlegenden Werte, Normen und Verhaltensweisen der Gesellschaft repräsentierten. Ebenso wie die anderen repräsentativen kulturellen Organisationen des Jahrhunderts – die Konzerthalle und die Universität beispielsweise – waren die Museen eng mit Theorie und Praxis der Bildung verknüpft, dieses unübersetzbaren Wortes, dessen Bedeutungsskala formale Bildung, ästhetische Verfeinerung und Charakterbildung einschließt (und miteinander verbindet). In der introspektiven Sensibilität des deutschen Pietismus des 17. Jahrhunderts wurzelnd, verlor der Begriff Bildung niemals völlig seine spirituellen Konnotationen. Im Laufe des Jahrhunderts wurde er jedoch in seinem Bedeutungsgehalt weniger spirituell und moralisch und stärker pädagogisch und wissenschaftlich«. James H. Sheehan zeichnet in seiner »Geschichte der deutschen Kunstmuseen« diesen Weg der Pädagogisierung bis ins 20. Jahrhundert nach: Die Kunstwerke werden zeitlich nach Epochen geordnet, die Gestaltung der Räume tritt hinzu, um den Blick für die Zeit zu schärfen, ihre spezifischen technischen Fertigkeiten und inhaltlichen Eigentümlichkeiten, aber auch ihre Stimmung, ihre Atmosphäre, ihr »Antlitz« zu vergegenwärtigen. Ein Musterbeispiel ist Stuhlers Neues Museum in Berlin, das die historisch vergangene Welt seiner Exponate bis in die architektonische Konstruktion seiner Räume hinein nachbaut. Parallel zu diesem pädagogischen Museumsbegriff kommt im 19. Jahrhundert der Begriff der zeitlich begrenzten Ausstellung, der Exposition, Schau und Show auf. Mit der ersten Weltausstellung in London (1851) entsteht die erste repräsentative ephemere Ausstellungsinnenarchitektur: Gezeigt werden die neuesten Erfindungen und Produkte verschiedener Nationen. Die Gestaltung dient dazu, die Kauflust und das Begehren der Besucher zu wecken, die Dinge selbst besitzen zu wollen. Bald erhalten auch die Weltausstellungen historische Kabinette, verbinden das Verkaufen mit dem Bilden, die Demonstration mit der Repräsentation. Im Laufe des 20. Jahrhunderts vermischen sich die Gattungen, Museum und Ausstellung, Verkaufssalon und Messe, Kunstraum und Kaufhaus immer mehr. Aus exklusiven »Musenhallen« werden universelle Ausstellungsstätten, aus Alltagsgegenständen lesbare, Geschichten erzählende »Objects Sentimentales« (Daniel Spoerri).

Die Bildungsangebote differenzieren sich besonders seit den siebziger Jahren des 20. Jahrhunderts im Zuge der Studentenrevolution und der Demokratisierung von »Bildung« immer weiter aus, vermittelt von Museumspädagogen, Audioguides, PDAs, Mo-Manizers, Hosts, Katalogen, Flyern, Booklets, Raumtexten, Exponatgruppentexten, Legenden, Zitaten, Karten, Tabellen, Filmen, PC-Kiosken, Homepages und Shopartikeln. Das Historische Museum Frankfurt löst 1972 mit seiner neuen Dauerausstellung, in der die begleitenden und langen Informationen und nicht die Dinge und deren effektvolle Präsentation im Zentrum der Räume stehen, die erste große Diskussion über den »Lernort Museum« aus: »Der asketische Präsentationsstil von 1972 hatte auch die Aufgabe, den Charakter des Museums als didaktisch organisierten und bildungspolitisch effizienten Lernort zu betonen. Er lässt kulinarischen Kunstgenuss ebensowenig zu wie das Schwelgen in romantischen Erinnerungen oder nostalgischen Gefühlen«, beschreibt ihn Viktoria Schmidt-Linsenhoff als Antipoden der idealistischen deutschen Museumstradition. »Mit den Schlagworten ›Lernort contra Musentempel!‹ und ›Kultur für alle‹ stieß das *historische museum frankfurt* die konsequente Didaktisierung und Öffnung der Institution Museum für alle Bevölkerungsschichten an«, blickt das Frankfurter Museum auf seiner Homepage (http://www.historisches-museum.frankfurt.de) zurück. Heute ist das Museum als Schule der Regelfall, die Museumspädagogik ein breit besetztes und hochreflektiertes Feld der Kulturvermittlung und der Musentempel die (verdächtig ästhetisierende) Ausnahme, wobei sich gerade in jüngster Zeit auch eine Vermittlungskritik, eine Didaktik der Anti-Didaktik bemerkbar macht, die eine große Qualität der Museen darin sieht, daß sie die Langeweile, den schweifenden und freien Blick zulassen.

Museen und das, was sie zeigen, ihre Ausstellungen, bilden trotz oder gerade wegen dieses Amalgams verschiedener Tradition und auch Ideologien ihre Besucher auf eine eigene Weise. Unabhängig davon, ob sie zum Event oder zum Tempel neigen, zum weißen oder bunten Raum, zur Bühne oder zu den Dingen, zur Überfülle oder zur bestimmten, intendierten Leere: Sie heben ihre Besucher heraus und versetzen sie in eine quasi magische Welt der zähflüssigen Zeit und der räumlichen Verdichtung: »Ausstellungen machen, heißt eine Geschichte erzählen. Die Komplexität dieser Geschichte kommt nicht zuletzt dadurch zustande, dass ihre Lesbarkeit mittels Objekten, Medieneinspiegelungen, Texttableaus, etc. – durch ihre Verortung im Raum – eine gleichsam dreidimensionale Hermeneutik erzeugt, die eine vierte zeitliche Dimension dadurch erhält, dass sich die Besucher durch eben diesen Ausstellungsraum bewegen. Der Vorgang, eine Ausstellung zu verstehen, geht somit über das Lesen eines Textes hinaus, weil das sinnliche Erfahren der Objekte wie ihrer Inszenierung und das freie (durch die Gestaltung erzwungene) Schreiten durch die Ausstellung gleichsam im Kopf der Betrachter einen ›Denkraum‹ erzeugt, der durch die Inszenierung des Ausstellungskonzeptes allerdings – aber mit subjektivem Spielraum – vorgegeben sein kann. [...] Dem Wunsch nach Sinnlichkeit und Anschaulichkeit kann die digitale Wissensvermittlung nicht zur restlosen Befriedigung verhelfen – nicht zuletzt deshalb erwecken Ausstellungen, wie früher Wunderkammern, nachhaltig Faszination und fast so etwas wie ein Interesse am Zaubrischen«. Die ausgestellten, sichtbaren oder auch unsichtbaren Exponate sind beharrlich da, mit einem nicht erklärbaren, in Informationen auflösbaren Rest: »Das Museum wäre unvollständig beschrieben, wenn man es nur als Ort einer Sammlung verstünde. Es war [im 19. Jahrhundert] ein neu definierter Hoheitsbereich der Kunst, in welchem die moderne Kultur ihren Meditationsraum fand. Die Kultur des Blicks, in welchem nicht nur Bewunderung lag, weckte die Distanzempfindung für Ideale und Symbole, die aus einer anderen Zeit herüberreichten«. (Hans Belting) Das Ausstellen verwandle, so Krzysztof Pomian, die Ideale und Symbole, die Dinge in »Semiophoren«: in materielle »Zeichen, die eine Beziehung herstellen sollen zwischen dem Betrachter und dem Unsichtbaren, auf das sie verweisen«, in Zeichen, die »dem Blick der Bewohner der jeweils anderen Welt ausgesetzt werden«.

In der Differenz zwischen Vermittlung und Ausstellung, Bezeichnung, Zeigen und Gezeigtem, Erklärung und Irritation, Auflösung und Widerstand liegt auch heute noch die spezifische Erkenntnis eines Museumsbesuchs. Was Museen und Ausstellungen konkret vermitteln können, das ist der Wert der Langeweile, jenes Zustands, in dem die Musen erscheinen, sobald man erkennt, daß alles, was unterhält oder belehrt, in einem selbst liegt. Hierin ist der Museumsbesuch dem (Spazieren-)Gehen ähnlich, das der Galerie – dem Gang, dem Raum, sich zu ergehen – den Namen gab. Hierin liegt auch die Funktion jeder Vermittlungsarbeit in einem Museum: Beibringen, die Zeit aufs Spiel zu setzen, sie ohne sicheren Gewinn zu investieren, sie mit stummen, nicht verständlichen Resten zuzubringen und jederzeit hinausgehen zu dürfen. Es ist die Ablenkung, die Unaufmerksamkeit, die Pause, die ›bildet‹, und nicht das ›betreute Sehen‹: »Bei längerem Verweilen ermüdet der Blick, und das Eigenartige, Spezifische nimmt mehr und mehr die Farbe des Normalen, des Nicht-anders-sein-Könnens an, und Gunst und Vorteil des ersten Eindrucks gehen verloren«. (Max Friedlaender) »Schauen Sie ein Bild nicht lang an, lesen Sie ein Buch nicht zu eindringlich, hören Sie ein Musikstück nicht mit der größten Intensität, Sie ruinieren sich alles und damit das Schönste wie Nützlichste auf der Welt«. (Thomas Bernhard)

Literatur:
Hans Belting, Das unsichtbare Meisterwerk. Die modernen Mythen der Kunst, München 1998.
Thomas Bernhard, Alte Meister. Komödie, Frankfurt am Main 2003.
Max J. Friedländer, Von Kunst und Kennerschaft, Oxford 1946.
Walter Hochreiter, Vom Musentempel zum Lernort. Zur Sozialgeschichte deutscher Museen 1800–1914, Darmstadt 1994.
Gerhard Kilger (Hg.), Szenografie in Ausstellungen und Museen, Essen 2004.
Gottfried Korff, Museumsdinge. Deponieren – exponieren, Köln u. a. 2002.
Hannelore Kunz-Ott, Susanne Kudorfer, Traudel Weber (Hgg.), Kulturelle Bildung im Museum. Aneignungsprozesse – Vermittlungsformen – Praxisbeispiele, Bielefeld 2009.
Herbert Lachmeyer, Knowledge-Design. Zur Ausstellbarkeit von Kunst oder Wissenschaft als Vermittlungs- und Forschungsstrategie, Vortrag, gehalten auf dem Workshop Ausstellungen als Instrument der Wissensvermittlung des Helmholtz Zentrums für Kulturtechnik, Humboldt-Universität zu Berlin, 26./27.4.2002. http://www2.hu-berlin.de/hzk/files/Lachmayer.pdf, abgerufen am 25.8.2010.
Michael Parmentier, Die Kunst und das Museum. Stationen eines didaktischen Dilemmas, in: Zeitschrift für Pädagogik (51/6), 2005, S. 756–773
Krzysztof Pomian, Der Ursprung des Museums. Vom Sammeln, Berlin 1988.
Heinz Schlaffer, Flüchtige Wahrnehmung von Kunst, in: Merkur, Nr. 710, Juli 2008.
Viktoria Schmidt-Linsenhoff, Historische Dokumentation – zehn Jahre danach, in: Historisches Museum Frankfurt (Hg.): Die Zukunft beginnt in der Vergangenheit. Museumsgeschichte und Geschichtsmuseen, Gießen 1982, S. 330–347.
James H. Sheehan, Geschichte der deutschen Kunstmuseen. Von der fürstlichen Kunstkammer zur modernen Sammlung, München 2002.
Ellen Spickernagel, Brigitte Walbe (Hgg.), Das Museum. Lernort contra Musentempel, Gießen 1976.
Ulrike Vedder, Museum/Ausstellung, in: Karlheinz Barck (Hg.): Ästhetische Grundbegriffe (Bd. 7), Stuttgart/Weimar 2005, S. 148–190.

11. Akademie

Notker Hammerstein

Name und vager Begriff gehen auf die Antike, die Platonische Akademie zurück. In der italienischen Renaissance versammelten sich Humanisten in zwangloser Art, um geistigen Austausch und geistige Freundschaft zu pflegen. Die wiederentdeckte Antike und ihre Ideale bildeten dabei den gemeinsamen Bezugspunkt. Insbesondere in Florenz war das ab dem 15. Jahrhundert der Fall, und hier kam es auch zur sog. ersten abendländischen Akademie, der Accademia Platonica. Marsilio Ficino und seine Freunde aus einem solchen humanistischen Zirkel wollten bewußt das Abbild einer antiken Akademie wiedererstehen lassen. Sie solle Bildung, Gesittung und Formung der Gleichgesinnten erreichen und auf das Gemeinwesen insgesamt zurückwirken. In Cosimo de' Medici fanden sie ihren Förderer. Das veranlaßte nicht nur in Florenz, sondern alsbald auch in anderen italienischen Stadtstaaten analoge Gründungen. Sie überlebten zwar nicht den Einbruch, den die Renaissancekultur infolge der über die Alpen kommenden auswärtigen Mächte erfuhr, und erstarben in den ersten Dezennien des 16. Jahrhunderts. Sie hatten aber die Idee einer solchen Institution, die neben den traditionellen Bildungseinrichtungen wie Schulen und Universitäten existierte, wieder bekannt gemacht. Das geriet nicht in Vergessenheit und sollte alsbald nachgeahmt werden.

Wieder ging Italien voran. Die 1583 in Florenz gegründete Accademia della Crusca – der Kleie, die vom Mehl wie das Schlechte vom Guten zu trennen sei – wurde eine Art Urbild. Sie verfolgte das Ziel, die Muttersprache zu reinigen und zu veredeln. Damit sollten die Wissenschaften, aber auch die Sitten verbessert und der Patriotismus gefördert werden. Ihr folgte bald in Rom die Accademia dei Lincei mit verwandtem Programm (1603). Sie bestehen beide bis zum heutigen Tag und wurden in anderen Ländern nachgeahmt. In Deutschland entstanden etwa die Fruchtbringende Gesellschaft, der Palmenorden des Fürsten Ludwig von Anhalt-Köthen (1617), der Pegnesische Blumenorden, die Nürnberger Pegnitzschäfer und auch die Hamburger Kunstliebenden (1643). Sie verstanden sich als sprachliebende oder -forschende Akademien und sind mit den wenig später entstehenden Akademien der Wissenschaften eigentlich nicht gleichzusetzen.

In Frankreich wurde 1635 von Richelieu die Académie Française in Paris gegründet. Auch sie hatte sich der Pflege französischer Sprache und Denkens zu widmen. Sie handelte sozusagen in staatlichem Auftrag, was dem Zentralismus des Landes und seiner frühabsolutistischen Staatsauffassung entsprach. 1662 trat in London die Royal Society ins Leben. Als Gründung privater Liebhaber mit spezifischen Interessen sollte sie sich vor allem Naturwissenschaften und Mathematik widmen. »To endeavour by solid experiments either to reform or improve philosophy«, wie es in ihren von König Karl II. bestätigten Statuten hieß, wobei philosophy damals allgemein für Wissenslehre stand. Gleichem Ziel diente die 1666 in Paris errichtete Académie des Sciences. Ihr Gründer Colbert, der einflußreiche Minister Ludwigs XIV., erhoffte sich unmittelbare Vorteile für den Staat und seine ökonomischen (merkantilistischen) Unternehmungen.

Diese Akademien folgten also spezieller Ausrichtung und wurden Vorbild für viele weitere, insbesondere im 18. Jahrhundert erblühende, sich Akademie, Gelehrte Gesellschaft oder Sozietät nennende Einrichtungen. Zwischen Stockholm und Palermo, zwischen St. Petersburg und Dublin gab es eine Fülle von Spezialhochschulen für moderne Fächer, die meist keinen Universitätsrang hatten oder allenfalls nur bedingt dort betrieben wurden. Bergbau, Handel, Ingenieurwesen, militärische Kunstfertigkeiten, Chemie, Chirurgie, Landwirtschaft, Kameralistik gehörten dazu. Insbesondere in Frankreich handelte es sich um eine verbreitete Erscheinung. Hier waren die Universitäten wenig angesehen, da traditionsverhaftet und unbeweglich scholastisch. Allein praxisbezogenen Spezialschulen traute man eine aufgeklärte und nützliche Funktion zu. Im Zuge der Revolution wurden die Universitäten 1793 aufgelöst und 1795 die stilbildende École Polytechnique 1795 errichtet. Sie wurde während des 19. Jahrhunderts ihrerseits Muster für die neuen Spezialhochschulen im Lande.

Im Reich gehörte die 1652 in Schweinfurt gegründete, bis heute fortbestehende Accademia Naturae Curiosorum dazu, wurde nach ihrer kaiserlichen Privilegierung zu einer Art naturwissenschaftlich-medizinischen Akademie. Sie wurde später Leopoldina genannt. Alle diese Akademien enthielten sich von politischen und konfessionellen, also geistig möglicherweise kontroversen Themen. Das erlaubte ihnen Internationalität und Überkonfessionalität. So stand im Statutenentwurf der Royal Society: »The Business and design [...] is: to improve the knowledge of natural things and all usefull arts [...] not meddling with Divinity, Metaphysics, Morals, Politics, Grammar, Rhetoric or Logic«. Und in Frankreich hieß es analog: »[...] es werden auf Sitzungen niemals die Geheimnisse der Religion oder Angelegenheiten des Staats erörtert werden, [...]«. Man hielt für gewiß, daß Naturforschung »mit den Leidenschafften derer Menschen wenig zu thun hat, und daher einer geruhigeren Untersuchung fähig ist«, wie der Sekretär der Bayerischen Akademie schrieb. Und ein anderer meinte: »[...] denn dadurch ist der ränkischen Theologie der hauptzahn stumpf gemacht«. Folglich hatten Theologie ebenso wie Jurisprudenz dort keinen Platz.

Auch die im 17. Jahrhundert errichteten Ritterakademien, die eine Ausbildung für junge Adlige anboten – Reiten, Tanzen, Fortifikation, moderne Sprachen und anderes mehr –, waren eine Art spezieller Akademie. Sie sollten den als verstaubt und rückständig geltenden Universitätsunterricht ersetzen. Sie gab es in Angers, Saumur, in Tübingen, Kassel, Halle, Siena und Turin. Im Reich, wo sie auf viele Adlige anziehend gewirkt hatten, verloren sie infolge aufgeklärter Universitätsreformen ihre Bedeutung im 18. Jahrhundert bereits wieder.

Diese aufgeklärten Akademien in England, Frankreich und Italien unterschieden sich von der 1700 in Berlin von Leibniz gegründeten societas scientiarum, einer Sozietät der Wissenschaften. Er wählte diesen Namen, da Akademie im Deutschen auch für Gymnasien, Berg- oder Malerakademien und Universitäten stehen konnte. Leibniz wollte eine Einrichtung, die alle Wissenschaften umschloß. Er unterstellte deren Einheit. Alle hätten »Theoria cum praxi zu vereinigen«, was für Deutsche nicht schwer sei, da ihr Verstand »auf Realitäten gehe. […] Es scheinet«, schreibt er 1697 in einem seiner vielen Entwürfe, »daß anjetzo ein Seculum sei, da man zu Sozietäten Lust hat. Außer der königlichen englischen, die fast in Abgang kommen, der französischen, die durch Besoldungen ihres Königs unterhalten wird, der italienischen Akademien, so aber meist auf Konversation und Beredsamkeit angesehen, so haben wir in Teutschland bereits schöne Proben« von wissenschaftlicher Befähigung. Eine solche Akademie solle wie die anderen die Vereinzelung der Gelehrten überwinden, neue Kommunikationsformen installieren und den Informationsfluß beschleunigen. So könnten die Mitglieder Kenntnis über den jeweilig neuesten Wissensstand haben, wobei nur eine begrenzte Mitgliederzahl zugelassen werden solle, worunter auch »entferntere Personen«, wie er sagte, sein sollten. Eine überlokale Gelehrtengemeinschaft war das Ziel. Daß sie anfänglich nicht recht reüssierte, änderte nichts an diesen Absichten.

Im 18. Jahrhundert folgten im Reich weitere Akademien der Leibnizschen Gründung, wobei die Göttinger (1751) und die Bayerische Akademie in München (1759) die bedeutendsten waren. Bei der Göttinger handelte es sich um eine Einrichtung neben der Universität, an der vor allem Professoren die Mitglieder stellten. Albrecht von Haller, der bestimmende Gelehrte, beschrieb die Aufgaben der beiden Institutionen denn auch: »die einen zur Belehrung der Jugend, die anderen zum Erfinden«. Christian Gottlob Heyne, ihr erster Sekretär, ergänzte das dahingehend, die Akademie sei eine »Verbindung von forschenden Mitgliedern und von Lehrenden, beyde nebeneinander, oder wohl auch in einer Person vereinigt«. Das unterschied sich nach wie vor von dem Spezialschulmodell westeuropäischer Akademien und trug nicht nur den Leibnizschen Gedanken fort, sondern blieb auch für die Zukunft der deutschen Akademien verbindlich.

Das stellte sich heraus, als das geschlagene Preußen nach 1806 durch geistige Kräfte, was es an physischen verloren hatte, gewinnen wollte und in Berlin eine entsprechende Institution ins Leben zu rufen sich anschickte. Wilhelm von Humboldt entschied sich nicht für das französische Beispiel, hielt vielmehr an Universität und Akademie als getrennten Institutionen fest. Die Universität als Volluniversität mit allen vier Fakultäten schien ihm am geeignetsten, die Gesamtheit des Wissens zu umfassen sowie Forschung und Lehre zu fördern. Er begründete das damit, daß die Wissenschaften »gewiß ebenso sehr und in Deutschland mehr durch die Universitätslehrer, als durch Akademiker erweitert worden, und diese Männer sind gerade durch ihr Lehramt zu diesen Fortschritten in ihren Fächern gekommen«. Und weiter heißt es in dieser Denkschrift:

»Geht man der Sache genauer nach, so haben Akademien vorzüglich im Ausland geblüht, wo man die Wohltat deutscher Universitäten noch jetzt entbehrt, und kaum nur anerkennt, in Deutschland aber vorzugsweise an Orten, denen Universitäten mangelten, und in Zeiten, wo es diesen noch an liberaleren und vielseitigeren Geiste fehlte. In neueren Zeiten hat sich keine sonderlich ausgezeichnet, und an dem eigentlichen Emporkommen deutscher Wissenschaft und Kunst haben die Akademien wenig oder gar keinen Antheil gehabt«.

Nunmehr sollten sie beide die »Wissenschaft im tiefsten und weitesten Sinne des Wortes bearbeiten«; die Universität in enger Beziehung auf das praktische Leben, die Akademie als eine Gesellschaft gelehrter Spezialisten, in der jeder zugleich der Beurteilung aller unterworfen sei. Sie könne und solle außer den unmittelbaren Arbeiten ihrer Mitglieder Unternehmungen in die Wege leiten und Arbeiten liefern, »welche kein Einzelner leisten kann« – also Langzeitvorhaben wie Editionen, Wörterbücher und Sammlungen, wie es in einem Antrag von 1815 hieß. Das Statut von 1812 beschrieb den Zweck der erneuerten Berliner Akademie nicht als »Vortrag des bereits bekannten und als Wissenschaft geltenden, sondern Prüfung des Vorhandenen und weitere Forschung im Gebiet der Wissenschaft«. Sie war in vier sog. Klassen eingeteilt, eine physikalische, eine mathematische, eine philosophische und eine historisch-philologische. Wie bei Leibniz sollte diese Akademie ein Abbild aller (Universitäts-)Wissenschaften sein. Die Mitglieder rangierten als sog. ordentliche, als auswärtige, als Ehren-Mitglieder oder als Korrespondenten. Die Zuwahl war alleinige Sache der Akademie, wohingegen die Ernennung der Universitätsprofessoren durch den Staat zu erfolgen hatte, der hier ein Mitspracherecht beanspruchte. Im Laufe des 19. Jahrhunderts legten die Akademien des deutschen Modells die vier Klassen meist zu zwei zusammen, zu einer naturwissenschaftlich-mathematischen und einer philosophisch-historischen. Damals wurde es zudem immer mehr als Ausdruck besonderer Qualität und wissenschaftlicher Reputation angesehen, in eine Akademie kooptiert worden zu sein.

Im Zeichen des Nationalstaat-Denkens bemühten sich viele europäische und bald auch überseeische Länder, eine vergleichbare Einrichtung zu errichten. Ebenso wie Universitäten galten Akademien als Ausweis für den allenthalben erstrebten Status eines Kulturstaats. Im Deutschen Bund traten neben die bestehenden Akademien 1846 eine sächsische in Dresden (später in Leipzig) und 1847 die Wiener. Während der 1848er Revolution bemühte sich die Leopoldina, eine »Allgemeine deutsche Zentral-Akademie« unter ihrer Führung einzurichten, was aber scheiterte. Ein solcher Wunsch nach einem Zusammenschluß von Akademien war bereits im späten 18. Jahrhundert unternommen worden. Auch er war nicht erfolgreich. Die damals ziemlich große Anzahl von sog. Akademien – gelehrte, patriotische und nützliche Gesellschaften – sollten dadurch bessere Kenntnis voneinander haben können. Zusammenschlüsse nationaler Akademien wurden überall dort, wo keine zentrale nationale Akademie bestand, erörtert, aber letztlich nie umgesetzt.

Erneute Bemühungen wurden zu Ende des wissenschaftsgläubigen 19. Jahrhunderts unternommen, diesmal sogleich auf internationaler Ebene. Eine »Internationale Assoziation der Akademien« sollte 1899 die ältere gemeineuropäische republica litteraria revitalisieren, wie die beteiligten Akademien aus England, Frankreich, USA, Deutschland und Rußland hofften. Sie kam zustande, aber so recht mit Leben gefüllt wurde diese internationale Einrichtung nicht. Nationales Denken erwies sich immer wieder als stärker, trotz gegenteiliger Absichtserklärungen. Im Ersten Weltkrieg brach sie auseinander, wovon sie sich nie mehr recht erholte. Die scheinbar rein sachorientierte und internationale gelehrte Welt stellte sich als Wunschtraum heraus. Natürlich schloß das nicht internationale Kontakte der Wissenschaftler und Wissenschaften aus, wie sie noch heute lebendig sind. Aber die Hoffnung, ein möglichst breites und institutionalisiertes Netz von Akademien schaffe Vertrauen und friedliche Verhältnisse, erscheint eher utopisch.

Neben der Akademie, wie sie in Deutschland, aber nicht nur hier, bestand, gab es weiterhin auch die vor allem in Frankreich gepflegte Spezialschule. Zunehmend gibt es seit dem späten 19. Jahrhundert auch Akademien für Literatur und schöne Künste, für Musik, für Theater und anderes mehr. Sie können durchaus auf Vorläufer und vergleichbare ältere Institutionen zurückblicken. All diese auf die Renaissance und damit auf die Antike zurückverweisenden Einrichtungen haben von Europa aus inzwischen den gesamten Erdball erreicht. Die Vielfalt anderer, recht speziellen Interessen dienenden Akademien – evangelische bzw. katholische Akademien, eine für Eßkultur, die Akademie für Alte Musik – bedienen sich eigentlich nur äußerlich dieses Namens. Mit der Idee der traditionellen Akademie haben sie nichts gemein. Sie erhoffen sich über diese Benennung Ansehen und Wertschätzung.

Literatur:
Conrad Grau, Berühmte Wissenschaftsakademien, Frankfurt am Main u. a. 1988.
Notker Hammerstein, Akademien und Universitäten im Heiligen Römischen Reich deutscher Nation, in: HZ 278 (2004), 591–623.
Adolf von Harnack, Geschichte der Königlich Preußischen Akademie der Wissenschaften zu Berlin, 4. Bde., Berlin 1900 (Neudruck New York u. a. 1970).

VII. Tugenden, Werte, Ziele

Einleitung
1. Bildungsunbehagen, Zweifel und Freiheit
2. Leistung, Disziplin, Verantwortung
3. Toleranz
4. Benehmen, Manieren
5. Eleganz
6. Bescheidenheit, Ehrlichkeit, Fleiß, Genauigkeit, Ordnung
7. Patriotismus, Internationalismus

Einleitung

Eigentlich hätte dieses Kapitel auch ganz am Anfang des Buches stehen können. Denn Tugenden und Werte sind nicht nur das Ziel von Bildung, sondern zugleich auch deren Ausgangspunkte. Aus der Überzeugung, daß bestimmte Werte das Wollen und Handeln der Mitglieder einer Gesellschaft leiten sollen, entsteht das Bedürfnis nach einer Bildung, die diese Werte vermittelt. Deshalb fördern der Staat, Kirchen, Glaubensgemeinschaften, Parteien und Interessenverbände eine je besondere Bildung. Eine wertfreie, quasi neutrale Bildung hingegen wäre nicht nur politisch untragbar, sondern schlechthin undenkbar. Denn Gebildet-Sein heißt, so wissen wir seit Sokrates, Werte zu kennen. Aber welche Werte sollen das sein?

Oder ist die Sache vielleicht doch nicht so klar, wie sie auf den ersten Blick schien? Führt es wirklich zur Bildung, wenn man sie in der Absicht betreibt, eine bestimmte Weltanschauung zu fundieren? Hört sie nicht vielmehr gerade auf, Bildung zu sein, wenn man ihr Ziele vorgibt (und seien es noch so ehrenwerte), die außerhalb ihrer selbst liegen? Ist man gebildet, wenn man seine ethischen Überzeugungen so flüssig hersagen kann wie seine Kontonummer? Ist man es, wenn man weiß, was in der Gesellschaft politisch korrekt, sagbar und konsensfähig ist?

Auch darüber ließe sich streiten. Doch die Praxis wird solche Fragen gegenstandslos machen. Denn sie lehrt, daß, wer sich auf die Suche nach Bildung begibt, kaum feste Regeln und erst recht keine eindeutige Orientierung erwerben wird. Vielmehr wird er sich mehr und mehr verunsichert finden. Er wird bemerken, daß jede neue Erfahrung sicher geglaubte Werte relativiert, übliche Urteilsweisen kritisch auf Distanz rückt, vielleicht zur Disposition stellt, den Verdacht schürt, daß es eventuell andere, berechtigtere Haltungen, bessere Standpunkte geben könnte. Mit ironischer Pünktlichkeit führt jede neue Bildungsanstrengung dazu, das bestehende Denk- und Wertesystem zu verwirren, aufzusprengen, in ungeahnte Richtungen zu erweitern.

Insofern ist Bildung anarchisch – wie die Liebe und wie die Freiheit. Sie reizt dazu, Autoritäten zu hinterfragen, zu vergleichen, zu bezweifeln, der Kritik auszusetzen, sich vorzustellen, wie die Welt ohne sie aussähe, kurz: das zu tun, was der Doktrinär zutiefst fürchtet und verabscheut. Eben dieser Prozeß des Prüfens aber schädigt echte Werte nicht. Er fügt ihnen vielmehr das hinzu, was ihnen vorher, solange sie abstrakte Schemata waren, fehlte: persönliche Konkretheit, den Wert praktischer (Selbst-)Erfahrung, jene besondere, vitale Qualität, die alles gewinnt, was man selbst durchdacht, durchzweifelt, durchlebt hat. Deshalb ermöglicht es ein solcher Akt kritischer, gebildeter Selbstvergewisserung überhaupt erst, vorgegebene Werte als eigene anzunehmen, sie eventuell gegen eine ungebildete, zeitgeistige Kritik zu verteidigen.

Eben dies versuchen die folgenden Beiträge: sie prüfen die Tragfähigkeit gängiger Wertvorstellungen. Ist beispielsweise Toleranz ein Bildungswert? Zumindest der Fromme, der unter Bildung versteht, was den eigenen Glauben bestätigt, wird kaum vollen Herzens zustimmen können. Ist Leistungsbereitschaft ein Element, gar die Voraussetzung von Bildung? Oder behaupten das nur die Wortführer derer, die Bildung zu zweckgerichteter Brauchbarkeit kommerzialisieren wollen? Kann Eleganz ein Zeichen von Bildung sein? Verklärt, wer dies bejaht, nicht einfach nur modische Scheinhaftigkeit, oder stimmt Oscar Wildes Bonmot, nur der Oberflächliche achte nicht auf Äußerlichkeiten? Sind Fleiß und Ordnungsliebe nicht gerade jene »Sekundärtugenden«, deren Verabsolutierung dem Halbgebildeten die Bildung ersetzt?

Unsere Autoren versuchen, auf eben diese Fragen zu antworten, Gegenpositionen aufzubauen, neue Aspekte an alten Konzepten zu entdecken, überkommene Tugendideale durch Analysen zu rehabilitieren, zu modifizieren und zu erweitern, die Arten und Weisen zu erkunden, in denen in der Bildung Werte zum Vorschein kommen können und in Werten Bildung. Das geschieht – bei allen Unterschieden – aus der gemeinsamen Überzeugung, daß Bildung den Mut verleiht, Werte zu kultivieren.

1. Bildungsunbehagen, Zweifel und Freiheit

Andreas Urs Sommer

Bildungsreligion. Ein historischer Vorspann

»An die Stelle der Gottheit, in welcher sich nur die grundlosen luxuriösen Wünsche des Menschen erfüllen, haben wir daher die menschliche Gattung oder Natur, an die Stelle der Religion die Bildung, an die Stelle des Jenseits über unserem Grabe im Himmel das Jenseits über unserem Grabe auf Erden, die g e s c h i c h t l i c h e Z u k u n f t, die Zukunft der Menschheit zu setzen.« (Feuerbach 1851, S. 364) Was Ludwig Feuerbach (1804–1872) hier formuliert, ist nichts Geringeres als das Glaubensbekenntnis jener Bildungsreligion, die mit der Losung »an die Stelle der Religion die Bildung!« im 19. Jahrhundert als Substitut hergebrachter Religionsformen das Selbst- und Weltverständnis weiter Teile des Bürgertums zu bestimmen begann. Diese Bildungsreligion hatte identitätsbildende und identitätsstabilisierende Funktion. Darin beerbte sie die herkömmliche Religion; sie half, sich in einer Welt rasanter Veränderung zurechtzufinden, indem sie dieses Sich-Zurechtfinden, nämlich den Prozeß der Bildung, selbst zu einem Wert erhob. Nicht statisches Wissen – sei es Wissen um heilsnotwendige Glaubenswahrheiten, sei es Wissen um naturwissenschaftlich gewonnene Sachverhalte –, sondern vielmehr die Dynamik des Wissenserwerbs und der Wissensrevision avancierte zur kulturellen Leitidee. Diese sich in Deutschland etablierende Bildungsreligion hatte ihre Wurzeln in der Aufklärung ebenso wie in der Weimarer Klassik und im Deutschen Idealismus. Ihren programmatischen Ausdruck fand sie jedoch im Kontext des »revolutionären Bruchs im Denken des 19. Jahrhunderts« (Karl Löwith): Sie war zunächst gerichtet gegen die traditionellen existenz- und bewußtseinsbestimmenden Mächte, gegen den restaurativen Staat und die mit ihm liierte Kirche. Bildung anstelle von Religion bedeutete zunächst, daß man die Inhalte und Zwänge der traditionellen Religion aufgeben wollte, weil sie der zu höherer Einsicht gelangenden Menschheit nicht mehr angemessen schienen. Entsprechend tauchte der Ruf, Religion durch Bildung zu ersetzen, in der Sphäre der radikalen linkshegelianischen Philosophie auf. Diese arrangierte sich allerdings in der zweiten Hälfte des Jahrhunderts mehr und mehr mit reichsdeutschen und konservativen Vorstellungen: Eine der letzten Schriften des bildungsreligiösen Linkshegelianismus ist David Friedrich Strauß' (1808–1874) vielfach aufgelegter »Alter und neuer Glaube« – zugleich ein enthusiastisches »Bekenntniß« zur neuen deutschen Größe unter Bismarck. Systematisch konstitutiv für die deutsche Bildungsreligion ist bei Feuerbach genauso wie bei Strauß die geschichtsphilosophische Unterfütterung, nämlich das Dogma des geschichtlichen Fortschritts der Menschheit (vgl. Sommer 2006). Erst in diesem Rahmen macht es Sinn, Bildung in ihrer Prozeßhaftigkeit und prinzipiellen Unabschließbarkeit als Leitwert zu bestimmen – sowohl für das Individuum, als auch für die Gesellschaft, die beide auf dem Weg zu immer besseren Zuständen begriffen seien.

Bildungsreligion versus Bildungsunbehagen

Dem 20. Jahrhundert ist das Vertrauen in die geschichtsphilosophische Unterfütterung der Bildungsreligion nach und nach abhanden gekommen. Damit ist auch die Bildungsreligion selbst, die kämpferische Losung »An die Stelle der Religion die Bildung!« schal geworden. Die Großeltern unserer Großeltern waren noch davon überzeugt, daß Bildung die Welt unbedingt zum Positiven verändere. »Humanistische Bildung« erschien dem Bildungsbürgertum als Garantie dafür, daß man die höheren Stufen des Menschseins erklimme. Mit dieser Idee einer humanistischen Bildung, die hauptsächlich in der Kenntnis antiker und nationalsprachlicher »klassischer« Literatur bestand, lag freilich damals schon die naturwissenschaftlich-technisch orientierte Intelligenz im Streit. Nach deren Auffassung gehörten die ganzen humanistischen Bildungsgüter auf den Müllhaufen der Geschichte. Dank dieser Bildungsgüter sei noch kein Mensch besser oder weiser geworden. Für die Verächter humanistischer Bildungstraditionen konnte Bildung nur in Anwendungswissen bestehen, im Verfügen über geistige Fertigkeiten, mit denen ein vorliegendes Problem technisch zu lösen ist.

Wer an die menschheitsveredelnde Wirkung humanistischer Bildung glaubte, mußte sich von der Geschichte des 20. Jahrhunderts schmerzhaft belehren lassen, daß weder die Kenntnis der Plastiken eines Praxiteles, der Reden eines Cicero noch der Gedichte eines Goethe vor industriell perfektionierter Barbarei zu schützen vermochten. Das hieraus keimende Mißtrauen gegenüber althergebrachten Bildungsbeständen hat sich fortgesetzt: Was sollte man Kindern heute noch als unveräußerliches Bildungsgut mit auf den Lebensweg geben? Welches Wissen bildet, das heißt: formt uns so, daß es nicht bloß totes Strandgut unserer Biographie bleibt? Was bildet sich, wenn wir uns bilden?

Die Epoche der Bildungsreligion ist von einer Epoche des Bildungsunbehagens abgelöst worden. Jeder hat auf die Frage, worin Bildung denn bestehen könnte, eine eigene Antwort; es fehlt eine verbindliche Zusammenstellung der unerläßlichen Bildungsbestandteile. Dies jedoch muß gar nicht so schlimm sein wie die Wächter humanistischer Bildungstraditionen glauben machen wollen, sondern könnte auch der Ausdruck eines weitentwickelten Bildungsbewußtseins sein. Denn das Fehlen allseits verbindlicher Bildungsstandards schenkt dem Individuum erheblichen Gestaltungsspielraum, was es sich zu eigen machen will, also, wie es sich bilden will. Das Individuum darf eine radikale Auswahl der Bildungsgüter treffen – eine Auswahl, zu der es umso mehr den Mut findet, als ihr klar wird, wie wenig es am Ende wissen und begreifen würde. Man überläßt das Speichern von Wissen Büchern und Computern, um den eigenen Kopf für einen freien Umgang mit den wenigen geistigen Gütern freizuhalten, die man sich aneignet.

Um die Selbstbildungschancen in ihrem vollen Wert zu würdigen, sollte man sich gelegentlich klarmachen, daß diese Chancen keine Selbstverständlichkeit, sondern ein unverdientes Privileg sind.

Bildung und Zweifel

Bildungszweifel sind allgegenwärtig und richten sich gegen die »Bildungsinhalte« ebenso wie gegen die Formen ihrer Vermittlung. Ein Kanon dessen, was Bildung ausmacht, existiert bestenfalls noch in den Köpfen mancher Abteilungsleiter in den dafür zuständigen Bildungsbürokratien, die den Schulen Benimmunterricht und neue Rechtschreiberegeln verordnen und sich überzeugt geben, daß Bildung so beschaffen sei wie der Anzug von der Stange, den sie im Büro zu tragen pflegen: etwas zum An- und Ausziehen, nicht ganz paßgenau, aber doch präsentabel bei allerlei gesellschaftlichen Gelegenheiten. Sonst fehlt weit und breit das Wissen darum, was Bildung sein soll.

Mit den Zweifeln, denen eine auf Anwendungswissen ausgerichtete Gegenwart die Bildung aussetzt, drohe – sagen die Hüter humanistischer Bildungstraditionen – die Bildung zusammen mit der abendländischen Kultur unterzugehen. Wenn Bildung Zweifeln verfalle, erodiere der Zusammenhalt einer ganzen Gesellschaft und alles zerfasere im Unbestimmten, Willkürlichen und Schamlosen. Gewiß liegt eine solche Zerfaserung da vor, wo man Bildung mit »Bildungsinhalten«, mit individuell anzueignenden Wissensbestandteilen, mit einem bestimmten Repertoire für wichtig gehaltener Informationen sowie den Strategien ihrer Verabreichung gleichsetzt. Das Bildungsunbehagen, das sich hierauf bezieht, kann indessen heilsam sein. Denn es ermöglicht ein anderes, sehr altes, weit hinter Feuerbachs Bildungsreligion zurückreichendes Verständnis von Bildung als dynamische Ausformung eigener Identität. Solche Bildung wäre als fortgesetztes Trachten nach Formung der Persönlichkeit zu begreifen. Dabei verstummen die Zweifel hier nicht: Persönlichkeit ist nichts irgendwie Gegebenes, das man mit Bildung umhüllt wie ein Weihnachtsgeschenk mit Packpapier. Persönlichkeit könnte – so eine skeptische Mutmaßung – das sein, was der Bildungsprozeß hervorbringt und ein Leben lang ständig neu gestaltet. Was man dem Bildungsunbehagen verdankt, ist eben ein erheblicher individueller Gestaltungsspielraum, sich das zu eigen zu machen, was man als Eigenes will. Das Bildungsunbehagen lockt mit der Aussicht, daß die Gestaltung des eigenen Selbst zwar nicht ausschließlich, aber doch zu einem guten Teil in meiner eigenen Macht liegt.

Demnach bietet der Zweifel die Option, Bildung neu und individuell zu fassen. Bildung könnte das sein, was an jedem menschlichen Wesen über die Realisierung seiner bloßen Naturanlagen hinausgeht. Es ist etwas entschieden und unverwechselbar Eigenes, Maßanfertigung Zoll für Zoll, mitnichten von der Stange. Da tun sich allerdings neue Abgründe des Zweifels auf: Denn daß ich über meine Naturanlagen hinaus von vielen Faktoren geprägt, also gebildet werde, die ich nicht in meiner Hand habe, ist offenkundig. Wie soll ich mich selber bilden, wenn ich in meiner Bildung, in dem, was meine Persönlichkeit prägt, von Gegebenheiten abhängig bin, die nicht in meiner Macht liegen?

Auf diese Zweifel wird man erwidern, eine Freiheit in leerem Raum, völlig unabhängig von allen bedingenden Faktoren, allen Umständen, in denen ein freies Wesen steht, lasse sich wenigstens für menschliche Wesen nicht denken. Menschliche Freiheit bleibe stets und notwendig bedingte Freiheit, weswegen auch die Freiheit zur Selbstbildung eine bedingte Freiheit sein müsse – eine Freiheit im Rahmen der jeweiligen familiären, sozialen, historischen und geographischen Bedingungen. Ganz beschwichtigt werden die Zweifler dadurch freilich nicht. Denn wie kann ich Gewähr dafür haben, nicht durch diese bedingenden Faktoren so sehr eingeschränkt zu werden, daß mir kein Spielraum für die Selbstbildung bleibt? Allgemein wird sich dafür keine Gewähr finden lassen, jedoch zeigt gerade das Bildungsunbehagen, daß wir offenbar in der Gesellschaft, in der wir leben, über Alternativen verfügen, wie wir unser Leben gestalten können. In der Wahl zwischen solchen Alternativen liegen meine Selbstbildungschancen.

Der für die Zersetzung der Bildungsgewissheiten mitverantwortliche Alltagszweifel läßt sich in einen philosophischen Zweifel verwandeln, und zwar zum Zwecke der Selbstbestimmung. Wenn das, was mich gebildet hat, ohne daß ich es wollte, nicht unbedingt sicher und gewiß ist, darf ich mir das Recht herausnehmen, dazu auf kritische Distanz zu gehen. Der Zweifel befreit mich von der Übermacht fremder Autorität. Ich stelle fest, daß es keine objektiv richtige oder gute Bildung gibt.

Indes zaubert der skeptische Mut zur Selbstbildung keine neuen Gewißheiten herbei. Denn die Zweifel an der Gewißheit überlieferter Bildungsvorstellungen lassen auch den Prozeß meiner Selbstbildung nicht unberührt. Wie kann ich denn sicher sein, daß das, wozu ich mich bilde, das Richtige, das mir Angemessene ist? Weil immer Zweifel offen bleiben, ob ich das bin, was ich aus mir mache – und ob ich überhaupt etwas aus mir machen kann –, bleibt der Prozeß der Selbstbildung ein unabschließbares Unterfangen. Zweifel halten Bildung als Bildungsprozeß am Leben.

Freiheit und Bildung

Aber wie ist es um jene Freiheit genau bestellt, die sowohl Bedingung als auch Ziel von Bildung zu sein scheint? Ist sie nicht ein höchst zwielichtiges, zweifelhaftes Gut – womöglich gar kein Gut? Das Gefühl, daß ich frei entscheiden kann, ob ich jetzt die Augen schließen will oder nicht, läßt sich kaum wegreden. Aber dieses Gefühl ist noch kein Freiheitsbeweis. »Man stelle sich vor, ein Mensch […] sei von einem bösen Wissenschaftler operiert worden. Das Gehirn [*brain*] dieser Person […] ist aus dem Körper entfernt worden und in einen Tank [*vat*] mit einer Nährlösung, die das Gehirn am Leben erhält, gesteckt worden. Die Nervenenden sind mit einem superwissenschaftlichen Computer verbunden worden, der bewirkt, dass die Person, deren Gehirn es ist, der Täuschung unterliegt, alles verhalte sich völlig normal. Da scheinen Leute, Gegenstände, der Himmel usw. zu sein, doch in Wirklichkeit ist alles, was diese Person […] erlebt, das Resultat elektronischer Impulse, die vom Computer in die Nervenenden übergehen. Der Computer ist so gescheit, dass, wenn diese Person ihre Hand zu heben versucht, die Rückkopplung vom Computer her bewirkt, dass sie ›sieht‹ und ›fühlt‹, wie die Hand gehoben wird. Darüber hinaus kann der böse Wissenschaftler durch Wechsel des Programms dafür sorgen, dass sein Opfer jede Situation oder Umgebung nach dem Willen des bösen Wissenschaftlers ›erlebt‹ (bzw. halluziniert). Er kann auch die Erinnerung an die Gehirnoperation auslöschen, so dass das Opfer den Eindruck hat, immer schon in dieser Umwelt gelebt zu haben.« (Putnam 1990, S. 21) Bin ich ein Gehirn im Tank, fehlen mir nicht nur die Augen, die ich zu schließen meine, sondern ich kann nicht einmal die Möglichkeit ausschließen, daß meine scheinbar freie Absicht, die Augen zu schließen, auch bloß auf einen Computerimpuls zurückzuführen ist, der das Gehirn dazu bestimmte, die Willensregung des Augenschließens hervorzurufen.

Um jedoch Zweifel an der Faktizität meiner Freiheit zu nähren, muß ich mir nicht vorstellen, ich sei womöglich ein Gehirn im Tank: Denn was beweist mir, daß meine scheinbar freie, ganz spontane Willensregung nicht verursacht wird durch äußere Einflüsse, denen mein Sinnesapparat und mein Gehirn unentwegt ausgesetzt sind? Und selbst wenn es mir gelänge, solche äußeren Einflüsse auszuschließen, was bewiese mir dann, daß es nicht die schiere Stofflichkeit meines Gehirns ist, die mir die Willensregung diktiert? Ist der vermeintlich freie Akt das Resultat bestimmter biochemischer Prozesse? Muß ich das nicht annehmen, solange ich nicht darauf beharre, daß mein Bewußtsein und meine Willensbildung unabhängig von der materiellen Organisation meines Gehirns funktionieren? Wenn ich hingegen im Gefolge von René Descartes (1596–1650) einem Dualismus von Geist und Materie huldigen wollte, müßte ich unter anderem erklären, wie eine Wirkung von Geist auf Materie überhaupt möglich sein sollte.

Wer sich nicht auf einen solchen cartesianischen Dualismus zurückziehen will, wird nur unter großen Schwierigkeiten zwingende Gründe dafür beibringen können, daß sich seine scheinbar freien Willensregungen nicht auf äußere oder innere Determinanten zurückführen lassen. Selbst wenn ich meinem Bewußtsein eine beschränkte Freiheit zuschreibe, verfüge ich doch nicht über alle Bedingungen der Möglichkeit dieser Freiheit: Ich kann beispielsweise nicht über meine gehirn- und sinnesphysiologische Ausstattung verfügen (oder doch nur, indem ich sie vernichte und mich selbst damit). Ich kann nur das denken, wollen und wahrnehmen, was mir im Rahmen dieser gehirn- und sinnesphysiologischen Ausstattung zu denken, zu wollen und wahrzunehmen erlaubt ist. Falls mir Freiheit vergönnt ist, dann nur eine bedingte Freiheit, eine Freiheit im Rahmen der Möglichkeiten, die mir meine physische und psychische Natur eröffnet. Es ist mir unvorstellbar, welche Möglichkeiten mir dadurch verschlossen sind. Ich kann beispielsweise nie wie wissen, wie es wäre, die physische und psychische Natur einer Fledermaus zu haben (vgl. Nagel 1974).

Daß die äußere Welt, in der ich mich als raumzeitliches Wesen zu bewegen wähne, so lange ich mich nicht für ein Gehirn im Tank halte, meiner Freiheit gleichfalls markante und unüberwindliche Grenzen setzt, ist ebenfalls schwer von der Hand zu weisen. Als raumzeitliches Wesen befinde ich mich stets in ganz konkreten äußeren Umständen, die mir nur ganz bestimmte Handlungs-, Empfindungs- und Denkmöglichkeiten eröffnen. Sitze ich am Schreibtisch vor dem Computer, kann ich nicht ohne weiteres die Empfindungen hegen, die ich hätte, wenn ich mich im Schwimmbecken befände oder mich rasierte. Allerdings sind in diesem Beispiel die konkreten Umstände leicht so zu verändern, daß sich die zunächst verschlossenen Handlungs-, Empfindungs- und Denkmöglichkeiten verwirklichen lassen. Ich kann den Schreibtisch verlassen und mich ins Schwimmbad oder ins Badezimmer begeben. Aber andere Möglichkeiten bleiben mir im Rahmen meiner Lebensumstände prinzipiell verschlossen: So werde ich zum Beispiel nie empfinden können, wie ein chinesischer Kaiser empfand. Über meine raumzeitliche Ausstattung verfüge ich aber immerhin teilweise.

Die Freiheit, die bei alledem übrigbleibt, ist also eine in vielerlei Hinsichten bedingte Freiheit. Ist da Grund genug, um an der Idee der Freiheit zu verzweifeln und sich zum Spielball der Umstände zu machen, in der vagen Hoffnung, mit der völligen Vergleichgültigung dieser Umstände stelle sich eine Freiheit der Seele ein? Oder ist es im Gegenteil Anlaß, die vielfältige Bedingtheit meiner Existenz als Bedingung für konkrete Freiheit zu begreifen, nämlich für Freiheit, die sich als Wahl zwischen konkreten Möglichkeiten unter konkreten raumzeitlichen Bedingungen im Rahmen meiner sinnes- und gehirnphysiologischen Ausstattung verwirklicht? Wäre das nicht genügende, eben menschenmögliche Freiheit?

Was nun bedeutet Bildung im Horizont der zwielichtigen, zweifelhaften Freiheit? Bildung bedeutet, den Radius der Freiheit zu erweitern. Ich verfüge keineswegs über alle Bedingungen meiner Freiheit. Über die meisten nicht. Aber ich kann mir über diese Bedingungen Rechenschaft ablegen. Ich kann den Radius der Freiheit erweitern, indem ich mir neue Möglichkeiten vergegenwärtige und schaffe, die ich innerhalb der Bedingungen meiner Freiheit habe. Diesen Prozeß der Erweiterung und Vertiefung der Selbst- und Weltgestaltungsmöglichkeiten, der Selbst- und Weltbetrachtungsmöglichkeiten nennt man Bildung. Bildung und Freiheit sind beide nur graduell gegeben, aber in dieser Gradualität so lange erweiter- und vertiefbar, wie das Leben dauert. Dies impliziert zwar keine geschichtsphilosophische Unterfütterung in Gestalt des Gattungsfortschritts, wie ihn die Bildungsreligion vorsah, aber doch so etwas wie individuellen Fortschritt in den Selbst- und Weltgestaltungsmöglichkeiten. Und das hat über das Individuelle hinaus erhebliche politische Konsequenzen.

Literatur:
Ludwig Feuerbach, Vorlesungen über das Wesen der Religion. Nebst Zusätzen und Anmerkungen = Sämmtliche Werke, Bd. 8, Leipzig 1851, 364.
Karl Löwith, Von Hegel bis Nietzsche. Der revolutionäre Bruch im Denken des 19. Jahrhunderts [1941/50], in: ders., Sämtliche Schriften, Bd. 4, Stuttgart 1988, 1–490.
Thomas Nagel, What Is It Like to Be a Bat?, in: The Philosophical Review 83, Nr. 4, Oktober 1974, 435–450.
Hilary Putnam, Vernunft, Wahrheit und Geschichte. Deutsche Übersetzung von Joachim Schulte, Frankfurt am Main 1990.
Andreas Urs Sommer, Sinnstiftung durch Geschichte? Zur Entstehung spekulativ-universalistischer Geschichtsphilosophie zwischen Bayle und Kant, Basel 2006.
David Friedrich Strauss, Der alte und der neue Glaube. Ein Bekenntniß, Leipzig 1872.

2. Leistung, Disziplin, Verantwortung

Stefan Lafaire

Es ist schwer geworden für die Bildung in der heutigen Spaßgesellschaft. Die Moden und Interessen wechseln in immer kürzeren Abständen. Symptomatisch dafür ist das Urlaubsverhalten einer Bevölkerung. Fühlen wir uns sonst vielleicht ständig allen möglichen großen und kleinen Zwängen unterworfen, die wir selbst in der Freizeit, im Verein oder mit Freunden kaum abschütteln können, so wird spätestens der Urlaub zum Fetisch der großen Freiheit und Selbstverwirklichung. Und so muß, besonders in jungen Jahren, jedes Mal ein anderes Abenteuer her. Vom Snowboard geht es zum Tauchen, vom Mountainbiking zum Rafting, vom Tennis zum Surfen und von den Malediven zur »Dom.Rep«. Am besten in einem »all inclusive« Club mit permanenter Animation. Je exotischer die (psychedelischen) Trips, desto größer die Anerkennung bei Freunden und Kollegen. Und die Konsumindustrie freut sich, denn jeder Urlaub erfordert natürlich auch eine komplett neue Ausrüstung.

Aber wer ist schon beeindruckt, wenn ich ein Buch lese? Wer will die Mühen wertschätzen, wenn ich etwas für meinen Geist und nicht für meinen Körper tue. Keiner wertschätzt meine Disziplin, keiner mißt meine Leistung. Alles findet im Verborgenen statt.

Es ist schwer geworden für die Bildung in unserer heutigen Leistungsgesellschaft. Im Gegensatz zu sportlichen Leistungen, zu meßbarem und sichtbarem finanziellen bzw. beruflichen Erfolg ist Bildung nicht offensichtlich. Sportler mit überragenden Leistungen werden zu Idolen, aber die Gewinner fernseh-allgegenwärtiger Quizsendungen? Das Spiel mit der Bildung bringt wenig Ruhm. Im normalen Umgang besteht das Spiel darin, gebildet zu erscheinen. »Bildungswissen besteht aus Kenntnissen, nach denen man nicht fragen darf.«

Bildung ist Privatsache in der bürgerlichen Welt, besonders in der Welt des Bildungsbürgertums. Sie ist hier ein soziales Spiel mit ganz eigenen Regeln. »Aber die Regeln haben es in sich. Wer nicht von Kindesbeinen an das Bildungsspiel eingeübt hat, hat nachher Schwierigkeiten, die Spielregeln zu lernen. Warum? Weil man sie schon kennen muss, um üben zu dürfen. In den Club der Bildung wird man nur aufgenommen, wenn man das Spiel schon beherrscht; aber spielen lernen kann man nur im Club.«

Dies alles paßt nicht in eine Welt mit ostentativem Leistungsgebaren. Leistung muß belohnt werden, und zwar sofort und am besten öffentlichkeitswirksam.

Der Erwerb von Bildung ist jedoch nicht sichtbar, sondern langsam und mühsam. Dazu hat er einen Langzeithorizont, der in unserer schnelllebigen Zeit endlos erscheint. Überhaupt scheint bei der Halbwertzeit unseres Wissens, der Erwerb desselben eigentlich sinnlos.

Disziplin oder: »Ein voller Bauch studiert nicht gern«

Daß ein voller Bauch nicht gern studiert, wußten schon unsere Vorfahren. Dies gilt auch für die multimediale Überfüllung. Daher erfordert Lernen zunächst einmal Disziplin. Da unterscheidet es sich nicht vom Sport, und kann es auch mit Leistungs- und Hochleistungssport aufnehmen. Ohne Askese, den selbstdisziplinierenden Umgang mit sich, ist der Erwerb von tiefergehender Bildung unmöglich.

Es scheint so, als haben wir ein Problem mit Disziplin. Zunächst einmal widerspricht sie dem »Sich-Ausleben«, jener scheinbaren Zügellosigkeit, die uns spätestens seit den 68ern auf fast allen Gebieten als erstrebenswertes Lebensmodell vor Augen steht.

Und die Schule soll die Bildung vermitteln, ja sie soll sogar erziehen, nur Disziplinieren darf sie nicht. Doch wenn wir ehrlich sind, so wären nicht wenige Eltern in Wirklichkeit froh, wenn ihre Kinder »diszipliniert« aus der Schule nach Hause kommen würden. Allerdings bestünde die Gefahr, daß die Disziplinlosigkeit mancher Erwachsener dabei aufgedeckt werden würde.

Disziplin, als ein auf Ordnung bedachtes Verhalten, ist – nicht nur in intellektuellen Kreisen – suspekt. Wer ist die Ordnungsmacht, unter die es sich unterzuordnen gilt? Es entsteht ein militärisches Bild von unterwürfigem Gehorsam, von einer kontrollierenden Staatsmacht des »big brother is watching you« aus der »Schöne(n) Neuen Welt« von Aldous Huxley oder eines paramilitärischen Schuldrills, der an Kadettenanstalten erinnert. Die Abwehrhaltung ist reflexartig, doch »wir sollten die alten Debatten hinter uns lassen, in denen Disziplin mit Drill, Leistungsorientierung mit Überforderung, Benotung mit persönlicher Demütigung gleichgesetzt wurden« (»Bildung für alle«, Berliner Rede 2006 von Bundespräsident Horst Köhler am 21.09.2006).

Disziplin bedeutet nicht Kadavergehorsam. Wir rebellieren gegen das falsche Bild. Disziplin in Zusammenhang mit Bildung ist vor allem die bewußte Selbstregulierung. Gerade die Bildung befreit gegenüber vielen Zwängen und schafft die Grundlage für Freiheit im Denken und Handeln. So wie ein Sportler diszipliniert Bewegungsabläufe immer wieder trainiert, um Spitzenleistungen zu bringen, muß der Lernende diszipliniert geistige Bewegungen immer wieder nachvollziehen, bis er die Souveränität erlangt, mit dem Bildungsgut spielerisch frei zu agieren. Da Lernen zu den Marathondisziplinen gehört, die ständigen Trainings bedürfen, ist hier die kontinuierliche Selbstkontrolle unerläßlich.

»Eine Asketik als Kunst der Übung ist unverzichtbar, um Möglichkeiten einer Verfügung über sich und ein Können im Umgang mit sich zu gewinnen. Immer geht es dabei um Selbstüberwindung, nämlich eines Teils des Selbst gegenüber einem anderen, vermittelt vom integralen Selbst und umgesetzt mit Hilfe der Übung. Es handelt sich um einen Eingriff in das innere Machtspiel, das mit Hilfe einfacher, alltäglicher, ja banaler Übungen am besten gelingt, exemplarisch beim Umgang mit den Lüsten, die von Natur aus mit Macht zum Übermaß tendieren: Welcher Teil des Selbst hat Macht über welchen anderen, ein heißes Bedürfnis oder eine kühle Überlegung? Mit Asketik lässt sich das je eigene Maß finden: nicht weil das Übermaß ein moralisches Übel wäre, sondern weil es, wie an alltäglichen Lüsten zu erfahren ist, den Lüsten selbst Feind ist.«

Dies alles widerspricht jedoch den medial suggerierten Traumwelten eines exzessiven Hedonismus in der einen ein gesteigertes Maß an Exhibitionismus schon zum Star macht. Meist sind es jedoch schnell verglühende Sternschnuppen, die da erzeugt werden. Genauso schnell wie diese Leitsterne verglühen, scheint auch die Halbwertzeit unseres funktionellen Wissens. Diese Erfahrung verführt zum Kurzzeitlernen. Anstatt ein Buch zur Hand zu nehmen, lesen wir maximal noch ein »Abstract« und bei vielen wissenschaftlichen und pseudowissenschaftlichen Büchern besonders der Wirtschaftswissenschaften entsteht das Gefühl mit dem Überfliegen der am Rande des Textes vermerkten Stichworte und den Kurzzusammenfassungen hat die Ökonomie des Lernens einen Höhepunkt erfahren.

Dabei ist die Akkumulation von Wissen sicher nicht das Problem, das zur Diskussion um Bildung führt. Hans Magnus Enzensberger stellt dabei einmal den jungen Melanchthon der fiktiven »Friseuse Zizi« gegenüber. Bei Melanchthon war der Kanon des Wissens »genau umrissen und leicht überschaubar, ein paar Dutzend Autoren, Dichter, Philosophen und Kirchenväter, dazu ein wenig Fachliteratur, … . Der Gesichtskreis beschränkte sich auf Mitteleuropa und Rom, Nachrichten gab es nur vom Hörensagen. Um den Alltag brauchte sich Melanchthon nicht zu kümmern, das war Sache der Frauen und der Dienstboten. Ablenkungen gab es kaum, nur Plagen, Intrigen, Krankheiten. Jeden Morgen begab sich Schwarzerd an sein Pult. Was er aufschlug, waren immer dieselben Bücher«. Ganz anders dagegen Zizi, während Sie sich unterhält, kommt sie »mit ungefähr tausend Vokabeln aus. Melanchthons Schriften lassen auf einen weit größeren aktiven Wortschatz schließen. Dabei ist noch zu berücksichtigen, daß sich Schwarzerd schriftlich und mündlich in drei Sprachen ausdrücken konnte, während Zizi nur über rudimentäre Englischkenntnisse und über ein paar aufgeschnappte griechische Redensarten (aus einem Urlaub, d. Red.) verfügt. Aber dafür kann sie sich Tausende und Abertausende von Markenartikeln merken, und sie kennt sogar die jeweiligen Reklameslogans so gut, daß sie vor dem Hauptfilm, als nähme sie an einem Rätselwettbewerb teil, die richtigen Firmennamen in den dunklen Saal ruft, noch ehe sie auf der Leinwand erscheinen. Zahllose Namen von Rockgruppen liegen ihr auf der Zunge. Sogar englische Hits kann sie auswendig, eine Gedächtnisleistung, die der Bibelfestigkeit Melanchthons in nichts nachsteht. Auch komplexe Begriffsbildungen stehen ihr zur Verfügung. Sie weiß zwar nicht, was Transsubstantiation bedeutet, aber das nicht weniger abstrakte Lemma Mehrwertsteuer-Rückvergütung ist ihr geläufig. Allein die Film- und Fernseh-Zeitschriften, die sie liest, versorgen sie mit Informationen in der Größenordnung von mehreren Megabits, die sie gewissenhaft memoriert – ein Speicherinhalt, der einer gründlichen Kenntnis der Kirchenväter quantitativ nahekommen dürfte«.

Doch die Lerndisziplin eines Melanchthon, die den aktiven Gebrauch und die souveräne Handhabung der Inhalte garantiert, macht hier den Unterschied zum eklektizistischen Wissen von Zizi. Ihr Wissen basiert nicht auf Leistung, also einer zielgerichteten Handlung, die zu einem bestimmten Ergebnis oder der Lösung einer Aufgabe führt.

Für die Bildung liegen hier gleich mehrere Stolpersteine. Zum einen die Meßbarkeit, zum anderen die Zielgerichtetheit.

Leistung oder: »Wir messen ganz genau, wir wissen nur nicht, was wir messen«

Um eine Leistung meßbar zu machen, bedarf es einer Bezugsgröße. Aber welches ist die Bezugsgröße bei Bildung? Einige Wissensdisziplinen haben einen Kanon entwickelt, der lexikalisch gelernt wird. Dies führt – zumindest innerhalb der Peer-Group – zu der Überzeugung einer quantitativen Leistung, die durch die Benotung auch qualitativ eingeordnet werden kann. Gleichzeitig steigt mit dieser Auffassung von Bildungsleistung aber auch das Unverständnis gegenüber anderen Disziplinen. Besonders abschätzig fällt dabei die Beurteilung von Fächern aus, die sich einer exemplarischen Wissensaneignung bedienen. Nächte durch gepaukt, Klausur mit exzellenter Note und alles wieder vergessen machen sich in der auf Vergleichbarkeit ausgerichteten Leistungsgesellschaft besser als Methodensicherheit, die an – selbst für Insider – exotischen Themen erworben wurde.

Leistung im Beruf, in der Technik und im Sport sind (ex ante und ex post) quantifizierbar und können dann widerspruchslos benannt werden. Aber schon kulturelle Leistungen sind häufig umstritten und werden oft erst posthum gewürdigt. Wissensleistung mag lexikalisch (wie in einschlägigen Fernsehshows) darstellbar sein, aber ist nicht meßbar. Noch weniger ist Bildung an sich meßbar.

Was passiert, wenn die »Leistungsvergleichbarkeit« fehlt, wird jeder erfahren, der sein Berufsfeld wechselt. Unkenntnis (und Ignoranz) auf höchstem Niveau schlagen einem entgegen. Bildung als solche ist nicht meßbar und wird daher höchstenfalls angenommen. Den Wert der Bildung einzuschätzen traut sich jedoch niemand, ja er wird in unserer globalen, multikulturellen Gesellschaft, die so stark von Verständnis und Kommunikation abhängt, nicht einmal hinterfragt.

Verlassen wir die Ebene des Individuums, so stellt diese Ignoranz von Technokraten jeder Richtung aber im Zeitalter der Wissensgesellschaft eine echte wirtschaftliche Bedrohung dar. Immer mehr Fortschritt wird mit immateriellen Gütern gemacht und ist ausschließlich wissensbasiert. Man schätzt, daß heute ca. 70 % des Wertes einer wissensbasierten Firma immateriell ist. Eine Darstellung in der gängigen ökonomischen Form findet sich nicht und häufig tun sich diese eigentlichen Wachstumsmotoren unserer Wirtschaft schwer in einer Welt ökonomischer Berechnungen, die ins 19. Jahrhundert zu Webstühlen und Dampfmaschinen paßt. Die Bilanzierung von Wissen ist noch ein zartes Pflänzchen, dabei wären Fortschritte auf diesem Gebiet ein Meilenstein.

Wenn aber Leistung eine zielgerichtete Handlung zur Erreichung eines Ergebnisses sein soll, so sollte sich im Rahmen einer Wissensbilanz eine solche Zielgerichtetheit ausdrücken lassen.

Es bleibt aber die Frage offen, wie zielgerichtet Bildung sein kann und welche Ergebnisse damit erzielt werden? Dabei ist völlig klar, das echte Innovationen heute nicht innerhalb einer Disziplin, sondern an den Randbezirken und Überschneidungen von unterschiedlichen Wissensgebieten gemacht werden. Trotzdem wird diese Source des kreativen Querdenkens, das eine fundierte Bildung voraussetzt, nicht systematisch genutzt. Der Denkhorizont ist maximal auf die Präsentationsmöglichkeiten einer Power-Point-Präsentation zusammengeschrumpft.

Vielleicht liegt es an einer immer mehr um sich greifenden Mono-Unkultur, wie es Dieter Borchmeyer, Präsident der Bayerischen Akademie der schönen Künste, einmal im Hinblick auf den Typus der in Deutschland vorherrschenden Führungskräfte in Wirtschaft und Politik genannt hat. Wehe dem, der das verquaste Denglisch bei einem Meeting hinterfragt. Spielverderber der, der den Wissenschaftler um eine allgemeinverständliche Formulierung bittet. Armer Teufel, wer die PR-geschulten Phrasen der Politiker für bare Münze nimmt.

Verantwortung oder: »Wovon man nicht sprechen kann, darüber muß man schweigen.« (Ludwig Wittgenstein, Tractatus logico-philosophicus, 7. Satz)

Manchmal hat es den Anschein, sie alle würden sich hinter diesen Worthülsen vor ihrer Verantwortung verstecken. Die gemeinsame Sprache konstituiert die Zugehörigkeit zu einer Gruppe und diese wird nicht hinterfragt.

Dabei kommt Verantwortung vom Mittelhochdeutschen »beantworten«. Doch diese Antwort bleiben uns die jeweils Zuständigen schuldig. Oder sind sie so in ihrer Phraseologie verhaftet, daß sie nicht allgemeinverständlich sind. Oder sind viele so ungebildet, daß sie komplexere Zusammenhänge gar nicht mehr verstehen können.

In einer globalen Welt wächst die gefühlte Ungewißheit, und der Weg zu Glück oder Elend, Erfolg oder Mißerfolg, Ruhm oder Unbekanntheit ist kausalen Zusammenhängen enthoben. Ein Schrecken für unsere Vollkasko-Spaßgesellschaft, mit dem Anspruch, alles berechenbar zu machen. Also suchen wir nach Verantwortlichen, und da ist niemand, der uns Antworten gibt. Auch die scheinbar guten alten Zeiten, wo Menschen noch Verantwortung für ihre Handlungen übernommen haben, sind vorbei.

Der Wert der Bildung wird in diesem Zusammenhang deutlich, denn mit Bildung lassen sich zum einen komplexere Zusammenhänge verstehen, aber andererseits Ungewißheiten auch leichter aushalten. Man braucht nicht für alles eine schnelle, einfache Antwort. Wer an Disziplin und Leistung gewohnt ist, ohne sofort eine Belohnung zu bekommen, wird auf Antworten warten können und im besten Fall selbst antworten und Verantwortung übernehmen können.

»Erst wenn Wissen und Wertebewusstsein zusammenkommen, erst dann ist der Mensch fähig, verantwortungsbewusst zu handeln. Und das ist vielleicht das höchste Ziel von Bildung.« (»Bildung für alle«, Berliner Rede 2006 von Bundespräsident Horst Köhler am 21.09.2006)

In einer immer stärker globalisierten Welt, in der Karrierewege und Arbeitsumfelder immer flexibler werden und wir von starken demographischen und soziologischen Veränderungen ausgehen müssen, wird der Fokus auf individuelle Bildungsrenditen stark zunehmen, die an ein lebenslanges Lernen gekoppelt sind.

Theorie und Praxis oder: »Man muß das Gute tun, damit es in der Welt ist«

Unsere Verantwortung ist daher, dafür zu sorgen, daß schon Kinder im Kindergarten eine Förderung bekommen, die Sprache, Körperpflege und Anregungen für Naturwissenschaften und musische Betätigungen beinhaltet. Viele Wirtschaftsunternehmen denken heute bereits über die Unterstützung von Kindern in diesem Stadium nach (doch leider mangelt es – abgesehen von einigen rühmlichen Ausnahmen – noch an dem Sprung von Nachdenken zum Handeln), da sie erkennen, daß sie keine geeigneten Nachwuchskräfte finden und dieses massive ökonomische Problem auf Grund des demographischen Wandels noch zunehmen wird. Gleichzeitig haben sie erkannt, daß es bei einer Förderung nach der Schule oder nach dem Studium bereits zu spät ist, wesentliche Fähigkeiten zu wecken und zu trainieren. Hier sollen Disziplin und Leistung spielerisch entwickelt werden, um für die Zukunft mündige Bürger hervorzubringen, die fähig sind, ihr Leben zu meistern und für sich und die Gesellschaft Verantwortung zu übernehmen. Nur so kann jeder im »Club der Bildung spielen lernen« und die Vergeudung unserer wichtigsten und einzig wirklichen Ressource, der menschlichen Kreativität, würde aufhören.

»Das größte Problem in modernen Gesellschaften ist nicht, dass die Lebensführung zu sehr gegängelt würde, sondern dass sie behandelt wird, als verstünde sie sich von selbst, so dass sie zu erlernen kein Gegenstand von Bildung und Erziehung ist.« Etwas mehr (Selbst-)Disziplin und Leistung können zu einer »Herzensbildung« führen, die den verantwortungsvollen Umgang miteinander schon wesentlich erleichtert.

Literatur:
Hans Magnus Enzensberger, Mittelmaß und Wahn, Frankfurt am Main, 13, 16.f.
Wilhelm Schmied, Philosophie der Lebenskunst, Frankfurt am Main 1998, 119.
Wilhelm Schmied, Mit sich selbst befreundet sein, Frankfurt am Main 2004, 98 f.
Dietrich Schwanitz, Bildung, München 2002.

Internet:
www.akwissensbilanz.org

3. Toleranz

Wolf Dieter Otto

Der Begriff Toleranz gehört zu den Grundbegriffen der politischen und sozialen Sprache Deutschlands. Im Grundgesetz der Bundesrepublik findet sich der Ausdruck »Toleranz« hingegen nicht. Folgt man dem Verfassungsrechtler Michael Ronellenfitsch, gehört »Toleranz« jedoch zu den »ungenannten Grundrechten«. Der Vertrag über eine Verfassung für Europa aus dem Jahr 2004 zählt hingegen, zusätzlich zu den demokratischen Grundrechten, Toleranz neben Pluralismus, Gerechtigkeit, Solidarität und Nichtdiskriminierung zu ihren grundlegenden Werten (Artikel I, 2). Toleranz genießt, diesen Schluß lassen die Quellen zu, einen sehr hohen Stellenwert in der Rechtskultur Europas.

Einen entgegengesetzten Eindruck verschafft ein Blick auf das öffentliche Zeitgespräch. Die meisten deutschen Wörterbücher übersetzen das aus dem Lateinischen stammende Fremdwort »Toleranz« nach wie vor mit dem vertrauten Ausdruck »Duldung«. Die Übersetzung von »Toleranz« mit dem Begriff »Duldung« prägt in Deutschland entscheidend das Toleranzverständnis und verweist auf das obrigkeitsstaatliche und absolutistische Begriffsverständnis und seine entsprechende Toleranzpraxis, wie sie in den zahlreichen Toleranzedikten im Europa des 17. und 18. Jahrhunderts zum Ausdruck kommt. Kritiker der Toleranz verweisen deshalb auch immer auf das asymmetrische Kommunikationsverhältnis hin, das dem Duldungskonzept innewohnt, und explizieren, daß dem Begriff keine Zukunft gehöre, und unterstellen, daß es keine Veränderung des Begriffsverständnisses gegeben habe. Zudem sei die Toleranzforderung mit der Durchsetzung von Verfassungsstaaten und ihrer Grundrechtsgarantien überflüssig. Die Kritik am Toleranzbegriff, die in Wirklichkeit die Kritik an einer historischen Toleranzpraxis ist, kann sich auf J. W. Goethe (als Juristen) berufen. Bereits bei Goethe findet sich (im Nachlaß) ein ernstzunehmender Vorbehalt. »Toleranz sollte eigentlich nur eine vorübergehende Gesinnung sein«, heißt es in den »Maximen und Reflexionen«: »Sie muß zu Anerkennung führen. Dulden heißt beleidigen«. Das Toleranzverständnis Goethes präfiguriert ein wichtiges Toleranzproblem, das besonders in neueren Toleranzkonzepten angesprochen wird. Goethe betont nämlich den Unterschied zwischen Duldung und Anerkennung und macht damit auf den Handlungs- und Prozeßcharakter toleranten Verhaltens aufmerksam, der mit den Worten von Karl Jaspers im »Vollzug der Anerkennung« zu sehen ist.

Der Toleranzbegriff leidet an seiner sprachlichen Herkunftsgeschichte. Wie Schreiner und Besier feststellen, lassen sich in Gegenwart und Vergangenheit Grundfragen sozialen Zusammenlebens nach dem Toleranzprinzip beantworten, ohne dieses explizit zu benennen. Bei den zahlreichen »Ersatzbegriffen«, die das zur Folge hatten, bleibt jedoch offen, ob sie tatsächlich mehr leisten als der Begriff »Toleranz« selbst. Die Kritiker übersehen freilich, daß es nicht um die Reaktivierung eines Begriffs geht, sondern darum, die Toleranzfrage den immer neuen Wirklichkeitsverhältnissen entsprechend neu zu beantworten. Alle Neubegründungen betonen daher stets das Moment »aktiver Toleranz«, Opposition zum Verständnis der Toleranz als »Duldung« und als »Indifferenz«. Den angesprochenen Zusammenhang bringt Hans Robert Jauß prägnant zum Ausdruck, wenn er schreibt: »Soll die Toleranzidee für das Zusammenleben der Menschheit wirksam werden, so setzt sie nicht ein bloßes Dulden des Anderen, sondern die Anstrengung des Verstehens und Aufarbeitung des Trennenden voraus«. Eine Vorreiterfunktion bei der Verbreitung eines zeitgemäßen Toleranzverständnisses nehmen die vergleichenden Religionswissenschaften ein. Gustav Mensching charakterisiert den Sinn religiöser Toleranz »in der positiven Anerkennung fremder Religion«. Schreiner und Besier definieren »Toleranz« als »aktive Anerkennung von Andersheit« und Iring Fetscher betont, »zum vollen Begriff von Toleranz sei die Anerkennung der Legitimität des anderen in seiner Andersartigkeit« zu zählen: »Anerkennung verlangt ja nicht die Übernahme des Glaubens, der Lebensform, der kulturellen Eigenart des anderen, sondern nur ihre Respektierung als gleichberechtigt«. Gleichwohl ist der Duldungsaspekt der Toleranz nicht völlig obsolet, zumindest, wenn man darin den Aspekt der »Geduld« betont. Für den Sozialpsychologen Alexander Mitscherlich, der über Jahrzehnte den Toleranzdiskurs entscheidend mitprägte, ist Toleranz »das Ertragen des anderen in der Absicht, ihn besser zu verstehen«.

Die Suche nach *der* Definition des Begriffs ist ein zentrales Motiv vieler Beiträge zum Diskursfeld »Toleranz«. Angesichts der begrifflichen Schwierigkeiten ist der von dem interkulturellen Germanisten Alois Wierlacher gemachte Vorschlag innovativ, nach dem von einem ganzen Fächer von Toleranzbegriffen auszugehen ist. Diese Toleranzbegriffe, die aus der Analyse des deutschsprachigen Toleranzdiskurses hervorgegangen sind, sind – ohne eine Hierarchisierung zu intendieren – Toleranz als *Ordnungs- und Anerkennungsbegriff*, als *hermeneutische Kategorie*, als *Komplexitätskategorie*, als *Kulturarbeit*, als *Diätetik des Verhaltens*, als *Spielraum des Verhaltens*, als *Reziprozität*, als *Orientierungswert* und als *Erziehungsziel*. In einer Zeit der Internationalisierung und Globalisierung unserer Lebensbedingungen kann die Toleranzfrage nicht mehr innerhalb der Grenzen einer Kultur diskutiert werden. Erkennt man die Neuartigkeit des Zusammenhangs von Fremdheits- und Toleranzfragen als Ausgangspunkt für die Beschäftigung mit »Toleranz«, dann weitet sich das Diskursfeld »Toleranz« zu einem kulturthematisch konturierten Diskursfeld aus. Im Zusammenhang mit einer internationalen Toleranzforschung ist der oben angeführte Fächer daher offen und erweiterungsfähig zu denken, und zwar um jene Konzepte von »Toleranz« oder äquivalenter Begriffe, wie sie in anderer Kulturen existieren.

Die semantischen Kämpfe um den Begriff »Toleranz« führen die Betrachtung des deutschsprachigen Toleranzdiskurses mitten hinein in ein vielschichtiges Gewebe kultureller Beziehungen und Zusammenhänge, die nur bestätigen, was immer wieder betont wurde, nämlich, daß der Toleranzdiskurs mit der Zeitgeschichte zutiefst verwoben ist, und daß er darin eine für die jeweilige Kultur spezifische Ausprägung findet. Seine Kulturspezifik, in der auch auf die Toleranztradition Bezug genommen wird, qualifiziert dann nicht nur die Möglichkeiten, sondern auch die Grenzen seiner Wirksamkeit.

Der deutschsprachige Toleranzdiskurs nach 1945 ist zu einem großen Teil bestimmt durch den Zusammenhang zwischen Toleranz, Vergangenheitsbewältigung und Demokratieentwicklung sowie dem Impetus einer notwendigen Kulturreform. Konkretisieren läßt sich die Problematik mit dem Hinweis von Jürgen Kreft, daß die Deutschen doch Lessings »Nathan« immer gelesen hätten, »Auschwitz« dennoch möglich gewesen sei. Dezidiert ordnet Kreft seine Themenstellung im Jahr 1986 dem Kontext einer *Erziehung nach Auschwitz* zu, wodurch der mit der 1945 initiierten Politik der Re-education gegebene politisch-kulturelle Anstoß zu einer Toleranzerziehung in seiner Aktualität bestätigt wird. Krefts Überlegungen gehen jedoch noch einen Schritt weiter, indem er die Frage nach der Wirkungskraft kultureller Traditionen auf das (moralische) Bewußtsein in Deutschland stellt. Die Frage ist schwierig zu beantworten; kritisch aufgenommen wird jedoch klar, daß bloße (Toleranz-) Appelle wirkungslos sind, wenn sie losgelöst von einer entsprechenden politischen Kultur formuliert werden. Auch Alexander Mitscherlich hat in seiner Beschäftigung mit der Toleranzfrage immer die kulturellen Voraussetzungen toleranten Verhaltens im Auge. Von ihm wird »Toleranz« als eine »Wissensmethodik« aufgefaßt:

»Toleranz als Wissensmethodik ist nicht nur Relativierung und nicht Entschuldigung. Glücklich und schuldig können wir immer nur in unserer eigenen Kultur werden. Aber vielleicht können wir Erkenntnis gewinnen für die besonderen Schwächen und Unsicherheiten, denen wir ausgesetzt sind, und Wege zu ihrer leidlichen Bemeisterung finden, wenn wir mehr von den Tatsachen, insbesondere von der Tatsache einsehen gelernt haben, daß dem Menschen nicht gegeben ist, eine *beste* Kultur zu haben, eine, an der er endgültig genesen könne, und daß das ganz bestimmt nicht die eigene ist«.

Einen vergleichbaren Zusammenhang verfolgt die Politikwissenschaftlerin Gesine Schwan, die mit Blick auf die deutsche Nachkriegsgeschichte der These nachgeht, daß das Beschweigen von Schuld der Demokratie schade. Ein »demokratisches Bürgerethos« könne sich unter dieser Bedingung nur schwer entwickeln: Fehlendes Selbstwertgefühl, Angst und Aggression, die Neigung zu Projektionen und die Suche nach Sündenböcken stünden dem »Fremdvertrauen, der Zuwendung, Offenheit und Toleranz« gegenüber. Damit komplex zusammenhängend entwickelte sich ab dem Jahr 1970 auf einer weiteren Ebene ein sehr ausdifferenziertes Begriffsverständnis im verfassungsrechtlichen Diskurs, der »Toleranz« als Bedingungsfaktor der modernen pluralistischen und demokratischen Gesellschaft und als ein Grundprinzip des demokratischen Verfassungsstaates begründete.

Die Analyse des deutschsprachigen Toleranzdiskurses weist auf der Ebene des wissenschaftlichen und akademischen Diskurses eine kontinuierliche und ergiebige Beschäftigung mit dem Thema auf. Der neuartige, auf die Begegnung mit dem Fremden orientierte xenologische Toleranzbegriff hat sich dagegen vor dem Hintergrund einer sich durch Migrationsprozesse für »Fremde« öffnenden Bevölkerungsentwicklung herausgebildet. Der xenologische Toleranzdiskurs wird in den öffentlichen und kontrovers geführten Debatten über die Reform des deutschen Staatsbürgerrechts, über Zuwanderung und Integration oder über eine deutsche »Leitkultur« greifbar. Zentral wird in diesem Zeitgespräch über die Anerkennung des politischen und kulturellen Pluralismus in Deutschland verhandelt. So verschieden die Anlässe auch sein mögen, sie führen stets mitten hinein in Grundthemen der deutschen Nachkriegsgeschichte, die geprägt ist durch die Entwicklung einer neuen, demokratischen politischen Kultur einerseits und der gleichzeitigen Auseinandersetzung mit den mentalitätsgeschichtlich folgenreichen Belastungen durch die Politik des Nationalsozialismus andererseits.

Die Förderung der Toleranz ist das Anliegen des pädagogischen Toleranzdiskurses. Ist Toleranz lehr- und lernbar? Alexander Mitscherlich bejaht diese Frage eindeutig. Der Mensch ist von Natur nicht mit sozialen Kompetenzen ausgestattet, seine soziale Grundausstattung ist überaus defizitär: »Gehen wir davon aus, dass die Menschenart eine hochaggressive Spezies ist, dann verwundert es nicht, wie spät und selten Toleranz, Duldsamkeit im Gesamtverlauf der Geschichte zu bemerken ist. Toleranz ist in einem von Natur aggressiven Wesen ein Anzeichen hoher Selbstüberwindung«. Der pessimistischen »anthropologischen Schätzung« (F. Schiller), die dem oft optimistischen Menschenbild neuzeitlicher Pädagogik widerspricht, folgt im Gegenzug die optimistische Korrektur, indem besonders eindringlich darauf verwiesen wird, daß tolerantes Verhalten das Resultat von Lernprozessen ist. Nach einer anderen Spielart toleranzpädagogischen Denkens, die ebenfalls Toleranz zum Gegenstand von Lernprozessen macht, durchläuft der Mensch eine Stufenentwicklung, deren Inhalt die Bildung eines moralischen Bewußtseins ist, wobei »Toleranz«, nach Kreft, der seinerseits Lawrence Kohlberg folgt, die höchste Stufe der Postkonventionalität repräsentiert. Im Unterschied zur Position Mitscherlichs wird in dieser Spielart eine generelle Anlage zur Entwicklung des moralischen Bewußtseins angenommen, während Lernprozesse in erster Linie der intentionalen Förderung vorhandener Entwicklungspotentiale dienen.

Der Pädagoge Hermann Röhrs sieht die zentrale Aufgabe der Pädagogik in der Erlernung des Umgangs mit dem Fremden, betont aber, daß ohne »anerkennende Toleranz des ganz Anderen« die entsprechenden pädagogischen Bemühungen keinen Ansatzpunkt fänden. Das Zeitalter der Globalisierung und Internationalisierung unserer Lebensbedingungen »signalisiert Wendepunkte in der Menschheitsentwicklung, die vorbereitet sein wollen«. Die »Ausländerfeindlichkeit in unserer Zeit« sei »ein alarmierendes Zeichen dafür, dass die Begegnung mit dem ›Fremden‹ als kulturanthropologische Aufgabe noch nicht ausreichend in Angriff genommen wurde«. Das Lernziel »Toleranz« beinhaltet demnach die Denk- und Handlungsmöglichkeit einer positiven Anerkennung von Andersheit, ihrer Nichtdiskriminierung und somit der Anerkennung des Menschenrechts auf Verschiedenheit und umfaßt das Interesse Denk-, Kommunikations- und Handlungsmöglichkeiten zu fördern und zu eröffnen, die einen zivilisierten, d. h. gewalt- und diskriminierungsfreien sowie kultur*dez*entrierten Umgang mit der Alltags-Kulturen-Vielfalt, wenn nicht schon möglich, so doch wahrscheinlicher machen. Toleranz ist unter diesem Aspekt nicht zuletzt eine Sicherheitskategorie. Zentral ist dabei die pädagogische und methodische Frage, wie der angemessene Umgang mit dem Fremden, dem zentralen Problemvorwurf der gegenwärtigen Toleranzfrage, in einer sich internationalisierenden Welt gelehrt und gelernt werden kann. Eine herausragende Bedeutung für die Förderung des Toleranzgedankens durch Bildung nach 1945 kommt der UNESCO zu. Toleranzpädagogische Zielvorstellungen sollten zurückhaltend formuliert werden; dem zu erwartenden Vorwurf des pädagogischen Utopismus und der Illusionierung ist mit dem Insistieren auf verstärktem pädagogischen Realismus und Skeptizismus zu begegnen. »Was Forschung wie auch Bildung und Erziehung leisten können«, resümiert Hans Joachim Meyer die Problemlage, »sind die Voraussetzungen zur Toleranz zu klären [...]. Was Forschung und Bildung nicht können, ist, durch das Erreichen genügender begrifflicher Schärfe die Toleranz zuverlässig und für alle Zukunft sicher zu machen und durch das erforderliche Maß pädagogischer und aufklärerischer Arbeit ihre umfassende Wirkung zu garantieren«. Dessen ungeachtet sollte ein Bildungsziel von Schulen und Universitäten darin bestehen, durch Verbreitung von Toleranzwissen die Fähigkeit zur Partizipation am Toleranzdiskurs zu befördern.

Literatur:
Aleida Assmann, Die Spannung von Einheit und Vielheit als Grundstruktur der Toleranz, in: Kulturthema Toleranz. Zur Grundlegung einer interdisziplinären und interkulturellen Toleranzforschung, hg. von Alois Wierlacher, München 1996, 83–102.
Bertelsmann Forschungsgruppe Politik (Hg.), Toleranz. Grundlage für ein demokratisches Miteinander, Gütersloh 2000.
Iring Fetscher, Toleranz. Von der Unentbehrlichkeit einer kleinen Tugend für die Demokratie. Historische Rückblicke und aktuelle Probleme, Stuttgart 1990, 11.
Rainer Forst, Toleranz. Geschichte, Gehalt und Gegenwart eines umstrittenen Begriffs, Frankfurt am Main 2004.
Johann Wolfgang Goethe, Maximen und Reflexionen Nr. 151 f. (1809/1829), in: Hamburger Ausgabe, Bd. 12 (1953), 384 f.
Peter Häberle, Europäische Rechtskultur, Frankfurt am Main 1997, 344 f.
Karl Jaspers, Philosophie (1931), Berlin u. a. 1948, 214.
Hans Robert Jauß, Religionsgespräch oder: The last Things before the Last, in: ›Das Ende‹. Figuren einer Denkform. Poetik und Hermeneutik XVI, hg. von Karlheinz Stierle und Rainer Warning, München 1996. 413, 414.
Jürgen Kreft, Lessing und die Toleranz – Toleranzerziehung und Literaturunterricht, in: Lessing und die Toleranz. Beiträge der vierten internationalen Konferenz der Lessing Society in Hamburg vom 27. bis 29. Juni 1985. Sonderband zum Lessing Yearbook, hg. von Peter Freimark et al., München 1986, 209–221.
Gustav Mensching, Toleranz und Wahrheit in der Religion (1966), Weimar und Jena 1996, 43.
Hans Joachim Meyer, Zum politischen Sinn von Toleranz im vereinigten Deutschland, in: Kulturthema Toleranz. Zur Grundlegung einer interdisziplinären und interkulturellen Toleranzforschung, hg. von Alois Wierlacher, München 1996, 373–386.
Alexander Mitscherlich, Toleranz – Überprüfung eines Begriffs, in: ders., Gesammelte Schriften V (Sozialpsychologie, 3), Frankfurt am Main 1983, 431.
Alexander Mitscherlich, Margarete Mitscherlich, Proklamierte und praktizierte Toleranz, in: Die Unfähigkeit zu trauern. Grundlagen kollektiven Verhaltens (1986), München 1977, 263–276.
Alexander Mitscherlich, Auf dem Weg zur vaterlosen Gesellschaft, Ideen zur Sozialpsychologie, München 1992, 19.
Wolf Dieter Otto, Toleranzkultur und Pädagogik oder: Wie reden deutsche Pädagogen über Toleranz? Zur Ausdifferenzierung eines pädagogischen Toleranzdiskurses in Deutschland zwischen 1949 – 1989. Ergebnisse eines Forschungsprojekts. Zugleich ein Plädoyer für Entwicklung einer Toleranzdidaktik fremdsprachlicher interkultureller Bildung, in: Kulturthema Toleranz. Zur Grundlegung einer interdisziplinären und interkulturellen Toleranzforschung, hg. von Alois Wierlacher, München 1996, 565–631.
Wolf Dieter Otto, Toleranzdidaktik, in: Handbuch interkulturelle Germanistik, hg. von Alois Wierlacher und Andrea Bogner, Stuttgart u. a. 2003, 587–594.
Wolf Dieter Otto, Toleranz und politische Kultur in Deutschland nach 1945 – Ein Überblick, in: Ablehnung – Duldung – Anerkennung. Toleranz in den Niederlanden und in Deutschland. Ein historischer und aktueller Vergleich, hg. von Horst Lademacher, Renate Loos und Simon Groenveld, Münster u. a. 2004, 23–46.
Hermann Röhrs, Nationalsozialismus, Krieg, Neubeginn. Eine autobiographische Vergegenwärtigung aus pädagogischer Sicht, Frankfurt am Main 1990, 257, 258.
Michael Ronellenfitsch, Aktive Toleranz in juristischer Perspektive, in: Toleranztheorie in Deutschland (1949–1999). Eine anthologische Dokumentation, hg. von Alois Wierlacher und Wolf Dieter Otto, Tübingen 2002, 350–357.
Hans-Martin Sass, Das Wort Toleranz im gebrauchspolitischen Streit, in: Zeitschrift für philosophische Forschung 32 (1978), 577–590.
Klaus Schreiner, Gerhard Besier, Toleranz, in: Geschichtliche Grundbegriffe. Historisches Lexikon zur politisch-

sozialen Sprache in Deutschland, hg. von Otto Brunner, Otto et al., Stuttgart 1990, 445–605, 532.
Gesine Schwan, Politik und Schuld. Die zerstörerische Macht des Schweigens, Frankfurt am Main 1997, 211.
Alois Wierlacher, Aktive Toleranz, in: Kulturthema Toleranz. Zur Grundlegung einer interdisziplinären und interkulturellen Toleranzforschung, hg. von Alois Wierlacher, München 1996, 51–82.
Alois Wierlacher, Wolf Dieter Otto (Hgg.), Toleranztheorie in Deutschland (1949–1999). Eine anthologische Dokumentation, Tübingen 2002.

4. Benehmen, Manieren

Asfa-Wossen Asserate

Als ›Benehmen‹ bezeichnen wir allgemein die Umgangsformen der Menschen untereinander. Gutes Benehmen entspricht dabei solchen Verhaltensweisen, die dazu dienen, unser Zusammenleben möglichst angenehm zu gestalten. Es ist vor allem der freundliche Umgang miteinander. Das Fundament dafür wird bestenfalls in der Kindheit und Jugend durch das Vorbild der Eltern gelegt, vielleicht auch durch Freunde und wenn man Glück hat auch durch Lehrer oder Geistliche. Das gute Benehmen zeigt sich in verschiedenen Formen der Manieren, die aber allesamt eine innere Haltung spiegeln: Achtung vor dem Anderen.

Manieren, die sich nur auf Konventionen, erlernte Regeln und Äußerlichkeiten stützen, wirken maniriert und das erkennt man sofort. Manieren setzen einen bestimmten menschlichen Charakter voraus, um ungezwungen ausgeführt zu werden. Es gibt kein wirklich gutes Benehmen ohne Rücksicht, Mitleid, Großzügigkeit und auch Toleranz.

Toleranz ist ein Aspekt der Manieren und des guten Benehmens. Das Wort kommt vom lateinischen ›tolerare‹ und bedeutet ursprünglich: ertragen, aushalten, erdulden. Darum geht es: Ich muß es erdulden, wenn einer anders denkt oder anderes glaubt. Eine falsche Toleranz ist es, wenn mir der andere mit seiner Meinung völlig egal ist. Ich muß mich mit seinen Ansichten auseinandersetzen und sie aushalten, auch wenn ich sie als irrig ansehe und von etwas ganz anderem überzeugt bin. Wie viele Kriege und Verbrechen sind darauf zurückzuführen, daß man die andere Auffassung nicht tolerieren konnte? »Ich mag verdammen, was du sagst, aber ich werde mein Leben dafür einsetzen, daß du es sagen darfst«, lautet ein Zitat, das Voltaire zugeschrieben wird. Es gibt aber auch ein Paradoxon der Toleranz: »Toleranz wird zum Verbrechen, wenn es dem Bösen gilt«, hat Thomas Mann sehr richtig erkannt. So gibt es auch für den Umgang mit Toleranz keine starren Regeln. Auch sie verlangt den reifen Charakter und angemessenes Verhalten in der jeweiligen Situation.

Die zivilisierte Form des Umgangs miteinander entspringt der Herzensbildung. »Sie ist«, wie Goethe in seinen »Maximen und Reflexionen« schreibt, »der Liebe verwandt«. Manieren und damit gutes Benehmen setzen voraus, daß man gelernt hat, seinen angeborenen Narzißmus zu überwinden. Die Manieren stehen meiner Überzeugung nach auf zwei Säulen: auf Anmut und Demut. Ein Mensch, der diese zwei wunderbaren Worte beherzigt, braucht kein Buch über Manieren zu lesen. Anmut ist die Geschmeidigkeit der Form. Das angemessene Verhalten in der jeweiligen Situation. Der demütige Mensch, nicht der unterwürfige, ist derjenige, der Mut zum Dienen hat, der den anderen in den Vordergrund stellt, der anderen dient und sich dabei vergißt. Ihren Ursprung haben die europäischen Manieren letztlich in der Lehre Jesu Christi: »Liebe deinen Nächsten wie dich selbst«. Alles ist nur eine Variation dieses einen Themas.

Es gibt heute eine eigentümliche Mischung aus Herablassung und verstohlener Neugier gegenüber Manieren und gutem Benehmen, die die öffentliche Atmosphäre in Deutschland bestimmt. Die Menschen fühlen offenbar ein gewisses Bedürfnis, sich über die Regeln der Verhaltensweisen in Gesellschaft zu unterrichten. Man muß sich aber fragen, wer die Autorität sein soll, die in unserer Zeit zu diesen Fragen verbindlich Auskunft geben könnte? Eine Instanz, die in Deutschland den berechtigten Anspruch erheben dürfte, eine Aussage über die Manieren zu machen, gibt es nicht mehr.

Die Manieren der vorindustriellen Jahrtausende,

besonders des abendländischen Jahrtausends, waren mit dem Begriff der Repräsentation auf das engste verbunden. Der Einzelne stellte durch seine Manieren mehr dar, als sich selbst: Er repräsentierte seine Familie und seinen Stand, gegebenenfalls auch seinen Glauben, seinen König, und sein Land, ja sogar, um noch größere Einheiten zu nennen, sein Geschlecht: Durch die Manieren wurden der Mann und die Frau zum Mann schlechthin und zur Frau schlechthin. Alle Übereinkünfte, auf die sich diese Kategorien stützen, sind aufgehoben. Wer in seinem, nach den Regeln von Manieren stilisierten Verhalten irgend etwas anderes als sich selbst darstellen wollte, wäre so verrückt wie die große, in Vorahnung der kommenden Welt erfundene Figur des Cervantes, der Don Quixote. Und ebenso verrückt und lächerlich wäre jeder, der in einem Buch die Regeln der Manieren einer atomisierten und radikal individualisierten Gesellschaft als etwas Verbindliches vorschreiben wollte. Verbindliche Regeln, wie man Menschen begrüßt, wie man sie anredet, wie man sich anzieht, wie man ißt, wie man Gäste empfängt, wie man heiratet und wie man stirbt, gibt es in Deutschland nicht mehr, und auch das übrige Europa hat eine deutliche Tendenz, sich von solchen Verbindlichkeiten zu verabschieden.

Frauenzeitschriften und Gastronomieführer unterrichten zwar ihr Publikum gerne in den Künsten des gehobenen Konsums und stellen vor allem die interessantesten Neuentwicklungen vor, die man auch noch auf den Tisch stellen kann. Aber auch der begeistertste Schüler solcher Ratgeber wird hoffentlich nicht behaupten wollen, so etwas habe auch nur im entferntesten mit Manieren oder gutem Benehmen zu tun. Es geht nicht um die Äußerlichkeiten: Daß man weiß, wie man Fisch ißt, mit welchem Messer man was schneidet und derlei mehr. Im Gegenteil, wer nach einer Schneckenzange verlangt, wenn zum Verzehr der Weichtiere eine Kuchengabel neben dem Teller liegt, hat sich vom guten Benehmen schon verabschiedet.

Gelegentlich meldet sich in unserer Zeit zu Fragen der Manieren der Tanzlehrerverband zu Wort. Die Damen und Herren Tanzlehrer tagen offenbar in regelmäßigen Abständen und geben bei dieser Gelegenheit zu Protokoll, was sie dem deutschen Volk zum guten Benehmen raten. In den Zeitungen erscheinen dann in der Saure-Gurken-Zeit Auszüge solcher Empfehlungen: »Spargel darf man neuerdings auch mit dem Messer schneiden«, heißt eine solche kleine Sensation auf dem Gebiet der Sitten, oder: »Smoking darf jetzt auch nachmittags getragen werden«. Gibt es irgend jemanden, der solche Ratschläge ernst nimmt? Es stimmt schon, daß in der Vergangenheit die Tanzlehrer häufig die Aufgabe übernommen haben, jungen Leuten außer den Tanzschritten auch einen gewissen Grundstock an Benimm-Regeln beizubringen. Nach der Französischen Revolution waren in der neuen Schicht der Mächtigen die Tanzlehrer des Ancien régime sehr gefragt, um die neugebackenen Herzoginnen den Umgang mit der Schleppe zu lehren, und sogar Napoleon, der auf seinen kurzen Beinen durch die Enfiladen zu stürmen pflegte, soll sich von einem Tanzlehrer der untergegangenen Zeit im Schreiten haben unterrichten lassen. Allerdings waren es nicht die Tanzlehrer, die die Etikette bestimmten; sie hatten aber die Leute gekannt, die einstmals kompetent gewesen waren, und waren nun Informanten, vor denen man sich nicht genieren mußte.

Erzieher zu gutem Benehmen wurden in der Neuzeit, für die der gesellschaftliche Wandel, der Ortswechsel vieler Menschen, der moderne Staat stehen, die großen Institutionen: der Jesuitenorden, das preußische Militär – man unterschätze aber auch nicht den Einfluß des englischen und des österreichischen Militärs auf die Manieren. Ernst Jünger nennt auch die Stadt Paris als große Anstalt der Menschenformung. Weiter könnte man die immer systematischer ausgebauten diplomatischen Dienste in der Prägung durch Talleyrand und den Fürsten Metternich nennen; auf jeden Fall auch die englischen Public schools und die Colleges von Oxford und Cambridge. Nach einem Wort von Joubert ist die Grundlage der Manieren die katholische Liturgie – in diesem Sinne war jeder Ministrantenunterricht, der die kleinen Buben in den Ritus einführte, Unterweisung und Formung der Manieren. Die politischen Parteien und Gewerkschaften haben sämtlich versucht, bis tief ins Familienleben der Staatsbürger hineinzuwirken, und sie müssen das auch tun, denn im Kampf um die Zustimmung gilt es, Bindungen zu begründen, die über die bloße Befürwortung des Parteiprogramms weit hinausgehen. Die öffentliche Schule hat einen allumfassenden Anspruch auf Erziehung der Kinder angemeldet, die sich nolens volens in die Hände des Staates und der von ihm propagierten Pädagogik begeben müssen. Die großen Unternehmen haben in der Arbeitszivilisation Staaten im Staat gebildet, die alle Betriebsangehörigen einem eigenen, allumfassenden Firmenstil unterwerfen.

Warum ist es derart machtvollen Körperschaften, die jeden unserer Zeitgenossen auf die eine oder andere Weise fest in ihrem Griff halten, trotz vielfacher Versuche nicht gelungen, in Bezug auf den Umgang der Menschen miteinander verbindliche, von jedermann akzeptierte Manieren hervorzubringen und sie im öffentlichen Bewußtsein zu verankern?

Eine Erklärung unter vielen möglichen mag eine in der Geschichte neuartige Erscheinung sein: die Erfindung des Privatlebens. In der vorindustriellen Welt gab es kein Privatleben. Das Leben war immer öffentlich. In fast allen Schichten schliefen die Leute zu mehreren in einem Bett, keineswegs nur bei den Armen, auch in den Schlössern trieb die Kälte die Bewohner zusammen. Alle Stände lebten in größter Nähe zueinander. Der Reiche war bis in seine letzten Gewohnheiten beständig vom Armen beobachtet. Niemand konnte allein sein, wie heute jeder Mann und jede Frau, die in ihrer kleinen Wohnung leben und nach der Arbeit die Tür hinter sich schließen. Eine Aufteilung des Lebens in einen öffentlichen und in einen privaten Teil mit unterschiedlichen Verhaltensweisen, Kleidungsutensilien, Sprachstilen, sogar Denkstilen ist erst in der westlichen industriellen oder postindustriellen Massengesellschaft möglich geworden. Damit ist den stilbildenden großen Korporationen aber auch verwehrt, mit ihrer Formation in das Privatleben einzudringen. Gegenüber dem enormen mentalen Druck des Lebens in der Öffentlichkeit, dem er sich beugen muß, setzt der Zeitgenosse seine Hoffnung auf die verschließbare Tür seiner Wohnung. Im Privatleben verliert er seinen Beruf, seinen Stand, jede Art von Verpflichtung. Die Freiheit, die die Demokratie allen verheißen hatte, ist im Privatleben zu Hause. Die Freiheit ist die Freizeit, hier gilt kein Gesetz und keine Regel. Manieren gelten in der Freizeitzone des Privatlebens als Last und Bedrückung, der nach der Arbeitswoche zu entkommen man sich für berechtigt hält.

Es zeigt sich allerdings, daß in der sich in starker Bewegung und ständiger Umwälzung befindlichen Gesellschaft ein eigentümliches Potential an romantischen Vorstellungen vorhanden ist, was die Manieren betrifft. Die einzige Kraft, die nach Abschaffung der Stände die Gesellschaft heute allgemein anerkannt zu gliedern vermag, ist weder Bildung noch Leistung, sondern das Geld. Der Geldbesitz aber ist nichts Statisches. Unablässig sieht das Publikum große Vermögen entstehen und vergehen. Jeder muß sich sagen, daß ein großer Geldhaufen etwas ist, das von den dümmsten und primitivsten Gestalten erworben werden kann. Das Geld ist – jedenfalls scheinbar – in der Reichweite eines jeden. Wer kein Geld hat, heißt es, muß sich das selbst zuschreiben und gehört völlig zu Recht ganz nach unten auf der sozialen Stufenleiter. Um nach ganz oben, zum Stern der Reichen zu gelangen, der so greifbar nah an den Wohnstätten der vielen vorbeizieht, muß man sich freilich eine Weile plagen. Und in diesem Zusammenhang kommen die Manieren wieder ins Spiel. Die Soziologen haben festgestellt, daß es in dem Dauerwandel der Gesellschaft auch Konstanten gibt. Man glaubt zu sehen, daß Abkömmlinge »guter« Familien bessere Karrierechancen besitzen. Manieren haben heißt hier, aus einem Milieu zu stammen, das den Geruch des Geldes schon in der Nase gehabt hatte. Die gesamte Leichtigkeit der Manieren war schließlich nichts anderes, als die genetische Gewohnheit, vom Geld über die Lebenshindernisse hinweggetragen zu werden.

Es liegt mir fern, über Aufsteiger zu spotten, deren Klugheit und Energie oft genug bewundernswert sind. Aber ich kann nicht anders, als über die Vorstellung zu lächeln, das Erlernen der Manieren sei auf dem Weg nach oben hilfreich. Manieren schön und gut – aber welche? Der Aufsteiger hat ein Gerücht gehört, schlimmer als schlechte oder gar keine Manieren seien die falschen. Was ihn seine Eltern gelehrt haben, sind vermutlich die falschen. Es soll aber nun scheinen, als habe ein Schwanenei im Entennest gelegen; der Aufsteiger will sich als von anderer Artung und Herkommen darstellen. Und nun beugt er sich in den schmal bemessenen Mußestunden über Weinführer und studiert Ratgeber für die richtige Lagerung der Zigarren. Er läßt sich in teuren Geschäften von versierten Verkäufern bei der Auswahl der Krawatten beraten. Dann gibt es Bücher, die über Briefformeln unterrichten oder über die »richtige Art« des Briefpapiers, und das Tischdecken und das Vorstellen. Manchmal stellt einer über der Lektüre fest, daß er dies alles sich wohl würde aneignen können, seine Frau aber wohl nicht. Dann muß eine andere Frau her.

Wir denken, daß die Menschen mit den besten Manieren aus einer Oberschicht kommen müßten. Das ist absurd. Es hat nichts damit zu tun, welcher Klasse man angehört. Es geht auch nicht um Äußerlichkeiten. Das Vorbild für vollkommene Manieren ist Jesus Christus. Sein Benehmen war gespeist von vollkommener Liebe, die soweit ging, daß er sich sogar ans Kreuz schlagen ließ. Darum geht es: den anderen Menschen ins Zentrum stellen und nicht sich selbst.

5. Eleganz

Elisabeth Weymann

Es ist bedauerlich Ihnen mitteilen zu müssen, daß Eleganz im Aussterben begriffen ist. In der Tat ist sie heutzutage so wenig aufzuspüren wie ein Riesenkalmar in der Tiefsee. Dafür trifft man umso häufiger, ja in erstaunlich vielen Bereichen, das Adjektiv »elegant« an. Bevor Bäume wegen zu viel sauren Regens sterben, treiben sie auch noch viele Blätter aus. Was Otto Normalverbraucher gemeinhin unter Eleganz versteht, nämlich einen Stil von klassischer Harmonie, geschmackvoller Vornehmheit, Schlichtheit und Geschmeidigkeit, angewendet auf Luxus-Limousinen, Uhren, Designermöbel oder Haute Couture, kitzelt den Begriff doch lediglich an der Oberfläche. Als ich einem älteren Herren berichtete, ich zerbräche mir den Kopf über »Eleganz« für dieses Handbuch, gab er – wenig beeindruckt – zurück: »Oh, ein Damenthema!«. Da haben wir's. Dabei ist wahre Eleganz nichts weniger als eine lebenslange Fortbildungsmaßnahme für beide Geschlechter. Sie ist eine Auszeichnung, die durch die hohe Schule der Kultur gegangen ist. Eleganz hat Charakter und insofern viel Bildung absorbiert, bevor sie auszustrahlen vermag. Sie ist der Charme, der aus Respekt vor den anderen als Herzensbedürfnis entsteht. Wenn Massenkultur und »Geiz ist geil«-Slogans der Zeit ihren Stempel aufdrücken, stellt sie eigentlich eine kaum zu bewältigende Aufgabe dar. Aus diesem Grund ist sie über alle Maßen rar.

Doch der Reihe nach. In der Antike gebildet, weitete sich der Begriff als ein rhetorisches Stilmerkmal auf einen Bedeutungsumfang von Schönheit und Wahrheit der gefälligen Rede aus. Das Wort kommt aus dem Lateinischen. Der bedeutendste römische Komödiendichter Titus Maccius Plautus hat es mit seinem Dreigroschenstück »Trinummus« eingeführt. Alten Latein-Wörterbüchern entnehmen wir, daß »elegans« mit »eligere«, auswählen, zusammenhängt. Doch das Partizip Präsens davon lautet »eligens«. So wird »elegans« auf »elegare«, eine in der Literatur unbelegte Intensivform von »eligere«, zurückgeführt. Darum besagt »elegans« »wer zu wählen weiß«, also »gut gewählt«, »geschmackvoll«. Am Anfang ging es nur um Parameter einer kunstfertigen Redeweise, denn die Griechen und römische Rhetoriker hatten idiomatische Korrektheit, Deutlichkeit und Kürze, den schönen Klang der Worte und Rhythmus gefordert.

Das Standardwörterbuch aller fleißigen Lateinschüler, der Bornemann, vermerkt zu »elegans«: »... wählerisch, fein, geschmackvoll, elegant, anständig; [v. der Rede] gewählt, gebildet, richtig«. In anderen Übersetzungen auch »nobel« als Persönlichkeitsmerkmal. Die Vokabel konnte sich schon im Lateinischen ins Abfällige verkehren, zum Beispiel »wählerisch«, und negativ gebrauchte sie Plautus. Im Substantiv »elegantia« kamen seit Beginn der Wortschöpfung Kultur und Bildung, Kleidung, Zier, Anmut und Feinheit, Grazie, Anstand und Würde zum Ausdruck. Bei Quintilian, den später der humanistische Sprachforscher Lorenzo Valla dem Cicero als Beispiel klassischer Latinität vorzog, kam bei »elegantia« auch geistreiche Witzigkeit in Betracht. Wie schön und wie selbstverständlich, denn drehte es sich um Eleganz, wurde Bildung, in der einen oder anderen Form, immer mitgedacht. Nun, damit wäre die semantische Gestalt unseres Begriffs umrissen, dieser Eintrag eigentlich schon am Ende. Hätte sich die »Eleganz« kulturgeschichtlich nicht mancherlei Schwundstufen unterwerfen müssen. Als eine kennzeichnende Größe ästhetischer und moralischer Wertung, die sich Eleganz noch immer anmaßen darf, muß an dieser Stelle ihre Ehre gerettet werden: Der Versuch einer Mini-Ausgabe der »Physiologie des eleganten Lebens«, wie sie Honoré de Balzac in seinen 1830 veröffentlichten Aufsätzen formulierte.

Axiom 1: Eleganz hat eine schöne Seele. Von den gültigen Wahrheiten über sie ist diese die vergessene. Früher stand so etwas höher im Kurs, wetterte vor ein paar Jahren Gerhard Köpf, der Herausgeber eines Bandes zum 7. Würther Literaturpreis. Wer heutzutage ein so altertümliches Preisthema wie »Noblesse, Stil und Eleganz« stelle, »der ist entweder nicht auf der Höhe der Zeit oder überhaupt nicht bei Trost«. Gutes Benehmen sei so lebendig wie ein Fossil, Manieren »seltener als ein Einhorn«. Rüpelhafte Menschen mit »Geistesferne« machte Köpf dafür pauschal verantwortlich: »Die einst aufwieglerische Formel *Proletarier aller Länder vereinigt euch* ist in gewissem Sinne längst Wirklichkeit geworden«. Will sagen, wer im Menschen auf eine schöne Seele hofft, gehört zur Kur nach Bad Wörishofen.

»Wir alle sollten uns Mühe geben, sie zu besitzen«, schrieb der Pariser Möchtegern-Dandy und Romancier Balzac. Ausführlich malte er die »magnetische Macht« einer solchen Persönlichkeit aus und erklärte sie zum »letzten Zweck des eleganten Lebens«. Bedauerlich, daß er Aristokratie und Reichtum zu stark als notwendigen Rahmen solcher göttlichen Gnade herausstellte. Immerhin büßte der Adel seine Gesellschaftsmacht gerade ein und mußte sich auf dem Parkett angesagter Wertvorstellungen mit der Bourgeoisie arrangieren. Auch in England stiegen bürgerliche Familien auf, Etikette und Manieren waren wieder im Aufwind.

Wie eng und selbstgerecht es im gesellschaftlichen Gefüge zuging, denn der Landadel wehrte sich gegen jene »vulgar upstarts«, romantisierte Jane Austen. Mittendrin, zumeist in Liebeshändeln verstrickt, sind ihre Heldinnen damit beschäftigt, Eleganz als sittliche Aufgabe zu erlernen. Alles unkonventionelle, aber anmutige Frauenzimmer, denn »Anmut umgibt die Eleganz und kleidet sie« (Joseph Joubert). Der Kern von Austens »elegance of mind«, wohl unterschieden von der mit »elegance of manner« polierten Oberfläche, ist die Schicklichkeit (propriety). Nun ist das Wort so altbacken wie »artig« oder »trefflich«. Wir brauchen es dennoch, um auf die Moral von der Geschicht', nämlich rücksichtsvolles Sozialverhalten und Feingefühl für menschliche Werte, hinzuweisen.

Anmut bei allen Äußerungen des Daseins, so heißt es, hat lange vorher schon Platon geliebt, und man verübelte es ihm. Eine schöne Seele hatte der Philosoph im Sinn, als er in »Der Staat« zu dem hehren Wort »Seelenadel« ausholte. Nichts anderes wird auch Goethe beeindruckt haben, der in »Dichtung und Wahrheit« der Schriftstellerin Sophie von La Roche ein kleines Denkmal setzte: »Sie war die wunderbarste Frau, und ich wüßte ihr keine andere zu vergleichen«. Eine »gewisse Eleganz der Gestalt sowohl als des Betragens« habe sie bis ins Alter erhalten, eine Eleganz, »die zwischen dem Benehmen einer Edeldame und einer würdigen bürgerlichen Frau gar anmuthig schwebte«.

Die ideale Dame des Palastes (und natürlich den perfekten Hofmann dazu) hatte zuvor, zu Beginn des 16. Jahrhunderts, Baldassare Castiglione entworfen. In »Il libro del cortegiano« beschwor er die »Tugenden des Geistes« der Adligen der Renaissance und mal ehrlich, wer konnte hinter alle Punkte einer langen Liste von positiven Eigenschaften – Klugheit, Güte, Würde und Bescheidenheit darunter – schon ein Häkchen setzen? Das mit christlichem Ethos erfüllte Buch des humanistisch Gebildeten war lange Zeit der Renner. Sein Autor (Raffael hat ihn gemalt) stellte selbst ein leuchtendes Beispiel dar. »Eleganz und Haltung« war Peter Burke zufolge das Gepräge dieser Zeit, zumal zum Regelwerk der guten Sitten kontrollierte Gesten und Körperhaltungen traten. Was die höfische Gesellschaft in darauffolgenden Jahrhunderten antrieb, Etikette, Zeremoniell und Geschmack zu verfeinern, war die Konkurrenz um Prestige (Norbert Elias). Auf dieser Entwicklungsstufe, in dieser Gesellschaftsformation wurde der inneren Vornehmheit wohl nicht gerade Vorschub geleistet. Es ging um Status und Macht.

Noch bei Marcel Proust ist die Eleganz des Charakters – »la noblesse de l'esprit et l'élégance morale« – in der Welt der reichen Müßiggänger angesiedelt, der Pariser Aristokratie und des Großbürgertums. Der Begriff hat in seinem siebenbändigen Romanzyklus »À la recherche du temps perdu« (1913–1927) auch ethische, moralische Komponenten. Um jedoch den Eindruck zu verwischen, nur die vom Schicksal Begünstigten könnten sich den Seelenadel leisten: Bertolt Brechts »Der Kaukasische Kreidekreis« führte uns die bodenständige, kesse Magd Grusche vor. Hier geht es um mehr als nur ein Herz am rechten Fleck: Politische Vorzeichen des Lehrstücks mal weggedacht, Grusche »verdient« sich ein im Stich gelassenes Kind mit Mütterlichkeit, weil sie es zu sich nahm und versorgte. Im Gegensatz zur habgierigen leiblichen Mutter, der Gouverneursfrau Natella Abaschwili, zerrt sie in einer entscheidenden Gerichtsszene nicht an dem Jungen. Gutherzig wie sie ist, läßt Grusche statt dessen das Kind los: »Ich hab's aufgezogen! Soll ich's zerreißen?« Sie gewinnt das Sorgerecht.

Axiom 2: Alle weiteren Regeln von Eleganz ergeben sich aus dem ersten. Die innere Eleganz ist so etwas wie die »aromatische Seele«, die der Mörder Jean-Baptiste Grenouille in Patrick Süskinds Roman »Das Parfum« seinen Opfern stiehlt. Nämlich die Essenz ihrer lieblichen Körperdüfte. »Elegantiae«, schlußfolgerte Alexander von Gleichen-Russwurm zu dem Thema, zugleich Titel seiner schwülstigen Geschichte der vornehmen Welt im klassischen Altertum, sei die »Steigerung des Aufrechtgehens«. Auch die Autorin einer Mode-Bibel der vergangenen sechziger Jahre, als sich Frauen noch in Hüftgürtel und Corselets zwängten, verlangte mehr als nur perfekt organisierte Kleidungsstücke am Körper der Dame: Mit einem geborgten Zitat machte Geneviève Antoine Dariaux es deutlich: »Ein wahrhaft eleganter Geschmack ist meistens von einer Vortrefflichkeit des Herzens begleitet«.

Axiom 3: Eleganz ist das Gegenteil von Show und Prahlerei. Es wimmelt in von Gleichen-Russwurms kulturgeschichtlicher »Elegantiae« von Reichtum, Ehrgeiz, Luxus, Verschwendungssucht, festlichen Gelagen, allerlei Blendwerk et cetera und man gewinnt den Eindruck, der Mann habe sich wie ein Reporter für eine Hochglanz-Zeitschrift unter die Promis der Antike gemischt. Gemäß den Anleihen an Herodot und Co. war das altägyptische Memphis »zuerst ein Sitz der Eleganz«. Im perikleischen Zeitalter Athens entdeckte der Autor die Geburtsstätte des »europäischen Eleganzbegriffs«. Elegant waren danach Griechen wie der unverschämte, eitle »Stutzer« Alkibiades oder der herrsch- und prunksüchtige Tyrann Polykrates. Um am Ende das Negative vom Positiven abzuziehen und mich mit einer Formel zu versöhnen: Eleganz sei feinste Sitte um Umgang mit den Menschen.

Wie steht es nun mit der äußeren Eleganz? Sie entkommt der Kultiviertheit nicht. Wußten Sie, daß sich das lateinische Wort »decor« mit Anstand, Schicklichkeit, Würde u n d Schmuck, Zier übersetzt? Doch wer sich heute »dekoriert«, Glamour und Blitzlichtgewitter sucht, hat schon verloren. »Exzentrik ist niemals elegant«, wußte Madame Dariaux, denn in einer gepflegten Unauffälligkeit, bereichert von Intelligenz und Manieren, destillierten sich alle ihre Weisungen für guten, klassischen Geschmack in Sachen Garderobe: Zurückhaltend, schlicht, unaufdringlich, nichts Grelles, nichts Effektheischendes, auf keinen Fall sexy. Stil-Ikonen wie die Präsidentengattin Jacqueline Kennedy oder die zarte Schauspielerin Audrey Hepburn waren ihr damals lebende Beweise.

Billig Aufsehen zu erregen, geschwätzig und in Pose geworfen, was heute bedeutet, das täglich Brot der Klatschkolumnisten und Paparazzi zu sein, ist in wahrhaft eleganten Zirkeln damals wie heute verpönt. Balzac, der erfolgreiche Schriftsteller, war bemüht, als »Elegant« und Salonlöwe auf großem Fuß (also mit drückenden Schulden) zu leben, und er mußte es am eigenen Leib erfahren. »Monsieur de Balzac ist da, endlich sehe ich ihn, diesen neuen Stern jüngst angebrochenen Ruhms: dicker junger Mann, lebhafter Blick, weiße Weste, Manieren eines Wurzelsepps, Kleidung eines Metzgers, Miene eines Vergolders, das Gesamt blendend«, schrieb ein Zeitgenosse ins Tagebuch. Dabei war Balzac, wie einige andere Dandys, sehr geistreich und ein ausgesprochener Plauderkünstler. Kultiviert, gebildet, witzig, schlagfertig, eben geistig überlegen. Oscar Wilde, aus dem illustren Reigen dieser Ästheten und Kleiderkünstler, die der »Jetset« vom Anfang des 19. Jahrhunderts bis zum Ersten Weltkrieg hervorbrachte, hatte mehrere akademische Preise als Alt-Philologe gesammelt, bevor er sich für ein Leben als Kunstwerk und den Beruf »Eleganz« entschied.

Die Schale der Dandys war perfekt, sie hatten stets ein Bonmot auf den Lippen, gebärdeten sich lässig und weltmännisch in der Kultur des savoir vivre. Ihr Unterhaltungsprogramm bei betuchten Leuten und in den Klubs/Salons wurde gern gesehen. Keine Festlichkeit, wo ihre Anwesenheit nicht als Triumph, ihre Abwesenheit nicht als Katastrophe gegolten hätte. Manche, wie der erste dieser frivolen Gentlemen, George Brummell, stiegen zum »arbiter elegantiarum« auf. Sie waren Schiedsrichter über das Raffinement des extravaganten Geschmacks und wenn Brummell sich ankleidete, schaute ihm der Prinz of Wales gerne zu. Aber um Dandys steht es unter der Prämisse einer eleganten Gesinnung schlecht. Von den Windbeuteln reden wir ja nicht, trotzdem betrieben viele narzißtischen Selbstkult, versprühten Ironie und Spott, frönten der Genußsucht, brachen unverschämt Tabus und Regeln, empfanden wenig oder distanzierten sich gleich marmorkalt. Wilde wird nachgesagt, er habe mit seinem unbeständigen Charakter, mit Zügellosigkeit und weil er seine Gefühle nicht kontrollieren konnte, viel von seiner Aura verloren.

Axiom 4: Elegant zu sein bedeutet Arbeit. Denn was ist die Eleganz ohne die Kunst sich zu beherrschen? Sie ist ein Rahmen. Ungefähr so, wie Rudyard Kipling es in seinem Gedicht »If« beschrieb: »If you can force your heart and nerve and sinew / To serve your turn long after they are gone / And so hold on when there is nothing in you / Except the will which says to them: ›Hold on‹«. Auch hier läuft alles auf einen guten Charakter heraus, dessen Herausbildung eine mühevolle Aufgabe ist. Als Sittlichkeit und Tugenden noch einen Klang hatten, schlug beispielsweise der englische Lord Chesterfield Mitte des 18. Jahrhunderts einen solchen Ton an. Seine gesammelte Korrespondenz an den Sprößling erschien 1774 unter dem Titel: »Briefe an seinen Sohn Philip Stanhope über die anstrengende Kunst ein Gentleman zu werden«.

In Arbeit und Disziplin artete es schon immer aus, sich mit peinlicher Sorgfalt um Toilette und Garderobe zu kümmern. Das ging einst dem schlesischen Grandseigneur und Goethe-Zeitgenossen Fürst Pückler von Muskau so, der stets situationsgemäß gekleidet zu sein wünschte. So fühlen es heute sicher auch die etwa 200 Damen auf der Welt, die es sich leisten können, jede ihrer Haute-Couture-Roben von den großen Häusern paßgerecht nähen zu lassen. Eine von ihnen, die stets in Chanel gewandete Toys'R'Us-Erbin Carol Petrie, rät: »Achte ein Leben lang auf die Eleganz der Sachen, die du trägst«. Denn Damen und Herren kleiden sich vornehm, weil sie sich ihrem Gegenüber immer in Bestform zeigen wollen. Damit nicht genug: Soll die Kleidung am Leibe das Kultivierte ausdrücken, muß man sich die Miene geben, den Aufwand gründlich zu verbergen.

A propos Haute Couture und Mode. Elegant ist nicht, was gerade modisch ist. Bauchfrei mit knappem Top über Hipstern ist das Gegenteil davon. Vom Elfenbeinturm der Eleganz aus betrachtet läßt solch kühner Aufzug erschaudern wie der Anblick abgekauter Fingernägel. Balzac wußte, wie despotisch die Macht der Mode sein konnte. Doch wahrer Stil speist sich aus Entwürfen, die modische Eintagsfliegen überdauern. Die Couturiers dieser Welt mögen in ihrer Eitelkeit nicht gekränkt sein, wenn nur dieses Beispiel genannt wird: Nämlich die schlichten und zeitlosen Modelle Coco Chanels aus der Pariser Rue Gambon. Unvergessen ihre Kostüme aus fließendem Jersey, die funktionell und trotzdem klassisch schön waren. Die überaus charmante Erfinderin des »kleinen Schwarzen« lehnte jedwede Protzigkeit ab und hat nicht umsonst das erste internationale Modeimperium aus dem Boden gestampft. Nebenbei ist Chanel noch heute das einzige Haus, das mit Haute Couture Geld verdient. Für alle anderen ist die Königsklasse ein Verlustgeschäft.

Axiom 5: Eleganz ist Harmonie. Das hat mit Ordnung und mit Einheit zu tun, wie Balzac es sah, für manche mit einer Poesie des Alltäglichen. Sie zeigt sich im Kleinen wie in fein aufeinander abgestimmten Kleidungsstücken. Doch wenn ein ungeschmeidiger Watschelgang die gewählte Garderobe entwertet, ist es sofort aus mit Ebenmaß und Zusammenklang. Das Körperbewußtsein gehört zwingend dazu, weswegen in »Schulen der Eleganz« wie dem privaten Institut »Herman's« im venezolanischen Caracas, auf den guten Auftritt höherer Töchter Wert gelegt wird. Es geht hier auch um die gewisse Lässigkeit, wie sie einst an den beinahe festlichen Auftritten des leidenschaftlichen Turfmannes Prinz Ali Khan auf der Rennbahn von Chantilly – in grauem Cut, opulent gebundenem Plaston und Zylinder – abzuschauen war. Es geht um das Fluidum, welches von Personen wie der Geigenvirtuosin Anne-Sophie Mutter ausgeht, wenn sie im maßgeschneiderten Dior-Kostüm einen ihrer sechs Bögen über die Stradivari führt.

Die Harmonie offenbart sich selbstverständlich auch im ganz Großen, nämlich der Konstruktion von Natur und Kosmos. Darum hat Bestseller-Autor Brian Greene in »The Elegant Universe« gepriesen, wonach der forschende Mensch auf der Spur ist: Der einzigartigen Symphonie des Universums, dessen Geheimnisse man mit Relativitätstheorie und Quantenphysik nur teilweise gelüftet hat. Das Problem ist nur, daß die Systeme nicht zusammenpassen. Die ultimative »superstring theory« – die Einheit der Konzepte – muß her, um den harmonisch gewebten Stoff ganz zu begreifen. Vielleicht gibt es ja eine einfache Gleichung, mühelos, unangestrengt und souverän? Als unwissenschaftliches Kriterium jedenfalls hat die »elegante Lösung« (die Kollokation verdanken wir Proust) beispielsweise in der Mathematik diese Bedeutung.

Bei aller Harmonie ist gewiß, was Heinrich Heine uns dichtete: »Nichts ist vollkommen hier auf dieser Welt […]«. Die Rose habe Stachel, Achilles eine verwundbare Ferse und häßliche Füße der Pfau. Ist Eleganz, das Streben nach Ästhetisierungen, am Ende nur ein Wunschbild? »[…] Schmerz, Erbitterung und Tränen, sobald ich bedenke, aus welcher Höhe und wie tief diese hohe Kunst gefallen ist […]«, wehklagte der eingangs erwähnte Humanist Valla über die Barbarismen des Mittelalters und den Verfall seines heißgeliebten klassischen Lateins (in seiner um 1448 verfaßten Schrift »Elegantiae linguae latinae«). Was damals galt, wiegt auch heute schwer: Den Menschen ist der Feinsinn abhanden gekommen.

Mit der Zeit der Renaissance übrigens setzten die Entlehnungen von »elegantia« und »elegans« in die Volkssprachen ein. Substantiv und Adjektiv erkämpften sich vom 14. bis 18. Jahrhundert im Französischen, Spanischen, Englischen und Deutschen ihre Geltungsbereiche. Für die Gebrüder Grimm fühlten sich »Eleganz« und »elegant« noch nicht deutsch genug an: In ihrem Wörterbuch sucht man die Stichworte vergebens. Erst im 31. Band, als fast 100 Jahre verstrichen waren, tauchte »elegant« als Synonym für »zierlich« auf. Moderne Zeiten haben dem Begriff nun den Garaus gemacht. Massenkonsum, Medienzeitalter, virtuelle Realitäten im World Wide Web et cetera haben den Menschen zu seinen Ungunsten verändert. Selbst Balzac hatte in seinen Dandy-Tagen schon gemeckert: »Der Individualismus ist die Krankheit unserer Zeit«. Nicht, daß Eleganz jemals eine Kultur durchdrungen hätte. Zu Beginn des 21. Jahrhunderts ist sie für die allermeisten indessen ein Fremdwort geworden.

Literatur:

Renate Brosch, Eleganz und Autonomie. Die Auffassung vom Weiblichen bei Jane Austen, Heidelberg 1984.
Baldessare Castiglione, Das Buch vom Hofmann, übersetzt, eingeleitet und erläutert von Fritz Baumgart, Bremen 1960.
Norbert Elias, Die höfische Gesellschaft, Darmstadt u. a. 1969.
Günter Erbe, Dandys – Virtuosen der Lebenskunst. Eine Geschichte des mondänen Lebens, Köln u. a. 2002.
W. Fred (Hg.), Physiologie des eleganten Lebens. Unveröffentlichte Aufsätze von Honoré de Balzac, München ca. 1910.
Alexander von Gleichen-Russwurm, Geschichte der europäischen Geselligkeit, Bd. 1: Elegantiae. Geschichte der vornehmen Welt im klassischen Altertum, Stuttgart 1912.
Johann Wolfgang von Goethe, Dichtung und Wahrheit III.
Brian Greene, The Elegant Universe, London 1999.
Gerhard Köpf (Hg.), Noblesse, Stil & Eleganz. Prosa, Lyrik, Szenen & Essays. Texte zum 7. Würther Literaturpreis, Tübingen 1999.
Platon, Der Staat, übersetzt und herausgegeben von Karl Vretska, Bibliographisch ergänzte Ausgabe, Stuttgart 2000.
Harro Stammerjohann, Eleganz. Eine Causerie zum 75. Geburtstag von Harald Weinrich. (www.daf.uni-muenchen.de/DAF/AKTUELL/stj_weinrich_geb.pdf)
Philip Dormer Stanhope Earl of Chesterfield, Briefe an seinen Sohn Philip Stanhope über die anstrengende Kunst ein Gentleman zu werden, Leipzig u. a. 1983.
Gert Ueding (Hg.), Historisches Wörterbuch der Rhetorik, Bd. 2: Bie–Eul, Tübingen 1994.

6. Bescheidenheit, Ehrlichkeit, Fleiß, Genauigkeit, Ordnung

Dirk Kaesler

Geben Sie es ruhig zu: Alle diese fünf Tugenden sind ganz wunderbar, vor allem dann, wenn Ihre Mitmenschen sie leben. Für einen selber sind sie aber ganz fürchterlich. Zumindest für »dumm« wird heute gehalten, wer bescheiden, ehrlich, fleißig, genau und ordentlich ist. Zudem klingen alle diese Begriffe so altmodisch, so betulich, zwanghaft, kleinkariert und engherzig. Also bestimmt nichts, was man selbst sein möchte. Schon »Höflichkeit« klingt heute wieder viel »angesagter«, moderner als Bescheidenheit und ihre unsympathischen Begriffsschwestern. »Autonom«, »kreativ«, »sozialkompetent« und »tolerant«, das ist es doch, was man sein möchte. Aber das sind wir alle ja ohnehin!

Auch unter den Tugenden, zu denen die hier abzuhandelnden fünf Begriffe gerechnet werden, hat sich eine verhängnisvolle Hierarchie herausgebildet, die ganz offensichtlich seit Jahrhunderten einigermaßen stabil ist. Spätestens seit dem antiken griechischen Philosophen Platon (427–347 v.Chr.) unterscheidet man in unserem Kulturkreis vier »Grund-Tugenden«: Klugheit, Gerechtigkeit, Tapferkeit und Mäßigung. Der christliche Theologe Thomas von Aquin (1225–1274) ergänzte diese »Kardinaltugenden« um drei weitere, als zentral definierte Tugenden: Glaube, Hoffnung, Liebe. Der sich so ergebenden: Siebenzahl von Tugenden wurden folgerichtig die sieben »Todsünden« der Hauptlaster der Menschen gegenübergestellt: Hochmut, Geiz, Neid, Wut, Wollust, Völlerei und die Trägheit des Herzens.

Seit Jahrhunderten wird von den aufgezählten sieben Tugenden behauptet, sie seien »Primärtugenden«, was bedeuten soll, sie seien derart »ursprünglich« und selbstverständlich, daß sie unabhängig von jeweiligen gesellschaftlichen Verhältnissen und Bedingungen gelten würden. Klugheit sei Klugheit, egal in welcher Gesellschaft der kluge Mensch eben zufälligerweise lebe. Und Liebe sowieso!

Als Soziologe muß ich solch gängige Überzeugungen, meiner disziplinären Prämisse folgend, daß alles gesellschaftlich bedingt ist, in Zweifel ziehen und als Ideologie entlarven. Jedoch, das soll mein Thema an dieser Stelle nicht sein, habe ich doch die reizvolle Aufgabe übertragen bekommen, mich mit den sog. »Sekundärtugenden« zu beschäftigen. So nämlich werden sie genannt, jene oben genannten fünf Tugenden. Sie seien, diese Überzeugung wird immer wieder aufs neue reproduziert, den aufgezählten »unmittelbaren« Tugenden, den »Kardinaltugenden«, nur nachgeordnet. Für sich alleine hätten die Sekundärtugenden keinerlei ethische Bedeutung, allenfalls als Umsetzung der Primärtugenden käme ihnen eine solche zu. Es hänge zu sehr von der jeweiligen Gesellschaft ab, was als Sekundärtugenden gelte. Sie seien zwar bedeutungsvoll für das einigermaßen konfliktarme Gelingen und Funktionieren von Gesellschaften, sie selbst jedoch hätten keine tragfähige ethische Bedeutung.

Gerade weil es von der jeweiligen Gesellschaft abzuhängen scheint, was als Sekundärtugend gewertet wird, konnte es zur Stilisierung vermeintlich »typischer« Sekundärtugenden kommen. So halten sich bis heute Kataloge angeblich typisch »bürgerlicher«, typisch »deutscher«, zuweilen auch typisch »preußischer« (Sekundär-)Tugenden. Auch entlang anderer, ebenfalls gesellschaftlich abgegrenzter Bereiche kam es zusätzlich zu endlos ausufernden Unterscheidungen, etwa die von spezifisch »männlichen«, »weiblichen«, »soldatischen«, »kleinbürgerlichen«, »proletarischen«, »bayerischen« oder »hanseatischen« Tugendkatalogen.

Wir befinden uns mitten in einem semantisch heftig umkämpften Feld, in dem wir unsere fünf Sekundärtugenden, oder vielleicht besser: regelmäßige Verhaltensmuster von Menschen, einordnen wollen.

Es war im Jahr 1982, auf dem Höhepunkt heftiger Kontroversen innerhalb der Sozialdemokratischen Partei Deutschlands (SPD) um den sog. »NATO-Doppelbeschluß«, als der damalige Landesvorsitzende der Saarländischen SPD, Oskar Lafontaine, dem damaligen Bundeskanzler Helmut Schmidt in einem Interview entgegenschleuderte: »Helmut Schmidt spricht weiter von Pflichtgefühl, Berechenbarkeit, Machbarkeit, Standhaftigkeit. Ganz präzis gesagt: Damit kann man auch ein KZ betreiben«. (Der Stern, 15. Juli 1982)

Alle, mit denen ich über das mir gestellte Thema sprach, hatten dieses Zitat parat, und einige sprechen seitdem von den »KZ-Tugenden«. Spätestens seit diesem Lafontaine-Gerede hat sich gerade in Deutschland eine wohlfeile Verachtung breitgemacht, die vermeintlich historisch argumentiert, indem sie behauptet, daß das Hochhalten eben dieser Sekundärtugenden in der Zeit des Nationalsozialismus gerade nicht die entsetzlichen Verbrechen, die in jener Zeit im Namen Deutschlands begangen wurden, verhindert habe. Und im Handumdrehen sind wir bei jener fürchterlichen Rede des Reichsführers SS, Heinrich Himmler, die dieser in Posen am 4. Oktober 1943 bei einer SS-Gruppenführertagung hielt, in der er ausführte: »Von Euch werden die meisten wissen, was es heißt, wenn 100 Leichen beisammen liegen, wenn 500 daliegen oder wenn 1000 daliegen. Dies durchgehalten zu haben, und dabei – abgesehen von Ausnahmen menschlicher Schwächen – anständig geblieben zu sein, das hat uns hart gemacht. Dies ist ein niemals geschriebenes und niemals zu schreibendes Ruhmesblatt unserer Geschichte [...]«. (Nationalsozialismus.de. Rechercheportal für Schule, Studium und Wissenschaft. Berlin)

Wenn also die Nazis beanspruchen, »anständig«, also fleißig, genau und ordentlich gewesen zu sein, und das sogar bei ihren Verbrechen in den Vernichtungslagern, sollte man deswegen also besser faul, ungenau und unordentlich sein? Um ja nichts mit den Nazis gemein zu haben?

Nicht zuletzt durch diesen billigen, vermeintlichen Anti-Faschismus herrscht, so scheint es, bis heute semantische und gedankliche Verwirrung in Deutschland, was es mit unseren fünf Sekundärtugenden auf sich hat. Versuchen wir, ein wenig zur Entwirrung beizutragen.

Entscheidend scheint mir zu sein, daß Menschen, die als bescheiden, ehrlich, fleißig, genau und ordentlich beschrieben werden, so »sind« – und das heißt aus soziologischer Perspektive immer: sie verhalten sich und handeln so – weil sie Freude daran haben, sich so zu verhalten und so zu handeln. Wenn sie sich in einer Weise verhalten, die von anderen Menschen mit diesen Begriffen belegt werden, so tun sie das, weil sie es aus einer inneren Haltung und Überzeugung heraus sowohl können als auch wollen. Gewiß gibt es auch zwanghafte Versionen solcher Verhaltensweisen, deren Zwangscharakter jedoch unschwer zu erkennen ist. Demjenigen Menschen, dem es eine innere Freude bereitet, bescheiden, ehrlich, fleißig, genau und ordentlich zu sein, ist es gelungen, ohne Kraftanstrengung derartige Verhaltensweisen zur »zweiten Natur« werden zu lassen. Für einen Soziologen macht es ohnehin keinen Sinn, zwischen einer »ersten« und einer »zweiten« Natur zu unterscheiden. Wenn ein Kind durch Unterweisung und Vorbild gelernt hat, nicht zu prahlen, wahrheitsgemäß zu berichten, zielstrebig und umsichtig seine Aufgaben zu erledigen, und Freude daran hat, seine Sachen aufzuräumen, sind »Wesen«, »Charakter« und Verhalten und Handeln dieses Menschen nicht mehr sinnvoll auseinanderzudividieren. Seine Tugenden sind zu seinem Wesen geworden, die analytische Trennung »natürlicher«, also angeblich »angeborener« Tugenden, von durch Übung »erworbenen« Tugenden hat ihren praktischen Sinn verloren. Fähigkeit und innere Haltung, also das, was man tut, aus innerer Neigung leicht und mit Freude zu tun, ist in solchen Menschen eine untrennbare Einheit geworden.

Dennoch, um erkennen zu können, worum es sich handelt, wenn wir davon reden, daß ein Mensch bescheiden, ehrlich, fleißig, genau und ordentlich sei, mögen einige knappe Anmerkungen gemacht sein.

Fangen wir mit »Bescheidenheit« an:

Herausgegeben von der Vereinigung »Business for Diplomatic Action« (BDA), die von Keith Reinhard, einem ehemaligen Boß der Werbebranche, gegründet wurde, erschien im Jahr 2006 ein handlicher Ratgeber. Dieser soll den durchschnittlich sechzig Millionen Amerikanern, die jedes Jahr ins Ausland reisen, helfen, nicht jenen Vorurteilen immer wieder neue Nahrung zu geben, wie sie durch den legendären Roman »The Ugly American« von Eugene Burdick und William Lederer von 1958 weltweit populär gemacht wurden. Anstatt also laut und angeberisch aufzutreten, sollten Amerikaner, zumindest amerikanische »business executives traveling abroad«, bescheiden, höflich und aufmerksam auftreten. Auf Platz 3 der sechzehn »simple suggestions« heißt es in der Ratgeber-Broschüre: »think as big as you like, but talk and act smaller«. (World Citizen Guide, National Business Travel Association, nbta.org)

Daß dieser gutgemeinte Ratschlag mit der Tugend »Bescheidenheit« nichts zu tun hat, macht seine anschließende Erläuterung deutlich: »In many countries, any form of boasting is considered very rude. Talking about wealth, power, or status – corporate or personal – can create resentment. When Americans meet each other for the first time, our job (and its implied status) is a key part of who we are and how we introduce ourselves. This is less important elsewhere and can be perceived as just boasting.« (Ebd.)

Was also heißt »Bescheidenheit«, mit leichten Variationen in der Bedeutung manchmal auch »Genügsamkeit« oder »Demut« genannt? In direktem Anschluß an die sicherlich gut gemeinten Ratschläge an fernreisende US-Geschäftsleute ließe sich wohl Einigkeit darüber herstellen, mit diesem Wort Menschen zu bezeichnen, die nicht angeben oder prahlen. Bescheidene Menschen beanspruchen wenig für sich selbst, selbst dann nicht, wenn sie einen »Anspruch« hätten, auf einen besseren Platz im Restaurant, auf einen vorgezogenen Termin beim Arzt, auf besonders ehrerbietige Behandlung, auf einen »Vorzug« jedwelcher Art. Sie handeln und denken von Grund auf »demokratisch«, weil sie davon überzeugt sind, daß alle Menschen ein Recht darauf haben, gleichartig behandelt zu werden. Bescheidene Menschen mäßigen die Beachtung ihrer Person durch ihre Mitmenschen ebenso wie ihre eigene Selbsteinschätzung. Sie anerkennen bereitwillig die Leistungen und Verdienste anderer – falls diese Anerkennung verdienen! Bescheidene Menschen verzichten, möglicherweise als Lebensprinzip, aus der Einsicht heraus, daß alles Übermaß im Leben von nur geringem Nutzen ist. Insofern begegnen wir bei der angeblichen Sekundärtugend Bescheidenheit doch wieder der primären Kardinaltugend der Mäßigung.

Zeitgenössische Kritik an Bescheidenheit operiert in zweierlei Weise: Zum einen wird Bescheidenheit schnell als psychopathologische Deformation diffamiert, indem behauptet wird, daß eine selbstverleugnende Haltung von Demut und Verzicht niemals freiwillig sein kann, sondern mindestens anerzogen, meistens jedoch erst eingebleut werden mußte. »Natürliches« Selbstbewußtsein und Bescheidenheit schlössen einander aus. Zum anderen wird behauptet, daß, obwohl Bescheidenheit ja durchaus rühmenswert sei, sie für die anzustrebende Selbstverwirklichung und vor allem für den zu erzielenden sozialen wie beruflichen Erfolg in unserer »Leistungsgesellschaft«, überaus kontraproduktiv sei. Fälschlicherweise wird an dieser Stelle dem Satiriker Wilhelm Busch ein Spruch in den Mund gelegt, der jedoch dem grammatikalisch unterentwickelten Volksmund entstammt: »Bescheidenheit ist eine Zier, doch weiter kommt man ohne ihr!«

»Tue Gutes und rede davon!«, das sei doch die sehr viel bessere, jedenfalls aktuelle Devise. Schon die Bibel habe gefordert, »sein Licht nicht unter den Scheffel« zu stellen. Wer jedoch die Quelle dieses letzten Gedankens kennt, weiß, daß rechtschaffene Bescheidenheit und unangestrengtes Selbstbewußtsein keineswegs einander ausschließen. In der famosen »Bergpredigt« des Jesus Christus heißt es: »Ihr seid das Licht der Welt [...]. Man zündet auch nicht ein Licht an und stülpt ein Gefäß darüber, sondern man stellt es auf einen Leuchter; dann leuchtet es allen im Haus. So soll Euer Licht vor den Menschen leuchten, damit sie eure guten Werke sehen und euren Vater im Himmel preisen«. (Matthäus 5, 14–16) Die guten Werke also wären es, die gelten! Dazu kann übrigens auch die Bescheidenheit gehören ... .

Damit zur »Ehrlichkeit«: Hier wird es begrifflich ein wenig komplizierter als bei der Bescheidenheit. Denn die Ehrlichkeit bezieht sich ursprünglich auf etwas, was heute einigermaßen kompliziert geworden ist: die Ehre. Die Ehre, so die gängige Vorstellung, ist das Fundament der Ehrlichkeit. Nachdem das Grimmsche Wörterbuch in seiner immer wieder aufs neue beeindruckenden Sammelfreude fünf unterschiedliche Bedeutungen für »ehrlich« angibt und detailfreudig illustriert, kommt es abschließend zu der etwas resignierten Feststellung: »alle diese bedeutungen laufen in einander, es ist kaum anzugeben, aus welcher derselben eine sehr eigenthümliche unserer heutigen sprache entsprang, wonach wir ehrlich für tüchtig, ordentlich in bestimmtem sinn setzen [...] meistentheils lässt sich dies ehrlich vertreten durch ziemlich, anständig, tüchtig, ordentlich, rechtschaffen«. (Deutsches Wörterbuch von Jacob Grimm und Wilhelm Grimm, Bd. 3, Leipzig 1862, 70 f.)

Spätestens beim Wort »ziemlich« ist zu erkennen, daß sich seit 1862 so einiges getan hat bei den Bedeutungen deutscher Worte. Und so hat sich wohl auch die allgemein geteilte Bedeutung von »ehrlich« im Laufe der vergangenen 150 Jahre erheblich verändert, und das heißt vor allem: verengt. Aus dem »ehrenwert« wurde »aufrichtig«, »wahrheitsgemäß«, »ohne Verstellung«.

Vor allem auf die wahrheitsgemäße Zuverlässigkeit von Aussagen und Verhalten beziehen wir uns heute, wenn wir von Ehrlichkeit sprechen: Es soll nicht gelogen und nicht gestohlen werden. Das zumindest ist die normative Forderung, die nicht nur erhoben wird, sondern auch, die menschlichen Schwächen kennend, durch das Strafgesetzbuch mit Strafandrohung bewehrt ist, wobei wir eine auffallende Diskrepanz zwischen Lügen und Stehlen vermerken.

In Deutschland hat jeder, selbst jeder, der einer Straftat angeklagt ist, das Recht, zu lügen, ohne strafrechtliche Konsequenzen. Zeugen müssen zwar grundsätzlich die Wahrheit sagen, auch wenn sie so manches Detail »vergessen« können; selbst sie dürfen jedoch lügen, sogar wenn sie unter Eid aussagen, wenn sie damit von sich selbst oder einem Angehörigen die Gefahr abzuwenden suchen, bestraft zu werden. (StGB § 157) – Dieses Recht zu lügen gilt selbstverständlich allein im strafrechtlichen Sinne, die moralische und soziale Ächtung unterhalb des Strafrechts ist davon unberührt.

Beim Eigentum wird es auch strafrechtlich erheblich ungemütlicher mit der Unehrlichkeit: Ein ganzer Abschnitt dient der Strafandrohung bei Diebstahl und Unterschlagung. (StGB §§ 242–248)

Wo aber stehen wir soziologisch bei der Tugend Ehrlichkeit? Spätestens seit dem markigen Titel eines gut verkauften Essays des Fernsehmoderators Ulrich Wickert, »Der Ehrliche ist der Dumme: Über den Verlust der Werte«, zuerst im Jahr 1994 erschienen, verbreitete sich in Deutschland die medial ständig wiederholte Saga, daß Betrug mittlerweile zum alltäglichen Leben nicht nur gehört, sondern dieses zunehmend dominiert. Gewalt, Korruption und Betrug seien alltäglich geworden, Moral, Ehrlichkeit und Solidarität seien dem wachsenden Egoismus der Menschen und ihrer unersättlichen Gier zum Opfer gefallen. Nicht nur in der ganz großen Politik und Wirtschaft sei Ehrlichkeit ein nur noch milde belächelter Wert, auch im Alltag eines prominenten TV-Angestellten grassiert skandalöse Unehrlichkeit, so als Herrn Wickerts Putzfrau einen 20-Mark-Schein mitgehen ließ. Die mediale Klage über den allgemeinen Werteverlust ist ebenso beliebt wie die jährliche Statistik der Ladendiebstähle von Kunden im deutschen Einzelhandel oder die süffige Berichterstattung über Wissenschaftler, die beim Schlampen, Manipulieren, Fälschen erwischt wurden.

Nicht nur die überlasteten Fundbüros der Kommunen, Verkehrsbetreiber und Festveranstalter berichten von sehr gegenteiligen Erfahrungen einer manchmal schon übertriebenen Ehrlichkeit beim Anliefern von Gegenständen, die oft genug von ihren Eigentümern einfach »entsorgt« worden waren. Auch ganz alltägliche Wahrnehmungen sollten hier zur gelassenen Skepsis anleiten: Wie oft wurden Sie persönlich denn schon bestohlen in Ihrem gesamten Leben? Und wie oft haben Sie gestohlen, etwas »mitgehen« lassen, etwas »vergessen« zurückzugeben?

Ein wenig anders und komplizierter ist es mit der Ehrlichkeit beim Reden und Schreiben, beim »Lügen« also. Es geht um nichts Geringeres als »die Wahrheit«. Die normative Forderung der Tugend Ehrlichkeit verlangt die Übereinstimmung einer Aussage mit der Wirklichkeit. »Ich liebe dich« soll ehrlich sein, also besagen, daß es der Sprecher der Person gegenüber ehrlich meint, an die er diese Aussage richtet. Aber, was meint er damit? Ist es gelogen, wenn er damit »eigentlich« sagen will: »Ich finde dich sexuell derart anziehend, daß ich alles versuchen möchte, mit dir Sex zu haben«? Ist es nicht die »Wirklichkeit« des Sprechers, vielleicht sogar auch die der angesprochenen Person? Stimmen also Aussage und Wirklichkeit doch überein, sie werden nur in sozial akzeptierte Formeln gekleidet? Ist es unehrlich, wenn man nach dem gemeinsamen Kinobesuch »auf eine Tasse Kaffee« eingeladen wird, und es dann so manches, nur keinen Kaffee gibt? Ist es gelogen, wenn im Arbeitszeugnis steht, »hat sich redlich bemüht«, damit aber gemeint ist, »war faul«? Ist es gelogen, wenn der Arzt die Diagnose im latinisierten Begriffsnebel verschwinden läßt? Könnten Diplomaten ihren Beruf überhaupt ausüben, wenn sie »ehrlich« sein müßten? Ist der »Wieder«aufbau des Berliner Hotels »Adlon« unehrlich, weil seine Architekten zwar ein paar Fassaden-Motive übernommen haben, aber ansonsten weder der Sockel noch die Proportionen und Stockwerkszahl der steinernen Fassade mit dem Original übereinstimmen? Sind funktionslose Dekorationen moderner Großbauten oder Ansammlungen von »Friesenhaus mit Reetdach« oder »Bayerisches Bauernhaus« schon Ausdruck von Unehrlichkeit? Wäre der »Wieder«aufbau des Stadtschlosses in Berlin eine einzige Lüge und die Münchner »Pinakothek der Moderne« Wahrheit?

Auffallend ist, daß die Tugend Ehrlichkeit nicht zu den oben aufgeführten »Grund-Tugenden« gehört. Läßt sich nicht beispielsweise aus einer von ihnen, der Klugheit nämlich, sogar ableiten, daß es zwar »ehrlich« sein mag, zur bemühten Gastgeberin zu sagen: »Das war das miserabelste Wiener Schnitzel, das ich je in meinem Leben serviert bekommen habe«, aber war es »klug«? Ist es zwar »ehrlich«, aber mitmenschlich inakzeptabel, zur stolzen Mutter, nach dem Blick in den Kinderwagen zu sagen, man habe noch nie ein so häßliches Kind gesehen? Was soll die »ehrliche« Aussage: »In diesem Rock siehst du richtig unförmig aus«? Könnte hier die »Ehrlichkeit« nicht sogar eher Frucht einer der angeführten sieben »Todsünden« sein, also etwa von Hochmut, Geiz, Neid, Wut oder Trägheit des Herzens?

Wir wollen uns hier nicht in die komplexe Rekonstruktion vielfältiger Theorien über Wahrheit verstricken, mit ihren Unterabteilungen von Korrespondenztheorie, Konvergenztheorie, Konsequenztheorie, Konsenstheorie und Kohärenztheorie. Nur soviel sei festgehalten: Wer sagt, »Das Gegenteil von Wahrheit ist die Unwahrheit«, sagt nicht viel. Was ist »Wahrheit« und was ist »Unwahrheit«? Ist unabsichtliche Unwahrheit schon Unehrlichkeit? Ist jede Unwahrheit eine »Lüge«? Was machen wir mit den vielfältigen subjektiven Wahrheiten? Wer bestimmt, welche Aussagen von Menschen über ihre Wirklichkeit als »wahr« oder als »unwahr« eingeordnet werden?

Nur ein einziger Autor sei, zur notwendigen Verkomplizierung von solch vermeintlich simplen Fragen, herangezogen: Der Systemtheoretiker Niklas Luhmann (1927–1998) sah in »Wahrheit« ein symbolisch generalisiertes Kommunikationsmedium. Er unterscheidet dabei grundlegend zwischen Wissen und Wahrheit. Was als »Wahrheit«, als »wahres Wissen« gilt, wird allein durch eine Beobachtung »zweiter Ordnung« entschieden. Dies führt, nach Luhmann, zur Paradoxie, daß es sowohl »wahre Wahrheit« als auch »unwahre Wahrheit« nebeneinander geben kann. (Niklas Luhmann: Die Wissenschaft der Gesellschaft. Frankfurt am Main 1992, S. 167 ff.)

Nur schlichte Autoren marktgängiger Büchlein mögen den Menschen weismachen, es sei unschwer möglich, zwischen »ehrlich« und »unehrlich« zu unterscheiden, zwischen »wahr« und »falsch«, zwischen »Wahrhaftigkeit« und »Falschheit«. Notwendige Wahrheiten, wie die Aussage »alle Kreise sind rund«, müssen sorgfältig unterschieden werden von der berühmten paradoxen Aussage des Epimenides: »Alle Kreter sind Lügner und alle von Kretern aufgestellten Behauptungen sind Lügen.« Wenn also Epimenides, der selbst Kreter war, behauptet, alle Kreter seien Lügner, muß man annehmen, daß auch er lügt. Damit wäre seine Aussage über die Kreter, und damit auch über sich selbst, unwahr, also sind die Kreter keine Lügner. Kann er aber überhaupt die Wahrheit sagen, als Kreter? Ist Ulrich Wickert überhaupt ehrlich, wenn er sagt: »Der Ehrliche ist der Dumme«? Oder lügt er, vielleicht sogar mit Absicht, und meint gar nicht, was er sagt, denn er ist gar nicht der wahren Überzeugung, daß der Ehrliche der Dumme ist?

Wenn sogar der Philosoph Jürgen Mittelstraß von der »Wahrheit des Irrtums« spricht, erkennt man unschwer, daß mit der Wahrheit ein überaus vorsichtiger Umgang empfehlenswert ist. Vor allem dann, wenn der Zusatz »ehrlich« folgt: »Das Essen ist gut, ehrlich!«, »Schön bist du, ehrlich!«, oder »Dieser Beitrag über die Sekundärtugenden ist wirklich lesenswert, ehrlich!«.

Damit zu »Fleiß«, »Genauigkeit« und »Ordnung/Ordentlichkeit«, von denen ich meine, daß sie untrennbar zusammengehören:

Im Zeugnis, das mir Fräulein Friedrich von der Volksschule in München-Obermenzing zum 2. Halbjahr 1954/55 ausstellte, steht: »Betragen und Fleiß des Schülers sind zu loben«. Kein Wunder, daß ich ohne besondere Aufnahmeprüfung in die Oberrealschule München-Pasing aufgenommen wurde!

Macht mich das, aus heutiger Sicht, zum Kandidaten für eine psychotherapeutische Behandlung mit der möglichen Diagnose »Prämorbide Persönlichkeit«, zumindest die einer »prämelancholischen Persönlichkeit«? Auf der Grundlage der typologischen Arbeit »Melancholie« (EA 1983) des renommierten Heidelberger Psychopathologen, Hubertus Tellenbach (1914–1994), gehört zum »Typus melancholicus«, in der Fachsprache abgekürzt »TM«, ein stark ausgeprägtes Festgelegtsein auf Ordnung, Ordentlichkeit und Gewissenhaftigkeit, sowohl im Arbeitsleben als auch in den zwischenmenschlichen Beziehungen, ein hoher Anspruch an die eigene Leistung, zwanghafte Züge und die permanenten Bemühungen, Streitigkeiten zu vermeiden. Der Melancholiker, so lese ich, will viel leisten, und das viele regelmäßig, oft schon in der Schule. Wenn diese Ansprüche nicht erfüllt würden, wenn die derart geschaffene äußere Struktur nicht aufrechterhalten werden kann, die doch Sicherheit verspricht, dann empfinde das Individuum die Ordnung als gefährdet, das ganze Dasein ist bedroht, die Melancholie schlägt in Depression um.

Nachdenklich betrachte ich mein Schulzeugnis vom Juli 1955. Es stimmt ja alles, oder doch zumindest vieles an diesen Beschreibungen von Tellenbach. Ist es nun (endlich) soweit gekommen, daß die einst so hochgehaltenen »bürgerlichen« Tugenden, Fleiß, Genauigkeit und Ordnung, nur mehr pathologisiert werden? Arbeitsame Zielstrebigkeit allenfalls als autoritätshörige Angepasstheit und »Bravheit«? Ist meine kleine Sammlung von »Fleißbildchen« aus der Volksschulzeit, darunter die ganz besonders wertvollen »Hauchbildchen«, eher der Beleg für eine Zwangsneurose? Sollten die zahlreichen Belege der fleißigen Brüder Grimm mit den vielfachen Zitaten zu »Fleisz« (»groszer, ganzer, hoher, ernster, emsiger, beharrlicher fleisz; anhaltender, ausdauernder, angestrengter, verdoppelter fleisz; böser, verkehrter fleisz; überiger fleisz«) ebenfalls nur ein Dokument des Abwehrversuchs melancholischer Zustände gewesen sein? Ist die Honigbiene also weniger ein positives Symbol für emsige Fleißigkeit und der Bienenkorb keineswegs eine löbliche Aufforderung zum fleißigen Sparen, sondern Inbegriff schwerer pathologischer Gefährdung durch das emsige Bemühen um das Festhalten an rigiden Ordnungsstrukturen? Ist das Motto auf dem Bild, das mir mein Großvater vererbte, eine besonders raffinierte Falle in das Schicksal einer »prämorbiden Persönlichkeitsstruktur«: »Ohne Fleiß, kein Preis«?

Herr Professor Tellenbach ist, erfreulicherweise, nicht die ganze Psychologie, auch Angela Lee Duckwort und Martin Seligman von der University of Pennsylvania in Philadelphia gehören dazu. In einer großangelegten empirischen Langzeitstudie haben beide in den Jahren 2002/03 untersucht, wie sich das Verhältnis von Selbstdisziplin, also Fleiß, und dem Intelligenzquotienten für den schulischen Erfolg auswirkt. Das Ergebnis war eindeutig: Selbstdisziplin ist erheblich wichtiger für den Schulerfolg als der IQ! Je weniger impulsiv und je disziplinierter die 13- bis 14jährigen nach Berichten ihrer Eltern und Lehrer sowie nach den Ergebnissen psychologischer Tests waren, je mehr sie sich auf den Lehrstoff und ihre Hausarbeiten konzentrierten, desto besser schnitten sie in der Schule ab, beinahe unabhängig vom persönlichen IQ! (Angela L. Duckworth/Martin E. P. Seligman: Self-Discipline Outdoes IQ in Predicting

Academic Performance of Adolescents, Psychological Science, 2005, Bd. 16, Nr. 12, S. 939–944)

Aus der Erfahrung von Jahrzehnten auf dem Feld der universitären Lehre weiß ich nur zu genau, wie man, gerade in Deutschland, auf solches Forschungsergebnis reagiert: Schulerfolg, überhaupt, »Erfolg« und »Leistung« ist nicht alles! Spontaneität, Kreativität, chaotische Unordnung, selbst Faulheit und Desinteresse sind doch um so vieles besser als das fleißige Lernen, gar Auswendiglernen von Wendungen, Gedichten oder Formeln. Der »Streber« wird immer noch schnell in die Nähe des »Einschleimers« gerückt und schnell sozial isoliert. Es ist ja kein reiner Zufall, daß das Wort »Fleißarbeit« ein vernichtendes Urteil für jede Art wissenschaftlicher oder künstlerischer Produktion geworden ist, ein Ergebnis bezeichnend, das zwar mit viel Fleiß zustande gekommen ist, aber nur wenig Kreatives enthält. Und »Fleißaufgaben« sind vermutlich an den meisten deutschen Schulen mittlerweile vollkommen verpönt.

Vielleicht schwingt bei dieser Ablehnung auch ein Motiv mit, das etwas mit der ursprünglichen Wortbedeutung von »Fleiß« zu tun hat, demzufolge die Sprachwurzel bei »Streit« und »Kampf« liegt. Die Anstrengung, die hinter dem Fleiß häufig steckt, hat gewiß auch etwas damit zu tun, daß man erfolgreicher, leistungsstärker, »besser« sein will als andere. Im Leistungssport finden wir dieses Motiv alle »normal«, im alltäglichen Berufs- und Privatleben in Deutschland wird solcher »Fleiß« mißtrauisch beäugt oder eben pathologisiert. Das »Fleißige Lieschen« (Impatiens walleriana) zählt nicht zu jenen Blumen, die man bei Einladungen mitbringt.

Auch »Genauigkeit«, Präzision, Exaktheit sind heute Begriffe geworden, die eher abfällig verwendet werden, und ebenfalls nach Pedanterie und Kleinkariertheit klingen. In den Wissenschaften müssen die »exakten Wissenschaften« nicht selten um Anerkennung kämpfen: So ganz genau will man es oft gar nicht wissen, eine »grobe Annäherung« reicht den meisten Repräsentanten von Medien, Politik und Wirtschaft. Zwar soll die teure Armbanduhr »ganz genau gehen«, aber man selber möchte es doch meistens nicht sonderlich gern, wenn jemand es »zu genau« nimmt. Und jemand, der das tut, muß damit rechnen, als Pedant, »Korinthenkacker« und »Erbsenzähler« rubriziert zu werden. Auch »zu pünktlich« zu sein kann heute eher negativ gewertet werden.

Bei einer repräsentativen Umfrage einer britischen Mobilfunkfirma ergab sich, daß fast 40 Prozent der Befragten angaben, daß durch die Verbreitung von Mobiltelefonen das Problem »Verspätung« eigentlich keines mehr sei. Solange man den Wartenden benachrichtige, daß man sich verspäte, sei es keineswegs schlimm, wenn man die vereinbarte Zeit überschreite. Bei dieser Erhebung ergaben sich durchschnittliche »Wartezeiten« von 47,2 Minuten, zumindest bei »Freunden« und »Bekannten«. Eine neue Generation von Briten, so das Ergebnis der Studie, betrachte das Zuspätkommen mehr und mehr als Norm und nicht mehr als Abweichung. Man nimmt es eben nicht mehr so genau, selbst in England!

Wenn Theodor W. Adorno noch sagte, »Aufgabe von Kunst ist es heute, Chaos in die Ordnung zu bringen« (Theodor W. Adorno: Minima Moralia, EA 1951); so gewinnt man heute manchmal den Eindruck, daß das Chaos nicht nur durch die Kunst erzeugt wird, sondern »Ordnung« schlechthin eher kritisch bis ablehnend gesehen wird. Als Synonym für Sortierung oder einen »aufgeräumten« Zustand, zum Beispiel eines Zimmers oder eines Schrankes, kann »sterile Ordnung« heute unschwer gegen »unordentliche Lebendigkeit« ausgespielt werden. Und schon wieder haben wir argumentative Munition gegen diese »bürgerliche«, »spießige« Sekundärtugend im spöttischen Mund. Wie leicht geht heute der Spruch über die Lippen: »Wer Ordnung hält, ist nur zu faul zum Suchen«?

Aus soziologischer Perspektive ist manches an dieser Kritik nicht vollkommen unbegründet: In ihren kanonisch gewordenen Studien über »Die autoritäre Persönlichkeit« (EA 1950) haben die Sozialforscher Theodor W. Adorno, Else Frenkel-Brunswick, Daniel J. Lewison und R. Nevitt Sanford empirisch jenen Typus von Menschen charakterisiert, die leicht zu Anhängern potentiell faschistischer, bzw. rechtsextremer Bewegungen und Organisationen werden können. Die »autoritäre Persönlichkeit« begegnet uns in Menschen, die nach oben buckeln und die Autoritäten der Eigengruppe verehren (»autoritäre Unterordnung«), die auf Schwächere und auf Minderheiten treten, sich dazu sogar moralisch berechtigt fühlen (»autoritäre Aggression«), und die sich an Äußerlichkeit und konventionellem Wohlverhalten ausrichten. Gerade dieser »Konventionalismus« ist es, der seit der Popularisierung dieser Forschungsergebnisse im Kern der Kritik an »Ordnungsliebe« steht.

Menschen, die darauf bestehen, daß das Kinderzimmer jeden Abend penibel aufgeräumt werden muß, bevor die Kinder zu Bett gehen, Menschen, die nicht aus dem Haus gehen, bevor nicht Staub gesaugt wurde und die Stahlspüle in der Küche poliert wurde, müssen sich fragen lassen, ob ihr Ordnungssinn nicht potentiell faschistoiden Tendenzen zu »verdanken« ist. Ein Zuhause sei kein Krankenhaus oder eine Strafanstalt, wenn alles zu sauber, zu aufgeräumt sei, wirke es steril und unmenschlich.

Man kann noch weiter gehen: Wer als »unordentlich« rubriziert wird, soll ein schlechtes Gewissen bekommen, damit er nicht auf die Idee kommt, aus den vorgegebenen Ordnungen ausscheren zu wollen. Wer unordentliche Kleidung oder unordentliche Haare trägt, der hat womöglich auch unordentliche Gedanken, der stellt möglicherweise die geltende Ordnung grundsätzlich in Frage. Der Punk wird so zur Gefahr für die Gesellschaft stilisiert, der ordentlich gescheitelte Rechtsradikale reklamiert für sich, die Ordnung der Gesellschaft zu verteidigen, wenn es sein muß, mit sauber geputzten »Springerstiefeln« mit weißen Schnürbändern. Auch wenn man den Erforschern der »autoritären Persönlichkeit« die Blindheit gegenüber dem linken Autoritarismus vorwerfen muß, so bleibt es ihr bleibendes Verdienst, Sensibilität für die dunklen Seiten der »Ordentlichen« erzeugt zu haben. Selbst die schwäbische »Kehrwoche« darf da nicht ausgespart werden ... .

Die schmalen Grenzen zwischen »Ordnung« und »Ordentlichkeit«, und den jeweiligen Übertreibungen, gilt es zu erkennen. Unsere Ansichten über Sauberkeit und Ordnung haben historische Wurzeln und milieuspezifische Ausprägungen, sie sind bedingt durch unsere Erziehung und den zeitgenössischen medialen Diskurs. Viele Begründungen sind nur vorgeschoben (»So darf das eben nicht aussehen!«, »Was sollen denn die Leute denken?«) und bieten keine vernünftigen Erklärungen an, außer »Das tut man eben (nicht)«. In unterschiedlichen Zusammenhängen sollten unterschiedliche Ordnungskonzepte gelten: In einer sehr engen Wohnung wird mehr Ordnung nötig sein als in einem großen Haus, wer Personal hat, das »aufräumt«, muß dieses nicht arbeitslos machen, in Urlaubssituationen können andere Ordnungen gelten als am Arbeitsplatz usw. usw. Und was ein »ordentliches Hotel«, eine »ordentliche Mahlzeit« oder ein »ordentliches Gehalt« ist, darüber entwickeln Menschen ohnehin höchst unterschiedliche Ordnungsvorstellungen.

Für ein vernunftgeleitetes, und das heißt vor allem: funktionales Ordnungskonzept, wird es klug sein, Menschen – unabhängig vom Lebensalter – die Chance zu geben, zu erfahren, welche Ordnung welche Konsequenzen mit sich bringt. Erst wenn eines der Modellautos unter dem Kleiderberg am Boden zertreten worden ist, wird es möglich sein, Kindern verständlich zu machen, warum Zerbrechliches ordentlicher aufbewahrt werden sollte. Erst wenn sich der wichtige Rentenbescheid partout nicht mehr finden läßt, weil er vielleicht doch mit dem großen Haufen von Zeitungen entsorgt wurde, könnte der freundliche Hinweis auf Klarsichthüllen und Akten«ordner« fruchten.

Damit komme ich abschließend zu meinem ganz allgemeinen Argument: Solange es »nur« um die Ordnung im Kinderzimmer geht, ist Toleranz – oder besser: Nichtbeachtung – möglicherweise eine vertretbare Strategie. Wenn es jedoch um das Zusammenleben mehrerer Menschen in Räumen – tatsächlichen wie metaphorisch gemeinten – geht, die von allen gemeinsam benutzt werden, hört die Nichtbeachtung auf, und es wird unverzichtbar sein, Regeln aufzustellen, was darin erlaubt sein soll und was nicht.

Und damit blättern wir unseren ganzen Katalog der Sekundärtugenden nochmals durch: Auch wenn es soziologisch schon lange nicht mehr begründbar ist, sich bei »ordentlich« einfach fraglos darauf zu berufen »was der hergebrachten und festgesetzten ordnung, regel und vorschrift entspricht«, wie es das Grimmsche Wörterbuch noch so schön definierte, so läßt sich doch festhalten, daß es vollkommen ohne irgendeine Ordnung in gemeinschaftlichen und gesellschaftlichen Kontexten nicht geht.

Die Zeiten absolut verbindlicher Regelwerke, wie sie in (religiösen und weltlichen) »Orden« durchgesetzt wurden, sind schon lange vorbei, und niemand kann so ohne weiteres eine »Order« erlassen (zumindest außerhalb militärischer Organisationen). Dennoch läßt sich empirisch festhalten, daß keine Gesellschaft besteht, sei sie historisch oder gegenwärtig, für die sich nicht »Ordnungen« rekonstruieren lassen. Und diese rekonstruierbaren Ordnungen haben sehr viel mehr mit den hier behandelten Sekundärtugenden zu tun als mit den so hoch gelobten Kardinaltugenden.

Alle gesellschaftlichen Konfigurationen benötigen Regelwerke, die »nach Regeln« (Immanuel Kant) funktionieren. Nur wer weiß, was es bedeuten konnte und kann, wenn eine Gesellschaft vollkommen aus der Ordnung gefallen ist, beispielsweise über keine »ordentliche Gerichtsbarkeit« verfügt, versteht diese wertzuschätzen.»Chaos« und »Anarchie« als Gegenbegriffe zur »Ordnung« erlauben uns den Blick in die individuelle und kollektive Hölle von Unordnung. Moderne, spät- und postmoderne, westliche Gesellschaften können sich nicht mehr so ohne weiteres auf vorgegebene, naturhaft-kosmologische oder theologische Ordnungen berufen. Daher setzen sie in ihren Verfassungen und Rechtsordnungen vielmehr auf die Leistungen des erkennenden und gemäß seinem Willen in Freiheit handelnden Subjekts. Dieses Denken führt zunehmend zu Abbau und Auflösung tradierter Ordnungen und des traditionellen Ordnungs- und Systemdenkens und erweitert so prinzipiell den individuellen und kollektiven Freiheitsraum, wodurch es auch zum anhaltenden Spannungsverhältnis von Ordnung und Freiheit kommen muß. Auch deswegen herrschen in jeder Gesellschaft und ihren vielfältigen Untergruppierungen von der Mehrheit der Menschen als »legitim« anerkannte und durch Herrschaft sanktionierte Strukturen der zwischenmenschlichen Beziehungen, die weniger auf dem Glauben an ihre »natürliche Notwendigkeit« begründet werden, sondern sehr viel eher durch ihre Zweckmäßigkeit zur Realisierung bestimmter Interessen und Ziele. Der »Ordnungsruf« eines Veranstaltungsleiters, die »Ordnungsstrafen« oder »Ordnungsmittel« bei »Ordnungswidrigkeiten« dienen der ständigen Auslotung dessen, was als geltende Ordnung durchsetzbar ist, und das heißt, von der Mehrheit als legitim und gerechtfertigt anerkannt wird.

Der deutsche Soziologe Max Weber (1864–1920) hat als einer der ersten erkannt, daß es für die Soziologie, im Gegensatz zu Jurisprudenz, Moralphilosophie oder Theologie, keinen anderen Weg gibt, die »Geltung« einer Ordnung alleine daran festzumachen, ob sie empirisch nachweisbar anerkannt wird oder nicht: »Die Soziologie hat es dagegen, soweit für sie das ›Recht‹ als Objekt in Betracht kommt, nicht mit der Ermittlung des logisch richtigen ›objektiven‹ Sinngehaltes von ›Rechtssätzen‹ zu tun, sondern mit einem *Handeln*, als dessen Determinanten und Resultanten natürlich unter anderem auch *Vorstellungen* von Menschen über den ›Sinn‹ und das ›Gelten‹ bestimmter Rechtssätze eine bedeutsame Rolle spielen. Darüber, also über das Konstatieren des tatsächlichen Vorhandenseins einer solchen Geltungsvorstellung, geht sie nur in der Weise hinaus, daß sie 1. auch die *Wahrscheinlichkeit* des Verbreitetseins solcher Vorstellungen in Betracht zieht, und 2. durch folgende Überlegung: daß empirisch jeweilig bestimmte Vorstellungen über den ›Sinn‹ eines als geltend vorgestellten ›Rechtssatzes‹ in den Köpfen bestimmter Menschen herrschen, hat unter bestimmten angebbaren Umständen die Konsequenz, daß das Handeln rational an bestimmten ›Erwartungen‹ orientiert werden kann, gibt also konkreten Individuen bestimmte ›Chancen‹. Dadurch kann deren Verhalten erheblich beeinflußt werden. Dies ist die begriffliche soziologische Bedeutung der empirischen ›Geltung‹ eines ›Rechtssatzes‹«. (Max Weber: Über einige Kategorien der verstehenden Soziologie, EA 1913)

Bescheidenheit, Ehrlichkeit, Fleiß, Genauigkeit, Ordnung/Ordentlichkeit, die von uns hier skizzierten Sekundärtugenden, erweisen sich, zumindest aus soziologischer Sicht, als entscheidender »Kitt«, der gesellschaftliche Ordnung überhaupt erst möglich macht. Alle fünf Verhaltensweisen mögen strafrechtlich nicht sanktionierbar sein (und das ist gut so), soziologisch betrachtet sind sie unverzichtbar. Man stelle sich nur eine Familie oder eine Arbeitsgruppe vor, in der alle Mitglieder auftrumpfend und gebieterisch auftreten, alle lügen und stehlen, alle bei ihren sozialen und beruflichen Verpflichtungen schlampig, nachlässig, ungenau und unordentlich vorgehen. Wie lange würde eine solche Gruppe bestehen können? Wie gut würde sie sich gegen andere Gruppen behaupten können?

Aber, diese Tugenden »gelten« nur so lange und so weit, solange die Mehrheit der handelnden Menschen sie in ihren Köpfen – und Herzen – als sinnvoll und daher legitim ansehen und sich in ihrem Verhalten und Handeln daran ausrichten. Schon in unser aller Interesse und dem unserer Kinder müssen wir also ein – zumindest soziologisches – Loblied auf die Tugenden Bescheidenheit, Ehrlichkeit, Fleiß, Genauigkeit und Ordnung/Ordentlichkeit anstimmen.

Literatur:
Otto Friedrich Bollnow, Wesen und Wandel der Tugenden, Frankfurt am Main 1958.
Karen Gloy, Wahrheitstheorien. Eine Einführung, Tübingen u. a. 2004.
Horaz, Glanz der Bescheidenheit, 2002.
Dirk Kaesler (Hg.), Max Weber. Schriften 1894–1922, Stuttgart 2002.
Niklas Luhmann. Die Wissenschaft der Gesellschaft, Frankfurt am Main 1992.

Jürgen Mittelstraß, Die Wahrheit des Irrtums: Über das schwierige Verhältnis der Geisteswissenschaften zur Wahrheit und über ihren eigentümlichen Umgang mit dem Irrtum, Konstanz 1989.
Josef Pieper, Das Viergespann – Klugheit, Gerechtigkeit, Tapferkeit, Maß, München 1998.
Karl Rahner, Bernhard Welte (Hgg.), Mut zur Tugend, Freiburg im Breisgau u. a. 1986.
Ulrich Wickert, Der Ehrliche ist der Dumme: Über den Verlust der Werte. Ein Essay, Hamburg 1994.
ZDF nachtstudio (Hg.), Tugenden und Laster. Gradmesser der Menschlichkeit, Frankfurt am Main 2004.

7. Patriotismus, Internationalismus

Caspar Hirschi

Patriotismus zwischen Pädagogik und Propaganda

Im Frühjahr 2006 veröffentlichte das »International Journal of Public Opinion Research« eine Studie, die eine Nationalstolz-Rangliste von 33 Staaten aufstellte. Ihre Autoren, Sozialwissenschaftler an der Universität Chicago, hatten eine statistisch relevante Anzahl Bürger dieser Staaten in den Jahren 1995–1996 und 2003–2004 einen Fragebogen ausfüllen lassen, um ihre Gemütslage auf einer Skala zwischen schwachem »Patriotismus« und starkem »Nationalismus« zu ergründen. Dabei wollten sie etwa wissen, ob man lieber Bürger des eigenen oder eines fremden Landes wäre, ob die Welt »a better place« wäre, wenn alle ihre Bewohner die Eigenschaften der eigenen Landsleute besäßen, und ob man stolz auf Errungenschaften der eigenen Nation wie Demokratie oder Sozialversicherungen sei.

Die Resultate der Studie bestätigen viele Vorurteile – es wird zu fragen sein, warum. An der Spitze der Rangliste stehen die USA, auf dem zweiten Platz klassiert ist Venezuela und auf dem dritten Platz Australien. Frühere Kolonien im allgemeinen und britische im Speziellen stehen weit oben, das Mittelfeld wird von den westeuropäischen Staaten angeführt, und im Tabellenkeller befinden sich vornehmlich osteuropäische und fernöstliche Länder. Eine markante Ausnahme bildet Deutschland, das am Tabellenende steht, was die Autoren auf das fortwährende Kriegsschuldbewußtsein der Deutschen zurückführen. Umso erstaunlicher ist dann die Spitzenposition von Österreich unter allen Europäern, zu deren Erklärung den Verfassern nichts einfällt. In einem etwas anderen Licht erscheint die Rangliste, wenn man weitere Daten der Studie hinzuzieht. So stellen die Autoren fest, daß in fast allen Staaten die über Siebzigjährigen den größten Nationalstolz besitzen; nur in Rußland werden sie von den unter Dreißigjährigen überboten. Zudem sind Männer praktisch durchgehend »patriotischer« gesinnt als Frauen. Am interessantesten ist jedoch die statistische Erhärtung des folgenden Klischees: Je geringer die Bildung, desto größer der Nationalstolz. Dieser Befund dürfte für die Bürger der schlecht abschneidenden Nationen ein Trostpflaster sein.

Daß die Studie manchen Klischees die Weihen statistischer Wissenschaftlichkeit verleiht, dürfte nicht zuletzt mit den von den Autoren gestellten Fragen zusammenhängen. Etwas gesunder Menschenverstand reicht nämlich zur groben Vorhersage vieler Studienresultate, so daß sich Zweifel einstellen, ob das Datenmaterial wirklich hält, was es verspricht. Daß Gebildete mit einfältigen Fragen wie »Ist unser Land besser als die meisten anderen Länder?« weniger anfangen können als andere Bevölkerungsgruppen und eher ausweichend antworten, versteht sich von selbst. Und daß die USA bei einer Kriterienliste des Nationalstolzes, die unter anderem den politischen Einfluß in der Welt, die militärische Schlagkraft, den sportlichen Leistungsausweis, die wirtschaftliche Stärke und die technologischen Errungenschaften umfaßt, einen Spitzenplatz besetzt, müßte sogar einem Antiamerikaner einleuchten. Die Studie kann damit den Verdacht nicht ganz abwehren, sie habe, wie so oft bei diesem Thema, wissenschaftliche mit politischen Interessen vermischt. Daß kein einziges arabisches Land Aufnahme in die Statistik gefunden hat, gibt den Zweifeln noch mehr Nahrung.

Was indes bleibt von der Studie, ist der glaubwürdige Befund, daß der Nationalstolz zwischen 1995 und 2004 in praktisch allen Untersuchungsländern markant angestiegen ist. Überraschen kann das nicht, denn es gibt weitere Indizien für diese Entwicklung. In den USA haben die Terroranschläge auf das World Trade Center den nationalen Zusammenhalt und Konformitätsdruck erhöht wie seit den Krisenzeiten des Kalten Kriegs nicht mehr. Das medial verbreitete Fähnchenschwingen und Hymnensingen hat auch in Europa Sehnsucht nach den verlorenen Gefühlen für die Nation geweckt. Wer seither in der Politik die »patriotische« Trommel rührt, kann mit satten Stimmengewinnen rechnen. Diese sog. »Renaissance des Patriotismus« hat ihren Niederschlag in verschiedenen staatlichen und privaten Bildungsoffensiven gefunden, deren gemeinsames Ziel ist, allen Landeskindern möglichst früh die Liebe und Opferbereitschaft für das Vaterland einzupflanzen. Dazu im folgenden ein paar Beispiele von beiden Seiten des Atlantiks:

Im amerikanischen Bundesstaat Georgia wurde 1999 ein neues Schulfach mit Namen »Character Education« eingeführt. Es enthält 27 verschiedene Charaktereigenschaften, darunter Patriotismus und Bürgergeist. Zur Unterstützung des Unterrichts dient ein 1996 in Atlanta gegründetes »National Museum of Patriotism«. Dessen Kuratoren stellen ihr Ausstellungsthema mit dem berühmten Ausruf des amerikanischen Unabhängigkeitskämpfers Patrick Henry (1736–1799) vor: »Ist das Leben so teuer und der Friede so süß, daß man sie mit Ketten und Sklaverei bezahlen muß? Bewahre uns, allmächtiger Gott! Ich weiß nicht, welchen Weg andere beschreiten, aber was mich angeht: gib mir Freiheit oder gib mir den Tod!« Das vom Erziehungsausschuß des Museums konzipierte Curriculum trägt den Titel »Learning to Live the Spirit of America« und will den Schulkindern auf interaktivem Weg ein Verständnis für die Werte vermitteln, die »the greatest nation on earth« erschaffen haben. Die jungen Besucherinnen und Besucher können eine »Liberty Bell« läuten, einem Armeechor des Zweiten Weltkriegs beim Singen der Nationalhymne lauschen, die Namen der Opfer des 11. September berühren und die Hand eines Helden schütteln.

In Rußland erließ Präsident Wladimir Putin am 16. Februar 2001, am Vorabend des »Tages der Vaterlandsverteidiger«, ein ausführliches Dekret, das ein staatliches Programm zur »patriotischen Erziehung der Bürger der Russischen Föderation« ankündigte. Mit ihm soll die »Bereitschaft zum Dienst am Vaterland« geweckt und dem Grassieren von »Gleichgültigkeit, Egoismus, Individualismus, Zynismus und Aggressivität« Einhalt geboten werden. Das Rezept zur Gesundung besteht aus einer intensiven Unterweisung in der alten russischen Kultur und in den »heroischen Ereignissen der vaterländischen Geschichte«. Das Dekret richtet sich nicht nur an Lehrer und Professoren, sondern auch an Medienschaffende in Fernsehen, Radio und Presse. Diesen will der Staat dabei helfen, eine »objektive Auslegung historischer und aktueller Ereignisse« zu garantieren und einer »Entstellung oder Fälschung der Geschichte des Vaterlands« entgegenzuwirken. Dafür stellt er in Aussicht, den Medien bei ihren regelmäßigen Berichterstattungen zu Fragen der patriotischen Erziehung Persönlichkeiten aus Politik und Militär als Experten zur Seite zu stellen.

Ein paar Jahre später als Rußland ist auch Polen in den Genuß eines »patriotischen« Bildungsprogramms gekommen. Wenige Wochen nach der Bildung einer rechtspopulistischen Koalition im Mai 2006 gab der neue Erziehungsminister Roman Giertych bekannt, künftig solle Patriotismus in den Schulen als eigenständiges Fach unterrichtet und jedes Schulfest »wieder« mit der Nationalhymne eröffnet werden. Für die »patriotische Erziehung« sollen auch Museen eingespannt werden, etwa das »Museum des Warschauer Aufstands« im Stadtteil Wola, in dessen Kinderkrippe deutsche Bomber von der Decke hängen und Sandsäcke den Raum einteilen. Unterstützung erhielt Erziehungsminister Giertych von Vize-Verteidigungsminister Aleksander Szczyglo. Dieser kündigte für den Herbst 2006 den Einsatz von »Erziehungsoffizieren« in der polnischen Armee an, deren Mission es sei, das Regierungsprogramm »Patriotismus morgen« umzusetzen, das den jungen Soldaten die Heimatliebe nach modernsten pädagogischen Erkenntnissen vermitteln werde.

Auf bescheidenerem Niveau, aber ähnlich markant wie in Polen hat in Deutschland der »patriotische« Chor an Stimmengewalt zugelegt. Willkommener Anlaß für »patriotische« Plädoyers aller Art bot die Fußball-Weltmeisterschaft 2006 im eigenen Land. Die Euphorie über das einigermaßen erfolgreiche Abschneiden der eigenen Mannschaft wurde als Rückkehr zu einem »gesunden« und »normalen« Patriotismus nach Jahren der kollektiven Selbstzerknirschung und der erfolglosen Suche nach Alternativen begrüßt. Darüber hinaus priesen »patriotische« Wortführer die neue Gesinnung als Rettungsanker für das deutsche Staatsschiff an, dessen maroden Zustand sie auf einen Mangel an emotionaler Bindungskraft zurückführten. Die wiedererwachte Selbstliebe der Deutschen könne zur Grundlage einer neuen Einsatzbereitschaft in Politik, Wirtschaft und Kultur werden und ein gesellschaftliches Klima schaffen, das ideologische Gräben im Interesse einer »wahren« Reformpolitik überwinde und dem verbreiteten »Sozialschmarotzertum« einen Riegel vorschiebe. Denn wahrer Patriotismus sei nicht auf persönliche Vorteile, sondern auf das Wohl aller Landsleute ausgerichtet. Mit diesem leistungsorientierten Nationalstolz sei die Zeit der intellektualistischen Holzwege wie Jürgen Habermas' »Verfassungspatriotismus«, die im Bemühen um Distanz von nationalistischem Gedankengut eine politische Moral der emotionalen Kälte gepredigt hätten, endlich abgelaufen.

Im Unterschied zu Polen und Rußland sind die Wortführer des neuen Patriotismus in Deutschland weniger führende Politiker als Journalisten, Literaten und Wissenschaftler. Matthias Matussek, dessen Buch »Wir Deutschen« zum Bestseller avancierte, ist Chef der »Spiegel«-Kulturredaktion, Henrik Müller arbeitet als Journalist beim »Manager Magazin«, Richard Wagner ist Schriftsteller und Träger des »Neuen deutschen Literaturpreises« und Volker Kronenberg bekleidet das Amt des Geschäftsführers des Instituts für Politische Wissenschaft und Soziologie der Universität Bonn, an der er sich mit seinem Buch »Patriotismus in Deutschland« habilitiert hat. Die Dominanz von Intellektuellen gibt dem patriotischen Diskurs in Deutschland ein anderes Gesicht. Die meisten Autoren sind sich bewußt, daß die Nation keine natürliche Gemeinschaft, sondern Menschenwerk ist und zudem ein Konstrukt von recht abstrakter Qualität, das stets formbar bleibt und sich laufend verändert. Diese Einsicht ermöglicht es ihnen, als kreative Neugestalter aufzutreten, altes Ideengut mit modischen Trends anzureichern und ihren ernsten Absichten eine spielerische Note zu verleihen. Ihren schillernden Diskurs etikettiert man daher gerne als »Neo-« oder »Pop-Patriotismus«. Politisch sind seine Verfechter eher auf der rechtskonservativen Seite zu verorten; bei allen Unterschieden ihrer jeweiligen Stoßrichtung verbindet sie eine tiefe Abneigung gegen die Generation der Achtundsechziger, die sie für den Niedergang »deutscher« Tugenden wie Zuverlässigkeit und Gründlichkeit und für den Aufstieg »undeutscher« Laster wie Sittenverfall, Hedonismus, Autoritätsschwund und Kulturrelativismus verantwortlich machen. Damit weist der »Neo-Patriotismus« signifikante Schnittmengen mit anderen »Neo«-Phänomenen wie der »Neuen Bürgerlichkeit« oder dem »Neopatriarchalismus« auf und reiht sich ein in eine breitere politisch-kulturelle Bewegung, die der gesellschaftlichen Probleme der Gegenwart mit Rezepten aus dem 19. Jahrhundert Herr werden will. Mit diesem Programm scheinen die selbsternannten Patrioten den Nerv vieler Landsleute getroffen zu haben, die meisten ihrer Bücher verkaufen sich jedenfalls ausgezeichnet. Zu ihrem Erfolg trägt unfreiwillig auch eine Heerschar besorgter bis hysterischer Gegner bei, die mit großem medialem Echo vor den Gefahren des Nationenkults warnen und die Unbelehrbarkeit seiner Apologeten beklagen.

Der kleine Rundblick durch verschiedene Länder zeigt, daß der Patriotismus von seinen Verfechtern als pädagogisches Prinzip verstanden oder zumindest dargestellt wird, das vom Egoismus des einzelnen weg zum freiwilligen Dienst am nationalen Gemeinwohl hinführt. Zu diesem Zweck sollen im »kollektiven Gedächtnis« – am besten von Kindesbeinen auf – positive Eigenschaften und Errungenschaften der eigenen Nation verankert werden, die als Ferment für Gefühle wie Nationalstolz und Liebe zum Vaterland wirken. Diese Emotionen setzen dann die gewünschte Energie für ein gemeinnützig-selbstloses Handeln zum Wohl der Nation frei.

So weit, so gut. Daß ein demokratischer Staat auf die aktive Teilnahme seiner Bürgerinnen und Bürger an der Politik angewiesen ist und ihnen dazu eine fundierte Schulung angedeihen lassen muß, ist unbestritten. Daß diese Schulung in vielen westlichen Staaten mangelhaft ist und einer politischen Gleichgültigkeit, gepaart mit unrealistischen Ansprüchen an den Staat, Vorschub leistet, läßt sich ebensowenig verneinen. Die »Renaissance des Patriotismus« ist also durchaus eine Antwort auf ernsthafte Gegenwartsprobleme und nicht bloß der Nachklang eines überlebten Chauvinismus. Die entscheidende Frage lautet jedoch, ob diese Antwort einen Beitrag zur Problemlösung leisten kann. Und diesbezüglich sind Vorbehalte anzumelden:

1.) Die pädagogische Philosophie von »patriotischer« Seite funktioniert meist anders, als es ihre Vertreter verkünden. Anstatt den Zusammenhalt eines demokratischen Staatsvolkes zu stärken, vertieft sie in der Regel bestehende Gräben oder reißt neue auf. Denn die eingängige Doktrin von der geschlossen handelnden Nation paßt schlecht zu den Problemlösungsverfahren einer modernen Demokratie, deren Stärke gerade darin besteht, die unvermeidliche Vielfalt politischer Positionen zu akzeptieren und konträre Interessen gemäß ihrem gesellschaftlichen Gewicht zu berücksichtigen. Selbsternannte Patrioten verschleiern dieses Spannungsverhältnis gerne, indem sie sich darüber ausschweigen, wie denn über den grundsätzlichen Willen zur Einheitsbildung hinaus konkrete Entscheidungen getroffen werden sollen. Schlagen sie solche vor, läßt sich in der Regel leicht ersehen, wofür ihre patriotische Rhetorik gut ist: sie gibt Partikularinteressen als Allgemeininteressen aus. »Patriotische Pädagogik« dient damit in erster Linie propagandistischen Zwecken. Besonders augenfällig wird das dort, wo sie sich mit polemischen Seitenhieben gegen »unpatriotische Umtriebe« paart, die angeblich Gesellschaft, Staat und Wirtschaft schwächten. Vorwürfe dieser Art haben zum Zweck, innenpolitische Gegner als vaterlandsmüde Gesellen oder sogar als Vaterlandsverräter zu brandmarken – mit der Wirkung, daß demokratische Verfahren der Konsensfindung erschwert werden. Die Hauptfeinde dieser »Patrioten« sind nicht etwa Ausländer, sondern andersdenkende Landsleute. Der Auftrieb »patriotischer« Parteien hat denn auch in den meisten westlichen Staaten für eine Polarisierung der politischen Landschaft und für eine Hochkonjunktur der wechselseitigen Verhinderungsstrategien gesorgt.

Die verbreitete Meinung, Patriotismus sei Voraussetzung einer gesunden Demokratie, wird auch vom Mythos gestützt, er habe seine Geburtsstunde in den bürgerlichen Revolutionen des 18. Jahrhunderts erlebt. Man übersieht dabei zum einen, daß der patriotische Diskurs, wie schon das Wort verrät, der politischen Kultur der Antike entstammt, wo er – ohne Bezug zu demokratischem Gedankengut – bereits in der späten Römischen Republik voll ausgebildet war, und man unterschlägt zum andern, daß auch der Vaterlandskult des 18. Jahrhunderts eine Mehrparteiendemokratie mehr gefährdete als begünstigte, wie etwa der Höhepunkt »patriotischer« Indoktrination im Jakobinismus der Französischen Revolution zeigt.

2.) Die suggestive Wirkung und der populäre Erfolg der »patriotischen« Rhetorik beruhen auf einer Kombination extremer Gefühle mit einfachen Kausalitäten. In der Welt des Patriotismus hat jedes Ding seinen festen Platz, und es ist entweder schwarz oder weiß. Je vielfältiger die Gesellschaft, je schneller ihr Wandel und je globaler ihre Vernetzung wird, desto realitätsferner ist diese Welt. Der Komplexität eines Fußballspiels mag sie noch halbwegs genügen, jener der staatlichen Politik wird sie nicht mehr gerecht. Dessen sind sich natürlich viele Politiker bewußt, auch solche, die sich öffentlich gerne patriotisch geben; treten sie von der Rednerbühne ab und setzen sich an den Kabinettstisch, wechseln sie das rhetorische Register und entscheiden nach anderen Kriterien. »Patriotismus« ist in ihrem Fall bloßes Mittel zum Popularitätsgewinn. Er führt das Wahlvolk in die Irre, nicht aber seine politischen Propagatoren. Anders verhält es sich, wenn Politiker ihre Agenda tatsächlich von »patriotischen« Gefühlen und Grundsätzen bestimmen lassen. Früher oder später müssen sie damit an ihren Herausforderungen scheitern. Jüngstes Beispiel sind die Fehlschläge der amerikanischen Politik nach dem Attentat auf die Zwillingstürme in New York. Die Bush-Regierung gehorchte einer Logik, die ihr von den Terroristen mit ihrer Zerstörung von Symbolen der amerikanischen Größe gezielt aufgedrängt worden war: So ließ sie sich von verletztem Nationalstolz leiten. Anstatt die Hintergründe für den Haß vieler Muslime auf die westliche Kultur im allgemeinen und die USA im besonderen verstehen zu wollen, teilte sie die Welt in Gut und Böse ein, appellierte an die »patriotische« Opferbereitschaft aller Amerikaner und rief zum »Krieg gegen den Terror« auf. Mit dieser schiefen Wortschöpfung, die die Verfolgung eines versprengten Haufens von Attentätern wie einen Feldzug gegen einen feindlichen Staat darstellte, konnte es nicht lange dauern, bis tatsächlich zur Eroberung von Staaten geblasen wurde. Im Namen von Freiheit, Demokratie und nationaler Sicherheit marschierten amerikanische Truppen in Afghanistan und im Irak ein und rieben sich ungläubig die Augen, als sie nicht als Retter und Glücksbringer willkommen geheißen wurden. Entfachte die von patriotischer Naivität und stolzem Sendungsdrang gesteuerte Politik im Ausland Brandherde von unkontrollierbarem Ausmaß, so schwächte sie im Inland die demokratischen Institutionen. Bürgerrechte wurden eingeschränkt, Andersdenkende zum Schweigen gebracht und die Justizbehörden unter politischen Druck gesetzt. Das Beispiel Amerikas ist nur das letzte in einer langen

Reihe von Schiffbrüchen, in denen patriotische Simplizität mit einer komplexen Realität kollidierte. In der Rolle des Patrioten hat sich noch kaum einer als realitätsgerechter Denker bewiesen.

3.) Vielen bekennenden »Patrioten« ist bewußt, daß ihre Ideologie von Kritikern gerne mit historischen Desastern in Verbindung gebracht wird, an erster Stelle den beiden Weltkriegen des 20. Jahrhunderts. Gerade in Deutschland lautet ein beliebter Vorwurf, die neuen Patrioten weckten in ihrer störrischen Unbelehrbarkeit gefährliche Geister der Vergangenheit, die sie dann nicht zu bändigen wüßten. So hysterisch dieser Vorwurf oft klingt, er zwingt die Angegriffenen dazu, sich und ihre politische Ideologie zu rechtfertigen. Dabei kommt eine eingespielte Argumentation zum Zug, die vielleicht auf den ersten Blick einleuchtet, auf den zweiten aber wenig überzeugt. Sie lautet, »Patriotismus« sei die freiheitliche, gesunde und tolerante Liebe zur eigenen Nation, »Nationalismus« hingegen der übersteigerte, kranke und intolerante Haß auf fremde Nationen. Zentraler Referenzpunkt dieser Unterscheidung ist wiederum der Zweite Weltkrieg, wobei England, Frankreich und die USA für den Patriotismus, Deutschland und Italien dagegen für den Nationalismus stehen. Schon Charles de Gaulle hat das Argument in diesem Sinne verwendet. Besaß es damals eine gewisse Berechtigung, so dient es heute vorwiegend der Camouflage. Würde man ihm Glauben schenken, so wäre der Nationalismus längst ausgestorben, und überall gäbe es nur noch gute Patrioten. Historiker und Soziologen haben mehrfach darauf hingewiesen, daß eine solche Unterscheidung von Patriotismus und Nationalismus hinkt, weil sie auseinanderdividiert, was funktional zusammengehört. Die Vaterlandsliebe bedingt eine gewisse Abneigung gegen das Fremde, die Bevorzugung von Landsleuten eine Diskriminierung von Ausländern, der Stolz auf die eigene Nation eine Geringschätzung anderer Nationen und das nationale Ehrgefühl eine aggressive Empfindlichkeit auf kritische oder spöttische Kommentare über die eigene Nation. Mit anderen Worten: Patriotismus, wie ihn seine Apologeten verstehen, ist nur die eine, polierte Seite der Medaille. Darum ist er, wenn er sich auf die Nation bezieht, in Anführungszeichen zu setzen. Es wäre angebrachter, man würde den Begriff in diesem Kontext durch »Nationalismus« ersetzen und diesen zugleich vom pathologischen Beiklang befreien. Am einfachsten versteht man unter Nationalismus alle Rede- und Denkformen, die die Nation als eine autonome Ehr- und Schutzgemeinschaft hochhalten, für die jedes Individuum sich einzusetzen habe.

Der Patriotismusbegriff ist damit nicht vom Tisch. Er eignet sich weiterhin zur Beschreibung von Zusammengehörigkeitsgefühlen und Loyalitäten kleinräumigerer Art, darunter etwa jene, die man in der Umgangssprache als Lokalpatriotismus bezeichnet. Weniger sinnvoll ist es, auch den Einsatz für nationenübergreifende Institutionen wie die EU als Patriotismus zu qualifizieren. Jene Politiker und Intellektuellen, die nach einem europäischen oder gar nach einem globalen Patriotismus rufen, wissen nicht, auf wessen Schultern sie sitzen, ganz abgesehen davon, daß sie den Teufel mit dem Beelzebub austreiben wollen. Sie stehen in einer anderen, ebenfalls weit zurückreichenden Denktradition, die zum Patriotismus und Nationalismus in einem dialektischen Kontrast steht. Man kann sie als Internationalismus bezeichnen.

Die hier vorgeschlagenen Differenzierungen zwischen den Begriffen Patriotismus, Nationalismus und Internationalismus beruhen auf der Analyse historischer Prozesse, genauer: diskursgeschichtlicher Vorgänge von langer Dauer. Unter einem Diskurs kann man miteinander verknüpfte, repetitive Redeformen verstehen, die an der Konstruktion und Interpretation einer bestimmten Wirklichkeit beteiligt sind. Im Fall des Nationalismus zum Beispiel ist diese Wirklichkeit die Nation. Wann und wo die betreffenden Diskurse entstanden sind, welche Realitäten sie geschaffen und welche Bezüge sie untereinander hergestellt haben, ist Gegenstand der folgenden Betrachtungen.

Viele Wege beginnen in Rom

Alle Formen menschlicher Gemeinschaften werden durch rituelle Selbstbeschwörungen zusammengehalten, die das kollektive Eigene als einmalig und beschützenswert feiern und von allem Fremden abheben. In zahlreichen Kulturen etwa ist der kollektive Eigenname ursprünglich identisch mit dem Begriff »Menschen« bzw. »Männer« (Suomi, Inuit, Magyar, Nanai, Nganasan, Goten, Alemannen), was alle Ausgeschlossenen entweder auf die Stufe von Tieren bzw. Frauen herabsetzt oder – seltener – in den Rang von Göttern erhebt. Die Variationsbreite von solchen Gemeinschaftsdiskursen ist enorm, und im interkulturellen Vergleich sind sowohl der Patriotismus als auch der Nationalismus als Spezialfälle zu betrachten, die nur unter den Voraussetzungen der europäischen Kulturgeschichte haben entstehen können.

Die Geschichte des Patriotismus beginnt mit den alten Griechen und Römern, und seine Expansion in fremde Kulturen ist über Jahrhunderte mit der Ausdehnung des Römischen Reiches verknüpft. Seine Leitmotive wurden in der Spätzeit der Römischen Republik zusammengeführt, waren im einzelnen aber nicht selten griechischen Ursprungs. Wichtig war, daß sie kaum an verfassungspolitische Grundsätze gebunden waren, so daß sie den Übergang zur Kaiserherrschaft unbeschadet überstanden und sich auch danach veränderten Realitäten flexibel anpaßten. Exemplarische Gestalt erhielten sie in den Schriften der politisch aktiven römischen Autoren, wobei die Bedeutung Ciceros (106–43 v.Chr.) alle anderen Dichter und Redner überragt.

Ciceros Patriotismus kommt in seinen philosophischen Dialogen und Traktaten ebenso zum Ausdruck wie in seinen dramatischeren Reden im Senat und in der Volksversammlung. Je nach rhetorischer Gattung setzte er die Gewichte etwas anders, was zum Reichtum seines patriotischen Diskurses beigetragen hat. Cicero wandte sich mit seinen Schriften an ein politisch privilegiertes und gebildetes Publikum, zu dem die aktuellen und potentiellen Machtträger des Römischen Reiches gehörten. Sprach er von der »patria«, galten seine Worte allen Römischen Bürgern, d.h. jenen privilegierten männlichen Reichsbewohnern, die politische Rechte besaßen und politisch in die Verantwortung genommen werden konnten. Waren sie nicht in der Stadt Rom geboren und aufgewachsen, so sprach ihnen Cicero zwei verschiedene Vaterländer zu: ihre jeweilige »patria loci« oder »naturae«, die mit dem Geburts- und Herkunftsort identisch war, und die gemeinsame »patria« Rom, die sich über das gesamte Reichsgebiet erstreckte (De legibus II, 3 ff.). Beiden Vaterländern war ein römischer Bürger in Liebe zugeneigt und zum Lob verpflichtet. Während aber die Liebe zum Herkunftsort – vergleichbar mit dem, was wir heute Lokalpatriotismus nennen – eng mit der Liebe zu den Eltern verbunden war und von nostalgischen Gefühlen kindlicher Unbeschwertheit getragen wurde, stand die Liebe zu Rom über allen anderen Bindungen. Sie war der eigentliche Lebensantrieb jedes römischen Bürgers. Diese Unterscheidung wurde zu einem wichtigen Integrationsinstrument im Zuge der Reichsausdehnung: Frischgebackene römische Bürger wurden ihrer herkömmlichen Loyalitäten nicht gänzlich beraubt, aber ebensowenig im Zweifel gelassen, wo sie die Prioritäten zu setzen hatten. Cicero legte auf diese Hierarchie der patriotischen Gefühle größten Wert. Differenziert erläuterte er sie in einer Passage seines Traktats über das »Rechte Handeln« (De officiis I, 53 ff.): »Wenn du aber alles im Geiste und Denken durchgehst, ist keine von allen Gemeinschaften gewichtiger, keine teurer als die, die einen jeden von uns mit dem Gemeinwesen [res publica] verbindet. Teuer sind die Eltern, teuer die Kinder, die Verwandten, die Freunde, aber alle Liebe zu allen umfaßt das eine Vaterland. Welcher Gute würde wohl zaudern, den Tod für es zu suchen, wenn es ihm nützen könnte? Umso verabscheuungswürdiger ist die Ungeheuerlichkeit dieser Leute, die das Vaterland durch jede Art von Verbrechen zerfleischt haben und mit seiner gründlichen Zerstörung beschäftigt sind und waren«.

Erscheint hier die Liebe zur politischen »patria« noch wie die Summe aller Bindungen an kleinere Gemeinschaften, so läßt Cicero an anderer Stelle keinen Zweifel daran, daß ein römischer Bürger eigentlich zwei getrennte Gefühlshaushalte besitzen sollte, wobei der eine dem anderen im Konfliktfall zu unterwerfen sei (De officiis III, 90): »Geht das Vaterland nicht allen Pflichten voran? Ja, aber dem Vaterland selber nützt es, Bürger zu haben, die ihren Eltern treu sind. Wie? Wenn der Vater versucht, die Tyrannis einzunehmen, das Vaterland zu verraten, wird der Sohn schweigen? Nein, im Gegenteil, er wird seinen Vater beschwören, er solle es nicht tun. Wenn er damit nichts erreicht, wird er ihm Vorwürfe machen, sogar drohen. Im äußersten Falle, wenn die Sache auf den Untergang des Vaterlandes zielt, wird er das Heil des Vaterlandes dem Heil des Vaters voranstellen«.

Den Eltern treu zu sein hieß also auch, sie davor zu bewahren, das Vaterland zu verraten, wenn nötig, indem man sie umbrachte. Dieser totalitäre Gedanke hat auf Ciceros Leser über die Jahrhunderte eine ungemeine Faszination ausgeübt. Kaum etwas konnte den Machtanspruch des Staates über seine Bürger deutlicher machen als die Idee vom Massaker an der eigenen Familie aus Liebe zum gemeinsamen Vaterland. Coluccio Salutati (1331–1406), der Gründervater des Florentiner Humanismus und langjährige Kanzler der Arnorepublik, richtete bei dieser Vorstellung ein förmliches Studierstubengemetzel an

(Salutati, Ep. I, 10): »Ich sehe, Du weißt nicht, wie süß die Liebe zum Vaterland ist; wenn es für den Schutz oder die Vergrößerung des Vaterlands nützlich ist, wäre es weder belastend, schwierig oder ein Verbrechen, wenn man seinem Vater mit der Axt den Schädel einschlägt, seine Brüder zerschmettert, oder aus dem Schoß der eigenen Frau das unreife Kind mit dem Schwert herausschneidet«.

Indem Salutati die Vaterlandsliebe süß nannte, spielte er auf den berühmten Satz von Horaz an, süß und ehrenvoll sei es, fürs Vaterland zu sterben (Carmina III, 2,13), und erweiterte dessen Geltung über das Sterben hinaus auf das Töten.

Bei Cicero wie bei Salutati wird deutlich, daß die Liebe zum politischen Vaterland zwar kompromiß- und grenzenlos sein mußte, aber nicht leidenschaftlich und blind sein durfte. Sie forderten keinen rauschhaften »amour fou«, sondern einen von Pflichtbewußtsein und rationalem Kalkül geleiteten Opferwillen. Im patriotischen Motiv der Liebe schwang kaum Erotik, umso mehr aber der Wunsch nach Selbstkontrolle mit. Daran hat sich bis heute wenig geändert. Liebe und Askese bedingen sich im Patriotismus gegenseitig. Cicero selbst hat diesen Zusammenhang teils explizit, teils implizit herausgestrichen. Den idealen Bürger und Ehrenmann stattete er mit Tugenden aus, die zu allen Formen der Lust in schroffem Kontrast standen. Ehre mit Lust zu verbinden hieß für ihn, »Mensch und Vieh zusammen zu schirren« (De officiis III, 119). In solchen Bildern steckte eine scharfe Polemik gegen die Philosophie Epikurs, die das zurückgezogene Leben in körperlicher Gesundheit und geistigem Genuß pries. Cicero ging so weit, den politisch desinteressierten, auf sein eigenes Wohl bedachten Bürger auf eine Stufe mit einem Vaterlandsverräter zu stellen.

Virtuos demonstrierte Cicero den patriotischen Tugendkatalog in seinen Brandreden gegen den Verschwörer Catilina vor dem römischen Senat (In Catilinam I und IV) und in der »Contio« vor den römischen Bürgern (In Catilinam II und III). Die politische Krise, die in sein Konsulatsjahr fiel, bot ihm eine ideale Gelegenheit, mit seiner patriotischen Pädagogik Breitenwirkung zu erzielen – und sich selber als vollendeten Patrioten zu inszenieren. Gleich in der ersten Rede stellte Cicero klar, daß er für die Rettung des Vaterlands seinen eigenen Tod gerne in Kauf nehme (Catilina I, 11), und in der vierten Rede appellierte er nochmals an die Senatoren: »Sorgt für das Vaterland, rettet euch, eure Frauen und Kinder, euer Vermögen, schützt den Namen und das Wohl des römischen Volkes, hört aber auf, mich zu schonen und an mich zu denken!« (Catilina IV, 2) Cicero arbeitete hier am Mythos vom patriotischen Märtyrer. Zu diesem gehörte ein würdiger Feind, und den formten seine Reden maßgeblich mit: Catilinas Vaterlandsverrat erschien als logische Tat eines Lüstlings und Schlemmers, Pfründenjägers und Ehrgeizlings – kurz, einer Personifikation von Ciceros Zerrbild des epikureischen Genießers. In den Reden gegen Catilina zeigte der patriotisch-asketische Tugendheld dem verweichlicht-libidinösen Egoisten den Meister. Wie dabei die Tugenden und Laster aufeinanderprallten, legte Cicero ausführlich dar (Catilina II, 11): »Auf unserer Seite kämpft Ehrgefühl, dort Frechheit; hier Keuschheit, dort Unzucht; hier Treue, dort Betrug; hier fromme Scheu, dort Frevel; hier Besonnenheit, dort Wahnsinn; hier Ehre, dort Schande; hier Enthaltsamkeit, dort Begierde; kurz: Gerechtigkeit, Mäßigung, Tapferkeit, Klugheit, alle Tugenden, streiten mit Ungerechtigkeit, Verschwendung, Feigheit, Unbesonnenheit, mit allen Lastern; endlich kämpft Überfluß mit Dürftigkeit, die gute Sache mit der schlechten, Vernunft mit Unsinn, schließlich gute Zuversicht mit völliger Hoffnungslosigkeit«.

Die Konfrontation von hehrer Vernünftigkeit und wüster Körperlichkeit war damit noch nicht erschöpft. Cicero führte sie fort im Auftritt einer verängstigten, aber standhaften Dame: der personifizierten »patria communis« Rom. Diese wandte sich zuerst an Catilina, warf ihm ungesühnte Verbrechen und Schandtaten an ihr vor und forderte ihn auf, von ihr zu weichen, damit sie nicht mehr in Furcht leben müsse (Catilina I, 7). Cicero evozierte hier das Bild einer bedrängten keuschen Frau, die eines Beschützers bedurfte. Den sollte sie wenig später in der gleichen Rede finden – in der Person des standhaften Redners (Catilina I, 11).

Das patriotische Motiv der Körperlosigkeit leistete einer Geringschätzung des Lebens Vorschub, ohne die der Opferwille des Patrioten nicht zu denken ist. Cicero erörterte diesen Zusammenhang am Schluß seiner Schrift über das »Gemeinwesen«, im berühmten »Traum des Scipio«, den man als patriotische Kosmologie lesen kann. Er schließt mit den Worten (Somnium Scipionis 26): »Es sind aber die Mühen um das Heil des Vaterlandes die besten. Von ihnen getrieben und geübt, wird die Seele schneller zu diesem Sitz und in ihre Heimat [domus] hinfliegen; und das wird sie schneller tun, wenn sie schon, während sie noch im Körper eingeschlossen ist, nach außen ragt und das, was außerhalb ist, betrachtend sich so sehr wie möglich vom Körper löst. Denn deren Seelen, die sich den Genüssen des Körpers ergeben [...] und durch den Trieb der Gelüste [...] die Rechte der Götter und Menschen verletzt haben, wälzen sich, wenn sie aus dem Körper geglitten sind, um die Erde selber und kehren zu diesem Ort hier erst zurück, nachdem sie in vielen Jahrhunderten umhergetrieben worden sind«.

Die Frage nach der Körperlichkeit des Patrioten war bei Cicero also kein rein innerweltliches Problem, sondern hatte einen religiösen Fluchtpunkt. Im gleichen Text wiederholte er mehrmals, daß denjenigen Männern, die sich um das Vaterland verdient gemacht hätten, ein Platz im Himmel reserviert sei, wo sie »selig ein ewiges Leben genießen« könnten. Durch die Hintertür kehrte hier das Versprechen einer Entschädigung für entgangene Genüsse im Leben zurück (Somnium Scipionis 13/16/24). Dieses Versprechen hat den christlichen Märtyrerkult maßgeblich beeinflußt, und es erstaunt daher wenig, daß die »patria« auch in der mittelalterlichen Theologie ein zentraler Bezugspunkt geblieben ist. Die religiöse Heilserwartung wirkte sogar noch fort, als das Jenseits bereits abgeschafft war, wie im antichristlichen Ikonoklasmus der Französischen Revolution: Anstatt dem ewigen Leben im Himmel winkte den toten Helden nun der ewige Nachruhm auf Erden. Daß das wahre Leben des Patrioten erst nach dem Tod beginne, ist bis heute ein oft gehörter Trost, wenn Soldaten und Zivilisten aus Staatsgründen sterben müssen.

Zum Typ des patriotischen Märtyrers gehört ein weiteres Leitmotiv, dem Cicero exemplarische Gestalt verliehen hat. Seine patriotische Selbstinszenierung in den Reden gegen Catilina gelang deshalb vorzüglich, weil er glaubwürdig die Rolle des Verteidigers und Retters einnehmen konnte. Damit erfüllte er die oberste Pflicht der Vaterlandsliebe: die »defensio patriae«. Diese Pflicht, die Historiker auf die Verteidigung von Haus und Hof zurückführen, d. h. auf die Lebensbedingungen in der »patria naturae«, trug dauerhaft zur hohen Legitimität des Patriotismus bei. Denn so militant und unerbittlich dessen Rhetorik auch ist, stets dominiert in ihr ein defensiver Grundton. Ein Patriot ist Verteidiger, nicht Angreifer, Beschützer der Armen und Schwachen, der Frauen und Kinder, Anwalt der gerechten Sache. Die verbreitete Annahme, diese defensive Rhetorik müsse, um glaubhaft zu wirken, im Einklang mit einem defensiven Verhalten ihrer Propagatoren stehen, ist von der Geschichte laufend widerlegt worden. Die Römer eroberten im Namen der »defensio patriae« den gesamten Mittelmeerraum, die französische Krone hat es ihnen seit dem Spätmittelalter in kleinerem Rahmen nachgemacht, und jüngst marschierten die Vereinigten Staaten mit nahezu identischen Parolen im Irak ein.

Wird zur Verteidigung des Vaterlandes aufgerufen, darf der Freiheitsbegriff nicht fehlen. Was er genau bezeichnet, wird dabei selten ausgeführt. Bei den Römern – wie in allen traditionalistischen Kulturen nach ihnen – diente die Formel der »libertas patriae« in erster Linie der Bewahrung des politischen und gesellschaftlichen Status quo. Zur Zeit der Republik galt die Freiheit des Vaterlandes durch die Machtanhäufung einzelner Personen als bedroht, zur Zeit des Kaisertums durch die Machtverteilung auf mehrere Personen. Ließ ihr innenpolitischer Gehalt viel Interpretationsspielraum offen, so blieb der außenpolitische konstanter: Bewahrung der »libertas patriae« hieß Abwehr allen unerwünschten Einflusses von Fremden. Schon damals konnte damit die gesamte Palette von der Invasionsarmee über Asylsuchende bis zu Sitten und Modeartikeln gemeint sein. Cato d. Ä. etwa warnte vor dem zersetzenden Einfluß der griechischen Kultur auch im Namen der römischen Freiheit.

Die Betrachtung von Ciceros Schriften läßt erkennen, daß die politische Arena und das Schlachtfeld die idealen Bühnen für den Auftritt vaterländischer Helden abgeben. Erstere bietet dabei entschieden dankbarere Rahmenbedingungen: In der Politik kommt die patriotische Tat meist ohne Wunden aus, ja kann im bloßen rhetorischen Akt ihr Bewenden finden. Anders gewendet, läßt sich die Beliebtheit des patriotischen Diskurses bei Politikern damit erklären, daß er ihre persönlichen Ambitionen zum selbstlosen Dienst am Gemeinwohl verklärt. Der gewiefte Machtmensch Cicero, der sich vom Rittersohn einer kleinen Provinzstadt bis zum römischen Konsul hochgearbeitet hat, ist dafür wiederum ein gutes Beispiel. In seinen Reden gegen Catilina blendete die patriotische Rhetorik konsequent aus, daß Ciceros energisches Eingreifen gegen die Verschwörer auch aus (berechtigter) Angst um den Verlust der eigenen Machtstellung motiviert war.

Bei ihm wie bei anderen römischen Autoren weiden aber auch Bemühungen sichtbar, eine dritte Bühne für vaterländische Helden aufzurichten, die auf den ersten Blick von der patriotischen »vita activa« abgewandt war. Es handelt sich um die Schriftstellerei. Anknüpfungspunkt war die Pflicht zum »laus patriae«, zum Lob des Vaterlandes. Dieses sei in schriftlicher Form am würdigsten und wirkungsvollsten, wurde argumentiert, darüber hinaus könnten durch das geschriebene Wort aber auch die Verteidigung und das Heil des Vaterlands befördert werden. Sallust und andere Geschichtsschreiber betonten, wer heldenhafte Taten großer Männer festhalte, sorge dafür, daß sie auch in Zukunft vollbracht würden. Hier wurde eine Lanze gebrochen für die politische Literatur als Lehrmeisterin patriotischer Staatstugenden, und mit Plädoyers dieser Art gelang es Dichtern, Philosophen und Historikern, sich auf Dauer als Pädagogen und Propagandisten ins patriotische Geschäft zu bringen.

Überblickt man die verschiedenen Facetten des Vaterlandsdiskurses, wie er im antiken Rom geprägt worden ist, läßt sich sagen, daß der Patriotismus ein effizientes Instrument der Disziplinierung und Mobilisierung ist – nach innen wie nach außen. Er predigt eine Liebe, deren Erfüllung in der Selbstaufopferung des Bürgers besteht. Er verheißt das ewige Leben für ein bereitwilliges Sterben. Er stellt Herrscher als Diener dar, denen nichts an der Macht, alles aber am allgemeinen Wohl liegt. Er verehrt die Gemeinschaft als abstrakte Muttergestalt und tugendhafte Frau, nur um das patriarchalische Prinzip umso stärker zu zementieren, denn wo es eine Frau zu beschützen gilt, sind Männer gefordert. Er legt eigene Aggression als Notwehr und fremde Verteidigung als Angriff aus, so daß er sich immer im Recht sieht. Und er läßt Fremdenhaß im milden Licht der Vaterlandsverehrung erscheinen. Diese Verschleierungsfunktionen waren der patriotischen Doktrin von Beginn an eingeschrieben. Am besten gedeiht sie in einem Klima der chronischen Angst und Bedrohung.

Vom Patriotismus zum Nationalismus

Der römische Patriotismus entwickelte sich in einer politisch-kulturellen Großwetterlage, die von einem enormen Macht- und nach vielen Seiten auch einem beträchtlichen Zivilisationsgefälle zwischen dem Römischen Reich und den umliegenden Kulturen gekennzeichnet war. Das römische Vaterland wurde daher als positiver Pol in einer bipolaren Ordnung gedacht: jener von Zivilisation und Barbarei. Die Vorstellung eines Europas der gleichgeordneten Nationen war dieser Ordnung fremd. Das änderte sich nach dem Untergang des Römischen Reiches. Die Monarchien, die im christlichen Abendland entstanden, stellten sich gerne in die Nachfolge des Römischen Reiches und hatten daher auch ein Interesse am römischen Vaterlandsdiskurs. Dieser mußte aber der multipolaren Binnenordnung des papstkirchlichen Raumes angepaßt werden. Dabei wurde er nachhaltig umgeformt. Zu den Leitmotiven der Liebe, des Lobes, der Verteidigung und des freiwilligen Todes traten im Spätmittelalter neue Motive, die Ausdruck der Konkurrenz unter den entstehenden Staatsgebilden Europas waren: Ehre, Stolz und Würde sowie am anderen Ende der Skala Schande, Schmach und Verachtung. Entscheidend war, daß diese Motive auch an einen neuen Begriff, jenen der Nation, geknüpft wurden. Im gleichen Atemzug, wie man zur »defensio patriae« aufrief, appellierte man nun an den »honor nationis«, an die nationale Ehre. Dahinter stand die Vorstellung, daß zwischen den politischen Gebilden Europas ein dauerhafter Wettkampf um den Vorrang in der Christenheit herrsche – eine Vorstellung, die im alten Rom undenkbar gewesen wäre, die aber paradoxerweise gerade den Humanisten, den angeblichen Wiederentdeckern der römischen Antike, besonders lieb war. Dieses Konzept einer multipolaren Ordnung kategorial gleicher, aber rivalisierender Kollektive, die man nach Sprachen, Sitten oder Herrschaftsräumen einteilte, unterscheidet den Nationalismus grundlegend vom Patriotismus alter Prägung. Deshalb macht es wenig Sinn, in Bezug auf Nationen weiterhin von Patriotismus zu sprechen.

Vom Nationalismus zum Internationalismus

Das Europa der rivalisierenden Nationen, das sich seit dem Spätmittelalter auszubilden begann, war ein ungleich komplexeres und dynamischeres Gefüge als das Europa des römischen Imperiums. Die politische und kulturelle Konkurrenz verschlang gewaltige Energien und war ebenso Antrieb der abendländischen Zerstörungsmaschinerie wie Quelle ihrer kulturellen Schöpfungskraft. Der Mangel an Frieden und Stabilität, den diese Ordnung mit sich brachte, rief schon früh Kritiker auf den Plan. Ihr Protest entzündete sich lange am Widerspruch zwischen dem Ideal einer einträchtigen Christenheit und der Realität ihrer inneren Zerstrittenheit, war also vornehmlich religiös motiviert. Die wenigsten dieser Kritiker waren Pazifisten im modernen Sinn, vielmehr forderten sie, der Wettkampf der Nationen sei aufzugeben, um alle militärischen und medialen Ressourcen für den Kampf gegen Heiden und Ketzer einzusetzen. Dabei griffen auch sie auf die patriotische Rhetorik zurück und priesen den Dienst und die Opferbereitschaft für die christliche »patria Europa« oder die »patria coelestis«, das Reich Gottes im Himmel.

Eine prominente Ausnahme bildete Erasmus von Rotterdam (1466/69–1536). Er argumentierte durchgehend pazifistisch und schuf dabei rhetorische Stücke von großer Brillanz, die viel gelesen, aber wenig befolgt wurden. In seiner »Klage des Friedens« heißt es etwa: »Ja, sogar dort, wo überhaupt keine Ursache vorhanden ist, erfindet man Gründe für den Krieg, indem man die Namen von Ländern mißbraucht, um den Haß zu schüren. [...] Der Engländer ist der Feind des Franzosen, aus keinem anderen Grund, als weil er Franzose ist. Der Schotte ist dem Briten Feind, aus keinem anderen Grund, als weil er Schotte ist. Der Deutsche ist dem Franzosen Feind, der Spanier beiden. O Verkehrtheit! [...] Warum will nicht lieber der Mensch dem Menschen, der Christ dem Christen wohl? Warum vermag eine nichtige Sache mehr als viele Bande der Natur, als so viele Bande Christi? Der Raum trennt nur die Körper, nicht die Geister. Einst trennte der Rhein den Franzosen von dem Deutschen, aber der Rhein trennt nicht Christen von Christen. [...] Wir aber sind der Meinung, daß das Wort ›gemeinsames Vaterland‹ ein gewichtiger Grund sei, daß ein Volk ein anderes zu vernichten trachtet. Aber auch das genügt einigen nicht, die auf den Krieg versessen sind: Mit falsch angewendeter Mühe suchen sie Anlässe für Konflikte, sie teilen Frankreich und trennen nach künstlichen Namen, was weder Meere noch Berge noch die echten Namen der Landschaften trennen. Aus Franzosen machen sie Deutsche, damit nicht aus dem gemeinsamen Namen Freundschaft entstehe«.

Erasmus meinte, mit Appellen an das religiöse Gewissen von Fürsten und Untertanen der christlichen Selbstzerfleischung Einhalt bieten zu können. Das war ein idealistisches Unterfangen, getragen vom Glauben an die weltverändernde Kraft des utopischen Denkens. Erasmus selbst lebte diesen Glauben exemplarisch vor. Er widerstand dem Druck humanistischer Brieffreunde, sich zu einer Nation zu bekennen, und ertrug ihre üble Nachrede, er sei weder Fisch noch Vogel, sondern ein »Deutschfranzose«; er versuchte, wo immer es ging, auf politische und ideologische Konflikte besänftigend zu wirken, und er weigerte sich, Fürsten dabei dienlich zu sein, ihrem Vorranganspruch im europäischen Mächtekonzert intellektuelle Weihen zu verleihen.

Trotz des weitgehenden Einklangs von Handeln und Denken in Erasmus' Leben waren seine Argumente nur insofern erfolgreich, als sie eine ganze Heerschar nachgeborener Idealisten beflügelt haben. Der Grund für ihre politische Folgenlosigkeit ist weniger in der Verstocktheit der Machtträger als in der Wirklichkeitsferne von Erasmus' Denken und der Untauglichkeit seiner pädagogischen Methode zu suchen. Erasmus' Pazifismus blendete sowohl die Gesetze der dynastischen Politik mit ihren konstanten Erbfolgekonflikten als auch die Konkurrenzzwänge einer multipolaren politischen Ordnung aus. Wäre ein Fürst seinen Idealen gefolgt, hätte er dies mit dem politischen Untergang bezahlen müssen. Der Internationalismus in der erasmischen Tradition lebt, ob er nun religiös oder profan fundiert ist, von frommen Wünschen, die schön klingen, aber am gleichen Gebrechen leiden wie die patriotische Pädagogik: Sie sind zu simpel und damit zu wenig realitätsgerecht. Der Unterschied zum Patriotismus liegt auf einer anderen Ebene: Bis ins 20. Jahrhundert war der idealistische Internationalismus vornehmlich eine Waffe von Machtlosen, die sich gegenüber den Mächtigen wenigstens moralisch überlegen fühlen durften.

Die notorische Erfolglosigkeit der erasmischen Idealisten im Feld der Macht hat zur Entstehung einer alternativen Spielform des Internationalismus beigetragen, die ebenso gelehrt war, sich aber mit elitärem Gestus von den »Niederungen« der Politik abwandte und den Rückzug in eine der nationalistischen Enge enthobene Privatsphäre antrat. Sie war im 19. Jahrhundert besonders beliebt bei alten, standesbewußten Eliten, denen es in ihrer von wirtschaftsbürgerlichen Aufsteigern geprägten Gegenwart unbehaglich geworden war. Zu einem ihrer Ideengeber stieg der Basler Kulturhistoriker Jacob Burckhardt auf. Für ihn stand der Patriotismus, wie er in seinen »Weltgeschichtlichen Betrachtungen« schrieb, meist »außerhalb des Pfades der Wahrheit« und erfüllte sich »im Wehetun gegen andere«; von intellektuellen Leichtgewichten propagiert, habe er ein Fortleben im »ordinärsten Philisterleben und Erwerbtreiben«. Burckhardt stellte ihm »eine ganz andere und schwerere Pflicht« entgegen: »sich auszubilden zum erkennenden Menschen, dem die Wahrheit und die Verwandtschaft mit allem Geistigen über alles geht«. Im Reich des Gedankens nämlich, so seine Überzeugung, würden »alle Schlagbäume billig in die Höhe« gehen. Den Historikern gab er daher den Rat, beim Studium der vaterländischen Geschichte »die Heimat in Parallele und Zusammenhang mit dem Weltgeschichtlichen und seinen Gesetzen« zu betrachten. Burckhardts kontemplativer Internationalismus richtete sich auch gegen die »philosophisch-bürokratische Überhebung«, der Staat müsse die »Verwirklichung des Sittlichen auf Erden« leisten. Damit werde er massiv überfordert, denn seiner »Natur« nach sei der Staat ein »Notinstitut«, das heißt im besten Fall fähig, gegen die »Unzulänglichkeit der Menschennatur« das konventionelle Recht durchzusetzen.

Die Einstellungen kontemplativer Internationalisten mochten weniger illusorisch sein, was den politischen Einfluß der Intellektuellen betraf, aber sie nährten ein anderes Trugbild, nämlich jenes von der sittlichen Gesundung und intellektuellen Reifung des Menschen mit zunehmender Distanz von der Macht. Auch Burckhardt stand unter dem Einfluß dieses Trugbildes, zumal wenn es um seine Selbstwahrnehmung ging. Er war jedoch zu widersprüchlich, um ein kontemplativer Internationalist reinsten Wassers zu sein. Seine Einstellung zur Sphäre der Macht pendelte zwischen angewiderter Distanzierung und voyeuristischer Faszination. Manchmal versuchte er sich sogar im Brückenschlagen, wo es längst nichts mehr zu verbinden gab, wie vom Reich der reinen Kontemplation zur Erfüllung der »wahren Bürgerpflicht«.

Vom intellektuellen zum institutionellen Internationalismus

Zu einer politisch bedeutsamen Kraft wurde der Internationalismus erst durch die katastrophalen Wirkungen des Nationenwettkampfs in den beiden Weltkriegen. Bezeichnenderweise spielten dabei weder der idealistische noch der kontemplative Traditionsstrang eine bedeutende Rolle. Sobald sich der Internationalismus im Feld der Macht festgesetzt hatte, waren keine Schöngeister mehr gefragt, sondern Bürokraten mit solider juristischer und ökonomischer Bildung. Der neue Internationalismus entfaltete sich zunächst in zwei gegensätzlichen Varianten: Zum einen im Sozialismus sowjetrussischer Prägung, der dem marxistischen Ideal einer kommunistischen Internationalen verpflichtet blieb, zum andern im Aufbau internationaler Organisationen. Durchgesetzt hat sich schließlich jene Variante, die die Doktrin der nationalen Selbstbestimmung aufrechterhielt, um sie dafür umso subtiler aufzuweichen. Es ist damit die ideologisch zahmste Version des Internationalismus, die politisch am einflußreichsten geworden ist, auf der Grundlage eines gewaltigen Stückwerks aus Vertrags- und Verfassungstexten, das kaum mehr durchschau- und kontrollierbar ist und so nahezu ungehindert wuchern kann. Institutionen wie die UNO, die EU oder die Weltbank erweisen der erasmischen Tradition des idealistischen Internationalismus höchstens noch in Präambeln und an anderen symbolisch prominenten und machtpolitisch irrelevanten Stellen ihre Ehre; die von ihnen angehäufte Macht jedoch beruht auf detailverliebter und praxisversessener Juristenarbeit. Wenn überhaupt, ist dieser institutionelle Internationalismus in eine andere intellektuelle Tradition eingebettet: jene des Völkerrechts, das in der Frühen Neuzeit von praxisnahen Juristen entwickelt worden ist, um die zwischenstaatlichen Beziehungen, allen voran die kriegerischen, in einigermaßen verläßliche Bahnen zu lenken. Dieses vergleichsweise bescheidene, von Hugo Grotius (1583–1645) initiierte Vorhaben hat zur Friedensförderung ungleich mehr beigetragen als die hohen Ideale des pazifistischen Internationalismus.

Macht und Leistung des institutionellen Internationalismus sind jedoch teuer erkauft. Weil er ein unübersichtliches Spielfeld für Funktionäre und Bürokraten ist, entzieht er sich weitgehend dem Verständnis interessierter Laien. Die pädagogische Komponente des Patriotismus und seines komplementären Gegenparts, des erasmischen Internationalismus, ist bei seinem Aufstieg auf der Strecke geblieben. Das macht die internationalen Organisationen unbeliebt und instabil; überall, wo Populisten auf der staatlichen Ebene Erfolg haben, sind sie bedroht. Ihnen eine breite Legitimation zu verschaffen, ist bisher, auch in den Demokratien der westlichen Welt, kaum gelungen.

Politische Universalbildung in einer komplexen Welt

Angesichts der weitgehenden Unvereinbarkeit des Patriotismus und des idealistischen Internationalismus mit der Komplexität der politischen Realität lautet die vorrangige Aufgabe einer demokratischen Pädagogik, ein breites Laienpublikum davon zu überzeugen, daß eine einigermaßen friedliche und berechenbare Politik nur durch den institutionellen Internationalismus gewährleistet werden kann. Es handelt sich dabei um eine ungleich schwierigere Aufgabe als das Wecken von Liebe, Stolz und Opferbereitschaft für die Nation. Der emotionale Zugang zum Thema ist so gut wie versperrt, der rationale bedingt einen hohen intellektuellen Aufwand. Zu bewältigen ist die Herausforderung nur, wenn die Politologie in Mittelschulen als obligatorisches Fach eingeführt wird, und zwar mit großem Gewicht im Curriculum. Das übergeordnete Ziel müßte dabei lauten, Schüler zu politischem Denken in größeren Zusammenhängen und zu einem demokratischen Habitus im umfassenden Sinn, d.h. von der kritischen Informationsbeschaffung bis zum Wählen und Abstimmen, zu erziehen. Zu den Teilzielen würden folgende Leistungen gehören: Eine vernetzte Betrachtung staatlicher und überstaatlicher Institutionen, eine gesellschaftskritische Interpretation politischer Leitideologien, eine Untersuchung der Öffentlichkeits- und Propagandamaschinerie von Parteien und Interessenverbänden, eine Analyse der globalen Machtgefälle und ihrer politischen Auswirkungen und dies alles unter Verknüpfung der globalen mit den regionalen und lokalen Ebenen der Politik.

Im Konkreten müßte diese Bildung, um ein Beispiel zu geben, zum Resultat führen, daß ein Abiturient Kenntnis über die wirtschaftlichen und machtpolitischen Interessen hinter der westlichen Freihandelsdoktrin hätte und erklären könnte, warum diese in den Ohren von Repräsentanten ärmerer, agrarwirtschaftlich geprägter Länder unglaubwürdig klingt. Mit solchem Wissen ausgestattet, würde der gleiche Abiturient differenzierte Schlüsse für sein eigenes politisches Verhalten ziehen können, indem er sich etwa nicht gleichzeitig für Agrarsubventionen im eigenen Land und Entwicklungshilfe für die Dritte Welt stark macht. Das Beispiel verdeutlicht, daß die Kenntnis globaler Zusammenhänge für ein kompetentes demokratisches Verhalten auf der nationalen Ebene unerläßlich ist.

Für den Fall, daß diese politische Erziehung Erfolg hat, bliebe für nationalistische Gefühlsbäder noch immer die Sportarena oder, auf einem gehobeneren Niveau, die Nobelpreisverleihung. Dort hat die einfach gestrickte nationalistische Wettkampfrhetorik ihre volle Berechtigung und kann einen glühenden – oder ironisch gebrochenen – Enthusiasmus entfachen, der in politischen Auseinandersetzungen fehl am Platz ist. Wichtig wäre dabei nur, daß Politiker die Autonomie des Sports respektieren und Sportfunktionäre nicht dem Feld der Macht entstammen. Auch die lokalpatriotische Schollenbindung, verbunden mit dem Lob der »patria naturae«, wird durch die Politologie des institutionellen Internationalismus nicht gefährdet, solange sie von politischen Entscheidungsprozessen ausgeklammert bleibt. Vielleicht eignet sich die Verbundenheit mit kleinräumigen Ordnungen sogar am besten dafür, das emotionale Defizit des institutionellen Internationalismus aufzufangen, ohne diesen zu beeinträchtigen.

Literatur:
John Breuilly, Nationalism and the State, Manchester 1982.
Jacob Burckhardt, Weltgeschichtliche Betrachtungen, Stuttgart 1978, 12–13, 38.
Wolfgang Burgdorf, Ein Weltbild verliert seine Welt. Der Untergang des Alten Reiches und die Generation 1806, München 2006.
Erasmus von Rotterdam, Querela Pacis undique gentium ejectae profligataeque, in: ders., Ausgewählte Schriften, hg. von Werner Welzig, Bd. 5, Darmstadt 1968, 428–431.
Jürgen Habermas, Staatsbürgerschaft und nationale Identität, in: ders., Faktizität und Geltung, Frankfurt am Main 1992, 632–660.
Caspar Hirschi, Wettkampf der Nationen. Konstruktionen einer deutschen Ehrgemeinschaft an der Wende vom Mittelalter zur Neuzeit, Göttingen 2005.
Ernst H. Kantorowicz, Die zwei Körper des Königs. Eine Studie zur politischen Theologie des Mittelalters, München 1990.
Volker Kronenberg, Patriotismus in Deutschland. Perspektiven für eine weltoffene Nation, Wiesbaden 2005.
Matthias Matussek, Wir Deutschen. Warum die anderen uns gern haben können, Frankfurt am Main 2006.
Henrik Müller, Wirtschaftsfaktor Patriotismus. Vaterlandsliebe in Zeiten der Globalisierung, Frankfurt am Main 2006.
Thom W. Smith, Kim Seokho, National Pride in Cross-national and Temporal Perspective, in: International Journal of Public Opinion Research 18 (2006), 127–136.
Richard Wagner, Der deutsche Horizont. Vom Schicksal eines guten Landes, Berlin 2006.

Zeitungsartikel:

Paul Flückiger, Patriotismus wird Schulfach, in: NZZ am Sonntag, 11.6.2006.

Juta Scherrer, Zurück zu Gott und Vaterland. Putin verordnet die patriotische Wiederaufrüstung – per Dekret soll Russland eine verlässliche Staatsmoral erhalten, in: ZEIT Online 31/2001.

Internet:

http://www.museumofpatriotism.org/index.html.

VIII. Nationale Bildungssysteme

Einleitung
1. England
2. Frankreich
3. Italien
4. Skandinavien
5. Osmanisches Reich/Türkei
6. Rußland
7. Japan
8. China
9. USA
10. Australien

Einleitung

Natürlich ist Bildung niemals national. Vielmehr liegt es in ihrem Wesen, Grenzen zu überschreiten, international und universal zu sein. Wer gebildet ist, ist Weltbürger, oder er ist nicht gebildet. Wo Bildung beginnt, zur Abgrenzung zu dienen, hat sie ihre Wahrheit, ihren Wert und ihre Würde schon verloren.

Trotzdem gehört die Kategorie »Nation« zu den zentralen Themen der Bildung (vgl. VII.). Das resultiert allein schon aus der Tatsache, daß Bildung in allen freien Staaten der Welt zu den wichtigsten nationalen Zielen zählt. Entsprechende Aufmerksamkeit gilt ihren Institutionen. Schulen und Hochschulen, Museen, Theater und andere Kulturstätten gelten als nationale Symbole. Ihre Festakte und Ehrungen, Aufführungen und Ausstellungen erfahren hohe öffentliche Aufmerksamkeit und erregen nationalen Stolz. Wohl gibt es auch Nationen, die sich scheuen, Bildung und Nationalität ostentativ zu verknüpfen. Dazu gehört etwa Deutschland, das seine Bildung – anders als seinen Fußball – am liebsten ganz amerikanisieren würde. Diese scheinbare Selbstverleugnung indes sollte niemand mißverstehen. Was wie Bescheidenheit aussieht, ist nur der ehrgeizige Versuch, als seine wichtigste nationale Stärke das Internationale zu kultivieren.

Über die Unterschiede zwischen den nationalen Bildungssystemen wird diskutiert, seit es die neuzeitliche Bildung gibt, also spätestens seit dem 15. Jahrhundert, als die Humanisten die moderne Idee von Kultur erfanden. Als Willibald Pirckheimer, der Freund Albrecht Dürers, 1489 zum Studium nach Italien kam, »ergötzte er sich« – wie er selbst, von sich in der dritten Person sprechend, erzählt – »an dem Geist, der Leutseligkeit und der Bildung der Italiener, während ihm die Sitten der Deutschen, ihre Spiele, ihre Trinkgelage, ihr Bechern und ihr unbescheidener Aufwand ganz und gar mißfielen«. Um so mehr freute es ihn, daß seine italienischen Studienfreunde seine feine Lebensart und sein kunstvolles Lautenspiel lobten und erklärten: er sei eher einer von ihnen, nämlich »entgegen der Art der Deutschen mit feiner Menschlichkeit (*humanitas*) begabt«.

Später, als die italienische Kultur, die Formen und Werte der Renaissance, auch im übrigen Europa Einzug hielten und alle europäischen Nationen sich bemühten, sie bei sich zu etablieren, begann ein internationaler Wettstreit darüber, wer diese nunmehr gemeinsamen Standards am besten erfülle. Nicht nur erreichen wollte man das italienische Niveau, sondern es womöglich sogar überbieten. Überall suchten die Regierungen, aber auch private Mäzene, Schulen, Hochschulen und Akademien ins Leben zu rufen und möglichst reich zu dotieren, auswärtige Gelehrte zu gewinnen und einheimische heranzubilden. So wie man in politischen Zusammenhängen seit dem Mittelalter von einer *translatio imperii* sprach – von der Idee, daß die Weltherrschaft im Laufe der Geschichte von einem Volk auf das andere übergehe –, kam nun die Rede von der *translatio studii* auf. Auch in der Bildung, so meinte man, wechsele die Führung von einer Nation zur anderen. Glaubte man im 16. Jahrhundert, sie sei von den Italienern auf die Franzosen übergegangen, so meinte man hundert Jahre später, daß jetzt die Holländer die vorzüglichsten Kulturleistungen hervorbrächten, bis im 18. Jahrhundert dann die Briten und schließlich, seit den aufgeklärten Universitätsgründungen von Göttingen (1734) und Berlin (1810), die Deutschen die Leitung der Bildung übernommen zu haben schienen.

Bis um 1800 glaubte man, daß die himmlische Gerechtigkeit dafür sorge, daß im Laufe der Geschichte jedes Volk einmal an die Spitze der Bildung gelangen werde. Heute hat die Idee diese religiöse Basis verloren, keineswegs aber ihre Popularität. Das beweist die gängige Meinung, daß, wer heute eine Spitzenbildung erwerben wolle, in die Vereinigten Staaten gehen müsse oder gar, wie manche munkeln, nach Indien oder China, zu den angeblich künftigen Weltmächten. Als führende Bildungsnationen nämlich erscheinen immer diejenigen, die in Politik und Wirtschaft die stärksten sind. Unwillkürlich werden ihre Macht und ihr Wohlstand für Früchte ihrer nationalen Bildung gehalten. Deshalb plädiert für die Übernahme dieses Bildungssystems, wer ihren äußeren Erfolg nachahmen will. Das ist typisch für den aktuellen Diskurs über nationale Bildungssysteme: weniger der Bildung wegen interessieren diese, sondern aus materiellen oder ideologischen Gründen.

Das erkennt man nicht zuletzt daran, daß – zumindest aus deutscher Perspektive – die anderen immer die bessere Bildung zu haben scheinen. Manche Zeitgenossen fordern daher, sich die nationalen Systeme und Institutionen der anderen zu verbindlichen nationalen Vorbildern zu nehmen. Teils geschieht das aus Bequemlichkeit: Man postuliert einen dramatischen Vorsprung der anderen, um keine eigenen Konzepte entwerfen zu müssen, sondern kritiklos kopieren zu dürfen. Teils aber auch aus ideologischer Blindheit: Wer für die Nachahmung eines fremden nationalen Bildungssystems plädiert, wählt keineswegs eine »internationale« Lösung, sondern importiert nur den Nationalismus der anderen.

Ein zweites Indiz dafür, daß es bei solchen Reden weniger um Bildung als um Politik geht, ist ihre Realitätsferne. Kaum jemand, der andere Bildungssysteme aus eigener Anschauung erlebt hat, erkennt diese wieder, wenn er die hierzulande geführten Diskussionen hört. Die amerikanischen Universitäten beispielsweise, die man in Deutschland nachahmt, gibt es in den Vereinigten Staaten gar nicht. Sie existieren nirgends als in den Köpfen gewisser selbsternannter Bildungsexperten.

In jedem nationalen Bildungssystem spiegelt sich die politisch-soziale Realität des jeweiligen Staates: der Zentralismus von Frankreich, die föderale Vielfalt Deutschlands, die kapitalistisch-elitäre Klassengesellschaft der USA, bald vielleicht auch der anonyme Bürokratismus des Brüsseler Europa. Um so spannender und überraschender ist es unter diesen Umständen, zu verfolgen, welche politische Gruppe oder Partei im eigenen Land welches ausländische Bildungsmodell als Vorbild favorisiert.

Wahrscheinlich ist an nationalen Bildungssystemen viel weniger national als wir meinen. Auch wo besondere politische oder religiöse Konstellationen, soziale Besonderheiten durchfärben, sind Inhalte und Organisationsstrukturen in allen Länder doch vergleichsweise ähnlich. Alle Kulturstaaten der Welt nämlich suchen ihrer jungen Generation diejenigen Kenntnisse, Fähigkeiten und Haltungen zu vermitteln, die braucht, wer in der modernen Welt bestehen und erfolgreich agieren will. Nennenswerte Alternativen zu dieser westlichen, im Kern nach wie vor humanistischen Bildung – einseitig religiöse oder dogmatisch nationalistische – gibt es nicht mehr (oder noch nicht wieder).

Allenfalls in der Begeisterung für und in der Verehrung von Bildung, in ihrer öffentlichen Hochschätzung und in der sozialen Stellung derer, die sie repräsentieren, werden sich Unterschiede feststellen lassen. Es werden sich solche Nationen, denen Bildung als ein Wert an sich gilt, von solchen unterscheiden lassen, in denen sie für einen Gewinn- oder Kostenfaktor gehalten wird. Welche im Sinne der *translatio studii* dabei die sinkenden, welche die kommenden Bildungsnationen sein werden, bleibt abzuwarten.

Wie dem auch sei – Voraussetzung jeder Diskussion über nationale Bildungssysteme sollte deren reale Kenntnis sein. Deshalb haben Experten für dieses Kapitel die Bildungssysteme jener Nationen skizziert, die in der heutigen Welt eine namhafte Rolle spielen. Eine solche Zusammenstellung soll gerade nicht dazu dienen, das »beste« System herauszufinden und zur allgemeinen Nachahmung zu empfehlen. Sie soll vielmehr daran erinnern, daß jedes erfolgreiche Bildungssystem eine je originelle Mischung aus Eigenem und Fremdem ist. Desto erfolgreicher wird es sein, je besser es ihm gelingt, allgemeine kulturelle Werte und Ziele mit den Besonderheiten der eigenen Geschichte und Gesellschaft zu verbinden.

1. England

Andreas Fahrmeir

Einführung

Teile des englischen Bildungssystems sind durch zahlreiche Romane, Filme und Bildungsreisen so bekannt, daß sie geradezu als Inbegriff besonders erstrebenswerter und erfolgreicher Bildung und Ausbildung gelten dürfen. *Public schools* wie Eton oder Winchester sowie die ›alten‹ englischen Universitäten Oxford und Cambridge verbinden efeu- und traditionsbehaftetes Mauerwerk mit modernsten wissenschaftlichen Einrichtungen, kuriose Bräuche und weitgespannte Netzwerke mit dem Ruf, exzellente Bildung von Geist und Charakter zu garantieren und so einen gewichtigen Beitrag zum weiteren individuellen beruflichen, intellektuellen und gesellschaftlichen Fortkommen zu leisten.

Den Leserinnen und Lesern englischer Zeitungen tritt vielfach ein anderes Bildungssystem vor Augen. Dessen Fluchtpunkt bildet die disziplin- und niveaulose *failing school*. Dort werden von der Populärkultur verdorbene Schülerinnen und Schüler mit Lern-, Aufmerksamkeits- und Verhaltensproblemen von Lehrerinnen und Lehrern mehr oder weniger effektiv beaufsichtigt. Folgt man der Regierung, so kann dieses staatliche Bildungssystem in der Krise (das auch Problemuniversitäten einschließt) nur durch privatwirtschaftliche Methoden und außerhalb des Bildungssystems gestählte »Superdirektoren«, die in »City-Akademien« »Superlehrer« managen, auf den rechten Weg zurückgeführt werden.

Neben Elite- und Antielite-Institutionen (und allem, was dazwischen liegt) stehen kuriose Einrichtungen. Ein Beispiel ist die »Ehrwürdigste Gesellschaft der Apotheker der Stadt London«. Die Mitgliedschaft dieser Apothekerzunft konnte durch Kauf oder Abstammung erworben werden. Daher verfügte die Zunft bereits im 19. Jahrhundert über eine gemischte Mitgliedschaft, deren Verbindung zur Pharmazie sich auf die Tatsache beschränken konnte, daß die Zunft selbst eine Zeitlang als Medikamentengroßhändler agierte. Ein Berufsverband der Apotheker ließ sich so nicht begründen; diese Rolle übernahm die jüngere Pharmaceutical Society. Besucht man das inzwischen vorwiegend administrativen und geselligen Zwecken vorbehaltene, in einer der kleineren Gassen der Londoner City gelegene Zunftgebäude der Apotheker, findet man im Eingangsbereich überraschenderweise Listen von durch die Zunft verliehenen Approbationen – ein altes Privileg erlaubt der Zunft, medizinische Abschlußprüfungen durchzuführen (wobei Standards und Prüfungskommission durch die ärztliche Standesorganisation definiert werden).

Diese Facetten verweisen auf zentrale Besonderheiten des englischen Bildungssystems: scharfe Unterschiede zwischen ›guten‹ und ›schlechten‹ Bildungseinrichtungen, die teilweise auf Bildungsmärkten konkurrieren, sowie eine gewisse Unübersichtlichkeit durch nur zögernd systematisierte, traditionsverhaftete Strukturen.

Geschichte

Der entscheidende Grund für die fehlende Systematisierung war die Art und Weise, in der im Vereinigten Königreich Professionalisierungsprozesse abliefen. Im Gegensatz zum europäischen Kontinent griff der Staat nur zögerlich in die Ordnung des Schulunterrichts, die Vermittlung höherer Bildung und die Regelung des Zugangs zu Bildungsberufen ein. Im Gegensatz zum »Staatsexamen« für angehende Juristen, Ärzte und Lehrer gab es in England entweder gar keine Mindestqualifikation oder diese Qualifikation wurde von Standesorganisationen definiert, die ein Monopol für ihre Mitglieder gegenüber Öffentlichkeit und Staat erst noch durchsetzen mußten. Ärzte beispielsweise konnten dabei erst gegen Mitte des 19. Jahrhunderts moderate Erfolge verzeichnen: nur approbierte Ärzte konnten fortan an öffentlichen Krankenhäusern beschäftigt werden oder ihre Honorare einklagen. Dabei konnte dieselbe Institution – beispielsweise die Londoner Apothekerzunft – aus einem Konkurrenzverhältnis siegreich, aus einem anderen (gegen die Pharmaceutical Society) als Verliererin hervorgehen. Im Gegensatz zur Entwicklung in Deutschland war zudem nicht ausgemacht, daß man sich für bildungsbürgerliche Berufe durch ein »Studium« an einer Hochschule oder Universität qualifizieren würde. Auf den Beruf des Anwalts vor Gericht (»barrister«), zugleich erster Schritt auf dem Weg zum Richteramt, bereitet man sich bis heute durch eine Lehre (»pupillage«) bei einem Mitglied einer der Barrister-Korporationen vor. Die Ausbildung von nicht plädierenden Anwälten (»solicitors«) findet zum Teil in Kanzleien, zum Teil an Fach(hoch)schulen (»Colleges of Law«) statt.

Ähnliches galt für die Schulbildung. Bis 1891 bestimmten Armenrechtsverbände, Kirchengemeinden, Städte und karitative Einrichtungen, welche Bildungseinrichtungen dem Teil der Bevölkerung, der sich privaten Unterricht nicht oder nur zum Teil leisten konnte, zur Verfügung standen. Sie konnten Schulen errichten und unterhalten oder Schul- sowie Studienplätze an privaten oder auswärtigen öffentlichen Institutionen ganz oder zum Teil finanzieren. Inhaltlich war zwischen den von Charles Dickens eindringlich geschilderten dysfunktionalen Kinderbewahranstalten der schlechtesten Armenschulen bis zu hervorragenden Bildungseinrichtungen wie Christ's Hospital, der Schule für Londoner Waisen, alles denkbar. Erst 1891 gab es eine allgemeine Elementarschulpflicht bis zum Alter von 15 Jahren und eine landesweite Schulinspektion.

Zunächst schien es zu genügen, den Erfolg der Schulausbildung vor allem an ihrer Dauer zu messen, obgleich Berichte über Schulen in privater und öffentlicher Trägerschaft gelegentlich deutlich machten, daß durchaus gravierende Unterschiede bestanden, die verhinderten, daß die Schulen selbst überzeugende Abgangszeugnisse ausstellen konnten. Diese waren auch deswegen unnötig, weil im Gegensatz zu Deutschland oder Frankreich erfolgreicher Schulbesuch keine Folgen hatte: schulische Leistungen verkürzten nicht den Militärdienst und belegten nicht die Qualifikation zur Anstellung im Staatsdienst. Schulbesuch konnte nur besser oder schlechter auf Prüfungen vorbereiten, die man seit der zweiten Hälfte des 19. Jahrhunderts bestehen mußte, um bestimmte Karrieren einschlagen zu können oder im öffentlichen Dienst eingestellt zu werden. Da nicht alle Institutionen, die an Prüfungsergebnissen interessiert waren, in der Lage waren, Prüfungen zu organisieren, ergab sich eine Marktlücke für Prüfungsdienste; in diese stießen in der zweiten Hälfte des 19. Jahrhunderts vor allem Universitäten vor, zunächst Oxford und Cambridge, die 1873 eine gemeinsame, locker mit den Universitäten verbundene Prüfungskommission bildeten, die eine breite Palette von Examina für verschiedene Jahrgangsstufen und Ausbildungsgänge (u. a. Marinekadetten) anbot. Oxbridge konkurrierte mit einer Reihe anderer Prüfungskommissionen, die in aller Regel regional organisiert waren. 1951 wurden die zentralen Prüfungen durch das »General Certificate of Education« auf »normaler« (»ordinary«) und »fortgeschrittener« (»advanced«) Stufe standardisiert, das mit 16 bzw. 18 Jahren erworben werden konnte. (Daher stammen die umgangssprachlichen Bezeichnungen O-Level als Gegenstück zur Mittleren Reife und A-Level als Gegenstück zum Abitur). Nicht vereinheitlicht wurde dagegen das Prüferwesen. Großbritannien verfügt weiterhin über viele »Awarding Bodies« wie OCR (Oxford – Cambridge – Royal Society of Arts), edexcel, NCFE oder HAB (Hospitality Awarding Body, zuständig für Gastronomie und Hotelfach), die Schulabschlüsse und berufsqualifizierende Prüfungen anbieten, sich mit JCQ (Joint Council for Qualifications) eine Koordinationsinstanz gegeben haben und von QCA (Qualifications and Curriculum Authority) überwacht werden. Der Buchstabensalat – ein Vorbild der jüngst für deutsche Studiengänge eingeführten Akkreditierung – hat die Folge, daß Abschlußprüfungen, die durch eine halbwegs neutrale Instanz durchgeführt werden (deren »Kunden« freilich die Schulen sind), Examenskandidaten und Ausbildungsinstitutionen gleichzeitig testen. Die Durchschnittsergebnisse einzelner Schulen sind der entscheidende Beleg für die Qualität (und damit den Wert) der Ausbildung.

Strukturen und Debatten

Seit 1944 setzte sich der britische Staat zum Ziel, den obligatorischen Schulbesuch zu verlängern und höhere Bildung umsonst anzubieten. Diese relativ späte Expansion staatlicher Aktivität in ein ausdifferenziertes System privat, kirchlich, lokal oder karitativ finanzierter höherer Bildungseinrichtungen ergab zwei Kernprobleme, welche die Debatten um das britische Bildungssystem bis heute bestimmen: die Frage nach dem ›richtigen‹ Verhältnis zwischen eher staatlichen und eher privaten Bildungseinrichtungen und die Suche nach den Ursachen für Qualitätsunterschiede zwischen staatlichen, halbprivaten und von staatlichen Zuschüssen unabhängigen (»independent«) Schulen, zu denen auch die »public schools« gehören.

Öffentliche Schulen	Sonderschulen	Privatschulen	City-Akademien/Fachschulen	Summe
89 %	1 %	7 %	3 %	100,0 %

Tabelle 1: Verteilung der ca. 8,1 Millionen Schülerinnen und Schülern auf Schulformen, 2009/10 (%)

Der Versuch, (fast) alle Schulen im Interesse von Chancengleichheit, Transparenz und Übersichtlichkeit in ein öffentliches Schulsystem zu integrieren, scheiterte. Alle Bildungsreformen der Nachkriegszeit ließen zwischen rein öffentlichen und rein privaten Schulen Einrichtungen bestehen, die sich durch eine Kombination aus öffentlichen Geldern, Schulgeld, Stiftungsvermögen und sonstigen Zuwendungen finanzierten; meist handelte es sich um Schulen in kirchlicher Trägerschaft, seltener um säkulare Stiftungsschulen. Nach einer 1998 erfolgten Neusystematisierung gibt es – neben Sonder- und Spezialschulen, Gymnasien ›alten Stils‹ (sog. »grammar schools«) und technischen Fachschulen (»City Technology Colleges«) – öffentliche Schulen (»community schools«) sowie teilweise private Schulen im öffentlichen Schulsektor: »foundation schools«, »voluntary aided schools« und »voluntary controlled schools«. In *Foundation schools* und *voluntary aided schools* sind die Schulträger Arbeitgeber des Lehrpersonals und entscheiden über die Zulassung von Schülerinnen und Schülern; in *voluntary controlled schools* liegen diese Kompetenzen bei der Schulbehörde. Allen drei nicht ganz öffentlichen Schultypen ist gemeinsam, daß die Gebäude im Besitz der Schule (und nicht im Besitz der Grafschaft) sind, aber nur bei den *voluntary aided schools* werden sie vom Schulträger unterhalten. Ferner existieren »City Academies«, aus öffentlichen Mitteln finanzierte Privatschulen, welche an die Stelle von als nicht mehr reformierbar beurteilten »failed schools« treten sollen. Die überwältigende Mehrheit der englischen Schülerinnen und Schüler besucht Schulen des öffentlichen Sektors (Tabelle 1).

Bei den Universitäten und anderen Institutionen im »higher education« Bereich (d. h. für Studierende ab 18) lag der Schwerpunkt der Erweiterung von Chancengleichheit auf der Erhöhung staatlicher Zuschüsse, der Bereitstellung von Mitteln für die Gründung neuer Hochschulen, schließlich der Finanzierung der Studiengebühren für den ersten Abschluß aus öffentlichen Mitteln – diese letzte Reform der 1960er Jahre wurde durch die Blair-Regierung schrittweise zurückgenommen; die Neuregelung sieht eine sozial leicht abgefederte Eigenbeteiligung von bis zu £ 4.000 pro Studienjahr vor. Relativ wenig Resonanz hatte dagegen der Versuch, einen zwischen Schule und Universität angesiedelten, stärker berufsbildenden Sektor als Teil des Hochschulwesens zu etablieren (Tabelle 2).

Ebensowenig wie ein einheitlich strukturiertes staatliches Schul- und Hochschulsystem ließ sich ein freier Bildungsmarkt durchsetzen, auf dem der Staat nur als Regulierungsbehörde und (eventuell) durch Zuschüsse in Form von Bildungsgutscheinen in Erscheinung getreten wäre. Dagegen sprach die Befürchtung wachsender sozialer Ungleichheit, einer Ausdünnung der Bildungsinfrastruktur und einer Auflösung der nationalen Identität in Klassenidentitäten.

Wie in vielen Bereichen der Debatte über den britischen Wohlfahrtsstaat waren Chancengleichheit und differenzierender Wettbewerb nicht eindeutig parteipolitisch zuzuordnen. Zwar trat die Linke tendenziell eher für Chancengleichheit, Gesamtschulen und eine Erweiterung des Staatssektors, die Rechte eher für Wettbewerb, ein differenziertes Schulsystem unter Einschluß privater Träger und mehr Eliteförderung ein. Beide verfolgten mit unterschiedlichen Mitteln aber ähnliche Ziele: eine Begrenzung des Niveauunterschieds zwischen staatlichen und nichtstaatlichen Schulen, eine objektive Messung des Niveauunterschieds durch ein ›faires‹ Prüfungswesen, das die Basis einer meritokratischen Vergabe von Bildungschancen sein sollte. Beide gingen dabei von einem Schul- und Hochschulsystem aus, das seit je-

Further Education (i.d.R. zwischen 16 und 18)	Undergraduate (bis zu BA)	Postgraduate (nach BA-Abschluß)	Summe
6 %	72 %	22 %	100 %

Tabelle 2: Verteilung der ca. 2 Millionen Studierenden auf Studienphasen, 2004/5 (%)

her durch (mehr oder weniger) neutrale Prüfungsverfahren sowie (relativ) detaillierte Informationen über den weiteren Lebensweg von Absolventinnen und Absolventen recht genaue Meß- und Vergleichsmöglichkeiten bot.

Englische Besonderheiten?

In gewissem Sinne ähnelt die englische Situation der in anderen westlichen Ländern. Das Land erlebte eine rasche Folge von Reformen, die sich auf die Rolle von Prüfungen bei der Verteilung von Schülerinnen und Schülern auf Schulformen und die Frage des idealen Schulformats konzentrierten – im Prinzip ging es um die Gesamtschule, die Rolle eines Leistungstests im Alter von 11 Jahren und die beste Methode, den Lernerfolg durch regelmäßige allgemeine, landesweite Tests zu bestimmen.

Dabei blieben klare Ergebnisse in England ebenso aus wie in anderen Ländern: das Bildungssystem bleibt hier, genauso wie anderswo, ein Gegenstand ständiger Reformen. Das Messen von Qualität und die Publikation der Ergebnisse in Tabellen, die in Analogie zu sportlichen Wettbewerben als »League-Tables« bezeichnet wurden, trug aber zweifellos dazu bei, schlecht bewertete Institutionen auf eine abschüssige Bahn zu drängen. Sie zogen fast nur noch Kinder aus bildungsfernen Haushalten als ›Kunden‹ an, während sehr gute öffentliche Schulen bildungsorientierte Eltern dazu anspornten, sich oft Jahre vor der Einschulung in entsprechenden Stadtvierteln anzusiedeln oder in Kirchengemeinden zu engagieren. Eine systemimmanente Noteninflation, die auch durch die Konkurrenz der »Awarding Bodies« angetrieben wurde, trug in Verbindung mit häufigen Pannen bei Examina dazu bei, Differenzierungen am oberen Ende der Ranglisten zu verwischen. Ähnliche Effekte zeigten sich bei Evaluationen von Hochschulen. Paradoxerweise scheint das dazu zu führen, daß ein traditionell guter Ruf wichtiger bleibt als die problematischer erscheinenden kurzlebigeren ›objektiven‹ Evaluationsergebnisse.

Haben diese Strukturen Einfluß auf ein Wissens- und Kenntnissystem, welches als spezifisch englische Systematisierung von Bildung gelten könnte? Immerhin gibt es ein relativ rigides »nationales Curriculum«, das alle staatlichen Schulen anbieten müssen. Das ist praktisch orientiert: neben Englisch, Geographie, Mathematik, Geschichte, Naturwissenschaft, Musik, Kunst und Sport findet sich darin auch »Design und Technologie« bzw. »Informationstechnologie«; Technologie ist ein Kernfach.

Trotz aller Vorurteile über die (maßlos überschätzte) Rolle des Sports in der englischen Ausbildung (Sport ist in England ab 11 Jahren abwählbar), englische Empirie, englische Exzentrik, englischen Pragmatismus – insgesamt folgte England mit gewissen Variationen dem gesamteuropäischen Muster der langsamen Ablösung eines von der Antike und der christlichen Theologie dominierten Bildungskanons zu den ›zwei Kulturen‹, in denen technisches Anwendungswissen in Verbindung mit einer allgemeinen Kenntnis klassischer Werke in Literatur, Musik und bildender Kunst als Maß von Bildung gilt. Allerdings weist die Umsetzung in Schule und Hochschule gewisse Besonderheiten auf.

In England scheint der Übergang von einer spezifischen Ausbildung in einen anderen Beruf besonders einfach. Die Rede ist oft von Lateinstudenten, die nach dem Abschluß ihres BA Karriere als Bankier in der City machen. Diese Vision von grenzenloser Flexibilität hat viel mit der Begeisterung zu tun, welche gerade deutsche Bildungspolitiker derzeit für das BA/MA-System entdecken. In der Tat kontrastiert ein starker Zug zur schulischen Spezialisierung – etwa auf vier bis fünf Fächer in den Jahren vor dem Äquivalent des Abiturs (»General Certificate of Education, Advanced Level«), auf etwa sechs Fächer bei der ›mittleren Reife‹ (jetzt: »General Certificate of Secondary Education«) und auf ein Hauptfach an der Universität – mit der relativ lockeren Verbindung zwischen Studienfächern und Beruf.

Dies folgte aus der Art, in der Universitäten mit berufsständischen Ausbildungen konkurrierten. Studierende in Oxford und Cambridge waren lange Zeit Studenten der Theologie einerseits, Angehörige der gesellschaftlichen Elite auf der Suche nach eher allgemeiner Bildung andererseits. Die ›neuen‹ Universitäten bildeten bis nach dem Zweiten Weltkrieg vorwiegend Lehrer aus. Nach dem Zweiten Weltkrieg gelang es den Universitäten, Anwaltskammern, Wirtschaftsprüfer und andere Bildungsberufe davon zu überzeugen, daß sich Absolventen eines Bachelor-Studiengangs leichter ausbilden ließen als Schulabgänger. Daher wurde kaum erwartet, daß das universitäre Studium mehr Bezug zum späteren Beruf haben würde als die Schulausbildung – auch an Schulen waren Buchhaltung und Jura ja keine Kernfächer gewesen. Zugleich blieb für Berufsverbände und individuelle Arbeitgeber selbstverständlich, daß die eigentliche Fachausbildung zum Anwalt, Architekt oder Wirtschaftsprüfer (weiterhin) weitgehend außerhalb der Universität erfolgen würde.

Die fehlende direkte Verbindung zwischen Studienfach und Berufsziel führte dazu, daß sich das – vom Arbeitsmarkt ja weitgehend unabhängige – Profil von Studiengängen rasch verändern konnte. Das war ein Grund für die sinkende Rolle von Fremdsprachen. In den 1960er Jahren beispielsweise wurde die Lektüre übersetzter antiker Texte als Beitrag zur politischen Grundausstattung des mündigen Bürgers umgedeutet, um das Fach »Classics« zu bewahren. In der Gegenwart hat dieselbe Tendenz die neueren Philologien erreicht; sie ist auch dafür verantwortlich, daß sich eine ganze Reihe von neuen Studienfächern (wobei als East-Ender-Studien karikierte »Media Studies« gerne als Negativbeispiel herangezogen werden) rasant ausbreitete. Jüngst wird beklagt, die mangelnde Nachfrage nach akademischen Herausforderungen beginne, Chemie, Physik und Mathematik aus dem Fächerkanon kleinerer Universitäten zu verdrängen, und zwar zugunsten von Medienwissenschaften oder anderen als »weich« geltenden Fächern. Gelegentlich wird sogar der Ruf nach größerer staatlicher Intervention laut, damit die Vorliebe für spaßige Fächer nicht die Wettbewerbsfähigkeit des Standorts England gefährde. Umgekehrt hat die Marktabhängigkeit des Universitätsangebots freilich früh innovative und international angesehene Studienangebote wie die Kombination eines Studiums der Philosophie, Politik und Wirtschaft hervorgebracht.

Letzter Punkt: Die Kundenorientierung des englischen Schul- und Hochschulsystems hat (meistens) die Ausbildung der Massenschule und vor allem der Massenuniversität verhindert oder doch gebremst. Vor allem die Tatsache, daß auch staatliche Fördermittel zum Teil an Studierende flossen, hat es relativ breiten Gesellschaftsschichten ermöglicht, ein zügiges Studium unter guten Bedingungen fernab von zu Hause zu absolvieren und die Integration in eine noch nicht unmittelbar berufsorientierte studentische Lebensgemeinschaft zu erleben. Insofern enthält das glorifizierte Bild des englischen Bildungssystems mehr als nur ein Körnchen Wahrheit. Nur die Zukunft kann freilich zeigen, ob es sich hier um eine dauerhafte Besonderheit des englischen Bildungssystems oder nur eine bestimmte, besonders günstige Phase seiner Entwicklung handelt.

Literatur:
T.H. Ashton (Hg.), The History of the University of Oxford, 7 Bde., Oxford 1984–2000.
C.N.L. Brooke (Hg.), A History of the University of Cambridge, 4 Bde., Cambridge 1988–2004.
Hans Kastendiek, Roland Sturm (Hgg.), Länderbericht Großbritannien: Geschichte – Politik – Wirtschaft – Gesellschaft – Kultur, Opladen 2006.
Michael Lemosse, Le système éducatif anglais depuis 1944, Paris 2000.
Roy Lowe, The Death of Progressive Education: How Teachers Lost Control of the Classroom, London 2007.
John Roach, Public Examinations in England 1850–1900, Cambridge 2008.
Leonard Schwarz, Professions, Elites, and Universities in England, 1870–1970, in: Historical Journal 47 (2004), 941–962.

2. Frankreich

Matei Chihaia

Ancien régime

Die Bildungswege im Ancien régime verlaufen je nach Stand sehr unterschiedlich. In jedem Fall ist Bildung immer an einzelne, relativ selbständig handelnde Lehrerpersönlichkeiten gebunden: Während die ärmeren Schichten ihren Nachwuchs zunächst dem Dorflehrer anvertrauen, obliegt die Unterweisung der adligen oder großbürgerlichen Kinder einem Präzeptor, der oft in ihrem Haushalt lebt. Die Dorflehrer, die im 18. Jahrhundert in einem recht dichten Netz von kirchlichen »Petites écoles« unterrichten, beschränken sich auf die Vermittlung des ABC und einer angemessenen Frömmigkeit. Der Präzeptor hingegen vermittelt eine humanistische Bildung, für die François Fénelons »Télémaque« (1699) nicht nur ein exemplarisches Lehrbuch, sondern auch ein anschauliches Dokument darstellt. Das Buch schildert in Form eines heroisch-gelehrten Romans die Abenteuer von Odysseus' Sohn und dessen weisen Begleiter Mentor, dessen Name bald zum Inbegriff der personalen Bildungsmacht wird.

Bis zu einem bestimmten Punkt wird die Erziehung durch Präzeptoren auch den Mädchen aus gutem Hause zuteil, wie es zahllose hochgebildete Damen und nicht zuletzt Autorinnen wie Madeleine de Scudéry und Madame de Lafayette belegen. Gleiches gilt für die katholischen Pensionate, die nicht auf das Klosterleben, sondern auf das Leben in der Welt vorbereiten – so etwa die von Madame de Maintenon gegründete »Maison Royale de Saint Louis« in Saint Cyr, in der Nähe von Paris. Der Verfasser des »Télémaque«, der in seiner Jugend eine ähnliche Einrichtung für konvertierte Hugenottinnen leitet, fordert in seinem »Traité de l'éducation des filles« (1687) eine geschlechtsspezifische Bildung, in deutlichem Gegensatz zu den rein moralischen Regelwerken über Frauenerziehung, wie sie in früheren Jahrhunderten verbreitet waren. Die Erziehung der jungen Frau zum Zweck der Ehe und Mutterschaft ist allerdings der Normalfall. Daß die galanten Salons schon im 17. Jahrhundert das Recht der Damen auf autonome, rein schöngeistige Bildung erwogen, geht zwar dank Molières populären und vieldiskutierten Theaterstücken »Les Précieuses ridicules« (1659) und »L'École des femmes« (1662) als sog. »Preziosität« in die Literaturgeschichte ein, bleibt aber folgenlos.

In beiderlei Hinsicht, also die Standes- wie auch die Geschlechtsdifferenzen tendenziell überspannend, wirken im 17. Jahrhundert die jansenistischen »Petites écoles de Port Royal«. Die Jansenisten, die sich an der augustinischen Philosophie des Bischofs Cornelius Jansen orientieren, leisten mit ihrem anspruchsvollen humanistischen und rhetorischen Programm einen entscheidenden Beitrag zur Genese der französischen Klassik. Autoren wie La Fontaine und Racine lernen in diesen kleinen Schulen nicht nur die lateinische, sondern auch die griechische Literatur im Originaltext kennen, die von jansenistischen Gelehrten verfaßten Handbücher der Logik und Grammatik, die »Logique de Port-Royal« und »Grammaire générale et raisonnée« (beide 1662) stellen in dieser Hinsicht nicht nur Beiträge zur damals aktuellsten Forschung, sondern auch eine erste Art von verbindlichen Lehrbüchern dar. Die Monarchie hat ein gespaltenes Verhältnis zu den neueren religiösen Gemeinschaften und interveniert immer wieder auf brutale Weise. Die Bannung des Jansenismus und Schleifung von Port Royal unterbindet im Jahre 1710 die Tätigkeit dieser »Petites écoles«. Ähnlich abrupt beendet die Ausweisung der Jesuiten 1762 die international ausstrahlende kulturelle Wirkung dieses Ordens, der besonders die weiterführende Bildung in den sog. »Collèges« garantiert hatte. Diese Hauptschulen vermittelten neben den klassischen Sprachen und der Rhetorik eine scholastische Philosophie und Theologie – teils mit dem Ziel der Priesterbildung, die sich in »Seminaren« fortsetzte, teils zum Zweck eines relativ späten Besuchs der seit dem Mittelalter bestehenden Universitäten.

Die Verbürgerlichung sozialer Beziehungen, die sich im 18. Jahrhundert auf verschiedenen Ebenen vollzieht, führt zu einer doppelten Sorge um die Bildung. Erziehung wird einerseits zur Angelegenheit der Eltern, nach dem Motto: »Qui fait l'enfant doit le nourrir, l'élever et l'éduquer« (Wer das Kind zeugt, muß es nähren, aufziehen und erziehen). Dénis Diderot beispielsweise ist die Bildung seiner Tochter Angélique so wichtig, daß er sie selbst unterrichtet. Diese Tendenz wird bei Rousseau, in »Émile ou de l'éducation« (1762) radikalisiert. Aus dem asymmetrischen Verhältnis zu einem Lehrer befreit, soll Émile durch die Erfahrung seiner Umgebung und durch eigenes Nachdenken lernen. Andererseits vertreten die französischen »Philosophes« das Ideal einer umfassenden und möglichst weit verbreiteten Bildung. Beispielhaft hierfür ist das Projekt der *Encyclopédie*, die nicht nur ein Reservoir von Wissen, sondern auch ein Handbuch der aufgeklärten Volksbildung sein möchte. Einer ihrer Herausgeber, D'Alembert, stellt zusammen mit Friedrich II. 1780 der Berliner Akademie eine Schlüsselfrage als Preisfrage: »Est-il utile au peuple d'être trompé?« – Mit anderen Worten: Hat das Gros der Bevölkerung überhaupt einen Nutzen von der Bildung, oder kann es ebensogut im Irrtum leben? Die Position der französischen Aufklärer ist hier eindeutig und wird schon vor der Revolution durch politische Maßnahmen bestätigt. So führt Louis XV. etwa ein zentrales Staatsexamen, die »aggrégation«, ein, die nach Ausweisung der Jesuiten den Mangel an gleichmäßig ausgebildeten Lehrkräften rasch beheben sollte. Die Verstaatlichung ermutigt Reformversuche, welche die lebenden Sprachen und neuere Philosophie ins Programm der »Collèges« einführen. Außerdem entsteht eine staatliche Eliteschule für Ingenieure, die »École des Mines« (1783), die einer Förderung der angewandten Wissenschaften dient. Dennoch sind diese punktuellen Initiativen nicht vergleichbar mit der Kaskade von Maßnahmen, die nach 1789 eine republikanische Formation der französischen Bevölkerung gestatten sollen.

Revolution und Kaiserreich

Die revolutionäre Kulturpolitik leitet eine Normierung und Zentralisierung von Bildung ein, die erst zum Ende des 19. Jahrhunderts, in der III. Republik, alle ihre Früchte trägt: ein weitgehend verstaatlichtes, laizistisches und egalitäres Schulsystem. Die Revolutionäre sind von einem umfassenden und radikalen Bildungseifer beseelt, der sein Ziel – mit den Worten Antoine Barnaves – im »remodelage de la pâte humaine«, einer Neuformung der menschlichen Masse sieht. Mit großer Euphorie werden für die neuen Generationen utopische Pläne staatlich getragener Institutionen gezeichnet, die ein »Volk von Erziehern« produzieren sollen. Besondere Aufmerksamkeit wird jedoch weiterhin den humanistischen Disziplinen gewidmet, und in diesem Gebiet hat die Utopie konkrete und bleibende Folgen. Die von den Revolutionären selbst begonnenen radikalen Veränderungen verzeichnen ihre größten Erfolge im Bereich der sprachlich-literarischen Bildung. Der Abbé Grégoire, dessen Fragebogen im Jahre II die Kommunikationsprobleme zwischen den einzelnen, ihre jeweiligen Dialekte und Patois, wo nicht gänzlich andere Sprachen (Bretonisch, Baskisch) pflegenden Provinzen offen legt, betreibt nicht nur die Schaffung einer gemeinsamen Symbolsprache der Freiheit (Phrygiermützen, Kokarden etc.), sondern auch einer französischen Standardsprache. Dialektisch steht diesen positiven Bemühungen die zerstörerische Wut gegen die Kultur des Ancien régime gegenüber. Diese äußert sich in einem allgemeinen Verdacht gegen die überkommene Bildung von Generationen, die – wie Marat sagt – »die Maximen des Despotismus mit der Milch aufgesogen haben«.

Angesichts dieser Dialektik kommt es weniger zu einer Reform des bestehenden Bildungssystems als zur Neuschöpfung von zentralen staatlichen Institutionen. Obwohl die Schulgesetze von 1794 die privaten Collèges und Dorfschulen zu verdrängen versuchen, kommt es gerade in der Provinz nicht zu einer vollständigen Substitution. Zudem wird in der napoleonischen Folgezeit das Konkurrenzverhältnis eines öffentlichen und privaten, d. h. zumeist kirchlichen Bildungswegs von Napoleon als Koexistenz von staatlichen »Lycées« und »Écoles secondaires ecclésiastiques« genehmigt. Anstelle der traditionsreichen Universitäten, die für das Ancien régime standen und daher von den Revolutionären geschlossen wurden, gründen die Gesetze von 1794 neue elitäre Bildungsanstalten, die dem Staat treue Beamte heranziehen sollten – vor allem die École normale zur Ausbildung von Lehrern an höheren Schulen (daher später in »École normale supérieure« umgetauft) und die »École polytechnique« zur Vorbereitung auf eine Verwaltungstätigkeit. Diese »Grandes écoles«, zu denen nur ein sehr strenger, zentral organisierter Wettbewerb den Zugang ermöglicht, werden zum Inbegriff des hierarchisch-bürokratischen Bildungssystems, das auf die Bedürfnisse der Staatsverwaltung zugeschnitten ist. Auch hier entsteht nach der Neueröffnung der Universitäten im Kaiserreich ein Konkurrenzverhältnis, das lange – und möglicherweise bis in die Gegenwart – nachwirkt. Derart legen die revolutionären Reformen die Ansätze zu einer Spaltung des Bildungswesens, das die napoleonische Kulturpolitik konsolidiert.

Einer weiterführenden Reform und Vereinheitlichung des Schulwesens, wie sie erst zu Ende des 19. Jahrhunderts versucht werden wird, stehen nicht nur die Löcher im Staatshaushalt im Wege, sondern auch die generelle Skepsis gegenüber den pädagogischen Institutionen, welche die Revolutionäre von Rousseau geerbt haben: Wenn eine höhere Schulbildung für die Elite notwendig ist, so gibt es auch einfachere Mittel, um der Bevölkerung die republikanischen Tugenden beizubringen. Die wichtigsten Substitute der Schule sind Feste und Zeremonien, bei denen der Kontakt mit politischen Symbolen und Reden unmittelbar den Unterricht in Philosophie und Rhetorik ersetzen soll. Die vorrevolutionäre Geschichte kann zudem aus dem Klassenzimmer in öffentliche Museen verlagert werden, wo ein perspektivischer und profaner Zugang die ehemaligen Heiligen- und Königsdarstellungen als kulturelles Erbe (»Patrimoine«) zugänglich macht. Waren die Kunstwerke der Vergangenheit in den Kirchen und Palästen vom revolutionären »Vandalismus« bedroht – den Ausdruck prägt der Abbé Grégoire –, so stellt das neu geschaffene und mit Beute aus den Siegen der Grande Armée zunehmend bereicherte Musée du Louvre einerseits ein Reservat, andererseits eine alternative Bildungsanstalt dar.

19. Jahrhundert

Erst die konstitutionelle Julimonarchie widmet sich systematisch dem Ziel der Verstaatlichung und Zentralisierung der Schulbildung. Nicht nur durch das Gesetz vom 28. Juni 1833, das die Einsetzung und Inspektion aller Grundschullehrer durch die Pariser Regierung verordnet, sondern auch durch einen regulären Bildungshaushalt von 1,5 Millionen Francs (im Vergleich zu denen sich die 1816 von Louis XVIII. für die Erziehung gespendeten 50.000 Francs tatsächlich wenig großzügig ausnehmen) und die Veröffentlichung verbindlicher, vom Ministerium genehmigter Schulbücher. Der bei dieser Reform federführende Minister für öffentliche Bildung, François Guizot, zielt jedoch weder auf eine allgemeine Schulpflicht, noch auf kostenfreie Bildung. Zahlreiche Kommunen sind zu arm, um sich eine Schule zu leisten, und die Schüler müssen größtenteils, sofern nicht selbst bedürftig, durch ihre Beiträge für das Gehalt des Lehrers aufkommen. Die neue staatliche Kontrolle hat also nicht unbedingt eine erhöhte soziale Mobilität zur Folge – zumal sie sich auf die Grundschule konzentriert. Die literarisch-humanistischen Gymnasien bleiben einer Elite vorbehalten. Das neue Gewicht der Schulbildung verdankt sich, wie die neuere Mentalitätsgeschichte hervorhebt, auch weniger dem pädagogischen Eifer der Reformer als einem grundlegenden Bedürfnis der wachsenden Sektoren von Marktwirtschaft und Verwaltungswesen, für welche eine gewisse Fähigkeit zu schriftlicher Kommunikation und Elemente der Mathematik notwendig sind.

Gewissermaßen als Nebenprodukt der breiten Alphabetisierung wie auch der Industrialisierung öffnet sich jedoch die Möglichkeit einer fortgesetzten Bildung durch eigene Lektüre: Der Buchmarkt bietet in Gestalt illustrierter Ausgaben eine »mittlere«, massenwirksame und leichter zu rezipierende Literatur an, welche z. T. programmatisch die Mängel der Institutionen auszugleichen strebt. Im Second Empire zeichnet sich besonders Jean Macé als Verfasser von zugänglichen Sachbüchern aus, wie z. B. L'Histoire d'une bouchée de pain, lettres à une petite fille sur nos organes et nos fonctions (Geschichte eines Bissens Brot, Brief an ein junges Mädchen über unsere Organe und unsere Funktionen, 1861). Nicht zufällig wendet er sich an ein Mädchen: bleiben doch die Frauen trotz des Gesetzes von 1850, das für jede Kommune von über 800 Bewohnern eine Mädchenschule fordert, und der Reform Victor Duruys, die diese Zahl 1867 auf 500 verringert und damit den Knaben angleicht, zumeist von weiterführender Bildung ausgeschlossen. 1864 gründet Macé zur privaten Fortbildung eine lehrreiche und unterhaltsame Illustrierte, »Le Magasin d'éducation et de récréation« (1864). An dem Projekt beteiligt ist auch der Verleger Pierre-Jules Hetzel, der etwa ab der gleichen Zeit die »Voyages extraordinaires« von Jules Verne zu veröffentlichen beginnt.

Erst in der III. Republik, also nach dem Sturz Louis-Napoleons und der Niederlage gegen die Preußen, setzt sich der von Macés »Ligue de l'Enseignement« geforderte gleiche, verpflichtende und laizistische Unterricht durch. Unter Jules Ferry als Premier- und Erziehungsminister werden ab den achtziger Jahren des 19. Jahrhunderts eine Reihe von Gesetzen (die sog. »Lois Jules Ferry«) beschlossen, die nicht nur dem Bildungssystem, sondern auch der republikanischen Identität Frankreichs – der »Republik der Grundschullehrer« (mit den Worten von Mona und Jacques Ozouf) – eine dauerhafte Prägung verleihen. Der elementare Unterricht soll laut Ferry unentgeltlich, für alle verpflichtend und überkonfessionell sein. Die Schule steht im Dienst sozialer Mobilität und einer Formation der Massen, die ihrer neuen politischen Verantwortung angemessen sein soll. Der Minister bemüht sich auf allen Ebenen um eine bessere Bildung der Frauen: Er gleicht die Dichte der Grundschulen für Mädchen derjenigen für Knaben an, richtet staatliche Mädchengymnasien und konsequenterweise 1879 auch die erste »École normale supérieure« für künftige Lehrerinnen der Sekundarstufe ein.

So gelingt im 19. Jahrhundert zum einen die fortschreitende Verwirklichung republikanischer Ideen in der Grundschulbildung – ohne daß zum anderen in der Gymnasial- und Hochschulbildung entsprechende Erfolge erzielt würden. Trotz der Bemühungen Duruys, durch die Einrichtung einer Mischform zwischen Berufsschule und Gymnasium »eine Brücke über den Abgrund zu werfen, der 44.000 Schüler von 5 Millionen Kindern trennt«, bleibt das französische Bildungssystem zutiefst gespalten. Der Riß zwischen einer staatstragenden Elite und den bildungshungrigen Massen bricht spätestens in der Sekundarstufe auf. Die Romane der französischen Realisten sind voller begabter junger Männer aus der Provinz, die an dem rigiden und veralteten Bildungssystem scheitern: Julien Sorel, der Held von »Le Rouge et le Noir« (1830), wird nur deswegen Priester, weil der Zugang zum Militär und zur Staatsverwaltung blockiert scheint. Noch betrüblicher und sinnloser als das Priesterseminar bei Stendhal wird die juristische Fakultät von Paris in Flauberts »L'Éducation sentimentale« (1869) geschildert, und sie spielt in der Bildung der Hauptfigur nur eine lächerliche Nebenrolle. Das humanistische »Collège«, die teilweise auf das Mittelalter zurückgehenden Hochschulen für Recht, Medizin und Theologie wirken im Zeitalter der Industrialisierung, gegenüber den rapiden wissenschaftlichen und gesellschaftlichen Veränderungen, hoffnungslos veraltet. Aber die neueren Elite-Anstalten machen nicht unbedingt eine bessere Figur. Zusammen mit den restaurativen Tendenzen des 19. Jahrhunderts wirken sich die Reformen des Ersten Kaiserreichs sogar verheerend auf die Forschung aus: Denn die Naturwissenschaften waren von Napoleon nach dem Modell der humanistischen Disziplinen strukturiert worden, Ziel ist die Vermittlung und Diskussion von Wissen im Horizont der Lehrerausbildung oder Verwaltungstätigkeit. Neben Hörsaal und Klassenzimmer fehlt es jedoch an zentralen Forschungsinstitutionen. Die experimentelle Arbeit bleibt auf eine Fülle von Laboratorien aufgeteilt, die jeweils von einzelnen Lehrstühlen, Unternehmen oder Gemeinden abhängen und untereinander kaum kommunizieren.

Dazu kommt, daß die moderneren Grandes écoles nicht vorrangig der Ausbildung von Wissenschaftlern dienten. Die Tätigkeiten in der Verwaltung, besser entgolten als die Forschung, ziehen die Eliten des »Institut polytechnique« an. Noch heute rekrutiert sich aus den glänzend uniformierten Kohorten von »Polytechniciens«, deren Schule mit dem ruhmversprechenden Kürzel »X« (nach zwei gekreuzten Kanonen im Wappen) bezeichnet wird, der Nachwuchs an Präfekten und Verwaltungsbeamten. Statt dessen übernehmen die ursprünglich der Lehrerausbildung gewidmeten »Écoles normales supérieures« die Vorbereitung von Nachwuchsforschern; auch dies eine Tendenz, die bis in die Gegenwart fortbesteht und den »Normaliens« eine Doppelidentität als künftige Gymnasiallehrer und Spitzenforscher abverlangt – von der entsprechenden doppelten Prüfungslast zu schweigen. Denn die Eliteschulen sind seit Napoleon auf ein System von zunehmend schwierigeren Wettbewerben, also mehrstufiger Selektion, begründet. Die neue staatliche Bildungspolitik, die Ende des 19. Jahrhunderts auch die höhere Bildung und die Universitäten zu erfassen beginnt, tut dies zwar im Zeichen eines unselektiven Egalitarismus, rührt aber nicht an die Privilegien der »Grandes écoles«. Den alten, schwer zugänglichen Anstalten werden also neue, zentral verwaltete Universitäten an die Seite gestellt, die wie die Grundschulen Ferrys einer möglichst großen Anzahl von Franzosen offenstehen sollte. Auch der Gegensatz zwischen der unselektiven Universität und den hyperselektiven »Grandes écoles« zieht sich bis in die Bildungsdiskussion der Gegenwart.

Ab 1884 versucht eine Hochschulreform den gefühlten Rückstand auf die Höhe der Zeit zu bringen und nicht nur in Inhalten, sondern auch in didaktischen Methoden den neueren Wissenschaften anzupassen. Die Reform wird in positivistischem und patriotischem Geist von Louis Liard als Minister, aber auch einer Gruppe von bekannten Gelehrten getragen: Der Biologe Louis Pasteur, der Historiker Ernest Lavisse, der Physiker Paul Bert. Insbesondere soll ein gemäß den Ideen des Positivismus verbesserter Unterricht garantieren, daß der gemeinsame Bildungsstandard erhöht wird. Zu Ende des 19. Jahrhunderts entstehen z. B. positivistische Kompendien, die ein gezieltes, in einzelnen Schritten meßbares Lernen gestatten, wie etwa Lavisses Lehrbuch der französischen Geschichte, welches eine historische Allgemeinbildung in durchnumerierten Thesen vermittelt. Der meßbare Erfolg der republikanischen Bildungspolitik, die bis 1911 den Analphabetismus auf 4 % der Bevölkerung zurückdrängt, bleibt insgesamt jedoch auf die praktische Anwendbarkeit der Schriftkultur in Kunsthandwerk und Technik – in der Verbreitung der immer öfter durch Drucksachen vermittelten innovativen Kenntnisse und Fertigkeiten – beschränkt. Ihm entspricht kein vergleichbarer Anstieg in der höheren Schulbildung, welcher sich auf Hochschule und Forschung auswirken könnte: Im Jahr 1898 kommen nur 2,9 % aller Kinder zwischen 10 und 19 Jahren in den Genuß eines weiterführenden Unterrichts.

20. Jahrhundert

Zu Ende des 19. Jahrhunderts sind zwar die republikanischen Ziele einer zentralisierten, staatlich normierten und egalitären Bildung erreicht, aber dieses öffentliche Bildungssystem erfordert nicht nur einen großen administrativen Aufwand, sondern erlegt den jungen Franzosen auch eine nicht enden wollende Zahl von Wettbewerben auf. Immer größere Bedeutung erhalten die Anstalten, die auf die Aufnahmeprüfungen an den Elitehochschulen vorbereiten, die sog. »Classes préparatoires«. Der Besuch der richtigen »Prépa« stellt bereits die Weichen für eine zukünftige Karriere; denn der Erfolg bei den zentral gestellten, sehr anspruchsvollen Aufnahmeprüfungen der »Grandes Écoles« läßt sich auch mit sehr gutem Abiturwissen kaum erreichen. Zu diesen traditionsreichen Instituten kommt in der III. Republik noch eine besonders folgenreiche Neugründung hinzu: Auf Anregung des Historikers Numa Dénis Fustel de Coulanges werden nunmehr auch Classes préparatoires für die geisteswissenschaftliche École normale supérieure angeboten. Abgeleitet von der spöttischen Bezeichnung, welche die militärisch strammen Studierenden der »École polytechnique« für ihre vergeistigten Kommilitonen verwendeten, »cagneux« (krummbeinig), wurde die neue Anstalt von ihren Kandidaten selbstbewußt und mit orthographischer Bravour »khâgne« genannt – ein unübersetzbarer Begriff, der sich bis heute gehalten hat.

Die Erfahrung des »khâgne«, der in gemeinsamen Jahrgängen durchlaufen wird, sich als Klassengemeinschaft in den »Grandes écoles« fortsetzt und regelmäßig Jahrgänge von künftigen Lehrern produziert, verbindet fast alle französischen Literaten und Philosophen des 20. Jahrhunderts: Haben sich die folgenreichen Unterschiede, die Pierre Bourdieu, Jacques Derrida und Gérard Genette trennen, wohl schon in ihren Gesprächen in den Gemeinschaftsräumen der »École normale« an der Rue d'Ulm angedeutet, die sie zwischen 1952 und 1954 gemeinsam besuchten? Einerseits läßt sich die enorme Produktivität der »French Theory«, die wechselseitige Erhellung von Literaturtheorie und anderen Gesellschaftswissenschaften wohl kaum erklären, ohne auf die gemeinsam bestandenen hyperselektiven Wettbewerbe, die nach außen abgeschlossene, elitäre Institution und die sich aus dieser Situation unvermeidlichen Dialoge von jungen Gelehrten einzugehen. Andererseits sind die Schattenseiten des hyperselektiven Bildungssystems hinreichend bekannt. Besonderes Gewicht haben im 20. Jahrhundert die Kritiken, die der Historiker Marc Bloch in einem kurzen Essay und der Soziologe Pierre Bour-

dieu in einer umfangreichen Analyse des französischen Bildungssystems vorlegen. Bloch fordert 1940 die Abschaffung der »Grandes écoles« und eines auf Wettbewerbe gegründeten Systems, dem er den wissenschaftlichen und technologischen Rückstand Frankreichs anlastet. Insbesondere kritisiert er die Praxis der »Prüfungsbüffelei« (»bachotage«); das Auswendiglernen, das einer positivistischen Pädagogik entspricht, verhindert vertiefte Kenntnisse, so der Historiker, vor allem aber die Fähigkeit zur Anwendung. Wenn Reflexion stattfinde, so zumeist in der Form des Aufsatzes (»dissertation«), der in seiner streng dreigliedrigen, »dialektischen« Form nicht wissenschaftlichen Fortschritt, sondern »Schluderei und rhetorische Attitüde« fördere. Das Ziel der Arbeit sei nicht Erkenntnis, sondern meßbarer Erfolg bei den Prüfungen, der sich in der Einstufung in einer öffentlich kundgegebenen Rangordnung manifestiert. Zudem fesselten die strikten zentralen Lehrpläne die individuelle Initiative, während die jährlich wechselnden Wettbewerbsthemen eine dauerhafte Entwicklung der Forschung entmutigten. Wenn diese Vorwürfe gerade in der Hochschulbildung lange Zeit wirkungslos bleiben, so liegt dies möglicherweise an der Blüte der französischen Humanwissenschaften in der Nachkriegszeit, welche das bestehende System zu bestätigen scheint. Gerade der Strukturalismus und seine Fortsetzung in dem sog. Poststrukturalismus gingen von Forschungsinstituten wie der »École des hautes études en sciences sociales« (EHESS) aus und verstärkten so das Gefälle zwischen den »gewöhnlichen« Universitäten und elitären Institutionen. Auch die Gründung der Reformuniversität Paris VIII - Vincennes, an der sich 1968/69 eine ganze Generation französischer Philosophen beteiligt, bleibt ein isoliertes Experiment, das die Vorrangstellung der »Grandes écoles« nicht gefährdet und das Prinzip des Wettbewerbs nicht aufhebt.

Pierre Bourdieu kommt zu einer besonders kritischen Einschätzung der Elitehochschulen, wenn er in zwei Werken, die er zusammen mit Jean-Claude Passeron veröffentlicht, *Les Héritiers* (1964) und *La Reproduction* (1970), die soziale Funktion von Schule und Hochschule unter die Lupe nimmt. Allerdings stoßen diese Autoren sich nicht, wie Bloch, an den Folgen für das Individuum und die Wissenschaft, sondern an zwei gesellschaftlichen Folgen, die den republikanischen Idealen einer freien und gleichen Bildung entgegengesetzt sind: Zum einen stellen sie fest, daß die Wettbewerbe soziale Mobilität einschränken. Die Nachkommen der Ober- und Mittelschicht verfügen über ein »kulturelles Kapital«, welches ihren Erfolg garantiert, sie beerben also ihre Eltern in den gesellschaftlichen Schlüsselpositionen, zu denen nur der Weg über die »Grandes écoles« führt. Besondere Aufmerksamkeit verdient in dieser Hinsicht die von Charles de Gaulle 1945 gegründete »École Nationale d'Administration« (ENA), deren etwa 500 Studierende die höheren Ämter der Staatsverwaltung besetzen sollen. Bilden diese sog. »Énarques« nicht eine neue, quasi erbliche Aristokratie? Zum anderen beobachten Bourdieu und Passeron, wie die Erfahrung des schulischen Erfolgs und vor allem des Versagens (»échec scolaire«) die faktisch reproduzierten sozialen Unterschiede zudem auch noch ideologisch legitimiert: In der Rangordnung der Wettbewerbe scheint sich eine natürliche Ordnung abzubilden. Diese Wirkung des Wettbewerbs, die sich in die »legitime«, öffentlich anerkannte Kultur fortsetzt und den Schwächeren nicht nur nicht hilft, sondern auch noch die Verantwortung an ihrem Chancenverlust zuschreibt, nennt Bourdieu »violence symbolique«. Insbesondere dieser letztere Vorwurf wird nach dem politischen Ruck von Mai 1968 zum Motor von Reformen, die schulischen Mißerfolg und insbesondere die Erfahrung des »échec« und andere Formen symbolischer Gewalt abbauen sollen. Zunehmend setzt sich so die Vorstellung durch, daß das Bildungssystem auf die besonderen Bedürfnisse gesellschaftlicher Gruppen durch besondere Förderung eingehen muß, um einen gleichen Zugang zur Bildung zu gestatten.

Zu den sozialen Differenzen und den regionalen Ungleichheiten, die sich einer zentralistischen Tradition verdanken, kommt im Lauf der siebziger Jahre zudem ein neues Gefälle zwischen den urbanen Mittelpunkten und Gebieten, die sich zu kulturellen Randzonen entwickeln. Unter der Präsidentschaft François Mitterrands, die sich durch zahlreiche kulturelle Initiativen charakterisiert, geht der Bildungsminister Alain Savary 1981 offensiv auf diese Probleme zu. Er identifiziert eine Gruppe von geographischen Problemzonen, die einer besonderen Förderung bedürfen, die »Zones d'éducation prioritaire« (ZEP), um, wie das explizite Ziel lautet, »denen mehr zu geben, die weniger haben«. Dazu kam in den neunziger Jahren im Bereich der Hochschule die gezielte Gründung von Hochschulen oder Ablegern in der Provinz. Einen Höhepunkt erreichte die Tendenz der Dezentralisierung mit der Verlegung der »École normale supérieure« aus den schicken Pariser Vororten Fontenay/St. Cloud an die industrielle Peripherie von Lyon (1987) und der Neugründung der »École normale supérieure des lettres et sciences humaines« in ihrer Nachbarschaft (2000). Mit der Präsidentschaft Jacques Chiracs, also ab Mitte der neunziger Jahre, mischt sich in die Fürsorge für die bedürftigen Zonen immer mehr die Sorge um ihre Kontrollierbarkeit. Die ZEP verschmelzen im öffentlichen Ansehen und im Zugriff der Verwaltung mit den 1996 neu definierten »Zones urbaines sensibles«, den unruhigen städtischen Peripherien. Zahlreiche Drohungen und Gewaltakte gegen die Lehrenden, dramatisch abnehmende Sprachkenntnisse und außerschulische soziale Probleme der Schüler erschweren den Unterricht in diesen kulturellen Randgebieten.

Eine Reaktion auf die Verdoppelung der bildungsbedürftigen Zonen seit 1981 und die zunehmende Ausbreitung von sozialen Brennpunkten ist eine neue Struktur: Im »Réseau ambition réussite« (RAR) werden seit 2007 die besonders schwierigen Schulen (etwa 5 % der Elementarschulen und »Collèges«) zusammengefaßt; davon setzen sich die Institutionen des »Réseau réussite scolaire« (RRS) ab, die Schüler mit etwas besseren Erfolgsaussichten betreuen (weitere 15 %). Auch wenn für diese Kategorien angemessene Mittel zur Verfügung gestellt werden, und die Differenzierung mit den gleichen Argumenten begründet wird wie vor 25 Jahren, kann die Politik kaum noch das Ziel gleicher Bildungschancen behaupten: Es geht offensichtlich mehr darum, mit den uneinholbaren Rückständen eines großen Anteils der Bevölkerung umzugehen. Dies zeigt sich z. B. in den realpolitischen Bemühungen, die seit 1963 geltende Zuweisung von Schülern und Lehrern an die ihrem Wohnort nächstliegende Schule (»Carte scolaire«), welche eine gewisse soziale Durchmischung der Institutionen garantieren sollte, aber gerade von einer aufstrebenden Mittelschicht gerne umgangen wurde, ganz aufzuheben. In dem Wettbewerb »guter« und weniger erfolgversprechender Schulen gewinnen auch privat getragene Einrichtungen – gleich welcher Religion – immer mehr an Bedeutung. Diese Krise einer republikanischen Bildungsidee, die immerhin zwei Jahrhunderte lang verfolgt wurde, äußert sich auch in der aktuellen Hochschulreform. Unter dem Druck einer europäischen Kulturpolitik – dem sog. Bologna-Prozeß – und der Globalisierung wird die dezentrale Hochschullandschaft wicder re-zentralisiert, damit neue, international wettbewerbsfähige Exzellenz-Pole entstehen können. Auch die Pläne, das zentrale Staatsexamen mit Arbeitsplatzgarantie (die »Aggrégation«) abzuschaffen und die Universitäten in eine personelle und finanzielle Autonomie zu entlassen, stehen im Zusammenhang einer Entstaatlichung des Bildungssystems. Angesichts dessen, daß Bildung seit 1789 engstens mit dem republikanischen Frankreich und so auch mit dem politischen Selbstverständnis der V. Republik verflochten ist, werden in diesen Reformen nicht nur die kulturelle Identität, sondern auch die symbolischen Grundlagen des französischen Staates diskutiert – was die Heftigkeit mancher Stellungnahmen in der »Querelle de l'école« erklären mag.

Literatur:
Antoine de Baecque, Françoise Melonio, Histoire culturelle de la France 3. Lumières et liberté. Les dixhuitième et dixneuvième siècles, Paris: Seuil 1998.
Dominique Barjot, Jean-Pierre Chaline, André Encrevé, La France au XIXe siècle, Paris 2008.
Christian Baudelot, Roger Establet, Élitisme républicain. L'école française à l'épreuve des comparaisons internationales, Paris 2009.
Marc Bloch, Die seltsame Niederlage: Frankreich 1940. Der Historiker als Zeuge, übersetzt von Matthias Wolf, Frankfurt am Main 1992.
Pierre Bourdieu, Jean-Claude Passeron, La Reproduction. Éléments pour une théorie du système d'enseignement, Paris 1970.
Patrice Caro, Rémi Rouault, Atlas des fractures sociales en France. Une école à plusieurs vitesses, Paris 2010.
Alain Finkielkraut (Hg.), La Querelle de l'école, Paris 2007.
Pierre Nora, Lavisse, instituteur national. Le »Petit Lavisse«, evangile de la Republique, in: Les Lieux de memoire I. La République, hg. von ders., Paris 1984, 247–289.
Jean-François Sirinelli, La Khâgne, in: Les Lieux de Mémoire ll. La Nation, Bd. lll,, hg. von Pierre Nora, Paris 1986, 589–624.

3. Italien

Horst Albert Glaser

Zum italienischen Schulwesen ist nicht viel zu sagen. Der Sekundarbereich zerfällt in einen musisch-sprachlichen und einen mathematisch-naturwissenschaftlichen Zweig. Mit anderen Worten: Schüler der mathematisch-naturwissenschaftlichen Klassen verfügen nur über minimale Kenntnisse in Geschichte, Sprachen und Literaturen; diejenigen der musisch-sprachlichen Klassen erfahren kaum etwas von Mathematik oder modernen Naturwissenschaften. Doch selbst in den Sprachklassen werden wenig genug Sprachkenntnisse vermittelt. Wer auf dem »liceo« fünf bis sechs Jahre Deutschunterricht erhalten hat, ist dennoch kaum imstande – nachdem er sich an der Universität für ein Germanistik-Studium immatrikuliert hat –, einen simplen Satz in deutscher Sprache zu formulieren. Diese rudimentären Kenntnisse der deutschen Sprache werden im Verlauf des Studiums auch nicht aufgebessert, da der gesamte Unterricht – abgesehen von einigen Lektoratsstunden – ausschließlich in italienischer Sprache abgewickelt wird. Das trifft auch für die anderen Fremdsprachenphilologien zu, selbst wenn die Kenntnisse des Englischen bei Anglistik-Studenten umfangreicher sein mögen als die Kenntnisse des Deutschen bei Germanistik-Studenten. Überspitzt formuliert ließe sich sagen, daß die italienische Germanistik ein Zweig der Italianistik ist, insofern nur Texte in italienischer Sprache gelesen werden, von denen nebenbei gesagt wird, daß sie zuerst in deutscher Sprache geschrieben wurden. Gesprochen wird über diese deutsche Literatur, deren italienische Übersetzung vorliegt, selbst wieder in italienischer Sprache, wie auch Seminar- und Examensarbeiten auf italienisch geschrieben werden. Das Fremdsprachenstudium gleicht infolgedessen – wenn man von den wenigen, aber vorzüglichen ›scuole dei interpreti‹ absieht – einem Geisterstudium, aber nicht einem geisteswissenschaftlichen.

Doch ein Unglück kommt selten allein. Außer den »licei« gibt es so gut wie keine weiterführenden Schulen, die den Klassen 11 bis 13 im deutschen Schulwesen entsprächen. Da Italien auch eine berufspraktische Ausbildung im Sinne des dualen Systems nicht kennt, ist es um die Ausbildung der Facharbeiter und Handwerker schlecht bestellt. Was sich einer beim »training on the job« nicht selbst beibringt, weiß er später nicht, wenn er sich etwa als »idraulico« oder »elettricista« seinen Lebensunterhalt verdienen will. Wie es in Italien nur kümmerliche Ansätze zu Berufsschulen gibt, so fehlen weithin auch Fachhochschulen, die in Deutschland etwa die berufspraktische Ausbildung der Ingenieure organisieren.

Dies bedeutet, daß große Teile der Ausbildung, die in Deutschland Berufsschulen, Technikerkollegs und Fachhochschulen übernehmen, in Italien von den Universitäten erledigt werden müssen. Da diese jedoch traditionellerweise ein wissenschaftliches, aber kein berufspraktisches Studium anbieten, fällt letzteres so gut wie aus. Dieser Ausfall soll neuerdings kompensiert werden, indem das wissenschaftliche Niveau abgesenkt wird, um auf diese Weise einen Ausbildungsstand zu erreichen, der den Anforderungen künftiger Berufspraxis entspricht. Deutlicher gesagt: Der wissenschaftliche Anspruch des Universitätsstudiums wird reduziert, ohne sich – als reduzierter – doch in eine berufspraktische Qualifizierung zu verwandeln, die von den Universitäten nicht vermittelt werden kann.

Die italienischen Universitäten sehen sich zudem einem politischen Druck ausgesetzt, der sie einerseits nötigt, immer mehr Studenten zu immatrikulieren, ihnen aber andererseits eine Berufsqualifikation nicht vermitteln zu können. Um ein Fachhochschulwesen aufzubauen, wie es Deutschland seit langem kennt, fehlt dem italienischen Staat schlicht das Geld.

Es hat in Italien einige Aufregung gegeben, als 2004 und 2005 die Rektoren der Universitäten an die Öffentlichkeit gingen und ein ungeschminktes Bild des katastrophalen Zustandes ihrer Hochschulen präsentierten. Diese »Relazioni sullo Stato delle Università Italiane« können im Internet auf der Homepage der Conferenza dei Rettori delle Università Italiane (www.crui.it) nachgelesen werden. Im folgenden beziehe ich mich auf diese »Relazioni« und gebe jeweils das Jahr und die Seite an, wo die betreffende Information zu finden ist.

Der Öffentlichkeit – meinen die Rektoren – stellten sich die Universitäten als ein Reich der Desorganisation dar, bevölkert von Dozentenscharen, die zumeist auf Grund obskurer Berufungsverfahren zu ihren Stellen gelangt seien (2005, S. 5). Innerhalb dieses »superliceo« dominierten häufig genug persönliche Interessen (2004, S. 20) der Dozenten, die mit Wissenschaft wenig zu tun hätten (2005, S. 5). Eine qualifizierte Berufsausbildung erhielten die wenigsten Studenten – das meint: Angehende Deutschlehrer sprechen kein Deutsch und Französischlehrer kein Französisch. Spätere Geschichtslehrer wissen nicht, welche Mächte in den ersten und welche in den zweiten Weltkrieg verwickelt waren. Ob Italien daran beteiligt war und auf welcher Seite, ist den meisten unklar. Nicht daß es an Studienangeboten mangle; vielmehr gebe es eine unüberschaubare Vielfalt von Studiengängen, die aber eher den wissenschaftlichen Interessen der Dozenten als den Ausbildungsbedürfnissen der Studenten entsprächen. Irritiert vernehme der italienische Steuerzahler, daß die Universitäten zwar ständig neue finanzielle Mittel verlangten, ohne daß aber jemandem klar sei, was am Ende dabei herauskomme. Forschungsprojekte, für die Geld beantragt werde, seien für die meisten unklar und würden in ihren Resultaten nicht evaluiert (2005, S. 5). Vor solcher Undurchschaubarkeit und Ineffizienz würden die Talentierteren der Studenten und Absolventen an ausländische Universitäten flüchten (2005, S. 12). Diese »fuga dei cervelli« (Flucht der Gehirne) sei ein nationales Unglück. Alles müsse unternommen werden, um die Emigranten zurückzuholen und auf festen Stellen zu etablieren. Große Hoffnungen hegen die Rektoren allerdings nicht, wenn sie Rückholaktionen verlangen. Letztlich seien die italienischen Universitäten nicht konkurrenzfähig, vergleiche man sie mit US-amerikanischen oder japanischen (2004, S. 21), wo sich die Emigrierten zumeist aufhalten. Rätselhaft bleibt an der Forderung der Rektoren, an wen sie sich eigentlich richtet. An die Universitäten selbst oder an die Regierung. Da es aber die Universitäten sind, die Berufungsvorschläge machen, richten sie ihre Forderung wohl eigentlich an die eigenen Hochschulen. Daß diese ihren Rektoren nicht folgen wollen, meint deren Hinweis auf veraltete Strukturen und Entscheidungsprozesse. Daß Parlament und Regierung der Universitätsmisere nur zögerlich beggenen, wird einerseits beklagt, andererseits aber wird beanstandet, daß Regierungen ständig mit Erlassen in die Universitäten hineinregierten. Erlasse, die oft desaströse Folgen hätten, an welche sogar die Urheber der Erlasse nicht im Traum gedacht hatten (2005, S. 22).

Als großer Erfolg sei es zu bewerten, meinen die machtlosen Rektoren, daß nur noch 39 Prozent der eingeschriebenen Studenten ihr Studium ohne Examen abbrechen – zu früher 70 Prozent. Wie auch in Deutschland soll – nach dem Bologna-Modell – die größere Zahl der Studenten den Abschluß eines Bachelors erreichen. Abweichend von der deutschen Variante des Bologna-Modells wird in Italien aus dem Bachelor jedoch gleich ein »master primo livello« gemacht, der sich – wie der alte »laurea«-Besitzer – sogar »dottore« nennen darf. Erst der »master secondo livello« entspricht dem Master in der deutschen Version. Viel anderes hat der hoch gelobte Bologna-Prozeß an den italienischen Universitäten nicht erbracht. Die Inhalte von früher vierjährigen Studiengängen sind auf drei Jahre heruntergekürzt worden (2005, S. 7). Dennoch ist der gesetzliche Wert aller Studienabschlüsse erhalten geblieben. Sie zertifizieren weiterhin bestimmte Kenntnisse und Fähigkeiten, die schon die alten Studiengänge den Zeugnisbesitzern nicht vermittelten. Die nach dem Bologna-Modell reformierten Studiengänge sollten, nach Meinung der Rektoren, extern akkreditiert und durch Evaluationen überprüft werden. Anders könne es keine Garantie für die auf Zeugnissen attestierten Kenntnisse und Fähigkeiten der Absolventen geben (2005, S. 7).

Solange die staatlichen Reformer in Universitäten nur billige Sanatorien sähen, für die man nicht mehr Geld, sondern nur mehr Erlasse übrighabe, werde an den Universitäten der traditionelle »clientilismo« herrschen, d. h. Kompromisse allein auf Kosten der Talentierten praktiziert werden (2005, S. 9). »Kompromisse« werden die Resultate undurchsichtiger und betrügerischer Berufungsverfahren der »concorsi-truffa« genannt (2005, S. 9). In letzteren koinzidierten die persönlichen Interessen der Examinatoren mit dem bescheidenen intellektuellen und wissenschaftlichen Niveau der Sieger, die schon vorher bekannt waren.

In gewisser Hinsicht entspreche der Zustand der italienischen Universitäten dem der italienischen Wirtschaft. Wie hier gibt es auch dort nicht viel mehr als ein Null-Wachstum. Die Industrien kämpften ums Überleben wie die Fakultäten ums Geld. Allseits herrsche eine große Müdigkeit, die es fast aussichtslos erscheinen lasse, der sehr lebendigen internationalen Konkurrenz zu begegnen. Wenn das Land vorankommen wolle, bedürfe es eines technologischen Schubs, zu dem es freilich nur dann kommen könne, wenn die Industrien enger mit den Hochschulen zusammenarbeiteten – insbesondere mit den natur- und ingenieurwissenschaftlichen Fächern. Der im Lande deutlich sichtbare »technological lag« wird von der Politik so gut wie nicht thematisiert. In Wirtschaftsplänen des Landes steht kein Wort über die Universitäten zu lesen (2005, S. 16).

Hinter dieser Klage der italienischen Rektoren verbirgt sich eine Forderung: Der »technological lag« könne nur überwunden werden, indem die Wirtschaft darauf verzichte, von den Universitäten bloß Absolventen zu verlangen, die hier und jetzt einsetzbar sind. Unternehmen sollten auch solche mit kreativer Kompetenz einstellen, die imstande seien, eine technologische Zukunft des Landes zu gestalten, also den technologischen Rückstand vieler Unternehmen zu beheben. Wo Universitäten Verbindungen mit der Industrie unterhielten, sollten sie finanziell privilegiert werden. Klar ist den Rektoren, daß bei dieser Art Forschungspolitik nicht alle Fächer mithalten könnten – gemeint sind offenkundig die Geisteswissenschaften. Kühl wird letzteren zwar konzediert, daß sie weiterhin zu den althergebrachten Aufgaben der Universitäten gehörten, freilich seien sie kaum geeignet, dem maroden Universitätssystem weiterzuhelfen (2004, S. 28). Vor allem wohl den »Humanities« raten die Rektoren, den traditionellen Individualismus einzelner Fächer und einzelner Professoren zu überwinden. Notfalls müsse dieser Individualismus mit Gewalt zurückgeschnitten werden. Auch hier lautet der Schlachtruf: Interdisziplinarität (2004, S. 33). Er ertönt in Italien schon so lange wie in Deutschland, ohne daß sich jedoch etwas am borniertem Fachegoismus in den Fakultäten geändert hat. Zum Beispiel: Es gibt zwar seit vielen Jahren eine Europäische Union, an den Philosophischen Fakultäten wird aber weiterhin so getan, als lebten wir noch im europäischen Nationalstaatensystem des 19. Jahrhunderts. Konkreter: Es gibt zwar Institute für deutsche Sprache und Literatur, für französische Sprache und Literatur oder für englische Sprache und Literatur – doch für europäische Kulturwissenschaften weder ein Institut noch eine Professur. Angelsächsische Universitäten sind hierin den kontinentaleuropäischen weit voraus: da sie eine isolierte Germanistik, Romanistik oder Slawistik nicht länger finanzieren wollen und können (aus Mangel an Studenten und deren Studiengebühren), haben sie vor Jahren schon die europäische Kleinstaaterei der philologischen Fächer kassiert und Zentren für European Studies etabliert.

Ob Ähnliches auch den italienischen Universitäten bevorsteht, ist ungewiß. Ihre Fakultätsstrukturen haben schon so manche Revolution überlebt. Wenn es heißt, daß die Institutionalisierung einzelner Fächer überwunden und die Unklarheit in den Zielen einzelner Fächer aufgeklärt werden müsse, wie auch die Inkohärenz zwischen diesen Zielen und den präsentierten Studieninhalten nicht länger hingenommen werden dürfe, so kann das vieles oder nichts bedeuten. Da Italien ein Land mit großer rhetorischer Kultur ist, entsprechen Reden und Pläne noch lange keiner Realität – ja ersetzen diese oft genug. Resigniert bemerken die Rektoren, daß es in ihrem Lande üblich sei, Pläne zu machen, ohne Geld zur Verfügung zu stellen. Forschung solle eigentlich nichts kosten. Konsequenz: Italien hat, angesichts seiner Bevölkerungszahl, weniger Forscher als andere europäische Länder, ja noch nicht einmal halb so viele. Leider gehöre diese Hälfte zu den ältesten Forschern in Europa überhaupt, die darüber hinaus auch am schlechtesten bezahlt seien (2005, S. 12). So nehme es nicht Wunder, daß in der italienischen Öffentlichkeit Professoren gern als verschimmelte Parasiten der öffentlichen Kassen angesehen werden, während sie doch andererseits wieder als Experten in allen wichtigen Staatsangelegenheiten zu Rate gezogen werden (2005, S. 8). Man sieht: Das Ansehen von Wissenschaftlern ist in Italien umstritten.

Ihre Kritik läßt allerdings an Deutlichkeit nichts zu wünschen übrig: 50.000 junge Forscher (i. e. die sog. »ricercatori«) warteten an den Universitäten auf eine reale Berufsperspektive. Bislang weithin in billiger Lehre verschlissen, hat man ihnen neuerdings Professorentitel, aber keine Professorenstellen angeboten. Der Protest war allgemein. Wird es nicht bald »ruoli stabili« (feste Stellen) für sie geben, steht der nächste Streik vor der Tür. Da auf den Schultern der ›ricercatori‹ ein großer Teil der ›teaching load‹ ruht, ohne daß sie viel Zeit für ihre »ricerca« (Forschung) hätten, dürfte der Lehrbetrieb bald wieder seiner jahreszeitüblichen Lähmung entgegengehen. Dann heißt es wie schon so oft: »Senza contratti« (ohne Verträge) »nulla didattica« (keine Lehre).

Keine Regierung wird es den Rektoren verdenken können, wenn sie verlangen, daß ihre Universitäten mindestens so gut, aber nicht noch schlechter als andere in Europa finanziert werden. Höhere staatliche Zuwendungen sollten nicht stets wieder durch parallel laufende Gehaltsaufbesserungen aufgezehrt werden. Das alles mutet aus Deutschland vertraut an, wenngleich man sich hier noch nicht wie die italienischen Rektoren auf dem hintersten Platz unter den 25 Mitgliedern der erweiterten Europäischen Union sieht. Im Jahre 2003 wurden unter der Regierung Berlusconi den Universitäten die Forschungsmittel sogar um 5,3 Prozent gekürzt (2004, S. 20).

Trotz der Misere, in der sich das italienische Bildungswesen befindet – um das Schulwesen steht es nicht besser –, lassen die Rektoren nicht alle Hoffnung fahren. Über den Portalen italienischer Universitäten, die zu den ältesten und berühmtesten Europas gehören, soll nicht – wie über dem Eingang zu Dantes »Inferno« – der Satz stehen:
Lasciate ogni speranza, voi ch'entrate (Divina commedia, Inferno III 9)
Laßt, die ihr eingeht, alle Hoffnung fahren.

Die Rektoren möchten dort eher folgenden Satz lesen:
Noi vogliamo comunque andare avanti (2005, S. 22)
Wir wollen auf jeden Fall vorwärtsgehen.

Es fragt sich allerdings, wohin sie gehen wollen. Wo liegt dieses »avanti«? Wenn man wie der Autor sechs Jahre an italienischen Universitäten gelehrt hat, ist man mißtrauisch geworden gegenüber der landesüblichen Rhetorik. Allzu schwungvoll dekretieren Rektoren gern erhabene Ziele für ihre brüchigen Institutionen: Während in den Fakultäten der Putz von den Wänden bröckelt und Treppen wegen Einsturzgefahr gesperrt werden, schallt es aus den stattlich renovierten »palazzi« der »rettori«: Wir wollen nicht Augenblicksbedürfnissen abhelfen, sondern eine planetarische Utopie realisieren. Das meint: Bildung für alle! (2005, S. 22)

Zu vermuten steht, daß vor der Utopie zuerst und wieder einmal die Mühen der Ebene kommen, d. h. der Kampf um die nächste Stelle oder auch Stellenkürzung.

Literatur:
Ewald Berning, Hochschule und Studium in Italien, München 2002.
Luigi Fabbris (Hg.), Effectiveness of university education in Italy: employability, competence, human capital, Heidelberg u. a. 2007.
Matelda Grassi, Emanuela Stefani, Il sistema universitario italiano, Padova 2007.

4. Skandinavien

Wilfried Forstmann

Skandinavien, der hohe Norden Europas, fand bis in die Gegenwart eine besondere Beachtung und Wertschätzung als eines weithin gelungenen, geradezu modellartigen Abbildes einer westlichen Industriegesellschaft. Das gilt besonders für die Entwicklung wohlfahrtsstaatlicher Anstrengung und sozialer Modernisierung durch die ein hohes Maß an materieller Sicherung und umfassender Gerechtigkeit gewährleistet scheinen. Die Hinwendung und Anerkennung dieser prinzipiellen Maxime wurde hier als ein staatspolitisches Ziel verstanden.

Sie schälte sich aus einer Reihe von generelleren Veränderungen heraus, die seit der ersten Hälfte des 19. Jahrhunderts die Staaten des Nordens grundlegend beeinflußt hatten. Diese verloren nicht nur den letzten Rest machtpolitischer Geltung im Konzert der europäischen Mächte, auch ihre eigene staatliche Konfiguration erfuhr einen fundamentalen Wandel. Finnland, seit dem 13. Jahrhundert ein fester Bestandteil der schwedischen Monarchie, war an Rußland verloren, als Ausgleich wurde – mittelalterliche Reminiszenzen wieder aufnehmend – eine fragile schwedisch-norwegische Union geschaffen, wodurch wiederum Dänemark, etwa ebenso lange mit Norwegen verbunden, seine gewichtige Stellung in Skandinavien verlor, zu einem Kleinstaat herabsank.

Die Regierungen in Stockholm glaubten sich veranlaßt, ähnlich wie unter ganz anderen Gegebenheiten die der deutschen Mittelstaaten, eine neue nationale Identität schaffen zu müssen, um dadurch verstärkt politische Stabilität zu gewinnen. Diese durch die politischen Verhältnisse von außen aufgezwungene Problematik verschärfte sich im Laufe des 19. Jahrhunderts durch zwei weitere Aspekte, die aus der inneren Entwicklung des Landes herrührten. Dazu gehörte einmal, das die Kräfte liberaler Orientierung sehr nachdrücklich auf eine weitergehende Partizipation im politischen Entscheidungsprozeß drängten, die in der Mitte des 19. Jahrhunderts langsam und spät einsetzende Industrialisierung verschob – wie woanders auch – zudem die überkommene gesellschaftliche Balance.

Wie scheinbar naturwüchsig diese Veränderungen entstanden, sich entwickelten und schließlich bestimmend wurden, ließen sie sich allerdings ohne ein weitgehendes bildungspolitisches Programm, das zudem auch immer breitere Volksschichten umfassen mußte, nicht nachhaltig gestalten. Das galt zunächst für die universitären Studien, die eine Basis für weitergehende Bildungsanstrengungen darstellten: Hier fällt der Blick als erster auf die Universität von Uppsala, die 1477 gegründet, zunächst im Sinn der Zeit scholastisch ausgerichtet, dann aber 1593 als eine Hochschule mit besonderen Privilegien – quasi – neu gegründet wurde. Sie entwickelte sich als das geistig-kulturelle Zentrum eines königlichen, zugleich lutherischen Schwedens, das sich anschickte zu einer europäischen Großmacht zu werden. Ihr Weg, ihr Spektrum wissenschafts- und bildungspolitischer Entwicklung mag hier in einem paradigmatischen Versuch nachgezeichnet werden.

Besaß die Universität ein hohes Maß an innerer Selbstverwaltung, war sie doch eine Institution des Staates, ihre Professoren Staatsdiener, dessen Kontrollen unterworfen. Der Unterricht war zu Ausgang des 16. Jahrhunderts noch auf die Bedürfnisse der zukünftigen Pfarrer und Lehrenden an wenigen Schulen ausgerichtet. Das hieß, daß das Lehrangebot viel Theologie, aristotelische Philosophie und traditionellen Unterricht in Astronomie und Physik umfaßte. Der Humanismus mit seinen klassischen Bildungsidealen führte zur Einrichtung von altphilologischen Professuren. Gleichzeitig aber traten die juristischen Fächer in den Vordergrund, um den Bedürfnissen der staatlichen Verwaltung nach rechtskundigen Staatsdienern zu entsprechen. Die politische Bedeutung der universitären Bildungsstätte in dieser Zeit wurde dadurch unterstrichen, daß etwa die Reichsräte Johan Skytte und nach ihm Axel Oxenstierna als Kanzler zeitweilig die Leitung der Universität innehatten. Welche darüber hinausgehende politische Bedeutung aber der Universität überhaupt von der Monarchie eingeräumt wurde, ihrer Funktion als Stätte humanistischer Bildung und gezielter Ausbildung, aber auch eben von sichtbarer und erfahrbarer staatlicher Repräsentanz, zeigte eine Reihe weiterer Universitätsgründungen, bewußt in kürzlich erworbenen bzw. abgelegenen Teilen des Reiches, so Dorpat 1632, Turku 1640, Lund 1666. Das pommersche Greifswald, schon 1630 erobert, wurde entsprechend ausgebaut. Mit Ausnahme von Lund errichtete man in den Universitätsstädten gleichzeitig höhere Gerichtshöfe.

Dennoch blieb Uppsala das universitäre »Flaggschiff«. In den kurzen Jahren der Regierung der Königin Kristina begann ein vehementer Ausbau der Universität, zusätzliche Baulichkeiten entstanden, weitere Professuren wurden geschaffen, die Bibliothek allmählich erweitert, ihren größten Schatz stellte im übrigen der Codex Argenteus – eine Handschrift der gotischen Bibelübersetzung Wulfilas aus dem 6. Jahrhundert –, dar, der im Dreißigjährigen Krieg in Prag erbeutet wurde.

Die theologische Rückkopplung der traditionellen Wissenschaften, die in ihrer lutherischen Ausformung zum ideologischen Gehalt der schwedischen Monarchie entscheidend beigetragen hatte, verlor im 17. Jahrhundert auch in Uppsala an Kraft. Ein neues Verständnis vom Bild des Kosmos und der Natur (Kopernikus, Descartes), Erkenntnisgewinnung aus empirisch-experimentellem Vorgehen, öffnete den Weg in die moderne (Natur-)Wissenschaft, so Mathematik, Astronomie, beschreibende Naturkunde, Medizin, einem Weg, dem sich Uppsala anschloß.

Wenn es auch zu keinem »renversement« des Lehrprogramms kam, weil seitens der Naturwissenschaften dem theologischen Moment mit der verkündeten Erkenntnis in die Karten gespielt werden konnte, daß auf den von ihnen abgeleiteten Gesetzen ein göttliche Existenz zweifelsfrei belegbar schien, damit dem hergebrachten ideologischen Gerüst monarchischer Herrschaft kein Abbruch getan werden konnte, so gewann doch gerade der naturwissenschaftliche Bereich eine immer wichtigere Bedeutung im universitären Kontext mit ausdrücklicher staatlicher Sanktion. Für eine Großmacht und ihr weites Ausgreifen war der Zugang und die Vertiefung von naturwissenschaftlichem und technischem Wissen unumgänglich. Mathematik gewann so den Status einer anerkannten Hilfswissenschaft zur Ausbildung von Ingenieuren und Vermessungstechnikern.

Dem barocken Drang nach extrovertierter und pompöser Selbstdarstellung war die sog. »gotizistische« Geschichtsauffassung geschuldet, die in den Tagen Gustavs II. Adolf gerade auch in Uppsala ihre Verfechter fand. Man versuchte zu beweisen, daß Schweden, als Land der Goten, Ausgangspunkt der gesamten abendländischen Zivilisation gewesen sei, nordische Mythen, klassische Literatur, geographische Karten, die Ableitung von Ortsnamen u. a. bis hin zu ägyptischen Quellen wurden bemüht, um diese These zu untermauern. Mehr noch: Als unumstößliche Gewißheit wurde propagiert, die Schweden stammten von Japhed, Noahs Sohn, ab, seien daher das »Urvolk«. Diese Anstrengungen, die darauf abzielten, Schweden auf einer scheinbar wissenschaftlich legitimierten Basis eine zusätzliche Legitimation in seinem Großmachtstreben zu verleihen, führte nichtsdestoweniger zu methodisch akzeptablen archäologischen Untersuchungen, wodurch sich in einem historiographischen Kontext phantasievolles Wunschdenken und präzise weiterführende Forschungsansätze durchdrangen.

Es ist offensichtlich, daß die schwedische Monarchie ihre universitären Bildungsstätten nach ihren Bedürfnissen formte und regelte, dabei die wissenschaftlichen Beziehungen ins Ausland, das fachliche Spektrum sich breit entwickeln ließ, aber kaum geneigt war, Vorstellungen von sog. zweckfreier Grundlagenforschung über Gebühr Raum zu geben.

Diese Vorstellung gewann 1718 nach dem Tode Karls XII. und dem rapiden Niedergang der Großmacht eine verstärkte Disposition. Mit diesem Niedergang verlor auch die Monarchie als solche an Bedeutung und Einfluß. Die Regierungsordnungen von 1719 und 1720 änderten die Verfassung zugunsten einer ständischen Präponderanz, die entstehenden adligen Parteiungen des Reichstages leiteten de facto die Politik im Lande, ein Abschnitt, der als »Freiheitszeit« in die schwedische Geschichte einging und bis 1772 dauerte.

Die adligen Akteure der »Freiheitszeit« gestalteten eine vom Ansatz her grundlegend andere Bildungspolitik. Sie verzichteten nolens volens auf machtpolitische Demonstrationen alter Art und suchten die schweren Verluste an Menschen und materiellem Wohlstand, die das Land durch die langen Kriegszeiten erleben mußte, durch gezielten wirtschaftlichen Aufschwung allmählich zu kompensieren, der im Sinn der Zeit weiterhin mit vornehmlich merkantilistischen Maßnahmen erreicht werden sollte. Dabei ging es dann darum, die Lagerstätten der Bodenschätze zu erforschen, Handel und Manufakturen zu entwickeln, Landwirtschaft und Bergbau zu verbessern, infrastrukturelle Projekte anzugehen. Diesem Vorhaben sollte der Bildungssektor Rechnung tragen. Uppsala wurde gegen den Willen der universitären Gremien ein Studiengang »Wirtschaftslehre« mit Schwerpunkten in Landwirtschaft, Bergbau und Manufakturwesen geradezu aufgedrängt, der zusätzlich auch Juristerei, beschreibende Naturkunde wie auch Mechanik umfaßte, also einen sehr praxisbezogenen, auf unmittelbare Anwendung ausgerichteten Studieninhalt besaß. Entgegen anfänglicher Skepsis war dieser Studiengang jedoch erfolgreich. Er traf auf großen studentischen Zuspruch. Mit dem »Theatrum oeconomico-mechanicum« besaß er eine feste Lokalität, didaktisch ging man zudem neue Wege. Die althergebrachte Vorlesung trat in den Hintergrund, an deren Stelle traten häufig praktische Demonstrationen mit Modellen landwirtschaftlicher Geräte, Rohstoffproben, einzelnen Halb- oder Fertigprodukten.

Im Zuge dieses schließlich erfolgreichen bildungspolitischen Diktats nimmt es nicht wunder, daß auch der Kanon der Naturwissenschaften weiterhin in großem Ansehen stand, engagierte Förderung erfuhr, Namen wie Anders Celsius (Astronomie) oder Carl von Linné (Botanik) fanden sich in der ersten Reihe der Forscherpersönlichkeiten. Forschungsaufenthalte im Ausland intensivierten den jeweiligen fachlichen Kenntnisstand, es begannen sich wissenschaftliche Netzwerke und ein fortgesetzter Austausch zu entwickeln. Medizinische Kenntnisse und ihre Umsetzung in der Krankenpflege wurden zu einem weiteren Anliegen dieser Zeit.

Theologie und die weitere geisteswissenschaftliche Forschung erfuhren dagegen in ihrer Außenwirkung eine geringere Aufmerksamkeit – man war sogar bereit, auf ihre Kosten hierin zu sparen, »unnütze Fächer« abzuschaffen –, blieben aber dennoch fester Bestandteil des Bildungskanons. Dazu trugen Fragen der Aufklärungsphilosophie jetzt im besonderen Maße bei. Für alle, auch die naturwissenschaftlichen Bildungsbereiche aber galt auch weiterhin als »lingua franca«, das Lateinische.

Dieselben bildungspolitischen Ambitionen, die im 17. Jahrhundert zu verschiedenen Universitätsgründungen geführt hatten, kamen auch auf den unteren Ebenen zur Geltung. Es wurden neue Gymnasien und auf sie vorbereitende Schulen eingerichtet. Mit der Schulordnung von 1649 erstellte man einen landeseinheitlichen Ausbildungsplan. Es verwundert nicht, daß insbesondere hier den Kirchen Pflichten übertragen wurden. Noch um 1720 bereiteten sich mehr als die Hälfte der Universitätsstudenten auf die Laufbahn als Geistlicher vor, wobei neben Seelsorge eben gerade schulische Bildung zu ihren ureigensten Aufgaben gehörte. Durch das Kirchengesetz von 1686 war ihnen aufgetragen, die Grundlagen der christlichen Lehre, elementare Lese- und Schreibkenntnisse sowie Rechnen im Schulunterricht zu lehren. Ein durchgängiger schulischer Erfolg scheint, zumal im ländlichen Raum, zweifelhaft. Dagegen wurde berufliche Bildung in der Landwirtschaft und im ländlichen Handwerk weithin auf privater Basis tradiert. Im städtischen Handwerk übernahmen solche Aufgaben halboffizielle Zunftorganisationen.

Die »Freiheitszeit« war 1772 zu Ende. Der junge König Gustav III. unternahm in diesem Jahr einen staatsstreichartigen Coup und vermochte der königlichen Macht gegenüber dem Adel ein letztes Mal ein stärkeres Gewicht zu verschaffen. Er suchte im Stil des aufgeklärten Absolutismus zu regieren, durch eine moderierende »Revolution von oben« einen Ausgleich der politischen Kräfte im Lande zu erreichen. Die tödliche Verwundung, die ihm auf einem Maskenball in der Stockholmer Oper (1792) zugefügt worden war, erhellt schlaglichtartig, wie sehr er darin gescheitert war. Zurück bleibt aus dieser Zeit aber sein Engagement im Sinne rokokohafter Ästhetik, eine beständige Förderung des Opern- und Theaterlebens sowie von Künstlern und Intellektuellen. Nach französischem Vorbild ließ er die »Schwedische Akademie für Sprache und Dichtung« (sie vergibt die entsprechenden Nobelpreise) und eine Akademie für Musik gründen. Ging Gustav III. sehr persönlichen Neigungen nach, so legte er doch einen Grundstein für einen Bereich der Bildung, wie sie bislang so noch nicht bestanden hatte.

Die prononcierte Ästhetik der gustavianischen Jahre blieb jedoch, wenn nicht ein – willkommener – Fremdkörper, so doch eine im Laufe der Jahre und Jahrhunderte eine exaltierte Ausnahme im Kontext der bildungspolitischen Perspektiven vor und nach ihm. Sie besitzt daher ihren besonderen Zauber und Reiz, ist so ein Ausdruck des intellektuellen und ästhetischen Empfindens ihrer Zeit und geht ein in all die Strömungen kulturellen Mühens, die das Land durchzogen und gestaltet haben.

Dennoch: dieses wissenschaftlich und damit auch bildungsperspektivisch so ertragreiche 18. Jahrhundert blieb vor dem Hintergrund eines unverzichtbaren zweckrationalen Utilitarismus der bestimmende Ausgangspunkt für Forschung, Lehre und Bildung bis in die Gegenwart hinein. Diese vom Ansatz her natur- und später sozialwissenschaftlichen Prinzipien gingen über in die Vorstellungen, wie der zukünftige politische Rahmen und entsprechend die gesellschaftliche Ordnung zu gestalten wären.

Wie anfänglich erwähnt, erfuhren die bildungspolitischen Perspektiven im laufenden 19. Jahrhundert einen grundsätzlichen Wandel. Das galt für die universitären, aber auch für die anderen Bereiche. Seitdem Gustav III. 1789 das alleinige Recht des Adels auf höhere Ämter abgeschafft hatte, nahmen immer mehr Angehörige der wirtschaftlich wichtigen Mittelschichten ein Universitätsstudium mit dem Ziel auf, zum ersten Mal einen qualifizierenden Abschluß für höhere berufliche Karrieren, zumal im Staatsdienst, zu erwerben. Die Zahl der Studenten nahm deutlich zu, das elitäre und »lateinische« Moment der Universitäten schwand. Mit der Aussicht, zu den zukünftigen Führungskräften zu gehören entstand ein neues studentisches Selbstbewußtsein, Ideen und Trends der Zeit fanden bei ihnen Resonanz, das studentische Bewußtsein politisierte sich. Zu der monarchisch-staatlichen Seite, die bislang weithin kühl und rational Entscheidungen zu treffen und durchzusetzen vermocht hatte, trat jetzt im Wissenschaftsbetrieb ein sehr viel unberechenbareres Element hinzu. So streifte das Gedankengut der Französischen Revolution Uppsala nur kurz, ein wenig länger war der »Gotizismus« en vogue, der als Reminiszenz eine schwärmerische nationale und royalistische Begeisterung für das nun regierende Haus Bernadotte beflügeln sollte. Die vorübergehende idealistische Hochschätzung der staatlichen Institutionen zeigte so ihre Wirksamkeit. In diesem Duktus entstand auch der sog. Skandinavismus, eine ebenfalls national gestimmte politische Bewegung, die im Streit um Schleswig-Holstein für Dänemark Partei ergriff, nordische Solidarität leben wollte. Er förderte wiederum antigouvernementale Ressentiments, da die Regierung hier nicht nur untätig blieb, sondern sogar sich dem »Erzfeind« Rußland zu nähern suchte. Eine eigentümliche Wendung: diese Szene beflügelte einen regierungskritischen Liberalismus, zumindest auch ein Ergebnis akademisch-universitärer Bildung und daraus entstandener Programmatik. Gleichzeitig entstand auch eine spezifische Identität, ein Standesunterschiede missachtendes und überwindendes Zusammengehörigkeitsgefühl unter den Studenten. Es verwundert nicht, daß diese Wahrnehmung, die Anerkennung studentischer Talente in verschiedenen schöngeistigen Salons des Adels und gehobenen Bürgertums phasenweise zu einer Geistesströmung führte, in der schwärmerische Momente nicht unbedingt in politisches Handeln umschlugen, sondern historisierend und philosophierend wirkten. Die Universität erlebte im 19. Jahrhundert eine Zeit der sog. Uppsalaer Romantik. Wie sehr auch diese Gedankenwelt die Universität durchzogen hatte, so blieb sie doch nur eine Episode, verschonte sie aber nicht vor der Kritik aus Politik und Gesellschaft, Uppsala sei zu einer weltabgewandten Bildungsstätte geworden, die Universität zöge »wahnsinnige Phantasten oder eingebildete und intolerante Pedanten« heran. (Karin Johannisson, S. 89)

Politik und Gesellschaft drohten, die Universität nach Stockholm zu verlegen, »dort würde die aufgezwungene Berührung mit der Wirklichkeit die Selbstbespiegelung zerstören«. (Ebenda) Tatsächlich gründete man dort in den siebziger Jahren eine allgemeinbildende Hochschule sowie eine technische Hochschule – sozusagen ein programmatisch gewordener Gegenentwurf zu Uppsala. Eine höhere technische Ausbildung war im übrigen im 19. Jahrhundert schon forciert worden. Neben verschiedenen landwirtschaftlichen Instituten, Landvolk- und Gewerbeschulen eröffnete der Staat 1822 in Falun die erste Bergbauschule.

Uppsala aber blieb, im nachhinein gesehen, auch niemals wirklich gefährdet. Dazu trugen einerseits die wieder florierenden naturwissenschaftlichen Institute bei, aber auch der stimulierende Effekt des 400jährigen Jubiläums, das mit großem Pomp gefeiert wurde. Ein neues Universitätsgebäude mit einer pantheonartigen Vorhalle dokumentierte noch einmal eine historisierend idealistische Gesinnung – eine nunmehr schon überholte Kulisse. Das schwedische Ancien régime hatte 1866 eine seiner wichtigsten Bastionen verloren, der Ständereichstag wurde abgeschafft und durch ein Zweikammersystem ersetzt. Die neue Welt ließ sich nicht mehr fernhalten. »Der rhetorische Idealismus und viele der konservativen Strömungen wurden zusammen mit einer vergilbenden Punschromantik ausgelüftet.« (Johannisson, S. 102) Das geistige Klima setzte jetzt auf Progressivität, Veränderung, suchte eine neue Moderne. Das akademische Milieu, Professoren und Studenten, ließ sich zu politischen Debatten verleiten, las Autoren wie Strindberg, Brandes und Ibsen, lernte von Comte, Marx und Mill, zeigte sich beeindruckt von den modernen Naturwissenschaften, von Darwin, sah in ihnen eine gesellschaftliche Schlüsselrolle. Natürlich stieg im Zuge der Industrialisierung der Bedarf an technischen und theoretischen Kenntnissen in diesem Bereich. Bemerkenswert aber blieb, daß in den Geisteswissenschaften – sie existierten noch – gleichzeitig eine nationalromantische Welle Einfluß auf Geschichte, Kunstgeschichte, Volkskunde (europäische Ethnologie) und Literatur gewonnen hatte. Darin war gleichwohl kein wirkliches Kontrastprogramm zu den Naturwissenschaften zu sehen, da sie sehr kulturpädagogisch ausgerichtet war.

Es entstanden studentische Vereinigungen mit politischen Zielsetzungen, man diskutierte und kritisierte gesellschaftliche Verhältnisse, begann aus eigenem Antrieb mit Volksbildungsarbeit und setzte sich aktiv für die Rechte der arbeitenden Bevölkerung ein. Die Universität präsentierte so ein Forum, auf dem die erworbene Bildung von gesellschaftlichen Zusammenhängen in politische Strategien umgesetzt wurde. Die Universität wurde zudem eine Stätte der politischen Auseinandersetzungen der Studenten untereinander. Althergebrachte universitäre Usancen änderten sich in diesem Klima. Vorlesungen als ein Standardtypus einer universitären Veranstaltung wurden zugunsten von Seminaren zurückgedrängt, das alte Allgemeinbildungsideal abgeschafft, neue Formen von akademischem Abschluß eingeführt, Latein als akademische Universalsprache nicht mehr generell verwandt. Zu diesen Veränderungen gehörte auch, daß sich die Universität allmählich für Studentinnen öffnete. Seit der Mitte des 19. Jahrhunderts durften sich auch Frauen für das Lehramt ausbilden lassen, 1872 wurde die erste an der Universität Uppsala eingeschrieben, 1882 legte die erste Frau ein Examen, im Fach Geschichte, ab. Der weibliche Weg in die Universität war beschwerlich, lange Zeit wurden die Studentinnen nicht als gleichberechtigte Kommilitoninnen geachtet. Besonders problematisch erschien aber nicht das Recht der Frauen auf Ausbildung, sondern ihre Forderung, diese wie ihre männlichen Kollegen auch beruflich einsetzen zu dürfen, was konsequenterweise auch bedeuten mußte, eine Frau als Dozentin bzw. Professorin zu berufen, was erst 1923 möglich wurde.

Dieser Wandel bewegte akademisches Lernen und Lehren, die Perspektive der Bildungsanstrengung, ihren Gehalt und ihre Verankerung in die Zeit der gegenwärtigen Moderne. All das, was hier angestoßen wurde, bestimmt prinzipiell auch die Debatten der Gegenwart. Neben dem Ausbau der naturwissenschaftlichen Forschung, ihrer immer stärker werdenden Spezialisierung, Internationalisierung und weltweiter Zusammenarbeit – Uppsala erwarb hierin einen hervorragenden Platz, aus den Reihen seiner Forscher traten sogar einige Nobelpreisträger hervor – gewannen verstärkt auch sozial- und wirtschaftswissenschaftliche Forschungsbereiche an Bedeutung. Sie vermochten den Forderungen nach einer engen Verzahnung mit der gesellschaftlichen Realität breiteren Raum zu geben, kurz, Bildungsangebote expandierten, zumindest quantitativ. Die Rekrutierungsbasis der Universität wurde wesentlich erweitert, das didaktische Vorgehen immer wieder überprüft, neueren Vorstellungen angepaßt. Es versteht sich von selbst, daß diese Entwicklung, so insbesondere in der veränderten Form universitärer Selbstverwaltung, wie sie auch in Uppsala im Zuge der Jahre um 1968 Einzug gehalten hatten, nicht ohne Kritik und abwehrende Haltung zur Kenntnis genommen wurden.

Natürlich war auch der schulische Bereich von tiefgreifender Wandlung betroffen. Noch vor der Mitte des 19. Jahrhunderts setzten sich die Liberalen – neben anderem – für eine breitere finanzielle Basis der Volksbildung ein. 1842 wurde ein Gesetz verabschiedet, das bestimmte, daß in jedem Kirchspiel zumindest eine Schule einzurichten sei. Diese sollte zwar unter Oberaufsicht der Kirche mit dem Pfarrer als Schulleiter stehen, was den liberalen Vorstellungen natürlich zuwiderlief, die man aber hinnahm, da gleichzeitig unabhängige Lehrerseminare für den pädagogischen Nachwuchs sorgen sollten. Eine zweite Reform der Schulbildung (1849) kam weiteren liberalen Forderungen nach einer effektiveren Ausbildung künftiger Generationen von Arbeitern, Handwerkern und Landwirten entgegen. Verschiedene Schultypen wurden zusammengefaßt, der Lehrerberuf durch ein aufgebessertes Gehalt attraktiver gemacht. Im höheren Schulwesen sollte mit der Errichtung von Realschulen (1878), die auf eine klassische Sprachausbildung verzichteten, die technische Berufsausbildung gefördert werden. Damit einhergehend begann die weibliche Emanzipation sich zu entwickeln, 1858 wurde verheirateten Frauen die volle Mündigkeit mit Vollendung des 25. Lebensjahres zugestanden, die 1884 auf 21 Jahre gesenkt wurde, 1860 ein höheres Lehrerinnenseminar in Stockholm eingerichtet, 1870 den Mädchen ein Recht auf Abitur und Universitätsstudium zugestanden.

Eine sich steigernde Aufmerksamkeit wurde staatlicherseits Kindern aus Unterschichten zuteil. Sie beruhte auf der Erkenntnis der Behörden, daß entsprechende Schuleinrichtungen einen sozialen Integrationsprozeß deutlich fördern könnten. 1811 war die Pflicht zur Konfirmation eingeführt worden, die eine entsprechende Vorbereitung erforderte. Die Volksschule förderte diesen Prozeß weiter, sog. »Kleinschulen« suchten die elementare Ausbildung der Kinder, vor allem Lese- und Schreibfähigkeit zusätzlich zu verbessern. Auf eine allgemeine politische Ebene wurde dieser Bildungsbereich gehoben, als 1896 der Reichstag eine besondere Kommission einsetzte, die die Voraussetzung zu einer würdigen und sozial abgesicherten Entwicklung aller schwedischen Kinder erarbeiten sollte, ein früher bildungspolitischer Aspekt der Ideologie vom Volksheim (folkhem), die zu einer festen Richtschnur in der weiteren Bildungspolitik wurde. Er ist gleichzeitig Ausdruck des Begriffs »upplysning«, der im Skandinavien des 19. Jahrhunderts einen Bildungsprozeß in Gang zu setzen suchte, dessen Ziel es war, nicht nur Wissen zu vermitteln, sondern inspirieren, erwecken und die »Glut anfachen«. (Werler, S. 70) Die entscheidende didaktische Lösung sollte das Gespräch sein. Erst dieses stelle den Schüler dem Lehrer nahezu gleich und ermögliche ihm in dieser Situation initiativ zu werden, seine Bildung voranzutreiben. Ein nicht unumstrittenes Ziel dieser Prämissen war schließlich die zwei Generationen später – 1950 – von den Sozialdemokraten durchgesetzte neunklassige Einheitsschule. Die gesamtskandinavische Idee stand dahinter, daß eine solche Einheitsschule ein Mehr an Gleichheit und Gerechtigkeit erreichen würde. 1957 rundete ein monatliches Stipendium für Schüler von 16 bis 18 Jahren diese Fördermaßnahme ab. Der Grundton jener wohlfahrtsstaatlichen Politik wurde mit reformpädagogischen Vorstellungen kombiniert, ein veränderter Gymnasialtypus geschaffen. 90% aller Jugendlichen sollten zur Hochschulreife geführt werden. »Nie wieder«, so lautete die Maxime, »sollte ein begabter junger Mensch den Vater sagen hören, er könne sich die Ausbildung seiner Kinder zu Akademikern nicht leisten«. (Findeisen, S. 247) So stieg auch der gesamte Bildungsetat zwischen 1955 und 1965 von 10,3% auf 13,6% des gesamten Haushalts. Zahlreiche neue Hochschulen entstanden, ferner eine Universität im Umeå im entlegenen Norrland.

Damit aber scheint die Bildungsgeschichte als ein orientierender historischer Rahmen überschritten. Sie zeigt aus dem Blick der Gegenwart, wie sehr vor 1800 und nach 1800 bildungspolitische Entscheidungen gewirkt haben, wie sehr Bildungspolitik, eigenen Kriterien verpflichtet, gleichwohl ein Instrument der »politischen Politik« war und ist. Schweden vermag eine präzise und unumwundene Antwort auf diesen Komplex zu geben.

Literatur:
Jörg-Peter Findeisen, Schweden. Von den Anfängen bis zur Gegenwart, Regensburg 1997.
Karin Johannisson, Lebendige Bildung. Fünf Jahrhunderte Universität Uppsala, Uppsala 1982.
Sture Martinius, Schweden und Finnland 1650–1850, in: Handbuch der europäischen Wirtschafts- und Sozialgeschichte, hg. von Wolfram Fischer u.a., Bd. 4 (1993), 235–280.
Tobias Werler, Aspekte skandinavischer Bildung. Analysen und Studien (Historisch-vergleichende Studien zum internationalen Bildungsdialog Bd. 5), Wien u.a. 2008.

5. Osmanisches Reich/Türkei

Wilfried Forstmann

Die Geschichte des Osmanischen Reiches zeichnet sich durch eine Folge zweier diametral entgegengesetzter Epochen aus: Dem rasanten Aufstieg eines kleinen nordwestanatolischen Emirats zu einem den Europäern unüberwindlich erscheinenden Großreich (13.–17. Jahrhundert) folgte ein ebenso rasanter Niedergang, der das Reich zu einem Spielball der europäischen Mächte, zum »kranken Mann am Bosporus«, werden ließ (17.–20. Jahrhundert). Selbstgewißheit über die eigene Stärke, ein tief verwurzeltes Überlegenheitsgefühl, das gleichermaßen politische, militärische und kulturelle Gegebenheiten umfaßte, behielt zwar in den gewichtigen konservativ geprägten Kreisen, wie den militärischen Traditionsverbänden, den Janitscharen, oder der islamischen Geistlichkeit, weiterhin ihre Bedeutung, erfuhren aber seit dem 18. Jahrhundert, bei Staatsspitze und ihrer Exekutive, gerade auch bei einigen Sultanen selbst, insbesondere bei Selim III. (1784-1807) und Mahmud II. (1808-1839), immer gewichtigere Zweifel. Allmählich schälten sich hieraus präzise Reformvorstellungen, die im frühen 19. Jahrhundert einsetzten, und unter unterschiedlichen Zielvorstellungen und Gewichtungen bis in die Zeit des Ersten Weltkrieges anhielten. Diese Reformanstrengungen besitzen für die osmanische Geschichte eine derartig konstituierende Bedeutung, daß in der historischen Forschung geradezu von einer Reformzeit als einer eigenen Epoche, nach dem osmanischen Begriff »Tanzimat«, der Tanzimatzeit (wohltätige Ordnung, Neuordnung, 1839-1876) gesprochen wird. Nach der Niederlage von 1918, von Atatürk aufgenommen, wurde sie unter den revolutionär veränderten Gegebenheiten der Republik noch sehr viel grundsätzlicher und radikaler bis an die Gegenwart fortgesetzt.

Die Unterlegenheit der Osmanen gegenüber den europäischen Mächten, also Frankreich, England, Habsburg sowie später Rußland, manifestierte sich zunächst im Militärischen. Gegen Ende des 18. Jahrhunderts war klar geworden, daß das Reich nicht nur seine militärisch-expansive Fähigkeit verloren hatte, sondern es vermochte auch immer weniger seine Kernländer Rumelien (Bulgarien, Mazedonien) und Anatolien, entsprechend die Meerengen mit der Hauptstadt Istanbul (Konstantinopel), zu schützen. Schließlich zu einem Objekt der Politik der europäischen Mächte geworden, durften die Osmanen jedoch davon profitieren, daß deren Ziele und Absichten, die jeweilige eigene Position im nahöstlichen Kräftespiel zu fixieren, zuweilen miteinander kollidierten, ja sich gelegentlich blockierten. Nichtsdestoweniger hatte mit dem Verlust der militärischen Stärke auch das politische, ökonomische und gesellschaftliche Fundament des Reiches begonnen, seine bisherige Tragfähigkeit einzubüßen. Unabhängig von der jeweiligen Konstellation der militärischen Belange gewannen die europäischen Mächte auch zusätzlichen Einfluß auf die inneren Verhältnisse der Osmanen, stärkten ihre Stellung durch konsularische Sonderrechte und ungleiche Handelsverträge, erzwangen schließlich lukrative Konzessionen, gaben dem Reich öffentliche Anleihen, die die Osmanen in diesem Kontext (auch) unter der Einwirkung verheerender Natureinflüsse (Mißernten, Hungersnöte) schließlich im Jahr 1875 in den Staatsbankrott führten. Eine Schuldenverwaltung, die sog. »Dette Publique«, die von den Gläubigernationen installiert und kontrolliert wurde, vermochte erkennbare Konsolidierungsschritte einzuleiten, raubte aber dem Reich ein gewichtiges Stück seiner Souveränität. Diese wiederzugewinnen war ein Motiv, in den Ersten Weltkrieg einzutreten.

Zu konstatieren bleibt entsprechend, daß es dem reformerischen Impetus allenfalls gelang, den Verfall der osmanischen Staatlichkeit aufzuhalten, nicht aber zu verhindern. Dazu waren die ungeschminkten Begehrlichkeiten der europäischen Mächte zu manifest, zeigte sich aber auch die osmanische Gesellschaft durch ihre tiefe ethnische und konfessionelle und daraus auch soziale Zerklüftung weithin gespalten, stand zudem durch einen von außen geförderten Nationalismus im Sog zentrifugaler Kräfte. Trotz repressiver Gewalt nur schwer lenkbar, erwiesen sich vor allem zu Beginn des 19. Jahrhunderts die traditionellen Kräfte, die im militärischen und administrativen Bereich den Ton angaben, dazu noch eng verbunden mit der islamischen Geistlichkeit, wenig bereit, einen aktiven Part in einem reformerischen Programm zu spielen. Vielerorts vermochten so retardierende Vorstellungen eine skeptische, ja ablehnende Stimmung in der islamischen Bevölkerung zu erzeugen, die christlichen Ethnien sahen ihre Zukunft alsbald nicht mehr im, sondern außerhalb des Osmanischen Reiches, was das konfliktträchtige Milieu noch steigerte.

Ein äußerst schwieriger, zuweilen kaum zu bewältigender Balanceakt, hin zu einem neuen Weg, auf dem die staatliche Existenz gesichert werden könnte: Galt es einerseits zunächst durch eine Heeresreform und die erneute Zentrierung der administrativen Instanzen auf den Sultan und die Regierung in Istanbul die unmittelbare Funktionsfähigkeit des Staates nach außen und innen zu stärken, dann, in einem zweiten Schritt, die notwendigen gesetzlichen Grundlagen für die Umgestaltung des öffentlichen Lebens nach europäischem Muster zu legen (Tanzimat), war es andererseits unabdingbar, eine möglichst breite Unterstützung, voll von Motivation und sich erweiternder Kompetenz, für dieses neue Staatsverständnis im Reich zu wecken und zu entwickeln. Das sollte und konnte nur durch entsprechende Erziehung und Bildung, für die wiederum entsprechende Institutionen geschaffen werden mußten, geschehen.

Es liegt auf der Hand, daß eine Macht wie das Osmanische Reich, die ihren Weltgeltungsanspruch auch über einige Jahrhunderte einzulösen vermochte, auf einem immer komplexeren gesellschaftlichen Gefüge ruhte. Dieses formte das öffentliche Leben in allen seinen Ausprägungen und Gewichtungen, konnte sich seinerseits auf ein kulturelles Fundament stützen, das seine Gestalt gleichermaßen althergebrachten ethnisch-nomadischen Traditionen wie auch neuen religiösen Normen und Bindungen, dem Islam, schuldete. Die osmanische Herrschaft fand in diesem Amalgam ihre existentielle Bestimmung und unabdingbare Sinngebung. Diese zu stützen und zu bewähren, waren auch ihre Bildungsinstitutionen und deren Lehrgebäude angelegt.

Als Kernstück dieses Bereichs darf die Einrichtung der Medrese, einer öffentlichen Grund-, Aufbau- und durchaus auch Hochschule, gelten, die im 10. Jahrhundert im Iran entstanden war, im 11. Jahrhundert bei den Seldschuken in Anatolien Eingang gefunden hatte. Generell dem baulichen Komplex der Moschee (Külliye) angeschlossen und durch die finanzielle Unterstützung einer Stiftung unterhalten, diente sie im Prinzip der juristischen und religiösen Tradierung arabisch-islamischer Kultur, der Herausbildung islamischer Rechts- und Gottesgelehrter, ferner der Unterweisung in verschiedenen Kulturtechniken, aber auch der Vermittlung einer loyalen Haltung gegenüber dem Staat und seinen führenden Exponenten. Sie wurde zumeist als ein Internat betrieben, die Kosten des Schulbesuchs, wie der Aufenthalt dort, wurden durch Stiftungsgelder bestritten. Gab es für die Schüler keine Schulpflicht und keine Regelbesuchszeiten, auch keine altersgemäße Klasseneinteilung, so war sie dennoch deutlich in eine Grundstufe (Sibyan-Okulu) und eine weiterführende Stufe geschieden. In der Grundstufe sollten Lese- und Schreibfähigkeit erworben, mit den Grundrechnungsarten vertraut gemacht werden, darüber hinaus aber im Sinn des übergeordneten, tradierten Wertvorstellungen begonnen werden, den Koran und Gebetssprüche auswendig zu lernen. Die Fähigkeit, den Koran auswendig vortragen zu können, trug besondere gesellschaftliche Anerkennung ein und wurde mit dem Titel eines »Hafiz« geehrt. Bei entsprechender Eignung und Fertigkeit durften alle Schüler in die weiterführende Stufe der Medrese übertreten, in der in erster Linie islamisches Recht gelehrt wurde. Darüber hinaus aber auch Koranexegese und Traditionswissenschaft (Hadith), ferner Mathematik, Medizin, Grammatik und Literatur. Die einzelnen Medresen waren oft im Sinne berufsvorbereitender Vorstellungen auf entsprechende Wissensgebiete spezialisiert. Die Studiendauer war auf vier Jahre angelegt und wurde durch eine Prüfung abgeschlossen. Die derartig Graduierten wurden als »Ulema« bezeichnet. Bestand für diese Ulema, zumal sie ihr Studium vorwiegend in arabischer Sprache absolvierten, die Möglichkeit, im gesamten islamischen Bereich beruflich und damit gesellschaftlich Fuß zu fassen, so begann seit dem 16. Jahrhundert der osmanische Staat derartige Karrierewege zu reglementieren und band diese in die Organisation des Staatsapparates ein. Die Ausbildung für die höheren Funktionsträger wurde mehr und mehr auf Istanbul, Bursa und Edirne konzentriert, die Ämterlaufbahnen formalisiert. Höchste administrative Staatsämter standen normalerweise nur noch denen offen, die an der Medrese der Istanbuler Süleymaniye, die entsprechend durch Sultan Süleyman I. gestiftet worden war, nicht allein studiert, sondern auch eine Zeitlang gelehrt hatten.

Dieser staatlich zentralisierende Zugriff wurde auch an einer anderen schulischen Novität deutlich, den Enduran- oder Palastschulen, deren Ziel es war, loyale Bedienstete für den Sultan, seine unmittelbare Umgebung und die weitere Staatsverwaltung heranzuziehen. Ähnlich wie im militärischen Bereich mit den Janitscharen, suchten die Sultane auch im ziviladministrativen Bereich eine ihnen unmittelbar ergebene »Mannschaft« zu schaffen, auf die sie sich völlig verlassen konnten, die zumeist aus christlichen Familien stammten, und im Zuge der »Devşirme« (Knabenlese) in den osmanisch-islamischen Bereich integriert wurden. Der Sultan bildete somit den einzigen Orientierungspunkt für ihre Lebensplanung. Suchte der Lehrplan dieser Schulen auch eine umfassende Fächerkombination zu vermitteln, so stand anders als in der Medrese der wissenschaftlich forschende Charakter nicht im Vordergrund; es ging verstärkt darum, daß die Schüler befähigt würden, den ideologischen Gehalt der osmanischen Herrschaftsvorstellungen wieder nach einer Bewährungsphase von diesmal fünf Jahren in ihren später zugewiesenen Aufgabenbereichen praktisch umzusetzen und vertreten zu können. Bis zum Jahr 1850 entstammten 79 Großwesire, drei Scheich-ül-Islam, 36 Oberbefehlshaber der Marine und zahllose andere hohe Staatsbedienstete der Enduranschulen. Zusätzlich bestand noch im Bereich des Palastes eine besondere Prinzenschule, in der, vergleichbar der unteren Stufe der Medrese (Sibyan-Okulu), erstes Grundwissen vermittelt wurden. Neben diesen allgemeinbildenden Schulen waren entsprechend der Bedeutung des Militärischen im Osmanischen Reich eine Reihe von Fachschulen entstanden, die der speziellen militärischen Ausbildung dienten.

Besaß das osmanische Bildungssystem die klare politisch-ideologische Ausrichtung, die sultanische Herrschaft und den islamischen Glauben miteinander zu verbinden und zu legitimieren, so war für die Vorstellungen der christlichen Minderheiten darin kein Platz. Die Millet-Verfassung erkannte ihnen eine Form von innerer Autonomie zu, die sich auch auf ihre Schulen und Bildungsstätten bezog. Unter dem Blickwinkel von Einfluß, Karriere und Reputation blieben sie jedoch in diesem System zweitrangig.

Der Niedergang des Reiches bewirkte auch einen Niedergang dieser Bildungsinstitutionen, die sich bis in das 17. Jahrhundert hinein bewährt hatten. Der militärische und kommerzielle Niedergang des Reiches, insbesondere seine fatalen Auswirkungen auf das gesamte Haushalts- und Währungsgefüge und damit verbundene gesellschaftliche Erschütterungen, die sich besonders in der Disziplin der militärischen Verbände, vor allem der Janitscharen, bemerkbar machten, bewirkte auch den Niedergang dieser altbewährten Bildungsinstitutionen. Verfallende staatliche Autorität, grassierende Korruption, nur phasenweise aufgehalten durch repressive Anstrengungen, die von den Sultanen und ihren Regierungen ausgingen, unterminierten das hergebrachte Bildungssystem. Die Medresen verloren ihre Struktur und Qualität, die Lehrtätigkeit wurde zu einer Pfründe manch unqualifizierter Kräfte, viele der Schüler waren oft überaltert, häufig gar Analphabeten und suchten allein ein materielles Auskommen durch die Leistungen der Stiftung. Sie waren an der Bewältigung des Stoffes kaum interessiert, hatten doch »normale« Karrieremöglichkeiten an Bedeutung vehement eingebüßt, zudem waren sie dort von militärischen Verpflichtungen befreit. Die Abschlüsse der Medresen büßten an Ansehen ein, schlimmer noch, sie gerieten unter einen sich abschottenden islamisch-dogmatischen Einfluß. Wissenschaftliche Entwicklungen, die außerhalb ihrer Bildungsvorstellungen entstanden, blendeten sie einfach aus. Das politisch-militärische Desaster wurde von einem Bildungsdesaster begleitet, verstärkte und verfestigte die Situation des Niedergangs. Der Bildungsstand der Bevölkerung in allen gesellschaftlichen Schichten war denkbar gering geworden. Die Heeresreformen der Sultane Selim III. und Mahmud II. wurden so zu einer Initialzündung, zunächst diesen politisch-militärischen Rahmen neu zu formen, gleichzeitig tat man damit einen ersten Schritt, um neue Bildungsanstrengungen überhaupt zu unternehmen.

Insoweit ist es kaum verwunderlich, daß im Zuge dieser Anstrengungen, die militärische Schlagkraft zu verbessern, erst eine Reihe von Militärfachschulen, darunter die allgemeine Militärakademie und die militärische medizinische Hochschule, eingerichtet wurden, in denen entsprechend ein großes Gewicht auf naturwissenschaftlich-technische Lehrprogramme und ihre Anwendungsmöglichkeiten unter militärischen Gesichtspunkten gelegt wurde. Wurde auch jetzt auf eine religiöse Unterweisung nicht gänzlich verzichtet, so öffneten sich diese Schulen anders als die Medresen ausländischem Einfluß, kamen ausländische Lehrer, vor allem Franzosen und Engländer zum Einsatz, stand die Erlernung deren Sprachen auf dem Lehrplan. Die Militärakademie, die wie die Medresen in unterschiedliche Stufen gegliedert war, begann mit großen sozusagen propädeutischen Fächern, wie Lesen, Schreiben und Rechnen – ein Zeichen für den großen Nachholbedarf elementarer Bildung, der überall bestand; erst in den später eingerichteten aufbauenden Klassen beschäftigte man sich mit Algebra, Geometrie, Geographie, Astronomie, Vermessungstechnik, technischem Zeichnen, Maschinenkunde und dem eigentlichen Kriegswesen mit seinen vielfältigen Aspekten. Die Schule dauerte insgesamt acht Jahre, ihre Absolventen erwarben den Offiziersrang, manche von ihnen erhielten allerdings auch als Lehrer naturwissenschaftlicher Fächer an den entstehenden allgemeinbildenden Schulen eine zivile Aufgabe.

Blieb die überkommene Institution der Medrese weiterhin bestehen, suchten die reformerischen Kräfte ihre Vorstellungen auch über das Militärische auf alle Bildungsbereiche auszudehnen, was natürlich Ausgangspunkt für erhebliches Konfliktpotential mit ihren Gegnern bieten mußte. Einem revolutionären Fanfarenstoß gleich, erklärte 1838 eine noch von Sultan Mahmud II. eingesetzte Reformkommission den religiösen Bezug, auf den das Bildungssystem der Osmanen bisher ausgerichtet war, nicht für eine in ihrem Sinne zukunftsweisende Zielsetzung, durch die allein das Reich zu retten wäre, sondern als schlichtweg hinderlich. Kenntnisse religiöser Formeln und Dogmen, aus denen ein entsprechender Glaube entstünde, mochten allenfalls in einer jenseitigen Existenz eine befreiende Wirkung besitzen, Für die Welt, die es hier zu gestalten gelte, könnten nur Wissenschaft und Technik und damit Fortschritt für die menschliche Existenz Bedeutung besitzen, was sich im Programm des schulischen Angebots niederschlagen müsse, etwas was die Medresen nicht zu bieten vermochten. Wie sehr eine solche Äußerung fortschrittsgläubiger Vorstellung entsprechen mußte, so sehr befremdeten sie die Vertreter des hergebrachten osmanischen Bildungssystems, das weiterhin unter der direkten Aufsicht des Scheichs-ül-Islam stand, und alle diejenigen, die es durchlaufen hatten, zudem, vornehmlich die, die in seinen Institutionen lehrten, natürlich das Religiöse als Basis aller anderen Wissensbereiche verstanden. Das war eine Auffassung zudem, die auch gesellschaftlich weithin traditionellerweise verankert war. Im Gegenteil, ein neues, verstärktes Religionsbewußtsein und eine engere Verknüpfung der gesamten Umma sollten westliche Einflüsse besser abwehren und eine neue Stärke vermitteln. Der Sultan selbst, als Kalif Oberhaupt aller Gläubigen, konnte sich einerseits dieser Auffassung nicht ohne weiteres verschließen, wollte jedoch andererseits auf seine Absichten, den allgemeinen Bildungsstand zu heben, in absehbarer Zeit Anschluß an westliche Wissenschaft und Technik herzustellen und damit die konservativen Kräfte der Ulema zurückzudrängen, nicht verzichten. Es entstand eine mühselige und langwierige Folge bildungspolitischer Anstrengungen. Durch sie sollte prinzipiell die allgemeinbildende Schule neu organisiert, der Einfluß der Medresen zurückgedrängt, schließlich eine wissenschaftliche Hochschullandschaft entwickelt werden. Für die Wissensgebiete, die in den Medresen überhaupt nicht abgedeckt waren und für die ein offensichtlicher Bedarf bestand, nämlich Dolmetscher für die sultanische Regierung und Interpreten fortschrittlich medizinischer Kenntnisse aus dem Ausland, also gängiger Fremdsprachenkenntnisse, war es zunächst unproblematisch, neue Schulen im gehobenen Bereich einzurichten. Im Einklang mit den rahmengebenden Prinzipien suchte man ferner ein weithin flächendeckendes Schulangebot, verbunden mit Schulpflicht, einzuführen, beließ es bei der stufigen Abfolge, also Grundschule und aufbauende Schulen. Mit den präzisen Vorschriften über administrative Einordnung und lokale Verbreitung unterschieden sich diese Schulen der Grundstufe in ihren Rahmenbedingungen von den bisherigen Sibyan-Okulu, die jetzt Iptidai-Mektep (Elementarschule) genannt wurden, der drei- bis vierjährige Lehrplan allerdings erinnerte mit dem religiösen Moment, also der vorherrschenden Beschäftigung mit dem Koran, genauso wie mit dem didaktischen Ansatz, etwa keinen Jahrgangsunterschied zu machen, an den vertrauten Schulalltag, der Weg zum Hafiz blieb allerdings einer freiwilligen Entscheidung vorbehalten. Hielt sich dieser Reformansatz im Grundschulbereich also in engen Grenzen, so ist doch hervorzuheben, daß die neuen Schulen jetzt einer ministeriellen Aufsicht unterstellt wurden, verbindliche Unterrichtsvorgaben bestanden, Schulpflicht für die Jungen und Mädchen im Alter von sechs bis elf Jahren eingeführt, schließlich, unabhängig von dem Standort der Moscheen in verschiedenen Teilen der größeren Städte und in den Dörfern diese Schulen eingerichtet werden sollten. Gleichwohl blieben diese Vorgaben vielfach nur auf dem Papier, war doch ihre Zahl faktisch viel zu gering, gab es zudem keine Lehrer, die ihre Ausbildung außerhalb der Medresen erfahren hatten.

Die erste Schule, die mit der Tradition der Medresen wirklich brach, war mit der Rüşchdye, ein aufbauender Schultypus, dem die Idadi- und Sultanye-Schule zur Seite gestellt wurde.

Rüşchdye und Idadi, ursprünglich als Vorbereitungsschule für die Militärfachschulen konzipiert, entwickelten sich zu den staatlichen Aufbauschulen. Der Lehrplan der Rüşchdye, auf vier Jahre angelegt, hatte gleichermaßen Jungen und Mädchen im Blick: Gab er vier Hauptfächer (Einführung in die Religion, Grammatik der osmanisch-türkischen Sprache, Rechtschreiben und Aufsatz, neuere arabische und persische Grammatik) vor, so sollten die Jungen ferner im Zeichnen, in Geometrie, Buchführung, Geschichte, Geographie, Sport und modernen Sprachen, die Mädchen in Literatur, Hauswirtschaft, Geschichte und Geographie, Rechnen und Buchführung, Entwerfen und Zeichnen von Strickmustern, Schneidern und Nähen und Musik unterrichtet werden. Die Idadi-Schule unterschied sich von der Rüşchdye nicht nur durch das Lehrangebot, das ein stärker praxisbezogenes Profil aufwies, darunter ökonomische, mathematisch-naturwissenschaftliche Fächer; es war vorgesehen, daß ein osmanischer und ein ausländischer Lehrer, die jeweils in ihrer Sprache unterrichteten, eingesetzt werden sollten. Im Sinne der reformerischen Vorstellungen des Tanzimats war beabsichtigt, an diesen Schulen muslimische und christliche Kinder gemeinsam zu erziehen. Eine besondere religiöse Unterweisung fehlte entsprechend. Dieses Element, das dem hergebrachten osmanischen Bildungssystem so fremd war, erfuhr in der Sultanye-Schule eine Steigerung. Von der diplomatischen Vertretung Frankreichs angeregt, weiterführende Schulen einzurichten, die grundsätzlich für alle Kinder offen sein sollten, die auf osmanischem Gebiet wohnten, eröffnete 1868 die Regierung diese neue Schule in Istanbul. Deren Planung und Organisation basierten weithin auf französischen Vorgaben, auch der stellvertretende Schulleiter war satzungsgemäß ein Franzose. Entsprechend war die schulische Aufsicht organisiert, diese oblag dem Erziehungsministerium unter Mitwirkung der französischen Botschaft. Es versteht sich von selbst, daß durch diese schulische Konstruktion dem vielfältigen ausländischen Einfluß im Lande eine zusätzliche, nicht zu unterschätzende Facette hinzugefügt werden konnte. Schon 1869 sollte dieser Schultypus, der auf der Rüşchdye aufbaute, in jeder osmanischen Verwaltungshauptstadt eingerichtet werden, die Schulzeit war auf sechs Jahre angelegt. Man unterschied einen literaturwissenschaftlichen und einen naturwissenschaftlichen Zweig mit entsprechend unterschiedlichen fachlichen Schwerpunkten.

Wie prinzipiell auch diese schulreformerischen Aktivitäten gemeint und angelegt gewesen waren, wirklich durchdringen, das ganze Land erfassen, vermochten sie nicht. Die weite Ausdehnung des Reiches, seine mangelhaften infrastrukturellen Gegebenheiten, aber insbesondere auch die Opposition der Medrese – Tradition gegen Innovation – standen dem entgegen. So blieben die Reformansätze im wesentlichen ein hauptstädtisches Phänomen. Aber nicht einmal hier ließ sich ein erster vorsichtiger Versuch, eine Universität (Dar-ul-fünun) nach europäischem Muster mit drei Fakultäten, Philosophie und Literaturwissenschaft, Jura, Naturwissenschaft und Mathematik, durchsetzen. War die Zugangsberechtigung schon mit einem Rüşchdye-Abschluß reichlich niedrig angesetzt, blieben dennoch zunächst die Studenten aus. Der gesellschaftliche Einfluß der Medrese, ihre anhaltende massive Kritik der wissenschaftlich-positivistischen Methode unterlief diese Reformversuche. Nach mehreren Anläufen wurde dieses erste Projekt einer Hochschulgründung schließlich in den achtziger Jahren fallengelassen. Durch eine Reihe von berufsqualifizierenden Schulen (u.a. Verwaltung, Land- und Forstwirtschaft) entstand allmählich ein bescheidener Fundus von Fachkräften. Zudem bestanden schon vor der Tanzimatzeit eine Reihe von Privatschulen, die insbesondere von Angehörigen der Minderheiten (Griechen, Armenier, Juden) besucht wurden. Privatschulen besonderer Prägung wurden von Ausländern mit christlichem Hintergrund in eigener Regie betrieben, zuweilen auch ohne Genehmigung der osmanischen Behörden, die auf diese keine Einflußmöglichkeiten mehr hatten. Sie waren gleichermaßen für türkische wie für ausländische Schüler offen, gewannen eine hohe Reputation und eröffneten weite Berufschancen im Ausland.

Diese schulische Bedeutungslandschaft entsprach in ihrem diffusen Erscheinungsbild der beengenden Lage der Osmanen vor dem Hintergrund des immer weiter ausgreifenden imperialistischen Anspruchs der europäischen Mächte. Es war keine wirklich allseits gebilligte Entscheidung darüber gefallen, ob man traditionellen Leitbildern oder einer zuweilen demütigenden Anpassungsstrategie folgen sollte. Wieviel mochte man bewahren, wieviel Neues vertragen? Die Tanzimatzeit hatte zahlreiche reformerische Konzepte formuliert, versucht, sie Wirklichkeit werden zu lassen, ihnen eine normierende Bedeutung zuzuerkennen. Darin war man gescheitert. Die verwirrende Vielfalt des bildungspolitischen Angebots war kein Zeichen einer überlegenen strategischen Planung, sondern Ergebnis des Unvermögens, gesetzten Zielen die gebührende Geltung zu verschaffen.

Auch Sultan Abdülhamid II. und seine Zeit (1876–1908/09) vermochten nicht, diese disparate Lage zu steuern, das bildungspolitische Gefüge des Tanzimats blieb im Prinzip bestehen. Gleichwohl war auch diese Periode keineswegs bedeutungslos, ohne eigene wichtige Akzente. Bemerkenswerterweise folgte der Sultan seinen Vorgängern nicht und beließ die elementare Schulbildung den Kräften der Medrese. Um 1892/93 gehörte nur ein Siebentel aller Grundschulen zu den Iptidai-Mektep, während also die weit überwiegende Anzahl als Sibyan-Okulu wie bisher islamischer Aufsicht (Scheich-ül-Islam) unterstanden. Deren Finanzierung ließ sich durch islamische Stiftungen (Vakıf) leichter als durch staatliche Gelder, die zumeist fehlten, sicherstellen. Die westlich und weltlich orientierten Rüşchdye- und Itadi-Schulen allerdings fanden immer weitere Verbreitung, bestanden jetzt in jeder Provinzhauptstadt und zahlreichen kleineren Städten. Der Verwaltungshochschule, schon 1859 gegründet, mit dem Attribut »großherrlich« (sehade) nunmehr aufgewertet, wurden weitere Aufgaben zuerkannt, so rekrutierten sich die höheren Verwaltungsbeamten aus ihrer Schülerzahl. An der ebenfalls »großherrlichen« Rechtshochschule, 1880 gegründet, wurden bei einer Studiendauer von vier Jahren Jura und Politik gelehrt und studiert. Ihre Absolventen gingen überwiegend in die staatliche Justizverwaltung, besetzten Richterämter und traten an die Stelle der bisher von den Medresen ausgebildeten Kadi. Auch die seit den dreißiger Jahren bestehende Militärakademie gewann dadurch ein neues Profil, daß der ausländische – deutsche – General von der Goltz eingeladen worden war, die Ausbildung der Offiziere neu zu gestalten. Nach seinen Plänen wurden weitere fünf dieser Bildungsstätten errichtet. Eine längere Reihe von technischen und beruflichen Schulen entstand unter der Regierung Abdülhamids. Dazu gehörten u. a. eine Schule für bildende Kunst, ein Technikum, eine Landwirtschaftsschule, aber auch ein Ausbildungszentrum für Weinbau und Viehhaltung.

Die Jahre der Herrschaft Sultans Abdülhamids II. bieten ein außerordentlich widersprüchliches Bild. Einem ehrgeizigen, von außen aufgedrängten, technisch infrastrukturellen Innovationsprogramm, das in dem Bau eines Telegraphennetzes und der Bagdadbahn kulminierte, stand eine engmaschige Repressionsmaschinerie im Inneren entgegen. Er sah eine zerstörerische Wechselwirkung von auswärtigem Druck und gesellschaftlichen Erosionserscheinungen in seinem Lande, einem Gefüge aus vielen Völkern, dem er sich entgegenzustemmen suchte. Programmatisch zunächst panosmanisch, dann aber panislamisch ausgerichtet, suchte er alle politisch-gesellschaftlichen Modernismen, wie sie im Tanzimat angelegt worden waren und jetzt hauptsächlich den Feinden des Staates zugute kamen, wenn nicht formell zu eliminieren, so doch aber zu bremsen, möglichst wirkungslos werden zu lassen. Diese Maxime traf natürlich auch die Bildungspolitik, wenn die Grundschule etwa in islamischen Händen blieb. Dazu gehörte auch, daß er – wenn er auch nichts dagegen unternehmen konnte – die ausländischen Schulen im Lande, die sich weiterhin vermehrten, als Multiplikatoren einer im Prinzip zurückzudrängenden Verwestlichung ansah, 1900 einen Versuch zuließ, eine Vorform der Universität (Dar-ul-fünun) wieder entstehen zu lassen, aber nur um zu verhindern, daß osmanische Studenten ins Ausland gehen mußten. Eine Universität im Lande selbst ließ sich entsprechend leichter organisieren und kontrollieren. Die technischen und beruflichen Fachhochschulen behielten allein Modellcharakter, blieben somit Fassade und wurden nicht ausgebaut. Mit diesem Mißtrauen beobachtete er, wie an vielen der höheren Fachhochschulen, auch und gerade im Militär, Überlegungen und Pläne Fuß faßten, wie gleichermaßen das Reich zu bewahren sei, anstelle der sultanischen Autokratie aber auch der ethnischen Pluralität die Rechte des Volkes und damit ebenso eine türkische Nation, westlichen Vorbildern entsprechend, als Trägerin des Staates treten sollte. Zum exemplarischen Ausdruck dieser Entwicklung wurde die Vereinigung »Ittihat ve Terâkki« (Einheit und Fortschritt), ein Bündnis von Militärs, Beamten und reformerischen Intellektuellen, aus der die vielgestaltige jungtürkische Bewegung entstand. Sie war zunächst der Motor, um die parlamentarischen Ansätze von 1876, die Abdülhamid zwei Jahre später blockiert hatte, neu zu beleben, kurz vor Ausbruch des Ersten Weltkriegs übernahm ihre nationalistische Strömung die Regierung selbst. Es ist nur zu verständlich, daß in einem Klima, das eine demokratische Aufbruchstimmung verbreitete, erneut Bildungsfragen in den Vordergrund traten.

Pläne, das Lehrprogramm der Medresen mit naturwissenschaftlichen Fächern zu erweitern und sie dadurch in ihrer islamischen Position gegenüber westlichen Einflüssen zu stärken, stand die Vorstellung gegenüber, den Ansatz eines universitären Bildungsangebotes auszubauen. 1912 regelte die jungtürkische Regierung durch einen Erlaß den organisatorischen Aufbau der Universität in Istanbul in einem westlichen Sinne. So sollte sie traditionellerweise aus fünf Fakultäten, einer theologischen, einer juristischen, einer medizinischen, einer naturwissenschaftlichen und einer geisteswissenschaftlichen bestehen. Neu organisiert wurde auch der allgemeinbildende Schulbetrieb, der Grundschulen und aufbauende Schulen zusammenfaßte, daraus eine kostenlose und obligatorische Institution machte. Die Sultaniye, die 1911 auch für Mädchen eingeführt wurde, blieb bestehen, erhielt 1924 zwei Stufen, die »Orta-Okulu« (Mittelschule) und das darauf aufbauende dreijährige »Lise«. Für die Jungtürken stellten die ausländischen Schulen, zumal nach Ausbruch des Ersten Weltkrieges, ein erhebliches Problem dar. Mehr noch als Abdülhamid sahen sie in ihnen nicht nur ein lästiges schulisches Beiwerk, sondern geradezu Agenturen eines fremden Bildungsverständnisses – dazu gehörten auch die Institutionen des deutschen Bündnispartners –, deren Schließung mit

Kriegsausbruch angeordnet wurde. Diese Problematik steigerte sich noch nach der Niederlage (1918), durch die derartige Schulen wieder zugelassen werden mußten, aber im Zuge des Befreiungskrieges türkischerseits als Zentren unmittelbarer feindlicher Aktivitäten angesehen wurden. Durch den Friedensvertrag von Lausanne (1923) gerieten diese ausländischen Privatschulen schließlich unter die vollständige Kontrolle der nationalen Regierung, wodurch dieses Ärgernis erledigt war. Die großen reformerischen Anstrengungen, die die Jungtürken noch kurz vor Kriegsbeginn und dann während des Krieges trotz weithin unzureichender finanzieller Mittel unternahmen, zielten natürlich darauf ab, die Bildungsvorstellungen, die in der Tanzimatzeit bestimmend gewesen waren, jetzt breit angelegt wieder aufzunehmen und auszubauen. Damit aber verbanden sie einen weitergehenden Effekt: Bildung sollte ein wichtiges Element der nationalen Bewußtwerdung der Türken darstellen, ihr Selbstwertgefühl entwickeln, sie in den Stand setzen, die Rolle als »dummer anatolischer Bauer«, den mit allen Wassern gewaschenen christlich-levantinischen Städtern hoffnungslos unterlegen, zumal in den kosmopolitischen Städten Istanbul und Izmir (Smyrna), abzulegen. In diesem Kontext gewann Bildung als ein Element des »nation buildings« eine gewichtige Bedeutung. Das mußte um so mehr gelten, da trotz aller wie auch immer gearteter Anstrengungen der Tanzimatzeit und der ihr folgenden Jahre das Ergebnis der Erziehung für die türkischen Schüler insgesamt als niederschmetternd angesehen werden mußte. Ihre Erziehung verlief unverbunden in drei völlig unterschiedlichen Institutionen, den Medresen, den staatlichen Schulen, die weithin nach französischem Muster konzipiert worden waren, oder den Privatschulen ausländischer Institutionen. Es lassen sich im Hinblick auf Ausbildung und Bildung vier Gruppen unterscheiden: Diejenigen, die durch die Medresen stark von arabischer und persischer Kultur geprägt waren, die die staatlichen Schulen durchlaufen hatten und dadurch mit den Prinzipien der »civilisation française« in Berührung gekommen waren, ferner die auf den ausländischen Privatschulen mit der Sprache und dem kulturellen Hintergrund des Schulträgers eine ähnlich fremde Erfahrung sammeln konnten, endlich die gar keine Schule besucht hatten, allenfalls Gebete und Sprüche, die sie, von verschiedenen Religionslehrern veranlaßt, in arabischer Sprache hatten auswendig lernen müssen, ihr Anteil betrug 90 Prozent. Eine genuin auf türkische Bedürfnisse und Interessen ausgerichtete schulische Erziehung fehlte.

Die schulische Grund- und Weiterbildung warf somit einen tiefen Graben auf, der die Gesellschaft mehr als nur spaltete, sie geradezu zerriß. Als eine entscheidende Aufgabe der Jungtürken und in ihrer Folge sehr viel grundsätzlicher der Republik sahen Atatürk und seine Gefolgsleute darauf, diese Erblast abzubauen, sie endlich zu überwinden. Alphabetisierung des Volkes wurde als Schicksal für alle weiteren Bildungsanstrengungen angesehen. Die mangelhafte, halbherzige, letztlich falsche, weil untürkische Bildungs- und Erziehungspolitik der Osmanen bildete im Verständnis Atatürks den weithin entscheidenden Faktor für die so schmerzlich empfundene Rückständigkeit des Landes und seines Volkes. Entsprechend wurde unter ihm das gesamte Bildungswesen mit voller Kraft nationalisiert, als übergeordnete Ziele Entfaltung von Nationalbewußtsein, ja Rückgewinnung der nationalen Identität, die ihm durch die islamische Tradition verschüttet schien, Anschluß an die zeitgenössische, westliche Zivilisation, Aufbau einer nationalen Wirtschaft und damit verbunden spürbare Verbesserung des sozialen und materiellen Lebens aller. Die traditionellen Erziehungs- und Bildungsinstitutionen, also insbesondere die Medresen, wurden aufgelöst, alle schulischen Einrichtungen unter die Aufsicht eines staatlichen Erziehungsministeriums gestellt, das Schulsystem durch ein Gesetz zur Vereinheitlichung der Erziehung und Bildung in Grund- und Mittelschule sowie Gymnasium klar gegliedert. Alle Schulen sollten koedukativ geführt werden. Atatürk forderte darüber hinaus, die Schule solle gleichermaßen praktische und theoretische Kenntnisse vermitteln, die als Basis für einen erfolgreichen Lebensweg in Staat und Gesellschaft dienen konnten. Verstärkt Fremdsprachenkenntnisse, landwirtschaftliche und gewerbliche Berufsschulen gehörten genauso zum republikanischen Bildungsprogramm wie die Förderung der Jugend durch musische Erziehung und Sport. Eine besondere Lehrerbildung sollte eine verstärkte Rolle spielen, blieb aber hinter dem wachsenden Bedarf deutlich zurück. Der Religionsunterricht wurde zwar nicht grundsätzlich abgeschafft, aber im Prinzip in gesonderte Religionsfachschulen, den »Imam-Hatip-Mekteplar«, verbannt, die wegen Schülermangels allerdings 1931 geschlossen wurden, so daß bis in die fünfziger Jahre kein staatlicher Religionsunterricht erfolgte.

Die klare und prinzipielle Strukturierung und

Zielsetzung des republikanischen Schulsystems war Teil der weiteren Maßnahmen hinsichtlich kultureller Reformen, der Erneuerung der türkischen Sprache, der Einführung der Familiennamen, das besondere Studium der türkischen Geschichte, der Übersetzung des Korans ins Türkische, Einführung des metrischen Systems, des gregorianischen Kalenders, des Sonntags als Ruhetag und des Versuchs, durch einen Bevölkerungsaustausch die Zahl von Volksgruppen mit Minderheitenstatus so weit wie möglich zu vermindern, damit die alte Millet-Verfassung des Osmanischen Reiches zu überwinden.

Mit den Dorfinstituten und der besonderen Ausbildung von Dorflehrern beschritt die türkische Bildungspolitik in Anlehnung an die pädagogischen Vorstellungen von John Dewey einen zusätzlichen Sonderweg. Ausgangspunkt hierzu war die Einsicht, daß die Verbesserung des allgemeinen Lebensstandards eng mit der Verbesserung der Landwirtschaft, des Lebens auf dem Lande überhaupt in Verbindung stand. Im Jahre 1939, ein halbes Jahr nach dem Tode Atatürks, erklärte die Regierung: »Die bisherigen Erfahrungen haben uns gezeigt, daß es ein Fehler war, die Erziehung und Bildung im Dorf entsprechend zum Stadtleben zu organisieren, ohne die Bedingungen des dorfeigenen Lebens zu berücksichtigen. Wir haben uns die Lehrerausbildung für Dörfer als Prinzip so vorgenommen, daß die Lehrerkandidaten aus demjenigen jugendlichen Personenkreis, der im Dorf geboren und aufgewachsen ist und das Leben im Dorf näher kennengelernt hat, ausgesucht werden und diese dann das Dorfleben auch in den Lehrerschulen tätig erleben«. Verschiedene Berichte derjenigen, die sich an dem Aufbau derartiger Dorfinstitute beteiligt hatten, zeugen von einer bemerkenswerten Pioniergesinnung, um die Bildungsgegebenheiten gerade auch in dem jahrhundertelang so mißhandelten Lande zu entwickeln und einen neuen Weg zu weisen. Bis 1948 waren 20 dieser Dorfinstitute über das Land verstreut entstanden. Die Arbeits- und Lehrweise in den Dorfinstituten unterschied sich von den hergebrachten Lehrerbildungsstätten. Die Schüler betätigten sich an der Planung und Durchführung des theoretischen und praktischen Unterrichts, Theorie wurde stets mit Praxis gekoppelt und der Unterrichtsstoff speziell für die jeweilige Region und Dorfbevölkerung ausgesucht. Zur Ausbildung gehörte weiterhin ein enger Kontakt zu den dörflichen Bewohnern, die Schüler untersuchten deren Struktur in ökonomischer und sozialer Hinsicht. Gemeinsam planten sie ihren Unterricht und diskutierten dessen Erfolge.

Eine moderne Universitätsentwicklung begann schließlich 1933 mit der Schließung der alten, 1900 gegründeten, von den Jungtürken noch einmal modernisierten, gleichwohl stark traditionsbehafteten Istanbuler Universität, dem Dar-ul-fünun, mit der Neueröffnung der Istanbuler Reformuniversität, der Istanbul Universitesi. Der Anteil deutscher Emigranten an ihrer anfänglichen Entwicklung ist nur zu bekannt. In Ankara und später auch anderen türkischen Städten kamen Gründungen von Universitäten und technischen Hochschulen hinzu, so daß zu Beginn der achtziger Jahre 19 auf das Land verteilte Universitäten und wissenschaftliche Hochschulen bestanden. Weitere wissenschaftliche Forschungsinstitutionen entstanden in diesem Zusammenhang. Hier Dorfinstitute, dort wissenschaftliche Hochschulen stellen die sichtbaren Eckpunkte bildungspolitischer Anstrengungen der Republik dar.

Damit aber geht die Bildungsgeschichte der Türkei in die Bildungsgegenwart über, wird ein Teil der sich rasant verändernden Gesellschaft und ihrer Probleme, die neuer Lösungen harren. Unverkennbar gewinnt religiöse Bildung und Erziehung und ihre Institutionalisierung wieder eine wichtiger werdende Bedeutung. Wie kaum in einem anderen Land außerhalb des europäischen Zentrums bilden Bildungsanstrengungen und ihre Ergebnisse eine Folie gesamthistorischen Zusammenhangs, dokumentieren eine engagierte, in vielem stupend erfolgreiche, aber gleichwohl fragmentarisch gebliebene gesellschaftliche Modernisierung in einem westlichen, besser atatürkischen Sinne.

Literatur:
Çiğdem Akkaya, Yasemin Özbek, Faruk Şen, Länderbericht Türkei, Darmstadt 1998, 142–163.
Yaşar Akta, Das Bildungswesen in der Türkei. Schulen, Universitäten und Dorfinstitute, Berlin 1985.
Klaus Kreiser, Der osmanische Staat 1300–1922 (Oldenburg Grundriss der Geschichte, Bd. 30), München 2001.
Cahit Kurt, Die Türkei auf dem Weg in die Moderne: Bildung, Politik und Wirtschaft vom Osmanischen Reich bis heute, Frankfurt am Main 1989.
Josef Matuz, Das osmanische Reich. Grundlinien seiner Geschichte, Darmstadt 1985.
Ernest Raidl, Schulwesen und Erwachsenenbildung, in: Südosteuropa-Handbuch, Bd. IV. Türkei, hg. von Klaus-Detlef Grothusen, Göttingen 1985, 528–548.
Horst Widmann, Hochschulen und Wissenschaft, in: Südosteuropa-Handbuch, Bd. IV. Türkei, hg. von Klaus-Detlef Grothusen, Göttingen 1985, 549–566.

6. Rußland

Christine Teichmann-Nadiraschwili

Bildung als nationale Ressource

»Obrazovanie« bedeutet im Russischen soviel wie »etwas formen, einer Form Gestalt geben« oder aber »Geformtwerden«. Lange Zeit wurde »obrazovanie« als Konkurrenz- und Parallelbegriff zum europäischen Begriff der »Aufklärung« gebraucht, der in der russischen Tradition aber weitaus stärker mit den Institutionen verbunden wird, die Wissen, Kompetenzen und Werte vermitteln. Im Gegensatz dazu meint »Bildung« im Deutschen eher die Vermittlung oder auch Aneignung von Wissen und Fähigkeiten.

Bildung spielte im Russischen Reich schon vor Jahrhunderten eine wichtige Rolle, denn die Herrscher erkannten, daß Bildung auch Macht und Stärke einer Nation bzw. eines Staates ausmachen. So schickte Iwan der Schreckliche (reg. 1530–1554) seinerzeit 17 junge Männer ins europäische Ausland, die sich dort in verschiedenen Bereichen Wissen und Kenntnisse aneignen sollten, damit Rußland »reicher und stärker« würde. Der Erfolg blieb allerdings aus – keiner der Männer kehrte zurück. Vielleicht war dies einer der ersten geschichtlich überlieferten Fälle von *brain-drain*! Erst Peter I. (1672–1725), der als Staatsmann Bildung und Wissenschaft in Rußland maßgeblich förderte und sich dabei an der Entwicklung in westeuropäischen Ländern orientierte, gelang ein ähnliches Vorhaben: Er beauftragte 50 Angehörige des Hofes, nach England, Holland und Venedig zu gehen, um sich dort – wie man heute sagen würde – aus- bzw. fortbilden zu lassen. Und diese Männer kamen tatsächlich zurück nach Rußland, standen später als Admiräle seiner Flotte vor und bildeten den »Grundstock« für den Aufbau der ersten russischen Akademie der Wissenschaften und Universität. Peter I., der über ein umfangreiches naturwissenschaftliches und technisches Wissen verfügte, das er sich weitgehend im Selbststudium angeeignet hatte, hat in Rußland den weltlichen Charakter der (Schul-)Bildung durchgesetzt und die Hochschulbildung im europäischen Sinne eingeführt. Ihm ist es zu verdanken, daß 1725 in St. Petersburg die erste Akademie der Wissenschaften eröffnet wurde, die gleichzeitig als erste Universität des Landes galt, da sie neben dem Auftrag zu wissenschaftlicher Forschung auch junge Leute in den Wissenschaften ausbilden sollte.

Zu Beginn des 20. Jahrhunderts waren es die mit der Oktoberrevolution (1917) an die Macht gelangten Kommunisten, die ihrerseits ein ehrgeiziges und anspruchsvolles Programm zur Bildungsreform im Lande auflegten. Die Umsetzung unter strenger staatlicher Kontrolle und eine strikt auf die wirtschaftlichen Bedürfnisse des Landes ausgerichtete Bildungspolitik machten im vergangenen Jahrhundert aus der Sowjetunion einen auf vielen Gebieten in Bildung und Wissenschaft international anerkannten Staat. So war es zum Beispiel möglich, durch die Einführung der allgemeinen unentgeltlichen Schulpflicht zu erreichen, daß es bereits Mitte der 1930er Jahre in dem riesigen Land (der damaligen UdSSR, zu der nicht nur Rußland als größtes Land, sondern weitere 14 Sowjetrepubliken gehörten) keine Analphabeten mehr gab, obwohl noch Ende des 19. Jahrhunderts (1897) lediglich 20 % der Bevölkerung in Rußland des Lesens und Schreibens kundig waren.

Heute, im Russland des 21. Jahrhunderts, hat Bildung einen sehr hohen Stellenwert – sowohl in der Politik als auch in der Bevölkerung. Wladimir Putin hat kurz nach seinem Amtsantritt (2000) als Präsident Bildung auf die Agenda der staatlichen Prioritäten gesetzt und sie zur »Chefsache« erklärt. »Wir haben uns daran gewöhnt, stolz auf unseren Reichtum zu sein – das ungeheure Territorium, die natürlichen Ressourcen, die multikulturelle Kultur und die *Gebildetheit der Nation*«. Bildung gehört in Rußland also zu den wichtigsten Ressourcen des Landes, die ihm Anerkennung und Macht in der Welt verschaffen. Und so sehen es nicht nur die Politiker, sondern mehrheitlich auch die Bürger des Landes.

Geschichte: Von den Anfängen bis zu einem der »besten Bildungssysteme in der Welt«

Das russische Bildungswesen entstand – im Gegensatz zu denen in Westeuropa – durch die gegenseitige Beeinflussung zweier Kulturen: der heidnischen

Kultur der Ostslawen (ohne Schriftsprache) und der christlichen Kultur (mit Schriftsprache). Die ursprüngliche Bildungsentwicklung erfolgte unter maßgeblichem Einfluß der byzantinischen Kultur und deren Bildungswesen. Mit der Annahme des Christentums Ende des 10. Jahrhunderts in den großen politischen Zentren des altrussischen Reiches (Kiev, Novgorod, Smolensk) fand auch die Schriftsprache Verbreitung. Somit wurde eine der wichtigsten Grundlagen für eine systematische Bildung geschaffen. Zu dieser Zeit spielten die Klöster eine große Rolle, da sie faktisch die einzigen »Lehranstalten« waren. Durch die Fremdherrschaft der Mongolen und Tataren wurde das Land in seiner Entwicklung empfindlich zurückgeworfen, da es lange Zeit sowohl von Byzanz als auch von der Zivilisation in Westeuropa abgeschnitten war. Erst Mitte des 15. Jahrhunderts, als sich allmählich ein zentralisiertes Staatswesen entwickelte, entstanden auch die Notwendigkeit und Voraussetzung für ein systematisches nationales Bildungswesen. Unter Zar Peter I. erfolgte dann die Trennung von religiöser und weltlicher Bildung und die ersten staatlichen Schulen wurden gegründet. Anfang des 20. Jahrhunderts zeigte sich, daß das russische Bildungswesen dringend einer Reform bedurfte, denn das Land gehörte zu diesem Zeitpunkt zwar zu den bevölkerungsreichsten in der Welt, das Bildungsniveau der Bürger lag allerdings weit hinter dem anderer zivilisierter Länder zurück. Im Ergebnis der Vertreibung der zaristischen Regierung während der Oktoberrevolution 1917 entstand 1922 die Union der Sozialistischen Sowjetrepubliken, in der im ganzen Land einheitliche kommunistische Gesellschafts- und Wirtschaftsstrukturen – so auch im Bildungswesen – durchgesetzt wurden. Das monistische, russisch-sowjetische Bildungssystem war durch eine flächendeckende Unifizierung und Denationalisierung gekennzeichnet. In den Bildungseinrichtungen des Landes dominierte ein autoritärer und uniformer Lehr- und Lernstil, die inhaltliche und ideologische Ausrichtung des Unterrichts unterlag einer strengen Kontrolle durch den Staat bzw. die herrschende kommunistische Partei. Die Schulen wurden zur »Waffe der kommunistischen Umgestaltung der Gesellschaft« erklärt. Die gesamte Verwaltung des Bildungswesens unterstand ausnahmslos dem Staat. Die Bildungsplanung orientierte sich primär an der staatlichen Wirtschaftsplanung und basierte auf den von zentralen Planungsbehörden erstellten Bedarfsprognosen für Arbeitskräfte. Die spezifischen Entwicklungsbedingungen eines noch jungen Industriestaates führten dazu, daß die Zahl der obligatorischen Schuljahre auf ein Minimum beschränkt wurde. Die Konsequenz war, daß Teile der Allgemeinbildung in die ersten Semester an den Hochschulen verlegt wurden. Dort erfolgte in der Regel eine systematische Vermittlung von Basiswissen und eine gezielte, zumeist enge Berufsausbildung. Unter diesen Bedingungen und einer langsam erstarkenden Wirtschaftskraft erzielte das Land sowohl in den ersten Jahren der Existenz der Sowjetunion als auch in der Nachkriegszeit (vor allem von 1950 bis in die 1970er Jahre hinein) beachtliche Erfolge in der Bildungs- und Wissenschaftsentwicklung, die ihm auf internationalem Parkett Anerkennung verschafften. Erwähnt seien hier nur die Eroberung des Kosmos mit dem Start des ersten Sputnik in der zweiten Hälfte der 1950er Jahre, der erste bemannte Raumflug Anfang der 1960 Jahre oder auch die Tatsache, daß die Sowjetunion in der Grundlagenforschung auf zahlreichen Gebieten in den Natur- und Technikwissenschaften lange Zeit in der Welt führend war. In vielen Einrichtungen in Westeuropa oder den USA, die in der wissenschaftlichen Forschung weltweit zur Elite gehör(t)en, wurde in den 70er, 80er und 90er Jahren des vergangenen Jahrhunderts (und teilweise bis heute noch) russisch gesprochen! Einige renommierte sowjetische Hochschulen, Universitäten und wissenschaftliche Forschungseinrichtungen zählten damals zu den besten in der Welt. Nicht umsonst sprach man zum Beispiel von der Staatlichen Lomonossow-Universität in Moskau als dem »Harvard des Ostens«. Rückschauend ist aber auch zu konstatieren, daß die großen quantitativen Fortschritte in Bildung und Wissenschaft in der ehemaligen Sowjetunion häufig zu Lasten der Qualität gingen.

Mit der einsetzenden Perestrojka, die untrennbar mit dem Namen Gorbatschow verbunden ist, wurden Mitte der 1980er Jahre die Grundfesten des sowjetischen Bildungswesens und die Prinzipien der damit verbundenen Pädagogik und Bildungspolitik in Frage gestellt. Die ersten zaghaften Reformen, die damals in Gang kamen (so wurde zum Beispiel den Hochschulen eine gewisse Autonomie gewährt), waren die Vorstufe zu den radikalen Reformen im Bildungswesen, die mit dem Zusammenbruch der Sowjetunion Anfang der 1990er Jahre begannen. Das Auseinanderbrechen der Sowjetunion war gleichbedeutend mit dem Zerfall des einheitlichen sowjetischen Bildungsraumes. Am 12. Juni 1990 erklärte sich Rußland zum souveränen Staat und beanspruchte damit auch die Hoheit im Bildungsbereich auf seinem Territorium. Mit dem 1992 verabschiedeten Gesetz »Über die Bildung« wurde der umfassende Erziehungsanspruch des Staates zugunsten neuer Wertorientierungen aufgegeben. Zentrale Ziele waren nun die Entideologisierung und Humanisierung der Bildung, die Betonung ihrer humanwissenschaftlichen gegenüber der früher (über)betonten naturwissenschaftlichen Ausrichtung. Das staatliche Bildungsmonopol wurde durch eine Politik der strukturellen Diversifizierung und Pluralisierung des Bildungsangebots gebrochen. In der Folge kam es zu einer dynamischen Entwicklung eines privaten Bildungssektors. Das neue Bildungsgesetz legte zudem Kontrollmechanismen fest, die auch heute noch als Garanten für eine entsprechende Ausbildungsqualität an den Einrichtungen gelten: Alle staatlichen und nichtstaatlichen Einrichtungen (die staatlich anerkannte Bildungsabschlüsse vergeben wollen) müssen sich in regelmäßigen Abständen der Prozedur einer Lizenzierung, Attestierung und Akkreditierung, die der Qualitätskontrolle der angebotenen Bildungsleistungen dienen, unterziehen. Gleichzeitig wurden zu diesem Zweck im Gesetz einheitliche staatliche Bildungsstandards fixiert.

Trotz gewachsener Autonomie stagnierten die Reformvorhaben in den 1990er Jahren, da auf Grund einer gravierenden permanenten finanziellen Unterversorgung die Bildungseinrichtungen kaum in der Lage waren, die juristisch verankerten neuen Möglichkeiten zu nutzen bzw. ihren Bildungsaufgaben auf entsprechendem Niveau nachzukommen. Sie mußten sich in dieser Zeit fast ausschließlich auf den Kampf ums Überleben konzentrieren.

Erkundigt man sich heute in Rußland nach dem nationalen Bildungswesen, so bekommt man häufig von den Gesprächspartnern – ob einfacher Bürger, Lehrer, Schuldirektor, Hochschullehrer oder Bildungspolitiker – zu hören, daß Rußlands Bildungssystem eines der besten in der Welt sei! Fragt man dann genauer nach, worauf sich diese Einschätzung begründet, werden je nach Interessenfokus separate Zahlen oder Leistungen einzelner Bildungssektoren angeführt (häufig auch aus Sowjetzeiten!), die dieses Urteil zwar stützen, gleichwohl aber aus dem Gesamtbild herausgelöst sind und Probleme, Schwierigkeiten und Qualitätsverluste auf diesem Gebiet, die in den vergangenen Jahrzehnten nach dem Zusammenbruch des kommunistischen Herrschaftsregimes entstanden sind, aus unterschiedlichen Gründen »ausblenden«. So erklärten im Jahr 2004 in einer repräsentativen soziologischen Befragung 37 % der Befragten, daß sie der Auffassung sind, daß die Kenntnisse der eigenen Hochschulabsolventen weit oder zumindest über denen der von Absolventen westeuropäischer Hochschulen liegen würden. Aber: Wie ist es nun tatsächlich um eines der besten Bildungssysteme in der Welt bestellt? Die nähere Betrachtung von zwei wichtigen Parametern, die zur Bewertung von Bildungssystemen üblicherweise herangezogen werden, liefert einige Anhaltspunkte zur Beurteilung der aktuellen Situation.

Finanzierung von Bildung

Während einer parlamentarischen Anhörung in der Staatsduma im Dezember 2005 wurde festgestellt, daß Bildung in Rußland heute »antidemokratisch und elitär« sei und die staatliche Finanzierung gegen null tendieren würde. In der Tat ist es so, daß die im Bildungsgesetz fixierten Vorgaben, wonach ca. 6 bis 7 % des Bruttoinlandsproduktes (BIP) für Bildungszwecke bereitgestellt werden sollten, bislang nicht realisiert werden konnten. Die Finanzierung des öffentlichen Bildungssektors aus dem Haushalt unterlag bis in die ersten Jahre dieses Jahrhunderts starken Schwankungen: So wurden im Jahr 1997 4,8 % vom BIP für Bildungszwecke aufgewendet, danach waren die Ausgaben bis 2000 wieder rückläufig, ab diesem Zeitpunkt war erneut bis 2003 ein leichter Anstieg zu verzeichnen, der im Jahr 2004 bei 3,5 % endete. Die Budgets von (öffentlichen) Bildungseinrichtungen können allein durch staatliche Alimentierung nicht gedeckt werden. Die fehlenden Mittel müssen entweder durch Einwerbung zusätzlicher Gelder beschafft werden (z.B. Gebühren) oder werden einfach als Defizite in der Haushaltführung ausgewiesen, die sich dann auf unterschiedliche Weise in der Realität bemerkbar machen (z.B. in ausbleibenden oder äußerst geringen Lohnzahlungen für die Beschäftigten, in unzureichender Ausstattung der Schulen, in hohen Schulden gegenüber kommunalen Dienstleistern usw.). Andererseits ist zu beobachten, daß die staatlichen Bildungseinrichtungen seit Beginn der gesellschaftlichen Umbruchprozesse Konkurrenz in Form von privaten Anbietern von

Bildungsleistungen erhalten haben. Nach einer anfänglichen »Wildwuchsphase« hat sich bei den Privaten hinsichtlich des Preis-Leistungs-Verhältnisses inzwischen die Spreu vom Weizen getrennt. Gute Bildung hat im heutigen Rußland oft einen konkreten (und meist nicht geringen) Preis, den viele auch bereit sind zu zahlen. Inzwischen ist es so, daß die privaten Ausgaben für Bildung ca. 6,7 Prozent vom Gesamtumfang aller gebührenpflichtigen Dienstleistungen in einem Privathaushalt ausmachen. Es gibt aber auch nach wie vor hervorragende und renommierte staatliche Bildungseinrichtungen vor allem in den großen Zentren und Ballungsräumen des Landes, die aus dem Staatshaushalt finanziert werden und sehr gute Ausbildungsmöglichkeiten anbieten – und dies für die Bürger kostenfrei! Nur reicht deren Kapazität zum Beispiel auf dem Gebiet der Hochschulbildung bei weitem nicht aus für die existierende Nachfrage in einer sehr bildungsbewußten Gesellschaft.

Bildungsqualität

Nach Ergebnissen der PISA-Studie aus dem Jahr 2000 rangierte die Russische Föderation unter 32 untersuchten Ländern im unteren Drittel (zusammen mit Portugal, Griechenland, Lettland, Mexiko und Brasilien). Doch werfen wir zunächst kurz einen Blick zurück: Zu Beginn der 1990er Jahre – als eine ähnliche internationale Untersuchung durchgeführt wurde – waren die russischen Schüler unter den besten. Auch 1995 gehörte Rußland immer noch zu der Gruppe von Ländern, die das obere Drittel der Rangfolge bildeten. In der erwähnten Untersuchung aus dem Jahr 2000 stellte die OECD eine deutliche Tendenz zur Verschlechterung der Qualität in der Sekundarschulausbildung in Rußland fest. Für viele Insider war dieses Ergebnis nicht überraschend, denn realistischerweise muß man sich fragen, wie ein Bildungssystem, das in den 1990er Jahren unter permanenter chronischer Unterfinanzierung und Reformstau gelitten hat, (immer noch) zu den besten in der Welt gehören kann?!

An russischen Schulen wird auch heute noch – so wie früher in der Sowjetunion – auf eine frontale Vermittlung des Unterrichtsstoffes gesetzt. Der Unterricht läuft teilweise stark formalisiert ab, d.h. es geht vornehmlich um die Reproduktion von akademisch ausgerichtetem Wissen und das Memorieren von dargebotenem Lehrstoff. Auf den »fundamentalen Charakter« der Bildung (die Vermittlung traditionell akademisch ausgerichteter Bildungsinhalte an allgemeinbildenden Schulen) ist man in Rußland auch heute noch sehr stolz und betrachtet dies als herausragendes Qualitätsmerkmal russischer Bildung. Dennoch mehrten sich in den letzten Jahren auch kritische Stimmen, die dafür plädierten, mehr kompetenzorientierte Curricula an den Schulen einzuführen und sie im Gegenzug von obligatorischem akademischen Lehrstoff zu entlasten.

Trotz der prekären finanziellen Situation im Bildungswesen auf Grund der unzureichenden staatlichen Alimentierung der öffentlichen Bildungseinrichtungen nimmt der Staat seine Verantwortung für diese Einrichtungen in anderer Form durchaus wahr: Die Ausbildung im Primar-, Sekundar- und Tertiärbereich erfolgt unter strengen staatlichen Auflagen und Qualitätskontrollen. Dafür wurde für alle Ausbildungsstufen ein sog. Staatlicher Bildungsstandard entwickelt, der das obligatorische Niveau der Anforderungen an die jeweilige Ausbildungsstufe und die entsprechenden Inhalte, Methoden, Formen, Lehrmittel und Kontrollen festlegt. Die strikte Einhaltung dieser Parameter soll garantieren, daß Schüler und Studierende landesweit in hoher Qualität ausgebildet werden. Der Staat behält es sich vor, regelmäßig die Einhaltung der Standards zu kontrollieren und gegebenenfalls Sanktionen zu verhängen, wenn Verstöße festgestellt werden (z.B. in Form von Schließungen von Bildungsgängen oder ganzen Einrichtungen).

Das russische Bildungssystem im 21. Jahrhundert: Zwischen »pädagogischer Weltkultur« und »Rückkehr zu nationalen Traditionen«

Seit mehr als zwei Jahrhunderten hat sich Rußland in der Entwicklung von Bildung und Wissenschaft deutlich am »Westen« orientiert. Allerdings war es damals schon so wie heute (wieder): Die Rezeption von Gedankengut oder die Übernahme von Strukturen und Modellen erfolgte zumeist selektiv, ihre »Verwendbarkeit« für russische Verhältnisse wurde geprüft und die eigenen nationalen Bildungstraditionen wurden stets in strategische Entscheidungen in der Bildungspolitik einbezogen, d.h. trotz westlicher Orientierung des russischen Bildungswesens war und ist auch vor allem heute der Westen nicht die einzige Referenzgröße. Dies zeigt zum Beispiel die jüngste Entwicklung im Hochschulbereich im Kontext des sog. Bologna-Prozesses. Die Signatarstaaten der Bologna-Erklärung haben/hatten sich vorgenommen, bis zum Jahr 2010 einen gemeinsamen europäischen Hochschulraum zu schaffen, der sich auf bestimmten einheitlichen Strukturen und Prinzipien gründet, um so die Wettbewerbsfähigkeit der europäischen Hochschulbildung international zu erhöhen. Rußland ist diesem Prozeß im Jahr 2003 aus wohlüberlegten Gründen beigetreten, obwohl es bis zum heutigen Tag heftigen Widerstand in der »Hochschulszene« des Landes gibt, der sich hauptsächlich auf die in der Erklärung vereinbarte neue Studienstruktur – die Einführung von Bachelor- und Masterstudiengängen – konzentriert. Die mit der Implementierung des zweistufigen Studiensystems verbundene Verkürzung der Studienzeiten (bis zum Bachelor 3 Jahre, bis zum Master maximal weitere 2 Jahre) widerspricht – nach Auffassung der Kritiker – der traditionellen russischen akademischen Ausbildung, die sich über Jahrhunderte bewährt und hochqualifizierte Akademiker auf vielen Gebieten hervorgebracht hat. Sie basiert auf einer umfassenden und systematischen wissenschaftlichen Ausbildung (Forschung *und* Lehre unter dem Dach einer Universität – so wie es Humboldt propagiert hat!) und sei in einem kürzeren Zeitraum als bislang (5 bis 6 Jahre) nicht oder nur mit erheblichen Qualitätseinbußen zu bewerkstelligen. Und das wolle man keinesfalls aufgeben – auch nicht zugunsten einer Mitgliedschaft im »Club der Bologna-Staaten«. Aus diesem Grund bieten momentan die Hochschulen des Landes neben neuen Bachelor- und Masterstudiengängen weiterhin auch Diplomstudiengänge nach dem traditionellen Modell an (im Durchschnitt 5 Jahre), die sich nach wie vor großer Nachfrage erfreuen, da der Diplomabschluß vor allem auf dem einheimischen Arbeitsmarkt weitaus höher geschätzt wird. Ein Bachelor hingegen wird dort häufig (noch) nicht als vollwertiger Hochschulabschluß angesehen.

Das heutige Bildungssystem in der Russischen Föderation ähnelt in seinem Aufbau dem in anderen europäischen Ländern und orientiert sich nach Jahren der internationalen Abschottung zu Zeiten der Sowjetunion wieder deutlich stärker an europäischen und internationalen Standards. Gleichwohl kann man aber auch beobachten, daß strukturelle und mentale Traditionen des sowjetischen Bildungssystems fortbestehen und selbst gewisse Traditionen aus vorsowjetischer Zeit wiederbelebt werden.

Die Vorschulerziehung für russische Kinder beginnt in Kinderkrippen (bis zum Alter von 3 Jahren) und Kindergärten (bis zum Alter von 7 Jahren), die sowohl von staatlicher Seite als auch privaten Eigentümern unterhalten werden. Daran schließt sich die obligatorische, nach Altersgruppen gestufte allgemein bildende (kostenfreie) Schulausbildung an, die im Vergleich zu anderen europäischen Ländern (noch immer) deutlich stärker »verschult« ist und nach 9 Jahren mit einer Prüfung endet. Einen erfolgreichen Abschluß vorausgesetzt, wird diese dann in einer zweijährigen Sekundarstufe fortgesetzt und nach insgesamt 11 Jahren Schulbesuch mit dem Erwerb des Abiturs, der »polnoe srednee obrazovanie« (der vollständigen mittleren Bildung, auch »Reifezeugnis« genannt) abgeschlossen. Mit diesem Abschluß kann man nun eine Berufsausbildung in einem vielfältig gestuften beruflichen Bildungssektor anstreben, zu dem im übrigen in Rußland auch die Hochschulen zählen. Auf niedrigster Stufe erfolgt die Berufsausbildung als traditionelle Anlernausbildung im Betrieb oder aber in einer Berufsschule. Einen Abschluß auf Fachschulniveau kann man in Technischen Lyzeen, Technika oder mittleren Fachschulen erwerben. Hochschulen und Universitäten hingegen gelten als die oberste Stufe der Berufsbildung. Dort erwirbt man im Durchschnitt nach 5 Jahren eines der begehrten Hochschuldiplome. So wie bereits zu Sowjetzeiten sind die Berufsschulen auch heute noch eine Art »Auffangbecken« für alle, die mit relativ geringem Erfolg die allgemeinbildende Schule entweder nach der 9. oder 11. Klasse abgeschlossen haben. Anders gesagt: In der russischen Gesellschaft ist es nach wie vor äußerst unpopulär, in diesen Schulen eine Ausbildung zu machen, vielmehr versucht man mit allen legalen und illegalen Mitteln (z. B. Bestechungsgeldern), einen Zugang zu einer Hochschule bzw. Universität zu »erkämpfen«. Dies ist seit vielen Jahren weniger ein »Kampf der Köpfe« als ein »Kampf der Geldbörsen«! Einer Umfrage zufolge haben 67 Prozent der Befragten im Jahr 2007 angegeben, daß vor allem Geld (und nicht Wissen oder Beziehungen) notwendig ist, um einen Studienplatz zu erhalten. Diese Entwicklung hinterläßt natürlich Spuren in den Hochschulen, die sich zunehmend über das niedrige intellektuelle Eingangsniveau ihrer Studierenden beklagen.

Seit Anfang der 1990er Jahre sehen sich daher die Hochschulen des Landes mit einem regelrechten Run auf die staatlichen und privaten Einrichtungen konfrontiert, dem insbesondere die öffentlich-rechtlichen Hochschulen kaum gewachsen sind. Trotz der Tatsache, daß für den Hochschulzugang allein das Abitur (wie hierzulande) nicht ausreicht, sondern der Studienbewerber sich zusätzlich einer inhaltlich anspruchsvollen Aufnahmeprüfung an den Hochschulen unterwerfen muß (bzw. inzwischen einer landesweit einheitlichen staatlichen Schulabschlußprüfung), die zumeist eine gezielte (kostenpflichtige) Vorbereitung neben dem Schulbesuch erfordert, wollen fast alle jungen Leute in Rußland möglichst studieren. Dies hat zur Folge, daß im internationalen Vergleich Rußland zu den führenden Ländern gehört, wenn man die Zahl der Studierenden zur Einwohnerzahl ins Verhältnis setzt: Kamen zu Zeiten der Sowjetunion ca. 220 Studierende auf 10.000 Einwohner, so waren es im akademischen Jahr lt. offiziellen Statistiken 525 (an staatlichen/kommunalen und privaten Einrichtungen insgesamt)! Eine akademische Ausbildung bzw. ein Hochschuldiplom gelten als unabdingbare Voraussetzung für Prosperität und eine sichere Zukunft – auch wenn dies häufig reines Wunschdenken bleibt.

Akademische Bildung ist in Rußland zudem seit Beginn der 1990er Jahre zu großen Teilen kostenpflichtig. Nicht nur in den vielen privaten Hochschulen, die seitdem im Land entstanden sind, sondern auch an den staatlichen Einrichtungen werden Studienplätze gegen (hohe) Gebühren angeboten. Wenn man bei den Aufnahmeprüfungen (bzw. einheitlichen Schulabschlussprüfungen) nicht die erforderliche Punktzahl für einen staatlich finanzierten Studienplatz erreicht hat, erhält man meist umgehend von der Hochschule ein Angebot zum Studium in einem gebührenpflichtigen Studiengang. Die Gebühren sind zwar unterschiedlich hoch – je nach Hochschule und Fachrichtung –, aber gemessen an den vergleichsweise geringen Einkommen eines großen Teils der Bevölkerung ist es erstaunlich, wie groß die Bereitschaft ist, private Mittel in die Bildung und vor allem höhere Bildung zu investieren. Familien geben sprichwörtlich »ihr letztes Hemd«, damit der Sohn oder die Tochter studieren kann!

Fazit

Die Worte des großen russischen Schriftstellers Lev Tolstoj, der vor mehr als 100 Jahren schrieb: »Unser Volk sucht die Bildung wie die Luft zum Atmen«, beschreiben auch heute noch die hohen Bildungsaspirationen in der modernen russischen Gesellschaft. Und nur so kann man verstehen, weshalb in Rußland unter der Bevölkerung das Recht auf Bildung einen überaus hohen Stellenwert genießt. In einer Umfrage des renommierten Levada-Zentrums aus dem Jahr 2005 haben 76 % der Befragten angegeben, daß das Recht auf Bildung aus ihrer Sicht zu den unverzichtbaren Menschenrechten gehört, für dessen Einhaltung der Staat zu sorgen hat. Der Stellenwert von Bildung wurde weitaus höher eingeschätzt als zum Beispiel der des Rechts auf Demonstrations- und Pressefreiheit oder freie Meinungsäußerung!

Literatur:
Jacob Fruchtmann, Putins Versuch einer Rekonstitution Russlands, in: Kultur als Bestimmungsfaktor der Transformation im Osten Europas. Konzeptionelle Entwicklungen – Empirische Befunde, hg. von Hans-Hermann Höhmann, Bremen 2001, 104–123.
Gerlind Schmidt, Russische Föderation, in: Die Bildungssysteme Europas, hg. von Wolfgang Hörner, Botho von Koop, Lutz R. Reuter, Baltmannsweiler 2010, 619–643.
Christine Teichmann, Die Hochschultransformation im heutigen Osteuropa. Kontinuität und Wandel bei der Entwicklung des postsowjetischen Universitätswesens (Soviet and Post-Soviet Politics and Society, Vol. 72), Stuttgart 2007.

Internet:
Institute for Statistical Studies and Economics of Knowledge (http://isek.hse.ru)

7. Japan

Peter Pantzer

Umbrüche

Japan hat in seiner jüngeren Geschichte sein Schul- und Bildungssystem zweimal so gründlich umgekrempelt, daß man auf den ersten Blick mit Recht meinen könnte, kein Stein wäre mehr auf dem anderen geblieben. Hatte radikale Politik eine derartig gründliche Kompromißlosigkeit auf kurzfristige Ziele hin vorgegeben? Oder war durchdachter, von Zukunftsperspektiven getragener Mut am Werk gewesen? Zweimal völliger Neuanfang? Wie geht oder, besser gesagt, ging das Hand in Hand mit dem Selbstverständnis, eine gefestigte Kulturnation zu sein und trotzdem ungewohnte, um nicht zu sagen revolutionäre Wege einzuschlagen?

Der erste Umbruch geschah in den 1870er Jahren, als sich Japan, halb gezwungen, halb freiwillig, dem Westen öffnete. Es war ein schwieriger Prozeß, der die Europäer, die sich die Welt am liebsten aus ihrem eigenen Blickwinkel erklären, zunächst ob einer unerwarteten Fremdenfeindlichkeit und dann einer erstaunlichen »Gelehrigkeit« erschreckte. So war es nicht gewünscht gewesen. Japan als Absatzmarkt für westliche Industrieprodukte hätte hinreichend genügt. Aber angesichts der technologischen und militärischen Überlegenheit eben dieses Westens und aus der Notwendigkeit, in möglichst kurzer Zeit zu den abendländischen Errungenschaften aufzuschließen, entschloß sich die japanische Regierung in aller Radikalität, im Lande ein ähnlich aufgebautes Bildungswesen einzurichten, mit dem der Westen bauchladenartig protzte. Von der Grundschulausbildung angefangen bis hin zu den höheren Studien an Universitäten reichte das Erneuerungsbedürfnis. Erneuern, wenigstens verbessern, war das Gebot der Stunde. Und zwar schnell.

Diese Erneuerung wurde im 20. Jahrhundert nochmals eingeläutet. Diesmal allerdings aus anderen Motiven. Jetzt stand weniger der vordergründig meßbare Erfolg, sondern eine durchaus schuldbewußte Selbstreflexion im Vordergrund. Die imperialistische Epoche mit dem überheblichen, Säbel schwingenden Ausgreifen Japans in eine Reihe von Nachbarstaaten, allem voran dem Raub der Souveränität Koreas, hatte dem Land nicht gutgetan. Auf dem Weg dahin hatte man sich, zugegeben, in einem recht illustren internationalen Kreis befunden – die europäischen Kolonialmächte hatten gekonnt vorexerziert, wie das mit dem Beglücken anderer Erdteile und Nationen geht. Umso schlimmer war das Erwachen 1945: Krieg verloren! Und zwar gründlich. Wären bloß die Städte dem Erdboden gleichgemacht, Industrien zerstört, Kulturdenkmäler vernichtet gewesen. Nein, viel schlimmer. Es waren die Wertvorstellungen, die jetzt von einem Tag auf den anderen soviel galten wie das falsche Geld. Nämlich nichts. Wo war der Lohn? Und würde es in Zukunft je wieder ehrliches Selbstvertrauen geben können, das es dem Land und seinen Menschen erlaubte, sich ohne Scham im eigenen Spiegel zu erblicken? So wie man daranging, die Trümmer aufzuräumen und sich für die Zukunft ein solides Gemeinwesen zu errichten, entschied sich der Staat – nicht ohne deutlich sanften Druck der Siegermacht Amerika – zu einer Neuformulierung des Erziehungswesen, zumindest seiner Inhalte. Das neue Schulsystem wurde zu einem Eckstein der ein Jahr nach Kriegsende verkündeten demokratischen Verfassung, die nicht nur dem Namen, sondern auch ihrem Sinn nach Japan in eine Zivilgesellschaft führen und in eine repressionsfreie Staatengemeinschaft einbinden sollte. Dies ist durchweg gelungen. Doch der Reihe nach.

Japans Bildungswesen in der »Vormoderne«

Alle jene gründlichen Änderungen waren, und hier lohnt ein Blick in die Geschichte, nicht auf Sand gebaut. Die frühen Fakten sind rasch aufgezählt, obgleich in unserem Zusammenhang nicht direkt relevant. Ab dem 5. Jahrhundert kommt es in Japan zu einer immer deutlicher dokumentierbaren Staatswerdung, gleichzeitig wird von und über Korea sowie aus China die Schrift und mit dieser Schrift chinesische Bildung übernommen. Bildung heißt zu dem Zeitpunkt das Studium jenes auf Konfuzius und einige andere Denker zurückgehenden Schrifttums, das allerdings in China selbst noch so mancher Neuinterpretation harrte. Als sich spätestens zur Mitte des 7. Jahrhunderts in Japan ein starker und einheitlich geführter Zentralstaat etabliert hatte, bedurfte es eines gebildeten Beamtentums. Die Schulbildung wurde strukturiert. Auch eine Hochschule nach chinesischem System war eingerichtet. Aber ohne Gefahr zu laufen etwas zu verkürzen, reicht hierfür ein Satz: Es war Bildung von wenigen für wenige, nahezu ausschließlich beschränkt auf das Herrscherhaus, den Hof und die ihn umgebende staatliche Verwaltung. Wo Bildung darüber hinausging, war diese von den heiligen Schriften des Buddhismus bestimmt, der gleichfalls mit Begeisterung in Japan Aufnahme gefunden hatte. Als Japan, und hier kommt schnöde Machtpolitik ins Spiel, zwischen dem 12. und 16. Jahrhundert in höchst unruhige Zeiten glitt, während derer jahraus, jahrein Kriegerfürsten gegeneinander ins Feld zogen, stets das Schwert führten und nicht den Pinsel, weil für Schlachtfeldsiege bekanntlich sekundär, waren es gerade die buddhistischen Klöster, die durchgehend ein Hort der Bildung geblieben waren.

Mit dem Beginn des 17. Jahrhunderts gelangen wir an eine Wegmarkierung, die für uns nunmehr von grundlegender Bedeutung ist: In der Gesellschaft Japans hatte sich eine hierarchisch aufgebaute ständische Ordnung herausgebildet. An ihrer Spitze stand der Kriegeradel, die Schicht der Samurai. Grob gerechnet, fast zehn Prozent der Bevölkerung. Das lang geübte Waffenhandwerk hatte für dieses Privileg gesorgt. Danach folgte mit rund 80 Prozent die Bauernschaft, die als Produzent der Grundnahrungsmittel zwar kräftig schuftete, aber dafür Ansehen genoß. An dritter Stelle folgte der Handwerks-, an vierter und letzter der Kaufmannsstand, dem man die geringste Produktivität beimaß. Diese beiden Stände siedelten in Städten. Sie nahmen, in Kontrast zu dem, was wir aus Europa wissen, die untersten Plätze ein. Eine Gesellschaft aber ist, Gesetze hin, Volkes Meinung her, immer irgendwie im Fluß. Allein schon deshalb, weil es eben ab diesem 17. Jahrhundert, ein Weltnovum sondergleichen, für die nächsten 250 Jahre nicht mehr die geringsten Kriege gab. Wenn aber die Samuraihaudegen mit allen ihren Familien und Kindeskindern weiter an der Spitze stehen wollten, was Anderes berechtigte sie dazu moralisch mehr als nur die Rechte der Geburt? Ganz klar: die Bildung. Nur sie schuf Legitimität, der die Öffentlichkeit Anerkennung zollte. Vom Waffenhandwerk waren die Samurai jetzt hinlänglich »freigestellt«. Ihre Aufgaben hatten sich gewandelt. Und genau das ist der entscheidende Quantensprung, der die Gesellschaft Japans nachhaltig prägen wird.

Von der Tempelschule bis zur herrschaftlichen Akademie für Verwaltungswissenschaft

Gesetzliche Schulpflicht hatte es bis ins 19. Jahrhundert in Japan nicht gegeben, wohl aber so etwas wie eine moralische. Ein Samurai, der nicht lesen, schreiben, rechnen hätte können, hätte sich seines Namens schämen müssen. Mit dem sechsten Lebensjahr begann der Schulalltag. Flächendeckend bis in den letzten Landeswinkel. In der Regel waren die Lehrkräfte ältere Samurai, die sich dazu berufen fühlten und üblicherweise Bauernkinder mitunterrichteten. Die Abhängigkeit des Bauernstandes vom Kriegerstand wurde von einer gegenseitigen Affinität aufgewogen, weil nominell die Samurai ihre Gehälter vom jeweiligen Landesfürsten in Form von Reis erhielten, den die Bauern vor Ort anbauten, ernteten und ablieferten. In Bildungsdingen fühlte sich auch die Bauernschaft angesprochen, deren Kinder – Jungen wie Mädchen – erst um das zwölfte Lebensjahr in den bäuerlichen Arbeitsprozeß einbezogen wurden.

Als Schulgebäude dienten häufig Nebengebäude eines Dorftempels. Damit stand immer auch ein buddhistischer Geistlicher als Lehrkraft zur Verfügung, bisweilen nur dieser. Davon leitet sich die Bezeichnung »Tempelschule« (japanisch *Terakoya*) ab, die mit Fug und Recht der typischen abendländischen Dorf- und Volksschule gegenübergestellt werden kann. Die Schüler befanden sich zumeist alle zusammen in einer Gemeinschaftsklasse unter den Fittichen eines Lehrers oder Lehrerehepaars. Zu den Pflichten älterer Schüler gehörte, sich um die Schulanfänger mitzukümmern.

Der Handwerks- und Handelsstand war nach den herrschenden Grundsätzen der Standesordnung davon zwar ausgeschlossen, nicht aber in der Realität. Die staatliche Obrigkeit, die sich auf das ihren ideologischen Überlegungen nach fest gezimmerte konfuzianische Gedankengut berief, wonach alle menschlichen Beziehungen ihre unveränderliche Ordnung hätten, hatte sich hier eindeutig verschätzt: Wirtschaftlich war die städtische Bevölkerung in manchem sogar besser dran als die Bauernschaft, ja sogar die Samurai. Denn Einkommenseinbußen und

Gehaltskürzungen wirkten sich bei schlechten Ernten dort in Blitzesschnelle aus. Die wirtschaftlichen Fäden in den Städten liefen anders. Wer also hätte diesen Ständen den ihnen eigenen Stolz nehmen sollen, sich gleichfalls Bildung anzueignen und ihren Kindern Basiswissen zu ermöglichen.

Vorsichtige Schätzungen zum Vergleich einer ebenso breiten wie gediegenen Lese- und Schreibkundigkeit in den Städten London und Edo (dem heutigen Tokyo), den um das Jahr 1800 einwohnerreichsten Städten der Welt, fallen eindeutig zugunsten der japanischen und nicht englischen Stadtbevölkerung aus. Zweifellos haben die Samurai hierbei mitgeholfen, weil überproportional viele ihrer Standesvertreter in Diensten ihrer Landesfürsten regelmäßig in der Residenzstadt des Shogun weilten, wo die durchgehend bestehenden Lehensbande den Kriegeradel zwangen, zur pflichtgemäßen Aufwartung zu erscheinen.

Stichwort Kriegeradel. Während die Jugend des bildungsbeflisseneren Teiles der Bevölkerung, von der angenommen wird, daß etwa die Hälfte der Männer und knapp ein Drittel aller Frauen im vorindustriellen Japan schriftkundig waren, die Schulbildung mit dem zwölften Lebensjahr verließ, blieben Samuraisöhne weiter auf der Schule. Für sie hatten die Landesfürsten an ihren Residenzen eigene Schulen eingerichtet. Wir kennen an die 200 solcher Schulen, von denen die meisten zu Ende des 18. Jahrhunderts gegründet wurden und, gemessen an der Schuldauer, mit unseren Gymnasien vergleichbar sind. Hier wurde die Elite für die lokale Verwaltung eines Fürstentums herangebildet. Manche der Schulen erwarben sich einen solchen Ruf, daß auch von ferneren Fürstentümern Schüler in diese Residenzen strömten. An die Samuraitöchter wurde hierbei nicht gedacht, Bildung wurde für sie privat durch Hauslehrer vermittelt.

Bildung hieß grundsätzlich Studium der klassischen Schriften des Konfuzianismus, allem voran der »Fünf Klassiker« und der »Vier Bücher« – der gleiche Kanon, der auch als Bestandteil des unverzichtbaren Wissens in China zählte. Hier empfiehlt sich, im Artikel über »Das chinesische Bildungssystem« in diesem Handbuch nachzulesen. Die Werke wurden selbstverständlich im chinesischen Original gelesen und zitiert, teilweise standen Editionen mit der japanischen Grammatik angepaßten Lesehilfen zur Verfügung. Aber grundsätzlich gilt die Regel, daß der Gebildete, jedenfalls *in litteris*, sich im schriftlichen Ausdruck so zweisprachig bewegte, wie sich durch Jahrhunderte die Vertreter dieser oder jener europäischen Nation des Lateinischen und der römischen Klassiker bedienten. Spezifisch japanisch an den Lehrinhalten dieser Gymnasien war die etwa zu gleichen Teilen gepflegte Körperertüchtigung – das letzte Tribut an die Zeit, als die Krieger noch Krieger gewesen waren. Auf diese Weise überlebten Kampfkünste wie waffenlos Ringen (Jûdô), Stockfechten (Kendô) oder Bogenschießen (Kyûdô), die heute allesamt zu populären Sportarten, gerade auch im Schulsport geworden sind.

So wie die Landesfürsten dem Shogun gefolgepflichtig waren, richteten sich die Schulen nominell nach den Richtlinien der Zentralregierung. Tatsächlich aber hatten manche Fürstentümer eine erstaunliche Autonomie erlangt und manches an ihren Schulen vermittelte Bildungsgut trug einen recht aufmüpfigen, kritischen Charakter. Für ihre eigenen Zwecke, allem voran zu überregionalen Aufgaben und zur Staatsverwaltung rekrutierte daher die Regierung des Shogun den Nachwuchs in einer besonderen Akademie, die gedanklich an die einst am Amt für Höhere Ausbildung (*Daigaku ryô*) angesiedelte Hochschule des japanischen Altertums anknüpfte, bildungsmäßig ein erstaunlich breit gefächertes Curriculum verschiedenster Wissenszweige aufwies, nach ihrer Werteorientierung eindeutig und unabänderlich neokonfuzianische Bildung vermittelte. Sie war die Hohe Schule der Verwaltungswissenschaft. Angegliedert war dieser Akademie ein Heiligtum zu Ehren des Konfuzius, das den in den Himmel gehobenen chinesischen Lehrmeister würdigte. Die Weihestätte existiert noch heute.

Gerüstet, nicht gerüstet, noch besser gerüstet

Das waren Grundlagen, auf die Japan bauen konnte. Wie jedoch sollte die gesamte Gesellschaft jener Probleme Herr werden, denen sich Japan von einem Tag auf den anderen gegenübersah? Bildungsbewußter Kriegeradel schön und gut. Plötzlich aber stand ein gutes Dutzend westlicher Nationen vor der Tür, mit unmißverständlichen Forderungen, den Markt frank und frei zu öffnen. Und nicht mit der Rute, mit dem Zaunpfahl von Flotten und Waffensystemen aller Art, die der japanische Intellektuelle nicht einmal aus dem Lehrbuch kannte, wurde hurtig aufgetrumpft. Das Wirtschaftsgefüge war dem hilflos ausgeliefert. Noch schlimmer: Japan wurde die vertragliche Gleichberechtigung versagt. Der Westen, stolz auf seine technischen Errungenschaften, wähnte das Land im finstern Mittelalter, betrachtete sein Rechtssystem als vorsintflutlich und unangemessen die existierenden Wertenormen.

Japan handelte. Manche westliche Autoren sagen: Japan kopierte. Nein. Japan packte an. Wenn Ausgewogenheit, dann richtig und auf der gleichen Ebene. Und dazu war kein Preis zu hoch. Auch nicht der, über den sprichwörtlich eigenen Schatten zu springen. Japan setzte zentral am Sektor Ausbildung und Erziehung an.

Im Jahr 1872 erließ die Regierung einen Bildungsplan, der ein einheitliches, landesweites, für die gesamte Bevölkerung ohne Ausnahme verbindliches Schulsystem vorschrieb. Ziel war die Schaffung einer wirtschaftlich gefestigten Nation und die Beherrschung allen zeitgemäßen Wissens auf Augenhöhe mit den Industrienationen. Das alte Ständesystem wurde abgeschafft, vor dem Gesetz gab es nur mehr Bürger. Wenn unsere Geschichtsbücher nicht von Revolution sprechen, so liegt dies einzig und allein an der Tatsache, daß die Träger dieser tiefgreifenden Änderungen ausschließlich Mitglieder des ehedem privilegierten Kriegeradels waren, die sich damit sozusagen selber und von oben her abschafften. Dieser alte Adel, vertraut mit Bildung, fühlte sich verpflichtet, motiviert, herausgefordert. Nur Maßnahmen ohne Wenn und Aber versprachen Aussicht auf Erfolg. Die ersten Schritte in Richtung konstitutioneller Monarchie und Durchsetzung demokratischer Rechte ging von diesen Kreisen aus, besonders griffig vermittelten die Vertreter dieser politischen Elite den Ruf nach »Zivilisation und Aufklärung«, dem sich die Jugend öffnete.

Heute gibt es keinen Grund mehr, darüber zu lächeln, auch wenn es nach wie vor Staunen erregt, daß von dieser Stunde an ausschließlich das westliche Tonsystem in den Curricula der Musikerziehung an Volksschulen verpflichtend wurde. Daß man die Klassenzimmer mit einem Harmonium möblierte. Daß des weiteren per Gesetzesbeschluß keine Ärzte mehr nach der durch Jahrhunderte tradierten klassischen chinesischen Medizin ausgebildet werden durften, sondern nur mehr die Heilkunde der im Westen bewährten chirurgischen Wund- sowie Vorsorgemedizin Maß aller Dinge war. In einer einzigen Generation von drei Jahrzehnten waren Tausende von Medizinern ausgewechselt. Und wäre es nach einigen besonders hitzköpfigen Neuerern gegangen, wäre als Landessprache das Englische an Stelle des Japanischen gerückt.

In den Jahren 1872 und 1873 war eine hochrangige, aus fünf Staatsministern bestehende japanische Regierungsdelegation auf einer Studienreise durch Amerika und Europa unterwegs. Mehrere Dutzend Studenten, die mit ihnen reisten, wurden in verschiedenen Staaten und Städten an Bildungseinrichtungen untergebracht. Unter ihnen fünf »Studentinnen«, die älteste sechzehn, die jüngste acht Jahre alt! Töchter aus Samurai-Haushalten, deren Familien den Mut hatten, ihre Kinder auch in diesem jugendlichen Alter für lange Jahre zur Ausbildung ins Ausland zu schicken. Tsuda Umeko, die jüngste der Gruppe, sprach zwar nach ihrer Rückkehr fast kein Japanisch mehr, dafür ging sie als Gründerin der wohl bekanntesten Frauenhochschule Japans, der Tsuda-Juku-Universität, in die (Bildungs-)Geschichte ein.

Die Umsetzung des Pflichtschulsystems schritt nicht ganz so schnell voran wie ursprünglich geplant. Es war organisatorisch wie finanziell schlicht unmöglich, für eine Millionenbevölkerung innerhalb weniger Jahre genügend Schulbauten zu errichten und dazu die vielen notwendigen Lehrkräfte auszubilden. Max von Brandt, der damalige deutsche Gesandte in Tokyo, zollte den Bestrebungen jenes Bildungsplanes Beifall und Anerkennung, wenngleich er sich einen gewissen Sarkasmus nicht verkneifen konnte: Danach stand das meiste nur auf dem Papier, weil für die 53.000 Schulen, die eingerichtet werden sollten, wohl die Schüler, aber keine Lehrer vorhanden waren … .

Man fing 1872 recht bescheiden an, vier Jahre Schulbesuch, hob die Schulzeit – die Betonung liegt auf Pflicht – bis zur Jahrhundertwende auf sechs Jahre an. Für das Jahr 1900 liegen klare Zahlen vor, wonach 97 Prozent der männlichen und 94 Prozent der weiblichen Kinder durch die Pflichtschule gegangen waren. Analphabetismus war verschwunden.

Das aber war nur die eine Seite der Medaille. Allein mit zehn- und zwölfjährigen Jugendlichen, die jetzt ein Brieflein schreiben und Zeitung lesen konnten, läßt sich nicht eine Industrienation aufbauen. Im Bildungsplan von 1872 war auch für die höhere Schulbildung vorgesorgt. Nach Standorten ausgewogen, gründete der Staat Mittelschulen, wobei hier von Anfang an der private Sektor eine immens wichtige Rolle übernahm. Auch hier waren es so gut wie in allen Fällen Angehörige des alten Samuraistandes, die ihr Wissen weitergaben, sich im Bildungswesen einen seriösen und angesehenen Lebensunterhalt sicherten und es mit ihrem Engagement schafften, vielen ihrer höheren Schulen einen so ausgezeichneten Ruf zu verschaffen, daß diese Akademien zur gesunden Konkurrenz der staatlichen Universitäten wurden. Der Staat würdigte diesen Bildungsbeitrag, indem er mit der Verabschiedung des Universitätsgesetzes 1918 diesen akademischen Einrichtungen den Rang einer Universität verlieh. Wer nur irgend mit Japan in Berührung kommt, weiß um den Klang einer privaten Keiô-, Waseda- oder Dôshisha-Universität.

Der universitären Ausbildung galt von jenem schicksalsträchtigen Startschuß an, mit dem die japanische Obrigkeit den Aufbruch in die neue Zeit markierte, eine besonders emotional geprägte Zuwendung. Eine effektive Hochschulbildung war der Sektor, der Wissen am deutlichsten versammelte und innerhalb dessen – ein Schelm, der Schlechtes denkt – der Einsatz dieses Wissens am raschesten versprach umgesetzt zu werden. Zu Hunderten schickte die Regierung mit staatlichen Stipendien strebsame Jünglinge in aller Herren Länder an diese oder jene hohe Schule, jeweils dahin, wo bestimmte Disziplinen glänzten, Lehrkanzeln mit namhaften Professoren lockten und Fächer mit brauchbaren Forschungsergebnissen aufhorchen ließen. Besonders Medizin, Rechts- und Ingenieurswissenschaften waren die Champions der Stunde.

Weil aber bei allem Fleiß die Inkubationszeit eines Studenten bis zur Übernahme einer verantwortungsvollen Aufgabe wahrlich keine kurze ist, andererseits die rasche Umsetzung von Kenntnissen und Errungenschaften ein Gebot der Stunde war, wurden zunächst im Gegenzug ausländische Berater in das Land geholt. Das Erstaunliche daran ist nicht so sehr die Zahl dieser, heute würde man sagen, technischen und wissenschaftlichen Entwicklungshelfer – es waren zwischen den 1870er und 1890er Jahren einige Tausende, die in Japan wirkten –, sondern die Kosten, die Japan bereit war sich damit aufzubürden. Alle die westlichen Professionisten und Gelehrten wären für die in der Regel mindestens drei Jahre währende Mindestaufenthaltsdauer nicht ins Land gekommen, hätte sie die japanische Seite nicht fürstlich dafür entlohnt. Es waren Gehälter, um die sie selbst die höchsten Beamten im Staat beneiden konnten. Summen, für die Japan im Rahmen seiner gesamten Bildungs- und Modernisierungskampagne Kredite von eben jenen westlichen Staaten aufnehmen mußte, aus denen die Berater kamen. Und dafür erhielten diese Männer im nachhinein auf diesem oder jenem japanischen Universitätscampus sogar noch Denkmäler, die von ihrem Wirken künden. Zum Beispiel jenem des Württemberger Medizinprofessors Erwin Bälz an der Tokyo-Universität, den der Tenno außerdem als Leibarzt konsultierte.

Furuichi Kimitake, der als erster Professor für Tiefbau-Ingenieurswesen an der kaiserlichen Universität Tokyo wirkte, könnte für den Bildungswillen jener Stunde des Aufbruchs kein besseres Beispiel bieten. Von 1875 an hatte er fünf Jahre in Paris studiert und dort zwei Diplome erworben, eines in Natur- und eines in Ingenieurswissenschaften. Es wird überliefert, daß Furuichi unermüdlich über den Büchern saß und sich die Wirtin seines Zimmers, das er bewohnte, mit Recht Sorgen machte. Doch als sie ihn einmal ermahnte, daß er seine Gesundheit ruinieren würde, soll er zur Antwort gegeben haben: »Wenn ich einen Tag ausruhe, wird sich Japan in seiner Entwicklung einen Tag verspäten!«

Legendenbildung oder nicht, Tatsache ist, daß sich Japans Bildungswesen, nicht zuletzt die Hochschullandschaft auf internationalem Boden sehen lassen kann. Mit einer Volluniversität, der Tokyo-Universität hat es 1877 angefangen. Zwanzig Jahre später gab es in Kyoto eine zweite hohe Lehranstalt, 1920 bereits fünf staatliche – damals kaiserliche – Universitäten. Heute sind es 99 staatliche Universitäten (und viermal so viel private) unterschiedlicher Größe, unterschiedlicher Schwerpunkte, unterschiedlichen Ansehens, die – so hat sich Japan erst jüngst entschieden – als Körperschaften öffentlichen Rechts neu organisiert werden, um Wettbewerb und Eigenständigkeit zu fördern. Wir sind vorausgeeilt. Es gilt, noch auf eine zweite massive Weichenstellung in Japans Bildungslandschaft den Blick zu werfen.

Das Jahr 1945 und die Frage der richtigen Werte

Wir müssen hier nicht diskutieren, was daran Schuld getragen hatte, daß sich Japan mit dem beginnenden 20. Jahrhundert von der Krankheit des Nationalismus hat anstecken lassen, warum es sich in eine militaristische Ideologie verstrickte, sich ein so heftiger Antagonismus gegenüber China hochschaukelte, es sich mit den USA anlegte und schließlich in den Zweiten Weltkrieg schlitterte. Faktum ist, etliches war falsch gelaufen. Die Niederlage im Krieg, die Atombomben in Hiroshima und Nagasaki, Millionen aus der Mandschurei flüchtende japanische Siedler, die erste Besetzung Japans durch ausländische Truppen in seiner Geschichte sorgten für böses Erwachen.

Am Bildungsbewußtsein als solchem hatte das Fiasko nicht gelegen, sehr wohl aber an der Ausrichtung und dem Mißbrauch durch die »hohe« Politik. Die drastischen Änderungen, die nun eintreten, werden anfangs von der amerikanischen Besatzungsmacht in die Hand genommen. Diese Maßnahmen, zunächst nur Vorgaben, hätten aber nie in dieser Konsequenz und Gründlichkeit gegriffen, wäre nicht jene japanische Elite dazu mit Verve und Hingabe bereit gewesen, deren Stimme sich unter dem mit dem Namen des Tenno verbrämenden militaristischen Monopol nicht hatte artikulieren dürfen. Das Erste war das Schwärzen ultranationalistischer Aussagen in den Lehrbüchern, die man nicht rasch genug auswechseln konnte. Aber auch die gesetzliche Änderung erfolgte rasch. In dem 1947 erlassenen Grundgesetz der Erziehung wurden die Bildungsprinzipien expressis verbis auf die Grundlage von Pazifismus und Demokratie gestellt. Äußerungen wie Respekt vor fundamentalen Menschenrechten wie individuelle Freiheit und absolute Gleichheit der Bildungschancen wurden im Nu durch eine konkrete Umstrukturierung des Bildungssystems sichtbar gemacht. Die Bildungsverwaltung wurde (zunächst) dezentralisiert, neben dem Bildungsministerium wirkten regionale Erziehungsausschüsse. Damit sollte eine autoritäre Festlegung von Schulcurricula verhindert werden. Die Trennung der Geschlechter im Unterricht wurde beseitigt. Koedukation war das Credo der Stunde. Den Lehrkräften wurde weitgehend Lehrfreiheit bescheinigt. Die augenfälligste Änderung: der Schulverlauf. Bis zum Krieg war nur der Grundschulbesuch im Stück von fünf Jahren ein allen Kindern gemeinsamer, von da an führte die schulische Erziehung in unterschiedlichsten Schultypen weiter. Jetzt lautete – wie in den USA – die Zauberzahl: 6-3-3, also sechs Jahre Grundschule, drei Jahre Mittel- und drei Jahre Oberschule. Dies wurde möglich, weil bereits 1946 die Regierung die Regelschulzeit auf neun Jahre angehoben hatte. Erstaunlicherweise war weder die Tatsache, daß jetzt alle Kinder unisono bis zu ihrem fünfzehnten Lebensjahr die gleiche Schulbank drückten, Gegenstand einer auch nur annähernd hitzig geführten Diskussion noch die Verlängerung der Pflichtschulzeit, obgleich die Bevölkerung die Schulen selbst finanzieren mußte.

Stellt man das japanische Schulsystem und parallel dazu das vorherrschende Bildungsbewußtsein in nur wenigen Sätzen dar, ist eindeutig von einem Erfolgsmodell zu sprechen. Die Pflichtschulzeit brauchte seither gar nicht mehr weiter hinaufgesetzt zu werden. Das hat sich die Bevölkerung von selbst besorgt. Gegenwärtig (letzte Zahlen aus 2008) besuchen 97,8 Prozent aller Mittelschulabsolventen eine weiterführende Oberschule und gelangen so ins Stadium des »Abiturs«. 41 Prozent (2008) eines Jahrgangs beendeten eine vierjährige Hochschule oder Universität mit dem Bakkalaureat. In diesem Jahr begannen im Anschluß 12,1 Prozent der Absolventen mit einem Graduiertenstudium, ihre Magister-Diplome werden sie mit Sicherheit in die Scheune fahren. Damit steht Japan einzigartig da. Und auch an dem, was man 1945 wollte, nämlich die Jugend und damit das ganze Volk für eine demokratische Gesinnung, für Achtung von Frieden und Freiheit, für soziale Verantwortung zu gewinnen, läßt sich schwerlich rütteln.

Vom Gold das glänzt (oder auch nicht)

Rechnen wir nach: Seit 1945 sind 65 Jahre verflossen. Eine lange Zeit. Da kann ein Kleid, selbst bei bester Pflege, Flecken kriegen. Die »Organisation for Economic Co-operation and Development« (OECD) läßt es sich angelegen sein, Schulwissen und Bildungsstand international vergleichbar zu machen, und legt zu dem Zweck Lupe und Latte an viele Länder an. Auch Japan bleibt nicht davor verschont, wobei sich streiten läßt, ob die Parameter dieser Behörde die richtigen oder besonders sinnvoll sind. Sagen wir, die Daten sind richtig und Japans Schüler rutschen beim Leseverständnis (die *Manga* sind schuld!?) oder bei Fremdsprachenkenntnissen (wahrscheinlich zu wenig Sommerkurse auf Hawaii oder in Kalifornien) zu Recht auf hintere Ränge. Die japanische Öffentlichkeit, die verständlicherweise für ihr eigenes Team die Daumen hält, findet immer noch eine Reihe von Fakten, auf die sie mit Stolz verweisen kann. Ihre Schüler mögen in den literarischen Fächern schwächer geworden sein, aber in den naturwissenschaftlichen bewegen sie sich immer noch weit oben an der Spitze. Im übrigen weiß die Öffentlichkeit sehr wohl, was es an Problemen gibt. Diese werden ausgesprochen und sind oft Gegenstand heißer öffentlicher Debatten.

Eine gewisse ideologische Kritik wurde laut, weil die seinerzeit im Erziehungsgesetz unmittelbar nach dem Krieg verkündete Dezentralisierung weitgehend bereits Ende der 1950er Jahre rückgängig gemacht worden ist. Die Fäden bündeln sich schon lange wieder im nationalen Bildungsministerium. Es hatte die Effizienz gelitten. In der Auswahl der Lehrmaterialien bleibt zwar eine gewisse Autonomie bei Kommunen und Regionen, nicht aber bei der Konzipierung der Lehrmaterialien, für die sich das Ministerium weitgehend die Kontrolle vorbehält. Es wird die Gefahr einer möglichen Indoktrinierung an die Wand gemalt. Dem ist aber vorgesorgt. Allein schon die Vielfalt der Bildungslandschaft, die in Japan von so vielen privaten Oberschulen und Universitäten geprägt wird, verhindert Einheitsleisten. Ein Zentralabitur, wie in westlichen Ländern teils diskutiert, teils eingeführt, ist ein Ding der Unmöglichkeit. Die Anforderungen werden wohl immer unterschiedlich bleiben. Einzig Absprachen zum Termin für Universitätseintrittsprüfungen, und zwar nicht bloß an besonders prestigereichen Einrichtungen, sind Usus geworden. Diese Prüfungstermine liegen, getrennt nach staatlichen und privaten Universitäten, jeweils am gleichen Tag, denn sonst würden die Bewerber ihr Glück konsekutiv bei einer ganzen Reihe von Universitäten suchen, um ihre Chancen zu erhöhen. Für die Universitäten, die jährlich nur eine bestimmte Anzahl aufnehmen können oder wollen, hätte in dem Fall keine Klarheit über die Zahl der tatsächlichen Studienanfänger bestanden. So ist es so gut wie unumstößlich: Wer besteht, greift zu.

Und hätten nur viele andere Länder auch eine ähnlich kritische und unabhängige Presse, die der Regierung pingelig auf ihre Finger schaut!

Schüler, die nicht die Eintrittsprüfung in die Oberschule schaffen, weichen in weniger schwierige Schulen aus. Schüler, denen der Eintritt in eine Universität ihrer Präferenz auf Anhieb nicht gelingt, gehen ähnlich vor oder bleiben – so sie dies ihrem Stolz schuldig sind – »Herrenlose Ritter« (»Rônin«), um in einem, schlimmstenfalls noch einem zweiten Jahr, erneut bei ihrer Wunschuniversität einen Anlauf zu versuchen. Hier liegen sehr wohl nicht zu unterschätzende Probleme. Zuallererst bei dem ungeheuren Leistungsdruck, der auf den Schülern liegt. Es sind die Aufnahmeprüfungen, ein Thema, das bei uns unter dem Schlagwort »Prüfungshölle« hinlänglich bekannt geworden ist. Was führte die Gesellschaft sehenden Auges in dieses Dilemma? Die sympathischste Erklärung wäre der Ehrgeiz der lieben Eltern. Aber selbst ehrgeizigste Eltern können nicht wollen, mit dem Antreiben zu noch mehr und zu noch besseren Leistungen ihre Kinder zu seelischen Krüppeln oder Schulverweigerern werden zu lassen, oder gar in den Selbstmord zu treiben, der signifikant unter japanischen Jugendlichen in den letzten dreißig Jahren zugenommen hat.

Nachvollziehbar in diesem Konkurrenzstreben ist ein anderer Aspekt: die Hoffnung auf einen glänzenden Beruf mit Karrierechancen. Namhafte Unternehmen genauso wie die Ministerialbürokratie legen dazu die Latte hoch. Voraussetzung ist eine namhafte Universität. Diese verschenkt ihre Plätze nicht. Die Aufnahme ist entsprechend schwer. Also pflanzt sich die zum eigenen Vorteil erstrebte Bildungslaufbahn, was in der westlichen Literatur genüßlich belächelt, wenn nicht karikiert wird, bis zum »exzellenten« Kindergarten fort. Oder umgekehrt gesagt, die Laufbahn muß bereits hier beginnen. Streß beginnt also schon im Vorschulalter. Je angesehener das Bildungsinstitut, umso sicherer der Weg nach oben. Dies aber verzerrte gewaltig die Chancengleichheit. Es kamen die Nachhilfelehrer und die Paukschulen ins Spiel. Eine regelrechte Aufnahmeprüfungsindustrie entstand, die die Schul- und Erziehungskosten für die Haushalte von Jahr zu Jahr gewaltig steigen ließ. Das erzeugt bei vielen Schülern erheblichen Leistungsdruck, umso mehr, wenn sie mit den Mitschülern nicht mithalten können und die Spirale in Schulangst, Schwänzen oder Gehänseltwerden führt. Und manchmal wird durch Aufsässigkeit sogar den Lehrpersonen das Leben schwergemacht. Es besteht kein Konsens, ob das hohe Wirtschaftswachstum der sechziger Jahre zur Intensivierung des Konkurrenzdenkens beigetragen hat, denn Japan mußte sich inzwischen durch ökonomisch deutlich schwierigere Jahre kämpfen, das hoch emotionale Problem von so manchem an den Rand gedrängten Schüler verschwand trotzdem nicht. Auch mit »Reizüberflutung« zu argumentieren, wäre wohl zu simpel.

Pädagogen wie Soziologen haben vermutlich nicht unrecht, wenn sie insgesamt auf sich wandelnde Wertevorstellungen verweisen, wonach sich unter

Jugendlichen Konsumdruck und Hedonismus im Wettstreit mit eher als verzopft geltenden Tugenden wie Durchhaltevermögen und Verantwortungsgefühl befinden. Bei einem Prozentsatz von 97,8 Oberschulabsolventen wird, auch wenn es viele der jungen Leute am Ende bescheidener geben werden, der Kampf um gute Studien-, danach attraktive Arbeitsplätze immer ein heftiger sein.

Ich habe noch nie gehört, daß Japan mit seinem Bildungswesen missionieren ging. Das verhindert allein schon die Diskussion um die Schattenseiten der Leistungsgesellschaft, die in Japan mit Selbstvorwürfen und alles andere als verschämt geführt wird, daher als unüberhörbare Tatsache dankbaren Eingang in westliche Medien findet. Nach dem Grundsatz: Japan kocht auch nur mit Wasser.

In einem aber darf ich auf mindestens einen Konsens westlicher Beobachter verweisen. Wem die Gelegenheit gegeben ist, in Japan nahe einer Schule – einer privaten oder staatlichen, einerlei – zu wohnen oder sich sonst irgendwie durch eigene Erfahrung ein Urteil über das schulische Leben bilden zu können, wird erstaunt sein, mit wie viel emotionalem wie zeitlichem Engagement sich die Lehrkräfte um ihre Schüler kümmern. Über die reine Unterrichtszeit hinaus. Und auch an Wochenenden, wo die Sporteinrichtungen uneingeschränkt zur Verfügung stehen. Noch hat der seit je tradierte Grundsatz, daß die Institution Schule und die in ihr wirkenden Lehrer für Gelingen oder Mißlingen im Fortkommen eines Schülers vorrangig verantwortlich sind, nicht seine Gültigkeit verloren. Und zweifellos wäre viel gewonnen, wenn die Überlegungen greifen, wieder mehr Allgemeinwissen und Persönlichkeitsbildung in den Mittelpunkt zu rücken gegenüber der bisher so starken Betonung mechanischen Examenpaukens.

Literatur:
Jim Allen u. a. (Hg.), Competencies, higher education and career in Japan and the Netherlands (Higher education dynamics, 21), Dordrecht 2007.
Edward R. Beauchamp, Richard Rubinger, Education in Japan. A source book (Garland reference library of social science, 329; Reference books in international education, 5), New York u. a. 1989.
William K. Cummings (Hg.), Changes in the Japanese university. A comparative perspective. Foreword by Michio Nagai (Praeger special studies series in comparative education), New York 1979.
William K. Cummings, Education and equality in Japan. Princeton, N.J. u. a. 1980.
Helmut Demes (Hg.), Gelernte Karriere – Bildung und Berufsverlauf in Japan (Monographien aus dem Deutschen Institut für Japanstudien. Bd. 9), München 1994.
Julian Dierkes, »Privatschulen und privatwirtschaftliche Zusatzschulen in Japan: Bildungspolitische Lückenbüßer und Marktlücke«, in: Zeitschrift für Pädagogik, Weinheim u. Basel: Beltz, Jg. 55, Sept./Okt. 2009, Nr. 5, S. 732–746
Julian Dierkes, Postwar History Education in Japan and the Germanys. Guilty Lessons. London: Routledge, 2010
Julian Dierkes, »Supplementary education in Japan«, in: The Newsletter, Leiden: International Institute for Asian Studies, Spring 2011, Nr. 56, The Focus, S. 24–25
Ronald P. Dore, Mari Sako, How the Japanese learn to work (Routledge Japanese studies series), London u. a. 1991.
Ronald P. Dore, Education in Tokugawa Japan (Michigan classics in Japanese studies, 8), Ann Arbor 1992.
Friedrich Fürstenberg, Renate Ruttkowski, Bildung und Beschäftigung in Japan. Steuerungs- und Abstimmungsaspekte, Opladen 1997.
Walter Georg, Berufliche Bildung des Auslands. Japan (Internationale Weiterbildung, Austausch, Entwicklung, 8), Baden-Baden 1993.
Walter Georg (Hg.), Von Japan lernen? Aspekte von Bildung und Beschäftigung in Japan, 2. Aufl., Weinheim 1995.
Günther Haasch, Bildung und Erziehung in Japan. Ein Handbuch zur Geschichte, Philosophie, Politik und Organisation des japanischen Bildungswesens von den Anfängen bis zur Gegenwart, 1. Aufl., Berlin 2000.
Teruhisa Horio, Educational thought and ideology in modern Japan. State authority and intellectual freedom, Tokyo 1988.
Shuichi Katsuta, Toshio Nakauchi, Das Bildungswesen in Japan (Japan Verstehen, 77), Tokyo 1997.
Stephan Köhn, Traditionen idealisierter Weiblichkeit. Die »Kostbare Sammlung von Vorbildern weiblicher Weisheit« (Joyo chie kagami takaraori) als Paradebeispiel edo-zeitlicher Frauenbildung, Wiesbaden 2008.
Klaus Luhmer, Schule und Bildungsreform in Japan. Japanische Bildungspolitik im internationalen Vergleich, 2 Bde., Tokyo 1972–1973.
Margaret Mehl, Private academies of Chinese learning in Meiji Japan. The decline and transformation of the Kangaku Juku (Nordic Institute of Asian Studies monograph series, 92), 1. Aufl., Copenhagen 2003.
Nicole Mohry, Melanie Mohry, Erziehung in Japan. Eine kritische Darstellung der familiären und institutionellen Erziehung, Saarbrücken 2007.
Joachim Münch, Mikiko Eswein, Bildung, Qualifikation und Arbeit in Japan. Mit einem Geleitwort von Horst Albach (Ausbildung, Fortbildung, Personalentwicklung, 34), Berlin 1992.
Barbara Rose, Tsuda Umeko and women's education in Japan, New Haven u. a. 1992.
Kurt Schmid (Hg.), Lebenslanges Lernen in Japan. Nihon no shōgai gakushū, Wien 1997.
Masako Shibata, Japan and Germany under the US occupation. A comparative analysis of the post-war education reform (Studies of modern Japan), Lanham, Md. u. a. 2005.

Harold W. Stevenson, James W. Stigler, The learning gap. Why our schools are failing and what we can learn from japanese and chinese education, New York u. a. 1994.

Ulrich Teichler, Friedrich Voss, Bibliography on Japanese education. Bibliographie zum japanischen Erziehungswesen. Postwar publications in western languages, Pullach bei München 1974.

Ulrich Teichler, Yoko Teichler-Urata, Der Arbeitsmarkt für Akademiker in Japan (Schriften der Kommission für wirtschaftlichen und sozialen Wandel, Bd. 51), Göttingen 1975.

Ulrich Teichler, Hochschule und Gesellschaft in Japan, 2 Bde., Stuttgart 1975–1976.

Ulrich Teichler, Der Wandel der Beziehungen von Bildungs- und Beschäftigungssystem und die Entwicklung der beruflich-sozialen Lebensperspektiven Jugendlicher (Arbeitspapiere, 2), Kassel 1978.

Kerstin Teicher, Bildung und Beschäftigung in der japanischen Forschungsliteratur (Ifo-Studien zur Japanforschung, 11), München 1996.

Ulrich Teichler, Akira Takanashi (Hgg.), Berufliche Kompetenzentwicklung im Bildungs- und Beschäftigungssystem in Japan und Deutschland (Frankfurter Studien zur Bildungsforschung, 13), Baden-Baden 1998.

Kerstin Teicher, Ulrich Teichler, Der Übergang von der Hochschule in die Berufstätigkeit, Opladen 2000.

Horst E. Wittig, Bildungswelt Ostasien. Pädagogik und Schule in China (UTB, 78), Japan und Korea. Paderborn 1972.

Horst E. Wittig (Hg.), Menschenbildung in Japan. Beiträge aus der pädagogischen und bildungspolitischen Diskussion der Gegenwart, München u. a. 1973.

Horst E. Wittig (Hg.), Pädagogik und Bildungspolitik Japans. Quellentexte und Dokumente vom Beginn der Tokugawa-Zeit bis zur Gegenwart, München u. a. 1976.

8. China

Brunhild Staiger

China besitzt eine lange und ausgeprägte Bildungstradition. Diese läßt sich durch zwei Wesensmerkmale kennzeichnen, die nahezu zwei Jahrtausende Bestand hatten: Zum einen hat sich die Elite in China bis zum Ende des 19. Jahrhunderts durchweg über Bildung und nicht über Besitz definiert, zum anderen bildeten die kanonischen Schriften des Konfuzianismus die Grundlage der Bildung. Sowohl die Elitebildung, die über ein staatliches Prüfungssystem auf den Staatsdienst vorbereitete, als auch großenteils die Volksbildung, auf die der Staat nur geringen Einfluß nahm, wurden ethisch-moralisch definiert und beinhalteten weder fachliche Wissensvermittlung noch religiöse Unterweisung. Erst gegen Ende des 19. Jahrhunderts entstanden moderne, an westlichem Wissen orientierte Schulen, die im 20. Jahrhundert ihren Siegeszug antraten und heute zu einem global kompatiblen formalen Bildungssystem geführt haben, ohne daß die traditionell hohe Lernethik und das Ideal lebenslangen Lernens an Gültigkeit eingebüßt hätten.

Geschichte

Kein Geringerer als Konfuzius (551 bis 479 v. Chr.) gilt in China als der erste Pädagoge. Er lebte in einer Zeit des politischen Verfalls und Niedergangs, der Kriege und des gesellschaftlichen Wandels. Zeit seines Lebens strebte Konfuzius ein politisches Amt als Ratgeber am Hof eines Fürsten an, doch war ihm eine solche Tätigkeit nicht vergönnt. Statt dessen zog er als Lehrer in dem in zahllose kleine Feudalstaaten zerfallenen Reich umher, versammelte Schüler um sich und vermittelte ihnen gegen ein geringes Honorar Bildung. Diese bestand hauptsächlich aus der Tradierung des Wissens der Vergangenheit. Konfuzius hielt zunächst an den »sechs Künsten« (Riten, Musik, Bogenschießen, Wagenlenken, Schreiben und Rechnen) fest, wie sie seit frühester Zeit den Söhnen der Aristokratie beigebracht wurden. Aber sein Interesse galt mehr der Heranbildung einer neuen Schicht von Gebildeten, die nach seinen Vorstellungen ihren Einfluß im Sinne guten Regierens in Politik und Gesellschaft geltend machen. Neu für seine Zeit war, daß Konfuzius nicht mehr die Herkunft, sondern die moralischen Qualitäten eines Menschen für entscheidend ansah. »In der Bildung gibt es keine Unterschiede«, heißt es in seinen *Gesprächen*, der Hauptquelle seiner Ideen.

Bildung bedeutet für Konfuzius moralische Bildung, er will »Edle« (*junzi*) heranziehen, wobei dieser Begriff bei ihm einen Bedeutungswandel erfährt: Gemeint ist nicht mehr der »Fürstensohn« (so die wörtliche Übersetzung des Begriffs *junzi*), sondern eine moralisch integre Persönlichkeit, die Konfuzius'

Kardinaltugend, die »Menschlichkeit« (ren) verkörpert. Als Vorbild dienen ihm die weisen Herrscher der Vor- und Frühzeit, über deren Tugend die alten überlieferten Texte berichten, die er redigiert haben soll und die später zu »Klassikern« und damit zum Hauptinhalt der Bildung erhoben werden sollten. Bereits Konfuzius empfiehlt diese Texte zum Studium, namentlich das *Buch der Lieder* und das *Buch der Urkunden*. Überhaupt nimmt das Lernen bei ihm ebenso wie bei seinen Nachfolgern einen zentralen Platz ein, wie gleich der erste Satz der *Gespräche* zeigt: »Lernen und das Gelernte immer wieder üben, ist das nicht auch eine Freude?« Schon hier wird deutlich, daß der Gebildete nie auslernt und daß er für sich selbst lernt. Noch offensichtlicher wird dies bei Menzius (372 bis 281 v. Chr.), dem zweiten großen Vertreter des Konfuzianismus, der an die Erziehbarkeit des Menschen glaubt und die Selbstvervollkommnung in den Mittelpunkt der Erziehung stellt. Ziel ist die Schaffung einer harmonischen Gesellschaft auf der Grundlage der Menschlichkeit, in der jeder Einzelne in ein Beziehungsgeflecht eingebunden ist und sich entsprechend seiner gesellschaftlichen Stellung an bestimmte Verhaltensnormen zu halten hat. Diese finden ihren Ausdruck in den Riten, deren Kenntnis für die Elite höchste Bedeutung erlangt.

Ausgehend von diesen Grundgedanken entwickelt sich in den folgenden Jahrhunderten im Gleichklang mit der Herausbildung der konfuzianischen Orthodoxie ein Bildungssystem, das über Anfänge im 2. vorchristlichen Jahrhundert im 8. Jahrhundert Gestalt gewinnt, zu Beginn des 14. Jahrhunderts seine endgültige Form annimmt und bis zum Beginn des 20. Jahrhunderts Bestand haben sollte. Voraussetzung für diese Entwicklung war die Erhebung des Konfuzianismus zur Staatsideologie im 2. Jahrhundert v. Chr., bald nach der Reichseinigung (221 v. Chr.). Sie markiert den Beginn des zwei Jahrtausende währenden Zweckbündnisses zwischen der Staatsmacht in Form des Kaisertums auf der einen und der konfuzianisch gebildeten Elite auf der anderen Seite. Der Kaiser war für die Verwaltung des Reiches auf die gebildete Elite angewiesen, und diese verdankte dem Kaiser ihre privilegierte Stellung; die gegenseitige Abhängigkeit verlieh dem Kaisertum und damit dem Konfuzianismus unvergleichliche Stabilität und Dauer, die sich auch auf das Bildungssystem auswirkten. Zwar war das traditionelle Bildungswesen nicht ohne Wandel und Fortschritt geblieben, aber seine spezifischen Strukturmerkmale sollten bis ins 20. Jahrhundert hinein fortbestehen.

Ein wesentliches strukturelles Kennzeichen war die Herausbildung eines zentralisierten, hierarchisch gegliederten Prüfungssystems, das lediglich die höhere Bildung erfaßte, und einer sich auf der lokalen Ebene entwickelnden rudimentären Volksbildung, die nicht formalisiert und ganz den örtlichen Initiativen überlassen war. In diesem System bedeutete Bildung Elitebildung auf der Grundlage der konfuzianischen Orthodoxie, und nur um diese kümmerte sich der Staat. Dem Kaiserstaat ging es nie um eine breite Bildung des Volkes, sondern um die Auslese einer für den Staatsdienst befähigten Elite. Bereits vor Ablauf des ersten Jahrtausends waren Ämter nicht mehr erblich; vielmehr wurde die Befähigung für Staatsämter durch das intensive Studium der klassischen Schriften des Konfuzianismus erlangt, zunächst der »Fünf Klassiker« *(Buch der Lieder, Buch der Urkunden, Buch der Wandlungen, Buch der Riten* und der von Konfuzius verfaßten *Frühlings- und Herbst-Annalen),* die zusammen mit den ab dem 12. Jahrhundert hinzugefügten »Vier Büchern« (den *Gesprächen* des Konfuzius *[Lunyu]*, dem *Menzius [Mengzi]* und den beiden Schriften »Die große Lehre« *[Daxue]* und »Die Anwendung der Mitte« *[Zhongyong]*) einschließlich Kommentaren den Bildungskanon für die Qualifizierung der staatstragenden Schicht bildete. Ähnlich der humanistischen Bildung im Westen galt im kaiserlichen China die klassisch-konfuzianische Bildung als universalistisch, während fachlich-praktische Kenntnisse einen geringen Stellenwert hatten. Die Teilnahme an den Prüfungen stand theoretisch jedermann offen; Frauen allerdings war der Zugang verwehrt. In der Praxis konnten sich jedoch meist nur Angehörige der besitzenden Schicht die jahrelange Vorbereitung auf die Prüfungen leisten. Bestandene Prüfungen garantierten zwar kein Amt, waren aber mit der Aufnahme in die Elite, im Westen häufig als Gentry bezeichnet, und vielerlei Privilegien verbunden. Die Kandidaten hatten sich auf den verschiedenen Verwaltungsebenen, angefangen vom Kreis über die Präfektur und die Provinz bis hin zur Hauptstadt, jeweils einer Reihe von Prüfungen zu unterziehen, deren höchste mit der Verleihung des Doktortitels abschloß.

Der Weg bis zur Teilnahme an den Prüfungen war nicht formalisiert. Es stand jedem frei, entweder bei einem Privatlehrer oder in einer privat betriebenen Schule oder Akademie zu studieren. Hinzu kamen eine Reihe von staatlichen Universitäten, die anfangs der Ausbildung der Adelssöhne für den Staatsdienst, ab dem 10. Jahrhundert jedoch der Vorbereitung auf die staatlichen Prüfungen dienten. Die bekannteste von ihnen war die im Jahre 124 v. Chr. in der Hauptstadt gegründete »Kaiserliche Universität« *(Taixue,* später umbenannt in *Guozijian,* Schule der Söhne der Nation). Insgesamt aber spielten die staatlichen Hochschulen keine so große Rolle wie das Prüfungssystem selbst. Auch konnte sich unter dem absoluten Vorrang der konfuzianisch geprägten Allgemeinbildung fachspezifische Ausbildung, die es zunächst an den staatlichen Hochschulen gab, nicht zu einem eigenständigen Bildungszweig entwickeln. Spätestens ab dem 12. Jahrhundert wurde sie die Domäne der niedrigen Schichten, für die auf lokaler Ebene Schulen zur Verfügung standen.

Die Elementarbildung fiel in den Zuständigkeitsbereich der lokalen Verwaltungen oder der Familien. Im Jahre 1375 verfügte der Kaiser die Gründung sog. Gemeindeschulen *(shexue)* für Kinder insbesondere in den ländlichen Gebieten, doch wurden sie nicht flächendeckend eingeführt, sondern hingen vom Wohlstand einer Region und den jeweiligen Lokalbeamten ab. Anfang des 18. Jahrhunderts kamen sog. Wohlfahrtsschulen *(yixue)* hinzu, die speziell für Kinder bedürftiger Familien bestimmt waren, aus Spenden finanziert und von der örtlichen Elite betrieben wurden. Schließlich gab es noch die Clanschulen, die exklusiv den Söhnen des eigenen Clans vorbehalten waren und die Begabten unter ihnen auf die Prüfungen vorbereiteten. Diese Möglichkeit boten auch die Gemeinde- und Wohlfahrtsschulen, doch deren Hauptziel bestand darin, den Kindern konfuzianische Tugenden wie Gehorsam, Respekt, Ehrlichkeit, Fleiß usw. sowie gewisse technische Kenntnisse zu vermitteln. Damit verbunden war das Erlernen von Schriftzeichen anhand vorgegebener Lehrbücher, so daß die Schüler lernten, einfache Texte zu lesen und Briefe zu schreiben. Auch Rechnen und Buchführung wurden unterrichtet. Insgesamt vermittelten diese Schulen eine zweitklassige Bildung, weil sie auf das Studium der Schriftsprache, wie es für die staatlichen Prüfungen erforderlich war, verzichteten und weil sie rein funktional auf Moralerziehung im Sinne der Heranbildung loyaler Untertanen und die Aneignung einiger technischer, für das praktische Leben nützlicher Kenntnisse ausgerichtet waren. Dennoch sorgten sie dafür, daß ein relativ großer Bevölkerungsanteil zumindest elementare Lese- und Schreibfähigkeiten besaß. Im 18. und 19. Jahrhundert soll dies bei etwa 30 bis 45 Prozent der männlichen und 2 bis 10 Prozent der weiblichen Bevölkerung der Fall gewesen sein. Auch wenn diese Zahlen nicht unumstritten sind, so lagen sie im 20. Jahrhundert teilweise deutlich niedriger.

Modernisierung unter westlichem Einfluß

Nach seinen Niederlagen in den Opiumkriegen (1840 bis 1842 und 1858 bis 1860) und der erzwungenen Öffnung des Landes geriet das Reich der Mitte unter zunehmenden Einfluß des Westens. Angesichts der Schwäche Chinas sah selbst die konservativ gestimmte Elite die Notwendigkeit von Reformen. Allerdings wehrte sie sich mit aller Macht gegen eine grundsätzliche Modernisierung. Nach ihren Vorstellungen sollte China seine kulturelle Identität, d.h. das konfuzianische Wertesystem beibehalten und vom Westen lediglich das Nützliche übernehmen, also vorrangig westliche Technologie, um das Militär und die Wirtschaft zu modernisieren. Im Zuge dieser unter dem Motto der »Selbststärkung« erfolgten Modernisierung wurden in der zweiten Hälfte des 19. Jahrhunderts die ersten modernen Schulen gegründet. Es handelte sich hierbei zunächst um Sprachenschulen, die Diplomaten und Übersetzer ausbilden sollten. Bald wurden an diesen Schulen auch naturwissenschaftliche und technische Fächer unterrichtet, und es entstanden die ersten beruflich-technischen Schulen. Auch wurden Studenten zum Studium ins Ausland geschickt. Einen gewissen Anteil an der Neuausrichtung des Bildungswesens hatten die christlichen Missionsschulen, die sich u.a. der Mädchenbildung annahmen. Ab Ende der 1890er Jahre gewannen Reformkräfte, die einen Wandel der Institutionen propagierten, maßgeblichen Einfluß auf das Bildungswesen. In der Folge kam es um die Jahrhundertwende zu einer Reihe von Bildungsreformen, die Anlaß zur Hoffnung auf eine grundlegende Erneuerung gaben, so z.B. 1898 zur Gründung der Universität Beijing, der ersten modernen Universität, und 1905 zur Abschaffung des traditionellen Prüfungssystems. Damit war auch das Schicksal des Kaisertums besiegelt, das 1911 gestürzt wurde.

Durch die Schulreformen von 1905 und 1912, die sich an das japanische Vorbild anlehnten, und diejenige von 1922, die sich am amerikanischen Vorbild orientierte, wurden die Grundlagen für ein formales

Schulsystem gelegt. Das System von 1922: sechs Jahre Grundschule, sechs Jahre Mittelschule (je drei Unter- und Oberstufe) und drei bis sechs Jahre Hochschule oder Universität, hatte bis Anfang der 1950er Jahre Bestand. Die Schulbücher aus der Kaiserzeit wurden verboten und durch Lehrmaterialien ersetzt, die der nunmehr geltenden nationalistischen Ideologie und den Bedürfnissen breiterer Volksschichten entsprachen. Das Ziel einer breiten Volksbildung wurde zwar formuliert und diese als Voraussetzung einer erfolgreichen Modernisierung begriffen, aber die politischen Führer sowohl der frühen Republik als auch der 1928 von Chiang Kaishek errichteten Nanjinger Nationalregierung erwiesen sich als unfähig, dieses Ziel zu realisieren. Allerdings hatten sie mit ungeheuren Schwierigkeiten zu kämpfen. Abgesehen von der politischen Lage, die bis zum Sieg Mao Zedongs durch Bürgerkrieg und Krieg gekennzeichnet war, verhinderten gravierende strukturelle Defizite die Schaffung eines allgemeinen und einheitlichen Schulsystems.

Das Erziehungsministerium hatte keinen landesweiten Einfluß, die Elementarbildung blieb weiterhin den unteren Verwaltungsebenen überlassen, die finanziellen Zuwendungen für das Schulwesen wurden vielfach zugunsten von Militärausgaben gekürzt, die Regierung kümmerte sich in erster Linie um die tertiäre Bildung, während die Elementarbildung in den ländlichen Gebieten vernachlässigt wurde. Es bildete sich ein krasser Gegensatz zwischen Stadt und Land heraus, zwischen einer städtischen, verwestlichten, dem Leben des Volkes entfremdeten Elite und der ungebildeten, rückständigen Masse des Volkes. Westliche Vorbilder wurden allzu unkritisch übernommen, während es versäumt wurde, ein der eigenen Kultur und den eigenen Bedürfnissen angepaßtes modernes Schulwesen zu entwickeln. Das Nebeneinander verschiedenster Schultypen von öffentlichen über private bis hin zu ausländischen Schulen, insbesondere Missionsschulen und traditionellen konfuzianischen Schulen, auf denen weiterhin die schriftsprachlichen Klassiker gelehrt wurden, stand der Einführung eines einheitlichen Schulwesens ebenso entgegen wie die mangelhafte Durchsetzung einer Standardsprache, der sog. Nationalsprache im Schulunterricht, die das Erziehungsministerium 1920 verfügt hatte. Vor allem aber scheiterten die Bemühungen um die allgemeine Schulbildung am Lehrermangel und an der Armut auf dem Lande. Dennoch gab es eine Reihe vielversprechender Initiativen von privater Seite auf dem Gebiet der Massenerziehung und Erwachsenenbildung, wie z. B. die Alphabetisierung der ländlichen Massen anhand einer Liste von eintausend gängigen Schriftzeichen in Verbindung mit der Vermittlung praktischer Kenntnisse in Landwirtschaft, Handwerk, Hygiene u. ä. Doch kamen alle diese Initiativen nicht über das Experimentierstadium hinaus.

Das maoistische Erziehungsmodell

Nach Gründung der Volksrepublik 1949 durch Mao Zedong wurde zunächst der westliche Einfluß im Bildungswesen ausgeschaltet und durch das sowjetische Vorbild ersetzt. Das Schulwesen, vor allem die Hochschulen wurden nach sowjetischem Muster mit Schwerpunkt auf den naturwissenschaftlich-technischen Fächern umorganisiert. Doch mit dem Bruch zwischen China und der Sowjetunion im Zuge von Maos »Großem Sprung nach vorn« begann sich ab 1958 das maoistische Erziehungsmodell durchzusetzen. Dieses unter dem Motto »rot und fachkundig« bekannt gewordene Modell, mit dem man bereits vor 1949 in Maos Stützpunktgebiet Yan'an erste Erfahrungen gesammelt hatte, ist dadurch gekennzeichnet, daß politisch-ideologische Erziehung Vorrang vor formaler Schulbildung und der Vermittlung von Fachkenntnissen hatte. Sie beschränkte sich daher nicht auf Schulen, sondern erfaßte die gesamte Bevölkerung, für die auf allen Ebenen, in Betrieben, Dörfern, Wohnvierteln usw. Studien- und Indoktrinationssitzungen organisiert wurden. Hauptinhalt der zumeist in Form von Kampagnen stattfindenden Erziehung waren die Gedanken Mao Zedongs, die Klassenkampf mit dem Ziel der Ausmerzung feudalistischen und bürgerlichen Denkens propagierten. Ein weiterer wichtiger Grundsatz war die Verbindung von Theorie und Praxis, die sich darin äußerte, daß Erziehung mit produktiver Arbeit verbunden wurde. An allen Schulen wurden Produktionsstätten eingerichtet. Halb Arbeit, halb Studium wurde zu einem gängigen Modell in Schulen und Betrieben. Insgesamt schenkte die Partei nichtregulären Schulformen wie Freizeit-, Abend- und Teilzeitschulen sowie Schulen für Arbeiter und Bauern mehr Aufmerksamkeit als dem formalen Schulsystem.

Infolge des wirtschaftlichen Fiaskos des »Großen Sprungs« wurde das maoistische Erziehungsmodell in den Jahren 1961 bis 1963 zeitweise zurückgestellt, um in der »sozialistischen Erziehungsbewegung« von 1964/65 wieder aufgenommen zu werden und in der Kulturrevolution (1966 bis 1976) seinen Höhepunkt zu erreichen. Im kulturrevolutionären Jahrzehnt stand Erziehung ganz im Zeichen politisch-ideologischer Indoktrinierung. Die Diskreditierung formaler Schulbildung ging so weit, daß 1966 sämtliche Schulen teilweise über Jahre geschlossen wurden. Jugendliche mit Schulbildung und Intellektuelle wurden aufs Land oder in Produktionsbetriebe geschickt, wo sie von Bauern und Arbeitern lernen sollten. Nach der nur langsam erfolgenden Wiedereröffnung der Schulen stand neben ideologischer Bildung und produktiver Arbeit militärisches Training im Mittelpunkt. Prüfungen, Titel und Grade wurden abgeschafft, Arbeiter, Bauern und Soldaten als Lehrer eingesetzt und die Schulzeiten verkürzt. Dabei wurde auf einen Schultyp zurückgegriffen, der bereits zuvor erprobt worden war: die »vom Volk betriebenen Schulen« *(minban)*. Hierbei handelte es sich um Dorfschulen von allgemein schlechter Qualität. Sie litten unter Lehrermangel und unzureichender Finanzierung und waren weit davon entfernt, alle Kinder im Schulalter aufzunehmen, nicht zuletzt wegen der Schulgeldpflicht. Die Bilanz der kulturrevolutionären Schulpolitik war verheerend: Eine ganze Generation junger Menschen war um ihre Bildungschancen gebracht und das breite Reservoir an Begabungen verschwendet worden. Lediglich auf dem Gebiet der Massenerziehung, insbesondere im Kampf gegen das Analphabetentum hatte die maoistische Bildungspolitik gewisse Erfolge zu verzeichnen. Die Volksrepublik war 1949 mit einer Hypothek von 80 Prozent Analphabeten belastet. Durch Alphabetisierungskampagnen konnte diese Rate bis Ende der 1950er Jahre auf 43 Prozent und bis Anfang der 1980er Jahre auf 35 Prozent gesenkt werden, wobei allerdings das Problem der Nachhaltigkeit nicht gelöst wurde.

Das Bildungswesen der Reformperiode

Mit Einführung der Reform- und Öffnungspolitik durch Deng Xiaoping im Jahre 1978 begann ein systematischer Wiederaufbau und Ausbau des Schulsystems. In den ersten Jahren wurde auf Altbewährtes aus den 1950er Jahren zurückgegriffen. So wurden Eliteschulen, die sog. Schwerpunktschulen, die es auf allen Schulstufen gibt, Prüfungen, einheitliche Schulbücher, Auslandsstudien, Begabtenförderung und akademische Grade wieder eingeführt. Partei und Regierung erklärten die Abschaffung des Analphabetentums und die Einführung der allgemeinen Schulpflicht bis zum Ende des Jahrhunderts zu den beiden wichtigsten bildungspolitischen Aufgaben. In den 1980er Jahren stand die Formalisierung der Schulbildung im Mittelpunkt der Bildungspolitik. Das Schulsystem wurde vereinheitlicht und der international üblichen Gliederung angepaßt: sechs Jahre Grundschule, sechs Jahre Mittelschule (je drei Jahre Sekundarstufe I und II) und vier bis fünf Jahre Hochschule bis zum Bachelor. Das 1986 erlassene Schulpflichtgesetz, das erste in China überhaupt, legt eine neunjährige Schulpflicht fest (sechs Jahre Grundschule, drei Jahre Sekundarstufe I), die schrittweise bis Ende des Jahrhunderts im Großen und Ganzen realisiert wurde, allerdings noch nicht vollständig in unterentwickelten und von Minderheiten bewohnten Gebieten. Auch beim Kampf gegen das Analphabetentum konnten Erfolge erzielt werden; zwischen 1990 und 2005 sank die Analphabetenrate bei Menschen von 15 Jahren an aufwärts von 22 auf neun Prozent.

In den 1990er Jahren wurde das Bildungswesen durch die Schaffung einer breiteren gesetzlichen Grundlage konsolidiert. Zu nennen sind hier das Lehrergesetz (1993), das Bildungsgesetz (1995), das Berufsbildungsgesetz (1996) und das Hochschulgesetz (1998). Herausragende Bedeutung kommt den 1993 erlassenen »Grundzügen für die Reform und Entwicklung des chinesischen Bildungswesens« zu, die ein komplexes, den Anforderungen einer modernen Gesellschaft angepaßtes Bildungssystem entwerfen, wie es sich zu Beginn des 21. Jahrhunderts darstellt. In dem Dokument wird dem Bildungswesen erstmalig eine prioritäre Bedeutung für Chinas Entwicklungsstrategie beigemessen. Mit den Gesetzen und der Reformagenda waren die notwendigen Rahmenbedingungen für die Entwicklung des Bildungswesens gegeben. Diese verlief allerdings keineswegs glatt, sondern war und ist durch viele Probleme und teilweise auch Rückschläge gekennzeichnet. Zu nennen sind hier die hohen Schulabbrecherquoten, die im nationalen Durchschnitt ca. vier Prozent, in wirtschaftlich unterentwickelten, vorwiegend von nationalen Minderheiten bewohnten Landesteilen 30 bis 50 Prozent betragen können, die chronische Unterfinanzierung, der Mangel an qualifizierten Lehrern, die großen regionalen und Stadt-

Land-Unterschiede und die damit verbundenen Qualitätsunterschiede der Schulen. Aus all diesem folgt, daß es praktisch keine Chancengleichheit im Bildungswesen gibt. Die Bildungschancen sind nicht nur geographisch bedingt, sondern hängen auch von der Zugehörigkeit zu benachteiligten Gruppen ab. So haben Mädchen in ländlichen und Minderheitengebieten, generell Angehörige nationaler Minderheiten, Migrantenkinder und Kinder in ländlichen Armutsgebieten, aber zunehmend auch solche von städtischen Arbeitslosen nur geringe Bildungschancen. Durch verschiedene Förderprogramme versucht der Staat hier Abhilfe zu schaffen, bislang jedoch ohne durchschlagenden Erfolg.

Eine vieldiskutierte Frage ist, inwieweit praktische Unterrichtsfächer Bestandteil der Elementarbildung sein sollen. Als Reaktion auf die Kulturrevolution standen zu Beginn der Reformära Wissensvermittlung und Lernen für Prüfungen im Vordergrund. Doch schon bald meldeten sich Stimmen zu Wort, die für einen stärkeren Praxisbezug plädierten, denn die Erfahrungen der Vergangenheit hatten gelehrt, daß praxisferne Bildung zur Lösung der Entwicklungsprobleme des Landes wenig beitragen konnte. Die Curricula wurden daher an die jeweiligen örtlichen Bedingungen angepaßt. So wird beispielsweise in ländlichen Gebieten vielfach bereits auf der Sekundarstufe I berufliche Bildung angeboten, die ansonsten der Sekundarstufe II vorbehalten ist. Generell sind praktische Unterrichtsfächer auf dem Lande stärker vertreten als in den Städten, doch sind sie an allen Schulen obligatorisch und können somit als Spezifikum des chinesischen Schulwesens gelten. So hat denn auch die Sekundarstufe II, die grundsätzlich schulgeldpflichtig ist, eine starke Diversifizierung erfahren. Nur noch etwa die Hälfte der Mittelschuloberstufen ist allgemein bildend und bereitet auf das Hochschulstudium vor, während die andere Hälfte in berufliche und technische Schulen umgewandelt wurde, um die traditionell schwache Berufsbildung zu stärken.

Der tertiäre Bildungssektor erfuhr in den 1990er Jahren die nachhaltigsten Veränderungen. Bis dahin wurden die Hochschulen von der Zentrale verwaltet und finanziert. Der äußerst restriktive Hochschulzugang wurde über einheitliche staatliche Aufnahmeprüfungen geregelt, die Studenten erhielten Stipendien und garantierte Arbeitsplätze. Die staatliche Modernisierungspolitik mit ihrem Bedarf an hochqualifizierten Fachleuten machte es erforderlich, das Hochschulstudium auszuweiten und die Finanzierung neu zu regeln. Gab es 1980 erst 675 reguläre Hochschulen mit 1,14 Millionen Undergraduate-Studenten, so war deren Zahl bis 2007 auf 1908 Hochschulen mit 18,85 Millionen Studenten gestiegen. Heute durchlaufen 15 Prozent der 18- bis 22jährigen eine tertiäre Bildung. Mit dieser Ausweitung ging eine starke Diversifizierung einher, die eine Vielzahl unterschiedlicher Formen entstehen ließ: Neben regulären gibt es verschiedene Typen nichtregulärer Hochschulen, vor allem eine wachsende Zahl privater Hochschulen sowie Einrichtungen des Fernstudiums (Fernseh- und Radiouniversität, Online-Studium), denen angesichts der Größe des Landes, der knappen Finanzen und der unzureichenden Bildungsinfrastruktur besondere Bedeutung zukommt. Auch die Finanzierung der Hochschulen wurde diversifiziert mit dem Ergebnis, daß sich der Staat mehr und mehr aus der alleinigen Zuständigkeit zurückzog. So wurden die Provinzen stärker in die Finanzierung und Verwaltung ihrer Hochschulen eingebunden, ferner wurden Studiengebühren eingeführt, und nicht zuletzt sind die Hochschulen gehalten, ihre Finanzen durch eigene Wirtschaftstätigkeit aufzubessern, sei es durch Zusammenarbeit mit der örtlichen Wirtschaft, die Gründung eigener Unternehmen oder zusätzliche Lehrangebote in der Erwachsenenbildung.

Eine Folge der Ausweitung der Hochschulbildung war neben deren Dezentralisierung und Lokalisierung die Herausbildung einer stark hierarchisch gegliederten Hochschullandschaft mit qualitativ sehr unterschiedlichen tertiären Bildungsangeboten. Am unteren Ende der Hierarchie stehen die nichtregulären Einrichtungen der Fern- und Erwachsenenbildung, die Berufshochschulen und die Mehrzahl der privaten Hochschulen (mit Ausnahme der wenigen staatlich anerkannten). Eine mittlere Position nehmen die Provinzhochschulen ein, die ihre Studenten aus der eigenen Provinz rekrutieren und in der Mehrzahl weder Postgraduierte aufnehmen noch Forschung betreiben. Die Spitzenposition halten die zum sog. »Projekt 211« zählenden Universitäten. Im Rahmen dieses Projektes läßt der Staat den rund einhundert besten Universitäten des Landes besondere Förderung zuteil werden, damit sie im 21. Jahrhundert internationales Niveau erreichen. Von diesen Elite-Universitäten wurde in den letzten Jahren noch einmal eine kleinere, rund zwei Dutzend Institutionen umfassende Gruppe im sog. »Projekt 985« zusammengefaßt mit dem Ziel, diese Universitäten in eine Reihe mit den besten der Welt zu stellen. Alle diese Universitäten genießen besondere Privilegien. Der Staat beteiligt sich nicht nur an den laufenden Kosten, sondern gewährt auch Sonderzuwendungen für Forschung und Ausstattung. Sie können sich ihre Studenten landesweit aussuchen, Postgraduierte ausbilden, die besten Professoren beschäftigen und haben die besten Chancen auf lukrative Zusammenarbeit mit der Wirtschaft. Durch regelmäßige Evaluierungen wird die Zugehörigkeit zu beiden Projekten überprüft.

Ein wichtiger Aspekt der Hochschulreform war die Neugestaltung der Studiengänge und Ausbildungsprofile. Der Fächerkanon ebenso wie die Lehrinhalte mußten den veränderten wirtschaftlichen Bedingungen angepaßt und vor allem die frühere enge Spezialisierung zugunsten einer breiteren Ausbildung überwunden werden. Überdies wird heute mehr Rücksicht auf individuelle Neigungen und Begabungen genommen, was sich u. a. in der Reform der Hochschulaufnahmeprüfungen widerspiegelt. Die ursprünglich fünf einheitlichen Prüfungsfächer wurden auf das System 3+X umgestellt, d. h. drei Pflichtfächer (Chinesisch, Mathematik, eine Fremdsprache) und in der Regel zwei Wahlfächer. Noch weiter gehend im Sinne der Persönlichkeitsbildung ist das 1999 in einen Partei- und Regierungsbeschluß gefaßte Konzept der Qualitätsbildung, die in den letzten Jahren zu einem Schlüsselbegriff der Bildungspolitik geworden ist, und zwar für alle Schulstufen. Darunter ist eine ganzheitliche Bildung zu verstehen, die nicht nur auf Wissenserwerb zielt, sondern vor allem auf die Persönlichkeitsentwicklung und den Erwerb sozialer Kompetenzen, wie z. B.

selbständiges Denken, die Fähigkeit zu diskutieren und zu argumentieren, Probleme zu analysieren und zu lösen, Innovationsbewußtsein, Kreativität, Flexibilität und Teamgeist. Fähigkeiten und Eigenschaften dieser Art helfen den Weg in die Wissensgesellschaft zu ebnen, die die politische Führung mit Nachdruck anstrebt. Sie können auch dazu beitragen, traditionelle Lernmethoden wie Auswendiglernen, Lernen für Prüfungen und passiven Wissenserwerb zu überwinden. Doch sollte nicht übersehen werden, daß die chinesische Bildungstradition auch überaus wertvolle Elemente bereithält, die der modernen Wissensgesellschaft förderlich sind. Dazu zählen der hohe Stellenwert, den eine gute Bildung in der chinesischen Gesellschaft genießt, eine ausgesprochene Lernneigung, die große Bereitschaft der Familien, in die Bildung ihrer Kinder viel zu investieren, und die Offenheit für lebenslanges Lernen, die durchaus in Zusammenhang mit dem konfuzianischen Streben nach Selbstvervollkommnung zu bringen ist.

Literatur:
Michael Angelasto, Bob Adamson, Higher Education in Post-Mao China, Hong Kong 1998.
Irving Epstein (Hg.), Chinese Education. Problems, Policies and Prospects, London u. a. 1991.
Richard A. Hartnett, The Saga of Chinese Higher Education from the Tongzhi Restoration to Tiananmen Square: Revolution and Reform, Lewiston u. a. 1998.
Ruth Hayhoe (Hg.), Education and Modernization. The Chinese Experience, Oxford u. a. 1992.
Thomas H.C. Lee, Education in Traditional China. A History, Leiden u. a. 2000.
Evelyn Sakakida Rawski, Education and Popular Literacy in Ch'ing China, Ann Arbor 1979.
Stig Thøgersen, Secondary Education in China after Mao: Reform and Social Conflict, Aarhus 1990.

9. USA

Heike Bungert

Im Gegensatz zu der im bundesdeutschen Diskurs üblichen Verkürzung des Blickes auf einige wenige Topuniversitäten ist das US-amerikanische Bildungssystem sehr vielfältig. Es reicht von privaten, relativ unregulierten Betreuungsinstitutionen für Kleinkinder über Schulen auf Indianerreservaten und technische Colleges mit einer 2jährigen Ausbildung bis zu der allbekannten Harvard University. Die Diversität des Bildungssystems ist auf seine lange Geschichte zurückzuführen, auf die unterschiedliche regionale Ausprägung verbunden mit der erst im 20. Jahrhundert größeren Rolle der Bundesregierung, auf die aus Migrantinnen und Migranten der verschiedensten ethnischen Gruppen und Religionen zusammengesetzten Bevölkerung und auf verstärkte Bemühungen, im Kontext der Chancengleichheit allen Bürgern eine (höhere) Bildung zu ermöglichen.

Kurzer Überblick

Die US-amerikanische Schulbildung wird meist als *K12* bezeichnet. 12 Jahren Schule ist in vielen Staaten ein Jahr Kindergarten (*K*) als Vorschule im Alter von meist 5 Jahren vorgeschaltet. Vorher können Eltern ihre Kinder in Kindertagesstätten oder teureren *Nursery Schools* unterbringen. Auf den Kindergarten folgen 4 bis 8 Jahre Grundschule (*Elementary School* oder *Grade School*, da die Kinder in nach Alter eingeteilten Klassen von circa 25 Kindern unterrichtet werden); hier sollen Kinder die Welt kennenlernen, von der Familie und Schule bis zu Bundesstaat, Nation und Globus. In zwei Drittel aller Bundesstaaten gehen Kinder nach 4 bis 6 Jahren Grundschule in eine *Intermediate School*, die auf die besonderen Bedürfnisse während der Pubertät eingehen soll und eine Mischung aus Klassen- und Kurssystem bietet. Es kann sich dabei – in einer Kombination der Klassen 5 bis 8 (meist 6 bis 8) – um eine *Middle School* handeln oder – meist für die Klassen 7 bis 8 oder 7 bis 9 – um eine *Junior High School*. Darauf folgt die (*Senior*) *High School*, die häufig nur die Klassen 9 bis 12 umfaßt und einem Kurssystem folgt. *High Schools* können traditionell aufgebaut sein und auf das College vorbereiten, auf technische und Ausbildungsberufe ausgerichtet sein (mit Kursen z. B. in Haarpflege oder Autoreparatur) oder – im Sinne einer deutschen Gesamtschule – beide Zweige umfassen (*Comprehensive High School*). In großen Schulen gibt es für verschieden begabte Schüler in einigen Fächern Kurse auf unterschiedlichem Niveau oder sog. *Tracks*. Da US-amerikanische weiterführende Schulen Ganztagsschulen sind, werden viele außerschulische Aktivitäten (*extracurricular activities*) wie Tanz, Musik, Theater, Schülerzeitung, Vereine, soziales Engagement und Sport angeboten. Durch die *High-School*-Mannschaften, insbesondere in Basketball oder *Football*, entsteht eine gemeinsame schulische Identität.

Zwei Drittel aller US-amerikanischen Schüler mit *High-School*-Abschluß (56 Prozent bei Afroamerikanern und *Hispanics/Latinos*) entscheiden sich für eine Form tertiärer Bildung. Sie können dabei wählen zwischen a) den bekannten großen privaten oder öffentlichen Universitäten, die sowohl ein *Bachelor*- als auch ein *Master*- und Promotionsstudium in wissenschaftlichen wie auch – meist in ihren *Professional Schools* – in angewandten Fächern wie beispielsweise Buchhaltung oder Krankenpflege anbieten, b) 4jährigen Colleges (oft als *Liberal Arts* Colleges auf eine Art Studium Generale und Allgemeinbildung ausgerichtet), c) fast immer öffentlich, oft lokal finanzierten *Community Colleges* oder d) eher profitorientierten *Technical Institutes*. *Community* oder *Junior Colleges* bieten in zumeist 2jährigen, gelegentlich aber auch 6monatigen oder 3jährigen Programmen berufliche Ausbildungen oder *Associate Degrees* an, die in Deutschland zumeist in Lehrberufen und an Berufsschulen erlernt werden (z. B. Automechaniker, Krankenschwester oder Kosmetikerin). Zudem kann man dort die ersten beiden College-Jahre absolvieren mit Möglichkeit zum Transfer auf eine 4-Jahres-Institution, d. h. ein College oder eine Universität. Schließlich sind *Community Colleges* für Erwachsenenbildung zuständig, sowohl im Sinne von Erstausbildung, als auch von Fort- und Weiterbildung als auch von persönlicher Weiterbildung im Sinne deutscher Volkshochschulkurse (inkl. Englischkursen für MigrantInnen). *Community Colleges* sind zwischen sekundärer und tertiärer Bildung angesiedelt und werden oft als amerikanische Antwort auf lokale Bedürfnisse und auf die Diversität der US-amerikanischen Bevölkerung bezeichnet. Schließlich gibt es noch *Technical Colleges* oder *Institutes*, die 2jährige Ausbildungen in handwerklichen oder technischen Berufen anbieten (*Vocational Education*, *Technical* oder *Career Education*). Verwirrend ist, daß das Wort College tertiäre Bildung konnotieren kann, eine selbständige, private Institution (meist ein *Liberal Arts College*) oder die ersten 4 Jahre Universität. Insgesamt sollte gerade in Deutschland stärker beachtet werden, daß sich 40 Prozent der Studierenden für den Besuch eines *Community College* oder *Technical Institute* entscheiden, d. h. daß die Quote der Studierenden an Institutionen auf dem Niveau deutscher Universitäten oder Fachhochschulen nicht höher ist als in Deutschland.

Schulbildung (Elementary und Secondary Education)

Die Anfänge des US-amerikanischen Schulwesens liegen im 17. Jahrhundert. Sowohl in der Errichtung der ersten öffentlichen Grund- und weiterführenden Schulen (aus religiösen Gründen; jeder sollte zur Bibellektüre befähigt sein) als auch in der Einführung der Schulpflicht (bis 1918 in allen Bundesstaaten) ging Massachusetts den anderen Staaten voraus. In den Mittelatlantikkolonien waren die Schulen meist in der Hand von Kirchengemeinden, im Süden wurden nur die Kinder wohlhabender Weißer von Privatlehrern unterrichtet. Seit dem 19. Jahrhundert ist die öffentliche Einheitsschule politisches Programm und dient nicht zuletzt der nationalen Identitätsbildung. Öffentliche *High Schools* entstanden in der zweiten Hälfte des 19. Jahrhunderts, den ersten Kindergarten in den USA etablierte Margaretha Schurz in Watertown, Wisconsin, 1856.

Gleichwertige Schulbildung war aber nicht für alle erhältlich. Die erste schulgeldfreie, öffentliche Oberschule für Mädchen eröffnete 1857. Sklaven war es verboten, Lesen oder Schreiben zu lernen. Freie Afroamerikaner – wie auch Indianer und Asiaten – wurden meist in separaten Schulen unterrichtet, was mit dem Urteil des Bundesgerichtshofs *Plessy v. Ferguson* 1896 legalisiert wurde, vorausgesetzt, die separaten Schulen waren gleichwertig, was auf Grund mangelnder Finanzierung nicht der Fall war. Erst mit der Entscheidung *Brown v. Board of Education* 1954 wurde Rassentrennung in Schulen verboten, mußte aber im Süden teils gegen Gewalt durchgesetzt werden. Wo Schulen auf Grund der segregierten Wohnsituation faktisch getrennt waren, versuchte man von den 1970er bis 1990er Jahren mit Hilfe von *Busing* weiße Kinder per Bus in zumeist innerstädtische, afroamerikanische Schulen zu bringen und umgekehrt. Indianer, die jahrzehntelang in Internaten assimiliert werden sollten, können seit der indianischen Bürgerrechtsbewegung der 1970er Jahre ihre eigene Kultur und teilweise Sprache lernen. In vielen Schulen wird heutzutage Multikulturalismus als Wert vermittelt, auch wenn konservative Gegenströmungen für die Konzentration auf »wichtige« Fächer und für die Vermittlung nationaler Einheit plädieren.

In der Reformära der 1960er bis 1970er Jahre bemühte sich die Bundesregierung auch um mehr Chancengleichheit für sozial benachteiligte Kinder. Seit 1965 fließt Geld an Schulen für Beratungszentren, Extrastunden in Mathematik und Englisch, besondere Betreuung und ganzheitliche Förderung (inkl. sozialer Kompetenzen und Gesundheitsfürsorge) für besonders bedürftige Kinder (*educationally deprived children*). Das Programm *Head Start* läßt Kindern aus benachteiligten Familie in jungem Alter kompensatorische Erziehung angedeihen. Seit Ende der 1960er Jahre bietet die Bundesregierung ebenfalls finanzielle Unterstützung für bilinguale Schulbildung für Schüler ohne ausreichende Englischkenntnisse; dies geschieht in Form von Englischkursen und Unterricht in der Muttersprache in den wichtigsten Fächern bis zum Erwerb der notwendigen Sprachkenntnisse. Schließlich ist die Bundesregierung für die Ausbildung behinderter Kinder bis zu ihrem 21. Lebensjahr verantwortlich. Dabei werden außer Taubstummen und Mehrfachbehinderten 80 Prozent der Kinder in normalen Schulen unterrichtet, wo sie an einigen Stunden der gesamten Klasse teilnehmen und daneben Förderunterricht erhalten. 1997 galten 13 Prozent aller Schüler als »behindert«, fast die Hälfte davon waren jedoch Kinder mit sog. Lernstörungen.

Von dem Bericht *A Nation At Risk* 1983, der konstatierte, daß erstmalig Kinder schlechter ausgebildet seien als ihre Eltern, ging eine Kehrtwende in der Bildungspolitik aus. Chancengleichheit rückte in den Hintergrund, statt dessen wurden die Schulen stärker auf Mindeststandards, Pflichtstunden in Kernfächern und regelmäßige Leistungstests verpflichtet. Kontinuierlich wurden die schulischen Standards angehoben und das Schuljahr verlängert. Das 2001 von George W. Bush initiierte Gesetz *No Child Left Behind* sieht vor, daß Schulen, die in jährlichen Leistungsvergleichen in Lesen, Mathematik und den Naturwissenschaften durchgehend schlecht abschneiden, alle Lehrer entlassen können; Schüler erhalten Gutscheine für Nachhilfe oder für den Wechsel in bessere Schulen in größerer Entfernung vom Wohnort. Kritiker führen an, daß hauptsächlich wohlhabendere Eltern ihre Kinder in andere Schulen schicken, daß Schulen in innerstädtischen Gebieten nicht genügend finanzielle Unterstützung erhalten und daß Tests, die an Erfordernisse eines Collegestudiums angelehnt sind, bestimmte ethnische Gruppen potentiell benachteiligen.

Im Gegensatz zu Deutschland spielt die Bundesregierung im Schulsystem eine geringere Rolle. Kindergärten und Schulen werden von den circa 15.000 örtlichen Schuldistrikten über Steuern finanziert, wobei Neuengland und die Mittelatlantikstaaten am meisten Geld pro Schüler ausgeben. Der Bundesstaat entscheidet über Anzahl und Größe der Schuldistrikte und stellt gewisse Anforderungen an die Ausbildung der Lehrer, die Schulgebäude oder den Lehrplan. 2003 gingen 11 Prozent der Schüler auf Privatschulen, davon je 40 Prozent auf katholische und auf andere religiöse Schulen, der Rest auf nicht religiöse Schulen; die Zahl der Privatschulen ist nach wie vor im Süden am höchsten. Privatschulen kosteten 1993 im Schnitt 3.100 Dollar im Jahr, wobei die weltlichen Schulen mit 6.600 Dollar am teuersten waren. Trotz der Trennung von Kirche und Staat können auch religiöse Privatschulen staatliche Mittel erhalten für allgemeine schulische Zwecke oder für das Wohl des Kindes, z. B. für den Bustransport zur Schule. Wegen der mangelnden Qualität mancher Schulen, wegen Gewaltexzessen – die Hälfte aller Schulen meldete im Schuljahr 1996/97 Gewalttaten – und wegen Konflikten um die zu lehrenden Werte (Sexualkunde; Evolutionstheorie, biblische Schöpfungsgeschichte/Kreationismus oder *Intelligent Design*) werden mittlerweile über eine Million Schüler zu Hause in *Home Schooling* unterrichtet. Die meisten Staaten erkennen dies mehr oder minder explizit an, wenn die Kinder regelmäßig Tests absolvieren.

Das US-amerikanische Schulsystem hat seine Probleme. Laut vielen Kritikern legen Schulen zu wenig Wert auf kritisches Denken, nur wenige Schulen entsprechen dem Ideal einer integrierten Gesamtschule, viele innerstädtische Schulen sind weiterhin de facto segregiert, und der Leistungsunterschied zwischen weißen und afroamerikanischen, indianischen oder hispanischen Schülern besteht weiter (so stellen Afroamerikaner mit *High-School*-Abschluß 11 Prozent der Bevölkerung, aber 33 Prozent der Arbeitslosen; die Quote der Schüler ohne *High-School*-Abschluß (*Dropouts*) beträgt 24 Prozent in Familien mit einem Einkommen unterhalb der Armutsgrenze gegenüber 3 Prozent in der übrigen Bevölkerung; einige erwerben später noch ein Äquivalent in Form des *General Education Development Test* oder *GED*). Unzufrieden mit dem Abschneiden US-amerikanischer Schüler in internationalen Tests, suchen die Vereinigten Staaten nach Vorbildern bei europäischen (insbesondere finnischen) und japanischen Schulen.

Tertiäre Bildung (Higher Education)

Die ersten Universitäten wurden noch in der Kolonialzeit gegründet, häufig unter kirchlichen Auspizien, so Harvard (1636/1638), das College of William and Mary (1693) oder die University of Pennsylvania (1757). Ende des 18. Jahrhunderts entstanden die ersten als Staatsuniversitäten konzipierten Universitäten, 1795 die University of North Carolina. Die College- und Universitätsgründungen zwischen 1870 und 1910 im Zuge der Industrialisierung gelten als »Zeitalter der Universität«. Mit dem Morrill-Gesetz von 1862 beteiligte sich erstmals die Bundesregierung durch Landschenkungen indirekt an der Finanzierung von Universitäten, den 68 sog. *Land Grant Colleges*, die auch Landwirtschaft und Technik lehren mußten. Um die Jahrhundertwende entstanden zudem die ersten 2jährigen *Junior Colleges*. Auch viele der heute noch prestigeträchtigen Frauencolleges wurden gegründet (1865 Vassar, 1871 Smith). Als erstes College ließ Oberlin bereits 1833 Studentinnen zu, die meisten der neuen Universitäten im Westen waren ebenfalls koedukativ. 1870 waren bereits 21 Prozent aller Studierenden Frauen. Während bis dato das meist 4jährige Studium hauptsächlich auf englischen Vorbildern beruht hatte, entstanden ab 1870 die US-amerikanischen Forschungsuniversitäten mit ihrer aus Deutschland übernommenen Verbindung von Forschung und Lehre, der Ausbildung von Graduierten und der Verleihung von Doktortiteln, z. B. 1876 die Johns Hopkins University. Damit sollte – ähnlich heutigen Bestrebungen in Deutschland – eine Abwanderung US-amerikanischer Nachwuchswissenschaftler nach Deutschland verhindert werden. Zudem kam es zur Einführung erster Standards bei Universitätszulassungen und Studienabschlüssen.

Als Goldenes Zeitalter der Universitäten gilt die Zeit von 1945 bis 1970. Mit der Demokratisierung der Bildung, die zunehmend auch Frauen und ethnische Minderheiten erreichte, und dem Bevölkerungswachstum stieg die Zahl der Studierenden. Städtische *Junior* oder *Community Colleges* entstanden. Staatliche Universitäten entwickelten *Multicampus*-Systeme; so bestand die University of California 2006 neben ihrem Hauptstandort in Berkeley mit 33.500 Studierenden aus 9 weiteren Standorten mit 180.000 Studierenden. Private Colleges expandierten, wenn auch ihr relativer Anteil an Studierenden von 50 Prozent 1950 auf circa 30 Prozent heute zurückging. Während viele private Colleges ihre Verbindung zu (64) religiösen Gemeinschaften lösten, fusionierten oder schlossen, gründeten sich seit den 1970er Jahren vermehrt evangelikale und fundamentalistische Colleges, so daß sich nach wie vor ein Drittel aller Colleges und Universitäten als christlich bezeichnet.

Zugleich verstärkte sich die Unterstützung durch die Bundesregierung: Washington finanzierte Weltkriegsveteranen ein Studium, im Zuge des Kalten Krieges vergab die Regierung verstärkt Forschungsaufträge an die Universitäten, förderte die Naturwissenschaften, Sprachen und *Area Studies*, subventionierte neue Gebäude und unterstützte Studierende. Noch heute vergibt die Bundesregierung Stipendien (z. B. *Pell Grants*) und zunehmend Niedrigzinsdarlehen an bedürftige Studierende. Zudem gibt es Programme wie *Upward Bound*, die Jugendlichen aus benachteiligten Schichten den Collegezugang erleichtern sollen. Außerdem bietet die Bundesregierung Studierenden der Mittelklasse Darlehen mit Staatsbürgerschaft, seit 1998 auch Steuerermäßigungen für Studierende oder ihre Eltern. Schließlich gibt es die Möglichkeit staatlich subventionierter Arbeit für das College im Rahmen von *Work-Study*-Programmen. Die Rückzahlung staatlicher Darlehen beginnt 6 Monate nach Beendigung des Studiums. Insgesamt unterstützte die Bundesregierung 2007/08 Studierende mit 143 Milliarden Dollar. Bei der Vergabe von Forschungsgeldern ist die Bundesregierung mittlerweile von der Industrie überrundet worden.

Im Jahr 2008/09 betrugen die veröffentlichten, jährlichen Kosten für *Tuition* oder Studiengebühren, Gebühren, Unterkunft und Verpflegung an 2-Jahres-Institutionen 2.500 Dollar, an privaten Universitäten 34.000 Dollar und an öffentlichen 4-Jahres-Institutionen 25.000 Dollar pro Jahr. für Studierende aus anderen Bundesstaaten, ca. 15.000 für Studierende aus dem Staat (weshalb 75 Prozent die ersten 4 Jahre in ihrem Heimatstaat studieren). Am teuersten sind Universitäten, die Doktortitel vergeben, sowie Colleges und Universitäten in Neuengland. Die Bewerbungen von Studierenden werden in vielen Privatuniversitäten *Need Blind* entschieden, das heißt, wenn die zum Studium Angenommenen sich das Studium nicht leisten können, erhalten sie finanzielle Unterstützung. Dies gilt für circa ein Drittel der Studierenden. Nach wie vor studieren aber viele Kinder reicher Eltern an Universitäten wie Harvard oder Yale, weil sich diese Eltern gute Schulen und interessante Freizeitaktivitäten für ihre Kinder leisten können, die wiederum bei den Bewerbungsaufsätzen – neben einem Universitätseingangstest (z. B. dem *SAT* oder *Scholastic Aptitude Test*) – eine große Rolle spielen. Mit der finanziellen Unterstützung (42 Prozent stammen von der besuchten Bildungseinrichtung, 31 Prozent vom Bund) reduzieren sich die reinen Studiengebühren an privaten Universitäten auf durchschnittlich 15.000 Dollar, an öffentlichen auf 3.000.

Im Rahmen der *Undergraduate*-Ausbildung zum *Bachelor* sind bei einem Semestersystem üblicherweise 120 *Credit Points* oder Leistungspunkte zu erbringen (wobei 3 Leistungspunkte für einen Kurs vergeben werden, der sich 3mal pro Woche für 50 Minuten trifft). Die ersten beiden Studienjahre bestehen aus allgemeineren und Grundlagenkursen, die in Deutschland teilweise in der gymnasialen Oberstufe unterrichtet werden und auch in den USA bereits an vielen *High Schools* als *Advanced-Placement*-Kurse belegt werden können. In den letzten beiden Jahren wird verstärkt das Hauptfach (*Major*) studiert. *Liberal Arts Colleges* gewähren ihren Studierenden gewöhnlich mehr Freiheit bei Wahlpflichtkursen als *Professional Schools*, wo Studierende einen *Bachelor* in Landwirtschaft, Lehrerbildung oder *Business Administration* erwerben können.

Viele Studiengänge an den *Professional Schools* erfordern vorher einen *Bachelor*-Abschluß in einem frei zu wählenden Fach. Dies gilt beispielsweise für Medizin, Zahnmedizin, Ingenieurwesen, Wirtschaft, Erziehungswissenschaft, Theologie oder Jura. Die Studiengänge schließen mit einem berufspraktischen Abschluß ab, der sich zwar Doktor nennt (*J. D.* oder Juris Doctor, *M. D.* oder Medicinis Doctor), aber keine Doktorarbeit erfordert und praxisnah ausgerichtet ist. Für den forschungsorientierten Doktorgrad, der auch für die Naturwissenschaften *Ph. D.* oder Philosophiae Doctor heißt, sind ein 1- bis 2jähriges Master-Studium und mindestens 3 weitere Jahre nötig.

Ein weitverbreiteter Irrtum ist es, zu glauben, daß US-amerikanische Studierende schneller promovieren als deutsche. Zum einen verbringen viele zwischen *Undergraduate* und *Graduate Studies* einige Jahre im Berufsleben, zum anderen finanzieren knapp 60 Prozent ihr Studium durch Arbeit als wissenschaftliche Hilfskräfte (*Research Assistants*) oder Lehrassistenten (*Teaching Assistants*). Die Promotionszeit vom Abschluß des *Bachelor*-Studiums bis zum *Ph.D.* ist mittlerweile auf fast 11 Jahre angestiegen, so daß auch in den USA das Durchschnittsalter bei Erreichen der Promotion 33 Jahre beträgt (30 bis 31 in den Natur- und Lebenswissenschaften, 35 in den Geisteswissenschaften). Zudem beenden nur geschätzte 50 bis 60 Prozent ihr Promotionsstudium. Laut deutschen Studien beträgt daher die Quote Promovierter in den USA nur 1,3 Prozent der Bevölkerung im Gegensatz zu 2,4 Prozent in Deutschland.

Auch bei den *Undergraduates* sind nicht alle erfolgreich. So hatten 2001 nur 40 Prozent der Studierenden an 2-Jahres-Institutionen nach 6 Jahren Studium einen Abschluß gemacht (nur 28 Prozent der Afroamerikaner), an 4jährigen Colleges lag die Quote mit 60 Prozent höher (71 Prozent der asiatischen, 68 Prozent der weißen, aber nur 51 Prozent der afroamerikanischen und 54 Prozent der hispanischen Studierenden). Auch bei der Immatrikulation in tertiären Bildungsinstitutionen hinken Angehörige ethnischer Minderheiten – mit Ausnahme der Asiaten – hinter weißen US-Amerikanern her, auch wenn ihre Studierendenquote wächst (bei Afroamerikanern zwischen 1976 und 2007 von 9,4 auf 13,1 Prozent aller Studierenden, bei *Hispanics/Latinos* von 3,5 auf 11,4 Prozent mit einem Schwerpunkt in 2-Jahres-Institutionen). Frauen überwiegen zwar bei der Zahl der Studierenden insgesamt mit 10,4 gegen 7,8 Millionen, sie studieren aber zu einem Drittel häufiger in Teilzeit als Männer. Nach wie vor gibt es knapp 70 Frauen-Colleges, darunter so altehrwürdige und renommierte wie Smith. In ursprünglich rein afroamerikanischen Universitäten (*Historically Black Colleges and Universities* oder *HBCUs*), von denen es noch etwas mehr als 100 gibt, vor allem im Süden der USA, immatrikulieren sich ein Fünftel aller afroamerikanischen Studierenden, hier werden aber ein Drittel aller von Afroamerikanern erworbenen *Bachelor*-Abschlüsse vergeben. Daneben gibt es einige wenige Colleges nur für Männer, circa 20 *Tribal Colleges*, die von größeren indianischen Gruppen betrieben werden, und eine wachsende Zahl von *Hispanic-Serving Colleges and Universities* (*HSIs*), in denen fast die Hälfte aller hispanischen Amerikaner studieren.

Während aus deutscher Warte die USA das Land zu sein scheinen, das Deutsche in Form eines *Brain Drain* anzieht, ist auf US-amerikanischer Seite die Sorge gewachsen, im Wettbewerb mit insbesondere Großbritannien internationale Studierende zu verlieren, gerade auch auf Grund der verschärften Einreisebestimmungen nach dem 11. September 2001. Zwar hat sich die Anzahl Studierender aus dem Ausland in den USA zwischen 1960 und 2001 auf etwas über eine halbe Million verzehnfacht, doch wählten 2001 nur noch 30 Prozent aller Studierenden, die außerhalb ihres Landes studierten, die USA zum Ziel im Gegensatz zu 40 Prozent 11 Jahre zuvor. Zudem lag die Quote ausländischer Studierender unter allen Studierenden in den USA 2001 bei 3,9 Prozent (Deutschland 8 Prozent) und verschaffte dem Land damit nur den 12. Platz im OECD-Ranking. Internationale Studierende werden dabei auch als Wirtschaftsfaktor gesehen, da sie 2001 allein an Gebühren 11 Milliarden US-Dollar einbrachten. Dabei finanzieren sich zwei Drittel der Studierenden selbst, über die Hälfte studiert Wirtschaft, Ingenieurswesen, Mathematik oder Informatik. Mit fast 20 Prozent stammen die meisten aus China, es folgen Japan, Korea, Indien, Deutschland, Kanada und das Vereinigte Königreich. Auch die Zahl der im Ausland studierenden US-Amerikaner hat sich zwar zwischen 1985 und 1999 auf 140.000 verdreifacht, aber nach wie vor entschieden sich nur 3 Prozent aller Studierenden für ein Auslandssemester; Kurse in Fremdsprachen besuchten 8 Prozent aller Studierenden (davon entfielen 55 Prozent auf Spanisch, 17 Prozent auf Französisch und 8 Prozent auf Deutsch). US-amerikanische Studierende studieren außerdem immer kürzer im Ausland und bringen teilweise ihre eigenen Betreuer und Professoren mit.

Im Gegensatz zu Deutschland sind die meisten Universitäten und Colleges Campus-Universitäten, so daß fast das gesamte Leben der Studierenden an einem Ort stattfindet, was eine stärkere Gruppenidentität schafft. Es gibt unzählige Sportmöglichkeiten, eine Vielzahl von Clubs und Vereinen, Studenten- und Studentinnenverbindungen. Eine Identifikation mit der eigenen Universität wird auch durch den *Intercollegiate Sport*, d. h. durch sportliche Wettkämpfe zwischen den Universitäten, erreicht, insbesondere in den publikumsträchtigen Sportarten Basketball und amerikanischer Fußball oder *Football*. Da mit den letzten beiden Sportarten viel Geld zu verdienen ist, wird der Sport zunehmend kommerzialisiert und professionalisiert; gute *Football*- oder Basketballspieler werden mit Stipendien angelockt, beenden aber – nicht zuletzt auf Grund bereits schwächerer Zugangstestergebnisse – zu mehr als der Hälfte, im Falle afroamerikanischer Basketballspieler sogar zu zwei Dritteln, ihr Studium nicht. Da Bildungseinrichtungen, die Bundesgelder erhalten wollen, nicht nach Geschlechtern diskriminieren dürfen, gibt es mittlerweile an vielen Universitäten gleich viele weibliche wie männliche Sportmannschaften und Sportstipendien, auch wenn Frauensport weniger Geld einbringt. Richtiges Campus-Leben erleben nur die Vollzeitstudierenden (zwei Drittel aller Studierenden) an 4-Jahres-Institutionen. US-amerikanische Schulen und Colleges fühlen sich für ihre »Kunden« verantwortlicher als deutsche Institutionen. So gibt es an Schulen und Universitäten ein großes Heer von Psychologen, Soziologen und Beratern, die bei Fächerwahl, Karriereplanung und Arbeitssuche helfen. Das Verhältnis von Vollzeitdozierenden zu Vollzeitstudierenden betrug 2005 in öffentlichen 4-Jahres-Institutionen 1:15, in privaten 1:12 (in 2-Jahres-Institutionen 1:22 bzw. 1:19).

Nach Abschluß ihres Studiums finden Promovierte idealerweise Anstellung als *Assistant Professor* mit *Tenure Track*; meist nach fünf Jahren fällt die Entscheidung, ob sie eine Lebenszeitstelle als *Associate Professor* erhalten oder die Universität wieder verlassen müssen (wobei die *Tenure*-Entscheidung im Gegensatz zum deutschen Universitätssystem mit einigen wenigen ProfessorInnen pro Fach bei 30 bis 50 ProfessorInnen an den großen Forschungsuniversitäten sehr viel anonymer und objektiver erfolgen kann); *Tenure* ist abhängig von einem Vertrag für die Publikation der Dissertation, die in den USA sehr viel aufwendiger überarbeitet wird, von guten Lehrevaluationen und von Einsatz in Kommissionen. Ein späterer Aufstieg zu einer vollen Professur oder gar einem *Named Chair* erfolgt meist durch die Pubilkation eines weiteren Buches und die Bewerbung an eine andere Universität. Obwohl in Deutschland die USA immer als Vorbild angesehen werden, gilt für viele ProfessorInnen – zumindest in den Geistes- und Sozialwissenschaften –, auch an guten Staatsuniversitäten, daß sie ihre Dissertation 2 bis 10 Jahre nach ihrer Promotion veröffentlichen und dann die nächsten 10 Jahre an einem zweiten, thematisch eng verwandten Buch arbeiten und nebenher einige wenige Artikel publizieren. Auch Drittmittelprojekte sind nicht sehr häufig. Zu beachten ist zudem, daß mittlerweile weniger als die Hälfte aller Vollzeitdozierenden feste Stellen oder Stellen mit Aussicht auf eine Festanstellung haben; bei Frauen gilt das sogar nur für 41 Prozent. Während das Geschlechterverhältnis von 400.000 Professoren und 300.000 Professorinnen relativ ausgewogen wirkt, haben die höchste Rangstufe einer Professur 46.000 Frauen, aber 127.000 Männer inne; ob dies systemimmanent ist oder daran liegt, daß Frauen erst in den letzten Jahrzehnten verstärkt eingestellt wurden, wird sich noch zeigen müssen. Afroamerikaner, *Hispanics/Latinos*, Asiaten oder Indianer sind unter Vollzeitdozierenden mit 17 Prozent vertreten. Die Gehälter von vollen Professoren betrugen 2007 durchschnittlich 98.000 Dollar, von *Associate Professors* 71.000 und von *Assistant Professors* 59.000 Dollar (wobei private Universitäten mehr zahlen als öffentliche). Auch hier gibt es ein Geschlechtergefälle: Männer verdienen durchschnittlich 103.000, 73.000 bzw. 61.000 Dollar, Frauen 88.000, 68.000 bzw. 57.000 Dollar. Universitäten werden von einem sehr starken Präsidenten regiert, der vom Verwaltungsrat oder *Board of Trustees/Regents* meist für 12 Jahre ernannt wird. Ihm steht ein Verwaltungsrat zur Seite, der dem deutschen Hochschulrat entspricht. Daneben gibt es eine große, professionalisierte Verwaltung.

Insgesamt gab es im Studienjahr 2007/08 in den USA 4.352 Institutionen der tertiären Bildung (einschließlich der Mehrfachstandorte von Staatsuniversitäten); je ein Drittel waren in öffentlicher Hand bzw. boten nur ein 2jähriges Studium an. Von den öffentlichen 653 4-Jahres-Institutionen betrieben lediglich 63 sehr viel Forschung und 75 weitere viel Forschung. Von den privaten, nicht kommerziellen 4-Jahres-Institutionen waren 33 sehr forschungsintensiv und 27 forschungsintensiv. Diese 198 Universitäten dürften – neben einigen betreuungs-, aber weniger forschungsintensiven *Liberal Arts Colleges* – diejenigen sein, mit denen sich Deutschland vergleichen sollte, nicht nur mit den 5 oder 6 Universitäten, auf die sich deutsche Politik und Medien gern beziehen. Zudem sind nicht alle Universitäten in allen Fächern hervorragend, detaillierte Rankings zeigen die Stärken verschiedener Fakultäten im *Bachelor*- bzw. Graduierten-Bereich.

Öffentliche 4-Jahres-Institutionen nahmen im Jahr 2005/06 im Schnitt 202 Millionen Dollar ein; davon stammten 17 Prozent aus Studiengebühren, 13 Prozent aus Bundesmitteln, meist in Form von Forschungsprojekten, 26 Prozent vom Bundesstaat und 10 Prozent aus universitären Krankenhäusern. Private 4-Jahres-Institutionen hatten Einnahmen von 152 Millionen, darunter 29 Prozent aus Studiengebühren, ebenfalls 13 Prozent von der Bundesregierung, 1 Prozent vom Bundesstaat, 12 Prozent aus Spenden, Zuschüssen und Verträgen und 23 Prozent aus Universitätsvermögen. Noch 2008 erreichten die Spenden insbesondere von Stiftungen und *Alumni* die Rekordhöhe von 31,6 Milliarden Dollar, wobei die reichsten 20 Universitäten zusammen 8,4 Milliarden einnahmen, Stanford allein 785 Millionen. 2007, also vor der Finanzkrise, hatte Harvard ein Vermögen von 34 Milliarden, Yale von 22, Stanford von 17; auch die öffentliche University of Michigan besaß noch 7 Milliarden. Im Schnitt verloren die Stiftungsvermögen US-amerikanischer Universitäten 2009 19 Prozent an Wert, wobei die 3 wohlhabendsten Universitäten fast 26 Prozent Verlust meldeten. Durch Einsparungen konnten sie ihre Ausgaben bei jährlich 4,4 Prozent ihres Stiftungsvermögens halten. So wurden bei privaten Universitäten mehr wohlhabende Studierende zugelassen, bei staatlichen mehr Studierende von außerhalb des Staates; außerdem wurden Kurse reduziert, Personal entlassen und die Gehälter und Pensionen des verbleibenden Personals gekürzt.

Das US-amerikanische Bildungssystem hat bislang auf strukturelle und gesellschaftliche Änderungen stets flexibel reagiert, da das Thema Öffentlichkeit, Medien und Politik mobilisiert. Insgesamt haben die USA ein facettenreiches, großes, komplexes Bildungssystem, das mit 7,4 Prozent des Bruttosozialprodukts auch einen wichtigen Wirtschaftszweig darstellt. Es ist insbesondere durch die religiöse und ethnische Vielfalt des Landes sowie durch die relativ schwache, jedoch wachsende Stellung der Bundesregierung gekennzeichnet. Nicht alles, was in Deutschland über das angebliche Vorbild USA zu lesen ist, spiegelt diese Diversität wieder.

Alter	Ausbildungseinrichtung				Ausbildungsjahr
29–41			Universität		24–36/Doktor
28			Universität		23
27			Universität		22
26			Universität		21
25			Universität	Professional School	20; z. B. Abschluß Medizinstudium als M.D.
24			Universität	Professional School	19; z. B. Abschluß Jurastudium als J.D.
23			Universität	Professional School	18/Master
22			Universität	Professional School	17
21			4-Jahres-College	Universität	16/Bachelor
20	(Junior/Community College)		4-Jahres-College	Universität	15
19	Junior/Community College	Technical Institute	4-Jahres-College	Universität	14/Associate
18	Junior/Community College	Technical Institute	4-Jahres-College (meist Liberal Arts College)	Universität (öffentlich oder privat)	13
17			High School	Senior High School	12/High School Diploma
16			High School	Senior High School	11
15			High School	Senior High School	10
14			High School	Senior High School	9
13	Middle School			Junior High School	8
12	Middle School		Elementary School	Junior High School	7

Alter	Ausbildungseinrichtung				Ausbildungsjahr
11	Middle School		Elementary School	(Junior High School)	6
10	Middle School		Elementary School		5
9			Elementary School		4
8			Elementary School		3
7			Elementary School		2
6			Elementary School		1
5			Kindergarten		K
4			Kindergarten	Nursery School	Pre-School
3				Nursery School	Pre-School

Literatur:
Eva Bosbach, »Vom Dr. zum Ph.D.? Doktorandenausbildung in Deutschland und den USA im Vergleich«, in: Forschung und Lehre 7/09, 492–494.
James W. Guthrie (Hg.), Encyclopedia of Education, New York 2003.
Christopher J. Lucas, American Higher Education: A History, New York 1994.
New York Times, 25.2.2009, A/0/12; 11.9.2009, B/0/3; 23.9.2009, B/0/3; 28.1.2010, A/0/14.
John D. Pulliam, James J. Van Patten, History of Education in America. Upper Saddle River, 7. Aufl., New York 1999.
William J. Reese, America's Public Schools: From the Common School to »No Child Left Behind«, Baltimore 2005.
John R. Thelin, A History of American Higher Education, Baltimore 2004.
Maris A. Vinovskis, From A Nation At Risk To No Child Left Behind: National Education Goals and the Creation of Federal Education Policy, New York 2009.
Washington Post, 10.1.2010, B03; 28.1.2010, A04.
Joseph Watras, A History of American Education, Boston 2008.

Internet:
College Board, Trends in College Pricing 2009, professionals.collegeboard.com/profdownlod./trends-in-college-pricing-2008.pdf.
College Board, Trends in Student Aid 2008, professionals.collegeboard.com/profdownlod./trends-in-student-aid-2008.pdf.
Individuals with Disabilities Education Act (IDEA) Data, http://www.ideadata.org/arc_toc8.asp.
National Association of College and University Business Officers, »The Financial Downturn and Its Impact on Higher Education Institutions«, www.nacubo.org/documents/Impact_of_the_Economy_on_Higher_Education.pdf.
National Center for Education Statistics, »Digest of EducationStatistics2008«,http://nces.ed.gov/programs/digest/-d08/tables_1.asp.
National Science Foundation, Statistiken, http://www.nsf.gov/statistics.

10. Australien

Horst Albert Glaser

Fürsprecher einer Ökonomisierung von Universitäten sollten sich genau ansehen, was aus den australischen dabei geworden ist, bevor auch in Deutschland versucht wird, Studienangebote betriebswirtschaftlich zu berechnen, um die Hochschulen dadurch auf Profitabilität trimmen zu können.

Modell der Ökonomisierung, die unter der Howard-Regierung Mitte der neunziger Jahre durchgesetzt wurde, waren die US-amerikanischen for-profit-universities, die die Overhead-Kosten jeder ihrer Dienstleistungen berechnen und sie den Studenten – über Studiengebühren – in Rechnung stellen. Zwar gehören in Australien die Universitäten fast ohne Ausnahme den diversen Bundesstaaten, sind also keine Einrichtungen privater Geldgeber aus der Wirtschaft, aber es entsprach sehr der Pragmatik angelsächsischen Denkens, daß staatliche Einrichtungen sich rechnen müssen, wenn auch nicht immer Profit abwerfen müssen oder können. Als nationale Bildungsaufgabe wurden und werden die Universitäten selten begriffen.

Die betriebs- und volkswirtschaftliche Rechnung besteht darin, daß die Kosten kalkuliert werden, die das Studium aller Studenten – schätzungsweise – erfordert. Diese Studienkosten werden sodann als Studiengebühren von den Studenten (resp. ihren Eltern) eingefordert. Maßstab für die Höhe der Studiengebühren sind die Einkünfte, die von den Absolventen der verschiedenen Fächer im Berufsleben voraussichtlich erzielt werden können. Weil etwa die Berufseinkünfte von geisteswissenschaftlichen Absolventen (zutreffend) als sehr niedrig eingeschätzt werden, führen sie infolgedessen zu Studiengebühren von ca. 22.000 Dollar im Jahr. Medizinern traut man höhere Verdienste zu – mit der Folge, daß sie Studiengebühren von bis zu 62.000 Dollar im Jahr bezahlen müssen.

Da das Federal Government nicht annimmt, daß solch exorbitante Gebühren von den Studenten sofort bar bezahlt werden können (sie belaufen sich nach einem in der Regel dreijährigen Studium auf 67.000 bis 195.000 Dollar), wird der größte Teil dieser Summe den Studenten vom Federal Government zinslos kreditiert. Man nennt diese Kredite kurioserweise ›help loans‹. Nur den kleineren Teil haben die Studenten bar zu entrichten. Dieser beträgt 4.000 bis 9.000 Dollar pro anno (je nach Studienfach). Manchmal auch weniger.

Irgendwann müssen die früheren Studenten allerdings die ›help loans‹ (Studiendarlehen) zurückzahlen. Zur Rückzahlung sind die im Berufsleben stehenden Absolventen jedoch nur dann verpflichtet, wenn ihr Jahreseinkommen über einer bestimmten Höhe liegt (zur Zeit sind das ca. 42.000 Dollar). Über die für deutsche Leser gewiß erstaunliche Höhe der Studiengebühren beklagen sich australische Studenten selten. Häufig verzichten sie sogar darauf – um nicht mit einem gigantischen Schuldenberg ins Berufsleben zu starten –, die volle Höhe der möglichen ›help loans‹ in Anspruch zu nehmen. Um die Verschuldung niedrig zu halten, verdienen sie Teile ihrer Gebühren durch Jobs (als Kellner, hotel clerks, Bulettenbrater o. ä.). Das führt dazu, daß viele mehr als die Hälfte ihrer Zeit für Arbeiten aufwenden, die nichts mit ihrem Studium zu tun haben. Man könnte sie Zeit-Arbeiter nennen, die im Nebenberuf studieren. Folge: Sie tauchen nur selten in Lehrveranstaltungen auf oder sitzen, wenn sie gelegentlich kommen, dort übermüdet und unaufmerksam herum. Die in Deutschland üblichen Studiengebühren von ca. 1.000 Euro pro anno halten sie – wenn man ihnen davon erzählt – für Fabelbotschaften aus Utopia.

Diese für australische Bürger faire Umlage der Studienkosten auf den von einem Studium profitierenden Studenten wird den ausländischen Studenten allerdings – anders als den australischen Studenten – nicht erleichtert. Sie haben die vollen Studiengebühren sofort zu bezahlen. Geht man von ca. 170.000 ausländischen Studenten aus, so kassieren die australischen Universitäten von ihren Gästen (vor allem aus China, Indien und Korea) ca. sechs bis sieben Milliarden Dollar pro anno.

Die gesamte australische Ökonomie profitiert freilich in noch höherem Maße von den jungen Ausländern. Diese zahlen ja, wenn sie in Australien selbst leben (und keine Fernstudenten sind), auch noch für Güter und Dienstleistungen, die sie in Anspruch nehmen. In den ›Education Export Statistics‹ für 2007/08 werden Einnahmen von 13,7 Milliarden Dollar ausgewiesen.

Wer allerdings annähme, daß diese von den ausländischen Studenten direkt gezahlten Studiengebühren nun auch den Zahlern zugute kämen, hätte sich geirrt. Ein nicht geringer Teil der Universitätseinnahmen fließt keineswegs in die Ausstattung jener Fächer, in denen die ausländischen Studenten vorwiegend immatrikuliert sind (Wirtschafts- und Ingenieurwissenschaften), sondern wird – als Quersubvention – an Fächer ausgeschüttet, die eher von Australiern belegt werden. Mit anderen Worten: Die ca. 170.000 Studenten aus sog. Entwicklungsländern haben – über die von ihnen zu zahlenden Studiengebühren – das Studium ihrer australischen Kommilitonen mitzufinanzieren. Man kann dies das Gegenteil von Entwicklungshilfe nennen, wie sie in Deutschland praktiziert wird. Stipendien für ausländische Studenten sind gänzlich unbekannt. Für die geschäftstüchtigen Australier stellen sie nicht viel mehr als eine ›export industry‹ dar, an der man verdienen, aber für die man nichts ausgeben will. So gehören die Einnahmen, die in Australien mit ausländischen Studenten erzielt werden, zu den wichtigsten Exporteinnahmen überhaupt (nach dem Verkauf von Eisenerz und Kohle vor allem an Japan und China). Vgl. die ›Education Export Statistics‹ (http://www.idp.com/research/statistics/education_export_statistics.aspx).

Es nimmt infolgedessen nicht wunder, wenn z. B. in China und Indien finanzkräftige Agenturen der australischen Universitäten für die Rekrutierung zahlender Kunden tätig sind. Finanziert werden diese Agenturen – wie kann es anders sein – von den angeworbenen (besser: eingefangenen) Studenten selbst – über ihre Studiengebühren.

Zur Moral dieser Art Universitätsfinanzierung – Finanzierung eines industriell entwickelten Landes durch vergleichsweise ärmere Entwicklungsländer – macht man sich in Australien keine Gedanken. Es ist ein funktionierendes Geschäft und insofern in Ordnung. Oft sind es gar nicht die chinesischen, indischen oder koreanischen Studenten selbst (resp. ihre sich krummlegenden Familien), von denen Australien sich die Studiengebühren bezahlen läßt. Viele der Entwicklungsländer statten ihre Landeskinder mit Stipendien aus, so daß die Entwicklungsländer es sind, die direkt die australische Ökonomie subventionieren müssen.

Diese in den europäischen Sozialstaaten unbekannte Universitätsfinanzierung hat innerhalb der australischen Universitäten mehrere fatale Konsequenzen.

1. Da die ausländischen Studenten einen hohen finanziellen Beitrag zu den Betriebskosten (insbesondere den Personalkosten) ihrer jeweiligen Universität leisten, erfahren sie dort eine zuvorkommende Bedienung. Kaum einer von ihnen fällt im Examen durch, ja die meisten von ihnen bestehen es mit Bestnoten. Dozenten berichten immer wieder von dem hohen Druck, den die Verwaltungen auf sie ausüben, damit den Studenten das Studium leicht gemacht wird. Aufsehen erregte unlängst eine Mitteilung des australischen Immigration Office, derzufolge die meisten der ausländischen Universitätsabsolventen den obligaten (und relativ einfachen) Englischtest nicht bestanden haben, dem sie sich unterziehen müssen, wenn sie nach dem Studium (was bei vielen der Fall ist) noch im Lande bleiben und dort berufstätig werden wollen. In der Presse wurde daraufhin die Frage aufgeworfen, was denn die chinesischen, indischen und koreanischen Studenten eigentlich an den australischen Universitäten gelernt hätten, wenn sie bei einem Englischtest durchfallen, den jeder (auch nicht akademische) Immigrant bestehen muß, will er ein Arbeitsvisum erhalten. Die Universitäten konnten hierauf keine zureichende Auskunft geben. Zu offensichtlich war, daß viele Universitäten sich gegenüber ihren ausländischen Gästen als ›degree mill‹ präsentiert haben. Jedenfalls versprach man Besserung und kündigte mehr Sprachkurse für Studienanfänger an.

2. Da aber nicht nur die ausländischen, sondern auch die inländischen Studenten Geldbringer ihrer Universitäten sind (die staatliche Finanzierung hängt von der Zahl der jeweils immatrikulierten Studenten ab), erfahren auch die jungen Australier ihre Universitäten eher als Wohlfühl- und Diplomverteilungsbehörden denn als Ausbildungsstätten, die hohe intellektuelle Anforderungen an ihre Besucher stellten. Den Erwartungen der Studenten auf entgegenkommende Behandlung geben viele Dozenten nach, da diese auf die gute Meinung der Studenten über sie angewiesen sind. Von den regelmäßig stattfindenden Evaluierungen, in denen die Studenten ihre Zufriedenheit resp. Unzufriedenheit mit den Lehrleistungen der Dozenten äußern können, hängt nämlich entscheidend deren Karriere im internen Beförderungssystem der Universitäten ab. Wer nicht sehr gute Evaluationsresultate bei den Studentenbefragungen vorweisen kann (und die erhält man mit Sicherheit, indem man vorher gute Noten verteilt), kann auf eine Beförderung vom *lecturer* zum *senior lecturer* oder von letzterem zum *associate professor* selten hoffen. Angewiesen auf die von den Studenten (und dem Federal Government) gezahlten Studiengebühren, kann es sich keine Universität leisten, daß verärgerte Studenten die Hochschule verlassen. Nebenbei: In Australien hat ein Beförderungssystem das in Deutschland (bislang) geltende Berufungssystem weithin verdrängt. Man wird in der Regel als junger *lecturer* eingestellt und robbt sich an ein und derselben Universität (mit vielen Verbeugungen nach oben und unten) durch die Stellenhierarchie. Nur in wenigen Fächern gelangen Dozenten durch auswärtige Rufe zu einer Professur. Letztere werden nämlich allzu oft als Prämie für gute Evaluationsresultate, viel Verwaltungsarbeit und allgemeines

Wohlverhalten gegenüber den Dienstvorgesetzten (den Heads of School resp. den Deans) vergeben. Forschungsleistungen haben in der Vergangenheit kaum eine Rolle gespielt. Die neue Labor-Regierung hat hier Änderungen angekündigt. Nach jahrelanger Vernachlässigung soll nun Forschung auch wieder zählen – bei der Beförderung und bei der staatlichen Finanzierung der Universitäten. Zur Zeit der Howard-Regierung zählten vor allem ›teaching‹ und ›administrative work‹. (Letzteres eher mehr als ersteres, seit in den Instituten die Sekretärinnen abgeschafft wurden.)

3. Um ihr Forschungsprofil aufzubessern, stellen die Universitäten jetzt vermehrt ›research fellows‹ ein. Da das etablierte Personal in der Vergangenheit selten produktiv war, sollen diese für ein oder zwei Jahre eingestellten ›research fellows‹ (in der Regel *post-docs*) die Aufsätze und Bücher publizieren, die von den Universitäten als Ausweis ihrer Forschungsleistungen vorgelegt werden müssen, aber vom Stammpersonal nicht geschrieben werden. Für jeden Aufsatz ihrer ›research fellows‹ (aber auch der festangestellten Dozenten) erhält die Universität mehrere tausend Dollar vom Federal Government, für Bücher sogar um die zehntausend. Genaue Zahlen sind nicht greifbar.

Besonders lukrativ stellt sich für die forschungsarmen australischen Universitäten die Anwerbung ausländischer (meistens europäischer) Wissenschaftler dar. Sie verfügen in der Regel über lange Publikationslisten, mit denen die Universitäten sodann von der Regierung weiteres Geld verlangen können. Das Engagement eines europäischen Wissenschaftlers (häufig sind es arbeitslose Jungdozenten) kann insofern zu einem ›cash in‹ von mehr als hunderttausend Dollar führen – je nachdem, wieviel Titel sich auf der mitgebrachten Publikationsliste des Jungakademikers befinden. Selten geben die Universitäten den betreffenden Dozenten hiervon etwas ab. Einige Universitäten reduzieren neuerdings den forschungsaktiven Dozenten die Lehrverpflichtung um einige Stunden (etwa von zwölf auf zehn Stunden).

4. Sollten die europäischen Jungwissenschaftler sich noch eine andere Belohnung erhoffen, so sollte man sie warnen. Seit die Universitäten dazu übergegangen sind, feste Stellen (die ›tenured positions‹) zuerst an Australier zu geben, erhalten die Dozenten aus dem Ausland allenfalls Zeitverträge – maximal für drei Jahre. Danach können sie sich zusammen mit den australischen Jungwissenschaftlern um die ›tenure position‹ bewerben; letztere gehen aber regelmäßig an die Kollegen mit dem australischen Paß. Man ist versucht, diese (nicht immer zugegebene) Praxis der ›tenure‹-Verleihung eine ›national discrimination‹ zu nennen. Beschwerden europäischer Dozenten werden häufig mit dem Verweis auf nicht immer exzellente Studentenbewertungen abgelehnt. Letztere sind allerdings in den sprach- und geisteswissenschaftlichen Fächern schwierig zu erlangen, wenn die Dozenten zwar einerseits gehalten sind, ihre Kurse in den jeweiligen Fremdsprachen anzubieten, die Studenten aber von der *high school* so gut wie keine Fremdsprachenkenntnisse mitbringen. Wer wird da einen Dozenten gut finden, den er nicht versteht?

Verweisen die Dozenten mit den nicht ganz so exzellenten Evaluationsresultaten auf ihre weit über dem australischen Durchschnitt liegenden Forschungsleistungen und das Niveau ihrer Lehre, so wird ihnen lächelnd bedeutet: We don't need high flyers. Und damit haben die Deans und die Heads of School in gewisser Hinsicht sogar recht. Ihren Studenten gefällt es nämlich eher, wenn das Studium nicht so anstrengend ist. Dann bleibt mehr Zeit für die Jobs und das damit verdiente Geld. Letzteres kommt ja wieder den Universitäten zugute.

Man kann sagen: Die konsequente Ökonomisierung von Bildungseinrichtungen endet in deren unaufhaltsamer Depravation.

Literatur:
Helen Cabalu, Of dollars and cents. Valuing the economic contribution of universities to the Australian economy, Melbourne 2000.
Simon Marginson, Mark Considine, The enterprise university: power, governance, and reinvention in Australia, Cambridge u. a. 2000.
Colin Symes, John McIntyre, Working knowledge. The new vocationalism and higher education, Berkshire 2002.

IX. Unbildung

Ernst Horst

»Jeder hat das Recht auf Bildung«. So beginnt der Artikel 26 der Allgemeinen Erklärung der Menschenrechte. Von einem Recht auf Unbildung ist hier nicht explizit die Rede. Das ist durchaus sinnvoll. Negative Rechte sind leichter zu verwirklichen als positive. Das Recht auf Leben (Artikel 3) läßt sich nur mühsam und unvollkommen garantieren, das Recht auf Selbstmord nimmt man sich einfach. Trotzdem sei hier ein wenig Reklame für die Unbildung gemacht. Wenn schon ungebildet, dann selbstbewußt und ohne schlechtes Gewissen!

»All Ding' sind Gift und nichts ohn' Gift; allein die Dosis macht, daß ein Ding kein Gift ist.« (Theophrastus Bombastus von Hohenheim, genannt Paracelsus. Sehr gebildet.) Zuviel Bildung kann genauso unbefriedigend oder unproduktiv sein wie zuwenig. Ein Beispiel: Der Zeichner Juan G. hat schon ein Buch veröffentlicht und war immer wieder einmal im TV zu besichtigen. Er hat einen kleinen Eintrag in der Wikipedia. Für seine humanistische Schulbildung ist er sehr wohl dankbar, aber Altgriechisch, das war zuviel, das waren tausend verlorene Stunden. »Nach dem Abitur habe ich mir vorgenommen, jeden Tag eine Griechischvokabel zu vergessen.« Es steht aber zu befürchten, daß er die Vokabel τραῦμα nie verlernen wird. Allzu scharf macht bekanntlich schartig.

Dabei ist das Erlernen von Sprachen noch relativ sinnvoll. Sprachkenntnisse nützen auch, wenn sie unvollständig sind oder der Schüler wenig Talent hat. Wer ein Semester lang an der Volkshochschule Portugiesisch studiert, der hat etwas davon und wenn es nur eine ungefähre Ahnung ist, wovon eine Zeitungsschlagzeile handelt. Wer hingegen die Herzchirurgie, die Integralrechnung oder das Patentrecht zu fünf Prozent begriffen hat, der kann mit diesem Wissen allenfalls Schaden anrichten. Wie alles im Leben kann man auch Bildungsmöglichkeiten einer Kosten-Nutzen-Analyse unterziehen. Bildung konkurriert immer mit anderer Bildung. Man kann Altgriechisch lernen oder doch Französisch. Man kann aber auch statt dessen angeln gehen. Manchmal entkommt man der Bildung aber nicht. Wer Abitur hat, der kennt solche Fälle: Dietmar S. wollte immer Pfarrer werden und er wurde es schließlich auch. Mathematik war ihm ein Greuel. Damit mühte er sich in seinen Schulen ab, so gut es ging; aber es ging nicht gut. Egal, er schaffte es irgendwie. Dietmar S. war kein Luftikus wie Juan G., der Herr hatte ihm nur nicht die Begabung und die Motivation verliehen. Für seinen künftigen Beruf war Mathematik völlig belanglos. Für seine Persönlichkeitsbildung auch. Andere in der Abiturklasse von S., die ein ähnliches Problem hatten, haben von ihren rudimentären Mathematikkenntnissen schließlich doch noch profitiert, z. B. der künstlerisch begabte Christian L., der Jahre später Architektur studierte, S. aber nicht.

Mathematik ist das Extrembeispiel dafür, wie problematisch Bildung sein kann, wenn man sie wie Perlen vor die Säue wirft. Mathematik hat eine eingeschränkte Zielgruppe. Der bekannte (fast schon berühmte) Mathematiker Doron Zeilberger von der Rutgers University (en.wikipedia.org/wiki/Doron_Zeilberger) plädiert dafür, daß man das Erlernen von Mathematik genauso freiwillig machen sollte wie das der Violine (www.math.rutgers.edu/~zeilberg/Opinion50.html). Dieser Vorschlag ist zumindest diskussionswürdig, außer die Lernpsychologen finden noch irgendwann heraus, daß man beim Erlernen der Mathematik kontinuierlich vorgehen muß, um nicht auf Dauer den Anschluß zu verpassen. Bei Kindern und Jugendlichen ist leider manchmal ein gewisser sanfter Zwang nicht zu umgehen. Hier müssen die Erzieher das Recht auf Unbildung gegen das Recht auf eine angemessene Chance im Leben abwägen. Im oben schon einmal zitierten Artikel 26 heißt es: »Die Eltern haben ein vorrangiges Recht, die Art der Bildung zu wählen, die ihren Kindern zuteil werden soll«. Dem stimmt man gerne zu: Eltern sind nicht unfehlbar, aber sie kennen ihre Kinder einigermaßen. Schließlich teilen sie ihre Gene mit ihnen. Gute Eltern spüren es auch, wenn bei ihren Kindern die Kapazität für mehr Bildung erschöpft ist. Erwachsene haben auf jeden Fall ein Recht darauf, nach ihrer Fasson selig zu werden. Man ist doch irgendwie verwirrt, wenn man Beispiele wie das folgende kennenlernt: Eine Studentin in den USA benötigte einen Kurs, in dem sie lernte, lineare Differentialgleichungen zweiter Ordnung zu lösen, ehe sie ihren akademischen Abschluß als Sportlehrerin vollenden konnte. Natürlich gibt es bei so etwas in der Regel Möglichkeiten, sich durchzumogeln, aber ob die akademische Jugend dabei das Richtige für das Leben lernt, das sei dahingestellt.

Ein ähnlich gelagerter Fall wie die Mathematik ist die Musik, vor allem die klassische. Der positive Aspekt dabei ist, daß Musik in der Schule ein Nebenfach ist und deshalb nicht gleich die Karriere zerstört, wenn man darin nicht reüssiert. Es gibt aber zwei besonders traurige Möglichkeiten bei amusischen Personen. Die einen verlieren jegliches Interesse. Man könnte – sagen wir mal – Bachs Cembalo-Konzerte ja auch als Ohrenschmaus konsumieren, ohne daß man fähig ist, Dur und Moll zu unterscheiden. Die posttraumatische Verbitterung verhindert diesen potentiellen Genuß jedoch. Die anderen, die Wichtigtuer, merken sich die Phrasen aus dem Musikunterricht und wiederholen sie ein Leben lang. »Amerikanische Pianisten spielen immer technisch überzogen.« Mit solchem Geschwätz mindern sie die Lebensqualität derjenigen, die wirklich etwas von Musik verstehen. Si tacuisses, philosophus mansisses, sagte schon Boethius. (Es ist heutzutage fast schon arrogant, bei seinen Lesern vorauszusetzen, daß sie lateinische oder französische Zitate verstehen, aber was die Suchmaschine auf Anhieb findet, sollte noch erlaubt sein.) Zur Bildung gehört auch, daß man seine persönlichen Grenzen erkennt. Bei manchen Gebieten sollte man sich dann doppelt anstrengen, bei anderen kann man frühzeitig resignieren. Manchmal ist die frühzeitige Resignation bei weitem die ökonomischste Lösung.

Bildung ist oft eine Gratwanderung zwischen Konformismus und Originalität. Bestsellerlisten sind interessant zu lesen. Ab und zu sollte man sich dieses Vergnügen gönnen. Gegen Bestseller ist nichts einzuwenden. Heutige Klassiker waren meistens Bestseller, als sie herausgekommen sind. Ausnahmen wie Melvilles großer Roman »Moby-Dick« bestätigen da nur die Regel. Wenn man aber alte Bestsellerlisten anschaut, dann sieht man auch, wie wenig davon Bestand hatte. Es gibt keinen Grund dafür, daß es heute anders wäre. Wer erst im »Spiegel« nachschauen muß, ehe er weiß, ob er ein Buch gut findet, der ist nicht gebildet, sondern ein Papagei. Das bekannte Kompendium »Bildung – Alles, was man wissen muß« von Dietrich Schwanitz ist durchaus amüsant. Der Titel des Buchs ist aber reine Bauernfängerei. Man »muß« sich nicht bilden, nur weil man sonst Schuldkomplexe bekäme. Geklonte Bildung ist keine. Bildung verdient allenfalls Respekt, wenn sie individuell zusammengestellt ist. Wie öde wäre eine Gesellschaft, in der jeder den Schwanitz auswendig gelernt hat! Andererseits ist Bildung aber auch ein Gerüst, das uns die Kommunikation erleichtert. Hier haben sich Synapsen gebildet, die man nicht unbedingt mutwillig ignorieren sollte. Schiller war vielleicht kein so großer Dichter wie Shakespeare. Aber wenn ich ihn im deutschsprachigen Kontext zitiere, dann werde ich auf mehr Resonanz stoßen als mit Shakespeare. Keiner von uns kann Armeen aus der Erde stampfen. Wir müssen und dürfen uns hauptsächlich mit dem begnügen, was bereits vorhanden ist. In den USA ist der wichtigste Mannschaftssport Baseball. Muß man deshalb hier in Europa davon eine Ahnung haben? Ich behaupte einmal ganz dezidiert: nein. Das Großartige und das Idiotische am Sport kann man pars pro toto auch am Fußball studieren. Wenn in dem Englischbuch unserer Kinder davon erzählt wird, wie kleine Inder in London ihre religiösen Feste feiern, dann ist das für viele gähnend langweilig. Die deutsche Weihnachtsseligkeit ist schon schlimm genug. Nichts gegen die Inder. Nichts gegen Toleranz und Weltoffenheit. Aber wer sich wirklich für solche indischen Bräuche interessiert, der soll sie individuell studieren. Kindern im Englischunterricht muß man das nicht alles pauschal beibringen. Dann lieber Unbildung. Aufregende Geschichten mit Tigern im Dschungel sind da allemal besser.

Doch verlassen wir das Feld der Schulbildung und reden wir über das pralle Leben. Das findet inzwischen natürlich nur noch im Fernsehen statt. In einem Brief beantwortete der große Comic-Zeichner Carl Barks einmal eine einschlägige Frage mit dem lakonischen Satz »I don't own a TV, and never expect to«. Trotzdem hat Barks das platonische Ideal, das sich im Massenmedium Fernsehen verbirgt, immer wieder besser beschrieben als jeder andere. Wenn gegen Ende einer Geschichte aus Uncle $crooge 16 in der Quizsendung »Colossalest Surprise« überraschend eine Sonderprämie von 120 000 $ für den dümmsten Teilnehmer vergeben wird, dann ist das nicht deshalb komisch, weil es uns unwahrscheinlich dünkt, sondern weil es zu tragischen Konsequenzen führt. Rituale wie das Fernsehen versteht der am besten, der auf diesem Gebiet nicht gebildet ist.

Apologeten des Fernsehens argumentieren oft, daß man dabei ja auch viel lernen könne (Sesamstraße, Tierfilme, Reich-Ranicki). Da haben sie recht. Man tut es nur in der Regel nicht. Wer das Fernsehen wegen seines Bildungseffekts lobt, der sollte auch Hitler wegen seiner Autobahnen preisen. Daniel J. Boorstin, einst Direktor der Kongreßbibliothek in Washington, hat in seinem Buch »Das Image« (1961, deutsch bei Rowohlt 1964 und 1987) den Begriff »Pseudo-Ereignis« geprägt. Ein Pseudo-Ereignis ist ein Ereignis, das sich selbst dadurch rechtfertigt, daß darüber in den Massenmedien ausführlich berichtet wird. Wie der Lügenbaron zieht es sich am eigenen Zopf aus dem Sumpf. Pseudo-Ereignisse sind natürlich nichts Neues. Die Erfindung der Rotationspresse und – vor allem – des Fernsehapparats hat aber das Verhältnis der Pseudo-Ereignisse zu den altmodischen realitätsbasierten Ereignissen enorm vergrößert. Sie sollen hier um Gottes willen auch nicht verteufelt werden. There's no business like show business. Nur sollte man sich klarmachen, wo die Wirklichkeit aufhört und die Illusion beginnt. Gummibärchen schmecken nur scheinbar besser, wenn sie ein (nicht unsympathischer) Showmaster anpreist. Vielleicht sollte man analog zum Pseudo-Ereignis von Pseudo-Bildung reden. Wir alle füllen unsere kleinen grauen Zellen mit Informationen, deren Haupteigenschaft ist, daß sie unaufgefordert über uns hereinbrechen wie die Hunnen in Germanien. Wir wissen alles über die Ehen des Fürsten von Wales. Wir kennen die Marktlage für Katzenfutter. Wir können 27 Filme mit Brad Pitt aufsagen, wenn man uns aus dem Schlaf weckt. Aber Bildung ist das nicht. Allenfalls Volkskunde.

Bildung ist auch eine Handelsware. Das spricht ja nicht gegen sie. Sie gleicht einem teilweise standardisierten, teilweise aber auch sehr individuellen Produkt wie zum Beispiel Wein. Der Weinhändler sollte dankbar sein, wenn ich ihm seine Ware abkaufe. Und wenn ich keine Lust auf einen Rausch verspüre, dann eben nicht. Viele ehrenwerte Menschen leben davon, Bildung zu verkaufen. Diese gehen natürlich davon aus, daß Bildung erstens immer gut und wichtig ist und zweitens, daß die speziell von ihnen vertretene Richtung noch etwas besser und wichtiger ist. Jemand wie Professor Zeilberger, der den Unterricht in seinem eigenen Fach einschränken möchte und das auch noch in aller Öffentlichkeit propagiert, ist da schon ein sehr seltener Vogel. So wichtig Bildung auch ist, wenn sie uns jemand verkaufen will, sollten wir nie auf die Frage *cui bono?* verzichten. Bildung ist nicht nur Selbstzweck, Bildung ist auch ein Werkzeug wie ein Schraubenzieher. Irgendwann besitzt man genug Werkzeuge und man sollte endlich mit der Arbeit anfangen. Und wenn nicht genug Arbeit für alle vorhanden ist, dann hilft auch keine Bildung. Heutzutage ist oft vom »lebenslangen Lernen« die Rede. Da ist natürlich etwas dran. Die technische Innovation beschleunigt sich. Gleichzeitig ist das aber auch ein billiger Trick, die Opfer der Verhältnisse für ihre Unbill selbst verantwortlich zu machen. Die sind schließlich selbst schuld, weil sie nicht lebenslang gelernt haben.

Wer unsere Bildungsinstitutionen von der Grundschule bis zur Universität besucht, der macht zweierlei: Erstens lernt er (hoffentlich) etwas. Zweitens nimmt er an einem monströsen Ausleseverfahren teil. Auf jeder Stufe wird gesiebt. Ein Teil der Schüler schafft es nicht auf das Gymnasium, ein Teil der Gymnasiasten schafft es nicht bis zum Abitur, ein Teil der Abiturienten bekommt keinen Studienplatz im gewünschten Fach. Um in diesem System nicht zu scheitern, geht man dann gerne den Weg des geringsten Widerstands. Wer die Wahl zwischen verschiedenen Inhalten hat, der entscheidet sich für das, wovon er sich hinterher die besten Prüfungsnoten erhofft. Das ist eine gute Taktik. Ob es auch eine gute Strategie ist, steht auf einem anderen Blatt. Nun ist das Leben kein Zuckerschlecken (jedenfalls nicht immer). Man kann nicht immer nur das lernen, was einem Spaß macht. Es gibt aber zwei Arten von unfreiwilliger Bildung. Manches liegt einem nicht, aber es ist notwendig. Ein Beispiel ist die englische Sprache. Wer kein Sprachtalent hat, sollte sich da doppelt und dreifach anstrengen, sonst behält er ein lebenslanges, äh…, Handicap zurück. Die andere Art von unfreiwilliger Bildung ist die, die man nur erwirbt, weil man sich bei einem Lehrer oder Professor und so weiter anwanzen will. Auf diese Art von Bildung kann man getrost verzichten. Irgendwann verlernt man sie sowieso wie Juan G. sein Altgriechisch.

Dem oben erwähnten Daniel J. Boorstin wird folgende Definition zugeschrieben: »Education is learning what you didn't even know you didn't know«. Das ist recht zugespitzt formuliert. Es gibt natürlich einen harten Kern dessen, was jeder wissen sollte.

Aber der hört irgendwo zwischen dem kleinen und dem großen Einmaleins auf. Darüber hinaus gibt es keinen wohlfeilen verbindlichen Kanon. Wir sind auf uns selbst gestellt. Dabei ist das Weglassen von Bildung genauso wichtig wie das Erwerben. Bildung braucht Platz, um sich auszudehnen. Der große Detektiv Sherlock Holmes hatte keine Ahnung von Kopernikus' Erkenntnissen über das Sonnensystem. Dafür konnte er 140 Arten von Tabakasche unterscheiden. Das Motto von Carl Friedrich Gauß lautete »pauca sed matura« – Weniges, aber Reifes. Alles andere ist Hochstapelei.

Verzeichnis der Autorinnen und Autoren

Tilman Allert, geb. 1947, Professor für Soziologie und Sozialpsychologie mit dem Schwerpunkt Bildungssoziologie an der Goethe-Universität Frankfurt am Main.

Rolf Arnold, geb. 1952, Professor für Pädagogik an der Technischen Universität Kaiserslautern sowie wissenschaftlicher Direktor und Aufsichtsratsvorsitzender des Distance and Internationale Studies Center (DISC), Verwaltungsratsvorsitzender des Deutschen Instituts für Erwachsenenbildung (DIE) in Bonn und Sprecher des Virtuellen Campus Rheinland-Pfalz.

Asfa-Wossen Asserate, geb. 1948, ist heute als Unternehmensberater für Afrika und den Mittleren Osten tätig.

Francis Bacon, geb. 1561, gest. 1626, englischer Politiker, Wissenschaftspionier und Essayist.

Jill Bepler, geb. 1952, Leiterin der Stipendienprogramme an der Herzog August Bibliothek Wolfenbüttel.

Frank M. Bischoff, geb. 1959, Leiter der Archivschule Marburg von 2003 bis 2009, Leiter der Abteilung Rheinland im Landesarchiv Nordrhein-Westfalen.

Günther Böhme, geb. 1923, pensionierter Professor für Bildungsphilosophie und Bildungsgeschichte an der Goethe-Universität Frankfurt.

Heike Bungert, geb. 1967, Professorin für Nordamerikanische Geschichte an der Universität Münster.

Matei Chihaia, geb. 1973, Professor für Französische und Spanische Literaturwissenschaft an der Bergischen Universität Wuppertal.

Wolfgang Coy, geb. 1947, Professor für Informatik an der Humboldt-Universität zu Berlin.

Markus Eschenauer, geb. 1980, Redakteur Rhein-Zeitung Koblenz.

Andreas Fahrmeir, geb. 1969, Professor für Neuere Geschichte (Schwerpunkt 19. Jahrhundert) an der Goethe-Universität Frankfurt am Main.

Ernst Peter Fischer, geb. 1947, Wissenschaftshistoriker und Wissenschaftspublizist.

Wilfried Forstmann, ehemaliger Akademischer Oberrat am Historischen Seminar der Goethe-Universität Frankfurt.

Florentine Fritzen, geb. 1976, Dr. phil., Historikerin, Redakteurin bei der Frankfurter Allgemeinen Zeitung.

Wolfgang Frühwald, geb. 1935, emeritierter Professor für Neuere Deutsche Literaturgeschichte an der Universität München, 1992–1997 Präsident der Deutschen Forschungsgemeinschaft, 1999–2007 Präsident der Alexander von Humboldt-Stiftung.

Désirée-Kathrin Gaebert, geb. 1975, seit 2006 als abgeordnete Lehrerin im Hochschuldienst an der Universität zu Köln tätig.

Heike Gfrereis, geb. 1968, Leiterin der Museen des Deutschen Literaturarchivs Marbach.

Horst Albert Glaser, geb. 1935, emeritierter Professor für Allgemeine und Vergleichende Literaturwissenschaft an der Universität Duisburg-Essen.

Friedhelm Golücke, geb 1941, lehrte an Höheren Schulen in Neumünster, Harksheide, Paderborn sowie zwischenzeitlich an der Universität Paderborn, ist Gründer und war langjähriger Vorsitzender der Gemeinschaft für Deutsche Studentengeschichte und des Vereins für Geschichte an der Universität Paderborn.

Hartmut Günther, geb. 1946, Professor am Institut für Deutsche Sprache und Literatur und ihre Didaktik der Universität zu Köln.

Klaus Günther, geb. 1957, Professor für Rechtstheorie, Strafrecht und Strafprozessrecht an der Goethe-Universität Frankfurt.

Notker Hammerstein, geb. 1930, emeritierter Professor am Historischen Seminar der Goethe-Universität in Frankfurt am Main.

Eckhard Henscheid, geb. 1941, Schriftsteller, Redakteur und Journalist, gehört zur »Neuen Frankfurter Schule«.

Caspar Hirschi, geb. 1975, Research Fellow am Clare Hall College der Universität Cambridge, Professor für Wissenschaftsforschung an der ETH Zürich.

Ernst Horst, geb. 1951, schreibt gelegentlich Rezensionen und Ähnliches für die Frankfurter Allgemeine Zeitung.

Ursula Hudson, geb. 1958, Germanistin, seit 2010 stellv. Vorsitzende von Slow-Food Deutschland.

Thomas Junker, geb. 1957, Professor an der Fakultät für Biologie an der Eberhard Karls Universität Tübingen.

Dirk Kaesler, geb. 1944, Professor für Allgemeine Soziologie an der Philipps-Universität Marburg.

Olaf Kaltenborn, geb. 1965, Publizist und Journalist, seit 2006 Leiter der Abteilung Marketing und Kommunikation der Goethe-Universität Frankfurt am Main.

Tobias Nikolaus Klass, geb. 1965, wissenschaftlicher Assistent am Philosophischen Seminar der Bergischen Universität Wuppertal.

Thomas Knubben, geb. 1960, Professor für Kulturwissenschaft und Kulturmanagement an der Pädagogischen Hochschule Ludwigsburg und Leiter des dortigen Master-Studiengangs Kulturwissenschaft und Kulturmanagement.

Klaus Heinrich Kohrs, geb. 1944, bis 2009 stellvertretender Generalsekretär der Studienstiftung des Deutschen Volkes und Leiter des Wissenschaftlichen Programms der Studienstiftung, daneben Sekretär der Karl Schmidt-Rottluff Förderungsstiftung Berlin.

Wilfried Krätzig, geb. 1932, Bauingenieur und emeritierter Professor am Institut für Konstruktiven Ingenieurbau der Ruhr-Universität Bochum.

Wolfgang Kraushaar, geb. 1948, promovierter Politikwissenschaftler, seit 1987 am Hamburger Institut für Sozialforschung tätig.

Stefan Lafaire, geb. 1961, seit 1995 bei der Deutschen Bank AG tätig, daneben Berater im Bundesministerium für Bildung und Forschung und Gastdozent an der Zeppelin University Friedrichshafen.

Odilo Lechner, geb. 1931, Benediktinermönch, leitete von 1964 bis 2003 die Klöster in München und Andechs. Daneben war er 15 Jahre Präsens der Bayerischen Benediktinerkongregation und zehn Jahre Vorsitzender der Salzburger Äbtekonferenz.

Manuela Lenzen, geb. 1967, freie Wissenschaftsjournalistin mit den Themenschwerpunkten Kognitionswissenschaften und Philosophie und wissenschaftliche Mitarbeiterin am Zentrum für interdisziplinäre Forschung (ZiF) der Universität Bielefeld.

Marcel Lepper, geb. 1977, Leiter des Forschungsreferats und der Arbeitsstelle Geschichte der Germanistik im Deutschen Literaturarchiv Marbach.

Barbara Loos, geb. 1944, ehemalige Leiterin des Max-Born-Gymnasiums Germering, Ehrenvorsitzende der Bundesvereinigung der Oberstudiendirektoren.

Christine Maaser, geb. 1966, Philosophin und Germanistin, arbeitet als Coach im Bereich Personalberatung.

Michael Maaser, geb. 1964, Leiter des Frankfurter Universitätsarchivs und Lehrbeauftragter am Historischen Seminar der Goethe-Universität Frankfurt am Main.

Eva-Maria Magel, geb. 1970, Kulturredakteurin in der Rhein-Main-Redaktion der Frankfurter Allgemeinen Zeitung.

Heinz Mandl, geb. 1937, emeritierter Professor für Empirische Pädagogik und Pädagogische Psychologie an der Universität München.

Dietrich Mathy, geb. 1943, tätig am Institut für Bildungswissenschaft der Universität Heidelberg.

Sabine Matthes, geb. 1966, Kulturwissenschaftlerin, tätig im Lektorat des Verlags J. B. Metzler, Stuttgart.

Matthias Middell, geb. 1961, Distinguished Fulbright Professor in Transnational History an der Duke University in Durham, North Carolina, seit

2008 Direktor des Global and European Studies Institute der Universität, seit 2009 Sprecher des dort angesiedelten Centre for Area Studies.

Ulrich Muhlack, geb. 1940, pensionierter Professor für Allgemeine Historische Methodenlehre und Geschichte der Geschichtsschreibung an der Universität Frankfurt am Main.

Georg Hans Neuweg, geb. 1965, Professor für Berufs- und Wirtschaftspädagogik am Institut für Pädagogik und Psychologie an der Johannes Kepler Universität Linz.

Barthold Georg Niebuhr, geb. 1776, gest. 1831, bedeutender deutscher Historiker, Finanzexperte und Reformpolitiker. Er lehrte an den Universitäten Berlin und Bonn.

August Nitschke, geb. 1926, emeritierter Professor für mittelalterliche Geschichte an der Universität Stuttgart.

Melanie Njo arbeitet seit Januar 2008 in der Führungskräfteentwicklung der VSE. Zuvor betreute sie im Bereich Human Ressources die postgradualen Fernstudiengänge »Erwachsenenbildung« und »Systemisches Management« im Distance and International Studies Center (DISC) - Zentrum für Fernstudien und Universitäre Weiterbildung (ZFUW).

Ulrich Nortmann, geb. 1956, Professor für Theoretische Philosophie und Wissenschaftstheorie an der Universität Saarbrücken.

Wolf Dieter Otto, geb. 1952, Privatdozent am Fachgebiet Deutsch als Fremdsprache (Interkulturelle Germanistik) der Universität Bayreuth.

Jürgen Overhoff, geb. 1967, Privatdozent, lehrt an der Universität Hamburg Historische Pädagogik und Neuere Geschichte.

Peter Pantzer, geb. 1942, emeritierter Professor am Japanologischen Seminar der Rheinischen Friedrich-Wilhelms-Universität Bonn.

Sabine Paul, geb. 1968, Molekular- und Evolutionsbiologin, seit 1996 freiberufliche Wissenschaftsautorin, Referentin und Trainerin, 2009 Gründung des PaläoPower-Instituts für evolutionäre Strategien.

Tobias Picard, geb. 1959, Historiker und Archivar am Institut für Stadtgeschichte Frankfurt am Main.

Stefan Rebenich, geb. 1961, Professor für Alte Geschichte und Rezeptionsgeschichte der Antike an der Universität Bern.

Christof Riess, geb. 1963, Autor, seit 2004 Hauptgeschäftsführer der Handwerkskammer Rhein-Main.

Andreas Rosenfelder, geb. 1975, Journalist, seit 2010 stellvertretender Feuilletonchef von »Welt« und »Welt am Sonntag«.

Birgit Sandkaulen, geb. 1959, Professorin für Philosophie mit Schwerpunkt deutscher Idealismus an der Friedrich-Schiller-Universität Jena.

Michael Scheffel, geb. 1958, Professor für Neuere Deutsche Literaturgeschichte und Allgemeine Literaturwissenschaft an der Bergischen Universität Wuppertal.

Heide Schlüpmann, geb. 1943, pensionierte Professorin für Filmwissenschaft an der Goethe-Universität Frankfurt am Main.

Stephan Selzer, geb. 1968, Professor für Mittelalterliche Geschichte an der Helmut-Schmidt-Universität/Universität der Bundeswehr in Hamburg.

Andreas Urs Sommer, geb. 1972, seit 2008 Wissenschaftlicher Kommentator der Werke Nietzsches an der Heidelberger Akademie der Wissenschaften mit Sitz an der Universität Freiburg im Breisgau, lehrt am dortigen Philosophischen Seminar und ist Direktor der Friedrich-Nietzsche-Stiftung.

Brunhild Staiger, geb. 1938, bis 2003 wissenschaftliche Mitarbeiterin und stellvertretende Direktorin am Institut für Asienkunde Hamburg (heute GIGA-Institut für Asien-Studien), seit 2004 Präsidentin der European Association for Chinese Studies.

Friedrich Steinle, geb. 1957, Professor für Wissenschaftsgeschichte an der Technischen Universität Berlin.

Johannes Süßmann, geb. 1964, Professor für Geschichte der Frühen Neuzeit an der Universität Berlin.

Christine Teichmann-Nadiraschwili, geb. 1953, seit 2000 in der international vergleichenden Bildungsforschung/Hochschulforschung tätig, daneben internationale Expertin und Gutachterin und Dozentin für Deutsch als Fremdsprache in Berlin und Potsdam.

Jörg Trempler, geb. 1970, derzeit Mitglied im der DFG Kolleg-Forschergruppe »Bildakt und Verkörperung« an der Humboldt-Universität zu Berlin.

Armin v. Ungern-Sternberg, Lehrbeauftragter am Institut für Allgemeine und Vergleichende Literaturwissenschaft der Johannes-Gutenberg-Universität Mainz, seit 2000 Projektleiter des Förderbereichs Europäische Integration bei der Gemeinnützigen Hertie-Stiftung Frankfurt.

Paul U. Unschuld, geb. 1943, Direktor des Horst-Götz-Stiftungsinstituts für Theorie, Geschichte und Ethik Chinesischer Lebenswissenschaften an der Charité-Universitätsmedizin Berlin.

Karina Urbach, geb. 1968, Senior Research Fellow am Institute of Historical Research der University of London, 2009 habilitierte sie sich über die politischen Vernetzungen des europäischen Adels im 20. Jahrhundert.

Miloš Vec, geb. 1966, arbeitet am Max-Planck-Institut für europäische Rechtsgeschichte in Frankfurt am Main.

Albert Vinzens, geb. 1959, Philosoph und Dozent am Rudolf Steiner Institut in Kassel.

Cornelia Vismann, geb. 1961, von 2008 bis zu ihrem Tod am 28. August 2010 war sie Professorin für Geschichte und Theorie der Kulturtechniken an der Bauhaus-Universität in Weimar.

Gerrit Walther, geb. 1959, Professor für Geschichte der Frühen Neuzeit an der Bergischen Universität Wuppertal.

Elisabeth Weymann, geb. 1964, freie Journalistin und Kunsthistorikerin, Bad Homburg.

Ulrich von Wilamowitz-Moellendorff, geb. 1848, gest. 1931, deutscher Klassischer Philologe, lehrte und forschte als Professor an den Universitäten in Greifswald, Göttingen und Berlin.

Katrin Winkler lehrt seit September 2009 an der Hochschule Kempten als Professorin für Personalentwicklung.

Klaus Dieter Wolff (1935–2007) war Verwaltungsjurist und Gründungspräsident der Universität Bayreuth. Er war Gründer und langjähriger Vorsitzender der Evaluierungsagentur Acquin.

If you have any concerns about our products,
you can contact us on
ProductSafety@springernature.com

In case Publisher is established outside the EU,
the EU authorized representative is:
**Springer Nature Customer Service Center GmbH
Europaplatz 3, 69115 Heidelberg, Germany**

Printed by Libri Plureos GmbH
in Hamburg, Germany